河北农村统计年鉴

2017

河北省人民政府办公厅
河 北 省 统 计 局 编

图书在版编目（CIP）数据

河北农村统计年鉴. 2017/河北省人民政府办公厅，河北省统计局编.
—北京：　中国统计出版社，2017.9
ISBN 978-7-5037-8319-7
Ⅰ.①河… Ⅱ.①河…②河…
Ⅲ.①农业统计—统计资料—河北—2017—年鉴
Ⅳ.①F327.22-66

中国版本图书馆 CIP 数据核字（2017）第216078号

河北农村统计年鉴—2017

作　　者/河北省人民政府办公厅　河北省统计局
责任编辑/钟钰　张春风
装帧设计/张春风
出版发行/中国统计出版社
地　　址/北京市丰台区西三环南路甲6号
邮政编码/100073
电　　话/邮购（010）63376909　　书店（010）68783171
网　　址/ http：www.zgtjcbs.com
印　　刷/石家庄天荣印刷有限公司
经　　销/新华书店
开　　本/ 880mm×1230mm　1/16
字　　数/1404千字
印　　张/40.375
版　　别/2017年9月第1版
版　　次/2017年9月第1次印刷
定　　价/260.00元

编 辑 说 明

2016年是“十三五”规划开局之年，也是全面建成小康社会决胜阶段的开局之年。全省各地在省委、省政府正确领导下，以习近平总书记系列重要讲话精神为指导，认真贯彻中央、省委一号文件，落实中央、省农村工作会议精神，主动适应经济发展新常态，坚持为经济建设服务，为领导决策服务，为社会公众服务，全面反映2016年河北省农村经济社会在建设经济强省、美丽河北进程中取得的新成效以及在农业生产、农村发展和农民生活中发生的新变化。为更好地服务于经济建设、领导决策和公众需要，我们编辑了《河北农村统计年鉴-2017》。

《河北农村统计年鉴-2017》在保持历年《年鉴》基本框架的基础上，结合年度特点对《年鉴》部分内容、表式作了适当调整。一是反映推进农业供给侧结构性改革取得的成绩和经验；二是反映现代农业园区建设取得的成绩和经验；三是反映全面深化农村改革创新方面取得的成绩和经验；四是反映强力推进扶贫攻坚，促进贫困地区脱贫致富的成绩和经验；五是反映美丽乡村建设取得的成绩和经验。

本《年鉴》统计资料表中符号说明：“…”表示数据不足本项最小单位，“空格”表示该项统计数据不详或无该项统计资料，“#”表示其中的主要项。同时，为反映石家庄市、保定市包含省直管县的情况以及两个省直管县经济发展情况，在“统计资料·各市情况”中，分列了石家庄市含省管县辛集市数据、保定市含省管县定州市数据，石家庄市不含省管县辛集市数据、保定市不含省管县定州市数据，并单列了定州市、辛集市两市数据。

为保证本《年鉴》按时、保质出版，省委、省政府有关领导高度重视，省直有关部门及各市、县给予了大力支持，全体编办人员为此付出了艰苦的努力，在此一并表示感谢！

在编辑过程中，我们力图精益求精，但仍难免有不妥之处，敬请广大读者提出宝贵意见。

《河北农村统计年鉴》编辑部

2017年9月

《河北农村统计年鉴——2017》编辑委员会名单

目　录

I　特　载

中共中央　国务院关于深入推进农业供给侧结构性改革加快培育农业农村发展新动能的若干意见 …………1
中共河北省委　河北省人民政府关于深入推进农业供给侧结构性改革　加快培育农业农村发展新动能的实施意见 ……………………………………………7

II　领导讲话

赵勇同志在全省农村工作会议上的讲话……………………13
沈小平同志在全省农村工作会议上的总结讲话…………22
当好脱贫攻坚战场上的“突击队”
——赵勇同志在全省精准脱贫驻村干部动员大会上的讲话……………………………………………24
梁田庚同志在全省精准脱贫驻村干部动员大会上的讲话…28
沈小平同志在全省造林绿化暨国有林场改革电视电话会议上的讲话……………………………………………30
坚持以人民为中心的发展思想　把美丽乡村建设提高到新水平
——赵勇同志在全省美丽乡村建设推进会上的讲话…34
军民携手打赢脱贫攻坚战
——赵勇同志在驻冀部队参与脱贫攻坚工作会议上的讲话……………………………………………40
坚持以人民为中心的发展思想　坚决打好易地扶贫搬迁“当头炮”
——赵勇同志在全省易地扶贫搬迁现场会上的讲话…43
沈小平同志在全省易地扶贫搬迁现场会上的讲话………47
沈小平同志在全省春季农业生产暨地下水超采综合治理试点工作电视电话会议上的讲话……………………48
沈小平同志在全省防汛抗旱暨“三夏”生产电视电话会议上的讲话……………………………………………50
以强烈的社会责任感扎实推进“千企帮千村”精准扶贫行动
——赵勇同志在全省“千企帮千村”精准扶贫行动启动仪式上的讲话…………………………………53
张杰辉同志在全省“千企帮千村”精准扶贫行动启动仪式上的讲话……………………………………………55
做实做好土地扶贫这篇大文章　为打赢脱贫攻坚提供有力支撑
——赵勇同志在全省利用土地政策助推脱贫攻坚工作现场会议上的讲话…………………………56
沈小平同志在全省利用土地政策助推脱贫攻坚工作现场会议上的讲话……………………………………………61
沈小平同志在河北省第三次全国农业普查领导小组第一次全体会议上的讲话……………………………………61
以股份合作制为主要组织形式　推动产业扶贫实现新突破
——赵勇同志在全省产业扶贫工作现场会上的讲话…62
沈小平同志在全省产业扶贫工作现场会上的讲话………66
赵克志在河北省“7・19”特大洪水灾害灾后重建工作动员大会上的讲话……………………………………68
张庆伟在河北省“7・19”特大洪水灾害灾后重建工作动员大会上的讲话……………………………………70
沈小平同志在省粮食安全责任制考核工作组第一次联系会议上的讲话……………………………………………75
张庆伟同志在全省易地扶贫搬迁现场观摩调度会上的讲话…76
赵勇同志在全省易地扶贫搬迁现场观摩调度会上的讲话…80
广泛动员全社会力量　以发动总攻的姿态打赢脱贫攻坚战
——赵勇同志在2016年河北省脱贫攻坚奖表彰电视电话会议上的讲话…………………………………81
沈小平同志在河北省第三次全国农业普查工作电视电话会议上的讲话……………………………………………84

坚持生态优先绿色发展的理念　加快我省草原生态保护立法步伐
——王刚同志在省人大常委会《河北省草原条例（草案建议表决稿）》论证座谈会上的讲话………86
加快湿地生态保护立法步伐　为建设美丽河北提供法治保障
——王刚同志在省人大常委会《河北省湿地保护条例（草案）》论证座谈会上的讲话……………87
加大监督力度　增强监督实效　推动气象灾害防御法规的贯彻落实
——王刚同志在省人大常委会气象灾害防御执法调研活动汇报座谈暨动员会上的讲话…………89
求真务实　加强监督　扎实搞好脱贫攻坚工作专题视察活动
——王刚同志在省人大常委会脱贫攻坚工作专题视察汇报暨动员会上的讲话……………………91
学习贯彻习近平总书记“三农”重要思想　充分发挥人大在推进依法治农中的重要作用
——王刚同志在省十二届人大农业和农村委员会第十次会议上的讲话…………………………93

III 社会经济发展报告

综合篇
全省农村经济综述……………………………………97
部门篇
农业生产……………………………………98
林业生产……………………………………104
畜牧业生产……………………………………105
渔业生产……………………………………109
农村居民收入与消费……………………………………111
农产品生产者价格……………………………………112
主要农产品中间消耗及效益……………………………………114
居民消费价格……………………………………117
民营经济……………………………………118
农垦经济……………………………………122
农业综合开发……………………………………123
防灾减灾救灾……………………………………124
水利建设……………………………………126
农业机械……………………………………127
气象防灾减灾服务……………………………………128
农业科研……………………………………131
农村科技……………………………………133
财政支农……………………………………134
农业信贷……………………………………135
农村扶贫开发……………………………………137
国土资源管理……………………………………138
粮食工作……………………………………143
农村供销……………………………………144
物价管理……………………………………147
卫生与计划生育……………………………………148
村镇建设……………………………………151
农村经济发展及调控……………………………………153
农业和农村法制建设……………………………………157
各市篇
石家庄市……………………………………159
唐山市……………………………………160
秦皇岛市……………………………………162
邯郸市……………………………………163
邢台市……………………………………166
保定市……………………………………168
张家口市……………………………………170
承德市……………………………………171
沧州市……………………………………173
廊坊市……………………………………175
衡水市……………………………………177

IV 经验选载

推进农业供给侧改革　加快农村经济发展
——河北省发展和改革委员会……………………………179
落实和创新土地政策　积极服务农业供给侧结构性改革
——河北省国土资源厅……………………………180
创新模式　产业带动　全面打响精准脱贫攻坚战
——承德市委、市人民政府……………………………181
坚持连片打造　持续推进美丽乡村建设
——邯郸市委、市人民政府……………………………182
深化农村综合改革　增强农业农村发展活力
——衡水市委、市人民政府……………………………183
建设现代农业园区　创新融合发展机制
——威县县委、县人民政府……………………………184
抓住机遇　精准发力　坚决打赢易地扶贫搬迁攻坚战
——沽源县委、县人民政府……………………………185

V 农业法规 文件选载

中共河北省委 河北省人民政府关于进一步推进农垦改革发展的实施意见 ……………………………186
河北省人民政府关于深入推进新型城镇化建设的实施意见 ……………………………………………190
河北省人民政府关于加快农产品加工业发展的意见 …195
河北省人民政府关于实施支持农业转移人口市民化若干财政政策的意见 ……………………………198
中共河北省委办公厅 河北省人民政府办公厅印发《关于发展壮大农村集体经济的若干政策措施》的通知 ………………………………………………200
中共河北省委办公厅 河北省人民政府办公厅关于印发《河北省脱贫攻坚督查巡查工作实施办法》的通知 …201
河北省人民政府办公厅关于印发河北省农业水权交易办法的通知 ……………………………………………203
河北省人民政府办公厅关于推进农业水价综合改革的实施意见 …………………………………………204
河北省人民政府办公厅关于加强农业对外开放工作的意见 ………………………………………………206
河北省人民政府办公厅关于推进农村一二三产业融合发展的实施意见 ………………………………209
河北省人民政府办公厅关于健全生态保护补偿机制的实施意见 ……………………………………………213
河北省人民政府办公厅关于深入推行科技特派员制度促进农村创新创业的实施意见 …………………217
河北省人民政府办公厅转发省民政厅等部门关于做好农村最低生活保障制度与扶贫开发政策有效衔接实施方案的通知 ……………………………………220
河北省人民政府办公厅关于印发河北省农村经济发展“十三五”规划的通知 ……………………………222
河北省农村扶贫开发条例 ……………………………232
河北省气候资源保护和开发利用条例 ………………236
河北省湿地保护条例 …………………………………239
河北省农村供水用水管理办法 ………………………242

VI 统计图

统计图 ………………………………………………………245

VII 统计资料

全省情况
一、农村基本情况与农业生产条件
1-1-1 全省行政区划（2016年底）……………………248
1-1-2 全省地表形态分布（2016年底）……………248
1-1-3 总人口、人口自然变动及从业人员………249
1-1-4 历年农业基本生产条件……………………250
1-1-5 历年受灾和成灾面积………………………254
1-1-6 农村基层组织和从业人员…………………255
1-1-7 农业主要资源………………………………255
1-1-8 主要农用机械年末拥有量及增减…………256
1-1-9 农业机械化、电气化及农田水利建设情况…256
1-1-10 农用化肥、农药、农膜和柴油使用量……257
1-1-11 历年灌区、水库和节水灌溉情况…………257
1-1-12 受灾情况……………………………………258
二、主要农产品种植面积和产量
1-2-1 历年主要农作物播种面积…………………259
1-2-2 历年主要农作物产品产量…………………261
1-2-3 历年主要农作物单位面积产量……………263
1-2-4 主要农作物播种面积增减…………………265
1-2-5 主要农作物播种面积构成（以农作物总播种面积为100）………………………………266
1-2-6 主要农作物产品产量增减…………………267
1-2-7 主要农作物播种面积单产增减……………268
1-2-8 历年水果及食用坚果产量…………………269
1-2-9 园林水果及食用坚果生产…………………271
1-2-10 林业生产……………………………………271
1-2-11 历年牲畜存栏头数…………………………272
1-2-12 历年牲畜出栏及主要畜产品产量…………274
1-2-13 历年猪、牛、羊、禽出栏率及胴体重……275
1-2-14 主要牲畜出栏和畜产品产量及增减情况…276
1-2-15 牲畜年末存栏头数及增减情况……………276
1-2-16 历年水产品产量……………………………277
1-2-17 水产品产量和养殖面积及增减情况………278
1-2-18 历年平均每人主要农产品产量（按年平均人口计算）……………………………………279
三、农村经济总量与效益
1-3-1 全省饲料工业情况…………………………281
1-3-2 历年农林牧渔业总产值（按不变价格计算）……………………………………282
1-3-3 历年农林牧渔业总产值指数（上年=100）…283

1-3-4 历年农林牧渔业总产值指数（1952年=100）……285
1-3-5 历年农林牧渔业总产值（按当年价格计算）……286
1-3-6 历年农林牧渔业总产值构成（按当年价格计算）……287
1-3-7 分项农林牧渔业产值及构成（按当年价格计算）……288
1-3-8 历年农林牧渔业增加值及指数……289
1-3-9 农林牧渔业增加值、构成及占产值比重…289
1-3-10 历年农林牧渔业商品产值……290
1-3-11 历年农林牧渔业商品率……291
1-3-12 历年农业劳动生产率、土地生产率、投入产出率……292
1-3-13 历年农村经济在国民经济中的地位……293
1-3-14 历年平均每一乡村农林牧渔业从业人员生产的主要农产品……294
1-3-15 历年农业产业化经营情况……295
1-3-16 历年城乡居民人均消费水平对比……297

四、农民收入与消费

1-4-1 农村居民家庭基本情况……298
1-4-2 农村居民家庭劳动力文化程度……298
1-4-3 农村居民家庭平均每百户年末拥有生产性固定资产……299
1-4-4 农村居民家庭平均每户年末拥有生产性固定资产原值……299
1-4-5 农村居民住房情况……300
1-4-6 农村居民按人均可支配收入分组的户数占调查户比重……300
1-4-7 历年农村居民人均可支配收入及指数……301
1-4-8 农村居民总收入……302
1-4-9 农村居民总支出……303
1-4-10 农村居民人均可支配收入……304
1-4-11 历年农村居民人均消费支出及构成……305
1-4-12 农村居民家庭人均主要食品消费量……307
1-4-13 农村居民家庭平均每百户年末耐用消费品拥有量……307
1-4-14 历年城乡居民可支配收入与消费支出及恩格尔系数……308

五、农产品成本与收益

1-5-1 种植业生产成本收益与劳动生产率……309
1-5-2 种植业生产费用和用工……313
1-5-3 种植业主要品种中间消耗（2016年）……317
1-5-4 养殖业主要品种中间消耗（2016年）……318

六、农村市场与物价

1-6-1 历年社会消费品零售总额和商品市场情况…319
1-6-2 历年各种物价总指数（上年=100）……320
1-6-3 历年各种物价总指数（1952年=100）……321
1-6-4 居民消费价格分类指数（2016年）（上年=100）……322
1-6-5 商品零售价格分类指数（2016年）（上年=100）……323
1-6-6 农业生产资料价格分类指数（上年=100）…325
1-6-7 主要农产品生产价格及指数……326

七、农产品进出口

1-7-1 石家庄海关出口农副产品及加工品数量…329
1-7-2 石家庄海关出口农副产品及加工品金额…330
1-7-3 石家庄海关进口农副产品及加工品数量…331
1-7-4 石家庄海关进口农副产品及加工品金额…332

八、农业综合开发

1-8-1 河北省农业综合开发情况……333

九、国有农场

1-9-1 农垦系统国有农牧场基本情况……335
1-9-2 主要农牧场经济指标……337

十、财政、投资

1-10-1 历年财政收支情况……339
1-10-2 农村集体和农村居民个人固定资产投资……340
1-10-3 农业基本建设投资……341

十一、农村文化、教育、卫生、科研

1-11-1 普通中学和普通小学基本情况……342
1-11-2 乡镇卫生院、床位、卫生人员和村卫生室及人员数……342
1-11-3 农村文化机构和农村老年福利机构情况…342

各市情况

一、农村基本情况与农业生产条件

2-1-1 各市总户数、总人口……343
2-1-2 各市人口出生、死亡、自然增长率……343
2-1-3 各市农村基层组织情况……344
2-1-4 各市农村基础设施……344
2-1-5 各市乡村户数、人口和劳动力资源……345
2-1-6 各市乡村从业人员……346
2-1-7 各市分行业乡村从业人员……346
2-1-8 各市乡村从业人员的文化程度……349
2-1-9 各市农用机械年末拥有量……350
2-1-10 各市农业机械化情况……352
2-1-11 各市农村电气化情况……352
2-1-12 各市农用化肥、农药使用量……353
2-1-13 各市农用薄膜及柴油使用量……355

2-1-14 各市农田水利建设情况……355
2-1-15 各市水库、供水和水保情况……356
2-1-16 各市节水灌溉情况……356
2-1-17 各市自然灾害情况……357
2-1-18 各市耕地面积……359
二、主要农产品种植面积和产量
2-2-1 各市粮食作物播种面积和产量……360
2-2-2 各市油料播种面积和产量……371
2-2-3 各市棉花播种面积和产量……374
2-2-4 各市生麻播种面积和产量……374
2-2-5 各市甜菜播种面积和产量……376
2-2-6 各市烟叶播种面积和产量……376
2-2-7 各市药材及其他农作物播种面积和产量…377
2-2-8 各市蔬菜播种面积和产量……378
2-2-9 各市瓜果类播种面积和产量……393
2-2-10 各市特种农作物生产……395
2-2-11 各市设施农业生产……396
2-2-12 各市水果及食用坚果生产……400
2-2-13 各市林业生产……404
2-2-14 各市林业重点工程完成情况……406
2-2-15 各市牲畜出栏……407
2-2-16 各市牲畜存栏……408
2-2-17 各市肉类产量……410
2-2-18 各市畜产品产量……412
2-2-19 各市畜牧养殖小区情况……414
2-2-20 各市特种畜禽饲养存栏情况……417
2-2-21 各市特种畜禽饲养出栏情况……419
2-2-22 各市水产品产量……421
2-2-23 各市水产养殖面积……423
2-2-24 各市水产品加工企业情况……425
2-2-25 各市主要人均指标（2016年）……426
三、农村经济总量与效益
2-3-1 2016年各市农林牧渔业总产值（可比价）…427
2-3-2 各市农林牧渔业总产值（现价）……429
2-3-3 各市农林牧渔业总产值及构成（2016年）…438
2-3-4 各市农林牧渔业总产值指数（2016年）（上年=100）……439
2-3-5 各市农林牧渔业商品产值……439
2-3-6 各市农林牧渔业中间消耗……445
2-3-7 各市农林牧渔业增加值……451
2-3-8 各市农林牧渔业增加值构成（2016年）…452
2-3-9 各市农林牧渔业增加值指数（2016年）（上年=100）……452
2-3-10 各市农林牧渔业中间消耗、增加值占总产值的比重（2016年）……453
2-3-11 各市农业劳动生产率、投入产出率（2016年）……454
2-3-12 各市农村经济比重（2016年）……454
2-3-13 各市非国有经济基本情况及效益……455
2-3-14 各市非国有出口企业情况……456
2-3-15 各市非国有经济园区情况……456
2-3-16 各市非国有农产品加工经济单位情况……457
四、农村扶贫、粮食、市场、气象和计生
2-4-1 各市扶贫情况……458
2-4-2 各市粮食购销情况……459
2-4-3 各市日照、降水和气温情况……459
2-4-4 各市乡（镇）卫生院、床位数和卫生人员情况……460
2-4-5 各市村卫生室和卫生人员情况……460
五、经济指标排序
2-5-1 各市主要经济指标排序……461
六、农业产业化
2-6-1 各市农业产业化龙头经营组织发展情况…465
2-6-2 各市农产品生产（加工）基地发展情况…476
2-6-3 各市农业产业化统计监测情况……486
县（市、区）情况
3-1 县（市、区）国民经济主要指标（2016年）…487
3-2 各县（市、区）粮食总产量排序（2016年）……547
3-3 各县（市、区）棉花总产量排序（2016年）……548
3-4 各县（市、区）油料总产量排序（2016年）……549
3-5 各县（市、区）蔬菜总产量排序（2016年）……550
3-6 各县（市、区）园林水果产量排序（2016年）……551
3-7 各县（市、区）肉类总产量排序（2016年）……552
3-8 各县（市、区）禽蛋产量排序（2016年）……553
3-9 各县（市、区）奶类产量排序（2016年）……554
3-10 各县（市、区）水产品产量排序（2016年）……555
3-11 各县（市、区）农林牧渔业总产值排序（2016年）……556
3-12 各县（市、区）农林牧渔业增加值排序（2016年）……557
3-13 各县（市、区）农村居民人均可支配收入排序（2016年）……558
3-14 各县（市、区）生产总值排序（2016年）……559
3-15 各县（市、区）地方公共财政预算收入排序（2016年）……560
乡镇情况
4-1 乡镇经济主要指标（2016年）……561
全国及各省（市、自治区）情况
5-1 各省（市、自治区）农用机械总动力及其位次……601
5-2 各省（市、自治区）农用化肥施用量（折纯）

及其位次 ……………………………………602
5-3 各省（市、自治区）农村用电量及其位次…603
5-4 各省（市、自治区）有效灌溉面积及其位次…604
5-5 各省（市、自治区）粮食总产量及其位次…605
5-6 各省（市、自治区）人均粮食产量及其位次…606
5-7 各省（市、自治区）棉花产量及其位次……607
5-8 各省（市、自治区）人均棉花产量及其位次…608
5-9 各省（市、自治区）油料产量及其位次……609
5-10 各省（市、自治区）人均油料产量及其位次 …610
5-11 各省（市、自治区）蔬菜产量及其位次……611
5-12 各省（市、自治区）园林水果产量及其位次…612
5-13 各省（市、自治区）肉类总产量及其位次…613
5-14 各省（市、自治区）猪牛羊肉产量及其位次 …614
5-15 各省（市、自治区）牛奶产量及其位次……615
5-16 各省（市、自治区）禽蛋产量及其位次……616
5-17 各省（市、自治区）水产品产量及其位次…617
5-18 各省（市、自治区）农林牧渔业总产值
及其位次（按当年现行价格计算）……………618
5-19 各省（市、自治区）农林牧渔业增加值
及其位次 ……………………………………619
5-20 各省（市、自治区）农村居民人均可支配
收入及其位次 ………………………………620

Ⅷ 2016年河北农村工作大事记

2016年河北农村工作大事记…………………………………621

Ⅸ 附 录

一、农村统计主要指标解释………………………………628
二、农村统计常用计算公式………………………………630
三、符号使用说明…………………………………………635
四、2016年度河北省科学技术进步奖农业获奖项目……635
五、2016年度河北省自然科学奖农业领域获奖项目……637
六、2016年度河北省技术发明奖农业获奖项目…………637
七、2016年度农业领域国际科学技术合作奖获奖人员…637

Ⅰ 特 载

中共中央 国务院
关于深入推进农业供给侧结构性改革
加快培育农业农村发展新动能的若干意见

（2016年12月31日）

经过多年不懈努力，我国农业农村发展不断迈上新台阶，已进入新的历史阶段。农业的主要矛盾由总量不足转变为结构性矛盾，突出表现为阶段性供过于求和供给不足并存，矛盾的主要方面在供给侧。近几年，我国在农业转方式、调结构、促改革等方面进行积极探索，为进一步推进农业转型升级打下一定基础，但农产品供求结构失衡、要素配置不合理、资源环境压力大、农民收入持续增长乏力等问题仍很突出，增加产量与提升品质、成本攀升与价格低迷、库存高企与销售不畅、小生产与大市场、国内外价格倒挂等矛盾亟待破解。必须顺应新形势新要求，坚持问题导向，调整工作重心，深入推进农业供给侧结构性改革，加快培育农业农村发展新动能，开创农业现代化建设新局面。

推进农业供给侧结构性改革，要在确保国家粮食安全的基础上，紧紧围绕市场需求变化，以增加农民收入、保障有效供给为主要目标，以提高农业供给质量为主攻方向，以体制改革和机制创新为根本途径，优化农业产业体系、生产体系、经营体系，提高土地产出率、资源利用率、劳动生产率，促进农业农村发展由过度依赖资源消耗、主要满足量的需求，向追求绿色生态可持续、更加注重满足质的需求转变。

推进农业供给侧结构性改革是一个长期过程，处理好政府和市场关系、协调好各方面利益，面临许多重大考验。必须直面困难和挑战，坚定不移推进改革，勇于承受改革阵痛，尽力降低改革成本，积极防范改革风险，确保粮食生产能力不降低、农民增收势头不逆转、农村稳定不出问题。

2017年农业农村工作，要全面贯彻党的十八大和十八届三中、四中、五中、六中全会精神，以邓小平理论、“三个代表”重要思想、科学发展观为指导，深入贯彻习近平总书记系列重要讲话精神和治国理政新理念新思想新战略，坚持新发展理念，协调推进农业现代化与新型城镇化，以推进农业供给侧结构性改革为主线，围绕农业增效、农民增收、农村增绿，加强科技创新引领，加快结构调整步伐，加大农村改革力度，提高农业综合效益和竞争力，推动社会主义新农村建设取得新的进展，力争农村全面小康建设迈出更大步伐。

一、优化产品产业结构，着力推进农业提质增效

1. 统筹调整粮经饲种植结构。按照稳粮、优经、扩饲的要求，加快构建粮经饲协调发展的三元种植结构。粮食作物要稳定水稻、小麦生产，确保口粮绝对安全，重点发展优质稻米和强筋弱筋小麦，继续调减非优势区籽粒玉米，增加优质食用大豆、薯类、杂粮杂豆等。经济作物要优化品种品质和区域布局，巩固主产区棉花、油料、糖料生产，促进园艺作物增值增效。饲料作物要扩大种植面积，发展青贮玉米、苜蓿等优质牧草，大力培育现代饲草料产业体系。加快北方农牧交错带结构调整，形成以养带种、牧林农复合、草果菜结合的种植结构。继续开展粮改饲、粮改豆补贴试点。

2. 发展规模高效养殖业。稳定生猪生产，优化南方水

网地区生猪养殖区域布局，引导产能向环境容量大的地区和玉米主产区转移。加快品种改良，大力发展牛羊等草食畜牧业。全面振兴奶业，重点支持适度规模的家庭牧场，引导扩大生鲜乳消费，严格执行复原乳标识制度，培育国产优质品牌。合理确定湖泊水库等内陆水域养殖规模，推动水产养殖减量增效。推进稻田综合种养和低洼盐碱地养殖。完善江河湖海限捕、禁捕时限和区域，率先在长江流域水生生物保护区实现全面禁捕。科学有序开发滩涂资源。支持集约化海水健康养殖，发展现代化海洋牧场，加强区域协同保护，合理控制近海捕捞。积极发展远洋渔业。建立海洋渔业资源总量管理制度，规范各类渔业用海活动，支持渔民减船转产。

3. 做大做强优势特色产业。实施优势特色农业提质增效行动计划，促进杂粮杂豆、蔬菜瓜果、茶叶蚕桑、花卉苗木、食用菌、中药材和特色养殖等产业提档升级，把地方土特产和小品种做成带动农民增收的大产业。大力发展木本粮油等特色经济林、珍贵树种用材林、花卉竹藤、森林食品等绿色产业。实施森林生态标志产品建设工程。开展特色农产品标准化生产示范，建设一批地理标志农产品和原产地保护基地。推进区域农产品公用品牌建设，支持地方以优势企业和行业协会为依托打造区域特色品牌，引入现代要素改造提升传统名优品牌。

4. 进一步优化农业区域布局。以主体功能区规划和优势农产品布局规划为依托，科学合理划定稻谷、小麦、玉米粮食生产功能区和大豆、棉花、油菜籽、糖料蔗、天然橡胶等重要农产品生产保护区。功能区和保护区内地块全部建档立册、上图入库，实现信息化精准化管理。抓紧研究制定功能区和保护区建设标准，完善激励机制和支持政策，层层落实建设管护主体责任。制定特色农产品优势区建设规划，建立评价标准和技术支撑体系，鼓励各地争创园艺产品、畜产品、水产品、林特产品等特色农产品优势区。

5. 全面提升农产品质量和食品安全水平。坚持质量兴农，实施农业标准化战略，突出优质、安全、绿色导向，健全农产品质量和食品安全标准体系。支持新型农业经营主体申请“三品一标”认证，推进农产品商标注册便利化，强化品牌保护。引导企业争取国际有机农产品认证，加快提升国内绿色、有机农产品认证的权威性和影响力。切实加强产地环境保护和源头治理，推行农业良好生产规范，推广生产记录台账制度，严格执行农业投入品生产销售使用有关规定。深入开展农兽药残留超标特别是养殖业滥用抗生素治理，严厉打击违禁超限量使用农兽药、非法添加和超范围超限量使用食品添加剂等行为。健全农产品质量和食品安全监管体制，强化风险分级管理和属地责任，加大抽检监测力度。建立全程可追溯、互联共享的追溯监管综合服务平台。鼓励生产经营主体投保食品安全责任险。抓紧修订农产品质量安全法。

6. 积极发展适度规模经营。大力培育新型农业经营主体和服务主体，通过经营权流转、股份合作、代耕代种、土地托管等多种方式，加快发展土地流转型、服务带动型等多种形式规模经营。积极引导农民在自愿基础上，通过村组内互换并地等方式，实现按户连片耕种。完善家庭农场认定办法，扶持规模适度的家庭农场。加强农民合作社规范化建设，积极发展生产、供销、信用“三位一体”综合合作。总结推广农业生产全程社会化服务试点经验，扶持培育农机作业、农田灌排、统防统治、烘干仓储等经营性服务组织。支持供销、邮政、农机等系统发挥为农服务综合平台作用，促进传统农资流通网点向现代农资综合服务商转型。鼓励地方探索土地流转履约保证保险。研究建立农业适度规模经营评价指标体系，引导规模经营健康发展。

7. 建设现代农业产业园。以规模化种养基地为基础，依托农业产业化龙头企业带动，聚集现代生产要素，建设“生产＋加工＋科技”的现代农业产业园，发挥技术集成、产业融合、创业平台、核心辐射等功能作用。科学制定产业园规划，统筹布局生产、加工、物流、研发、示范、服务等功能板块。鼓励地方统筹使用高标准农田建设、农业综合开发、现代农业生产发展等相关项目资金，集中建设产业园基础设施和配套服务体系。吸引龙头企业和科研机构建设运营产业园，发展设施农业、精准农业、精深加工、现代营销，带动新型农业经营主体和农户专业化、标准化、集约化生产，推动农业全环节升级、全链条增值。鼓励农户和返乡下乡人员通过订单农业、股份合作、入园创业就业等多种方式，参与建设，分享收益。

8. 创造良好农产品国际贸易环境。统筹利用国际市场，优化国内农产品供给结构，健全公平竞争的农产品进口市场环境。健全农产品贸易反补贴、反倾销和保障措施法律法规，依法对进口农产品开展贸易救济调查。鼓励扩大优势农产品出口，加大海外推介力度。加强农业对外合作，推动农业走出去。以“一带一路”沿线及周边国家和地区为重点，支持农业企业开展跨国经营，建立境外生产基地和加工、仓储物流设施，培育具有国际竞争力的大企业大集团。积极参与国际贸易规则和国际标准的制定修订，推进农产品认证结果互认工作。深入开展农产品反走私综合治理，实施专项打击行动。

二、推行绿色生产方式，增强农业可持续发展能力

9. 推进农业清洁生产。深入推进化肥农药零增长行动，开展有机肥替代化肥试点，促进农业节本增效。建立健全

化肥农药行业生产监管及产品追溯系统，严格行业准入管理。大力推行高效生态循环的种养模式，加快畜禽粪便集中处理，推动规模化大型沼气健康发展。以县为单位推进农业废弃物资源化利用试点，探索建立可持续运营管理机制。鼓励各地加大农作物秸秆综合利用支持力度，健全秸秆多元化利用补贴机制。继续开展地膜清洁生产试点示范。推进国家农业可持续发展试验示范区创建。

10. 大规模实施农业节水工程。把农业节水作为方向性、战略性大事来抓，加快完善国家支持农业节水政策体系。加大大中型灌排骨干工程节水改造与建设力度，同步完善田间节水设施，建设现代化灌区。大力实施区域规模化高效节水灌溉行动，集中建成一批高效节水灌溉工程。稳步推进牧区高效节水灌溉饲草料地建设，严格限制生态脆弱地区抽取地下水灌溉人工草场。建立健全农业节水技术产品标准体系。加快开发种类齐全、系列配套、性能可靠的节水灌溉技术和产品，大力普及喷灌、滴灌等节水灌溉技术，加大水肥一体化等农艺节水推广力度。全面推进农业水价综合改革，落实地方政府主体责任，加快建立合理水价形成机制和节水激励机制。全面推行用水定额管理，开展县域节水型社会建设达标考核。实施第三次全国水资源调查评价。

11. 集中治理农业环境突出问题。实施耕地、草原、河湖休养生息规划。开展土壤污染状况详查，深入实施土壤污染防治行动计划，继续开展重金属污染耕地修复及种植结构调整试点。扩大农业面源污染综合治理试点范围。加大东北黑土地保护支持力度。推进耕地轮作休耕制度试点，合理设定补助标准。支持地方重点开展设施农业土壤改良，增加土壤有机质。扩大华北地下水超采区综合治理范围。加快新一轮退耕还林还草工程实施进度。上一轮退耕还林补助政策期满后，将符合条件的退耕还生态林分别纳入中央和地方森林生态效益补偿范围。继续实施退牧还草工程。推进北方农牧交错带已垦草原治理。实施湿地保护修复工程。

12. 加强重大生态工程建设。推进山水林田湖整体保护、系统修复、综合治理，加快构建国家生态安全屏障。全面推进大规模国土绿化行动。启动长江经济带重大生态修复工程，把共抓大保护、不搞大开发的要求落到实处。继续实施林业重点生态工程，推动森林质量精准提升工程建设。完善全面停止天然林商业性采伐补助政策。加快推进国家公园建设。加强国家储备林基地建设。推进沙化土地封禁与修复治理。加大野生动植物和珍稀种质资源保护力度，推进濒危野生动植物抢救性保护及自然保护区建设。加强重点区域水土流失综合治理和水生态修复治理，继续开展江河湖库水系连通工程建设。

三、壮大新产业新业态，拓展农业产业链价值链

13. 大力发展乡村休闲旅游产业。充分发挥乡村各类物质与非物质资源富集的独特优势，利用“旅游+”、“生态+”等模式，推进农业、林业与旅游、教育、文化、康养等产业深度融合。丰富乡村旅游业态和产品，打造各类主题乡村旅游目的地和精品线路，发展富有乡村特色的民宿和养生养老基地。鼓励农村集体经济组织创办乡村旅游合作社，或与社会资本联办乡村旅游企业。多渠道筹集建设资金，大力改善休闲农业、乡村旅游、森林康养公共服务设施条件，在重点村优先实现宽带全覆盖。完善休闲农业、乡村旅游行业标准，建立健全食品安全、消防安全、环境保护等监管规范。支持传统村落保护，维护少数民族特色村寨整体风貌，有条件的地区实行连片保护和适度开发。

14. 推进农村电商发展。促进新型农业经营主体、加工流通企业与电商企业全面对接融合，推动线上线下互动发展。加快建立健全适应农产品电商发展的标准体系。支持农产品电商平台和乡村电商服务站点建设。推动商贸、供销、邮政、电商互联互通，加强从村到乡镇的物流体系建设，实施快递下乡工程。深入实施电子商务进农村综合示范。鼓励地方规范发展电商产业园，聚集品牌推广、物流集散、人才培养、技术支持、质量安全等功能服务。全面实施信息进村入户工程，开展整省推进示范。完善全国农产品流通骨干网络，加快构建公益性农产品市场体系，加强农产品产地预冷等冷链物流基础设施网络建设，完善鲜活农产品直供直销体系。推进“互联网+”现代农业行动。

15. 加快发展现代食品产业。引导加工企业向主产区、优势产区、产业园区集中，在优势农产品产地打造食品加工产业集群。加大食品加工业技术改造支持力度，开发拥有自主知识产权的生产加工设备。鼓励食品企业设立研发机构，围绕“原字号”开发市场适销对路的新产品。实施主食加工业提升行动，积极推进传统主食工业化、规模化生产，大力发展方便食品、休闲食品、速冻食品、马铃薯主食产品。加强新食品原料、药食同源食品开发和应用。大力推广“生产基地+中央厨房+餐饮门店”、“生产基地+加工企业+商超销售”等产销模式。加强现代生物和营养强化技术研究，挖掘开发具有保健功能的食品。健全保健食品、特殊医学用途食品、婴幼儿配方乳粉注册备案制度。完善农产品产地初加工补助政策。

16. 培育宜居宜业特色村镇。围绕有基础、有特色、有潜力的产业，建设一批农业文化旅游“三位一体”、生产生活生态同步改善、一产二产三产深度融合的特色村镇。支持各地加强特色村镇产业支撑、基础设施、公共服务、

环境风貌等建设。打造“一村一品”升级版,发展各具特色的专业村。支持有条件的乡村建设以农民合作社为主要载体、让农民充分参与和受益,集循环农业、创意农业、农事体验于一体的田园综合体,通过农业综合开发、农村综合改革转移支付等渠道开展试点示范。深入实施农村产业融合发展试点示范工程,支持建设一批农村产业融合发展示范园。

四、强化科技创新驱动,引领现代农业加快发展

17. 加强农业科技研发。适应农业转方式调结构新要求,调整农业科技创新方向和重点。整合科技创新资源,完善国家农业科技创新体系和现代农业产业技术体系,建立一批现代农业产业科技创新中心和农业科技创新联盟,推进资源开放共享与服务平台基地建设。加强农业科技基础前沿研究,提升原始创新能力。建设国家农业高新技术产业开发区。加大实施种业自主创新重大工程和主要农作物良种联合攻关力度,加快适宜机械化生产、优质高产多抗广适新品种选育。加强中低产田改良、经济作物、草食畜牧业、海洋牧场、智慧农业、农林产品精深加工、仓储物流等科技研发。加快研发适宜丘陵山区、设施农业、畜禽水产养殖的农机装备,提升农机核心零部件自主研发能力。支持地方开展特色优势产业技术研发。

18. 强化农业科技推广。创新公益性农技推广服务方式,引入项目管理机制,推行政府购买服务,支持各类社会力量广泛参与农业科技推广。鼓励地方建立农科教产学研一体化农业技术推广联盟,支持农技推广人员与家庭农场、农民合作社、龙头企业开展技术合作。深入推进绿色高产高效创建,重点推广优质专用品种和节本降耗、循环利用技术模式。实施智慧农业工程,推进农业物联网试验示范和农业装备智能化。发展智慧气象,提高气象灾害监测预报预警水平。深入推行科技特派员制度,打造一批“星创天地”。加强农村科普公共服务建设。

19. 完善农业科技创新激励机制。加快落实科技成果转化收益、科技人员兼职取酬等制度规定。通过“后补助”等方式支持农业科技创新。实施农业科研杰出人才培养计划,深入推进科研成果权益改革试点。发展面向市场的新型农业技术研发、成果转化和产业孵化机构。完善符合农业科技创新规律的基础研究支持方式,建立差别化农业科技评价制度。加强农业知识产权保护和运用。

20. 提升农业科技园区建设水平。科学制定园区规划,突出科技创新、研发应用、试验示范、科技服务与培训等功能,建设农业科技成果转化中心、科技人员创业平台、高新技术产业孵化基地,打造现代农业创新高地。支持园区产学研合作建立各类研发机构、测试检测中心、院士专家工作站、技术交易机构等科研和服务平台。支持园区企业和科研机构结合区域实际,开展特色优势产业关键共性技术研发和推广。完善国家农业科技园区管理办法和监测评价机制。

21. 开发农村人力资源。重点围绕新型职业农民培育、农民工职业技能提升,整合各渠道培训资金资源,建立政府主导、部门协作、统筹安排、产业带动的培训机制。探索政府购买服务等办法,发挥企业培训主体作用,提高农民工技能培训针对性和实效性。优化农业从业者结构,深入推进现代青年农场主、林场主培养计划和新型农业经营主体带头人轮训计划,探索培育农业职业经理人,培养适应现代农业发展需要的新农民。鼓励高等学校、职业院校开设乡村规划建设、乡村住宅设计等相关专业和课程,培养一批专业人才,扶持一批乡村工匠。

五、补齐农业农村短板,夯实农村共享发展基础

22. 持续加强农田基本建设。深入实施藏粮于地、藏粮于技战略,严守耕地红线,保护优化粮食产能。全面落实永久基本农田特殊保护政策措施,实施耕地质量保护和提升行动,持续推进中低产田改造。加快高标准农田建设,提高建设质量。有条件的地区可以将晒场、烘干、机具库棚、有机肥积造等配套设施纳入高标准农田建设范围。引导金融机构对高标准农田建设提供信贷支持。允许通过土地整治增加的耕地作为占补平衡补充耕地的指标在省域内调剂,按规定或合同约定取得指标调剂收益。推进重大水利工程建设,抓紧修复水毁灾损农业设施和水利工程,加强水利薄弱环节和“五小水利”工程建设。因地制宜推进平原地区农村机井油改电。

23. 深入开展农村人居环境治理和美丽宜居乡村建设。推进农村生活垃圾治理专项行动,促进垃圾分类和资源化利用,选择适宜模式开展农村生活污水治理,加大力度支持农村环境集中连片综合治理和改厕。开展城乡垃圾乱排乱放集中排查整治行动。实施农村新能源行动,推进光伏发电,逐步扩大农村电力、燃气和清洁型煤供给。加快修订村庄和集镇规划建设管理条例,大力推进县域乡村建设规划编制工作。推动建筑设计下乡,开展田园建筑示范。深入开展建好、管好、护好、运营好农村公路工作,深化农村公路管养体制改革,积极推进城乡交通运输一体化。实施农村饮水安全巩固提升工程和新一轮农村电网改造升级工程。完善农村危房改造政策,提高补助标准,集中支持建档立卡贫困户、低保户、分散供养特困人员和贫困残疾人家庭等重点对象。开展农村地区枯井、河塘、饮用

水、自建房、客运和校车等方面安全隐患排查治理工作。推进光纤到村建设,加快实现4G 网络农村全覆盖。推进建制村直接通邮。开展农村人居环境和美丽宜居乡村示范创建。加强农村公共文化服务体系建设,统筹实施重点文化惠民项目,完善基层综合性文化服务设施,在农村地区深入开展送地方戏活动。支持重要农业文化遗产保护。

24. 提升农村基本公共服务水平。全面落实城乡统一、重在农村的义务教育经费保障机制,加强乡村教师队伍建设。继续提高城乡居民基本医疗保险筹资水平,加快推进城乡居民医保制度整合,推进基本医保全国联网和异地就医结算。加强农村基层卫生人才培养。完善农村低保对象认定办法,科学合理确定农村低保标准。扎实推进农村低保制度与扶贫开发政策有效衔接,做好农村低保兜底工作。完善城乡居民养老保险筹资和保障机制。健全农村留守儿童和妇女、老人、残疾人关爱服务体系。

25. 扎实推进脱贫攻坚。进一步推进精准扶贫各项政策措施落地生根,确保2017年再脱贫1000万人以上。深入推进重大扶贫工程,强化脱贫攻坚支撑保障体系,统筹安排使用扶贫资源,注重提高脱贫质量,激发贫困人口脱贫致富积极性主动性,建立健全稳定脱贫长效机制。加强扶贫资金监督管理,在所有贫困县开展涉农资金整合。严格执行脱贫攻坚考核监督和督查巡查等制度,全面落实责任。坚决制止扶贫工作中的形式主义做法,不搞层层加码,严禁弄虚作假,务求脱贫攻坚取得实效。

六、加大农村改革力度,激活农业农村内生发展动力

26. 深化粮食等重要农产品价格形成机制和收储制度改革。坚持并完善稻谷、小麦最低收购价政策,合理调整最低收购价水平,形成合理比价关系。坚定推进玉米市场定价、价补分离改革,健全生产者补贴制度,鼓励多元市场主体入市收购,防止出现卖粮难。采取综合措施促进过腹转化、加工转化,多渠道拓展消费需求,加快消化玉米等库存。调整完善新疆棉花目标价格政策,改进补贴方式。调整大豆目标价格政策。科学确定粮食等重要农产品国家储备规模,优化中央储备粮品种结构和区域布局,改革完善中央储备粮管理体制,充分发挥政策性职能作用,严格政策性粮食监督管理,严防跑冒滴漏,确保储存安全。支持家庭农场、农民合作社科学储粮。

27. 完善农业补贴制度。进一步提高农业补贴政策的指向性和精准性,重点补主产区、适度规模经营、农民收入、绿色生态。深入推进农业"三项补贴"制度改革。完善粮食主产区利益补偿机制,稳定产粮大县奖励政策,调整产粮大省奖励资金使用范围,盘活粮食风险基金。完善农机购置补贴政策,加大对粮棉油糖和饲草料生产全程机械化所需机具的补贴力度。深入实施新一轮草原生态保护补助奖励政策。健全林业补贴政策,扩大湿地生态效益补偿实施范围。

28. 改革财政支农投入机制。坚持把农业农村作为财政支出的优先保障领域,确保农业农村投入适度增加,着力优化投入结构,创新使用方式,提升支农效能。固定资产投资继续向农业农村倾斜。发挥规划统筹引领作用,多层次多形式推进涉农资金整合。推进专项转移支付预算编制环节源头整合改革,探索实行"大专项+任务清单"管理方式。创新财政资金使用方式,推广政府和社会资本合作,实行以奖代补和贴息,支持建立担保机制,鼓励地方建立风险补偿基金,撬动金融和社会资本更多投向农业农村。建立健全全国农业信贷担保体系,推进省级信贷担保机构向市县延伸,支持有条件的市县尽快建立担保机构,实现实质性运营。拓宽农业农村基础设施投融资渠道,支持社会资本以特许经营、参股控股等方式参与农林水利、农垦等项目建设运营。鼓励地方政府和社会资本设立各类农业农村发展投资基金。加大地方政府债券支持农村基础设施建设力度。在符合有关法律和规定的前提下,探索以市场化方式筹集资金,用于农业农村建设。研究制定引导和规范工商资本投资农业农村的具体意见。对各级财政支持的各类小型项目,优先安排农村集体经济组织、农民合作组织等作为建设管护主体,强化农民参与和全程监督。

29. 加快农村金融创新。强化激励约束机制,确保"三农"贷款投放持续增长。支持金融机构增加县域网点,适当下放县域分支机构业务审批权限。对涉农业务较多的金融机构,进一步完善差别化考核办法。落实涉农贷款增量奖励政策。支持农村商业银行、农村合作银行、村镇银行等农村中小金融机构立足县域,加大服务"三农"力度,健全内部控制和风险管理制度。规范发展农村资金互助组织,严格落实监管主体和责任。开展农民合作社内部信用合作试点,鼓励发展农业互助保险。支持国家开发银行创新信贷投放方式。完善农业发展银行风险补偿机制和资本金补充制度,加大对粮食多元市场主体入市收购的信贷支持力度。深化农业银行三农金融事业部改革,对达标县域机构执行优惠的存款准备金率。加快完善邮储银行三农金融事业部运作机制,研究给予相关优惠政策。抓紧研究制定农村信用社省联社改革方案。优化村镇银行设立模式,提高县市覆盖面。鼓励金融机构积极利用互联网技术,为农业经营主体提供小额存贷款、支付结算和保险等金融服务。推进信用户、信用村、信用乡镇创建。支持金融机构开展适合新型农业经营主体的订单融资和应收账款融资业务。深入推进承包土地的经营权和农民住房财产权抵押贷款试点,探索开展大型农机具、农业生产设施抵押贷款业务。

加快农村各类资源资产权属认定，推动部门确权信息与银行业金融机构联网共享。持续推进农业保险扩面、增品、提标，开发满足新型农业经营主体需求的保险产品，采取以奖代补方式支持地方开展特色农产品保险。鼓励地方多渠道筹集资金，支持扩大农产品价格指数保险试点。探索建立农产品收入保险制度。支持符合条件的涉农企业上市融资、发行债券、兼并重组。在健全风险阻断机制前提下，完善财政与金融支农协作模式。鼓励金融机构发行“三农”专项金融债。扩大银行与保险公司合作，发展保证保险贷款产品。深入推进农产品期货、期权市场建设，积极引导涉农企业利用期货、期权管理市场风险，稳步扩大“保险+期货”试点。严厉打击农村非法集资和金融诈骗。积极推动农村金融立法。

30. 深化农村集体产权制度改革。落实农村土地集体所有权、农户承包权、土地经营权“三权分置”办法。加快推进农村承包地确权登记颁证，扩大整省试点范围。统筹协调推进农村土地征收、集体经营性建设用地入市、宅基地制度改革试点。全面加快“房地一体”的农村宅基地和集体建设用地确权登记颁证工作。认真总结农村宅基地制度改革试点经验，在充分保障农户宅基地用益物权、防止外部资本侵占控制的前提下，落实宅基地集体所有权，维护农户依法取得的宅基地占有和使用权，探索农村集体组织以出租、合作等方式盘活利用空闲农房及宅基地，增加农民财产性收入。允许地方多渠道筹集资金，按规定用于村集体对进城落户农民自愿退出承包地、宅基地的补偿。抓紧研究制定农村集体经济组织相关法律，赋予农村集体经济组织法人资格。全面开展农村集体资产清产核资。稳妥有序、由点及面推进农村集体经营性资产股份合作制改革，确认成员身份，量化经营性资产，保障农民集体资产权利。从实际出发探索发展集体经济有效途径，鼓励地方开展资源变资产、资金变股金、农民变股东等改革，增强集体经济发展活力和实力。研究制定支持农村集体产权制度改革的税收政策。深化集体林权制度改革。加快水权水市场建设，推进水资源使用权确权和进场交易。加快农村产权交易市场建设。

31. 探索建立农业农村发展用地保障机制。优化城乡建设用地布局，合理安排农业农村各业用地。完善新增建设用地保障机制，将年度新增建设用地计划指标确定一定比例用于支持农村新产业新业态发展。加快编制村级土地利用规划。在控制农村建设用地总量、不占用永久基本农田前提下，加大盘活农村存量建设用地力度。允许通过村庄整治、宅基地整理等节约的建设用地采取入股、联营等方式，重点支持乡村休闲旅游养老等产业和农村三产融合发展，严禁违法违规开发房地产或建私人庄园会所。完善农业用地政策，积极支持农产品冷链、初加工、休闲采摘、仓储等设施建设。改进耕地占补平衡管理办法，严格落实耕地占补平衡责任，探索对资源匮乏省份补充耕地实行国家统筹。

32. 健全农业劳动力转移就业和农村创业创新体制。完善城乡劳动者平等就业制度，健全农业劳动力转移就业服务体系，鼓励多渠道就业，切实保障农民工合法权益，着力解决新生代、身患职业病等农民工群体面临的突出问题。支持进城农民工返乡创业，带动现代农业和农村新产业新业态发展。鼓励高校毕业生、企业主、农业科技人员、留学归国人员等各类人才回乡下乡创业创新，将现代科技、生产方式和经营模式引入农村。整合落实支持农村创业创新的市场准入、财政税收、金融服务、用地用电、创业培训、社会保障等方面优惠政策。鼓励各地建立返乡创业园、创业孵化基地、创客服务平台，开设开放式服务窗口，提供一站式服务。

33. 统筹推进农村各项改革。继续深化供销合作社综合改革，增强为农服务能力。稳步推进国有林区和国有林场改革，加快转型升级。深化农垦改革，培育具有竞争力的现代农业企业集团。深化经济发达镇行政管理体制改革。全面推行河长制，确保2018年年底前全面建立省市县乡四级河长体系。扩大水资源税改革试点。继续加强农村改革试验区和国家现代农业示范区工作。开展农村综合性改革试点试验。尊重农民实践创造，鼓励基层先行先试，完善激励机制和容错机制。加强对农村各类改革试点试验的指导督查，及时总结可复制可推广经验，推动相关政策出台和法律法规修改，为推进农业供给侧结构性改革提供法治保障。扎实做好第三次全国农业普查工作。

各级党委和政府必须始终坚持把解决好“三农”问题作为全党工作重中之重不动摇，重农强农调子不能变、力度不能减，切实把认识和行动统一到中央决策部署上来，把农业农村工作的重心转移到推进农业供给侧结构性改革上来，落实到政策制定、工作部署、财力投放、干部配备等各个方面。要深入贯彻党的十八届六中全会精神，切实增强“四个意识”，将全面从严治党要求落实到农村基层，严格落实农村基层党建工作责任制，坚持整乡推进、整县提升，切实加强农村基层党组织建设，全面规范农村基层党组织生活，持续整顿软弱涣散村党组织，选好管好用好农村基层党组织带头人，实行村党组织书记县级备案管理，强化村级组织运转经费保障，发展壮大村级集体经济。扎实推进抓党建促脱贫攻坚工作，充分发挥村党组织第一书记的重要作用。县乡纪委要把查处侵害群众利益的不正之风和腐败问题作为主要工作任务。加强农民负担监管。完善村党组织领导的村民自治有效实现形式，加强村务监督委员会建设，健全务实管用的村务监督机制，开展以村民小组、自然村为基本单元的村民自治试点工作。深化农村社区建设试点。培育与社会主义核心价值观相契合、与社会主义新农村建设相适应的优良家风、文明乡风和新乡贤文化。提升农民思想道德和科学文化素质，加强农村移风易俗工作，引导群众抵制婚丧嫁娶大操大办、人情债等陈规陋习。强化农村社会治安管理、法律宣传教育服务和信访工作。加大“三农”工作宣传力度，为农村改革发展稳定营造良好氛围。

让我们更加紧密团结在以习近平同志为核心的党中央周围，锐意进取，攻坚克难，扎实推进农业供给侧结构性改革，以优异成绩迎接党的十九大召开！

（中发〔2017〕1号）

中共河北省委　河北省人民政府
关于深入推进农业供给侧结构性改革
加快培育农业农村发展新动能的实施意见

（2017年2月5日）

2017年全省农业农村工作要深入贯彻落实中央农村工作会议和省第九次党代会精神，坚持新发展理念，以推进农业供给侧结构性改革为主线，以促进农民增收为核心，以科技创新为支撑，以深化农村改革为动力，加快结构调整促进农业增效，加快产业融合促进农民增收，加快美丽乡村建设促进农村增绿，努力开创农业农村发展新局面，为建设经济强省、美丽河北作出新的贡献。

一、坚持把推进农业供给侧结构性改革作为“三农”工作主线

经过不懈努力，我省农业农村发展不断登上新台阶，为全省经济社会发展提供了有力支撑。进入新的历史阶段，农业结构性矛盾日益凸显，矛盾的主要方面在供给侧，突出表现在绿色优质农产品供给不足、要素配置不合理、生产组织方式落后、资源环境压力加大、农民持续增收乏力。必须顺应新形势新要求，坚持问题导向，调整工作重心，深入推进农业供给侧结构性改革，加快培育农业农村发展新动能。

推进农业供给侧结构性改革，必须坚持稳中有进、守住底线，在确保粮食生产能力不降低、农民增收势头不逆转、农村稳定不出问题的前提下，努力在关键领域奋发有为、力求突破；坚持市场主导、政府引导，充分发挥市场在资源配置中的决定性作用，政府重点强化政策引导、服务支持，营造良好环境；坚持需求导向、问题导向，抢抓京津冀协同发展、脱贫攻坚两大战略带来的需求与机遇，加快结构调整和改革创新，着力形成更有效率、更有效益、更可持续的农业供给体系；坚持全面推进、重点突破，加快构建现代农业产业体系、生产体系、经营体系，找准突破口集中发力，以重点突破活跃工作全局。

2017年，农业供给侧结构性改革要取得实质性进展。绿色优质农产品供给比重明显提升，农产品质量抽检合格率高于全国平均水平，蔬菜、肉蛋奶在北京市场占有率分别提高2个和5个百分点，进京农产品基本实现品牌化；区域布局进一步优化，产业集中度明显提高，畜牧、蔬菜、果品三大优势产业占农林牧渔业产值的比重达到72%；农业经营方式加快转变，新型农业经营主体发展壮大，土地规模经营水平达到25%；一二三产业融合发展，农产品加工业与农业产值比达到1.8∶1，农业产业化经营率达到67.5%。农村居民人均可支配收入增长8%，贫困地区农村居民可支配收入增长10%以上，70万贫困人口实现稳定脱贫。

二、加快农业结构调整促增效

（一）优化粮经饲三元种植结构。按照稳粮、优经、扩饲的基本思路，加快种植业结构调整。保障和提升粮食综合生产能力，重点发展强筋、中强筋优质专用小麦，播种面积稳定在3400万亩以上。调减太行山、燕山及农牧交错区等非优势产区籽粒玉米面积达到400万亩，改种青贮玉米、苜蓿等优质牧草200万亩，加快发展中药材、食用菌、马铃薯、杂粮杂豆、花卉等特色产业。以环京津12个蔬菜大县为重点，大力发展高端设施蔬菜，吸引京津企业在我省建立蔬菜保障基地。加快苹果、梨、核桃、红枣、板栗、葡萄等优势果品基地建设，新增高标准果品生产基地200万亩。

（二）发展规模高效养殖业。稳定生猪和家禽生产，引导养殖企业向玉米产区和环境容量大的地区聚集，提高标准化、规模化养殖水平。加快现代饲草料产业体系建设，大力发展肉牛、肉羊等草食畜牧业。实施奶业振兴行动，

加快优质奶源基地建设，75%的奶牛养殖场（区）完成标准化改造，奶牛平均单产达到7吨以上；支持乳品企业做大做强，促进婴幼儿配方奶粉生产企业达产提效，加快开发巴氏奶、奶酪等高端产品；严格执行复原乳标识制度，提升生鲜乳区域品牌、优质乳品企业品牌美誉度和影响力。推动水产养殖减量增效，合理控制近海捕捞，支持集约化海水健康养殖，发展现代化海洋牧场。

（三）打造绿色优质农产品生产基地。按照“一环四区一带”规划布局，划定和建设粮食生产功能区、重要农产品生产保护区、特色农产品优势区。环首都都市现代农业圈，着力与京津联合打造绿色优质鲜活农产品供应基地。山前平原高产农业区，着力提高优质专用小麦等粮食生产能力。黑龙港生态节水循环农业示范区，着力推进“粮改饲”，加快发展草食畜牧业和杂粮杂豆等耐旱作物。山地高效特色农业区，着力发展沟域经济，加快把太行山、燕山打造成“花果山”。坝上绿色生态产业区，着力发展种养结合草原特色农牧业，加快建设有机农产品供给基地。沿海高效渔业产业带，着力发展生态高效健康养殖，加快建设特色水产品供应基地。各地要按照功能分区制定特色产业发展规划，引导发展“一县一业”“一村一品”，争创国家园艺产品、畜产品、水产品、林特产品等特色农产品优势区。

（四）全面提升农产品质量和食品安全水平。健全农产品质量、食品安全标准体系，大力推进农业标准化生产，支持新型农业经营主体开展“三品一标”认证。切实加强产地环境保护和源头治理，严格执行农业投入品生产销售使用有关规定。深入开展农兽药残留超标和养殖业滥用抗生素治理，严厉打击违禁超限使用农兽药、非法添加和超范围超限量使用食品添加剂等行为。健全农产品质量和食品安全检验检测体系，加快建立从田间到餐桌全产业链监管机制。加快推进农产品质量安全示范县和食品安全城市创建行动，农产品质量安全示范县达到60个、食品安全城市达到3个，创建3个国家有机食品生产基地。积极推进京津冀农产品检测信息共享、检测结果互认、产地准出和市场准入制度衔接，开展重点区域农产品质量安全联合执法。鼓励生产经营主体投保食品安全责任险。

（五）实施农业品牌创建行动。编制农业品牌发展规划，制定推进农产品品牌建设的意见，建立农业品牌目录制度，着力打造20个行业领军企业品牌、50个区域公共品牌、1500个旅游农产品品牌。实施“一县一品一牌”培育计划，启动实施县域农产品区域公用品牌试点，支持创建一批地理标志农产品和原产地保护基地。开展品牌农产品进社区、进企业、进学校、进机关、进饭店、进网站行动，提高冀产农产品京津市场占有率。举办全省农产品品牌发展大会，支持企业通过媒体、展会等多种形式加大品牌宣传推介力度。

（六）大力发展规模经营。着力培育新型农业经营主体和服务主体，深入开展农民合作社、家庭农场、农业社会化服务组织示范创建，通过经营权流转、股份合作、代耕代种、土地托管等多种方式，加快发展土地流转型、服务带动型等多种形式规模经营。积极引导农民在自愿基础上，通过村组内互换并地等方式，实现按户连片耕种。支持符合条件的新型农业经营主体优先承担涉农项目，新增农业补贴向新型农业经营主体重点倾斜。鼓励市、县财政对土地流转期限在5年以上、流转面积在100亩以上的新型农业经营主体给予奖补。积极探索开展土地流转履约保证保险。

三、加快农村产业融合促增收

（一）建设现代农业园区。按照发展规划在园区结合、经营主体在园区聚合、生产要素在园区整合、三次产业在园区融合的要求，加快建设现代农业园区。2017年省级现代农业园区发展到180家，带动创建1200家以上市、县级现代农业园区。统筹使用高标准农田建设、农业综合开发、现代农业生产发展等相关项目资金，集中建设园区基础设施和配套服务体系。开展园区主题创建示范行动，拓展园区多种功能。鼓励和扶持龙头企业、科研机构建设运营现代农业园区，增强园区发展动能。鼓励规模经营主体和返乡下乡人员通过订单农业、股份合作、入园创业等多种方式，参与建设、分享收益。

（二）加快发展农产品加工业。深入实施农产品加工业倍增计划，引导加工企业向主产区、优势产区、产业园区集中，着力打造粮油、乳品、肉类等12大产业链。支持发展农产品产地初加工，落实农产品初加工企业税收优惠和执行农业生产用电价格政策，将干燥、储藏、保鲜等初加工设施纳入农产品产地初加工补助政策范围，将商品化处理设备逐步纳入农机具购置补贴范围。鼓励农产品加工企业设立研发机构，开发生产方便食品、休闲食品、速冻食品、马铃薯主食产品，挖掘开发一批功能性食品。发挥龙头企业带动作用，联合种养、加工、物流、销售等产业链各环节经营主体，组建农业产业化联合体。2017年重点支持发展100个省级示范农业产业化联合体，全省农产品加工业产值达到1.1万亿元。

（三）积极发展外向型农业。扎实开展国际标准农产品生产示范区（基地）创建，到2017年底建成国际标准农产品生产示范区（基地）100个以上，取得境外农产品商标注册或国际质量管理体系、生产规范认证的农产品企业（产品）达到200个以上，出口农产品一次检验合格率达到99%。建立省级农业对外招商项目库，吸引外资参与我省现代农业建设。以“一带一路”沿线及周边国家和地区为重点，支持农业企业开展跨国经营，建立境外生产基地和加工、仓储物流设施，培育具有国际竞争力的大企业大集团。省级统筹现代农业生产发展资金采用先建后补、以奖代补的方式支持农业对外开放工作。

（四）发展休闲农业和乡村旅游。拓展农业多种功能，推进农业、林业与休闲旅游、教育文化、健康养生等深度融合，发展观光农业、体验农业、创意农业。开展休闲农业与乡村旅游示范市、县和示范点创建。建立京津冀休闲农业产业联盟，共同打造10大休闲农业精品线路，构建京津市民乡村休闲旅游圈。规划建设一批农业主题公园。鼓励利用农村闲置农宅组建农宅合作社，发展休闲观光与民俗旅游。开展乡村旅游标准化管理，提高服务质量和游客满意度。

（五）推进农产品电商发展。促进新型农业经营主体、加工流通企业与电商企业全面对接融合，支持农产品电商平台和乡村电商服务站点建设。支持供销、商贸、邮政、电商互联互通，实施快递下乡工程。建立农产品电子商务标准化体系，着力解决农产品物流标准化、冷链仓储等关键问题，支持特色优质农产品线上销售。把农产品电商从业人员纳入新型职业农民培育范围，扩大农产品电子商务主体。加快推进“互联网+”现代农业行动，推广一批蔬菜、水果、畜禽、水产等农业物联网应用模式。实施信息进村入户工程，加快建设益农信息社。

（六）实施农村创业创新行动。支持进城农民工返乡创业，带动现代农业和农村新产业新业态发展。支持高校毕业生、企业主、农业科技人员、留学归国人员等各类人才回乡下乡创业创新。支持科技特派员在农村创业创新，打造一批“星创天地”。整合落实支持农村创业创新的市场准入、财政税收、金融服务、用地用电、创业培训、社会保障等方面的优惠政策。鼓励各地依托现有开发区、现代农业园区、科技园区，建立返乡创业园、创业孵化基地、创客服务平台，提供一站式服务。

四、加快美丽乡村建设促增绿

（一）进一步强化规划引领。科学制定全省美丽乡村建设总体规划，逐县制定完善县域镇村体系规划、片区和村庄建设规划，明确年度任务目标、建设重点、时间节点、保障措施，确保美丽乡村建设有序推进。坚持分类指导，就地改造保留村，联村并建中心村，保护开发特色村，易地搬迁撤并村。推动建筑设计下乡，开展田园建筑示范，突出田园风貌和乡土特色。

（二）改善农村人居环境。全面推进“两改一清一拆”行动。集中开展农村生活垃圾治理，全面推行县域PPP垃圾处理模式，促进垃圾分类和资源化利用，2017年全省生活垃圾得到治理村庄达到90%。加快实施无害化卫生厕所改造，2017年普及率达到55%。选择分散与集中相结合的适宜模式开展农村生活污水治理。积极推广新技术、新材料、新装备、新样式。突出抓好农村散煤治理，宜气则气、宜电则电，大力实施“气代煤”“电代煤”等清洁能源替代工程，促进农村散煤替代和清洁高效集中利用，2017年全省农村压减替代散煤500万吨，确保廊坊、保定禁煤区18个县（市、区）散煤归零。坚持连片打造、梯次推进，突出沿高铁、沿高速、沿景区和城市周边等重点区域，重点打造100个美丽乡村片区、4000个重点村。自2017年开始，省级重点片区实行县级竞争申报办法，重点村原则上全部纳入片区发展。依托历史文化、产业基础、资源禀赋，培育发展100个特色小镇。深入实施道路硬化、安全饮水、民居改造、村庄绿化等专项行动，提升农村基础设施和公共服务水平。

（三）推进农业清洁生产。加强农业面源污染治理，推行高效生态循环种养模式。加快推进畜禽养殖废弃物处理和资源化利用，大力发展沼气和生物天然气，就近就地用于农村能源和农用有机肥，2017年规模化畜禽养殖场（小区）配套建设粪污处理设施比例达到80%以上。全面推进秸秆全量化利用，禁止露天焚烧秸秆。继续开展地膜回收利用试点示范。深入实施化肥零增长行动，大力推广缓控释肥料、生物肥料，建设标准化配方肥供应网点100个，推广测土配方施肥9000万亩次。开展果菜有机肥替代化肥试点。深入实施农药零增长行动，建设一批绿色防控与专业化统防统治融合示范基地、玉米“一喷多效”技术集成示范区。积极创建国家和省级农业可持续发展试验示范区。

（四）加强农村生态建设。划定生态保护红线，加强山水林田湖整体保护、系统修复和综合治理。继续实施地下水超采综合治理，大力推广喷灌、微灌等高效节水灌溉技术，建设一批高效节水灌溉工程，推广节水小麦1700万亩。继续开展季节性休耕制度试点。严格限制坝上生态脆弱地区抽取地下水灌溉农田草场。全面推进国土绿化行动，重点抓好燕山太行山绿化攻坚、京津保生态过渡带、冬奥会核心区绿化及“再造三个塞罕坝”生态工程建设，2017年完成造林绿化420万亩。退耕还林补助政策期满后，将符合条件的退耕还生态林逐步纳入森林生态效益补偿范围。继续实施草原生态保护补助奖励政策，推进京津风沙源草地治理，建立5000亩以上草原生态保护区28个。继续开展湿地保护与恢复工程，确保全省湿地保有量不低于

1413万亩。加强重点区域水土流失综合治理和水生态修复治理，2017年治理水土流失面积2000平方公里以上。

（五）推进“三区”同建。依托重点片区、特色小镇和中心村示范点，同步推进新型社区、产业园区、生态园区建设。用足用好城乡建设用地增减挂钩政策，通过增减挂钩取得的指标收益，全部返还农村用于支持农业农村发展和改善农民生产生活条件。对于旧村复垦形成的耕地，允许采取确权确股不确地的方式，建设现代农业园区和生态园区。支持发展农宅合作社，鼓励发展休闲农业、乡村旅游、家庭手工业、农村电商等富民产业，增加集体和农民收入。健全美丽乡村建设投融资平台体系，完善项目对接机制，加强项目和资金监管，鼓励采取政府购买服务、PPP 等多种方式，引导金融和社会资本参与美丽乡村建设。强化县级主体责任，构建“政府引领、农民参与、社会帮扶、市场运作”的美丽乡村建设推进机制。

五、夯实农业农村基础补短板

（一）加强农田基本建设。大力建设高标准农田，将晒场、烘干、机具库棚、土壤改良等配套设施纳入高标准农田建设范围。探索建立鼓励金融机构支持高标准农田建设和中低产田改造有效机制。允许土地整治增加的耕地作为占补平衡补充耕地的指标在省域内调剂，按规定或合同约定取得指标调剂收益。推进重大水利工程建设，抓紧修复水毁灾损农业设施和水利工程，加快建设从水源到田间的水利设施。

（二）加强农产品市场体系建设。在农产品主产区改扩建一批产地批发市场，在交通物流节点改扩建一批集散型批发市场，在环京津及大中城市周边改扩建一批销地批发市场。积极承接北京农产品批发市场外迁。加强粮食仓储物流体系建设。完善生鲜农产品物流配送及综合服务网络，重点打造环京津冷链物流聚集带和1小时鲜活农产品物流圈、冀中南冷链物流基地和沿海冷链物流基地。大力推广“生产基地+中央厨房+餐饮门店”“生产基地+加工企业+商超销售”等产销模式。

（三）强化农业科技支撑。实施“一带百园”工程，推进环首都现代农业科技示范带和农业科技园区建设，加快创建涿州国家农业高新技术产业开发区、承德国家农业高新技术产业开发区、永清国家设施农业集成创新基地等，打造“农业硅谷”。继续实施渤海粮仓、粮食丰产等重大科技示范工程。支持节水小麦、食用菌、中药材、马铃薯、杂交谷子等新品种选育和良种良法配套技术推广。创建全程农业机械化示范县。完善农业科技创新激励机制，加快落实科技成果转化收益分配制度，允许科研人员依法依规适度兼职兼薪。鼓励支持各县（市、区）围绕优势特色产业组建专家服务团队，支持农技推广人员与新型农业经营主体开展技术合作，鼓励农业科技人员以科技入股等形式参与农业开发与经营。创新公益性农技推广服务方式，推行政府购买服务。加强新型职业农民培育，深入开展现代青年农场主、林场主培养计划和新型农业经营主体带头人轮训计划及农村实用人才带头人示范培训，探索培育一批农业职业经理人。

（四）加强农村防灾救灾体系建设。推进农业、林业、水利、气象、地质等防灾救灾应急数据共享，提高灾害监测预报预警和信息发布能力。加快重大水利设施、山洪地质灾害防治、蓄滞洪区、应急避难场所等工程建设，提升农村房屋抗震性能，切实增强抵御自然灾害综合防范能力。加强人工影响天气体系建设，强化生态用水、森林草原防火、改善空气质量和应对突发环境污染等人工影响天气作业。完善科学合理的防灾减灾技术方案，加强防灾减灾应急队伍建设，提高处置突发重大灾害的能力。全面排查整治农村枯井、河塘、饮水、自建房、交通、电力、冬季取暖等方面存在的安全隐患。

（五）扎实推进脱贫攻坚。坚持精准扶贫、精准脱贫基本方略，大力实施“五个一批”工程，确保2017年70万贫困人口实现稳定脱贫，力争15个贫困县摘帽出列。实施特色农业、旅游、光伏、家庭手工业、电子商务、就业创业扶贫行动，2017年建设4000个村级光伏扶贫电站、550个旅游扶贫重点村。加快实施易地扶贫搬迁工程，2017年基本完成12.6万人搬迁、分批启动29.4万人搬迁。实施社保兜底，落实低保线与扶贫线“两线合一”政策，做好“三重医疗保障线”衔接工作。开展贫困村基础设施改造提升行动，对5000个贫困村每村支持50万元。制定完善市、贫困县、省直部门和驻村工作队等考核办法，严格执行脱贫攻坚考核监督和督查巡查等制度。注重提高脱贫质量，激发贫困人口脱贫致富积极性、主动性，建立健全稳定脱贫的长效机制。

六、深化农村改革增活力

（一）深化农村集体产权制度改革。制定稳步推进农村集体产权制度改革的实施意见。全面开展农村集体资产清产核资，力争用3年时间基本完成。有序推进农村集体经营性资产股份合作制改革，确认农村集体经济组织成员身份，以股份或份额形式量化经营性资产，保障农民集体资产股份权利，力争用5年时间基本完成。抓好承德市双滦区国家集体资产股份权能改革试点，选择一批改革基础较好的县（市、区）开展省级试点。继续开展财政资金支持壮大村级集体经济试点。积极引导农民以土地、林地等资源性资产经营权入股新型农业经营主体，采取“保底收益+按股分红”形式，让农户分享产业链增值收益。对各级财政支持的各类小型项目，优先安排农村集体经济组织、农民合作组织等作为建设管护主体，鼓励将财政资金投入形成的经营性资产，折股量化到村到户。开展农村股份合作制经济组织示范创建行动，2017年基本实现农村股份合作制经济组织辐射覆盖到所有的贫困村。

（二）深化农村土地制度改革。制定农村土地“三权分置”实施意见，落实集体所有权、稳定农户承包权、放活土地经营权。继续推进农村承包土地确权登记整省试点，2017年基本完成确权登记任务。引导土地经营权向现代农业园区和新型农业经营主体集中，鼓励农户以土地经营权入股龙头企业和合作社。扎实推进土地经营权抵押贷款试点。加快“房地一体”的农村宅基地和集体建设用地确权登记颁证工作。探索农村集体组织依法以出租、合作等方式盘活利用空闲农房及宅基地。鼓励通过农村闲置宅基地整理、土地整治等增加的耕地和建设用地，采取入股、联营等方式，重点用于乡村休闲旅游、养老等产业和农村一二三产业融合发展。在不改变农村集体土地所有权和农民宅基地使用权的前提下，允许农村居民与城镇居民合作建房。积极推进定州市土地征收制度改革试点和集体经营性建设用地入市制度改革试点。加快完善全省农村产权流转交易市场体系，着力拓展资产评估、抵押融资和抵押物处置等服务功能。2017年基本实现县级农村产权流转交易市场全覆盖。

（三）创新生产供销信用综合合作机制。创新生产服务体系，引导供销社与农民合作社融合发展，鼓励支持基层供销社领办农民合作社，组建农民合作社联合社，推动跨区域联合和跨层级整合。完善供销服务体系，推进农村现代流通网络建设，加快“农交汇、八方联采、云供销”等农村电子商务发展，发挥供销超市作用，构建线上线下相融合的城乡商品流通主渠道。稳步建设农村合作金融体系，依托省级投融资平台，带动发展基层“合作金融超市”。

（四）创新财政金融支农机制。加快全省农业信贷担保体系建设，推进省级信贷担保机构向市、县延伸，支持有条件的市、县尽快建立担保机构，实现实质性运营。扩大农业产业化增信基金试点。采取独资、合资、股权合作、特许经营、PPP 等多种方式鼓励和引导社会资本参与农、林、水利、农垦等项目投资建设运营。鼓励市、县政府和社会资本设立各类农业农村发展投资基金。社会资本投入积极性不高的中长期、低回报重大基础设施建设，可借鉴易地扶贫搬迁的经验，用未来的政府投入为现在的融资创造条件，撬动政策性、开发性金融资金。鼓励银行业金融机构在风险可控和商业可持续的前提下扩大农业农村贷款抵押物范围，支持开展适合新型农业经营主体的订单融资和应收账款融资业务。探索开展大型农机具、农业生产设施抵押贷款试点。规范发展农村资金互助组织。进一步发展主要农作物保险、主要畜产品保险、重要“菜篮子”品种保险和特色商品林保险，推广农房、农机具、设施农业、渔业、制种等保险业务。全面推广“政银企户保”模式，有效提升农户小额信贷可得性。全面推进基层党组织与基层农村信用社“双基”共建农村信用工程，优化农村金融生态。严厉打击农村非法集资和金融诈骗。

（五）协调推进农村其他改革。深化集体林权制度改革，完成126个国有林场改革任务。深化农业水价综合改革，积极培育水权水市场。全面推行河长制，确保2017年底前全面建立省、市、县、乡四级组织体系。开展水资源税改革试点。以垦区集团化、农场企业化、经营园区化、土地资本化为主线，有序推进农垦改革。继续开展农村综合性改革试点试验。深化经济发达镇行政管理体制改革。积极开展乡改镇、“村改居”和户籍制度改革。

七、加强和改进党对“三农”工作领导

（一）严格落实重中之重责任要求。坚持把解决好“三农”问题作为全党工作重中之重不动摇，重农强农调子不能变、力度不能减。各级党委、政府要切实加强对农业农村工作的领导，主要领导亲自抓、分管领导直接抓，县（市）、乡（镇）党委、政府把工作重点和主要精力放在“三农”工作上，把重农强农的要求落实到政策制定、工作部署、财力投放、干部配备等各个方面。发挥各级农村工作领导小组综合协调作用，强化统筹推进工作机制。各有关部门要充分发挥职能作用，细化实化政策措施，积极参与和支持农业供给侧结构性改革。

（二）夯实农村基层组织基础。把全面从严治党的要求落实到农村基层，严格落实农村基层党建工作责任制，坚持整乡推进、整县提升，切实加强农村基层党组织建设。深入开展“两学一做”学习教育，不断改进基层工作作风。深入推进乡（镇）党委书记、村党组织书记、农村致富带头人“三支队伍”建设。完善村党组织领导的村民自治有效实现形式，提高乡村治理能力。规范开展村务公开，凡是村级承担的公益性项目严格按要求进行公示，接受群众监督。县、乡纪委要把查处侵害群众利益的不正之风和腐败问题作为主要工作任务。

（三）强化投入和政策保障。坚持把农业农村作为财政支出的优先保障领域，确保力度不减弱、总量有增加。预算内固定资产投资继续向农业农村倾斜。探索实行“大专项+任务清单”管理方式，多层次多形式推进涉农资金整合，集中投入、重点支持农产品提质增效、建设高标准农田、建设现代农业园区、培育农村新产业新业态、修复治理生态、发展新型农业经营主体等方面。保障农业农村

发展用地，在年度用地指标中单列1万亩用于农产品加工、仓储物流、产地批发市场等辅助设施建设项目，单列1万亩用于脱贫攻坚，各市安排支持农村新产业新业态发展用地指标不低于本市指标的10%。开展强农惠农富农政策督导落实专项行动，确保各项政策措施落实到位。

（四）创新工作方式方法。适应农业农村发展新形势新任务要求，深入开展调查研究，注重工作理念和工作方式创新。善用市场办法，更多利用市场信号和价格传导机制引导农业农村发展。善用法治方式，用法治保障农村各类产权，维护市场秩序，激活市场活力，改善乡村治理。善用信息化手段，通过互联网和各类新媒体指导生产、引导市场、改善管理、提供服务。善用典型示范，把基层的实践探索及时总结完善，树立可看可学可复制可推广的典型，由点及面、顺势而为推动农业农村各项工作。

（冀发〔2017〕1号）

Ⅱ　领导讲话

赵勇同志在全省农村工作会议上的讲话

（2016年1月20日，根据记录整理）

这次农村工作会议，是在全面建成小康社会进入决胜阶段、农业农村发展面临许多新情况新任务形势下，省委、省政府召开的一次重要会议。省委、省政府对这次会议高度重视。会前，省委常委会议、省政府常务会议专门研究了省委1 号文件。克志书记、庆伟省长就开好这次会议、做好“三农”工作作出批示：“‘十二五’时期，全省‘三农’工作成效显著，农业农村发展形势持续向好，为经济社会发展全局提供了坚实支撑。进入‘十三五’时期，全面建成小康社会的重点和难点都在农村，必须深刻认识做好新时期‘三农’工作的极端重要性和特殊艰巨性，更加自觉地落实重中之重的战略要求，坚持以创新、协调、绿色、开放、共享的发展理念为引领，以增进农民福祉为出发点和落脚点，以农民增收为核心，以结构调整为主线，以高端设施农业为重点，统筹推进现代农业发展、美丽乡村建设、脱贫攻坚、山区综合开发和乡村旅游。要适应经济发展新常态，大力推进农业供给侧改革，发挥农业的多种功能作用，提高农产品和服务的供给质量和效率。要坚持‘多条腿’走路，以更大力度促进农民持续增收。要坚决打赢脱贫攻坚这场硬仗，让农村贫困人口共享发展成果。要加强农业农村基础设施建设和社会事业发展，加快城乡基本公共服务均等化进程。要把农村生态建设摆上更加重要的位置，大力改善农村生态环境和人居环境。要进一步加强和改进党对‘三农’工作领导，努力让农业强起来、农民富起来、农村美起来，为建设经济强省、美丽河北作出更大的贡献。”克志书记、庆伟省长的批示，为加快全省农业农村发展指明了方向、明确了重点、提出了要求，是做好今年及今后一个时期“三农”工作的基本遵循和总的指导思想，我们一定要认真学习领会、抓好贯彻落实。

“十二五”时期，是农业农村发展的又一个黄金期。面对经济发展新常态，各级各部门齐心协力、攻坚克难，圆满完成了农业农村发展目标任务，保持了农业农村发展持续向好的强劲势头，取得了不平凡的成绩。一是农业综合生产能力显著提升。粮食生产实现稳定增长，总产达到672.8亿斤，比2010年增加77.6亿斤，为保障国家粮食安全作出了重要贡献。农业结构不断优化，畜牧、蔬菜、果品三大优势产业占农林牧渔业比重达到70%。现代农业产业体系不断健全，现代农业园区达到849家，龙头企业达到6.5万家，设施农业播种面积达1000多万亩，产业化经营率达到65.5%。二是农民收入实现持续较快增长。2015年全省农民人均收入达到1.1万元，比2010增长83.8%，增幅连续5年超过城镇居民收入增幅。三是农村面貌发生巨大变化。美丽乡村建设加快推进，累计投入资金350多亿元，着力为每个村办好15件实事，9200多个村庄面貌发生了历史性变化，特别是打造了白洋淀、西柏坡等9个美丽乡村省级重点示范片区，建成一批环境整洁、设施配套、各具特色、记得住乡愁的高水平的美丽乡村。四是扶贫攻坚取得明显成效。5年来，累计有500万贫困人口实现稳定脱贫，全省贫困发生率由15.7%下降到8.8%，在改善民生、实现共同富裕方面取得历史性成就。五是农村发展活力进一步增强。农村改革不断深化，全省土地确权登记颁证面积达到5783万亩，占全部耕地的56%。74个县建立了农村产权交易中心，土地经营权流转率达27.7%，比2010年提高19.1个百分点。全省家庭农场发展到3万家，农民合作社达9.2万家，入社成员561.6万户，占全省农户的36.2%。六是农村社会治理体系不断完善。农村基层党组织的凝聚力战斗力得到新的提升，村级民主管理不断加强，农村社会保持安定祥和的好局面。农业农村发展的好形势，为全省经济发展提供了有力支撑，为社会和谐稳定奠定了坚实基础。

5年来农业农村的发展，有许多值得总结的经验。一是坚持把“三农”工作放在重中之重的地位。“三农”工作事关全面建成小康社会进程，必须放在战略和全局的高度来抓，任何时候都不能忽视;必须加强党对“三农”工作的领导，任何时候都不能削弱。二是坚持把促进农民增收作为核心任务。农民增收是农业农村发展的根本目的，推动农业农村发展，必须着眼于提质增效， 喳扩大就业，努力促进农民收入持续较快增长。三是坚持把发展现代农业作为主攻方向。推动农业农村发展，关键是要解放和发展生产力，必须在提升现代农业水平上下功夫。特别是要大力推进农业结构调整，加快建设现代农业园区，积极推动一二三产融合，培育发展新型经营主体，提高农业质量效益和竞争力，让农业成为充满希望的朝阳产业。四是坚持把改善农民生产生活条件放在更加突出的位置。实现农村的全面小康，不仅要让农民的钱袋子鼓起来，还要让他们住上舒适的房子、喝上干净的水、用上卫生的厕所。推进农业农村发展，必须强化政策的民生导向，切实把基础设施建设和社会事业发展的重点放到农村，着力推进美丽乡村建设，改善农村人居环境，努力让农民群众过上现代文明生活。五是坚持把改革创新作为推进“三农”发展的根本动力。改革创新是农业农村发展的最大红利、最强动力，必须找准体制障碍和发展瓶颈，搞好顶层设计，全面深化改革，实施重点突破，为加快农业农村发展注入新动能。

农业农村发展取得的成绩来之不易，经验弥足珍贵。这是党中央、国务院和省委、省政府正确领导的结果，是各地各部门和广大基层干部群众共同努力的结果。在此，我代表省委、省政府，向全省农业农村工作战线的干部职工，向农村基层干部和广大农民群众，向关心支持“三农”工作的社会各界人士，表示衷心的感谢!

党中央、国务院对做好新时期“三农”工作高度重视。习近平总书记作出重要指示，李克强总理作出重要批示，汪洋副总理在中央农村工作会议上发表了重要讲话。总书记指出：重农固本，是安民之基。“十二五”时期，我国农业农村发展成果丰硕，为我们赢得全局工作主动发挥了重要作用。同时，必须看到，我国农业农村发展面临的难题和挑战还很多，任何时候都不能忽视和放松“三农”工作。“十三五”时期，必须坚持把解决好“三农”问题作为全党工作重中之重，牢固树立和切实贯彻创新、协调、绿色、开放、共享的发展理念，加大强农惠农富农力度，深入推进农村各项改革，破解“三农”难题、增强创新动力、厚植发展优势，积极推进农业现代化，扎实做好脱贫开发工作，提高社会主义新农村建设水平，让农业农村成为可以大有作为的广阔天地。总书记的重要指示，进一步明确了“三农”工作在全局工作中的战略定位，为做好“三农”工作指明了方向。中央农村工作会议和中央1号文件，围绕落实新发展理念、加快农业现代化，对今年及“十三五”时期农业农村工作作出全面部署。我们一定要结合河北实际，认真学习领会，抓好贯彻落实。

下面，就贯彻落实中央和省委、省政府关于做好“三农”工作的重要指示精神，做好今年及今后一个时期农业农村工作，特别是践行以人民为中心的发展思想，以新发展理念推进农业现代化，讲几点意见。

一、以新发展理念为引领，加快推进农业现代化

习近平总书记1月18日在省部级主要领导干部学习贯彻十八届五中全会精神专题研讨班开班式上指出，要着力践行以人民为中心的发展思想。人民为中心的发展思想，不是一个抽象的、玄奥的概念，不能只停留在口头上、止步于思想环节，而要体现在经济社会发展各个环节。我国正处于并将长期处于社会主义初级阶段，我们要根据现有条件把能做的事情尽量做起来，积小胜为大胜，不断朝着全体人民共同富裕的目标前进。总书记的重要讲话饱含着对人民的深厚感情，体现了我们党执政的一贯理念。“三农”工作必须按照总书记重要讲话要求，始终坚持以农民为中心。

党的十八届五中全会提出了创新、协调、绿色、开放、共享的新发展理念，这是关系我国发展全局的一场深刻变革，是推动“十三五”时期经济社会发展的根本遵循。五大新发展理念，不仅是战略任务，更是战略举措。加快推进农业现代化，必须坚持以农民为中心、以五大新发展理念为引领，变革思维方式、工作路径和方式方法，切实把这些新理念落实到农业农村工作的各个领域、各个环节，努力让农业强起来、农民富起来、农村美起来。

(一)坚持创新发展，进一步增强农业农村发展活力。创新是引领农业农村发展的第一动力。从大包干到发展乡镇企业，再到推进城乡一体化，农业农村之所以发生天翻地覆的变化，最基本经验就是毫不动摇地坚持改革创新。当前，农业农村发展正面临着动力转换的问题，不改革创新，就没有出路。特别是应对农产品价格“天花板”封顶、生产成本“地板”抬升、资源环境“硬约束”加剧等新挑战，摆脱过去那种主要依靠要素投入、透支资源环境的发展方式，培育更健康、更可持续的增长新动力，要求我们必须坚持创新。面对增产增收政策

效应衰减、操作空间收窄的现实，开辟新的政策红利，要求我们必须坚持创新。建立城乡发展一体化体制机制，引进城市先进生产要素和现代文明，改变农村长期落后面貌，要求我们必须坚持创新。要推进农业农村体制创新，重点是土地制度、产权制度、金融制度等方面的创新，为农业现代化提供体制机制保障。要推进农业组织形式创新，大力培育新型农业市场主体，推行股份合作模式，由一家一户分散生产的自然人农业转变到组织化程度较高的法人农业，把农民利益和龙头企业利益紧密联结起来，让农民获得更多、更稳定的收益。要推进农业科技创新，加大关键技术、关键品种的开发和引进力度，大力推广普及农业先进适用技术，把先进品种、先进技术和先进要素集成起来支撑现代农业发展，尤其是集合先进科技要素推动高端设施农业发展。

（二）坚持协调发展，加快构建城乡发展一体化体制机制。促进城乡协调发展，是整个现代化建设的重大课题。城乡二元结构突出仍是我省最大的结构性问题，突出表现在城乡居民收入差距明显，2015年城乡居民人均可支配收入比仍高达2.36:1，我们缩小城乡收入差距的任务十分艰巨；城乡公共服务水平差距明显，农村基础设施和社会事业水平与城市比还很低，农民生活条件和品质还很落后。特别是河北承担着建设全国新型城镇化与城乡统筹示范区的重要任务，这要求我们必须更加自觉地坚持协调发展的理念，下更大的力气解决城乡发展不协调的问题。要围绕构建城乡发展一体化的体制机制，给农民以真正的国民待遇，切实维护农民群众的合法权益，加快推进城乡居民基本权益平等化；加大农业农村投入力度，大力提升农村基础设施建设和社会事业发展水平，加快推进城乡公共服务均等化；坚持“多条腿”走路，努力拓宽农民增收渠道和空间，促进农民收入持续较快增长，加快推进城乡居民收入均衡化；建立健全城乡要素平等交换的体制机制，加快推进城乡要素配置合理化；推动城市产业向农村延伸链条、工商资本向“三农”投资，加快推进城乡产业发展融合化。

（三）坚持绿色发展，以绿色引领农业农村发展方向。推动绿色发展，农业农村是支点，也是弱点。一方面，农业农村蕴藏着极为丰富的绿色资源，是生态产品的最大提供者。另一方面，农村生态环境破坏严重，可以说山体千疮百孔、河床不堪入目、森林覆盖率低、土壤污染严重、湿地面积减少，特别是农村散煤燃烧普遍，对全省大气污染的贡献率高达30%，治理农村生态环境刻不容缓。推动农业农村绿色发展，必须坚持既要绿水青山又要金山银山、绿水青山就是金山银山的理念，从3个方面着力。一是把农业打造成为绿色产业。要加快转变农业发展方式，大力实施化肥农药零增长行动，积极发展生态高效循环农业，加快形成资源利用高效、生态系统稳定、产地环境良好、产品质量安全的农业发展新格局。二是把农村建设成为绿色空间。要按照建设京津冀生态环境支撑区的要求，加快实施山水林田湖生态修复工程，大力开展绿色攻坚工程，深入推进美丽乡村建设，显著改善农村生态环境和人居环境。三是让农民过上绿色生活。重点抓好改水、改厕、改厨，大力推进农村清洁能源开发利用，推广高效清洁燃烧炉具，利用规模化沼气和煤改气、煤改电、煤改太阳能、煤改地热等多种模式替代散煤，探索推广方便实用的垃圾处理和生活污水处理模式，以农民群众的绿色生活打造农村的绿色环境。

（四）坚持开放发展，加快形成先进要素流向“三农”的新格局。过去讲扩大开放，主要放在城市、放在工业园区，农业农村讲得不够、硬措施不多，是短板，也是潜力所在。一是进不来。农业农村长期处于封闭状态，先进生产要素进不来、留不住的问题突出，没有先进生产要素的注入和支撑，传统农业改造、现代农业发展就无从谈起。二是出不去。农产品卖不出去、卖不出好价的问题普遍，农业没有充分融入大市场之中。2015年我省农产品出口额仅有16.6亿美元，农产品出口在整个出口中的比重仅占5%，这与资源条件和区位条件不相适应。山东省2015年农产品出口额达到180亿美元，占出口总额的17%。如果我省农产品出口能够达到山东水平，农业产值就可以增加1000亿元，对经济发展的拉动作用就会大大增强。加快农业农村发展，必须强亿全方位开放的理念，把眼睛盯着全国、盯着全球。要抓农业招商引资，把农业作为招商引资的重要空间，引导和鼓励更多的战略投资者、更多的社会资本投向现代农业。要抓外向型农业发展，加快建设农产品出口基地，培育一批外向型龙头企业，采取多种营销推介方式，努力让河北更多的优质特色农产品走向世界。要抓现代文明和先进要素的引入，充分利用现代化信息技术，加快改变农村传统封闭的落后状态，积极引入现代文明的生活理念和生活方式，积极引入先进生产要素改造传统农业，推进城市文明与乡村文明的有机融合。

（五）坚持共享发展，让农民群众共享改革发展成果。共享发展，是全面建成小康社会的根本体现，也是动员农民积极投身现代化建设的强大动力。全面建成小康社会的重点在农村、难点在农村，特别是我省农村还有310多万贫困人口，必须作出合理的制度安排、形成有效的共享机制，让农民尤其是贫困农民有更多获得感。一是千方百计增加农民收入。要坚持把农民增收作为农业农村工作的核心，让农民群众生活更加富裕。在传统措施已经乏力、新举措全面发力还需一个培育过程的特殊形势下，要加快发展现代农业，提高经营性收入；促进农民转移就业创业，增加工资性收入；强化强农惠农富农政策，扩大转移性收入；深化农村产权制度改革，拓展财产性收入。二是健全农村公共服务体系。要健全完善农村医疗保险和养老保险等社会保障体系，提高保障标准，积极推进城乡社会保障一体化。要推动城乡公共资源均衡配置，大力发展农村文化、教育、卫生等社会事业。三是打赢脱贫攻坚战。这是当前落实共享发展最核心、最紧迫的任务，必须下更大的决心、以更大的力度，以连片特困地区为重点，齐心协力打赢脱贫攻坚战，力争到2018年基本解决全省面上的脱贫问题，到2020年解决剩余的少数贫困人口脱贫问题，全面完成脱贫攻坚任务，实现城乡同步全面小康。

新发展理念要在“三农”领域落地生根、变成普遍实践，关键在各级领导干部的认识和行动。我们要切实增强以新发展理念引领农业农村工作的自觉性，真正做到崇尚创新、注重协调、倡导绿色、厚植开放、推进共享，用新发展理念完善发展思路、调整发展路径、评价发展成果，找准着力点和突破口，不断巩固和发展农业农村好形势，为建设经济强省、美丽河北提供强力支撑。

二、以供给侧结构性改革为重点，从供给端生产端推动现代农业发展实现新跨越

习近平总书记在省部级主要领导干部学习贯彻十八届五中全会精神专题研讨班开班式上强调，供给侧结构性改革，重点是解放和发展社会生产力，用改革的办法推进结构调整，减少无效和低端供给，扩大有效和中高端供给，增强供给结构对需求变化的适应性和灵活性，提高全要素生产率。总书记的重要论述深刻阐述了推进供给侧结构性改革的方向目标和重点、路径，具有很强的指导性、针对性。从农业农村工作来讲，落实供给侧结构性改革尤为重要。当人均国内生产总值超过7000美元时，居民对高端农产品的需求旺盛，对农产品价格波动的反映不再敏感，这对农产品供给提出了新要求。从我省实际看，农业发展中存在的诸多矛盾和问题，突出表现在结构方面，主要是有效供给不足。比如，初级产品多，加工产品少；单一功能产品多，多种功能产品少；低端产品多，高端产品少；大路货产品多，名牌产品少，等等。这些结构性问题使我省农产品不能适应市场需求，造成农业的质量和效益不高。仅就农产品加工业来讲，河南省2015年规模以上农产品加工企业近7000家，主营业务收入合计1.8万亿元，是第一大支柱产业，而我省规模以上农产品加工企业只有3200家，营业收入8200亿元，仅仅是人家的零头。推动现代农业发展，要坚持供给侧结构性改革方向，从满足多样性、层次性、安全性、均衡性的农产品需求出发，对农业供给侧及时作出调整，多的要调减，少的要调增，差的要提档，弱的要做强，单一的要融合，努力减少无效和低端供给，扩大有效和中高端供给。

（一）加快调整农业结构。调整农业结构，是我省现代农业发展的主线。要在抓好4000万亩生产核心区建设、保证粮食综合生产能力稳定的基础上，减少粮食和棉花种植面积1200万亩以上。一是调整农业区域结构。坚持因地制宜、突出特色、注重效益，优化农业区域布局。要着力构建“一环四区一带”格局，即打造环京津都市现代农业圈、山前平原高产农业区、山地高效特色农业区、黑龙港生态节水循环农业区、坝上绿色生态产业区、沿海高效渔业产业带，发挥各地的比较优势。二是调整种养业结构。大力发展具有比较优势的高效特色种养业，扩大蔬菜、中药材、食用菌、果品等种植规模，推动马铃薯主食化，支持特色畜牧业发展。比如，蔬菜面积现在是1300多万亩(不计复种指数），要发展到2000万亩；中药材现在是200万亩，要实现种植面积翻一番；果品现在是2500万亩，要发展到2900-3200万亩。在张承农牧交错区、大行山燕山浅山丘陵区等地，要调减玉米350万亩；在黑龙港流域棉花主产区的部郭、邢台、衡水、沧州、14市，要大力调减棉花种植面积；环京津地区和城市周边，要大力调减粮食作物种植面积。三是调整农产品结构。随着物质生活水平的提高和保健意识的增强，人们对高端农产品的需求越来越旺盛。我省毗邻京津两个大都市等高端消费市场，发展高端农产品具有得天独厚的优势。要把发展高端农产品摆在农业结构调整的突出位置，大力发展高品质的肉、蛋、奶和水果、蔬菜等高端农产品，满足高端市场需求。要着力发展绿色有机农产品，实行标准化生产，严格认证程序，完善质量安全监管体系，建立质量追溯信息平台，确保农产品真正做到“绿色”“有机”。要着力开发农产品的多种功能，发展农产品加工业，发展功能食品，提高农产品附加值。

（二）大力发展现代农业园区。现代农业园区是发展现代农业的主要平台和载体，要做多做大做强。一是搞好园区规划。每个市县都要按照资源集约利用、产业集群发展、服务集聚配套的要求，把整个县域规划成若干现代农业园区，每个园区包装成一个大项目。有了这样的规划，才能招商引资，吸引投资者进来，才能加强园区基础设施建设。今年，每个县都要建成若干高标准的现代农业园区，每个乡镇也都要建成1个以上现代农业园区。二是加快土地流转。现代农业园区的功能和优势，就是把资金、人才、技术等生产要素集约高效配置。如果土地在一家一户手中，就无法集聚先进生产要素，现代农业就搞不起来。政府要加大对土地流转的支持引导

力度，建立土地流转交易平台，让更多土地资源向现代农业园区集中。每个省级现代农业园区的面积要达到1万亩以上。三是打造完整产业链。要大力发展种养、农产品加工、旅游、物流等产业，形成完整的产业链，增加产业链收益，提高农业附加值。四是建立与农民利益联结机制。要引导农民以土地入股，在园区打工，获得租金、股金、薪金3份收入，和入园企业利益捆绑在一起，这样农民就有了积极性。五是坚持“两区”同建。搞现代农业园区，不能让园区内的农民搬出去，而要把农业园区和农村社区统一规划、统一建设，把园区内的村庄建成美丽乡村、建成新型农村社区，让农民依托园区增收。六是破解土地、金融、人才等制约瓶颈。这些方面都有政策支持，要用足用好。比如，设施农业的生产设施用地不用办理农用地转用手续；农产品加工业用地在不占用基本农田的前提下，可通过调规解决；乡村旅游用地可以通过推动“村庄上山”等方式解决。这里特别强调，各级政府要把发展现代农业园区摆在突出位置来抓。省农业厅要抓紧制定现代农业园区建设导则，为现代农业园区建设提供依据。

(三)推动一二三产融合发展。国务院办公厅印发了《关于推进农村一二三产业融合发展的指导意见》，提出一系列支持一二三产融合发展的政策措施，针对性很强，含金量很高，要抓好贯彻落实。从一产角度讲，要大力发展高端设施农业。高端设施农业比较收益高，也是一二三产融合发展的基础和载体。一些地方利用“春秋棚”搞采摘节，发展休闲农业，游客在大棚里直不起腰，一二三产融合发展很难实现。只有发展高端设施农业，才能推动农业与旅游、休闲、教育、文化、健康养老相结合，促进一二三产融合发展。要以蔬菜为重点，按照技术高端、装备高端、管理高端、产品高端的要求，大力推动高端设施农业发展。现有的设施农业要转型升级，新建的要一步高端。特别是环首都县(市)和城市周边、景区周边，要结合发展乡村旅游，加快发展高端设施农业。从二产角度讲，要大力发展农产品加工业。农产品加工业是横跨三次产业、汇聚多个行业、牵动就业增收和满足消费需求的基础性、战略性、支柱性产业。2015年全国农民人均收入9%以上来自农产品加工业工资性收入，每亿元加工产值吸纳107人就业，高于制造业57人。从我省实际看，农产品加工业总体规模不大、加工程度不深、龙头企业偏少，已成为农业发展的短板。2015年全国农产品加工业和农业总产值比值约为2.2:1，而我省只有1.4:1，远远低于全国平均水平。我省农产品资源丰富、区位优势明显，发展农产品加工业大有可为。要实施农产品加工业倍增行动，大力发展农产品精深加工，新引进一批农产品加工企业，新上一批农产品加工项目，新建一批农产品加工园区。农产品加工业产值达到9000亿元，与农业总产值之比提高到1.6:1。要加大对农产品加工业的支持力度，完善农产品产地初加工补助政策，落实“初加工用电享受农用电”等优惠政策，在年度建设用地指标上支持新型农业经营主体进行农产品加工、仓储物流、产地批发市场等辅助设施建设，推动农产品加工业加快发展。从三产角度讲，要大力发展休闲农业、乡村旅游和物流业。休闲农业和乡村旅游是“朝阳产业”，是旅游产业发展热点。我省地形地貌多样、农业地域广阔、自然景观优美、乡村民俗丰富，发展休闲农业和乡村旅游具有优越条件、巨大潜力和广阔前景。要加大培育和扶持力度，建设一批特色旅游村(镇)和乡村旅游示范村，实现农区变景区、田园变公园、农房变客房、劳动变运动、农产品变商品，使农村成为人们望山见水忆乡愁的好去处，促进农民就业增收。要坚持高标准规划，加强基础设施建设，提升旅游服务水平，丰富旅游品种，想方设法拉长旅游季，吸引更多的游客到乡村享受生活。要加快农村物流体系建设，实施“快递下乡”工程，特别是要加快发展农村电子商务，鼓励大型商务平台企业建设涉农电子商务平台，开展农村电商服务，做到农村电商全覆盖。

(四)培育引进新型农业市场主体。新型市场主体是发展现代农业的主角，是现代农业区别于传统农业的重要标志。农业市场主体越多，现代农业发展就越有活力。一是引进战略投资者。城市工商资本投入农业已成为热点，要引领这种趋势。要抢抓京津冀协同发展机遇，积极引进具有资金、技术、管理、市场、人才优势的战略投资者，瞄准实力强、信誉高的大企业大项目大品牌寻求战略合作，重点加强与京津企业对接，做好项目承接。今年，省级重点龙头企业要达到700家以上，实现销售收入3500亿元以上。二是加大家庭农场、农业合作社等培育力度。省级安排农业新型经营主体示范带动项目补助资金，优先安排农技推广、病虫害统防统治、肥料农药科学施用、社会化服务等涉农项目，对新型农业经营主体力口大支持力度。今年要评选省级示范家庭农场200家，带动市县两级创建示范家庭农场2000家。三是大力发展农村股份合作经济。要以股份合作打开城乡产业融合发展通道，大力推行“政府+龙头企业+金融机构+科研机构+合作社+农户”的股份合作模式，实现资源变资本、资金变股金、农民变股东、自然人农业变法人农业。通过“股份”与“合作”的有机嫁接，破解农村资产“资本化”、农业主体“分散化”、城乡要素“分割化”、龙头企业与农户利益“分离化”的难题，把家庭农场、农民合作社、农业企业和农户联结起来，把城市工商资本与农村新型经营主体和广大农民联结起来，促进城乡要素和产业的对接。要大力推广涞水县经验，每个行政村特别是贫困村至少建立一个股份合作经济体，把贫困户纳进来当股东。

（五）打造农业品牌。从一定意义上讲，现代化的农业是品牌聚集的农业。从各地农业发展实际看，农业现代化水平较高的地方，往往是品牌农业发展较快的地方。我省发展现代农业，必须大力实施农业品牌战略，培育一批在全国、全球叫得响的知名品牌。一要对标高端打造品牌。要对标国内国际一流农产品，严格落实农产品质量标准体系、认证体系和追溯体系，着力提升农产品品质，确保农产品安全、绿色、有机，用品质铸造品牌，用品质赢得市场。二要靠创意和特色打造品牌。创意代表文化品位，特色代表个性特征。要打响“冀康”品牌，“冀”既指河北，又意味着希望；“康”既是健康的意思，又是小康的意思。我省蔬菜、果品、杂粮中的不少优质产品都可以用这个品牌包装推介。省农业厅、省商务厅、省供销社要合力打造这个品牌。当然，还要打造更多的品牌，让河北成为农产品品牌富集区、强势区。三要通过宣传推介打造品牌。要创建全省农业品牌目录和品牌数据库，建设宣传推介平台，利用会展、节庆、电商等渠道，加大对我省农产品宣传力度。

（六）发展外向型农业。发展外向型农业是转变农业发展方式的重要途径，能够推动农业与国际接轨，按照国际标准组织生产，提高农产品科技含量和附加值，提升农产品质量水平，促进我省农业产业升级。发展外向型农业是拓展农业发展空间的重要途径，能够融入国际大市场，更好地利用国际国内两种资源、两个市场，引进技术、资金、人才等先进生产要素，增强河北农业的国际竞争力。我省是农业大省，又是东部沿海省份，发展外向型农业条件优越、潜力巨大。当前要着力抓好4个方面：一是建基地。农产品出口基地建设是扩大农产品出口的基础，是农产品出口的“第一车间”。要根据农产品自身特色和国际需求，规划建设一批农产品出口示范基地。在坝上地区，要重点培育建设叶菜、萝卜、马铃薯、甜玉米、肉牛生产基地；在燕山山区，要重点发展食用菌、优质生态果品、中药材、畜禽产品基地；在秦唐沧沿海地区，要重点建立水产品国际标准生产和加工基地；在大行山区，要重点建设冷水鱼生产基地；在冀中平原地区，要重点建设畜产品、兽药、饲料添加剂、中药材生产基地；在冀南平原地区，要重点建设蔬菜基地。要实施好“河北省外向型农产品生产示范区（基地）质量提升三年行动计划”，让河北外向型农业打一个翻身仗。二是抓认证。国际认证是农产品打入国际市场的“通行证”。当前，我省一些企业对此还不够重视、不够了解。要通过加强宣传、举办培训班等方式，让农业工作管理者、企业家了解国际认证规则，积极争取国际认证。三是搭平台。要结合举办省旅发大会，建立永久性的全省农业品牌推介促销平台，把农产品展销和旅游开发捆绑在一起，提高河北农产品的“身价”。要抓紧建立河北省农业品牌推介促销平台，下功夫做专做精，不仅打造成农产品展示平台，而且要打造成农产品流通平台、农业商务合作平台，让国内外客商购买河北农产品、投资河北现代农业。四是拓市场。要鼓励支持企业加强国际农产品市场研究，强化境外促销，积极抢占国际市场。要巩固欧美日韩等传统市场份额，拓展东盟、中东欧、非洲、南美洲、中东等新兴市场贸易合作空间，提高河北农产品的国际市场占有率。

三、坚持“五位一体”统筹推进，构建农业农村工作新格局

对今年乃至“十三五”时期农业农村工作，省委、省政府集中提炼概括成现代农业发展、美丽乡村建设、脱贫攻坚、山区综合开发、乡村旅游等5件大事。这5件事涵盖了“三农”工作的主要内容，是推进整个“三农”工作的核心抓手。现代农业是富民增收的基础产业，是农业发展的必然方向；美丽乡村建设是改善农民生产生活条件的重要路径，是统筹城乡发展的重要平台；脱贫攻坚是最重要的民生工程，是必须啃掉的“硬骨头”；山区综合开发是发展的新空间、新潜力；乡村旅游是旅游产业发展的重要内容，是农业农村发展的重要增长点。从系统论的角度讲，这5项工作构成了一个相互联系、相辅相成的有机整体，单独抓哪一项都难以抓好，统筹起来就会事半功倍，对稳增长、调结构、促转型、惠民生起到重要作用。

“五位一体”是一个整体，但内容不同、重点不同。在现代农业发展上，要围绕提高农产品质量、效益和安全水平，大力推进农业供给侧结构性改革，以调整农业结构为主线，以建设现代农业园区为抓手，推进农业现代化。在美丽乡村建设上，要按照环境美、产业美、精神美、生态美“四美”要求，以改房、改水、改路、改厕、改厨“五改”为重点，实施12个专项行动，打造12个重点片区，推进4000个重点村美丽乡村建设，全面改善农民生产生活条件。当务之急，是抓紧向4000个美丽乡村重点村选派驻村工作队，春节后一上班就要进村入户开展工作。要抓紧编制美丽乡村建设规划，民居建设与改造要严格按照导则施工，采用新材料、新样式，不能还搞老一套。要抓紧搭建投融资平台，整合涉农资金集中打捆使用，今年要完成400亿左右的融资规模。省里的资金集中支持重点片区建设，市县的资金集中支持重

点村建设。要把美丽乡村建设与现代农业发展、乡村旅游结合起来，不断务实产业基础。要大力推行PPP市场化运作模式，鼓励社会资金参与农村卫生保洁、垃圾治理、污水处理等农村基础设施和公用事业项目，建立村庄卫生和设施管护长效机制。这里强调一下农村污染治理问题。雾霾频发很重要的一个原因就是农村的取暖方式落后。根据省新能源办的对比分析，采用新型炉具烧散煤、型煤、秸秆压块三种燃料，与传统炉具比，颗粒物、二氧化硫、氮氧化物排放量明显降低，仅就烧散煤看，颗粒物降低89%，二氧化硫降低92%，氮氧化物降低89%。在美丽乡村建设中，要引导群众改变传统的取暖方式，积极推广新型节能炉具， 2016年要力争完成300万台节能炉具推广任务。在脱贫攻坚上，要实施“八八战略”。第一个“八”就是实施“八大专项行动”，即产业和就业脱贫行动、易地搬迁和危房改造脱贫行动、生态保护脱贫行动、教育脱贫行动、社保兜底脱贫行动、医疗保险和医疗救助脱贫行动、基础设施脱贫行动、“互联网+”脱贫行动。第二个“八”就是落实“八大重点举措”，即领导责任、社会扶贫、考核监督、财政投入、金融服务、用地支持、大数据支撑、驻村帮扶等扶贫措施。前段时间，省委、省政府召开了全省扶贫工作会议，印发了关于坚决打赢脱贫攻坚战的决定，并将陆续出台10个专项政策，形成1十10的政策体系。只要我们把这些政策抓在手上、落实到位，就完全能提前实现脱贫攻坚目标。在山区综合开发上，要向山区要空间、向山区要产业、向山区要资源、向山区要生态，加快特色农业产业带、绿色能源产业带、旅游休闲产业带、美丽乡村示范带和生态涵养支撑带“五带”建设，把燕山——太行山打造成为绿水青山、金山银山。2015年，省委、省政府在沙河市召开了现场会，印发了指导意见，思路都讲清楚了，路子也趟出来了，关键是要赶紧行动起来，培育一批综合开发公司，引进一批战略投资者，强化责任目标管理，尽快让山区绿起来、富起来、美起来。在发展乡村旅游上，以旅游度假为重点，以村庄野外为空间，以人文无干扰、生态无破坏、游居行为特色的旅游形式。有传统的乡村游，也有现代的乡村游；有农庄游，也有民俗游；有“农家乐”，也有“洋家乐”，还有乡村俱乐部、乡村度假社区、乡村特色小镇等。我省有环绕京津的区位优势，有丰富的旅游资源优势，做不大做不强的根本原因就是思路还没有打开。要依托资源优势和美丽乡村建设，集中做好以下5件事：一要先从城市或景区周边率先突破，加强城区、景区周边村庄休闲旅游基础设施和公共服务体系建设，让游客能知道、进得来、住得下。二要推进村庄上山，山区要推动一些村庄上山，依山而建各种各样的农庄、“农家乐”等，把原有的村庄占地置换出来，这样既能享受山上的优美环境，还能破解土地的瓶颈制约。三要深入挖掘文化和乡村特色，让游客体验深厚的历史文化积淀和浓重的农耕文化气息。四要发展旅游风情小镇，依托景区，吸纳周边村庄，建设与景区风格一致、相得益彰，集旅游、休闲、文化创意于一体的旅游风情小镇，今年全省要建成100个特色风情小镇。馆陶县在发展乡村旅游上，突出馆陶故事、传说、名人轶事等人文特色，突出粮艺、黑陶、杂粮、教育、黄瓜种植等产业特色，突出百年民居、纺车、粮食大缸等民俗特色，集中打造了粮画小镇、教育小镇、黄瓜小镇、花木小镇、杂粮小镇，2015年国庆7天假期游客达15万人次，旅游收入突破1000万元。馆陶县推进乡村旅游的经验，值得各地学习借鉴。五要严格规范和标准，抓紧对乡村旅游村庄开展环境整治，对从业人员进行职业培训，提高乡村旅游的服务档次和从业人员素质。

“五位一体”是一个综合抓手，把“五位一体”落到实处需要加强统筹协调，形成整体合力。一是领导力量要统筹。坚持统一领导、统筹组织，集中方方面面的力量，协调推进5大领域工作。各级党委、政府主要负责同志要亲自谋划、亲自推动，分管领导要全力以赴，各级农村工作领导小组要牵总督办，相关职能部门要各负其责、合力推进。二是规划布局要统筹。要紧紧抓住编制“十三五”规划的有利时机，统筹研究现代农业发展、美丽乡村建设、山区综合开发、脱贫攻坚和乡村旅游“五位一体”的总体规划，做到总体布局一盘棋、全覆盖，把5个方面的规划落到一张图上。要认真编制专项规划，打破行政村、乡镇界限，因地制宜确定发展重点，做到5个专项规划互相衔接、互相促进。要把专项规划落实到区域、具体到项目、划分到年度、明确到责任单位，确保5个规划一体布局、有序对接、分项实施、同步完成。三是项目资金要统筹。要彻底改变过去资金使用“撒芝麻盐”、项目投放散乱的状况，围绕“五位一体”，按照“统筹安排、集中投放、专款专用、形成合力”的原则，以县城为平台，整合农业、林业、水利、国土、交通、电力、教育、扶贫、卫生等各类涉农资金，统筹安排，打捆使用。四是工作推进要统筹。“五位一体”工作环节多、工作量很大，要做到推进有序、不打乱仗，就需要明确每年的建设项目和进度安排，明确工作责任目标和工作重点，逐条逐项地抓好落实。要搞好目标管理，把目标责任严格落实到省直部门，落实到市县乡各级。

四、大力推进农村改革，增强农村发展内生动力

在经济发展新常态下，农业农村发展进入转型期、

攻坚期，破解“三农”难题，必须进一步深化农村改革，着力推进体制机制创新，进一步释放改革的红利，推动农业农村实现新的跨越。

(一)稳妥推进土地制度改革。在坚守土地公有性质不改变、耕地红线不突破、农民利益不受损“三条底线”的前提下，重点做好“三块地”的改革:“第一块地”是农用地。基本思路就是“三权分置”，即落实集体所有权、稳定农户承包权、放活土地经营权。今年国家将整省推进土地确权试点扩大到22个，河北是其中之一。我省今年的确权目标是3000万亩，要将目标分解到市县、落实到乡(镇)村，确保年底如期完成。工作推进中，要坚持以确权到户到地为主，从严掌握确权确股不确地，严格按规范开展权属调查，完善承包合同，建立登记簿，颁发权属证书，把工作做细做实，确保登记成果完整、真实、准确。要将确权登记颁证工作经费纳入市县财政预算予以保证，中央和省级财政给予补助。在土地确权的基础上，积极引导农村土地经营权有序流转，坚持依法自愿有偿，引导农村土地向家庭农场、专业大户、农民合作社、农业产业化龙头企业和现代农业园区等规模经营主体流转。中央农村工作会上，汪洋副总理明确提出要探索农村土地所有权的实现形式。村集体要积极开展土地流转服务，土地流转给非本村(组)集体成员或村(组)集体受农户委托统一组织流转，并利用集体资金改良土壤、提高地力的，可向本集体经济组织以外的流入方收取基础设施使用费和土地流转管理服务费。“第二块地”是宅基地。要切实保障农户依法取得的宅基地用益物权，改革完善农村宅基地制度，探索农民住房保障新机制，探索宅基地有偿使用制度和自愿有偿退出机制，探索农民住房财产权抵押、担保、转让的有效途径。目前，在法律政策方面还有一定阪制，但我们可以在“完善宅基地权益保障和取得方式、建立农民住房保障新机制”等方面进行探索。如，在不改变宅基地使用权并符合镇村体系规划的前提下，探索开展村企联建试点。在不改变房屋产权的前提下，探索开展城市居民与农民合作建房试点。还有就是农宅合作社，要引导工商资本在城市周边、景区附近等有条件的村开展农宅合作社试点，采取租赁、入股分红、合作经营等方式，将农民闲置房屋资产整合利用。“第三块地”是集体经营性建设用地。这方面的基本思路是，允许土地利用总体规划和城乡规划确定为工矿仓储、商服等经营性用途的存量农村集体建设用地，与国有建设用地享有同等权利，在符合规划、用途管制和依法取得的前提下，可以出让、租赁、入股，完善入市交易规则、服务监管制度和土地增值收益的合理分配机制。可以结合美丽乡村建设和农业多种功能开发，通过自主开发或合作开发等形式，有效开发利用集体经营性建设用地资源，发展物业经济和服务经济，增加村集体经济收入。在做好“三块地”文章的同时，还要充分挖掘耕地占补平衡和城乡建设用地增减挂钩的政策潜力。要鼓励各地积极进行土地开发整理，探索将通过土地整治增加的耕地作为占补平衡补充耕地的指标，按照“谁投入、谁受益”的原则适当返还指标交易收益。46个集中连片特困地区县和国家扶贫开发工作重点县，城乡建设用地增减挂钩指标可以在省城范围内挂钩使用。省国土资源厅要抓紧研究提出建立省级土地指标调节交易平台的具体意见，为耕地占补平衡和增减挂钩指标在省域范围内交易提供支持。

(二)积极推进产权制度改革。农村活力不足，主要症结在于产权不活、要素流通不畅。激活农村产权，核心在于还权赋能。要着力构建归属清晰、权贵明确、保护严格、流转顺畅的现代农村产权体系，促进农村资产资源权属明晰化、配置机制市场化、产权要素资本化、管理监督规范化，为农业农村经济加快发展提供制度保障。一是要确权。要分类推进农村集体资产确权到户，对非经营性资产，重点是探索有利于提高公共服务能力的集体统一运营管理有效机制;对经营性资产，重点是将资产折股量化到本集体经济组织成员，赋予农民对集体资产更多权能，发展多种形式的股份合作体。二是要拓权。要扩大农民的承包经营权抵押、担保权能，探索多渠道的农村资产抵押，通过引入第三方担保机制，降低银行风险预期和抵押品处置难度，拓宽担保途径，实现农村资产的可抵押、可流转、资本化。前不久，国家正式确定我省平乡等6个县为农村承包土地经营权抵押贷款试点，省直有关部门要加强指导，探索出完善可行的模式和路径，然后在面上推开。三是要活权。要加快建设交易品种齐全、组织架构清晰、管理制度规范、技术信息联动、交易风险可控的农村产权流转交易市场，着力盘活农村资源，进而构建城乡统一的要素市场。原则上每个县(市)都要建立农村产权流转交易平台，今年所有的贫困县和山区综合开发县要全部建成，到2017年实现全省县域全覆盖。

(三)加快推进金融制度改革。金融是现代经济的核心。可以说，金融不活，农村不活;金融不改，农村难改。农村金融改革的目标就是要创新服务模式，全面提升服务水平，发展普惠金融，加快建立多层次、广覆盖、可持续、竞争适度、风险可控的现代农村金融体系。一要加快建立投融资平台。围绕推进美丽乡村建设、脱贫攻坚等，建立和完善省市县三级投融资平台，分别承接农发行、农行、国开行等中长期低息贷款，专门用于支持重点片区和重点村以及扶贫项目建设等。今年全省力争完成400亿元左右的融资总规模，其中省级融资60亿元左右。每个县也都要建立相应的投融资平台，以便于对接。二要用好用足金融政策。最近出台了一系列的金融支农政策，比如，农发行和住房城乡建设部联合下发《关于切实做好改善农村人居环境信贷支持工作的通知》，农发行设立改善农村人居环境建设专项贷款，贷款期限不超过20年，实行优惠贷款利率，重点支持农村污水、垃圾、绿化、农村住房改造、传统村落保护等。在农户贷款上， 5万元内实行免担保，只要有信用评级，不需要抵押物。这些政策要用足、用好。三要建立农村金融服务体系。县级要设立金融服务中心，乡级要设立金融服务部，村级要设立金融服务站，形成健全的金融服务网络，把金融服务送到农民家门口。在这方面，阜平县的做法值得各地学习借鉴。四要加强农村金融市场监管力度。各级政府要按照监管规则和要求，切实担负起对小额贷款公司、担保公司、典当行、农村资金互助合作组织的监管责任，层层落实突发金融风险事件处置职责，制定完善风险应对预案，有效防范金融风险。

(四)大力推进流通体制改革。要以供销社改革为抓手，加快推进农村流通体制改革。我省供销社改革走在了全国的前面，需要加快由试点向面上推进。要以“供销合作社+农民合作社联合社十供销集团”三位一体为依托做强县级供销社，以“供销合作社+农民合作社”为依托做实乡镇供销社。一是加快构建现代农业服务体系，开展大田托管、代耕代种等全程服务，参与太行山、燕山浅山区荒山规模开发，打造环京津绿色生态屏障和现代农业产业带。二是加快构建农村现代流通服务体系，实施“互联网+流通”工程，打造“智能供销合作社”，推进实体业务与电子商务融合发展；大力发展再生资源流通网络，加快再生资源循环经济产业园建设。三是加快构建农村合作金融服务体系，做大做强供销合作社小额贷款、融资担保、互联网金融、农村互助合作保险等合作金融龙头企业，加快发展农村资金互助组织，为农民提供贷款、担保、保险、资金互助等合作金融服务。四是加快构建新型职业农民培训服务体系，强化与高等学校、职业培训机构和农业、科技、教育、人力资源社会保障等部门合作，协同开展涉农职业教育与技能培训。五是加快构建农村产权交易服务体系，支持供销合作社参与建设农村产权交易机构，按照资源共享、优势互补原则，以多种形式合作共建农村产权流转交易中心。六是加快构建农机专业化服务体系，积极组建农业综合服务企业，通过创办领办农机租赁市场、航空植保公司、农机合作社等，为农民提供专业化、优质化服务。

五、强化重中之重意识，加强党委对"三农"工作的领导

习近平总书记指出：“党管农村工作是我们的传统。这个传统不能丢。各级党委要加强对‘三农‘工作的领导，各级领导干部都要重视‘三农’工作。”各级党委要按照总书记要求，始终把“三农”工作摆在重中之重的位置来抓。

(一)加大组织领导力度。要充分发挥党委总揽全局、协调各方的领导核心作用，坚持不懈地强化党委统一领导、党政齐抓共管、党委农村工作综合部门统筹协调、有关部门各负其贵的农村工作领导体制和工作机制。不仅分管领导要具体抓，而且党政一把手要亲自抓，特别是县(市)党政主要领导，要拿出足够的精力抓“三农”工作。按照中央要求，今年我们要进行党委换届。在换届中，要注重选派熟悉“三农”工作的干部进入市、县党政领导班子，各级组织部门要当好参谋。要提高“三农”工作在市县绩效考核体系中的比重。要加强农村工作领导小组建设，充分发挥把方向、定政策、抓典型、搞动员、强保障的重要作用。

(二)形成强大合力。“三农”工作千头万绪，涉及到方方面面，涉及到省直各个厅局，我们要形成强大合力。“三农”工作党委、政府齐抓共管，是我们的传统，也是我们的优势。各级各部门要进一步强化责任意识和大局观念，在工作中时时刻刻想“三农”抓“三农”，主动谋划、积极作为，真正整合资源、形成合力。省发展改革委要统筹推进新型城镇化与新农村建设，继续加强农村基础设施建设，切实抓好移民搬迁工作，主动承接国家发展改革委有关试点。省财政厅要加大支农投入力度，支持县级整合涉农资金，积极支持搭建投融资平台，抓紧运作农业担保公司。省农业厅要集中全部力量，从农业供给侧结构性改革入手，抓园区，抓加工，抓一二三产业融合，推进现代农业发展。省林业厅要打好绿色攻坚战这场硬仗，大力发展林果业，加快林业改革步伐，实现绿色惠民、兴林富民。省水利厅要以重点领域水利改革为突破口，抓好农田水利基础设施建设、节水农业、农村饮水安全巩固提升、农村水生态环境修复力度，推进传统水利向现代水利转变。省国土资源厅要切实保障推进“五位一体”的用地规模、用地指标，支持山区开展土地整治，落实占补平衡和城乡建设用地增减挂钩政策，研究制定将节余指标在省域跨县范围内使用的途径和办法。省住房城乡建设厅要结合美丽乡村建设，在农村抗震建筑、危房改造重点工程中推广使用钢结构新材料，集中整治农村垃圾，下大力度，出硬手段。省科技厅要加大科技支持力度，重点抓好环首都现代农业科技示范带建设，抓好山区综合开发的科技支撑和综合配套改革，加快推进农业科技园区建设，做好科技特派员工作。省交通运输厅要重点加强乡村公路建设，确保每个行政村有一条畅通的出口路、一条路况良好的主街

道。省商务厅要着力打通城乡网络交易通道，切实抓好农村电商全覆盖，帮助农民“买世界、卖世界”。省环境保护厅要把污水处理摆在突出位置，充分利用京津冀环保资金支持农村环境治理，支持省农业厅搞好清洁能源开发利用工程，大力推广污水治理新技术、新装备，建设一批农村生活污水治理试点示范工程，提高农村生活污水处理水平。省金融办要主动适应农业农村发展的新形势，推动农村金融改革，保障农村金融供给，汇聚金融资源，畅通金融服务“三农”渠道，创新适合农业农村的金融产品。教育、文化、卫生计生、民政、人力资源社会保障等部门都要结合各自职责，不断提高农村社会事业发展和公共服务保障水平，特别是做好低保扩面提标、大病保险和医疗救助工作。

（三）加强农村基层组织建设。农村基层组织是党在农村全部工作和战斗力的基础，也是推进农业农村现代化的组织者、实践者。让广大农民真正参与到农业农村现代化建设当中来，需要一个团结务实、开拓创新的村级领导班子来带领。要抓好村党支部、村委会、村代会和经济合作组织“四位一体”建设，加强乡镇党委书记、村党组织书记和农村致富带头人“三支队伍”建设，精准选好配强乡村两级党组织书记。要抓紧选派第一书记，所有的贫困村、美丽乡村建设重点村都要选派第一书记和驻村工作队。贫困村与美丽乡村重点村交叉的，以贫困村为主。要抓紧组织农村基层干部培训，到2017年对全省所有农村党组织书记培训一遍。

（四）加强农民教育培训。要加强对普通农民的教育，让他们学政策、学法律、学技术。对农民的教育，要坚持两手都要抓、两手都要硬，不仅要听民声、顺民意、解民难，而且要启民智、修民德、正民风。各级党委要高度重视，切实抓到手上。要加强思想道德建设，深入开展中国特色社会主义、中国梦和社会主义核心价值观宣传教育，提高农民文明素质。要推进基层综合性文化服务中心建设，丰富农民文化生活，弘扬优秀传统文化，培育文明乡风、优良家风、新乡贤文化，树立健康文明新风尚，提高农村社会文明程度。要推进农村法治建设，加强农村法律宣传教育，增强农民法律意识，让农民知法懂法、守法护法，引导农民依法理性维权、合理表达诉求。要用法律教育引导农民，特别要依法对“非访”进行治理。要加快培育新型职业农民，提高农民文化素质和技术技能，把职业农民培养成现代农业建设的主力军，园区建设、股份合作制发展涉及到的农民，都要进行培训。要开展实用技术技能“送教下乡”活动，充分利用高等教育、中等职业教育资源，鼓励和引导农民通过“半农半读”等方式，就近就便地接受职业教育。要组织开展新型农业经营主体带头人培育行动，确保到2020年新型农业经营主体带头人都要得到培训，人均培训时间不少于10天。

（五）提高做农业农村工作的能力。当前，农业农村工作面临许多新情况新任务新要求，各级干部都要了解“三农”情况，学习“三农”知识，不断提高“三农”工作的能力与水平。要切实提高用新发展理念谋划“三农”工作的能力，进一步完善工作思路、推进途径和政策举措，把新发展理念体现和落实到“三农”工作具体实践之中。要切实提高以农业供给侧结构性改革来发展现代农业的能力，大力调整农业结构，加快现代农业园区建设，促进产业融合发展，提高农产品和服务的供给质量和效率。要切实提高运用金融手段的能力，搭建投融资平台，创新适合新型农业经营主体的金融产品，完善农村金融服务体系，持续扩大金融服务“三农”覆盖面，不断缩小金融服务的“城乡差距”。要切实提高做群众工作的能力，学会说农民的话，学会和农民零距离交流，善于运用政策宣传感召群众，善于运用美好前景激励群众，善于通过培育先进典型引领群众，使群众真正成为推动“三农”发展最能动、最重要的力量。要切实提高依法行政的能力，强化法律权威，完善和创新乡村治理，确保农村社会和谐稳定。

今年是“十三五”开局之年，做好今年的农业农村工作，巩固和发展农业农村发展的良好势头，意义重大，任务艰巨。我们要高举发展、团结、奋斗的旗帜，坚定信心、凝聚力量，攻坚克难、真抓实干，圆满完成今年农业农村工作各项目标任务，为建设经济强省、美丽河北作出新的更大贡献。

沈小平同志在全省农村工作会议上的总结讲话

（2016年1月20日）

这次全省农村工作会议时间虽短，但内容丰富。既传达学习了克志书记、庆伟省长的重要批示和今年省委1号文件，又直面详听了赵勇副书记对“十二五”“三农”工作的总结和“十三五”重点任务的部署；既表彰了先进个人，又交流了部门举措。会议达到了统一思想、凝聚共识、明确任务、坚定信心的预期目的。应当说，2016

年和今后一个时期全省“三农”工作的大政方针已定，各项政策措施已经或即将出台。落实好省委、省政府的决策部署，关键的一个字就是干。作为会议总结，我围绕着“干”讲几点意见。

一、坚持问题导向干

“十三五”是全面建成小康社会的决胜阶段，也是我省农业转型升级的关键时期。在经济发展新常态下，“三农”工作的外部环境和内在动因不断发生变化，对一些新老问题的交织和延续，我们必须要有清醒地认识。一是比较效益问题。受国际大宗农产品特别是粮食价格低迷和国内库存积压、供求结构性失衡的影响，去年以来，主要农产品价格下跌明显，而生产资料价格在高位不见回落，人工费和土地流转费上升较快。这“一降一升”挤压了农业生产经营的效益空间。二是农民务工问题。由于经济下行压力加大，淘汰落后产能、压减过剩产能“双管齐下”，农民务工环境趋紧，促进工资性收入增长的难度增大。三是政策效应问题。一些“普惠制”补贴实施多年，过去行之有效的增产增收政策的边际效应已经递减；农村各项改革正在逐步深化，但充分释放红利需要时间过程。四是资源环境问题。化肥、农药等物资过量使用，危及农产品质量安全和农村生态环境。地力下降、地下水严重超采，直接影响农业可持续发展。在农村生产生活条件明显改善、农业综合生产能力不断提升的大背景下，对现实和潜在的问题切不可低估。农业仍然是“四化同步”的短腿、农村仍然是“全面小康”的短板。我们要坚持问题导向，以创新、协调、绿色、开放、共享五大发展理念为引领，在深化改革中探索路径，在攻坚克难中寻找办法，在群众创造中推广经验，下大力拉长“短腿”、补齐“短板”。

二、围绕农民增收干

农民增收是农业农村发展的根本目的，也是“检验农村工作成效的一个重要尺度”。去年，全省农民人均可支配收入增长8.5%，“十二五”时期第一年由两位数降到个位数。保持农民收入持续增长，进一步缩小城乡收入差距，将是今后几年面临的最大挑战。面对新形势、新问题，促进农民增收，就要充分挖潜，综合施策。一是挖掘农业内部潜力。通过降成本调结构、开辟新的种养领域增收，特别是围绕“三品”下功夫，即增加品种、提升品质、打造品牌。二是挖掘三产融合潜力。大力推进农业产业化经营，完善利益联结机制，提高农民在产业链、价值链中的利益分享比例。三是挖掘新型业态潜力。要结合美丽乡村建设，大力发展创意农业、休闲农业和乡村旅游；主动加强与阿里巴巴等知名互联网企业合作，发展电子商务，让更多农民参与进来并从中受益。四是挖掘农村“三资”潜力。要扎实推进农村集体产权制度改革，通过“资源变股权、资金变股金、农民变股东”，为农民创造更大的增收空间。

三、扭住转变方式干

围绕高产、优质、高效、生态、安全的主攻方向，推进供给侧结构性改革，解决要素配置扭曲问题，构建资源节约型、环境友好型现代农业体系。一要调结构。大力实施“三个三”行动。区域结构调整，要打造“三区”，即在山前平原县建设粮食生产核心区，在燕山、太行山区建设绿色产业成长区，在资源禀赋优势突出地区建设特色产业示范区。产业结构调整，要做强“三业”，围绕市场需求，壮大畜牧、蔬菜、果品三大优势产业，加快建设规模养殖场、蔬菜标准园、优质果品基地；种植结构调整，要统筹“三元”，在保障粮食综合生产能力前提下，扩大经济作物规模，增加饲草饲料种植面积。二要强主体。着力培育发展家庭农场、专业大户、农民合作社、龙头企业等各类新型经营主体，充分发挥其在供给侧结构性改革中的引领作用。通过土地流转、土地托管和股份合作等形式发展适度规模经营，实现标准化生产、集约化经营、精细化管理、社会化服务。三要保生态。农产品供给既要有利于发挥资源优势，又要有效保护生态环境、增强可持续发展能力。要念好“山海经”、唱好“林草戏”，实现生态修复与农民增收相统一。四要搞服务。转方式调结构，归根到底是生产经营主体的事，政府不能越俎代庖，不能搞强迫命令和瞎指挥，要让市场导航、农民把舵，政府通过搞好服务来护航。

四、形成合力联手干

各级各有关部门要深刻领会省委、省政府的战略意图，凝聚持续重视和加强“三农”工作的广泛共识，任何时候都不能忽视农业、不能忘记农民、不能淡漠农村。要同舟共济、履职尽责，真正形成关心农业、关注农村、关爱农民的浓厚氛围和强大合力。一要分解目标任务。对省委1号文件确定的目标任务要层层分解、政策措施要细化实化，明确责任主体、工作标准和完成时限，并据此督促检查，落地生效。二要整合要素资源。要加强上下之间、左右之间、内外之间的协同配合，建立衔接机制，发挥团队效应。按照中央的要求，涉农资金要进行整合，今年先从高标准农田建设、扶贫开发等方面入手，解决好“九龙治水”、各管一摊的问题。相关部门要顾全大局，打破藩篱，集中力量办大事，把有限的资金用在刀刃上，切实提高使用效益。三要依靠群众力量。坚持以民为本，尊重农民群众的主体地位和首创精神，充分调动他们的主动性和创造性，善于从基层实践中找到真经实招，破解难题，提速增效。

五、立足当前工作干

千里之行、始于足下，“十三五”的开局之年，眼下要重点抓好四件事。一是冬春农业生产。切实加强越冬作物田间管理，针对可能发生的春季干旱、病虫害和“倒春寒”等灾害，及时组织专家会商，科学指导，有效服务。二是农田基本建设。要利用冬闲时节，发动农民投身小型农田水利建设，搞好农田整治，实施造林绿化，为提高农业综合生产能力、改善生态环境夯实基础。三是动物疫病防控。严格落实疫情监测、消毒灭源、物资保障、应急响应等措施，确保不发生重大动物疫情。四是森林草原防火。切实克服麻痹思想和侥幸心理，增强防火意识，落实主体责任，一旦发生火情，确保打早、打小、打了。同时，要提早谋划、有效应对厄尔尼诺事件发展对农业生产可能造成的影响，完善、落实防汛抗旱、防灾减灾各项预案。

当好脱贫攻坚战场上的“突击队”

——赵勇同志在全省精准脱贫驻村干部动员大会上的讲话

（2016年2月24日，根据记录整理）

一走进会场，就感受到工作队员身上一种激昂向上的精气神，感受到一种信心、一种力量。刚才，县委书记代表、省直机关代表、驻村工作队员代表分别作了很好的发言和倡议，田庚同志介绍了培训班的情况，听了以后很受鼓舞。总的感到，这次培训班办得非常好，同志们带着责任学政策、学方法、学本领，无论是课上还是课外，都专心致志、聚精会神，展示出良好的精神状态，体现了高度的责任意识，有了一个良好的开局。彻底解决几千年来的贫困问题，是一项前无古人后无来者的伟大事业。这个伟大的目标、宏伟的梦想，要在我们手中实现，是我们的荣幸，也是我们沉甸甸的责任。这次会议既是培训会，又是誓师动员会，省委、省政府在这里为你们加油、为你们壮行。借此机会，我代表省委、省政府，对即将奔赴农村的第一书记和驻村工作队的同志们提5点希望。

一、牢记神圣使命

全面建成小康社会，最艰巨的任务是脱贫攻坚，最突出的短板是农村以及大量贫困人口。省委集中选派省市县三级机关干部驻村帮扶，充分表明了省委打赢脱贫攻坚战的坚定决心。能不能打赢，在很大程度上取决于每一位第一书记和工作队员。你们处在前沿阵地，能不能在扶贫战场上拿下一个个“山头”、建立功勋，是我们能否决胜的关键因素。

第一，这是党中央和习近平总书记的深情嘱托。习近平总书记反复强调，“小康不小康，关键看老乡，关键看贫困老乡能不能脱贫”。他深情地讲，“40多年来，我先后在中国县、市、省、中央工作，扶贫始终是我工作的一个重要内容，我花的精力最多”。党的十八大以来，截至2015年底，总书记在国内考察26次，其中15次涉及扶贫开发，有7次是把扶贫开发作为主要内容。他亲自谋划推动扶贫工作，提出“六个精准”“五个一批”，其中精准选派第一书记和驻村工作队就是“六个精准”之一。中央《关于做好选派机关优秀干部到村任第一书记工作的通知》（组通字〔2015〕24号），明确提出贫困村选派第一书记和驻村工作队要实现全覆盖。

第二，这是省委、省政府的殷切希望。在全省扶贫工作会议上，克志书记提出了“两步走、三确保、四提升”的脱贫攻坚目标，省委、省政府向全省人民作出承诺，2018 年基本解决面上脱贫，2020年底彻底摘帽、全面脱贫。这份承诺是沉甸甸的责任，是不能打任何折扣的承诺。省委《关于坚决打赢脱贫攻坚战的决定》，提出了“八八战略”，即“八项行动”（即产业和就业脱贫行动、易地搬迁和危房改造脱贫行动、生态保护脱贫行动、教育脱贫行动、社保政策兜底脱贫行动、医疗保险和医疗救助脱贫行动、基础设施脱贫行动、“互联网＋扶贫”行动）、“八项举措”（即财政支持、金融支持、土地政策支持、贫困户收益落实到人头、定点扶贫、选派第一书记和驻村工作队、社会扶贫、考核指挥棒），把选派第一书记和驻村工作队作为一项重大举措。今年选派的驻村干部都是优秀干部，经过严格筛选、层层把关。在选派的2.2万名驻村干部中，有相当一部分是后备干部和年轻干部。省直机关选派的第一书记中，厅级后备干部占68.1%。全省建档立卡的7366个贫困村，实现了选派第一书记全覆盖。在座的同志都是各级党组织精心挑选出来的精兵强将，是打赢脱贫攻坚战的“突击队”和“尖刀排”，省委、省政府期待大家下去以后，能够拿下每一个“山头”，打赢每一场战役。

第三，这是人民群众的热切期盼。现在，我省还有62个贫困县、7366个贫困村、310万贫困人口，每一个贫困群众都盼着尽快脱贫，尽快过上好日子。多年来，驻村帮扶在落实上级政策、推动扶贫开发方面做了大量卓有成效的工作，在群众中树立了良好形象。贫困群众打心眼里相信我们的驻村队员，期盼着大家带去脱贫致富的好信息、好思路、好项目，期盼着早日摆脱贫困、过上幸福生活。精准到村、精准到户的扶贫新要求，更是给了贫困群众脱贫致富的新希望。这些工作要靠第一书记和驻村工作队来组织实施，这些希望要靠第一书记和驻村工作队来帮助实现。

各级驻村干部要充分认识到驻村帮扶工作对于打赢脱贫攻坚战的重大意义，充分认识肩负的责任和使命，牢记总书记的深情嘱托，牢记省委、省政府的殷切希望，牢记人民群众的热切期盼，以强烈的政治责任感，以时不我待的紧迫感，带着对群众的深厚感情，带着好理念、好思路，带着资金和项目，以必胜的信心和务实的作风，全身心地投入这场攻坚战，帮助困难群众尽快摆脱贫困、过上小康生活。

二、明确工作任务

我省脱贫攻坚的时间表、路线图都已明确。各市县乡村也要按照省里的做法，明确目标、分解任务、责任到人，挂图作战，全力抓好落实，切实让全体贫困群众受益。总结以往的经验，根据省委、省政府提出的总体目标要求，第一书记和驻村干部的具体工作任务就是“十件事”。

第一，摸清底数。近两年，我们在建档立卡工作上下了很大功夫，去年底又搞了"回头看"，但扶贫对象涉及面大、具体情况千变万化。驻村干部到村后，第一项任务是在建档立卡“回头看”的基础上，走村转户，再调查、再分析、再论证，真正把情况摸清楚，把扶贫对象搞精准。把扶持谁的问题解决了，才能解决好怎么扶、谁来扶的问题。具体就是严格按照“五步工作法”来操作。第一步是收入核算。目前，个别县市存在上报的农民收入数据与实际情况不符的现象。主要是两个问题:一个是为了保住贫困县的帽子，上报的数据整体较低，部分贫困人口未被认定，致使一些贫困群众享受不到应该享受的政策；另一个是个别基层干部怕得罪人，工作浮皮潦草，有的不符合规定的也被认定成贫困户。大家下去后，要帮助把实际情况搞清楚，严格按照年收入2900元的贫困线标准认真核定贫困户。第二步是实地查验。参照“五看、五不录、六优先”原则，与村“两委”干部一起逐户查看，综合考虑劳力、住房、教育、健康、消费等因素，在比较甄别基础上识别真贫。第三步是走访评议。通过走访左邻右舍，对群众有不同意见的，通过召开村民代表大会进行评议。第四步是公开公示。贫困户识别结果要在村内显著位置张贴，接受群众监督。第五步是核实审批。第一书记和工作队员要在去年“回头看”基础上，进行认真核实，核实后逐级上报核定。此外，要建立动态管理机制，每年搞一次动态调整，做到有进有出，及时准确反映扶贫成效。

第二，搞好规划。按照“三年集中攻坚、两年巩固提升”的总体要求，做好统筹规划。从产业脱贫角度讲，要规划好搞什么扶贫项目、采取什么方式、技术谁来支撑、资金谁来投入、产品怎么营销，以及美丽乡村如何建设等问题。特别是围绕省委、省政府提出的“五位一体”，以增加贫困群众收入为核心，以培育发展富民产业为重点，把脱贫攻坚与现代农业发展、山区综合开发、美丽乡村建设、乡村旅游统筹起来，结合实际情况，综合分析，科学规划，做到宜农则农、宜工则工、宜商则商、宜游则游。规划既要有总体规划，也要有年度工作计划和贫困户、贫困人口的精准脱贫计划，避免大而化之。要根据贫困户和贫困人口致贫原因和脱贫需求，研究制定精准到户到人的帮扶措施，做到“一村一品”“一户一策”，做到一户一本脱贫台账、一户一个脱贫计划、一户一套帮扶措施。

第三，发展股份合作制。产业扶贫是第一书记和工作队的一项重要任务，也是脱贫攻坚的主攻方向，关键是把贫困群众有效纳入到产业体系中，让他们有稳定收入。股份合作制是实现产业扶贫、稳定脱贫的最佳途径。在发展特色产业、实现群众脱贫上，存在一个共性问题，就是多数贫困群众不具备一家一户独立完成商品生产的能力，即使有资金项目帮扶，也搞不起来。实行一家一户的帮扶，很难达到脱贫的效果。要把贫困群众组织起来，搞股份合作企业，让他们统一入股，将项目和资金到户转为资本和权益到户，使贫困户成为可以从企业拿租金、股金和薪金的“三金”农民。全省7366个贫困村，每村都要至少搞1个股份合作制企业，以市场机制运作，广泛吸收贫困户当股东，让他们既有分红收益又能打工挣钱。

第四，搞好社保兜底。驻村工作队要推进社保政策兜底脱贫行动相关政策的精准落实、有效落地，配合村“两委”班子做好核查工作，将所有符合条件的贫困家庭成员全部纳入低保范围。特别是要敢于担当、坚持原则，不能把低保当成一项福利，不符合条件的坚决不能享受低保政策。在因病致贫、因病返贫方面，要围绕大病保险、医疗救助以及慢性病药费报销等，积极探索，建言献策，切实帮助群众解决实际困难。

第五，建好美丽乡村。美丽乡村建设是提升贫困地区基础设施水平的综合性抓手，也是贫困地区脱贫致富的有效途径。馆陶县作为国家级贫困县，在没有任何特殊资源、既不靠近城市又没山没水的情况下，建成了一批在全国叫得响的美丽乡村，粮画小镇入选“中国十大最美乡村”。扶贫工作不仅仅是单纯提高群众的收入，还要让老百姓喝上干净水、用上卫生厕所，拥有好的道路和房屋。这是满足群众基本生活条件的要求，也是全面小康的基本要求。要在贫困户精准脱贫的基础上，用5年时间把贫困村逐步建成美丽乡村。今年已确定1000多个贫困村为省美丽乡村建设重点村，省市县各级特别是到这些村去的第一书记和工作队要重点帮扶，为所有贫困村作出样板。

第六，搞好金融服务。扶贫路子有了，规划定了，一个突出的问题是缺乏资金。尽管省委、省政府下了很大决心，给所有贫困村每个村每年50万元，连续给3年，由工作队掌握使用。但对于产业发展而言，靠这些解决不了根本问题，关键还要靠金融。大家要学金融、懂金融、抓金融，借鉴阜平县模式，在县里搞金融服务中心，在乡里搞金融服务站，在村里成立金融工作室，组织人员为群众贷款搞认证、搞项目包装、帮助跑办手续。要认真研究如何用好金融手段，有的尽管是股份合作企业办理贷款，但也可以落到一家一户；有的尽管是以农户名义贷的款，也可以把资金集中起来统筹使用，真正以金融支撑做大产业。

第七，加强技能培训。把加强农民创业就业技能培训作为重要工作来抓，对全村群众特别是贫困群众进行系统培训。要结合本村特点，围绕种植、养殖及其他主导产业、优势产业和特色产业，邀请专家、教授搞现场培训，协调用人企业开展订单定向培训，组织群众外出参观培训，动员致富能手牵头搞培训，不断提升农民的实用技术、经营管理水平，增强脱贫致富能力。

第八，推进农村改革。要以改革为动力推动脱贫攻坚。要尽快熟悉农村改革政策，推动土地确权，结合脱贫规划，有计划地搞好土地流转、山场流转，采取转包、出租、入股、托管等多种方式搞规模经营，增加土地收益，增加贫困群众收入。要推动建立宅基地合作社，通过引进企业盘活闲置的民宅，大力发展乡村旅游，决不能让山清水秀的地方还存在贫困问题。

第九，强化资金监管。当前，扶贫方面的政策很多，资金也不少。加强扶贫资金监管，把资金用好用出效率、不出现跑冒滴漏现象，是驻村帮扶的一项重要任务。审计部门去年开展专项审计，发现贪污、挪用、截留、挂账不使用等诸多问题。今天，向第一书记和工作队授权，你们直接掌控资金使用，同时也对资金的使用和监管负第一责任。大家要按照相关规定，把资金监管好、使用好，切实用到位、用出效益。

第十，健全基层组织。省委组织部已经进行了专门培训，提出了明确要求。第一书记和工作队员肩负着指导、督导和一起干的责任。同时还有一个重要责任就是要帮助本地建一支永不走的工作队。要选好支部书记，搞好党支部、村代会、村委会、合作社“四位一体”的机制完善。要推进农村致富带头人队伍建设，特别是要引导帮助农村党员学技术、上项目，提高带领群众脱贫致富能力。

三、把握科学方法

第一书记和驻村工作队员中，有不少同志长期工作在机关，对农村工作不很熟悉。即使过去在农村工作过，现在的农村也发生了深刻变化，一些老方法已经不灵了。从近年来扶贫工作队员总结的经验看，重点是把握好7个方法。

第一，协商共事的方法。大家下去以后，一方面要积极主动地开展工作，一方面要处理好与村党支部书记的关系，尊重村“两委”班子同志，充分调动村“两委”班子的积极性，切实形成工作合力。要坚持做到帮办而不包办，既要加强监管又要直接参与，对大的思路、大的规划、大的项目、大的资金使用，要发挥好指导作用。具体实践中，各个村的情况不尽相同，要用心探索、潜心研究，高标准、高质量完成好省委、省政府交办的任务。

第二，动员群众的方法。让群众动起来，是我们打赢脱贫攻坚战的关键。如果老百姓自己行动起来，脱贫就会动力更足、步子更大。今年将在全省评选脱贫攻坚十大新闻人物，其中包括脱贫群众的典型，目的是充分调动贫困群众内在的积极性。要采用多种方式发动群众，向群众宣讲党的政策，宣讲中央和省委的决心，讲脱贫攻坚规划，组织他们外出参观学习，让他们看到增加收入、改善生活的实际效果。现在，部分外出打工人员还没有返程，要发挥他们眼界开阔的优势，让他们现身说法，激发群众的脱贫愿望和内生动力。

第三，上引下联的方法。上引，就是要依靠背后的省直单位、市直单位和县直单位，充分利用各种资源，发挥站位高、眼界宽、交往广、资源多、信息快的优势，积极帮助所驻村引资源、引项目、引资金。下联，就是要接地气，多和村干部沟通，多和群众商量，从村情和农户实际出发，把工作落实到一个个家庭、一个个项目上。

第四，运用政策的方法。这次会上，大家都领到了一本政策汇编，这是省委《关于坚决打赢脱贫攻坚战的决定》（冀发〔2015〕27号）和10个专件，含金量非常高。这些文件在财政政策、金融政策、土地政策、产业政策等方面有很多实实在在的支持，大家要认真学习、深入研究、吃透精神，把政策用足用好。比如移民搬迁政策、保障房延伸到乡村的政策，里面学问很深，研究透了，就可以让贫困群众得到很多实实在在的支持。

第五，现场管理的方法。不要满足于开几个会，搞一般的调度。要到一线去，到现场去，跟群众一起参加劳动。保定市涞水县白涧村，老百姓自己开发荒山，开了3000多亩地，最多的时候1000多人在山上拓荒开发，村干部和他们一起耕耘劳作，给群众很大鼓舞。我们就要像他们那样，搞现场管理，现场参加劳动，现场指导工作。村庄怎么规划，山坡怎么开发，哪里该种树，哪里该种苹果，哪里该种核桃，都要搞现场管理。

第六，典型推动的方法。抓典型是基本的工作方法。教育和引导农民，最有说服力的是他们身边的事例。要抓典型的事、典型的项目，抓典型的人来带头，然后在面上示范推广。比如搞一个新产业，老百姓开始心里肯定没底，担心卖不出去，这就要抓典型。可以到邻近的村子参观现成的典型，也可以找几个有基础的先搞起来，老百姓一看效果好，自然就跟着干起来了。

第七，改革创新的方法。现在脱贫攻坚到了攻坚拔寨的阶段，传统的那一套很多已经行不通了，必须用改革创新的办法。大家多数是后备干部，是河北的希望所在，要抓住这次在基层实践锻炼的机会，培养改革创新的锐气，用改革创新的思维谋划脱贫思路，用市场理念引进外来资本、引进战略投资，巧借外力加快脱贫产业发展，用新的手段破解脱贫瓶颈。比如，在村里搞个网店，让线上线下互动起来，老百姓可以把农产品通过网上销售出去，也可以在网上下单子便宜购买城里的商品。还比如，把农村的山场、林场、宅基地等闲置资源利用起来，进行资本化、股权化，也可以跟公司合作把它证券化，把闲置资源盘活，产生更大效益，让贫困群众从中受益。

四、提高工作能力

落实新发展理念、落实供给侧结构性改革、适应新常态，都需要学习。过去搞招商引资，都是找个项目来，承诺给一块地，地价优惠一点儿，现在这套办法不行了。过去习惯需求侧的改革，现在从供给侧的角度来抓，很多人一头雾水。到底怎么创造商品质的产品和服务？怎么创造有效的供给？怎么适应新常态？落实新发展理念怎么找结合点？下去以后，要着眼于提高自己的能力，用心锻炼自己。这次省委、省政府下这么大的决心，抽调这么多年轻后备干部下去，一方面是要用精兵强将打攻坚战，另一方面是用实践来锤炼这支队伍，为河北的长远计，为河北的未来着想。

第一，提高能力就要勤于学习。下去之后要先当学生，再当先生，谦虚谨慎。要拜群众为师，向群众学习，向实践学习。要多挤时间读书，多研究新常态、新理念、供给侧结构性改革，多研究在新背景下打好脱贫攻坚的新方法、新思路、新举措。

第二，提高能力就要敏于思考。现在有许多新问题需要深入思考、深入研究，比如昨天讨论全省城市空间布局规划时，发现农村有“两个一千万”：即有1000万人在乡镇企业就地打工；有1000万人是半城镇化的“两栖人口”，工作在县城，生活在乡村。“两个一千万”对新城镇化和脱贫攻坚来讲意味着什么，要深入研究思考。脱贫攻坚大方略定了，但每个村都有自己的特殊情况，有很多问题是个性的，也有很多问题是共性的，要思考其中规律性的东西，思考一些久拖不决的“硬骨头”问题，弄清楚背后的原因，找出解决问题的方案。

第三，提高能力就要勇于探索。我们讲的“十项任务”，许多问题没有现成的答案，希望大家勇敢地去探索。创新无止境，探索无止境。大家要积极探索，在探索中长见识、长本事。许多问题看似“山重水复疑无路”，只要勇于探索，就会“柳暗花明又一村”。要拿出这种胆识、这种勇气，敢为人先，敢想敢干，在探索中杀开一条血路，走出一条脱贫攻坚的新路子。

第四，提高能力就要善于总结。希望大家每天记日记，每个月有小结，每隔一段时间向乡党委、乡政府，向县委、县政府有一个汇报，有好的经验、好的做法及时向领导小组办公室、向扶贫办汇报。希望你们多出工作成果，也多出在全省、全国叫得响的经验。总结经验本身就是长本事。没有这个本事，就难以把实践上升到理论、难以用理论指导实践。

五、树立良好形象

第一书记和驻村工作队都是各级党委派出的，一举一动都代表党和政府形象。大家直接和群众打交道，群众会从你们身上去感受群众路线教育实践活动、“三严三实”专题教育之后的变化。希望同志们下去之后，树立“六个形象”。

第一，树立心系群众的形象。人心换人心。农民最朴实、最真诚、最厚道。我们善待他们，像对待亲人一样对待他们，他们就会和我们讲心里话，就会把我们当亲人，就会把我们当依靠。要一心想着群众，真心帮助群众，带着感情做好脱贫攻坚工作。

第二，树立激情工作的形象。刚才，你们倡议书里讲到“夙兴夜寐、激情工作”，要把这种激情带到基层去，带到群众当中去。要保持一股拼劲、一股闯劲、一股干劲，定下来的事情马上就办、办就办好。

第三，树立苦干实干的形象。到了基层，有些地方生活比较艰苦，有些工作做起来比较艰辛，需要耐得下性子、耐得住寂寞，埋头苦干、埋头实干。要和群众一起干、一起苦、一起过，这也是习近平总书记当年在正定所倡导的。要身体力行地干，少一些指手画脚，多到田间地头。一些群众家里有困难，就要想方设法帮助他们解决困难、解决问题。

第四，树立锐意进取的形象。锐意进取出活力，锐意进取出特色，锐意进取出业绩。要以锐意进取精神，打破多数贫困村、贫困群众思想僵化、致富无门的困窘之境。要用中央和省委的最新精神和最新部署，武装自己和农村党员群众头脑，提高政策理论水平，理清脱贫发展思路。要结合农村实际，依托本地优势，借力各方资源，勇于探索、开拓创新，大胆改革，想办法在贫困村趟出一条新路，做群众致富路上的“引路人”。

第五，树立遵规守纪的形象。省委下了大决心进行省级机关作风整顿，工作队员都要按照作风整顿的要求，为基层干部树立标杆。踏上黄土地，就是“农村人”。大家既要遵守各项规章制度，也要自觉践行“村规民约”。作为驻村工作队员，尤其要按照《河北省精准脱贫驻村干部选派管理办法》，认真落实考勤、请销假、定期例会等各项制度。这里特别强调，所有第一书记和工作队员都要“全脱产”，不要动不动就抽回来。要真正下去，每个月驻村工作时间不少于20天。

第六，树立廉洁自律的形象。这是对大家起码的要求。在这方面出了问题，老百姓就会戳我们的脊梁骨。要自觉遵守“八项规定”和党风廉政建设有关规定，严格做到“六不准”，不搞吃吃喝喝，不收土特产，不侵害群众利益，不接受群众馈赠，不给基层增负担，不给群众添麻烦。驻村工作经费都是财政拿的，不能给村里增加任何负担，经手的每一分钱、每一件事、每个项目，都要经得起时间和历史的检验。

脱贫攻坚是一项系统工程，也是当前一项重大政治任务。各级党委、政府要把这项任务摆在突出的位置，从战略和全局的高度重视这项工作，拿出足够的精力来抓，以超常规举措打好这场硬仗。县乡党委要切实加强驻村干部的日常管理，加强协调、沟通和服务。县乡党委是管好用好这支队伍的主要力量。驻村干部出了问题，主管单位要负责任，但主要责任在县乡党委。各派出单位对驻村干部要做到“脱离”不“脱钩”，经常听汇报，抽时间下去现场办公，解决实际问题，给驻村工作队实实在在的支持和关心。各级组织部门要加强第一书记和驻村干部的日常管理，既要管好又要用好。省委文件讲得非常明确，派下去的第一书记和驻村工作队员，在下面表现好的，在驻村期间就要提拔重用，优先提拔到更重要的岗位上去。干得不好的，各级组织部门要及时召回和撤换。对中央驻冀单位也是这样的要求。各级宣传部门要大力宣传开展这项工作的重大意义，宣传驻村干部的好经验、好做法。各级扶贫部门对驻村干部要建立专门网站，及时发布扶贫政策，交流好的经验，尽快落实每个村50万元的工作经费。

脱贫攻坚的伟大战役已经打响。希望同志们不负中央和省委的重托、不负人民群众的期待，奋发有为、攻坚克难，坚决打赢这场攻坚战，以优异的成绩向党和人民汇报。

梁田庚同志在全省精准脱贫驻村干部动员大会上的讲话

（2016年2月24日）

按照省委的统一安排，2月22日至23日，省市两级同步开展精准脱贫驻村干部岗前培训。从省直选派干部参加培训的情况看，大家积极认真，严守纪律，表现出良好的精神风貌。同志们普遍反映，经过学习培训，增强了对脱贫攻坚的认识和知识储备，增强了做好驻村帮扶工作的使命感和责任感；全面学习领会了中央和省委、省政府关于脱贫攻坚的决策部署，掌握了目标任务和工作思路、工作方法，进一步增强了做好驻村帮扶工作的信心和决心。总的看，岗前培训收到了良好效果。

今天，我们召开全省精准脱贫驻村干部动员大会暨省直驻村干部出征仪式，主要任务是对省市县三级选派的驻村干部，进行打赢脱贫攻坚战的誓师动员，同时欢送省直选派干部出征。

刚才，3位各方面的代表作了很好的发言，表达了贯彻落实党中央和省委、省政府决策部署，落实主体责任、打赢脱贫攻坚战的坚定态度和信心决心。赵勇副书记的讲话站位高、立意深，针对性和操作性强，从准确把握全省脱贫攻坚的新形势新任务和驻村干部做好帮扶工作的主要职责、重点任务和工作方法的角度，对广大驻村干部提出了殷切期望和要求，强调了各级党委、政府和各有关部门及各派出单位加强驻村干部管理、支持驻村干部做好工作的职责任务。我们要认真学习领会，认真贯彻落实。

这次培训动员会后，我们的扶贫工作队即将奔赴脱贫攻坚一线开展驻村帮扶工作。省委高度重视第一书记和驻村工作队员的选派工作，高度重视第一书记和驻村工作队在精准脱贫工作中的重要作用。克志书记在2015年12月全省组织工作会上，对机关干部下基层提出了明确要求，指出:要用5年时间，在全省范围内选派机关优秀干部到贫困村和后进村任第一书记，要求各级党委把这项工作作为一项严肃的政治任务，作为从严从实培养锻炼干部的重要平台。强调要选“强将”、抽“能人”、挑“精兵”，对驻村工作表现优秀、实绩突出的，优先提拔使用。在全省扶贫开发工作会议上，克志书记再次强调，鼓励和选派思想好、作风正、能力强的各级优秀年轻干部和后备干部，到贫困村担任村党组织第一书记，真正在第一线砥砺品质、经受考验，学会做群众工作，增强带领群众脱贫致富的本领。要切实加强驻村工作队力量，做到每个贫困村都有驻村工作队、每个贫困户都有帮扶责任人，不脱贫不脱钩。今年元旦期间，克志书记在阜平蹲点调研时，再次指出，要调整规范选派驻村第一书记的工作，从县级以上机关干部中选派后备干部、优秀年轻干部，到基层组织薄弱、脱贫任务较重的村任职，而且要连续干上两三年。今年1月31日至2月1日，汪洋副总理到衡水考察扶贫工作后，省委常委会进行专题研究，进一步明确要加强驻村工作队、贫困村第一书记队伍建设，把最想干事、最能干事、最会干事的人放到最关键的岗位。

省委、省政府特别是克志书记如此重视这项工作，是因为第一书记和驻村工作队在推进精准脱贫工作中担负着重要职责、扮演着重要角色、发挥着重要作用。当前，扶贫开发正由“大水漫灌”向“精准滴灌”转变，在精准识别的基础上，实施对症下药、靶向治疗，第一书记和工作队就像一根根“精准滴灌”的“管道”。在有效引导社会扶贫重心下沉，促进帮扶资源向贫困村和贫困户流动方面，第一书记和工作队就是连结帮扶单位和帮扶对象的桥梁纽带。在把中央和省委的精神、政策贯彻落实到基层、激发广大群众脱贫致富内在动力方面，第一书记和工作队又是“宣传队”“播种机”，还是群众脱贫的“主心骨”。中办、国办最近下发的《省级党委和政府扶贫开发工作成效考核办法》，明确将驻村帮扶考核列为4项考核指标之一。可见，发挥好第一书记和驻村工作队的作用，对于贯彻落实中央和省委、省政府扶贫开发工作部署，打赢全省脱贫攻坚战，意义十分重大。做好这项工作，需要我们群策群力、倾注满腔热忱。

下面，我围绕落实好省委、省政府精神和赵勇副书记刚才的讲话要求，简要讲4点意见。

第一，脱贫攻坚是一项光荣的政治使命，各级驻村干部要用心、用情、用力做好帮扶工作。用心，就是要用心学习、用心工作。要努力学习掌握中央和省委、省政府关于脱贫攻坚的战略部署，准确把握中央“六个精准”“五个一批”和我省八大专项行动，真正吃透精神、掌握政策。要用心融入工作，摸清群众需求，熟悉基层情况，研究比较优势，在项目选择和扶持措施等方面找准突破口、做好结合的文章。山高人为峰。只要我们用脑用心，就没有克服不了的困难。用情，就是要真情帮扶、激情工作。习近平总书记指出:“干部带着感情去做事，群众感受就不一样。”我们下去驻村帮扶，就是要把贫困群众当成自己的亲人、家人，把群众的困难当成自己的困难，真心实意地帮助他们、关心他们。看干部的感情和作风，能不能蹲地头、坐炕头、唠家常，摸到基层的脉搏、听到群众的心里话，能不能激发广大群众脱贫致富内生动力，是对我们宗旨意识、作风能力的实际检验。用力，就是要身心投入、倾注全力。针对扶贫开发中的重点难点问题，敢于迎难而上，善于寻求破解之策，做到大事难事敢担当。特别是在增强“造血”功能、落实兜底政策方面，在跑项目、找支持、抓落实方面，通过夙兴夜寐、辛勤工作、真情投入，做出优异成绩，交出一份合格的答卷。

第二，派出单位要当好坚强后盾，带动“人往基层走、钱往基层投、政策往基层倾斜”。在驻村干部选派过程中，派出单位表现出强烈的讲政治、顾大局意识，体现了高度的负责精神，受到了克志书记的充分肯定。各派出单位要认真按照“队员当代表、单位做后盾、一把手负总责”的要求，积极为驻村第一书记和扶贫工作队开展工作创造良好条件。一要实行责任绑定。定点联系帮扶村，一定5年不变，不脱贫不脱钩。各派出单位要把帮扶工作列入重要议事日程，明确责任分工，抓好推进落实。二要加大支持力度。各派出单位从资金、技术、信息到技能培训等方面，都要拿出实实在在的举措，推动帮扶项目落地见效。单位“一把手”要经常了解驻村工作开展情况，至少每半年到村进行一次现场办公，帮助协调解决实际问题；班子成员要经常到村指导协调帮扶工作，带头联系帮扶贫困户。三要进行全员帮扶。按照“村有驻村工作队、户有帮扶责任人”要求，对经核准纳入扶贫范围的贫困户，派出单位要结合实际，组织全体干部职工进行结对帮扶，努力实现帮扶全覆盖，形成“单位定点帮扶、第一书记和工作队驻村帮扶、干部职工结对帮扶”的工作格局，充分凝聚和发挥派出单位扶贫包村、脱贫攻坚的整体合力。

第三，县乡党委要落实好主体责任，切实强化各级驻村干部日常管理。打赢脱贫攻坚战，实行省负总责、市县抓落实的工作机制，县乡党委担负着脱贫攻坚的主体责任，同时担负着管理驻村干部的主体责任。一是要加强日常管理。干部驻村期间脱离原工作岗位，党组织关系转移到村，由县乡党委和派出单位共同管理，日常管理以县乡党委为主。驻村干部要把驻在村当成“家”，县乡党委要把驻村干部看作乡村干部中的一员，把他们纳入本地任职干部管理范围，做好驻村考勤、请假销假、定期查岗等日常管理工作，切实做到严格管理。二是要加强工作调度。县委要将驻村干部工作情况纳入重点调度内容，定期了解掌握情况，研究解决存在问题；乡镇党委要结合阶段性工作安排，加强对驻村工作的调度指导，做到底数清、任务清、成效清。通过召开第一书记例会、驻村工作观摩会，开展工作交流，总结推广经验。要建立县乡党委与派出单位沟通协调机制，及时反馈驻村工作进展情况，协调解决困难和问题。三是要创新管理机制。充分发挥驻村第一书记的作用，加强各级驻村干部的自我管理。为加强乡镇党委对驻村干部的日常管理，各地可以探索安排第一书记挂任乡镇党政班子成员职务的做法。要运用驻村干部信息管理平台做好驻村干部管理工作。四是要强化责任追究。省委组织部要制定《县乡党委管理驻村干部办法》，进一步明确县乡党委的管理职责。对于驻村干部经常脱岗，所在县乡不认真履行管理职责和管理工作存在严重缺失的，要视情况进行约谈、函询、问责、通报等，情节严重的追究县乡党委相关责任人的责任，约谈县乡党委书记和派出单位“一把手”。

第四，组织部门要履行牵头抓总责任，为各级驻村干部开展帮扶工作创造良好条件。省委明确，省委组织部负责全省驻村干部的宏观管理，重点抓省直，督促指导市县。市县两级组织部门负责对本级驻村干部的管理和对下级驻村干部管理工作的指导。全省各级党委组织部门要认真履行职责，切实做好驻村干部的选派、培训、考核、管理等各项工作。要组织好学习培训。驻村干部到岗前，按照分级负责的原则，已开展了驻村业务培训；在村工作期间，市县还要结合实际需要，开展形式多样的学习培训。要强化督导检查。各级组织部门要组成巡回督导组，采取明察暗访、随机抽查、电话查岗等方式，对驻村干部入驻在岗和工作开展情况进行不间断的督导检查。要把督导检查与驻村干部日常管理相结合，努力形成常态化科学管理机制，始终保持强有力的纪律约束。要强化考核激励。加强对第一书记和驻村干部的跟踪了解，在脱贫攻坚第一线考察识别干部，把脱贫攻坚的工作实绩作为驻村干部选拔任用的主要依据。要大力宣传选派干部驻村帮扶的重要意义和相关政策，宣传驻村干部中涌现出的先进事迹，宣传市县和派出单位强化驻村干部管理、支持驻村干部工作的好经验好做法，努力营造全社会关心支持驻村帮扶工作的良好氛围。各级各部门要关心爱护驻村干部，落实相关待遇，解决困难和问题，完善激励保障措施，为干部下得去、待得住、干得好创造良好条件。

动员会议结束后，省市两级驻村干部将立即启程到帮扶县报到。县里再利用1至2天时间进行集中培训，重点介绍县情、搞好工作对接。培训结束后，省市县三级驻村干部将同步到村开展工作。

沈小平同志在全省造林绿化暨国有林场改革电视电话会议上的讲话

（2016年3月11日）

造林绿化、森林草原防火、国有林场改革及天然林保护，既事关林业发展，又事关民生改善；既事关生态安全，又事关体制创新，这“四位一体”是功在当代、利在千秋的大事、要事，必须高度重视，抓紧抓好。刚才，石家庄、张家口、承德三市分别作了经验介绍，省编办、财政厅作了表态发言，省林业厅通报了有关情况，讲得都很好。各级各有关部门要相互学习借鉴，并结合实际抓好贯彻落实。下面，我就这四项工作讲些意见：

一、关于造林绿化

党的十八大以来，中央将生态文明建设纳入“五位一体”总体布局，强调要牢固树立绿水青山就是金山银山的理念，坚决守住发展和生态两条底线。《京津冀协同发展规划纲要》确定了我省“三区一基地”的定位，其中“一区”就是京津冀生态环境支撑区。省委“十三五”规划建议提出，到2020年全省要完成造林2100万亩，森林覆盖率达到35%。今年是“十三五”的开局之年，各地各有关部门要把造林绿化摆在更加重要的位置，抓住春季植树造林黄金时机，精心组织、周密安排，广泛发动、强力推进，确保全年完成420万亩的目标任务。

第一，突出重点。要围绕打造京津冀生态环境支撑区，着力抓好“一山一带一区”绿化。一是太行山绿化攻坚。这是今后一个时期造林绿化的主战场。要认真实施三年规划，坚持保护与发展并重，以改善生态环境和促进农民增收为目标，因地施策、多措并举，全面构建防护林体系，大力发展林果产业，年内完成造林317万亩，到2018年森林覆盖率提高6个百分点。二是京津保生态过渡带。针对我省这一地区森林覆盖率低（比北京低13个百分点）、生态功能弱的问题，通过建设城郊绿地、连片森林，实施退耕还湖（湿），拓展生态空间，扩大环境容量，构建起与京津绿屏相连、绿廊相通的一体化生态格局。年内要完成100万亩的建设任务。三是张家口冬奥会赛区绿化。深入贯彻“绿色办奥”理念，按照场馆与景观相协调、文化与绿化相融合的原则，以生态良好、环境优美为目标，加快奥运赛区周边造林绿化。近期要着力抓好崇礼县奥运核心区、迎宾廊道、京张赛场连接线等专项工程建设，到2022年完成造林绿化58万亩。省市县要加大投入，紧盯紧办，争取国家立项，获得更多支持。

第二，注重效益。要始终坚持政府要绿、企业得利、农民受益的原则，把造林绿化与发展林果产业相结合、与促进农民增收相结合、与打赢脱贫攻坚战相结合，实现效益最大化。要统筹谋划、有序推进，做到“一优先两带动”。“一优先”就是优先发展经济林。在同一区域、同样立地和气候条件下，如果既适宜搞生态林也适宜搞经济林，要优先发展经济林，有条件的地方要大力发展名优特林果、工业原料林、生物质能源林，实现兴林与富民有机统一。“两带动”：一是林上带动林下。就是要充分利用林地资源和森林环境发展林下经济，做到长中短有机结合、上中下综合利用、林农牧复合经营。近几年，各地在实践中探索出林药、林菌、林禽等多种模式，取得明显成效。要注重总结成功经验，因地制宜加以推广；要加大扶持力度，培育一批示范基地，发挥好引领带动作用。二是一产带动三产。就是要充分利用独特的林业生态资源，开发旅游、康养等三次产业。区位优势明显、资源禀赋厚重的地区，要科学编制规划，高起点、高站位谋划一批重点项目，推进战略合作，促进产业融合发展。

第三，提高质量。要想方设法、下真功夫，切实提高造林成活率和保存率。一是坚持科学造林。要因地制宜确定树种和造林模式，乔灌草搭配，飞封造结合。严把设计关、整地关、苗木关、栽植关和验收关，推广容器苗、生根粉、保水剂等先进实用技术。要大力实施专业队造林，统一栽植，统一标准，确保一次性成林。二是规范工程管理。对京津风沙源治理、三北防护林等重点生态造林工程，要有效推行招投标制、施工监理制、检查验收制等制度。实施全过程质量监管，做到按规划设计、按设计施工、按标准验收。三是加强抚育管护。要高度重视造林后期管理，严格落实管护主体、管护责任和管护措施，全部封禁，全面抚育，及时补造，确保栽一片、活一片、成林一片。

第四，创新机制。要立足激发活力、增强动力和可持续能力，探索和实践三方面机制。一是资金投入机制。要加大财政投入力度，重点用于造林绿化基础性、支撑性、保障性等关键环节。抓紧筹建林业投融资平台，更多运用市场化手段筹集造林绿化所需资金。按照“谁投资、谁开发、谁受益”原则，引导企业和其他社会主体投资造林绿化。加强与京津交流合作，拓宽投融资渠道，扩大造林规模。二是林权流转机制。大力推广“政府+龙头企业+金融机构+合作社+农户”五位一体模式，引导农民以出租、转包、入股、互换、转让等形式流转林地（土地）经营权，发展股份合作制林业，促进规模化、集约化经营，实现资源变资本、林权（土地经营权）变股权、农民变股东。要加快建立功能完备、管理规范、运转高效的农村产权交易平台，搞好林权流转服务。林业部门要加强与农业、供销等部门合作，努力实现平台共建、资源共享、信息互通。三是考评奖惩机制。要将今年的造林绿化任务逐级分解，落实到地块和主体。省林业厅要加强指导督查，及时协调解决遇到的实际困难和问题，并对各地造林任务完成情况进行排队，定期通报，落实奖惩。

二、关于森林草原防火

造林成效越大，防火任务越重。近年来，我们持续加大投入，基础设施不断改善，专业队伍明显加强，法规制度日益健全，综合防控能力稳步提升。与2014年相比，去年火灾次数、过火面积、受害面积分别下降21%、60%、48%。但总体来看，依然存在一些薄弱环节，主要是视频监控覆盖率较低，林区道路和隔离带建设滞后，防火物资储备不足，防范措施落实不到位。现在已进入防火关键期，气温回升快，大风天气多，农事活动频繁，野外火源管控难度加大，防火形势异常严峻。各级各有关部门务必克服麻痹思想和侥幸心理，切实做到“四个到位”，坚决打赢春防这场硬仗。

第一，火源管控到位。要及时发布封山命令，落实封山措施，严禁火种进山入林。充分发挥一线防护人员作用，盯紧盯牢环京津地区、重点林区、自然保护区等关键区域和特殊人群，严防人为火灾发生。及时开展严打野外用火专项行动，重拳出击，严格执法，见烟就查、见火就罚。加大宣传力度，营造浓厚氛围，切实提高全民防火意识。

第二，应急处置到位。要综合利用卫星遥感、视频监控、航空巡护和人工瞭望等手段，全方位全天候监测火情。密切关注天气变化，科学研判火险形势，及早发布预警信息。要加强市县乡三级专业队伍和以水灭火、应急机动队伍建设，培养一批森林火灾扑救精兵。各级专业队伍要靠前驻防、全面备战，一旦发现火情火险，立即启动应急预案，快速反应、科学扑救、确保安全。要加强与驻冀部队和武警部队的协作，强化应急响应，开展多兵种演练，提高实战协同能力。

第三，基础保障到位。着眼建设森林草原防火体系，加大资金投入，加强基础设施建设。要完善便捷高效的火场通讯系统，在公共网络覆盖不到的林区，配置数字超短波通信装备，搭建便携式移动卫星通信平台，保障指挥联络畅通；要按照隔离控制森林面积不超过100公顷的标准，在国有林场、环京津林区建设林火阻隔带、防火通道，确保有火不成灾；要加快推进航空护林体系建设，提升空中巡护、侦查和灭火作业水平；要加强物资储备，及时补充更新扑火车辆、以水灭火装备，增建林区取水点，增强灭火保障能力。

第四，责任落实到位。严格执行森林草原防火行政首长负责制，政府主要领导作为第一责任人，要亲自抓；分管领导作为主要责任人，要具体抓。各级森防指成员单位要按照职责分工，各司其职、各负其责，协调联动、形成合力。要落实防火督导责任制，对关键部位、重点林区、火灾多发地进行拉网式检查，纵向到底、横向到边，不疏不漏，消除隐患。按照“党政同责、一岗双责、失职追责”的要求，对每一起火灾，都要倒查责任，严肃追究。严格落实重点县管理制度，对工作不力、造成重大损失和影响的，要实行约谈指挥长、调减项目资金等惩戒措施。

三、关于国有林场改革

去年上半年，中央印发了《国有林场改革方案》，国务院召开了电视电话会议，对这项工作进行了全面安排部署。这轮改革的总体要求，可以概括为“围绕一个导向，守住两条底线，建立三大体制”。一个导向，就是将发挥生态功能、提供生态服务、维护生态安全确定为国有林场的主要功能和基本职能。两条底线，就是确保森林资源持续增长、民生持续改善。三大体制，就是建立起有利于保护和发展森林资源、有利于改善生态和民生、有利于增强林业发展活力的国有林业新体制。

我省现有147个国有林场，分布在10个设区市（没有沧州）、58个县（市、区），总经营面积1227万亩，职工1.3万名。多年来，这些国有林场作为京津冀地区最重要的生态安全屏障和森林资源基地，以11.5%的森林面积实现了24%的林木蓄积，为培育森林资源、改善生态环境作出了重要贡献。但是，多数国有林场功能定位不清、管理体制不顺、经营机制不活、支持政策不全，林木采伐过度，森林结构失衡，生态功能退化，可持续发展面临严重挑战。推进改革大势所趋、势在必行。

按照国家统一部署，我省2013年在21个国有林场开展了试点，并于去年底通过验收；近期制定的《河北省国有林场改革实施方案》已报经国家改革领导小组批准，明确2017年底前完成国有林场主体改革任务。各地必须高度重视，强化责任，规范操作，稳妥推进，保质保量按时完成。实施过程中，要注意把握好四个方面：

第一，坚持保护优先。提高森林资源生态功能是这次改革的出发点和落脚点。要通过改革真正建立起最严格的资源管理制度，彻底实现发展模式由木材生产为主向生态修复和建设为主转变，由利用森林获取经济利益为主向保护森林提供生态服务为主转变。一要健全保护机制。创新森林资源管护方式，通过合同、委托等形式购买服务，提高管护效率。鼓励社会公益组织和志愿者参与森林保护，增强全社会生态安全意识。二要完善监管体制。建立起“归属清晰、权责明确、监管有效”的产权制度和“国家所有、省市分级监管、林场保护与经营”的管理制度，全面落实分级监管责任，严格绩效考核。要加强国有林场管理机构建设，维护国有林场合法权益，保持森林资源权属稳定，严禁破坏国有森林资源和乱砍滥伐、滥占林地、无序建设。三要制定配套法规。国家即将出台国有林场管理条例和森林资源监管办法。我省也要加强调查研究，做好立法准备，及时出台相关法规，完善法制体系，坚持依法护林。

第二，重视民生改善。坚持“以人为本、确保稳定”是这次改革的一项基本原则。要切实解决好职工最关心的利益问题，调动他们参与改革发展的积极性和主动性。一要妥善安置。按照内部消化为主、多渠道解决就业的思路，通过提供公益性岗位，过渡退休安置一批；通过从事森林管护抚育，优先聘用安置一批；通过加强再就业技能培训，引导转岗安置一批。改革过程中，绝不允许采取强制性买断方式，不搞一次性下岗分流。二要强化保障。将富余职工按照规定纳入城镇社保范畴，平稳过渡，合理衔接，确保退休生活有保障；将符合条件的家庭纳入低保范围，切实做到应保尽保。三要改善条件。坚持政府扶持和自立更生相结合，加大投入力度，加快水、电、路、气、房等基础建设，尽快使林场生产生活水平上一个新台阶。

第三，实现动力转换。促进森林资源逐步恢复和稳定增长，改变国有林场经济社会落后面貌，根本出路在于转变发展方式、增强自我发展能力。一要抓减负松绑。

对同处一个县的小规模国有林场进行整合，减少机构设置，精简管理人员，优化管理层级；要因地制宜推进政、事、企分开，减少对国有林场的微观和直接管理，落实林场的法人自主权；多渠道解决林场历史遗留问题，协调金融机构妥善处理金融债务，帮助林场轻装上阵谋求发展。二要促产业融合。加快结构调整，大力发展特色产业、替代产业、接续产业，主动引入新技术、新业态、新经营模式，充分发挥国有林场绿色资源优势。三要引社会资本。鼓励各类社会资本参与林场改革和经济发展，引导多主体上山、多渠道投入，加快培育新的经济增长点。

第四，狠抓任务落实。一要明确改革责任。各级政府对所属国有林场改革负总责，各有关部门要大力支持、主动配合。二要科学制定方案。各地要按照省定方案确定的目标任务和政策措施，结合实际尽快制定实施方案，明确改革时间表和路线图，确保有序推进。三要落实“三定”任务。要合理界定国有林场属性，确定为从事公益服务事业单位的，要充分考虑林场所处区位、林地规模大小、管护难易程度等因素，精准核定编制数额，将人员经费列入财政预算；转制为企业性质的，通过政府购买服务，实现公益林管护，或者探索转型为公益性企业。四要保障改革成本。这次改革所需成本由中央和省财政给予专项补助，市县财政兜底，统筹解决好职工参加社会保险、拖欠职工工资等所需资金。五要严肃各项纪律。认真执行有关政策规定，严格资金用途，搞好清产核资，确保资金、资产、资源安全。六要强化指导检查。林业和发展改革部门作为牵头单位，要统筹协调调度、搞好分类指导，加强督导检查，及时纠正问题，完善推进措施，确保按统一要求完成改革任务。

四、关于天然林保护

党的十八届五中全会明确提出，要完善天然林保护制度。我省现有天然林4722万亩，其中不允许采伐的公益林3405万亩，可采伐的商品林1317万亩。可采伐的这部分商品林分布在8个设区市，41个县（市、区），涉及国有林场、村集体和个人等多个经营主体。由于缺乏长期稳定投入，采伐过渡，抚育管护不到位，导致林木资源减少、生态功能降低。为加强对这部分天然林的保护，财政部和国家林业局确定，将其纳入停止商业性采伐范围，要求率先开展集体天然林保护试点，从2015年开始，每年安排资金3.3亿元。我们要服从大局，主动作为，努力探索可复制、可推广的经验做法。

第一，明确总体要求。这次集体天然林保护试点工作的总体思路是，以保护和培育天然林资源为核心，以保障和改善民生为宗旨，以加快转变森林经营方式为主线，调整完善政策、加大财政投入，健全法规制度、创新管护体制，开发林下资源、发展替代产业，努力实现森林面积和林木蓄积双增加。要坚持积极保护与合理利用相结合，坚持增加总量与提高质量相结合，坚持转变经营方式与推进体制创新相结合，坚持政府主导与群众主体相结合。今年7月底前，把保护任务落实到地块人头，年底前，把补助资金发放到户。2017年底前，基本建立起集体天然林保护的制度体系、管护体系和资源监管体系。

第二，做好前期准备。一要摸清资源底数。有关市县要组织专业技术人员对划入试点范围天然林的林木权属、林地类别、位置边界等基本情况开展调查，搞清搞实，登记造册，建档立卡，上图上表。二要制定实施方案。省林业厅要抓紧制定全省实施方案，明确试点的思路目标、重点任务和保障措施。有关市县也要制定相应方案，报上级林业部门审批后实施。三要出台制度文件。省林业厅要抓紧会同有关部门制定停止商业性采伐天然林落界核实办法、国家补助资金管理办法、检查验收办法等，保障试点工作科学有序开展。四要搞好培训宣传。要抓紧对市县开展业务培训，让工作人员了解保护政策，熟悉操作规程，掌握技术要领。要通过新闻媒体、采取多种方式，广泛宣传开展试点的重要意义。

第三，抓好重点工作。一要创新管护机制。以设施管护、公司管护、承包管护、兼职管护、联户管护为主要方式，探索建立起适应不同权属、不同区位、不同规模、不同地形地貌的天然林管护机制，降低管护费用，提高管护成效，实现无缝隙、全覆盖。二要创新发展模式。发挥林业关联度高、融合性强、带动力大的优势，引导经营主体探索天然林保护＋旅游开发（林下经济、碳汇交易、电商平台等）发展模式，拓宽增收渠道，调动护林积极性。三要创新监测方式。建立资源信息平台、智能监管平台、效益监测平台，提升天然林保护、监督、管理等工作的信息化和智能化水平。坚持边推进、边总结、边改进、边提高，把成功的做法提炼为可推广的经验，规范为可操作的制度。

第四，强化保障措施。一要落实责任。要将目标、任务、资金、责任层层分解到市县。各县通过与村集体和林农签订停伐、管护协议，将任务和资金落实到山头地块，将目标和责任落实到人头户头。二要用好资金。目前国家下达我省两年的天然林停伐补贴已拨付到县，各地要按照即将出台的管理办法，严格用途，加强监管，提高效率，确保安全。三要健全组织。有试点任务的市县，都要抓紧明确管理机构，落实工作人员，安排专项经费，保证工作需要。四要加强督导。省林业厅、财政厅等部门要按照任务要求和时间节点，定期开展督导检查，及时通报有关情况，以督导促进度、保质量、求实效。

坚持以人民为中心的发展思想
把美丽乡村建设提高到新水平

——赵勇同志在全省美丽乡村建设推进会上的讲话

（2016年3月18日，根据记录整理）

刚刚闭幕的全国“两会”，制定了决胜“十三五”、全面建成小康社会的纲领。这次会议，就是落实这个纲领的具体行动。我们的目标是让美丽覆盖所有人，让幸福覆盖所有人，让小康覆盖所有人。省委、省政府对美丽乡村建设高度重视，克志书记、庆伟省长专门作出批示，提出明确要求。昨天克志书记在传达全国“两会”精神的领导干部大会上专门强调，要把美丽乡村建设作为拉动投资的战略支点。各地各有关部门要认真学习领会，抓好贯彻落实，推动美丽乡村建设再上新水平。

经过3年来的实践，美丽乡村建设由点到片、由片到面全面展开，得到了全省干部群众的积极响应和大力支持。大家一致认为这是一项得民心、顺民意的民生工程，是一项打基础、立长远的发展工程，是一项补短板、促小康的基础工程。一是形成了广泛共识。从起步时的犹豫不定、顾虑重重，到如今的越干越想干、越干越会干，全省上下思想高度统一，表现出空前的积极性和主动性。二是探索了多种模式。安新的美丽乡村与景区一起打造的模式，馆陶“特色小镇”的模式，固安、栾城、鹿泉“整县推进”的模式，大厂“美丽乡村+园区”的模式，涞水“美丽乡村+乡村旅游”的模式，还有生态保护型、城郊集约型、文化传承型等多种模式，为各地美丽乡村建设提供了参考和借鉴。三是建立了一套机制。健全了高标准规划、筹资融资、长效管护、督导检查、考评奖惩等一套机制，使美丽乡村建设走上了科学化、规范化的轨道。四是培养了一支队伍。一大批既有专业技能又熟悉村情民意的规划队伍、一大批既有标准化施工手段又了解本地建筑风格的施工队伍、一大批既善打硬仗又能干事、能干成事的干部队伍，逐步成长起来。五是积累了宝贵经验。比如，政府引导与群众参与并举、技术创新与体制机制创新并举、创建美丽与经营美丽并举、村容村貌改善和富民产业发展并举、发挥县乡党委政府主体作用和发挥工作队“尖兵”作用并举，等等。这些成绩的取得，凝聚了全省广大干部群众的智慧和汗水。借此机会，我代表省委、省政府，向全省广大干部群众表示衷心的感谢。

美丽乡村建设之所以得到广大人民群众异口同声的称赞，是因为它体现了群众对美好生活的向往。他们向往跟城里人一样过上舒适的生活，他们向往有一个整洁美丽的幸福家园，他们向往有一份稳定体面的收入。人民群众对美好生活的向往，就是我们的奋斗目标；老百姓渴盼的事情，我们没有理由不坚持、不做好。践行以人民为中心的发展思想，满足人民群众需求、让人民群众满意，任何时候都是我们的努力方向。我们要扎扎实实地、一招不让地抓好美丽乡村建设。

我们要清醒地认识到，全省美丽乡村建设推进中还存在着这样那样的问题。一是一些地方的县(市、区)委书记重视不够。有的县(市、区)委书记对美丽乡村建设过问不多，谋划少、指挥少、支持少、财政投入少，有10个县本级财政基本没有投入。二是工作标准不高。精品村还比较少，缺少靓丽的风景线，有的仅仅满足于打扫卫生、刷刷白墙，没有按照全面小康的要求规划、建设和推进。三是“三清一拆”不到位。有的地方违章建筑基本没动，垃圾遍地、柴草乱堆，连基本的卫生都保证不了，老百姓对此反映强烈。四是融资进展缓慢。一些市县思想保守、办法不多，有的存在畏难情绪，还有十几个县没有建立融资平台。五是一些干部不作为不担当。动不动就拿群众不愿意、条件达不到来说事儿，以没有钱、财政困难来搪塞，以招投标的程序复杂来拖延，本来是群众想干的事情，偏说群众不赞成。六是管护提升不到位。一些地方没有按照全面小康的标准精心建设管理，有的管护机制还没有建起来，修好的路没人维护，建好的设施没人维护，日常管护还存在不小差距。这些问题，必须引起高度重视。

2015年12月24日，习近平总书记在中财办《浙江特色小镇调研报告》上作出批示：从浙江和其他一些地方的探索实践看，抓特色小镇、小城镇建设大有可为，对经济转型升级、新型城镇化建设，都具有重要意义。在实践中，各地务必要因地制宜，突出特色，充分发挥市场主体作用，切不可政府大包大揽、一哄而上，切不可“东施效颦”“千镇一面”。另，浙江着眼供给侧培育小镇经济的思路，对做好新常态下的经济工作也有启发。习近平总书记的重要批示，对做好新型城镇化和美丽乡村建设提出了新要求和新遵循。各地各部门要深入学习贯彻习近平总书记重要指示，切实做好特色小镇与美丽乡村结合这篇大文章，推动美丽乡村建设向更高层次迈进。要充分认识到，美丽乡村建设是贯彻习近平总书记系列重要讲话精神的具体实践，是落实五大发展理念的重要平台，是适应和引领经济新常态的重要举措，是推进供给侧结构性改革和统筹城乡发展的有效路径，是扩大投资、激活农村内需的战略之举。美丽乡村建设是一个综合性抓手，抓好这件事情，就会活跃工作全局。各级各部门要充分认识美丽乡村建设的重大意义，自觉放在落实“五大发展理念”“四个全面”的大背景下来审视，放在决胜“十三五”、打好翻身仗的大格局中来谋划，不断提升建设层次和水平。省委、省政府总的要求是：到2020年，实现美丽乡村全覆盖。具体到今年，就是要按照“四美五改”的要求，实现“11234”的目标任务。第一个1，是建成100个高水准的美丽乡村片区；第二个1，是启动建设100个特色小镇；2，是新建200个中心村；3，是打造300个旅游村；4，是建成4000个省级重点村。下面，我就落实省委决策部署，特别是落实克志书记、庆伟省长的批示，推动美丽乡村建设上新水平，讲几点意见。

一、推动美丽乡村建设上新水平就要以新发展理念来引领

习近平总书记提出的五大发展理念，是关系我国发展全局的一场深刻变革，是推动经济社会发展的基本遵循。今年的全国“两会”，总书记每到一个团参加审议，都强调要把新发展理念落实到经济发展的全过程。要切实把思想和行动统一到总书记要求上来，解放思想、大胆创新、实干实政，把新发展理念贯穿到美丽乡村建设的全过程。

一是以创新发展理念引领美丽乡村建设。习近平总书记指出，创新发展理念首要的是创新。美丽乡村建设本身就是一项创新的事业，是一项集成的、系统的创新，涉及方方面面。要在规划设计上创新，按照总书记“记得住乡愁”的要求，充分体现田园风光，决不能搞成城市规划的“翻版”。要在体制机制上创新，善于运用市场的办法破解难题，进一步健全奖补、筹融资、项目建设、管护维护等体制机制。要在材料装备上创新，大力推广钢结构、尾矿砂等新型建材和更环保、更节能的现代化装备。涞水县引进日本小型设备，以乡镇为单位开展垃圾处理试点，减少垃圾处理“二次污染”和物流成本的做法，值得各地借鉴。

二是以协调发展理念引领美丽乡村建设。要把美丽乡村建设放在城乡一体化的大格局中来把握，按照“一步到小康、一步推进城乡一体化”的要求，实现城乡的良性互动。要坚持城乡一体规划、统筹建设，完善镇村布局，实行多规合一，实现城乡布局上的协调发展。要把中心村建设与小城镇建设结合起来、重点在县城周边和城镇周边建设一批中心村，让这些村庄一步建成小城镇、农村户口变成城镇户口。距离城镇较远的地方，要结合村庄撤并、资源整合，推动基础设施、公共服务、商业网点等向重点村倾斜，不断完善重点村服务功能，尽快把重点村建成中心村，让周边村庄的群众都能享受这些服务，过上方便舒适的生活。要加快新型农村社区建设，把城市的方便舒适与农村的乡土风情统一起来，推动农村就地城镇化。

三是以绿色发展理念引领美丽乡村建设。美丽乡村建设中的美丽就包含着生态、绿色，就是要让老百姓喝上干净的水、呼吸到新鲜的空气、吃上放心的食品、享受田园美景。要全力保护生态，尽量不砍树、不填塘、不搞大拆大建。要大力建设生态，在房前屋后、道旁河边多栽树，建设环村林带，打造庭院深深、绿树荫荫的绿色家园，把推进美丽乡村建设过程变成加快生态建设的过程。要努力改善生态，深入开展污染治理，搞好大气污染防治、垃圾处理、污水处理等，决不能让村庄里面以及周边垃圾遍地、污水横流。要倡导绿色生活方式，减少散煤燃烧，推进厨房改造，加快新型清洁炉具、灶具推广应用和清洁能源开发利用，让群众真正过上绿色生活。

四是以开放发展理念引领美丽乡村建设。美丽乡村建设需要多方参与。开放程度越高，聚集的资源和要素就越多，建设的质量和水平就越高。一方面，要引进先进的要素建设美丽乡村，通过网络等平台把更多的社会资本、先进要素和现代文明生活方式引到农村来。另一方面，要把美丽乡村建设的成果向城市开放、向公众开放、向世界开放，让每个美丽乡村都体现河北的发展环境、成为河北对外开放的名片。

五是以共享发展理念引领美丽乡村建设。一方面，美丽乡村建设的成果，要让全体人民来共享。要统筹推进农村交通、水利、通讯、电力、电子商务等基础设施建设，积极发展农村教育、医疗、养老等社会事业，不断加大农村文化书屋、休闲健身广场等投入力度，使老百姓有更多的获得感。另一方面，要下大力解决贫困群众的脱贫问题，切实解决好农村留守儿童、留守妇女、留守老人问题，让老百姓日子过得更富裕、更幸福。

二、推动美丽乡村建设上新水平就要突出乡愁文化特色

克志书记指出：“建设美丽乡村，关键是坚持因地制宜、突出本地特色、推动产业发展、提升文化内涵，这样的乡村才更具活力和魅力。”要按照克志书记的要求，建设有特色、有韵味的美丽乡村。具体就是以净为底、以美

为形、以文为魂、以人为本。以净为底，即以干净清洁作为基础和底线；以美为形，即有美丽的形状和形态；以文为魂，即以彰显文化底蕴、文化特色作为精髓；以人为本，即打造宜居宜业、各具特色的美丽乡村。其核心元素是“特色”二字，只有找准特色、凸显特色、放大特色，才能让美丽乡村建设迈上更高水平。

一是在规划设计上突出特色。规划是特色的源头。从一开始，就要坚持规划先行，让每一个规划充满创意、每一个细节体现特色。比如，西柏坡片区的红色乡村，馆陶县的粮画小镇、黄瓜小镇，都体现了创意和特色。要把凸显乡村特色摆在重要位置，从规划上把乡村和城市区别开来，凸显乡村风情、田园气息。要突出专项规划特色，包括民居的规划、公共服务设施的规划、乡村园林绿化的规划，包括民居中多层的设计、高层的设计，都要体现乡村特色、区域特色，不能千镇一面、千村一面。要注重发挥村庄原有符号的作用，比如石磨盘、庄稼地、菜园子等，能保留的要保留，充分体现原生态美感。要强化修建性详规和设计，把规划落到每一个村、每一户、每一个雕塑、每一个路灯、每一个建筑上，确保规划特色能落地、能见效。

二是在文化内涵上突出特色。河北省文化底蕴深厚，有许多千年古县、千年古村，但遗憾的是很多文化印记正在悄然消逝。我们要传承历史，深入挖掘红色文化、民族文化、皇家文化、音乐文化等特色文化，使其印在墙上、刻在砖上、雕在门楼上，着力打造属于自己的文化“标签”。对建成年代较远、具有保护价值，能够反映历史风貌和地方特色的古寺庙、古戏台、古祠堂、古民居等，要抓紧修缮、搞好保护，形成有代表性的特色文化亮点。要融入现代文化元素，比如衡水周窝村从乐器制造做起，拓展到音乐创作、教育、表演等领域，处处体现音乐文化体色，着力打造高品味的音乐小镇，是一个很好的方向。

三是在民居建设上突出特色。这是一个薄弱环节。在贵州，每一栋民居都是一道风景，每一片民居都是一幅山水画，让人印象极其深刻。审视我们的民居，建设风格和水平上都有不小差距。省委、省政府出台了《河北省美丽乡村民居设计方案》，要结合山区、坝上、平原、沿海等不同地域实际，对已有民居院落以及屋顶、檐口、立面、门窗、房角线、院墙、门楼、楹联等进行改造，完善节能保暖设施，提高居住舒适度。民居建设要解放思想，对有古民居、古建筑的村，不仅要改善居住条件，还要修旧如旧，传承历史风貌，搞出现代特色，与周边环境保持一致、融为一体。对于新建房屋，要引导村民自主选择建设样式和造价标准，但不能超出推荐样式、不能破坏整体风格。要抓一批示范片、示范村、示范户，推进民居示范体系全覆盖。省里每年安排10万户民居改造示范户，各地要认真选点、精心施工、奖补到位，努力形成亮丽风景。

四是在景观打造上突出特色。要把美丽乡村建设成为一村一景、一村一韵，使山区有山区的景观、沿海有沿海的风貌、平原有平原的特点。要用好自然生态、田园景观、农林牧渔等资源，着力打造农家特色餐饮美食、乡村游览观光、农耕文化体验、乡村休闲娱乐、农业科普教育等特色村庄，充分展示独特魅力。比如，在山区，要多用石头建房、依山建房，打造错落有致的景观。在平原，多建白墙红顶、多种树种花，打造绿树掩映的景观。在草原，多考虑旅游观光，打造具有草原风情的景观。在白洋淀、衡水湖及大型水库周边，要突出水乡特色，打造“北国水乡”景观。

五是着力建设一批特色小镇。特色小镇是建设美丽宜居乡村的综合载体，正在成为国内媒体的热词。特色小镇不是行政区划单元上的建制镇，也不是产业园区的一个区，而是融合产业、文化、旅游、社区功能的创新创业发展平台，可以是一个村，也可以是几个村，规模一般不超过3万人。特色小镇具有鲜明特点，形态上“小而美”，产业上“专而强”，机制上“新而活”。特色小镇原则上不是建制镇，是依托村庄、园区或景区，形成人口和产业的聚集地。像浙江省的27个特色小镇，有专门生产袜子的袜业小镇，有家家户户酿黄酒的黄酒小镇，还有巧克力小镇、光伏小镇、航空运动小镇等等。特别是安吉的天使小镇，从零开始，用了2年的时间，投入了59亿元，建设了一个天使乐园休闲度假小镇。要学习浙江的经验，通过特色小镇建设，为各种高端要素的聚集搭建平台，加快产业转型、扩大投资，推动供给侧结构性改革。今年，要把特色小镇建设放在突出位置，每个设区市建设10个以上特色小镇。各设区市的市委、市政府要审定把关特色小镇规划，突出一业一镇，依托几条轴线，在京津周边、高铁沿线等，着力打造一批产业特色鲜明、人文气息浓厚、生态环境优美、多功能叠加融合、体制机制灵活的特色小镇。比如，打造康养小镇，依托太行山区优质生态资源，做足养生文章，发展康养产业，推动休闲旅游与健康养生有机融合，着力打造集度假、旅游、养生、康复等于一体的高端养生目的地。打造园艺小镇，大力发展园艺花木产业，研发和培育高端花木品种，利用本地特色资源发展盆景产业，构建花木交易中心、园艺博览街区等平台，形成以园艺产业为特色、旅游服务为重点的精品小镇。打造创意小镇，积极发展动漫基地、创意工作室、新型众创空间等平台，营造鼓励创新、崇尚创新的浓厚氛围，为青年创业搭建梦想社区和特色孵化器。打造主题乐园小镇，引入具有成熟运营模式的战略投资者，合作开发相关项目，力争建成一批像迪士尼乐园那样的主题乐园。涞水县正在野三坡景区周边建设“圣诞风情小镇”，建成后将极大地带动当地旅游业发展。打造陶艺小镇，以陶艺文化为主题，利用唐山、邯郸等地陶瓷工艺优势，着力发展陶瓷展示、陶艺交易、文化交流、教育体验等为主要内容的陶艺文化和体验度假区。打造冀菜小镇，深入挖掘各地特色饮食文化，搜集和改良传统特色地方小吃，吸引全国乃至世界各地食客前来品尝，形成极具影响力的餐饮文化品牌。此外，还可以打造购物小镇、金融小镇、科技小镇、影视小镇等，形成亮点纷呈、百花齐放的生动局面。

三、推动美丽乡村建设上新水平就要做强产业

美而不富不是美。没有产业支撑，美丽就是空洞的、脆弱的、不可持续的。建设美丽乡村，必须把产业发展摆在突出位置。要大力调整农业产业结构，特别是秦皇岛、唐山、张家口、承德等地，要大胆地调结构，加快建设现代农业园区，推动一二三产融合发展，推行股份合作制，把美丽乡村的产业做大做强。重点是实现“四变”：一是变园区为景区；二是变产品为礼品；三是变资源为股权；四是变农民为股民。

一是打造一批特色种养专业村。要依托资源优势、产业基础，引进培育农产品加工项目，形成一批以农特产品种养、精深加工等为主的专业村，真正让群众得到实惠。要大力调整优化农业结构，大幅压减粮食种植面积，着力发展市场好、效益高、节水型的种植业，特别是高端设施、蔬菜、果品、花卉等产业，打造高收益的都市农业、休闲观光农业。要瞄准精细加工发展方向，与农业龙头企业合作，发展农产品深加工，使传统村庄产业焕发出新的活力。山区村可以推广果树、食用菌、药材、苗圃等特色种养业，打造一条条颇具特色的经济沟、致富沟。

二是打造一批旅游专业村。要按照一村一景、一村一韵打造旅游专业村。要推进“燕赵乡村游”工程，对景区内及周边村庄、历史文化名镇名村、少数民族特色村等，整体包装打造，做足“养眼”“养胃”“养生”“养老”文章，把田园变成风景，把农房变成景观，把村庄变成景区，建成一批乡村旅游专业村。特别是要利用环京津的区位优势，成片连线打造文化旅游村、休闲度假村、健康养老村，把京津高端消费人群吸引过来。贵州省桐梓县杉坪村，2013年底还是一个有1350名扶贫对象的穷村。从2014年3月开始，他们用不到一年时间，建成了1500亩花田花海、野生动物园、滑草游乐园，发展乡村旅游，当年全村人均可支配收入达到11230元，一步从贫困村变成了小康村。他们的经验值得借鉴。

三是打造一批家庭手工业专业村。要充分发挥农村土地资源、劳动力资源相对丰富的优势，积极开发类型多样、市场前景好的家庭手工业项目，分散给老百姓一家一户生产，让农村剩余劳动力不出村就能就业致富。要通过加大品牌营销、建立中介组织等方式，健全家庭手工业产品销售网络，让产品销往全国、全世界。各级各部门要从政策、资金等方面给予重点扶持，指导搞好产品设计，搭建销售平台，帮助家庭手工业做大做强。

四是打造一批电商专业村。抓住国家实施“互联网+”行动计划和商务部等19部门联合印发《关于加快发展农村电子商务的意见》的有利契机，加快推进一村一电商服务站点建设，确保到今年底基本实现全覆盖。我省已经与阿里巴巴集团达成战略合作协议，推进“互联网+扶贫”计划；365集团制定了“365好乡亲”助推美丽乡村建设和精准扶贫行动计划，计划投资20亿元推进农村电商建设。各地要主动对接，尽快实现村村有网店、户户能受益的目标。

四、推动美丽乡村建设上新水平就要撬动社会资本

克志书记强调，农村要扩大投资，就是抓美丽乡村、抓基础设施、抓水利建设，这是扩大投资的重要抓手。从近几年的经验看，要达到小康的23项指标，达到“四美五改”要求，原则上每个村累计要投入1000万元。这是一项需要长期投入的系统工程，一方面要加大财政投入，另一方面要充分利用市场手段，鼓励工商资本、银行贷款和社会力量广泛参与。

一是建立投融资平台，用好信贷资金。我省与农发行总行签订了2800亿元的长期贷款协议，农发行承诺用基金作为资本金。各市县都要抓紧建立投融资平台，严格落实融资年度目标任务，决不能只“搭台”不“唱戏”。截至目前，省市两级投融资平台均已建立，但仍有16个县(市)尚未组建融资平台。下一步要加大督导力度，确保尽快建立起来。张家口将市级和各县美丽乡村建设项目打包，委托塞林投资有限公司向市农发行申请贷款，市县两级共同设立专项贷款偿还基金，为贷款提供担保和偿还资金，由市财政统筹有关县(区)将贷款本息分20年列入财政预算，用于偿还贷款本息，通过这种市级“统贷统还”模式快速建立了美丽乡村建设投融资平台。黄骅市主动对接省农发行，把环境改善项目、配套基础设施项目、城乡供水一体化暨水生态与水治理项目、乡村旅游暨古遗址保护开发项目打包，目前已贷款融资7.7亿元。固安县已形成融资意向10亿元，正定县已形成融资意向7亿元。这种不等不靠的做法，值得肯定。

二是坚持市场化运作，多方引进工商资本。重点是在全省推广PPP模式。原则上，基础设施和公共服务设施由政府财政拿钱；其他方面，比如垃圾处理、污水处理、供暖设施改造、发展产业等，要用市场手段引入社会资本解决。石家庄市栾城区、鹿泉区、高邑县等地以PPP模式推

进垃圾处理，实现了农村垃圾处理公司化运作、市场化处理，效果非常好。馆陶县寿东村通过引入“粮画”企业，投入3000多万元，带动周边10多个村庄、300余户从事“粮画”创作，很快建成了远近闻名的“粮画小镇”。要积极引进战略投资者，特别是抓住经济结构调整的重要机遇，精心包装产业项目，吸引准备转型的煤老板、矿老板把目光投向农业农村、把资金投向美丽乡村建设。滦平县苇塘村依托金山岭长城和传统民居资源，主打“乡村旅游牌”，吸引北京唐人集团等投资建成“唐乡”乡村主题酒店等项目，使农民人均增收近5000元。

五、推动美丽乡村建设上新水平就要创新体制机制

机制是管长远的，必须进一步健全完善新的机制，推动美丽乡村建设形成持久动力、不断迈上更高台阶。

一是健全完善奖补竞争机制。今后的奖补，不再用“大锅饭”补贴的形式，不再简单地以重点村定奖补。省里每年会评审认定一批“美丽乡村”，数量上不设名额限制，凡是达到省定标准的村均予以奖补，并对村“两委”班子给予适当奖励。对实绩突出的乡镇党委书记、乡镇长分别给予2-3万元的专项工作奖，市县要按照省委1号文件组织实施。当年没有达到建设标准的重点村，经过后期努力，高质量完成重点行动、达到标准的，省里同样会给予奖补。也就是说，2020年之前，什么时候达到标准，什么时候给奖补。明年全省重点村采取竞争申报制，重点支持规划好、积极性高、能出精品的重点村，从今年10月开始申报，申报时必须带着规划，各地要提前做好准备。

二是建立政策打捆使用机制。要把美丽乡村建设和推进新型城镇化结合起来，把几个政策打捆使用，攥紧拳头、形成合力。要用好保障房政策，去年是1.4万元，今年会有大幅增加，要抓住国家加大棚户区改造资金支持力度的机遇，将移民搬迁至城镇的村庄纳入棚户区改造范围，积极争取国家政策支持。可以参照贵州的经验，将小城镇、中心村居民转为城镇户籍，使其享受保障性住房政策。要用好农村危房改造政策，统筹国家和省补助资金，新建每户平均补助1.6万多元、维修每户平均补助5500元以上，这些农村危房改造指标要向美丽乡村重点村倾斜，满足重点村的工作需求。

三是建立专业化建设机制。美丽乡村上水平，首先建设要上水平。民居的建设、坡屋顶的改造、垃圾污水的处理等，都需要专业化的施工单位。馆陶县组建了专业施工队伍，注册成立了河北省美丽乡村建设有限公司。要推广馆陶经验，各市县抓紧组建专业化的施工队伍，专门服务美丽乡村建设。同时，还要推广新材料的配送。今年全国“两会”上，几个村党组织书记人大代表反映，我省黏土砖取消生产后，要去内蒙古、山东等地购买建筑材料，对方借机抬高建材价格。各地要高度重视这一问题，在新建材的生产、推介、配送上多下功夫，向老百姓推荐那些符合环保标准、性价比高的材料，把河北新材料产业、环保产业带起来。新乐市搞的陶瓷屋顶材料，既漂亮又便宜，一平米只要230元，还有邯郸搞的青砖青瓦，承德搞的尾矿沙砖等，都是很好的做法。按照省住房城乡建设厅、省环保厅的测算，黏土砖取消生产后，我省新材料是能够满足美丽乡村建设需求的，关键是组织好专业定点生产和专业化配送。馆陶县搞了一套配送体系，叫美丽乡村超市，订单来了以后，统一配送到各个超市，这些做法值得借鉴。

四是建立成本控制机制。要通过规模化统一采购控制成本，货比三家，精心选择性价比高的建筑材料，特别是优先选用本省产品。省委农工部、省住房城乡建设厅、省环保厅等单位要在严格考察、综合比选基础上，抓紧制定建设施工单位、建筑原材料推荐名录，以市或县为单位组织招标，千方百计把建设成本降下来。要注重就地取材，尽量减少运输费用，可以用废弃的砖头瓦块打地基，把闲置农宅改造成乡村旅店等。同时，修路、种树等技术要求不高的工作，可以发动农民自已动手，最大限度降低成本。

五是建立村集体管护资金的筹措机制。一个村建成美丽乡村后，每年都需要一定的运转费用。现在很多村集体收入是空白，增加集体收入是一个现实问题。要在全省推广衡水的做法，在土地流转、土地出让过程中，村集体按5%的所有者权益收取费用。市县两级要从土地出让金收入和占补平衡指标转让收益中拿出不低于20%的资金，专门用于民居改造、基础设施配套、公共服务提升和环境建设等。有条件的地方，还可以适当收取垃圾处理、污水处理、物业管理等费用。

六是建立长效管护机制。要定期对美丽乡村的运行、维护情况来一次“回头看”，查找问题，督促整改。要建立卫生保洁机制，推行第三方治理模式，比如垃圾处理、污水处理等项目，可以引进一两个企业统一运作，由政府购买服务。要建立公共服务设施维护机制，每年拿出一定资金，用于村内健身器材、路灯等公共服务设施日常维护。要建立村容村貌监督机制，动员村内德高望重的老党员、老干部组成监督队，对垃圾处理、卫生环境等保持情况进行监督，对有违村规民约的行为及时督促整改。

七是建立土地专项支持机制。在美丽乡村建设过程中，各市县都要拿出专项土地指标。省国土资源厅将加大对美丽乡村建设的支持力度。特别是搞现代农业园区、搞大棚建设，可以不占用任何土地指标。省里已经印发文件，

对农民宅基地与合建房屋，推出专项支持政策。

八是建立资金监管机制。要严格落实监管责任，加大对资金管理和使用的监管力度，决不允许挪用、侵占美丽乡村建设资金。对属于政府采购和招投标的项目，要严格按照程序进行，确保资金管理规范、运行安全、使用高效。要严格财务管理，使用资金都要如实登记。驻村工作队要切实负起责任、充分发挥监管作用，财政、审计、纪检、监察部门要加强监督检查，确保每一分钱用在实处、用在明处、用在老百姓身上。

六、推动美丽乡村建设上新水平就要激发群众内生动力

农民群众主体作用的发挥程度，决定着美丽乡村建设的快慢成败。要充分激发农民群众建设美好家园的内生动力，让每一个村民把美丽乡村建设视为分内之事、应尽之责、应为之举，积极主动地参与进来。

一是扩大宣传引导。通过发放明白纸、印制挂历、网络推介等多种方式，扩大美丽乡村建设的影响力，让更多的农民参与其中。要分期分批组织基层干部群众到浙江、贵州、白洋淀、西柏坡等省内外搞得好的地方走一走、看一看，感受特色小镇、美丽乡村的魅力，激发他们对美好生活的向往。全省性现场观摩活动，要邀请基层干部群众代表参加，让他们看到差距、看到不足，有一种等不及、坐不住的感觉。

二是坚持示范引领。党员干部要做给群众看、带着群众干，特别是改厨、改厕、清洁能源利用等项目，要先把自家改到位，让左邻右舍来参观、来体验。效果出来了，群众自然会跟着干起来。要积极引导经济条件较好、有改善生活环境意愿的农户先动起来，完成改造提升，再通过他们去宣传、去引领，燃起其他村民积极参与改造建设的热情。县(市、区)委书记没有去过贵州、浙江的，都要去看一看，结合本地实际抓好示范引领。各地都要抓一批示范村、示范户和示范片，以点带面，全面提升。

三是注重奖补激励。省里已经明确，今后新建民居按照每户2-4万元标准奖补，改造民居按照每户1-2万元奖补，进行厕所改造的按照每户300元标准奖补，使用新型炉具的按照每户700元标准奖补。需要市县配套的，各地要切实配套到位，确保奖补资金及时、足额发放到群众手里，充分调动农民的积极性。

四是搞好教育培训。要搞好新型农民培训，省农业厅、省教育厅要切实负起责任、加大投入，今年的任务是培训100万农民，每期15天。要支持妇联在每个村设立讲习所，提高农村妇女素质，引导她们创建“美丽庭院”。要抓紧对旅游专业村的从业人员进行职业培训，不断提升服务档次和从业人员素质。

七、推动美丽乡村建设上新水平就要“五位一体”统筹推进

克志书记要求，“把美丽乡村建设与发展现代农业、推进脱贫攻坚、搞好文化旅游、加强生态建设结合起来，最大限度地提高综合效益。”美丽乡村是一个总抓手，具体到“五位一体”工作，就是做好“四个结合”。

一是把美丽乡村建设与现代农业结合起来。通过美丽乡村建设推动农村土地流转，引导土地经营权向现代农业园区和新型农业生产经营主体流转，深度开发农业功能，推进农业综合开发。同时，利用园区的产业优势、资源优势，引进龙头企业，发展都市农业，把粮食种植面积压下来，把园区里的村庄率先建成美丽乡村。石家庄市栾城区土地流转达到40%以上，建立了46个农业和林业园区，带动现代都市农业和休闲农业发展，实现了美丽乡村全覆盖。易县有一个20平方公里的农业园区，通过引入工商资本发展现代农业，把园区内的8个村全部建成了美丽乡村。这些做法值得推广。

二是把美丽乡村建设与脱贫攻坚结合起来。要把美丽乡村建设与脱贫攻坚结合起来做，既要在美丽乡村建设中解决贫困问题，又要把贫困村建成美丽乡村。要算好“明白账”，精准识别贫困户，每年搞一次动态调整，建立大数据平台，确保真扶贫、扶真贫。要唱好“重头戏”，对全省有劳动能力的164万贫困人口，通过特色产业项目全覆盖，分类解决脱贫问题。要打好“当头炮”，对42万需要移民搬迁的贫困人口进行搬迁安置，并把安置小区建成美丽乡村，帮助搬迁群众就近创业就业。要织好“保障网”对146万因病致贫、因病返贫群众及完全或部分丧失劳动能力的贫困人口，实行低保线和扶贫线“两线合一”、城乡医保并轨，建立全覆盖的大病保险和更高水平的医疗救助制度，确保群众稳定脱贫。要用好“指挥棒”，对贫困地区领导班子和领导干部实行单独考核，扶贫工作成效在综合考核中的比重占到70%以上，让他们专心致志打好脱贫攻坚战。

三是把美丽乡村建设与山区综合开发结合起来。要向山区要空间，在山区发展特色产业、乡村旅游，把山区的乡村打造成最美的乡村。要认真贯彻全省山区综合开发现场会议精神，加快推进特色农业产业带、绿色能源产业带、旅游休闲产业带、美丽乡村示范带和生态涵养支撑带“五带”建设，让山区的美丽乡村尽快绿起来、富起来、美起来。要通过美丽乡村和山区综合开发统筹推进，引进一批战略投资者，培育一批综合开发公司，建成一批富民产业项目，把燕山、太行山打造成为绿水青山、金山银山，让山区变成聚宝盆。

四是把美丽乡村建设与发展乡村旅游结合起来。从城市或景区周边率先突破，加强城区、景区周边村庄休闲旅游基础设施和公共服务体系建设，把有条件的村全部建成旅游专业村。景区周边的村庄，由景区管委会实行一体化管理规划，把美丽乡村打造成景区的一部分。要依托景区，吸纳周边村庄，建设与景区风格一致、相得益彰，集旅游、休闲、文化创意于一体的旅游风情小镇。最近，南京市委、市政府以市为单位，发放非节假日美丽乡村旅游消费券，鼓励市民到美丽乡村休闲旅游，引起热烈反响。这样的探索值得学习借鉴。

“五位一体”是个综合性的抓手，美丽乡村建设是龙头，要加强统筹协调、形成整体合力。领导力量要统筹，坚持统一领导、统筹组织，集中方方面面的力量，协调推进五项工作。规划布局要统筹，统筹研究五项工作总体规划，做到总体布局一盘棋、全覆盖，把规划落到一张图上。项目资金要统筹，以县域为平台，整合农业、林业、水利、国土、交通、电力、教育、扶贫、卫生等各类涉农资金，统筹安排，打捆使用。工作推进要统筹，实行目标管理，明确每年的建设项目和进度安排，明确工作责任目标和工作重点，逐条逐项地抓好落实。

八、推动美丽乡村建设上新水平就要加强组织领导

各级党委、政府要把美丽乡村建设放在更重的位置，瞄准更高的水平，采取超常措施，下好“先手棋”，打好“组合拳”，坚决把这项基础工程抓实抓好。

一是强化责任落实。各级党委、政府要高度重视，“一把手”要真上手，这里特别强调，县(市、区)委、县(市、区)政府是美丽乡村建设的主体责任单位，县(市、区)委书记、县(市、区)长是第一责任人。按照省委要求，省市县三级四大班子成员，每个人都要分包一个重点村，把这个村建成精品村，不完成任务不脱钩。要真正沉下去、用心抓，确保一抓到底、抓出成效。今年，要对县(市、区)委书记、县(市、区)长分包的美丽乡村联系点进行全省排队，对乡镇党委书记、乡镇长的联系点进行全市排队。

二是强化组织落实。市县乡要进一步加强美丽乡村建设领导小组，由“一把手”担任组长，抽调精干力量，组建强有力的领导班子及办公室，形成高效的组织指挥系统。各级美丽乡村建设领导小组及办公室要切实发挥作用，认真研究重点规划，精准谋划产业项目，积极协调项目资金。12个专项行动的牵头部门，都要有专门领导、专项政策、专门资金，把任务分解落实到具体部门和人头，确保每项工作都落实到位。按照省委要求，既是贫困村又是美丽乡村重点村的1000个村，由扶贫工作队挑起两副担子，不再另派工作队；另外3000个重点村，由市县党委派精兵强将组成美丽乡村建设工作队，像扶贫工作队一样统一管理。各级组织部门要切实负起责任，加大对驻村工作队的考核力度，该重用的重用，该召回的召回。

三是强化奖惩落实。要加强对美丽乡村建设的督导检查，实行一季一调度、半年一观摩、一年一考核，激励各地争一流、夺先进。要把美丽乡村建设考核单列，考核结果纳入各级党政领导班子工作考核内容。今后，美丽乡村建设重点考核两个指标，一是建成了多少精品村、达标村，二是投入了多少钱。各设区市、各县(市、区)的美丽乡村建设情况要进行全省大排名，实行增比进位。对年终考核排名前30名的县(市、区)给予通报嘉奖，对排名后30名的县(市、区)，全省通报并对党政主要领导进行约谈，连续两年排名靠后的，按有关程序对主要领导进行调整。

今年是实施“十三五”规划的开局之年，也是美丽乡村建设上新水平的关键一年。各级各有关部门要按照省委、省政府关于作风整顿的要求，解放思想、勇于创新、抢抓机遇、真抓实干，以夙兴夜寐、激情工作的状态，在希望的田野上谱写中国梦的河北篇章。

军民携手打赢脱贫攻坚战

——赵勇同志在驻冀部队参与脱贫攻坚工作会议上的讲话

（2016年3月24日）

刚才， 38军等5个单位介绍了脱贫攻坚的好经验、好做法，省军区尚振贵政委对下一步驻冀部队参与脱贫攻坚战作了全面周密的部署，听后很受感动、很受启发、很受鼓舞。近3年来，驻冀部队直接帮助了348个贫困村和后进村，已有37个村脱贫出列，为贫困村老百姓办了很多好事实事，受到人民群众的高度评价。驻冀部队的实践证明，部队是打赢脱贫攻坚战的一支重要力量。驻冀部队的生动实践诠释了听党指挥、能打胜仗、作风优良的军魂，展示了威武之师、文明之师、胜利之师的形象，体现了人民军队为人民的特殊品格。在这里，我代

表省委、省政府对驻冀部队所作的贡献，表示衷心的感谢和由衷的敬意！

这次会议是克志书记、庆伟省长批准召开的。召开这样的会议在我省还是第一次。省军区组织驻冀部队参与脱贫攻坚工作会议，专门制定了实施意见和详细的工作计划，体现了省军区和驻冀部队的大局意识、责任意识，是落实习近平主席关于军队参与打赢脱贫攻坚战重要指示的具体行动。我简要讲3点意见。

一、军民融合打赢脱贫攻坚战

省委、省政府已经明确了脱贫攻坚的总体目标，就是到2018年，基本解决贫困问题，再用两年时间巩固提高，不让一个贫困群众在小康路上掉队。实现这样的目标，概括起来讲就是“六句话”。一是建好“明白账”。这次派出驻村工作队，再来一次建档立卡“回头看”，再来一次摸排，按照新确定的2900元扶贫标准，搞清楚到底有多少贫困户、有多少贫困人口，精准到户到人，同时还要建立低保和因病致贫、因病返贫的台账，建立起脱贫攻坚大数据，每年进行动态调整。二是打好“当头炮”。4月6日，省里要在涞源县举行易地扶贫搬迁启动仪式，打响易地扶贫搬迁这个战役。全省42万人的易地扶贫搬迁任务，无论难度有多大，都要下决心干彻底、干到位，使这些不具备生产生活条件的贫困人口拔掉“穷根”、一步摆脱贫困。三是唱好“重头戏”。就是抓好全省160万有劳动能力的贫困人口产业扶贫，让他们有稳定增收的产业项目，实现稳定脱贫。四是打好“组合拳”。就是要改善贫困地区的生产生活条件，搞好修路架桥、饮水安全、危房改造、厕所改造等项目建设，把基础设施建设、生态环境建设、美丽乡村建设统筹推进。五是织好“保障网”。就是综合运用教育、医疗、社保等扶持措施，织牢政策兜底的三张“保障网”。把贫困地区教育短板补上去，低保线和扶贫线“两线合一”，推进基本医疗保险、大病保险、医疗救助三重保障，防止因病返贫、因病致贫。六是用好“指挥棒”。就是贫困地区要以扶贫攻坚来统揽经济社会发展，对贫困县实行单独考核，贫困县减贫成效考核权重占70%以上，克志书记提出重点贫困县要占到80%以上，用“指挥棒”引导贫困地区党委、政府专心致志抓脱贫攻坚。在这个大框架下，希望驻冀部队与地方携手，在脱贫攻坚上共同发力，下更大功夫打好脱贫攻坚战。

一是把携手打脱贫攻坚战作为强化“四个意识”的生动实践。强化政治意识，打赢脱贫攻坚战既是一个民生问题、发展问题，也是一个政治问题；强化大局意识，全面建成小康社会就是大局；强化核心意识，习近平总书记有号召，我们就要紧跟；强化看齐意识，习近平总书记做出了榜样，党中央作出了部署，我们就要看齐。打好脱贫攻坚战，是部队和地方都必须做好的一件大事。

二是把携手打攻坚战作为推动军民融合发展的重要抓手。军民融合发展是全方位的，绝不仅仅是“军转民”“民参军”，还包括军地共建共享基础设施、人才培养、精神文明等方面，以及核能、航天、船舶、汽车、电子信息、新能源、新材料等产业。军民融合发展要有具体的内容和抓手。军队参与脱贫攻坚，能够促进驻地经济发展与社会和谐，是推进军民融合的重要抓手。

三是把携手打攻坚战作为军民共建精神文明的重要载体。军队和地方共同推进精神文明建设，河北有这个好传统。我们要继承这个好传统，把弘扬中华民族扶危济困、乐善好施的传统，作为弘扬社会主义核心价值观的重要内容，作为扎根在军人心中的中华民族文化之魂来践行。从这样的战略高度来认识和把握，我们就会以更强的责任感、更大的力度，就会更加积极主动地抓好脱贫攻坚战。

二、发挥部队独特优势扎实扶贫、精准扶贫

习近平总书记对军队参与脱贫攻坚战作出重要指示，强调指出，军队要强化宗旨意识和群众观念，发挥自身优势，深入做好扶贫帮困、助学兴教、医疗扶持等工作，帮助乡亲们早点过上好日子，做到既改善民生、又凝聚民心。总书记的重要指示极其深刻，也非常有针对性。我们要发挥驻冀部队的独特优势，在精准发力上下功夫。这次会议征求意见的《关于驻冀部队参与打赢脱贫攻坚战的实施意见》搞得很好，很有操作性。希望驻冀部队在以下几个方面聚焦发力。

一是在产业脱贫上聚焦发力。要全面推广38军的经验。春节前我到38军去慰问，详细了解了38军在阜平县搞产业扶贫的经验，值得驻冀部队和地方共同学习。他们把部队的后勤基地建在建档立卡的帮扶村，贫困村帮助部队养猪、养牛、养鸡、种蘑菇、种蔬菜，部队生活物资在贫困村采购。部队拿出采购副食品的钱，提前预付给贫困村作为扶贫资金，帮助他们建大棚、搞产业，高于市场价收购这些产品，让贫困户受益，并且长期稳定。这个路子是非常实在的，也能够长期抓下去。《驻冀部队2016-2018年参与打赢脱贫攻坚战工作规划》搞得很好，方案中驻冀部队直接对接345个贫困村，项目、投入都写得很具体。对口帮扶这些村庄，首先要在产业帮扶上聚焦发力。

二是在教育脱贫上聚焦发力。这也是部队的优势。一方面，认真总结驻冀部队支持希望工程、捐款捐物、帮助贫困学子、援建希望小学等宝贵经验，继续帮助贫困地区

改善校舍、改善办学条件，捐图书、捐仪器、捐文体器材，直接捐助贫困学生特别是优抚对象的孩子。另一方面，发挥部队官兵素质高的优势，搞好对口帮扶村的技能培训，培养一批新型农民，帮扶村适合种什么、养什么，什么技术能帮助农民脱贫致富，部队就搞好什么培训。

三是在生态脱贫上聚焦发力。3年来，驻冀部队直接参与植树造林达到两万多亩，作了很大贡献。下一步，我们按照协同发展和美丽河北建设的要求，大力开展植树造林活动。全省每年植树造林任务目标是420万亩，重点是太行山区、京津保生态过渡带、张家口冬奥会赛区等区域，以及京津风沙源治理、“三北”防护林、沿海防护林等重点工程。围绕这几个主战场，驻冀部队在植树造林上投入更多的资金、兵力，再造更多的“国防林”“解放军林”。

四是在医疗扶贫上聚焦发力。刚才介绍经验的白求恩国际和平医院与全省136家县市医院、169家社区卫生服务站建立了医疗联合体，这一做法很好。驻冀部队要把与地方医疗单位的联系常态化、机制化，利用部队医疗资源，经常下到地方医院去解决难题，帮助会诊、捐赠医疗设备、培训贫困村乡村医生等，提高健康脱贫水平。现在，地方最苦恼、任务最重的是因病致贫、因病返贫。一方面，通过设立基本医疗保险、大病保险、医疗救助三道防线，来防止因病致贫。另一方面，要确实提高预防和保健水平，提高贫困地区老百姓健康水平。地方病防治、慢性病救治、保健常识普及都非常重要，部队在这个方面大有可为。

五是在基础设施脱贫上聚焦发力。驻冀部队要结合美丽乡村建设，帮助修路、架桥、打井，改善贫困村的生产生活条件。部队这方面有很好的经验。希望驻冀部队在加强乡村道路硬化、农田水利灌溉、小流域治理等民生工程建设方面发挥更大作用，重点是支持山区道路建设和重要水利工程建设。

三、形成军民携手打脱贫攻坚战的强大合力

习近平总书记强调，扶贫开发是全党全社会的共同责任，要动员和凝聚全社会力量广泛参与。打赢脱贫攻坚战是我们共同的任务，这是全党的大事、全国的大事，也是全军的大事，军队和地方要携起手来。今天，各设区市分管扶贫的副市长都来了，一边坐的是部队的同志，一边坐的是地方的同志，会场上我们面对面，会议后我们要心连心、手拉手，齐心协力打好脱贫攻坚战。

一是要主动对接。地方的同志要按照部队提供的清单进行认真核实，确保部队帮扶的是建档立卡贫困村。在此基础上，地方的同志要主动与部队对接，按照就近就便的原则，看部队联系的村合不合适、村里有什么特点、地方准备重点发展什么产业、希望部队给予哪些支持等，军地之间搞好对接，完善规划和台账。

二是要协调联动。军地要共同制定这345个贫困村脱贫致富奔小康的规划，共同研究这些贫困村脱贫攻坚的具体措施、路径和方法，地方和军队要协调联动，包括地方给什么支持、部队给什么支持，都要协调联动。

三是要齐抓共管。省里对所有贫困村派了第一书记和驻村工作队，地方绝不能因为有部队帮扶就松劲，就把第一书记或工作队撤回来。对部队帮扶的300多个贫困村，我们不仅不能撒手，而且还要加强，派精兵强将，强化第一书记和工作队的责任，与部队同志齐抓共管。这300多个贫困村，至少要先于其他贫困村一年率先脱贫，成为脱贫攻坚的样板，率先成为贫困地区的美丽乡村。有两方面扶贫力量共同发力，我们完全有条件实现这个目标。

今天，各设区市分管扶贫的副市长都来了。对地方的同志，我想再强调几点。

一是产业脱贫的问题。一年之计在于春。现在最紧迫的就是产业脱贫。今年的产业脱贫项目怎么落地、怎么尽快见到成效，当前是谋划规划的关键时机。最近，在全国春季农业生产暨森林草原防火工作会议上，汪洋副总理强调，要扎实抓好春季农业生产各项工作，不断开创农业农村发展新局面。春耕生产已经全面展开，贫困村搞什么产业项目、播什么种子，秋天就会有什么收获，这是脱贫攻坚一项紧迫任务。要专心抓好产业脱贫这个重头戏，要深入、具体、接地气，指导每个贫困村抓好“一村一品”“一村一体”。在“一村一品”方面，要围绕农业调结构把粮食种植面积减下来，贫困村适合搞什么产业，比如食用菌、蔬菜、药材、养殖等，要抓紧落实。在“一村一体”方面，一个贫困村原则上要搞一个股份合作体，这是我们扶贫开发探索的宝贵经验。一家一户分散搞产业不能发挥辐射带动作用，要把他们组织起来，搞股份合作体，让建档立卡贫困户当股东。还要确定好股份合作体带头人或龙头企业负责人，没有带头人，产业脱贫搞不起来。

二是资金支撑的问题。现在资金问题很不到位，必须下苦功夫解决“一村一品”“一村一体”的资金支撑问题。一方面，财政扶贫资金以县为单位打捆，重点扶持产业。另一方面，要发挥金融平台的作用。一家一户贷款，大面积推广起来很难，我们要换一种方式，支持通过股份合作体贷款，达到帮助贫困户的目的。到底有多少个村贷、股份合作体能贷多少、去哪家银行贷、谁来担保等，这些事情要抓细节、抓到位，确保真正落实。农信社要将其当成一件大事，把更多的资金用在脱贫攻坚上。

三是低保线和扶贫线“两线合一”的问题。我在调研

中发现，现在应保尽保的问题没有解决。在我的扶贫联系点涞水县白涧村，工作队进去后，一下子又增加了28户低保户。我到馆陶县一个贫困村，有一家老太太得了中风，只有左手能动，没有任何劳动能力，老大爷75岁了，种着1亩5分地，其他什么收入也没有，这么困难的家庭没有纳入低保，这怎么能兜底啊?原来的低保标准是2500元，现在按照“两线合一”标准提高了，很多地方都存在这样的问题。要建立台账、建立大数据，每年一核定，有进有出、动态管理。下一步，要在全省搞一次低保“回头看”，像建档立卡“回头看”一样进行全面核实。省民政厅要指导各市抓紧组织，哪些还应该纳入低保，按照“两线合一”的标准重新核定。村干部要抓紧做，集中精力打歼灭战，原则上5月1日前按照新标准核定到位，做到应保尽保。请大家回去以后，抓紧部署安排。

各级党委、政府和有关部门要当好驻冀部队参与脱贫攻坚的后盾，给他们创造好的条件，大力宣传驻冀部队参与脱贫攻坚的好典型、好经验。让我们携起手来，共同谱写经济强省、美丽河北的新篇章，共同打赢这场攻坚战，向习近平总书记、向党中央、向中央军委、向全省人民交出一份合格的答卷。

坚持以人民为中心的发展思想
坚决打好易地扶贫搬迁“当头炮”

——赵勇同志在全省易地扶贫搬迁现场会上的讲话

（2016年4月6日，根据记录整理）

今天这次会议，既是一次现场会、交流会，也是一次动员会、誓师会，主要任务是落实中央和省委、省政府关于实施易地扶贫搬迁的决策部署，贯彻以人民为中心的发展思想，坚决打好易地扶贫搬迁“当头炮”，确保打赢脱贫攻坚战，让贫困地区同步全面建成小康社会。国务院扶贫办和省委、省政府对这次会议高度重视，洪天云副主任到会作了很好的讲话，克志书记、庆伟省长作出批示，我们一定要抓好落实。刚才，有关同志分别发了言，讲得都很好，相信大家听了以后信心会更足，政策会更明了，操作路径也会更清晰。

昨天我提前到涞源，实地走访了四角台村和黑石沟村两个准备搬迁的重点村，今天上午又观摩了白石山和县城两个搬迁小区项目，心情既沉重又高兴，沉重的是一些群众还过着极端贫困的生活，高兴的是涞源县委、县政府抓易地扶贫搬迁决心大、措施实。我感到，涞源的经验概括起来有5条。一是把易地扶贫搬迁作为脱贫攻坚的治本之策。全县5万贫困人口中有3.6万要实施易地扶贫搬迁，可见决心之大。县委、县政府成立了专门的领导班子和工作机构，县委书记、县长亲自抓，真正把这件事放在心上、抓在手上，这是最重要的一条。二是把科学规划作为龙头。制定好规划，就系好了易地扶贫搬迁的第一粒“扣子”。易地扶贫搬迁不能盲目地干、不能随意地干、不能粗放式地干，必须依规划来干、精准地干。涞源县在调查摸底、精准识别的基础上，坚持搬迁小区规划、产业园区规划、搬迁村庄综合开发规划同步制定、一步到位，做到了无规划不建设、无设计不搬迁。三是把创新融资手段作为关键。搬迁所需资金是大家最担心、最发愁的问题。涞源县贫困发生率高，财政并不富裕。实施易地扶贫搬迁，县财政要负担15.3亿元的资金。他们在利用好上级政策、资金的基础上，主动融资17亿元，偿还的主要途径是利用土地整理后的占补平衡指标政府收益进行偿还，20年还清。目前，省国土资源厅已为涞源3年新增10万亩土地整理指标，土地整理后每亩政府可收益5万元，总共是50个亿。涞源县能做到的事情，其他县(区)没有理由做不到。四是把发展产业作为支撑。实施易地扶贫搬迁，手段是搬迁，核心是脱贫，没有产业支撑不行。群众最担心的，就是搬出来后有没有活干，有没有稳定的收入。涞源县与银泰集团合作，在白石山小区和县城小区都搞“两区同建”，创造了1.9万个就业岗位，比需搬迁人口中的劳动力还多出8000个，群众心里踏实、拍手称快。五是把动员和组织群众作为基础。涞源县群众工作做得很扎实，做到了家喻户晓、人人皆知。四角台村和黑石沟村都是省里派的工作队，他们家家户户都走访到了，工作做得很细。群众工作做好了，易地扶贫搬迁工作推进起来就会很顺利，就不会留下后遗症。这些做法和经验可复制、可推广，值得学习借鉴。涞源县也要再接再厉，把易地扶贫搬迁工程做成精品工程、廉洁工程，给全国、全省作出示范。

下面，我就贯彻中央和省委、省政府的决策部署，落实好克志书记、庆伟省长的批示精神，打好易地扶贫搬迁“当头炮”，讲4点意见。

一、带着感情和责任打好易地扶贫搬迁“当头炮”

中央高度重视易地扶贫搬迁工作。党的十八届五中全会通过的“十三五”规划建议明确指出，“对‘一方水土养不起一方人’的实施扶贫搬迁”。《中共中央、国务院关于打赢脱贫攻坚战的决定》把易地扶贫搬迁作为重大举措作出具体部署。习近平总书记在十八届五中全会以及中央扶贫开发工作会议上，都特别强调要做好易地扶贫搬迁工作，明确指出，实施易地扶贫搬迁，这是一个不得不为的措施，也是一项复杂的系统工程，政策性强、难度大，需要把工作做深做细，为我们做好这项工作指明了方向。李克强总理在中央扶贫开发工作会议上，明确了易地扶贫搬迁的政策措施，在全国易地扶贫搬迁工作会议期间又专门作出重要批示。省委、省政府采取有力举措全力推进，克志书记、庆伟省长亲自研究部署、亲自协调解决重大问题。各级各部门要把思想统一到中央和省委、省政府的决策部署上来，进一步提高思想认识。

第一，深刻认识易地扶贫搬迁的重要性，真正摆上突出位置。易地扶贫搬迁是中国特色开发式扶贫的一项重要创举，在推动脱贫和促进发展中发挥着不可替代的作用。这是落实新发展理念的重大举措。从创新发展来讲，实施易地扶贫搬迁，是推进扶贫开发的创新之举，是扶贫思路手段的根本性变革。从协调发展来讲，实施易地扶贫搬迁，解决生存条件恶劣地方的贫困问题，对于促进县域协调发展，具有重要的作用。从绿色发展来讲，实施易地扶贫搬迁，把贫困人口搬出来，生火做饭不砍树了，养羊啃草啃树的情况不存在了，就是对生态最好的恢复和保护。从开放发展来讲，实施易地扶贫搬迁，就是给贫困群众打开一扇天窗，让他们走出穷乡僻壤，融入更广阔更美好的天地。从共享发展来讲，实施易地扶贫搬迁，能够让最需要帮助的人得到帮助，共享改革发展成果。这是解决极端贫困问题的重大举措。如果说贫困人口是全面建成小康社会最突出的“短板”，那么做好易地扶贫搬迁，帮助那些生产生活条件极度恶劣地区的贫困人口摆脱贫困，就是在补“短板中的短板”。需要搬迁的贫困人口都是难啃的“硬骨头”，只有实施易地扶贫搬迁，为他们提供适宜生存发展的生产生活条件，才能真正实现“挪穷窝、拔穷根”，从根本上解决贫困问题。这是发展民生经济的重大举措。脱贫是最大的民生。把民生当作经济来做，就可以带来需求、带来消费、带来财富。“十三五”期间完成搬迁任务，总投资大约需要252亿元，直接投资虽然不算很大，但可以消化大量钢材、水泥等产能，带动相关产业发展，还可以有效扩大居民消费，形成促进经济增长的新动能。这是加速城镇化进程的重大举措。如果42万搬迁人口都转成城镇户口，就等于增加了一个中等城市的人口，我省城镇化率就能提高1.1个百分点。这是改善生态环境的重大举措。需要易地扶贫搬迁的贫困群众大多生活在燕山、太行山深山区，这些地方生态环境脆弱。实施易地扶贫搬迁后，仅生态修复就达到100万亩，这对改善生态环境至关重要。各级各部门要切实提高重视程度，真正把易地扶贫搬迁这个“当头炮”放在“当头”位置，作为事关民生、事关发展、事关全面建成小康社会的大事要事来抓。

第二，深刻认识易地扶贫搬迁的艰巨性，切实做好打硬仗的准备。脱贫攻坚是一场输不起的硬仗，而易地扶贫搬迁是重中之重、难中之难。一是搬迁规模大。从摸底情况看，我省需要搬迁19万建档立卡贫困人口，再加上同步搬迁的23万人，涉及14万户42万人，在5年内完成如此大规模的扶贫搬迁，这在河北是前所未有的，任务非常重，时间非常紧。二是搬迁难度大。需要搬迁的贫困人口，大多经济收入低、承受能力差，尽管让他们自身承担的搬迁费用并不高，但他们仍会很吃力。同时，很多人都有强烈的家乡情结，故土难离、穷家难舍，不愿意搬迁，做工作难度大。贫困人口搬出来后，由于大多文化素质不高、劳动技能缺乏，找一份合适的差事也不容易。对易地扶贫搬迁工作的艰巨性，我们一定要有清醒认识，把困难估计得足一些，把工作做得细一些，确保圆满完成任务。

第三，深刻认识易地扶贫搬迁面临的有利时机，坚定必胜的信心。从目前情况看，做好易地扶贫搬迁有许多有利条件。一是各级党委、政府高度重视。党中央、国务院把易地扶贫搬迁放在突出位置，习近平总书记、李克强总理多次作出重要指示、批示。省委、省政府作为一项重大政治任务，克志书记、庆伟省长亲自抓。这是做好易地扶贫搬迁工作最有利的条件和最有力的保证。二是资金保障有力。资金是以往易地扶贫搬迁的最大难点。这次，国家大幅增加中央预算内投资规模，并通过创新政策工具、拓展融资渠道等方式提高建设资金保障能力。我省搬迁总投资252亿元，主要用于住房建设、配套基础设施和公共服务设施建设。本金和利息共计382.53亿元，其中，中央财政承担23.04亿元，省级财政承担162.79亿元，38个县(区)财政承担贷款本金196.7亿元，分20年偿还，并在偿还资金来源上有政策支持。三是原材料价格走低。钢铁、水泥等建材行业产能过剩，原材料市场价格较低，有利于降低易地扶贫搬迁成本。综合原材料价格下降和人工费用上涨等因素，砖混结构平房或多层楼房每平米造价与3年前基本持平。考虑到总体物价上涨的情况，应该说建设成本还是降低了。四是推进机制健全。易地扶贫搬迁工作已经建立了省负总责、市抓协调、县抓落实的机制，搬迁人口总量虽然很大，但涉及7个市38个县（区），具体到每个县每个乡并不是很多。此外，我省近年来在项目管理、建设组织、群众安置、服务跟进等方面也积累了一些经验。实施易地扶贫搬迁是打赢脱贫攻坚战的第一仗，可以说得天时、顺地利、有人和，我们完全有信心、有能力打好这场硬仗。各级各部门要以强烈的责任感和紧迫感，迅速行动起来，积极主动推进，坚决打好这场脱贫攻坚“揭幕战”，确保首战告捷。

二、精准高效组织实施易地扶贫搬迁

全省易地扶贫搬迁总的目标是，到2020年对居住在“一方水土养不起一方人”地方以及因其他因素确需搬迁的42万农村人口实施易地扶贫搬迁，确保这部分群众与全省人民一道实现全面小康。具体实施分“两步走”：第一步是2016至2017年，2016年启动12.6万人(含国家确定的建档立卡贫困人口9万人)易地扶贫搬迁工作，涉及32个县，开工建设200个集中安置小区，建房面积167.8万平米，2017年底完成安置，并启动其他符合条件的29.4万农村人口搬迁工作；第二步是2018至2020年，力争2018年基本完成剩下的29.4万人搬迁任务，2019年进行扫尾，2020年巩固提升。这次易地扶贫搬迁要吸取水库移民的教训，决不走“回头路”，切实把各项措施想在前、做到位，确保搬得准、搬得出、稳得住、能致富。

第一，抓紧把易地扶贫搬迁人口和集中安置地定准，确保“搬得准”。一是把人定准。需要搬迁的人口，主要集中在五类地区，即脱贫基本能力不足的地区、公共服务严重滞后且建设成本过高的地区、自然灾害频发易发的地区、国家禁止或限制开发的地区、地方病高发的地区。这五类地区以及其他地区的搬迁人口都要搞清楚，做到精准到村、精准到人。各县(区)要再搞一次“回头看”，把建档立卡贫困人口、易地扶贫搬迁人口、低保人口、因病致贫和因病返贫人口4个方面的底数搞精准。二是把安置地选准。搬迁安置方式有两种，一种是集中安置，包括依托县城、小城镇安置，依托产业园区安置，依托旅游景区安置，依托中心村安置，建设移民新村安置等；另一种是分散安置，包括插花安置、投靠亲友等。把地选准，重点是规划好集中安置点。各县(区)要尽可能采取集中安置方式，在产业基础比较好的地方进行安置，这样搬迁后群众就业机会比较多，社会保障能力比较强，群众会更有获得感。同时，要鼓励搞分散安置，这样既可以让群众拿到现金、增加收入，又可以减轻政府的负担。

第二，抓紧把移民安置小区建起来，确保“搬得出”。实行集中安置，关键是把安置小区建起来。一是要规划好。要从现在开始就抓紧编制安置小区详规，包括小区整体规划、公共服务设施规划、楼房样式、户型设计等，都要具体明确、细之又细。要加快建设进度，谋划周全、条件成熟的，可以一边规划一边先干起来，尽快让建设项目落地。要立足于“保基本”，严格按照国家规定建设，建档立卡贫困人口人均住房建设面积不超过25平米，这既是保底的标准，也是最高限制的标准，是一条硬杠杠。同步搬迁人口，建筑面积可以适当提高，但超出部分的费用全部由搬迁户个人承担。对于旅游景区及周边的安置点，各县(区)可结合地方财力和农户自身经济状况，进行一户一宅安置，让搬迁户有空间搞农家乐、民宿等经营项目，提高增收致富能力。二是要建设好。要弘扬工匠精神，追求细致、精致、极致，把保证住房质量放在第一位，把安置小区建成精品工程，决不能搞成“豆腐渣”工程。三是要管理好。小区物业管理费用高，搬迁户收入低，如果像城里人一样交物业费，就会增加搬迁户经济负担，影响他们脱贫。要积极探索搬迁户自助式管理和低成本物业管理相结合的方式，走出一条安置小区物业管理的新路子。

第三，抓紧把配套设施和公共服务搞起来，确保“稳得住”。实施易地扶贫搬迁，要让搬迁群众住得安心、过得舒心，真正有“主人”的感觉。实现这一目标，就要搞好配套设施和配套服务。一是基础设施要建好。要按照保障基本、惠及民生的原则，坚持基础设施与安置住房同步规划、同步建设、同步验收。特别是要在整合现有资源基础上，把水、电、路、讯、互联网等基础设施建设好。二是公共服务要健全。要切实搞好村级组织活动场所、学校、卫生室、敬老院、文化活动室等公共服务设施建设，同时搞好绿化、亮化、美化，把安置小区一步到位建成美丽乡村、宜居社区。三是社会管理要跟上。对于集中安置点，要实行社区化建设，设立居民委员会、居民小组，搞好服务与管理。接收分散安置搬迁户的村，要搞好对搬迁人口的服务和管理，乡镇负责指导。迁出地和迁入地政府要搞好对接，做好户籍转移、社会保障、公共服务等工作。

第四，抓紧把产业发展起来，确保“能致富”。让贫困群众搬出来只是第一步，更重要的是让他们有事做、有收入、能致富。要坚持搬迁与产业发展、劳务输出同步，真正实现通过搬迁让贫困群众稳定脱贫。一是搞好就业培训。各县(区)人力资源和社会保障局要加大培训力度，提升贫困群众的劳动技能，确保有劳动能力的搬迁户每家至少有一人就业。驻村工作队也要协调组织对农民的职业培训，为他们就业创业创造条件。二是推进“两区同建”。让群众既住上好房子，又过上好日子，就要在规划建设安置小区的同时，搞好工业园区、现代农业园区、乡村旅游示范区建设，实现改善居住条件与创造就业机会同步推进。三是增加物业收入。各县(区)要依托易地扶贫搬迁工程，配套建设门面、摊位、柜台、停车场等营利性物业，并将产权优先量化到易地扶贫搬迁人口，增加他们的资产性收入。四是搞好统筹结合。要把易地扶贫搬迁与现代农业发展结合起来，大力发展高端设施农业，重点发展蔬菜瓜果和中药材、食用菌等特色产业。要把易地扶贫搬迁与美丽乡村建设结合起来，努力把安置小区一步建成美丽乡村，特别是要把发展产业、传承文化和乡村旅游融为一体，建设“小而美”“专而强”“新而活”的特色小镇。要把易地扶贫搬迁与山区综合开发结合起来，搞好迁出区生态修复，有效改善迁出区生态环境，大力发展核桃、苹果、大枣、板栗等山区特色优质林果业，支持搬迁人口利用原有土地、山林等资产入股，获得稳定收益。要把易地扶贫搬迁与乡村旅游结合起来，因地制宜打造乡村旅游扶贫示范村，大力发展乡村旅游业。

三、切实用足用好易地扶贫搬迁政策

用足用好政策是易地扶贫搬迁的生命。从中央到省，出台了一系列含金量很高的政策，要精钻细研、用足用好，发挥其最大效应。

第一，要用好资金政策。对三类搬迁人口，都制定了支持政策。第一类是集中安置搬迁人口。这部分搬迁人口占到搬迁人口总数的90%，每人建设投资标准为6万元。对建档立卡贫困户，中央补助资金0.7万元，这是预算内资金，无需偿还；地方政府债券约1万元，专项建设基金0.5万元，这两部分资金技入省级投融资平台，本金和利息由省财政负担；贷款3.5万元，中央财政和省级财政100%贴息，县(区)财政只负责偿还本金；搬迁人口个人自筹0.3万元。对同步搬迁人口，个人自筹1万元；贷款5万元，省财政贴息100%，县(区)财政只负责偿还本金。允许各县(区)依据国家和省里的标准对同步搬迁人口个人自筹资金数额进行适当调整，但所需资金由县级财政自筹解决。第二类是自行安置搬迁人口。对建档立卡贫困户，每人补助3.5万元，其中建房补助不少于2万元，签定拆除旧房协议的每人奖励1.5万元。对同步搬迁人员，每人补助3万元，其中建房补助不少于1.5万元，签定拆除旧房协议的每人奖励1.5万元。具体补助标准，各县(区)根据当地实际自行确定。第三类是养老式安置搬迁人口。在42万搬迁人口中，五保户及鳏寡孤独人员有6400人。对这类群体实行养老式集中安置，把民政政策和易地扶贫搬迁政策叠加使用，每张床位补助3.6万元，建设面积为24.5平米，设施所有权归当地政府。他们原有的住房和宅基地由县(区)政府所有并支配。各县(区)要用足用好这些资金政策，为易地扶贫搬迁提供有力的资金支持。

第二，要用好土地政策。主要是两项政策。一是增减挂钩政策。今年，为支持扶贫开发及易地扶贫搬迁工作，国土资源部出台了用好用活增减挂钩的政策，将节余指标可在省域内流转使用的县扩展为集中连片特困地区、国家扶贫开发工作重点县和有易地扶贫搬迁任务的贫困老区。我省有搬迁任务的38个县(区)中，除了承德市双桥区、宽城满族自治县、兴隆县和内丘县、涉县、涿鹿县(不含赵家蓬区)外，其他各县(区)都可享受这一政策。这些县(区)要加快搬迁户原宅基地复垦，置换出更多建设用地指标，通过增减挂钩获得更多资金支持。二是占补平衡政策。易地扶贫搬迁重点县(区)大多耕地后备资源丰富，要充分发挥这一优势，加快实施土地整治项目，补充耕地指标可在全省范围内有偿转让。

第三，要用好住房政策。整体搬迁至城镇的易地扶贫搬迁村，可纳入城镇棚户区改造范围，每户可享受国家和省补助资金4万元左右，各县(区)要用好这一政策。要对搬迁对象的住房产权依法依规进行权属登记，住满10年后可自愿申请交易。

第四，要用好社保政策。养老保险方面，对搬迁人员要按属地管理原则纳入养老保险。医疗保险方面，对搬迁人员参加城乡居民基本医疗保险，户口迁入地人力资源社会保障、卫生计生部门要负责医疗保险关系接转，并逐步提高基本医疗、大病保险和医疗救助标准，构建三重保障体系。低保方面，搬迁进县城、产业园区的家庭，符合城镇低保条件的，要享受城镇低保待遇；符合农村低保条件的，要享受农村低保待遇。社会救助方面，对生活条件困难，符合五保、低保、医疗救助、临时救助条件的，要纳入社会救助范围。对孤寡、智障等丧失劳动能力的搬迁户，要按相应政策予以重点保障。

第五，要用好其他政策。除上述政策外，还有农网改造政策、农田水利建设政策、农机作业配套设施建设政策等等，都要用足用好，为易地扶贫搬迁提供有力支持。

四、强化对易地扶贫搬迁工作的组织领导

易地扶贫搬迁工作政治性、政策性都很强，涉及面广，操作难度大。各级各部门要把易地扶贫搬迁作为践行“三严三实”要求的有效载体，作为检验作风整顿成效的重要考场，周密谋划、精心组织，确保高标准完成任务。

一是要加强领导。实行省负总责、市抓协调、县抓落实的管理体制，层层落实工作责任。省发改委、省扶贫办作为“双牵头”部门，要牵头制定政策，协调解决问题，推进工作开展。这次会后，要抓紧制定政策操作细则，尽快发到基层。各设区市要加强协调、搞好对接，确保工作落到实处。县(区)政府是易地扶贫搬迁的实施主体，要明确责任、倒排工期、狠抓落实。各级党政“一把手”是第一责任人，要亲自过问、亲自部署、亲自督导。各级扶贫开发工作领导小组要下设易地扶贫搬迁专项小组，组成精

干班子，专门负责这项工作。要建立严格的督导制度，省里实行一月一通报、一季度一调度、一年一考核，对进展缓慢、工作不力的，该约谈的约谈，该问责的问责。要发挥考核指挥棒作用，省发改委、省扶贫办要会同有关部门进行监督检查，把检查结果作为考核市县(区)扶贫工作的主要依据。

二是要吃透政策。为推动易地扶贫搬迁，国家和省出台了多项政策，涉及财政、金融、土地、住房等多个方面，含金量很高，支持力度空前。没有这些政策的支持，这么大规模的易地扶贫搬迁就很难顺利实施。各级各部门以及参与这项工作的每一名干部，都要认真研究每一项政策，用足用好每一项政策，向基层和群众宣讲好每一项政策，切实发挥政策的最大效益。

三是要建好平台。省里依托省建投成立了易地扶贫搬迁开发投资有限公司。有搬迁任务的县(区)，都要成立投融资平台，并作为项目实施主体。省级平台承接国家专项建设基金、政府债券和银行长期信贷资金，签订政府购买服务协议，向相关金融机构融资和还款。县级平台与省级平台签订相关协议获得资金，并按约定使用和偿还。县级平台不仅要融资还款，还要直接参与项目运作。县级政府要与县级平台签订政府购买服务协议，制定还款计划，纳入财政预算，支持县级平台按期还款。

四是要协调联动。易地扶贫搬迁是系统工程，既要各负其责，又要加强协调、形成合力。省发改委要积极争取易地扶贫搬迁中央预算内补助资金和专项建设基金，及时下达年度投资建设计划。省扶贫办要争取把剩余建档立卡易地扶贫搬迁人口全部纳入国家规划，牵头制定后续产业扶持意见。省财政厅要做好地方政府债券发行工作，落实省级财政贴息资金。省国土资源厅要积极争取国家城乡建设用地增减挂钩指标向我省倾斜，保障搬迁安置建设用地。省金融办、人行石家庄中心支行要指导信贷资金及时衔接落实，协调金融机构搞好服务。各部门既要各负其责，又要加强协调配合，共同做好易地扶贫搬迁工作。

五是要动员群众。易地扶贫搬迁工作要尊重群众意愿，不搞强迫命令。群众搬不搬、怎么搬、往哪儿搬，要充分听取群众意见，保障群众的知情权、选择权和参与权。要尽量避免同一区域内政策差异过大，对必要的政策差异，要做好解释工作，赢得群众的理解和支持。要把易地扶贫搬迁的相关事项和政策印成“明白纸”，发到每家每户手中，让群众一清二楚。

六是要统筹推进。在打好易地扶贫搬迁“当头炮”的同时，要运用多种战术打赢脱贫攻坚战。要唱好“重头戏”，重点发展特色种养业和家庭手工业、乡村旅游等非农产业，做到村村有扶贫产业、户户有增收项目，每一个村都至少有一个股份合作体。要打好“组合拳”，把脱贫攻坚与美丽乡村建设、现代农业发展、乡村旅游、山区综合开发结合起来，着力提高贫困地区的整体发展能力。要织好“保障网”，实行低保线和扶贫线“两线合一”、城乡医保并轨，建立全覆盖的大病保险和更高水平的医疗救助制度，防止因病致贫、因病返贫。

易地扶贫搬迁是一项拔掉千年穷根、一步到达小康的民心工程、民生工程、发展工程。让我们满怀对贫困群众的深厚感情，带着强烈的责任感、使命感，夙兴夜寐、激情工作，坚决打好易地扶贫搬迁这一“当头炮”，向省委、省政府和全省群众交上一份满意的答卷，为建设经济强省、美丽河北作出更大贡献！

沈小平同志在全省易地扶贫搬迁现场会上的讲话

（2016年4月6日）

易地扶贫搬迁是脱贫攻坚的“当头炮”，这次又是我省的全面启动会议，它的重要性不言自明。贯彻落实会议精神，特别是克志书记和庆伟省长的批示、国务院扶贫办副主任洪天云和赵勇副书记的讲话，一定要高度重视，深入理解，科学把握，务求实效。总体上，起码要把握好4个关系。

一是目的与手段。易地扶贫搬迁是为了解决“一方水土养不起一方人”的问题。搬迁是手段，脱贫是目的，搬迁是脱贫的“必要条件”，而不是“充分条件”。无其必不然，有其未必然，千万不能把手段异化为目的，千万不能一搬了之。在搬迁安置的同时，要让扶贫对象有活干、有收入、能稳住、能脱贫。

二是政府与市场。易地扶贫搬迁，政府要通过编制规划、制定方案、出台政策、搭建平台等，来发挥主导作用。同时，我们也要清楚，只靠政府主导是不够的，还要通过市场化运作，在资金来源主渠道中，多数是融资，是有借有还的，国家共安排6000亿元，除中央预算内投资和群众自筹外，其他部分(大头)都是债务性资金或银行贷款。它需要地方政府承担或融资平台偿还。因此，必须以市场化手段和运作方式来实施，要讲求效率、讲求效益，要两手发力、各得其所。

三是数量与质量。省易地扶贫搬迁实施方案已确定，“十三五“搬迁规模42万人(其中建档立卡贫困人口19万，同步随迁人口23万)，这个目标任务必须全面完成。赵勇副书记刚才讲话中也强调了这一点。在实施过程中，各地不仅要注重建房数量，还要保障房屋质量；不仅要注重安置户数，还要保障入住群体的配套基础设施。特别是集中搬迁安置的，要充分考虑到由于水、电、气等基本生活费用支出增加，入住贫困户的可承受能力。刚才洪天云副主任也讲到了，要特别注重提升搬迁户的生活品质。

四是整体与个体。国家易地搬迁方案明确了6种安置方式，各地情况千差万别，贫困家庭情况各异，要从实际出发，坚持集中与分散相结合，宜集中就集中，宜分散就分散，要因地制宜地选择，不能搞运动式的“一刀切”。不要走历史上有的水库移民搬迁的老路，搬是搬出来了，没过两年就集中上访。易地搬迁，是容易的“易”，不是差异的“异”，是搬迁到易于安置的地方，不是从这个地方搬到那个地方就得了。在建设标准上，要合理确定、守住底线。一定要避免贫困户因搬迁大量举债，因搬迁拖延脱贫进程。

沈小平同志在全省春季农业生产暨地下水超采综合治理试点工作电视电话会议上的讲话

（2016年4月11日）

刚才，百刚、志立同志分别通报了春季农业生产和地下水超采综合治理试点情况，承德、沧州、邯郸、辛集分别从结构调整、压缩机井、水价改革、麦田春管等方面作了典型发言，篇幅都不长，但有分析有举措，有特色有亮点，对部门作出的工作安排和几个市的经验做法，各地要相互学习借鉴，抓好贯彻落实。下面，我就这两项工作讲些意见。

一、关于春管春耕

当前，我省已进入春管春耕的大忙季节。春管直接关系夏粮丰欠，春播直接影响秋粮产量，盯住关键时期，抓好重点工作，对促进农业增效、农民增收至关重要。去冬今春，全省降水少而不均，1-3月平均12.5毫米，较常年偏少3成，目前已有410万亩小麦不同程度受旱，137万亩白地墒情不足，近2万人、1.5万头大牲畜出现临时性饮水困难。受超强厄尔尼诺事件影响，今年农业年景可能总体偏差。据气象部门预测，4月份全省大部地区降水偏少、气温偏高，春旱、病虫草害有可能加重发生。各地各有关部门一定要科学研判、主动作为、趋利避害、应对到位。要努力做到四个“精”：

（一）精细实施麦田管理。据农情调查，我省主体麦田长势均衡、群体适中，一二类苗占90%，苗情接近正常年份。各地要遵循小麦生长规律，抓住产量形成的关键时期，因苗因墒搞好田间管理。要指导麦农抓紧浇灌春一水，并适时适度落实后期肥水管理措施。要加强病虫害监测预警，大力推进专业化统防统治，对重发区实施联防联控和群防群治，及时开展“一喷三防”作业，为夺取夏粮丰收奠定好基础。

（二）精心组织春耕备播。一年之计在于春，再过8天就到了谷雨节气，各地要抓紧抓准、不误农时、应播尽播。一要优化作物结构。要适应农产品消费市场需求，引导农民因地制宜扩大蔬菜、瓜果、杂粮、杂豆等种植，增加适销对路产品生产。要实施藏粮于地、藏粮于技战略，压缩非优势产区粮食面积，调减玉米300万亩，扩大中药材、饲草料种植，有效构建粮经饲三元结构。二要提高播种质量。要高标准整地，科学化施肥，优选良种并推广机械精量播种等实用技术，加快作业进度，力争一播全苗。三要保障物资供应。要指导农资企业加强生产、流通和储备，搞好用电、用油调度，满足春耕春播需要。要充分利用新型农资营销网络，扩大直供直销，降低物流成本。要深入开展打击假冒伪劣农资专项行动，让农民群众用上放心种、放心肥、放心药。

（三）精准提供优质服务。一是技术服务。要组织专家和农技人员深入一线，在摸清墒情、苗情、害情的基础上，分类制定技术实施方案，通过多种形式和渠道，宣传普及到户到田。要深入开展绿色高产高效创建，筛选一批实用技术，集成配套、有效推广。二是气象服务。要不断提高关键农时异常天气预报、气象灾害监测预警的准确率和覆盖率。要完善工作方案，充分做好准备，一旦条件适宜，及时开展人工增雨作业。要健全部门会商联动机制，及时研究对策建议，科学防灾，有效减灾。

三是抗旱服务。要科学调度水源，统筹管理库、河、渠，用足用好地表水；搞好井灌区设施维修，保障正常运行，高效利用地下水。要完善抗旱应急预案，落实要素保障措施，充分发挥社会化服务组织作用，及时解决群众饮水灌溉的实际困难和问题。四是防控服务。要抓好强制免疫、监测预警、检疫监督、兽药与屠宰监管等各个环节，全面提升养殖、流通全产业链疫病防控能力。

（四）精确落实惠农政策。今年中央和省委1号文件都明确了一系列支持农业生产的政策措施，各地要结合实际细化实化，抓紧落实到基层、惠及给农户。为提高农业补贴政策效能，国家已全面实施“三补合一”政策，将80%的农资综合补贴，加上种粮直补和良种补贴，合并用于耕地地力保护；将20%的农资综合补贴，加上种粮大户补贴和农业“三项补贴”增量资金打捆，重点用于建立完善农业信贷担保体系，支持发展粮食适度规模经营。财政和农业部门要加强与国家有关部委的沟通对接，提前谋划准备，做好摸底调查、数据采集等基础工作，待国家指导意见下发后，及时组织实施。

二、关于地下水超采综合治理

为解决我省地下水严重超采问题，探索可复制、可推广的治理经验，从2014年起，国家在河北开展地下水超采综合治理试点。两年来，省直有关部门和各试点市县坚持以“节、引、蓄、调、管”为主线，大力实施“四节一增”，取得了阶段性成效，初步形成15.2亿方农业压采能力，有效缓解了地下水位下降趋势。2014年试点工作顺利通过国家考核验收，并综合取得良好等次，得到国务院领导的充分肯定。

与此同时，我们也要清醒地看到，随着试点不断深入，一些问题也相应地显露出来。一是某些地方的责任人担当意识不强。“为了不出事，宁可不干事”，存在畏难情绪和惧怕心态，到现在，超采区还有12个县（区）没有申报任何项目。二是水价改革政策落地迟缓。应完成水价改革任务的49个县中，还有28个县没有执行新的水价政策。三是投资渠道单一。项目建设主要依靠政府投入，采取“PPP”模式搞水利工程的只有6个县，引导社会资本投入的利益机制未能建立起来。既挤压了筹融资渠道，又影响了社会力量参与的积极性。四是管护机制不健全。一些地方节水工程和计量设施管护责任不明确，措施不到位，存在前面刚安装、后面遭破损的现象，专业化服务组织和管护力量普遍薄弱。五是机井关停进度滞后。两年规划关停12743眼，目前仅关停3063眼，不足规划目标的四分之一；有些地区还没有真正建立起关停井有效制度。同时，各试点市县的压采效果也存在不平衡的现象。

今年是综合治理试点非常关键的一年，既要圆满完成当年建设任务，又要持续巩固提升压采效果；既要大力推进体制机制创新，又要形成可复制、可推广的经验，任务艰巨，责任重大。各级各有关部门要切实增强紧迫感和使命感，坚持目标导向和问题导向，以科学严谨的态度、务实高效的作风、履职尽责的行动，打赢这场攻坚战。

（一）强力组织实施。按照国家四部门审查通过的地下水超采综合治理规划，今年我省试点范围将由去年的5市63县，扩大到9市115县（增加了张家口、唐山、廊坊、保定4市），投资总额也由82.6亿元增加到88亿元（中央71亿元、省级14亿元、市县3亿元）。试点工作的总体思路、基本原则、治理目标和重点任务，在2016年度的《试点方案》中都将具体明确。实施过程中，要切实做到“三个到位”。一是思想认识到位。河北是资源型缺水严重的省份，多年来已累计超采地下水1500亿方，超采面积6.7万平方公里，超采量和面积均为全国的1/3，造成地面沉降、海水入侵、湿地萎缩等地质环境灾害，已经到了刻不容缓、非治不可的地步。开展试点，既是解决我省自身问题的难得机遇，也担负着为全国探索综合治理路径的重大责任。对此，试点区各级各部门必须要有充分的认识和坚定的信心。二是责任落实到位。要依据年度《试点方案》，尽快把目标任务细化分解，明确责任主体，落实具体项目，排出时间节点，制定跟进措施，严格质量标准，确保如期完成。三是督导考核到位。省综治办要组织有关部门对项目实施进度、体制机制创新等情况进行督导检查，及时发现和解决存在问题。对领导不重视、责任不落实、措施不得力、成效不落地的，该约谈的约谈，该问责的问责。省政府将把地下水压采任务完成情况纳入最严格水资源管理制度一并考核。

（二）加快改革步伐。体制机制创新是国家关注的重点，也是试点成败的关键，还是我省综合治理的薄弱环节。两年来，省里围绕体制机制创新，已先后制定下发了15个文件，试点市县要全力抓好落实。一是农业水价改革。原有63个试点县要加快安装农业灌溉计量设施，结合当地实际，选择“一提一补”或“超用加价”等模式实施水价改革，完善农业水费征收管理系统，健全水费台账，落实奖补资金，确保年底前完成改革任务。新增52个试点县，要在年内完成水价改革方案的编制、审查、备案，2017年春灌时全部实施到位。二是工程建管改革。各市要在基础条件较好、有一定技术力量的试点县，选择一批示范项目，采用“先建后补”和“PPP”模式组织工程建设，积累经验后全面推广。新增试点县年底前要全部完成“两证一书”发放工作（水利工程所有权证、使用权证、管理维护责任书），明晰小型水利工程产权，落实管护主体与责任。各地要大力培育发展专业化、市场化、社会化灌溉服务组织。三是水权制度改革。2014年开展试点的49个县已完成了水权确权登记和水权证发放，其他试点县年底前也要全部完成。在此基础上，按照政府引导、双方自愿、公平公正、规范有序的原则，鼓励农户通过自主交易、平台交易、委托交易和政府回购等方式出售节余水权，用利益杠杆调动农民节水积极性。

（三）优化种植结构。小麦是高耗水作物，灌溉用水占农业用水总量的70%。实施超采综合治理，一个重要举措就是调整种植模式，推广节水品种。对正在休耕的104万亩麦田，要搞好面积核实，及时发放补贴，夏播时引导农民种植耐旱作物，实行一季休耕，一季雨养；对已推广的1000万亩节水小麦，要指导农民落实配套农艺技术，控制灌溉次数，跟踪节水效果。今年秋播要继续调整种植模式，在无地表水替代的深层超采区再压减冬小麦面积96万亩、实施退耕还林20万亩，在小麦主产区推广节水品种700万亩。

（四）建设优质工程。要大力推进从水源到田间的水系连通和高效节水灌溉工程建设，优化水源结构，提高用水效率。对新建项目，要严格落实项目法人制、招投标制、工程监理制、合同管理制，科学制定方案，合理安排工期，优化建设环境，精选施工队伍，严控原材料采购、竣工验收等关键环节，确保工程安全、资金安全、干部安全。条件成熟的项目，可提前开工建设。在实施喷灌、微灌等水肥一体化高效节水工程上，水利和农业部门要加强沟通协作，统一技术标准，统一规范设计，成方连片建设。对已建项目，要大力推行委托、承包、租赁、购买公共服务等方式，明确管护责任，落实管护经费，确保工程持续良性运行。

（五）巩固治理效果。一要加强监测管理。水利部门已初步构建了以省级平台为中心、1974个站点为支撑的水位监测体系，基本形成了对全省地下水位动态变化的实时监控能力。水利和国土部门要加强协调联动，努力实现数据资源共享，搞好动态分析，精准掌握超采区各县年度水位变化情况，为严格地下水管理提供依据。二要推广成功经验。经过两年的试点，在体制机制创新上，我们已探索出一些成功的路子和经验，比如，成安的水价改革、东光的先建后补、威县的“建管服”一体化模式等。要加大推广普及力度，把点上的经验变成面上的成果。三要发挥工程效应。到去年底，我们已经形成15.2亿方压采能力，如果今年任务如期完成，压采能力将达到20亿方以上，但这并不是实际压采量。下一步，要破解调水能力不足的瓶颈和工程效应不充分的难题，千方百计开拓水源，加大引调连蓄力度，完善电力等配套基础设施，提高工程运行效率，切实把既有“能力”变成治理成效。

借此机会，我再强调一下森林草原防火工作。进入4月份以来，我省森林火灾呈高发、频发、重发态势，防火形势异常严峻。各级各有关部门务必要高度重视，进一步提高思想认识，坚决克服麻痹思想和侥幸心理，严格执行森林草原防火行政首长负责制，加强火源管控，及时上报火情，科学组织扑救，一旦发生火灾要确保实现“打早、打小、打了”，并保证扑救人员安全。

沈小平同志在全省防汛抗旱暨“三夏”生产电视电话会议上的讲话

（2016年6月3日）

刚才，银增、百刚、张宇、善允同志分别通报了防汛抗旱、“三夏”生产、夏粮收购情况和汛期气候趋势预测。四位厅局长的发言，有分析判断，有对策措施，我都赞同。下面，我就这几方面的工作讲些意见。

一、关于防汛抗旱

今年以来，我国气候明显异常，极端天气频发重发。据气象部门预测，汛期我省降雨量整体接近常年，北部地区偏多1～2成，中南部地区偏少1～2成。但由于降雨时空分布不均，即使在干旱年份，旱涝急转甚至局地暴雨洪水发生的可能性也比较大。对此，各级各有关部门务必要有清醒认识和科学判断。要继续坚持以人为本，把保障人民群众生命安全作为重中之重，坚持依法防控、科学防控、群防群控，确保大型和重点中型水库不垮坝，确保一般中型和小型水库标准内洪水不垮坝，确保主要河道堤防不决口，确保蓄滞洪区分洪滞洪不死人。同时，要坚持防抗统筹，两手都硬。实际工作中，要立足“五字”，狠抓落实。

（一）立足于早，强化汛前准备。要未雨绸缪、主动应对。预案上，要从实战需要出发，进一步细化实化，增强针对性和可操作性。各相关单位和责任人要做到内容熟悉、程序清楚、操作高效、运用得当。工程上，要扎实推进病险水库除险加固、山洪沟治理、水毁和应急度汛等工程建设，大力实施河道清障，抓紧对各类水库闸涵、交通、电力、通讯等设施维护保养，确保工程安全、运行通畅。队伍上，16支省级以上专业抢险队要在7月1日前集结待命，培训演练，提高实战能力；同时，要完善与驻军和武警部队协作机制，同舟共济增强应急抢险救援能力。物料上，要按照防汛专储、部门代储、群众号料相结合的原则，备全备足。还没有完成物资增储任务的地方，要加大投入力度，确保实现既定目标。（省市县三级各达到1亿元。目前，市级差1700万元，县级差3300万元）。

（二）立足于实，扭住薄弱环节。要严防严控六个重点部位，深入细致查隐患，对症下药保安全。一是小型水库。各地要认真落实包库领导、值守人员、预警信号、抢护手段和群众转移等防控方案，病险水库特别是“头顶库”要空库迎汛。此外，对山区一些年久失修的小塘坝也绝不可掉以轻心。二是山洪灾害易发区。要建立健全群测群防体系，制定切实可行的防、抢、撤、救措施，把责任落实到岗、到人，确保不发生群死群伤事件。三是蓄滞洪区。要完善和落实群众安全转移方案，一旦启用，必须做到转移地点明确、人数核准、线路畅通、行动迅速、安置有序；来不及转移的，要能够及时上避水房、救生台或防洪堤就地避险。四是尾矿库。截至5月底，省安监局已组织对全省1492座尾矿库进行了全面排查，各地要在6月底前完成隐患整治。要继续加强巡查值守，落实安全措施，确保万无一失；对开矿、修路等弃渣弃土形成的阻水障碍，施工单位要在主汛期到来前及时清除。五是南水北调总干渠。沿线市县政府要与工程管理单位紧密衔接，将其纳入地方防汛体系，建立互动联防机制，实现信息互享、物资互济、队伍互助、抢险互帮，协手联保区域内群众生命财产安全和工程运行安全。六是城市内涝。要抓紧疏通地下管网，检修排水设施，提高防御能力。地处低洼地带的机关、学校、企事业单位和居民区，要及时落实自保措施。

（三）立足于强，提升应急能力。要突出三个重点：一是监测预警。密切关注天气变化，迅速收集整理雨情、水情、工情、险情信息，组织专家会商研判，早发布、早预警，提高准确率，增强预见性，为全力做好防灾避险准备赢得时间和空间。二是决策指挥。要继续完善以行政首长为核心、技术专家为支撑、工程运用为基础、异地会商为手段的工作机制，做到指挥有力、统筹有序、实施有效。三是洪水调度。坚持主动规避风险，科学组织协调，力争最大限度降低灾害损失，最大程度用好雨洪资源。水库调度既要发挥好拦洪、消峰、错峰作用，又要保安全多蓄水；河道调度要根据实际行洪能力，确保主要堤防不决口，尽可能将洪水引调到少水流域和干旱地区；蓄滞洪区调度要按照预案要求，控制淹没范围，合理引洪蓄洪，恢复洼淀湿地，补充地下水源。

（四）立足于严，压实主体责任。要做到“三严”。一要严明责任。全面落实以行政首长负责制为核心的“五种责任制”，继续实行各级领导分包工作责任制，从汛前检查、维修加固到汛期调度、抗洪抢险、救灾安置等各个环节一包到底。各级防汛抗旱指挥部和气象灾害防御指挥部成员单位，要按照职责分工，既各司其职，又密切配合，形成工作合力。二要严格值守。进入汛期，各级各有关部门要认真落实24小时防汛值班及领导带班制度，确保上情下达，下情上知。大汛期间，各级防汛责任人要坚守岗位、履职尽责。三要严肃纪律。要牢固树立大局意识，严格执行上级调度指令，保证汛令通畅。一旦发生重大汛情，要在第一时间向省防办报告。对擅离职守、违抗指令、失职渎职，或因应对不及时、措施不落实、组织不得力而造成严重后果的，要依法依纪，严肃追责。

（五）立足于抗，落实应对措施。针对可能持续出现的旱情，要盯紧抓住四个环节。一是旱情监测。水利、气象、农业等部门要加强会商研判，及时发布信息，按照保饮水、保供水、保灌溉的要求，细化完善预案，充分做好准备。二是应急工程。抓紧对现有工程进行清淤扩容、整治配套，并因地制宜修建一批“五小”工程，提高引、输、蓄水能力。三是水源调度。统筹安排好生活、生产、生态用水，充分利用雨洪资源，引调外来水源，最大程度保障城乡供水安全。四是抗旱服务。有关部门要提早落实抗旱用电、用油和农资等要素保障；人影机构要抓住有力时机，适时进行人工增雨；各级抗旱服务组织要发挥技术和装备优势，帮助受旱群众有效解决灌溉和临时性饮水困难。

二、关于“三夏”生产

后天就到了芒种节气，“三夏”大忙即将开始。各地各有关部门要抢抓农时、环环紧扣，服务到田、指导到位。

（一）打好机收会战，确保应收尽收。据农情调查，从6月6日开始，我省麦收将由南向北陆续展开。俗话说，“夏粮归仓、心中不慌；以秋补夏、担惊受怕”。实现应收尽收、颗粒归仓，要强化“三个保障”。一是农机作业保障。今年全省将有9.3万台农机投入夏收作业，各地要指导机手提前做好维修保养；要根据小麦种植面积、成熟时间和机具拥有量、需求量，科学制定跨区作业方案，及时发布收获进度和作业信息，合理调度、有序转场，成熟一片、收获一片；要发挥2000多个农机合作社的优势，大力推行订单作业、承包作业、一条龙作业等社会化服务模式。二是要素供给保障。农机部门要组织相关企业备足易损零配件，及时送货下乡、送货到田，满足抢修需求。石油部门要提前做好资源调配，扩大柴油投放量，通过增设临时加油站点，安排“田间流动加油车”，落实优先加油、优惠用油政策，确保供油充足、用油便捷。交通部门要认真落实《收费公路管理条例》相关规定，加强重点区域、重点时段、重点路段交通疏导，确保跨区作业机具免费顺畅通行。三是气象服务保障。要加强冰雹、干热风、连阴雨等突发性、灾害性天气测报，第一时间发布预报预警信息，通过多种方式，及时传递到村、到户、到机手。同时，各地各有关部门要加强安全生产宣传，落实安防措施，消除麦田火灾等隐患，确保农机作业转场安全。

（二）抓紧抓好夏种，确保优播精播。要着眼实施农业供给侧结构性改革，调整优化种植结构，促进粮经饲三元统筹。农业部门要引导农民压减籽粒玉米种植（春播已调减200万亩，夏播调减100万亩），扩大苜蓿、青贮玉米面积。要鼓励农民适应消费需求变化，因地制宜扩大蔬菜、瓜果、油料、中草药等种植，增加适销对路产品生产。要指导农民根据地力条件，选种优质、多抗、丰产、高效作物品种。要有效推广玉米精量点播、合理密植、贴茬播种、播施一体化等综合技术模式。要扩大机播面积，抢时抢墒，加快进度，提高质量，努力实现一播全苗，确保6月25日前基本完成夏播任务。

（三）强化田间管理，力争增产增收。秋粮要丰产，夏管是关键。在技术手段上，要鼓励专家和农技人员深入生产一线，指导农户落实查苗补苗、施肥浇水等田间管理措施，推广测土配方施肥、水肥一体化等适用技术。要通过手机、互联网、12316咨询电话等渠道，及时解答农民群众遇到的技术难题。在生产经营上，要充分发挥种粮大户、家庭农场、专业合作社等新型主体的带动作用，发展适度规模经营，提高集约化、标准化管理水平。在灾害防控上，要充分发挥机防专业队和植保合作组织的主力军作用，密切监控灾害发生情况和变化趋势，搞好专业化、社会化服务，适时开展联防联控、统防统治，切实提高防控效果。

三、关于夏粮收购

与往年相比，今年夏粮收购形势更加复杂。一方面，小麦价格走低。受粮食生产量、库存量、进口量“三量齐增”影响，今年我省小麦价格一直低于去年同期，现在均价约为1.21元/斤，部分地区已经与最低收购价持平。新麦上市后，全面启动最低收购价政策（托市收购）的可能性很大。另一方面,收储压力较大。我国粮食生产已“十二连增”，收储仓容紧缺，压力前所未有。从我省情况看，虽然仓容总体上能够满足需要，但区域分布不均，一些主产县空仓少、好仓少。而且，外省小麦还有可能大量进入我省托市收购，挤占部分仓容。与此同时，我们已多年没有全面启动托市收购政策，有些地方对收购工作重视不够，部分基层库点硬件条件差，员工素质也参差不齐，特别是今年首次安装使用“一卡通”结算系统，对员工业务水平、部门协作配合提出了新要求。各级各有关部门一定要坚持问题导向，服务调控大局，严格落实政策，确保夏粮收购顺利进行。在此，我强调四点意见，概括起来就是“四个到位”。

一是库点安排要到位。各有关部门和单位要按照四个“有利于”的原则（有利于保护农民利益、有利于粮食安全储存、有利于监管、有利于销售），合理确定委托收储库点，全面覆盖主产县。要提前做好仓容验收、协议签订等准备工作，保证托市收购启动前向社会公布首批库点。可用仓容难以满足收购数量的县，要提前制定预案，及时增加库点，防止发生“卖粮难”。

二是政策执行要到位。各级物价、粮食部门要加强价格监测，当市场价低于国家最低收购价时，要立即上报，迅速启动托市收购。政策执行期间，所有库点都要公开挂牌收购，随到随收、准确计量、公平定等、依质论价、及时结算。同时，要引导多元主体入市收购，满足农民售粮需求，缓解国家收储压力。

三是市场监管要到位。粮食、物价、工商等部门要强化收购资格审查，加大监管力度，规范收购行为，公布举报电话，接受社会监督。要重点查处“以陈顶新”、“压级压价”、“打白条”等违法违规行为，严防套取补贴，保障农民利益，维护市场秩序。这里要特别强调，对托市收购的小麦，未经国家批准，任何单位和个人都不得动用。

四是保障措施要到位。收储企业对规模售粮主体，要逐一提前走访，了解售粮意向，开展预约收购；对重点产粮区域，要按乡按村、分日分时收购，避免“排长队”。各级粮食部门要加强政策指导，搞好沟通协调，精心组织实施；托市政策执行主体要按照政策要求，扩大收储能力，完善便民措施，体现服务实效；各级农发行要足额安排资金，简化贷款手续，保障收购需要。要广泛宣传政策，强化舆论引导，回应群众关切，确保农民明白卖粮，企业有序收购。

以强烈的社会责任感扎实推进“千企帮千村”精准扶贫行动

——赵勇同志在全省“千企帮千村”精准扶贫行动启动仪式上的讲话（2016年6月7日，根据记录整理）

实施“千企帮千村”精准扶贫行动，是我省打赢脱贫攻坚战的重大举措。通过“千企帮千村”，解决1000个甚至更多贫困村的脱贫问题，是一件了不起的事情。对于这项行动，克志书记、庆伟省长非常重视。在全省民营经济发展大会上，克志书记明确要求民营企业要积极投身“千企帮千村”精准扶贫行动，为打赢脱贫攻坚战作贡献。刚才，杰辉省长作了讲话，大家要认真学习领会，抓好贯彻落实。

脱贫攻坚是一场硬仗，要一个一个战役地打，一个一个硬措施地落实。近期，省委、省政府召开一系列的现场会，推出了一系列的新政策、新举措，全省脱贫攻坚力度不断加大。但是从实际情况看，我们需要做的工作还很多。今天我们开会的这个黄龙港村贫困发生率还有35.1%，一路走来几乎没有见到一间像样的房子。一个离省会只有一个多小时车程的地方竟然如此贫困，这说明我省扶贫攻坚的任务还很艰巨。刚才河北银泰农业科技发展有限公司总裁戚宇平的倡议情真意切，这个村就是他们的对口支援村。河北益彰食品酿造有限公司总经理殷庆章的发言也让人很受感动，这几年他们已经帮助19个村脱贫致富，这次结对帮扶又主动增加了一个村。我们就需要这样一批有社会责任感的企业。下面，我就扎实开展“千企帮千村”精准扶贫行动强调几点。

一、深刻认识“千企帮千村”精准扶贫行动的重要意义

习近平总书记指出，“脱贫致富不仅仅是贫困地区的事，也是全社会的事。要更加广泛、更加有效地动员和凝聚各方面力量”，“鼓励支持各类企业、社会组织、个人参与脱贫攻坚”。中央和省委、省政府都对民营企业参与脱贫攻坚作出部署。各级各部门特别是民营企业家，要充分认识“千企帮千村”精准扶贫行动的重要性，进一步增强责任感、使命感。

第一，“千企帮千村”精准扶贫行动是精准扶贫的重要举措。近年来，省工商联组织全省民营企业家，帮助了近10万贫困群众脱贫，帮助4.07万多个家庭就业，2014年以来，捐款达7537万元，为打好脱贫攻坚战作出了积极贡献。但实事求是地讲，我省民营企业参与扶贫还刚刚起步，与广东等省份比，差距还很大，潜力还很大。河北有250多万个市场主体，近二三年仅捐了7000多万元，这说明还组织得不够、动员得不够，潜力还远远没有挖掘出来。希望以这次现场会为转折点，进一步把民营企业动员起来，在脱贫攻坚中发挥更大的作用。过去，民营企业参与扶贫，主要是修条路、捐点款，很多没有落到建档立卡贫困户身上。现在，通过“千企帮千村”精准扶贫行动，一个企业帮一个村，可以更好地把精准扶贫落到实处，让建档立卡的贫困村、贫困户尽快摆脱贫困。

第二，“千企帮千村”精准扶贫行动是民营企业履行社会责任的重要平台。绝大多数企业家是有社会责任感的，也愿意为脱贫攻坚事业做工作，但很多企业反映不知从何下手。究其原因，主要是因为缺乏相应的平台。从这个意义上讲，动员民营企业参与脱贫攻坚，关键是政府要创造机会、搭建平台，让他们能够发挥自身优势、尽到社会责任。从今天启动仪式的情况看，我省绝大多数民营企业是积极响应、非常愿意在这方面作贡献的。各级党委、政府要尽快把这件事做起来、把平台搭起来，各级工商联要深入扎实地做好相关的组织服务工作，让民营企业想做慈善就能做得到、想捐款就能捐得出，让他们捐得踏实、捐得放心。

第三，“千企帮千村”精准扶贫行动是企业转型升级的重要契机。当前，农业已经成为投资热点。未来3年，我省预计投向现代农业建设资金将突破4000亿元。近期，省委、省政府农村工作领导小组专门出台了《关于引导扩大农业农村投资的若干意见》。邢台市以市委、市政府的名义组织全市企业家参与山区开发，取得非常好的效果。邢台的做法就是把流转的土地包装成一个一个项目，跟企业家一个一个对接。这次“千企帮千村”精准扶贫行动，实际上也是让企业与现代农业对接、参与农业投资的一个重要契机。企业家对接贫困村，不是把贫困村里所有的事情都包起来，而是要在发展产业中帮助贫困群众尽快脱贫

致富、实现互利双赢。一方面，企业帮助村里把产业搞起来，帮助他们打市场；另一方面，企业可以参股经营，从中获利。从实际情况看，企业投资现代农业，有着很好的发展前景。现代农业投资回报期一般是1-2年，这是一般的工业项目达不到的。希望民营企业更加积极地参与其中，在推进脱贫攻坚的同时加快转型发展，实现更大作为。

二、用改革精神和务实作风把“千企帮千村”精准扶贫行动落到实处

开展“千企帮千村”精准扶贫行动，关键是解决好“怎么帮、怎么扶”的问题。民营企业要结合自身特点，尽己所能，真正在“帮”上下功夫。

第一，帮助制定完善脱贫规划。与贫困村结对后，企业家要发挥眼界开阔、市场信息灵敏以及人才技术等优势，与驻村扶贫工作队和村“两委”一道，帮助村里制定切实可行的三年脱贫规划，搞清楚村里有什么优势、适合发展什么、采取什么方式发展。要把路子理清，把项目选准，把保障措施定好，使规划科学可行。

第二，帮助发展扶贫产业。这是企业帮扶的重中之重，重点是发展食用菌、蔬菜、药材、特色种植、特色养殖、乡村旅游、家庭手工业，推进一二三产融合发展。要多动员一些需要在农村建原材料基地的企业参与其中，如食品加工企业、中药材加工企业等，有的可以在农村生产，有的可以建成原材料基地，有职工食堂的还可以把对口村建成绿色副食品基地。在发展特色产业上，要大力推行股份合作制，让建档立卡贫困户以土地等资产入股，让龙头企业带动村里发展药材、蔬菜等种植业，让农民成为可以分股金、拿租金、挣薪金的“三金”农民，与企业形成坚定的利益联结机制。

第三，帮助解决就业岗位。民营企业要多吸纳一些建档立卡家庭中有劳动能力的人就业，缺少技能的可以先培训再就业，也可以到所在村庄搞加工点、搞生产基地，创造更多的就业岗位。家庭手工业潜力很大，要多方扶持贫困群众搞家庭手工业。

第四，帮助解决融资问题。全省正在推广“政银企户保”模式。“政银企户保”是以政府增信为依托，以信贷风险分担机制为核心，以多方联动为基础，使贫困群众和扶贫企业“想贷就能贷”。政府建立担保公司，设立风险补偿金，打造资金池，银行10倍放大资金进行贷款，企业通过办股份合作体解决扶贫融资问题。如果贫困户贷款出了风险，保险公司承担70%，降低了银行风险，使银行愿意放贷。政府对企业、合作社实行差别化贴息政策，带动贫困户越多，政府贴息越多。“政银企户保”农业贷款模式彻底解决了贷款难问题，各市县要把“政银企户保”贷款模式扎扎实实搞起来。

第五，帮助建设美丽乡村。这件事要尽力而为、量力而行。最近我看到一个报道，云南的佤族是由原始社会一步进入社会主义社会的。我们的贫困村也要努力一步建成美丽乡村。建设美丽乡村要办好15件实事，有能力的民营企业家要多做一些力所能及的事，比如修路、架桥、改厕、改造危房等。政府要为企业搭建平台，但不能提硬性要求、不能施加压力。

三、把“千企帮千村”精准扶贫行动做成品牌

这是一件造福百姓的好事实事，各级各有关部门要共同努力，把好事办好，实事办实。

第一，政府要加强领导。市县负责同志会后要及时向书记、市(县)长汇报，尽快召开民营企业家大会进行动员。扶贫领导小组要把这项工作作为精准扶贫的重要举措，与其他工作一起抓。省市县工商联要明确专人持续抓，扶贫办要明确一个部门负责、明确专门人员来抓。

第二，要搞好协调服务。要建好台账、抓好落实，原则上一个企业帮一个村，两三个企业共同帮扶一个村的，也要明确一个牵头企业。各级扶贫办、各级工商联要经常进行督导，帮助落实规划、完善措施、解决问题。

第三，要落实优惠政策。推行“政银企户保”贷款模式，优先安排对口帮扶企业贷款，对企业搞股份合作体的优先安排贴息。要落实国家有关政策，对用于公益性捐助的，年度利润12%以内的部分可以在计算所得税时扣除。投资兴办中小微企业，享受国家促进中小微企业发展的税收政策；从事农、林、牧、渔项目的所得，可以依法免征、减征企业所得税。

第四，要营造浓厚氛围。各媒体要加大宣传力度，广泛宣传好的典型。近期要把“千企帮千村”行动结对名单在河北日报全部刊发，这既是企业家的荣誉，也是对企业家的监督。企业家的电话号码也要公布，让村党组织书记能找得到企业家，让企业家能够找得到村党组织书记。今后，省里每年表彰50家“千企帮千村”的优秀民营企业、50位“千企帮千村”的优秀民营企业家。在“千企帮千村”行动中贡献突出的企业家，优先推荐为人大代表、政协委员和工商联会员，切实让有社会责任感的人参政议政。

今天动员会之后，各级各有关部门和企业都要认真抓好落实，使结对帮扶村率先脱贫，并及时总结经验做法，发挥其示范带动作用。我相信，只要我们齐心协力、共同努力，“千企帮千村”精准扶贫行动一定能扎实推进、不断出彩。

张杰辉同志在全省“千企帮千村”精准扶贫行动启动仪式上的讲话

（2016年6月7日）

今天，我省“千企帮千村”精准扶贫行动正式启动，这是贯彻落实中央和省委、省政府脱贫攻坚战略的重要举措，对于加快实现“两步走”“三确保”“四提升”脱贫攻坚目标，必将起到积极的促进作用。刚才，村企代表和行唐县作了很好的发言，我们见证了部分企业与贫困村的签约。一会儿，赵勇副书记将作讲话，大家要认真抓好落实。下面，我先讲4点意见。

一、民营企业是打赢脱贫攻坚战的重要力量。坚决打赢脱贫攻坚战，是党中央、国务院和省委、省政府作出的重大决策部署，需要全社会特别是广大民营企业的积极参与。改革开放以来，我省民营经济由小到大、蓬勃发展，增加值已占到全省生产总值的三分之二，实缴税金占财政收入的七成以上，吸纳就业占全省二三产业的77%，涌现出一大批优秀民营企业，为全省经济社会发展作出了重要贡献。1994年，国家实施“八七”扶贫攻坚计划，中央统战部、全国工商联组织一大批有实力、有爱心的民营企业家，发起了致力于扶贫济困的光彩事业。我省民营企业积极响应，许多企业家积极参与扶贫开发、兴学助教、美丽乡村建设等社会公益活动，为促进贫困地区发展和贫困群众脱贫增收发挥了重要作用。可以说，民营企业不仅是经济社会发展的主力军，也是扶贫开发的重要力量。开展“千企帮千村”精准扶贫行动，推动民营企业与贫困村结对帮扶，这是打赢脱贫攻坚战的重要举措，也是民营企业履行社会责任、拓宽发展空间的重要途径。各级各有关部门和广大企业要按照省委、省政府决策部署，结合各自实际，精准对接、精准施策，扎实开展“千企帮千村”精准扶贫行动，确保抓实抓好、抓出成效。

二、要把产业扶贫作为企业帮扶的根本途径。发展富民产业，是拔掉“穷根子”的关键一招，也是企业扶贫的最大优势。我省不少贫困地区具有丰富的土地、劳动力、自然风光等资源，发展潜力巨大、市场空间广阔，但由于大多地处偏远、交通不便，经济基础弱、配套设施少、产业层次低。广大企业要充分发挥自身优势，立足贫困地区特点和优势，用好用足产业扶贫政策，宜农则农、宜工则工、宜商则商，培育发展一批特色富民产业，让贫困群众参与到生产经营活动中来，在推动产业发展中实现稳定脱贫。要大力推广“公司＋农户”“互联网＋”扶贫等模式，千方百计把贫困人口吸纳进来，让更多的贫困群众有活干、有收入，增强自我造血、自我发展的能力。在结对帮扶工作中，民营企业要从自身实际出发，既要尽力而为，有多大力出多大力，又要量力而行，合理确定帮扶方式、帮扶规模。民营企业帮扶贫困村的最高境界是互利双赢，如果只有付出没有回报，也是不可持续的。

三、要把就业帮扶作为精准扶贫的有效形式。就业是民生之本，一人稳定就业全家脱贫。民营经济是就业经济，是吸纳劳动力就业的主渠道。必须把就业帮扶作为企业精准扶贫的重要任务，从贫困地区和贫困群众实际出发，千方百计拓宽增收渠道。一方面，要提供更多的就业岗位。既要在贫困地区大力发展劳动密集型产业，吸纳当地群众稳定就业；又要建立劳务培训基地，有序组织贫困人口外出务工，大幅度提高贫困群众的工资性收入。各级工商联要主动对接当地劳动就业和社会保障服务平台，为企业提供劳动力信息服务。另一方面，要提供更多的技能培训机会。以农村青年劳动者和初高中毕业生为主要对象，加大就业技能培训力度，积极搭建创业平台，让贫困群众掌握一技之长，引导他们靠技能脱贫、靠创业致富。

四、要发挥好各级各部门的组织保障作用。开展好“千企帮千村”精准扶贫行动，需要广大企业的积极参与，也需要各级政府和各部门齐抓共管、全力推动，努力把好事办好、实事办实。市县政府要加强组织领导，细化和落实各项激励政策，广泛动员、积极引导，及时协调解决存在的困难和问题，组织更多企业参与到行动中来。工商联要充分发挥商会联系企业最直接、最广泛、最密切的优势，组织发动会员企业积极参与，带动更多的社会扶贫资源，放大扶贫效应，扩大行动影响力。要加强与扶贫办、光彩会等方面的沟通联系，建立工作机制，积极搞好政策、信息等服务，本着帮扶对象“缺什么补什么”、帮扶企业“有什么帮什么”的原则，帮助企业制定个性化帮扶措施，使帮扶主体与帮扶对象精准对接，努力取得实实在在的效果。对“千企帮千村”帮扶企业，要实施精细化管理，行动结束时这就是一部功劳簿。要加大对帮扶企业的扶持和宣传力度，既要向金融机构推荐为企业增信，也要向社会宣传企业扶贫帮困、乐善好施的精神，增强企业影响力和竞争力。

开展“千企帮千村”精准扶贫行动，使命光荣、责任重大。希望各级各有关部门和民营企业迅速行动起来，积极作为、合力攻坚，确保“千企帮千村”精准扶贫行动取得扎实成效，为坚决打赢脱贫攻坚战、全面建成小康社会作出积极贡献！

做实做好土地扶贫这篇大文章
为打赢脱贫攻坚提供有力支撑

——赵勇同志在全省利用土地政策助推脱贫攻坚工作现场会议上的讲话
（2016年6月15日，根据记录整理）

这次会议目的是推广阜平县把资源变资产、把黄土变黄金的好经验、好做法，做好利用土地政策助推扶贫这篇大文章，坚决打赢脱贫攻坚战。今天上午，我们参观了阜平县的土地整治项目和产业扶贫项目，大家一致感到深受震撼，纷纷表示要抓紧把阜平的经验学到手。

3年多来，在习近平总书记视察阜平县重要讲话精神的指引和鼓舞下，县委、县政府带领全县干部群众团结奋斗、顽强拼搏，全县面貌发生了巨大变化，贫困发生率由54%下降到30.5%，并保持强劲的发展后劲。前不久中央电视台《新闻联播》播出的系列报道《脱贫攻坚在阜平》，在全国产生了热烈反响。我感到，阜平县的经验可以概括为6条:一是以脱贫攻坚统揽全县经济社会发展全局。阜平县坚持四套班子一条心、一门心思抓扶贫，以“抓不好扶贫就是罪人，抓不好扶贫就是失职”的强烈责任感来推动扶贫工作，全县各项工作也都围绕扶贫来展开。二是以土地扶贫增强脱贫攻坚实力。实现脱贫攻坚目标，仅靠财政投入是不现实的。阜平县用足用好用活土地政策，通过占补平衡、增减挂钩指标在全省有偿转让获得土地收益，为脱贫攻坚提供了有力支撑。三是以产业扶贫实现贫困群众稳定增收。阜平县的产业扶贫正朝着林果全覆盖、香菇全覆盖目标发展，通过搞股份合作制吸引贫困群众入股当股东，帮助他们实现稳定增收。今年，仅香菇一项就覆盖1.8万户，人均收入将近1万元。四是以美丽乡村建设助推两步并作一步走。克志书记视察阜平时提出“两个率先”，即率先在全省贫困地区脱贫摘帽，率先走出一条经济社会生态效益同步提升的发展新路。两步并作一步走，光增收还不行，还要改善老百姓的生产生活条件。阜平县请32家规划公司搞美丽乡村设计，搬迁1092个自然村搞乡村整合，彻底改变乡村落后面貌，力争一步到位实现全面小康。五是以金融扶贫破解企业和贫困户发展产业资金难题。贫困户贷款难、贷款贵的问题一直困扰着我们。阜平县探索推行“政银企户保”模式，建立政府、银行、保险公司信贷风险分担机制，设立贷款担保基金和风险补偿金“资金池”激发银行放贷积极性，同时实行差别化贴息政策，让企业和贫困户受益，村里搞信用评级、乡里搞验证，大大提高了贷款效率。六是以基层干部队伍建设为打赢脱贫攻坚战提供坚强保证。阜平县注重加强乡镇党委书记、村党组织书记、第一书记及驻村工作队这三支基层干部队伍建设，选调精兵强将充实到这些关键岗位，建强基层堡垒，为打赢脱贫攻坚战提供了坚强有力的组织保证。这几条经验是阜平县发生巨变的根本性支撑，各地要认真学习借鉴。

刚才，郝国赤同志介绍了扶贫开展土地扶贫的情况，潘爱良、徐付军同志介绍了有关政策，发言非常好，体现了改革和担当的精神。可以说，在土地扶贫问题上，政策都很明确了，关键是怎么用、怎么干。下面，我围绕做好土地扶贫工作，坚决打赢脱贫攻坚战，强调4点意见。

一、充分认识开展土地扶贫的重要意义

土地是人类赖以生存和发展的物质基础，是推动经济社会发展的重要要素支撑。为了盘活贫困地区土地资源，国土资源部门出台了一系列超常规、高含金量的支持政策，其中最重要的政策有两条，一条是占补平衡政策，就是国定贫困县补充耕地指标在全省范围内优先转让；另一条是增减挂钩政策，就是国家允许国定贫困县将增减挂钩节余指标在省域范围内有偿转让。这两条政策操作简便、释放资金量大，是筹措扶贫资金最直接最管用的政策，也是对国定贫困县在特定时段实行的阶段性政策。各地要深入研究、弄懂弄透，充分认识利用土地政策助推脱贫攻坚的重要意义。

第一，这是解决脱贫攻坚资金难题的重大举措。打赢脱贫攻坚战，必须多渠道筹措资金。用好土地政策、实现以地生财，是一条重要途径。据调查测算，我省46个国定贫困县有宜耕未利用地资源389万亩，通过土地整治预计

能新增耕地233万亩，满足自身需求后可节余新增耕地指标约186万亩，按每亩15万元转让价测算，能够增加贫困地区收益2790亿元。再以城乡建设用地增减挂钩政策为例，简单算一笔账，我省有易地扶贫搬迁任务的38个县(市)，原有住宅拆旧区面积约6.5万亩，建新区使用约2.6万亩，能节余土地指标近4万亩，加上2015年关停取缔实心黏土砖瓦窑腾出土地约7万余亩，共计约11万亩。如果按每亩40万元的价格在省内流转这些土地指标，总收益将达到440多亿元。武强县将1000亩未来增减挂钩预期节余指标，以每亩40.5万元的价格与香河县达成流转协议，将获得资金4亿多元。实践证明，只要用足用好用活土地扶贫政策，就能从很大程度上解决"缺钱"的问题。

第二，这是以城带乡、以工补农的重大举措。土地扶贫项目是统筹城乡发展、工业反哺农业的重要平台。利用占补平衡、增减挂钩等土地政策，谋划和实施撤并村庄、土地整治等一系列土地扶贫项目，可以有效缓解推进新型工业化、城镇化所需土地问题，为引进工业企业和提高城镇化率拓展空间。反过来，在这个过程中，将有力推动城市和工业资本反哺农业农村，使贫困地区获得大笔扶贫开发资金。这必将为贫困地区的乡村面貌改善、现代农业发展带来更多机遇和资源，促进工业与农业、城市与农村协调发展、良性互动。

第三，这是促进贫困地区产业发展的重大举措。贫困地区一般相对偏远，发展空间有限，但并非没有潜力可挖。据统计，我省46个国定贫困县中，有21个县耕地后备资源比较丰富，其中易县高达38万亩，最少的蔚县也有5万亩，这是一笔宝贵资源。通过开展土地整治，既可增加贫困地区耕地面积，为发展现代农业创造条件，又可以腾出更多空间，为发展富民产业提供用地保障，可以说一举多得。阜平县通过高标准开展土地整治，为发展林果业、食用菌、生态旅游等致富产业提供了充足的土地资源，目前仅食用菌一项就完成流转土地6300亩，建成香菇大棚2500余栋，覆盖贫困户3000多户。行唐县支持山场资源丰富的多个贫困村搞连片开发，开展土地整治，其中，神树湾生态农业开发园项目已经完成土地整治1万余亩，重点发展绿色农产品生产加工和乡村旅游业，有力地推动了当地现代农业发展。

第四，这是改善贫困农村生产生活条件的重大举措。开展土地扶贫涉及2项主要任务，一是拆旧建新，组织群众拆掉旧村庄、建设新家园；二是大力推进土地整治，这两件事都与改善贫困村生产生活条件密切相关。通过拆旧建新，把贫困群众易地搬迁、集中安置，结合美丽乡村建设，建立新型农村社区，完善高标准配套设施，可以使贫困群众一步享受到城里人的生活。通过推进土地整治，开展土地平整、灌溉与排水、田间道路、农田防护等基础工程，不仅可以加快高标准基本农田建设，提高粮食综合生产能力，还可以增加耕地面积，提升耕地质量，改善贫困地区农业生产条件。

第五，这是增加贫困群众财产性收入的重大举措。土地是"财富之母"，是农民最大的财产。开展土地扶贫，贫困群众可以以个人的山地、林地、宅基地等资源入股土地整治项目，年终享受分红，也可以把新开垦的耕地通过承包、转包、出租、转让、委托经营等形式向农业开发公司、农民合作社、农业种植大户等新型经营主体流转，每年获得租金，充分分享土地增值收益。我们参观的阜平县大道村就是一个很好的例子。这个土地整治项目引入了农业开发企业，采用 PPP 模式开展农业产业化经营，在实现政府增加财政收入、企业获得稳定投资回报的同时，农民拿到了租金、股金、薪金，人均年收入达到2万元以上。

第六，这是保护贫困地区生态环境的重大举措。贫困地区普遍面临着消除贫困与保护生态的双重挑战。据统计，我国95%的贫困人口和大多数贫困地区分布在生态环境脆弱、敏感和重点保护的地区，保护生态环境的任务非常繁重。我省情况也大致如此。开展土地扶贫，是统筹推进生态保护和扶贫开发的重要抓手。实行占补平衡、增减挂钩等土地扶贫政策，本身就是对土地利用布局的优化。开展废弃矿山地质环境综合治理，25度以上坡耕地有序退耕还林还草，相应核减耕地保有量和基本农田面积，有利于改善贫困地区的生态环境，实现生态保护与消除贫困的有机统一。

二、着力聚焦土地扶贫关键环节

土地扶贫是一项系统工程。各地各部门要抓住关键环节，加大推进力度，挖掘自身潜力，用足用好政策，真正让土地资源活起来，把发展潜力变成发展优势，把土地资源变成真金白银。

第一，搞好土地扶贫规划。各地要摸清底数，本地有哪些耕地后备资源，有哪些村庄可以拆迁整治，都要一清二楚。在此基础上，请有经验的专业规划单位编制规划，为土地扶贫制定"路线图"。要坚持多规合一，把土地扶贫规划与土地利用总体规划、城乡建设规划、美丽乡村建设规划、易地扶贫搬迁规划、产业发展规划、生态建设规划等有机衔接，落到一张图上，便于开发和利用。特别是38个有易地扶贫搬迁任务的县(区)，土地扶贫规划要与易地扶贫搬迁规划精准对接，做到共同推进、相互支撑。

第二，加快土地整治进程。土地整治是补充耕地的主要途径，既为发展产业提供重要生产要素，又为运用占补平衡政策获得收益创造条件。为加快土地整治进程，省国土资源厅提出，要选择部分国定贫困县作为试点，将土地整治项目立项验收审批权，由设区市下放至县级。相关县(市)要接得住、干得好，加快造地进度，努力快造地、多造地、造好地。一是加快立项。坚持能快则快、尽快前赶，建立土地整治项目台账，对立项条件完备地块当即立项；对地块与规划不符的，将项目立项与规划调整同步；对现有耕地补改结合项目，不受土地整治规划限制及时立项。二是加快施工。要推广阜平县的经验，把政府主导与市场机制相结合，引进央企、民企和本地企业进行土地整治。县(市)政府要及时组织对施工单位、监理单位进行招标；财政、审计部门要加快项目资金拨付，监督项目进度；国土、农业、水利、电力等部门要协调联动，做好工程建设、质量监管和服务保障等工作；乡镇政府要主动做好前期组织工作。各级各部门要抓紧利用好“春种前、秋收后”最佳施工期，推进项目快速、高质量展开。三是加快验收。国土资源部门要开设审批“绿色通道”，精简项目决算、审计、耕地质量等别评定等验收环节，进一步减少程序、缩短时限。四是加快利用。对验收后节余新增耕地指标马上入库、挂账，进入全省补充耕地指标转让平台，实现指标供需两地同时落地，确保贫困地区指标不等不拖、优先全额使用。同时，整治后耕地要及时确权并交付当地村民集体使用，鼓励通过承包、出租、托管等形式向农业开发公司、合作社和种植大户流转，使耕地产生长久效益，决不能出现整治后耕地撂荒、闲置问题。这里特别强调，在土地整治过程中，要注重造地质量、注重生态保护，既要金山银山，又要绿水青山，决不能为了追求造地规模、速度就降低质量、破坏生态。

第三，加大村庄拆建力度。拆除旧有村庄，可以腾出建设用地，为新建村庄提供用地支持，节余指标还可以有偿转让，为易地扶贫搬迁和其他扶贫项目提供资金支持。要把村庄拆建和美丽乡村建设统筹考虑，加快推进村庄撤并和土地整治工作。一是和优化村镇布局结合起来。村庄拆迁是农村人口有序流动的过程，是村镇布局优化的过程，是促进工业化、城镇化发展的过程。要推动拆迁人口向县城集中，使其有序融入县城，一步到位成为市民。要推动拆迁人口向小城镇和乡(镇)政府所在地集中，坚持新型农村社区、工业园区、现代农业园区“三区同建”，一揽子解决拆迁人口的居住和就业问题。要推动拆迁人口向景区周边集中，借助景区发展乡村旅游，使他们通过发展旅游产业脱贫致富。二是确保拆旧复垦到位。近几年，个别地方存在新村建好了，但旧村迟迟不拆迁、土地不能复垦的问题。如果搬迁村庄不能按期拆除复垦，就会产生“地占了、钱花了、指标还不了”的问题。拆旧复垦必须压死责任、确保到位。三是稳妥有序实施。村庄拆建要有序开展，决不能为了钱就一哄而上、不顾群众意愿。要按照循序渐进、稳妥推进的原则，深入扎实地做好群众工作，科学选择安排项目区，条件成熟一个推进一个。对不具备条件或时机不成熟的项目，要严把关口，决不能随意放行，决不能贸然行事。

第四，建立统一的交易平台。实现补充耕地指标和增减挂钩节余指标在省域范围有偿转让，建立统一的交易平台十分重要，要抓紧建立全省统一的交易平台。一是统一交易价格。省国土资源厅要制定土地指标转让指导价格，防止故意压低或抬高价格的行为，确保土地指标转让市场规范有序。决不允许设区市为了本市的小利益限制县里的土地指标在全省流转。二是统一资源配置。省国土资源厅要抓紧建立土地占补平衡和增减挂钩指标库，为供需双方提供信息，推动土地指标在全省范围内流动和配置，特别是配置到结构转型、协同发展等任务最迫切的地方，工业化、城镇化最急需的地方去。三是统一监督管理。由国土资源部门牵头，联合农业、审计等部门，实行对土地整治的统一监管，确保规范有序、依法操作，不出现违规、腐败等问题。

第五，确保土地收益主要用于脱贫攻坚。占补平衡、增减挂钩指标流转收益全额返还贫困地区，用于脱贫攻坚，是中央的要求，是土地扶贫必须遵循的基本原则。各地各有关部门要认真落实。要统筹贫困县政府、村集体、农户、耕地开垦企业四者的利益，在保证耕地开垦企业合理利润的基础上，切实保障村集体和农户合法利益。占补平衡指标转让收益，主要用于脱贫攻坚，重点支持规模经营、发展特色种养业、建设现代农业园区等，增强贫困地区“造血”功能。对村庄拆建产生的增减挂钩收益，要按照“钱随人走、同等受益”的原则分配和使用。集中安置的，可以把增减挂钩收益返还集体经济组织，由村民自主安排用于新民居和基础设施建设等项目；分散安置的，可以以货币形式足额将增减挂钩收益返还当事农户。

第六，坚持统筹推进。土地整治、村庄拆建综合性很强，不能孤立地就整治抓整治、就拆建抓拆建。要把土地整治、村庄拆建与脱贫攻坚、美丽乡村建设、现代农业发展、山区综合开发、乡村旅游统筹考虑，把造地项目建成“五位一体”协同推进的示范体。当前，工矿企业正急于谋求转型发展的出路，投资农业农村的愿望强烈。要抓住这一机遇，引导工商资本进行土地整治和村庄拆建，投资“五位一体”建设，发挥土地开发利用的最大效益。

三、确保土地扶贫工作规范有序推进

土地扶贫政策性强、非常敏感，事关脱贫攻坚进程，事关群众切身利益，事关经济社会长远发展。各地各有关部门特别是贫困县要高度重视、积极推动，精心组织、规范运作，切实把实事做实、好事办好。

第一，要落实主体责任。市一级负责指导规划，按照现有的政策做好立项、验收、监管等工作。县一级是开展土地扶贫的责任主体，要切实负起主体责任，抓好本地的土地扶贫工作。一把手要负总责、真重视，亲自研究推动，分管领导要加强组织协调，把各项工作落到实处。会后，相关县都要召开一次党政联席会，把土地扶贫工作研究透、定下来，责成有关部门抓紧实施。国土资源部门要发挥职能作用，牵头做好政策普及、项目区实施方案编制、统筹推动、在线备案、实施监管等工作。发展改革、财政、扶贫等部门要主动与国土资源部门配合，强化政策衔接，建立协调联动机制，整合项目资金，形成土地扶贫的强大合力。

第二，要加强政策培训。搞好土地扶贫，关键在政策。学深悟透、用好用活政策，土地可以变成黄金；不研究不会用，只能手搓令箭、畏难发愁。会后，由省国土资源厅牵头，省扶贫办、省农业厅配合，抓紧举办62个贫困县的土地扶贫培训班，尽快培养一批能够熟练掌握和灵活运用相关政策的行家里手，尤其是县委书记和县长，更要当土地扶贫政策的明白人。要加大对各地土地扶贫工作的指导力度，适时组织现场观摩、座谈交流等活动，引导各级干部在实践中理解政策、掌握政策、运用政策，让县县有操盘手、乡乡有明白人，确保土地扶贫政策落地生根、开花结果。

第三，要坚持政府主导与市场化运作相结合。政府主导与市场化运作相结合是做好土地开发利用的重要原则。政府主导是实现公平的保证，市场化运作是提高效率的保证。政府主导，就是由政府抓规划、抓立项、抓监管，维护好村集体和村民的利益，把握土地开发利用的正确方向。市场化运作，就是利用市场的机制和力量，按照市场的办法和途径来推进土地开发利用，既可以由市场主体运作，也可以由政府组建公司进行市场化运作。要把这两者优势结合起来，统筹好土地开发利用的公平与效率。

第四，要尊重农民意愿。土地是农民赖以生存和发展的基本条件。各地在开展占补平衡、增减挂钩等扶贫项目过程中，必须尊重群众意愿，让农民自由选择，决不能搞强迫命令。要坚持群众自愿，确保让农民参与、农民满意。农民参与意愿不强的，不要急着去动，可以示范引导，做好思想工作，等条件基本成熟了、农民接受了再有序展开。要维护好贫困群众的切身利益，保障他们的知情权、参与权和受益权。

第五，要管好用好资金。通过开展土地扶贫产生的资金是贫困地区和贫困群众的“脱贫钱”“救命钱”，必须严格规范管理，确保所有项目收益公开透明、资金使用安全高效。要专账管理，由财政部门单独建账、单独核算，逐款项登记资金使用情况。要落实“收支两条线”规定，保证占补平衡和增减挂钩指标流转收益全额返还贫困地区，主要用于脱贫攻坚，任何单位不能以任何理由挤占挪用或层层克扣，更不能出现“百姓脱贫、干部倒下”的腐败问题。要加强资金的日常监管，发现问题及时纠正，确保资金使用安全。

四、切实解决好当前扶贫工作中值得注意的几个问题

当前，扶贫工作总体是好的，进展也比较顺利。最近到承德、张家口、石家庄一些贫困县调研，第一书记和工作队员反映了一些问题，我也发现了一些值得引起注意的问题。借今天的机会，再强调几点。

第一，要充分动员群众自力更生、艰苦奋斗、光荣脱贫。习近平总书记强调：“脱贫致富终究要靠贫困群众用自己的辛勤劳动来实现”。脱贫攻坚，贫困群众是受益主体，也要让他们成为主体力量、发挥主体作用。当前，最需要解决的是观念落后、动力不足的问题。到村里调研时了解到，有的“安贫乐道”、长在穷中不觉穷，有的只伸手不动手、光指望政府帮扶，有的有想法没办法、能力不足，凡此种种都影响和制约着脱贫攻坚进程。要从根上脱贫，必须把群众发动起来，把内生动力激发出来。要组织村干部、贫困群众代表外出参观学习，到干得最好的地方去看示范、看样板，让他们看到差距、看到前景、看到潜力。比如，到阜平、隆化县看金融扶贫，到沙河市看山区综合开发，到饶阳、威县看现代农业，到涞水县看旅游扶贫，到平乡县看家庭手工业扶贫，到曲阳县看光伏扶贫，等等。要坚持典型引路，结合开展向李保国同志学习活动，省里近期将推出一批坚持自力更生、艰苦奋斗、光荣脱贫的典型，各地也要推出本地的典型，引导更多的党员干部争做李保国式的扶贫模范。要通过参观学习、典型引路，引导贫困群众找到自信、找到思路、找到办法，尽快用自己的双手改变现状、脱贫致富。

第二，要以脱贫攻坚总揽贫困县的工作全局。精准扶贫，关键是责任落实要精准。但有的贫困县的党政“一把手”没有把扶贫工作放在应有的重要位置，平时对扶贫工作过问不多、抓得不紧、落实不力、措施不硬。脱贫攻坚是党中央高度重视、习近平总书记亲自抓的第一位的民生工程。打好脱贫攻坚战，既是发展任务，更是政治任务。贫困县党委、政府要把主要精力放在抓脱贫上，“一把手”要负起第一责任，真正上心上手，亲自抓项目落地、抓资金筹措、抓资源调配、抓推进实施，亲自深入一线解决实际问题，既要当好指挥员，又要当好战斗员，决不能当“甩手掌柜”。省扶贫办要会同省委组织部，按照中央和省委最新要求，认真研究贫困县考核问题，切实用好考核这个

“指挥棒”。对国定贫困县，精准扶贫考核权重不低于定量考核指标总权重的70%；对省定贫困县，精准扶贫考核权重不低于定量考核指标总权重的50%，扶贫工作抓不好，其他工作抓得再好也不能评为优秀。

第三，要把股份合作制作为产业扶贫的主要组织形式。没有产业支撑，脱贫不可持续。股份合作制是我省推进产业扶贫的一大特色、一大亮点。要把股份合作制作为产业扶贫的主攻方向，最大程度地释放产业扶贫红利。发展特色产业也好，引进战略投资者也好，都要积极吸纳贫困户以土地、山场、扶贫资金等入股，使有劳动能力的贫困群众成为拿租金、股金和薪金的“三金”农民，使无劳动能力的成为拿租金和股金的“两金”农民。同时，要让能变成股权的旅游资源、荒山荒坡、宅基地等成为集体股权，壮大贫困村的集体经济。

第四，要大力推广“政银企户保”金融扶贫模式。现在，省里制定了《“政银企户保”金融扶贫实施意见》，在全省大力推行“政银企户保”金融扶贫模式。这一模式得到国务院扶贫办的充分肯定。各贫困县要抓紧安排，用扶贫资金打捆设立不少于1亿元的贷款担保基金、不少于3000万元的风险补偿基金，建立“资金池”，存入合作银行。要通过竞争方式选择合作保险公司，开办贷款保证保险，参与信贷风险分担。要建立县乡村三级金融服务网络，县设金融服务中心、乡设金融服务部、村设金融服务站，为农户和企业贷款提供便捷化服务。要实行分类贴息政策，对贫困户5万元以内贷款按基准利率100%贴息，对企业和合作社根据带动贫困户数量，实行差别化贴息政策，带动越多，贴息越多。要针对基层干部、第一书记、驻村工作队员、相关企业负责人和贫困群众，抓紧开展专题辅导、办班培训、电视讲座等，让他们知道怎么运用、怎么用好，从根本上解决贫困群众和扶贫企业“想贷就能贷”的问题。

第五，要切实加强社保兜底保障。从近期调研情况看，很多贫困县对需要低保和医疗保障兜底的人群底数不清，问起来很多是“大概其”“差不多”。这一块是脱贫攻坚的“硬骨头”，到底能不能兜住底，是省委最担心的。前不久，省政府常务会议通过了《河北省低保线与扶贫线“两线合一”动态管理实施办法》。《关于提高城乡贫困人口医疗保障水平试点方案》也正在制定中，下半年将在承德开始试点，取得经验后在全省推广。各市县要抓紧摸清底、算好账、建台账，把能做的工作做起来、做到位，确保把该保的保好、该兜的兜住。

第六，要把贫困村规划建成美丽乡村。彻底改善生产生活条件，把贫困村一步建成美丽乡村，是稳定实现农村贫困人口“两不愁三保障”目标、全面建成小康社会的应有之义。具备条件的贫困村都要一步建成美丽乡村，不要折腾两次，不要搞“二次革命”。要一步到位搞好规划，包括修建性详规和专项规划。在建设过程中，可以根据村里的实际情况分步实施，首先要解决好道路硬化、饮水安全、厕所改造、垃圾处理、村庄绿化等基本问题。整个过程要统筹考虑、协调推进，不能把规划、建设搞成“两张皮”。

第七，要发挥好第一书记和驻村工作队的作用。第一书记和驻村工作队，是驻村脱贫的第一责任人，不脱贫不脱钩。要切实压死责任、发挥作用，重点是抓好资金监管、项目引进、土地流转、特色产业发展、基层组织建设等工作。要加大对第一书记和驻村工作队员的培训，让他们知道什么时候应该做什么，特别是清楚工作怎么推进、项目怎么引进、资金怎么使用等。同时，对扶贫工作中的有关问题，也要及时征求他们的意见建议。县委书记或县长原则上每季度至少要听取一次第一书记的汇报，督导工作落实，帮助解决困难。近期，我们将召开座谈会，对这项工作进行安排部署。

第八，要强化扶贫领导小组及其办公室的组织协调职能。脱贫攻坚是党委、政府的责任，而不仅仅是扶贫办的责任。我省各级扶贫开发领导小组都实行了党政一把手双组长制，要充分发挥领导小组的作用，进一步明确领导小组成员责任，强化办公室的协调职责，形成强大合力。要切实把各级扶贫办建强，推进市县扶贫办与农开办合署办公，下一步的机构改革中扶贫办的力量只能加强不能削弱。各成员单位要高度重视，真正作为分内之事，在项目审批、资金安排、服务保障等方面不断改进改善，做到更主动、更方便、更快捷、更高效。

打赢脱贫攻坚战是党和人民赋予我们的光荣职责和神圣使命。各地各有关部门要以这次现场会为契机，以土地扶贫为重要着力点，以坚定的决心、精准的举措和超常的力度，集中力量、全力攻坚，坚决打赢脱贫攻坚战，确保全面小康路上不让一名贫困群众掉队。

沈小平同志在全省利用土地政策助推脱贫攻坚工作现场会议上的讲话

（2016年6月15日）

刚才，赵勇副书记的讲话概括了阜平县利用土地政策助推脱贫攻坚的6条经验，阐述了开展土地扶贫的6个方面重大意义，明确了实施这项系统工程要紧紧抓住的6个关键环节，提出了把实事做实、好事办好的5项保障措施，最后强调了解决好当前扶贫工作中值得注意的8个问题。讲话站位高、谋划深、思路清、措施实。各地各有关部门要认真深入地学习领会，结合实际抓好贯彻落实。贯彻落实好这次会议精神特别是赵勇副书记的讲话要求，我们起码要把握并做到“四真四实”。

一、真凭实据

就是要把土地资源和有效供给的真实情况搞清楚，有多少土地可开发、可整理、可复垦，有多少指标能自用、能节余、能流转，必须实实在在、有凭有据，千万不要凭空想象、画饼充饥。同时，要尊重农民真实意愿，项目怎么搞、搞多少，要在做好动员和引导工作的基础上，由农民自主选择，不能强迫命令，不能硬性摊派指标。

二、真知实用

真知就是对国家和省出台的政策要逐项逐条学深悟透，既知外延、又知内涵，既知其然、又知其所以然。要真正明白哪些是全面保障的，哪些是优惠实施的，哪些可预先安排，哪些可先用后批，哪些是有弹性的，哪些是纯钢性的。实用就是在真正明白的基础上，在现行政策框架内，结合各地不同情况，实实在在地用好、用足、用活。要善于打政策“组合拳”，增强政策举措的针对性和有效性。

三、真材实料

释放政策潜力，把高含金量的政策变成真金白银，必须要有真材实料作保障。复垦、整理、补充的耕地数量、质量都必须符合验收要求，安置区建设必须落实到位，严禁账面空转、弄虚作假，玩数字游戏。要完善交易机制，搭建流转平台，确定指导价格，通过公开、公平、公正交易，让土地能变现、快变现。

四、真心实意

土地扶贫政策是特定时段实行的超常规政策。贫困县政府作为脱贫攻坚的责任主体，落实政策切不可等待观望、拖拖拉拉，要尽心尽力、主动作为。政策红利要取之于贫困地区，用之于脱贫攻坚。增减挂钩、占补平衡指标流转收益要全额返还贫困地区，严禁任何单位以任何方式挤占挪用、层层扣减、虚报冒领。要真正用心、用情、用力助推脱贫攻坚。

沈小平同志在河北省第三次全国农业普查领导小组第一次全体会议上的讲话

（2016年6月21日）

刚才，景祥同志汇报了全省第三次农业普查的主要内容、前期工作和下步安排。各成员单位负责同志分别作了发言，讲得很好，我都赞同。去年6月，国务院下发《关于开展第三次全国农业普查的通知》以来，省统计局和有关部门做了大量艰苦细致的工作，取得了阶段性成果，为普查全面启动、顺利实施奠定了坚实基础。下面，我讲几点意见。

一、高度重视

河北是农业大省，拉长农业“短腿”、补齐农村“短板”，任务艰巨而繁重。搞好农普这项重大国情国力调查，对于全面摸清“三农”基本情况，准确分析发展变化，深入研究制约难题，科学探寻方法路径至关重要。同时，与以往农普相比，这次普查有四个突出特点，一是对象更多，涉及普通农户、规模农户、农业经营单位、乡镇政府和村（居）委会5大类、1600万个调查对象，比上次增加10%。二是范围更广，普查登记指标达500多个，增加了以前没有的规模农户、精准扶贫、土地流转等新内容，涵盖了农业农村经济社会发展的方方面面。三是手段更新，首次全面采用智能手持电子设备采集数据，对普查员综合素质提出了更高要求。四是难度更大，一些农民不愿意透露“家底”，部分企业很注重保护商业秘密，配合程度不高，普查登记难度加大。这四“更”，决定了这次普查任务异常艰巨，难度前所未有。为此，各成员单位务必要充分认识其重要性和复杂性，切实增强责任感和使命感，真正把这项工作放在心里，抓在手中，落到地上。

二、精心组织

一要健全工作机制。刚才，原则通过了农普领导小组办公室工作规则。各成员单位要按照规则要求，加强领导，明确分工，落实责任，通力协作，建立左右联合、上下联动、内外统筹、高效运转的工作机制，形成推进合力。统计部门要发挥牵头作用，加强业务指导，解决技术难题，及时沟通信息，共享经验做法。二要严格执行方案。国家农普方案已经印发，方案明确了普查对象、基本内容、技术路线和工作要求，是开展工作的基本遵循和重要依据。各有关部门要认真学习，深刻理解，熟练掌握，规范操作。三要搞好督导检查。省农普领导小组要围绕普查内容、进度和质量等开展督查，以真督实查，促尽责、保进度、求实效。要建立定期通报制度，对工作好的单位给予表彰，差的要通报批评。

三、确保质量

要把“全、准、真、严”的要求贯穿到采集、审核、处理、公布等各个环节。“全”就是对象要全。要结合清查摸底情况，对普查对象应查尽查，不漏一户、不漏一企，切实做到全覆盖。“准”就是信息要准。要根据指标设置，严把统计口径，详细查问、认真填写、逐项登记，并对每个信息反复核实，确保精准无误。“真”就是数据要真。要按照《统计法》和《农业普查条例》的要求，依法依规开展普查，坚决排除人为干扰，不得虚报瞒报，不得伪造篡改。要认真开展数据质量抽查和评估，对弄虚作假行为，一经发现，立即查处。“严”就是使用要严。这次普查不少指标涉及被调查对象的商业和财产隐私，要严格限定用于普查目的，不得作为任何单位对普查对象实施处罚的依据；同时，各级农普机构和普查人员要遵循法律规定、恪守职业道德，严守密、不泄密，切实消除普查对象思想顾虑。

四、强化保障

农普工作政策性强、要求高、难度大，需要全方面提供保障。一是选训“两员”。要下大力做好指导员和普查员选聘工作，将条件具体化、程序严格化；要优先从乡村干部、大学生村官和“第一书记”中选聘，充实“两员”队伍。要加强业务培训，使他们熟练掌握普查内容、方法等相关要求，打造一支过硬的农普队伍。二是落实经费。财政部门要将农普经费列入预算，保障工作需要。按照国务院农普办和财政部要求，抓紧研究确定“两员报酬”分级负担比例，并对财政困难的县给予必要支持。各级普查机构要加强财务管理，确保专款专用，严控开支、厉行节约，真正提高使用效益。三是宣传发动。各有关部门要利用广播电视、互联网等多种媒体，广泛开展宣传活动，使全社会充分理解和支持农普工作。

以股份合作制为主要组织形式
推动产业扶贫实现新突破

——赵勇同志在全省产业扶贫工作现场会上的讲话

（2016年7月15日，根据记录整理）

这次会议是贯彻全国特色产业精准扶贫工作电视电话会议精神的一次重要会议，是落实省委、省政府脱贫攻坚决策部署的一次重要会议。会议主要有3个目的:一是聚焦，在脱贫攻坚的关键时刻，牢牢把握产业扶贫这个重中之重，把更多的人力、物力、财力聚焦到产业扶贫上来，确保贫困群众持续稳定脱贫。二是创新，进一步解放思想、创新发展，使产业扶贫跟上农业现代化发展步伐。三是突破，坚持问题导向，推广先进经验，开阔思路、改进措施，集中突破制约产业扶贫瓶颈。

按照会议安排，大家到曲阳、涞水进行现场考察，都觉得很受启发、很受鼓舞、不虚此行，很多同志都在相互交流、搜集资料，准备回去后进一步改进完善，在推动产业扶贫上抓出更大成效。刚才，小平同志的讲话很有针对性、指导性和操作性，各级各部门要认真领会、抓好落实。

曲阳的光伏扶贫模式得到李克强总理的充分肯定，国务院扶贫办2次到曲阳进行调研总结。曲阳县的经验，主要是综合开发利用山场资源，靠光伏产业解决了部分群众长久脱贫的问题，走出了一条产业扶贫的光明之路。他们作为全国首批光伏扶贫试点县，利用20万亩未开发的山地资源发展光伏发电产业，建设完成光伏电站280兆瓦，3000多户建档立卡贫困户每年可获得土地流转租金250万元，840多名贫困群众在光伏发电企业就业，人均年收入8300元。同时，他们还积极发展屋顶分布式光伏发电项目，两个试点村130户贫困群众每户年均增收3000元。现在45个国定贫困县和连片特困县全部纳入到光伏扶贫试点县，贫困县搞村级电站和屋顶分布式光伏发电，指标不受限制。有条件的贫困县要抓住国家和省里都给补贴的机遇，抓紧干起来，力争早日见到成效。

涞水县以股份合作制推动产业扶贫实现了新突破，搞了165个股份合作制经济组织，吸收了一大批贫困户成为股东，促进了稳定脱贫。他们的经验，概括起来就是“六化”:一是扶贫主体多元化。除政府之外，龙头企业、金融机构、科研院所等积极参与，使“分散帮扶”变成“齐抓共管”。二是扶贫资金资本化。把扶贫资金以资本入股的形式注入股份合作制经济组织，贫困群众享有股权，变资金到户为资本到户、权益到户，使“有限资金”变成“活力股金”。三是扶贫对象组织化。以股份制合作社的形式把贫困户组织起来，贫困户入社实现全覆盖，使“单兵作战”变成“抱团取暖”。四是扶贫路径精准化。形成了产业与市场精准对接、贫困户与股份合作制经济组织精准联接的推进路径，使“大水漫灌”变成“精准滴灌”。五是扶贫产业园区化。用流转或入股的方式把分散的承包土地、山场等可经营的资产资源整合起来，建设规模不等的产业园，使园区成为扶贫产业发展的重要载体，使“零星资产”变成“规模经营”。六是扶贫机制长效化。建立了10项脱贫攻坚机制，先后出台27项扶持政策，形成制度体系，使“一时一事”变成“持续发力”。涞水的经验，最重要的一条是县委、县政府主要领导同志夙兴夜寐、激情工作，真正拿出主要精力抓扶贫。抓好产业扶贫，需要做的事很多，关键是选好项目、找到龙头、建好机制，其中最需要创新和突破的是机制，这个机制就是股份合作制。这个抓手用好了，其他的问题也就好办了。

下面，我重点就抓好股份合作制，推动产业扶贫实现新突破，扎实推进精准脱贫、稳定脱贫，讲几点意见。

一、深化对股份合作制的认识，把股份合作制作为产业扶贫的主要组织形式

股份合作制是农村集体经济的重要组织形式，是以合作制为基础，吸收股份制的一些做法，以劳动者的劳动联合和资本联合相结合形成的新型企业组织形式和生产经营组织方式。它是在农业现代化进程中应运而生的，是在市场经济不断发育和成熟的背景下发展起来的，是广大农民群众在探索与实践的基础上形成的，是一种适合农村经济发展的有效形式。实践证明，发展股份合作制经济，对于贫困地区具有十分重要的意义。

第一，发展股份合作制是实现贫困群众可持续脱贫的战略选择。脱贫不稳定，一直是困扰打赢脱贫攻坚战和全面建成小康社会的一个重要问题。我们经常看到一部分贫困户今年脱贫明年却又返贫，其中一个原因就是农业生产的不确定性、不稳定性和市场的风险性。一旦搞了股份合作制，让贫困群众进来当股东，他们就成为有土地租金、分红股金和务工薪金的“三金农民”，即使入股的企业经营上有风险，土地租金、务工薪金还是要给的，这样贫困群众的收入就有了保障，就可以实现稳定脱贫。饶阳县众悦农业科技有限公司组织贫困户以土地入股，优先安排在公司打工，入股社员能够拿到每年每亩800元保底股金，每月还有2000元左右的打工收入，公司拿出15%利润为入股社员分红，使190户、735名贫困群众有了一个持续稳定的收入。

第二，发展股份合作制是最大限度挖掘农村资源潜力促进脱贫攻坚的战略选择。长期以来，农民拥有土地、山地、林地等资源资产，但由于缺乏严格意义上的产权，特别是缺乏灵活有效的机制，使这些资源资产长期处于“沉睡”状态，难以参与市场运营，无法实现效益最大化。通过股份合作制，可以把各种资源资本化，让更多的企业参与进来，让更多的资本融入进来，盘活这些“沉睡”的资源资产，使其作为资本与市场有效对接，充分释放应有活力，促进贫困群众增收致富。曲阳县齐村乡由于缺乏盘活农村资产的机制和平台，贫困群众长期抱着“金饭碗”过穷日子，2014年该乡发展股份合作制，

贫困群众以荒山荒坡入股，引入工商资本，盘活了沉睡多年的资源，带来了丰厚收益。

第三，发展股份合作制是融合社会资本加快脱贫步伐的战略选择。打赢脱贫攻坚战，仅仅靠政府投入是远远不够的，必须充分运用市场的力量、吸纳社会资本参与。股份合作制就是一条整合社会资本的有效渠道，能够撬动大量的社会资本参与扶贫开发，解决了一家一户分散经营难以解决的问题。通过采取股份合作制形式，在阜平、行唐、涞水等很多地方搞山区开发的企业一下子带来几亿、十几亿元的投资。工商资本进来后，银行资金随之跟进来，老百姓看到希望，也愿意出钱参股，社会各方面资本共同发力，为脱贫攻坚注入了强大力量。

第四，发展股份合作制是推动农村全面深化改革的战略选择。做好扶贫开发工作，从根本上讲，要靠深化农村改革，通过改革进一步解放农村生产力、激发农村社会活力。股份合作制就是推进农村综合改革的重要载体。通过发展股份合作制，可以倒逼资产的股权化，倒逼土地经营权的流转、抵押，倒逼农业发展规模经营，倒逼农村改革深入推进。可以说，抓住了股份合作制，就抓住了农村综合改革的关键，就可以达到一招搞好、满盘皆活的效果，就可以开辟产业扶贫的新境界。

二、推进规范化股份合作制经济发展，切实提升精准扶贫实效

当前，股份合作制经济发展中还存在着运作不规范，经济规模不大、市场主体不多、速度发展不快等问题。产业扶贫能不能上新水平，股份合作制经济能不能上新台阶，一个关键问题是实现规范化运作。解决好这一问题，要突出抓好以下几个方面。

第一，要强化规划引领。精准脱贫，首先规划要精准。政府是“有形的手”，承担着弥补市场失灵的职责，要发挥主导作用，与市场这只“无形的手”联合发力。股份合作制怎么发展，哪些地方干什么，哪个村庄由谁去搞，都要谋划好、规划好。这次会议后，县委书记回去的第一件事就是要搞好规划，把工作往深里做、往实里做，把规划精准到每一个环节。对股份合作制产业扶贫怎么发展，要具体到乡镇、到村、到企业、到户。有多少贫困群众参与进来当股东，都要做到心中有数，都要建立台账，不能只是形式上热热闹闹、图面上好看。

第二，要强化龙头带领。搞股份合作制，如果没有龙头，整个龙身就舞不起来。这个龙头，可能是一个能人、一个种养大户，也可能是一家工商企业。要加大招商引资力度，动员工商企业特别是要转产的工商企业发展股份合作制企业，可以拿出一些山区综合开发、农业园区的项目，有针对性地进行对接。要积极扶持在当地有产业基础的能人、回乡创业的能人、合作社的带头人引领搞股份合作制，吸纳贫困群众参股，带动贫困群众脱贫致富。对一些搞得不错、但不是股份合作制的农业企业，要积极做好工作，动员他们搞股份合作制。

第三，要强化项目支持。股份合作制要实现长期稳定发展，关键要有一个好路子，有好的效益，能持续增收。各地有各地的独特优势，要充分挖掘、科学利用，找准适合本地发展的路子。比如，阜平县搞食用菌，只用了半年多时间，已经覆盖1.8万户，明年覆盖到3.2万亩，年产45万吨。搞市场经济，就要抓产业链，培育特色产业、优势产业，这样就可以有效防范市场风险。像阜平县搞食用菌，有搞菌种生产的，有搞香菇烘干和深加工的，有搞仓储的，有搞电商、物流的，就形成了一个产业链。要积极对接市场，建立新的营销机制，特别是跟电商搞好对接、与京津市场搞好对接，着力提高本地产品的市场占有率和竞争力。

第四，要建立利益联结机制。这是发展股份合作制的关键，也是推行股份合作制的目的。要通过“政府＋龙头企业＋科研院所＋金融机构＋合作社＋农户”的“六位一体”模式，建立利益联结机制，其核心是让贫困群众参与进来当股东。要推广涞水的经验，对企业实行差别化贷款贴息政策，吸收带动贫困群众入股的数量越多，政府给予贷款贴息越多。政府的扶贫资金可以量化为扶贫对象股份，变资金到户为权益到户，由单户扶贫转变为组成利益共同体携手致富。除此之外，要借股份合作制把贫困村的集体经济好好抓一抓。省里已经发文，允许对农村集体经营性建设用地进行出让、租赁、入股。各地要用流转土地5%的费用作为集体股权，还可以用财政资金或其他社会资金折算成集体股权，入股到股份合作制企业，以集体股权的方式确保村集体有稳定收入。

第五，要加大金融支持力度。搞好股份合作制，要强化金融支撑。当前，我们正在全省所有的贫困县推广“政银企户保”模式。各贫困县要按照省里的要求，抓紧成立扶贫贷款担保中心，抓紧用扶贫资金打捆设立贷款担保基金和风险补偿基金，抓紧选择合作银行和保险公司，抓紧开展相关业务，充分发挥财政资金“四两拨千斤”的撬动作用，切实让有贷款需求的企业和贫困群众想贷款都能贷到。

第六，要加强规范化管理。股份合作制企业要搞规范化管理，重点是规避风险，既要讲市场规则，又不能简单照搬，特别是要防止把贫困户搭进去。政府要发挥作用，保护入股贫困户的利益，保证他们的工资，保证他们的分红，确保不让他们受损失。要出台一个规范化

管理办法，加强对股份合作制企业的规范化管理，提升企业经营水平，保护贫困群众合法权益。

第七，要建立依托互联网的营销体系。在互联网背景下搞股份合作制，面临着用好网络营销手段的问题。在网店全覆盖方面，平乡县带了好头，大家可以去看看，学习他们发展家庭手工业、发展电商的经验。要建立起依托股份合作制经济组织的电商网络营销体系，产品销售面向全国、面向世界、面向大市场，决不能只是搞老一套。这样，销路就能打开，价格就能上来，企业就能取得比较好的效益，参股的贫困群众就能获得比较好的收益。

三、加强组织领导，把以股份合作制为主要形式的产业扶贫抓到位

对推行股份合作制这件事，我们认准了，就要真重视、真上心、真上手，狠抓落实。各级党委、政府要把发展股份合作制作为推动产业扶贫的一项重点工作来抓，以强有力的措施确保抓出实效。

第一，加强对股份合作制的指导。各级党委、政府要加强引导，“一把手”要亲自抓。各级农业部门作为产业扶贫第一责任单位，要切实负起牵头抓总责任。各级扶贫、国土、财政等部门要搞好协调配合，形成推动产业扶贫的强大合力。贫困县要负起主体责任，认真落实省里下发的《关于鼓励支持农村股份合作制经济发展的指导意见》，抓紧制定出台具体实施办法，积极推进以股份合作制为主要组织形式的产业扶贫工作。

第二，加快实现股份合作制经济全覆盖。根据《关于鼓励支持农村股份合作制经济发展的指导意见》，到今年底全省股份合作制企业至少覆盖到50%以上的行政村，到2017年底全省所有贫困村实现全覆盖。各地要科学设定股份合作制发展架构和推进路线，确保每个贫困村至少建立一个股份合作制企业，让有条件的贫困群众都能够通过入股股份合作制经济组织实现稳定脱贫。

第三，要强化政策支持。各地各部门要对发展股份合作制经济予以支持，优先保障用地指标，加大信贷支持力度，适当给予财政补贴，营造鼓励支持股份合作制经济发展的政策环境。要在引进专业技术人员、引进科研成果上解放思想、打开思路，为现代农业发展提供有力的科技支撑。对在职科技人员离岗创办领办股份合作制经济组织的，予以鼓励支持，为他们解除后顾之忧，激发他们的创业激情，帮助贫困群众早日脱贫致富。

第四，形成发展股份合作制的合力。省直各部门要真心真意支持产业扶贫，支持股份合作制发展。对于扶贫资金的使用，要严格按照相关要求规范管理，鼓励“打捆”使用。要保护扶贫干部的工作积极性，对他们给予更多的理解和支持。只要是资金真正用于扶贫、没有进入个人腰包，就不要横加指责，更不要动不动就批就查。要在全省创造一个好环境，形成支持基层干部、支持脱贫攻坚的浓厚氛围。

第五，加强督导考核。要整合对贫困县的考核，由省扶贫办牵头，半年搞一次综合性督导考核，年底集中搞一次考核，平时专项考核要少、要准，最大限度减少基层的考核任务，让他们腾出更多的时间和精力抓好扶贫工作。要建立通报制度，对年度目标任务、工作措施落实好的，给予通报表彰，对落实不到位的，进行通报批评。

四、高度关注当前扶贫工作中需要注意的几个问题

当前扶贫工作总体是好的，各项工作进展比较顺利，但是通过这段时间到基层调研、和驻村工作队长交流，也发现了几个值得注意的问题。

第一，进一步让贫困县的党政主要领导集中精力抓扶贫。扶贫工作搞得好的县有一个共同特点，就是县委书记、县长都拿出主要精力抓扶贫。只要有这种态度，扶贫工作都能做好。检验扶贫工作成效，重点要看是否建立了以股份合作制为主要组织形式的产业扶贫机制、是否发展壮大了扶贫产业、是否提高了贫困群众稳定脱贫的能力。贫困县党政一把手要瞄准这些目标，把脱贫攻坚工作作为头等大事，拿出足够精力来抓。

第二，进一步把贫困群众脱贫致富的积极性调动起来。习近平总书记反复强调，扶贫要扶志，有志气、自力更生很重要。当前，扶贫工作中需要解决的一个重要问题是调动农民的积极性。要以县为单位，组织乡镇党委书记、贫困村的党支部书记外出参观学习，到干得最好的地方去看示范、看样板，让他们看到差距、看到前景、看到潜力。比如，到阜平、隆化县看金融扶贫，到沙河市看山区综合开发，到饶阳、威县看现代农业，到涞水县看旅游扶贫，到平乡县看家庭手工业扶贫，到曲阳县看光伏扶贫，等等。通过参观学习、典型引路，引导贫困群众解放思想，找到自信、找到思路、找到办法。

第三，进一步把社保兜底工作强化起来。从近期调研情况看，很多贫困县对需要低保和医疗保障兜底的人群底数不清，问起来很多是“大概其”“差不多”。这一块是脱贫攻坚的“硬骨头”，到底能不能兜住底，是省委最担心的。省里将出台社保兜底、健康扶贫和医保兜底3个文件，确保310万贫困人口全覆盖。各市县要抓紧摸清底、算好账、建台账，把能做的工作做起来、做到位，切实把该保的保好、该兜的兜住。

第四，进一步把脱贫攻坚与美丽乡村建设结合起来。

改善生产生活条件，把贫困村建成美丽乡村，是实现“两不愁三保障”目标的应有之义，是全面建成小康社会的内在要求。要把脱贫攻坚与美丽乡村建设紧密结合起来，重点是解决好道路硬化、饮水安全、厕所改造、垃圾处理、村庄绿化等与群众生活密切相关的问题。各地可以到石家庄市栾城区、保定市涞水县、邯郸市馆陶县考察美丽乡村建设，借鉴他们的做法，力争一步到位建成美丽乡村。

第五，进一步让第一书记和驻村工作队把责任担起来。第一书记和驻村工作队把工作做实了，把责任担起来了，基层的很多工作就能快落地、快推进。近来，发现一些扶贫工作队特别是县里派出的扶贫工作队，在开展工作中还有不到位的地方，我们要抓一些好典型，同时也要抓一些反面典型。市里领导，县委书记、县长要每一两个月听一次工作队队长的汇报。行唐县建立起一套机制，定期让所有工作队队长提意见、讲困难、说进展，县委书记和县长亲自协调解决问题。这样，既能接地气了解基层情况，也有利于更好地指导脱贫攻坚工作深入开展。

打赢脱贫攻坚战，任务艰巨而繁重。只要我们认真贯彻习近平总书记关于脱贫攻坚的重大战略思想，全面落实省委、省政府决策部署，集中精力抓扶贫，咬定青山不放松，就一定能够实现摘掉穷帽子、全面建小康的目标，让贫困群众过上富裕美好的生活。

沈小平同志在全省产业扶贫工作现场会上的讲话

（2016年7月15日）

刚才，大家一起观看了产业扶贫典型模式录像片。刘亚洪副主任、翟玉虎副主任分别就如何把握和利用光伏扶贫、旅游扶贫政策作了解读，各级各有关部门要深入理解、用足用好。涞水、平乡、曲阳3个县从不同角度、不同侧面作了典型发言，还有9个市、11个县提交了书面发言材料，对他们的经验做法各地要相互学习、相互借鉴。一会儿，赵勇副书记还要作讲话，我们要认真学习领会，抓好贯彻落实。

昨天，我们现场观摩了曲阳县、涞水县的光伏、种养和旅游等扶贫项目。总体感觉，这2个县产业扶贫目标明确、路数清晰、成效显著，概括起来有几个特点:一是“主打”产业突出。曲阳县的峪里村、涞水县的南峪村、白涧村、下明峪村和吕家铺村结合当地实际，瞄准光伏、乡村旅游、养殖、食用菌和林果等特色产业，持续增加要素投入，培育引进新型主体，产业逐步发展壮大，为打赢脱贫攻坚战奠定了坚实基础。二是规模效应初显。涞水县白涧村长毛兔养殖小区存栏2.5万多只，下明峪村食用菌产业园建成105个大棚、辐射带动了周边11个村；曲阳县光伏电站并网发电达270兆瓦，尚有100兆瓦的项目正在建设中，全部建成后将成为国内最大的山地光伏发电基地。特色产业已向规模化、集约化方向发展。三是收入水平提升。曲阳县峪里村分布式光伏发电项目投入运营，使每个贫困户年增收3000元；涞水县搭建资产收益平台，把贫困对象与蔬菜专业合作社联结在一起，入股社员人均年分红2000多元。产业扶贫与收入增长因果互动、良性循环。四是生态环境改善。白涧村通过实施小流域治理，开发荒山荒坡建成千亩苹果产业园，南峪村利用丰富的旅游资源和交通优势，大力发展特色农家乐，既增加了收入，又改善了环境；曲阳县发展光伏扶贫产业，不仅生产出清洁能源，也为节能减排作出了贡献。

近年来，省委、省政府把产业扶贫作为脱贫攻坚的根本出路，出台支持政策，强化要素支撑，培育龙头企业，创新联结机制，畜牧、蔬菜、果品等特色优势产业规模扩大、档次提升，光伏、电商、旅游等新兴扶贫业态成效显现、势头良好。“十二五”期间，省级以上投入产业扶贫资金104亿元，贫困县农民人均收入年均递增15.6%，高于全省平均水平2.7个百分点。

同时，我们也要清醒地看到，就全省而言，产业扶贫还存在一些困难和问题，主要表现为“小、低、短、弱、少”。小，即规模小。虽然我省贫困地区特色产业种类已经不少，但规模普遍较小。比如，贫困县规模以上奶牛(200头以上)、生猪(500头以上)养殖场分别为474家、3009家，占全省总量的32.2%、24.4%（贫困县个数占比为36.7%）；低，即层次低。贫困地区大多沿袭传统农牧业生产方式，科技支撑能力不强，经营水平不高，资产质量不优，生产方式粗放，缺少带动作用强的龙头企业。贫困县年销售收入超亿元的产业化龙头企业有188家、涉农驰名商标有4件，分别只占全省的29%、7.7%。短，即链条短。有的地方有种养基地，缺加工龙头；有的地方有龙头企业，缺原料基地；有的地方虽然有龙头有基地，但初加工多，精深加工少，形不成融合发展的产业体系。贫困县农产品加工业与农业产值比约为1:1，明显低于全省1.57:1(更低于全国2.2:1)的比值(发达国家约为4:1-5:1)。弱，即要素支撑弱。贫困地区基础设施建设和公共服务水平普遍滞后，既缺资金、信息，又缺技术、人才。贫困县乡村从业人员受教育程度初中、高中和大专以上比重分别为48.7%、22.44%、2.48%，比全省平均水平低0.54、0.88、0.33个百分点。2015年底贫困县贷款余额为3326亿元，仅占县域总量的26.5%。少，即新兴业态少，产业扶贫项目仍以传统种养业、初级加工业为主，光伏、电商、旅游、文化创意等新兴扶贫业态在一些地区还是凤毛麟角。

产业是强县之本、致富之源、脱贫之基。实施产业扶贫是脱贫攻坚的根本举措，是其他扶贫措施取得实效的重要支撑。借这个机会，我就搞好产业扶贫讲几点意见。

第一，坚持目标导向。一是手段紧绕目的。产业扶贫目的是为了贫困人口脱贫，发展产业是途径、是手段，决不能把途径、手段当成目的。有些地方搞产业扶贫，往往在发展什么产业上费心思多，在贫困人口能否从中获益上考虑得少，结果只是富了部分能人，对贫困户增收作用微乎其微。种了多少树、养了多少羊、建了多少工厂，这都是让产业扶贫有成绩的手段，而不能当作最终要达到的目的。实现目的与手段的统一，就要在规划产业、制定政策、安排资金、实施项目中，始终瞄准建档立卡贫困户，确保产业发展真正让他们受益。二是因户设计方案。要利用建档立卡结果，摸清贫困户收入结构、生活来源、致贫原因等情况。既要依据产业发展条件要求，找准可以带动的贫困户，也要反过来根据贫困户的实际需求和能力意愿，因户因人施策，找到适合他们操作的产业项目，制定个性化的帮扶方案，力求做到产业对人、人对产业，确保每个有条件的贫困村都能有特色产业项目，并覆盖到家中有劳动能力的贫困户。三是创新帮扶方式。要找准产业项目与贫困户增收的结合点，建立贫困户分享产业收益的有效机制。在项目实施过程中，一家一户有能力搞的，要优先组织贫困对象自己干；不适宜一家一户搞的，要通过股份合作、订单帮扶等模式，引导贫困户与贫困户、贫困户与非贫困户、贫困户与新型经营主体之间加强联合合作，建立紧密的利益联结关系。要探索贫困户、合作社、龙头企业共同分享集体资源资产收益的长效机制，通过土地托管、土地经营权入股、帮扶资金折股量化等方式，组建“收益共享、风险共担”的联合体，系紧利益联结纽带，让贫困户既得租金，又挣薪金，还分股金，以长期稳定收益真正实现稳定脱贫。

第二，做强特色产业。一要因地制宜。各地资源条件千差万别，贫困户经营能力和各自需求不尽相同，在一个地方能做大做强的产业，未必就适合另一个地方。要根据不同地区的资源禀赋、区位条件、基础状况和预期走势等确定主打产业，宜种则种、宜养则养、宜林则林、宜游则游。同时，还要充分考虑对生态环境的影响，既要充分利用绿色资源、做足山水文章，又要始终把生态环保放在首位，坚持可持续发展，既要防止“山绿了、人穷了”，又要避免“人富了、山秃了”。二要遵循规律。产业扶贫作为脱贫攻坚的一项重要举措，政府要发挥主导作用，核心和重点是促进产业发展和贫困人口脱贫对接。从本质上讲，产业发展是一种经济活动，须遵循市场和其自身发展规律，不仅要看当地适合种什么养什么，更要看什么能卖得出卖得好。既要根据贫困人口知识层次、经营能力等实际状况，主动提供帮助支持和指导服务，又要明晰政府责任和市场作用的边界，多为产业发展解难题，少替市场主体作决定，不搞强迫命令、包办代替，防止好心办不成好事。三要规模发展。通过昨天的观摩大家可以感受到，不管是设施蔬菜、优质果品，还是光伏发电、乡村旅游，规模经营不仅能提高即期投入产出效益，更具有长远潜力和发展空间。要坚持以园区带片区、以规模促效益，引领特色产业集聚集约发展。要改变扶贫资金“撒胡椒面”，扶贫项目零打碎敲的格局，按照发展规划在园区结合、经营主体在园区聚合、生产要素在园区整合、三次产业在园区融合的要求，建成一批贫困人口参与度高、带动脱贫规模效益好的现代农业园区。要在燕太山区连片发展林果、食用菌、中药材、休闲旅游等产业，在黑龙港流域规模打造精品瓜菜和特色养殖产业带，在环京津地区集中建设菜篮子产品供应和采摘、观光基地。四要融合互促。针对贫困地区产业链条短、融合度低、竞争力弱等问题，通过“前拓、后延、左右联”，实现一产为基、接二连三、融合发展，让贫困户更多地分享二三产业增值收益。前拓，就是引导龙头企业向一产拓展，配套建设规模化、标准化、专业化种养基地，发挥辐射带动作用；后延，就是促进种养业向二三产业延伸，发展精深加工、冷链物流、休闲旅游等后续产业，以延伸产业链、提升价值链；左右联，就是围绕做强龙头企业和壮大扶贫产业需要，配套发展包装、仓储、运输、电子商务等关联产业，充分发挥产业链的磁场效应。

第三，破解瓶颈制约。一是资金。要围绕支持扶贫产业发展，落实好省政府办公厅印发的《关于支持贫困县开展统筹整合使用财政涉农资金试点的实施意见》，按照政府投入力度与脱贫攻坚任务相适应的要求，省市财政要在切实增加扶贫投入规模的基础上，将各项涉农资金进一步向贫困县倾斜，原则上，用于贫困地区、贫困人口的资金增幅不低于该项资金的平均增幅。贫困县要把整合后的财政资金真正用在脱贫攻坚上，最大限度地发挥使用效应，不能借整合之名挤占挪用，移花接木搞那些名不副实的政绩工程、形象工程。要充分发挥财政资金“四两拨千斤”的作用，创新金融扶贫产品和服务，大力推广“政银企户保”等模式，有效破解信息不对称、抵押担保难、贷款成本高、还贷风险大等问题，撬动更多的金融和社会资本广泛参与产业扶贫。二是土地。要加快贫困地区土地确权登记颁证进度，引导贫困户通过流转、入股、托管等方式，发展适度规模经营。省里每年专项安排贫困县的1万亩新增建设用地指标，要优先保障扶贫产业发展需要。要按照前不久召开的阜平现场会的要求，切实用足用好“占补平衡”和“增减挂钩”等政策，把土地整治项目与扶贫产业发展紧密结合，农村预留建设用地要重点用于产业扶贫项目，整理出的成片耕地要集中发展特色种养业，流转土地指标所获收益要进一步支持产业发展。三是科技。要围绕产业扶贫，在设施农业、良种培育、新型肥药、加工贮存、疫病防控、农业物联网和装备智能化等方面研发一批关键技术，形成系列化、标准化的农业技术成果包。要强化科技成果转化应用，加大对基层农技推广体系建设支持力度，解决好贫困地区农技进村入户“最后一公里”的问题。要认真落实国务院办公厅印发的《关于深入推行科技特派员制度的若干意见》（国办发〔2016〕32号），引导各类科技人才和单位整合科技、信息、管理等现代生产要素，深入贫困地区开展创业和服务。要支持扶贫龙头企业引进先进技术装备，加快技改步伐，推进产业结构优化、产品档次提升。四是人才。要在贫困县开展灵活多样的实用技能培训，力争让每个扶贫对象都能掌握1-2门致富技能。要加强对种养大户、专业合作社、龙头企业人员综合素质培训，造就更多的善经营、会管理、懂市场的产业扶贫“领头羊”。要鼓励农村大中专毕业生回乡创业就业，不断壮大留得住、用得上、辐射带动作用强的人力资源队伍。

第四，强化保障措施。一是责任落实到位。产业扶贫实行省负总责、市县抓落实的管理体制。省里要抓好省级规划编制、政策措施统筹、项目资金安排等；市里要负责组织推动、协调指导、督促落实；县里要承担产业扶贫主体责任，做好方案制定、项目实施、资金使用等工作。省里已建立由省农业厅(省农工办)牵头的部门协调机制，市县也要以相应的机制，明确职能分工，落实目标任务。二是指导服务到位。各级各有关部门要根据贫困地区不同的基础条件、扶贫人口和帮扶方式，加强对产业扶贫的指导，确保扶贫方向对路，产业脱贫落地有效。要充分发挥基层的主动性、创造性，鼓励他们因地制宜、探索创新产业扶贫模式。要加强调查研究，不断总结推广好的经验和做法，及时发现解决矛盾和难题。三是督导考核到位。要依托建档立卡数据库，建立完善产业扶贫指标监测体系和考评机制。要将产业扶贫效果作为对贫困县党政班子考核的重要指标，纳入脱贫攻坚考核范围。省农业厅、省扶贫办要会同有关部门，对资金投入、项目实施、贫困户受益等情况进行督导检查，以真督实查促任务落实、保脱贫成效。

赵克志同志在河北省“7·19”特大洪水灾害灾后重建工作动员大会上的讲话

（2016年8月5日）

这次会议的主要任务是，深入学习贯彻习近平总书记视察唐山重要讲话精神，安排部署当前和今后一个时期灾后重建工作，进一步组织动员全省方方面面的力量，与灾区干部群众一道，大力弘扬“公而忘私、患难与共、百折不挠、勇往直前”的唐山抗震精神，坚定必胜信心，坚持苦干实干，重建美好家园，奋力夺取抗灾救灾斗争的全面胜利。

这段时间以来，战斗在防汛抗洪抢险救灾第一线的市县乡村各级干部和同志们日夜奋战、十分辛苦，有的十几天都没有顾得上回家，有的生病不下火线。在此，我代表省委、省政府向大家表示亲切的慰问和衷心的感谢!

刚才，石家庄、邢台、邯郸3个市和省发展改革委、省民政厅、省交通运输厅、省水利厅4个省直单位作了发言，交流了开展抗灾救灾斗争的工作和打算。庆伟同志对灾后重建工作作了全面安排部署，目标任务明确，工作措施有力，各地各部门各单位要认真抓好落实。

灾后重建的目标任务概括起来就是，力争用一年左右时间，使灾区受灾群众的生产生活条件达到或超过灾前水平。这一年有5个时间节点，最主要的是今年入冬之前。这样算下来，到现在也就是100天左右时间，灾后重建的许多工作要在这个节点前完成。在时间紧、任务重、要求高的情况下，哪一项工作都不能慢、不能拖、不能等。奋战一百天、全力抓重建、争取好成绩，这就是省委、省政府对当前全省灾后重建工作提出的号召和要求。

第一，一定要继续发扬伟大的唐山抗震精神。在应对“7•19”特大洪水灾害过程中，灾区各级党组织和广大党员干部始终与受灾群众站在一起、干在一起，挺起了民族的脊梁，凝聚起了抗灾救灾的强大力量。这种好的势头要巩固好、发展好，把汇聚起来的抗灾救灾力量引导到抓好灾后重建这个头等大事中来。从省里派出的工作组反映和各市汇报的情况看，受灾市县工作抓得都很紧，不等不靠，主动作为，全面展开了灾后重建。面对艰巨繁重的任务，各地各部门要雷厉风行、只争朝夕，把各项工作任务往前排、往前赶，大力倡导马上就办、办就办好的作风，发扬钉钉子精神，围着任务转，盯着目标干，持续用力，一抓到底，务求实效。

第二，一定要严格按照灾后重建的政策办事。灾后重建要有规矩，只有把规矩立起来，大家都按照规矩办事，才能有力有序有效地把灾后重建工作搞好。灾后重建的规矩，就是省委、省政府研究确定的“7•19”特大洪水灾害灾后重建总体实施方案，就是这次会议省委、省政府作出的部署安排。大家要坚持实事求是、公开透明、阳光运作，把规矩执行好，不能做违反规矩的事。这同样是对领导能力、执政水平和干部作风的考验。要深入细致地做好工作，事怎么办、钱怎么花，要尊重群众意愿、多听群众意见，特别是对水毁民房的修缮、重建，要一户不漏地核实情况，因户制宜做好方案，按照政策标准推进实施，不能随意抬高或降低标准，引发新的矛盾。针对一些损毁的设施和民房建在河道旁边的实际，要下决心解决选址不科学、设计不合理的问题，特别对一些不适宜居住的地方，要有计划地实施易地搬迁。要重视建设质量，坚决防止低标准、豆腐渣工程。要加强对灾后重建资金的监管，严明纪律，确保专款专用，防止弄虚作假、虚报冒领、截留挪用，发现问题的要严肃查处。

第三，一定要坚持自力更生、艰苦奋斗。抓好灾后重建，需要积极争取国家政策、资金支持。省委、省政府确定的灾后重建方案，尽最大努力对灾区给予支持。承担对口支援任务的市，也要根据自身情况对灾后重建工作多倾斜、多支持、多安排资金。但是，仅仅依靠国家和省市的支持是远远不够的，财政的力量也是有限的，开展灾后重建的力量源泉、源头活水在人民群众。受灾的县乡村要正确处理好争取上级支持和组织动员群众自力更生、艰苦奋斗的关系，把力量和重点放在发动群众搞好自救自建上。要注重运用市场机制，积极吸引民间资本、金融机构等参与进来，最大限度地用好社会资源。要注重让灾区群众参与到水电路讯等灾后重建基础设施、施工项目中来，创造就业机会，增加群众收入。这也是推进灾后重建的一种有效方式。

第四，一定要实施强有力的组织领导。要把灾后重建与开展“两学一做”专题教育结合起来，进一步激发广大党员干部的斗志和热情，不畏难、不避险，勇于担当、真抓实干，用灾后重建工作成效检验学习教育成果。省里派驻到各市的工作组要继续履行好责任，指导开展好灾后重建工作。市县乡工作组要发扬抢险救灾中不怕疲劳、连续作战的精神，盯紧和抓紧灾后重建工作。进入灾后重建阶段，全省工作转入正常状态，灾情比较重的市县乡镇根据自身情况来决定。灾区各级党委、政府要集中力量抓灾后重建，党政一把手要担负起第一责任人的责任，深入一线、靠前指挥。基层党组织和党员干部要发挥战斗堡垒和先锋模范作用，挨家挨户做好发动群众、组织群众、服务群众的工作。承担对口支援任务的市，要把支援灾区重建作为义不容辞的政治责任，想灾区之所想，急灾区之所急，不折不扣地完成任务。

打好灾后重建攻坚战，宣传舆论工作必须跟得上。在抗灾救灾过程中，中央媒体和省市县媒体共同发力，提供了有力支持。我们要向宣传战线上的同志们表示感谢。希望中央驻冀媒体、省内各大媒体在灾后重建过程中，继续加大正面宣传力度，大力宣传全省上下贯彻落实习近平总书记视察唐山重要讲话精神的实际行动，大力宣传各级党委、政府推进灾后重建的决策部署，进一步凝聚和传递正能量。

以这次会议为标志，我们正式摆开了灾后重建的战场。全省各级党委、政府一定要在以习近平同志为总书记的党中央坚强领导下，团结带领广大干部群众，万众一心、众志成城，自力更生、艰苦奋斗，全面做好灾后重建各项工作，奋力夺取抗灾救灾斗争的全面胜利！

张庆伟同志在河北省“7・19”特大洪水灾害灾后重建工作动员大会上的讲话

（2016年8月5日）

在全省上下全力开展“7・19”特大洪水灾害灾后重建之际，省委、省政府召开这次会议，深入学习贯彻习近平总书记关于防汛抗洪抢险救灾工作和视察唐山时的重要讲话精神，对进一步做好受灾群众安置和灾后重建工作进行动员部署，举全省之力打赢灾后重建攻坚战。一会儿，克志书记将作讲话，我们要认真贯彻落实。下面，我讲几点具体意见。

一、搞好顶层设计，细化实化方案，为灾后重建提供有力指导

“7・19”特大洪灾发生以来，全省上下坚决贯彻落实习近平总书记重要讲话精神和国务院部署，紧急动员、科学指挥，军民同心、连续奋战，防汛抗洪抢险救灾工作取得重要阶段性成果。目前，工作重心已由抗洪抢险转向灾后重建，这是当前压倒一切的重大任务，也是对河北干部群众的重大考验。

省委、省政府对做好灾后重建工作高度重视，多次召开专题会议研究部署。在防汛抗洪抢险救灾每个阶段，克志书记都作出指示和批示，亲自到省防汛抗旱指挥部现场调度，赶赴石家庄西北水厂指导抢修供水，深入石家庄、邢台、邯郸多个重灾县区、乡村、农户，一线了解受灾情况、看望慰问群众、指导灾后重建，强调要认真贯彻习近平总书记一系列重要指示，大力弘扬抗震精神，奋力夺取灾后重建的全面胜利。各位省委常委和省人大常委会、省政府、省政协、省军区、武警河北总队领导都到灾区一线调度指导，赵勇副书记、袁桐利常务副省长、姜德果副省长分包3个重灾市，现场指导安置和重建工作。省有关部门快速反应、及时应对，紧急调配机关干部、专家、技术人员深入灾区调查摸底，开展技术指导，研究制定政策，解决实际问题；解放军、武警部队、民兵预备役紧急动员、迅速行动，始终奋战在抗洪救灾第一线；社会各界心系灾区，踊跃捐款捐物，互助互济、共渡难关；受灾市县不等不靠、主动作为，党员干部冲锋在前，与广大群众携手并肩防汛抗洪、积极开展生产自救，全省灾后重建工作有力有序推进。

为做好全省安置和重建工作，7月26日，省里下发了关于做好灾区群众安置和灾后重建工作的两个指导意见，在此基础上，编制了《关于做好“7・19”特大洪水灾害灾后重建总体实施方案》（以下简称《总体方案》），同步印发了教育、住房城乡建设、农业、水利、卫计计生、交通运输等6个部门的子方案，其他部门的工作方案经主管领导审批后相继印发，这些方案共同构成了我省灾后重建工作的顶层设计和政策体系。同时，省发展改革委正在加紧梳理汇总灾后重建的重点项目清单。总的考虑是:坚决贯彻习近平总书记关于做好防汛抗洪抢险救灾工作和视察唐山时的重要讲话精神，按照李克强总理等中央领导同志重要指示批示要求，大力弘扬唐山抗震精神，以新发展理念为统领，遵循自然规律，坚持依法科学，突出精准施策，举全省之力打好灾后重建攻坚战，力争用1年左右时间使灾区群众的生产生活条件达到或超过灾前水平。在制定方案和政策过程中，注重把握以下几个方面：

一是体现中央精神，结合我省实际。为使方案既体现中央要求，又接地气、可操作，省政府组织省有关部门认真学习习近平总书记视察唐山时的重要讲话精神和有关重要指示批示，深入灾区调研了解灾情和群众诉求，多次组织召开专题会议研究。8月2日，省政府在邯郸召开市县乡村负责同志座谈会，听取基层同志的意见建议。《总体方案》初稿出来后，多次征求3个重灾市和有关部门意见，不断调整充实完善，力求每项安排都目标明确、措施具体、配套衔接、切实可行。

二是上下协调联动，按级分工负责。《总体方案》进一步明确了省政府、省有关部门和市县在灾后重建中的职能任务。省政府主要负责重建工作的顶层设计、制定总体方案、明确政策标准、协调配置资源和加强监督检查；省有关部门侧重争取中央资金、协调指导重建和服务保障管理；受灾市县主要承担主体责任，抓好重建各项具体任务的落实落地；同时，《总体方案》还提出了灾后重建的重点任务、支持政策和保障措施，就对口援建、社会捐助、志愿服务等作出具体安排，引导全省上下协调联动、形成合力、共建家园。

三是分出轻重缓急，排出工作时序。《总体方案》按照以人为本、民生为先，先生活后生产、先运行后提高的思路，突出今年9月1日、入冬前、春节前、明年入汛前和

明年年底5个时间节点，统筹安排灾后重建各项工作。既立足当前又着眼长远，抓紧解决农村饮水、生活品供应、学生入学入园、卫生防疫、农房修复重建等紧要任务，同时对农业生产自救、基础设施恢复、企业复产、防灾减灾体系建设等重点工作同步作出安排，并明确了每项工作的目标标准、筹资渠道、责任分工及完成时限。除此之外，按照量力而行、尽力而为的原则，有序安排了一些提高抗灾水平和受灾群众生产生活质量的跨年度、跨区域、跨流域重大工程项目。

四是防建紧密结合，体现多规合一。《总体方案》强调要按照“多规合一”的思路，搞好统筹规划建设，使道路、通信、电力、供热、供排水等专项规划相互衔接、有机结合、一张蓝图。要坚持以防促建、以建强防，对基础设施和公共服务设施特别是天然气、油气管道等管网工程，注重险情化解和安全隐患排查。这既有利于科学安排工程任务、避免重复建设，也有利于提升防灾减灾能力和综合服务功能。7月21日凌晨，受泜河上游临城水库泄洪影响，内丘县京邯天然气主管道发生漂管，邢台市迅速反应，主要负责同志第一时间赶赴现场，与省天然气公司一道抢险，有效化解了险情。

五是界定支持范围，明确重灾县区。省发展改革、财政、民政、水利等单位多次会商研究，依据“7·19”特大洪灾中各地的雨量、水量、灾情等情况，提出了灾后重建的18个重点县市区名单:石家庄5个，包括井陉县、赞皇县、平山县、井陉矿区、灵寿县；邢台7个，包括邢台县、宁晋县、高开区、南和县、沙河市、临城县、内丘县；邯郸6个，包括永年县、武安市、磁县、鸡泽县、涉县、峰峰矿区。需要说明的是，除这18个重点县市区外，《总体方案》还兼顾阜平县等其他受灾县的重点乡镇和重点工程重建， 3个重灾市之外受灾地区的重建工作由各市参照《总体方案》组织实施，省里将根据具体情况给予政策和资金支持。

二、坚持以人为本，突出重点工作，加快推进灾后重建各项任务

灾后重建，既是一项艰巨的建设任务，更是一项重大的政治责任。今天上午，克志书记就做好受灾群众安置和灾后重建工作从6个方面提出了明确要求，我们一定要抓好落实。各地各部门要按照《总体方案》的部署，主动领任务，扎实做工作，确保按期保质完成灾后重建。要突出做好以下9方面重点工作。

第一，抓紧解决受灾群众生活急需。这次特大洪涝灾害造成我省1043.6万人受灾，紧急转移安置群众41.8万人，灾后重建最紧迫的任务是保障好受灾群众的基本生活。一要尽快解决灾区群众饮水问题。对暂时饮水困难村，要采取送水、设置应急供水点等临时保障措施，确保群众能够就近取水。同时，水利部门要组织人员，抓紧清淤打井，铺设临时供水管道，确保8月15日前解决群众临时性饮水困难。水源、水井、输水管线等饮水设施损坏严重的村，水利部门要充分考虑防洪需要，尽快组织修复重建，2017年汛前完成。二要保证基本生活品供应。省民政、发展改革等单位要和当地政府一道，做好389个集中安置点和30052个受灾村群众米、面、油等生活必需品的供应，提供必要的衣物、被褥和基本生活用具，按标准及时核发生活救助金。省发展改革委已会同省民政厅、省粮食局、省财政厅调拨了1000吨大米、1000吨面粉、100吨食用油等储备粮，要尽快分发给受灾群众，保证受灾群众有饭吃、绝收农户过冬口粮有保障。省商务厅、省粮食局要加强市场粮源组织调度，保证灾区粮食市场供应不脱销、不断档。灾区的超市要尽快全部恢复正常营业。三要确保灾区学生按时入学。这次洪灾中我省有3181所学校不同程度受损。《总体方案》提出了“两个百分之百”要求，即100%灾区浸水校舍进行安全和质量检查并出具鉴定书、9月1日100%灾区学生按时上学入园。省教育厅要会同住房城乡建设等部门，抓紧对所有受灾学校建筑逐一进行安全鉴定，宜修则修，宜建则建。受损较轻、经过修复9月1日能够正常使用的校舍，要尽快清除淤泥，粉刷浸水墙面，更换损坏桌凳、仪器、图书，以崭新面貌迎接学生上学。石家庄、邢台、邯郸三市共有11所学校需要重建或异地迁建、涉及学生1908名，要把这部分学生作为重点，提前与学生和家长沟通，逐校逐人制定安置方案。需要加固修缮的，今年入冬前要确保投入使用；需要重建或异地迁建的，要把质量安全放在第一位，建成最安全、最放心的工程，明年9月1日前确保投入使用。四要全力搞好灾区卫生防疫。现在受灾加高温天气，容易引发疫病疫情，各地要抓紧清路障和河道、清街道、清庭院，加强灾区疫情监测，对水淹住房、学校、街道及受灾群众安置点等公共场所要定期进行全面消毒，确保大灾之后无大疫。卫生计生部门要调集优质医疗资源，救治灾区伤员，重点保障好老人、儿童等群体的身心健康。每个受灾群众安置点、受灾村都要设立应急医疗卫生点，保障受灾群众有病能够及时医治。

第二，全力抓好农房修复重建。这项工作与受灾群众利益息息相关，群众十分关注。省委、省政府高度重视，反复进行研究，克志书记在调研中多次提出明确要求。目前统计，因灾倒塌房屋10.49万间、其中农房8.67万间，严重损坏房屋12.49万间、其中农房11.35万间，且集中在山区和贫困地区，修复重建的任务十分艰巨。省《农房灾后重建工作方案》几上几下，反复征求意见、修改完善。受灾市县要据此制定本地农房重建实施方案。一要准确分

类、明确时限。根据农房受损程度和安全情况，分为轻度损伤(B 级)、局部危险(C 级)、住房已倒塌或整体危险(D 级) 3个等级，并以此为依据，明确了3种重建方式，分别是修缮和原址重建、易地迁建、集中供养。修缮和原址重建的，要抓紧施工建设；就地修缮的确保今年11月15日完成；原址重建的明年1月15日前达到入住条件；易地迁建的，要结合易地扶贫搬迁和美丽乡村建设，积极争取国家支持，省里也会支持，受灾县区要统一组织，引导向城镇、园区和中心村集中，确保明年11月15日前完成；集中供养的，主要是五保户和“三孤”(孤老、孤残、孤儿)人员，根据个人自愿，以村为单位集中重建，或纳入民政事业服务中心供养，不再单独重建农房。对河道中的违法违规建筑，要依法拆除。省住房城乡建设厅和受灾市县政府正在组织专业人员，对因灾倒损农房逐户评估界定，要一户一表、一村一册，一乡(镇)一台账，核定后抓紧实施。二要筹集资金、及时发放。省里对受损农房的补助标准是:重建补助优抚户5万、建档立卡贫困户和低保户4万、其他农户3万，市县各分担1000元；修缮补助视受损程度，按6000元、4000元、2000元掌握，市县分别各承担300元、200元和100元。鉴定为 B 级危房的，省里每户补助1000元。财政、金融部门要以改革创新精神，多方筹集资金，积极争取中央专项资金，发挥融资平台作用，用好社会资金。对省级负担部分，省财政厅要统筹使用民政救灾、农村危房改造等专项资金，尽快拨付到位。市县补助资金，由当地政府负责筹集。三要严格程序、公开透明。农房重建补助认定，要坚持公开透明，严格执行农户申请、村民代表会议民主评议、乡镇政府审核、县级住房城乡建设、民政部门审批等程序，省市有关部门要检查审核，补助对象信息要及时公示。优抚户、低保户由民政部门确认，建档立卡贫困户由扶贫部门确认，因灾致贫返贫的要按程序纳入。四要提高标准，保质保量。把灾后重建作为提高我省农房建设标准的契机，按照安全、节能、环保的要求，推广运用新材料、新技术、新结构。涉县正在推广农村低层装配式住房，县里给予每户2万元的补助，相关的建设模式正在探索中，省住房城乡建设厅要抓紧研究，尽快拿出钢结构、装配式住房等新型建造方式的推广方案，同时要制定所有重建和修缮房屋的具体标准和规范，落实监管责任。市县是实施主体，要严把设计、施工、材料、质量关，打造安全放心工程。

第三，加快修复基础设施。目前，灾区路电讯等基础设施大部分已抢通，但许多是临时性恢复，有的正在全面建设，灾后重建还有很多工作要做。一是道路交通。这次洪灾我省损毁公路7343公里，其中高速公路、普通干线公路分别损毁145公里、895公里，农村公路毁损最为严重，达6303公里，1435个村庄断交。经过10多天全力抢修，目前5条断交高速公路已经抢通，39条断交普通干线公路除2条段正在承担泄洪任务外，已全部抢通。农村公路上千个断交村7月底已全部抢通。交通运输部门要全力抓好重建工作，10月底，受损国道、省道、重要县道基本恢复到灾前通行能力；农村公路修补任务全面完成，保证生产生活车辆通行。道路重建要科学选址，加强防洪设施建设，防治地质灾害，提高防灾能力。二是电力设施。在这次抗洪抢险救灾中，电力部门发挥了重要作用，赞皇一名供电所长抢修电路时被洪水冲走，至今下落不明。此次洪灾我省电网受损严重，经过电力系统的艰苦奋战，灾区已恢复供电，但基础还比较薄弱，要加强值守巡查，确保安全运行、不断电。对应急供电、临时供电的线路和设备一定要加快抢修进度，保障灾区生产生活和重建的用电需求。要认真反思这次灾害教训，对通讯基站、水文站、水库等重点部位、重点设施，在重建中可采用光伏、风电等方式同步配备应急电源，确保灾害突发时能正常供电。三是通讯设施。省通信管理局要加强统筹调度，协调移动、联通、电信和铁塔公司，对受损杆路、基站、铁塔等设施，抓紧加固修复，需要重建的要与公路、桥梁、隧道、电力、水利等基础设施重建规划相结合，科学论证基站选址，提高设计标准，同步实施，缩短重建时限；对重点区域的基站要拿出应急电源改造计划，确保紧急情况断电不断讯。这里特别强调，路电讯在灾后重建中一定要按照“多规合一”的思路，加强沟通协调，搞好规划衔接，统筹实施项目建设，避免互不通气、各自为战，以共享资源、提高综合效益。

第四，加强水利设施建设。这次特大洪灾，我省重点水利工程发挥了重要的防洪作用，大中型水库、主要行洪河道、南水北调主干渠安全运行，经受住了严峻考验，但部分行洪河道、小型水库、农田灌溉设施、水保设施、农村水电等水利工程严重受损。水利部门要尽快抓好水毁工程、险工险段修复建设，补齐水利基础设施短板，从根本上提高防洪抗灾能力。水库，全省19座大型和47座中型水库，在这次洪灾中没有发生险情。但目前仍有29座水库(大型8座、中型21座)在汛线水位以上运行，必须科学调度，加强巡查，严防出现问题。1012座小型水库中有34座不同程度受损，要及时采取应急处置措施，确保安全度汛。要加快制定除险加固方案，力争汛期过后尽早开工建设，全面消除安全隐患，恢复防洪库容，增强调蓄能力。河道，这场暴雨洪灾中，我省骨干行洪河道(16条)和主要行洪河道(13条)均未出现险情，但有部分支流河道出现漫溢或溃口(七里河、北沙河等决口13处)。要立足当前，加紧清淤清障、疏浚河道、加固堤坝，提高行洪能力；要着眼长远，结合京津冀“六河五湖”综合治理规划，加强对滦河、潮白河、北运河、永定河、大清河和白洋淀、衡水湖、南大港等河系流域、湖泊湿地的综合治理，统筹实施好水源涵养、小流域治理、地表水源保护、河道整治等重点水利工程，打造绿色生态河流廊道。针对“7·19”特大洪水暴露出的子牙河系、漳卫南运河系行洪能力严重不足的问题，省水利厅要会同发展改革、财政等部门加紧跑办沟通，争取把我省南部的滹沱河、滏阳河、漳河、七里河、洺河等重要支流列入“六河五湖”综合治理规划。同时，有关市要针对行洪暴露出的问题，严厉打击侵占河道、滥采滥挖等违法行为，确保河道行洪安全。蓄滞洪区，应对这次洪灾，全省紧急启用了3处蓄滞洪区，转移群众22.64万人(宁晋泊、大陆泽22.1万人，永年洼0.54万人)。目前，宁晋泊、大陆泽仍在滞洪，当务之急是加快洪水排泄，妥善安置受灾群众；从长远考虑，要抓紧组织完成宁晋泊、大陆泽蓄滞洪区可研报告的补充完善，谋划实施好安全区、高村基、撤退路等重点工程。省水利部门要抓紧会同邢台市研究论证宁晋泊退耕还湿问题。对列入国家重大水利工程规划的8处重点蓄滞洪区，要加快有关项目实施进度，争取国家提高投资比例。南水北调中线总干渠，由于没有同步实施防洪影响处理工程，中线总干渠左岸存在安全隐患。要针对突出问题，细化防、抢、撤、救预案，落实应急度汛措施，确保沿线群众生命安全和工程运行安全。要加快京石段防洪影响处理工程建设进度，力争邯石段工程可研尽早获批并开工建设。城市供水，这次洪灾中有的地方出现大面积停水和用水紧张，暴露出城市供水存在诸多薄弱环节。要进一步完善预案和保障措施，加快后备水源、水厂及配套管网建设，争取多用引江水，提高应急应对能力，确保城市供水质量和安全。

第五，开展农业生产自救。这次洪灾，全省种植业受灾面积1500多万亩，绝收近150万亩，畜禽死亡近380万头(只)，受灾果树160多万亩，损毁林地、林木80多万亩，农业、林业直接经济损失近95亿元。要加快恢复农业生产，努力把灾害损失降到最低。一是尽快改种绝收农田。农时不等人。对具备改种条件、农民有改种意愿的近41.6万亩绝收农田，要抓紧排水、清淤腾茬，力争8月10日前完成改种任务。省里已经拿出5002万元，按照每亩120元的标准，对重灾区改种的种子、农机作业和底肥进行实物补助，蓄滞洪区绝收的每亩补助500元。二是保障农资供应。农业部门要会同供销、工商、质监等部门，根据农民改种意向，做好种子、化肥、农药等生产资料的采购、调运、调剂和分配，满足恢复生产需要。三是加强田间管理。要制定生产管理技术指导意见，印发技术明白纸，组织农技流动服务队深入田间地头，指导农民对受灾农田扶正倒伏、中耕松土、补施肥料，加强病虫害监测，适时开展统防统治，促进作物恢复生长。四是修复农业设施。对30万亩水浸棚室，要在8月30日前完成排水清淤，力争抢种一茬秋播蔬菜；对损毁的4万亩塑料拱棚，要在9月30日前完成加固、更换骨架；对倒塌的1.9万亩日光温室，要及时修复墙体、更换受损骨架和棚膜，按照高端设施标准建设。五是降低畜禽渔业损失。列入禁养区的养殖场，要尽早制定规划，加快选址搬迁。对受损较轻的1800多个养殖场和近63万平方米圈舍，要在9月底前全部完成修复任务，并帮助养殖户搞好畜禽补栏和检疫。年底前，要力争修复养殖池塘1.6万亩、重建0.9万亩。六是恢复林业生产。对116万亩水淹果树，8月20日前要完成排涝扶壮，恢复生长；对50万亩损毁果园，9月1日前要完成加固修复，力争明年春天重新建园；对80多万亩受灾防护林，要利用雨季完成补植补造。七是加快保险理赔。农业、财政、保监等部门要协助保险机构，深入灾区对农作物受损情况进行实地查勘，抓紧核灾定损，快速理赔、及早兑付。

第六，尽快组织企业复工。这次特大洪灾使我省中南部一些工业企业受损严重。要积极帮助企业开展生产自救，做好复产重建，尽快恢复正常生产，稳定工业运行。一要加强运行调度和要素保障。工业和信息化部门要全面排查企业受损情况，摸清受损企业数量、设备厂房、配套设施等直接和间接损失，及时了解企业生产经营状况，加强工业预测预警和监测调度分析，指导企业恢复生产。发展改革部门要加强煤电油气运调度，确保受灾企业在恢复生产、灾后重建中的电力、成品油、天然气等要素供应。二要深入开展入企帮扶。对损失较轻的，要指导企业开展自救，帮助他们解决困难，力争9月1日前恢复生产；对受灾较重导致停产半停产的企业，要支持企业抓紧维修、采购新设备，在保证安全生产前提下恢复生产；对灾情特别严重、需要重建迁建的，要帮助企业做好产业布局规划，指导科学选址，尽可能向园区集中，尽快开展重建工作；对一些高能耗、高污染企业和不符合国家产业政策的落后产能，要顺势彻底关停淘汰。省金融办、保监局要协调各保险公司，抓紧对受灾企业核灾理赔。三要做好应急物资供应。指导钢铁、建材生产企业及时调整品种结构，优先生产灾后重建急需产品，确保建筑材料充足供应。指导协调消费品重点企业科学安排生产，确保生活必需品市场供应。四要落实税费优惠政策。省财政、税务等部门，要尽快研究制定政策，对因灾受损的企业，按规定给予税收优惠，并减免部分行政性收费。财政安排的各项产业发展资金，要对灾后重建项目给予贴息支持。

第七，科学制定规划方案。这是重建的基础，也是管长远的一项重要工作。石家庄、邢台、邯郸三市和18个重灾县市区要抓紧编制灾后重建规划方案，指导重建工作有序开展。要充分考虑各种情况，从实际出发，分类指导、因地制宜，该原地重建的抓紧规划设计、抓紧开工建设；

有的不适合在原地重建，该搬出来的就要果断下决心搬出来，彻底消除潜在的隐患。比如，处于行洪河道内的村庄，地质灾害威胁严重的村庄，处于尾矿库下游的危险村庄等，这些就要在充分尊重群众意愿的基础上实施易地搬迁重建。一要核准摸清底数。重灾市县要组织专门力量，参照精准扶贫建档立卡的做法，深入灾区每家每户，逐一逐地核实受灾情况，定损登记、分类造册。二要做好规划衔接。重建规划方案要与省“十三五”规划、京津冀协同发展、美丽乡村建设、扶贫攻坚、农村“三区间建”等规划搞好对接，既体现当前急需，又着眼长远发展。三要广泛听取意见。坚持上下结合、集思广益，把政府的意图、专家的意见、群众的需求紧密结合好，特别是对群众关心的水、电、路、讯等重大问题，要充分研究论证、科学规划设计，一经批准必须严格执行。四要加快项目实施。规划方案最终要落到项目上。要统筹考虑灾区重建需求、经济长远发展和防灾减灾要求，抓紧规划实施一批交通、水利、市政、通信、医疗、校舍安全等项目，提高建设标准，明确完成时限，争取早日建成并发挥效益。

第八，完善防灾减灾体系。习近平总书记7月28日视察唐山时提出以防为主、防抗救相结合的防灾减灾工作方针，强调要落实责任、完善体系、整合资源、统筹力量，不断提高防灾减灾救灾工作制度化、规范化、现代化水平，这是我们做好当前防灾减灾救灾工作的基本遵循。我省是自然灾害频发省，邢台大地震、唐山大地震以及“96·8”“7·19”特大洪水都造成了重大人员伤亡和财产损失。近年来在全球气候复杂多变的背景下，突发性、异常性、反常性灾害日益突出，我省发生重特大自然灾害的风险进一步加大。这次发生的“7·19”特大暴雨洪水灾害，再次给我们以深刻教训。我们要认真贯彻总书记重要讲话精神，深入总结分析我省气象灾害发生规律和防灾减灾工作经验教训，抓紧制定防灾减灾“十三五”规划，不断提高防灾减灾救灾能力。一是组织领导方面，要强化省减灾委员会的职能，组织各级政府的防灾减灾综合协调机构和省气象局、省地震局、省应急办、省国动委等，统筹调度。各级主要领导同志要勇于担当，灾害发生时第一时间现场指挥、科学决策、有效处置。二是体制机制方面，要强化市县防灾减灾的主体责任，完善部门协同、上下贯通、社会参与、分工合作的防灾减灾决策和运行机制，建立健全防灾减灾资金投入、信息共享、征用补偿、社会动员及绩效评估、责任追究等制度。省军区、武警河北省总队要与省政府办公厅建立沟通联络直通车，明确专门联络员，加强协调联动，及时将各种救援力量投放到关键区域和地方。省水利、民政、卫生计生等部门要严格落实救灾物资储备制度，提高物资调配效率。三是法律法规方面，省法制办、省气象局、省地震局等单位以及省政府应急办，要在已出台的自然灾害、地震、地质灾害等应急规章和预案基础上，及时修订我省防灾减灾规章，健全政策措施和预案体系，推动防灾减灾工作的规范化和标准化。四是工程建设方面，省发展改革、水利、交通运输、住房城乡建设、人防等部门要加强与有关部委的汇报争取，谋划实施灾害预警预报、山洪地质灾害防治、应急避难场所、城市地下管廊、油气管线安全等工程，提升我省灾害预防预警和抗灾能力。五是管理培训方面，省水利、气象、地震、科技、科协等部门要组织好专家智库，指导灾情应急处置。省国资委、省工业和信息化厅组织企业落实人员、装备、预案、演练等防灾减灾部署。要加强防灾减灾宣传教育和应急演练，提高公众应对自然灾害的能力。六是社会力量参与方面，省金融办、省财政厅、省保监局要探索建立巨灾保险和再保险制度，省外办要积极推进防灾减灾国际交流合作，红十字会、公益慈善机构等要充分动员社会各方面的力量，形成防灾减灾救灾的强大合力。

第九，精心组织对口支援。患难与共是唐山抗震精神的重要内涵，从唐山大地震到“7·19”特大洪灾，无论哪个地方发生灾害，全省人民都会慷慨解囊、无私援助。这次我们确定由廊坊市对口支援石家庄市5个重灾县区，唐山市对口支援邢台市7个重灾县区，沧州市对口支援邯郸市6个重灾县区，支援方要继续弘扬唐山抗震精神，科学筹谋、精心推动，与灾区一道共克时艰、把毁坏的家园建设好。在援助模式上，每个支援市拿出1亿元作为援助资金支援受灾市县，由对口支援双方协商采取“交钥匙”或“交支票”等方式，共同实施对口支援计划。同时，3个受灾市辖区内的非受灾县乡与重灾县乡要开展结对帮扶；省属国有企业、中央驻冀企业也要积极承担社会责任，开展多种形式的援建行动；广大民营企业、社会力量也要通过捐款捐物、开展志愿服务等方式参与援建。

三、加强组织领导，形成攻坚合力，切实把灾后重建各项任务落到实处

灾后重建的时间紧、任务重，必须上下联动、部门协调、各方参与，全力推进灾后重建工作。

(一)落实工作责任。省灾后重建指挥部办公室要强化统筹协调，及时汇总进展情况，研究解决重大问题。指挥部各成员单位要各负其责、协作配合，加强对受灾市县的行业指导，向对口部委争取更多的支持。地方党委、政府作为灾后重建工作的责任主体，要成立专门机构，完善机制、细化举措，狠抓工作落实。

(二)强化政策支撑。一是资金方面，要细化实化资金补助、税费优惠、贷款贴息等支持重灾县灾后重建的政策

和办法，提高针对性和可操作性；要根据灾后重建需要，调整使用各级今年预算专项资金，提前下达明年预算资金，适当调增重灾县转移支付规模，允许重灾县整合使用相关专项资金；要发挥好融资平台作用，采取特许经营、PPP等模式，撬动社会资本参与灾后重建。二是用地方面，省国土资源厅要对灾后重建所需新增用地指标给予先行安排，灾后重建继续用地可先安排使用、后补办手续，村庄搬迁重建可利用增减挂钩政策办理建设用地手续。对水毁不能恢复的耕地，省国土资源厅要抓紧向国家申请核减基本农田规模。三是审批方面，各级各部门都要特事特办、急事急办，对重建审批事项、重点项目，除明确由国家和省审批的，一律下放到所在地审批，提高工作效率，为灾后重建争取时间。

(三)加强督导检查。省委督查室、省政府督查室要会同灾后重建指挥部办公室，对照灾后重建目标、重点措施落实、5个时间节点工作进度，分门别类建立督导台账，拉出清单，及时掌握工作进度，定期向省委、省政府报告。对工作不力、进展缓慢、造成不良影响的，要进行严肃问责。要加强工程质量监督，严格资金使用管理，真正把灾后重建工程建成民心工程、阳光工程、百年工程。

(四)营造良好氛围。要完善灾情和重建信息发布机制，统一口径渠道，认真回应群众诉求和社会热点。要大力宣传灾后重建的政策措施、工作进展、取得成效，深入报道先进事迹典型，激发受灾群众战胜灾难、重建美好家园的信心和决心，凝聚起全社会心系灾区、支持重建的正能量。

当前，仍处于“七下八上”防汛关键时期，抗洪抢险救灾形势依然严峻。习近平总书记在唐山视察时强调，要把防汛抗洪救灾作为重大任务，把确保人民群众生命安全放在首位。7月29日，李克强总理召开国务院防汛工作专题会议，要求把提前疏散、转移群众作为防灾避险重要手段，进一步强化群众安置，确保人民生命安全。各地各部门要坚决落实中央部署和省委、省政府安排，始终绷紧防大汛、抗大洪、抢大险、救大灾这根弦，继续发扬不怕疲劳、连续作战的精神，加强24小时应急值守，精准预报预警并提前转移群众，调配充实防汛物资和力量，严密排查水库、堤坝、河道、尾矿库等险情隐患，科学调度洪水蓄泄，切实做好防灾避险转移安置工作，尽最大努力保障人民群众生命安全。

今年是“十三五”开局之年，完成全年目标任务对如期全面建成小康社会至关重要。上半年，全省经济虽然保持了平稳发展态势，但经济平稳回升基础尚不稳固，下行压力依然较大。各级各部门要正确处理好灾后重建和经济发展的关系，坚持两手抓、两不误，确保完成全年各项目标任务。受灾较轻的市县要强化大局意识、担当意识，抓好稳促调惠防各项工作，在完成既定目标任务的基础上再发力，争取多作贡献，努力分担重灾地区的损失。重灾市县要利用灾后重建的需求和各项优惠政策，加快基础设施建设步伐，努力扩大有效投资，淘汰一批落后产能，承接一批产业项目，培育一批新的经济增长点，在重建中保持经济社会持续健康发展。

做好灾后重建工作，事关人民群众切身利益，事关改革发展稳定大局，事关全面建成小康社会进程。我们要在党中央、国务院的坚强领导下，按照省委、省政府的安排部署，以决战决胜的信心、夙兴夜寐的状态、科学务实的举措，坚决打赢灾后重建这场硬仗，为建设经济强省、美丽河北作出更大贡献。

沈小平同志在省粮食安全责任制考核工作组第一次联席会议上的讲话

（2016年8月24日）

这是省粮食安全责任制考核工作组第一次联席会议。刚才，国彦同志宣读了考核组领导成员名单，张宇同志通报了前一阶段工作情况，讨论通过了《考核工作方案》《2016年考核工作的通知》两个文件，百刚、晓林同志作了表态发言。大家讲得很好，我都赞同。下面，我讲四点意见：

一、高度重视

粮食事关国运民生，粮食安全是维系社会稳定的“压舱石”，是国家安全的重要基础。为加快构建国家粮食安全保障体系，国务院出台了《关于建立健全粮食安全省长责任制的若干意见》和《粮食安全省长责任制考核办法》，随后，国家发改委等13个部门和单位印发了《关于开展2016年度粮食安全省长责任制考核工作的通知》。这次考核是对粮食安全省长责任制落实情况的一次全面检验。《考核办法》明确，考核结果要交由中央干部主管部门，作为对各省政府主要负责人和领导班子综合考核评价的重要参考。考核结果为优秀的，国家有关部门在相关项目资金安排和粮食专项扶持政策上优先考虑；不合格的，省政府要向国务院作出书面报告，制定并落实整改措施；对因不履行职责、存在重大工作失误、造成严重影响的，将依法依纪追究有关责任人的责任。可见，责任制考核是非常严格、非常严肃的重要工作，考核结果不仅涉及个体，而且涉及群体；不仅涉及政治责任，而且涉及经济利益；不仅涉及眼前，而且涉及长远。各地、各部门务必要高度重视、履职尽责，切不可掉以轻心、麻痹大意。

二、精心准备

准备工作做充分，才能取得好成绩。按照国家既定的考核步骤，我们要在准备工作上把握好关键环节。一要压实责任。各成员单位要对照国家评分表，将年度考核目标任务落实到处室、到人头，并注意搜集资料、完善档案，为迎考奠定基础。二要模拟自评。按照国家评分细则，自评分权重占40%或者50%（抽查省占40%，非抽查省占50%）。会后，省考核组要组织成员单位开展模拟自评，对照目标任务找出漏项和弱项、差距和不足，进一步细化跟进措施，明确完成时限，全面落实到位。三要汇报沟通。今年是粮食安全省长责任制的首考，国家考核办法中虽然明确了考核内容、重点事项和指标体系，但不可能把各地的具体情况都包罗进去。有关部门要主动与国家对口部委汇报沟通、求得共识，争取指导和支持。

三、严格考核

按照国家《考核办法》的要求，省政府要加强对各市的考核，层层落实责任、传导压力。我们要提早动手，环环紧扣，注重方法，务求实效。一是目标设定。要以国家确定的6个方面考核内容为依据，结合我省实际，本着科学合理、务实管用原则，制定年度考核目标、评分标准和细则。考核通知要尽快下发，该明确的不能含糊，以便各地有根有据尽快地开展工作。二是部门评审。各成员单位要按照职责分工，对各地粮食安全责任目标任务完成情况，客观公正地进行考核，形成书面意见报考核组办公室。三是综合评价。考核组要根据各市政府自评报告和省直有关部门评审意见，结合实地抽查结果，综合确定各市分值和档次。

四、通力合作

考核工作涉及部门多、专业性强，时间紧、任务重。各成员单位要各司其职、各负其责，密切配合、协同联动，真正形成工作合力。省发改委、农业厅、粮食局作为组长单位，要认真研究谋划，主动沟通协调，充分发挥职能作用。

张庆伟同志在全省易地扶贫搬迁现场观摩调度会上的讲话

（2016年10月8日）

打赢新时期脱贫攻坚战，事关全面建成小康社会、事关人民福祉、事关巩固党的执政基础。其中，易地扶贫搬迁作为“五个一批”工程之一，是“当头炮”，是“先手棋”。今天，我们在张家口召开现场观摩调度会议，主要是深入学习贯彻习近平总书记关于打赢新时期脱贫攻坚战的重要指示精神，按照全国易地扶贫搬迁现场会议部署，对我省易地扶贫搬迁工作进行调度、观摩交流，进一步统一思想、明确责任，强化举措、学先争优，确保高质量完成今年目标任务，为打赢脱贫攻坚这场硬仗奠定坚实基础。

今天上午，我们实地观摩了沽源县3个村的易地扶贫搬迁集中安置小区项目，刚才张家口市、沽源县负责同志介绍了经验做法，他们的工作抓得紧、底数摸得清、路子走得准。张家口市的四方面措施，沽源县的“三个精准、三个结合、三种模式、三个到位”，符合国家政策、契合省里部署、结合当地实际，取得了明显成效。希望其他市县要认真学习借鉴、促进工作开展。下面，我就进一步做好全省的易地扶贫搬迁工作，讲几点意见。

一、深化认识，进一步增强做好易地扶贫搬迁工作的使命感

党中央、国务院对这项工作高度重视，党的十八届五中全会通过的“十三五”规划指出，“对‘一方水土养不

起一方人’的实施扶贫搬迁”。习近平总书记在中央扶贫开发工作会议上强调，实施易地扶贫搬迁，是一项不得不为的措施，要把工作做深做细。2016年8月23日，习近平总书记在青海考察时再次强调，一定要把易地移民搬迁工程建设好，保质保量让村民们搬入新居。李克强总理在全国易地扶贫搬迁现场会上作出重要批示，汪洋副总理多次作出具体部署。这为我们做好这项工作提供了有力指导。

我省的脱贫攻坚任务十分艰巨，其中“十三五”时期需易地扶贫搬迁42万人，这项工作政策性强、涉及面广、标准要求高，是最难啃的“硬骨头”。省委、省政府坚决落实国家部署，赵克志书记亲自研究谋划、亲自统筹推进，赵勇副书记、沈小平副省长组织制定具体方案、深入一线协调调度，省人大、省政协给予大力支持，省发展改革委、省扶贫办牵头组织有力，省有关部门协调联动有效，相关市县落实推进有序，易地扶贫搬迁工作取得重要进展。目标任务积极明确，全省今年共启动搬迁人口15.2万人，其中国家已确认的建档立卡贫困人口9万人全部启动，同步搬迁人口6.2万人，超出国家下达任务2.6万人；有关市县计划搬迁人口数量均超过省下达任务数量。项目实施进展加快，截至9月底，有关市县计划建设196个集中安置项目，实际开工172个，平均开工率88%、比8月底提高了13个百分点，高于全国扶贫搬迁项目平均开工率，一批原先工作落后县的工程进度正在迎头赶上。平台公司有效运转，省里新组建了河北易地扶贫搬迁开发投资公司作为省级投融资平台，并在8月初与省有关部门签署了政府购买易地扶贫搬迁工程服务协议。承担易地搬迁任务的38个县也全部成立平台公司作为项目实施主体，其中已有25个县从省里承接搬迁资金近10亿元。搬迁底数更加清楚，将搬迁贫困人口分年度逐村、逐户核实到人头，建立了搬迁人口底数台账，2016年启动搬迁的9万建档立卡贫困人口和6.2万同步搬迁人口均已落实到村、到户、到人。脱贫措施同步跟进，承担任务的市县，结合“十三五”规划和推进京津冀协同发展、筹办冬奥会等重大战略，把易地扶贫搬迁与后续脱贫举措统筹规划，把集中安置项目建设与产业发展、土地利用、美丽乡村建设等同步推进，实现相融互促。

在肯定全省易地扶贫搬迁工作取得积极进展的同时，我们也要清醒看到存在的一些突出问题。有的市县投入精力还不够，没有真正摆上重要位置，工作进展不快；个别县底数摸得还不透，对安置人数、安置方式仍然没有最终确定；有的县创新意识还不够强，在解决旧房拆除、土地复垦、后续脱贫等难题上办法不多；有的县运转机制不够顺畅，存在打乱仗、推诿扯皮等现象。对这些问题，我们要认真分析原因、制定精准对策，逐一解决落实。

今年是打赢脱贫攻坚战的关键一年，也是新时期开展易地扶贫搬迁工作的起步之年，把今年的第一棒跑好、把第一颗扣子系好，对顺利完成整体搬迁任务意义重大。目前，省级层面的统筹设计、政策支持已相对完备，现在关键是市县特别是县一级要抓好落实。希望各地要切实增强使命感、责任感和紧迫感，把易地扶贫搬迁摆上更加重要的战略位置，作为“一把手工程”常讲常议、常抓不懈，坚决打好脱贫攻坚“揭幕战”，确保首战告捷、打牢基础。

二、加快进度，进一步增强做好易地扶贫搬迁工作的针对性

易地扶贫搬迁工作，省里从今年年初开始部署调度，下发了总体实施方案、年度计划和项目启动安排。各地要严格按照既定目标，结合实际创新举措，不折不扣、不讲条件抓好落实。

(一)以摸清底数作为基础。年初，我们确定了“十三五”时期全省42万人的搬迁总规模，其中建档立卡贫困人口19万人，同步搬迁人口23万人。省有关部门和有关市县要对照这个大账算小账，既要算好人头账，也要算好经济账、生态账，切实做到心中有数。一要把建档立卡的人数摸清楚。目前，全省建档立卡贫困人口中有9万人已经国家确认，还有10万人未经国家确认。对已确认的9万贫困人口，要继续逐户调查、精准帮扶，优先落实搬迁政策和脱贫举措，确保搬迁一户脱贫一户；对未经确认的10万贫困人口，要进一步核准数据信息，建立工作台账，力争纳入国家的大盘子争取支持。二要把因洪灾致贫的人数摸清楚。在“7·19”特大洪水灾害中，有部分群众因灾返贫致贫，省里正在组织对这部分群众核统信息。我们总的原则是实行分类指导，已列入省“十三五”易地扶贫搬迁规划的贫困县，因灾返贫人口确需搬迁的，要做到能搬则搬、应搬尽搬；其他县因灾返贫人口确需搬迁的，要纳入灾后重建和美丽乡村建设统一实施。各有关市县要尽快按照建档立卡程序完成贫困人口识别工作，并及时录入国家扶贫开发信息系统。三要把同步搬迁的人数摸清楚。在我省规划的搬迁村中，有贫困户也有非贫困户，为便于做好整体规划、旧村土地复垦和生态修复等工作，这些非贫困户也要同贫困户一道实施整体搬迁。对这部分非贫困户，各有关市县也要进一步摸清底数，开展扎实细致的群众工作，把搬迁任务落实到具体人头和具体时间节点，并按程序与搬迁户签订搬迁协议，确保自然村整体搬迁、不落一人。

(二)以科学规划为引领。规划是龙头、是牵引，只有把规划制定好了、把顶层设计搞好了，才能保证易地扶贫搬迁工作方向不偏、少走弯路。一要科学完善规划体系。目前，省里已制定了全省“十三五”易地扶贫搬迁规划，将与国家规划衔接后印发实施。有关市县也要及时与省有关部门对接，在省里规划的框架下，结合制定扶贫整体规

划、产业发展规划、土地利用规划、城乡发展规划等，制定本地易地扶贫搬迁规划，形成省市县分层级、相配套、便操作的规划体系。京津对口帮扶是京津冀协同发展的一项重要内容，要按照精准扶贫、精准脱贫的要求，尽快纳入脱贫攻坚整体规划，统筹组织推动。省发展改革委、省扶贫办要组织有关市县，加强与京津对接，力争形成一批示范性合作成果，带动脱贫攻坚工作整体提升。二要科学安排年度计划。今年国家下达我省的搬迁任务是12.6万人，考虑到今年是啃“硬骨头”的第一年，结合“十三五”时期的搬迁总任务、自然村整体搬迁、各县工作实际，以及最大限度争取国家支持等因素，我们确定了“分批启动、压茬推进”的思路，今年实际启动了15.2万人，已明确到具体市县和乡村，各地要主动领任务、认真抓落实，绝不能拖全省的后腿。省里要加强组织调度，及时协调解决有关问题，推动工作有力开展。三要科学选址和建设。“7·19”特大洪水灾害警示我们，在搬迁选址上必须要高度重视地质环境问题，充分考虑区域降水量、水文地质条件等因素，采取必要措施消除隐患，避免灾害发生。选址还要充分尊重搬迁群众意愿，尽可能方便群众生产生活，便于基础设施和公共服务设施配套，重点向县城集中、向乡镇政府所在地集中、向产业基础较好的中心村集中，与新型城镇化建设相结合，与美丽乡村建设相结合，与产业园区建设相结合，切实让搬迁群众搬得出、稳得住，增强“获得感”和“幸福感”。

(三)以项目实施为抓手。从目前情况看，我省易地扶贫搬迁项目总体进展顺利，但各地工作进度不平衡，还有3个县的搬迁项目尚未开工，要抓紧完善前期工作，确保10月15日前全部开工建设。一是审批要简。各地要结合“放管服”改革，进一步优化审批流程，简化办事程序，提高工作效率。对未开工的搬迁项目，要建立绿色通道，加快审批进度，为尽早开工建设创造条件。二是建设要快。有关市县要加强项目施工管理，明确进度安排和时间节点，倒排工期、挂图作战，抓住今年入冬前这段施工黄金期，努力形成更多的实物工作量，确保明年6月底前“交钥匙”完成一批搬迁安置任务，明年底完成今年启动的全部搬迁任务。三是配套要全。统筹推进配套基础设施和公共服务设施建设，搬迁小区的水电路气网和学校幼儿园、卫生医疗等设施要及时跟上，包括社区服务、物业管理等，都要做到同步规划、同步建设、同步验收，使搬迁群众生活方便、出行快捷、住得舒适。四是质量要优。项目建设中，工程监理单位要全程参与工程监管，严格落实质量责任，强化质量过程控制，组织搬迁群众代表参与工程监督，确保把搬迁项目建成经得起时间检验的安全工程、放心工程。

(四)以公司平台为载体。平台公司是整个易地扶贫搬迁项目运作和实施的主体。省平台公司自成立以来，已筹集各类资金66.5亿元；县级平台在承接省平台资金的基础上，积极筹措社会资金，统筹用于项目建设。下一步，平台公司要更好地发挥职能作用，为工程推进提供有力保障。一要加快签订政府购买服务协议。现在大部分县已经签订了协议，但有的地方由于对接工作不到位、承接条件不成熟，影响了协议签订。要高度重视这项工作，严格按照《政府采购法》和《关于政府向社会力量购买服务的实施意见》，尽快签订协议。为加快工作进度，符合单一来源采购方式的，原则上按照单一来源方式采购。二要加快资金拨付支出。有关市县要积极与省平台公司对接，抓紧完善承接条件。市县财政部门要在依法合规基础上，尽快通过项目审批，省国开行、省农发行和省平台公司要尽可能简化有关手续，尽快完成贷款发放和资金拨付。三要加强风险管控。有关市县要用足用好用活城乡建设用地增减挂钩这一核心政策，制定科学的还款计划，纳入财政预算，支持县级平台按期还款。对有社会资金参与的易地扶贫搬迁项目，市县要合理引导群众预期，增强风险意识、强化风险管控，制定完善相关预案，努力把风险降到最低。

(五)以后续扶持为保障。这是做好易地扶贫搬迁工作的关键，关系到搬迁群众的稳定脱贫和持续发展。要坚持一村一策、一户一法，分类确定脱贫路径和帮扶措施，做到“挪穷窝”与“换穷业”并举，易地搬迁与产业发展、劳务输出、社会保障同步考虑实施。一要选好发展路子。上午我们参观的九连城镇录园村，启动易地扶贫搬迁的同时协调民营资本注入5000多万元，实施美丽家园与现代农业产业园同步建设，主要种植油用牡丹、薰衣草和养殖高端育肥肉牛，形成了集生态观赏、产业营销为一体的现代产业链，为群众增加了就业和收入，这一做法值得各地学习借鉴。要因地制宜支持搬迁村做强特色产业，根据不同地区的资源禀赋、区位条件、基础状况和预期走势等，宜种则种、宜养则养、宜林则林、宜游则游。要坚持园区带片区、以规模促效益，在规划建设安置小区的同时，搞好现代农业园区、工业园区、乡村旅游示范区等建设，引领特色产业集聚集约发展。要探索资产收益扶贫模式，大力发展股份合作制经济，在搬迁户自愿基础上，将资源、资产、资金入股龙头企业或合作组织，在保证贫困户“分股金、收租金、挣薪金”的同时，壮大村集体经济。二要拓展就业途径。各级人力资源社会保障、农业、教育、扶贫等部门要加大扶持力度，提升搬迁群众的劳动技能，确保有劳动能力的搬迁户至少有1人实现就业。对技能偏低、就业困难并有培训意愿的搬迁人员，要全部纳入全省农民工职业技能培训计划，提升就业能力；对转为城镇户口的搬迁人员，符合条件的可安排公益岗位，实现就地就近就业。支持易地扶贫搬迁人员自主创业，按规定享受相关扶持政策。三要落实兜底政策。对生活条件困难、符合低保条件的搬迁对象，要全部纳入低保范围，将低保标准提高到扶贫标准以上，实现“两线合一”。对因病返贫致贫的搬迁对象，要实施健康扶贫，建立基本医疗保险、大病保险和医疗救助三重保障，减轻就医负担。对因学致贫返贫的搬迁户子女，要落实“三免一助”政策，保证其不失学、接受良好教育。

(六)以关键要素为支撑。土地和资金是易地扶贫搬迁工程推进的重要保证，国家和省里在这两方面制定出台了一系列政策措施，这次会上又印发了《关于深入推进易地扶贫搬迁工作若干政策措施》，提出了具体办法。土地方面，省单列土地指标用于支持易地扶贫搬迁，对我省46个国家贫困县(含涿鹿县赵家蓬区)和其他有易地扶贫搬迁任务的县所需增减挂钩指标予以全面保障；易地扶贫搬迁项目允许先行用地，用地后6个月内组卷报批。资金方面，“十三五”时期，省易地扶贫搬迁工程规划投资252亿元，其中中央预算内补助资金、地方政府债券、专项建设基金共投入19.6亿元，由国家和省分别投入偿还。从国开行、农发行贷款的196.7亿元，由省平台公司以借款方式，拨付给有搬迁任务贫困县的项目实施主体，虽然贷款本金由各县偿还，但利息由上级承担，并享受贷款期限20年、还本宽限5年的优惠政策。这些政策对易地扶贫搬迁项目都是重大利好，各地一定要抓好有利时机，充分发挥政策效益，促投资、赶进度，力促项目早日开工落地。同时，2017年我省易地扶贫搬迁项目将全部启动，各地要超前谋划、提早动手，明确工作任务和时限要求。有关市县要组织人员走村入户，调查摸底，准确掌握群众意愿，及时录入搬迁信息，提前着手开展工程规划、选址、土地指标、环评等前期准备工作，争取明年尽早启动项目建设。

三、落实责任，切实增强做好易地扶贫搬迁工作的执行力

易地扶贫搬迁工作是一项复杂的系统工程，涉及面广、操作难度大。各地各有关部门要精心组织、周密安排，全力抓好中央和省政策措施的落实落地，确保贫困群众既要搬得出、住得好，也要有事做、能致富。

第一，组织领导要再加强。易地扶贫搬迁是“一把手”工程，有关市县主要负责同志要把这项工作纳入重要议事日程，亲自研究部署、亲自组织推动。要建立完善专门班子，主要领导挂帅，发展改革、扶贫、财政、国土资源、住房城乡建设、民政等部门参加，统筹解决搬迁中的有关问题。近期，省里将召开扶贫开发领导小组会、脱贫攻坚项目观摩会、贫困县县委书记工作交流会等，对扶贫工作集中研究调度，各贫困县要切实担负起主体责任，真正把脱贫任务落到实处。

第二，督导检查要再强化。抓紧制定我省《脱贫攻坚督查巡查工作实施办法》，对易地扶贫搬迁等工作实行一月一通报、一季度一调度、一年一考核，形成抓落实的长效机制。省发展改革委、省扶贫办要会同有关部门采取重点抽查、第三方评估等方式，定期对易地扶贫搬迁对象确认、资金政策落实、重点项目建设以及搬迁对象脱贫销号等情况进行监督跟踪，倒逼工作落实。

第三，宣传动员要再深入。易地扶贫搬迁与群众生产生活息息相关，一定要尊重群众意愿、争取支持。今天会上印发的若干政策措施、民居规划导则和设计方案等，都是很好的宣传材料，要及时发放到基层、宣讲到群众，让群众搞懂政策、消除顾虑，理解支持搬迁工作。要及时总结推广好经验、好做法，积极组织学习观摩活动，相互交流、取长补短，推动易地搬迁工作更好更快开展。

借这个机会，我再强调一下脱贫攻坚整体工作。当前，这项工作正处于攻城拔寨的关键时期，省委、省政府已与中央签了责任状，今年河北要实现100万贫困人口、19个贫困县脱贫(重点是5个国定贫困县)，这个硬任务必须要不折不扣完成，绝不能有一点水分。第一，以脱贫攻坚统揽经济社会发展全局。各有关市、贫困县要把脱贫攻坚作为头等大事和第一民生工程，主要领导亲自上手，一以贯之抓，集中精力抓，切实把脱贫职责放在心上、扛在肩上、抓在手上。第二，高度负责做好贫困退出工作。按照中央《关于建立贫困退出机制的意见》，国务院将在10月份启动2016年度省级党委和政府扶贫成效考核工作，近期省里将专题调度。各地一定要高度重视，按照中央要求和省里实施细则，重点做好贫困退出指标比对、第三方预评估、群众满意度调查等工作，从严从实落实各项部署。第三，进一步加大脱贫攻坚工作考核力度。中央已出台对省级党委、政府脱贫攻坚成效的考核办法，省委组织部、省扶贫办要抓紧研究制定《设区市党委和政府扶贫开发工作成效考核办法》，修改完善《贫困县党政领导班子和领导干部脱贫攻坚与经济社会发展实绩考核办法》，将贫困发生率超过10%的35个国定县和片区县考核权重提高到80%，调动领导干部积极性，更好地促进脱贫攻坚工作的落实。

易地扶贫搬迁是一项功在当代、利在千秋的民生工程。我们要在以习近平同志为总书记的党中央坚强领导下，攻坚克难、积极作为，带着感情和责任做好易地扶贫搬迁工作，为建设经济强省、美丽河北，加快实现全面建成小康社会目标作出新贡献！

赵勇同志在全省易地扶贫搬迁现场观摩调度会上的讲话

（2016年10月8日，根据记录整理）

今天这次会议是省委、省政府决定召开的一次重要会议，主要任务是学习贯彻党中央、国务院关于打赢脱贫攻坚战的战略部署，特别是习近平总书记在宁夏主持召开的东西部扶贫协作座谈会、全国易地扶贫搬迁现场会精神，推广张家口市沽源县易地扶贫搬迁的好经验、好做法，强力推进我省易地扶贫搬迁工作，确保高质量完成省委、省政府确定的易地扶贫搬迁任务。

今天上午，我们实地观摩了沽源县九连城镇录园村、高家地村和黄盖淖镇黄盖淖村易地扶贫搬迁项目，大家觉得很受启发、很受触动。从4月6日全省易地扶贫搬迁现场会到现在，短短6个月时间，沽源县17个易地扶贫搬迁集中安置区项目全部开工建设，大多数项目已接近尾声，创造了多种开发建设模式，探索了务实管用的新机制，得到老百姓的普遍欢迎。张家口市和沽源县的易地扶贫搬迁工作思路清晰、措施有力，大胆创新、成效明显，希望各地认真学习借鉴。

省委、省政府对易地扶贫搬迁工作高度重视，赵克志书记亲自谋划推动，多次提出明确要求，张庆伟省长亲自协调解决资金、土地等重点问题，今天又出席这次会议并讲话。张庆伟省长的讲话充分肯定了前一个阶段我省易地扶贫搬迁取得的初步成效，指出了工作中存在的问题，对下一步工作进行了全面部署。他特别强调，要以摸清底数为基础，以科学规划为引领，以项目实施为抓手，以公司平台为载体，以后续扶持为保障，以关键要素为支撑，组织领导要再加强，督导考核要再强化，宣传动员要再深入。张庆伟省长的讲话是对易地扶贫搬迁工作的再动员、再培训、再部署、再督导，对做好下一步工作具有重要指导意义。各地各部门要认真学习领会，一项一项抓好落实。下面，我就落实张庆伟省长讲话精神强调几个具体问题。

一要进一步统一思想。今天会后，省直各有关部门、各有关市县要抓紧召开领导班子会议，认真学习张庆伟省长讲话精神，切实把思想统一到中央有关要求上来，统一到省委、省政府决策部署上来。42万人的易地扶贫搬迁任务，是各地反复摸底明确的，是省委、省政府研究决定的，没有任何退路，必须坚定不移地干下去，不能有任何徘徊，不能有任何动摇，更不能等待观望。这也是一条底线。考虑到因受灾需搬迁的群众和在工作推进中发现的有强烈搬迁意愿的群众，搬迁任务量只能增不能减。今天，给大家吃个“定心丸”，这就是只要省里确定的搬迁任务，全部实行一个政策。

二要进一步聚焦问题。各地要对照张庆伟省长讲话精神，对标张家口市和沽源县，深入查找工作中存在的问题和不足。从前段督查情况看，存在的主要问题是，有的进度不快，工作迟缓；有的建设模式单一，不贴近实际、不够科学；有的只建了安置小区，没有产业园区，无法解决搬迁群众的就业问题；有的配套服务没有跟进，对安置小区的教育、医疗卫生、社保、养老等缺乏统筹考虑；有的样式不够丰富，不能体现当地文化特色，等等。这些问题，各地不同程度地存在。下一步，要对标先进、聚焦问题，认真研究解决，不断改进完善，努力实现易地扶贫搬迁工作的新跃升。

三要进一步搞好统筹。各地要把易地扶贫搬迁与美丽乡村建设结合起来，扎实开展“两区同建”，统筹推进新型农村社区和产业园区建设，加快搬迁群众向县城集中、向乡镇政府所在地集中、向产业基础好的中心村集中。要把易地扶贫搬迁与灾后重建结合起来，释放政策叠加效应，彻底改善群众生产生活环境。要把易地扶贫搬迁与乡村旅游结合起来，建设特色民居，发展旅游产业，拓宽搬迁群众收入来源。要把易地扶贫搬迁与现代农业发展结合起来，加快土地流转，配套建设现代农业园区。同时，要把易地扶贫搬迁与整体扶贫工作统筹推进，在抓好易地扶贫搬迁的同时，集中精力抓好产业扶贫，推动产业扶贫项目覆盖所有有劳动能力的建档立卡贫困户。要抓好社保兜底政策落地，确保省里出台的医保、低保等政策措施真正落实到位。要抓好贫困退出工作，严格执行贫困退出标准，抓紧时间补短板，该补课的补课，该调整的调整，尽快把贫困发生率降到2%以下，让更多的贫困人口早日脱贫。

四要提早谋划明年易地扶贫搬迁工作。省委、省政府决定42万人的搬迁任务两年内全部启动，赵克志书记、张庆伟省长作出批示、提出了明确要求。今年启动12.6万人，明年的任务很重。各地从现在开始，就要着手谋划明年的工作，尽快研究具体任务目标，精心制定实施计划，明确工作责任和时限要求。要利用今年冬季的时间，抓紧把选址、规划、群众工作等做到位，力争明年尽早开工建设。

各地要按照这次会议要求特别是张庆伟省长的讲话精神，狠抓工作落实，加强督导检查，只争朝夕地干，担当作为地干，努力开创我省易地扶贫搬迁工作新局面。

广泛动员全社会力量
以发动总攻的姿态打赢脱贫攻坚战

——赵勇同志在2016年河北省脱贫攻坚奖表彰电视电话会议上的讲话

（2016年10月17日，根据记录整理）

刚才，大会隆重表彰了全省脱贫攻坚先进集体和先进个人。这是河北省首次设立脱贫攻坚奖，并且选择在全国扶贫日进行颁奖表彰，赵克志书记、张庆伟省长作出批示，体现了省委、省政府对打赢脱贫攻坚战的高度重视。在此，我代表省委、省政府，向受到表彰的集体和个人表示热烈的祝贺，向所有为脱贫攻坚作出贡献的各界人士表示衷心的感谢和诚挚的敬意！

昨天，召开了全国脱贫攻坚奖表彰大会。习近平总书记作出重要指示，李克强总理作出重要批示。总书记强调，全面建成小康社会，实现第一个百年奋斗目标，一个标志性的指标是农村贫困人口全部脱贫。完成这一任务，需要贫困地区广大干部群众艰苦奋战，需要各级扶贫主体组织推动，需要社会各方面真心帮扶，需要不断改革创新扶贫机制和扶贫方式。要广泛宣传学习先进典型，激励全党全社会进一步行动起来，激励贫困地区广大干部群众进一步行动起来，形成扶贫开发工作强大合力，万众一心，埋头苦干，切实把精准扶贫、精准脱贫落到实处，不断夺取脱贫攻坚战新胜利。全省各级各部门、社会各界都要积极响应习近平总书记、李克强总理的号召，响应省委、省政府的号召，自觉投身到脱贫攻坚的洪流之中，用真情、真心、真意打赢脱贫攻坚战。

今年以来，我们认真贯彻习近平总书记脱贫攻坚战略思想，全面落实党中央、国务院关于打赢脱贫攻坚战的决策部署，全面落实新发展理念，坚持精准扶贫、精准脱贫，脱贫攻坚工作取得了新进展。上半年，贫困县农村居民人均可支配收入4811元，同比增长13.3%，增幅高于全省平均水平5.1个百分点。根据初步评估，预计今年有19个贫困县实现脱贫摘帽，100万左右贫困人口实现稳定脱贫。总结党的十八大以来脱贫攻坚的经验，我们在扶贫的理念、思路、方法、机制等方面都有了新提升。一是形成了“五位一体”统筹推进的新格局。摆脱就扶贫抓扶贫的工作惯性，坚持脱贫攻坚与现代农业发展、美丽乡村建设、山区综合开发及生态建设、乡村旅游“五位一体”统筹推进，有效提升了扶贫工作资源整合与社会动员能力，形成了融合式、整体性扶贫工作格局。二是形成了股份合作的新模式。4年前我们就在赤城县召开了股份合作制扶贫现场会，经过4年来持续不断地抓，使很多贫困群众成为收租金、领薪金、分股金的“三金农民”，全省贫困县股份合作制经济组织达8000多家，覆盖带动贫困群众70多万户，得到了中央领导同志的高度评价。三是形成了可持续脱贫的新产业。把产业扶贫作为脱贫攻坚的主攻方向，着力培育龙头企业，创新联结机制，因地制宜发展特色农业扶贫、旅游扶贫、光伏扶贫、家庭手工业扶贫、电商扶贫等，实现村村有项目、户户有致富门路，进一步增强造血功能，形成可持续增收的产业布局，实现稳定脱贫。四是形成了全要素支撑的新机制。针对贫困地区要素投入不足的实际，在全省推广“政银企户保”金融扶贫机制，实现政府搭台授信、银行降槛降息、企业农户承贷、保险兜底保证，解决了贫困群众贷款难的问题；建立土地扶贫机制，全省每年单列1万亩新增建设用地指标支持贫困县重点扶贫项目建设，制定支持贫困县开展土地整治的政策措施，引导贫困县利用土地占补平衡和城乡建设用地增减挂钩指标有偿转让，筹措扶贫开发资金；建立资产收益机制，盘活农村资源资产，让贫困群众手中的土地、林地、宅基地等资产活起来，形成新的要素支撑。五是形成了脱贫攻坚党旗红的新局面。在全省推广承德市开展“脱贫攻坚党旗红”活动的做法，调整配强乡镇党委书记，组织开展贫困村党组织书记“万人示范培训”，为7366个贫困村全部派驻第一书记和驻村工作队，整顿软弱涣散村党组织，探索形成了党组织建在产业链、党员聚在产业链、群众富在产业链“三在产业链”等党建扶贫新模式，各级党组织和党员干部成为了推进脱贫攻坚的“主心骨”“主力军”和“突击队”。这五条是河北扶贫工作的基本经验，需要我们坚持和发扬。

今天的表彰会既是全省脱贫攻坚阶段性成果的展示，

更是面向全社会的动员。下面，就广泛动员全社会力量，以发动总攻的姿态打赢脱贫攻坚战，我强调几点。

一、深入学习先进典型，大力弘扬脱贫攻坚精神

今天受到表彰的既有党员干部，有企业家，也有贫困群众。在他们身上，我看到了各级党委、政府对脱贫攻坚的坚强决心和坚定意志，看到了人民群众对美好生活的不懈追求和强大内生动力，看到了人与人之间互帮互助、扶贫济困的良好社会风尚。我们要大力弘扬脱贫攻坚中形成的这些宝贵精神，凝聚起打赢脱贫攻坚战的强大合力。

一是大力弘扬勇于担当的精神，切实把打赢脱贫攻坚战作为各级各部门各级干部义不容辞的责任。习近平总书记指出，全面建成小康社会，实现第一个百年奋斗目标，一个标志性的指标是农村贫困人口全部脱贫。打赢脱贫攻坚战，是我们这一代人的历史使命，是各级党委、政府义不容辞的责任。在脱贫攻坚工作中，我省涌现出许许多多先进典型。阜平县委书记郝国赤2015年就有机会变动工作岗位，但是他坚定表态，我就在阜平干，阜平不脱贫，我就在这个地方干到退休。团省委驻涞水县白涧村的工作组和村支部书记刘文清一道，大力发展股份合作制经济，精心谋划培育了苹果、长毛兔、生态旅游等三大扶贫产业，使全村贫困群众今年就能实现脱贫。我们要学习他们这种敢于担当的可贵精神、对人民群众高度负责的可贵品质，坚持一心为民，把群众利益放在最高位置，把群众当成自己的亲人，办好脱贫攻坚这件中央高度重视、老百姓十分期盼的大事。

二是大力弘扬攻坚克难的精神，千方百计啃下脱贫攻坚的“硬骨头”。目前，脱贫攻坚到了攻城拔寨的阶段，现有的贫困地区和贫困人口都是难啃的“硬骨头”。只有敢于啃“硬骨头”，用新理念、新方式、新机制、新办法打好攻坚战，才能实现突破性进展，带领贫困群众走上脱贫致富之路。威县探索了让贫困群众资产转化为股权的资产收益机制，让贫困群众以资产入股，分享企业利润，获取资产收益，得到了国务院扶贫办的充分肯定。省司法厅副巡视员任建庆，2012年以来3次驻村扶贫，今年又主动请缨担任驻村工作组总领队，跑遍3个村所有农户，详细了解每一户的贫困状况，帮助他们发展了花卉、土豆、食用菌、光伏、旅游等5大致富产业，帮助他们找销路、打品牌，使贫困群众走上脱贫致富的康庄大道。越是困难越要激发斗志，越是困难越要激发创造力。我们一定要弘扬这种精神，咬定青山不放松，啃下一块块“硬骨头”，拿下一座座“山头”，坚决打赢脱贫攻坚战。

三是大力弘扬扶危济困的精神，动员社会各界承担起社会责任。人与人互相帮助是社会主义的典型特征，也是社会主义优越性的集中体现。扶危济困是中华民族的传统美德，也是打赢脱贫攻坚战的重要力量。今麦郎公司作为一家著名企业，积极承担起社会责任，主动与周边贫困县、贫困村、贫困户对接，投入2200万元实施农业特色扶贫项目，直接带动1000多个贫困户，间接带动4000多个贫困户。很多社会志愿者和一对一帮扶的机关干部，毫不吝惜地拿出自己家里的钱物帮助贫困群众，动用自己的社会关系帮助贫困群众。希望社会各界人士、各类社会组织大力弘扬这一精神，更多地关心支持贫困群众，更多地发挥优势、奉献爱心，汇集起强大的力量，为贫困群众带去希望和信心，让我们的社会越来越美好。

四是大力弘扬自强不息的精神，引领贫困群众用自己的双手创造富裕美好的生活。习近平总书记强调，要自力更生、不等不靠，积累自我发展的能力。贫困群众和其他普通群众一样，热爱生活，追求美好，渴望过上好日子。我经常到贫困地区调研，每次都能够感受到贫困群众追求美好生活的火热之心，被他们坚强、勤劳、向上的精神所感动。这次专门设立奋进奖，就是要表彰那些自强不息、依靠自身努力摆脱贫困的群众。隆化县南营村的庞瑞家里两个儿子患病，还要照顾叔叔和婶子，无法外出工作，无稳定的收入来源，生活条件艰苦。但他没有被命运的不济、生活的艰辛所击倒，不等不靠，积极参加技术技能培训，利用“政银企户保”金融扶贫政策贷款5万元，发展蔬菜产业，现在年均收入5000元，并联合其他贫困户成立蔬菜种植合作社，建设设施蔬菜大棚59个，吸纳贫困劳动力就业20余人，成为当地的致富带头人。要广泛动员贫困群众以这样的同志为榜样，激发贫困群众摆脱贫困的内生动力，相信自己、依靠自己，用勤劳的双手创造自己的美好生活。

二、广泛动员全社会力量，形成脱贫攻坚强大合力

到2018年实现全省基本脱贫目标，只有两年时间了，任务十分艰巨。从现在起，就要发起总攻。这次表彰大会就是向全社会发出总攻动员令。各级党委、政府要以脱贫攻坚统揽经济社会发展全局，把社会各方面能动员的力量全部动员起来，形成打赢脱贫攻坚战的强大合力。

一是动员和用好企业家的力量。引进龙头企业参与开发建设，是京西百渡休闲度假区建设发展的重要经验。保定市用少量财政资金撬动近300亿社会资本投入项目建设，用短短几个月时间打造出让人眼前一亮、感到震撼的一流景区，带动涞涞易3县63个村的贫困群众脱贫致富。市场的力量是巨大的，企业的力量是巨大的。由荣盛集团投资的涞水县圣诞小镇，带动附近村庄3000多名贫困群众

就业；阿尔卡迪亚酒店80%的服务员都是本地老百姓；景区周边许多农家乐的食材是由他们配送的。企业投资搞乡村酒店，一个宅子的租金是每年2.5至4万元。如果贫困群众再以土地、宅基地入股，还能拿到分红，这样就可以有效提升可持续收入水平。企业把市场打开了，土鸡、鸡蛋、南瓜等农产品价格也就涨上去了，贫困群众种的养的东西就更值钱了、更好卖了，钱袋子也就能鼓起来了。各级各有关部门要加大政策支持力度，切实把企业的力量动员起来，推动更多企业与贫困村精准对接，带动贫困群众就业创业，实现可持续脱贫。

二是动员和用好科技工作者的力量。近年来，李保国、孙建设等一批科技工作者深入贫困群众，不仅帮助出主意、想办法、提供科技服务，而且带领群众开山造田、铺路架桥，让贫困群众走上了致富路。河北农业大学教授李保国35年来带着科研团队投身扶贫开发大潮中，用科技改变贫困山区的面貌，用知识改变贫困群众的命运，使10万贫困农民摘掉贫困的帽子，走上了小康路。习近平总书记对李保国同志先进事迹做出重要批示，号召广大科技工作者学习李保国同志心系群众、扎实苦干、奋发作为、无私奉献的高尚精神，自觉为人民服务、为人民造福，努力做出无愧于时代的业绩。孙建设同志在保定市顺平县、涞水县等地搞了很多苹果种植示范基地，靠科技的力量让很多贫困群众富了起来。各级各有关部门要动员广大科技工作者，以李保国、孙建设同志为榜样，瞄准脱贫攻坚中的难题，瞄准贫困群众的需求，充分发挥科技优势，提高农民科学素质，帮助贫困群众早日脱贫致富。

三是动员和用好志愿者的力量。现在，很多有条件的退休干部、社会贤达人士都愿意参与到脱贫攻坚战中来。我们要主动去争取和凝聚这些爱心力量，搭建好奉献爱心、扶贫济困的平台，动员和组织志愿者到贫困地区去展现作为、实现价值。以这次扶贫日为标志，省扶贫基金会要广泛发动企业和社会贤达人士开展两个专项活动，一是投资200万元包一个贫困村搞扶贫产业，二是拿出3000元帮助一个贫困家庭搞家庭手工业，让更多的社会力量参与到脱贫攻坚主战场上来。

四是动员和用好对口帮扶的力量。国务院扶贫办在东西部扶贫协作文件中，确定了北京对口帮扶张家口市的贫困县，天津对口帮扶承德市的贫困县。张家口、承德要紧盯不放，经常上门，主动对接，在承接京津产业转移、与京津合作培训人才等方面取得更大成绩，以京津资源促进贫困地区实现大变化。省发展改革委、省扶贫办要继续加强与国务院扶贫办及京津两市的对接沟通，建立京津冀对口帮扶联席会议机制，尽快推动对口帮扶重要事项、重大项目落地。要抓紧启动唐山、廊坊市经济实力较强县(市、区)帮扶承德、张家口市贫困县(区)的工作。石家庄、邯郸、邢台、衡水、沧州、保定和秦皇岛等7个扶贫任务较重的市，要根据各自实际，组织本市经济实力较强的县(市、区)帮扶域内贫困县，确保取得实实在在的效果。要认真搞好32个中直单位定点帮扶工作，被帮扶的40个国定贫困县的党政一把手要主动到有关部委汇报，争取政策、资金、项目等方面的更多支持。

五是动员和用好子女扶贫的力量。打赢脱贫战现在有三块最难啃的硬骨头，即低保的问题、因病致贫的问题和老年人脱贫的问题。其中低保的问题已经找到了解决办法，因病致贫问题也会找到办法，最难解决的就是老年人脱贫的问题。现在一些地方有一种很不好的现象，老人和子女分家后，子女吃香的喝辣的，父母却成了贫困户。全省310万建档立卡贫困户中，60岁以上老人占41.85%，其中有些老人由于子女没有尽到应尽的赡养义务，日子过得很糟糕，令人痛心，令人气愤。各级党委、政府不能淡然视之，不仅要管，而且要公开管。要在全社会广泛深入地实施“孝心工程”，营造尊老敬老爱老的浓厚氛围，弘扬中华民族的传统美德。每年要给贫困老人子女印发一封信，明确相应的法律责任和帮扶责任。每年春节前要召开一次孝心会，教育引导贫困老人的子女兑现承诺，恪守孝道，该给赡养费的给赡养费，该接到身边照顾的接到身边照顾。对孝敬父母的好典型，要重点加以宣传；对不赡养父母的，要依法追究法律责任。

三、扎实做好当前重点工作，确保完成年度目标任务

今年全省要完成19个贫困县、100万贫困人口脱贫摘帽任务。现在到年底只剩下2个多月，时间非常紧。各级各有关部门要抓好动员，紧张起来，行动起来，以强有力的措施把各项工作做实，确保如期完成全年任务目标。最近，国务院扶贫开发领导小组督导组将对我省脱贫攻坚工作进行督查巡查。这是一次体检的机会，是一次展示的机会，也是一次查漏补缺、改进完善工作的机会。希望各地以这次督导为契机，扎实开展回头看，搞好自查自纠，落实好各项政策措施，经受住检验。同时，要突出工作重点，努力抓好下一步工作。

一是产业扶贫要全覆盖。这是实现可持续脱贫的关键。各级各有关部门要强势推进产业扶贫，根据贫困地区的自然条件、资源禀赋和产业特点，选准重点发展产业，把脱贫产业项目精准到村、精准到人，实现建档立卡贫困人口全覆盖。要大力调整农业种植结构，谋划发展农产品加工业，推动一二三产融合发展。要搞好光伏扶贫、乡村旅游扶贫、电子商务扶贫等，把产业扶贫覆盖到全部有劳动能力的贫困户。要认真落实首届旅发大会精神和赵克志

书记要求，扎实搞好旅游扶贫，注重引进社会资本发展旅游产业，通过建设特色小镇、特色景区、特色项目带动贫困村、带动贫困群众脱贫致富。各市要认真组织办好本市旅发大会，秦皇岛市要全力办好第二届省旅发大会。通过举办旅发大会推动旅游扶贫上水平、上台阶。

二是社保兜底要全覆盖。省里出台了《低保线与扶贫线“两线合一”动态管理实施办法》《关于提高贫困人口医疗保障救助水平解决因病致贫返贫问题的实施方案》，各地要抓紧组织实施，尽快覆盖所有贫困低保户。各贫困县要下大力把需要社保兜底的扶贫对象底数彻底摸清，算好账、建台账，精准确定低保对象和医疗保障人员，为全面做好社保兜底打好基础。要对建档立卡贫困人口实施动态管理，及时将符合条件的贫困家庭纳入社保兜底范围，将家庭经济状况发生变化、不再符合条件的清退出去，真正把该保的保好、该兜的兜住。这里特别强调，要抓紧将省政府印发的解决因病致贫返贫问题的实施方案传达到每一个驻村工作队、每一个贫困群众，切实落实到位。

三是易地扶贫搬迁要全覆盖。就是要确保该搬迁的贫困群众全部覆盖到位，包括受灾需要搬迁的也要纳入搬迁范围。各地各有关部门要按照时间节点列出工程进度表，倒排工期、挂图作战，加快易地扶贫搬迁项目建设进度。要强化项目管理，狠抓工程质量，组织群众代表全程参与工程监督，确保把搬迁项目建成安全工程、放心工程，让老百姓住着放心、舒心。

四是股份合作制经济组织要全覆盖。要大力推广股份合作制经济，建立完善利益联结机制，吸纳贫困户以土地、山场、扶贫资金等入股当股东，使有劳动能力的贫困群众成为拿租金、股金和薪金的“三金”农民。对无劳动能力的贫困人口要一个不落地全覆盖，让他们成为拿租金和股金的“两金”农民，有稳定收入，能稳定脱贫。所有贫困县都要把发展股份合作制作为主要形式，供销社改革也要把股份合作制将此作为主要形式。

五是金融扶贫要全覆盖。要全面推广“政银企户保”金融扶贫模式，学习隆化经验，解决好贫困群众和扶贫企业“想贷就能贷”的问题。各贫困县要抓紧成立扶贫贷款担保中心，用扶贫资金打捆设立不少于1亿元的贷款担保基金、不少于3000万元的风险补偿基金，建立“资金池”。通过竞争方式选择合作银行，将“资金池”资金存入合作银行，增加银行营业性收入，激发其投放贷款积极性。通过竞争方式选择合作保险公司，开办贷款保证保险，参与信贷风险分担。要建立县乡村三级金融服务网络，为贫困群众和企业贷款提供便捷化服务。

打赢脱贫攻坚战是重要战略任务，是各级党委、政府和全社会的共同责任。我们要认真贯彻党中央、国务院和省委、省政府决策部署，攻坚克难、埋头苦干，以发动总攻的姿态打赢脱贫攻坚战，为建设经济强省、美丽河北作出更大贡献。

沈小平同志在河北省第三次全国农业普查工作电视电话会议上的讲话

（2016年12月23日）

第三次全国农业普查即将转入现场登记实战阶段，今天，我们召开这次会议，主要任务是贯彻落实第三次全国农业普查电视电话会议精神，对我省农业普查工作进行再动员、再部署。刚才，景祥同志汇报了农普准备工作和下步安排，省发改委、财政厅、农业厅以及邢台市、张家口市负责同志分别作了发言，讲得都很好，我都赞同。下面，我就搞好这次普查工作讲三点意见。

一、认识程度再提高

农业普查工作是全面了解“三农”情况，准确掌握“三农”发展变化的有效方法。对做好农普工作的重要性和紧迫性，可以从四方面来理解和认识，即“看大、看重、看弱、看急”。看大，农业普查是一项重大的国情国力调查，是党和政府科学指导“三农”工作的基本环节，是推进农业供给侧结构性改革的基础工作，是加快培育农业农村发展新动能的重要举措，各地要作为一件事关全局的大事来认识、来摆放。看重，这次农普工作，省市县乡四级已层层签订了责任书、立下了“军令状”，各地要作为一项重点任务，保质保量如期完成，不能讲价钱、打折扣。看弱，从前段督导情况看，准备工作还存在一些薄弱环节和突出问题，比如，工作经费不到位，仍有一些市县“两员”报酬尚未落实；部分县农普力量不足，不能适应工作需要。对这些问题，要查漏补缺，有针对性地尽快解决。看急，按照方案确定的时间节点，明年1月1日要开展入户登记，3月中旬要全部完成入户登记任务和复查工作，中间还有元旦、春节等节假日，有效工作时间少，时间非常紧迫，任务尤其繁重。为此，各级各有关部门一定要统一思想、提高认识，真正把这项工作放在心里，抓在手中，落到地上。

二、推进措施再强化

要把数据可靠、质量达标作为普查工作的基本要求，做到“全、准、真、严”，即对象全、信息准、数据真、使用严，经得起历史和实践检验。

一要依法普查。要贯彻执行《统计法》和《全国农业普查条例》有关规定，引导普查对象自觉履行义务，主动接受普查，配合做好资料填报，不虚报、不瞒报；普查机构和普查人员要恪守职业道德，依法保护普查对象合法权益，对获取的资料信息要严格保密，不得用于普查以外的事项，更不得作为对普查对象实施处罚的依据。同时，任何地区、部门、单位和个人都不得以任何形式随意修改或编造普查数据资料，对普查过程中出现的各种干扰和弄虚作假行为，要依法依纪严肃查处。

二要完善机制。普查涉及面广、专业性强，调查对象复杂，必须依靠完善机制、规范操作来保障数据质量。一是岗位负责机制。要根据普查路线图和时间表，明确岗位职责，分解目标任务，细化推进措施，把任务落实到人头。二是质量审查机制。要建立科学、严谨、规范的自查、互查和事后抽查办法，对普查工作各环节实行质量控制。三是督导检查机制。要根据工作进度，适时开展督查，及时解决问题，总结推广经验，稳步有序推进。

三要精心登记。现场登记是农业普查的中心环节，也是保障数据质量的关键步骤。目前清查摸底即将结束，要利用有限的时间进行一次回头看，重点看对象是否精准，是否还有遗漏。特别是针对近年来农民合作社、家庭农场、专业大户等新型经营主体发展比较快的现实情况，要认真判定、筛选、登准普查对象。入户登记开始后，普查人员要严格按照有关规定进行，做到三个“百分之百”，即入户率百分之百，逐村逐户逐单位进行，确保一户不漏、一企不漏、一场不漏；准确率百分之百，严把统计口径，详细查问、认真填写，确保数据真实可靠；签字率百分之百，让每个调查对象都核实信息、签字确认。

四要创新手段。要充分发挥手持电子终端(PDA)、联网直报、遥感等装备和现代信息技术作用，推动普查工作信息化、数字化、网络化，用科技创新成果保证数据质量、提高普查效率。对遥感测量数据，要加快分析整理进度，在规定时间内上报国家;对列入农普范围的村（居）民委员会、乡镇（街道），要通过联网直报方式填报普查数据;对农村住户、农业经营户和农业经营单位，要由普查员通过手持电子终端现场采集数据。

五要搞好开发。普查登记结束后，各地要抓紧做好数据处理开发利用，特别是用好大数据、云计算等现代技术，对普查数据进行深度开发，最大限度发挥普查成果作用，有效满足党委、政府和社会公众对普查信息的需求。同时，要充分利用普查数据信息，搞好专题研究，分析判断形势，找准存在问题，揭示发展规律，为完善强农惠农政策体系、制定“三农”发展思路举措提供决策咨询和数据支撑。

三、工作保障再给力

各级各有关部门要在前期工作基础上，继续协调调度、高效运行、扎实推进，确保农普工作顺利完成。

一要责任到位。主要领导要亲自过问，及时了解普查进度，协调解决问题；分管领导要牵头负责、周密组织，深入一线、现场指导。各级普查机构要按照方案要求，卡住时间节点，有力有序实施。各成员单位要按照工作职责，各司其职，各负其责，协调联动，形成合力。

二要经费到位。目前，中央安排的普查经费已经下拨，省财政安排了专项资金，对贫困县和财政困难县普查指导员劳动报酬给予补贴。市县财政也要加大对普查工作的支持力度，千方百计筹措资金，确保普查需要，决不能因为经费不落实影响工作。同时，要加强管理，厉行节约，提高资金使用效率。

三要宣传到位。要充分利用宣传栏、宣传画等传统手段和微信、微博等自媒体，深入宣传农普工作的重大意义、普查内容、普查方式和手段等，特别是普查对象依法接受普查、普查机构和人员依法进行普查、普查对象权益和秘密依法受到保护等内容，取得基层干部和农民群众的理解和配合，营造全社会支持普查工作的良好氛围。

坚持生态优先绿色发展的理念
加快我省草原生态保护立法步伐

——王刚同志在省人大常委会《河北省草原条例（草案建议表决稿）》论证座谈会上的讲话

（2016年1月18日）

今天召开的《河北省草原条例（草案建议表决稿）》论证座谈会，是根据省人大常委会主任会议的要求召开的，主要任务是听取省直有关部门贯彻实施《草原法》和加强草原生态保护情况汇报，对草原条例（草案建议表决稿）进行论证座谈，广泛征求各方面意见，进一步修改完善，加快立法步伐，提高立法质量，争取尽快将条例（草案建议表决稿）提请省人大常委会审议。

刚才，省农业厅、省国土资源厅的负责同志就贯彻实施《草原法》和加强草原生态保护情况以及对草原条例（草案建议表决稿）的修改意见作了汇报，与会的省人大常委会委员、省人大农委组成人员、省直有关部门负责同志和有关专家学者对条例（草案建议表决稿）进行了论证座谈，提出了一些有针对性的意见和建议。会后，请省人大常委会农工委组织省农业厅等有关部门，认真研究大家的意见和建议，进一步修改完善条例（草案建议表决稿），为提请主任会议和常委会审议做好准备工作。

下面，借此机会，我就充分认识草原生态保护立法的重大意义和努力提高立法质量的问题，讲两点意见。

一、要从贯彻落实生态优先绿色发展理念的高度，充分认识加强草原生态保护立法的重要性。

在党的十八届五中全会上，习近平总书记提出了创新、协调、绿色、开放、共享“五大发展理念”，将绿色发展作为“十三五”乃至更长时期我国经济社会发展的一个基本理念，体现了我们党对经济社会发展规律认识的深化，将指引我们更好地实现人与自然和谐、人民富裕、国家富强、中国美丽，实现中华民族永续发展。中央提出走生态优先绿色发展之路，注重的是解决人与自然和谐问题，体现了对人民群众绿色惠民热切期盼的积极回应，体现了对中华民族永续发展的历史责任。这就需要我们把生态优先绿色发展放在最优先的位置，坚持以保护生态环境为前提，牢固树立既要金山银山也要绿水青山、绿水青山就是金山银山的理念，决不能以牺牲生态环境为代价换取经济的一时发展。

我省是个草原面积较大的省份，草原是我省重要的陆地生态系统之一。由于我省所处的特殊地理位置，草原作为京津冀地区重要的生态屏障，承担着为京津冀涵养水源、防风固沙、调节气候、维护生物多样性等重要功能。京津冀协同发展的国家战略，将张承坝上地区定位为生态涵养区，意义十分重大。但同时草原作为农牧业发展的基本资源，一直以来成为当地农民发展农业、畜牧养殖业、增产增收的主要依靠。张承坝上6县是我省草原面积最多的县，又是国家扶贫开发重点县，当地种菜、养殖已成为农民脱贫致富的重要渠道，而种菜需要消耗大量地下水资源，养殖又是以破坏草原生态为代价，农民脱贫致富与生态保护尚未协同推进。现在，许多干部已经认识到，坝上种菜、养羊是不可持续发展的产业。坝上畜牧部门的干部反映，种菜实际上挣的是个水钱，养羊实际上挣的是个草钱，等到草枯水尽的时候，那坝上的生态也就全毁了。在国家要生态、农民要生存的情况下，要实现坝上可持续发展，必须保护良好生态环境，这既是保障当地农村发展，提高农民生活质量的重要前提，更是京津冀协同发展的需要。因此，必须贯彻落实好绿色发展的理念，走出一条既保护生态环境又实现农民脱贫致富的生态优先绿色发展的路子。

今年1月省委、省政府发布了《河北省生态文明体制改革实施方案》，强调要建立草原保护制度，施行严格的草畜平衡制度；以草原确权承包为基础，开展草原资源调查，确定基本草原保护红线，健全草原经营管理机制；落实草原生态保护补助奖励政策，充分调动广大农牧民保护草原生态的积极性。在开展草原立法工作中，要贯彻落实好省委、省政府这个《实施方案》，把加强草原生态保护、实现草原绿色发展，作为草原立法的宗旨和目的，坚持走生产发展、生活富裕、生态良好的文明发展道路，推动节约资源、保护环境基本国策得到更好地落实。因此，加快草原生态保护立法，对依法保护草原生态环境，加强草原资源管理、建设和合理利用，促进草原协调可持续绿色发展，加快脱贫攻坚和全面建成小康社会步伐，具有十分重要的意义。

二、要把提高草原立法质量放在重中之重的位置，努力增强法规的可操作性和可执行性。

立法质量是法律法规的生命力之所在。在草原条例（草案）的调研、修改、论证、审议过程中，要坚持把提高立法质量放在立法工作的首要位置，作为加强和改进立法工作的重中之重，努力提高立法质量。现在，全社会都对立法质量普遍关注，要求越来越高。制定出台的法规好不好、管不管用、能不能解决实际问题，成为人民群众对立法的普遍期盼。立善法于天下，则天下治；立善法于一国，则一国治。如果立法质量不高，先天不足，执法、司法、守法就不可避免地会出问题。在草原立法工作中，我们要舍得花大气力、下大功夫，切实提高立法质量，确保制定出台的草原条例，成为一部高质量的法规，真正做到立得住、行得通、真管用，更好发挥法规的引领、规范和保障作用。

提高草原立法质量，要坚持科学立法、民主立法。科学立法就是要求法律法规准确反映和体现所调整社会关系的客观规律，同时遵循法律法规体系的内在规律。在草原立法中，要以科学理论为指导，从我省草原生态保护建设的实际出发，科学规范公民、法人和其他组织的权利和义务，科学规范国家机关的权力与责任，使草原立法符合生态保护和科学发展的要求，符合我省实际，真正经得起实践和历史的检验。

要坚持民主立法，充分发扬民主，保障人民群众通过多种途径有序参与立法，使立法更好地体现民情、汇聚民意、集中民智，维护最广大人民群众的根本利益。在草原立法工作中，要进一步拓宽民主立法渠道，不断完善立法机关主导、有关部门参加、人大代表、人民群众、专家学者共同参与的立法工作机制，使各方面的意见和关切得到充分表达，广泛凝聚社会共识。对立法中遇到的重大问题、分歧意见较大的问题，要按照民主开放包容的精神，在深入调研的基础上加强协商沟通，最大程度的凝聚共识、体现民意，使制定的法规真正符合人民群众的根本利益，真正反映经济社会发展的客观规律和要求。

加快湿地生态保护立法步伐
为建设美丽河北提供法治保障

——王刚同志在省人大常委会《河北省湿地保护条例（草案）》论证座谈会上的讲话

（2016年7月5日）

这次湿地保护立法论证座谈会的主要任务是，深入贯彻落实中央和省委关于大力推进生态文明建设、改善生态环境、建设经济强省、美丽河北的重大决策部署，进一步征求大家对《河北省湿地保护条例（草案）》的修改意见和建议，研究安排下一步湿地保护立法工作，加快立法步伐，提高立法质量，争取尽快将《河北省湿地保护条例（草案）》提请省人大常委会审议，为推进我省生态文明建设，构建京津冀生态环境支撑区，实现京津冀绿色协同发展提供有力法治保障。

刚才，大家听取了省林业厅负责同志《关于起草<河北省湿地保护条例（草案）>工作情况的汇报》，与会的省人大常委会委员、省人大农委组成人员、部分省人大代表、省直有关部门负责同志、有关专家学者对湿地保护立法的必要性、可行性进行了研究论证，对条例（草案）提出了一些建设性的修改意见和建议。会后，请省人大常委会农工委、省林业厅负责立法工作的同志，认真梳理研究大家提出的意见和建议，并对条例（草案）进一步修改完善，为提请省人大常委会审议做好准备工作。

下面，借此机会，我就进一步提高思想认识，加快湿地保护立法步伐，提高立法质量问题，讲几点意见。

一、深入学习贯彻习近平总书记关于生态文明建设的重要讲话精神，切实增强推进湿地保护立法的责任感紧迫感

党的十八大以来，党中央、国务院对大力推进生态文明建设、改善生态环境、建设美丽中国高度重视，先后作出了一系列重大决策部署，强调面对资源约束趋紧、环境污染严重、生态系统退化的严峻形势，必须树立尊重自然、顺应自然、保护自然的生态文明理念，把生态文明建设放在突出地位，纳入中国特色社会主义现代化建设的总体布局，大力推进生态文明建设，努力建设美丽中国，实现中华民族永续发展。

党的十八大以来，习近平总书记关于推进生态文明建设的重要讲话、论述、批示达100多次，他走到哪里，就把生态文明建设和环境保护的理念与要求讲到哪里，从中我们深切感受到总书记为人民、想人民，对人民的期盼挂念于心的伟大情怀，对当前生态环境状况的深深忧虑，对解决生态环境问题的坚定决心。习近平总书记反复强调“两山论”和绿色发展，明确指出绿水青山就是金山银山，要像保护眼睛一样保护生态环境、像对待生命一样对待生态环境，建设天蓝地绿水清的美丽中国。习近平总书记强调，“人民群众对清新空气、清澈水质、清洁环境等生态产品的需求越来越迫切，生态环境越来越珍贵。我们必须顺应人民群众对良好生态环境的期待，推动形成绿色低碳循环发展的新方式，并从中创造新的增长点。生态环境问题是利国利民利子孙后代的一项重要工作，决不能说起来重要、喊起来响亮、做起来挂空档。”习近平总书记指出：“生态环境保护是功在当代、利在千秋的事业。”“要正确处理好经济发展同生态环境保护的关系，牢固树立保护生态环境就是保护生产力、改善生态环境就是发展生产力的理念，更加自觉地推动绿色发展、循环发展、低碳发展，决不以牺牲环境为代价去换取一时的经济增长。”“要实施重大生态修复工程，增强生态产品生产能力。”“要牢固树立生态红线的观念。在生态环境保护问题上，就是要不能越雷池一步，否则就应该受到惩罚。”在专题听取京津冀协同发展工作汇报时，习近平总书记指出：华北地区缺水问题本来就很严重，如果再不重视保护好涵养水源的森林、湖泊、湿地等生态空间，再继续超采地下水，自然报复的力度会更大。要着力扩大环境容量生态空间，加强生态环境保护合作，在已经启动大气污染防治协作机制的基础上，完善防护林建设、水资源保护、水环境治理、清洁能源使用等领域合作机制。习近平总书记关于生态文明建设的系列重要讲话，为我们开展湿地保护立法工作指明了方向，提供了遵循。加强湿地保护立法，是改善生态环境必然要求；是改善民生、为老百姓提供优质生态产品的内在要求，是全面建成小康社会的迫切需要。我们要把思想和行动统一到中央和省委关于生态文明建设的决策部署上来，深入学习贯彻习近平总书记关于生态文明建设系列重要讲话精神，提高对湿地保护立法重大意义的认识，增强推进湿地保护立法的责任感和紧迫感，以对党和人民高度负责的态度，把湿地保护立法工作抓紧抓好抓出成效。

二、要充分认识加强湿地保护立法的必要性和重要性

我省是一个缺水的省份，湿地资源虽然不多，但湿地类型比较丰富，无论是沿海、平原、山区，还是坝上高原，都有湿地资源分布。据林业部门统计，全省湿地总面积94.19万公顷，其中近海与海岸、河流、湖泊、沼泽等自然湿地69.46万公顷，占总面积的73.74%；其他为水库、人工河流、坑塘、稻田等人工湿地，面积为24.73万公顷，占总面积的26.25%。

湿地与森林、海洋一起被称为全球三大自然生态系统。湿地是地球之肾，具有保持水土、净化水质、蓄洪防旱、调节气候、维护生物多样性等重要功能。湿地是水资源的“贮存库”和“净化器”。湿地作为一种资源，在保护环境、改善生态方面起着极其重要的作用。健康的湿地生态系统，是国家生态安全体系的重要组成部分和经济社会可持续发展的重要基础。近年来，随着人口增长和资源消耗的增加，以及全球气候变化，加剧了湿地内物种的减少和湿地生态系统功能的下降，而一旦湿地生态系统退化不可扭转，水资源安全、物种安全、生态安全、疾病传播等各种问题，将给人们的生产生活带来严重影响。

近年来，随着中央和省委关于大力推进生态文明建设决策部署的贯彻落实，我省湿地保护工作取得了很大成绩。但是也要看到，当前我省湿地保护工作中还存在一些需要亟待解决的问题。首先是有的地方政府对湿地保护的重要性认识不到位，片面追求经济增长，随意侵占和破坏湿地，盲目开发湿地资源、乱占滥用湿地的现象比较突出；其次是湿地保护涉及林业、水利、国土资源、农业、环境保护、住房和城乡建设、交通运输、海洋、旅游等多个部门，管理体制还不顺，存在多部门、多头管理的问题，缺乏统一规划、严格管理、科学合理开发利用的协调机制。三是湿地保护管理经费投入不足，据反映，市、县两级对湿地保护基本没有投入，致使湿地资源调查和监测、湿地自然保护区建设、湿地科学研究、湿地执法监督等工作难以开展；四是湿地生态环境脆弱，地下水超采严重，湿地面积不断萎缩，湿地生态功能和生物多样性下降的问题比较突出。目前全省重要湿地萎缩在70%以上，湿地生态功能退化，湿地生态系统面临很大威胁。

我省是京津冀协同发展生态环境保护支撑区。为大力推进生态文明建设，加强湿地生态保护，维护湿地生态功能和生物多样性，改善生态环境，促进湿地资源可持续利用，坚持运用法治思维和法治方式推进湿地保护工作，依法解决湿地保护中存在的突出问题，将湿地保

护纳入规范化、法治化轨道，依据《中共中央国务院关于加快推进生态文明建设的意见》及国家有关法律法规，制定《河北省湿地保护条例》，是十分必要的。

三、坚持科学立法、民主立法，努力提高立法质量

省人大常委会对湿地立法工作高度重视，将制定《河北省湿地保护条例》列入了今年立法计划。省人大农委、省人大常委会农工委、省法制办、省林业厅等部门，对这项立法工作高度重视，积极开展了条例（草案）起草、立法调研、征求意见、修改完善、协调论证等工作。在基本成熟基础上，已经省政府常务会议讨论通过，提请省人大常委会审议。当前，要在这次论证座谈会的基础上，科学组织，统筹安排，认真梳理大家提出的意见和建议，研究提出省人大农委的审查报告，为提请省人大常委会审议做好准备工作。下面，就坚持科学立法、民主立法，努力提高立法质量问题，再提出几点意见：

一是坚持法制统一的原则。维护国家法制的统一和尊严，是贯彻落实依法治国基本方略的必然要求。中央和省委关于生态文明建设的决策部署和国家有关法律法规，是地方湿地保护立法的基本依据。在湿地保护立法工作中，既要贯彻不抵触原则，坚持依法立法，又要从我省湿地保护的实际出发，尽可能作出细化、具体化的规定，防止小法抄大法，照抄照搬。要注重提高立法质量，坚持成熟先立，不要急于求成；要在确保与国家现行法律法规不冲突、不矛盾、不违背的前提下，把立法重点放在提高地方性法规的针对性、可操作性和可执行性上。

二是坚持科学立法、民主立法的原则。要围绕提高立法质量，探索科学立法、民主立法的新途径。目前全社会对立法质量普遍关注，要求越来越高。人民群众对立法的期盼，已经不是有没有法律法规，而是法规立得好不好、管不管用、能不能解决实际问题。要善于运用法治思维和法治方式，研究解决立法中遇到的实际问题，防止和克服部门利益倾向，维护社会公平正义。要扩大公民对立法的广泛参与，解决好为谁立法、怎样立法、立怎样的法等理论和实践问题，做到问计于民、立法为民。

三是坚持突出地方特色、规范管用的原则。一部法规能不能立得住、行得通、真管用，关键是要看法规能不能准确反映本地实际，是不是符合科学发展规律，体现地方特色。一部法规不在长短，关键在于有几条管用的规定。在湿地保护立法工作中，要坚持问题导向，从我省湿地保护的实际出发，突出地方特色，使法规内容更加符合我省湿地生态保护和管理的要求，做到能具体的尽量具体，能明确的尽量明确，切实解决湿地生态保护管理中存在的突出问题，增强法规的可执行性、可操作性，努力使湿地保护法规有特色、可操作，真正解决实际问题，为推进生态文明建设，改善生态环境，构建京津冀生态环境支撑区，促进经济社会可持续发展提供有力法治保障。

加大监督力度　增强监督实效
推动气象灾害防御法规的贯彻落实

——王刚同志在省人大常委会气象灾害防御执法调研活动汇报座谈暨动员会上的讲话

（2016年7月18日）

这次气象灾害防御执法调研活动，是根据省人大农业和农村委员会今年工作安排，经省人大常委会领导同志批准开展的一项重要监督活动。执法调研的总体要求是，全面贯彻党的十八大和十八届三中四中五中全会精神，深入贯彻习近平总书记系列重要讲话精神，坚持“四个全面”战略布局，牢固树立创新、协调、绿色、开放、共享五大发展理念，采取开展执法调研、审议专项工作报告相结合方式，全面了解各级政府及相关部门贯彻实施国家和我省《气象灾害防御条例》情况，肯定成绩、总结经验，发现问题、研究对策，有针对性地提出建设性的意见和建议，监督和支持政府及相关部门进一步加强和改进气象灾害防御工作，切实解决当前气象灾害防御工作中存在的突出问题，努力推动我省气象灾害防御综合能力不断提升。

刚才，广恩主任对开展这次执法调研活动作了安排部署，我们听取了省政府应急办、发改委、财政厅、水利厅、农业厅、民政厅、气象局等7个部门负责同志关于贯彻实施“两个条例”工作情况的汇报，并进行了座谈交流，使大家对这次执法调研活动的总体要求、重点内容、具体步骤和我省气象灾害防御能力建设情况有了初步了解，为开展好这次执法调研活动打下了良好基础。

下面，我就搞好这次执法调研活动再讲几点意见。

一、提高对气象灾害防御必要性和重要性的认识，切实增强搞好执法调研活动的责任感

气象灾害防御是国家重要的科技型、基础性公益事业，关系国家公共安全和社会和谐稳定，关系人民群众生命和财产安全。加强气象灾害防御，对于避免和减轻气象灾害造成的损失，保障人民生命财产安全，改善和保护生态环境，促进经济社会健康可持续发展意义重大。当前，随着全球气候变化日益加剧和我国经济社会快速发展，气象灾害防御工作的地位和作用越来越重要，服务领域越来越宽，各方面的期望和要求也越来越高。

多年来，党中央、国务院和省委、省政府高度重视气象灾害防御工作。2010年4月，国务院颁布了《气象灾害防御条例》。党的十八大报告强调，要加强防灾减灾体系建设，提高气象灾害防御能力。今年6月23日，江苏盐城市阜宁县、射阳县部分地区突发龙卷风冰雹严重灾害，多个乡镇受灾，造成大量民房、厂房、学校教室倒塌，部分道路交通受阻。正在乌兹别克斯坦访问的习近平总书记立即作出重要指示，要求国务院派工作组前往指导抢险救灾，代表党中央、国务院慰问受灾群众。要求全力组织抢救受伤人员，最大限度减少人员伤亡，并做好遇难人员善后和受灾群众安置工作。要求有关地方政府和部门强化气象监测预报和地质灾害评估等工作，做好重特大自然灾害防范和处置工作，切实保障人民群众生命财产安全。党的十八大和习近平总书记的重要指示，为进一步加快气象灾害防御事业发展，提高气象灾害防御水平指明了方向。同时，也为我们搞好这次执法调研提出了新的更高的要求。

我省是一个农业大省，也是气象灾害发生比较频繁的省份之一。近年来，气象灾害种类多、分布地域广、发生频率高、造成损失重，严重影响着人民群众生产生活和生命财产安全，制约着我省经济社会可持续发展。2013年5月省人大常委会制定出台了《河北省气象灾害防御条例》。三年来，全省各级政府和有关部门认真贯彻实施国家和我省气象灾害防御条例，气象灾害防御现代化建设事业得到了较快发展，为保障人民群众生产生活和生命财产安全，促进经济社会可持续发展发挥了重要作用。但应当看到，当前气象灾害防御工作中还存在一些不容忽视的问题。主要表现在：有的地方对“两个条例”的宣传教育还不够广泛和深入，一些干部群众气象灾害防御的法治观念还比较淡薄；有的地方政府对气象灾害防御现代化建设发展投入不足；有的地方违法侵占、损毁气象探测环境和设施的行为时有发生；有的地方气象灾害防御制度和监管还不到位，气象行政执法工作有待进一步加强。

今年6月1日入汛以来，我省虽然没有出现大范围强降雨过程，但全省平均降水量105毫米，比常年同期偏多2%。随着主汛期的到来，局地突发性暴雨洪水随时都有可能发生，不排除发生流域性大洪水的可能，全省气象灾害防御形势依然严峻。6月29日，庆伟省长到省气象局对汛期气象灾害防御工作进行了调度，他强调，汛期气象灾害防御，事关经济社会发展全局，事关人民群众生命财产安全，要切实加强预报预警，增强预测预报能力，提高预报精准度；要密切监测跟踪天气变化，增强预警时效性；要健全预警信息发布系统，畅通信息传播渠道，第一时间向社会发布权威预警信息。

今年，我们在主汛期组织开展这次执法调研活动，是深入贯彻中央和省委关于加强防灾减灾体系建设，提高气象灾害防御综合能力重大决策部署的重要举措；是应对全球气候变化，加强气象灾害防御，保障人民群众生命财产安全和经济社会可持续发展的迫切需要；是省人大常委会履行监督职责、推动气象灾害防御条例贯彻实施的职责所在。我们要切实提高对气象灾害防御重要性的认识，增强搞好这次执法调研的责任感，全面了解贯彻实施“两个条例”的情况，总结经验，发现问题，研究对策，有针对性提出意见和建议，促进各级政府及相关部门加强和改进气象灾害防御工作，努力提高气象灾害防御的综合能力。

二、突出监督重点，着力提高气象灾害防御执法调研的针对性和实效性

这次执法调研活动，要以国家和我省《气象灾害防御条例》为依据，全面贯彻落实习近平总书记的重要指示和庆伟省长的要求，在全面了解条例实施情况的基础上，重点检查“两个条例”的宣传贯彻，加强对气象灾害防御工作组织领导，将气象灾害防御纳入本级国民经济和社会发展规划及预算，气象灾害风险预防体系建设，气象灾害监测、预报、预警体系建设，气象灾害应急处置体系建设，气象防灾减灾绩效考核管理工作开展，气象灾害监测、预报、预警能力建设，气象灾害防御规章落实和行政执法等8个方面的情况。这8个方面的内容，既是“两个条例”规定的主要条款，也是推进气象灾害防御设施建设、提高气象灾害防御能力的关键环节。在这次执法调研中，要紧紧围绕8个方面的重点内容，认真听取汇报，深入实地考察，掌握第一手资料；要站在保障人民群众生活和生命财产安全的高度来认识，从维护全省社会的安全稳定、促进经济社会的健康发展全局来对待，在肯定成绩的基础上，真正发现存在的问题，认真分析原因，找准问题症结，有针对

性地提出建设性、有价值的意见和建议，确保这次执法调研活动取得扎实成效。

三、加强学习，密切配合，确保执法调研活动顺利开展

（一）要全身心投入到执法调研活动中。这次执法调研活动，安排了一周时间，时间紧、任务重。希望大家在思想上要高度重视，妥善处理好日常工作与这次调研活动的关系，集中时间和精力，全身心地投入这次调研活动。

（二）要加强对“两个条例”的学习。气象灾害防御工作科学性、专业性很强。希望参加执法调研的同志要加强对中央和省委关于气象灾害防御事业发展相关政策文件和气象灾害防御条例等法规的学习，了解我省气象灾害防御事业的建设和发展情况，熟悉气象灾害防御条例和政策规定，努力提高气象灾害防御的政策法规水平。

（三）要坚持求真务实的工作作风。要围绕执法调研重点内容，深入基层、深入群众、深入实际，听真话、查实情、求实效。要坚持听取工作汇报、与基层干部群众座谈、查阅有关资料、深入现场察看相结合，全面、深入、准确了解“两个条例”的贯彻落实情况，力戒形式主义和走马观花。既要总结经验，更要了解存在的突出矛盾和问题，积极探索解决矛盾和问题的思路和对策，争取执法调研取得明显成效。

（四）要严格落实中央八项规定。在法执法调研中，要严格落实中央八项规定和廉洁自律准则，坚持轻车简从，勤俭节约，不给基层增加负担，不给群众添麻烦，不接受超标准接待，自觉维护人大干部的良好形象，在转变工作作风、密切联系群众上做出表率。

求真务实　加强监督
扎实搞好脱贫攻坚工作专题视察活动

——王刚同志在省人大常委会脱贫攻坚工作专题视察汇报暨动员会上的讲话

（2016年9月12日）

这次开展脱贫攻坚情况专题视察活动，是根据省人大常委会今年监督工作安排，经省人大常委会领导批准开展的一次重要监督活动。这次专题视察的主要任务是，深入贯彻落实党的十八大、十八届三中、四中、五中全会和省委八届十四次全会精神，以习近平总书记系列重要讲话和对河北的重要指示精神为指导，围绕推动“四个全面”战略布局，认真贯彻五大发展理念，以推动中央和省委关于打赢脱贫攻坚战重大决策部署的贯彻落实，大力实施精准扶贫、精准脱贫，加快贫困群众脱贫步伐，确保如期实现脱贫攻坚目标为目的，通过对脱贫攻坚情况的视察，肯定成绩、总结经验，发现问题、研究对策，有针对性地提出意见和建议，监督和推动脱贫攻坚工作扎实深入开展。

按照这次脱贫攻坚情况专题视察活动实施方案要求，今天上午，我们召开脱贫攻坚情况专题视察汇报座谈暨动员会，对开展脱贫攻坚情况专题视察活动进行动员部署。刚才，广恩主任宣读了《省人大常委会关于组织开展脱贫攻坚情况专题视察活动的实施方案》；大家听取了省扶贫办、发改委、财政厅、民政厅、教育厅、农业厅、林业厅、卫生和计生委、金融办等部门工作汇报，使大家对我省脱贫攻坚情况和开展专题视察活动的部署及要求有了一个基本了解，为搞好专题视察打下了好的基础。

下面，借此机会，我就加大监督力度，增强监督实效，为坚决打赢脱贫攻坚战奠定坚实基础，讲几点意见。

一、统一思想，充分认识开展脱贫攻坚工作专题视察活动的重要性和必要性。

（一）开展专题视察，是贯彻落实中央和省委重大决策部署，推进脱贫攻坚工作深入开展的重要举措。消除贫困、改善民生、逐步实现共同富裕，是社会主义的本质要求，也是我们党的重要使命。中央对扶贫开发工作始终高度重视，先后作出了一系列重大决策部署。2015年11月27日至28日，中央召开了扶贫开发工作会议，分析了全面建成小康社会进入决胜阶段脱贫攻坚面临的形势和任务，明确了“十三五”扶贫脱贫目标，对当前和今后一个时期脱贫攻坚任务作出了部署。习近平总书记在中央扶贫开发工作会议和东西部扶贫协作座谈会上发表了重要讲话，从战略和全局高度，对扶贫攻坚工作进

行了科学指导和全面部署，既明确指出了新时期扶贫开发工作的大政方针、目标任务、总体要求，又鲜明回答了“扶持谁”“谁来扶”“怎么扶”“如何退”等重大问题，思想深刻、内涵丰富，充分体现了中央对扶贫开发工作的高度重视和消除贫困的坚定决心，为我省做好新时期扶贫开发工作指明了前进方向、提供了重要遵循。

为贯彻落实中央关于打赢脱贫攻坚战的决策部署，省委、省政府于去年12月底召开了全省扶贫开发工作会议，明确了我省“十三五”脱贫攻坚的指导思想，强调要深入学习贯彻习近平总书记系列重要讲话精神，全面落实精准扶贫、精准脱贫的基本方略，紧扣扶持谁、谁来扶、怎么扶、如何退这几个关键环节，坚持扶贫开发与经济社会发展相互促进，坚持扶贫开发与生态保护并重，以燕山—太行山和黑龙港流域集中连片特困地区、环首都扶贫攻坚示范区为主战场，以增加贫困群众收入为核心，以培育发展富民产业为主攻方向，以改革开放为动力，统筹推进现代农业发展、山区综合开发、美丽乡村建设和乡村旅游发展，走出一条经济效益、社会效益、生态效益同步提升的扶贫新路，举全省之力坚决打赢脱贫攻坚战。

根据中央要求，结合我省实际，省委确定我省脱贫攻坚的目标概括为“两步走”、“三确保”、“四提升”。“两步走”就是力争到2018年基本解决全省面上的脱贫问题；再用两年时间即到2020年底前，集中力量解决剩余的少数贫困人口稳定脱贫问题，巩固提高全省脱贫攻坚成果。“三确保”就是到2020年，确保现行标准下农村贫困人口实现脱贫，确保贫困村全部出列并基本达到美丽乡村建设标准，确保贫困县全部摘帽。“四提升”就是贫困县的贫困人口生活水平明显提升，稳定实现不愁吃、不愁穿；综合经济实力明显提升，基本公共服务水平明显提升，生态环境建设水平明显提升，为全面建成小康打下坚实基础。

中央和省委关于脱贫攻坚的决策部署，既为做好脱贫攻坚工作指明了方向，也为开展人大监督提出了新要求。通过开展专题视察活动，加强对脱贫攻坚工作监督，推动脱贫攻坚工作深入开展，这是贯彻落实中央和省委重大决策部署的重要举措，也是人大工作围绕中心、服务大局，推动中央和省委重大决策部署贯彻落实，深入推进脱贫攻坚工作开展的迫切需要。

（二）开展专题视察，是推动解决当前脱贫攻坚中存在的突出困难和问题，确保如期实现脱贫攻坚目标的重要保障。我省是脱贫攻坚任务较重的省份，省委、省政府把脱贫攻坚放在突出位置来抓，组织各方面力量集中攻坚，改革开放以来共有1963万贫困人口实现脱贫，贫困发生率由35%下降到5.4%，有力提高了贫困群众生活水平，为全面建成小康社会打下了坚实基础。但也要看到，我省脱贫攻坚任务依然艰巨繁重。目前，全省还有62个贫困县、7366个贫困村、310万贫困人口。这些贫困人口集中在深山区、坝上地区，基础设施薄弱，生存条件较差，社会事业滞后，脱贫难度很大。可以说，脱贫攻坚到了攻坚拔寨的冲刺阶段。同时，脱贫攻坚工作中还存在着精准扶贫机制不健全、扶贫责任不到位、扶贫投入不足、贫困人口内生动力缺乏等薄弱环节。这就需要我们在专题视察活动中，坚持深入基层、深入贫困村、深入贫困群众，全面了解脱贫攻坚工作开展情况，既肯定各地工作成绩，总结工作经验，又注意发现脱贫攻坚工作中存在的突出问题，存在的实际困难，并深入分析原因，研究解决问题、困难的办法和措施。要通过这次专题视察，真正督促政府解决一批脱贫攻坚中存在的突出困难和问题，监督和支持政府进一步改进和加强脱贫攻坚工作，着力提高脱贫攻坚的精准性、有效性、持续性，促进脱贫攻坚工作深入扎实开展。

（三）开展专题视察，是人大常委会依法行使监督职权，推动脱贫攻坚工作深入开展的重要手段。今年是脱贫攻坚首战之年，搞好这次视察，意义重大。对今年脱贫攻坚工作，省委、省政府高度重视，赵克志书记、张庆伟省长亲自研究部署，各地各部门积极行动，加大攻坚力度，切实抓好特色产业脱贫、易地搬迁脱贫、发展教育脱贫、生态补偿脱贫、社会保障兜底扶贫等各项工作，做到真扶贫、扶真贫、真脱贫，全省脱贫攻坚工作扎实推进。组织开展脱贫攻坚专题视察，要在全面了解情况、找准存在问题、深入分析原因的基础上，有针对性地提出建设性意见和建议，监督和支持政府抓好脱贫攻坚工作，推动贫困群众脱贫致富，使发展成果更多更公平地惠及人民，这是坚持党的根本宗旨的具体体现，是依法行使好人大监督职权的重要手段，有利于监督和支持政府着力解决当前脱贫攻坚中存在的突出问题，加快贫困地区发展和贫困群众脱贫步伐，不断改进和加强脱贫攻坚工作，为确保如期实现脱贫攻坚目标提供有力保障。

二、突出监督重点，加大监督力度，提高专题视察实效

(一)突出重点，抓住关键。要紧紧围绕中央和省委的决策部署、相关政策和法律法规贯彻落实中存在的突出问题进行视察。这次专题视察，明确了七个方面的视察重点：一是贯彻落实中央和省委关于打赢脱贫攻坚战的决定，加强组织领导，构建大扶贫格局，推进脱贫攻坚规划实施的情况；二是坚持产业化扶贫，发展农业特色产业、乡村旅游、农村电商、家庭手工业、股份合作制经济和就业创业的情

况；三是落实国家易地扶贫搬迁政策，实施贫困人口易地扶贫搬迁和危房改造脱贫行动的情况；四是加强贫困地区生态保护修复，建立生态补偿机制，实施生态保护补偿脱贫，推进生态环境保护和建设的情况；五是实施教育脱贫、医疗保险与医疗救助脱贫、农村最低生活保障制度兜底等政策措施的落实情况；六是财政扶贫资金投入、金融扶贫资金投入、涉农扶贫资金整合、社会帮扶资金管理及扶贫开发项目建设情况；七是宣传贯彻《河北省农村扶贫开发条例》，将脱贫攻坚工作纳入法治化、规范化、制度化轨道的情况；视察组要围绕上述七个方面问题，认真开展视察活动，努力增强监督实效。

(二)严格要求，依法办事。视察组要严格按照监督法、我省实施监督法办法和专题视察实施方案的要求开展视察工作，严格监督程序，把握工作要求。

一是要认真进行视察。通过听取汇报、召开座谈会、实地视察、查阅相关资料，掌握真实情况。对专题视察中发现的重大问题，视察组要及时转交有关部门核查处理，并限期报告办理情况。

二是要注意发现问题。开展专题视察的目的就是找问题，提出意见和建议，推动工作开展。要重点查找责任落实、财政资金投入、扶持政策落实等方面存在的问题，特别是对脱贫攻坚的精准度和社保兜底的落实程度，要认真检查核实，加大监督力度。

三是要认真梳理总结视察成果。视察组要认真汇总视察中的各种信息，综合分析各方面情况，在充分肯定成绩、找准问题的基础上，有针对性地提出有价值的意见和建议，督促政府及相关部门采取有力措施，进一步改进和加强脱贫攻坚工作。

(三)加强跟踪问效，建立长效机制。开展专题视察是推动工作开展的重要手段，发现问题是取得专题视察成效的前提。通过开展专题视察，分析问题产生的原因，提出解决问题的办法，建立起预防问题发生的长效机制，这才是专题视察的最终目的。希望视察组通过视察，发现问题，分析原因，总结出有规律性的东西，运用法治思维和法治方式，推动建立和完善工作长效机制。

三、精心组织，确保专题视察活动顺利开展

(一)要认真学习，提高监督水平。视察组每位成员要认真学习中央和省委关于打赢脱贫攻坚战的重大决策部署，学习有关的政策、法规和文件，学习中央和省委领导同志的重要讲话，特别是习近平总书记关于扶贫开发工作的重要讲话和视察唐山时的重要讲话，切实领会和把握中央和省委关于脱贫攻坚工作的精神实质及相关政策规定，进一步提高理论政策和法律水平，切实提高依法履职能力，为搞好专题视察打下良好基础.

(二)要注意方式方法，务求实效。切实改进工作作风，注重增强视察活动实效。要在开展专题视察活动中，发扬求真务实的作风，围绕脱贫攻坚专题视察重点内容，坚持深入基层、深入农村、深入群众，听真话、察实情、求实效。要坚持听取工作汇报与深入现场察看相结合，同基层干部群众座谈与随机走访贫困户相结合，对面上情况了解与研究重点问题相结合，务求全面了解真实情况，掌握第一手资料，力戒形式主义、官僚主义，做到既肯定成绩、总结经验，又发现问题、找到症结，有针对性地研究对策，及时提出切实可行的意见和建议，增强专题视察成效。

(三)要团结协作，密切配合。视察组人员要充分发挥自身优势，密切配合，搞好专题视察，做到有始有终。要服从安排，团结协作，相互配合，努力工作。省人大常委会农工委要加强协调服务工作，精心组织，主动承担任务，及时沟通情况，形成整体合力，共同做好专题视察工作。

(四)要转变作风，廉洁自律。在专题视察活动中，每位同志都要认真贯彻落实中央和省委关于廉洁自律、改进作风的有关规定，密切联系群众，坚决反对“四风”。要严格遵守八项规定，坚持轻车简从，不接受超标准接待，不给基层增加负担，不给群众添麻烦，切实转变作风，确保这次专题视察活动取得扎实成效。

学习贯彻习近平总书记“三农”重要思想
充分发挥人大在推进依法治农中的重要作用

——王刚同志在省十二届人大农业和农村委员会第十次会议上的讲话

（2016年12月14日）

今天，我们召开省十二届人大农业和农村委员会第十次会议，主要任务是学习贯彻习近平总书记“三农”

重要思想，总结2016年省人大农委工作，研究安排2017年农业和农村立法、监督工作，充分发挥人大在全面推进依法治农中的重要作用。

按照会议议程安排，刚才，我们审议并通过了《省十二届人大农业和农村委员会2016年工作总结和2017年要点》，圆满完成了会议预订任务。会议结束后，请省人大常委会农工委根据委员们审议意见和建议，进一步修改完善，并做好提请省十二届人大五次会议审议的准备工作。

下面，我就深入学习贯彻习近平总书记“三农”重要思想，充分发挥人大在全面推进依法治农中的重要作用，讲几点意见。

一、深入学习贯彻习近平总书记“三农”重要思想，切实增强全面推进依法治农的责任感和使命感

党的十八大以来，习近平总书记高度重视农业农村农民工作，在许多会议和考察中就做好“三农”工作发表了一系列重要讲话，提出了许多新理念、新论断、新举措，不仅内容丰富、涉及“三农”方方面面，而且阐述深刻、针对性强。在2013年12月中央农村工作会议上，习近平总书记从党和国家事业发展全局出发，强调中国要强农业必须强，中国要美农村必须美，中国要富农民必须富。小康不小康，关键看老乡。一定要看到，农业还是“四化同步”的短腿，农村还是全面建成小康社会的短板。要坚持把解决好“三农”问题作为全党工作重中之重，加大推进新形势下农村改革力度，加强城乡统筹，全面落实强农惠农富农政策，促进农业基础稳固、农村和谐稳定、农民安居乐业。习近平总书记深刻指出，抓农业农村工作，首先要抓好粮食生产；中国人的饭碗任何时候都要牢牢端在自己手上；我们的饭碗应该主要装中国粮。习近平总书记强调，农村基本经营制度是党的农村政策的基石；坚持党的农村政策，首要的就是坚持农村基本经营制度；要加快构建立体式复合型现代农业经营体系。今年4月25日，习近平总书记到安徽省凤阳县小岗村考察，在小岗村主持召开农村改革座谈会并发表重要讲话。他强调，要坚持把解决好“三农”问题作为全党工作重中之重，坚定不移深化农村改革，坚定不移加快农村发展，坚定不移维护农村和谐稳定。新形势下深化农村改革，主线仍然是处理好农民和土地的关系。深化农村改革，最大的政策，就是必须坚持和完善农村基本经营制度，坚持农村土地集体所有，坚持家庭经营基础性地位，坚持稳定土地承包关系，真正让农民吃上“定心丸”。完善农村基本经营制度，要顺应农民保留土地承包权、流转土地经营权的意愿，把农民土地承包经营权分为承包权和经营权，实现承包权和经营权分置并行，有利于更好坚持集体对土地的所有权，更好保障农户对土地的承包权，更好用活土地经营权，推进现代农业发展。同时强调，不管怎么改，都不能把农村土地集体所有制改垮了，不能把耕地改少了，不能把粮食生产能力改弱了，不能把农民利益损害了。习近平总书记重要讲话特别是“三个坚定不移”，再次申明了中央进一步推进农村改革、发展、稳定的意志和决心。习近平总书记在座谈会上进一步强调，要以构建现代农业产业体系、生产体系、经营体系为抓手，加快推进农业现代化。没有农业现代化，国家现代化是不完整、不全面、不牢固的。习近平总书记强调，加快农村发展，任何时候都不能忽视农业，忘记农民，淡漠农村；要坚持强农惠农富农政策不减弱，推进农村全面小康建设不松劲，在认识的高度，重视的程度，投入的力度上保持好的势头。

习近平总书记这些重要论述，着眼我国经济社会发展大局，系统深刻阐明了“三农”工作的战略地位、形势任务和发展规律，科学回答了新时期“三农”发展的许多重大理论与现实问题，丰富发展了党的“三农”理论，形成了具有鲜明时代特征的习近平“三农”重要思想，构成了新时期解决我国“三农”问题的理论探索与顶层设计，为新时期农业农村改革发展提供了重要遵循，为做好人大农业和农村工作指明了方向。我们要把深入学习贯彻习近平“三农”重要思想作为加强党的理论武装的重大任务、作为推进思想建党的长期举措，坚持用习近平“三农”重要思想武装头脑、指导实践、推动工作。要把深入学习贯彻习近平总书记系列重要讲话和“三农”重要思想，作为从事“三农”工作干部的必修课，全面系统地学习习近平“三农”重要思想，坚持不懈地学深学懂学透，深刻领会其精神实质，切实增强全面推进依法治农的责任感和使命感，着力做好人大农业和农村立法、监督等工作，为全面深化农村改革、加快发展现代农业化、促进农业增效和农民增收提供有力法治保障。

二、坚持科学立法、民主立法，充分发挥人大常委会立法在全面推进依法治农中的主导作用

立法是人大常委会的重要职权，如何履行好这一重要职权，关键是要深入推进科学立法、民主立法，健全立法机制，加强对立法工作的组织协调，在提高立法质量上下功夫，增强法规的针对性、可执行性和可操作性。进入全面深化农村改革的重要时期，立法的功能应从注重总结实践经验转变为重视引领、增强前瞻，更加注重发挥立法的引领和推动作用，把做好顶层设计同先行先试、探索创新有机结合起来，通过立法凝聚社会共识、推动制度创新、引领农村改革发展。凡是“三农”改革方案对制定、修改或者废止农业法规提出要求的，就应及时启动立法程序，确保农村重大改革于法有据、先立后破、有序进行。今年

以来，我们发挥人大农委在“三农”立法中的主导作用，坚持统筹推进立、改、废工作，制定出台了农村扶贫开发条例、气候资源保护和开发利用条例、湿地保护条例，提请初审了绿化条例等4部法规；修订了实施《水法》办法、陆生野生动物保护条例、农机管理条例、水文管理条例、义务植树条例等5部法规；开展了草原、节约用水、农产品质量安全等3部法规立法调研。这对全面推进依法治农、全面深化农村改革将发挥重要的保障作用。根据2017年立法工作要点，明年将制定节约用水条例、供销合作社条例，开展《种子法》实施办法、农产品质量安全立法调研等工作。做好明年立法工作，要继续发挥人大农委在“三农”立法中的主导作用，紧扣农村改革发展主题，主动服务于农村改革发展实践，加快“三农”重点领域立法步伐，努力提高立法质量。

一是注重发挥人大农委在立法决策中的主导作用。要根据“三农”发展的需要和农民群众关注的重点问题，切实加强“三农”立法的组织协调，搞好立法项目论证，对各方面提出的立法项目进行通盘考虑、总体设计、科学选择，分别轻重缓急，积极向省人大常委会提出“三农”立法建议；对于争议较大但实践中又迫切需要的立法项目，认真研究论证，及时果断作出决策，避免久拖不决，影响立法进程。要加强与省直部门及有关方面的协商沟通，妥善解决立法中遇到的难点重点问题。

二是注重发挥人大农委在法规起草中的主导作用。在立法工作中，对涉及综合性、全局性的“三农”法规草案，应当由省人大农委和常委会农工委牵头起草；对专业性较强的法规草案，可以委托有关专业机构或专家学者起草；对政府有关部门起草的法规草案，省人大农委和常委会农工委应当提前介入，积极参与立法调研、论证和法规草案起草，加大督办力度，统筹立法工作进度；要建立立法规起草时限制度，加强立法协调协商，努力做到当年确定的立法项目、当年调研起草、当年颁布实施。

三是注重发挥人大代表在立法中的积极作用。要建立健全人大代表提出议案和建议与完善年度立法计划、制定或修订“三农”法规相衔接的机制；认真研究采纳代表议案中提出的意见建议，拓宽代表参与立法的渠道，广泛吸收人大代表参与立法调研、审议法规等活动，调动社会各方面参与立法积极性，建立健全“三农”法规草案征询社会公众意见制度，完善公民和社会组织直接提出立法建议机制，为公民参与立法创造良好条件。

四是注重提高立法质量，增强法规的可执行性和可操作性。立法质量直接关系法律法规实施的效果。习近平总书记强调，不是所有的法都能治国，不是所有的法都能治好国；人民群众对立法的期盼，已经不是有没有，而是好不好、管不管用、能不能解决问题。张德江委员长指出，提高立法质量是加强和改进立法工作的重中之重。就是说要立好法、立高质量的法、立管用的法。对于立法机关而言，要始终在提高立法质量上下功夫，努力使法律法规立得住、行得通、真管用。地方立法关键是在地方特色上下功夫，在有效管用上做文章。着力提高立法质量，要求我们积极创新法治思维，牢固树立新的立法理念。要坚持以人为本，从过去注重“立权”转变为更加注重“立责”，从过去注重维护公权转变为更加重视规范公权、保障私权、尊重人权，做到立法为民、问法于民，维护社会公平正义；要坚持质量第一，在立法的精细化上下功夫，完善立法工作机制，强化立法前论证、立法中调研、立法后评估等各环节工作，重点围绕增强法规的可执行性和可操作性，着力提高立法的科学性、针对性、有效性；要坚持与时俱进，在立法观念、立法方式、制度设计上与时俱进，妥善处理法律规范的稳定性与变动性、现实性与前瞻性、原则性和可操作性的关系，使法规更好保障农村改革发展的需要。

三、坚持突出重点、注重实效，充分发挥人大监督在推动农业和农村经济发展中的保障作用

全面推进依法治农，要求我们依法履行监督职责，深入推进执法监督和工作监督，不断提高监督工作水平。要认真贯彻实施监督法，坚持用法治思维和法治方式指导监督工作，围绕推进中央和省委关于“三农”重大决策部署和农业农村法律法规的贯彻实施，完善监督思路，突出监督重点，健全监督机制，综合运用多种监督手段，加大监督力度，切实增强“三农”监督的针对性、实效性。今年以来，我们发挥人大监督在推进农村改革发展中的保障作用，组织开展了京津冀上游生态环境保护和建设、脱贫攻坚专题视察，气象灾害防御执法调研，听取了省政府贯彻落实省人大秸秆综合利用和禁烧决定专项工作报告，开展了农村金融服务“三农”审议意见整改跟踪监督，监督力度明显加大，监督实效进一步提升。根据2017年监督工作安排，明年我们就加强防洪减灾，开展《防洪法》执法检查；就完善农村“三权分置”办法，开展落实“三权分置”专题视察；听取政府贯彻气象灾害防御法规专项工作报告，开展脱贫攻坚审议意见整改跟踪监督等工作。做好明年“三农”监督工作，要继续发挥人大监督在推进农村改革发展中的保障作用，突出重点，注重实效，深入开展执法监督和工作监督，加大监督力度，努力增强监督实效。

一是着力强化法治理念，提升运用法治思维和法治方式开展监督工作的能力。法律是治国之重器，法治是国家治理体系和治理能力的重要依托。法令行则国治，法令弛则国乱。习近平总书记强调，要提高领导干部运用法治思

维和法治方式开展工作、解决问题、推动发展的能力，引导干部群众自觉守法、遇事找法、解决问题靠法，让依法办事蔚然成风。随着全面依法治国深入推进，广大干部群众法治意识不断提高，依法行政、依法办事逐渐成为常态。但要清醒认识到，“天下之事，不难于立法，而难于法之必行。”只有法律存在，没有法律实施，法律就成了“稻草人”。当前的问题是要推动法律的实施，这是全面依法治国的关键。只有全社会形成了法治信仰，养成了依法办事的风气，整个社会才能成为法治社会。这就需要我们树立法治思维，弘扬法治精神，凝聚法治力量，推动建设法治文明。各级干部要自觉养成崇尚法治的思维习惯和行为自觉，在法治的框架下决策行事，逐步形成自觉守法、遇事找法、解决问题靠法的良好法治环境。

二是着力强化执法监督，推动农业和农村法律法规的贯彻实施。开展执法检查，是人大常委会监督的法定形式，也是人大常委会推动法律法规实施的重要手段。全面推进依法治国，首先是要依法行政、依法办事。近年来，我们存在着重立法轻执法、重工作监督轻执法监督的现象。张德江委员长多次就做好人大监督工作，特别是执法检查工作发表重要讲话。他强调，执法检查工作要遵循四个原则，即坚持党的领导、坚持依法行使职权、坚持问题导向、坚持监督与支持相统一。在总结执法检查经验基础上，全国人大探索形成了完善的执法检查工作流程，包括选好执法检查题目、搞好执法检查组织、准确报告执法检查情况、认真进行审议、加强改进相关工作、向常委会报告整改落实情况六个环节。张德江委员长还结合人大监督工作实际和面临的新形势新任务，提出了人大常委会开展执法检查的四个目的：一是宣传普及法律法规，树立法律的权威，带动全社会学习法律法规，提高法治意识；二是督促“一府两院”依法行政、公正司法，检查他们是否按照法律规定的权限和程序开展工作，履行职责，保证各项工作都在法治轨道上运行；三是开展执法检查的重点，就是检查法律规定的各项制度有没有落实，要求建立的体制机制有没有形成，确立的各项权利和义务有没有实现，保证法律落地生根，成为法治实践；四是促进法律制度完善，通过执法检查，发现法律制度规定与实际情况不适应、与其他法律不协调等问题，总结实践经验，为修改完善法律法规做好准备。我们要贯彻落实张德江委员长的重要指示精神，切实抓好执法检查工作，努力增强执法检查实效，扎实推动“三农”法律法规的贯彻实施。

三是着力强化工作监督，推动中央和省委关于“三农”重大决策部署的贯彻落实。近年来，中央和省委对“三农”工作高度重视，先后作出了一系列重大决策部署。习近平总书记强调，农业是全面建成小康社会、实现现代化的基础，我们一定要切实增强做好“三农”工作的责任感、使命感、紧迫感，坚持强农惠农富农政策不减弱，推进农村全面小康建设不松劲，不断巩固和发展农业农村好形势。加强对“三农”工作的监督，是人大常委会的一项重要职能。为贯彻落实中央和省委制定的“十三五”规划建议，以“五大”发展理念为引领，加快推进农业现代化，中央和省委对做好“三农”工作作出了推进农业供给侧结构性改革、大力发展新型农业经营主体、加快培育新型职业农民、发展多种形式农业适度规模经营、推进以高端设施农业为重点的现代农业园区建设、推进农业结构调整、发展农产品加工业、大力发展休闲农业和乡村旅游、加快农村一二三产业融合发展、实施脱贫攻坚工程、加强生态环境保护和建设、加强农业资源保护和高效利用、深化农村产权制度改革、发展农村股份合作制经济、建设美丽宜居乡村等一系列决策部署。这些都是我们开展“三农”监督工作的重要内容。在今后监督工作中，我们要坚持围绕中心、服务大局，按照重要程度、重点工作、重大问题予以重点关注的精神，有针对性地选择一些农民群众关心和关注的重点难点问题，有计划地开展专题视察、专题调研、专题询问等活动，加强对“三农”重点工作、重大问题的监督，推动中央和省委关于“三农”工作重大决策部署更有效地贯彻落实。

四、加强委员会自身建设，不断提高综合素质和履职能力。

要把思想政治建设放在首位，深入学习贯彻党的十八届五中六中全会、习近平总书记系列重要讲话精神，切实增强“四个”意识，自觉维护以习近平同志为核心的党中央权威；深入学习贯彻中央经济工作会、农村工作会和省委九次党代会、省农村工作会议精神，不断增强依法履职能力和水平。要加强委员会制度建设，完善委员会组成人员履职机制，充分发挥专门委员会重要作用。坚持深入基层、深入农村、深入农民，开展调查研究，做到问政于民、问需于民、问计于民，使人大常委会“三农”立法、监督决策顺应民心、反映民意、贴近民生。要深入开展“两学一做”学习教育，深入学习贯彻党章党规，严格遵守中央和省委“八项规定”，切实改进学风文风会风。要加强党风廉政建设，坚持领导干部带头，严格遵守廉洁自律各项规定，切实履行“一岗双责”主体责任，扎实营造风清气正的政治生态。

Ⅲ 社会经济发展报告

综合篇

全省农村经济综述

2016年，在省委、省政府正确领导下，面对经济下行压力加大、"7·19"特大洪涝灾害和进口农产品冲击等严峻形势，全省各地主动适应经济发展新常态，不断加大强农、惠农、富农力度，着力推进农业供给侧结构性改革，调整优化农业生产结构，农林牧渔业生产总体呈现稳中向好的态势，结构调整成效逐步显现。

一、农林牧渔业生产稳中向好

2016年，农林牧渔业生产保持稳中向好，共计完成农林牧渔业产值6083.9亿元，比上年增长3.5%，提高0.8个百分点。实现农林牧渔业增加值3644.8亿元，比上年增长3.7%，提高1.0个百分点。

农林牧渔业产值结构呈现"一降一平三升"的特点。农业产值比重为56.9%，同比下降0.7个百分点；畜牧业产值比重为31.9%，与上年持平；林业产值比重为2.2%、渔业产值比重为3.5%、服务业产值比重为5.6%，同比分别上升0.1、0.2和0.4个百分点。畜牧、蔬菜、果品三大优势产业稳定发展状大，三大优势产业共实现产值4316.8亿元，占全部农林牧渔业总产值比重达到71.0%，与上年持平。

二、农作物生产结构调整成效逐步显现

（一）粮食作物播种面积减，单产和总产增

2016年，全省继续深化以小麦节水限采和秋季粮改饲为重点的粮食供给侧结构性改革，粮食生产呈现"面积减、单产增、总产增"良好局面。全年粮食作物播种面积6327.4千公顷，比上年减少1.0%。其中，小麦播种面积减少0.2%，玉米播种面积减少1.8%。粮食单产5469公斤/公顷，比上年增加207公斤/公顷，增长3.9%。粮食总产3460.2万吨，比上年增加96.4万吨，增长2.9%，创历史最好水平。

（二）经济作物种植面积逐年增加

以市场需求为导向，大力发展优质高效经济作物。2016年，全省油料播种面积468.3千公顷，比上年增长1.5%；甜菜播种面积19.3千公顷，增长12.3%；花卉种植面积18.0千公顷，增长5.6%；其他农作物面积191.5千公顷，增长119.3%。其中，青饲料种植面积117.4千公顷，增长110.4%。

中草药生产继续保持较快发展。2016，在中草药种植收益较好的带动下，播种面积68952公顷，总产量425991吨，比上年分别增长11.0%和9.9%。从播种面积看，全省中草药材种植主要集中在5个县。其中，涉县播种面积11333公顷，安国市播种面积9190公顷，巨鹿县播种面积8825公顷，隆化县播种面积4988公顷，内丘县播种面积4311公顷，分别占到全省中草药材总播种面积的16.4%、13.3%、12.8%、7.2%和6.3%，从产量看，主要集中在5个县。其中，青龙县80800吨，安国市49626吨，隆化县47464吨，定州市44782吨，巨鹿县29592吨，分别占全省中草药材总产量的19.0%、11.6%、11.1%、10.5%和6.9%。

（三）蔬菜瓜果面积略有下降，设施比重稳步提高

2016年，全省蔬菜播种面积和总产量均呈现缩减趋势。蔬菜播种面积1236.2千公顷，总产量8193.4万吨，分别比上年下降0.5%和0.6%。瓜果类生产播种面积减、产量增。2016年，全省瓜果类播种面积113.6千公顷，比上年下降0.9%，总产量613.9万吨，比上年增长0.9%。

设施蔬菜瓜果种植比重逐年提高，设施蔬菜面积占蔬菜播种面积的比重为32.8%，比上年提高0.3个百分点；设施瓜果类面积占瓜果类播面比重为47.8%，比上年提高0.3个百分点。

（四）食用菌生产保持快速发展

2016年，全省食用菌总产量达到178.2万吨，同比增长10.7%。其中蘑菇鲜品168.2万吨，同比增长11.0%。从生产区域看，目前全省食用菌生产主要集中在4个县。其中，承德市平泉县36.9万吨，承德县22.0万吨，遵化市20.6万吨，灵寿县12.6万吨，分别占总产量的20.7%、12.3%、11.6%和7.1%，四县产量合计占到全省总产量的51.7%。

三、造林面积创近年新高

2016年，全省加快推进太行山绿化、京津保生态过渡带、冬奥会赛区等重大工程，植树造林规模不断扩大，共完成造林绿化面积523万亩，创近年来新高。全省造林绿化进入规模推进、速度和质量明显提升新阶段，生态环境质量持续改善，京津冀生态环境支撑区作用进一步增强。

四、畜牧业生产总体平稳

（一）生猪供应依旧偏紧。生猪养殖持续享受去产能红利，饲料保持在较低价位，养殖效益处于较高盈利区间，养殖户积极性提高。但由于禁养限养政策等因素，目前生猪市场依旧处于供应偏紧局面，存栏呈减少趋势。截止2016年底，全省生猪存栏1819万头，比上年下降2.5%；出栏生猪3433.9万头，比上年下降3.3%；猪肉产量265.4万吨，下降3.5%。

（二）牛羊生产稳定发展。2016年，全省肉牛生产平稳增长，出栏肉牛331.9万头，比上年增长2.0%。牛肉产量54.3万吨，比上年增长2.0%。肉羊出栏持续增长，出栏肉羊2303.8万只，比上年增长2.2%。羊肉产量32.4万吨，增长2.2%。

（三）家禽生产形势向好。2016年，全省出栏家禽6.1亿只，比上年增长4.0%。禽肉产量90.5万吨，比上年增长4.0%。禽蛋总产量达388.5万吨，增长4.0%。

（四）牛奶产量持续下降。受养殖效益等因素影响，2016年全省奶牛补栏持续减少，存栏和牛奶产量均呈下降趋势。奶牛存栏180.6万只，比上年下降8.0%。牛奶产量440.5万吨，比上年下降6.9%。

五、渔业生产平稳略增

2016，全省渔业生产平稳略增，水产品产量达到132.2万吨，比上年增长1.9%。从生产方式看，呈现捕捞减、养殖增的特点。其中，海洋捕捞产量24.8万吨，比上年减少1.0%。淡水捕捞产量10.3万吨，减少0.1%；海水养殖产量51.1万吨，增长1.0%。淡水养殖产量 46.0万吨，增长6.1%。从生产品种看，海水产品和淡水产品产量均实现增长。其中，海水产品产量达到75.9万吨，增长0.3%；淡水产品产量达到56.2万吨，增长4.9%。

海洋捕捞减少主要由于渤海、黄海资源及产情不好，部分捕捞经济品种产量下滑所致，加之减船转产和渔船更新改造工作开展，近海捕捞得到有效控制。淡水养殖产量增长主要原因：一是唐山市对陡河水库周边水产养殖进行了清理专项行动，取缔了陡河水库库区一级保护区内的各类养殖经营活动，养殖户集中出池，池塘养殖产量明显增加；宽城、兴隆、迁西对潘大水库进行网箱清理，水产品出池，产量明显增加。二是淡水养殖生产相对稳定，其中内陆泥鳅特色养殖异军突起。

六、农业产业化经营总量稳步增长

2016年，全省各地认真贯彻落实省委、省政府统一部署，立足资源优势，以市场需求为导向，以农业供给侧结构性改革为主线，抓项目、育龙头、扩基地、促联结，大力培育农业农村新动能，农业产业化经营稳步增长。全省农业产业化经营总量达到7479.2亿元，比上年增加544.4亿元，增长7.9%。全省农业产业化经营率稳步提高，达到66.7%，比上年提高1.1个百分点。

2016年，全省龙头经营组织总数达到2529个，比上年增加348个，增长16.0%。其中，龙头企业（集团）2212个，增加313个，增长16.5%；专业市场113个，与上年持平；中介服务组织204个，增加35个，增长20.7%。

七、化肥农药使用量实现零增长

2016年，我省强力推进农业供给侧结构性改革，大力发展绿色农业，全省农药、化肥使用量实现零增长。农药使用量8.2万吨，比上年减少0.2万吨，减少2.0%。农用化肥施用量（折纯）331.8万吨，比上年减少3.7万吨，减少1.1%。氮、磷、钾肥使用量分别为145.0万吨、45.2万吨和27.7万吨，比上年分别减少2.0%、2.6%和1.1%，复合肥施用量113.9万吨，比上年增长0.7%。

（河北省统计局　孙玉梅）

部　门　篇

农业生产

【概况】2016年，我们面对严峻复杂的形势和多重矛盾叠加的挑战，各级农业农村工作部门认真贯彻新发展理念和省委省政府决策部署，围绕调结构、建园区、抓改革、强主体、促融合、美乡村，以农业结构调整为主线，以发展高端设施农业为重点，大力推进农业供给侧结构性改革，实现了“十三五”的良好开局。农业农村经济稳步发展，农民收入稳步增长。粮食产量达到692亿斤，比上年增长2.9%，菜篮子”产品有效供给丰裕，农村居民人均可支配收入11919元，增长7.9%。农业结构调整步伐加快,农业现代化进程加快，农业产业化经营率达到66.7%，农产品加工业与农牧渔业总产值比达到1.65:1，农产品加工业产值在全国的位次由第10位上升到第8位。美丽乡村建设快速推进，产业扶贫扎实推进，农村改革稳步推进。全面开展“两改一清一拆”行动，重点打造了12个省级美丽乡村精品片区，12个专项行动在4260个重点村落地生根，京石高铁沿线村庄民居改造率达到90%以上。开展集体产权制度改革试点，农村股份合作制经济组织发展到1.3万个。农村土地确权登记完成93.2%，土地流转率达到31%，规模经营率达到25%。全省农业农村经济呈现稳中有进、稳中向好的发展态势。

【粮食生产】2016年，全省农业系统抓好粮食生产和种植业结构调整，加强科技指导服务，深入推进高产创建，继续开展增产模式攻关，大力推广优良品种和集成配套技术，科学开展防灾减灾，克服了“7·19特大暴雨灾害”、粮价下跌等不利因素的影响，粮食生产再获丰收。据国家统计局发布，2016年全省粮食播种面积9491.1万亩，比上年减少97.6万亩；亩产364.6公斤，比上年增加13.8公斤；总产692亿斤，比上年增加19.3亿斤，总产超额完成年度目标任务。其中：夏粮播种面积3518.7万亩，亩产411.7公斤，比上年增加0.4公斤；总产289.7亿斤，比上年减少0.3亿斤。小麦收获面积3456.73万亩，平均亩产413.25公斤，同比增加0.29公斤，继续保持在400公斤以上高产水平，总产量为285.7亿斤。秋粮播种面积5972.4万亩，比上年减少90.2万亩；亩产336.8公斤，比上年增加21.2公斤；总产402.3亿斤，比上年增加19.6亿斤。粮食生产丰收，为确保口粮安全，深化农业供给侧结构性改革和经济转型升级打下了坚实基础。

【种植业结构调整】全省认真落实《全国种植业结构调整规划（2016-2020年）》和《河北省现代农业“十三五”发展规划》，立足农业资源禀赋，积极担当、主动作为、分类指导，种植业结构调整取得积极成效，成为农业供给侧结构性改革的重要引领，得到农业部的充分肯定，中央电视台、中国农业信息网、河北日报等媒体多次予以报道。一是调减籽粒玉米取得新突破。在国家没有分配调减任务的情况下，主动作为，调减非优势产区籽粒玉米种植面积322.1万亩，占全省玉米面积7%左右，为玉米降库存、缓解资源环境压力发挥了积极作用。二是特色种植取得新发展。因地制宜发展抗旱高效杂粮杂豆、马铃薯、甘薯、中药材等优势作物171.7万亩，进一步适应生态资源，满足市场需求。三是粮饲协调发展取得积极进展。以13个部级“粮改饲”试点县为重点，以种植饲用玉米为主要形式，建成粮改饲万亩示范区29个、千亩示范片361个，种植青贮玉米150.4万亩，为现代饲草料产业和养殖业发展开辟了新的途径。四是蔬菜产业提档升级步伐加快。以服务京津冀高端市场为目标，以规模化新型生产经营主体为重点，建成和在建高端设施蔬菜302.3万亩，占全省设施蔬菜总面积的27.7%，有效促进了全省蔬菜产业提质增效。五是季节性休耕试点扎实开展。在地下水漏斗区改革种植模式，压减冬小麦面积、实行季节性休耕，新增面积96万亩，累计达到200万亩，有效缓解了水资源压力。7月，全国耕地轮作休耕制度试点推进落实会在我省召开，农业部领导对我省季节性休耕试点工作给予高度评价。

【农业节水】2016年试点范围扩大到了石家庄、张家口、唐山、廊坊、保定、衡水、沧州、邢台、邯郸9个设区市的92个县（市、区）（含辛集市），总投资20.5亿，总实施面积987万亩，预期形成压采能力7.66亿立方米。为强力推进河北省地下水压采工作，成立由省长张庆伟任组长，常务副省长杨崇勇、副省长沈小平为副组长，省政府办公厅、财政厅、水利厅、农业厅、林业厅等11个部门的主要负责同志为成员的河北省地下水超采综合治理工作领导小组，统一组织指挥协调全省地下水压采工作。各级农业部门，分别制定了项目实施方案和项目管理办法等规范性文件，进一步明确了项目的实施范围、工作程序、完成时限、补助标准和压采量等，对项目的组织实施作出了明确规定。将任务具体分解到了乡（镇）、村、农户和地块，层层签订了目标责任状。省农业厅2次召开专门会议进行安排部署，市、县农业部门结合秋收秋种等农业项目实施的关键时机，及时召开项目工作推进会、调度分析会等，狠抓任务落实。

【特色产业】蔬菜产业，2016年以开展高端设施蔬菜为重点，以促进产销衔接为抓手，严格质量监管，推动蔬菜产业稳步发展。蔬菜播种面积1854.3万亩，总产8193.4万吨，居全国第二位；瓜果类播种面积170.4万亩，总产613.9万吨。推动蔬菜产业向高端转型，印制下发了《高端设施蔬菜导则》和《大力发展高端设施蔬菜推进方案》，编印了《高端蔬菜生产设施推荐图集》，组织召开了两次高端设施蔬菜现场观摩交流会，发展高端设施蔬菜302万亩。规模园区稳步发展，安排专项资金支持环首都环省会地区蔬菜产业发展，完成100个供京津蔬菜示范园建设任务。开展部级标准化创建，推进由园到区的扩展，建设1个可种植面积2500亩的冬季应急设施食用菌开发试点，3个1000亩的蔬菜标准化示范区，28个蔬菜标准园。推动京津冀蔬菜产销一体化发展，举办京津冀首届蔬菜产销对接大会，参会人数1100余人，签约68万吨，签约金额16.3亿元，人民日报、河北日报、北京日报、天津日报、新华网、搜狐网等新闻媒体对大会进行了跟踪报道。108家合作社与北京市30多家超市建立稳定合作关系，建设社区连锁直营店115个，即有力促进了我省农民增收，又有效保障了京津市民蔬菜需求。7月份我省中南部遭遇洪涝灾害，设施蔬菜受灾41.28万亩，日光温室倒塌2.45万亩，大棚骨架折断损毁4.67万亩。农业厅立即组织开展蔬菜灾情调查，摸清受灾范围和程度，并及时向省政府和农业部汇报。派出工作组赴邯郸、邢台重灾区指导救灾工作。紧急下发指导意见，提出救灾措施和要求，通过河北电台、河北日报和河北电视台等媒体，多次发布抗灾和恢复生产。各地迅速组织修复设施和改种抢种，蔬菜生产迅速转好。

棉花产业，受棉价走低、效益下降等多种不利因素影响，2016年河北省植棉面积大幅减少，全省棉花播种432.86万亩，比上年减少105.64万亩，减19.6%，是2001年以来河北省棉花面积最低的一年；总产29.95万吨，比上年减少7.35万吨，减19.7%。组织专家和广大科技人员，根据农时季节深入基层，开展技术培训和现场指导，帮助棉农解决生产实际问题。各地充分利用冬春农闲时节开展技术培训，全省共举办各类棉花培训1300场次，培训棉农75万人次，印发技术资料100万份。安排邱县承担2016年棉花轻简化栽培技术试点项目，邱县和威县承担农业部2016年棉花绿色高产高效创建项目，印发了《河北省2016年粮棉绿色高产高效创建实施方案》和《关于实行单位和专家联系指导粮棉绿色高产高效创建县制度的通知》，通过育苗移栽有效解决棉花与瓜、菜等高效经济作物间套种共生期长的难题，使棉田一熟变两熟，推广机械化移栽，减少用工，提高效率，增加棉农收益。

中药材生产，2016年全省中药材种植面积103.43万亩，比上年增加10.23万亩，增长11%。以中药材规模园区建设为抓手，深入推进种植示范基地建设，印发了《关于2016年度加快中药材产业发展的指导意见》，安排专项资金支持在张家口、承德、秦皇岛、保定、石家庄、邢台、邯郸等中药材生产大市建设15个5000亩以上的中药材现代园区。巨鹿、内丘、平泉和围场成为全国最大的金银花、邢枣仁、杏仁和桔梗、黄芪集散地。编制了《河北省中药材绿化美化品种推荐名录》和《河北省中药材种植园区典型汇编》，指导各地加快发展兼有观赏和绿化美化价值的中药材生产。省农业厅联合省财政厅、省工信厅、省食药监局、省卫计委、省中医局等省直有关部门及承德市政府等单位，在滦平县举办了河北省首届中药材产业发展大会，大会签约收购中药材9.5万吨，涉及黄芩、黄芪、金银花等43个品种，订单收购额达到18.8亿元。人民日报、人民网、光明网和河北日报、河北电视台等新闻单位进行了广泛报道，百度搜索达143万条。

【农业农村改革】按照中央和省委、省政府部署，不断深化农村改革，取得显著成效。一是全力推进农村承包地确权登记颁证工作。2016年我省被农业部确定为国家整省推进试点，全省上下全力以赴，扎实推进。截至2016年底，全省有2054个乡镇、46736个村开展工作，分别占全省涉农乡镇总数的99.3%和全省涉农村总数的96.4%；完成外业调查面积9423.4万亩，外业调查信息二次公示无异议面积9176.8万亩，分别占全省“二调”耕地总面积的95.7%、93.2%。二是积极发展多种形式适度规模经营。规范土地流转促进规模经营发展，加强县乡流转管理服务机构建设，涉农县、乡建立健全土地流转中心，完善了流转管理制度，流转合同签订率、乡镇备案率分别达到86%和70%。截至2016年底，全省土地流转面积2611万亩，流转率31%，较2015年底增长3.3个百分点。创新经营形式推动规模经营，在130个村试点土地股份合作，在临西等8个县组织开展了农业生产全程社会化服务试点，在全省选择97个土地托管服务组织开展土地托管示范行动，助推现代农业发展。建立健全风险防范机制护航规模经营，加强工商资本租赁农地监管和风险防范，指导各地建立上限控制、分级备案、资格审查、风险保障金等制度，加强事中事后监管，保护农民合法权益。三是发展壮大农村集体经济，增加农民收入。省农业厅印发《关于积极促进农村集体经济发展的实施意见》，明确农村集体经济发展主要途径，推动农村集体经济不断发展壮大。开展农民增收情况调研，详细分析了我省十二五期间农民收入增长变化趋势等情况，提出了促进农民增收的建议。四是加快农村股份合作经济组织发展。制定出台了《关于鼓励支持农村股份合作制经济发展的指导意见》，明确了指导思想、基本原则、发展领域、发展形式、发展路径和政策支持措施等，并完善《河北省建立农村股份合作资金风险防控机制实施意见》《河北省农村股份合作制经济组织运行规范》等配套文件。截至2016年底，全省农村股份合作制经济组织达13127家，带动农户257万多户，年经营收入达到446亿多元，辐射全省44%行政村，其规模效应、示范作用日渐显现，生命力日渐强大，正在成为发展现代农业、有效促进农民增收和扶贫攻坚的重要突破口。五是创新金融保险支持现代农业工作。为加快构建省市县农业信贷担保体系进行安排部署，与省财政厅联合下发了《关于推进农业信贷担保工作构建农业信贷担保体系的通知》。会同省财政厅研究制定省级特色农业保险试点险种目录，对于未进入政策性保险补贴范围的特色农业产业产品列入试点范围，制定奖补政策。将我省地方性农业设施保险保费补贴政策范围由现在的29个县依地方申请扩展到全省。提高奶牛保险的风险保障水平，将奶牛物化成本金额由每头5600元提高到每头8500元以上。在乐亭、迁西、昌黎和黄骅市4个水产特色养殖大县（市、区）开展“水产养殖保险”项目，采取气象指数和损失认定两种保险方式，对海湾扇贝、淡水鱼、对虾和海参四个水产品种，以“渔业互助保险”模式，为渔民、渔业合作社和渔业企业提供政策性水产养殖保险服务。目前，承保养殖地面积1.8万余亩，总保额约1800万元。

【新型农业经营主体】截至2016年底，全省在工商部门注册的家庭农场23414家，农民合作社108855家，分别比2015年增长61.4%和16.7%，其中农民合作社总量居全国第三位。开展示范创建，引领规范发展。农业部等九部门新认定我省45家国家级示范农民合作社和用水组织，全省国家级示范社和用水组织累计达到311家。评定2016年度省级示范家庭农场200家，省级示范农民合作社480家。省级示范家庭农场累计达到400家；省级示范社累计达到1163家。落实2016年度省级新型经营主体示范带动项目资金3500万元，重点支持了166个省级示范社和100个省级示范家庭农场发展。引导产销对接，推动创新发展。举办了首届河北省百社百场电商对接培训会，推动优秀农民合作社、家庭农场与现代营销主体对接，促进生产与销售结合，对全面提升新型农业经营主体的生产经营能力起到积极的促进作用。破解发展难题，助力健康发展。为解决设施用地难的问题，会同省国土资源厅印发了《关于进一步规范设施农用地管理支持设施农业健康发展的通知》。为解决联合社注册登记难问题，会同省工商等部门采取措施为其提供便捷高效的工商注册登记服务。创新组织机制，引导共赢发展。指导成立了全国首家省级家庭农场联合会，以提供信息、技术服务为基础，以拓宽会员产品销售渠道为重点，引导产销对接，组织新技术新模式试点及推广，引导会员互济互助，抱团闯市场。

【农业技术推广】进一步强化现代农业产业技术体系创新团队建设。制定了11个产业技术体系创新团队2016年工作目标任务书，组织小麦产业技术体系创新团队开展了小麦品种及重大技术考察观摩活动，撰写了优质强筋小麦发展专题报告，组织蛋鸡产业技术体系创新团队到藁城等地开展了畜禽养殖粪污处理专题调研，提出了解决畜禽粪污处理问题的意见和建议，组织蔬菜创新团队专家撰写了《河北省蔬菜产业转型升级报告》。紧扣产业关键问题开展技术集成创新、示范推广，推进了全省农业节水、农机深松、畜禽粪污处理与综合利用等一大批创新技术和推广应用，解决了20多个产业关键瓶颈技术难题，试验示范新技术130余项，研制新农药新肥料新饲料13种，研制新设备机具16套，获专利22项，形成承接技术模式35项，建立示范基地154个，为保障粮食等主要农产品有效供给、促进农民持续增收和农业可持续发展做出了积极贡献。在今年7月我省发生特大洪涝灾害时期，产业技术体系创新团队全部成员第一时间深入到灾区一线，开展灾情调研和重大技术问题专家会商，制定了玉米、蔬菜等10个产业灾后科学管理指导意见，及时编印了抗汛减灾恢复生产技术手册、明白纸等资料，分区域、分品种有针对性地引导农户科学抗灾自救、科学减灾恢复生产，为抗灾减灾提供了有效科技支撑，促进了灾后生产迅速恢复。救灾期间团队共出动包括岗位专家、试验站长和技术人员等1000多人次，300多万亩的玉米、39万亩的蔬菜种植进行了指导，解决了60个畜牧业养殖方面出现的难题，指导渔业救灾面积达2万多亩，设施养殖10万平方米，养殖场点上百家。继续强力推进新型职业农民培育工作。2016年中央财政安排我省农民培训补助资金6961万元，比上年度增长13.7%，支持开展新型职业农民培育工程。确定了含58个贫困县和17个受灾县在内的110个新型职业农民培育工程项目县，遴选了113个教学实训基地、231个培训基地，全省共培育专业大户、家庭农场、农民合作社、农业企业、返乡涉农创业者等新型农业经营主体带头人2.65万人，承德市平泉县在全国新型职业农民培育现场会上作典型发言，唐山市玉田县新型职业农民冯立田在全国农民创业创新和农村产业融合发展经验交流会上第一个作典型发言，并被评为第三届全国十佳农民，获得农业部资助10万元，邯郸市新型职业农民吕海滨被评为第十届全国农村青年致富带头人；马建柱等4人获得“新型职业农民创业资助项目 ”资助。组建了河北省新型职业农民培育讲师团。依托河北省产业技术体系创新团队，经申报遴选，确定了11个产业、231名专家为全省型职业农民培育讲师团成员，为新型职业农民持续提供创业指导和技术支持。认真实施基层农业技术推广体系改革建设补助项目。2016年在全省120个项目县重点建立完善以“专家定点联系到县、农技人员包村联户”为主要形式的科技服务长效机制和“专家+农技人员+科技示范户+辐射带动户”的技术服务示范带动模式，遴选建设补助项目试验示范基地357个，引进示范新品种867个次，新技术785项次，培育科技示范户13.2万户，辐射带动农户264万多户，有效提高了项目县农业科技服务能力。依托11个部省现代农业培训基地按照农时季节开展培训农技人员知识更新培训3000人。为解决我省基层农技人员学历水平低、所学专业与实际工作匹配度低的“两低”问题，创新性的利用四川农大的远程教育平台，开展了基层农技人员专、本科学历提升试点工程，受到县乡农技员的热烈欢迎，仅十余天时间就完成416人的报名注册，在全国开创了基层农技人员学历教育的新形式。强化农业科技服务手段创新，在全省120个项目县组织开展了河北省农技推广云平台试运行工作，组织开展了“创新服务、科技圆梦”的农技推广云平台和农业科技网络书屋竞赛活动，实现了农业科技网络书屋和农技推广云平台全覆盖，注册用户分别达45335人和34202人，使用量903万人次。印发了《农业十大关键技术手册》，开展小麦节水节肥标准化等十大关键技术的推广应用，取得显著成效。着力提升区域科技创新和重大农技推广能力。组建农业科技创新联盟围绕北部生态农业区、山前平原粮食主产区、黑龙港流域节水农业区、冀东特色高效农业区、太行山山地经济区五大农业科技创新联盟，组建了包括中国农大、中国农科院、河北农大、河北省农科院、君乐宝乳业集团等在内的专家团队150人，制定健全了联盟管理和绩效考核机制，实行区域模块化综合技术资源覆盖，组织各区域联盟专家团队深入项目区开展工作。积极组织科研院校开展重大农技推广服务试点，建立了以主粮、特色两大产业为载体，重点以创新联盟专家团队为技术支撑，以试验基地+区域示范基地+基层区域站点+农户（企业）为链条的农业技术推广新机制新模式。项目实施以来，重点围绕北部生态特色产业和小麦玉米主粮产业重大技术需求，建设了全省两大产业技术推广平台，建立科研试验基地8个、区域示范基地18个、基层推广站50个，创新了以实验站为核心的产学研结合运行模式和以“科技小院”为核心的技术推广服务运行模式，基层农技推广体系服务水平显著提升，创新联盟和科研院校在推动产业发展中的科技驱动作用突出显现。严格监督管理，确保农业转基因安全管理。以转基因研发、经营单位为重点监管对象，以各项安全评价试验场所为重点监管区域，从抓源头、查市场入手，加强监督检查和科普宣传，有效防止了转基因生物非法流入农业生产和流通环节，保证了我省转基因生物研究与试验的健康发展。2016年8月科教司汪司长带队对我省农业转基因监管工作进行了实地检查，对我省监管工作给予了充分肯定。

【农业信息化】加强农业信息化建设，通过搭平台、建体系、重应用等系列举措，促进大数据、智能化、移动互联网、云计算等信息技术在农业领域的综合应用，互联网与农业融合发展效果初显。目前，省市县乡四级农业信息服务体系基本完善，70%的县设有农业信息服务机构，多数乡镇建立了农业信息服务站，专兼职农村信息员超过1万人；信息网络宽带实现全覆盖，农村网民近千万；全省建成共建共享数据库15个，信息采集点1000多个，基本满足了职能部门和生产市场主体对政策、科技、农情、市场方面的信息需求；“12316三农热线”覆盖全省，座席专家468名。在98个县启动实施新型职业农民培育工程，认定新型职业农民培育基地211家、实训基地300多个，以政策法规、生产技能、信息技术、电子商务等为培训内容，累计培育新型职业农民近7.8万人，认定1万人。利用物联网技术，开展农业生产经营试点，部分市县实现奶站网络化视频监控全覆盖。我省丰南区农牧局、廊坊市农业局、围场县政府、华裕农业科技有限公司获全国农业农村信息化示范基地称号。河北百姓梦信息技术有限公司、秦皇岛满药本草药业股份有限公司、裕丰京安养殖有限公司的3个案例入选农业部“互联网＋”现代农业百佳实践案例；廊坊市民乐源电子商务有限公司、承德北纬四十二度电子商务有限公司、平泉县瀑河源食品有限公司、河北青县司马庄绿豪农业专业合作社4项“双创”成果入选新农民创业创新百佳成果。总体看，全省农业管理决策水平不断提高、智能农业生产控制不断改进、信息服务形式不断完善、信息技术不断跟进创新，信息化全面支撑智慧农业发展能力迈上新台阶。

【农产品市场】1、组织“河北省现代农业招商洽谈会”、“首届津京冀品牌农产品对接会”等大型活动，筹办第二十届中国（廊坊）国际农产品交易会、第十四届中国国际农交会等农业展会，共组织农产品企业200余家，产品500余种，带来直接经济效益13亿元，发布农业招商引资项目总金额1626余亿元。2016年，我省“宽城苹果”被评为“2016中国最有影响力的十大苹果区域公用品牌”；美客多甘栗仁等7个产品荣获第十四届中国国际农交会金奖；满城草莓等6种果品被评为“全国有较强影响力的果品区域公用品牌”；禾下土白莲藕等入选“百家合作社百个农产品品牌”。2、农产品市场。2016年，在全省开展农产品市场体系市场调研。据不完全统计，全省现有田头市场201家，批发市场125家。我省有意向供2022年冬奥会的农产品企业（基地）212家，我省“特产之乡”暨“特色农产品”共计87家，获得中国特产之乡称号的51家，获得河北特产之乡称号的30家，获得地方特产称号的5家。3、积极探索推进农产品电商销售。2016年，全省印发《河北省推进农业电子商务发展行动计划》，多部门协同推进农业电商发展，举办“河北省百社百场电商对接会议”，促进了产销衔接及农产品电商发展，选择阜平、涞水等县，开展农产品电商试点。全省农村电子商务实现全覆盖。据不完全统计，全省共建成县级公共服务中心137个，县、乡两级公共仓储配送节点625个，行政村电子商务服务站点34696个，网络交易额达到50多亿元。

【农业资源环境】在秸秆禁烧方和综合利用方面。与省环保厅联合召开了全省夏收、秋收期间秸秆禁烧和综合利用工作视频会议，印发《秸秆禁烧工作实施方案》《关于加强国庆期间秸秆禁烧工作的紧急通知》《加快推进秸秆综合利用和禁烧工作的通知》等系列文件，对全省秸秆禁烧和综合利用工作提出具体要求。中央电视台《聚焦三农》、《农民日报》、河北日报及各地市报纸，香港凤凰新闻网等媒体对我省秸秆综合利用扶持政策及取得的成效报道10多次。组织编写《秸秆禁烧简报》20期，通报火点44起，宣传典型经验29个，通报处理责任人36人，取得较好警示效果。以省大气办的名义印发6期《秸秆禁烧简报》。与省环保厅联合组成督导组，对各地秸秆禁烧和综合利用工作进行督导检查。2016年，争取农业部秸秆全量化综合利用试点项目1.6亿元，全国第一，安排项目县11个，开展秸秆全量化综合利用试点工作。成立了河北省秸秆综合利用领导小组，加强组织管理和统筹协调。承办农业部玉米秸秆全量综合利用现场培训班，我省赵县秸秆机械化还田，三河市秸秆厌氧发酵生产生物天然气及秸秆综合利用长效机制建立等经验做法，得到农业部及兄弟省份的充分肯定。与省财政厅联合召开“全省农作物秸秆全量化综合利用试点项目调度会”，总结交流经验，研究项目推进中存在的问题。2016年，我省主要农作物秸秆可收集量为6163万吨，综合利用量5934万吨，利用率达到96%以上，利用率名列全国第二（仅次于上海）。在农业面源污染治理方面。牵头组织制定《省农业厅、省农工办面源污染防治工作实施方案》，配合有关单位制定了《河北省人民政府办公厅关于健全生态保护补偿机制的实施意见》《河北省土壤污染防治工作方案》《河北省生态环境保护“十三五”规划》《河北省资源环境承载能力监测预警评价工作方案》《河北省生态循环农业发展“十三五”规划》等15个系列文件，对加强农业面源污染防治，推进农业绿色发展。

【现代农业园区】省市县三级共评审认定1251家现代农业园区，其中省级120家，市级356家、同比增加193家，县级775家、同比增加471家，园区规划面积达763万亩，目前已建成近530万亩，占比达69.5%，带动周边农民487万人。在全省上下营造了谋园区、抓园区的浓厚氛围，形成了省市县三级联建、梯次跟进的工作态势，搭建起了县域全域规划、园区重点突破的现代农业发展格局。

【美丽乡村建设】在加快建设美丽乡村方面。一是全面开展“两改一清一拆”行动（改造城中村和永久保留村，改造危旧住宅和旧厂房，清垃圾杂物和残垣断壁，拆违章建筑），垃圾围村现象基本得到解决，农村面貌焕然一新。二是强化项目实施，在4260个重点村深入实施村内道路硬化、厕所改造、垃圾治理、民居改造、安全饮水、污水治理、村庄绿化等12个专项行动，共硬化道路4600万平方米，推广无害化卫生厕所67万座，农村饮水安全基本解决，116个县启动实施PPP垃圾处理模式，35个县全域推进，农民群众的生活品质得到较大提升。三是坚持连片打造，突出沿高铁、沿高速、沿景区和城市周边，集中力量打造12个省级精品片区，保定涞易涞等片区成为引领全省美丽乡村建设的“新标杆”。四是大力推进“三区”同建，全年省级共启动中心村（新型社区）示范点142个，涌现出了一大批产村融合、社区和园区协同发展的典型。五是创新投融资机制，省市县搭建融资平台189个，完成立项、调查、审批贷款400亿元，有力保证了美丽乡村建设顺利推进。

【农产品质量安全】2016年，按照“全程监管、重点监控、产地准出、市场准入”的基本思路，着力提升监管能力和风险防范能力，蔬菜、畜禽产品和水产品抽检合格率分别达96.9%、99.8%和98.9%，全省农产品质量安全状况持续保持稳中向好态势，全年未发生重大农产品质量安全事件。一是玉田县、围场县、滦平县和曹妃甸区等4个县区通过考评并被农业部命名为“国家农产品质量安全县”，10个县和唐山市成功申报农业部第二批试点，并优选30个县参加第二批省农产品质量安全示范县创建活动。以农产品质量安全示范县创建为抓手，推动了质量安全监管由产业监管为主向行政区域监管为主的转变，带动监管体系的完善和监管能力的提升。二是组织开展了禁限用农药、兽用抗菌药、“三鱼两药”、畜禽屠宰、“瘦肉精”、生鲜乳、农资打假等7项专项整治行动。在此基础上，重点围绕保障重大节日和暑期等重要时段、打击“违禁超限”畜禽水产品、遏制“瘦肉精”反弹开展整治行动，严防假冒伪劣投入品进入市场、严防“瘦肉精”的非法使用、严防“违禁超限”农产品流入市场，从源头上消除质量安全隐患。联合省公安厅、省食药监局等五厅局印制了《关于严厉打击非法添加使用“瘦肉精”等违禁添加物质行为的通告》15万份，张贴到所有养殖场、屠宰场及行政村，对添加“瘦肉精”违法行为起到强有力的震慑作用，开通了“瘦肉精”检测绿色通道，形成了监管合力。三是结合我省优势农产品品种和区域布局，组织开展主要农产品风险监测和监督抽查，全省共抽检农产品77.4万批，其中省级抽检1.08万批，对检出不合格的农产品生产主体及其生产基地实施重点监控，对风险隐患突出的地区及时发布预警信息并约谈部门和相关企业负责人。在组织开展主要农产品风险监测和监督抽查基础上，重点实施了抽检分离的制度，确保采集样品的规范性和检测结果的真实性；在4个奶业大市开展了生鲜乳交易第三方检测，确保了生鲜乳检测的公正性和奶农利益。四是强化农产品安全生产技术规程宣贯，推广绿色防控、健康养殖和高效低毒农兽药使用，深入开展示范创建，推进由园到区的扩展，打造样板和亮点。通过以点带面推进标准化绿色生产，辐射带动作用进一步增强，农业标准化普及率达到45%。全省新认证“三品一标”产品693个，有效期内“三品一标”产品达到2022个，通过企业规范化管理、标准化生产，确保了产品质量安全可靠，充分发挥“三品一标”产品在品牌引领、消费认知、市场增值等方面的示范带动作用。五是通过完善信息化监管手段，补齐监管短板，在质量安全追溯等薄弱环节上取得突破。我省作为农业部食用农产品合格证管理试点省，采取“点面结合、分级推进”的方式，选择产业基础好、积极性高的14个县重点推进。与省食药监局联合下发《关于推行食用农产品合格证管理 进一步加强食用农产品产地准出与市场准入衔接工作的通知》，确保规模生产经营主体生产的蔬菜、水产品和鲜禽蛋上市时，普遍出具食用农产品合格证，完善了准出准入衔接机制。

【农业产业化】实施农产品加工业产值倍增计划，出台了加快农产品加工业发展的意见，省级农业产业化龙头企业发展到720家，打造102个销售额10亿元以上的省级示范农业产业化联合体和12大精深加工产业链，农产品加工业产值首次突破1万亿元，农业产业化经营总量达到7500亿元，产业化经营率达到66.7%。加快发展休闲农业与乡村旅游，出台京津冀休闲农业发展规划，评定十佳省级休闲农业园，新认定省级最美休闲乡村、美丽田园35个。全省开展休闲农业和乡村旅游的村庄1800多个，年接待游客4000万人次，旅游收入超过65亿元。我省入选农业部休闲农业精品线路达52条，是北方最多的省份。

（河北省农业厅　刘　霞）

林业生产

【综述】2016年是“十三五”开局之年，也是京津冀协同发展生态率先突破的关键之年。全省林业系统认真贯彻省委省政府决策部署，围绕构建京津冀生态环境支撑区战略定位，坚持绿色惠民、林果富民，加快国土绿化，壮大林业产业，加强资源管护，深化林业改革，全省林业各项目标任务圆满完成。

【造林绿化】依托京津风沙源治理、三北防护林、沿海防护林、太行山绿化等国家重点工程，突出抓好“一山一带一区”绿化重点。全省完成人工造林34.56万公顷，飞播造林3.33万公顷，新封山育林13.51万公顷，退化林修复6.57万公顷，人工更新0.36万公顷，森林抚育40.84万公顷，是近年造林进展最快、效果最好的一年。一是太行山绿化攻坚战全面打响。根据省委、省政府《太行山绿化规划（2016-2018年）》和《太行山绿化三年攻坚战实施方案》，省林业厅下发了《太行山绿化专项推进方案》，将任务逐一分解落实到石家庄、邯郸、邢台、保定、张家口5市，完成造林21.13万公顷。二是京津保生态过渡带建设扎实推进。6月23日，京津冀协同发展生态率先突破推进会在我省召开，国家林业局与京津冀3省、市政府签署了《共同推进京津冀协同发展林业生态率先突破框架协议》。争取北京市新增投资1亿元，在保定、廊坊、沧州3市47个县营造京津保生态过渡带连片森林、城郊绿地6.67万公顷，与北京市合作完成环首都国家公园选址工作。三是着力抓好冬奥会赛事核心区绿化。深入贯彻“绿色办奥”理念，高标准实施奥运核心区、迎宾廊道、京张赛场连接线等3项工程建设。全面完成张家口坝上地区退化林分更新改造任务。积极动员社会力量植树造林，完成村庄绿化2万公顷、廊道绿化3400公里，全省3100万人次义务植树1亿株。

林业重点工程扎实推进。按照省委、省政府和国家林业局的安排部署，因地制宜，突出重点，统筹谋划，强力推进，林业重点工程工程进展顺利。全年退耕还林工程完成2.03万公顷，京津风沙源工程（不含退化林分改造）完成造林4.21万公顷，三北防护林工程完成3.77万公顷，沿海防护林工程完成1.18万公顷，太行山绿化工程工程完成1.46万公顷。

【林果产业】发展壮大林果产业方面取得新成效。全省林业产业总产值达到1523亿元，与上年同期相比增长3.3%，保持小幅增长态势。其中：第一产业产值754亿元，第二产业产值677亿元，第三产业产值92亿元，与上年同期相比分别增长4.5%、1.8%、3.6%。一是培育壮大果品产业。认真落实省政府《关于加快建设果品产业强省的意见》，苹果、梨等七大优势果品基地建设快速发展。2016年全年果品产量1583万吨，与上年同期相比增长1.3%，其中：园林水果1525万吨，食用坚果58万吨，分别比上年同期增长1.1%、7.6%。全省新增高标准果品生产基地210万亩，果树结构调整202万亩。完成果品例行监测2176个批次，是目标任务的108.8%，抽检合格率99.6%。二是加快发展林下经济。充分利用林地资源和森林环境，科学选择林药、林菌、林禽等发展模式，着力培育林下种养基地，总规模达到450万亩，实现产值120亿元。三是积极发展种苗花卉等林业新兴产业。加强重点林木良种基地管理，全省种苗面积达到120万亩，新增邱县等2个花卉重点产区，新增面积3.6万亩。森林旅游等产业快速发展，成为农民增收致富新支点。同时，协助唐山市政府成功举办2016唐山世界园艺博览会，积极组织参加中国香港亚洲果蔬展、中国森林旅游节等展会，扩大了河北林业产业的知名度和影响力。

【林业改革】坚持以改革促发展，创新体制机制，调动全社会支持和参与林业建设的积极性。一是全面启动国有林场改革。省政府召开会议专门对国有林场改革进行动员部署，省财政落实资金7645万元，将改革补助标准由人均3000元提高到5000元，有改革任务的10个设区市和4个厅直属单位全部完成方案编制工作。二是扎实推进集体林权制度配套改革。全省建立农村产权流转交易平台96个，1.3万亩林地在平台完成交易。全省森林保险参保面积3576万亩，承保面积增长16%。三是深化行政审批制度改革。积极推进简政放权，行政许可事项取消4项、委托下放3项，全面落实“四零”服务承诺和“两岗终审、三岗终结”等制度，全年受理行政许可申请539项，在省直部门落实全省重点工作情况营商环境排名中位居前列。四是积极推进体制机制创新。研究制定了《关于加大改革创新力度鼓励社会力量参与林业建设的意见》并以省政府办公厅名义印发全省，出台了22条支持措施。省政府批准成立林业生态建设投资公司，省财政注资6亿资本金，撬动政策性贷款20亿元。

【资源保护】坚持保护优先，推动资源培育、保护和开发利用的良性循环。一是天保工程全面启动。完成天然林保护落界1317万亩，实现了全省天然林商业性停伐。二是重点生态公益林建设实现突破。新增省级重点公益林267万亩，全省重点公益林面积达2902万亩，落实生态效益补偿资金3.88亿元。三是湿地保护修复得到加强。扎实推进北戴河等重要湿地保护修复工作，卢龙“一渠百库”等3处国家湿地公园试点得到国家批复。四是毫不松懈抓好森林防火。科学处置“4·12”昌黎县等森林火灾，全年共发生森林火灾42起，同比减少43.2%，没有发生“进京火”和重大人员伤亡。五是科学防治林业有害生物。对美国白蛾等主要危险性病虫害开展了大规模飞机防治和地面防治，成灾率控制在0.19‰，远低于4‰的国家控制标准。六是严厉打击涉林违法犯罪。认真执行征占用林地定额管理和森林采伐限额管理制度，组织开展了“金剑”“金盾”“清网行动”和打击非法占用林地等专项行动，全省共查处涉林案件5021起，侦破重特大案件50多起。积极推进古树名木挂牌保护，我省列入全国古树名木资源普查试点省。圆满完成国家“十二五”防沙治沙目标责任考核。

【生态扶贫】认真贯彻落实省委、省政府关于脱贫攻坚的重大决策部署，林业在精准脱贫和灾后重建中的基础性作用有效发挥。制定了《关于推进生态保护脱贫行动的实施方案》，召开了林业生态扶贫现场推进会，全力推进林业生态脱贫。2016年支持贫困地区省级以上林业资金25.1亿元，占资金总量的62.6%。全省贫困地区共完成造林绿化206.7万亩，其中栽植经济林88万亩，建设完成高标准优质万亩果品基地20个。争取国家生态护林员专项资金1.3亿元，占全国总规模的6.5%，利用生态补偿和生态保护工程资金使当地有劳动能力的部分贫困人口转为护林员等生态保护人员，共招聘建档立卡贫困人口22660人。

（河北省林业厅　闫香妥）

畜牧业生产

【概况】2016年，全省各级畜牧兽医部门认真贯彻落实新发展理念和农业部安排部署，在省委、省政府和厅党组的坚强领导下，紧紧围绕促进畜牧业健康发展和增加农民收入两大目标，以促进畜牧业转型升级为主线，大力推进畜牧业结构性改革，突出产业发展、疫病防控、保障体系等各项重点，完善运行机制，改进工作方法，突出关键环节，强化各项措施，圆满完成各项任务目标，实现“十二五”起步平稳，开局良好。全省畜牧兽医工作呈现出畜禽生产稳定增长、重大动物疫病稳定控制、畜产品质量稳定提高、草原防火稳定向好的良好态势。全省肉、蛋、奶产量456万吨、388万吨和448万吨，同比分别下降1.2%、增长4%和降低6.8%。全省畜牧业实现产值1940.764亿元，占全省农林牧渔总产值的31.9%。

【畜禽生产】各地主动适应经济发展新常态，不断加大强农、惠农、富农力度，全省畜牧业生产总体保持平稳。生猪生产依旧偏紧。生猪养殖持续享受去产能红利，饲料保持在较低价位，养殖效益处于较高盈利区间，养殖户积极性提高。但受各地出于环保因素禁养限养政策影响，生猪市场依旧处于供应偏紧局面，存栏呈现减少趋势。截止2016年底，全省生猪存栏1819万头，同比下降2.5%；出栏生猪3433.9万头，同比下降3.3%；猪肉产量265.4万吨，下降3.5%。牛羊生产稳定发展。2016年，全省肉牛生产平稳增长，出栏肉牛331.9万头，同比增长2%。牛肉产量54.3万吨，同比增长2%。肉羊出栏持续增长，出栏肉羊2303.8万只，同比增长2.2%。羊肉产量32.4万吨，同比增长2.2%。家禽生产形势向好。全省出栏家禽6.1亿只，同比增长4%，禽肉产量90.5万吨，同比增长4%。禽蛋总产量388.5万吨，增长4%。牛奶产量持续下降。受养殖效益等因素影响，2016年全省奶牛补栏持续减少，存栏和牛奶产量均呈下降趋势。奶牛存栏180.6万头，同比下降8%，牛奶产量440.8万吨，同比下降6.9%。

【畜禽标准化规模养殖】各地扎实推进畜禽标准化规模养殖场（区）规范化管理，养殖场户的硬件设施达标、养殖规程管理、标准化示范、管理制度等方面进一步健全和完善，全省蛋鸡、生猪、肉鸡、肉牛、肉羊规模养殖比例分别达到67%、63%、71%、35%、68.5%，奶牛规模养殖连续6年保持100%。省级验收拟创建部级示范场52个，创建部级示范场43个，复检挂牌到期的部级示范场134个，复检合格112个，全省部、省级示范场达到1050个，部省级示范场在畜牧业产值、标准化养殖、动物疫病防控及畜产品质量安全等方面的示范带动作用进一步增强。按照农业部统一安排部署，积极推进畜牧业绿色发展示范县创建活动，制定印发《2016年河北省畜牧业绿色发展示范县创建活动方案》，积极组织各市申报，通过各地竞争性答辩，筛选确定13个县为2016年部、省级拟创建畜牧业绿色发展示范县，结合2016年畜禽标准化养殖项目，安排中央资金2350万元支持8个县开展创建活动，对符合申报条件的前2名项目县作为部级畜牧业绿色发展拟创建示范县上报农业部。制定畜禽标准化养殖项目实施指导意见及资金分配计划，有力促进各县畜禽标准化规模养殖工作开展。

【奶业管理与发展】各地认真贯彻落实《河北省人民政府关于加快全省乳粉业发展的意见》，保障奶业健康平稳发展。加强与财政部门沟通协调，调整2016年乳粉业发展部分项目资金使用方式，调整股权基金预算，分三批下达乳粉业发展专项资金1.15亿元，建设生产乳粉用奶牛场44家，移植高产奶牛雌性胚胎近7000枚。协调省发改委、省工信厅落实君乐宝公司君源奶粉厂和太行奶粉厂二期工程项目补贴资金1.5亿元，唐山三元食品股份有限公司乳粉厂建设补贴5000万元。全省婴幼儿配方乳粉产能达到15.5万吨，提前一年超额完成省政府确定的任务目标。组织实施国家畜牧良种补贴项目、国家奶牛标准化规模养殖场（小区）建设及种养结合整县推进项目。争取国家奶牛标准化规模养殖场（小区）建设资金1.211亿元，用于123个奶牛养殖场（小区）标准化改造。争取国家奶牛养殖大县种养结合整县推进试点项目资金1000万元，在定州市开展试点工作，积极推广种养结合循环模式。修订完善《奶业利益联结长效机制建设工作推进方案》，组织召开全省粮改饲暨奶业利益联结长效机制建设推进工作会议，解读2016年推进方案，安排部署相关工作。省生鲜乳价格协调委员会每季度发布全省生鲜乳收购参考价格，稳定生鲜乳收购。积极推进全省生鲜乳交易第三方监测试点工作开展，6月底省畜产品质量检验监测中心、唐山市畜牧水产品质量监测中心启动第三方检测，维护乳品企业和奶牛养殖户双方利益，奶业利益联结长效机制进一步推进。起草《振兴河北奶业工作方案》报送省政府。

【畜禽良繁工作】加强种畜禽核心育种场建设，组织申报并配合农业部专家组完成涿州连生农业现场验收，申报的国家肉羊核心育种场已通过验收。完成河北大午农牧集团种禽有限公司、曲周县北农大禽业有限公司的现场验收，申报的国家蛋鸡良种扩繁推广基地已通过验收，并确定为国家基地。扎实开展性能测定工作，奶牛 DHI 测定13万头、测定种猪700头。成功举办第11、12届种猪拍卖会。依法加强种畜禽监管，印发《关于做好种畜禽生产经营许可证核发事项下放衔接工作的通知》，按照省政府进一步取消下放行政权力事项有关要求，将种畜禽生产经营许可证核发事项下放到各地。组织召开了全省种畜禽场鉴定验收标准修订研讨会，对9项省级种畜禽场鉴定验收标准进行了进一步修订，并印发各市。全年依法办理许可事项22项，均按时办结，未出现超期现象。组织召开了中国蛋鸡品种创新与种源保障论坛暨大午金凤新品种发布会，进一步加强我省畜禽地方遗传资源保护力度。

【畜禽养殖粪污防治】印发《加强畜禽粪污防治及种养结合生态循环绿色农牧业示范基地建设推进方案》等文件，明确目标任务和工作举措，重点推广种养结合生态循环养殖模式，加快推进规模养殖场粪污治理，完成了851家规模养殖场粪污处理利用设施建设。实施畜禽粪污综合利用试点项目，制定实施方案，明确具体要求，采用竞争性遴选方式，组织开展试点项目评审，确定安平、永清2县为2016年试点项目县。协调省水污染防治工作领导小组办公室转发《河北省畜禽养殖禁养区专项整治实施方案》（冀水领办〔2016〕8号），为推动禁养区整治提供有力支撑。以省农业厅、省环境保护厅名义联合印发《关于加快推进畜禽养殖禁养区专项整治工作的函》、《关于加快推进禁养区内规模养殖场（小区）养殖专业户关停或搬迁工作的函》等一系列文件，明确各项任务时间节点，加大工作力度，加快推进禁养区整治。开展畜禽养殖禁养区整治督导检查，加大对工作相对滞后市县的督查力度。全省共有190个县（市、区）公布了以县政府办公室或区管委会批准实施"三区"划定方案；禁养区内涉及规模养殖场户2237个，畜禽存栏1003.97万头（只）。按照《畜禽规模养殖污染防治条例》第43条规定，起草了《河北省畜禽养殖污染防治畜禽养殖场养殖小区规模标准》，与省环保厅联合上报省政府同意后印发，为禁养区整治工作提供了依据。召开全省畜禽养殖污染防治现场观摩暨培训会，解读《畜禽养殖禁养区专项整治实施方案》、《畜禽养殖污染防治畜禽养殖场养殖小区规模标准》，学习《畜禽规模养殖污染防治条例》，提升基层工作人员业务能力。对"三区"划定工作进展较慢的6市进行了约谈，有力促进了工作开展。

【统计监测及信息服务】我省获农业部畜牧业统计综合绩效考评总分第一名，受到通报表彰。认真做好农业部确定的生猪等6个主要畜禽品种66个县的生产和效益月度监测、6个规模商品猪场月度监测、30个县的价格和13个县的交易量周监测、45个县主要畜禽品种（奶牛除外）782个规模场月度监测、1313个生鲜乳收购站月度监测工作，全年完成统计报表2.8万张，采集数据300多万个。9月份抽调部分市统计员组成三个核查组，对承德、廊坊、石家庄等7市的14个监测县数据质量进行了实地核查，对各地加强统计监测工作及提高数据质量起到了推动作用。每季度末与国家统计局河北调查队就生产情况进行沟通，结合定点监测数据，撰写畜牧业生产形势分析报告，及时发布预警信息，服务行业生产，提供和测算各类数据250余万条，为评价畜牧业生产情况和实施各项政策提供了数据支持。利用"河北省畜牧统计监测系统"、"河北畜牧网""河北牧业微信"平台等发布信息近280条。利用短信平台，每周向省、市、县畜牧主管领导发布京津冀畜产品及饲料价格，起到了服务市场、服务行业的作用。在唐山市举办全省统计员业务培训班，工培训统计员约230名，进一步提高了基层统计人员的业务素质。

【畜产品质量安全监管】全省11个设区市和146个农业县全部建立了畜产品（农产品）监管机构，145个县级质检站中有79个开展了检测工作，493个乡镇成立了独立的畜产品监管机构。全省共完成畜产品检测604339批次，不合格 51批次，合格率99.99%。饲料完成检测6079批次不合格17批次 合格率99.72%。兽药完成检测1563批次 不合格96批次，合格率93.86%。组织开展了禁限用农药、兽用抗菌药、畜禽屠宰、"瘦肉精"、生鲜乳、农资打假等7项专项整治行动，有力打击了不法行为，推动了全省畜产品质量安全监管工作开展。切实加强"瘦肉精"等违禁物质监管，联合省公安厅、省食药监局等五厅局印制了《关于严厉打击非法添加使用“瘦肉精”等违禁添加物质行为的通告》15万份，张贴到所有养殖场、屠宰场及行政村，对添加“瘦肉精”违法行为起到强有力的震慑作用，开通了“瘦肉精”检测绿色通道，形成了监管合力。出动检测车两辆，组织3次针对“瘦肉精”的督导检查及飞行检测，不打招呼、不定时间、不听汇报，直接到乡镇动物卫生监督分站，在电子出证系统上随机调取抽检单位，对廊坊市、衡水市、邢台市、石家庄市、保定市、秦皇岛市。现场抽样、现场检测，确保了抽真样、真检测、出真结果，对“瘦肉精”监管工作起到了很好促进作用。

【重大动物疫病防控】把重大动物疫病防控作为全年工作重点，突出关键时期、关键环节、关键任务，采取有效措施，狠抓落实。3月和9月均召开全省重大动物疫病防控动员会，制定下发《河北省2016年重大动物疫病防控实施方案》、《河北省2016年主要动物疫病免疫工作方案》、《河北省2016年动物疫病监测与流行病学调查计划》等，继续对高致病性禽流感、口蹄疫、猪瘟、猪蓝耳病、小反刍兽疫实施强制免疫和定期监测。全省共调拨禽流感疫苗41913万毫升、口蹄疫疫苗16028.6万毫升，高致病猪蓝耳病疫苗2387万毫升、猪瘟疫苗4509万头份，小反刍兽疫疫苗3000万头份。完成禽流感免疫鸡56379.94万只、鸭2332.65万只、鹅489.34万只；新城疫免疫鸡51792.32万只；口蹄疫免疫猪3694.6万头、牛756.77万头、羊3507.91万只；高致病性猪蓝耳病3111.4万头、猪瘟3521.64万头，小反刍兽疫免疫羊3003.71万只。组织开展重大动物疫病防控督导检查，有力促进了工作开展。全省应免畜禽免疫密度、免疫建档率、免疫持证率、牲畜耳标佩戴率都达到国家规定标准，强制免疫各病种免疫抗体合格率都达到了80%以上。健全制度，做好应急物资储备。省农业厅、财政厅、发改委联合出台《河北省重大动物疫情应急物资储备指导意见》，省应急物资储备库建立了完备的管理制度，出入库记录完整，省财政每年安排预算100万元用于防疫物资更新，全年共采购消毒药110吨。制定了《重大动物疫情举报核查管理办法》，实行了24小时在岗值班制度。总体看，全省动物疫情形势平稳，除在个别地方和环节发现家禽H7N9和猪瘟、口蹄疫病原学阳性外，全省未发现重大动物疫情报告，保障了畜牧业健康发展。

【人畜共患病防控】重点做好奶牛场布病、结核病（简称“两病”）防控工作，印制《河北省奶牛场布病、结核病检测结果通知书》5000本，由各市组织分发到各县及乡镇站。积极落实乳品企业、生鲜乳收购站凭“两病”检测证明收购生鲜乳制度。组织对全省奶牛进行布病、结核病检测，全省完成两病检测牛场839个，检测奶牛408367头，对检测出的阳性奶牛全部按规定进行扑杀和无害化处理。积极应对2016年1月29日廊坊市开发区华日家具公司养猪场职工感染猪链球菌病疫情，省畜牧兽医局及时召开办公会研究应对。迅速派人赶赴廊坊市与廊坊市有关人员组成联合调查组，对猪链球菌病感染者所在养殖场点、周边3公里内的所有养猪户及开发区全部养猪场进行了现场调查，并进行了采样监测，未发现猪只情况异常。及时应对5月和6月的衡水市、廊坊市人感染H7N9病毒，迅速选派专家现场进行指导，开展流行病学调查、排查与疫情监测工作，对有关市场和鸡舍及周边环境进行了全面消毒，有效防范了风险。

【基层动物防疫体系和队伍建设】制定下发《河北省基层动物防疫体系建设提升年活动实施方案》，在全省开展基层动物防疫体系建设提升年活动，将基层动物防疫体系建设纳入对各市政府的动物防疫工作考核内容，各地积极启动政府，争取财政、编制、人事等部门支持，狠抓基层机构建设、队伍建设、基础设施建设，健全财政保障机制。10月份，结合秋防督导，对23个基层动物防疫体系建设重点县逐县进行了检查验收，有7个县取得突破，机构和人员纳入全额保障。省畜牧兽医局筹措资金130多万元，先后举办四期培训班，对全省1100多个基层防疫分站负责人进行执法程序与规范、执法办案技巧及文书制作、违法违规案例警示教育与责任追究、畜禽常见多发病的防治及强制免疫关键技术和疫苗应用、阳光心理办公及危机事件应对等系统培训。联合省人力资源和社会保障厅、省总工会于2016年10月26-27日在保定涿州举行2016年全省动物屠宰检疫技能竞赛活动。全省11个设区市和定州、辛集市农牧（农业、畜牧水产）局共计13支代表队参加此次技能竞赛。魏百刚厅长、张强副厅长出席并讲话。农业部兽医局副局长向朝阳同志，中国动物疫病预防控制中心主任陈伟生同志莅临指导。7月26日，举办全省兽医系统实验室综合技能大比武，经过笔试和现场抽题解答，承德市动物疫病预防控制中心获团体一等奖，衡水市、保定市动物疫病预防控制中心获得二等奖，石家庄市、秦皇岛市、唐山市动物疫病预防控制中心获得三等奖。个人一等奖5名、二等奖10名、三等奖15名。6月份印发《河北省畜牧兽医局关于开展2016年全省病原微生物实验室生物安全专项检查工作的通知》，对各市兽医实验室生物安全专项检查自查情况进行汇总，并组织开展重点核查，有关情况报农业部兽医局。

【病死畜禽无害化处理工作】先后印发《河北省病死畜禽无害化处理体系建设推进方案》、《河北省病死畜禽无害化处理监督管理办法》、《河北省病死畜禽无害化处理体系建设工作任务分解方案》等一系列文件，加快推进病死畜禽无害化处理工作。积极推行病死猪无害化处理与保险联动，召开“建立病死畜禽无害化处理与保险联动机制协商会议”，与中国人寿财产保险股份有限公司河北省分公司、中华联合财产保险股份有限公司河北省分公司、太平洋保险股份有限公司河北省分公司签署框架协议。联合印发《河北省病死猪无害化处理与保险联动机制建设试点工作实施方案》，确定51个试点县重点推进保险新条款的实施。组织召开全省病死畜禽无害化处理工作调度暨现场观摩会议，参观石家庄市病死畜禽无害化处理体系建设情况，调度推进全省病死畜禽无害化处理体系建设工作。4月20日，与省公安厅就开展联席会商、信息共享、行刑衔接、联合执法、检验鉴定、互培互训、联合宣传等工作进行深入研讨，达成了多项共识，联合下发《关于严厉打击非法处置病死畜禽和私屠滥宰违法犯罪的通告》并印发全省。集中无害化处理场建设成效显著，全省规划建设病死畜禽集中无害化处理场50个，建成规范化集中无害化处理场25个，开工建设6个，总投资3.8亿元，建成收集点108个，配套各类运输车辆69台。

【医政管理工作】制定具体工作方案，明确相关实施细则，全力做好执业兽医资格考试，全省共报名考生2058名，实际缴费1762名，参加考试1445人参加，缺考317人，参考率82%；发现并处理违纪行为1例。6月份开始，以城市动物诊疗机构为重点，强化动物诊疗活动管理，在全省组织开展为期5个月的动物诊疗机构专项整治，严厉打击非法动物诊疗机构、兽药经营机构、执业兽医和乡村兽医无证经营、违规售药、非法行医、执业行为失范等违法行为，诊疗机构经营活动得到有效规范。安排预算15万元，积极开展政府购买农业公益性服务项目，有力促进了工作开展。认真做好基层兽医人员信访接待工作，共接待老兽医上访、信访以及电话反映等40多次，耐心做好解释疏导工作，没有发生群体性事件。

【兽药行业管理工作】全省共出动执法人员9317人次，认真开展兽用疫苗专项整治行动，对全省兽用疫苗生产企业、经营企业、强免苗供应单位及养殖场、动物诊疗机构等环节展开拉网式检查，共检查兽用疫苗生产企业2家、经营（供应）企业350家、使用单位9403家，查处存在违规行为的养殖场（户）67家，查处无证经营单位5家，销毁假劣及失效过期疫苗3.1万毫升，有力地遏制了违法违规行为的发生。扎实开展兽药产品及残留抽样监测，共检测兽药及兽药残留4095批次，合格样品4014批，合格率98.02％。其中兽药3774批次，合格3695批，合格率97.91%；兽药残留321批，合格319批，合格率99.38%。对石家庄久合商贸有限公司、河北金凯牧业有限公司鸡蛋产品等4起药物残留超标案件进行追根溯源、实施行政处罚。对农业部下发的《兽药质量监督抽检通报》中涉及的兽药生产企业进行突击检查，对涉嫌产品进行现场核实，对涉案企业依法进行了查处，共立案79件，已全部结案，查处违法企业63个，罚没款23.5万元。规范兽药生产管理，制定《兽药生产许可证》行政审批指南和审批流程，建立了省级兽药GMP 专家库，将《兽药生产许可证》审批事项正式纳入省农业厅行政审批大厅网上审批。全年共验收兽药生产企业62家，其中推迟验收1家，终止验收2家，对完成整改的企业及时核发《兽药 GMP 证书》和《兽药生产许可证》证书。加强兽药追溯系统建设，全省兽药生产企业申请了二维码秘钥达到146家，全部配备二维码采集设备。对尚未申请二维码秘钥的6家生产企业，予以责令停产整改、注销生产许可证等处罚。落实兽药安全监管责任，将兽药生产安全检查作为实施兽药GMP 检查验收重要内容并单独提交检查报告，共检查兽药生产企业49家，达到了加强宣传、清除隐患，确保安全生产的目的。

【屠宰监管工作】全省屠宰监管体制基本理顺，工作机制更加健全，各项工作有序开展。开展屠宰监管攻坚克难“扫雷行动”，各地在“扫雷行动”中媒体宣传101次、发放宣传材料18923份、举办各类培训89次、培训1922人次。全省开展执法1234次、出动执法3216人次、开展联合执法132次。清理小型屠宰场点3个、处理病害猪3256头，捣毁私屠滥宰窝点6个。9月10日至10月10日组织开展了为期一个月的“全省畜禽屠宰质量安全宣传月活动”有效保证了中秋、国庆双节畜禽屠宰质量安全。9月26日至30日省畜禽定点屠宰管理办公室办组织开展了畜禽屠宰监管大检查，各市畜禽屠宰管理机构、执法机构组成6个检查组，对各市畜禽屠宰监管“扫雷行动”开展情况、畜禽屠宰监管“担当年”开展情况、生猪定点屠宰企业标准化建设情况、牛羊鸡定点屠宰推进情况、私屠滥宰、注水或注入其他物质的情况等内容进行交叉互查。

【草原保护与饲草料开发】按照集中资金办大事的原则，统筹使用2016年禁牧补助和绩效评价奖励资金，一揽子用于“草原生态保护示范区”建设，全省落实禁牧草原1747.3万亩，草原综合植被盖度达到70.5%。会同省发改委及时下达2016年京津风沙源治理二期工程任务计划，张承地区草原生态环境建设共完成围栏封育19.5万亩、累计改良退化草原达到101.6万亩、人工种草9.5万亩、“粮改饲”种植全株青贮玉米55万亩，建设棚圈36.6万平方米，建设种养结合、草畜配套，示范带动能力强的草食畜养殖企业20个，培育草牧业专业合作组织（企业）5个。落实国家《农业环境突出问题治理总体规划（2014-2018年）》，启动农牧交错带草原治理和草牧业发展，按照“选好种、种好草、养好牛、产好奶”和“以养带种，为养而种，以养定种”原则，根据农业部、财政部印发的《关于做好2016年部分财政支农项目实施工作的通知》（财农办〔2016〕22号）有关精神，制定2016年高产优质苜蓿示范建设项目申报指南及申报补充通知，将单元片区补助面积降低为

500亩，申报单位扩大为所有草食畜养殖场（合作社），全年完成高产优质苜蓿示范建设种植5.25万亩。

【秸秆利用工作】编制《实施“粮改饲”种植发展草食畜牧业推进方案》，成立“粮改饲”工作领导小组，大力推动“粮改饲”工作，促进种植结构调整，全年全省共落实“粮改饲”面积200.5万亩，万亩示范区23个，千亩示范片276个。积极争取国家“粮改饲”试点项目，新增资金9287万元，新增灵寿、滦县等10个试点县。围场、滦县等13个“粮改饲”试点县发展青贮玉米、苜蓿、燕麦等优质饲草料面积105万亩。规模养殖场均建成了自有加合同青贮饲草料种植基地，试点县泌乳牛全株青贮饲喂率达到100%。牛羊养殖从玉米籽粒饲喂向全株青贮饲喂适度转变，促进草食畜牧业节本增效，牛羊养殖饲料成本降低5%以上。通过种植全株青贮玉米、燕麦，种植户亩增收200-240元，奶牛泌乳量增加10—14%，乳脂率提高10—15%。全省“粮改饲”面积突破200万亩，直接为种植户节本增收4.8个亿，为养殖企业（场）增收6亿多元。“粮改饲”工作实施，促进了奶业转型升级，全省奶牛场牧场化比例达到80%以上，顺利实现了由小区向牧场转型升级，畜牧业标准化养殖水平明显提升，综合生产能力显著增强。全株青贮玉米推广示范工作有序推进，选定唐山中奥奶牛养殖有限公司和承德隆化益佳养殖有限公司承担农业部2016年全株青贮玉米推广示范工作，两个示范点共种植青贮玉米3604亩，平均亩产3.35吨，共完成全株青贮11820吨，其中使用菌剂青贮2130吨。落实青贮种子补贴，加快饲草基地建设，分三批下达各市乳粉用奶牛场青贮玉米种植饲料补贴资金1054.3万元，扶持建设乳粉用奶牛场饲草基地21万亩，改善了奶牛日粮结构，促进了乳品质量提升，降低了饲养成本。

【饲料生产经营管理】制定具体方案，加强人员培训，认真督导检查，大力推进《饲料质量安全管理规范》实施，5家企业申报国家级《饲料质量安全管理规范》示范企业，全部通过农业部专家组验收。对唐山、邢台、承德、辛集等市进行《饲料质量安全管理规范》培训，有力地提升了全省饲料监管队伍及企业人员执行能力。加大安全生产监管力度，出动4个检查组，对沧州、邢台、保定、廊坊等9家饲料生产企业进行了检查，对发现问题进行了整改。举办2016年饲料生产企业安全生产应急演练暨安全风险管控现场培训会议。配合中国农业科学院饲料研究所进行了风险预警监测抽样。完成了宠物饲料风险预警监测。加大饲料执法监督力度，受理群众举报案件9起，及时通知相关市依法查处，有效打击违法违规行为。对农业部通报的不合格产品进行了彻查，并将结果及时上报。修订印发《河北省饲料和饲料添加剂生产许可工作程序》，对饲料和饲料添加剂生产许可的申报、受理、审核审批、送达等各环节进行了明确规定，全省共核发许可证94个，产品批准文号1210个，未出现违规审批、逾期办理等现象。

（河北省畜牧兽医局　赵学风）

渔业生产

【概况】2016年，河北省渔业工作按照中央一号和省委一号文件精神，围绕渔业供给侧结构性改革，多措并举补齐短板，深入推进渔业转型升级，以《农业部关于加快推进渔业转方式调结构的指导意见》为指导，按照年初制定实施的《河北省渔业转型升级推进方案》中提出的“一调两减三发展四支撑”总体思路，狠抓落实，一二三产融合发展势态良好，全省渔业保持了平稳、健康、快速发展的良好局面，“优质、高效、平安、生态”的特色渔业发展日趋鲜明。全年水产品总产量达到132万吨、同比增长2.2%，渔业总产值达260.4亿元、同比增长6%，渔民人均纯收入13520元、同比增长8%。渔业出口规模不断扩大，水产品出口额达到21.4亿元，占全省农产品出口总额的21.4%。

【产业结构调整】海洋捕捞业，积极落实渔民减船转产计划，报废、拆解海洋捕捞渔船93艘、总功率减少6173千瓦。推进渔船标准化更新改造，更新改造渔船75艘；远海生产渔船数量达600艘以上，新建成投产2艘远洋鱿鱼钓渔船，远洋生产作业渔船总数达18艘，远洋渔业产量达4.76万吨，同比增长10倍以上。水产养殖业，大力倡导生态、健康养殖，积极组织水产健康养殖示范创建活动，创建部级示范场13家、全省示范场总数达144家，黄骅市水产健康养殖示范县顺利通过农业部专家组验收，全省示范县增加至2个，新评审通过标准化示范区11家，总数增加至71家。水产名品养殖不断壮大。加大主导特色品种的培育力度，通过验收并投入运营的水产原良种场2家，“黄海”系列中国对虾养殖、浅海扇贝藻类套养兼作、南美白对虾以及舌鳎工厂化养殖、泥鳅养殖等一批新技术新模式新品种推广步伐明显加快。休闲渔业，出台了《河北省关于促进休闲渔业持续健康发展的实施意见》，制定了《河北省休闲渔业示范基地创建标准（试行）》、《河北省美丽渔村创建标准（试行）》和《河北省2016年休闲渔业示范基地扶持项目实施方案》，编制完成了《内陆垂钓型休闲渔庄建设规范》，指导各地深入开展休闲渔业示范基地和美丽渔村创建活动。与北京、天津市合作出版了《京津冀休闲垂钓游》以加大对休闲渔业的宣传推广力度。组织全省渔业系统及休闲渔业企业负责人共计70余人参加了第九届中国（厦门）休闲渔业博览会，组织秦皇岛市海洋牧场增养殖有限公司参加了全国休闲渔业示范基地精品展。组织人员赴北京市对大兴区花港观鱼、川崎联盟雅仕锦鲤销售中心等休闲渔业企业进行实地调研，学习借鉴休闲渔业发展先进省市经验做法。以此推动休闲渔业向特色化、产业化发展，沿海以秦皇岛海上人家、渔岛、圣蓝国际海洋公园、唐山多玛乐园为代表的海上观光型休闲渔业产业带初具规模，城市周边以廊坊三河璞然生态园、石家庄市鹿泉区天语休闲渔业园区等为代表的休闲度假型休闲渔业产业区发展强劲，“一带三区”建设取得突破性进展，带动相关产业增加70%以上的产值。

【政策引领】落实渔业油价补贴调整政策，为渔业转型发展提供有力支撑，及时制定并印发了《河北省渔业油价补贴政策调整实施方案（2015-2019年度）（试行）》和《河北省渔业油价补贴政策调整实施方案（2015年度）（试行）》，做到“总量不减、存量调整、保障重点、统筹兼顾”，既保障渔民基本利益，及时完成了2015年度燃油补贴资金发放的审核工作，又优化了支出结构，拿出较大比例资金扶持产业转型发展。其中安排扶持产业发展的一般转移支付资金达4.66亿元，争取中央专项转移支付资金2.6亿元，对海洋捕捞渔民减船转产、渔船更新改造、人工鱼礁建设、深海网箱养殖、休闲渔业示范基地、水产电商、水产良种繁育、渔港及港行设施配备、渔港维护、渔船通导设备配备、相关系统维护等现代渔业发展领域给予重点扶持，推动了渔业转型升级和可持续发展。编制完成了《渔业发展“十三五”规划》的编制工作，确定了完善五大产业体系、提升七大能力、实施九大工程的“十三五”总体目标。为十三五渔业发展提供了规划保障。经多次沟通协商，12月6日至8日，我厅与北京市农业局、天津市农委水产办共同筹备的首届“京津冀渔业协同联席会议”在北京成功召开，农业部及三地渔业主管部门领导及负责人参加会议，三方共同签署了《京津冀渔业协同发展合作框架协议》，发布了渔政执法、技术推广、科研院所联合协作信息，我省各级渔业行政主管部门负责人、参展企业等共计46人参加会议。三地企业发布宣传信息和展板，河北电视台对本次活动进行跟踪报道。

【渔业资源养护】渔业资源增殖扎实开展，今年全省累计投入资金2600多万元，在我省水域增殖放流各类海淡水苗种24.5亿尾（只）。7月5日，农业部和河北省政府在白洋淀联合举办了水生生物增殖放流活动，于康震副部长和沈小平副省长亲自参加放流活动；4月份在官厅水库与北京市联合举办了“京冀渔业资源增殖放流暨官厅水库联合禁渔启动活动”；已建设国家级水产种质资源保护区18个，并新申报国家级水产种质资源保护区（海洋类）1家；已建设海洋牧场示范区13处、8026公顷、投放人工鱼礁461.5万空方，其中已获批国家级海洋牧场示范区3家，今年新申报4家。河北电视台、电台及各大媒体进行了相关报道。渔业资源调查评估取得进展，为科学评估我省沿海渔业资源现状，开展限量捕捞、渔业资源养护提供基础数据。统筹使用海洋资源调查、涉海工程渔业资源跟踪调查以及海洋牧场本底调查等项目资金，报厅领导审批同意后落实工作方案。海上渔业资源及潮间带底栖生物调查相关样品分析工作正在进行中，2016年度海洋渔业资源调查评估报告将于12月底按时完成。海湾扇贝养殖区环境质量预报与灾害预警预报工作完成环境监测报告18份，对提高我国海湾扇贝产量（秦皇岛为我国海湾扇贝主产区）发挥重要指导作用。

【渔业执法】渔业执法力度进一步强化，省渔政处新建成中国渔政13009号执法船1艘，全省内陆渔政机构配备执法艇16艘，有效提升了执法能力。全省渔政机构建立健全内部多级联动机制的基础上，增强了海（海上多部门）陆（陆地多部门）军（与海警边防）的密切配合，着力开展违规网具专项整治行动，组织开展全省联合执法行动2次，日常执法行动231次，出动渔政执法船艇279艘次，检查车489辆次，执法人员4273人次，共计没收、清理各类违规渔具2100余条（副）。全面落实海洋伏季休渔制度，全省共出动检查人员14675人次，检查车1698辆次，出动渔政检查船舶1058艘次，共查处违规渔船207艘，清理、没收各种违规渔具800余条（片、领），全省休渔秩序良好，有效维护海上生产作业秩序。大力开展水生生物保护，近海及内陆重点水域水生生物多样性逐步恢复，渔业生态环境不断改善，渔业资源得到有效养护和修复。进一步加强渔业执法体系建设，督促各市县加快落实渔业执法人员参公管理工作进程，严格推进执法行为规范化、执法文书制作标准化，水产苗种专项整治、水产养殖执法力度进一步加大。

【加工出口及电子商务】围绕我省水产养殖主导品种，注重发展水产品精深加工，促进加工保鲜和副产物综合利用。不断加强水产品牌建设，水产品获评河北名牌产品10家，优质产品1家，注册水产品商标30余个，其中著名商标2个。推进水产品加工业聚集发展，构建水产品全冷链物流体系。重点开辟国外市场，提高水产品附加值。积极推动渔业电子商务试点建设，补助100万元资金支持黄骅市渔业电商创业园建设，已建成了400余平米的电商园区，配备了办公电脑、无线网络、特色海产品展示台等设备,吸引互联网企业8家，传统渔业企业30余家入驻，开设大型渔业电商免费培训班3期，培训渔民300多名，带动100余家渔业企业触网，个体新开手机微小店和淘宝小店150余家，并于2016年6月28日举办了首届黄骅“渤海刺参”品鉴推介会，邀请黄骅刺参养殖户、加工商、经销商、新闻媒体、各大酒店厨师长及相关单位160余嘉宾共同参会。通过公共宣传活动树立黄骅电商品牌，扩大其知名度和影响力，进一步促进了渔业借助“互联网+”转型升级。

【渔业安全生产及水产品质量安全】严格落实监管责任，坚持群防群控、管防结合，成功化解3起海上渔事纠纷。强化宣传教育，发放安全生产等宣传资料1万多份，提升船员守法意识，举办职务船员及涉外渔业培训班21期、培训船员4900多人，有效防范渔船进入敏感水域从事非法捕捞活动。不断提升渔业安全保障能力，全省共承保渔民3万多人，渔船近3000艘，提供风险保障近84亿元，沿海渔民人均保障额度24.5万元。利用国家金融保险创新实验资金500万元，开展15万亩水产养殖业保险服务，保险覆盖面积逐步扩大。做好水生动物疫病防控，完成了560个水生动物疫病样品的专项监测任务，全省未发生重大疫情。突出源头监管和综合治理，加大抽检力度，实现水产品生产过程抽检全覆盖。国家组织的市场例行检测200个样品合格率86.5%，同比有所降低；水产苗种、渔用投入品抽检合格率100%；产地水产品质量安全监督抽查150个，抽检合格率100%，对违法养殖和阳性样品查处率达到100%，未发生水产品质量安全事件。

【存在的问题】一是粗放的发展方式已无法继续维持。渔业生产作业方式粗放、养殖密度太高、品种结构不合理，捕捞强度过大、渔业资源过度利用，导致渔业资源衰退，渔业水域呈现生态荒漠化趋势。二是产业结构布局必须及时作出调整。渔业发展空间不断被挤压，渔民“失海”、“失水”问题比较突出。水产养殖在内陆水源地保护、海洋环境污染综合治理中频繁遭遇“红灯”，水产养殖业发展遭遇前所未有的困境。三是渔业发展组织化程度低、支撑弱的不利局面亟待扭转。渔业一产组织化程度低，缺乏工业化发展思维，产业集聚优势也没有发挥出来，产业链和价值链仍需有效延伸。渔业科技支撑较弱，先进的养殖技术、管理模式不能及时转化并得到有效的应用。四是渔业基础设施建设滞后。港口毁损严重，环境较差，与美丽渔港印象落差较大，不仅安全隐患较大，而且限制了依托渔港进行综合开发利用，渔船抵御自然灾害能力脆弱。五是养殖企业防灾抗灾能力有待提升。7·19特大暴雨造成的洪涝灾害给全省渔业造成近1.6亿元的损失，灾后虽然各级各部门积极开展灾后生产自救，开展灾情调研、技术救灾，并捐款捐物，支持灾区渔业恢复重建，但所有损失都是不可逆转的。

（河北省农业厅　周栓林）

农村居民收入与消费

2016年是“十三五”开局之年，在经济发展新常态背景下，河北农村经济发展环境发生较大变化，面临诸多压力和困难，如何进一步助推供给侧结构性改革，抓住京津冀协同发展重要战略机遇，促进农村经济健康稳定发展，提高农村居民收入，值得关注。据城乡住户一体化抽样调查资料显示，2016年河北农村居民人均可支配收入水平11919元，比上年增长7.9%；人均生活消费支出9798元，增长8.6%，基本实现收支同步稳定增长。

【农村居民收入】

（一）总体特征：“两个增长”与“两个连续”。

2016年，河北农村居民人均可支配收入继续保持增长态势，总体呈现“两个增长”、“两个连续”的特征。构成农村居民可支配收入四大项---工资性收入、经营净收入、财产净收入、转移净收入保持稳步增长，但作为可支配收入主要支撑部分的工资性收入增幅低于上年。

1.农村居民收入稳步增长。2016年，农村居民人均可支配收入11919元，比上年增加869元，增长7.9%，增速同比回落0.6个百分点。

2.四项收入全面增长。从收入四大项来看，农村居民工资性收入、家庭经营净收入、财产净收入和转移净收入分别为6263元、3970元、257元和1429元，分别比上年同期增长7.8%、7.7%、10.1%和8.2%。

工资性收入增长依然是主导。2016年人均工资性收入增加451元，对收入增加额的贡献率为52.0%，拉动收入增长3.5个百分点，仍然占居农民增收的主导地位。

经营净收入增长是有力支撑。经营净收入增加285元，居第二位，对收入增加额的贡献率为32.8%，较上年提升3.9个百分点，拉动收入增长2.6个百分点，是农民增收的重要支撑。

各项保障制度做后盾，转移净收入稳增长。2016年农村居民转移净收入增加109元，对收入增加额的贡献率为12.5%，比上年提升0.9个百分点，拉动收入增长1.0个百分点。

3.收入增速“连续两年”低于两位数。2010—2013年，农民收入分别增长15.7%、19.5%、13.5%和12.6%，2014-2016年农村居民人均可支配收入分别增长10.9%和8.5%和7.9%，连续5年增速减缓，连续两年低于两位数增长。

4.收入增速“连续5年”下降，降幅收窄。2016年农村居民人均可支配收入增速为7.9%，是2011年以来的最低增速，同比增速已连续5年下降，呈逐年递减态势，降幅收窄。2012-2015年，增速分别比上年同期下降6.0、0.9、1.7和2.4个百分点，2016年降为0.6个百分点。

（二）农村居民收入增速低于城镇。

自2010-2015年，城镇居民收入增速分别为10.5%、12.5%、12.3%、9.9%、8.6%和8.3%；农村居民收入增速分别为15.7%、19.5%、13.5%、12.6%、10.9%和8.5%，农村居民收入增速分别快于城镇5.2、7.0、1.2、2.7、2.3和0.2个百分点，增速连续6 年高于城镇；2016年农村居民收入增速7.9%，城镇居民收入增速8.0%，农村居民收入增速比城镇慢了0.1个百分点，是7年来首次低于城镇。

（三）农村居民收入增速6年来首次慢于GDP。

2011-2015年河北农村居民收入，扣除价格因素实际增速连续5年跑赢 GDP 增速，分别高0.9、1.1、0.7、2.5和1.1个百分点。2016农村居民收入实际增长6.3%，比同期GDP增速慢0.5个百分点。

（四）农村居民收入位于全国14位，与京津鲁差距拉大。

2016年河北农村居民人均可支配收入为11919元，比全国低444元，居第14位，位次与去年持平，河北农村居民增速7.9%，比全国的8.2%低了0.3个百分点；与周边省份相比，河北农村居民收入低于北京、天津、山东和辽宁，分别低10390元、8156元、2035元和961元；高于河南、内蒙和山西，分别高223元、310元和1837元。河北与北京、天津和山东收入水平差距继续拉大。

（五）农村居民收入增速居全国第23位，高于周边多数省份。2016年农村居民增速为7.9%，比全国的8.2%低了0.3个百分点，居第23位，比去年上升1个位次。与周边省份相比，与山东持平，高于河南、内蒙、吉林、辽宁、山西和黑龙江，分别高0.1、0.2、0.9、2.1、2.3和2.3个百分点。

【农村居民消费特征】农村居民人均生活消费支出9798元，增长8.6%，继续保持稳步增长。

(一)各项消费支出全面增长，交通通信支出增长最快。

农村居民八类消费支出呈全面增长态势，其中交通通信支出1511元，增长16.4%，位居第1位；生活用品及服务支出597元，增长13.2%；居住支出2207元，增长9.6%；其他用品和服务支出206元，增长9.6%；教育文化娱乐支出953元，增长9.5%；食品烟酒支出2745元，增长6.5%；衣着支出650元，增长4.0%；医疗保健支出928元，增长0.8%。

(二)消费水平稳步提高，增速快于收入。

2016年农村居民人均消费支出增长8.6%，比农村居民可支配收入增速快0.7百分点。自2011年起，连续6年消费增速高于收入增速，分别高出3.0、0.4、1.7、0.9、0.9和0.7个百分点。

(三)吃住行支出增加，是拉动消费增长的主力因素。

农村居民食品烟酒、居住与交通通信支出6463元，占农村居民生活消费支出的65.3%。其中，交通通信支出对消费支出增长的贡献率为27.4%，拉动消费支出增长2.4个百分点；居住支出对消费支出增长的贡献率为24.9%，拉动消费支出增长2.1个百分点；食品烟酒支出对消费支出增长的贡献率为21.6%，拉动消费支出增长1.9个百分点；这三项支出成为拉动农村居民消费支出增长的三大主动力。

(四)发展享受型消费较快增长，生活质量提高。

2016年农村居民消费支出中发展和享受性消费即生活用品服务、交通通信、教育文化娱乐和医疗保健消费共计3989元，增长10.3%，比生存型消费支出增速快了2.9个百分点。2016年农村居民饮食服务消费增长22.0%，家庭服务消费人均增长16.7%，教育支出增长13.2%，服务类消费增速迅猛，中高品质饭店、美容院、健身房逐渐有了农民的身影，学习教育投入更多，生活质量提高。

(五)城乡居民消费支出增速持平，绝对差距拉大。

2016年城乡居民消费支出增速持平，均为8.6%。从各项消费支出看，农村居民居住、交通通信、教育文化娱乐支出增速高于城镇，分别高0.6、4.7和3.0个百分点；食品烟酒、衣着、生活用品及服务、医疗保健和其他用品和服务支出增速慢于城镇，分别低2.5、0.5、1.4、2.4和1.9个百分点。2016年城乡居民消费绝对差距为9308元，较去年同期增加744元，城乡消费绝对差距拉大。

(六)人均消费支出低于全国，位于全国中上游水平。

农村居民人均消费支出9798元，比全国低331元，居第15位，较去年下降3位。与周边省份相比，低于北京、天津、内蒙和辽宁，分别低6788元、5717元、1615元和155元；高于山东、河南和山西，分别高279元、1212元和1770元。

【农村居民生产投入】2016年，农村居民生产经营费用支出2485元，与上年基本持平。其中，第一产业经营费用1404元，比上年下降19.7%，第二产业经营费用支出158元，下降23.4%；第三产业经营费用支出923元，增长74.5%，实现快速增长，成为农村居民生产经营费用增加首要因素。

（国家统计局河北调查总队　焦　凯）

农产品生产者价格

2016年河北农产品生产者价格指数为96.35，价格水平比上年同期下降3.65%。

【农产品生产价格“低位徘徊”】2016年农产品生产者价格走势与上年“低开高走回落”的走势明显不同，在经过一、二、三季度的持续下行走势之后，虽然四季度出现了一定幅度的回升，但河北全年主要农产品生产者价格水平同比指数仍处于下行轨道之中。

进入下半年以后，以市场需求为导向，积极调整种植结构，但是受宏观经济增长动力不足影响，河北农产品生产者价格指数继续呈现走低的态势，全年主要农产品生产者价格指数连续两年呈现负增长。

【农、林、牧、渔业生产价格“一升三降”】 分行业来看农业、林业、畜牧业和渔业产品价格呈现“一升三降”态势，其中种植业、林业和渔业产品生产者价格分别比上年同期下降了6.76%、4.06%和0.03%，而畜牧业产品生产者价格则上涨了1.5%。

（一）种植业产品生产者价格同比下降了6.76%

2016年，河北种植业产品生产者累计价格指数为93.24，同比下降了6.76%。调查的8个小类中呈现“五升三降”态势，其中谷物、棉花、水果呈现下降态势，而薯类、油料、豆类、蔬菜和香料则呈现上涨态势。

从8小类品种看：上涨的主要类别是蔬菜、薯类、香料、豆类和油料，价格指数分别为105.78、105.41、104.95、103.45、101.74，比上年分别上涨了5.78%、5.41%、4.95%、3.45%、1.74%。同时，棉花、谷物、水果价格指数分别为92.89、88.36、82.23，比上年分别下降了7.11%、11.64%、17.77%。

自2000年开展农产品生产者价格调查以来至2013年，种植业产品生产者价格全年累计价格均呈同比上涨态势，2014首次表现出下降，全年种植业产品生产者价格同比下降2.77%，2015年延续了上年的下降走势，全年种植业产品价格同比下降了2.74%，2016年同比降幅达到了6.76%，同比降幅进一步扩大。种植业产品价格连续三年下跌反映出种植业产品生产已经进入盘整转型期。

（二）林业产品生产者价格同比下降了4.06%

2016年，河北林业产品生产者价格指数为95.94，与上年同期相比，下降了4.06%，所调查的林业产品出售类别只有苗木类，具体品种为松树苗和杨树苗，分别比上年同期价格下跌了4.62%和0.57%。

从近年林业产品生产者价格变化呈现的趋势来看，河北林业产品生产经营品种较为单一，随城市建设步法的加快，城市景观树木、环保绿色植被需求量逐年加大，对树种和树苗的市场需求种类已经悄然改变，种植品种变动频繁、由此导致价格波动较为明显。

（三）畜牧业产品生产者价格同比上涨了1.5%

2016年，河北畜牧业产品生产者累计价格指数为101.5，同比上涨了1.5%，全年走势呈现“高开低走”态势。分品种看，除活猪同比呈现大幅度增长、活鸡与上年持平之外，牛、羊、奶、蛋等其它畜产品均比上年有所下降。由于活猪价格比上年增长了20.93%，带动活牲畜类同比上涨了11.25%，进而拉动整个畜牧业呈现小幅上涨态势。

近年来，畜牧业产品生产者价格愈发呈现出波动周期短、幅度大、受居民消费结构影响明显的特点，尤其猪、羊、禽、蛋生产者价格，近年来不断刷新峰值和谷值，反映了市场导向对价格的影响越发显著。

（四）渔业产品生产者价格同比微降0.03%

2016年，河北渔业产品生产者价格累计指数为99.97，与上年同期相比，微降0.03%，所调查渔业产品出售类别只有淡水养殖产品，具体品种包括草鱼和鲤鱼。其中草鱼生产者价格比上年涨了4.74%，虽然草鱼生产者价格波动不大，全年总体呈现稳中有升态势，而鲤鱼生产者价格同比则降了1.61%。受草鱼价格上涨的带动，整个渔业产品指数基本与上年持平，降幅很小。鲤鱼生产者价格同比下降，主要是由于养殖户喂养规模增加，市场供给规模加大所致。

【主要品种生产者价格变动分析】

（一）小麦运行平稳，玉米价格下降

小麦、玉米是河北的两个主要粮食品种，从价格走势上看，两个品种均是从2015年四季度开始，价格持续下跌，不同的是小麦价格自2016年三季度开始回升，四季度同比由负转正，但全年仍呈现下跌趋势，而玉米价格持续低位运行，全年呈现大幅下跌。

小麦四季度出售价格平均每公斤为2.47元，同比上涨了2.92％。全年平均价格为每公斤2.32元，价格指数为98.2，同比下降了1.8％；玉米四季度出售价格平均每公斤为1.46元，同比下跌了15.61％。全年平均价格为每公斤1.60元，价格指数为81.24，同比下跌了18.76％。

（二）马铃薯价格明显回升

全年马铃薯价格指数为105.41，出售价格平均达到每公斤1.56元，同比增长5.41％。自2016年初价格开始走高，虽然三季度因马铃薯集中上市出售价格出现了短期的小幅下跌，但进入四季度价格再次出现回升。

（三）花生价格小幅上涨

全年花生价格指数为101.74，出售价格平均达到每公斤6.14元，同比增长1.74％。花生价格自2014年二季度达到近年来的最低点之后开始回升，2016年基本延续了回升走势，除一季度小幅下跌之后，全年花生价格基本呈现上涨态势，四季度每公斤花生价格已上升到6.35元，同比上涨7.63％。

（四）棉花价格由降转升

全年棉花（籽棉）价格指数为92.89，出售价格平均达到每公斤5.88元，同比下降了7.11％。2016年四季度开始河北棉花价格改变了以往的持续走低态势，出现大幅反弹迹象，四季度出售价格达到每公斤7.36元，同比上涨19.09％。

（五）蔬菜价格总体上涨

2016年蔬菜价格呈现同比上涨态势，调查的9个蔬菜小类中，仅有豆类蔬菜价格呈现下降态势，其余品种均呈现上涨态势。全年蔬菜价格指数为105.78，生产价格水平同比上涨5.78％。按上涨幅度从高到低排序依次为葱蒜类、甘蓝类、白菜类、叶菜类、根茎类、瓜菜类和茄果类，同比涨幅分别为32.09%、10.49%、5.59%、4.37%、3.88%、3.3%和0.11%。

（六）水果价格同比降幅较大

全年水果价格指数为83.03，价格水平同比下降了16.97%。2016年水果类生产者价格保持持续下降态势，全年水果类价格比上年下降了17.77%。其中下降幅度最大的是红枣，同比下降了27.27%；其次是苹果，同比下降了13.16%；第三是梨，价格比上年下降了12.26%。从年内价格走势看，2016年水果价格全面下跌态势。

（七）活猪价格继续保持上涨态势

全年活猪价格指数为120.93，出售价格平均达到每公斤18.19元，同比增长20.93%。河北活猪价格自2011年四季度达到每公斤19.22元之后，开始逐季回落，到2015年一季度跌落至每公斤12.15元，自2015年二季度开始逐步回升，历时一年半时间， 2016年四季度，河北活猪平均生产者价格已回升到每公斤16.78元。

（八）活牛价格波动运行

全年活牛价格指数为95.49，出售价格平均达到每公斤22.49元，同比下降了4.51%。从年内价格走势看，一、二、三、四季度活牛价格平均为20.9元、23.12元、23.46元和22.49元，价格在波动中稳定回升。

河北活牛生产者价格自2010年开始长达四年多的持续上涨之后，到2014年四季度达到历史最高点，每公斤价格为27.16元，牛肉价格持续走高，养殖效益逐年提升，养殖规模逐年扩大，直接导致市场供应充足，价格自2014年四季度开始逐季走低。到2016年一季度，河北活牛生产者价格已下降至每公斤20.9元，比最高点的27.16元每公斤下降6.26元。二、三、四季度价格虽然有所回升，但与最高点的价格仍然相差很多。

（九）活羊价格在低位中稳定运行

全年活羊价格指数为90.95，出售价格平均达到每公斤16.17元，同比下降9.05%。活羊生产价格自2014年开始，连续9个季度持续走低，2016年四季度虽然出现回升迹象，活羊生产者价格平均每公斤回升到16.3元，但仍然改变不了全年呈现下降的态势。

（十）禽、蛋价格同比一平一降

全年活鸡、鸡蛋价格指数分别为100、86.9，出售价格平均分别达到每公斤9.27元和7.93元，活鸡价格与上年持平，鸡蛋价格同比下降13.1%。从四季度来看，活鸡生产者价格为9.08元，同比下跌0.77%，全年价格则与上年持平；四季度鸡蛋价格为7.54元，比上年同期降了9.48%，

（十一）牛奶价格跌幅趋弱

全年牛奶价格指数为95.99，出售价格平均达到每公斤3.11元，同比下降了4.01%。2016年牛奶生产价格仍呈低位运行态势，四季度平均出售价格为3.12元，同比下跌1.89%，但跌幅比前三季度减少2.81个百分点。

（国家统计局河北调查总队　刘　珺）

主要农产品中间消耗及效益

2016年河北主要农产品中间消耗调查数据结果、收益情况及增减因素分析如下：

【2016年河北主要农产品收益情况】总体来看：2016年河北农产品生产中，种植业效益低于养殖业，粮食效益低于棉、油，小麦、玉米种植效益远远低于小杂粮。

（一）种植业效益两极分化明显。

2016年，在调查的6个种植业品种中，按亩均纯收益由高到低排序依次是：花生1005.74元、棉花719.77元、马铃薯532.17元、大豆529.29元、小麦463.52元、玉米252.92元。

与2015年相比，收益上涨的有三个品种：花生、大豆、马铃薯，分别上涨19.40%、12.20%和1.50%；而同比下降的则是：玉米下降27.70%，棉花下降17.13%，小麦下降11.33% 。

1. 小麦。调查面积4976.34亩。平均每亩中间消耗495.22元，每亩消耗投入比上年增加了10.37元，增长了2.14%。占总消耗70.54%的物质消费支出，每亩比上年增加22.64元，增长了6.93%。其中，种子、肥料、用电量费用分别增加2.75元、2.54元和19.23元，分别增长了3.80%、1.45%和38.09%；占总消耗29.46%的生产服务支出，每亩比上年减少12.28元，下降7.76%。其中外雇机械作业费用每亩减少9.95元，下降了6.68%。按全省小麦平均亩产413.25公斤、出售价格2.32元/公斤计算，扣除中间消耗成本，2016年平均种植每亩小麦的纯收益为463.52元。由于价格的下降，直接导致小麦纯收益比2015年减少了59.25元，减收11.33%。

2. 玉米。调查面积5626.19亩。平均每亩中间消耗333.27元，比上年增加了0.86元，增0.26%。占总中间消耗的68.08%的物质支出，每亩比上年减少17.98元，下降了7.34%。其中，种子、肥料费用每亩分别减少了0.35元和3.99元，分别减少了0.73%和3.10%；占总消耗31.92%的服务性支出每亩比上年增加了18.84元，增长21.52%。其中外雇机械作业费用每亩增加了18.72元，增长22.96%。按全省玉米平均亩产366.37公斤、出售价格1.60元/公斤计算，扣除中间消耗成本，2016年平均种植每亩玉米的纯收益为252.92元。虽然亩产比上年增加了23.53公斤，但由于玉米出售价格的大幅度下跌，直接导致玉米亩均纯收益比2015年减少96.92元，减收27.70%。

3. 大豆。调查面积80.24亩。平均每亩中间消耗162.60元，比上年减少了2.48元，下降1.50%。占总消耗76.11%

的物质消耗支出，每亩比上年减少17.83元，减12.59%。其中，种子、肥料、用电量费用分别减少11.42元、14.53元和1.98元，分别减少了26.40%、18.64%和64.64%；而占总消耗23.89%的服务性支出，亩均增加了14.63元。其中外雇机械作业费亩均增加了2.60元，增长12.22%。按全省大豆亩产155.48公斤，出售价格4.45元/公斤计算，扣除中间消耗成本，2016年平均种植每亩大豆的纯收益为529.29元。由于亩产增加了25.52公斤，而价格下跌了0.45元、消耗下降了1.5%，三者相互作用导致2016年大豆亩均收益比2015年上涨了57.56元，涨12.20%。

4.马铃薯。调查面积3837.60亩。平均每亩中间消耗1174.22元，比上年增加618.87元，增111.44%，其中物质消费支出占总中间消耗的91.80%。由于马铃薯品种改良和种植方式改变，导致种子、肥料、农药等物质消耗大幅上涨，分别比上年增加216.10元、178.90元、116.73元；修理、外雇机械作业等生产服务性支出也分别比2015年增加了7.77元和48.97元。按全省马铃薯平均亩产1093.84公斤（鲜薯），出售价格1.56元/公斤计算，扣除中间消耗成本，亩均纯收益为532.17元，比2015年上涨7.89元，上涨了1.5%。

5.棉花。调查面积497.30亩。平均每亩中间消耗498.67元，亩均比上年增加86.77元，增长21.07%。占总消耗支出84.23%的物质支出，亩均增加了73.76元，增长21.30%。其中农药、燃料、肥料费用分别比上年增加了62.14元、17.85元和11.23元；而农膜、种子、用电量分别比上年减少9.10元、6.56元、1.79元；占总消耗支出15.77%的服务性支出亩均增加了13.01元，增长19.82%，主要是外雇机械作业费用增加所致。按全省棉花平均亩产207.57公斤（籽棉），出售价格5.87元/公斤计算，扣除中间消耗成本（不含人工成本），2016年平均每亩的植棉纯收益为719.77元，同比亩均纯收益减少了148.81元，减收17.13%，主要原因还是价格大幅下降所致。

6.花生。调查面积16.70亩。平均每亩中间消耗509.73元，比上年增加72.80元，增长了16.66%。占总消耗74.49%的物质支出亩均增加了33.40元，增长9.64%。其中，农药、用电量、农膜费用分别增加了21.19元、15.62元、5.52元，而种子、肥料则分别比上年减少了3.08元和5.86元，减2.10%和4.24%；占总消耗25.51%的服务性支出，亩均增加了39.41元，增长43.48%，主要由外雇机械作业费增加所致。按全省花生平均亩产246.82公斤、出售价格6.14元/公斤计算，扣除生产成本，2016年种植每亩花生纯收益为1005.74元，亩均比上年增加163.38元，上涨了19.40%。种植效益大幅上涨的主要原因是：虽然消耗支出增加了72.80元，但由于2016年花生亩产增加了27.01公斤，价格上涨了0.32元，直接导致2016年花生的种植效益大幅度增加。

综上所述，目前价格因素依然是决定农产品种植收益的关键因素。小麦、玉米、棉花由于价格下降较多，种植收益降低。整体来看，大宗品种不如小品种，结构调整势在必行。

（二）畜牧业效益全面上涨。

2016年，由于玉米等饲料价格的下降，直接增加了畜牧业的生产效益空间，调查的主要畜禽品种养殖效益均较上年有所上涨。按投资收益率（纯收益/单位中间消耗）由高到低排序依次为：活羊92.41%、活牛68.66%、活猪53.73%、鸡蛋46.31%、牛奶31.22%、活鸡15.33%，分别比上年上涨3.94、5.31、9.99、4.84、2.37和7.99个百分点。

数据显示，养殖活羊收益率最高且收益增长比较稳定，活猪因2016年价格走高导致其收益增幅最高，而活鸡养殖虽然投资收益率依然最低，但增幅位居第二。

在调查的畜牧业产品中，由于玉米等饲料价格的大幅下降，除活猪的生产成本较上年增加外，其余畜牧业产品的生产成本均呈降势，产品收益全线上涨。

1.活羊。平均每只活羊中间消耗为331.12元，比上年减少14.07元，减4.08%。其中购仔畜114.69元，比上年增加88.73元；饲料成本203.16元，比上年减少91.12元，减30.96%；防疫费比上年减少2.4元，减31.32%。按调查每只出栏重量39.40公斤、出售价格16.17元/公斤计算，2016年养殖每只活羊的总收益637.10元，扣除中间消耗成本后，纯收益为305.98元，比上年增加0.59元，投资收益率为92.41%。

2.活牛。平均每头活牛中间消耗为5247.09元，比上年减少260.88元，减4.74%。其中购仔畜2431.46元，比上年增加117.19元，增5.06%；饲料成本2703.86元，比上年减少343.41元，减11.27%；防疫费比上年减少8.07元，减32.31%。按调查每头牛的出栏重量393.50公斤、出售价格22.49元/公斤计算，2016年养殖每头活牛的总收益为8849.82元，扣除生产消耗成本后，纯收益为3602.73元，比上年增加113.25元，投资收益率为68.66%。

3.活猪。平均每头活猪中间消耗为1373.02元，比上年增加171.19元，增长14.24%。其中购仔畜增加209.27元，增125.46%；而因玉米等饲料价格下降，养猪的饲料成本每头减少45.65元，下降4.65%；防疫费比上年减少4.75元，减24.88%。按每头活猪出栏重量116.10公斤、出售价格18.18元/公斤计算，2016年养殖每头活猪的总收益为2110.70元，扣除生产消耗成本后，纯收益737.68元，比上年增加212.06元，增长40.34%，投资收益率达到53.73%。

4.活肉鸡。平均每只活鸡中间消耗为19.05元，比上年减少2.00元，减9.50%。其中购仔禽3.04元，比上年增加0.79元，增35.55%；饲料成本14.89元，比上年减少2.52

元，减14.48%；防疫费比上年减少0.1元。按调查每只活鸡出栏重量2.37公斤、出售价格9.27元/公斤计算，2016年养殖每只活鸡的总收益为21.97元，扣除生产消耗成本后，纯收益为2.92元，比上年增加1.38元，投资收益率为15.33%。

5.鸡蛋。平均每公斤鸡蛋中间消耗为5.42元，比上年减少0.56元，减9.36%。主要消耗为饲料消费，费用为5.01元，比上年减少0.69元，减12.09%。按每公斤鸡蛋出售价格7.93元/公斤计算，2016年生产每公斤鸡蛋的纯收益为2.51元，比上年增加0.03元，投资收益率为46.31%。

6.牛奶。平均每公斤牛奶中间消耗为2.37元，比上年减少0.16元，减6.32%。主要消耗为饲料消费，费用为2.23元，比上年减少0.14元，减6.00%。按每公斤牛奶出售价格3.11元/公斤计算， 2016年生产每公斤牛奶的纯收益为0.74元，比上年增加0.01元，投资收益率为31.22%。

综上所述，2016年由于玉米价格的持续低位运行，给河北养殖业带来了很大的升值空间，养殖收益全线上涨，投资收益率全线上升。

【主要农产品收益增减因素分析】

（一）价格下降直接拉动种植业产品收益减少。

粮、棉、油的生产成本、出售价格、产量决定了其收益的高低。2016年，粮、棉、油产量因素基本利于增收，除此以外，价格上升促进花生、马铃薯收益上涨；生产成本减少促进大豆收益上涨；而生产成本的上涨和出售价格的下行拉低了小麦、玉米、棉花的收益空间。

1.小麦。亩均纯收益比上年下降了11.33%，主要下行因素是出售价格和中间消耗。其中，因出售价格下降而减少纯收益49.56元，拉动收益下行9.48个百分点，贡献率为83.63%；因中间消耗增加而减少收益10.37元，拉动纯收益下行1.98个百分点，贡献率为17.50%。仅亩产上涨促进小麦增收0.67元。

2.玉米。亩均纯收益比上年下降了27.70%。其中主要原因是由于出售价格的大幅下降，减少每亩收益133.71元，拉动纯收益下行38.22个百分点，贡献率为137.96%；中间消耗增加0.86元，拉动纯收益下行0.25个百分点，贡献率仅为0.89%。而2016年玉米单产增加了23.53公斤，又使玉米收益每亩增加了37.65元，拉动收益上涨10.76个百分点，抵消下行因素38.84%。

3.大豆。亩均纯收益比上年上涨了12.20%，主要增收因素是亩产的增加和中间消耗的减少。其中，亩产上涨25.52公斤，促进纯收益增加了113.56元，拉动收益增加了24.07个百分点，贡献率为197.29%；由于中间消耗减少2.48元，直接增收0.53个百分点，贡献率4.31%。而出售价格的下降拉动每亩收益下降58.48元，拉动下行12.40个百分点，增收负效应101.60%。

4.马铃薯。亩均纯收益比上年上涨1.50%，主要促进增收的因素是亩产和出售价格。2016年每亩产量达1093.84公斤，较上年增加3.3公斤，增加收益5.15元，促进增收0.98个百分点；由于出售价格上涨了0.57元，导致每亩纯收益增加了621.61元，促进增收118.56个百分点。与此相反由于中间消耗增加了618.87元，拉动收益又下行118.04个百分点，抵消了一大部分收益上涨空间。

5.棉花。亩均纯收益比上年下降了17.13%。生产成本、出售价格、产量三因素同时拉动植棉收益下行。其中，58.31%是由于中间消耗增加，拉动收益下行9.99个百分点；40.51%是由于出售价格下降，拉动收益下行6.94个百分点；1.18%是由于亩产减少，拉动收益下行0.20个百分点。棉花价格走低，产量基本靠自然条件，生产成本不断增加的格局已持续数年，局势何时回暖已然成问题。

6.花生。亩均纯收益比上年上涨19.40%，主要促进增收的因素是亩产和出售价格。其中，亩产提高增加收益165.84元，促进增收19.69个百分点，贡献率101.51%；出售价格走高增加每亩收益70.34元，促进增收8.35个百分点，贡献率43.05%。同时中间消耗每亩增加了72.80元，拉动收益又下行了8.64个百分点，抵消了一部分收益上涨空间。

（二）成本降低是畜禽产品收益全线上涨的主要原因。

总体来看，2016年畜禽产品养殖收益均比上年有所增长，但从养殖各因素的收益贡献看，仅活猪养殖是由于价格走高而增加了收益，其余品种收益的上涨则主要归功于玉米饲料价格的下降，直接导致生产成本减少，进而增加了畜禽产品养殖利润的收益空间。

1.活猪。每头活猪纯收益比上年增加212.06元，增长了40.34%，其中由于活猪价格每公斤上涨21.04%，直接拉动每头活猪收益增加363.43元，带动2016年养猪收益上涨69.14个百分点，贡献率高达171.38%。

2.活牛。每头活牛纯收益比上年增加113.25元，增长了3.25%。其中由于饲料价格下降、生产成本减少，直接增加养牛收益260.88元；由于出栏重量增加了8.50公斤，增加收益191.17元。但由于活牛每公斤价格下降了0.88元，致每头活牛收益又减少了338.80元。三者共同作用，导致2016年养牛收益率增长了5.31个百分点。

3.活羊。每只活羊纯收益比上年增加0.59元，其中由于饲料价格下降、生产成本减少，直接增加养羊收益14.07元；但由于活羊每公斤价格下降了0.30元，致每只活羊收益减少了11.85元。加之出栏重量的减少，三者共同作用增减相抵，导致2016年养羊收益率增长了3.94个百分点。

4.活鸡。每只活鸡的纯收益比上年增加1.38元，其中由于饲料价格下降、生产成本降低，直接增加收益2.00元，而价格下跌和出栏重量的减少又导致纯收益减少了0.62元。二者共同作用导致2016年活鸡纯收益率增加了7.99个百分点。

5.鸡蛋、牛奶。主要受市场价格波动下行影响，收益减缓，而饲料价格的下降基本抵消了出售价格下行带来的不利影响。

综合分析，在2016年河北种养业收益比较分析中，生产成本及出售价格基本决定了农产品的收益走向。粮、棉、油作物生产成本大部上涨，出售价格受供求关系和市场影响有升有降；而畜牧产品生产成本因饲料下降而大部分呈现下降态势，成本下降速度远远大于价格下跌速度。

（国家统计局河北调查总队　李玲萍）

居民消费价格

2016年，在严峻复杂的经济形势、艰巨繁重的挑战增多的背景下，河北省委、省政府认真贯彻中央关于经济工作的决策部署，在经济结构不断优化，民生得到持续改善的同时，确保了全省价格总水平的稳步回升，实现了“十三五”良好开局。全年居民消费价格总水平（CPI）上涨1.5%，涨幅比上年扩大0.6个百分点。分类别看，食品上涨3.0%，非食品上涨1.1%；消费品上涨1.5%，服务项目上涨1.6%。

【CPI运行情况及特征】

（一）涨幅回升，运行平稳

2016年，河北居民消费价格总水平（CPI）同比上涨1.5%，涨幅比上年升高0.6个百分点，价格水平重新回到“1时代”，成为2010年以来七年间的次低值。

从年内月度环比指数看，呈现两头高、中间低的特点。涨幅高点分布在春节前后（1-2月份）、寒冬（12月）两个时间段，恰是鲜菜的供应淡季，而低点则在夏季。各月环比波幅维持在-0.8%--1.2%之间，呈小幅震荡态势，走势比较平稳。

从月度同比指数看，大体也呈现两头高、中间低的特点，月份扩张或收窄的程度都相对平稳，全年CPI总体水平低位运行，涨势比较温和。1-4月份各月同比涨幅均保持在1.8%-1.5%之间；5-8月，涨幅逐月回落，由1.3%最低降至0.7%；9-12月份同比涨幅再次回升到1.7%-2.1%之间。全年12个月份中，全部为正增长，其中10月份涨幅最高，为2.1%，是唯一一个涨幅突破“2”的月份。

（二）八大类价格“7涨1降”，结构特征变化明显

2016年构成CPI的八大类商品和服务价格“7涨1降”，其中，医疗保健、其他用品和服务、食品烟酒、衣着、教育文化和娱乐、居住、生活用品和服务同比分别上涨4.4%、3.3%、2.6%、1.8%、1.3%、0.7%、0.5%；交通和通信同比下降1.7%。

从内部结构看，结构特征变化明显：一是食品烟酒价格涨幅显著回升，对CPI影响作用明显加大。2016年河北食品烟酒价格同比上涨2.6%，较2015年涨幅扩大1.7个百分点，拉动CPI上升0.77个百分点，对CPI的贡献率为50.7%，高于上年同期的35.5%；二是医疗保健价格涨势明显。2016年是我国医疗改革风起云涌的一年，国务院、国家卫计委等部门相继颁布多条政策法规，推动医疗改革。2016年河北医疗保健价格同比上涨4.4%，涨幅是2004年以来的最高点，对CPI的贡献率为26.1%，影响度仅次于食品烟酒；三是居住价格涨幅由负转正。随着房租价格、自有住房价格及住房保养维修与管理价格的上涨，2016年居住价格由上年的负增长转为正增长，同比涨幅为0.7%，对CPI的贡献度为10.0%。

（三）涨幅低于全国平均水平，排位较靠后

2016年河北CPI上涨1.5%，比全国平均水平低0.5个百分点。在31个省、市、区由高到低的排序中，位于第21位。同周边地区相比，低于山东（2.1%）、天津（2.1%）、河南（1.9%）、辽宁（1.6%），高于北京（1.4%）、内蒙古（1.2%）、山西（1.1%）。

分类别看：医疗保健、其他用品和服务、衣着分别比全国平均水平高0.6、0.5、0.4个百分点；生活用品及服务与全国水平持平；其他4大类商品（服务）均低于全国，其中食品烟酒与全国差距最大，比全国低1.2个百分点。

【对CPI走势的主要影响因素分析】研究居民消费价格的运行规律不难发现，CPI走势呈现明显的年度波动轨迹，促使全省CPI总水平重回“1时代”的因素主要有以下三点：

（一）经济大势促使CPI价格回升

2016年我国经济取得稳步发展，缓中趋稳、稳中向好，经济运行保持在合理区间，质量和效益提高。从经济形势的把控、改革开放的深化、人民生活的提升、生态环境的改善四个方面均取得了不俗的成绩，经济大势好转是促使CPI价格回升的基础。

（二）食品烟酒涨幅扩大是物价总水平稳步回升的主力

从影响CPI走势的商品分类看，2016年全省食品烟酒类同比上涨2.6%，拉动CPI上升0.77个百分点，对CPI的贡献率由上年的35.5%提升到了50.7%。食品烟酒价格涨幅显著回升，无疑是推动CPI回升的最主要因素。其中，猪肉、鲜菜价格又领涨食品烟酒类价格。

2016年猪肉、鲜菜两个重要基本分类同比双双走高，对食品烟酒乃至CPI涨幅回升影响巨大。猪肉价格上涨迅猛，1-6月，全省猪肉价格同比上涨幅度均维持在23%-41%

的高位，7-12 月份受供应增加、夏季需求减弱以及基期价格偏高等多因素影响，猪肉价格有所回落，同比涨幅回落到 7%-14%之间，全年平均全省猪肉价格累计上涨 19.2%，拉动 CPI 总水平上涨 0.38 个百分点，对 CPI 的影响度高达 25.0%；鲜菜价格同比涨幅较高，全年平均上涨 10.4%，拉动 CPI 上涨 0.24 个百分点，对 CPI 的影响程度达 15.7%。

（三）政策因素助推 CPI 涨幅回升

2016 年因政策调整，对 CPI 起到推升作用的因素主要有：一是药品价格。自 2015 年 6 月国家取消绝大部分药品政府定价以来，全省药品价格同比持续上涨。2016 年中药价格累计上涨 3.6%，西药价格累计上涨 9.5%。两者合计拉动 CPI 上升 0.22 个百分点；二是医疗服务价格。随着《河北省医疗服务价格改革实施方案》的逐步落实，2016 年又有部分市县陆续试点医改。受其影响，全省医疗服务价格同比上涨 2.7%，拉动 CPI 上升 0.15 个百分点；三是最低工资。2016 年 7 月我省再次调整最低工资标准，其中月标准 4 档全部上调 170 元，小时最低工资标准 4 档均上调 2 元。人工成本刚性上涨助推服务项目价格不断攀升，直接推动 CPI 上涨。

【2017 年居民消费价格趋势预测】推动价格上涨的因素：一是劳动力成本上升仍是拉动居民消费价格上涨的长期存在因素；二是随着房地产市场的回暖，居住价格看涨；三是目前我省医疗改革仅在试点阶段，并未全面铺开，随着试点城市的陆续增多，医疗服务价格将会进一步上涨，并推动 CPI 上升；四是 2016 年底部分市县居民（学生）医疗保险收费标准大幅上调，对 2017 年 11 个月份的 CPI 都会产生滞后影响，其拉升作用在 0.2 个百分点以上。

抑制价格上涨的因素：一是经济增长压力仍然较大，价格大幅上涨动力不足。世界经济依旧低迷，地缘政治风险加剧，外贸形势依然严峻；国内结构性失衡问题依旧突出存在，金融风险持续发酵，经济总态势上升乏力；二是无论是消费品还是工业品，供大于求的状况没有改变，物价缺乏大幅上涨的基础；三是粮食价格不会大涨，连续 12 年增产使得中国粮食库存创新高，现在全国粮食库存相当于一年的粮食产量。

综合考虑以上各种因素的影响，初步预计 2017 年 CPI 继续保持稳中趋涨、总体温和的态势。

【对策建议】2017 年，是实施“十三五”规划的重要一年，也是供给侧结构性改革的深化之年，物价的相对稳定是经济平稳运行的重要内容。为防止物价的大起大落，需要注意以下几方面：

（一）准确把握价格改革的节奏和力度

政府在进行关乎民生的水、电、教育、医疗等公共事业类项目价格改革时，要合理把握力度和节奏，按照调价方案的成熟和稳妥程度，分期推进，以避免政策性新涨价影响集中爆发，从而给稳定物价总水平带来不确定性影响。与此同时，不断完善社保标准与物价联动机制，努力化解价格改革对居民尤其是低收入居民基本生活的影响。

（二）政府相关部门应密切关注百姓“菜篮子”价格变化，确保农产品稳定生产供应，进一步优化供给侧

一是确保关系民生的农副产品供应量充足。鲜活食品等“菜篮子”商品是居民生活的必需品，对 CPI 的影响程度大。相关部门应加大对农田基础设施和水利建设的投入力度，改善农业生产条件，增强防御自然灾害能力，为农作物稳定生产提供有力保障。

二是合理引导，优化供给侧。今年以来，生猪价格持续走高。生猪养殖进入门槛低，部分养殖户在猪价高时可能会盲目投资，导致后期生猪产能过度扩张，加剧猪价大起大落。相关部门应及时发布生猪养殖市场相关信息，引导养殖户理性投资，保持物价总体稳定，为价格改革奠定良好基础。

（三）加大力度，破解服务业“用工荒”和“狂涨价”问题

一是逐步提高农民工市民化程度，努力为外地务工人员解决家人团聚、子女入学等现实问题创造更好条件，为服务业的劳动力供给提供保障；二是深入发展“互联网+服务”，降低服务业供需信息沟通成本，对分散的服务供给进行整合，从而增加供给，平抑价格。

（国家统计局河北调查总队　许文丽）

民营经济

2016年，全省各级民营经济主管部门在省委、省政府正确领导下，认真贯彻落实党的“十八大”和十八届六中全会精神和中央深化改革各项重要政策，坚持稳中求进工作总基调，以提高经济发展质量和效益为中心，抢抓京津冀协同发展重大机遇，紧紧围绕提质增效、创新驱动、绿色崛起，大力推进“大众创业、万众创新”，加快产业调整步伐，着力优化发展环境，全省民营经济总体实现了稳中有进、逐步向好的发展态势。

【基本运行情况】2016年，全省民营经济单位个数达287.1万个，同比增加11.5万个；其中，民营法人企业38.5万个，同比增加3.4万个。期末从业人员2181.1万人，同比增长2.3%，约占全社会二三产业从业人员的77%；其中，民营法人企业从业人员1112.7 万人，同比增长3.8%。

全省民营经济累计完成增加值21583.1亿元，同比增长7.2%，占全省 GDP 比重为67.8%，比上年提高0.1个百分点；上缴税金2666.2亿元，同比增长10.7%，占全部财政收入比重61%，比上年提高1.5个百分点；实现营业收入

107105.8亿元，同比增长6.5%；利润总额7542.1亿元，同比增长4.9%；完成固定资产投资18799.4亿元，同比增长7.4%，占全社会固定资产投资比重59.2%，比上年下降0.2个百分点。民营经济占全省经济比重稳定在六成以上，发挥着愈加重要的发展支撑作用。

【主要运行特点】

（一）民营经济结构逐步优化。2016年，全省民营经济共完成固定资产投资18799.4亿元，占全社会固定资产投资总额的近六成，保持了持续增长，逐步有效地推动了民营经济产业布局优化和结构调整转变。战略新兴产业、科技新能源、现代服务业等投资呈现较快增长，传统优势产业科技创新、转型升级投资逐步增大，逐步向高精尖和中高端迈进。全省科技型中小企业数量达4.2万家，占全省中小企业比重达到11%；有效期内高新技术企业超过2000家，其中民营高新技术企业占比超过70%。全省高新技术产业投资同比增长10.7%，高出全社会固定资产投资2.3个百分点；其中，生物技术投资增长21.2%，新能源投资增长33.5%，环保产业投资增长28.8%，均高出全省民营经济固定资产投资增速14个百分点以上。

投资结构的优化带动产业结构不断改善。2016年民营企业投资亿元（含）以上施工项目3600多个，完成投资占全部民营企业投资的38.6%，当年投产项目近1700个，对推进民营经济产业结构持续优化发挥了重要作用。截止2016年底，全省民营经济第二产业占比62.85%，比2010年下降9.02个百分点，其中工业占比58.42%，比2010年下降9.13个百分点，第三产业占比则由2010年的27.05%上升到35.17%。

（二）规模企业支撑作用强劲。2016年，全省在完善民营经济政策体系，浓厚发展氛围方面力度大，支撑强。制定《关于促进民营经济又好又快发展的意见》，进一步推进扶持民营经济政策落实落地；编制印发《河北省民营经济“十三五”发展规划》，为我省民营经济发展绘制宏伟蓝图；省委、省政府组织召开全省民营经济发展大会，选树2015年度民营经济先进市县、百强民营企业、优秀民营企业家、创业功臣等先进典型并给予奖励，极大的激发了民营企业加快转型升级发展的热情。全面推动民营规模企业向好回升发展，规模以上工业企业经济效益稳步增长，带动产业发展作用依然显著，各行业大型龙头企业实力不断增强，运行质量效益实现稳定提升。

规模以上工业企业支撑发展作用明显。2016年，全省规模以上民营工业企业13746个，完成增加值8727.7亿元，营业收入36926.9亿元，上交税金878.3亿元，分别占全部民营工业企业的87.5%，72%和76.7%，分别占全部民营经济的40.4%，34.5%和32.9%。重点行业规模企业发展加快。规模以上工业41个行业中，26个增加值同比实现增长，其中，食品制造、文教体育用品制造、医药制造、化学纤维制造、仪器仪表制造、电气机械等传统产业及汽车制造、计算机、通信和其他电子设备制造等新兴产业营业收入和利税增幅均达到10%以上。龙头企业行业优势逐步显现。年营业收入10亿元以上民营大企业（集团）214个，资产总额达14430.5亿元，营业收入14006.2亿元，实现利税535.6亿元，分别占全省民营企业总量的35.3%、19.2%和26%。新奥集团股份有限公司营业收入突破千亿元，成为我省首个千亿收入民营企业，保定长城汽车利税达到100亿元，成为全省盈利规模最大的民营企业；214个大型民营企业平均收入达65.1亿元，利税2.49亿元，质量效益突出；行业分布上电子信息、食品制造、精细化工、生物医药和新能源等优势工业企业63个，现代服务业企业15个，装备制造业企业29个，占比达到50%。

（三）县域产业稳步发展壮大。2016年，各级部门在政策落实上大力支持重点产业集群集聚发展、提升发展、智慧发展，强力推动了县域经济稳定较快增长。一是培育重点产业集群，新确定平乡县自行车等5个产业集群为“河北省中小企业示范产业集群”，总数达到51个。二是开展智慧集群试点工作。推进实施《关于加快推进“互联网+”产业集群建设的实施意见》，选择安国中药等4个产业集群作为智慧集群建设试点。三是加快培育产业集群区域品牌。定兴食品、宁晋电缆、隆尧食品、辛集皮革等4个产业集群列入工信部产业集群区域品牌建设试点。四是创建特色产业名县名镇。新评定特色名县名镇12个，全省获得“国字号”的“中国之都、之乡、名城、名县、基地”等区域品牌达106个，获得“省字号”的“名县、名镇、名产业、特色产业基地”等特色产业区域品牌达121个。

2016年，全省县域287个重点产业集群（年营业收入5亿元以上）直接带动企业17.1万家，吸纳从业人员385万人，完成增加值5304.7亿元，占县域GDP和民营经济比重分别为27.2%和36.5%；上交税金393亿元，占县域财政收入和民营经济比重分别为22.4%和31.8%。121个县（市）中，84个民营经济增加值占本地GDP比重超过70%；其中，辛集市、正定县、清河县和迁安市等20个县（市）占比超过80%。121个县（市）中，71个民营经济上缴税金占本地全部财政收入比重超过70%；其中，滦平县、阜城县、隆尧县和大厂县等30个县（市）占比超过80%。

（四）全民创业效应更加突出。近年来，全省全面深入开展“大众创业、万众创新”行动，极大地激发了全社会创业创新热情，推动小微企业快速发展。2016年，全省小微企业经营个数大幅增长，总数达34.4万个，比上年增加2.8万个，同比增长8.9%；小微企业占全省民营企业个数比重达到90%。小微企业从业人员777.8万人，同比增长6.1%，占全省民营企业从业人员比重69.9%，同比提高1.5个百分点。实现营业收入3659.2亿元，同比增长10.5%，比民营企业增速高4.1个百分点；完成固定资产投资7497亿元，同比增长14.1%，比民营企业增速高6.7个百分点。

全省各级、各部门深入推动国家和地方扶持小微企业发展政策的落实，持续加大支持力度，助力小微企业发展壮大。一是推进政策落实。各级部门加大《关于扶持小型微型企业健康发展的实施意见》落实宣传力度，在政策支持上不断激发创新创业活力。二是减轻企业税负。修订省级政府定价涉企经营服务性收费目录清单，全面清理6项、停征2项涉企行政事业性收费项目，停征、合并了一批政府性基金，可为企业减轻缴费负担近10亿元。三是完善服务体系。新增创业辅导基地31个，全省拥有各类基地399个，入驻小微企业8000余家，吸纳20余万人就业。清河羊绒等3家基地、唐山市分别入选第二批国家小微企业创业创新示范基地、示范城市，更好发挥示范引领和带动作用。四是缓解融资压力。全省针对小微企业开展银企保对接活动592次，推荐项目9876个，落实贷款1284亿元；与20家金融机构签署合作协议，全年完成中小微企业融资9708.98亿元。五是增强人才支撑。实施中小企业人才队伍提高工程，组织名家讲坛活动12场次，培训企业管理者5000人；依托省民营经济人才培训基地，大力开展职业技能培训，技能培训达23.66万人；利用“河北中小企业远程学堂”，依托时代光华在线学习平台等优质教学资源，扶助中小微企业开展各类自主培训200万人次。六是提升公共服务能力。加大平台网络建设和服务力度，省平台和39个窗口平台实现互联互通，聚集带动服务机构3200多个，服务小微企业3.4万家。

【存在突出问题】

（一）营商环境有待进一步优化

一是政策传递不顺畅、落实不到位。政策创新力度不够大，有些政策可操作性差，存在照转照搬现象，解决实际问题效率不高；政策宣传不到位，部分企业对政策知晓度偏低，一些基层职能部门对政策执行不太清楚，政策信息不对称比较明显。二是办事效率、服务水平不够高。基层部门为企业服务链条有缺失，虽然许多地方设立了政务大厅和行政审批中心，但各管理环节尚未有效整合，距离为企业提供实质性一站式和保姆式服务还有一定距离。三是执法越位、选择性执法等时有发生。个别基层部门涉企检查不公开不透明，有些地方多头或重复检查多，以罚代管、重罚款轻监管；民营企业权益保护力度不够，在涉法涉诉事项中，有时出现企业家的合法财产权和人身权受到侵犯的情况；权力寻租现象仍然存在，有些地方存在乱收费、乱摊派等问题。四是社会诚信体系不健全，削弱企业经营信心。社会信用服务体系仍处于逐步完善过程中，信用评价应用在民营企业急需的融资、投资和开拓市场等方面，尚不能满足需求；信用监管机制不够完善，一些失信企业不能及时有效制约，导致支持民营企业发展的社会诚信舆论氛围较低。

（二）企业经营管理水平较低

2016年，全省小微企业利润同比增长仅为1.3%，民营企业固定资产投资增幅由上年10.6%下降到7.4%，企业应对市场风险能力显现严重匮乏，经营信心较为低迷。一是经营管理模式较为陈旧。有七成以上的民营企业仍热衷于家族式管理，“小富即满”保守思想严重，管理组织简单粗放，应对市场风险较差。二是市场压力巨大。多数民营中小企业自身资金和技术单薄，对市场的判断和把握发展时机能力偏弱，特别是完成“第一桶金”原始积累的中小企业，不愿或不敢向转型升级投资，或根本无从下手。三是人才短缺形成智力障碍。多数民营企业文化底蕴浅，招来的管理和技术人员难以真正融入企业，“高级人才难引进，中级工人难留住”成为民营企业现实写照，中小企业中，中高层管理和科技人才平均任职时间不到3年。

（三）企业经营成本居高不下

一是税负偏重影响民营企业发展。中小监测企业的税费占利润比例过高，多数传统产业企业税费年均增长速度高于利润增长，企业盈利空间逐年下降。而税费优惠办理手续较复杂，很多企业对具体内容知晓率低；同时，个别地方职能部门将费用转嫁到指定中介服务机构收取，且垄断性强、收费偏高，有些原本由第三方承担的费用也转嫁至企业。二是用工成本上涨过快。近三年，全省民营经济劳动者报酬年均增长10%，分别高出营业收入和利润总额5.3和6.1个百分点。据调查，去年中小工业监测企业一般工人工资普遍上涨20%左右，部分行业高级技工工资成倍上浮，压缩企业盈利空间。三是企业生产经营的交通运输、包装和配套服务等中间费用呈现较快增长，据调查，中小监测企业中间费用年均增长约在15%左右，超过了企业利润上涨速度一倍以上，占中小企业经营支出比重提升较快，部分重点企业服务费用支出占到了运营成本的25%以上，加重了企业经营困难。

（四）融资难仍然十分突出

贷款难仍是制约企业发展的瓶颈问题。2016年全省民营企业固定资产投资中自有资金占比高达74%，而从金融机构贷款的比重不到12%。民营中小企业一般规模小，信用等级低，抵押物少，并且设备厂房抵押银行不认可，融资难。国有银行融资手续太繁琐，审批放贷时间较长，并且放贷周期太短。同时，银行为加大风险防控力度，对“高限”行业企业采取抽贷、压贷措施，部分续贷承诺难以有效兑现，致使不少需求企业资金无法筹措，有的企业因贷款过桥，面临着资金链断裂的风险，面临停产边缘。部分企业虽是靠民间借贷维持正常生产，但民间借贷款利息高、风险大，生产经营难以长久维持。

【推进发展的思路及举措】发展思路：2017年是全面

实施“十三五”规划的关键一年，全省各级民营经济主管部门深入贯彻省第九次党代会、省“两会”和全省经济工作会议精神，以“大力优化营商环境，鼓励、支持和引导非公有制经济健康发展，促进民间投资快速增长，推动民营经济上规模、上水平”为引领，深入推进京津冀协同发展，着力破解影响民营经济发展的环境、创新、资金、人才等要素瓶颈，着力实现民营经济五大“新突破”，提振企业家发展信心，释放民营经济发展活力，推动民营经济加快转型、绿色发展、跨越提升。

工作要点：（一）在营商环境优化方面实现新突破。一是深入贯彻落实习近平总书记关于建立“亲”“清”政商关系的要求，协调配合有关部门营造亲商、重商、安商、扶商的良好氛围。二是聚焦营商环境的“痛点”“堵点”和“难点”问题，加强部门联合协作，加大政策落实督导力度，着力解决措施不可操作、办事不便捷、信息不对称、工作落实不力等突出问题，打通“最后一公里”。三是及时跟踪国家《中小企业促进法》修订进程，提早启动我省中小企业促进条例修订工作，增强法律的可操作性，保护中小企业权益，为全省中小企业发展提供有力法律支撑。四是组织民营企业开展建立现代企业制度试点工作，组织推动民营经济综合改革试点，探索可复制、可推广经验做法。五是完善涉企收费目录清单，建立涉企保证金清单，探索我省行政检查清单制度，清理规范与行政职权挂钩的中介服务性收费、行业协会商会收费。六是组织科技、金融、人力等方面的专家，组成政策宣讲团，送政策入园区、入集群、入企业，全年开展政策解读宣讲活动30场。七是利用好政务信息、门户网站、“两微一端”新媒体等平台，继续加强与新闻媒体合作，加强专题报道，宣传先进典型事例，营造良好舆论氛围。

（二）在推动企业转型升级方面实现新突破。以“启动万家工业中小企业转型升级行动”为核心工作，制定落实方案，完善扶持政策措施，组织企业按照“六个一批”转型升级路径，促进中小企业创新转型发展：一是大力推进全省制造业创新中心、规模以上民营工业企业研发机构等建设，推动民营企业建立研发平台和产学研联盟，提升科技研发实力。二是实施“互联网+”产业集群行动，推进智慧集群试点建设工作，引领带动100家企业向中高端发展。三是认定一批中小企业名牌产品，选择优势产业集群设立品牌专家工作站，争创“国字号”区域品牌。四是全面落实省“专精特新”中小企业提升实施方案，加大培育力度，新认定“专精特新”中小企业200家。五是实施“大智移云”引领计划，深入推进中小企业信息化进程，建设智慧工厂或数字化车间50家。六是推动中小企业开展国际交流活动，组织小团组赴重点商贸地区国家对接洽谈，推向国际化发展。

（三）在破解融资难题方面实现新突破。一是鼓励民营企业通过发行公司债券、企业债券、短期融资券、中期票据等方式扩大融资渠道。二是规范清理金融机构信贷资金“通道”和“过桥”环节，发挥小微企业贷款风险补偿金作用，降低中小微企业信贷融资成本。三是加大民营企业上市培育力度，支持企业到境内外多层次资本市场挂牌上市。四是加快推进中小企业发展基金运作，完善的评估和监管机制，支持种子期、初创期中小企业与发展基金、投资机构以及金融机构有效对接。五是完善融资担保体系，健全再担保机制，继续实施融资担保机构的风险补偿政策。六是开展“政银企保”对接活动，省级银企对接活动1-2次，市县级实现对接活动常态化，签约金融机构支持企业融资同比实现增长。

（四）在公共服务方面实现新突破。一是充分发挥专项资金引导作用，做好省级中小企业发展专项资金项目谋划、预算、执行等工作，引导中小微企业公共服务机构不断提升服务能力和质量。二是发挥省中小企业公共服务平台网络功能，集聚带动服务机构服务企业3万家；深化和拓展“订单式”服务活动，整合优质服务资源，持续开展“订单式”服务活动15场次。三是加大中小企业公共技术服务平台培育力度，年内新增10个以上。组织开展省级中小企业公共服务示范平台认定及复核工作，培育省级示范平台10个以上。四是推进国家和省小微企业创业创新城市试点工作，提升试点城市小微企业创业创新能力。制定我省小微企业创业创新基地管理办法，认定50家小微企业创业创新基地和10家示范基地，争创国家小型微型示范基地2-3家。五是组织“专家学者企业行”服务活动15场，服务中小企业500家。开展“金色阳光”法律服务活动8场，服务企业1000家以上。

（五）在企业人才工作方面实现新突破。一是实施民营经济人才队伍建设重点人才培养、实用人才聚集、全员素质提升“三大工程”，打造高素质企业家队伍。组织开展“专精特新”中小企业经营管理领军人才专题培训活动；实施“百千万”培训计划，选送100名民营企业法人到知名高校进修培训，选拔1000名中小企业高层管理人员开展短期培训，组织面向10000名小微企业经营管理者专题培训。二是加强省民营经济人才培训基地建设，总数达到200家以上，培育一批知名培训服务机构；组织“中小企业发展名家讲坛”8场，培训中小微企业管理者3000人。三是组织“民营企业招聘周”等系列活动，搭建供需平台，为民营企业引进人才。加大河北中小企业远程学堂建设力度，扶助引导中小微企业建立自主培训体系，完成各级各类培训200万人次（含自主培训）。

（河北省工业和信息化厅　李延军）

农垦经济

【综述】2016年，河北垦区在省委、省政府和农业部的正确领导下，坚持以邓小平理论、“三个代表”重要思想和科学发展观为指导，围绕全年发展目标，积极发展现代农业，推进垦区经济的发展。坚持以人为本，推进农场改革，农垦事业全面稳定发展，经济实力进一步提升，实现了年初确定的预期目标。

农垦经济平稳增长，经济总量又上新台阶。全年实现农垦生产总值达到486.82亿元，比上年增长6.84%。其中，第一产业增加值52.17亿元，增长9.10%；第二产业增加值248.56亿元，增长5.73%；第三产业增加值186.10亿元，增长7.73%。2016年人均 GDP 净增加5523元，达到105228元，比上年增长5.57%。人均纯收入14514元，比上年增长7.55%。

【第一产业】2016年，垦区切实贯彻落实惠农强农政策，加快农业科技推广，加强现代农业建设，农业综合生产能力平稳增强。全年实现农林牧渔业总产值95.40亿元，比上年上升7.20%。全年农作物总播种面积为97.27千公顷，比上年减少3.48千公顷，下降3.45%。其中:粮食作物播种面积76.44千公顷，比上年减少1.20千公顷，减少2.30%，占农作物总播种面积的78.59%；棉花面积5.39千公顷，减少2.57千公顷，下降33.59%；油料面积1.47千公顷，增加0.21千公顷，增加16.24%；蔬菜、瓜类面积6.58千公顷，增加0.67千公顷，增加11.41%。其他作物7.02千公顷，减少0.36千公顷，下降4.83%。全年农作物总用种量16664吨，其中，杂交水稻5224吨，杂交玉米2203吨，棉花531吨。种子基地种子播种面积7759公顷，生产量合计16408吨；加工厂7个，加工生产能力15375吨；种子公司8个；年末从业人员355人，其中技术人员62人；种子质量检验室7个，种子检验人员20人。

粮食总产量稳步增长。全年粮食总产为62.25万吨，比上年增加9.02万吨，增长16.94%，主要是小麦和玉米产量增加。

畜牧业保持健康发展。2016年末大牲畜存栏18.98万头。奶牛数量达到17.19万头，牛奶总产量55.92万吨。察北、沽源、大曹庄三个农场牛奶产量分别达到24.51万吨、14.99万吨和9.20万吨，占全垦区牛奶总产量的87.08%。

水产养殖业良好发展。2016年末水产品养殖面积19928公顷，比上年增加14.07%。养殖面积中淡水9961公顷，海水9967公顷。全年水产品总产量150337吨，比上年增加13430吨，增长9.81%。其中：淡水产品产量114136吨，增长10.7 %；海水产品产量36201吨，增长7.10%。对虾产量27132吨，比上年增加28.33%。

全年植树造林面积4.70千公顷，其中经济林0.3千公顷，防护林4.14千公顷。年末林地面积76.16千公顷。

农业基础设施建设平稳发展。年末农业机械总动力116.27万千瓦，比上年降低2.64%。农用排灌动力机械13369台，14.89万千瓦，大中型农用拖拉机6229台，小型拖拉机20856台，播种机3582台，联合收获机952台，机动割晒机1217台，机动脱粒机6055台，农用运输车辆9452辆。水稻工厂化育秧设备79套，温室899万平方米，大棚599万平方米。实际机耕面积90.63千公顷，占年末耕地面积的比重达93.70%，当年机播面积91.38千公顷，占农作物总播种面积的比重达93.95%，机械收获面积75.52千公顷，占农作物总播种面积的77.64%。

【第二产业】2016年第二产业实现增加值248.56亿元，比上年增长5.74%，增加值占农垦生产总值的51.06%，其中：工业增加值218.34亿元，比上年增长4.66%；建筑业增加值30.22亿元，比上年增长14.17%。

工业发展态势良好，发展速度较快。2016年工业企业总数为 1141个，其中国有工业企业及规模以上的非国有工业企业233，销售产值776.97亿元，比上年增长6.13%。乳制品产量达到69.35万吨，比上年增长10.27%，液体乳产量62.09万吨，比上年增长14.80%。

2016年实现工业总产值839.66亿元，比上年增长5.40%。国有工业总产值163.39亿元,下降23.86%；轻工业总产值496.20亿元，下降5.33%；规模以上工业企业总产值789.16亿元，增长5.77%。

建筑业稳步发展。建筑企业107个，年末从业人员7306人。全年实现增加值30.22亿元，增长14.17%，年末固定资产原值2.90亿元，全年施工房屋建筑面积210.59万平方米，房屋竣工面积93.57万平方米。

【运输业、批发零售贸易业、服务业及出口商品】交通运输业全年完成货运量61609万吨，客运994万人次；年末单位个数5988个，从业人员17845人，运输工具10536台；营业总收入22.17亿元，比上年下降1.34%。

批发零售业、餐饮业、服务业年末单位个数13380个，固定资产原值30.50亿元，比上年增长1.20%，营业用房面积53.27万平方米，增长3.86%；营业总收入279.92亿元，比上年增长0.26%，其中批发零售业205.27亿元，比上年下降0.37%；餐饮业21.07亿元，比上年增长2.34%；服务业53.58亿元，比上年增长1.90%；批发零售业、餐饮业、服务业营业网点数15754个，年末从业人员4.84万人。

全年出口商品总金额17.01亿元，比上年增长3.40%。其中：农产品49万元，下降78.60%；畜产品100万元，增长400%；水产品7420万元，下降20%；工业品161934万元，增长4.47%。

【固定资产投资】固定资产投资持续快速增长。固定资产投资对垦区经济增长的拉动力较强。2016年全垦区完成固定资产投资总额536.57亿元，比上年增加55.90亿元，增长11.63%。国有固定资产投资48.64亿元，比上年下降25.17%；非国有固定资产投资487.93亿元，比上年增长17.38%。

【科研、教育、卫生】2016年末全垦区拥有科研单位5个，其中省、地属科研单位1个，场属 3个；从业人员98人，其中科技人员64人。科研经费2549万元，其中国家拨款2433万元，省地局自筹63万元，企业自筹53万元。

教育事业健康发展。2016年末全垦区拥有学校97所，教职工4428人，其中教师4051人；在校学生48602人，当年毕业生12934人。其中：普通中等专业学校2所，成人中等专业学校1所，普通中学18所，职业中学2所，小学73所。

卫生服务体系建设得到加强。2016年末全垦区共有分场以上医疗单位92个，病床1760张，其中医院39个；从业人员1872人，其中医生760人。

【人口、职工、收入与社会保障】2016年末垦区总人口46.26万人，全年出生人口5378人，出生率为11.62‰；死亡人口2931人，死亡率为6.34‰；自然增长率为5.28‰。

年末全垦区从业人员28.70万人。其中第一产业11.20万人，比上年增长1.91%；第二产业9.25万人，增长0.65%；第三产业8.24万人，增长4.04%。

职工生活水平稳步提高。2016年全垦区实现人均纯收入14514元，比上年增长7.55%。垦区危房改造工作自2011年开展以来，职工居住条件得到改善，年末职工实有住房面积1581万平方米，比上年增长2.80%，人均住房面积34.17平方米。

【农垦绿色、有机食品、无公害农产品】截止2016年末，我垦区认证了26个绿色、有机食品、无公害农产品，带动26012个农户。

【社会事业】中央和省农垦改革发展文件明确要求，“用3年左右的时间，将国有农场承担的社会管理和公共服务职能纳入地方政府统一管理”，河北省农业厅联合省财政厅、教育厅、卫计委、民政厅和中国人民银行石家庄中心支行等部门印发了《河北省农垦国有农场办社会职能改革实施方案》，明确了河北省农垦国有农场办社会职能改革的工作目标。

【农垦改革】2016年10月30日《中共河北省委河北省人民政府关于进一步推进农垦改革发展的实施意见》（冀发〔2016〕38号）正式印发，成为全国35个垦区中第10个出台改革文件的省份。一是关于垦区集团化、农场企业化改革方面，要求以大型骨干农场为基础，探索自下而上的垦区集团化路径，用3年左右时间打造一批大型农垦企业集团。二是关于改革国有农场办社会职能方面。要求建有管理区的大型骨干农场，要通过完善管理区职能，加强政策支持，使管理区能够全面承担起区域社会管理和公共服务职能。三是关于健全国有资产监管体制方面。要求明晰农垦国有资产权属关系，设立管理区的原大型骨干农场及其他市属农垦企业，由所在市政府作为出资人，授权市级农垦资产管理部门履行日常监管职责；其他农场由属地政府明确出资人及其日常监管部门。开展改组组建农垦国有资本投资、运营公司试点，建立以管资本为主的监管体制。四是关于现代农业发展和新型城镇化建设方面。以政府性资金为引导，鼓励符合条件的金融机构和农垦企业集团等投入，设立农垦产业发展股权基金，推动产业资本与金融资本相互融合，把农垦打造成为农业领域的航母。

（河北省农垦局　杨惠敏）

农业综合开发

2016年，全省农业综合开发总投资64.2亿元，其中投入财政资金25.4亿元，建设高标准农田109.7万亩，产业化经营项目160个（不含贫困县统筹整合部分）。我省农发资金项目省级管理工作综合考评获全国第一名，高标准农田省级绩效考核获全国总分第一名，统计工作获全国第二名，资金决算、信息宣传工作被评为全国先进。

【坚持迎难而上，努力扩大农业综合开发投入规模】面对国家农发资金规模增速放缓的不利影响，坚持主动作为、迎难而上。一方面，努力做实基础工作，加强汇报沟通，争取更多因素纳入中央财政测算范围；另一方面，以京津冀协同发展机遇为抓手，围绕环首都生态建设、环京津副食品基地建设，积极谋划争取试点政策和项目。2016年，争取中央农发资金21.5亿元，较2015年增长6.3%，高出全国农发资金平均增幅2个百分点，总量占到全国农发资金总规模的1/17，居全国第三。其中，争取高标准农田模式创新试点资金9000万元、设施蔬菜项目资金5000万元，设施蔬菜项目还被列入年度资金基数长期保留。此外，争取国家农发办批复新增开平区、古冶区2个开发县指标，是全国仅有的两个“不减反增”省份之一，进一步做大了争取资金基数。

【坚持突出重点，着力打造粮食生产核心区】紧紧围绕省委、省政府关于4000万亩粮食生产核心区建设工作部署，科学规划、规模开发。一是集中投入。集中75%以上的资金实施土地治理项目，将高标准农田重点向连片规模开发基础好、工作质量高的市县倾斜，打造集中连片、高产稳产基本农田。二是突出重点。以全省86个粮食生产大县为重点，将70%以上的土地治理项目财政资金倾斜投入，全年安排建设高标准农田109.7万亩。新增和改善灌溉面积131.5万亩。三是强化科技推广。每个项目区推广先进适用技术2项以上，不断强化农民技能培训，提高项目区农业生产科技水平。项目区直接受益农民年纯收入增加4.6亿元。在实施国家农发办部署的3个高标准农田模式创新试点基础上，积极开展农发模式创新，主动谋划并在2017年实施了省市创新园区试点项目，进一步丰富土地治理项目开发内容和手段，打造一二三产业融合发展的有效平台和载体。

【坚持产业开发，加快推进农业产业化进程】紧紧围绕省委、省政府确定的畜牧、蔬菜、果品和农产品加工等主导产业，根据《2016—2018年产业化经营优势特色产业规划》，科学规划、精准扶持，投入财政资金2.7亿元，扶持产业化发展项目160个，有效促进了全省农业产业的发展壮大。一是培育了区域主导产业。按照“缺什么补什么”的原则，针对各地优势特色产业的发展需求，优选扶持种植基地项目（含设施蔬菜项目）44个，养殖基地项目41个，农产品加工项目65个，储藏保鲜项目9个，促进了各地成长性产业的发展，实现了由扶项目向扶产业的转变。二是壮大了产业领军梯队。投入财政资金1.54亿元，安排龙头企业补助项目62个，撬动社会投入1.86亿元，扶持了河北康达、邢台绿岭等一批骨干龙头企业，壮大了我省农业产业化的“领头梯队”。三是夯实了产业发展基础。投入财政资金1.57亿元，撬动社会投入1.73亿元，扶持合作社项目101个，夯实了产业发展的“群众基础”，推动了农业产业化水平的整体提升。此外，还积极推进创新试点，努力推进财政补助项目“先建后补”试点，并取得实质进展。

【坚持有的放矢，推进农业可持续发展】始终把推进农业可持续发展作为谋划实施项目的关键，紧抓不放。一是大力推进节水增效。坚持工程节水、农艺节水、管理节水和科技支撑“3+1”综合节水模式，大力推广应用先进适用农业节水灌溉和旱作农业技术。总结8个高效节水示范点经验，在全省推广了几种可复制、可推广的高效节水模式。2016年土地治理项目，围绕水利措施建设投入财政资金9.92亿元，开挖疏浚渠道566公里，推广喷灌、微灌10.3万亩，年节约水量约669.5万立方米。二是积极推进地下水超采治理。在全省地下水超采综合治理试点县，严禁新打机井，按照“多封、少修、充分利用现有水源”的思路，着力提高水资源利用率。三是推进生态综合治理。实施生态综合治理25.6万亩，重点搞好土地沙化治理、草原（场）建设，构筑绿色生态屏障；加强高标准农田项目区的农田林网等生态工程建设，增加农田林网防护面积69.9万亩。

【坚持引领示范，强力推进示范区建设】按照中央发展现代农业的总体要求，着眼打造现代农业示范高地，不断加强现代农业综合开发示范区建设。一是在融合发展上求突破。全省30个示范区共集中投入37.9亿元，流转土地20多万亩，建设高标准农田150万亩，扶持龙头企业59家，农民专业合作社88家。示范区内粮食综合生产能力达到亩产粮超吨水平，农民纯收入高于全省农民年平均收入10%以上。二是在资金整合上求突破。全面推行“扎口制”整合办法，由当地党委政府统一协调，把相关涉农部门资金，从年初预算安排和项目申报开始，全部围绕示范区统一规划、各负其责、整合实施。三年来，示范区已累计整合资金22亿元，吸引社会资本84亿元。三是在惠农富农上求突破。示范区大力扶持龙头企业和农业合作化组织，广泛推广“公司+合作社+基地+农户”四位一体的发展模式，促进了土地流转，为建立农民受益的长效机制，实现持续稳定增收奠定了坚实基础。目前，示范区内合作组织覆盖40%的农户，户均增收达到2500多元。

【坚持创新驱动，推进体制机制创新】着眼建立科学、规范、高效的资金项目管理体制，全力推进农发管理机制创新。一是启动实施“三全”监控。适应当前管理重心下移、管理要求提标的新形势，制定出台了全省农业综合开发“三全”绩效监控意见和省级实施方案，对抽选的10个市的14个县2015、2016年项目开展了实施阶段和立项阶段监控，针对发现问题督促整改，有效提升了项目资金管理水平。二是创新项目管理机制。按照国家办简政放权精神，将万亩以下的土地治理项目和产业化财政补助项目的评审权限下放到市级，省级逐步建立起对全系统评审工作规范管理体系。为提高项目管理水平，通过政府购买服务的方式，确定3家会计师事务所，在项目立项审核、竣工验收、绩效评价等环节参与工作，效果很好。三是强化资金管理。按《新预算法》的时限要求及时拨付资金，共按时拨付省以上农发资金28.67亿元，其中中央资金21.53亿元，省级配套7.15亿元，支出进度达到100%，确保了农发项目建设早开工早见效。四是推进信息化平台建设。根据国家办安排部署，启动我省农发信息管理平台在全国范围的推广工作，经过完善和运行测试的农发管理信息系统，正在包括我省在内的9个省份进行系统试点运行。这个系统的推广使用，必将推进全国农发管理工作上升一个新台阶。

（河北省农业综合开发办公室　张　明）

防灾减灾救灾

2016年以来，省民政厅深入学习党的十八届六中全会精神和习近平总书记系列重要讲话精神，全面贯彻落实党中央、国务院及省委、省政府关于防灾减灾救灾工作的重大决策部署，充分发挥省减灾委员会办公室的综合协调职能，带领全省民政系统一道，积极快速应对各类自然灾害，切实保障群众基本生活，重点围绕防灾减灾救灾机制体制改革、综合防灾减灾规划编制、综合减灾能力建设等方面开展了卓有成效的工作，取得了显著成绩。

【凝聚合力，全面夺取全省抗洪抢险救灾胜利】2016年，我省部分地区遭受了较为严重的洪涝、风雹、低温冷冻、干旱等自然灾害。特别是7月19日至21日，我省大部地区出现强降雨过程，局部地区降雨量超过历史极值，发生了“7·19”特大洪涝灾害，灾害涉及范围广、受灾群众多、灾害损失重，为1996年“96·8”特大洪涝灾害以来损失最为严重的一次灾害。据统计，全省全年农作物受灾面积1448千公顷，绝收面积118千公顷；受灾人口1441万人次，紧急转移安置47.3万人，造成重大人员伤亡，倒塌房屋10.4万间、损坏房屋43.4万间，部分交通、电力、通信及水利设施遭受不同程度破坏，直接经济损失609.6亿元。

面对严峻的灾害形势，省民政厅第一时间以省减灾委名义发布灾害预警，快速启动应急响应，根据实际情况不断提升响应等级，全力做好救灾准备。省民政厅多次召集成员单位会商核定灾情数据，及时统计上报灾情，并向社会公布重大灾情和救灾工作动态信息，为科学做好安置救助工作提供决策参考和数据支撑。各地民政部门积极协助当地政府紧急转移安置受灾群众，科学设置集中安置点，全力保障转移安置人民群众的基本生活。省民政厅会同省财政厅紧急下拨中央及省本级救灾资金9亿元和20种30万件救灾物资。积极号召全社会向灾区捐款2.46亿元。以省委省政府名义印发了《关于“7·19”洪涝灾害受灾群众安置救助的指导意见》，明确了受灾群众安置救助方法步骤和救助标准。经省政府批准，8月6日制定印发了《“7·19”特大洪水灾害安置救助恢复重建工作方案》，确定了应急救灾阶段、过渡安置阶段、恢复重建阶段、后续救助阶段等每个阶段的起止时间、目标任务、对象标准、资金来源。先后派出5批12个工作组赶赴灾区查灾核灾，派出4个督导组进行救灾业务督导，促进基层依法、科学、有序、精准救灾。各市县民政部门加强救灾资金和物资的管理，帐、册、卡齐全，发放程序规范，做到了发放公平、公正、公开，救助及时到位，有力地保障了受灾群众基本生活，维护了灾区社会和谐稳定。全省民政系统6个单位、13名同志被省委、省政府分别授予“7·19”抗洪抢险救灾工作先进集体和先进个人称号。

【锐意进取，加快推进防灾减灾救灾政策创制和体制机制改革】制定了《河北省自然灾害生活救助资金管理办法》、《河北省省级综合减灾示范社区标准》、《河北省救灾物资管理办法》，修订了《河北省民政厅救灾工作规程》等系列文件，对防灾减灾救灾各项工作实行科学化、规范化、精细化管理。经省政府批准，制定印发了《河北省综合防灾减灾规划（2016-2020年）》，确定了全省“十三五”期间防灾减灾工作目标、主要任务和重大建设项目。起草了《河北省自然灾害救助办法》（草案），已经省政府法制办同意，列入了2017年省政府立法计划。起草了《关于推进防灾减灾救灾体制机制改革的实施意见》，针对我省防灾减灾体制机制改革提出了一系列改革举措，明确了减灾委员会及其成员单位的工作责任，强化了地方应急救灾的主体责任，针对灾害风险防范、信息共享、物资装备保障、科技支撑等提出了具体措施，初步确定了我省防灾减灾救灾体制机制改革框架，待省政府批准后实施。各地也不断加强应急预案和救灾工作规程的制订修订工作，实现了救灾工作科学化、规范化、精细化管理。

【夯实基础，全面提升防灾减灾救灾能力】一是大力推进救灾物资储备库建设。“十三五”期间我省共有30个救灾物资储备库纳入了中央财政资金支持项目。其中邢台市救灾物资储备库主体完工，石家庄、承德、唐山、沧州、衡水等市的救灾物资储备库建设有序推进，乐亭、曹妃甸等县级救灾物资储备库已建成投入使用，丰宁、献县、易县等储备库建设项目正在建设中。二是加强救灾物资储备管理。根据应对重大自然灾害要求，为加强救灾物资储备，2016年财政预算安排1200万元用于救灾物资政府采购，“7·19”灾后紧急追加2000万元用于招标采购救灾物资，并向多灾易害地区调拨物资，实行重点防控。三是加强灾情信息管理。培训市、县灾害信息员骨干200余人，培训基层灾害信息员1000余人，强化了报灾流程和时限，整体报灾水平显著提升。四是防灾减灾知识宣传卓有成效。省民政厅会同省减灾委各成员单位指导各地各部门广泛组织开展了“5·12”防灾减灾宣传活动，开展了灾害风险排查和灾害隐患综合治理，精心组织了防震、抗洪、消防等方面的救灾演练活动。据统计，在宣传周活动期间，全省共组织宣传活动2300余场，组织演练活动1200余场，共展示图板、悬挂张贴标语20余万条，发放手册、挂图、明白纸等宣传资料280多万份，发送公益短信5200余万条，6万余人参加了基本技能公众体验活动。社会各界对防灾减灾工作更加关注，社会公众的防灾减灾意识和自救互救技能进一步提高。五是救灾演练活动开展得有声有色。省民政厅根据有关部门对全省灾害趋势的预测分析，制定救灾演练计划，下拨专项补助经费200万元，在全省范围内组织开展了救灾演练20场次，起到了检验预案、提高能力、强化协作、锻炼队伍的作用。六是基层防灾减灾能力不断提升。全省创建全国综合减灾示范社区56个、省级综合减灾示范社区59个，基层社区防灾减灾能力不断增强。避难场所建设有序推进，支持和引导社会力量参与救灾工作有序开展。七是区域协作开创了新局面。2016年5月份，京津冀三地民政局（厅）签署了《京津冀救灾物资协同保障协议》，明确建立跨省市救灾物资应急援助响应机制；指导平谷、蓟县、三河3县（区）民政局签署了《毗邻区县救灾互助协议》，明确建立三地灾情信息共享机制、救灾物资协同保障机制和救灾队伍互助机制。

【多措并举，全力做好冬春受灾困难群众生活救助工作】2016年，我省整体灾情严重，给群众生产生活造成严重影响。省民政厅及时联合省财政厅制定《全省今冬明春受灾困难群众生活救助工作方案》，对全省冬春救助工作进行总体安排。及时下拨冬春救灾补助资金2.76亿元，对“7·19”特大洪涝灾害受灾较重的县（市、区），张承坝上、西部太行山区和平原地区部分受灾较重县、贫困县给予重点支持，确保215万受灾困难群众基本生活需求。针对部分灾区受灾群众存在缺衣少被情况，制定救灾物资分配方案，及时下拨棉衣、棉被等救灾物资4.3万余件，帮助受灾群众解决冬春期间取暖御寒问题，有效地保障了冬春期间受灾群众的基本生活，把党和政府的关怀和温暖送到千家万户，维护了灾区社会秩序稳定。

【创新驱动，大力推动政策性农村住房灾害保险】为增强受灾群众抵御自然灾害的能力，化解灾害引起的政府风险，减轻财政支出压力，省民政厅起草了《关于创新财政支持方式 切实做好2017年政策性农村住房灾害保险工作的通知》，拟与省财政厅、省保监局联合印发。通知明确参保农户每户每年保额不低于3万元，山区、坝上地区及其他多灾易灾地区省财政每户每年补助7元、县级财政补助2元、个人自筹2元；其他地区省财政每户每年补助5元，县级财政补助2元，个人自筹2元。全省开展农房保险的县（市、区）已达到101个，基本覆盖了我省所有山区、坝上地区、集中连片扶贫开发区和其它多灾易灾地区。有779.71万农户参保，总计缴纳保费总额4318.75万元，为群众住房提供灾害风险保障金额851.56亿元。已发生赔案35205户，赔付资金6800多万元，农房保险的救助作用在“7.19”特大洪涝灾害中得到充分显现。

2017年，省民政厅将充分发挥减灾委员会办公室工作职能，强化统筹协调，带领全省民政系统深入学习领会习近平总书记关于防灾减灾救灾工作的系列重要讲话精神，认真贯彻落实党中央、国务院和省委、省政府重大战略部署，牢固树立“民政为民、民政爱民”理念，主动作为，锐意进取，勇于改革，全力推进改革实施意见和规划实施，不断加强防灾减灾救灾法规体系建设，广泛开展防灾减灾知识宣传和救灾演练，积极引导社会力量参与减灾救灾，继续推进综合减灾示范社区创建活动，加快推动救灾物资储备体系、应急避难场所和防灾减灾信息平台建设，认真做好报灾核灾、灾损评估、新灾应对和受灾群众冬春救助，切实保障好受灾群众基本生活，全面提升全社会抵御自然灾害的综合防范能力，不断推进防灾减灾救灾事业迈上新台阶、实现新跨越。

（河北省民政厅　魏子衡）

水利建设

2016年，全省水利系统紧紧围绕建设经济强省、美丽河北奋斗目标，抓项目惠民生、抓重点求突破、抓改革增活力、抓作风促落实，各项工作取得显著成效，超额完成国家确定的年度目标，实现了“十三五”水利改革发展良好开局。

【防汛抗旱工作取得重大胜利】面对突如其来的“7·19”特大暴雨洪灾，全省水利系统坚决贯彻习近平总书记重要指示和省委、省政府决策部署，省防汛抗旱指挥部第一时间启动III级防汛应急响应，先后17次发出紧急通知，向邯郸、邢台、保定、唐山、秦皇岛市分别派出工作组和专家组，协助排查隐患、处置险情；受灾地区防指利用山洪灾害预警平台发布信息3700多次，启动预警广播1.8万多次，紧急转移受洪水威胁群众53万多人；紧急调运卫星电话、土工布、防汛灯等抢险物资；充分发挥水库拦洪削峰和蓄滞洪区分洪滞洪作用，对20座大中型水库科学组织调度，拦蓄洪水15.7亿立方米，有效缓解了下游防洪压力。各级各部门精心组织、协调联动，形成抗洪抢险救灾强大合力，全省水库无一垮坝，重要堤防无一决口，蓄滞洪区滞洪无一伤亡，南水北调、铁路、干线公路等重要设施安全运行，最大限度保护了人民生命财产安全，最大限度减少了灾害损失。及时启动宁晋泊、大陆泽、永年洼3处蓄滞洪区运用补偿工作，积极争取中央财政补偿资金。同时，科学利用雨洪资源，汛后大中型水库最大蓄水量44.24亿立方米，创“96·8”大水之后的蓄水新纪录，为城市供水和今冬明春农业生产提供了水源保障。科学组织应急抗旱，向衡水市紧急调引长江水4700多万立方米，缓解了春季旱情；引调黄河水3.83亿立方米，卫河水4.65亿立方米，为沿线生产生活和白洋淀、衡水湖生态提供了宝贵水源；累计抗旱浇地4048万亩次，为全省粮食增产丰收奠定了基础。

【重点项目建设任务圆满完成】通过政府推动、部门联动和分类指导、综合施策等措施，水利重点工程建设加快推进。2016年中央下达我省投资计划100.96亿元，其中中央投资82.71亿元，居全国第3位，到2016年底，重大水利工程投资计划完成率95.1%、面上工程完成率86.5%，超额完成国家确定的目标任务。南水北调配套工程水厂以上输水工程基本完工，需新（改）建的120座水厂除8座缓建、1座正在建设外，其余111座已建成并具备接水条件，43座水厂实现了江水切换，累计消纳长江水5.2亿立方米。引黄入冀补淀工程进展顺利，累计完成投资29.29亿元，占总投资的69%，完成建筑物120座、输水渠道130公里，完成率分别为36%和68%。双峰寺水库大坝主体工程基本完成，初步具备挡水条件。永定河泛区工程加快建设，国家下达的1亿元中央投资计划已基本完成，献县泛区、小清河分洪区等蓄滞洪区项目前期工作加快推进，可研报告已通过水利部审查并报国家发改委。实施了石津、冶河、绵河等11处大型灌区续建配套节水改造工程。完成5条山洪沟治理、66个县山洪灾害防治非工程措施项目建设。35个新增小型病险水库除险加固工程完成34个。积极支持张家口冬奥赛区建设，云州水库调水一期工程、长城岭等5座雪场输水工程全部完工。

【水生态环境质量持续改善】按照系统治理理念，不断强化综合治理措施。2015年度地下水超采综合治理结转项目全部完成，形成农业压采能力7.28亿立方米，国家考核结果为良好；2016年度试点范围扩大到9市115个县（市、区），实现全省7个漏斗区全覆盖，水利项目投资53.52亿元，已完成投资43.95亿元，完成率82%，共关停城市自备井1010眼、农业灌溉机井4190眼。依托国家和省重点水土保持项目，完成水土流失治理面积2100平方公里，与北京合作开展的密云水库上游生态清洁小流域项目完成治理面积50平方公里，审批通过2016年度300平方公里治理任务实施方案，并落实治理资金。编制完成《滹沱河干流综合治理实施方案》，石家庄市区段治理和下游绿化工程已先期实施；平山、平泉、广宗3县水系连通工程加快推进，完成率83%。组织制定的《潘大水库网箱养鱼清理工作方案》经省政府同意付诸实施，承德、唐山两市全面启动清理工作，已完成网箱清理任务74.2%。编制了《河北省农村水电增效扩容改造实施方案》，计划对7座电站进行增效扩容改造和青龙河等5条河流实施生态修复。继续支持邢台、邯郸、承德水生态文明城市和迁安河湖管护体制机制创新试点建设，新增2个国家级和5个省级水利风景区。

【最严格水资源管理制度全面落实】强化三条红线管理，刚性约束作用日益凸显。制定了《河北省实行最严格水资源管理制度红线控制目标分解方案（2016—2020年）》；严格取水许可审批和水资源论证审查，全年共办理取水许可4339套，发证率达到89.5%，比费改税前提高了40个百分点，省级共审查水资源论证报告25份；修订了《河北省用水定额》，研究制定了《河北省落实钢铁行业取水定额化解过剩产能工作方案》，探索建立了钢铁行业水耗标准，推动化解钢铁过剩产能。扎实推进节水型社会建设，编制完成了《河北省节约用水规划（2016-2020年）》，对150多家企业开展了水平衡测试，公布了首批58家省级机关节水型单位名单，通过工程、技术、农艺、管理等综合节水措施，农田灌溉水有效利用系数提高到0.671。开展了水功能区纳污能力核定、达标状况评估和监测工作，全省275个水功能区已监测216个，全省重要饮用水水源地水质全部达标；制定全省入河排污口规范化建设方案，对120个规模以上入河排污口开展了调查与监测。加强水资源监控能力建设，新建年取水量大于1万立方米取用水户水量监测点2280个、地下水位自动监测站166个，压采项目区农业灌溉计量设施安装率达到56%，城镇和工业用水计量率达到95%。启动了第三次水资源调查评价，配合海委开展了拒马河、浊漳河等跨省河流水量分配工作。

【重点领域改革不断深化】不断推动体制机制创新，进一步加大水利重点领域和关键环节改革攻坚力度。在全国率先开展了水资源税改革试点工作，制定了《河北省工业生活取用水量核定工作办法》等10余个配套文件，移交、核查非农取用水户信息1.54万户，移交率和核查率均达到100%，确定了“五高五低”税额标准，为水资源费改税试点顺利实施提供了基本依据。2016年7月1日试点以来，累计征收水资源税7.16亿元，较上年同期增收1倍，减少用水量1.8亿立方米，用水结构得到进一步优化。继续推进水权水价改革，出台了《河北省水权确权登记办法》，2015年和2016年新增的66个节水压采试点县全部落实了水权，发放水权证558万套，同时，研究制定了《河北省农业水权交易办法》《河北省工业水权交易办法》，邢台威县通过政府回购方式开展了农业水权交易，会同中国水权交易所在邯郸成安县开展了农业水权交易试点。在全省总结推广了桃城区“一提一补”、张北县总量控制、成安县定额管理和石津灌区终端水价经验，修订了《农业水价综合改革及奖补办法》，首批66个农业水价改革试点单位已全部落实新的水价政策，改革实施面积达852万亩。充分利用金融贷款和社会融资解决水利资金短缺问题，14个项目申请到国家水利抵押补充贷款额度65.79亿元，15个项目获国家44.46亿元专项建设基金支持，7个项目列入国家和省PPP示范推介项目，在地下水超采区7个试点县探索开展了“先建后补”模式。全省所有县（市、区）均完成了小型水利工程管理体制改革，落实了管护主体和管护责任。制定了《河北省取水井安全管理及报废处置办法》，全面开展地下取水井排查，对9.37万眼存在安全隐患的废弃井采取了封存填埋等处置措施。研究制定了《河北省推行河长制工作方案》，已上报省政府。

（河北省水利厅　苏运芳）

农业机械

2016年，全省各级农机管理部门坚持以新发展理念为引领，紧紧围绕“提质增效转方式、稳粮增收可持续”的工作主线，认真贯彻省委、省政府的决策部署，凝心聚力、开拓进取，扎扎实实地抓好工作落实，较好地完成了年初确定的各项工作目标。全省农机化装备水平进一步提高，农机装备结构继续优化，农业机械化事业实现又好又快发展。

【基层农机化管理机构保持稳定】随着政府进一步减

轻农民负担、加强公益性服务政策的落实，农机化基层组织继续由经营型向公益服务型转化，经营组织减少、公益型服务机构增加。2016年底,全省共有农机化管理机构1749个，比上年减小42个，略有减少。从业人员4045人，比上年减少204人，科技人员1744人，比上年减少63人。教育、培训机构113个，比上年减少4个。农机化推广机构165个，比上年减少2个；农机安全监理机构173，比上年减少1个。在农机购置补贴政策引领下，农机化作业服务组织6170个，比上年增加163个；其中，拥有农机原值20—50万元的2595个，比上年增加75个；拥有农机原值50万元以上的1215个，比上年增加126个；农机专业合作社2485个，比上年增加226个。农机户3391925个，与上年基本持平，从业人员4577932人。可以看出在农机购置补贴等惠农强农富农政策的强烈拉动下，服务组织、农机大户均向集中化发展，专业合作社有了较大幅度提升。

【农机总动力持续增加，农机装备结构进一步改善】到2016年底，全省农机总动力达到7401.97万千瓦，因统计口径取消对农用运输车的统计，所以比上年减少3700.84万千瓦；拖拉机保有量161.68万台，比上年减少2.02万台，其中大中型拖拉机保有量达到29.87万台，比上年增加2.44万台，同比增长8.9%；大中型拖拉机中，80马力以上机型所占比例达到29.19%，较上年增加0.59个百分点；小型拖拉机保有量达到131.81万台，较上年减少4.45万台，数据显示，我省拖拉机逐步向大型化发展。全省联合收割机达到14.74万台，较上年增加0.97万台，其中玉米收获机械继续增长，达到5.98万台，比上年增长0.69万台，增幅达13%；在拖拉机增长的基础上，配套农机具也相应增长，大型配套农机具达到53.8万部，配套比稳定在1：2左右；小型配套农机具达到173.39万部，配套比达到1：1.32，继续呈减少态势。全省农机原值达到525.29亿元，因统计口径取消对农用运输车的统计，所以比上年减少114.08亿元；农机净值达到368.91亿元，同上原因比上年减少79.78亿元。

【农机作业水平提高，范围不断拓展】

2016年，全省完成机耕面积5473.04千公顷，比上年减少2.22千公顷，机播面积达到6669.38千公顷，比上年增加44.74千公顷，机收面积达到5397.25千公顷，比上年增加204.87千公顷，机耕、机播、机收分别达到86.08%、76.51%、62.86%，主要农作物耕种收综合机械化水平达到76.2%，比上年增加1.2%；具体来看，全省玉米机收面积达到2475.79千公顷，比上年增加198.35千公顷，同比增加8.7%，玉米机收率达到80.05%；完成机械化秸秆还田面积3862.44千公顷；完成保护性耕作面积179.05千公顷，作业推广面积稳步提高；落实机械深松面积631千公顷，圆满完成农机深松作业补贴项目。

【补贴政策拉动农民购机积极性，投入总量继续维持高水平】2016年全省农业机械化总投入为51.99亿元，比上年增加3.19亿元，其中：一般行政事业支出1.02亿元，比上年增加0.03亿元，基本建设投入3123万元，较上年增加205万元，推广培训1.84亿元，较上年减少0.19亿元，农机具购置投入48.6亿元，较上年增加3.5亿元。总投入中用于基本建设支出占总投入的0.6%。农业机械购置支出占总投入的93.5%。科研、推广费用占总投入的3.54%。从以上数字看出，中央惠农政策带动了农民购置农业机械的积极性，促进了机械化的快速发展。但是基本建设投入虽有所增加但仍显不足，科研、推广投入更是逐年占据偏低地位，将可能造成机械化发展后劲不足，需引起重视。而单位和集体投入再次出现下滑趋势，说明我省基层农机化服务组织建设需进一步加大工作支持力度。

【经营效益保持平稳，利润率略有下降】

2016年全省农机行业实现总收入213.44亿元，比上年减少21.87亿元，减少9.3%。成本费用119.08亿元，比上年减少12.48亿元，减少5.3%。实现利润94.36亿元，比上年减少9.4亿元，减少9.1%。受统计口径取消农用运输车的影响，收入和成本均有不同程度减少，特别是农机运输效益作为农机经营效益的主要组成部分，取消后对农机经营整体利润造成一定影响，从数据分析来看，随着农产品价格持续走低，农机用油价格的上涨，农机作业成本也居高不下，成本占收入的比重达到55.79%，比上年减少0.12%，基本与上年持平，仍然处于高位，但从今年起有减少趋势，说明农机作业利润环境趋于平稳。

（河北省农业机械化管理局　刘　伟）

气象防灾减灾服务

【概况】2016年全省气象部门紧紧围绕“四个全面”战略布局和建设经济强省、美丽河北的目标任务，不断强化气象防灾减灾和公共服务，切实履行行政管理职能，大力推进基础业务现代化，努力构建新型气象事业结构，气象防灾减灾、促进经济转型发展、生态环境服务保障成效显著。率先印发“十三五”气象事业发展专项规划，“机关标准化+目标绩效管理”被评为全国气象部门创新工作，基础业务工作业绩突出，在全国气象行业综合业务技能竞赛中取得团体第一和个人第一、第二的优异成绩，各项工作稳步推进，实现了“十三五”气象事业发展良好开局。

河北省气象局设有9个内设机构和党组纪检组，13个直属事业单位，2个直属企业；设有11个设区市气象局和135个县（市、区）气象局，其中定州、辛集市气象局为省气象局直管县气象局，曹妃甸区、曹妃甸工业区、渤海新区3个气象局为副处级气象局。全省气象部门在编职工2241人。

【气候基本概况】2016年（2016年1月～12月），河北省气温偏高，降水偏多，日照偏少，气象灾害种类多，损失程度高于20世纪90年代以来的平均水平，属于“偏重”年份。

气温 2016年，全省年平均气温12.6℃，较常年偏高0.8℃，与2015年相当，属偏高年份。全省年平均气温在2.5～15.3℃之间，局地气温异常偏高。冬季，全省平均气温-2.2℃，较常年偏高0.5℃，为2009年以来第三高值年。春季，全省平均气温14.5℃，较常年偏高1.5℃，属显著偏高年份，为建站以来第二高值年（仅低于2014年）。夏季，全省平均气温25.4℃，较常年偏高0.5℃，比2015年偏高0.3℃，属偏高年份。秋季，全省平均气温12.6℃，较常年和2015年均偏高0.5℃，属偏高年份。

降水 2016年，全省年平均降水量608.9毫米，较常年偏多20.9%，属偏多年份，为近四年最多。各地年降水量在377.9～1104.3毫米之间，多雨中心主要位于冀西南和冀东地区，秦皇岛、邢台、邯郸局部地区超过800毫米，武安达1104.3毫米。与常年相比，全省大部分地区降水偏多或接近常年，邢台西南部、邯郸西北部、张家口、石家庄局部偏多超过60%。南和、永年、怀来、涿鹿4个县（市）年降水量突破历史极大值。冬季，全省平均降水量14.5毫米，较常年偏多36.8%，属于偏多年份。春季，全省平均降水量45.5毫米，较常年偏少37.3%，属偏少年份。夏季，全省平均降水量449.7毫米，较常年偏多34.6%，属偏多年份，为1997年以来最多的年份。秋季，全省平均降水量94.2毫米，较常年偏多9.4%，属正常年份。10月降水异常偏多，中南部占全省72%的地区出现持续连阴雨天气。

日照 2016年，全省年平均日照2358.8小时，较常年偏少131.2小时，属偏少年份，为近四年最多。各地年日照在1603.2～3083.2小时之间。受雾和霾天气影响，10月和11月中上旬日照显著偏少，对设施农业产生了不利影响。

【年景评述与气象灾害】2016年遭受的主要气象灾害有暴雨、强对流性天气、雾、霾、高温、寒潮和干旱等。主要表现为：年初、年末持续性雾和霾天气多，对空气质量、交通运输和设施农业等影响大；春季降水偏少，出现阶段性干旱；夏季出现“63·8”以来范围最广、强度最大的暴雨大气，造成损失大；强对流性大气频繁，造成局地灾情严重。因气象灾害造成1440.8万人次受灾，倒塌房屋10.4万间，农作物受灾面积1258.0千公顷，绝收面积141.3千公顷，直接经济损失约609.6亿元。其中暴雨灾害损失最为严重，占气象灾害直接经济损失的95.2%。与近10年相比，2016年全省因气象灾害造成的经济损失属重灾年份，气象灾害造成的经济损失约占全省GDP的1.9%。

暴雨 2016年河北省出现暴雨282站日，较常年偏多40.6%，为1997年以来最多年份。年内，49个县（市）出现极端强降水事件，8个县（市）日最大降水量突破历史极值。暴雨主要出现在7月18～21日、7月24～25日、8月12～15日、8月18～19日和25日。其中“7·19”特大暴雨过程来势猛，呈现量大、雨强、面广、致灾重的特征，是“96·8”以来影响最大的一次暴雨洪涝过程。本次过程中，全省平均最大小时雨强24.2毫米，37个县（市）超过30毫米，武安达66.6毫米，武安、成安、内丘突破近10年极大值。涿州、容城、安新等7个县（市）日最大降水量突破历史极值。46个县（市）出现极端日降水事件，39个县（市）出现极端3日降水事件，涿州、献县、容城3日最大降水量突破历史极值。此次灾害共造成全省152个县1043.56万人受灾，因灾倒塌房屋10.05万间，直接经济损失574亿元，为“96·8”以来损失最为严重的自然灾害。

大风冰雹 2016年，全省共出现大风746站日，为近六年最多。大风天气主要出现在4～7月，占全年的70.9%。全年出现冰雹61站日，比常年偏少56.3%。冰雹天气主要出现在6月和9月，占全年的84%，6月最多，出现39站日，为2006年以来同期最多。冰雹灾害较重的时段有：6月10日、27日和9月4日。全年风雹灾害较轻，因风雹造成经济损失27.93亿元，占全年各类自然灾害经济损失的4.6%。

雾霾 2016年全省有141个县（市）出现雾4911站日，139个县（市）出现霾7725站日，雾和霾出现日数比常年偏多71.5%。雾和霾主要出现在1～3月和10～12月，其中1～3月以霾为主，10～12月以雾为主。雾和霾主要出现在中南部地区，有27个县（市）雾出现日数超过50天，其中，邢台沙河出现雾日数最多，为92天。有80个县（市）霾出现日数超过50天，其中，石家庄灵寿县出现霾日数最多，为133天。全年共出现12次持续性雾和霾，其中，12月18～22日全省连续5天有100多个县（市）出现雾和霾，过程强度历史罕见。雾和霾给全省空气质量、交通运输、工业生产、设施农业等造成较大影响。

寒潮冻害 2016年河北省有112个县（市）出现寒潮，有35个县（市）出现强寒潮，20个县（市）出现特强寒潮。其中，张北县和沽源县出现寒潮日数最多，为31天。全年共出现7次范围较广的寒潮天气。其中，影响较大的过程为1月22～24日和5月12～13日。1月23日，全省日平均气温-14.7℃，为1960年以来最低值。受此次强降温影响，渤海海冰迅速增长，沧州神华港封港2～3天，经济损失近千万元。2016年低温冻害主要出现在张家口、承德，共造成10.0万人受灾，农作物受灾面积15.4千公顷，绝收面积1.2千公顷，直接经济损失0.75亿元。

高温 2016年，全省平均高温日数8.5天，比常年偏少16.7%，比2015年偏多0.7天。全省日最高气温39.8℃，6月22日出现在石家庄市藁城区，低于其极端高温43.2℃（1961年6月12日）。6月16～22日，连续7天出现高温天气，是全年影响范围最广、持续时间较长的高温过程，涉及107个县（市），16日和22日单日影响范围较广。

干旱 2016年河北省气象干旱以阶段性为主，主要发生在春、夏季，春旱影响较大。全年因旱受灾人口38.3万人次；农作物累计受灾面积27.05千公顷，绝收1.04千公顷；直接经济损失8635.31万元。

连阴雨 2016年，全省共出现连阴雨537站次，比常年偏多9.9%，明显少于2015年。主要出现在6～8月和10月。6月出现连阴雨68站次，比常年偏多18.3%；7月出现183站次，偏多58.6%；8月出现109站次，偏多10.7%；10月出现109站次，偏多1.7倍。7月12～23日连阴雨天气，影响范围达134个县（市），为历史同期最大。

沙尘 2016年，全省出现沙尘164站日，比常年偏少83.9%，与2015年接近，为1971年以来第三少年。全年出现扬沙148站日，比常年偏少80.0%，与2015年接近，比2014年偏多85.0%；浮尘22站日，比常年偏少93.1%，比2015年偏少35.3%；全年未出现沙尘暴天气。

干热风 2016年，全省共出现干热风258站日，比常年偏少313站日，为1971年以来第六少年。长城以南大部分地区干热风日数在2天以上，5个县（市）超过4天，柏乡6天为全省最多。6月17日，72个县（市）出现干热风，重度干热风达57个县（市），为近两年影响范围最广。

【气候对有关行业的影响】农业 2016年气象条件对农作物生产影响较大。年内主要农业气象灾害有干旱、洪涝、风雹、雾和霾、低温冻害等，均给农业生产带来不同程度的损失。全省农作物累计受灾面积1257.959千公顷，绝收141.3千公顷。因灾损失粮食347.8万吨，油料16.7万吨，棉花8.7万吨，蔬菜349.5万吨，农业（种植业）经济损失约72.6亿元，其中，洪涝灾害损失最重。

林业 2016年，全省共发生森林火灾42起，一般火灾30起，较大火灾12起，过火面积572.2公顷，受害森林面积133.6公顷。与上年相比，森林火灾次数减少32起，下降了43.2%，但因灾损失上升，较大火灾次数、过火面积和受害森林面积分别上升50%、21.7%和56%。没有发生重大及以上森林火灾。

畜牧业 2016年气候条件对全省草原生长总体有利，坝上地区牧草长势良好，平均鲜草产量达到3130公斤/公顷，比2015年提高约3%，且打草区域面积比2015年增加约4%。受“7·19”特大暴雨洪涝灾害影响，全省578座青贮池损毁；青贮饲料损失25万吨；田间青贮玉米受损面积4802.4公顷；饲料生产受损企业57家，造成经济损失6302万元。受干旱影响，2016年全省玉米亩产普遍下降，由原3.5吨/亩降到3吨/亩，黑龙港区域由原3.5吨/亩降低到2.4吨/亩。

地质灾害 2016年全省共发生各类小型地质灾害30起，其中，滑坡13起，泥石流4起，造成直接经济损失193.6万元，未造成人员伤亡。与2015年同期相比，地质灾害发生数增加200.0%，直接经济损失增加89.4%。受强降水影响，全年因降雨诱发地质灾害28起，占总数的93.3%。

盐业 2016年，全省年平均气温较常年偏高、降水偏多，对盐业原盐生产非常不利。盐区年平均蒸发量1797.2毫米，比2015年少84.4毫米，比常年少116.3毫米；盐区年平均降水量610.9毫米，与2015年基本持平，比常年多57.8毫米。盐业因遭遇大风、降雪致2.58公顷塑苫报废，13.27公顷塑苫损坏；融化原盐860吨。盐区的大雾天气严重影响了结晶区和制卤区的中高级卤水形成。

交通 2016年暴雨、大雾、暴雪等灾害性天气对交通运输行业造成了诸多不利影响。“7·19”特大暴雨灾害造成全省公路大面积水毁，共计7343公里，损毁桥梁940座、涵洞2761道，冲毁路基3900万立方米，损毁路面2930万平方米，防护工程420万立方米，坍塌400万立方米；5条段高速公路、39条段省道以及多个村庄、多条农村公路路线断交，直接经济损失约55亿元。

空气质量 2016年河北省气候环境总容量（表征一定区域大气自我净化的能力）1321.0万吨/年，较近5年同期偏大0.8%，65%台站偏大，乐亭和饶阳为显著偏大，蔚县、保定和南宫站为显著偏小。各季节与近5年同期相比，冬、夏季偏大，分别偏大2.0%和9.2%；春、秋季偏小，分别为1.5%和5.2%。2016年全省空气质量平均达标天数增加，为207天，比2015年增加17天。

【气象防灾减灾】成功应对“7·19”特大暴雨灾害。7月18-21日，河北省出现自“63·8”以来最强暴雨天气过程，来势猛、强度大、损失重。各级气象部门严密监测、准确预报、及时预警，从灾前预防到灾后重建开展常态化2-3小时、特殊情况逐小时“点对点”滚动跟踪服务，多手段发布预警信息292万条。各级气象灾害防御指挥部科学研判、超前部署、高效联动，召开会议294次，发文180件，组织各市县启动应急响应，对重点市县逐一“叫应”、督导，最大程度减轻了气象灾害损失。气象部门“消息树”“发令枪”“参谋部”作用得到党政领导高度肯定，5集体12个人受到省委省政府嘉奖。

【公众气象服务】发展针对不同受众的APP和电视气象服务，增加精细化格点实况、有效应对措施等服务产品。打造《全民气象》栏目，与中国气象频道联合面向社会举办首届气象主播大赛。推出网络气象品牌节目《天气和尚》。制作播出十集科普专题片《突破十面霾伏》，出版气象灾害防御领导读本，《农村气象灾害防御漫画》获年度省优秀科普作品。96121拨打量较去年增长108%，电台节目拓展到3省9市42档，日直播70分钟。

【决策气象服务和重大活动保障】健全“小实体运行、大网络支撑”和“直通决策人、应用反馈”决策服务运行机制。完善微信等移动决策气象服务平台，在现场指挥调度中发挥了重要支撑作用。编制18个重灾县暴雨洪涝风险区划，科学指导恢复重建。扎实推进冬奥会气象保障筹备工作，圆满完成世园会、省旅发大会、北戴河暑期办公、爱飞客飞行大会、国际马拉松、国际公路自行车赛等重大活动服务保障。省领导对决策气象服务做出19次重要书面批示。

【气象保障经济发展】开发农业气象服务 APP“好天气”，为全省新型农业经营主体提供更具针对性的服务；与农业、保险等部门联合开展板栗干旱、水产养殖气象保险指数试点。推进京津冀交通气象中心建设，为三省市提供空间3公里、时间3小时的交通服务产品。为电网调度和输电安全开展照明采光指数、导线覆冰、导线舞动风险预报业务，为全国68家风电场、100余家光伏电站提供风能、太阳能数值预报服务。与海事部门合作加强海上应急救援气象服务保障，3个海洋预警中心实现业务化运行。以白沟新城为试点，探索发展商贸物流气象服务。

【生态环境气象保障】制定环境气象评估业务规范，深化扩散能力、减排效果和环境承载力评估服务，空气质量预报分辨率达3公里、时效96小时。建立环境气象指数，24小时 AQI 预报准确率达90%。初步构建空地一体化人工增雨业务体系，全年飞机作业110架次，地面作业1187点次，估算增水28.2亿立方米，减少雹灾损失1.5亿元。开展典型生态系统评估和降水资源丰枯等级、供暖期气候影响以及空气污染气候影响定量评估，年内发布生态气象监测评估材料148期。建立京津冀百年气候变化数据集，开展华北平原气候变化对典型作物种植模式和水资源利用影响研究。

【气象基础业务】新增各类观测设备440套，提升了垂直观测、专业观测能力。与水利、环保等部门共享6868个站点数据并开展数据质量控制，实现交通、铁路等多部门气象数据汇交。制作格点化气温、降水、风向风速、能见度等观测产品，强化观测和数据产品供给。在全国率先实现市级自动气象站标准化、规范化现场校准。气象信息化取得重要进展，数据资源池建设、设备资源池建设拓展，数据产品达3类190种；构建扁平化、互联网化信息通道，实现数据、计算、存储和保障资源纵向集约，津冀20M 横向互联；建设了对内集约共享的信息共享平台和对外统一发布的公众服务云平台。现代气象预报业务体系初步建立。开展强降水、强降温、高温和雾霾天气过程分县预测。24小时晴雨预报准确率达90%以上，强对流预警提前量达到30分钟，一般性天气预报质量全国第七，气候预测质量全国第八，暴雨预报质量全国第二。

【气候与气候变化】积极开展气候灾害监测评估，完成气候灾害监测公报16期、极端气候事件监测公报1期、气候影响评价公报27期、重要天气信息14期。开展了湿地、区域大气环境、生态旅游景区以及贫困县、太行山区的气候资源或承载力评估，探索推进城市通风廊道影响、低温核供热堆选址、渤海海冰预测以及城市内涝、大气环境承载力评估等服务。初步开展了河北省生态旅游景区气候资源评估和旅游气候舒适度评价研究，对河北4A 级以上生态旅游景区进行了分区，建立了生态景区各月气候舒适度指数和等级。新建了2003年以来中国陆地水储量变化数据集、河北中部平原地区地下水位变化数据集、河北省142个站点2010-2050年预估数据集和预估数据等图集。

【科技创新与人才建设】建立订单式科研立项和以应用为导向的成果评价机制，稳步推进气象与生态环境重点实验室、国家级飞机增雨石家庄试验基地和博士后创新实践基地建设。新建科技创新团队6个，设立订单式项目11项、实验室开放基金项目11项。购置机载云物理观测系统和高光谱成像仪等大型科学仪器，与北师大、气科院合作开展空地联合外场科学试验（973项目）。2项成果分获省科学技术进步二、三等奖，58篇论文入选核心及以上期刊。分类实施“五类人才”建设工程，22人入选省“三三三人才工程”。

【气象法治建设】颁布实施《河北省气候资源保护和开发利用条例》，修订《河北省重大气象灾害应急预案》，发布实施行标1项、地标2项，形成3条例5规章1预案12地标的法规标准体系。省市县公布权力清单及责任清单7类72项，促进气象部门依法全面正确履职。

（河北省气象局 毛翠辉）

农业科研

2016年，省农林科学院坚持创新、协调、绿色、开放、共享的新发展理念，贯彻落实省科技创新大会和省第九次党代会精神，聚焦产业发展，强化科技创新，圆满完成年度任务，取得较好成效，实现了“十三五”的开门红。

【科研项目】紧紧围绕农业供给侧结构性改革要求，调整研究方向，优化学科结构，使科研目标更贴近农业增效、农民持续增收实际。全年落实各级各类项目440项，到位经费较上年度提高28%。科研立项实现由注重数量到数量质量并重的转变，项目质量显著提升。在大宗作物育种、豆油优质育种、农田高效用水、绿色高效生产技术、农产品储藏及深加工等方面研究取得显著进展，优势领域专家及团队进入国家重点计划序列。主持的“小麦 HSFA2亚族基因特性及其在非生物胁迫响应过程中的作用”项目获批省基金首批农业领域唯一重点项目。“现代农业科技创新工程”获省财政批准，率先启动重大技术创新板块，聚焦全省农业产业发展重大关键问题，建立起开放性、团队式攻关机制，支撑了全省农业转型升级。

【科研成果】全年主持获得省部级以上科技奖励成果12项，其中“高油大豆冀NF58和冀豆19选育及应用”、“梨和苹果采后品质劣变机理与防控关键技术研究及应用”获省科技进步一等奖，“河北省渤海粮仓科技示范工程行动方案”获省社会科学一等奖，9项成果获得省级二等奖。审（鉴）定作物品种54个，较上年增长60%，在强筋节水小麦、高油酸花生、高产玉米、大豆小豆、设施蔬菜、果树等作物育种方面优势明显，其中小麦新品种衡 S29、衡4399抗旱节水特征突出，被列为省节水小麦推广品种和省区试对照品种。审定标准51项，是上年度的2倍，其中制定国家行业标准16项，为近年来全院制定国标上的重大突破。签订技术转移协议55个。

【科研平台】农业部“黄淮海半干旱区棉花生物学与遗传育种重点实验室”通过验收，落实全省首个国家级综合种质资源圃“环渤海地区园艺作物种质资源圃”，全院承担的农业部平台序列数量保持全国省级农科院第二位；落实中央补助地方科研条件专项，提升了“河北省蔬菜工程技术研究中心”硬件水平；依托省发改委建设项目完善了“河北省盐碱地绿化工程技术研究中心”设施条件；植物保护研究所“土壤有害生物分子检测中心”获批建设，将进一步完善全院平台功能；旱作农业研究所院士工作站正式启动，汪懋华、康绍忠、李佩成、南志标四位院士驻站工作；昌黎果树研究所施各庄综合科技基地建成，打造了集创新、示范、宣传、科教、观光旅游于一体的多功能综合平台样板，成为秦皇岛旅游农业发展的重要亮点。

【科研基地】建成高标准科技成果示范基地28个。武安开展绿色杂粮生产加工综合示范，人民日报以“小谷子做成大产业”进行报道；在沧州、衡水建设的耕地轮作休耕试点工作，在全国示范观摩会上得到农业部、中央农办领导充分肯定；大名、滦南花生示范基地，实现全产业链服务成果展示，受到农业部领导和花生产业技术体系首席专家的高度评价；宁晋山前平原小麦玉米高产示范基地，探索出一条高产区节水节肥高产高效的生产新路，连续三年突破22500公斤/公顷，受到沈小平副省长的高度赞誉；滦南葡萄绿色高效生产模式，单棚收入突破十万元；棉花新品种在新疆巴州、博乐示范，高产、优质、抗病特性获得当地广泛认可。此外，行唐苹果基地、顺平桃基地、晋州梨品种及加工保鲜基地、曹妃甸原土绿化基地等均取得良好示范成效，大大提高了省农科院的社会影响力。“渤海粮仓科技示范工程”稳步实施，在全省43个县，示范推广面积69.4万公顷，实现增粮9.95亿公斤，节水4.6亿立方。经济、社会、生态效益显著，得到科技部、省委省政府领导的高度评价，“渤海粮仓创新团队”被评为省“高层次创新团队”。

【科技服务】组织科技力量，精选科技成果，发挥专家服务团作用，百名专家积极对接新型经营主体，培育农村技术骨干和致富带头人3000余名，开展科技服务598场次，受到了当地政府和广大农民的普遍欢迎。与中国农大合作的“科技小院”成果，发表在世界顶级刊物Nature上，创造了科技服务“顶天”的奇迹。积极发挥智库作用，向省政府和有关部门提交科技咨询和产业建议33份，多篇建议得到省主要领导肯定批示。其中“关于加快我省畜禽养殖粪污治理和资源化利用的建议”得到张庆伟省长批示，要求列入省农业厅专项实施。应时应急应需服务广泛开展，面对今年突如其来的7·19特大洪害，省农科院第一时间组织专家投身救灾一线，赴37个县市开展救灾指导，组织技术培训50多场次。灾后调研总结的平山县葫芦峪科学耕山模式经验，得到张庆伟等6位省领导批示，要求在全省推广。

【科技扶贫】进一步巩固崇礼、阜平、海兴、涞水等县扶贫成果，组织120名科技人员，服务51个贫困县，为全省打赢脱贫攻坚战发挥积极作用。为17个县市政府、农业园区编制扶贫建设规划21项，主持完成了阜平县全域13个乡209个村的《致富产业发展规划》编制，得到省和地方政府高度评价。驻崇礼上南窑村和朝阳村两个工作组，依托独特生态资源，组织发展冷凉农业及旅游产业，山区巨变，群众称赞；驻阜平刘家沟村工作组扶持当地食用菌产业，“六统一分”模式成为全省典型；驻崇礼六号村工作组被授予“全省美丽乡村建设优秀驻村工作组”荣誉称号；在阜城县探索实践对接一个业务部门、共组一个专家团队、服务一个经营主体、编制一个产业规划、建立一个示范基地的“五个一”科技扶贫工作模式，取得较好效果。

【科技合作】在国际合作方面，与罗马尼亚国家农科院、布加勒斯特农牧大学联合申报“种植业高效节水项目”，被确定为省政府督办项目。全院引智工作成绩突出，被授予“河北省引进国外智力示范单位”称号。与加拿大滑铁卢大学共建“中加微生物联合实验室”，加拿大农业部副部长亲临揭牌。协助省政府举办“第三次中国--中东欧国家地方领导人会议”，受到大会组委会表扬。在国内合作方面，融入国家农业科技创新联盟，联合京津冀三地23家科研院所、高校、涉农企业等成立了“京津冀农业科技创新联盟”，首批启动联合攻关项目8项，共同打造创新平台3个，共建成果示范基地4个，形成了目标同向、优势互补、成果共享的区域现代农业科技协同创新格局。

【人才队伍】着力打造科研、管理、工勤三支队伍，完善“培养、引进、使用、服务”四位一体人才机制。2016年全院博硕士数量占一线科技人员比例提升到54.8%，人才结构优化升级。着力培养打造青年领军人才，组建了3支由40岁左右博士牵头的创新团队，实行“3+N”资助计划。调整、提拔了18名处所级干部，激发了干部队伍活力。作为具有自主评审农研系列职称资格的单位，圆满完成2016年河北省农研系列高级职称评审工作，开展高级职称“绿色通道”试点，得到省职改办肯定。全院高层次人才不断涌现，新增“国务院特贴专家”2人，省“三三三人才”一、二层次人选3人，“省青年拔尖人才”5人，大豆创新团队被命名为“省科技创新团队”，1人获评“省杰出专业技术人才”称号。

（河北省农林科学院　张　晓）

农村科技

2016年，全省农业农村科技工作，坚持以推进农业供给侧结构性改革为主线，以组织实施农业科技创新专项和科技示范工程为抓手，不断抢抓京津冀协同发展战略机遇，加强农业协同创新，强化农业产业技术集成和示范，推动农业科技成果转移转化，有力促进了全省农业农村经济的持续健康发展。

【围绕落实粮食安全省长责任制，积极实施渤海粮仓和粮食丰产两大科技示范工程】坚持把提高粮食生产科技支撑能力作为农业科技工作的重点内容，以高产区丰产稳产和中低产田改造为技术创新重点，加强共性关键技术的突破和系统栽培技术体系的集成示范，强化高产示范基地建设，扎实做好粮食安全省长责任制落实工作。

渤海粮仓科技示范工程。按照《河北省渤海粮仓科技示范工程行动方案（2014-2017年）》总体部署，着力抓好技术创新、成果转化、示范推广三大版块，年实现增粮9.95亿公斤，节本增收19.9亿元，节水4.6亿方。一是国家层面愈加重视。2016年首次将“渤海粮仓”纳入中央一号文件内容，并写入了《“十三五”国家科技创新规划》和《中国科学院“十三五”发展规划纲要》，渤海粮仓科技示范工程已经上升到中央统筹安排层面。二是技术示范推广稳步推进。按照“生态优先、节水改土、稳夏增秋、棉改增粮、粮饲结合、集约经营”的技术路径，攻克了微咸水补灌、雨养旱作、盐碱地改良等关键技术，授权专利10项，初步构建起河北省中低产田粮食生产能力提升技术体系。2016年，引进了中化化肥、北京农科院等单位的27项成果，建立了一批成果转化基地；共建立110个千亩示范方、95个万亩辐射区，辐射面积超过1040万亩。三是与产业结合更加紧密。通过一年的持续推进，渤海粮仓种业顺利起步，促进了农业科技园区布局的进一步优化，建立了种业、农机、植保、土肥、农技等5个社会化、市场化技术服务体系，全省农业科技服务体系日趋完善。

粮食丰产科技工程。针对我省限制粮食产量水平提高的水资源匮乏、夏秋粮生产不均衡等关键问题，重点围绕全省14个示范县和56个辐射县，以“一田三区”（超高产攻关田，1万亩高产核心区、100万亩示范区、1000万亩辐射区）为重点，组织开展了粮食丰产科技工程。2016年，在14个示范县实施了“万亩高产示范方”工程，共建成26个万亩示范方，全面整合、组装、集成了包括品种选择、精细整地、平衡施肥、节水灌溉、茬口搭配和有害生物安全防控等多方面成熟技术。全年26万亩示范区总增产粮食2570万公斤，增加经济收益4952万元；1000万亩小麦、510万亩玉米辐射区累计增产粮食15.54亿公斤，增加经济效益33.7亿元。

【围绕实施京津冀协同发展战略，全力推进环首都现代农业科技示范带建设工程】按照赵克志书记批示的“现代、高效、富民”要求，全力推进示范带建设。一是加强领导。会同省发改、财政、国土等6部门和承、张、廊、保4市，成立了示范带建设领导小组，分解部署了环首都14个县（市、区）工作任务。二是推动共建。我省印发了《环首都现代农业科技示范带总体规划》（冀科农函〔2016〕70号），示范带建设先后纳入了《京津冀创新驱动发展指导意见》《京津冀协同发展科技创新专项规划》《北京市“十三五”规划》《河北省“十三五”规划》等予以重点推动。三是强化对接。组织中科院、中国农科院、中国农大等单位，征集了9类279项成果，形成了《成果供给指南和需求清单（2016年）》，并召开示范带建设推进会进行发布。四是共建平台。固安、丰宁等5家获批国家农业科技园区，北京农科城涿州农科园挂牌成立，组织10家院所高校成立了京津冀农业协同创新研究院。

【围绕建设高标准农业科技园区，继续开展园区提档升级工程】按照“国家级园区创品牌、增优势；老牌园区上规模、增特色；新建园区提档次、增效益”的思路，把加强农业科技园区建设作为增强农业创新能力、推动县域科技工作、加快农业科技成果转化的重要平台。一是优化布局、提档升级。推动威县、保定等8家省级园区升级，国家农业科技园区达到14家，居全国第二位。目前，全省省级以上园区有106家，核心区102万亩，总产值256亿元。二是推进共建、协同发展。组织科技园区与京津企业、高校、院所等开展技术对接，实施共建项目22项，30家园区与京津50余家单位建立了稳定的合作关系。三是加强引导、强化考核。制定了园区考核评估体系，引导园区发展方向。同时，加强了产业技术创新战略联盟建设。目前，全省共有省级以上产业技术创新战略联盟9个。其中，国家重点培育联盟2个。

【围绕落实扶贫攻坚战略，切实抓好科技扶贫工作】按照省委、省政府精准扶贫、精准脱贫的一系列重要部署，进一步加大了科技扶贫力度。正式印发了《河北省人民政府办公厅关于深入推行科技特派员制度 促进农村创新创业的实施意见》（冀政办发〔2016〕27号），使我省的科技特派员工作提高到一个新高度。一是搭建创业平台。创建农业众创空间--星创天地157个。其中，国家级40个，数量居全国第4位。二是推动创新创业。会同省委组织部，开展了“科技青春•创业富民”大学生村官科技创业主题行动。2016年，在全省遴选了25个大学生村官科技创新创业项目给予资金支持，进一步营造了农村创新创业的良好氛围。三是推进科技扶贫。继续实施“三区”（边远贫困地区、边疆民族地区和革命老区）人才支持计划，共选派692名科技人员到全省62个贫困县开展科技服务。依托河北农大、河北科技师范学院两个国家级科技特派员培训基地，脱岗培养贫困县科技人员62名，实现贫困县选派、培养工作全覆盖。四是加强合作交流。会同科技部农村中心在石家庄科技中心举办了优秀科技特派员巡讲报告会，解读创业政策、交流先进经验。目前，全省共有科技特派员1.8万人，建有国家级科技特派员创业链5个，国家级创业基地4个，国家级创业培训基地2个。

【围绕实施农业科技专项，持续促进农业科技创新】制订出台了《河北省农业科技创新“十三五”规划》（冀科农〔2016〕5号），围绕农业主导产业发展，持续实施种质资源创制、农业关键技术、奖励性后补助、农业科技成果转化等专项。一是加强14个种质资源创制团队建设，强化首席专家的组织协调职责，小麦、谷子、棉花等创新水平国内领先，创制出一批优异种质资源和优良品种，主要农作物良种覆盖率稳定在97%以上。二是加强农业关键技术创新，围绕农业关键技术、农产品加工、信息化智能化等方面，开发新产品、新工艺272项，建立试验示范区142个，申请专利95项、授权55项，制定标准68项。三是实施现代农业科技奖励性后补助专项，对“玉米新品种农单902”等33个重点科技成果给予了后补助资金支持，所支持成果已推广应用2000多万亩。四是实施农业科技成果转化专项，强化企业与科研院所、高等学校合作转化成果，会同财政厅组织实施45个项目，建立中试生产线21条、中试基地135个，培训20余万人次。

（河北省科学技术厅　孙立永）

财政支农

【综述】2016年，全省各级财政部门认真贯彻党的十八大、十八届三中、四中、五中、六中全会精神，紧紧围绕“稳粮增收、提质增效、创新驱动”总要求，加大投入，完善机制，推进改革，不断加大财政支农投入，创新完善财政支农政策，农业综合生产能力得到明显提高；转变农业发展方式，促进农业结构调整，农业现代化水平不断提升；机制创新更加深入，着力创新资金分配机制、资金整合统筹使用机制、项目管理机制和资金监管机制，为巩固和发展全省农业农村好形势提供了有力支撑。

【财政支农投入稳步增长】坚持把农业农村作为财政支出的优先保障领域，持续增加财政农业农村支出，加快完善支农投入稳定增长机制。取中央农口资金304.65亿元，比上年增长1%。不断加大省本级资金支农力度，下达省级资金96.3亿元，同比增长37.2%。积极加大市县财政支农投入，全省各设区市（含辛集定州市）投入支农资金28.3亿元，各县（市、区）投入120.3万元，极大的促进了农业农村经济社会发展。新开展了扶持村集体经济发展试点，持续推进地下水超采综合治理、支持农民合作社发展创新、建制镇示范等国家改革试点，争取中央资金累计达到75亿元。

【农业供给侧改革进一步推进】大力支持农业结构调整，落实省以上资金12.58亿元，促进农业优势特色产业加快发展，推进农村一二三产业融合发展，不断提升基层农业服务体系保障能力。支持改善农业生产基础条件，筹措省以上资金22.32亿元，推进农田水利、南水北调配套、引黄入冀补淀等建设项目。不断提高农业科技支撑能力，落实省级资金 24.57亿元，重点实施渤海粮仓、农林新品种创制等科技工程，支持农业科技成果转化等农技推广项目，农产品产地初加工能力得到有效提升，绿色高产高效创建引向深入。落实农业生产经营主体支持政策，安排省级农业产业化、新型农业经营主体补助资金8.35亿元，促进新型农业经营主体蓬勃发展。

【助力扶贫攻坚持续增强】适应精准扶贫要求，统筹整合财政资金加快实现脱贫攻坚。加大扶贫资金投入力度，下达省以上财政扶贫资金46亿元，其中，2016年省级安排扶贫资金21.7亿元，比2015年翻了一番，2016年争取中央财政扶贫资金24.3亿元，比2015年增长50%。统筹资金支持扶贫，制定支持贫困县开展统筹整合使用财政涉农资金，将20项中央资金和20项省级资金纳入整合范围，打破资金归口管理限制，真正实现资金精准投入、精准使用，共整合资金90.9亿元。支持推进扶贫移民易地搬迁工作，研究扶贫易地搬迁融资办法，拨付平台项目资本金8.8亿元，足额安排省级贴息资金。

【支农资金杠杆作用显现】积极在承德、邯郸开展农业产业化增新基金试点，省市县投入1.5亿元，撬动信贷资金12亿元，支持农业产业化龙头企业发展，提升农业产业化水平。加快农业信贷担保体系建设，拨付省农担公司资本金16.42亿元，下达市县支持粮食适度规模经营补贴资金1.54亿元，用于建立市或县级农业信贷担保风险补偿金及进行农业担保机构资本金注入，对粮食适度规模经营主体进行贷款贴息。为美丽乡村承建企业注入资本金13亿元，预计撬动信贷资金48亿元进行美丽乡村建设。积极推进农业PPP方式融资，PPP项目库储备10个水利建设类PPP项目，涉及投资额120亿元，“建管服一体化”智慧节水灌溉与水权交易项目顺利落地实施，形成农业领域推广运用PPP模式的示范效应。

【农村生态环境得到优化】推进农业可持续发展，率先开展地下水超采综合治理试点，试点范围由4市49县扩大到9市115县，提炼出“确权定价、控管结合、内节外引、综合治理”模式，形成农业地下水压采能力15.2亿立方米。认真落实农林业生态建设保护扶持政策，下达农业资源及生态保护补助资金6.33亿元，启动实施新一轮草原生态保护，支持开展“粮改饲”、畜禽粪污综合治理和秸秆综合利用试点，推进农村能源清洁化利用工程建设，农村环境得到有效改善。加大造林绿化投入，下达林业发展性项目支出19亿元，大力支持太行山造林绿化、森林生态效益补偿等工作顺利进行，促进了全省生态环境改善。

【农民生活水平显著改善】围绕促进农民增收，认真落实农业补贴政策，下达农业支持保护补贴78.39亿元，耕地地力得到保护，农民群众获得了更多实惠。围绕改善农村生产生活环境，加快推进美丽乡村建设，设立省级融资平台公司，安排美丽乡村建设专项补助资金12.5亿元，统筹整合农业、交通等省直相关部门各类涉农资金51.5亿元，用于省重点抓的片区和村庄农村饮水、民居改造等专项行动，农村农民生活条件得到显著提升。

【农业农村改革扎实推进】加快农业领域各项改革，为农业发展加速助力。制定了2016年扶持村级集体经济发展试点实施方案，选择了600个村进行试点，下达省以上资金6亿元，促进了村集体经济加速发展。深入推进农村综合改革，修订一事一议财政奖补项目管理办法、转移支付资金管理办法，分配下达一事一议财政奖补（含美丽乡村建设试点）资金20.4亿元；完善农村公共服务运行维护机制建设试点，分配下达试点资金6.65亿元；推进建制镇示范试点，配合专员办开展试点政策中期评估，分配下达试点资金0.5亿元，农村在改革中发生了巨变，农民在改革中得到了实惠。积极支持国有林场改革。分级分类解决国有林场改革成本问题，下达省以上资金3.3亿元，为林场改革发展减轻包袱。支持农村土地承包权确权登记颁证。安排下达专项补助资金12.16亿元，支持市县开展土地确权登记颁证工作，加快推进土地流转，促进农业规模化发展。

【防灾救灾能力不断提高】全力做好7.19特大洪水灾害防汛救灾及灾后重建工作，及时下达防汛抗旱及灾后水利设施修复重建资金1.37亿元，下达农业救灾资金6575万元，有效保障了灾区水利及农业修复重建。以省委、省政府办公厅名义下发了《关于允许统筹整合使用省级财政资金做好防汛救灾工作的通知》，允许受灾较重的县（市、区）统筹整合使用有关财政资金集中用于防汛救灾和灾民生活安置、灾后重建工作。支持农业防灾减灾和畜禽防疫体制建设，下达专项资金3.57亿元，支持开展小麦“一喷三防”、玉米“一喷多效”、农作物病虫害统防统治。认真落实动物强制免疫政策，及时下达相关补助资金，保障基层防疫工作开展。

（河北省财政厅　马　磊）

农业信贷

【概况】2016年，中国农业发展银行河北省分行在总行党委和省委省政府的正确领导下，在人民银行、银监局、财政专员办、新闻媒体等有关部门的大力支持下，面对经济下行压力较大、业务有效发展不足等复杂环境和多重挑战，深入贯彻习近平总书记系列重要讲话精神，认真落实总行新一届党委“一二三四五六”总体发展战略，咬定发展不放松，加大支农力度，强力防控风险，狠抓经营管理，坚持两个“从严”，各项工作取得明显成效，多项经营指标实现历史性突破。

贷款投放创历史新高。全年累计审批贷款886亿元，累放贷款588亿元，同比多放213.4亿元，增幅达56.9%。在政府定向债券置换138亿元的情况下，贷款比年初增加156.1亿元，年末贷款余额首次突破千亿大关，达到1023.6亿元。贷款审批额、投放额、余额和增加额均创历史新高。

存款大幅增长。各项存款余额突破500亿，达到552.4亿元，比年初增加236.9亿元，增幅75.1%。各项存款日均余额476.9亿元，比上年增加220.8亿元，增幅86%。存款余额、增加额、日均余额均为历年最高。

经营绩效逆势攀升。在经济下行压力较大，利差持续收窄的情况下，实现账面盈利5.27亿元，完成总行下达利润计划的107.68%。剔除计提贷款减值损失7.75亿元因素，按可比口径计算，较上年增盈5.19亿元，拨备前利润为历年最高。

不良贷款清收进展较大。全年清收处置不良贷款5.72亿元，为历年最多。

【着力加快发展】不断强化发展意识，深入分析业务发展现状、面临形势，反复强调全行上下要进一步唱响发展的主旋律，明晰发展思路和目标，紧紧抓住业务发展的窗口期和黄金期，着力加快业务有效发展。一是全力支持脱贫攻坚。坚持以脱贫攻坚统揽全局，研究下发全力支持脱贫攻坚的指导意见，着力构建全行扶贫工作格局，统筹运用粮棉油收购、基础设施建设等各类金融产品支持贫困地区发展，将营销重点、信贷政策向贫困地区倾斜。年末精准扶贫贷款余额284.7亿元，占全部贷款的27.8%。大力支持易地扶贫搬迁，审批贷款100亿元，用于全省易地扶贫搬迁工程，易地扶贫搬迁建档立卡贫困人口占比55.1%。目前，已向涞源、阜平、隆化、平泉等7个县发放易地扶贫搬迁贷款17.5亿元。积极推进保定金融扶贫示范区建设，探索旅游扶贫、产业扶贫新模式，力求重点突破、以点带面，打好精准扶贫"组合拳"。去年保定金融扶贫示范区发放精准扶贫贷款7亿元，精准扶贫贷款余额8亿元。二是积极支持粮棉油收储。坚持政策性收购为主、市场性收购为辅的工作思路，全力做好粮棉油收购信贷资金供应与管理工作。加强与中储粮北京分公司、省粮食部门沟通，积极推动小麦最低收购价预案启动。全年累放粮棉油收储贷款138.1亿元，支持了粮棉油收储平稳有序开展。在夏粮、秋粮、棉花收购开始前分别召开媒体记者见面会，新华网、人民网等40多家媒体刊登或转载了我行夏粮、秋粮、棉花收购政策宣传文章，营造良好的舆论环境。三是大力支持农村基础设施建设。加大对水利、棚户区改造、农村路网、美丽乡村等领域项目支持力度，累放农村基础设施类中长期贷款412.8亿元，比中长期贷款业务开办10年来的净投放还多42亿元。上移平台层级，突破了发展瓶颈。累计审批省级和市级公司统贷统还、下贷上还模式贷款179亿元，占全年审批贷款的20%。同时，积极支持国家重点建设基金项目，全年审批投放项目104个、金额68.5亿元。四是创新支持农业现代化。全年累放林业、流通体系建设、农业科技等贷款44.6亿元，培育了新的业务增长点。

【努力防控风险】坚持全面风险管理理念，强化底线思维，树立红线意识，努力实现稳健经营。一是倾力处置风险。4月中旬，保定分行暴露出志信等4户贷款企业风险贷款20.64亿元后，我行高度重视，多次赴保定与市委市政府领导沟通风险化解处置，督促指导清收。省分行成立了"重大信贷风险处置工作组"，集中人员全力清收化解。召开粮棉油信贷风险防控视频会议，要求各行深刻汲取教训，举一反三，严格落实收购贷款封闭运行管理各项规定，切实加强资金监管，坚决防止挤占挪用等问题再次发生。在总行领导的帮扶支持下，目前，已累计收回10.4亿元，其他风险资产也正在按计划有序清收处置。在全力清收化解风险贷款的同时，不断加强声誉风险监测，妥善处置出现的舆情风险，有效防止了事件的持续发酵。二是调整贷款和客户结构。为从根本上防控风险，在稳固传统粮棉油业务的基础上，大力发展中长期信贷业务，逐步优化贷款结构。年末中长期贷款占全部贷款56%，同比提升了13.2个百分点。三是做实贷款担保。对抵押物坚持"实、优、余、规"四字原则，确保第二还款来源真实、合规、有效，能够覆盖风险。"实"，抵押物实实在在，真正有；"优"，优质资产，容易变现；"余"，抵押物处置后归还贷款本息绰绰有余，能够覆盖风险；"规"，合规合法。担保贷款占全部贷款的比重提高了11.45个百分点。四是开展贷款讲评。要求县级支行每月由行长主持召开最少一次贷款讲评会，对全部贷款客户分析评述；市级分行每月由行长主持召开最少一次贷款讲评会，每年对全部贷款客户进行一次分析评述。通过开展讲评活动，一方面督促信贷人员对企业经营管理情况进行全面了解分析，不断提高业务技能，提升办贷管贷水平；另一方面也能对企业进行集中"会诊"，及时发现问题，防控风险。

【狠抓经营管理】增强核算意识，强化基础管理，努力提升全行可持续发展水平。一是加大存款组织力度。认真组织开展存款"百日竞赛"活动，抓住中长期项目贷款投放较多的有利时机，大力营销财政性存款。进一步强化存贷"一体化营销"，抓住贷款发放、使用和收回三个关键环节，协调上下游关联企业在我行开户，拓展存款客户。全年由于组织存款降低资金成本15.1亿元。二是提升经营效益。针对上年末全省36个县支行亏损，亏损面达24%的问题，制定亏损行扭亏考核办法，加大工作力度，力争通过2-3年的不懈努力，全面消除亏损行。年末有20个行扭亏、7个行减亏，占年初亏损行的75%。针对有效发展不足，行际发展不平衡问题，制定二级分行绩效考评实施细则，建立健全绩效考评体系，进一步调动了分支行经营管理积极性。积极争取省政府和省财政等部门的支持，推动了全省粮食风险基金的统筹，有效破解了部分市县包干基数不平衡，导致政策性挂账贷款长期欠息这一困扰我行多年的难题。仅此每年可增加利息收入4000多万元。积极拓展国际业务和中间业务，完成国际结算4亿美元，实现中间业务收入3606万元 。三是全面夯实基础。扎实开展"贷后管理年"活动，摸清风险底数，狠抓问题整改，堵塞了管理漏洞。加强财会基础管理，组织突击对接综合检查，开展"靶向行动"，进一步提高了制度执行力。组织"两个加强、两个遏制"回头看，全面开展内控评价，合规管理水平不断提高。做好各类信息系统、网络和电子设备运维管理，为全行工作提供了强有力的科技支撑。加大新闻宣传力度，加强声誉风险监测，妥善处置舆情风险，营造了良好的舆论环境。加强办文办会办事、后勤服务、安全保卫和安全生产，保障了各项工作顺利开展。

【深化党的建设和班子队伍建设】深入学习贯彻习近平总书记系列重要讲话精神，坚持把抓党建作为首要政治责任，与中心工作同部署、同落实、同检查、同奖惩。扎实开展"两学一做"学习教育，基层党组织的战斗堡垒作用和党员的先锋模范作用进一步彰显。举办党建工作培训班，对全辖190多名党支部书记进行轮训，提高了支部书记抓党建的能力。加强领导班子建设，制定二级分行领导班子和班子成员综合考核办法、分支行领导班子成员履职档案管理办法，进一步激发了干事创业激情。深入推进党风廉政建设，制定纪委对领导干部谈话实施办法，推进监督抓早抓小，关口前移。坚持“严”字当头，强化监督，严格问责。全年对97人次违规积分、35人进行经济处罚、27人处以党政纪处分。推进企业文化建设，组织丰富多彩的文体活动，进一步增强了员工队伍的凝聚力和向心力。

（中国农业发展银行河北省分行　彭德斌）

农村扶贫开发

【概述】2016年，河北省认真贯彻落实习近平总书记扶贫开发战略思想和中央脱贫攻坚决策部署，坚持精准扶贫、精准脱贫基本方略，以燕山—太行山集中连片特困地区、黑龙港流域集中连片特困地区、环首都扶贫攻坚示范区为主战场，以增加贫困群众收入为核心，以培育发展富民产业为主攻方向，以改革开放为动力，不断完善创新体制机制，贫困地区脱贫产业布局进一步优化，基础设施和公共服务水平进一步提升，贫困群众脱贫致富奔小康的内生动力进一步增强，为打赢“十三五”脱贫攻坚战奠定了坚实基础。全省共投入扶贫资金58.8亿元，较上年翻了一番；全省减贫104.2万人，超出年初计划4.2万人；完成劳动力转移培训2.37万人次，市县转移就业1.96万人，启动15.2万人的易地扶贫搬迁工作；62个贫困县农民人均可支配收入8805元，同比增长10.5%，增幅高于全省农村平均水平2.6个百分点。

【扶贫资金投入与管理】2016年，全省共投入财政扶贫资金58.8亿元；9个设区市和62个贫困县共安排资金14.1亿元。各级财政专项扶贫资金投入贫困村达54.3亿元，其中，直接扶持建档立卡贫困户资金43.4亿元，扶持贫困户58万户。加强扶贫资金整合，印发了《关于支持贫困县开展统筹整合使用财政涉农资金试点的实施意见》，一次性将全省62个贫困县全部纳入统筹整合使用财政涉农资金试点范围，实际整合90.3亿元。强化扶贫资金监管，印发了《河北省财政扶贫资金绩效评价办法》，进一步规范和加强财政扶贫资金监督管理，提高资金使用效益。2016年河北省财政专项扶贫资金绩效评价等次为A等。

【易地扶贫搬迁】坚持将易地扶贫搬迁作为打赢脱贫攻坚战的“当头炮”，印发了《河北省“十三五”易地扶贫搬迁规划》和《河北省“十三五”易地扶贫搬迁实施方案》，计划2016年至2017年完成易地扶贫搬迁12.6万人，2018年至2020年，积极争取国家支持，对其他符合条件、有搬迁意愿的29.4万农村人口实现应搬尽搬。省级建立了易地扶贫搬迁开发投资有限公司，有搬迁任务的38个县全部组建县级投融资平台，有关县通过省级平台和财政共承接资金54.77亿元。启动31个县、15.2万人(贫困人口9万、同步搬迁人口6.2万人)的搬迁工作，188个集中安置项目全部开工。探索养老式搬迁新路子，在集中安置区配套建设养老院58个，实行产权归政府、群众免费住、集中供养服务，让贫困老人老有所养、病有所医、安享晚年。印发了《关于切实做好易地扶贫搬迁贫困人口后续扶持工作的意见》，实施搬迁小区和产业园区“两区同建”，强化产业、就业、社保等扶持，确保贫困群众搬得出、稳得住、能脱贫。

【产业扶贫】将产业扶贫作为脱贫攻坚的主攻方向，大力发展富民产业，带动贫困群众增收致富。一是实施特色农业扶贫。印发了《关于贫困地区发展特色产业促进精准脱贫的实施意见》，大力发展设施蔬菜、食用菌、优质林果、中药材和畜牧养殖等产业。全省贫困县新增设施蔬菜40万亩、食用菌3万亩、林果80万亩、中药材10万亩，通过发展特色产业带动60万人实现脱贫。二是实施旅游扶贫。印发了《 关于推动旅游扶贫工作的实施意见》，在野三坡、白石山等20个景区实施“景区带村、能人带户”旅游扶贫，带动贫困群众增收脱贫，截至2016年底建设旅游扶贫专业村440个，分类带动贫困家庭13万户。三是实施光伏扶贫。2016年，国家将河北45个国定贫困县全部纳入光伏扶贫试点，共安排55万千瓦集中式光伏扶贫电站和30万千瓦村级光伏扶贫电站，规模位于全国第二位，项目建成后可精准帮扶7.8万户群众。印发了《关于积极推进村级光伏扶贫电站（含户用）建设的指导意见》，下达村级光伏扶贫电站并网计划项目1017个，总规模29.47万千瓦。四是实施家庭手工业扶贫。大力推广“企业+合作社+基地+农户”的龙头引领发展模式，引导家庭手工业由自发生产转向组织化、产业化、规模化发展，发展家庭手工业专业村160个，从业人口2万人，带动5万贫困群众脱贫。五是实施电商扶贫。印发了《关于加快推进“互联网+扶贫”行动的通知》，62个贫困县全部建设了农村电商公共服务中心，6846个贫困村建设了电商服务站，网购网销额突破55.3亿元。涞水县“双带四起来”旅游扶贫、威县资产收益等模式，被收入中央政治局第三十九次集体学习《典型案例》。隆化县“政银企户保”金融扶贫模式在全国推广。

【社保兜底扶贫】2016年，河北省全力织牢社保兜底扶贫保障网。一是提高农村低保标准，印发了《关于做好农村最低生活保障制度与扶贫开发政策有效衔接的实施方案》《关于推进低保线与扶贫线“两线合一”的实施方案》，实现农村低保线与扶贫线“两线合一”、动态管理，全省低保标准达到2900元/年以上，最低补差标准提高到150元/月。二是提升医疗保障救助水平，印发了《关于提高贫困人口医疗保障救助水平解决因病致贫返贫问题的实施方案（试行）》，实现了基本医保待遇水平、大病保险报销水平、医疗救助水平“三个显著提高”，可减轻贫困患者医疗负担50%左右。三是扎实推进教育扶贫，印发了《关于推进教育脱贫行动的实施方案》，“三免一助”（免学费、免住宿费、免费提供教科书、享受国家助学金）资助范围扩大到省内公办普通高中、中职学校、普通高校建档立卡贫困家庭学生，惠及贫困学生4.46万人，生均获得资助4217元。

【金融扶贫】建立金融扶贫机制，探索出一条“政府搭台增信、银行降槛降息、企业农户承贷、保险保证兜底”的金融扶贫新路子，受到国务院扶贫办肯定，印发了《河北省“政银企户保”金融扶贫实施意见》，在全省推广“政银企户保”金融扶贫模式。2016年底，扶贫小额信贷已覆盖全省62个贫困县和“十二五”期间3个后续扶持县，65个县全部建立了风险补偿机制，风险补偿金总规模达13.22亿元，扶贫小额信贷2016年累计完成放贷166.4亿元，惠及贫困户46.26万户。保定市被列为全国政策性金融扶贫实验示范区。

【社会扶贫】全力抓好社会扶贫，广泛动员社会力量共同参与扶贫开发。一是做好中直单位定点扶贫工作。积极协助中央定点扶贫单位做好帮扶工作，32个中央、国家机关和有关单位共向40个国定贫困县派出挂职干部79人，共投入帮扶资金1.2亿元，其中直接投入资金1.05亿元，物资折款1630万元，引进资金6.03亿元，引进项目129个，举办培训班97期，培训各类人员4097人次，资助贫困生9104人，劳务输出1323人。二是深入推进驻村帮扶。出台了《关于选派优秀干部到贫困村任第一书记的实施意见》，省市县三级精准选派驻村干部22164人，担任第一书记的厅级后备干部占省派干部的68.1%，实现了贫困村第一书记和驻村工作队全覆盖。各工作队投入引进帮扶资金28.61亿元，实施帮扶项目6439个，让38.51万贫困户受益，预计带动53.97万人实现脱贫，帮助成立各类合作社3814个，举办培训班21765期，共培训69.86人次，帮助贫困户实现劳务就业7.74万人。三是推动京津对口帮扶。主动与北京市支援合作办、天津市合作交流办联系对接，北京、天津两市17个区对口帮扶张家口、承德、保定20个贫困县，开展“携手奔小康”行动。四是组织省内对口帮扶。推动廊坊、唐山市经济实力较强的县（市、区）帮扶张家口、承德两市贫困县，其他7个市开展市内对口帮扶。五是扎实开展“千企帮千村”行动。制定了《河北省“千企帮千村”精准扶贫行动方案》，1000家民营企业与1020个贫困村结成帮扶对子，开展村企共建，投入资金1.1亿元，吸纳贫困人口就业5532人，带动1.5万户贫困群众发展增收项目。六是开展扶贫日活动。发布河北省2016年扶贫日活动倡议书，召开全省脱贫攻坚奖表彰大会，组织了多种形式的募捐活动。2016年，河北省扶贫基金会共收到捐赠资金1742万元，捐赠物品累计折款约2500万元，拨付贫困地区捐赠资金共计972万元，帮扶建档立卡贫困村104个，受益贫困人口达5.5万余人。

【雨露计划】2016年，河北继续实施“雨露计划”，共投入扶贫专项资金7828万元。对符合条件的贫困家庭子女参加中、高等职业教育的，给予贫困家庭助学补助，全省贫困家庭职业教育补助1.86万人；鼓励和引导贫困农村劳动力转移就业和创业，开展贫困劳动力转移就业培训325期，培训贫困青年劳动力2.37万人次；加强致富带头人培训，完成创业致富带头人培训245期，培训1.59万人次；围绕富民增收产业，开展实用技术培训954期，培训11.22万人次。

【彩票公益金试点】扎实开展彩票公益金试点，2016年国务院扶贫办安排中央专项彩票公益金支持贫困革命老区小型公益设施建设项目资金1.4亿元，通过组织召开竞争答辩会，确定了赞皇、魏县、平乡、怀安、饶阳、滦平、涞源等7个县为2016年中央专项彩票公益金支持贫困革命老区实施扶贫项目县。

【以工代赈】2016年，国家安排中央以工代赈资金2.44亿元，实施项目148个，覆盖46个燕山—太行山集中连片特困地区片区县和国家扶贫开发工作重点县（区），完成基本农田建设6.3万亩，小型农田水利工程新增灌溉面积10.6万亩、修建乡村道路530公里、独立桥涵590延米，小流域治理3.7平方公里、片区综合开发4780亩等，为改善贫困地区农村基础设施发挥了重要作用。

（河北省扶贫开发办公室　郭立朴）

国土资源管理

【概况】截止到2016年12月31日，河北省土地调查总面积28288.4万亩，与上年度保持一致。

农用地由19626.4万亩减至19603.8万亩，净减少22.6万亩；建设用地由3281.1万亩增至3328.3万亩，净增加47.2万亩；未利用地由5380.9万亩减至5356.3万亩，净减少24.6万亩。以上地类分别占我省土地总面积的69.3%、11.8%、18.9%。

按土地利用现状分类一级地类统计，耕地由9788.2万亩减至9780.7万亩，净减7.5万亩；园地由1255.8万亩减至1251.6万亩，净减少4.2万亩；林地由6903.2万亩减至6898.5万亩，净减少4.8万亩；草地由4152.5万亩减至4138.9万亩，净减少13.6万亩；城镇村及工矿用地由2837.2万亩增至2877.0万亩，净增加39.8万亩；交通运输用地由641.4万亩增至646.7万亩，净增加5.3万亩；水域及水利设施用地由1278.3万亩减至1273.9万亩，净减少

4.3万亩；其他土地由1431.8万亩减至1421.3万亩，净减少10.6万亩。

河北省矿产资源丰富，截至2016年底，河北省已发现矿产129种，按亚矿种计算为156种；具有查明资源储量的矿产103种，按亚矿种计算为131种；列入《河北省矿产资源储量表》的矿产71种，按亚矿种计算为90种。上表矿产地1483处。煤、铁、金、钼、水泥用灰岩等河北省优势(竞争力较强的)矿产保有资源储量情况如下：煤炭227.57亿吨，居全国第12位；铁矿93.28亿吨，居全国第3位；金矿（金属量）244.08吨，居全国第17位；钼矿（金属量）82.31万吨，居全国第10位；水泥用灰岩58.99亿吨，居全国第9位。2016年河北省生产铁矿石1.185亿吨，原煤产量完成6910.66万吨，金年产矿石量345.45万吨。全省已开发利用矿产地819处，现有非油气矿山企业3205家，从业人数20.95万人，年开采矿石总量3.059亿吨，工业总产值达417.69亿元，形成了以冶金、煤炭、建材为主的矿业经济体系。地质灾害主要有崩塌、滑坡、泥石流、地面塌陷、地裂缝、海水入侵等。

河北省海岸线长487公里，管辖海域面积7000多平方公里。有海岛13个，海岛面积36. 30平方公里。河北省沿海地区处于环渤海经济圈的中心地带，海洋生物、港口、原盐、石油、旅游等海洋资源丰富，气候环境适宜，海洋灾害少，是发展海水养殖、盐和盐化工、港口运输、滨海旅游等产业的优良地带，适合进行各种形式的综合开发，具有发展海洋经济的巨大潜力。目前主要海洋产业有滨海旅游业、海洋交通运输业、海洋渔业、海洋化工业以及海洋盐业等。

【服务京津冀协同发展】实施京津冀协同发展战略、申奥成功等为全省发展带来了重大机遇，同时对国土资源工作也提出了新要求。面对新形势新要求，积极适应全省发展大局，结合保障发展、生态建设、环境治理等多方面需要，主动做好资源保障工作，拓展空间，强化支撑。

争取支持，拓展发展空间。着眼于保障支撑京津冀协同发展，开展土地利用总体规划调整完善，划定城市开发边界、基本农田红线、生态保护红线，优化基本农田布局和建设用地布局。积极争取国家支持，核减耕地保有量目标和基本农田保护目标，增加建设用地规模214万亩，基本满足全省今后五年用地空间需求。经国家同意，对纳入京津冀协同发展规划的重点项目，确实不能在省内实现占补平衡的，争取优惠政策，在很大程度上缓解了全省耕地占补平衡压力。积极争取国家资金支持，与省有关部门一起争取山水林田湖综合整治试点奖补资金，争取地质环境、海洋经济创新发展示范等项目资金，其中地质调查资金、海洋资金、高标准基本农田建设资金在全国分列第一名、第二名、第五名。

多措并举，服务稳增长。全省全年共获得国家用地计划指标27.79万亩，为历年最多，围填海计划指标0.75万亩。提高审批效率，督促各地加快组卷报批，共批准建设用地27.08万亩，其中新增建设用地23.31万亩，全年供应建设用地31.82万亩，其中出让土地18.24万亩，出让金总额1282.76亿元。批准建设用海1.3万亩。为促进项目尽快落地，在土地规划中期调整完善之前，适度放开了土地规划的年度调整，共批准调整市县规划140个。全力保障旅发大会项目用地，增加保定用地规模4400亩、用地指标3302亩，并于大会召开之前完成用地审批，为旅发大会成功召开、项目推进奠定了坚实基础。河北省国土资源厅被评为首届旅发大会先进集体，厅机关2名同志分别被评为突出贡献个人、先进个人。

完善制度，促使矿业绿色发展。实施矿业权减量化管理，开展矿山环境恢复治理。年内全省依法新立采矿权137个，同比减少39.64%；注销采矿权502个，有效采矿权数量由去年的4183个减少至3818个，减少8.73%。主动适应经济发展和产业结构调整形势需要，修订印发了《河北省找矿突破战略行动实施方案（2016-2020年）》，着力推进洁净能源矿产和新材料矿产的勘查评价。加强基础地质工作，认真落实《支撑服务京津冀协同发展地质调查实施方案（2016-2020年）》，按照“以解决重大地质问题为导向”要求，着力提高地质工作服务京津冀协同发展的能力。

【耕地保护】永久基本农田划定工作。认真贯彻有关政策要求和技术标准，明责任、建组织、定方案、排工期，结合土地利用总体规划调整完善，按照保护任务不低于上级规划下达指标、总体质量等别高于前一轮规划的平均质量等别等要求，落实全省基本农田保护任务。开展城市（镇）周边永久基本农田划定，6月30日前，完成了城市（镇）周边永久基本农田划定核实举证及论证审核工作。全力推进全域永久基本农田划定工作，截至11月，全域基本农田划定方案经省级审核通过的有152个县（市、区），永久基本农田划定取得了积极进展。

高标准基本农田建设。加快全省高标准基本农田建设，保证建设质量，将高标准基本农田建设列入专项行动，先后实施了6次集中督导，对工作进展缓慢的地区开展警示约谈。每半月向各地通报进展情况、对各地工作进度进行排序，有效地推动了全省高标准基本农田建设开展。截至11月，当年新完成立项730万亩，累计完成立项 2400万亩；当年新完成验收718万亩，累计完成验收918万亩。

耕地占补平衡。采取积极措施落实占补平衡、占优补优。年初，省政府将土地整治列为五个专项行动之一，要求把耕地占补平衡摆在国土资源管理的首位，通过改革创新，在破解占补平衡难题上实现重大突破，使补充耕地数量略高于占用耕地计划，实现了先补后占、占补平衡。截止11月，全省共立项689宗，预计可用于占补平衡的耕地为23.86万亩，与2015年同期相比增加12万亩，增长了120%；核实验收项目312个、9.93万亩，与2015年同期相比增加3.84万亩，增长了63%。

耕地保护责任目标考核。按照省政府制定的《设区市政府耕地保护责任目标考核办法》，全面落实耕地保护责任目标行政首长负责制，省政府主要负责同志与设区市市长签订了《耕地保护目标责任书》。省国土资源厅、农业厅、统计局组成检查组对设区市政府耕地保护责任目标履行情况进行检查。严格执行土地违法责任追究制度，将耕地和基本农田保护情况作为政府领导干部离任审计的主要内容，将耕地占补平衡任务完成情况列入耕地保护责任考核。

耕地质量等别年度更新与监测评价。根据年度耕地质量等别年度更新与监测评价工作特点，建立了省、市、县三级协调联动工作机制，成立工作小组，制定工作方案，落实工作经费，开展技术培训，监督全省耕地质量等别年度更新与监测评价工作，对工作承担单位进行检查、指导，研究解决工作中遇到的重大问题。以最新耕地质量等级成果为基础，完成了新增耕地信息标注，全面开展耕地质量年度更新评价工作。完成耕地质量等别年度监测评价试点工作，探索监测评价的指标、方法、程序，完成耕地质量等别年度监测评价试点研究报告，提交更新评价数据库、图件等相关资料。

土地复垦监督管理。为进一步强化土地复垦工作，督促生产（建设）单位积极履行土地复垦义务，加强国土资源管理部门对土地复垦义务人复垦工作的监督管理，对2010—2016年生产建设项目土地复垦方案执行情况进行了督导检查，制定印发了《河北省土地复垦管理办法》（冀国土资发〔2016〕11号），对全省土地复垦方案的编报、审查、土地复垦实施、验收、监管等作了明确规定。年内省级共完成88个土地复垦方案的审查。

【矿政管理】矿业权减量化管理。严格矿业权审批，在全省范围内取消申请在先方式出让探矿权和暂停新设露天采矿权，对全省露天矿审批进行了检查。配合露天矿山污染深度整治专项行动，做好露天矿山退出工作，暂停新设露天矿业权审批。停止地热补办，要求各地摸清情况，明确专人督办，采取切实有力的措施，于6月30日前完成补办任务，之后将不再受理补办地热、矿泉水历史遗留问题的勘查开采登记工作。截止到2016年底，完成地热、矿泉水补办331宗。

改革和完善矿产资源管理制度。起草《关于改革和完善矿产资源管理制度促进生态文明建设的意见》，突出绿色勘查开发、矿业权减量化管理、倒逼矿山企业转型升级、矿山环境恢复治理等内容，反复讨论、认真修改，历经20余稿。3月30日下发《关于征求〈关于改革和完善矿产资源开发利用管理促进生态文明建设的意见（征求意见稿）〉意见的通知》，向各市国土资源局征求意见，修改后又于5月4日下发了《关于征求〈关于改革和完善矿产资源管理制度促进生态文明建设的意见（征求意见稿）〉意见的函》，征求了各市政府和省直有关部门的意见。根据征求意见情况，对《意见》进行了修改。

加强地热资源勘查开发管理。一是开展地热水资源开发利用情况摸底调查。省国土厅、水利厅联合下发了《关于对我省地热水资源开发利用情况进行摸底调查的通知》（冀国土资函〔2016〕569号），对全省地热井进行摸底调查，全面摸清我省地热水资源开发利用管理现状，掌握地热水开采情况底数，深入分析地热水资源在矿业权审批、取水许可审批、执法监管、尾水处理利用和回灌等方面存在的问题，探讨进一步规范和加强地热水资源开发利用管理的对策措施。经统计，全省地热井共1522个；组织编制《地热水资源保护与开发利用规划》。结合全省地热水资源赋存特点以及开发利用现状，由河北省地矿局第三水文地质大队编制《地热水资源保护与开发利用规划》，优化全省地热资源勘查开采布局。

【海域管理】集约节约用海。严把项目准入关。加强用海生态审查，除国防、重大建设项目外不得占用自然岸线，禁止在重点海湾、海洋自然保护区的核心区及缓冲区、重点河口区域、重要滨海湿地等区域开展围填海建设。严格落实全省主要项目用海控制指标，在海域使用论证、用海预审、招拍挂方案审查、用海审批等环节中，严格执行填海造地建设项目投资强度、容积率等控制标准，限制盲目圈占海域行为；强化集约节约用海。积极引导用海项目向园区聚集，坚持区域用海规划和围填海计划相衔接，通过差别化海域供给管理，引导、调控项目向曹妃甸、渤海新区等区域用海规划范围内已填成陆区聚集。对采用可竞争方式取得的工业、商业、商品住宅、旅游娱乐、养殖和其他经营性项目用海以及同一宗海有两个以上用海意向人的，全部实行招拍挂出让；切实推进海域定级和基准价格评估工作。组织技术单位完成了海域定级和基准价格评估工作，征求了当地政府、渔业代表、用海企业等单位和个人的意见，形成基准价格发布意见；保障重大项目用海。围绕京津冀协同发展，积极协调各有关部门、单位和当地政府，为首钢二期、渤西油气田、华电海上风电、曹妃甸千万吨炼油、海兴核电、沧州液化天然气等重大建设项目做好用海服务。

依法科学管海治海。认真抓好省海洋功能区划、海岸线保护与利用规划、海域海岛海岸带整治修复保护规划、海岛保护规划的实施。全面完成海域监视监测业务，对全省4个区域用海规划及重点围填海项目，每季度开展一次实地监测，对海洋空间资源开展年度监测，结合遥感影像，及时发现上报用海疑点疑区，充分利用海域动态监视监测系统开展技术审核、围填海指标管理等工作，形成了一大批有参考价值的成果报告。组织沿海14个市县区海域动态监控指挥车、核心系统设备完成招投标，扎实推进县级海域动态监管能力建设。经省政府同意，将省级负责的海上风电、海底电缆管道、海上透水构筑物审批权下放设区市。

海域海岸带整治修复保护。围绕建设“美丽海洋”总目标，突出海域海岸带整治修复项目管理，通过强化日常督导检查，推动海域海岸带整治修复项目加快实施，不断推进海洋生态文明建设。成功申报秦皇岛市成为全国首批蓝色海湾整治行动重点城市，项目实施方案经专家审查修改后上报国家海洋局、财政部批准实施；北戴河及相邻地区近岸海域环境综合整治项目中，6个子项目已完成。滦南县嘴东双龙河河口海域及海岸带综合整治修复工程、北戴河老虎石浴场及周边岬湾海岸修复工程、北戴河新区洋河至葡萄岛岸线整治与修复共3个海域海岸带整治修复项目全部完工。

【节约集约利用】节约集约用地。开展土地节约集约利用考核。省土地节约利用考核领导小组办公室组织相关单位组成五个考核组对各市（含定州市、辛集市）2015年度土地节约利用情况进行了考核，土地节约考核全部合格。考核综合成绩前五名的市依次为：邯郸市、沧州市、廊坊市、邢台市、衡水市。省管县为辛集市。加强开发区用地管理。组织开展开发区土地节约集约利用评价成果更新，参加此轮评价的共137个开发区，其中国家级12个，省级125个。研究制定了《河北省开发区土地储备供应管理办法》（冀国土资发〔2016〕25号 ），印发各市、县（区）人民政府贯彻执行。对石家庄综合保税区预验收范围内的土地利用手续和用地情况进行审核，确保了综合保税区通过验收。组织开展城市建设用地节约集约利用评价。确定33个城市（11个设区市、22个县级市）参与本次评价，因藁城、鹿泉2市改区，此次上报了31个城市建设用地评价成果，按时完成任务。积极处置批而未用土地。批而未供方面，制定下发了《河北省闲置土地处置专项行动方案》，将2011-2015年批而未供土地80万亩纳入处置范围，纳入全省国土资源管理五个专项行动，实行周报告、半月通报、季约谈、全年问责机制，全年共盘活利用18.45万亩。供而未用方面，根据专项行动工作方案，整合开发区闲置土地、监测与监管系统闲置土地、节约集约用地专项督察闲置土地共3.89万亩，全年闲置土地处置完成率为73.32%。截至2016年底，各市未按期开工超过1年、涉嫌闲置土地面积2.97万亩。推广先进节地技术、节地模式。在全省范围内开展典型土地节地模式调查与评价研究，选取6大类31个典型案例，编印《河北省典型土地节地模式调查与评价图册》下发，供各地学习借鉴。继续开展节约集约模范县（市）创建活动。下发《关于开展第三届第二批次国土资源节约集约模范县（市）创建活动的通知》（冀国土资函〔2016〕123号），部署开展国土资源节约集约模范县（市）创建活动。本次创建活动全省共有7个县（市）被国土资源部授予国土资源节约集约模范县（市），分别是：邢台市沙河市、保定市望都县、秦皇岛市抚宁区、沧州市肃宁县、邢台市临西县、邯郸市馆陶县、保定市高碑店市。

房地产用地调控。加强土地市场及地价监测分析，按季度组织指导编写2016年河北省土地市场动态监测分析报告和河北省城市地价动态监测报告。年内全省共供应国有建设用地31.82万亩，与2015年同期土地供应量相比，增加了10%。指导各地合理编制国有建设用地供应计划，并在门户网站向社会公示。年内全省供应住宅用地6.19万亩，占住房用地供应计划的88.05%，落实棚户区改造用地1.1万亩。

土地储备监测监管。联合省财政厅制定下发了《关于报送规范土地储备和资金管理工作进展情况的通知》，跟踪各市落实进展情况。及时下发了《河北省国土资源厅办公室关于组织开展土地储备机构名录2016年度更新工作的通知》，完成2016年土地储备机构更新工作，共153家土地储备机构纳入部名录。

【专项行动】对土地整治、露天矿山深度整治、打击违法用地、闲置土地处置、整治违规出让等关系全局、影响重大的工作，省政府组织开展专项行动。通过实行周报告、月通报、季约谈，不间断地督导巡查，有力推动了重点工作的开展，在各地形成了齐抓共管、上下联动的新局面，各项重点工作得以扎实推进。

土地整治专项行动。为进一步提高效率，将占补平衡目标任务落实到具体项目、具体位置，明确项目负责人和具体承办人。年内全省完成补充耕地18.12万亩。高标准基本农田建设，国土资源系统累计完成验收1584万亩，全省累计完成2524万亩，实现了资金到位下一年度完成“十二五”2420万亩的建设任务。

露天矿山深度整治专项行动。按照省《露天矿山污染深度整治专项行动方案》要求，一方面强化政策调控，严格控制露天矿权设置，加大执法监管力度；另一方面加强指导和技术服务，积极开展白茬山治理技术攻关，大力推进示范基地建设，强力推进露天矿山污染深度整治。全年取缔关闭330个矿山，停产整治1720个矿山，修复绿化197个矿山，超额完成了2016年度露天矿山污染深度整治任务。

打击违法用地专项行动。按照“以土地变更调查数据为基础，以补办和拆除为手段，逐图斑建档，逐图斑整改，逐图斑核查，彻底消除违法状态”的工作思路，开展卫片执法检查工作。通过不间断大力度督导，选取12起典型案件挂牌督办，省政府约谈整改落后市县主要负责人等措施，强力推进查处整改，2015年土地卫片检查发现的违法占用耕地比例由39%降至2%，3个市107个县（市、区）实现违法占用耕地“清零”。河北省“不遮不掩，全面直查，严肃整改”的经验做法，得到国土资源部充分肯定和推广。

闲置土地处置专项行动。专项行动中，对近五年平均供地率排在后三位的，扣减新增建设用地指标；对闲置土地面积大、处置进展缓慢的，相应扣减新增建设用地指标。通过采取供地率、闲置土地与新增建设用地分配挂钩办法，迫使各地加大清理处置“批而未征、征而未供、供而未用”土地力度，切实解决供地率偏低和闲置土地突出问题。全年共盘活2011-2015年批而未供土地18.45万亩，全省2011-2015年平均供地率由年初的56.95%升至年底的64%；共处置供而未用土地2.82万亩，此项工作保持在全国前列。

违规出让土地整治专项行动。坚决贯彻落实 “一问责八清理”工作部署，采取周报告、半月通报、季约谈、全程问责机制，严密细致、积极稳妥开展违规出让土地问题清理，并于8月底完成了全部工作任务。此次专项行动共发现问题4702个、已整改4633个、整改率99%，追缴出让金、违约金、利息共18.94亿元，签订补充协议376个，问责457人，共清理现有制度637件。

不动产统一登记专项行动。为加快推进全省不动产统一登记工作进度，在违规出让土地整治专项行动完成后，将不动产统一登记工作纳入五个专项行动。省政府办公厅印发《关于进一步加快不动产统一登记工作的通知》，明确了市县政府主体责任，要求组织有关部门共同做好人员划转、登记档案资料移交等工作，不动产统一登记工作明显提速。截至11月底，全省所有市县实现不动产权登记证书“发新停旧”，完成率达100%。在此基础上，依托“河北国土云”，加快推进信息平台建设，全省99%以上的县（市、区）已接入国家级信息平台。

【脱贫攻坚和灾后重建】全力打赢脱贫攻坚战。立足全省46个国定贫困县（含涿鹿县赵家篷区）实际情况，围绕大力推进耕地占补平衡项目和城乡增减挂钩项目，在占补平衡上提出了国定贫困县补充耕地指标优先在全省范围内有偿转让等五条措施，在增减挂钩上提出了有易地搬迁任务的县增减挂钩指标全面保障等十条措施。省委省政府专门在保定阜平县组织召开了利用土地政策助推脱贫攻坚工作现场会，省厅组织举办了贫困县土地助力脱贫培训班，确保这些政策措施尽早发挥作用。省扶贫办以专报形式印发《省国土厅放活土地政策助力脱贫攻坚》，多位省领导作出批示。在乌蒙山片区区域发展与脱贫攻坚部际联席会议上，阜平县介绍了运用国土资源政策推动扶贫工作经验。整合涉农资金，支持扶贫攻坚、民族市县发展13.37亿元。安排9名同志到行唐县3个村进行驻村帮扶，根据驻村实际情况，研究确定了壮大集体、精准分类、充分就业、政策兜底、不落一人的脱贫基本思路，谋划实施了1万亩土地整治脱贫示范工程、每个村建设存栏量800头驴养殖小区和20个蔬菜大棚等一批接地气、管长远项目，力争带动贫困户早日脱贫。河北省国土资源厅被评为省扶贫工作先进单位，2名同志被省委组织部评为优秀省直驻村干部。

全力支持灾后重建。面对“7·19”特大洪灾，省厅积极采取措施应对，加强应急值守，防范地质灾害。洪灾中，抽调人员组成12个应急专家组第一时间奔赴受灾地市，先后派出11架无人机，参与抢险救灾，开展应急调查、应急处置等工作。洪灾后，专题研究重建工作，摸底灾后重建用地需求，制定灾后重建用地政策，印发工作方案，支持灾区灾后重建，年内灾后重建用地1.34万亩，占水毁建设用地的60%；摸清水毁耕地情况（灾毁62.1万亩，其中需复垦53.48万亩），制定水毁耕地复垦计划，推进水毁耕地复垦工作，截至年底共复垦45.35万亩，73%的水毁耕地当年得到复垦；摸清地质灾害发生情况，安排好地质灾害防治工作，使灾后重建尽量避开地质灾害点。厅地质环境处被评为抗洪抢险救灾工作先进集体，厅机关2名同志被评为先进个人。

【国土资源领域改革】定州土地制度改革稳步推进。指导定州开展土地制度改革试点工作，制定并不断更新《定州市土地征收暂行办法》、《定州市关于规范土地征收程序的实施意见》等配套文件，批准了定州18个批次2511亩土地征收，完成了对定州土地征收制度改革试点中期评估，定州征地制度改革试点取得了阶段性成果。按照国家要求，同时在定州开展农村集体经营性建设用地入市试点。指导定州修改完善了《定州市农村土地制度改革试点实施方案》，积极推进试点工作。

内设机构改革圆满完成。认真贯彻落实省委、省政府关于改革内设机构和精简人员编制的有关要求，厅机关裁撤了调控处、海洋综合处、海洋预报减灾处、科技处、信访处、离退休干部处6个处，新设不动产登记局、督查处，由原22个处室压减到18个、压减18.2%，厅机关人员编制由117人减至105人、精简10.2%。

行政审批制度改革不断深化。全面推进依法行政，深化行政审批制度改革，取消了地质资料保护登记行政许可事项，将省级负责的海上风电、海底电缆管道、海上透水构筑物用海审批下放到沿海三市，衔接国务院第二批清理规范国务院部门行政审批中介服务事项，取消涉矿事项1项、保留涉海事项2项、纳入审批程序的技术性服务涉海事项1项。开展了审批流程再造，对59个行政审批流程进行全面梳理，压环节、减资料、缩时限，不断提升审批效率和审批质量，其中土地转用征收审批减少了5个协办处室、12项报批材料，审批时限由原来14个工作日压缩到9个工作日。省厅依法行政工作被省政府评定为优秀等次。

（河北省国土厅　杨淑梅）

粮食工作

2016年，面对粮食流通工作的新形势和新挑战，在省委、省政府的领导下，我省各级粮食部门认真履职尽责，积极采取措施应对，克服了种种困难，促进了全省粮食流通事业稳步发展，主要工作取得了明显成效。

【粮食安全省长责任制考核迈出重要步伐】2016年是实施粮食安全省长责任制考核的第一年，作为常务副组长单位，我局把这项工作列入重要日程，全力抓好督导落实。一是督导11个设区市政府全部出台了粮食安全责任制实施意见和对县级政府的考核办法，把任务和责任层层压实并传导到各级政府。二是在深入调查研究、积极筹备的前提下，提请省政府召开了考核工作组第一次联席会议，通过了《河北省粮食安全责任制考核工作方案》、《关于开展2016年度河北省粮食安全责任制考核工作的通知》两个文件，沈小平副省长到会作了重要讲话，为考核工作的顺利进行奠定了思想基础、组织基础。三是通过编印手册、层层培训等方式加强宣传、营造气氛，明确责任目标，全面做好自考备考动员。四是组织协调省直各责任部门按照国家考核评分标准，结合目标任务完成情况，展开了模拟对标自评，并向省政府专题报告。张庆伟省长和沈小平副省长就此作出重要批示。以此为标志，我省自考、迎考全面启动，责任机制初步建立，为粮食安全省长责任制落实打下了基础，迈出了坚实一步。

【粮食收储供应工作经受了重大考验】2016年，国家取消了东北及内蒙四省区玉米临时收储政策，玉米价格大幅下滑。新小麦上市后价格偏低，我省两个主要粮食品种玉米和小麦的市场价格与往年相比，出现了较大幅度的波动，再加上局部洪涝灾害，给我省粮食收储工作以及农民增收带来较大困难。面对不利形势，全省粮食部门迎难而上，积极应对。一是在夏收期间小麦价格持续低迷的情况下审时度势，适时启动托市收购，拉动市场。同时，在托市收购库点实行“一卡通”，及时兑付售粮款，杜绝了“打白条”。全省累计收购托市小麦63.5亿斤，为农民增收近6亿元。二是针对邯郸市阴雨天气导致小麦不完善粒严重超标的问题，加强实地调研和政策引导，在财政资金非常紧张的情况下，提请省政府拿出7200万元资金专项用于超标麦的处理和收购，有效减少了灾害损失。三是搞好收购服务，主产区不少企业推行了预约收购、上门收购，千方百计方便农民售粮。去年，尽管我省面临诸多不利因素，但由于措施得当，政策有效，粮食收购仍平稳运行。各类粮食企业共收购粮食522.9亿斤，与上年基本持平。受灾最严重的邢台、石家庄、邯郸三市共收购小麦134.9亿斤，占全省小麦收购量的45.7%。四是充分发挥粮食应急保障作用。“7·19”洪涝灾害发生后，全省粮食系统按照省政府统一部署，紧急启动应急预案，充分利用军民融合保障平台协调联动，以强烈的责任心、使命感投入救灾保供工作中，先后为受灾群众投放成品粮油和方便食品3175吨，为救灾部队提供主副食品45吨。全省粮食系统参与救灾人员达1350余人次，动用车辆136台次，投放地点达176个，圆满完成了应急保障任务，受到灾区群众好评和省委省政府表彰，国家粮食局也给予充分肯定。五是着力做好政策性粮食交易工作。2016年累计成交国家政策性粮食257万吨，成交总额47.38亿元，成交量和成交额分别是上年的8倍、6.4倍，为粮食“去库存”发挥了重要作用。六是广泛开展省际间粮食产销合作。在北京和天津召开的两次京津冀粮食行业协同发展局长联席会议上，签署了《京津冀粮食行业协同发展联席会议制度》和《京津冀粮食应急协同联动合作协议》，搭建了三地粮油质量监管互动平台，北京市部分市级储备异地落户河北，京津冀粮食合作更广泛、更紧密；积极推动与贵州、黑龙江、山西等省的实质性合作，与贵州省粮食局签订了《全面战略合作框架协议》，贵州省局在我省举办了粮食仓储培训班，我省先后组团赴贵州、黑龙江、山西参加了有关粮食交易合作洽谈活动。柏粮集团为广东顺德储存县级储备小麦8万吨。

【粮安工程”建设取得突破性进展】一是“危仓老库”维修改造基本完成。近两年,通过大力推进“粮安工程”建设，全省粮食仓储能力得到了大幅度提升，夯实了粮食流通工作基础，尤其是对缓解2016年夏粮收购仓容压力起到了关键性作用。截至去年底，全省已竣工库点272个，修建仓容累计602万吨，完成了国家核定我省557万吨的维修改造任务。同时积极抓好危仓老库维修改造军粮专项，争取到的2.4亿元省以上补助资金全部拨付到位，2016年开工的52个项目，已有42个基本完工。二是粮食现代物流项目建设进展有序。承担18亿斤建仓规模的32家企业，已有20家完工，共使用中央预算内补助资金1.62亿元；新争取中央预算内投资物流项目专项补助资金2850万元，所支持的4个物流项目均开工在建。三是粮食质量安全监测全面完成。共监测收获粮食、库存粮食、省储粮出库样品1222份，各项指标较好。为提升区域粮食检验检测能力，积极争取中央财政资金460万元，支持唐山、承德两家质检机构购置仪器设备，使市级质检机构达到9家。组织开展了粮食质量安全事故应急处置预案演练，提高了质量安全事故的应对处置能力。四是行业安全防范能力得到加强。全省粮食部门紧绷安全生产这根弦，通过扎实开展攻坚行动、“打非治违”专项行动和安全生产大检查，消除了安全风险和隐患，全系统没有发生安全生产责任事故。特别是“7·19”洪灾发生前后，全省粮食系统及时做好仓房加固、腾粮移库等防范工作，洪灾中全省没有出现一栋仓房坍塌，没有发生严重损粮坏粮事件。被省政府评为安全生产“目标管理优秀单位”。

【粮食信息化建设取得阶段性成果】一是粮食市场监测预警实现全覆盖。年内组织研发了新的“河北省粮油市场监测预警系统”并上线试运行。新系统以省级监测点为骨干、市级监测点为主体、县级监测点为基础，监测点由原来的283个增加到442个，实现了县域全覆盖、粮食流通全产业链监测。二是粮食信息化管理平台上线运行。经过两年的开发调试，在不断完善系统功能、搞好业务培训等准备工作的基础上，于去年11月1日开始试运行，全省粮食系统业务协同水平显著提升。三是省级储备粮信息化管理系统二期工程进入具体实施阶段。2016年争取建设资金2880万元，对59个省级储备库进行了信息化管理提升，到年底已完成工程量的80%。四是粮库智能化升级改造获国家支持。通过科学制定方案，积极协调，共争取中央财政补助资金7000余万元，目前正组织力量进行总体规划。

【粮食行政执法更加规范】一是法制建设不断完善。年内制修订了粮食收购资格审核管理、军粮供应站和军粮代供点资格、粮油经营企业库存量核定、粮油仓储物流设施保护、粮食行政处罚自由裁量权基准制度和执行标准、行政执法责任制等一系列规范性文件。实行了重大决策合法性审查、重大行政执法决定法制审核和重大行政处罚备案、“双随机一公开”执法检查等制度。国务院《粮食流通管理条例》修订后，及时提请省法制办对《河北省粮食流通管理规定》进行了修订。二是粮食监督检查依法开展。重点组织了政策性粮食竞价销售、省级储备粮轮换、统计制度执行情况、夏粮收购、秋粮收购等专项检查。全省粮食部门共检查企业11638个次，查处违法案件136例；完成了年度粮食库存检查，省级抽查阶段共检查42个企业、154.9万吨粮食，针对发现的问题，下发整改通知书26份，确保了政策性粮食数量真实、质量良好、储存安全；继续开展了监督检查示范单位创建活动，石家庄的高邑县被评为全国示范单位。三是认真开展了行政执法监督，组织了全省粮食行政执法案卷评查，按要求完成了行政许可审批和中介服务事项清理工作。2016年初我局再次被省政府评为“依法行政优秀等次单位”。

（河北省粮食局　姚辰彦）

农村供销

【综述】2016年，是全省供销社改革发展进程中十分重要的一年。在省委、省政府正确领导和全国总社有力指导下，按照中共中央、国务院《关于深化供销合作社综合改革的决定》（中发〔2015〕11号）文件精神要求，各级供销社积极谋划发展新思路，开辟经营新领域，拓展服务新业态，综合改革取得显著成效，带动全省供销社整体实力和为农服务能力的显著提升，主要经济指标连续三年保持了两位数的增长，探索了一批可复制、可推广、可持续的改革模式，改革呈现出“体系化、实体化、市场化、特色化”的鲜明特征。

【创新组织体系，打造服务农村合作经济发展新平台】依托供销社，以基层社合作制改造为重点，健全基层组织，夯实供销社基础，自下而上构建农民合作社联合社体系，加快推进供销社合作经济组织属性改造，搭建农村合作经济组织发展平台。以合作制改造基层社。依托基层社，在村级大力发展农民合作社基础上，以农民合作社重组改造基层社，推动供销社和农民合作社在组织、经营、服务上的相互融合、协同发展。全省供销社领办农民合作社2.4万家，覆盖全省近一半行政村。组建新型基层社1957家，实现涉农乡镇全覆盖，农民社员占比达到70%左右。遵化市引入大学生村官、村“两委”和涉农龙头企业负责人等入社，创办新型基层社25个。开展“新农协”试点。与中国社科院合作，在内丘、涉县开展“新农协”试点，通过组织发动农民参与，以实实在在的服务赢得农民信赖。构建农民合作社联合社体系。率先创办农民合作社联合社，在乡镇以基层社领办农民合作社为主体，吸纳社会农民合作社及部分新型农业经营主体，组建产业型或区域型农民合作社联合社。以基层为成员，自下而上层层组建县市省农民合作社联合社，推动供销社与农民合作社联合社融合发展。2016年底，组建乡镇合作社联合社1716家、县级合作社联合社147家、市级合作社联合社11家。市以下合作社联合社体系基本形成，明年开始组建省级合作社联合社。供销社指导引领农民合作社联合社、联合社带动发展合作社、合作社吸纳带动农民致富的新格局日渐清晰。供销社正在成为农村合作经济发展的重要平台。

【创新服务方式和手段，在推动现代农业发展中发挥引领示范作用】适应现代农业规模化经营要求，围绕耕种管收加工农业生产全过程，开展专业化、标准化、系列化和规模化服务，着力构建现代农业生产服务新体系。从各地实际出发，探索了多种服务模式，示范引领现代农业发展。浅山区农业综合开发的“葫芦峪模式”。把太行山、燕山山区作为服务现代农业的实验区和扶贫的主阵地。省社依托基层社，与社会企业合作，在平山县葫芦峪开发荒山5万多亩，建设现代农业园区，以“大园区、小业主”方式，引导农民生产经营向多样化、生态化、品牌化转变，助农人均增收2000多元，昔日的贫困带变成了绿色屏障和现代农业产业带，被评为国家有机农产品生产基地和省农业综合开发示范区、农业产业扶贫龙头企业。通过复制“葫芦峪模式”，打造了平山县泓润、行唐县神树湾、青龙县五指山等一批较大规模的农业园区，经营土地面积29.4万亩。一二三产业融合发展的“蓝猫模式”。省社控股的蓝猫集团公司是专业从事野生酸枣汁饮品研发、生产、销售的国家级农业产业化龙头企业，以“龙头企业+合作社+农户”的方式，利用荒山荒地培育野生酸枣基地10万亩，促进了当地种植业结构调整，拉动旅游餐饮物流等相关产业，辐射带动农户4.5万户，实现社会效益近8亿元。通过复制“蓝猫模式”，打造了衡水欣苑、唐山天成等一批农业产业化龙头企业。农业生产全程化托管的“玉田模式”。整合涉农企业组建服务公司，联合农技、农机、水利等涉农部门在乡镇设立现代农业服务站，围绕耕种管收加工农业生产全过程，提供托管半托管服务，实现粮食增产、农民增收、企业发展。通过复制“玉田模式”，全省供销系统共托管半托管土地面积250多万亩。土地入股经营的“饶阳模式”。饶阳县供销社领办合作社，农民以土地参股入社。一亩地每年可以领取800元保底金，享受合作社盈余15%分红，到合作社打工挣工资，社员年均收益2.4万元，比不入社农民高出35%，创造了“地权变股权、农户变股东、农民变农工、保底加分红”的合作经营新模式。在实践中探索的各种服务模式很好地发挥了供销社组织、网络等服务优势，以布局区域化、服务规模化、经营产业化和一二三产高度融合有力地推动了农业生产经营规模化。供销社在现代农业发展中的重要作用日益彰现。

【加快推进农产品市场建设，打造覆盖全省功能完善的现代农产品流通体系】着眼京津冀协同发展，依托系统农产品市场网络资源，把建设现代农产品市场体系作为重要切入点，统筹谋划推进。加快构建农产品市场集群。省社筹资60多亿元，环绕北京、天津和石家庄，重点布局建设了8家大型农产品市场。以互联网和现代物流技术为支撑，联结带动全系统104家农产品批发市场，构建以京津冀为核心，北连东北、西通晋蒙、南接中原、东联胶东半岛的农产品市场集群。位于京西的张家口农产品物流园被确定为北京冬奥会重点果蔬供应基地、河北唯一的全国公益性农产品市场示范单位。加快推进现代物流项目建设。与北京新发地集团以相互持股方式共同建设京津冀农产品流通网络体系。加快推进直采直销体系建设。积极推动城市社区鲜活农产品直采直销体系建设，已在承德、邯郸等8市全面铺开。与北京金泰集团合作，实施“冀菜净菜进京入津工程”，推动我省100多个名优农产品打入北京200多家社区超市。该项目已列入北京市“菜篮子”工程和“十三五”规划。现代农产品市场体系的日益完善，打通了农产品销售的快速通道，带动了农业结构的调整优化和品牌化经营。供销社正在成为推动农业供给侧改革的重要力量。

【服务农民群众多样化需求，搭建公益性经营性相结合的农村社区综合服务新平台】结合新型城镇化和新农村建设，采取“政府支持、供销社主办、多方共建”的方式，建设实体性农村社区综合服务中心（社），承载系统服务终端、政府职能部门的便民服务和本地特色化服务，为农民提供系列化、一站式服务。整合各种资源，多渠道投资建设。通过筹资自建、与乡镇政府联建、联合村两委共建、引进开发商合建等形式，高起点规划、高标准建设，逐步形成以供销社为主体、覆盖重点乡村的综合服务体系。习近平总书记到正定县供销社塔元庄社区综合服务中心视察时，高兴地说“把超市开到农村，把社区服务送到千家万户，你们的工作做好了，我就放心了”。健全完善功能，全方位拓展服务。与职能部门和系统企业、社会力量合作，提供日用消费品销售和农资供应销售等经营性服务和农业科技、教育培训、医疗卫生、养老幼教、文化娱乐、代理代办、金融保险、农村产权交易等公共服务，打造服务农民生产生活的综合平台。隆尧县魏家庄供销社社区综合服务中心开办的幼儿园、寄宿制小学、养老院，解决了外出务工人员子女上学和父母养老问题，深受农民欢迎。创新运行机制，市场化经营管理。坚持运行机制市场化兼顾社会服务公益化，合理安排经营性和公益性项目，实行统一管理、统一平台、统一服务标准、统一品牌形象，提升服务水平，实现“社农共赢”。张家口位于草原天路、五花草甸、暖泉等旅游区附近的供销社，打造了一批集餐住购等服务为一体的综合服务中心，极大方便当地群众和外来游客，实现了盈利，增强了实力。2016年底，全省已建立乡镇社区综合服务中心1790家，村级社区综合服务社18339家。农村社区综合服务中心成为新农村建设的一道靓丽风景，成为农村社区事务中心、商业中心和文体娱乐中心，方便了农民群众生活，加快了城乡一体化进程。

【以现代信息技术改造传统网络，创建具有供销社特色的农村电商新平台】主动顺应商业模式和消费方式深刻变革的新趋势，以“互联网+流通”为抓手，依托供销社组织网络，推动电商进农村。自主开发建设了三家各具特色的省级电商平台。“农交汇”以大宗农产品交易为特色，主要提供信息发布、现货即期交易、农产品展示、网上批发等服务，在全国各地设立客户服务中心4500多家，上网展示、交易的农产品涉及10大类1000多种。“八方联采”以综合性服务为特色，主要开展日用品、农资联采联销、农产品上行等服务，与省中医院、省妇联、团省委合作，开办网上中医院、妇女手工艺品销售平台“巧手坊”、农村青年创业平台等。已建立市级运营中心13家，县级运营中心140多家，县域特色馆110多家，村级服务站4600多家，成为省内乡村服务站覆盖面最广、增值服务功能最完善的综合电商平台。“农交汇”和“八方联采”入选中央网信办“网络扶贫双百项目”。“云供销”以改造传统网络为特色，为省盐业公司、沧州盐百集团等30多家系统企业提供了信息化改造方案，在石家庄、承德、衡水等地建设开通市县运营中心33个，改造传统网点上万个。打造适应地方“三农”发展要求的电商企业。各市县乡供销社发挥网络资源优势，对接省社“八方联采”“农交汇”“云供销”等平台，按照“实体店+电子商务+物流配送”的思路，在市县建设运营配送中心，在乡镇村建设综合服务站，打造线上线下相融合、集商品销售与配送功能于一体的销售网络，把农民网购商品从市县运营中心送到乡村服务站，把当地特色农产品放在网上商城推销，实现“网货下乡进村”和“农货上网进城”双向流通功能。全系统成立电商企业95家，综合配套、安全便捷的农村电商服务网络初步形成，打通了农村消费的最后一公里，实现了服务零距离，改善了农民的消费环境。供销社正在成为电商进农村的重要平台。

【推进农村资产有序流动，搭建农村产权交易服务新平台】着眼于激活农村资产，使资产资源化，资源资本化，搞活农村资本市场，成立全国供销系统第一家省级农村产权交易中心，积极推进农村产权交易体系建设，优化农村资源要素配置。着力构建覆盖全省、交易联动的农村产权交易服务体系。按照“一个平台、四级架构、一体化经营”的思路，省级交易中心负责全省平台的运营管护、数据存储，制定交易规则和制度，开展业务指导监督，组织大宗、跨区域交易；县级建交易平台，负责为本区域涉农产权交易提供信息发布、撮合交易、交易鉴证、产权质（抵）押和融资服务；乡村建服务站，负责发展农村经纪人、上传各类产权交易信息、协调交易双方洽谈等。2016年底，全省供销社系统共建有农村产权交易中心108家。着力打造开放规范、资源共享的跨区域跨领域产权合作平台。与京津两地产权交易机构联合成立产权交易合作联盟，实行信息共享、业务合作、项目对接。与人保公司合作探索“土地流转履约责任险”“农产品成本价格损失险”保险产品，便于化解产权交易风险。农村产权交易体系规范了农村产权交易活动，保障了交易双方的合法权益，为搞活农村资本市场、助推现代农业发展奠定了重要基础。

【破解“三农”融资难瓶颈，打造农村合作金融服务新体系】坚持普惠金融理念，着眼于破解农民和新型农业经营主体面临的融资难瓶颈，强力推进农村合作金融体系创新。构建新型服务体系。省社投资12亿元，创建了涵盖11种业态的8家金融企业入驻合作金融大厦，市、县建立分支机构，乡镇建设供销金融超市，村级建设助农服务站，构建上下联结的农村合作金融体系，为农民提供全链条、一站式金融服务。建行、人保等与省社金融企业对接，把终端设备置入供销金融超市，开展小额取款、转账汇款等基本结算服务。合作金融大厦已经成为展示我省改革成效的标志性建筑，供销金融超市正在成为开展农村金融服务重要依托。打造省级投融资平台。发行企业债、短期和超短期融资券、设立私募股权基金等，实现融资近60亿元。作为合伙发起人参与创立了国内最大的商业化募集母基金——前海母基金，基金发行规模达265亿元。与河北银行联合组建金融租赁公司，2016年实现融资70亿元。探索“政银社户保”金融支农新模式。通过政府出资建立风险补偿基金，供销社持有管护，供销社担保公司提供担保，保险公司提供履约责任保险，银行提供信贷资金的方式，为涉农小微企业、经营大户及贫困户及提供小额贷款，有效破解了金融机构不敢贷、政府支农资金不够用、农民融资难等问题。强化风险防控。坚持体系创建与制度创新同步推进，以先进技术和规范制度为支撑的风险防控机制基本形成。作为省新型农村合作金融试点和化解非法集资风险两个领导小组成员，省社组建农村合作金融处，负责系统的业务指导、运营监测、风险提示等，指导省社金融企业制定配套规范制度150多项。市县社负责监督管理、调剂余缺、风险处置。基层社组织资格审查、信用评定、资金管理。供销社创办的合作金融服务体系，增强了农村金融“输血”和“造血”功能，从根本上破解农业发展的资金瓶颈，为促进现代农业发展注入了强劲动力。供销社在发展农村合作金融中发挥了独特作用。

【推进体制机制创新，构建新型供销社运营管理新模式】以打造实体性合作经济组织为方向，着力构建与市场配置资源相适应的管理体制，完善与管人、管事、管资产相协调的出资人监督机制。加快新型体制机制创新。立足河北实际，搭建了“一主两翼”新型供销社组织架构。“一主”即供销社机关为主体承担行业指导职责；“两翼”即以农民合作社联合社与企业集团为两翼承担经营服务职责。探索构建了“顶层一体、社企分开，功能兼容、两线协同，开放合作、上下贯通”的运行机制。“顶层一体、社企分开”即以供销社理事会领导成员为主体组成农民合作社联合社理事会和企业集团董事会，实现“三会”决策层主要成员的“一体化”，在按照各自职责相对独立运行基础上，确保党的路线方针和坚持为农服务宗旨贯彻落实。“功能兼容、两线协同”即供销社机关处室履行农民合作社联合社、企业集团相关部室的职能，整合管理资源，提高运行效率，实现行业指导体系和经营服务体系相互支撑、协调运转。“开放合作、上下贯通”即积极推进供销社系统内外合作，加强层级社以及与各类市场主体之间的产权、资本和业务联结，集聚优质生产要素，培育为农服务体系化优势。以村级合作社为基础、乡镇“三位一体”（供销社＋农民合作社联合社＋综合服务中心）新型基层社为纽带，县及县以上“一主两翼”为平台的新型供销社组织架构基本形成。构建信息化决策平台。在全国供销系统率先建成农产品市场价格数据中心、NC企业财务数据中心、AC系统财务数据中心，实现对所属企业财务与运营情况的管控。创新激励机制，倡导“四要四不要”工作新风尚，实施领导干部品牌化，把干部推向改革一线，使有作为的干部成为“品牌”，有“品牌”的干部得到重用，使得到重用的干部有获得感，激发改革发展正能量。机关处室实行竞争上岗、处长“组阁”，70多名机关干部主动到企业工作，机关新进年轻干部全部到企业锻炼。省社新创企业全部由机关干部领办。新型治理结构的创新，初步形成了相互支撑、协调运转，多方合作、服务“三农”的良好工作格局，激发了供销社体制活力和内生动力。

【做大做强社有企业，构建社有企业集团化发展新格局】社有企业是供销社为农服务的市场主体。按照社企分开的改革方向，以集团化发展为重点，整合系统资源，凝聚企业合力，加大开放合作，不断推动社有企业做大做强。加快集团化发展步伐。省社新合作集团形成了流通、农业、金融、地产、电商等多元支撑、多板块并存的发展新格局，综合实力显著增强。以项目带动企业发展，在全省范围内谋划运作农产品市场、农资网络、农村消费品终端等项目35个，投资总额363亿元。省社本级净资产比改革前增长了3.2倍，营业收入增长1.4倍，资产总额增长2.2倍，利润总额增长2.8倍。省、市社和67个试点县全部组建企业集团或资产管理中心。重点做强农业板块。省社新合作农业投资公司，吸纳涉农经营主体组团发展，资产规模在不到两年的时间迅速扩大到35亿元，撬动社会资本100多亿元，成为拥有1个国家级和5个省级农业产业化龙头企业、6个省级著名商标的农业领军企业。加大对外开放合作力度。省社新合作集团与40多家金融机构建立战略合作关系，累计获得授信额度1000多亿元。社有企业集团化发展，打造了供销社市场竞争的新优势，为从根本上做强社有企业支撑的经营服务体系奠定了良好基础。

【实施“旗帜供销”工程，探索加强基层党组织建设新途径】从“巩固党在农村执政基础”的战略高度出发，与省委组织部联合实施 “旗帜供销”工程，让党的旗帜高高飘扬在为农服务的第一线。强化“三块阵地”。采取单独组建、行业统建、村社联建与区域合建方式，建立健全农民合作经济组织、农村现代流通网络终端和农村社会化服务组织中党的基层组织。新建基层党组织477个，党建活动场所337个。30个试点县实现党组织建设全覆盖。健全“三项制度”。开展“五好党组织”“五个带头”和群众评议一系列活动，建立健全党组织承诺、党员承诺和群众监督制度，推动党组织和党员干部在服务“三农”中展现新作为，展示新形象。建立承诺制度1148项，监督制度422项，参加承诺活动党员2万多名，公开接受监督事项960多项。做到“三个统一”。注重决策环节引领、执行环节示范、考核环节激励，推进改革工作与党的建设统一部署、党员领导干部与普通党员统一要求、经济效益与党的建设统一考核。省及132个县的组织部门与供销社联合推进实施。省深化供销社综合改革领导小组列入考核内容。省社实施领导干部品牌化率先垂范。旗帜供销工程收到显著成效，涌现出邢台浆水、承德围场等一批先进典型，引起社会多方面的关注和重视。国务院研究室、中央党校的专家学者给予高度评价，指出“旗帜供销”工程是河北加强农村基层党组织建设的重要探索。新华社《动态清样》刊发了河北经验。“旗帜供销”工程的实施，把基层党组织建在了生产经营链条上，使基层党组织战斗堡垒和党员先锋模范作用得到了充分发挥，实现了党组织政治优势与合作经济组织服务优势的有机融合，进一步夯实了党在农村的执政基础。

（河北省供销合作总社　代杰彬）

物价管理

2016年，在省委、省政府的领导和国家发改委的指导下，省物价局围绕“稳增长、促改革、调结构、惠民生”的中心任务，认真履行职责，充分发挥价格监管、价格调控和价格服务的职能作用，圆满完成了各项物价工作任务。

【积极推进价格改革】2016年是近十年来价格改革力度最大的一年，也是出台改革文件最多的一年。国家发改委和省委改革办督办的9项改革任务全部按时完成。一是积极推进价格机制改革。在全国率先以省委、省政府名义出台了推进价格机制改革实施意见，结合河北省实际，提出了“建立完善促进转型升级、节能环保六个价格政策体系”的改革思路，得到国家发改委肯定。全省11个设区市和2个直管县有11个以市委市政府名义出台了具体实施方案。二是深化电价改革。经积极向国家争取，河北省南部电网、河北省北部电网同时被列为第二批改革试点。经省政府同意、国家发改委审批，输配电价标准于2017年1月1日起执行，独立的输配电价机制初步建立。同时，简化销售电价分类，实现了工商用电并类和农业生产到户用电同网同价。三是深化水价改革。在全国率先出台了农业水价综合改革意见。结合水资源费改税，研究制定了进一步完善水价调整机制的意见。四是深化医疗服务价格改革。经省政府同意，研究出台了推进医疗服务价格改革实施意见。分两批放开了公立医疗机构72项个性化医疗服务项目价格。公立医院试点范围扩大到6个设区市71所。五是深化教育收费改革。在3所高校开展了学分制收费改革试点。六是深化机动车停放收费改革。研究出台了进一步完善机动车停车收费意见，放开了社会资本投资新建和PPP建设的收费标准。

【主动服务供给侧改革】一是降成本。用电方面，分两次降低工商业用电价格，减轻用电负担近32亿元；降低农业生产到户电价，减少电费支出3亿多元；通过推动电力用户与发电企业直接交易、实施输配电价改革、放宽两部制电价用户限制条件等价格政策，减轻企业电费负担22.7亿元。用气方面，通过加强地方天然气配气价格监管等措施，年降低用气成本近4亿元。清费方面，动态调整了省政府部门行政许可中介服务收费、涉企经营服务性收费、涉企行政事业性收费3个目录清单，停收、免征和减免行政事业性收费33项，取消行政许可中介服务收费6项，年可减轻企业负担近23亿元。二是调结构。将差别化价格实施范围扩大到所有行业的淘汰类和限制类生产设备。分三步制定了挥发性有机物排污费征收标准，出台了污染物排放权交易基准价格。三是补短板。出台了电动汽车充电服务分类价格标准。出台了城市地下综合管廊、养老机构服务价格管理政策。

【加大价格监管力度】一是建立了公平竞争审查制度。在全国率先以省政府名义出台了建立公平竞争审查制度实施意见，建立了联席会制度。二是积极开展反价格垄断执法。对石家庄、保定等地药品招标、防雷检测、教育培训、出租车运营、医保系统进行了反垄断调查。建立了案件线索搜集制度和市场价格监管与反垄断执法人才库。三是加强市场价格动态监管。认真做好重要节假日、突发事件等敏感时期价格监管，坚决打击价格欺诈、牟取暴利等不正当价格行为。组织开展了旅游门票、药品价格、涉企收费、房地产明码标价等民生热点领域专项检查。出台了汽车维修行业价格行为规则。四是积极推进12358举报平台建设。建成了集价格举报、咨询、监测、争议调解等多功能为一体的12358价格监管平台。全年共查处各类价格违法案件3728件，实施经济制裁3523万元。

【实现价格调控目标】去年全省居民消费价格总水平上涨1.5%，实现了省委省政府确定的价格调控目标。一是健全监测预警系统。认真执行价格监测报告制度，增加公路运输、电煤、煤碳、劳动力市场、食盐等价格监测，开通了为省政府领导直接提供信息的直通车。二是加强价格形势分析研判。坚持做好月度、季度价格形势分析，建立了由省直有关部门和行业协会参加的价格形势会议制度，及时开展专题分析，准确判断价格走势。河北省三季度价格形势分析得到国家发改委价格司表扬。三是健全应对价格异常波动的处理机制。7·19特大洪水期间及时启动了全省应急价格监测。根据价格形势变化，进一步完善了社会救助和保障标准与物价上涨挂钩联动机制，完善了生猪价格调控预案。

【提升公共价格服务】开展了价格认定工作法制建设年活动。坚持高标准、严要求，认真开展涉案、涉纪检监察、涉税财物价格认定工作。全年共办理价格认定3.25万件，认定金额104.9亿元。特别是在协助中纪委、省纪委办理多项重大专案中发挥了重要作用，扩大了价格部门影响。高质量地完成了农产品成本调查任务。认真开展成本监审，先后开展了输配电、高速公路、高等教育、水利工程、旅游景点门票等行业的成本监审，全年共完成了监审项目247个，核减定价不合理成本费用105亿元。

【落实全面从严治党】各级价格部门认真履行全面从严治党的主体责任，通过深入开展机关作风整顿、“两学一做”学习教育、解放思想大讨论，进一步增强了党员干部的“四个意识”，特别是核心意识、看齐意识，自觉在思想上政治上行动上同以习近平同志为核心的党中央保持高度一致。坚持把纪律挺在前面，从严抓思想、抓管理、抓作风，强化党风廉政建设和反腐败工作，认真整改工作中存在的思想作风问题，努力营造良好的政治生态。努力践行社会主义核心价值观，积极开展爱国主义、集体主义和社会主义教育，增强了干部职工知荣辱、讲正气、做奉献、促和谐的文明意识。

（河北省物价局 李伟刚）

卫生与计划生育

【概述】2016年是卫生计生事业改革发展史上具有重大里程碑意义的一年。全国卫生与健康大会胜利召开，《“健康中国2030”规划纲要》印发实施，《中医药法》颁布实施；健康河北建设强力开启，“十三五”卫生计生事业发展规划开局起步，“7·19”特大暴雨洪灾历史罕见。全省卫生计生系统围绕中心大局，坚决贯彻省委、省政府和国家卫生计生委安排部署，坚定落实新时期卫生与健康工作方针，坚持实干实政，锐意改革创新，狠抓工作落实，圆满完成各项目标任务，其中多项卫生计生工作位居全国前列，顺利实现“十三五”开门红。

【工作要点】“健康河北”建设强力启动。省委、省政府出台《河北省贯彻“健康中国2030”规划纲要实施意见》。在全国率先召开卫生与健康大会，全面部署健康河北建设。以《实施意见》为统揽，出台“十三五”卫生与健康规划等10个专件，健康河北建设的政策框架体系基本构建，健康政策融入全局、健康服务贯穿全程、健康福祉惠及全民的卫生与健康治理新格局正在形成。省市县三级医疗卫生服务体系规划编制全部完成，典型做法在全国推广，被确定为全国唯一监测评价工作联系点。争取中央财政专项资金44.43亿元，较上年增长10.69%；全年安排卫生与健康服务机构基础设施建设项目125个，安排资金28.6亿元，服务体系建设得到加强。

深化医改取得重要突破。聚焦难点，综合施策，医改成效明显，得到国务院医改办充分肯定，并获国家医改奖励资金1000万元。预计2016年居民个人卫生支出占卫生总费用的比重从2012年的42.20%降至34.99%，群众就医负担持续减轻。省委、省政府在全国率先出台《关于进一步深化公立医院综合改革的指导意见》，明确10项重要改革举措，制定10个重点领域的配套文件，"1+10+10"改革框架逐步构建。城市公立医院改革持续扩面，新增4个市纳入国家第四批改革试点，争取中央补助资金9600万元，覆盖77家公立医院。遴选28个县启动县级公立医院综合改革示范创建活动，强化指导调度，强力组织实施，县级公立医院综合改革推向纵深。出台老年"赤脚医生"养老补助政策，乡村医生队伍得到稳定。全面实施新一轮药品集中采购，基本药物和医保用药得到保障。医疗机构自主选择、自行议价阳光采购药品普遍推行。首批实现与国家药品供应保障综合管理信息平台的功能对接。建立短缺药品监测报告制度，确定16家医疗机构为短缺药品监测报告试点。医疗服务价格改革和支付方式改革进程加快，配合物价部门出台《关于推进医疗服务价格改革的实施意见》，以成本和收入结构变化为基础的价格动态调整机制初步建立。进一步推行按人头、病种、床日、总额预付等复合型支付方式。社会办医加快发展，调整准入政策，预留规划空间，新增民营医院127家，床位3400张，民营医院占比超过50%。"河北健康云"工程取得初步成效，省级双活数据中心、云平台建成运行，300多家医院实现平台对接和数据交换，51%的县上线运行。全省累计发放居民健康卡800余万张，我省和唐山市均被评为全国先进。

"全面两孩"政策平稳落地。省委、省政府出台实施全面两孩政策改革完善计划生育服务管理的意见，第一时间修订《条例》，完善配套措施。全年出生人口103万，处于政策调整合理预期。全面落实生育登记服务制度，简化办证手续；全国首创覆盖全省的计划生育网上办事大厅和回访中心。统筹资源，试点整合乡镇卫生计生行政管理、公共卫生、监督执法职能，稳定基层队伍，典型做法全国推广。加强出生人口性别比综合治理，率先实行"两非"案件复核和人工终止妊娠手术日常监管制度。在全国率先出台推进医疗卫生与养老服务相结合的实施意见，全省与养老机构签约的医疗机构达1077家，拉动社会投资35.5亿元。大力开展亲情关爱，全国首创计生特殊家庭三级联系人帮扶制度。推出"流动人口健康促进中心"新模式。

京津冀医疗卫生协同发展提质增速。着眼京津冀协同发展，优化资源配置，进一步细化和界定全省区域医疗功能，确定合作共建区、优势互补区、重点支撑区、能力提升区。成功签定《京津冀卫生计生事业发展行动计划（2016-2020）》和京冀张、京冀唐、京冀承医疗卫生合作框架协议。开展京津冀三地临床检验结果互认、医学影像检查资料共享、医师区域注册和跨区域执业注册政策试点。签订京津冀药品医用耗材集中采购协议，正式启动京津冀联合采购工作。实行挂网药品资质和药品中标价格互认，可比较品种药价较上年度平均下降15%左右。省级跨域异地结算平台与国家平台对接，京津冀异地住院费用结算有序推进。推动国家卫生计生委委属委管医院与我省医院对接，合作范围由北京市属逐步向全部驻京医疗单位拓展。全省与京津合作的二级以上医疗机构达260多家，合作项目400余个。启动"健康京畿—中医药先行8.10工程"，成功举办京津冀重大自然灾害卫生应急、饮用水污染事件卫生监督综合演练。

分级诊疗稳步实施。在11个设区市全面试点。其中，石家庄等8个市纳入国家级试点城市。联合省中医药管理局印发《关于推进分级诊疗试点工作的通知》，深入推动试点工作。11个设区市11月底前全部以市政府名义出台分级诊疗实施方案，并积极探索推进分级诊疗新路径。唐山市依托人民医院等4家三级医院建立医联体，联结80所社区（乡镇）医疗机构和部分二级医院、专科医院、康复医疗机构，建立双向转诊"绿色通道"，患者得到合理分流。迁安市建立区域内双向转诊信息平台。保定市清苑区、承德市隆化县等探索实施城乡一体的"医联体"医疗卫生服务模式，激活了乡镇卫生院资源的有效运转。制发《关于推进和规范医师多点执业的实施意见》，放宽了多点执业区域范围，取消了多点执业地点数量及第一执业地点类别的限制，取消了第一执业地点同意的书面证明。家庭医生签约服务有序启动，基层医疗卫生机构收治常见病、多发病患者逐步增多，省域外转诊人次有所下降。

医院管理和服务能力持续提升。出台《河北省加强儿童医疗卫生服务改革与发展的实施意见》《河北省医院评审管理办法》。改善医疗服务行动计划深入实施，重点专科建设得到加强，三级医院平均预约诊疗率达35%，85家医疗机构开展分时段预约诊疗，所有三级医院和356家二级医院开展优质护理服务，58家医疗机构开展日间手术，549家医疗机构开展远程医疗，方便群众就医明显改观。谋划遏制细菌耐药行动计划，住院患者抗菌药物使用率降至41.40%。组建3个专业省级质控中心，在4家医院试点开展肿瘤多学科会诊。深入开展"建设群众满意乡镇卫生院"活动，开展岗位练兵和技能竞赛，基层服务能力得到提升。石家庄桃园社区卫生服务中心入选全国百强。组织城乡医院对口支援和服务百姓健康行动大型义诊周活动，服务群众25万余人次。组织无偿献血73.35万人次，全血采血量254吨，有效保障临床用血需求。“平安医院”创建深入开展，全省二级以上医院共建警务室470个，安全防范系统建设达标率达到97.2%。坚决打击涉医违法犯罪。11个设区市和86个县（市）成立医疗纠纷人民调解委员会，调解成功率89.3%。全省二级以上医疗机构医疗责任险参保率达到69%。

公共卫生和疾病防控能力不断增强。基本公共卫生服务项目增至12类46项，补助资金达到人均45元，所有基层医疗卫生机构全部提供基本公共卫生服务。疾病防控策略不断完善，重大疾病防控纳入省政府考核，疾病防控网络得到完善，重大传染病疫情总体稳定。配合做好“山东济南非法经营疫苗案件”应对处置工作。出台《关于进一步加强疫苗流通和预防接种管理工作的实施意见》。开展结核病防治专项督查，国家免疫规划疫苗接种率达90%以上。开展预防接种异常反应保险补偿。创建国家和省慢性病综合防控示范区22个。全死因监测覆盖到所有县（市、区）。实施严重精神障碍患者监护人以奖代补和监护人责任险，全省严重精神障碍患者在册管理28.72万人，平均检出率为3.89‰。职业病网络直报系统覆盖到所有县（市、区）的职业健康检查机构和职业病诊断机构。加强空气污染（雾霾）对人群健康影响监测，生活饮用水卫生监测覆盖88%的乡镇。全民健康生活方式行动覆盖99%的县，创建国家级健康促进县4个。完成农村改厕55.48万座，全省无害化卫生厕所普及率达到52%。卫生应急能力稳步提升，果断处置衡水、廊坊两市6例人感染 H7N9病毒病例，严防疫情蔓延，得到省政府肯定。建立突发事件医疗卫生应急空中救援体系，国家卫生应急移动医疗救治中心项目和突发急性传染病防控队伍项目落户河北，争取国家资金支持3925万元。食品安全工作持续强化，发布4项食品安全地方标准，备案企业标准1531个，实现全程网上办理；食品安全风险监测实现县域和二级以上综合医院全覆盖，全年检测样品8836份；争取国家项目资金6349万元；省、市疾控机构食品安全风险检测设备配置率由2015年的81.8%、76.8%分别提升到97%和90.7%。圆满完成唐山世界园艺博览会、第三次中国-中东欧国家地方领导人会议等重大会议活动医疗卫生保障任务。

妇幼保障能力明显提升。建立三级危重孕产妇及新生儿救治中心，畅通孕产妇绿色通道，产前筛查、产前诊断网络覆盖全省，产前筛查率达到73.65%；新生儿“两病”（苯丙酮尿症、甲状腺功能低下）筛查率达到98%以上，位居全国前列。全面启动出生缺陷筛查救助项目。增补叶酸、预防艾滋病、梅毒、乙肝母婴传播项目和免费孕前优生项目实现全省覆盖，农村妇女“两癌”检查项目覆盖面扩展至66个县。创建国家和省级妇幼健康优质服务示范县22个，荣获国务院妇儿工委“落实两纲先进集体”。

科技创新和人才教育不断加强。支持医学科研课题910项，评选出医学科技奖675项，获得省级科学技术进步奖27 项，居全省各行业之首。健全住院医师规范化培训制度，招收3448人，培训师资1168人次；启动“3+2”助理全科医生培训工作，认定培训基地23个，招收150名助理全科医生；确定省级继续医学教育项目1543项；培训全省二级以上公立医院院长和医务管理者1300余人次。

中医药强省建设强力推进。在全国率先出台《贯彻中医药发展战略规划纲要（2016—2030年）实施方案》，建立省中医药厅际联席会议制度，发展合力切实增强。同步推进公立中医医院综合改革，不断深化石家庄市国家中医药综合改革试验区建设。新增2所三级中医医院，启动11个县级中医医院建设项目，新建国医堂436个，中医药特色示范社区卫生服务站、村卫生室2215个，中医药服务能力显著提升。全面放开传统中医门诊部和诊所审批。会同有关部门举办中国康养旅游大会、全省首届中药材产业发展大会，开展中医医养结合工作试点。评选第二届河北省名中医50名，新建全国中医药文化宣传教育基地1个，建成中医药文化建设示范医院21所。推动安国中药都建设，安国数字中药都中心交易大厅完成主体工程，公共服务平台正式上线运营。争取国家中药标准化项目5项、中医药国际合作专项1项。

“健康扶贫”工程扎实推进。联合省扶贫办、省发改委等14部门制发《关于推进健康扶贫工程的实施意见》。面向农村贫困人口的大病保险起付线降低50%，补偿比提高10个百分点；特困供养人员救助不设起付线，合规医疗费用在年度限额内100%救助；新农合门诊统筹实现贫困地区全覆盖。完成138万农村贫困人口因病致贫返贫建档立卡调查，获得国家卫生计生委突出贡献奖，并受到通报表扬。37所三级医院对口扶贫62个贫困县的县级医院。在农村订单定向免费培养医学大学生项目中，优先满足贫困县需求，为有意向的贫困县分配招生计划占全省计划的46%。对口支持滦平、隆化两县项目24个、资金2.09亿元。

抗洪救灾医疗卫生保障有力。“7·19”特大洪涝灾害发生后，全力以赴打赢卫生防疫攻坚战。第一时间编制4个工作指南，集中精干力量，有力有序有效组织开展专家巡诊、医疗救治、心理干预、疫情监测、防疫知识宣传等灾区医疗服务、卫生防疫工作，为受灾群众提供诊疗服务、心理援助19万人次，为687个村清理淤泥垃圾和污物，实施消杀1.492亿平方米，未发生传染病疫情和突发公共卫生事件，受到国家卫生计生委和省委省政府充分肯定和高度评价。第一时间制发灾后医疗卫生计生机构重建工作方案，并制定重建所需建设及装备标准、技术规范和参考图集。多方协调筹措重建资金，共筹集中央及省级资金6745.79万元用于817个项目灾后重建。

卫生计生法治政府建设有序推进。深入推进“放管服”改革，全面清理委机关152项服务事权，保留36项，再委托66项，下放7项，转移5项，取消2项；同时减少了31项服务事权的办事环节。全面规范中介服务，编制公布6项涉企行政许可中介服务事项清单。全面推行行政审批一个窗口办理、并联办理、限时办理、网上办理，实现“四零”服务，行政许可回访率和满意率均为100%。健全重大决策事项征求意见机制，完善重大行政决策程序，把公众参与、专家论证、风险评估、合法性审查和集体讨论决定作为必备条件和必经程序。建立重大行政决策评估制度，严格落实重大决策终身责任追究制度及责任倒查机制。完善法律顾问工作机制，全面参与政府采购合同签订、医疗纠纷、行政复议诉讼案件办理等。举办法律知识专题讲座3期，处理行政复议、行政应诉案件21次。“双随机”抽查覆盖全部监管事项，部分公共卫生许可实现网上办理，监管信息公示有序推进，监管重心转向事中事后。逐一审核修订卫生计生行政处罚裁量基准，编制19项行政许可事项“双随机”抽查实施方案，对外公示检查结果268家。加强各类专项监督检查和专项整治，组织开展二类疫苗预防接种集中监督检查，检查疾控机构205家、接种单位4356家。圆满完成《职业病防治法》《人口与计划生育法》落实情况、医疗机构依法执业监督检查，严厉打击“号贩子”和“网络医托”专项行动成效明显。

党的建设、行风作风建设和卫生计生队伍建设全面加强。加强理论中心组学习，构建层级明晰的党建责任体系。扎实开展“两学一做”学习教育和机关作风整顿，落实“四零”服务承诺制度，在委机关和直属单位实行目标绩效管理，全面加强纪律和作风建设。全面贯彻《党章》《廉洁自律准则》《纪律处分条例》等党纪党规，切实加强基层党组织建设，严肃党内政治生活。严格落实党风廉政建设主体责任和监督责任，坚持教育为先，咬耳扯袖，提醒告诫；加强督查巡查，有效防止“四风”反弹。认真抓好巡视反馈问题整改工作。持续推进行风建设与纠风工作，畅通“阳光理政”“行风热线”等群众咨询投诉渠道，共受理群众咨询投诉649件，办结率100%；及时回复办理省政府网站群众咨询投诉149件。

（河北省卫生和计划生育委员会　李术君）

村镇建设

【村镇规划工作取得新进展】

（一）完善技术标准。根据我省美丽乡村建设总体安排，修改完善了美丽乡村建设规划设计导则，推广应用特色民居方案。举办了各级规划管理部门负责人、承担美丽乡村规划设计任务的规划单位技术骨干参加的技术培训，加强了工作的指导和引导。

（二）组织完成片区总体规划。组织完成了京石高铁沿线景观风貌规划，指导各地完成了12个省级重点片区总体规划设计，报请省美丽乡村建设领导小组审定通过。并会同省美丽乡村办通过组织现场观摩会、专家指导等工作，有效指导各地连片美丽乡村建设。

（三）完成美丽乡村建设村庄规划编制任务。组织各地完成了4000个重点村规划编制任务，并组织专家抽查了458个规划设计成果，提出了修改完善的具体要求，进一步提高了规划编制质量和水平。

（四）开展示范试点工作。根据住房城乡建设部开展县（市）域乡村建设规划和村庄规划试点工作的要求，组织开展了我省试点示范工作，确定了5个县（市、区）、20村庄开展试点工作，并对有关工作进行督导和调度。

（五）加强规划实施管理。组织完成了全省重点培育的100个特色小城镇总体规划实施评估工作，督导各地认真落实乡村建设规划许可证制度，强化规划的实施管理。

【农村危房改造及民居改造任务圆满完成】

（一）大力推进农村危房改造任务。报经省政府同意，印发了《关于做好2016年农村危房改造和灾后农房恢复重建工作的通知》，细化政策措施，明确工作要求。组织开展技术指导与服务，改造农村危房12.5万户，完成了年度任务。

（二）开展农村民居改造。会同省美丽乡村办等部门下发了《2016年河北省美丽乡村建设民居改造实施方案》，并对开展情况进行督导，完成了10万户民居改造任务。

（三）推广应用新型建材。会同有关处室公布了农村适宜新建材、新技术目录，组织开展钢结构、装配式住宅建设试点示范工作。

【农房恢复重建工作取得阶段性成果】

（一）组织完成调查水毁农房鉴定和恢复重建工作。“7·19”特大洪水灾后，组织省市县技术人员及镇、村委会、村民代表等有关人员组成298个工作小组，约1000多人进村入户完成了调查鉴定工作，共调查鉴定石家庄、邢台、邯郸三市及阜平县受灾农房117407户，其中B级（需进行一般维修）18254户，C级（需修缮加固）13653户，D级（需重建）10236户。

（二）组织制定农房恢复重建。根据各地受灾情况，借鉴其他省的做法，研究起草了《河北省“7·19”特大洪灾后农村住房恢复重建实施方案》，提出了具体的支持政策，明确了各项工作任务。经广泛征求各受灾市、县意见，提请省政府常务会议审议通过后印发。B、C级修缮农房已全部竣工，D级原址重建已全部开工，完成了年度恢复重建任务.

（三）加强规划编制和重建指导。指导受灾较重的县（市、区）完成灾后恢复重建规划编制；会同有关处室公布了适用建材推荐目录，并组织建材下乡活动，方便群众选用；组织编印了《“7·19”特大洪水灾害灾后重建村庄规划编制导则》和20多套不同户型、不同功能设计方案图册，为农房恢复重建提供技术指导。

【农村生活垃圾治理工作不断深入】

（一）深入开展农村生活垃圾治理。组织开展专项督导，深入各地指导，促进各项工作的落实。全省约4万个村庄进行了生活垃圾治理，占村庄总数的84%。

（二）推进农村“两改一清一拆”工作。会同省美丽乡村办制定实施方案，推动全省农村“两改一清一拆”工作的开展，清理垃圾8143万立方米、拆除违章建筑和危陋农房183114处。

（三）启动非正规垃圾堆放点排查整治工作。根据住房城乡建设部、环保部的安排部署，研究起草了我省对非正规垃圾堆放点排查整治工作实施方案，全面启动了有关工作。

【特色小城镇培育工作全面推进】

（一）确定了全省重点培育的特色小城镇名单。指导各地开展特色小城镇建设，并在各地培育的特色小城镇基础上，报经省政府同意，确定并公布了全省重点培育的100个特色小城镇名单。

（二）制定出台了政策措施。会同省发展改革委、省财政厅、省国土资源厅等8个部门印发了《关于开展特色小城镇培育工作的通知》，明确了强化规划引领、培育特色产业、完善基础设施、发展社会事业、提高建设水平、加强小城镇管理等6项重点工作，细化了优先土地供应、加大财政支持力度、整合相关资源等措施。主要是：优先土地供应。各地要充分考虑特色小城镇建设和发展需要，统筹安排土地供应，对特色小城镇建设用地指标，优先予以保障。支持特色小城镇开展“旧房、旧村、旧厂”改造和荒地、废弃地开发利用，提高土地集约和节约利用水平，解决特色小城镇建设用地问题；加大财政支持力度。全省重点培育的100个特色小城镇建设要建立镇一级财政，增强小城镇的发展活力。规范县与特色小城镇财政体制，推进县级财政简政放权，下沉资金管理权限，对于特色小城镇，可实行分税制体制，赋予特色小城镇财政更多自主权，激励特色小城镇更好更快发展；整合相关资源。积极争取国家特色小城镇专项建设基金和中央财政对特色小城镇建设的支持，省级加大资金统筹整合力度，利用支持城镇化建设方面相关资金或股权投资基金，为特色小城镇建设融资提供支持。100个特色小城镇可与省市县美丽乡村融资平台积极对接，争取倾斜支持。住建厅下发通知，建立了特色小城镇工作月报告制度，建立了建设项目库，加强了对小城镇建设和发展的指导。

（三）加大基础设施建设投入力度。一是推进小城镇加强基础设施建设，提高城镇服务功能。加快路网改造，完善水、电、气、热等供应系统，实现区域基础设施的共建共享，不断提高小城镇的设施水平。二是结合小城镇实际，进行市政维护、环卫清扫、垃圾收集转运、绿化养护等工作，改善小城镇的镇容镇貌。三是多渠道筹集建设资金。按照谁投资、谁受益、谁开发、谁经营的市场模式进行技术设施建设，鼓励以股份制、合资、独资等灵活方式成立专业公司，承包垃圾治理、绿化等任务，实现规模效益，降低管理成本，提高管理质量和水平。

（四）创新特色小城镇体制机制改革。一是开展经济发达镇行政管理体制改革试点。在23个试点镇开展行政管理体制改革试点工作，制定印发了《向经济发达镇下放经济社会管理权限事项目录》，并向社会公开。全省各试点镇平均承接权限63项，有的试点县放权达100多项，为全省小城镇改革发展起到了示范作用。二是组织开展建制镇示范试点工作。在石家庄市张段固镇、定州市李亲顾镇、唐山市三屯营镇、张家口市小二台镇、廊坊市胜芳镇5个镇进行试点，制定了《河北省建制镇示范试点工作实施方案》，明确了试点内容和具体路径，加强督导检查，推进工作落实，5个示范镇试点在探索投融资机制新途径、促进建制镇整体规划实施、提升公共服务水平、整合利用闲置设施等方面取得了初步成效。

（五）积极推荐申报国家特色小镇。按照住建部等部门到2020年，培育1000个左右各具特色、富有活力的休闲旅游、商贸物流、现代制造、教育科技、传统文化、美丽宜居等特色小镇，引领带动全国小城镇建设，不断提高建设水平和发展质量的要求，组织了我省特色小镇的申报工作，有秦皇岛市卢龙县石门镇、邢台市隆尧县莲子镇镇、保定市高阳县庞口镇、衡水市武强县周窝镇被确定为第一批中国特色小镇。

（六）配合省发改委做好特色小镇工作。按照《中共河北省委河北省人民政府关于建设特色小镇的指导意见》（冀发[2016]30号）精神，我厅发挥职能作用，积极支持和推动特色小镇建设。一是认真谋划，明确责任。召开厅党组会、厅长办公会议学习全国特色小（城）镇会议精神，研究贯彻落实工作，组织人员到浙江学习参观考察，厅领导明确分工，落实责任，将特色小镇工作列入了年度重点工作，建立了推进制度，制定了实施计划和工作方案。二是组织做好特色小镇规划编制工作，认真做好规划编制指导和协同选点等工作，做好技术指导，强化规划的实施管理等工作。三是抓好特色小镇项目建设。各级建设部门会同当地创建办制定了特色小镇建设项目计划，确定目标任务和投资额度，抓好建设项目审批、施工管理和质量监督等工作。四是参与审定了省特色小镇名单。对各市上报的省级特色小镇候选名单进行了调研，筛选并推荐了河北省首批特色小镇创建类名单和培育类名单，按照联席办安排，会同省有关部门组成现场验收组，对部分首批特色小镇候选单位进行了现场查验，参加了联席会议初步拟定了首批创建类名单和培育类名单。

【历史文化保护工作成效明显】

（一）继续推进保护工程的实施。指导各地历史文化名镇名村及传统村落实施保护工程项目174个，一批历史文化名镇名村及传统村落的传统风貌，得到恢复和提升。

（二）完成第四批中国传统村落资料核查和补充上报工作。全省88个村庄列入第四批中国传统名录。

（三）启动了第四批省级历史文化名镇名村申报工作。会同省文物局印发了申报通知，明确了申报要求及评价指标体系，并组织专家进行了评审。

（河北省住房和城乡建设厅　李真超）

农村经济发展及调控

【2016年农村经济发展概况】2016年是“十三五”规划的开局之年，全省上下按照省委省政府的决策部署，坚持“五位一体”统筹推进现代农业发展、美丽乡村建设、脱贫攻坚、山区综合开发和乡村旅游，努力克服“7.19”洪水灾害带来的不利影响，攻坚克难，全省农业和农村经济稳中有进、稳中向好，基本实现了平稳运行。全年完成农林牧渔业增加值3492.8亿元，同比增长3.5%；农村居民人均可支配收入达到11919元，同比增长7.9%。

（一）主要农作物生产稳定。全年粮食播种面积632.7万公顷，比上年下降1%；粮食总产量3460.2万吨，增长2.9%。其中，夏粮产量1448.7万吨，下降0.1%；秋粮产量2011.5万吨，增长5.1%。由于技术指导到位，优良品种推广面积扩大和“一增四改”玉米高产综合栽培技术普遍落实，提高了玉米单产水平，单产达320.2公斤，增加4.6公斤。全省种植业结构调整步伐加快，落实调减籽粒玉米322.1万亩，增加饲用玉米面积150.4万亩，改种中药材、杂粮、饲草等特色作物171.7万亩。棉花播种面积28.9万公顷，比上年下降19.7%；棉花总产量30.0万吨，下降19.8%。油料播种面积46.8万公顷，增长1.5%；油料总产量156.5万吨，增长3.3%。

（二）“菜篮子”产品供给丰裕。产业结构进一步优化，蔬菜、肉蛋奶、果品三大主导产业效益稳定提升。蔬菜播种面积123.6万公顷，比上年下降0.5%；蔬菜总产量8193.4万吨，下降0.6%。其中，设施蔬菜播种面积40.6万公顷，增长0.5%；设施蔬菜产量2895.1万吨，增长0.3%。园林水果产量1524.6万吨，比上年增长1.1%，食用坚果产量584.9万吨，增长7.6%。肉类总产量456.3万吨，比上年下降1.3%。其中，猪肉产量265.4万吨，下降3.5%；牛肉产量54.3万吨，增长2.0%；羊肉产量32.4万吨，增长2.2%。年末生猪存栏1819.0万头，下降2.5%；生猪出栏3433.9万头，下降3.3%。禽蛋产量388.5万吨，增长4.0%。牛奶产量440.5万吨，下降6.9%。水产品产量132.2万吨，比上年增长1.9%。其中，养殖水产品产量97.1万吨，增长3.3%；捕捞水产品产量35.1万吨，下降0.8%。畜牧、蔬菜、果品三大优势产业产值占农林牧渔业总产值比重为71.0%。农业产业化经营率为66.7%，比上年提高1.1个百分点。

（三）奶业振兴取得明显成效。将振兴奶业做为引领现代农业的抓手，着力加强优质奶源基地、高标准牧场和乳粉加工能力建设，在保安全、提品质、创品牌上取得了标志性突破。前三季度，全省奶牛存栏196.3万头，奶类总产量481万吨，居全国第三位，奶牛实现100%集中饲养。婴幼儿配方乳粉产能达到15.5万吨，比2008年翻了一番。在石家庄成功举办2016中国奶业20强(D20)峰会，充分展示了河北奶业发展成效，提振了消费者信心。

（四）农业基础设施进一步加强。一是水利建设进一步加强。南水北调配套工程水厂以上工程基本完工，112座配套水厂已建成104座，7市35县已有37个供水目标切换长江水。引黄入冀补淀工程进展顺利，工程总投资42.4亿元，已累计完成28亿元。双峰寺水库大坝主体工程基本完成，年底前具备挡水条件。农村饮水安全巩固提升工程全面开工建设，预计年底可完成投资1.1亿元，受益人口18.9万人。加快11处大型灌区节水改造，年底可完成投资计划的90%。二是高标准农田建设稳步推进。争取中央预算内投资4.71亿元，实施新增千亿斤粮食产能规划田间工程39.25万亩，工程施工进展顺利。三是灾后重建进展顺利。“7·19”特大洪灾发生后，在全力抓好抗洪救灾的基础上，及时组织启动灾后重建，各项工作进展顺利，2016年累计下达省以上灾后重建资金19.39亿元，有力保障了灾后重建各项工作顺利开展。

（五）生态环境建设成效显著。一是大力开展造林绿化攻坚。依托京津风沙源治理、三北防护林等重点生态工程，着力抓好“一山一带一区”绿化，2016年全省完成新造林绿化面积523万亩，占年度计划的124.5%，是近几年成效最好的一年。二是积极开展河湖海域污染治理。推进对白洋淀、衡水湖等重要河湖湿地的综合治理和生态修复，继续开展北戴河地区近岸海域环境综合整治及功能提升工程，取得阶段性成效。推进滹沱河干流综合治理，石家庄市区段已先期开工。三是地下水超采综合治理效果明显。地下水超采综合治理由63个县扩大到115个县，压减井灌区冬小麦种植面积200万亩，关停2499眼南水北调受水区自备井和4100眼超采区灌溉机井。

（六）扶贫攻坚成效明显。认真贯彻落实国务院关于贫困县统筹整合使用财政涉农资金试点的意见，大力实施扶贫攻坚“五个一批”和 “八大行动”，取得显著成效。一是实施精准扶贫。创新开展“政银企户保”金融扶贫、资产收益产业扶贫、双带旅游扶贫、利用土地增减挂钩和占补平衡政策土地扶贫等模式，实施扶贫线和低保线“两线合一”动态管理，开展“三免一助”教育扶贫，贫困群众受益很大。全国产业精准扶贫现场观摩会、旅游扶贫现场会在我省召开。二是实施易地扶贫搬迁。制定了河北省易地扶贫搬迁“十三五”实施方案、规划和2016年实施计划，组建了省级投融资平台，完善机制，易地扶贫搬迁工作步入规范化轨道，2016年启动了15.2万人搬迁任务（含国家建档立卡贫困人口9万人，同步搬迁人口6.2万人），目前全省189个集中安置项目已全部开工。三是大力实施以工代赈工程。争取中央以工代赈资金2.44亿元，在全省46个燕太片区县和国定贫困县实施农村小型基础设施建设项目148个，有力改善了贫困地区的生产生活条件和生态环境。预计全年脱贫100万人，20个贫困县摘帽的任务可顺利完成。

（七）美丽乡村建设扎实推进。各地认真贯彻省委省政府《关于加快推进美丽乡村建设的意见》，以“四美五改”为目标，以12个专项行动为载体，集中连片推进，打造了12个省级重点片区和200个市县级片区。为解决美丽乡村建设资金，全省建立融资平台全189个，融资达401亿元。认真贯彻省委省政府《关于建设特色小镇的指导意见》，积极培育建设产业特色鲜明、人文气息浓厚、生态环境优美的特色小镇，推动产业间、城乡间融合发展，提速农民就地城镇化进程，助力美丽乡村建设。

（八）农村改革不断深化。加快土地确权登记进程，86个县基本建立了农村产权流转交易平台，加快发展新型经营主体。下大力培育新型经营主体，发展多种形式的规模经营。工商部门注册的家庭农场、农民合作社达到2.1万个和10.5万个，分别比去年增加46.8%、12.3%。出台了《关于鼓励支持农村股份合作制经济发展的指导意见》，大力发展股份合作制经济，全省农村股份合作制经济组织已达12359家，实有成员98万人，带动农户226万户，年经营收入达到435.7亿元。出台了《推进农村一二三产业融合发展的实施意见》，选取威县、灵寿县、饶阳县、围场县、乐亭等五县作为我省国家级农村产业融合发展试点示范县。进一步健全农业水价形成机制，制定了《关于推进农业水价综合改革的实施意见》。加快农垦改革，出台了《中共河北省委河北省人民政府关于进一步推进农垦改革发展的实施意见》，激发了农垦经济活力。

【2017年农村经济发展形势】

（一）有利条件

展望2017年，一是国家不断推进农村改革，持续释放改革红利。今年国家出台了《关于完善农村土地所有权承包权经营权分置办法的意见》、《关于激发重点群体活力带动城乡居民增收的实施意见》等一系列重要改革文件，随着农业农村各项产权制度改革的深入，农业社会化服务体系不断完善，农业科技创新扎实推进，先进生产要素不断进入农业领域，将释放出新一波农村改革红利。二是京津冀协同发展战略全面实施，给我省农业带来更多发展机遇。党中央、国务院陆续出台了《京津冀协同发展规划纲要》及相关配套政策措施，加快了京津冀经济一体化进程，打破了生产要素自由流动的壁垒，优势互补将给我省农业带来更多发展机遇。三是国家不断加大农业基础设施和生态建设投入。近两年来，国家除了不断增加原有的中央基建投资，还持续利用专项建设基金支持包括防灾抗灾救灾减灾能力建设工程在内的农林水重点项目建设，一大批农林水重点工程效益逐步显现，将进一步改善我省农业农村生产条件，增强发展后劲，农村经济发展的基础更加坚实。四是经济发展进入新常态，大量工商资本寻找新的投资出路，农村政策不断释放利好，现代农业领域投资成为热点，农村市场潜力不断挖掘，都市农业、生态旅游、农村电商等新业态日趋活跃，吸引了大量工商资本进入农业农村领域，有利于促进我省农村一二三产业融合发展，将进一步激发农村经济发展活力。

（二）面临挑战

从不利因素看，一是我省农业农村基础设施欠账较多，抵御自然灾害能力不强。今年“7·19”洪灾给我省局部地区农业生产、农民生活及农民增收造成较大损失，也暴露出我省农业防灾抗灾能力的不足，尤其是农村地区农田、水利、气象等基础设施薄弱。近年来风灾、雹灾、霜冻、虫害等农业自然灾害发生频繁，给农业生产带来了很大损失，农业防灾抗灾能力急需提升，抵御市场风险和自然风险能力有待提高。二是主要农产品市场竞争日趋激烈，农业供给侧结构性调整任重道远。受国外进口低价农产品冲击，今年玉米、小麦等主要粮食作物价格急跌，农产品市场价格波动对农业生产发展造成的冲击和损害明显增大，农业收益降低。我省农业规模化、集约化程度不高，产业链条较短，知名品牌不足等问题，制约了市场竞争能力。地下水压采、土地休耕轮作等也对农业种养植结构调整提出了新要求。三是农民增收难度加大，对转换增收动力机制提出挑战。当前经济下行压力较大，我省压减过剩产能任务重，特别是吸纳农民工就业较多的建筑安装、一般加工制造、餐饮服务等行业运行疲软，农民外出务工收入受到制约。主要农产品价格走势低迷，农业生产成本居高不下，农民种粮收益受到挤压。农村产权制度改革刚刚起步，红利释放尚需过程，农民财产性、权益性收益在短期内还难以成为农民增收的主要因素。四是资源环境约束更加明显，农产品质量安全问题需引起高度重视。当前我省水土流失、草原退化、面源污染、河流湖泊和近海海域污染等问题突出，资源环境约束进一步加剧；随着消费结构升级，对食品安全标准和市场准入条件提出新要求，农产品质量安全问题社会高度关注，已成为农业生产和农产品加工业发展必须面对的重大课题。

【2017年重点任务和主要举措】2017年是“十三五”规划实施的关键之年，全省农业战线将按照省委省政府统一部署，重点抓好粮食稳产增效、一二三产融合发展、基础设施建设、扶贫攻坚、农民增收、农村改革等9个方面重点工作。

（一）着力促进粮食稳产增效。一是加快优化农业生产结构和区域布局。实施“藏粮于地”、“藏粮于技”、“藏粮于水”，调减农牧交错区、山区丘陵区、干旱地区玉米种植面积，继续推进地下水压采，落实耕地轮作休耕试点方案，适当压减非优势产区小麦种植面积，争取国家在东北地区实施的玉米价格补贴政策扩展到我省实施地下水压采的106县。二是加强粮食生产能力建设。深入实施《河北省高标准农田建设规划》，以86个粮食生产大县为载体，集中打造吨粮市和一批吨粮县，加快推进新增千亿斤粮食产能建设，提高粮食综合生产能力。三是大力推广先进适用技术。大力培育推广优质品种，加快粮食生产全程机械化进程，全面实施节水技术，努力提高粮食单产。2017年，粮食播种面积稳定在9300万亩，总产量稳定在3350万吨左右。

（二）加快发展现代农业。进一步加快农业结构调整，继续壮大畜牧、蔬菜、果品三大优势主导产业，加快发展现代渔业，积极培育中药材、园艺苗木等产业。一是调优畜牧业结构。优先发展生态型和资源综合利用型畜禽规模养殖场，实施一批农村沼气工程，推广循环利用，实现清洁生产。大力实施河北奶业振兴行动，完成一批奶牛小区牧场转型，在奶牛养殖大县深入开展“粮改饲”试点。2017年肉、蛋、奶产量分别达到465万吨、420万吨和500万吨。二是加快蔬菜产业提档升级。瞄准京津市场需求，以环首都14县为重点，创建绿色品牌，打造100个以上“河北省供京津蔬菜示范园”，扎实推进与京津的农超、农餐、农企、农社直接对接。积极推进标准化生产，大力发展设施蔬菜， 2017年全省蔬菜种植面积稳定在2000万亩以上，总产达到9000万吨以上。三是大力发展林果产业，加快建设果品强省，推进果品区域化布局、良种化栽培、标准化生产、专业化营销，培育壮大龙头企业，打造知名品牌，2017年实现果品产量1600万吨以上。四是加快现代渔业发展步伐。开展渔业资源养护，调优渔业产品结构，扩大海洋牧场试点。加快实施渔船更新改造工程，增强远洋捕捞能力，完善渔业基础服务体系，加快打造“生态渔业”和“平安渔业”。2017年水产品产量达到132万吨。五是培育药材、食用菌、园艺苗木等特色产业。加快建设一批中药材、园艺苗木、食用菌种植示范基地，着力培育50万亩以上中药材生产大市和10万亩以上中药材生产大县建设，加快打造山坝区错季菇产业带、环京津珍稀菇产业带和冀中南草腐菌产业区。

（三）推进农村一二三产融合发展。深入贯彻省政府《关于推进农村一二三产业融合发展的实施意见》，以建设现代农业园区为抓手，推进农业综合开发，发挥农业多种功能，促进一二三产融合发展。一是健全农产品质量标准体系，实行统一技术规程、统一产品标准、统一品牌标识、统一收购销售，进一步完善农产品品牌支持政策，打造一批知名区域品牌。二是充分发挥现代农业园区载体作用，主动承接京津产业转移，大力发展农产品精深加工，深入实施农产品加工业倍增行动，加快打造粮油、乳品、肉类、蔬菜、食用菌、中药材等十大精深加工产业链，延长产业链条，提高农产品附加值，实现一二产业充分融合。三是建立和完善现代农业园区、企业和农户之间稳定的利益联结机制，以现代园区建设促进一二三产业融合发展，促进农民持续增收。2017年农副产品加工转换率提高 1 个百分点，规模以上农产品加工产值达到万亿以上。

（四）强力推进扶贫攻坚。深入贯彻省委省政府《关于坚决打赢脱贫攻坚战的决定》，紧紧围绕“两步走”“三确保”“四提升”目标任务，大力推进 “八大专项行动”，继续坚持把培育扶贫主打产业作为推动扶贫攻坚的根本出路，把发展股份合作制经济作为建立市场主体与贫困户利益联结机制的主要组织形式，积极推进精准扶贫、精准脱贫。加快实施易地扶贫搬迁工程，改善搬迁对象生产生活条件和发展环境，2017年确保完成12.6万人的易地扶贫搬迁任务，分批启动剩余26.8万人的搬迁工程，积极推进集中安置区与脱贫产业区“两区同建”，确保搬得出、稳得住、有事做、能致富。认真贯彻省政府《关于支持贫困县开展统筹整合使用财政涉农资金试点的实施意见》，支持贫困县统筹整合涉农资金，提高投资效益。着力引导社会资本参与扶贫攻坚。稳步提高“两线合一”救助标准，切实落实好新农合、大病保险、医疗救助“三重医疗保障”体系，扎实做好“7·19”洪水因灾返贫人口扶贫脱贫工作，落实京津两市区县对口帮扶我省张家口承德保定地区县（区）实施方案，全年实现脱贫70万人。

（五）加强农村基础设施建设。一是继续推进灾后重建，按照5个时间节点重建任务挂图作战，在完成2016年工作任务基础上，确保2017年春节前、入汛前、年底前各时间节点重建任务按时完成，使灾区各项设施功能恢复或超过灾前水平，确保省委省政府各项决策部署落到实处。二是抓好重大水利工程。加快南水北调防洪影响处理工程（邯一石段）、乌拉哈达水库前期工作进度，争取尽快开工建设。抓紧南水北调配套、双峰寺水库收尾工程建设，继续推进引黄入冀补淀工程建设，力争2017年完成全部建设任务。全面推进京津冀地区“六河五湖”综合整治，改善水生态环境。联合京津晋蒙启动实施永定河综合治理与生态修复总体方案，开展滹沱河综合治理工程。加快推进石津、漳滏河等大型灌区续建配套和节水改造、病险水库水闸除险加固等工程建设。三是抓好小型农田水利工程，推广节水灌溉和水肥一体化技术，新增节水灌溉面积300万亩。加快推进农村饮水巩固提升和灾后重建工程建设，提高130万人（含建档立卡贫困人口66万人）的供水标准和供水质量。

（六）加强生态环境建设。以重大生态工程为抓手，全面推进山水林田湖生态修复，加快打造京津冀生态环境支撑区，2017年完成水土流失治理面积2000平方公里，完成造林绿化面积420万亩以上，森林覆盖率增加1个百分点，达到33%。一是加快推进京津保生态过渡带建设，以京津冀协同发展生态环境保护率先突破各项任务为抓手，进一步扩大和优化生态空间，增强生态环境支撑能力，力促生态建设在协同发展中率先取得更多重大突破。二是实施一批重点生态工程，全面完成张家口坝上地区退化林分改造试点工程及竣工验收，抓好京津风沙源治理二期工程、太行山绿化工程、三北防护林五期工程、国家水土保持重点治理工程、农牧交错带已垦草原治理项目等国家重点生态工程实施，开展农业面源污染综合治理，深入推进地下水超采综合治理试点，加强重要生态功能区空间管制。三是深化京津冀生态合作，深入实施《河北省张承地区生态保护和修复实施方案》，争取国家和京津加大对张承地区生态保护和修复的支持，加快在张承地区环京6县建设第一道生态屏障。整合设立一批环首都国家森林、湿地公园，努力推进京冀水源保护林、津冀水源保护林、潘大水库治理等区域合作项目。深入贯彻《河北省人民政府办公厅关于健全生态保护补偿的实施意见》，积极推进京津冀区域生态保护补偿，努力实现京津冀区域生态保护和建设合作共赢。

（七）多措并举促进农民增收。把促进农民增收作为全面建成小康社会重要抓手持续发力，不断拓宽农民增收渠道，培养发展拿租金、分股金、挣薪金的“三金”农民。一是把产业融合发展作为农民增收的重要支撑。利用区域特色，发挥当地优势，培育农村新产业新业态，宜工则工，宜农则农，宜商则商，让更多的劳力从事二、三产业，鼓励和引导农民依靠特色种养植、生态采摘、乡村旅游、农村电商、农村服务业等多元化方式实现收入来源多途径增长。二是培育农业龙头企业。积极推进农业产业化经营，吸纳农村富余劳力，加强农产品流通设施和市场建设，健全现代农产品市场体系，在搞活流通中促进农民增收。三是保障农民工合法权益。建立农民工综合服务平台，健全举报投诉制度，开展农民工法律援助专项维权活动，规范提升12348法律热线服务，不断完善异地协作机制，扩大法律援助覆盖面，切实保障所有农民工的合法权益。2017年努力实现农村居民人均可支配收入增长高于城镇居民人均可支配收入和GDP增长。

（八）大力推进美丽乡村建设。一是按照县域镇村体系规划，通过“修旧为主、建新为辅，保留乡村风情、改造提升品位”，全年就地改造4000个左右村庄，保留现有的道路、村庄肌理，延续现有文脉，完善公共服务，突出民居特色，统筹国家和省农村危房改造相关资金支持新民居建设，加快塑造“一县一特”、“一乡一品”民居建筑风格。二是坚持农村社区、现代农业园区、乡村工业园区同步建设发展，通过“三区”联动实现农民生产方式和生活方式的根本转变。对不具备生产生活条件、影响自然生态保护和生态功能增强的村，实行生态移民。对空心率超过50%、剩余户少于100户的空心村，实施搬迁整治。三是深入贯彻省委省政府《关于加快推进美丽乡村建设的意见》，大力推进新农村“六改六建”，实施民居改造、安全饮水、污水治理、街道硬化等十二个专项行动，提高省美丽乡村建设水平。四是积极稳妥推进特色小镇创建，坚持政府引导、企业主体、市场化运作，鼓励以社会资本为主投资建设一批特色小镇，发挥示范引领作用，带动经济增长、产业升级和城乡统筹协调发展。

（九）扎实推进农村改革。积极推进农村各项改革，释放农村发展活力。一是认真落实中央《关于完善农村土地所有权承包权经营权分置办法的意见》，制定完善我省“三权分置”实施意见，不断探索农村土地集体所有制的有效实现形式，落实集体所有权，稳定农户承包权，放活土地经营权，统筹谋划、稳步推进，切实维护和保障农民合法权益，确保全省农村“三权分置”有序实施。加快县级农村产权交易平台建设，依法推进土地经营权有序流转。二是大力培育新型农业经营主体，积极引导大中专毕业生、新型职业农民、务工经商返乡人员领办农业合作社、兴办家庭农场、开展乡村旅游等经营活动。大力开展新型农民职业培训，支持符合条件的种养专业大户、家庭农场、农民合作社优先承担政府涉农项目。充分发挥涉农行业协会桥梁纽带作用，积极开展农产品展览和推介等活动。三是加快推进农村各项改革，重点抓好以水权、水价为重点的农村水利改革，开展贫困地区水电资源开发资产收益扶贫改革试点，让贫困人口更多分享资源开发收益。

（河北省发展和改革委员会　武纪成）

农业和农村法制建设

2016年，是京津冀协同发展全面推进的关键一年，是全面建成小康社会决胜阶段的开局之年。我委在省人大常委会及主任会议的领导下，全面贯彻落实中央和省委关于“三农”工作的重大决策部署，紧紧围绕落实发展新理念、推进农业供给侧结构性改革、加快农业现代化、大力推进生态文明建设、实施精准扶贫精准脱贫等重点工作，依法履行职责，奋发作为、开拓创新，农业和农村立法、监督等工作取得明显成效，圆满完成了2016年省人大常委会确定的各项工作任务，为加快京津冀绿色协同发展和建设经济强省、美丽河北作出了积极贡献。

【充分发挥人大在立法中的主导作用，农业和农村立法步伐明显加快，立法质量进一步提高】一年来，坚持以提高立法质量为核心，突出立法重点，加强立法协调，积极推进科学立法、民主立法，统筹抓好农业和农村法规立、改、废等工作，立法数量和立法质量是近年来较多、较好的一年。全年共制定、修订、起草、调研农业和农村法规12部，其中制定出台3部、提请初审1部、修订法规5部、调研和起草法规3部。

（一）制定出台了《河北省农村扶贫开发条例》。为贯彻落实中央和省委关于打赢脱贫攻坚战的重大决策部署，充分发挥立法对脱贫攻坚的规范和保障作用，在省政府提请审议《河北省农村扶贫开发条例（草案）》基础上，省人大农委开展了专题调研和论证座谈，提出了审查报告，并提请省人大常委会审议。省十二届人大常委会第二十二次会议于2016年7月29日审议通过该《条例》。这部法规得到汪洋副总理、赵克志书记、张庆伟省长等领导同志肯定。汪洋副总理在国务院扶贫办《扶贫信息》206期上批示：“走法治化的路子是方向。”赵克志书记批示：“要认真贯彻汪洋副总理重要批示精神，搞好扶贫开发条例实施，取得实效。”张庆伟省长批示：“做好宣传工作。”该法规对规范农村扶贫开发工作，推进精准扶贫、精准脱贫基本方略实施，加大脱贫攻坚力度，实现脱贫攻坚目标，将发挥重要作用。

（二）制定出台了《河北省气候资源保护和开发利用条例》。为积极应对气候变化，规范气候资源保护和开发利用行为，保护和改善气候生态环境，在省人大农委多次开展立法调研、论证、修改完善基础上，提请省人大常委会审议了条例（草案）。省十二届人大常委会第二十二次会议于2016年7月29日审议通过了该《条例》。该法规对保护和合理开发利用气候资源，加快建设经济强省、美丽河北，将发挥重要的推动作用。

（三）制定出台了《河北省湿地保护条例》。我省湿地类型较多，湿地资源丰富。为加强湿地保护，改善生态环境，推进生态文明建设，在省政府提请审议《河北省湿地保护条例（草案）》基础上，省人大农委开展了立法调研和论证座谈，研究提出了审查报告，并提请省人大常委会审议。省十二届人大常委会第二十三次会议于2016年9月22日审议通过了该《条例》。这部法规的出台，有利于维护湿地生态功能和生物多样性，保护和改善生态环境，促进湿地资源可持续利用。

（四）提请初审了《河北省绿化条例（草案）》。国土绿化是生态建设的主体，是维护生态安全的根本保障。针对我省森林资源总量不足、分布不均、质量不高的状况，省政府提出了提请审议《河北省绿化条例（草案）》的议案，省人大农委组织开展了立法调研和论证座谈，提出了审查报告，并将条例（草案）提请省十二届人大常委会第二十四次会议初审。这部法规的制定，对促进绿化事业发展，改善生态环境，加快建设经济强省、美丽河北，将发挥重要的引领和保障作用。

（五）修改完善了5部涉农地方性法规。根据法制统一的原则，经省十二届人大常委会第二十三次会议决定，对《河北省实施〈中华人民共和国水法〉办法》、《河北省陆生野生动物保护条例》、《河北省农业机械管理条例》、《河北省水文管理条例》、《河北省义务植树条例》等5部法规进行了修订。

（六）开展了草原、节约用水、农产品质量安全等立法调研活动。一是对《河北省草原条例（草案）》进行立法调研和论证座谈，作了进一步修改完善；二是起草《河北省节约用水条例（草案）》，印发设区市人大、部分省人大常委会委员、省直有关部门征求意见；三是起草《河北省农产品质量安全条例（草案）》，印发设区市人大、部分省人大常委会委员、省直有关部门征求意见，为提高立法质量奠定了较好基础。

（七）配合全国人大农委做好立法工作。开展了对《农村土地承包法》修改征求意见和《农民专业合作社法》修改调研活动，将修改意见及时上报全国人大农委。

【充分发挥人大监督的促进和保障作用，农业和农村监督力度明显加大，监督实效进一步提升】一年来，坚持围绕中心、突出重点、注重实效的监督思路，紧紧围绕推动中央和省委关于“三农”工作重大决策部署贯彻落实，综合运用多种监督方式，依法行使监督权，强化监督力度。全年开展专题视察2项，执法调研1项，听取专项工作报告1项，跟踪监督1项，农业和农村监督工作取得明显成效。

（一）推动京津冀绿色协同发展，组织开展京津冀上游生态环境保护和建设情况联合视察。为贯彻落实习近平总书记提出的京津冀协同发展战略，加大京津冀上游自然生态系统环境保护力度，加快构建京津冀生态环境支撑区，邀请全国人大农委和北京、天津市人大常委会主管领导及部分人大代表参加，组成京津冀上游生态环境保护和建设联合视察组，对京津冀上游水资源保护、水土保持、造林绿化、草原和湿地保护等生态环境建设情况进行了视察，形成了《关于京津冀上游生态环境保护和建设情况的报告》。针对京津冀上游生态环境保护和建设中存在问题，提出了抓住重大机遇，加快京津冀生态环境支撑区建设；加强区域合作，健全生态保护和水源涵养补偿机制；加大对京津冀上游重大生态建设项目实施力度；将京津冀上游森林纳入生态公益林保护管理范围等建议。视察成果得到了全国人大常委会吉炳轩、张宝文副委员长和省委领导同志肯定，全国人大农委《人大农业与农村工作》第26期刊发了《河北省人大农委关于视察京津冀上游生态环境保护和建设情况的报告》。省委书记赵克志同志在报告上批示："很好！要向中央有关部门汇报争取。"张庆伟省长批示："发改委会同环保、林业、水利、农业等部门研究推进。请桐利、小平副省长阅。"杨崇勇常务副主任批示："报告很好。反映了张承地区长期以来承担的重任和困难。这次活动达到了很好的效果。分报克志书记、庆伟省长审示"。该视察报告拟提请省十二届人大常委会第二十四次会议审议。目前，省政府有关部门正在根据省领导同志批示精神，研究贯彻落实的具体措施。

（二）深入推进精准扶贫精准脱贫，组织开展全省脱贫攻坚情况专题视察。为推动中央和省委关于打赢脱贫攻坚战重大决策部署的贯彻落实，省人大常委会组成以王刚副主任为组长的脱贫攻坚视察组，在听取省扶贫办等9个部门工作汇报基础上，于2016年9月下旬分三组深入到石家庄等9个设区市及部分贫困县，对我省脱贫攻坚情况进行了视察。从视察情况看，各级政府深入贯彻落实中央和省委扶贫开发工作会议精神，以增加贫困群众收入为核心，以发展富民产业为主攻方向，着力聚焦"六个精准"，实施"五个一批"，推进脱贫攻坚"八大专项行动"，全省脱贫攻坚工作取得阶段性成果。针对当前精准扶贫、精准脱贫中存在的突出问题，报告提出了强化脱贫实效，进一步在精准扶贫上下功夫；强化资金保障，进一步在扶贫投入上加大力度；强化龙头带动，进一步在发挥新型农业经营主体作用上下功夫；强化造血功能，进一步在激发内生动力上下功夫；强化真扶贫，进一步在创新扶贫机制上下功夫等建议。

（三）加强对秸秆综合利用和禁烧决定实施监督，听取审议省政府贯彻落实《省人大常委会关于促进农作物秸秆综合利用和禁止露天焚烧的决定》情况的报告。为加大对《决定》贯彻实施监督力度，推动《河北省人大常委会关于促进农作物秸秆综合利用和禁止露天焚烧的决定》的贯彻实施，省人大农委组织专题调研组，于2016年4月深入部分市县对贯彻实施《决定》情况进行专题调研。省十二届人大常委会第二十一次会议听取和审议了《省政府关于贯彻落实〈省人大常委会关于促进农作物秸秆综合利用和禁止露天焚烧的决定〉情况的报告》，同时审议了《省人大常委会农工委关于贯彻实施〈决定〉情况的调研报告》。会后，将常委会审议意见转省政府研究办理。省大气办在《2016年秸秆焚烧工作方案》中采纳了相关建议。

（四）加强跟踪监督，开展了对省政府落实省人大常委会农村金融服务"三农"视察报告审议意见整改情况的跟踪督办。为推动省政府落实省人大常委会关于农村金融改革创新和服务"三农"情况视察报告审议意见的整改落实，省十二届人大常委会第二十二次会议审议了《省政府关于落实省人大常委会农村金融改革创新和服务"三农"审议意见整改情况的报告》。会后，将常委会审议意见转省政府研究办理。

（五）加强气象防灾减灾，开展了气象灾害防御"两条例"贯彻实施情况的执法调研。为依法做好气象灾害防御工作，避免和减轻气象灾害造成的损失，推动国务院《气象灾害防御条例》和《河北省气象灾害防御条例》的贯彻落实，经省人大常委会领导同意，组成省人大常委会气象灾害防御执法调研组，于2016年7月中下旬，对我省贯彻实施"两条例"情况进行了执法调研。执法调研报告拟2017年提请省人大常委会审议。

【加强为代表服务工作，充分发挥代表主体作用】

（一）积极为代表履职搞好服务。一年来，先后邀请省人大常委会委员、省人大农委组成人员、省人大代表参加省人大农业和农村立法、监督等活动100余人次，充分听取省人大代表意见和建议，较好发挥了人大代表主体作用。

（二）认真办理代表议案和建议。重点承办了李广恩等18名代表在省十二届人大四次会议上提出的关于制定《河北省节约用水条例》、崔慧霄等18名代表提出的关于制定《河北省农产品质量安全条例》、齐秀敏等11名代表提出的关于制定《河北省扶贫开发条例》等3个议案，其中《河北省扶贫开发条例》已出台，节水和农产品质量安全立法正在积极推进；重点督办了吴全、于贵勤、李春坡、侯东升等4名代表提出的关于"大力推进京津冀生态环境保护和建设"的建议，邀请这4名代表参加了京津冀上游生态环境保护和建设情况联合视察，视察报告充分采纳了代表们的意见和建议，代表们对办理结果表示满意。

【加强委员会自身建设，党员干部整体素质和履职能力明显提升】

（一）扎实开展"两学一做"学习教育。按照中央和省委的决策部署，把"两学一做"作为加强党员教育、坚定理想信念、提升党性修养、增强党员素质的重要抓手，组织党员干部深入学习党章、廉洁自律准则、纪律处分条例、问责条例、党内政治生活若干准则、党内监督条例等党内法规，学习习近平总书记在“七一”建党95周年大会、视察唐山、纪念红军长征胜利80周年大会和十八届六中全会上重要讲话，学习省第九次党代会精神，开展“坚定信仰信念，保持党员本色”“强化看齐意识，严守纪律规矩”“勇于担当作为，发挥党员作用”集中学习交流，党支部书记李广恩讲党课5次，党员干部撰写体会文章30多篇，加强了党性修养，提高了党员素质，增强了政治意识、大局意识、核心意识、看齐意识，营造了风清气正的良好政治生态。

（二）深入学习贯彻党的十八届六中全会精神。十八届六中全会闭幕后，组织党员干部深入学习全会精神，大家一致认识到，党的十八届六中全会，正式提出“以习近平同志为核心的党中央”，意义重大，影响深远。要自觉维护、绝对服从、坚决捍卫习近平总书记在全党的核心地位，全面贯彻落实习近平总书记系列重要讲话精神，紧密团结在以习近平同志为核心的党中央周围，在不断强化“四个意识”上统一思想行动，自觉做到政治上维护、思想上信赖、行动上紧跟、工作上落实。

（三）深入开展机关作风整顿。深入学习习近平总书记关于作风建设的重要讲话精神和省委赵克志书记、常务副主任杨崇勇在机关作风整顿大会上的讲话，增强了加强改进机关作风的自觉性；对委员会各项工作制度进行梳理和修订，进一步提高了委员会制度化、规范化水平；积极参加机关“人大讲堂”专题讲座，派人参加人大常委会机关组织的领导干部提升业务能力培训班和学传统、强责任、提升党务干部能力培训班。

（四）开展“三农”政策法制和现代农业创新发展培训。为落实发展新理念、加快农业现代化，以新理念破解“三农”新难题，引领农业和农村新发展，厚植农业发展优势，依法保障农业和农村可持续发展，于2016年6月下旬在秦皇岛举办了全省人大“三农”政策法制培训班，邀请省直有关部门领导和专家就“三农”政策、现代农业、生态文明建设、农村产权制度改革、脱贫攻坚、美丽乡村建设等作了专题讲座。为加快构建现代农业产业体系、生产体系、经营体系，走产出高效、产品安全、资源节约、环境友好的农业现代化道路，于2016年10月中旬委托西北农林科技大学在杨凌举办了现代农业创新与发展培训班，邀请6名专家教授分别就农业经营方式转变、新型农业经营主体培育、现代农业示范园区实践、农业科技创新与发展、农村一二三产业融合发展、旱作节水农业技术与发展趋势、现代畜牧业发展动态等作了专题讲座，并深入杨凌农业园区、农业博览园、农业种植基地和美丽乡村等现场教学，开阔了眼界，拓宽了视野，学到了知识，增强了能力，为做好人大农委工作打下了良好基础。

（河北省人大常委会农工委　闫凌云）

各　市　篇

石家庄市

今年以来，农口上下聚焦全面小康，全面贯彻中央一号文件和中央、省农村工作会议精神，认真落实市委、市政府关于农业农村工作的各项决策部署，以加快发展现代农业为主线，以深化农业供给侧改革为动力，以重点项目为抓手，坚持五位一体、以点带面、统筹推进，圆满完成了年初确定的各项目标任务。2016年，全市农林牧渔业总产值791.1亿元，增加值451亿元。其中畜牧业产值310.6亿元，占农林牧渔业总产值的比重达到39.3%。农业产业化经营率达到66.8%。农民人均可支配收入12345元，增长7.9%。

一、农业园区建设实现新发展

将现代农业园区作为深化农业供给侧改革，引领发展现代农业的重要抓手，按照“突出重点、打造亮点、串点联线、形成片区”的思路，全力推动园区完善功能，提档升级，做大做强。2016，全市新增百亩以上现代农业园区70个，达到261个。总投资150亿元，总产值132亿元，比上年总投资增长70亿元，总产值增长48亿元。鹿泉区君乐宝（乳业）现代农业园区、平山县泓润现代农业园区、晋州市（周家庄）现代农业园区等森11个园区被评定为省级现代农业园区，市级园区达到了51个，在引领现代农业发展，带动农民增收等方面发挥了重要作用。

二、农业综合改革取得新成绩

认真落实中央、省关于深化农村改革的一系列决策部署，积极发展多种形式的适度规模经营，农村土地承包经营权确权登记率由去年的64.8%提高到86.3%，超出省要求6.3个百分点。家庭农场新增245家、实体农民合作社新增449家，分别发展到了1325家和3636家。供销社改革试点任务圆满完成，全市供销社系统共托管土地60多万亩，领办、创办农民合作社3979个，农技服务覆盖了全市70%以上的村。市农村产权交易中心顺利启动运营，并在17个农业县（市）区全部建立起了农村产权交易平台，极大提升了为农服务能力。

三、农业科技创新迈出新步伐

按照市委、市政府关于支持市农科院发展的决策部署，研究出台了《加强市农科院科研目标管理工作的实施意见》，推动完成了赵县农科所整体上划市农科院管理工作，为市农科院加快发展打下了坚实基础。狠抓农业信息化建设，依托大数据中心及石家庄数字农业服务中心，正在进行10个物联网示范基地、17个县级农资监管中心、50个农资经销站（店）的数据建设中，农业的科技化、信息化水平得到了进一步提升。

四、农村生态绿化再上新台阶

全力推进以太行山生态绿化为重点的农村绿化工程建设，今年以来，太行山生态绿化工程共完成人工造林62万亩，封山育林120万亩，超额完成了年初确定的180万亩任务（目前，太行山生态绿化已累计完成240万亩。其中，人工造林92万亩、封山育林148万亩，投入和规模均为历史之最）。在此基础上，完成三北防护林、美丽乡村绿化等造林项目4.3万亩、环省会经济林补植补造8万亩。今年全市共完成造林绿化194.3万亩，森林覆盖率预计达到38.7%，增长1.5个百分点。

五、地下水超采治理取得新进展

编制了《石家庄市地下水超采综合治理规划》，高标准完成了2015年度地下水压采项目建设，并启动了2016年度试点项目。农业节水工程131万亩小麦节水稳产配套技术、5.5万亩小麦保护性耕作技术已完成推广任务，剩余2.4万亩小麦玉米水肥一体化项目田间工程全部完成。水利节水工程已完成投资7648万元，占总投资的94.7%，实现节水灌溉面积4.55万亩，占总面积的83.5%，剩余工程明年3月底前完成。林业项目已完成3.24万亩，占任务的89%。

六、农业生态保护实现新进步

深入推进农业面源污染治理，狠抓农业清洁生产和农业废弃物循环利用。今年以来，完成测土配方施肥推广1000万亩次以上，绿色植保防控推广400万亩次以上，实现了亩均节肥3%以上、节药5%以上的目标；全市农作物秸秆综合利用率达到96%以上，位居全省前列；完成了平山、晋州、新乐、灵寿、正定5个县（市）的病死畜禽集中无害化处理体系建设，全国、全省病死畜禽无害化处理工作现场会分别在我市召开，并介绍了我市经验做法。大力推进农村地区散煤压减替代，完成炉具推广15万台、散煤压减替代60.4万吨，为治理大气污染作出了积极贡献。

七、南水北调工程实现新突破

按照省委、省政府加快南水北调配套工程建设的要求，坚持问题导向，对水厂建设存在的问题，每周一调度，每周一督办。目前，17座县级水厂已全部建成，具备通水条件，并进行试通水。5座市区水厂中，西北水厂调送引江水能力由去年的10万吨提高到了37万吨，东北水厂、高新区水厂、良村水厂已经具备了引江水切换条件，东南水厂主体已完工，正在进行设备安装工作。

八、美丽乡村建设呈现新面貌

按照省委“四美五改”要求，高标准完成了406个省级重点村建设，鹿泉抱犊寨、栾城三苏都市农业游两个省级片区初见成效，平山西柏坡、正定古城两个省级片区档次不断提升。2016年，我市122个村达到了省级美丽乡村精品村标准，占全省美丽乡村总数的六分之一。特别是在融资平台建设上，在全省率先推行了统贷分还模式，已成功争取贷款109.3亿元，为美丽乡村建设提供了资金保障。

九、脱贫攻坚行动取得新成效

按照精准扶贫、精准脱贫的总要求，深入推进脱贫攻坚“七个一批”行动和基础建设“七大工程”。启动了灵寿县3个村、276户、864人的易地扶贫搬迁工作。制定印发了《关于推行最低生活保障线与扶贫线“两线合一”的实施方案》，将低保标准提高到了4000元，符合低保或五保条件的建档立卡贫困户全部纳入政策供养范围，实现了应保尽保。山区教育扶贫、电商扶贫、光伏扶贫、检察扶贫等工作走在了全省前列。今年全市稳定脱贫8.1万人，超额完成超年初计划（6.2万人）。

（石家庄市人民政府）

唐山市

2016年，全市农业农村工作以中央和省、市关于“三农”工作的决策部署为指针，各级各有关部门齐心协力、攻坚克难，开拓创新、真抓实干，农业农村发展保持了良好态势。全市年内实现第一产业增加值 599亿元，增速达3.5%；农村居民人均可支配收入达到15023元，同比增长7.8%。

一、农业结构不断优化

年内全市坚持“稳粮、增菜、上饲、走高端、展特色”，实现“十三五”开局良好。全市粮食总产330.3万吨，比上年增长7.1%；瓜菜总产1570万吨，增长2%，其中设施蔬菜完成35.1万亩，占设施蔬菜面积的41%，市级以上蔬菜标准园达到78个；食用菌生产规模1.56万亩，总产23.4万吨，增长10.3%，新增中药材3.3万亩，新发展林下经济面积15万亩，“粮改饲”累计达到96万亩。全市粮经饲比例调整到55∶41∶4。全市肉、蛋、奶产量分别达到75.5万吨、37.9万吨和175万吨，同比分别增长2%、2%和-4%，水产品产量56万吨，与去年持平。全市各级畜禽标准化规模养殖示范场累计达到360个。肉牛、肉羊饲养量分别达到84万头和230万只，建设标准化规模肉牛、肉羊养殖场40个，规模养殖比例达到40%。建成农业部健康渔业养殖示范场33家，带动池塘生态健康养殖42万亩；开工建设生态开发型海洋牧场2处，唐山海洋牧场被评为国家级海洋牧场示范区。林果产业坚持“增绿”又“增收”，果品种植面积达到249万亩，总产量达到171万吨，产值92亿元，再创历史新高。

二、现代农业园区建设成效突出

全市年内建设国家现代农业示范区2个、创建省级园区10个、认定市级园区44个、建设县级园区49个。滦南县万亩现代林果产业园、滦县燕山山区果品科技园、迁安亚滦湾国家农业创新产业园成为果品基地建设的典型。省、市园区规划面积达154.3万亩，累计投资228亿元，实现产值188.2亿元；入驻园区主体818个，带动周边农民41万人，园区内农民人均收入达到2.04万元,比全市平均水平高出36%；年内培育和创建农业品牌20件，全市农业品牌达到280件，其中中国驰名商标10件,河北省著名商标134件；全市发展休闲观光农业企业672家，其中省级以上星级企业42家，年接待游客572余万人次，产业收入9.7亿元。迁安、迁西、丰南被评为国家休闲农业与乡村旅游示范县，迁西喜峰口板栗园、乐亭丞起被评为国家休闲农业五星级企业。玉田、乐亭、遵化、迁安、曹妃甸等县（市、区）建设了食品加工园区。丰润、乐亭、玉田开展了农业部农产品加工基地示范县建设。

三、农业产业化经营稳步推进

坚持以农业产业化重点项目建设为抓手，推进一二三产融合发展，全市农业产业化经营总量居全省各市首位，农业产业化经营率达到68.4%，在全省各市排第五位。全市年内确定投资1000万以上农业产业化项目200个，年底竣工109个，完成投资105亿元，超额完成目标任务。全市获批省级农业产业化重点项目11个，居全省各市首位，并确定33个市级重点项目实施了侧重推进。全市市级以上农业产业化龙头企业新增64家，达到448家，其中省级重点龙头企业达到71家，国家级重点龙头企业达到5家。全市新发展农民合作社1636家，总数达到6204家，重点抓了30家规范社建设。获批省级示范社36家，总数达到87家，获批国家级示范社4家，总数达到29家，均超额完成了目标任务。

四、生态农业发展成效显著

2016年，全市累计推广测土配方施肥技术920万亩，应用有机肥53.5万亩，示范应用缓释肥114.5万亩。在丰南、滦南、开平实施了地下水压采农业项目试点，实现地下水压采930万立方米。主要农作物农药使用低于零增长基数。全市共有1413家养殖场完成畜禽污染治理设施改造，畜禽粪便资源化利用率达到60%。全市农作物秸秆利用率达到95.1%。推广清洁燃烧炉具21万台，洁净型煤42.5万吨。已建成秸秆压块站59处，年生产能力达到31.4万吨，折标煤23.5万吨，减排二氧化碳61.1万吨。全市农机总动力达到765万千瓦。全市耕、种、收综合机械化作业水平达到85%。市农业物联网公共服务平台已上线试运行，丰南、玉田、迁安、乐亭农业物联网平台投入运行。深入实施荒山绿化、廊道绿化、村镇绿化、沿海绿化、沙地治理和湿地保护与修复等六大造林绿化工程，全市完成造林绿化37万亩，森林覆盖率达到35.6%。

五、农业生产能力不断增强

全市共流转土地176万亩，土地流转率23.4%，规模流转面积126万亩。家庭农场达到890个，专业大户5609个。积极推广土地托管服务模式，培植了滦县百信、玉田集强等10个服务范围大、带动能力强的土地托管服务组织,百信合作社土地托管面积达到10万亩以上。全市共培育土地股份合作社试点11个。探索建立了区域站与供销社、专业合作组织、农资经营企业、益农服务社等服务模式试点33个，建设了27个科技示范基地和8个省级现代农业产业技术体系综合试验站，种养两业名优新品种普及率达到98%。市级以上园区全部与省级以上科研教育或技术推广单位建立了合作关系，在园区建立了院士工作站4个、博士工作站1个；建立了“首席专家+科研团队+基层农技推广机构+新型经营主体”的“金字塔型”科技成果转化快速通道。全市培育新型职业农民8000多人，认定3700多人，培训农民100万人次。

六、产业发展得到有效保障

一是农产品质量安全水平实现新提升。农产品质量安全市创建进展顺利，曹妃甸区、玉田县通过国家农产品质量安全县现场考核验收，有5个县（市）区纳入了省级农产品质量安全示范县创建试点，全市农产品总体抽检合格率达到98.7%。进行了“唐山市农产品质量管理与追溯系统”必备软件和硬件的开发并投入安装验证。全市生猪定点屠宰场47家，新增牛羊鸡定点屠宰场2家。二是动植物疫病防控有效。全面完成春、秋季重大动物疫病集中强制免疫，奶牛场布病结核病净化工作取得阶段性成效。小麦、玉米、水稻、花生专业化统防统治面积303.2万亩，覆盖率达到37.2%，比上年提高5.8个百分点。三是综合执法能力明显加强。全市11个农业综合执法机构全部被评为全国农业综合执法规范化建设先进单位，达标率100%。全市实现农业大综合执法占60%。与工商、公安等部门联合开展打击违法猎捕、贩卖野生动物违法行为专项行动，共查处野生动物案件30起，放飞野生鸟类4.8万只。

七、农村改革不断深化

按照农地所有权、承包权、经营权“三权分离”的要求，以还权赋能为核心，扎实推进农村产权制度改革，着力增强农村发展内生动力。一是扎实推进农村承包地确权工作。严格落实会议调度、督导通报、媒体公示、末位约谈等制度。到年底，全市完成外业权属调查和二次公示无异议土地面积726.2万亩、719.8万亩，占二调耕地面积的86.02%、85.25%，分别超省达年度目标任务6.02个和5.25个百分点。二是稳妥推进土地经营权抵押贷款试点工作。古冶区为泽源温室蔬菜种植农民专业合作社颁发了全市首个《农村土地经营权流转证》，其他县（区）另有5家合作社、家庭农场待审批发证。玉田县成功办理业务14笔，抵押担保金额3170万元，实现了较大突破。三是积极推进农宅合作社建设。全市实施农宅合作社建设17个，累计投入资金4000多万元，已建和筹备建设各种类型农宅院落酒店、农家院、采摘园 70多个，其中9个完成工商注册，5家被评为省级精品农宅合作社。四是大力推进农村股份合作制经济组织发展。全市已发展农村股份合作制经济组织1161个，带动农户12.6万户，辐射2537个行政村，遵化市被评为省级示范县，所辖的11个农民合作社被评为省级示范组织。

八、水源地保护取得新突破

始终把水源地保护做为关系广大群众身体健康和生活质量的大事来抓。全市投资0.9亿元，建设陡河水库封闭治理工程建设。现场督导检查、召开调度会等40多场（次），及时协调解决封闭治理中遇到的各种复杂问题，加快了工程进度。启动了潘大水库养殖清理工作。采取自行清理和依法清理相结合的方法，划分阶段，分步推进，派出工作组驻村，逐村、逐户开展工作。制定了《潘大水库网箱养鱼及其它水面设施设备清理的补助奖励标准》，调动了养殖户清理的积极性，顺利完成了潘大库区网箱养鱼清理工作主体任务。积极谋划潘大库区周边清洁小流域综合整治项目，以水库周边为重点，以小流域为单元，采用水土保持综合防治措施控制水土流失和面源污染，建设生态清洁型小流域，更好地保护水源地。

九、农村人居环境有效改善

年内按照“四美”要求强力开展十二个专项行动。迁安市被评为全省美丽乡村建设先进县，丰南区被评为全省“两改一清一拆”工作先进县，25个重点村被评为省级美丽乡村。年内继续落实《唐山市美丽乡村项目建设管理办法》，通过市县乡村四级联动，全市403个省级重点村共谋划实施项目4012个，投入资金14.5亿元，全部完成目标任务，农村道路、饮水、绿化等水平得到大幅提升。积极探索并引入市场运作模式，加快保洁机制和各项公共服务设施运转维护机制的建设。全市各地都建立起了农村环境卫生长效管护机制，435个试点村推行了 PPP 模式。强力推进2016年确定的10个省级中心村示范点和1个省级中心村示范县（迁安市）建设。全市中心村建设累计完成投资25.1亿元，在建工程主体完工81.2万平方米，入住新居2179户。

（唐山市人民政府）

秦皇岛市

2016年，秦皇岛市深入推进农业供给侧结构性改革，以全市域创建农业可持续发展试验示范区和青龙满族自治县脱贫攻坚为主攻方向，促进农业农村工作又好又快发展，实现了“十三五”良好开局。2016年全市实现农业增加值199.95亿元，增长5.7%；农村居民人均可支配收入达到11621元，增长7.8%；青龙满族自治县贫困发生率降至7.9%。

一、现代农业取得新成效

一是调结构。按照“一减五扩”思路，即减少籽粒玉米面积，扩大林果、油料、设施蔬菜、杂粮和中药材等规模。压减玉米种植面积39.4万亩，首增青储玉米5.8万亩，油料、薯类、食用菌、中药材种植面积同比分别增长5.8%、17.4%、19.9%、35.2%。蔬菜播种面积79.8万亩，其中设施蔬菜39.6万亩。果品总产量92.24万吨。二是扩规模。重点打造抚宁生猪、卢龙肉羊、青龙肉鸡、昌黎毛皮动物等4个品牌。全市备案规模养殖场1075家，拥有部、省级标准化示范场68家。出栏千头以上规模养猪场257家、出栏10万只以上规模肉鸡场65家、出栏千只以上规模肉羊场563家。毛皮动物饲养量达到1200万只。扇贝养殖面积保持在60万亩，标准化养殖40万亩。三是上水平。全市农业产业化经营率达到69.5%。新增省级农业产业化龙头企业8家，总数达到53家。卢龙县、青龙满族自治县获批农业部农产品产地初加工补助试点县。全市71个标志性项目年度完成投资30亿元，国内最大的单体工厂化食用菌生产企业---丰科菌业投入生产。新增省级现代农业园区7家、市级14家、县级29家。新增农民合作社251家（总数达到1883家），其中国家级示范社14家、省级70家；新注册家庭农场142家（总数达到445家）。抚宁宏都集团生猪产业化联合体、昌黎嘉诚蔬菜产业化联合体等6个联合体入选省级现代农业产业化示范联合体。设立8300万元的增信基金，重点解决了企业短期流动资金不足问题。

二、农村发展呈现新动能

一是建设美丽乡村。在美丽乡村建设总体工作考核中，我市位列全省第三名。碣石山片区被评为省级先进片区，卢龙县、昌黎县被评为美丽乡村建设先进县区，卢龙县、北戴河区被评为“两改一清一拆”工作先进县区。完成了186个省级重点村建设任务，其中省级精品村40个。启动实施中心村建设示范点9个、省级中心村建设示范典型5个，建设旅游精品村示范点6个，打造省级农房合作社示范点4个。农村垃圾治理长效机制建设全面推进，90%以上村庄垃圾治理实行市场化运作，比例居全省第一。二是推进山区综合开发。以5个中心片区、20个山区综合开发示范区为重点，成功举办了北京招商推介会暨重点项目集中签约活动，签约项目10个，总投资202亿元。我市被评为全省山区综合开发工作先进单位。三是发展乡村旅游。青龙满族自治县获评河北省休闲农业和乡村旅游示范县。建成国家级休闲农业与乡村旅游示范点7家、省级示范点12家、三星级以上休闲农业园区6家、休闲园区总数达到75家。有5条线路入选全国休闲农业精品景点线路，1条线路入选全省精品路线，13个具有地域特色的农耕文化产品入选《河北名特旅游农产品推介名录》。有6家企业成为全国休闲农业与乡村旅游五星级示范园区、省五星级休闲农业园区、省级休闲农业与乡村旅游示范点，3个村入列省级休闲农业乡村。全年接待游客317万人，社会总收入达到17.6亿元。四是农村电商全覆盖。建立县级服务中心8个，县级物流仓储中心8个，乡级服务中心44个，村级服务站2225个。

三、脱贫攻坚取得新进展

青龙满族自治县"十三五"规划的87个贫困村及贫困人口基本达到了脱贫条件，30085贫困人口稳定脱贫。一是全员动员。以青龙满族自治县为脱贫攻坚主战场，确定了"一年集中攻坚、两年脱贫摘帽、三年巩固提升"的总体目标。市四大家领导包村联户，实施了第一书记、驻村工作组、包村干部和帮扶责任人"四位一体"的工作机制，安排82家民营企业、137位农技特派员、21家驻秦休疗单位协同帮扶。二是产业带动。全县新增板栗2.96万亩、畜禽养殖192万头（只）、中药材3.5万亩、食用菌1500万棒，发展设施蔬菜7200亩，实施手工业扶贫项目25个，4个村级光伏扶贫电站项目成功并网发电，完成屋顶光伏扶贫项目31个。温泉小镇、大冰沟等旅游开发项目成功签约，26个村被列入国家旅游扶贫重点村。三是基础先行。融资4.8亿元实施农田水利工程，投资1.16亿元新建、改扩建农村道路625公里，投入1.1亿元新建网络基站141个、改造633个，解决6600贫困人口的饮水安全问题。四是落实"三保障"。易地扶贫搬迁23个安点已进场施工，1个安置点已完成主体建设。改造危房15179户，其中贫困户5873户。投资2.1亿元开展示范性高中二期、学校基础设施和职教中心实训楼等工程。"三免一助"政策落实率达100%。坚持"两线"合一，将农村低保标准提高到3500元/人/年。新农合参合率达到100%，农村社会养老保险参保率达到100%。五是加大投入。市财政投入5239万元、贷款1亿元，支持青龙满族自治县脱贫攻坚。青龙满族自治县整合财政涉农资金1.2亿元，争取政策性贷款15亿元。累计发放各类金融扶贫贷款8.7亿元，扶持企业、农户5600余家。

四、生态建设迈出新步伐

一是管水治水。在全省率先推行"河长制"，市委书记、市长分任总河长、副总河长，市四大班子领导分包17条入海河流，落实县乡级河长1576名。市级河长率先垂范，坚持"五到四从四多"工作法，深入一线，用脚丈量，努力把河流管得住、管得好。8条主要河流水环境功能区达标率同比提升13.8%，3条河流恢复Ⅲ类水质，海水浴场水质达到Ⅰ类水质标准，同时也为成功战胜"7·20"特大暴雨洪灾提供了坚强保障。推进水利项目建设，总投资2.5亿元的引青三期工程如期竣工，完成卢龙县坡耕地水土流失综合治理试点、7条小流域综合治理工程、引青灌区续建配套和节水改造等项目建设，总投资6481万元的28座新增小型病险水库列入国家规划，其中25座已经完工。二是增绿增湿。完成造林绿化面积31.94万亩，为省下达计划的322.2%。森林覆盖率提高到46.75%。北戴河沿海湿地建设保护列入全国"十三五"规划，青龙湖国家湿地公园试点、一渠百库省级湿地公园、七里海湿地改造提升、戴河湿地公园完善提升、石河南岛湿地保护修复等项目全面推进。三是治理污染。国家级农作物秸秆全量化综合利用示范县及农业清洁生产---蔬菜尾菜处理示范县、地膜回收示范县项目通过验收。化肥、农药使用量均降低了10%，农膜回收率达到80%以上。畜禽规模养殖场减少COD排放3600吨，农作物秸秆综合利用率达到96%以上。推广高效清洁燃烧炉具8155台、生物质压块清洁燃料3.1万吨，实现农村压减替代燃煤8.1万吨。四是土地治理。完成土地治理项目5个，建设面积3.95万亩。其中高标准农田建设项目2个，建设面积2万亩；生态综合治理项目3个，建设面积1.95万亩。

五、各项改革实现新突破

一是加快农村产权制度改革。农村土地承包经营权确权登记颁证面积282.5万亩，占二调耕地总面积的98.4%。土地流转面积74.4万亩，流转率达29.4%。二是推进供销社综合改革试点。全市所有乡镇全部组建基层社，领办农民合作社总数达到956家，注册成立农民合作社联合社126家，建成乡镇综合服务中心70个、村级服务社577个、合作金融超市24家，农产品购销网络日臻完善，特色农产品销售量同比增长20%。三是力促水利改革发展。推行河长制管理，构建了"党政齐抓、部门联动，上下共管"的河长制工作格局。开展水资源税改革试点工作，完成4000余户次水表核定工作，征收水资源税2300万元。在全省"实行最严格水资源管理制度"考核中获优秀档次。

（秦皇岛市人民政府）

邯郸市

2016年，邯郸市认真贯彻落实中央、省、市农村工作会议精神，紧紧围绕现代农业强市建设，以农业结构调整为主线，以现代农业园区建设为抓手，以发展高端设施农业、美丽乡村建设、农业产业化化经营、农村改革为重点，强化顶层设计，统筹推进部署，搞好督导检查，培育典型样板。大力推进农业供给侧结构性改革，全市农业呈现稳中有进、稳中向好的发展态势，为全市经济社会发展提供了强有力支撑。实现了"一稳三快"、坚守住"三条底线"。"一稳"即：农业生产形势稳。全市粮食产量109.3亿斤，居全省第一；蔬菜总产量1255.6万吨，总产值278亿元，产量、产值再创新高，其中设施蔬菜生产位居全省第一；肉、蛋、奶、水产品总产量分别达到70.3万吨、114.6万吨、24.66万吨和3.6万吨。"三快"即：现代农业园区发展快，全市创建省、市、县、乡四级园区总数达到179个，其中省级13个，在全省并列第二；农业结构调整步伐快，畜牧业产值占农业总产值比重增加3百分点，粮食播种面积占农作物播种面积调减近1个百分点；特色产业扶贫进度快，牵头推进特色产业扶贫，带动全市15万人实现稳定脱贫。"三条底线"即：农业领域安全生产，没有发生大的安全生产事故；农产品质量安全监管，没有出现大的农产品质量安全事件；重大动物疫病防控，没有发生大的动物疫病疫情。

一、农业供给侧结构性改革初见成效

一是推进种植业结构调整。先后印发了农业结构调整规划、种植业结构调整推进方案、玉米结构调整指导意见和大力发展高端设施蔬菜推进方案等一系列文件，明确全市种植业结构调整的工作思路、任务目标和工作重点。立足资源禀赋、市场需求，科学优化区域布局，培育规模优势产业，开发区域特色产业，加快形成粮经饲统筹、种养加一体的新型现代种植业结构。在粮食实现"十三连丰"，总产达到109.3亿斤的基础上，粮经饲比例得到优化，由上年的67:32.7:0.3调整到66.1:33:0.9。实现了 "一稳、二减、四增"，即油料面积稳定在60万亩；压减籽粒玉米15万亩（粮改饲10万亩、镰刀湾地区调减5万亩），棉花面积由123万亩调减到110万亩；设施蔬菜面积由190万亩发展到195万亩，中药材由15万亩发展到18万亩，食用菌由4.8万亩发展到6万亩；饲用作物增加10万亩，发展到15万亩。

二是推进畜牧业转型升级。全市生猪、家禽、肉牛、肉羊存栏分别达到346万头、10200万只、40万头、341万只。全市畜牧龙头企业达到174家，其中国家级龙头企业2家，省级重点龙头企业16家。全市谋划、新建和在建畜牧项目总投资额超过120亿元，其中超亿元项目8家。推进畜禽标准化规模养殖，全市建成部、省级示范场10个，新建或扩建万头猪场5个、存栏5万只以上的蛋鸡场3个、年出栏5万只以上的肉鸡场6个、年出栏5万只以上的肉鸭场2个、年出栏千只以上肉羊场8个。推进畜牧业绿色发展，科学划定了畜禽养殖禁养区和适养区，关闭、改造、搬迁养殖场62个，武安市整县推进畜禽粪便综合利用。完善畜禽良种繁育体系，新建成智寿源、曲周中道2个高标准种公猪站，曲周北农大禽业入选国家蛋鸡良种扩繁基地。

三是推进高端设施蔬菜发展。制定了《发展高端蔬菜促进蔬菜产业提质增效推进方案》，以发展高端设施蔬菜重点，着力推行设施高档化、销售品牌化、装备机械化、栽培生态化、市场信息化，促进了蔬菜产业结构调整和转型。全市创建2个部级蔬菜标准园，高端蔬菜面积达到16.65万亩。同时，克服早春低温、春季市场价格滑坡、"7·19"特大暴雨灾害等不利条件，蔬菜产业实现稳步发展。全年蔬菜播种面积达到301.5万亩（其中设施蔬菜195.2万亩）、总产量达到1255.6万吨，实现产值278亿元，同比分别增加5万亩（其中设施蔬菜4.7万亩）、46万吨和8亿元。9月20日，我市组织15家合作社（农业企业）70多个产品，参加了京津冀首届蔬菜产销对接大会，我市产品展示设计获组委会优秀创意奖，"鸡泽辣椒"被评为河北省十大地方特色蔬菜，永年甘蓝、鸡泽辣椒、成安草莓被列入河北省十大类单品蔬菜基地。

四是推进渔业生态健康养殖。2016年，全市养殖面积为2571公顷，水产品产量为3.64万吨，其中：养殖产量2.38万吨、捕捞产量1.26万吨。大力推进水产标准化健康养殖，6个规模渔场完成标准化池塘改造。积极发展休闲渔业，推广热带鱼、锦鲤等观赏鱼养殖，引导养殖户发展垂钓渔业，创建磁县学文渔场为省休闲渔业示范基地。开展渔业增殖放流，利用国家、省资金150万元，在岳城水库、永年洼放流苗种25万斤，有效增加了渔业捕捞资源。加强渔业良种繁育，永年鑫众泥鳅养殖合作社成功繁育泥鳅1.5亿尾，曲周红鳍原鲌良繁场开展大鳞鲃养殖繁育。

二、现代农业园区发展态势良好

邯郸市按照"生产要素集聚、科技装备先进、管理体制科学、经营机制完善、带动效应明显"的总要求，以建设"一二三三产融合、产加销游一体、产业链条完整"的现代农业园区为主导方向，通过狠抓行政推动、管理服务机构、制度机制、核心区建设以及项目与资金投入等工作，有效推动了全市现代农业园区建设发展。市委、市政府办公厅印发了《关于加快现代农业园区发展的实施意见》，市政府出台了《邯郸市"金园通"现代农业园区发展基金融资贷款管理办法》，市农牧局印发了一系列关于园区建设的实施意见、建设标准、认定管理办法、推进建设方案。市、县两级成立了由政府主要领导任组长的园区建设领导小组和县级干部任主任的园区管委会。截至2016年底，全市建成13个省级、27个市级、139个县乡级现代农业园区，总数达到179个，形成省、市、县、乡（镇）四级园区相互衔接、相互补充的梯次配置结构。2016年，全市园区产业发展态势良好，园区实现产值275亿元、销售总收入226亿元、利润70亿元，其中13个省级园区实现综合产值185亿元，带动农民总人数56.9万人，园区内从业农民人均可支配收入高出县域平均水平35%。现代农业园区已成为引领现代农业发展的聚集区、示范区、先行区，为全市经济社会发展大局提供有力支撑。

三、农业生产全程机械化水平进一步提升

2016年，邯郸市全力推进主要农作物生产全程机械化，实现了“六高六快”。一是农机装备总量高速增长，农机装备结构快速优化。全市农机总动力达到1552万千瓦，同比增加22万千瓦，总量在全省位居第二。二是农机技术推广应用高速推广，农机化综合水平快速发展。全市推广保护性耕作、机械植保、籽粒收获、粮食烘干等11项技术，农作物机耕、机播、机收水平分别达到96%、78%、69%，耕种收综合机械化水平达到77%。三是农机化管理服务水平高速提升，服务组织快速扩大。全市农机专业合作社达到218家，其中，国家级2家、省级6家、市级16家。四是农机购置补贴指导力度高度集中，农机化项目示范带动效应快速发力。2016年，农机购置补贴全力向玉米收获机械倾斜，玉米收获机械达到7133台。同时，落实农机化项目资金 1.9亿元。五是农机安全生产氛围高度形成，安全操作理念得到快速普及。全力推进 “平安农机”示范创建工作，严格杜绝了农机违章重特大事故的发生。六是农机化生产效益得到高速提升，农机化发展方式实现快速转变。全市农机化经营总收入达到27.8亿元，比2013年增加1.6亿元，年平均递增2%。成安县被确定为“全国小麦玉米全程机械化试点示范县”，馆陶县被确定为“河北省小麦玉米全程机械化示范县”。

四、农村新能源开发利用取得新突破

实施农村能源清洁开发利用工程，完成高效清洁燃烧炉具推广替代4.5万台。加强农村原煤散烧治理，实施原煤清洁燃烧改造，鼓励引导农村居民使用民用新型高效清洁燃烧炉具，并因地制宜推广天然气、地热、太阳能、秸秆能源化等多种燃煤替代模式，完成压减替代散煤40万吨任务指标。搞好省级循环生态农业模式试点，推进成安县、临漳县沼气循环生态农业模式试点项目，基础设施以及沼渣、沼液有机肥生产线已经完工，并开展试生产。建成大中型沼气工程1处：魏县军光养殖有限公司粪便处理沼气工程，累计达到66处。推进秸秆综合利用，推广秸秆肥料化、饲料化、基料化、能源化，全市秸秆综合利用率达到95%以上。

五、农业可持续发展取得新进展

推进地下水超采综合治理，全市完成农业节水项目163.1万亩，总投资2.23亿元，实现压采能力10245万立方米。开展农业使用化肥零增长行动，全市测土配方施肥推广面积1226万亩（次），建设智能配肥站29个，耕地地力监测点50个，化肥使用量与上年持平。开展农业使用农药零增长行动建设病虫害专业化防治组织865个，专业化防治实施面积达到645.2万亩次，小麦、玉米统防统治覆盖率达到37%，全市农农药用量增长率下降1个百分点，高效低毒低残留农药应用比例提高5个百分点。推进畜禽规模养殖场粪污治理，因地制宜推广畜禽粪污综合利用技术模式，完成95个规模养殖场治理任务。全市建设地膜回收加工企业5家，废旧地膜回收网点41个，农膜回收覆盖面积83万亩。

六、农产品质量安全监管水平持续提升

大力推进馆陶、鸡泽两县开展省级农产品质量安全示范县创建。农产品监管体系进一步完善，全市各县（市、区）成立了农产品质量安全监管机构，监管人员达到471人；建成15个县级农产品检测站，落实人员编制146人；全市214个乡镇成立105个农产品质量安全监管服务机构。积极开展“三品一标”认证，全市新增“三品一标”企业24个，无公害农产品累计认证29家企业66个产品，绿色食品累计认证21家企业63个，有机农产品累计认证1家企业3个产品，地理标志产品5个。全市农业标准化覆盖率粮油达到50.9%，蔬菜无公害标准化生产覆盖率达到53%，水产标准化养殖覆盖率达到45.6%，畜牧标准化养殖覆盖率达到45.39%。深入开展“瘦肉精”、蔬菜农药残留等七大专项整治方面，全市共出动执法人员31612人次，检查生产企业2960家，检查养殖场1.7万场次，整治销售市场172次，发放资料8.5万份，媒体宣传68次，指导培训23次。全年累计抽检“瘦肉精”3.16万批次，其中市级监测“瘦肉精”360批次、抽检472批次，确证监测4批定性为阳性的样品，移交市公安局食药支队处置。全年共抽检畜产品1342批次，合格率达到99.7%；抽检蔬菜产品21178个，合格率99.88%。

七、重大动物疫病防控稳步推进

按照市委、市政府动物防疫工作一系列决策部署，坚持“加强领导、密切配合、依靠科学、依法防治、群防群控、果断处置”的基本方针，进一步强化动物防疫目标管理责任制，加强动物防疫队伍建设，建立了市县乡村四级动物防疫体系，落实村级防疫员5485名。实施春、秋两季重大动物疫病强制免疫，免疫密度达到100%，抗体合格率达到80%以上，持续搞好疫病监测和流行病学监测和人畜共患病综合防控。全面推进病死畜禽无害化处理，建成武安、磁县集中无害化处理场，经化制无害化处理病死猪2.1万头、牛98头、禽18.5万羽、羊519只、其它103头（只）。抓好动物卫生监督执法，持续加大违法案件的打击力度，全市累计出动执法人员382人（次），检查兽药经营门市190家（次），规模养殖场230家，动物诊疗门诊22家，查处违法案件9起。及时充实应急物资，建立健全动物疫病应急预案。通过全局上下的一致努力，市域内没有发生重大动物疫情，对阻断动物疾病传播，守好河北南大门，保障动物类食品安全做出了积极贡献。

八、灾后农业生产恢复进展顺利

“7·19”特大洪涝灾害对邯郸市农业生产造成严重影响，永年、武安、磁县、鸡泽、涉县和峰峰矿区较为灾情严重。据农业部门统计，全市农业直接经济损失22.91亿元。其中，种植业：受灾251.9万亩，成灾137.3万亩，绝收66.97万亩，经济损失18.27亿元；畜牧业：畜禽死亡149.8万头（只），圈舍损坏30.18万平方米，经济损失2.69亿元；渔业：水产品损失1万吨，经济损失1.95亿元。灾情发生后，按照市委、市政府总体部署，各有关部门迅速行动，动员各方力量，全力以赴搞好核实灾情、制定方案、灾害防御、疫病防控、争取资金、恢复生产等农业灾后生产自救工作。全市改种农作物15.7万亩，修复大棚7624个、养殖场1462个、鱼塘3800余亩，无害化处理畜禽尸体143.93万头(只)，畜禽圈舍和环境消毒10221万平方米。

九、农业产业化发展水平持续提升

牢固树立和贯彻落实创新、协调、绿色、开放、共享的发展新理念，以农业供给侧结构性改革为主线，以农业增效、农民增收、农村繁荣为目标，以发展农产品加工业为重点，强龙头，上项目，抓园区，建基地，实现了农业产业化经营的跨越式发展。全市农业产业化经营率达67.03%，高于全省平均水平0.3个百分点。农产品加工业产值达到703亿元。龙头企业数量全省第一。已建成市级以上农业产业化重点龙头企业498家（新增30家），其中省级75家（新增13家）、国家级6家，均居全省第一。销售收入亿元以上龙头企业达到了68家，10亿元以上的6家，200亿元以上的1家。全市共有20家农业产业化企业分别在深交所、港交所、天交所、新三板、上海股权托管交易中心上市融资。新增高新技术企业7家，累计达到28家。新增国家技术（研发）中心1家。省级以上企业技术中心达到6家，其中国家级1家。2016年，肥乡“圣雪海羊绒”、鸡泽“天下红”被国家工商总局认定为中国驰名商标，总量达到12件。五得利面粉集团有限公司、华裕农业科技有限公司入选“河北省十大农产品企业品牌”，“鸡泽辣椒”入选河北省名优农产品区域公用品牌，“武安小米”、“永年蔬菜”入选河北省十佳农产品区域公用品牌。国家地理标志保护产品达到7件、国家农产品地理标志认证达到5件、国家农产品地理标志认证商标达到4件、105家企业通过了ISO9000国际质量体系认证、56家企业通过 HACCP 食品安全国际管理体系认证。

十、美丽乡村建设成效明显

贯彻落实省委“四美”乡村建设决策部署，把美丽乡村建设作为如期全面建成小康社会的现实抓手，确定了“全面启动、重点突破、点面结合、梯次推进”的总体工作思路，在全市面上所有村庄开展“3+X”工程【“3”，指全域推进“净、绿、富”；“X”，指围绕省“十二个专项行动”的要求，重点村缺什么、补什么，实现全面达标；非重点村自选“X”项目启动美丽乡村建设，为进入重点村创造条件】，每年打造一批精品示范片区和精品示范村，高标准完成省十二个专项行动任务，有效推动农村面貌发生了可喜变化。2016年全市完成501个省市级美丽乡村重点村建设任务，连片建设1了个省级片区、4个市级片区、14个县级片区，累计创建了145个省级美丽乡村，打造了一批特色鲜明、示范带动效应明显的特色小镇，继馆陶县“粮画小镇”寿东村入选“2015年中国十大最美乡村”之后，邯山区“枣乡小镇”小堤村入选“2016中国十大美丽乡村”，成为“四美乡村”的典型代表。央视第四届“寻找中国最美乡村颁奖典礼”在我市举办。2016年，全市美丽乡村建设“十二个”专项行动、农村改厕、“两改一清一拆”、涉县太行红河谷片区建设以及创建省级美丽乡村总量等多个方面均列全省第一。

十一、农村重点领域改革不断深化

按照省、市农村改革安排部署，深入推进农村重点领域改革，围绕确权、赋能、搞活等关键环节，探索实践以确权明产权、以交易活资产、以资产变资本的农村产权改革。全市累计完成农村土地承包经营权确权登记颁证面积909.81万亩，全市有16个县建成农村产权交易市场，累计发布产权挂牌出让、受让信息1700多宗，完成农村产权交易鉴证项目880宗，完成农村产权交易进场成交项目350宗。培育规模经营主体（50亩以上）8198个，经营面积151.34万亩，221个村开展了以土地股份合作社为载体的扶持壮大农村集体经济发展试点，农村集体产权制度改革工作在全市16个村开展了试点工作。创建省级示范家庭农场28家，数量位居全省第一；创建市级示范家庭农场120家。肥乡区索家寨村农宅合作社等6个合作社成功争列省级精品农宅合作社（全省共确定54个）。培育农村股份制合作经济组织1064家，辐射行政村3256个，带动农户总数520431户。曲周县在2016年被省农村工作领导小组办公室授予全省股份合作制经济发展示范县。曲周东刘庄棉花棉花种植专业合作社等9家农村股份合作制经济组织被授予河北省农村股份合作制经济示范组织。

（邯郸市人民政府）

邢台市

2016年，邢台市深入贯彻落实中央、省关于农业农村发展的各项决策部署，坚持创新、协调、绿色、开放、共享的发展新理念，切实把握协同发展、转型升级、创新突破、跨越赶超主基调，农业和农村经济实现了持续较快发展。全市农林牧渔总产值477.6亿元，同比增长1.0%，农村居民人均可支配收入10006元，同比增加9.3%。

一、农业生产保持稳定

按照“稳粮、压棉、扩菜、增果、强畜牧”总体思路，农业结构调整有序推进，粮食种植面积保持在合理稳定水平，全市粮食播种面积1111.5万亩，总产457.5万吨。肉、蛋、奶、水产品分别完成34.6万吨、54.4万吨、29.9万吨、0.88万吨。压减棉花种植面积21.8万亩，集中打造威县、南宫、广宗等传统优势县。全市主要农作物耕、播、收综合机械化水平达到84.5%，比去年增0.5个百分点。积极促进蔬菜产业提质增效，完成10万亩高端设施蔬菜建设任务，实施部级蔬菜生产标准化创建项目2个。围绕我市八大果品基地，重点发展壮大山区干鲜果品产业、威县梨产业等特色产业，全市经济林总面积达251.43万亩，果品产量12.87亿公斤，产值49.40亿元。以标准化规模养殖场创建为抓手，做优做强畜牧业，新创建4个部级、3个省级、20个市级、50个县级畜禽养殖标准化示范场，总数达到240个，带动了全市标准化、规模化养殖水平。

二、农业产业化快速发展

农业产业化率达69.0%，比上年增长1.8个百分点。全市谋划和实施1000万元以上农业产业化项目260个，其中：亿元以上项目149个，比上年增加30个；5亿元以上项目44个，比上年增加13个；10亿元以上24个，比上年增加9个。临西县光明集团食用菌项目、宁晋玉锋玉米深加工等投资亿元以上农业产业化重点项目进展顺利。市政府于2016年10月26日上海国际食品博览会期间与上海光明集团签署合作备忘录，开启了我市农产品迈向国际市场的新征程。全市新签约农业项目131个，合同金额达360亿元，到位资金150亿元。5月14日，省政府时任省长张庆伟同志来邢调研时，对我市现代农业发展给予充分肯定，并提出要在全省推广。

三、农业园区建设成效显著

按照完善省级、提升市级、带动县级的思路，不断提升园区建设水平，扩大覆盖范围。全市20个县（市、区）已成立了农业园区管委会，管委会主任由县级干部担任。落实省级“现代农业园区一二三产融合试点项目”和“以奖代补资金项目”，今麦郎食品有限公司荣获“全国一二三产融合发展领军企业”称号，临城、沙河、宁晋、威县等4个县跨入省级园区行列，实施项目资金2760万。市、县级财政投入资金3.63亿元用于现代农业园区建设。我市现有国家级现代农业示范区1家，省级现代农业园区13家，市级现代农业园区44家，省级现代农业园区数量与邯郸、保定并列全省第一。全市在建设条件允许的178个乡、镇、街道办事处建设了145家现代农业园区，实现了按照省、市关于“每个乡镇都要建农业园区”的目标任务。

四、扶贫攻坚稳步推进

圆满完成了全年脱贫攻坚任务，预计可实现内丘、临西、任县、南和4个县脱贫摘帽，502个贫困村脱贫出列，9.86万贫困人口稳定脱贫。一是产业扶贫项目稳步实施。新增优质林果、中药材、设施蔬菜2.87万亩，存栏牲畜1.26万头（只）、家禽89.3万羽，发展家庭手工业扶贫户1706户，新增电商扶贫户826户，发展光伏扶贫户8290户，发展旅游扶贫户338户。二是贫困村面貌得到提升。完成了502个贫困村的街道硬化亮化、卫生室、文化广场，以及水、电等基础设施建设，并在全省率先启动并实施了内丘县3个村983人的易地扶贫搬迁工程。三是脱贫攻坚各项政策有序落实。把农村低保标准提高到了3300元/年，实现了低保线和扶贫线“两线合一”，共发放农村低保资金3.4亿元。资助贫困群众参加基本医疗保险25.8万人，支出资金3100万元。直接医疗救助（门诊和住院）3.94万人，支出资金6131万元。完成贫困劳动力就业技能培训9303人。扶持贫困家庭学生4153名。四是产业扶贫模式不断创新。探索创新了“资金入股”、“资产收益”等产业扶贫新模式，投入财政扶贫资金3.82亿元，实现了7.6万贫困群众入股企业分红。特别是威县的“金鸡帮扶”项目经验得到了中央和省领导的关注和认可，中央政治局进行了专题学习，并要求在全国推广复制。2016年9月26日，全国产业扶贫现场观摩会与会代表参观了我市威县和广宗县的产业扶贫项目，我市产业扶贫经验得到与会代表的高度评价和认可。

五、科学应对“7·19”特大洪灾

“7·19”暴雨洪灾发生后，在党中央、国务院高度关注和省委、省政府的坚强领导下，在以省委时任副书记赵勇为组长的省工作组具体指导下，全市上下、党政军民以战斗的姿态紧急行动起来，迅即开展了扎实有效的抗洪抢险救灾斗争。一是紧急动员，迅速把工作中心转移到抗洪抢险救灾上来。7月19日以来，根据汛情发展，我市启动了Ⅳ级应急响应，并及时将响应等级提升到Ⅱ级，市区由Ⅱ级提升到Ⅰ级，全市党政机关和事业单位取消节假日和休假，把抗洪抢险作为压倒一切的中心工作。8月9日，省政府时任省长张庆伟批示指出，“邢台市委、市政府组织全市使防汛抗洪抢险救灾工作取得了阶段性进展，在蓄滞洪区、排除天然气管道险情等方面做了贡献。”二是科学调度，最大限度地把灾害损失降至最低。7月16日以来，全市共紧急转移群众23.96万人，其中山区地质灾害涉及村9.6万人。充分发挥水库、河道、蓄滞洪区调峰减灾作用，最大限度地减少人员伤亡和受灾程度。三是以人为本，妥善解决受灾群众的基本生活保障。扎实开展“吃、穿、住、用、医”保障行动。全市安置点406个，集中安置23214人。民政部门共发放救灾物资756765件，有力保障了受灾群众的基本生活。四是加强应对，努力做好舆论引导和宣传工作。7月23日，市委、市政府连续召开了2场新闻发布会，及时向社会公布我市受灾情况。全面立体报道我市抗洪救灾的先进典型、办法举措和进展成效，在省、市两级媒体推出先进典型集体72个，先进个人85名。

六、农村改革充满活力

一是农村土地确权登记和土地流转顺利开展。农村土地确权登记完成面积297.91万亩，超额完成年度目标任务。全市土地流转面积达280.12万亩，占耕地面积的30.05%，居全省第二。全市共挂牌成立市、县农村产权交易中心18个，实现全覆盖，提前一年完成建设任务。二是农村集体产权股份合作制改革稳步推进。连续两年位列全省首位，累计完成改革村数（117个）和注册合作社数量（108个）稳居全省第一，全省农村股份合作经济发展现场会在沙河市召开，进一步扩大了我市改革在全省的影响力。三是家庭农场发展迅速。注册登记家庭农场达到2035家，比去年增加1116家，评定市级示范性家庭农场163家。四是供销社综合改革成效显著。全市供销社系统领办农民合作社2621个，组建综合类和专业类农民合作社联合社278个，覆盖了80%以上的行政村。积极推进“新农协”建设，形成内丘金店模式，全方位服务群众生产生活，全国总社主任王侠对创建“新农协”给予了肯定。《中国改革报》先后两次对内丘“新农协”模式，进行了大篇幅深度报道。

七、生态建设不断加强

一是围绕创建国家森林城市目标，完成人工造林59.06万亩，占造林任务57.83万亩的102%。特别是国家储备林基地项目目前到位贷款金额12.6亿元，位列全省第一。全省造林新技术新模式现场推进会在我市召开，省委书记赵克志就我市“郝氏造林法”要求在全省学习推广。在唐山世界园艺博览会上，邢台园作为88个园中唯一以动态景观为主的城市园，获得组委会金奖。二是美丽乡村建设顺利实施。全市394个省级重点村的建设规划和设计已全部完成，12个专项行动的建设项目全面开展，任务完成率达95%以上。确定的33个特色小镇已初步建成，待市评估验收。各县（市、区）融资平台全部建立，筹集资金8.49亿元。三是山区综合开发工作，在去年启动建设10个示范区的基础上，2016年又启动建设了24个示范区。总区域面积38.2万亩，完成投资14.89亿元，新增造林面积4.04万亩，完成道路建设275公里，整修水渠49.12公里，新建水利设施175处，安装电线10.18万米，其它配套设施43台套。四是全面推进地下水超采综合治理工作，2016年，地下水超采治理完成投资10.5亿元，压采地下水1.9亿立方米。五是国家水生态文明城市创建工作，2016年是试点建设的收官之年，我市大力推进农业水价、小型水利工程体制机制等改革，实施了地下水压采、农村饮水安全等一批重点水利工程，最严格水资源管理制度、水资源安全保障、城市防汛抗旱、城乡水生态保护与修复、魅力邢襄水文化五大体系基本建成，大力推进河道综合整治工作，累计落实资金2.17亿元，全市水生态环境明显改善。

（邢台市人民政府）

保 定 市

2016年，以大力推进农业现代化为统揽，坚持“创新强农、协调惠农、绿色兴农、开放助农、共享富农”的工作新理念，坚持“协同发展、转型升级、又好又快”的工作主基调，坚持“提质增效转方式、稳粮增收可持续”的工作主线，团结拼搏、共克时艰，圆满完成了各项任务目标，农业经济保持了稳中有进的良好态势，为“奋进十三五、实现新跨越”创造了良好开局，主要表现为“一实现、两优化、三突破、四提升”。

一实现，就是提前实现“一县一精品、一乡一园区”建设目标。年内新增省级园区10个，认定精品特色园区30个，评审市级园区41个，全市省级、市级园区覆盖率分别达到56%和260%，形成了以14个省级园区为引领、60个市级园区为骨干、30个精品园区为特色、100个县级园区为基础、283个乡镇园区为补充的园区可持续发展格局。

两优化，就是农业生产结构、科技支撑体系不断优化。大力推进农业供给侧结构性改革，农业结构不断优化，“粮经饲”比由76.3∶22.2∶1.5调整到74.5∶23.5∶2；畜禽养殖规模化率达到60%以上，良种覆盖率达到98%，综合机械化水平达到78%。

三突破，就是在农村改革、产业扶贫、绿色发展实现新突破。启动实施农村集体经济股份制改革试点，新增经营主体近2000家，农村土地确权登记超额完成省定任务，土地流转率跃升全省第四。牵头推进特色产业扶贫，阜平“四种两养”、涞水“4+1”、涞源“3+2”等产业精准帮扶方式带动效果明显。积极开展农业面源治理，农业环保路径更加明确，构建形成了“小、中、大”粪污处理循环系统；化肥使用量接近零增长、农药使用量实现零增长。

四提升，就是在农村龙头企业、农业产业化项目、农业基地规模、农业品牌实现新提升。市级重点龙头企业发展到360家，省级发展到54家，国家级发展到2家。全市共确定212个重点项目，计划总投资565亿元，前三季度实际完成投资82亿元。212个个项目中亿元上项目108个，与去年比增加27个，投资30亿元以上的项目5个。全市符合农业部统计标准的专业村达到371个，专业村主导产业从业农户38.9万户，总收入120.94亿元，专业乡镇27个，专业乡镇主导产业从业农户14.5万户。

一年来，全市农业系统攻坚克难，拼搏进取，着力抓好十个方面重点工作：

一是大力推进农业供给能力提升。粮食总产535.3万吨，播种面积和总产均列全省第二位；蔬菜总产达到890.2万吨；肉、蛋、奶、水产保持稳定；全市食用菌、马铃薯年产量分别突破15万吨、5万吨，种植面积大幅增长；中药材产值达到10.8亿元。

二是大力推进农业园区提档升级。建成现代农业园区100万亩，新增省级园区10个，累计达到14个，新认定数和总数均居全省第一；新增市级园区41个，评审认定市级精品特色园区30个。全市166家工商企业、221家农民专业合作社参与园区建设，投资总额达295.41亿元，其中企业投资198.58亿元，带动农户40.43万人。

三是大力推进农业生产结构调整。调减籽粒玉米40.45万亩，发展青贮玉米24.5万亩，改种杂粮、食用菌、中药材等优势特色作物26万亩；建成高端设施蔬菜45万亩，完成季节性休耕20万亩。畜禽养殖“三区”划定全部完成，整治养殖场（户）16个；大力推进标准化养殖示范场创建活动，新建部级示范场5个；15个奶牛小区实现管理升级改造，奶牛单产由22公斤/天/头提高到25公斤/天/头；徐水大午蛋鸡，定兴荣达肉鸡，唐县唐尧、振华肉羊，涿州连生肉羊等链条经济，带动3.2万养殖户稳定增收。在白洋淀、王快水库、西大洋水库放流水产苗种5.2亿尾（粒），改善水域生态环境，促进渔业增效、渔民增收。

四是大力推进一二三产融合发展。省级园区全部配套建设了农产品加工区、仓储物流区、休闲观光区，农业功能不断拓展，实现全产业链经营的园区占60%以上。发布14条以“农业、农村、农事”为主题的休闲农业和乡村旅游精品线路，其中4条入选农业部发布的精品景点线路。全市休闲农业和乡村旅游企业486家，从业人员1.65万人，带动农户2.75万户，年接待游客突破900万人次，营业收入8亿元以上。

五是大力推进质量安全监督管理。围绕食用农产品质量安全“清源行动”和“瘦肉精”、禁限用农药、兽用抗菌药、“三鱼两药”、畜禽屠宰“扫雷”、生鲜乳、农资打假等八项专项行动，严格落实监管责任，深化突出问题整治，全面加强源头管控，共抽检各类产品19.9万批次，同比增加3.6万批次，合格率99.6%，高于全国、全省平均水平，未发生农产品质量安全事件。

六是大力推进重大动物疫病防控。积极推进疫病防控体系建设，构建了市、县、乡、村四级动物疫病防控网络。完成了省下达的春秋集中免疫任务，做到应免尽免，群体免疫抗体合格率达到85%以上，全年未发生重大动物疫情。投资8000余万元的徐水病死动物无害化处理厂投入运营，集中处理病死猪15.1万头、处理其他病死动物5吨、处理废弃物138.9吨，集中处理率达到25%以上。

七是大力推进农村经营体制改革。确权登记颁证有序推进。全部完成了测绘单位招标，招标面积占“二调”总面积的97%；落实经费9552万元，296个乡镇5320个村开展工作。完成外业调查1026.45万亩，外业调查信息二次公示无异议面积997.61万亩，分别占“二调”总面积的94.8%、92.14%。规模经营步伐加快。流转土地313.93万亩，较上年增加108.5万亩，流转率达到31.18%，高于全省平均水平。经营主体发展迅猛。全市农民合作社发展至12602家，比上年增加1448家，评选市级示范社79家，省级示范社50家；家庭农场1288个，比上年增加500多家，新增省级、市级示范家庭农场85家和20家。

八是大力推进科技创新驱动发展。大力实施“科技兴农”战略，加快农业科研创新水平，拓宽农业科技服务领域，积极搭建为民增收的科技服务平台，不断提升科技服务保障能力。举办培训班3000多场次，培训农民80万人次，发放技术资料80多万份。培育新型职业农民2567人，其中新型农业经营主体带头人2467人，青年农场主100人。落实农机购置补贴1.98亿元，资金规模位居全省第一，补贴各类农机具12617台（套），受惠农户（组织）9523户。全市农作物综合机械化水平达到78%。成功举办京津冀首届蔬菜产销对接大会，“十大地方特色蔬菜”、“十大类单品蔬菜基地”榜上有名。廊坊农交会发布招商项目60个，与200多家采购商开展洽谈，达成农产品销售协议9000多万元。

九是大力推进绿色可持续发展。多渠道综合利用秸秆973.35万吨，综合利用率95.8%，重点区域达到100%。新建粪污处理设施64个，解决了72.26万头（只）畜禽的粪污处理。积极探索粪污治理新途径，构建形成了“小、中、大”循环系统。“整建制”推进测土配方施肥，全市共检测土壤样品6267个，安排完成田间肥效试验、校正试验79个；修定施肥配方71个，测土配方施肥技术推广面积900万亩，施用配方肥面积368万亩。绿色防控实施面积577.41万亩次，农田农药使用量比去年下降了1.1%，高效低毒低残留农药应用比例提高5.07%，挽回产量损失106.8万吨，因病虫草害损失率控制在5%以内。完成农村散煤压减替代423万吨，推广清洁燃烧炉具3万台，推广秸秆燃料（含成型）9.68万吨，对700处农业生产用能单位进行清洁燃烧改造，全省领先。

十是大力推进产业精准扶贫。引进工商资本和战略合作者，培育新型农业经营主体，完善基础设施，9个贫困县建成现代农业园区40个，建成面积49.01万亩，带动周边436个贫困村、7.1万贫困户实现脱贫。大力推广“六位一体”产业发展模式，建设10万亩食用菌、10万亩设施果菜、10万亩中药材、50万亩高效林果等特色产业。新发展林果6.3万亩，设施菌菜大棚9200多个，养殖场86个，猪牛羊等1.8万头（只）。立足区域资源禀赋，在全市探索推广阜平“四种两养”、涞水“4+1”、涞源“3+2”及顺平“三主两辅两新”发展方向和“五区两环一带”产业布局、易县发展“八大扶贫产业片区”的产业精准帮扶方式，通过“租金”、“薪金”和“股金”多渠道增加收入，为推进全市产业扶贫起到示范引领作用。

（保定市人民政府）

张家口市

2016年，面对经济发展新常态，全市农业战线认真贯彻市委、市政府决策部署，齐心协力、扎实工作，全市“三农”工作保持了健康稳定的良好发展势头。全市第一产业增加值完成266.02亿元，同比增长4.7%，农村居民可支配收入9241元，增长10.8%。

一、农业结构调整成效显著

在稳定粮食生产能力基础上，压减籽粒玉米种植面积，培强马铃薯、谷子、鲜食玉米、杂粮杂豆等特色产业，种植业结构得到进一步优化。全市共播种各类农作物1057.1万亩、同比减少1.17%。其中播种粮食作物696.3万亩、同比减少3.42%，全年共压减籽粒玉米61.15万亩，播种玉米201.8万亩、同比减少22.3%；播种经济作物279万亩、同比增长2.47%，饲草作物81.8万亩、同比增长7.07%。粮食产量保持稳定，全年达到169.8万吨、同比减少4.4%，其中玉米产量78.2万吨、同比减少19.9%。总的说，农业结构调整取得积极进展，粮经饲比由去年68:25:7调整到65:27:8。

二、特色产业保持稳步发展

马铃薯种植面积和产量再创新高，全年种植181.4万亩、产量达到240.5万吨，分别同比增长4.2%、4.57%；马铃薯主食产品开发初见成效，弘基食品、爱心豆宝宝、燕北薯业主食产品开发稳步推进，分别销售390万斤、270万斤、195万斤；7月22日至26日，中国马铃薯大会在我市成功举办，同期还举办旅游推介、美食嘉年华、农牧项目推介和签约等活动，进一步提升了全市马铃薯产业的知名度和美誉度。“张杂谷”产业取得突破，全市种植51.4万亩、产量达到15.4万吨，分别同比增长23.7%、22.2%，机械化播种、收获分别突破20万亩、1万亩，年加工能力达到12万吨。蔬菜产业平稳发展，共播种155.04万亩、总产量567.71万吨，分别增长7%、4.86%，全年销售528.43万吨、同比增长5.24%；启动了高端设施蔬菜基地建设工程，建成基地28.05万亩，以膜下滴灌为主的高效节水灌溉面积达到87.7万亩。畜牧业稳步发展，主要畜禽牛、羊、猪、禽分别发展到100.57万头、569.1万只、617.7万头、5683.7万只，其中奶牛发展到43万头，主要畜产品肉、蛋、奶产量分别达到45万吨、21.67万吨、156.4万吨。林产业进展较快，新建、改造提升经济林基地分别达到30万亩、32万亩，全市果品基地总面积达到445万亩、总产量75万吨，林产业总产值突破100亿元。

三、产业化水平持续提高

扶持发展农业产业化龙头企业，产业化经营水平有效提升，国家级龙头企业发展到3家、省级60家、市级342家，河北爱度生物科技股份有限公司成为我市在“新三板”第二家挂牌上市农业龙头企业。积极推进项目建设，组织实施重点项目247个，完成投资105亿元。推进合作社示范社创建，新认定国家级、省级、市级示范社分别为2家、46家、92家，总数分别达到15个、102个、402个，全市农民专业合作社突破5000个，产业化经营率达到64%。积极搭建农产品交流平台，组织龙头企业参加廊坊农交会、内蒙古农博会、京张优质农产品推介会等大型活动，有效提升了全市农产品的知名度和竞争力。

四、生态建设取得明显成效

全市年内绿化任务225.5万亩，比往年有大幅增长，是全省造林绿化的主战场。经过全市上下共同努力，共完成投资44.615亿元，实施造林绿化230.3万亩，占年任务102%，森林覆盖率达到39%，创历年来造林之最，为“十三五”生态建设和造林绿林工作开了个好头。其中奥运绿化工程完成36.83万亩，包括崇礼赛事核心区绿化工程3万亩、迎宾廊道绿化三期工程3万亩；精品绿化工程完成千亩以上示范工程73处、24.7万亩；退化林分改造工程完成96.57万亩，占计划100%；村庄绿化工程实施502个村，绿化面积1.98万亩，植树1027万株；路网改造提升工程完成路网绿化9.8万亩；经济林工程发展以葡萄、杏扁为主的经济林基地30万亩。同时，不断加大生态资源保护力度，全市有害生物防治成灾率为零，森林草原防火也取得了“零火灾”的突出成效。

五、农业基础建设不断增强

以水利工程为重点，积极推进农业基础设施建设。一是乌拉哈达水库筹建工作取得实质性进展，可行性研究报告通过省水利厅审查，组织对库区淹没区进行移民入户实物调查。二是重点水利工程建设取得新成效，实施了坝上地下水超采综合治理、大型灌区续建配套与节水改造、水土保持综合治理、水库除险加固、山洪灾害防治等重点水利项目，完成投资4.1亿元，占到位资金的100%。三是农田水利建设势头良好，坝上地区发展高效节水灌溉9.6万亩，工程进度全省排名第一，项目区灌溉水利用系数由0.7提高到0.85以上，达到年度压采目标；坝下新增及改善节水面积9.02万亩，农业节水灌溉面积进一步扩大。四是民生水利事业加速推进，实施了总投资4000万元、覆盖12个县区农村饮水安全巩固提升项目，完成投资3643万元，占总任务量91%，解决8万人饮水安全问题。

六、精准脱贫实现良好开局

积极推进脱贫攻坚，取得阶段性成效。经审定，全年我市22.77万贫困人口脱贫、448个贫困村出列。资金投入上，中央、省、市、县四级统筹安排到贫困县区财政涉农资金共计25.2亿元，整合使用12.3亿元。市财政整合安排资金7300万元用于脱贫攻坚，各县区财政安排扶贫资金总和达到2.77亿元。12个重点县区整合各级各类资金达到151.9亿元，其中基础设施建设投入30.07亿元、产业建设80.09亿元、社会事业9.01亿元、易地扶贫搬迁9.57亿元、其它投入23.16亿元；队伍建设上，中省市县四级驻村工作组入驻1723个贫困村，市属87家、廊坊69家民营企业帮扶164个贫困村，驻张部队帮扶46个村，市级和12个重点县区完成了机构组建，172个乡镇设立了扶贫工作站；产业富农上，各重点县区大力扶持乡村旅游业、光伏产业、电商产业发展，打造了40条扶贫产业带，蔚县和张北成为全域旅游示范区，崇礼等7个县区成为旅游扶贫示范点，全市光伏备案建设容量420.7万千瓦，光伏扶贫达到60.2万千瓦，电商服务站实现1723个贫困村全覆盖，产业扶贫促进13.56万人脱贫；易地搬迁上，全年启动搬迁4.95万人，完成投资5.16亿元，81个集中安置区项目全部开工，28个安置区完成主体工程建设。

七、美丽乡村建设初见成效

全市350个省级重点村全面实施“12个专项行动”，包括项目2.15万个，累计完成投资59.39亿元；12个中心村示范点项目9个开工，7个完成主体工程，美丽乡村建设取得阶段性成效。在模式选择上，确定了精品示范村、文化旅游村、综合整治村和中心村建设等模式，建成了99个精品示范村和文化旅游村，其中省级精品村55个。在提升村容村貌上，全面实施“两改一清一拆”行动，推行村收集、乡转运、县处理城乡一体化垃圾处理模式，累计清理垃圾杂物487万立方米、清理残垣断壁和违章建筑5.65万处、治理空闲宅基地4959处，全市完成“清、拆”村庄、建立卫生长效机制村庄分别达到99%、97.8%，农村面貌明显改善。在筹融资上，市县两级财政投入资金4亿元，整合项目资金7.8亿元；向农发行申请贷款32.23亿元，到位30.98亿元，融资工作走在全省前列。在发展产业上，将文化资源、旅游资源与培强特色产业结合起来，发展了涿鹿矾山“现代企业+农村资源+农民合作”的“六堡模式”、阳原县双庙村光伏小镇模式、万全等县区“乡村游”模式，特色产业发展初见成效。

（张家口市人民政府）

承 德 市

2016年，承德市认真贯彻落实中央、省、市农业农村工作会议精神，立足京津冀水源涵养功能区发展定位，牢牢把握京津冀协同发展战略机遇，按照建设“生态强市、魅力承德”总要求，农业农村呈现持续健康发展的良好态势。全市243个省级美丽乡村建设成效显著，得到省领导充分肯定；谋划实施投资千万元以上农业产业化项目164个，项目总投资564亿元，创历史新高；15项农村改革扎实推进，亮点较多；农民合作社数量超过1万家，实现数量质量双提升；城乡居民人均可支配收入分别达到24856元和8736 元，增长8.6%和10.3%。

一、农业经济平稳向好

2016年，全市积极调整种植结构，强力推进，效果明显，农业生产稳中有升。一是粮食实现增产。全市粮食产量134.0万吨，增长10.5%。其中，马铃薯产量116.8万吨，增长77.1%；豆类产量2.5万吨，增长8.7%。二是经济作物较快增长。油料产量2.3万吨，增长60.9%。其中，葵花籽产量1.7万吨，增长85.4%。中药材产量10.8万吨，增长5.6%。蔬菜及食用菌产量463.1万吨，增长6.8%。瓜果类产量3.1万吨，增长10.0%。其中，草莓产量1.4万吨，增长83.8%。三是畜牧业生产保持平稳。猪、牛、羊存栏分别为163.9万头、81.2万头、112.5万只，增长1.3%、3.2%、7.8%；猪、牛、羊出栏分别为245.9万头、56.6万头、141.3万只，增长0.9%、5.6%、-1.3%。四是干鲜果品产量稳步提高。全市园林水果、食用坚果产量分别为128.8万吨、20.8万吨，增长3.9%、7.3%。从主要品种看，园林水果中苹果产量最高，达到73.0万吨，增长3.5%；其次是红果，达到28.7万吨，增长2.3%；板栗、核桃产量分别为18.2万吨、1.3万吨，增长7.0%、10.9%。

二、农业产业化进程加快

按照突出重点抓项目、集中精力创品牌、全力以赴争资金的思路，农业产业化再上新台阶。一是项目投资创历史最好水平。164个重点项目开工率达到97%，实际完成投资85.3亿元。项目开工个数和完成投资数均创历史最好水平。二是农业品牌创建发展迅速。全市有10家企业11个省著名商标正在申报中国驰名商标，缘大然、神栗9个商标材料已报送到国家工商总局或国家商评委；在首届河北省十佳农产品区域公用品牌评选中，有三个区域公用品牌入选，列各市之首。三是农业产业化增信基金试点工作推进顺利。被省政府批准为省农业产业化增信基金试点，总额度为10亿元。制定出台承德市农业产业化增信基金试点方案和管理办法并开设了农业产业化增信基金专户。全年共发放无担保无抵押增信基金贷款2.138亿元，受惠企业32家。四是龙头企业上市融资有新进展。会同市金融办组织了龙头企业上市融资培训班，建立了30家农业龙头企业上市资源后备库，宽城神栗食品股份有限公司已经完成股份制改造，承德县双承生物科技股份公司已在新三板挂牌，承德县金谷酒业在北方股权交易所挂牌，滦平兴春和股份公司在石家庄股权交易所挂牌。

三、美丽乡村建设成效显著

按照“规划引领、高标定位、高点起步、精品示范、统筹布局、压茬推进、持续发展”的总体思路，大力实施12925建设工程，呈现起步早、标准高、进展快的良好态势。一是精品片区规划得到省市领导认可。按照“3A 起步，5A 目标”要求，聘请国内顶尖的规划设计单位高质量编制了十大精品片区规划。省领导来承德调研时批示：承德美丽乡村建设规划达到了全国一流水准，令人震撼。并将承德1个省级片区规划，9个市级片区规划全套送其他市参照学习。二是美丽乡村建设投入资金创历史新高。全年争取省级美丽乡村奖补资金8.41亿元(包括省级美丽乡村精品片区、美丽乡村建设先进县、“两改一清一拆”先进县、精品美丽乡村、精品旅游村、精品农宅合作社、省领导联系村及中心村建设等项目奖补资金)。全市各级财政向金融机构融资达60亿元。全市共引进中信集团、南山集团、首旅集团等百余家战略投资者，谋划实施项目1000余个，总投资超过1000亿元。三是1个省级精品片区(兴隆燕山峡谷精品片区)建设进展顺利。全年争取省级美丽乡村建设专项资金1.8亿元，“12+1”专项行动扎实推进，引进8个战略投资者和14个投资主体，开工建设旅游项目12个，总投入达30亿元;开工农业项目19个，投入20亿元。四是2个省级中心村示范县（平泉县、滦平县）建设成果显著。通过争取省级奖补资金、县财政投入、筹集社会资金等办法，项目建设总投资达到10.2亿元。两县中心村建设成果均得到省领导肯定，已确定在2017年计划召开的全省中心村建设（三区同建）现场会议上做典型发言。五是9大市级精品片区建设成效显著。其中围场木兰秋狝·皇家猎苑美丽乡村精品片区和隆化热河皇家温泉美丽乡村精品片区两个精品片区由于建设成果明显，有望争列为明年省级重点片区。六是50个精品村高标准规划、高水平建设、高质量打造。各项建设任务基本完成，开展经营活动，并获得较好收益。七是243个重点村“12+1”专项行动基本完成或超额完成全年建设任务。农村环境、产业、精神、生态“四美”建设步伐加快，人居环境和生产生活条件明显改善。全省首批美丽乡村精品村验收，全市预期可入围30个。八是特色小镇建设初具成效。全年重点培育特色小镇7个，其中隆化温泉康养小镇、围场木兰秋狝皇家猎苑小镇、丰宁京郊马术小镇、兴隆诗歌创意小镇已初具雏形，同时新谋划6个特色小镇。

四、农业农村改革取得新突破

农业农村改革专项领导小组办公室积极协调推进全市农业农村改革工作。确权登记颁证，全市已有2302个村完成外业调查、面积达到595万亩，2088个村完成二次公示、无异议面积达到560万亩，分别占全市“二调”耕地总面积的99%和93.1%，平泉县成为“农业部土地确权成果应用试点县”（全国7个）。土地流转，全市新增农村土地流转面积25万亩，累计达到115.3万亩，占家庭承包经营土地面积的27.8%，平泉县成为“农业部土地确权成果应用试点县”（全国7个）。培育规模经营主体，全市家庭农场累计达到722家，14家家庭农场被新认定为省级示范家庭农场，同时新认定市级家庭农场50家。农村集体产权制度改革，双滦区国家级试点18个村完成集体经济股份制改革，全面开展了股东身份界定及清产核资工作，重点对股权抵押贷款进行了有效探索；其他县区以城中村、城郊村、园中村为重点，均按要求开展了农村集体经济股份制改造试点工作；平泉县党坝镇围场沟村成功注册了全省首家以“土地”命名的农村土地股份合作社，全县累计已注册5家；平泉、隆化两县跻身“全国农村集体‘三资’管理示范县”行列。推出了一批改革典型，向省农业厅（农办）上报了双滦区集体股份制改革试点、隆化“政银企户保”金融扶贫平台建设改革试点、承德县供销社改革、平泉县股份合作制经济改革、兴隆社会化服务体系建设等八项改革典型。农村股份合作制经济改革工作取得明显成效，全市发展股份合作制经济组织1806个，其中龙头企业带动286个，合作社改制360个，农民带头人领办的1186个；实有成员达到68660人，带动农户11万多户，其中辐射带动贫困户约1.5万多户；辐射行政村2086个，占全市行政村总数的83.8%。

五、农民合作社实现双提升

全市在工商行政部门登记的农民合作社达到11156家，新增3146家，实现了农民合作社在全市行政村和农村各个行业全覆盖。新增国家级示范社6家，新评定省级示范社57家。在北京成功举办了第八届农民合作社理事长培训班，90多名合作社理事长参加了培训。在农村闲置房屋利用上，按省要求积极探索农宅合作社建设，全市有20多个村正在组建农宅合作社，大部分已经完成注册工作，确定了入股分红办法。同时积极引进唐乡、首旅寒舍等有关旅游公司，进行项目开发，推进了农村闲置资源的高效利用。全市合作社拥有自主商标品牌425个，获得无公害、绿色、有机质量认证274个，60多家合作社产品出口境外，有效地提升了市场竞争力。

六、三产融合推进园区创建

按照"争列国家、发展省级、提升市级、培育县级"的建设思路，积极推进现代农业园区创建，不断放大园区的示范带动作用和产业发展聚集效应。2016年，共整合财政及涉农项目资金1.8亿元投入园区建设，新签约项目24个，总金额25亿元。围场县"国家农业可持续发展试验示范区"创建工作进展顺利，在省农业厅组织的现场答辩环节位列第一名，为成功创建奠定了良好基础；在做好3590万元省级现代农业园区2015年度一二三产融合资金和2016年以奖代补资金使用分配使用计划的同时，全市共推荐7个园区申报2016年省级现代农业园区，最终丰宁县九龙松现代农业园区、宽城县现代农业园区、兴隆县雾灵山现代农业园区、双滦区三杨现代农业园区、平泉县杨树岭现代农业园区、鹰手营子矿区怡达现代农业园区等6个园区成功跻身"2016年省级现代农业园区"行列，圆满完成了市政府年初制定的"保五争六"的创建任务。此外，新认定河北省国营御道口牧场、承德市国营鱼儿山牧场等17个园区为市级现代农业园区，各县区累计认定县级园区90个，全市已构建"1+11+31+N"（1个国家级园区+11个省级园区+31个市级园区+N 个千亩以上产业标准园）的梯次发展格局，核心区面积已达到126万亩，流转土地76万亩，入园企业达到560家，其中省级以上龙头企业33家，入驻农民合作社3790个、家庭农场325个，实施亿元以上项目63个、累计完成投资344亿元，带动就业26万人，园区内农民人均纯收入达到1万元以上。

七、对接市场加强品牌培育

主动适应农业供给侧改革要求，紧跟市场脉动，拓宽优质农产品进入京津高端市场渠道，逐步培树和壮大农产品品牌影响力。市场开拓方面，先后与北京二商集团、顺鑫集团、天津食品集团等大中型涉农企业对接，开展百万头生猪屠宰、10万头肉牛屠宰加工产品进入首都市场进行洽谈，确定了合作关系。成功引进京企中能昊龙控股集团投资50亿元的"中国·滦平冀康国际物流产业园"、投资5亿元的隆化肉牛加工产业园和投资1亿元的"承德市冀康农耕文化产业园"项目。京承农产品质量检测互认工作进展顺利，双方已签订合作协议，正式对外发布和实施。组织多家企业参加"京津冀首届蔬菜产销对接大会"，"平泉香菇"被评为十大地方特色蔬菜，丰宁县大白菜基地、围场县甘蓝和胡萝卜基地、滦平县和兴隆县食用菌基地、隆化县草莓基地被评为"十大类单品蔬菜基地"。另外，高标准完成"9·26"廊坊农交会、第十四届昆明国际农交会等各项参展工作，围场富龙公司生产的马铃薯全粉荣获农交会"农产品金奖"荣誉称号（全省共7个），并先后组织企业参加了承德绿色农产品京津高端市场对接会、韩国首尔食品展、塞尔维亚农业产品及设备展、天津食品集团社区超市对接会等，进一步拓宽了市场销售渠道。品牌培育方面，深入实施"1+8+N"品牌培育战略，已完成"京津水源 生态承德"区域公共品牌的注册工作，保护品牌13类；承德国光苹果、围场马铃薯、平泉香菇成功入选"河北省首批农产品区域公用品牌"（全省共10个），滦平中药材被评为"河北省知名区域公用品牌"；全市新申报绿色认证9家、新增有机认证8家，43家绿色食品企业联合成立"承德市绿色食品产业联盟"；"承德优农购"本地电子商务网络平台完成企业筛选入驻，"承德优农网"和"承德功能农业"两个微信平台累计发送信息1200余条，固定客户数达到2000余个；"承德市农产品精深加工包装与实验室"建成并投入使用，已具备传统加工、分析认证、精深加工和样品展示等功能。

（承德市人民政府）

沧州市

2016年，市委、市政府始终贯彻创新、协调、绿色、开放、共享的发展理念，落实中央和省农村工作会议、中央和省委1号文件精神，着力推进现代农业发展，提升农业质量效益和竞争力，实现农民收入持续较快增长。

一、农业生产稳步发展

全年粮食播种面积1339.41万亩，比上年减少0.8%，总产量455.54万吨，增长2.46%，单产340.1公斤/亩，增长3.29%；棉花播种面积66.93万亩，下降24.35%，总产量5.41万吨，下降18.68%；油料播种面积40.51万亩，下降5.58%，总产量8.67万吨，下降3.15%；蔬菜播种面积137.34万亩，下降1.3%；总产量577.5万吨，增长0.25%；肉类产量50.77万吨，增长4.61%；禽蛋产量33.58万吨，增长2.6%；水产品产量14.7万吨，增长5.25%；牛奶产量15.42万吨，增长98.3%。农林牧渔完成总产值 625.9亿元，比去年增加8.15亿元；粮食生产达到456万吨，实现"十二连增"；全市农民人均可支配收入达到11340元，同比增长9.2%，增幅高于城镇居民可支配收入0.6个百分点；

二、农业结构调整成效明显

2016年按照"两调减、三稳定、三增加"的农业种植业结构调整思路，调减小麦39.74万亩、籽粒型玉米33.52万亩、棉花42万亩，种植替代作物青贮玉米15.63万亩。发展高端设施蔬菜13万亩，食用菌栽培2536亩，中药材2万多亩，水果74.5万亩，饲料作物74万亩。3月24日，沧州市人民政府与广东温氏食品集团股份有限公司签订了两百万头生猪一体化项目合作框架协议；泊头万稚园与中粮集团、四川圣迪乐公司等开展战略合作，投资6000余万元进行了扩建和升级改造；中捷现代奶牛产业园区与内蒙古犇腾牧业有限公司合作投资建设5万头现代化奶牛超级牧场项目，现建有10栋标准化奶牛舍和配套设施，存栏奶牛17000头，日产奶128吨。全市畜牧龙头企业带动合同养殖户2680个。以黄骅市现代渔业园区为重点，先后建立了万生源、天水一方滩涂高位池养殖示范基地，金汇水产孵化基地等6个现代渔业专业园，培树起鑫海、金汇、恒泰等现代化渔业龙头企业。在全省现代农业（渔业）示范区建设评比中，黄骅市现代渔业示范区得分高居榜首。实施果树树体改造21万亩，其中高接换头1.8万亩，建设标准化生产果园100万亩。全市累计增收10640万元。全市果品出口达6.5万吨，创汇6000万美元。

三、全市造林绿化规模实现新突破

2016年全市持续推进绿色沧州攻坚行动。先后制定了《沧州市2016年春季造林绿化实施方案》和《沧州市2016年秋冬季造林绿化实施方案》两个文件，明确抓好廊道绿化、森林围城、大方大片等三大绿化工程。大力推行“政府主导、社会参与、市场化运作、专业化造林”新机制，重点采取“政府统一流转土地企业造林、企业（大户）自主流转土地造林政府给予补助、合作社集体造林政府给予补助”等三种主要模式。市县两级出台优惠政策，财政投入绿化资金10.3亿元，撬动吸引社会投资24.5亿元。全市共计完成造林77.1万亩，绿化村庄1320个，全市造林绿化的规模、质量创历史新高。森林覆盖率达到29.5%，比去年增长2个百分点。我市造林绿化的做法，河北日报、河北电视台分别以《盐碱地上崛起“绿色之城”》、《沧州：创新绿化机制 解决“没人种”“没钱种”难题》进行了深度报道，在全省推广沧州的经验做法。

四、园区建设步伐加快

市机构编制委员会办公室正式批复成立了现代农业园区建设促进中心，制定出台了《沧州市关于加快现代农业园区建设的意见》（沧办发[2016]17号）《沧州市市级现代农业园区建设实施细则（试行）》（沧农牧字[2016]39号）《沧州市现代农业园区认定管理办法（试行）》（沧农牧字[2016]40号）等一系列制度促进园区规范化发展。我市黄骅市现代（渔业）农业园区等7家获得省级现代农业园区，市级园区达50家。全市部级畜禽养殖标准化示范场21个，省级示范场49个。农业产业化经营总量达到778.9亿元，比上年增长20.1亿元。

五、科技支撑动力增强

农机装备水平稳步增长。全市农机总动力、农机原值将分别达到1307.27万千瓦、80.87亿元，同比增长1%、5.9%。实施农机深松作业补贴面积83万亩，保护性耕作9.2万亩。全市建有省级种畜禽场6家，市级种畜禽场41家，已初步建立了扩繁为主，纯繁、保种为辅的畜禽良种繁育体系。推广池塘生态健康养殖，盐碱地开发利用水产养殖辐射面积10800亩。完成了8个试验点近500亩毛蚶苗种投放，填补了我市人工毛蚶养殖的历史空白。互联网+农业风生水起，在青县司马庄、齐营，肃宁诚誉，献县清新食用菌、沣源蔬菜等合作社率先推广应用设施蔬菜物联网电脑控制技术，减少化学肥料使用量15%，节水20%，增产10%，实现病害远程监测预警、肥、水、药智能控制等功能。青县司马庄绿豪农业专业合作社的物联网应用模式得到了农业部的肯定，2016年入选农业部“互联网 +”现代农业百佳实践案例。加强农业科技教育管理。2016年农业部投资我市基层农业技术推广体系改革与建设补助项目资金1227万元，建设农业科技试验示范基地24个，遴选科技示范户15350个，组建完成了1423人的技术指导员下乡队伍，累计下乡达1.18人次。培育新型职业农民1296人。大力推进渤海粮仓科技示范工程，推进“河北沧州国家农业科技园区”建设，2016年，“渤海粮仓”示范推广面积达到484万亩（复种），增产6.17亿斤。科技部、中科院、省科技厅相继在我市召开了“渤海粮仓”科技示范工程工作推进会、现场观摩会等，给予充分肯定。

六、休闲农业进展顺利

现有乡村旅游景区（点）30余家，其中国家2A 级旅游景区9家，正在创建国家旅游2A、3A 景区的10余家；已建成农家饭店、农家特色餐馆30余家，农家乐80余户；乡村旅游从业人员20000余人。全市适合开展旅游扶贫的43个村建档立卡，打造以旧城镇小堤柳村、黄骅镇东常庄村和齐家务镇聚馆古贡冬枣园为核心集采摘、垂钓、休闲体验为一体的乡村旅游综合片区；以沧县纪晓岚文化园为核心集金丝小枣、农家体验、乡村餐饮、休闲娱乐为一体的乡村旅游综合片区；以青县司马庄蔬菜观光园为核心，以青县广旺农庄、青县清水白农业生态园、青县盘古特色蔬菜生态园为有机组合的青县特色蔬菜种植、采摘、品尝、购买一条龙的乡村旅游专项片区；以献县小屯竹柳生态观光园为核心，以孔献山庄观光旅游度假村、献县一顺家庭农场为有机组合的集竹柳观光、中医培训、休闲度假、生态采摘、垂钓娱乐为一体的乡村旅游综合片区；以杂技大世界旅游景区为核心，以三个乡镇26个村为中心区，集吴桥杂技、人文、民俗、农业、体育建设、杂技教育、宗教体验以及京杭大运河文化充分结合的美丽乡村片区。创建2016年休闲农业星级省级企业5家，国家四星级休闲农业园1家。休闲农业经营主体达到25个，总计从业人数达4909人，带动农户6150户，年接待人员462434人次，营业收入10886万元，利润总额4721.4万元。

七、农业基础设施进一步完善

强力推进重点水利工程建设。南水北调工程。水厂以上工程已基本完工，初步形成以石津、保沧干渠为主线，10条水厂以上输水管道为支线的骨干供水网络。9座配套水厂工程全部建成完工。地下水超采综合治理水利试点工程。完成了2015年度地下水超采综合治理项目，共发展节水灌溉面积64.07万亩，形成地下水压采能力0.69亿立方米。2016年度地下水超采综合治理水利试点工作又有新突破，不仅以压采农业用水为目标的水利工程投资再创历年来的新高，达13.54亿元，而且首次争取到农村生活用水置换项目，总投资1.9亿元，69.1万农村群众具备饮用长江水的条件。启动了东光县深层地下水零开采工程，谋划推进了"一库十八厂"联网、南水北调工业用水管网、农田水利三大工程。引黄工程。总投资1.86亿元的李家岸引黄工程中，倒虹吸工程主体已完成，引黄线路渠道及桥梁工程全部完工。河道治理项目。总投资7400万元的献县2012年、2013年滏阳新河治理工程全部完工。圆满完成肖家楼穿运倒虹吸和泊头市小园节制闸除险加固工程建设任务，组织实施东光县王桥节制闸除险加固工程。投资3906万元，建设高标准农田19.22万亩，形成了一批"旱能灌、涝能排"的农田水系水网。4月，全省首届高效节水示范项目现场观摩会在沧州召开。

八、农产品品牌效应显现

全市累计认定无公害畜产品产地77个、产品11个；认证绿色食品生产企业9家，产品33个。"强农兴办中国梦.品牌农业中国行——走进沧州"活动在沧成功举办，扩人和宣传了沧州农业品牌，增强了沧州品牌农业竞争力。4个果品获第二十届中国（廊坊）农产品交易会"京津冀"果王殊荣。3家绿色食品企业荣获长春第十七届中国绿色食品博览会博览会金奖。"青县羊角脆甜瓜""肃宁韭菜"" 青县黄瓜"分别荣获首届京津冀蔬菜产销对接大会十大地方特色蔬菜奖项和十大单品蔬菜基地奖项。

九、农村发展活力进一步增强。

着力深化土地制度改革。土地确权工作稳步推进，截至2016年底，全市完成二次公示无异议面积为1175.3万亩，占"二调"(第二次全国土地调查)耕地总面积的98.6%，工作总体进度居全省前列。农村土地经营权流转和多种形式规模经营工作稳步推进。以市"两办"名义印发了《关于积极引导农村土地经营权有序流转规范发展农业适度规模经营的实施意见》(沧办发〔2016〕26号)，全市土地流转总面积达到266.9万亩，占家庭承包耕地面积的29.5%，较年初增加9.7个百分点。2016年我市已注册的农民合作社和家庭农场总数分别达到11521家和1352家，发展土地托管组织240家。着力深化水利改革。组织18个县（市、区）编制了农业水价改革实施方案并通过审批，出台了符合县域实际的农业水价改革具体实施办法，市政府下发了《沧州市最严格水资源管理制度红线控制目标分解方案》，对各县（市、区）2016-2020年用水总量、用水效率、水功能区限制纳污三条红线6个考核指标进行了年度分解，351个非农用水户监控点及市水务局水资源监控与管理系统建成，使全市非农用水户监测站达1010处。水资源税改革。印发了《水资源税改革试点实施方案》与地税部门联合开展涉税信息入户核查。我市水资源税改革任务基本完成，共排查取用水户1062户，已全部纳入水资源税管理。小型水利工程体制改革。按照"谁投资、谁所有，谁受益、谁负担"的原则，47164处小型水利工程的"两证一书"（产权证、使用权证、管护责任书）全部发放完毕，标志着我市深化小型水利工程体制改革全面完成。

十、扶贫攻坚力度进一步加大

市委、市政府"两年集中攻坚，三年巩固提升"的脱贫攻坚总体部署，以改革和体制机制创新为主题，以引导培育新型业态农业为支撑，以贫困群众增收脱贫为目标，强力推进重大政策落地，及时跟进推动措施，广泛动员全社会力量，精准发力、合力攻坚，取得了明显成效。全市以"牧菜菌"为主的特色产业实现销售收入85亿元，同比增长12%，年度扶持的贫困人口人均增收1509元。全市共投入各类扶贫资金59.64亿元，6万贫困人口实现稳定脱贫。

（沧州市人民政府）

廊坊市

2016年，廊坊市全面贯彻落实中央、省关于农业农村工作的决策部署，围绕提高发展质量和效益，把市场作为第一导向，以农业供给侧结构性改革、农村一二三产融合发展为主线，统筹推进现代农业、环境质量、农村改革、基础设施建设，整体加快农村就地城镇化进程，农村生产生活条件日益改善。全市农村居民人均可支配收入14286元，增长8.6%；农村居民人均消费性支出11235元，增长5.5%。

一、成效与特点

1.农业发展方式不断转变。结合区位优势和资源禀赋，坚持"提质增效转方式、稳粮增收可持续"工作主线，大力发展都市现代农业、高端设施农业、绿色品牌农业，全市域被纳入京津冀都市现代农业区，6个县（市、区）被列入环首都现代农业科技示范带。一是农业生产能力保持稳定。粮食播面450.4万亩，同比下降2.7%；总产159.5万吨，下降0.8%。棉花播面20.2万亩，下降31.6%；总产1.5万吨，下降29.9%。油料播面23.1万亩，同比持平；总产4.0万吨，增长2.9%。蔬菜播面153.3万亩，下降4.8%；总产638.9万吨，下降6.0%。肉类总产27.6万吨，下降12.0%；牛奶总产17.0万吨，下降24.9%；禽蛋总产15.7万吨，增长0.7%；水产品总产3.5万吨，同比持平。二是标准化生产深度推进。积极淘汰落后产能，调减籽用玉米种植面积，大力发展全株青贮玉米、饲料作物、高端设施蔬菜，积极培育中药材、食用菌等特色产业，构建环首都1小时鲜活农产品物流圈，全市建成蔬菜标准园300个，创建省部级标准畜禽渔养殖示范场67个，创建市级标准化畜禽养殖场147个。三是新型业态逐步壮大。全市创建国家级休闲农业企业13家、省级20家，省级以上休闲农业与乡村旅游示范点6家，省美丽田园、省十佳现代休闲农业园各1家，农业部授予廊坊第什里风筝小镇为“中国美丽休闲乡村”。

2.农业产业化经营水平不断提高。坚持龙头、项目、品牌、产业几位一体一起抓，农业产业化经营率增长5.6个百分点。一是产业结构优化升级。构建起以三河汇福、安次康达、文安占祥等龙头为带动的现代农产品加工产业，以固安顺斋、安次欧华等龙头为带动的绿色种养产业，以大厂田园牧歌、永清远村、霸州金龙腾生态园为带动的高品质休闲观光产业三大具有廊坊特色的现代农业产业体系。二是项目建设扎实推进。先后引进了英国太古、美国通用磨坊、法国路易达孚、香港华润、台湾顶新等投资5000万元以上的产业化项目56个。2016年，全市新引进产业化项目11个，总投资16.21亿元；农业产业化重点项目完成投资110亿元，同比增长4.7%。三是龙头企业创新发展。加快推进龙头企业走出去、加快推动龙头联合发展，固安小麦产业联合体、安次康达畜禽产业联合体等11个现代农业产业化联合体形成集群优势。全市建成国家重点龙头企业5家，省级49家，市级261家。四是地方品牌日益壮大。积极培树廊坊品牌企业、品牌产品。全市建成农业产业化知名品牌83个，其中，中国驰名商标8个、中华老字号1个、河北省著名商标55个。

3.城乡环境质量不断改善。统筹推进护绿用绿、引水活水、减排增效，切实增强了城乡环境承载力。一是“两年大提升，创建森林城”顺利实施。出台了国家森林城市创建规划，强力推动经济林、廊道、重要交节点、精品村、农田林网、连片造林六大工程，完成造林29.06万亩，全市森林覆盖率达28.91%，为实现创城奠定坚实基础。二是湿地修复持续推动。制定印发了《2016年湿地恢复建设项目实施意见》，深入抓好香河国家湿地公园试点，推动文安赵王新河省级湿地公园、胜芳湿地公园、龙河湿地建设，全年恢复湿地1.58万亩。三是环城水系建设扎实推进。全市生态水系和环城水系规划方案（修订稿）编制完成，“三坝一闸”建设、永定河郊野公园工程顺利推进。四是农村清洁能源推广逐步深入。实施农村“气代煤”、“电代煤”工程15.1万户，制定出台了《廊坊市2016年农作物秸秆综合利用实施方案》，三河市列入国家秸秆全量化利用项目试点。

二、做法和措施

1.整合提升设施农业。统筹提升园区、温室、高标准农田建设水平。推进园区扩容提质，进一步加大政策、资金和技术扶持力度，新认定5个省级、14个市级现代农业园区，产加销游一体、产业链条完整的现代农业园区体系正在形成，农业附加值和竞争力不断增强。扩大设施生产规模，以温室和大中小棚为重点，植入新型节水设施，全市设施生产面积达到98万亩，总产750万吨。加强农业综合开发，全市建成高标准农田项目15个，新增和改善灌溉面积15.77万亩，新增节水灌溉面积11.01万亩，增加农田林网防护面积9.89万亩，增加优质农产品面积8.77万亩。

2.深入推动农业农村改革。着眼推进集体所有权、农户承包权、土地经营权“三权分置”，加快农村改革进程。一是稳步推进农村土地确权登记颁证，全市已开展确权登记工作2990个村街，完成外业调查2915个村街、511.12万亩，占全市耕地总面积的98.27%。完成二次公示无异议2859个村街、501.96万亩，占全市耕地总面积的96.51%。二是积极培育新型经营主体，全市农村土地经营权流转面积83.29万亩，占家庭承包经营耕地面积的17.78%，50亩以上规模经营面积47.32万亩，占土地流转总面积的56.66%；全市新增农民专业合作社1044家、市级示范家庭农场40家、省级示范家庭农场12家。三是建成首家农村产权交易中心，出台了《廊坊市农村产权交易中心组建方案》，廊坊市农村产权交易有限公司正式成立，农村各类产权将逐步纳入规范化交易渠道。

3.进一步强化基础设施建设。以改善民生、保障发展为切入点，水利、气象、防灾等领域基础设施不断升级。南水北调配套工程进展顺利，在全省率先具备全域通水条件，燕郊应急调水加快实施，受水区关停自备井113眼。天堂河改道工程全部完工，投资10亿元，新挖及整治河道10.36公里，新改扩建建筑物16座，现已全部完成并具备通水条件。安全区建设统筹推进，安次安全区、临空安全区等6大安全区加快实施，建成后可接纳51万人口转移，拓展空间171平方公里。气象灾害防御能力明显增强，空气质量监测分析及重污染天气预报预警能力不断提升，气象预报准确率全省第一。

4.切实强化农业减量控害。着力加强农业生态环境保护，不断改善农村生产生活环境。一是实施化肥农药零增长行动。完成测土配方施肥推广面积112.2万亩，实施重大病虫害统防统治9.2万亩。二是开展农产品产地土壤重金属普查。完成3664个农产品产地土壤采集、制备工作。三是实施农业清洁生产示范项目。建成蔬菜清洁生产综合示范区3个，引进示范优良品种20个，推广生物物理防治虫害技术15项；建设蔬菜废弃物处理厂1座，年处理蔬菜废弃物达10万吨。四是完善病死畜禽无害化处理体系建设。全市规划建设集中无害化处理厂6个，三河市、大城县病死动物无害化处理中心已建成投用。五是推进清洁养殖与废弃物综合利用，全市10个县（市、区）政府和廊坊市开发区全部划定了禁养区、限养区、适养区。六是加强秸秆综合利用和禁烧工作，制定实施了《廊坊市2016年秸秆禁烧和综合利用工作实施方案》，强力推进秸秆综合利用工作，形成了以肥料化、饲料化利用为主，基料化、能源化、原料化利用稳步推进的秸秆综合利用格局。

5.成功举办第二十届中国•廊坊农产品交易会。以“现代农业·绿色品牌·交易合作”为主题，加快推进农交会去行政化、提市场化。省政府时任省长张庆伟、副省长沈小平，农业部副部长余欣荣，全国供销合作总社副主任邹天敬出席大会。本届农交会参展客商、参观群众达25万人次，包括美国、加拿大、奥地利、荷兰等13个国家驻华大使馆的参赞和商务代表，以及北京、上海、天津、山东、贵州、云南、山西等28个省市和香港特别行政区的贵宾和客商。大会共有40个项目签约，较上届增加8个；项目合作金额284亿元，合同引资198.6亿元，较上届分别增加153.1亿元、73.1亿元；40个签约项目中，37个项目单体投资超亿元，其中9个超10亿元。吸引了120多家农产品采购商、140多家农业产业化龙头企业、20多家大型电商企业优质农产品参加大型超市和知名电商对接会，对接会共成交各类农产品100多个品种，成交金额达3.73亿元。

（廊坊市人民政府）

衡水市

2016年，全市上下认真贯彻中央、省农村工作会议和中央1号文件精神，以农民增收为核心，以结构调整为主线，以农村改革为动力，统筹推进现代农业发展、美丽乡村建设和脱贫攻坚，加快转变农业发展方式，农业农村经济保持稳中有进良好态势。全市第一产业增加值184.3亿元，同比增长2.9%；农村居民可支配收入10069元，增长11.5%。

一是农业结构调整取得明显成效。紧紧围绕京津绿色农产品基地的功能定位，在稳定粮食生产能力的基础上，大力推进农业供给侧结构性改革。种植业实现“一保、两减、一控、一稳、五增”，即保证了全年粮食总产稳定在70亿斤以上，超额完成调减籽粒玉米10万亩（其中粮改饲8万亩）的任务目标，新增设施蔬菜1.122万亩、新增（新建与改建）高端设施蔬菜14万亩。畜牧业继续平稳健康发展，扩展了优势畜产品供应基地，杂粮、中药材、青饲料种植面积同比均有较大幅度增长。以林业园区建设、绿美廊道建设、环湖环城绿化、乡镇村庄绿化等造林工程为重点，继续深化和扩展了“一人一亩林”成果，共完成造林绿化面积29.3万亩。着力推进京津绿色农产品供应基地建设，大力发展高端设施和高端品种，推进标准化创建和“三品一标认证”，形成了“五线”、“十片”优质蔬菜产品基地和优质奶业、生猪、鸡蛋、肉鸡、肉牛、肉羊六大畜产品基地。依托现代农业园区建设，加快促进农村一二三产业融合发展。阜城县阜兴农业科技公司与老白干集团合作，建设高粱生产基地5300多亩，实行合同收购；在葵花药业公司带动下，全市中药材面积达到1.67万亩。目前，各县市区共创建现代农业园区291个，已认定省级园区12个、市级园区53个、县级园区22个。

二是农业产业化经营水平有效提升。坚持把龙头企业培育作为推进农业产业化发展的总抓手强力推进，全市市级以上重点龙头企业预计实现销售收入200亿元以上，同比增8%。河北养元智慧饮品有限公司成功晋升为国家级农业产业重点龙头企业。全市共谋划实施了投资千万元以上的农业产业化重点项目155个，实际完成投资160亿元以上，总投资106亿元的泰国正大肉鸡全产业链项目、总投资10亿元的故城康宏牧业有限公司奶牛养殖和万亩种植一体化项目进展顺利。安平县马店镇被认定为2016年度全国一村一品示范镇，96个村入统一村一品专业村。

三是农业农村改革取得新成果。基本完成了全市农村土地承包经营权确权登记工作。全市4621个村已开展确权登记工作，占涉农总村数的92.5%。积极开展农村土地承包经营权证抵押贷款试点，初步打通了金融支持现代农业发展的通道。农村土地承包经营权有序流转工作有序开展，11个县市区和110个乡镇都设立了土地流转服务中心，土地流转合同签订率达到91.62%。全市土地流转面积达到342.2万亩，占家庭承包总面积的43.65%。结合确权登记和土地流转，大力发展多种形式的适度规模经营，全市经工商部门注册家庭农场5907家，评审认定市级101家，择优推荐42家参评省级示范家庭农场。大力推进供销社改革，创了出了“1+4”改革模式，培育出了组织体系创新的“门庄模式”、服务体系创新的“枣强模式”、金融体系创新的“饶阳模式”、经营体系创新的“五大平台两头+”模式。组建成立了市、县、乡三级“农民合作社联合社”，农民合作社登记数量、国家级示范社数量、省级示范社新增数量和总量均居全省首位。

四是农业基础设施建设持续加快。地下水超采综合治理试点工作进展顺利。以地下水超采综合治理试点为契机，“节引调蓄管”综合发力，加强农田水利基础设施和水源调控能力建设，抓住汛期来水有利时机抢引抢蓄，引蓄地表水4.26亿立方米，8月底衡水湖蓄水量达到近二十年最高水平。通过填埋、封存措施减少地下水开采井1293眼，9月份全市平均深层地下水位埋深比上年同期回升5米。深化水利工程建管体制改革，通过市场竞争方式，引入大禹节水集团股份有限公司参与水利工程建设和运营，在水利项目建设、改造、运营维护管理等方面通过“PPP”模式开展全面合作。南水北调配套工程建设全面通水。在全省率先完成12座南水北调地表水厂和配套管网建设，并进行试通水，完成消纳6200万立方米长江水任务。利用压采项目资金，在景县、枣强县实施以城带乡城市供水延伸工程，解决部分农村人饮地下水高氟问题。重点水利工程全面推进。着力推进骨干河道和中小河流治理、加快低洼易涝区整治、巩固和扩大泄洪通道和调蓄水域，通过四大河系防洪建设和重点涝区治理，流域、区域、城镇相协调，显著提高流域区域和城镇防洪排涝能力，重点谋划“两渠一河”生态修复工程。“7·19”强降雨及行洪期间，密切关注上游水情，科学研判调度，及时组织群众避险，我市没有出现一例因洪灾造成人员伤亡事件，把灾害损失降到了最低。

五是农村民生进一步改善。美丽乡村和“三区同建”深入推进。坚持以“四美五改”、“十二个专项行动”为载体，全力推进美化、绿化各项工程，2817个村完成了村庄改造任务，622个村通过采取 ppp 模式实现了农村垃圾清运商业化运作。谋划建设“三区同建”示范点61个，中心村示范点开工数量、建设规模和村庄拆迁面积均居全省前列。按照省委主要领导指示，省委党校把我市“三区同建”的经验做法做成课件教材，向全省领导干部推广，新华社内参、中央电视台等新闻媒体进行了报道。脱贫攻坚步伐明显加快。以脱贫攻坚引领民生建设，坚持精准扶贫、精准脱贫方略，组织开展脱贫攻坚基础设施建设和光伏扶贫项目建设两个“大会战”。在全省率先与国开行签订合作协议，完成授信贷款11.7亿元用于基础设施建设。年内可实现13.6万贫困人口脱贫、369个贫困村出列、一个贫困县摘帽。已建成光伏2.4万千瓦，成为增加农村集体收入的重要渠道。出台《关于贯彻落实<河北省提高贫困人口医疗保障救助水平解决因病致贫返贫问题实施方案（试行）>的意见》，在省方案基础上再增加10种慢性病，多重保障解决群众因病致贫返贫问题。城乡居民医疗保险制度整合工作稳步推进，完成了新农合机构、编制、人员的划转移交，制定出台《城乡居民基本医疗管理办法》，打破了城乡壁垒，提高了医疗待遇水平。完成贫困县和低保线“两线合一”，农村低保标准提高到3025元/年，增长17.1%。全市养老机构发展到104家，建设农村互助幸福院3108个。

（衡水市人民政府）

Ⅳ 经验选载

推进农业供给侧改革 加快农村经济发展

2017年，省发改委将会同省直有关部门和市县发改部门，认真贯彻落实省委、省政府的决策部署，大力推进农业供给侧结构性改革，促进农业和农村经济快速健康发展，重点抓好六个方面工作：

一、大力推进现代农业产业体系建设。加快农业结构调整，优化区域布局。巩固提升粮食产能，以生产核心区为重点，继续推进高标准农田建设，打造一批吨粮县，提高粮食综合生产能力。继续壮大畜牧、蔬菜、果品三大优势产业，加快发展现代渔业，积极培育中药材、园艺苗木等产业。着力抓好畜牧业结构调优，优先发展生态型和资源综合利用型畜禽规模养殖场，实施一批规模化大型沼气和生物天然气工程，推广循环利用，实现清洁生产。深入实施奶业振兴行动，完成一批规模化奶牛养殖场(小区)转型升级。出台耕地草原河湖休养生息规划和相关政策，促进农业可持续发展。优化仓储设施布局，建立粮食仓储设施维修改造长效机制，全面推进粮食安全、应急供应和粮情应急预警系统建设。抢抓京津冀协同发展重大机遇，主动承接产业转移，打造农业发展平台，提升省级农业产业化示范区(县)发展水平。深入贯彻省政府《关于推进农村一二三产业融合发展的实施意见》，抓好“百县千乡万村”农村产业融合试点示范工程建设，重点抓好威县、灵寿、饶阳、围场、乐亭5个国家级产业融合试点示范县建设。

二、继续加强农业农村基础设施建设。加快南水北调防洪影响处理工程(邯—石段)、乌拉哈达水库前期工作进度，争取尽快开工建设。抓紧南水北调配套、双峰寺水库收尾工程建设，继续推进引黄入冀补淀工程建设，力争2017年完成全部建设任务。加快推进京津冀地区“六河五湖”综合整治，改善水生态环境。联合京津晋启动实施永定河综合治理与生态修复总体方案，大力实施滹沱河综合治理工程。加快推进石津、漳滏河等大型灌区续建配套和节水改造、病险水库水闸除险加固等工程建设。加快推进农村饮水巩固提升和灾后重建工程建设，提高农村人口特别是建档立卡贫困人口的供水标准和供水质量。

三、切实加强生态环境建设。深入落实《京津冀协同发展生态环境保护规划》和《河北省推进京津冀生态环境支撑区建设规划》，以重大生态工程为抓手，全面推进山水林田湖生态修复，加快打造京津冀生态环境支撑区。一是加快推进京津保生态过渡带建设，进一步扩大和优化生态空间，增强生态环境支撑能力，力促生态建设在协同发展中率先突破。二是实施一批重点生态工程，全面完成张家口坝上地区退化林分改造试点工程，抓好京津风沙源治理二期工程、太行山绿化工程、三北防护林五期工程、国家水土保持重点治理工程、农牧交错带已垦草原治理项目等国家重点生态工程实施。三是深化京津冀生态合作，深入落实《河北省张承地区生态保护和修复实施方案》，争取国家和京津加大对张承地区生态保护和修复的支持，加快在张承地区环京6县建设第一道生态屏障。深入贯彻《河北省人民政府办公厅关于健全生态保护补偿的实施意见》，积极推进生态保护补偿各项任务落实。2017年完成水土流失治理面积2000平方公里，完成造林绿化面积420万亩以上，森林覆盖率达到33%。

四、强力推进易地扶贫搬迁。加快实施易地扶贫搬迁工程，改善搬迁对象生产生活条件和发展环境，2017年确保完成12.6万人的易地扶贫搬迁任务。分批启动29.4万人的搬迁工程，力争2018年上半年完成10万人的搬迁任务，确保2018年底基本完成42万人的搬迁任务。坚持把发展产业作为搬迁群众“稳得住”的根本出路，指导和支持有关市县立足本地资源禀赋，宜种则种、宜养则养、宜林则林、宜游则游。积极推进产业园区和移民社区“两区共建”，确保搬得出、稳得住、有事做、能致富。积极探索养老式搬迁模式，选择1-2个县进行试点，按照“产权政府所有、群众免费入住、集中供养服务”的思路，建设搬迁养老服务中心，让贫困老人老有所养、病有所医、安享晚年。

五、加快推进灾后恢复重建。加强综合协调和督导推进，在完成2016年工作任务基础上，确保2017年春节前、入汛前、年底前各时间节点重建任务按时完成，使灾区各项设施功能恢复或超过灾前水平。认真落实国家《关于灾后水利薄弱环节和城市排水防涝补短板行动方案》，重点围绕水利防抗减能力建设和城市供排水设施改造提升等领域，加强项目谋划，加快前期工作，加大对口跑办、联合跑办工作力度，尽最大努力争取国家政策和资金支持。严格按照项目管理权限认真组织重建项目竣工验收工作，努力把灾后重建项目打造成经得起历史检验的民生工程、优质工程。

六、努力争取国家投资支持。扎实做好项目前期工作，做好项目储备，下放审批权限，进一步调动地方谋划项目、争取资金的积极性和主动性，争取将更多的项目纳入国家计划盘子。在国家下达投资后，会同行业部门迅速分解下达中央投资和工程建设任务，努力落实配套资金。加强项目管理和督导检查，积极协调解决项目建设中的问题，充分发挥投资和工程效益。努力争取国家农林水、生态和扶贫项目中央预算内投资和专项建设基金支持。

（河北省发展和改革委员会）

落实和创新土地政策
积极服务农业供给侧结构性改革

2017年，全省国土系统要紧紧围绕推进农业供给侧结构性改革这一主线，聚焦耕地三位一体保护、保障农业农村发展用地和深化农村土地制度改革三大重点，积极推进土地政策全面落实和改革创新，为农业增效、农民增收、农村增绿提供有力支撑。

一、坚持耕地数量、质量、生态三位一体管护，为现代农业发展奠定坚实基础。认真落实藏粮于地、藏粮于技战略，坚持最严格的耕地保护制度和最严格的节约用地制度，强化耕地管控、建设、激励多措并举保护，强化耕地占补平衡对建设占用耕地的引导、约束和补救作用，确保我省耕地数量不减少、质量有提升。一是切实加强耕地“三位一体”综合管护。全面完成永久基本农田划定工作，完善永久基本农田特殊保护政策措施，将永久基本农田保护任务落地到户、上图入库，实行全天候监测，加快永久基本农田信息系统建设。建立耕地保护共同责任机制，明确并强化地方人民政府监管的主体责任，完善市级人民政府耕地保护责任目标考核制度，落实耕地和永久基本农田保护领导干部离任审计制度。按照新一轮全国土地整治规划，继续实施高标准农田建设，统一建设标准、统一监管考核、统一上图入库，并将建成的高标准农田优先划为永久基本农田。试点推进建设占用耕地耕作层剥离再利用，将建设占用耕地特别是永久基本农田的耕作层用于补充耕地的质量建设。实施耕地质量评定与监测工程，加强耕地质量评价监测。配合省有关部门，对25度以上坡耕地、严重沙化耕地、重要水源地15-25度坡耕地、严重污染耕地、不稳定耕地、京津保过渡带、坝上风沙治理区等有序开展退耕还林还草还湿。对地下水漏斗区、生态严重退化地区开展综合治理。二是落实耕地占补平衡制度。统筹使用耕地开垦费、新增建设用地土地有偿使用费、农业综合开发等各类涉农资金，实施土地整治和高标准农田综合整治示范建设，新增耕地经核定后可用于耕地占补平衡。探索设区市市域内统筹耕地占补平衡新机制，规范补充耕地指标调剂，研究制定补充耕地指标跨设区市转让办法。探索将通过土地综合整治增加的耕地作为补充耕地指标，用于国家和省重点项目建设耕地占补平衡。充分发挥财政资金的引导和杠杆作用，鼓励采取政府和社会资本合作、“以奖代补”等方式，引导新型农业经营主体、农村集体经济组织和农民等投资或参与土地整治项目。实施补充耕地与改造耕地相结合，提高补充耕地质量。三是探索耕地保护补偿机制。与整合涉农补贴政策、完善粮食主产区利益补偿机制相衔接，与生态补偿机制联动，探索研究我省完善耕地保护补偿机制。

二、强化农业农村发展用地保障，推动现代农业发展和美丽乡村建设。用足用好土地政策，进一步释放土地政策红利，加大建设用地保障力度。一是加大农村建设用地保障力度。抓住这次土地利用总体规划调整完善的契机，加快编制村土地利用规划，统筹城乡发展规划布局，合理安排建设用地计划。单列农村宅基地计划，保障农民建房合理用地需求。落实支持现代农业用地政策，在年度用地指标中单列农产品加工、仓储物流、产地批发市场等辅助设施建设项目用地指标；保障设施农业、休闲农业、乡村旅游和农村一二三产业融合发展用地需求，推动现代农业产业体系形成。二是全面实施城乡建设用地增减挂钩。落实挂钩收益全部返还农村政策，支持农村人居环境改善和美丽乡村建设。省预留扶贫专项用地指标，倾斜支持脱贫攻坚重点地区；加大贫困地区城乡建设用地增减挂钩政策支持力度，继续执行增减挂钩支持脱贫攻坚及易地搬迁十条措施，对46个国定贫困县，允许增减挂钩结余指标在省域范围内使用，增加的土地收益全部用于扶贫。三是大力开展农村土地综合整治。对农村建设用地按规划进行土地整治、复垦，通过产权置换，结合美丽乡村建设，围绕做好中心城镇和农民集中居住区、产业园区和其他公共配套设施的需求进行规划布局，引导农民居住向社区集中、公共服务向中心村镇集中、产业项目向园区集中、土地向新型经营主体集中。

三、指导推进定州土地制度改革试点，为维护农民土地权益提供制度保障。定州作为全国33个土地制度改革试点之一，自2015年开展土地征收制度改革以来，制定完善《定州市土地征收暂行办法》、《定州市关于规范土地征收程序的实施意见》等配套文件，征地制度改革试点取得了阶段性成果。2016年按照国家要求，同时在定州开展农村集体经营性建设用地入市试点。下一步，在坚守土地公有性质不改变、耕地红线不突破、农民利益不受损“三条底线”的前提下，督促指导定州市统筹协调推进土地征收制度改革和集体经营性建设用地入市改革试点工作。在征地制度改革上，继续围绕缩小土地征收范围，规范土地征收程序，完善对被征地农民合理、规范、多元保障机制，建立土地征收中兼顾国家、集体、个人的土地增值收益分配机制四项任务；在农村集体经营性建设用地入市试点上，主要是规范产权管理、入市主体范围和途径，在符合规划和用途管制前提下，推动集体经营性建设用地出让、租赁、入股，建立与国有土地同等入市、同权同价、流转顺畅、收益共享机制，并总结试点成效和经验，形成可复制、可推广、利修法的改革成果，按时完成改革任务。

（河北省国土资源厅）

创新模式　产业带动
全面打响精准脱贫攻坚战

作为京津冀水源涵养功能区，承德面临着保护生态与脱贫致富的双重考验。目前，全市8县有6个燕山——太行山集中连片特困地区县和国定贫困县、1个省定贫困县，1个脱贫后继续扶持县，有906个建档立卡贫困村、38.1万贫困人口，占全省贫困人口的20.8%，是全省脱贫攻坚主战场之一。我们始终坚守生态和发展两条底线，以模式创新探索发展新路，以产业带动推动精准脱贫。2016年共脱贫12.8万人，实现了良好开局。

一、围绕产业发展，推行“政银企户保”金融扶贫。为提高扶贫资金的使用效率，打通农村金融血脉，在加大涉农资金整合的同时，探索创新了“政府、银行、企业、贫困户、保险公司”五位一体的“政银企户保”融资模式，构建了“政府搭台、银行参与、保险兜底、企户受益”的金融扶贫绿色通道。建立了总规模达60亿元的农业产业发展引导基金和增信基金。截至2016年12月底，全市累积整合资金29亿元，通过“政银企户保”平台累计发放贷款41.6亿元，通过两只基金累计发放贷款27.14亿元，共扶持建档立卡贫困户7.8万户。大幅度降低了贫困户贷款门槛和贷款成本，有效缓解了“融资难，融资贵”问题。

二、深化产权改革，推行股份合作扶贫。以土地经营权为突破，深入推进股份合作制，实现了“一地生四金”。一是获租金。通过组织引导贫困群众将土地经营权以每亩年租金600-1200元的价格流转给合作社、龙头企业，获得租金收益。二是变股金。贫困户以扶贫资金和自筹资金入股合作社、龙头企业(贫困户自筹入股资金2000元，扶贫配股资金每户5000元)。合作社、龙头企业统一管理入股资金，入股农户按照5%、10%和15%逐年递增比例分红。三是挣薪金。引导贫困群众就地打工，每年可增加收入1.5万元以上。四是分现金。贫困户每年还可通过村集体盘活的闲散地、预留地和山场、荒山、荒坡等土地资源入股合作社，获得股金分红。从2014年至今，我市已投入财政专项扶贫资金2857万元，扶持“一地生四金”模式扶贫产业项目76个，面积2.28万亩，直接吸纳贫困户6468户，户均年增收3万元以上。

三、强化园区支撑，推行“三零”精准扶贫。一是投入“零成本”。鼓励企业(合作社)先行建设园区，财政部门按照入驻贫困户每户6000元的标准给予园区基础设施配套补贴，并给予贷款贴息，扶贫部门对入驻贫困户按每户6000元标准给予扶持，园区将大棚、菌棒等生产设施、设备赊给贫困户经营，产品销售后收回成本；对无经营能力的贫困户，以财政扶贫资金入股，参与园区利润分红，实现贫困户投入零成本。二是经营“零风险”。引导企业、大户与贫困户结成利益联结体，前者负责项目投资、技术指导、产品销售等高风险环节，贫困户负责生产管理，从而降低风险系数，保护贫困户利益。三是就业“零距离”。通过政策倾斜、项目支持、资金帮扶，引导龙头企业(合作社)在贫困村建设扶贫产业园，优先吸纳没有经营能力或者不愿意直接发展产业的贫困劳动力进入园区务工，让贫困群众在“家门口”就业，通过务工“挣薪金”。目前，全市已建设“三零”模式扶贫产业园70个，面积1.5万亩，直接吸纳贫困户4000户，户均年增收4万元以上。

四、依托龙头企业，推行产业链带动扶贫。围绕食用菌、中药材、功能农业等特色产业，依托龙头企业带动贫困户参与产业化经营，示范推广“六统一分一保障”扶贫模式，有效解决了贫困户“缺本钱”“缺门路”等问题。“六统”，即：由公司(合作社)统一租地、统一建棚、统一育种、统一供肥、统一管理、统一销售。“一分”，即：贫困户入园租赁经营，分户种植。“一保障”，即：产品销售由公司负责，并保障贫困户有稳定收益。目前，全市食用菌达到136万吨、中药材达到12万吨，规划功能农业单品冠军11个10万亩，已建成1.53万亩，辐射135个贫困村，带动4万余户贫困户，户均年收入2万元以上。我市食用菌产业扶贫模式被评为“全国十大产业扶贫范例”。

五、盘活林业资源，推行“一林生四财”生态扶贫。通过组织国有林场周边贫困户参与森林经营，形成利益共同体，实现“一林生四财”。一是发展“林上”经济，以“果”生财。通过销售果品及进行果品深加工，带动2100贫困户增收，使其获得长效收益。二是发展“林中”经济，以“游”生财。瞄准京津高端市场，大力发展生态休闲旅游、林海滑雪、康养度假等第三产业，并带动周边百姓就业。三是发展“林下”经济，以“药”生财。通过发展特色养殖，发展林药兼作2000亩，带动周边贫困农户实现增收。四是发展“护林”经济，以“工”生财。组织9112名有劳动能力的贫困农民参与京津风沙源治理、退耕还林等生态工程建设，从事公益林、天然林管护等获得工资性收益。目前，全市已建设“一林生四财”模式扶贫产业项目24个，面积1.08万亩，直接吸纳贫困户6300户，户均年增收2万元以上。

（承德市委、市人民政府）

坚持连片打造　持续推进美丽乡村建设

近年来，邯郸市委、市政府坚持把美丽乡村建设作为美丽邯郸的关键性工程来抓，在全域范围内夯实“净、绿、富”基础，连片建设、重点突破，梯次推进、持续用力，全市涌现出近百个具有“乡村风情、城市品质”的省级美丽乡村，广大农村面貌发生深刻变化。

一、城乡统筹，全域治理

一是做净环境。市、县两级财政每年列支1.2亿元专项资金，专项用于农村环卫保洁，逐步实现了管理有规章、管护有人员、运转有保障、问责有对象的农村卫生保洁工作格局。目前，全市农村环卫保洁已基本实现“三个全覆盖”，即环卫保洁公司化全覆盖、垃圾处理无害化全覆盖、监管责任网格化全覆盖，创造了农村环卫保洁的邯郸模式，多位省领导批示肯定。

二是做优生态。围绕“增绿”“出景”目标，按照“一道环村林、一条进村路、一条样板街、一批示范院、一片游园绿地”的“五个一”标准，对全市村庄进行全面绿化。推广邱县“空心村”治理、曲周县小第八村村庄管控工作经验，全市累计绿化治理空闲宅基16630亩，村庄绿化率达到31%以上。

三是做实产业。发展特色富民产业，培育“三产融合”新业态，同步推进农民增收和集体经济发展，为美丽乡村建设提供持续保障。2016年，全市709个集体收入空白村实现创收新突破， 221个村成功列入省扶持村级集体经济发展试点，建成“一村一品”专业村1156个。

二、连线打造，梯次推进

一是建设重点片区。整合资源力量，高标准推进“十二个”专项行动，建设了1个省级片区、4个市级片区和14个县级片区，特别是涉县省级片区，按照“田园山水、生态宜居、休闲观光、农事体验”的旅游定位，充分挖掘独有的自然生态、特色农业和红色文化资源，倾力打造了“大行红河谷”。

二是实施整建制推进。2016年，全市重点抓了8个整建制推进县(区)，其他县(市)均安排1个乡镇实施整建制推进，率先落实美丽乡村建设全覆盖任务。目前，原邯郸县区域已基本实现了美丽乡村建设全覆盖，其他7个县(区)任务完成过半。全市还建设了26个中心村示范点，计划总投资37.5亿元，完成投资13.3亿元。

三是创建特色小镇。选择城镇周边、景区周边、交通干道周边，适宜集聚产业和人口的区域，以一个或几个核心村为基础，逐步辐射带动临近村庄，建设了粮画小镇、枣乡小镇等一大批风格各异的特色小镇。“粮画小镇”寿东村，“枣乡小镇”小堤村分别入选2015年度、2016年度“中国十大最美乡村”。

三、经营美丽，深度开发

一是突出精品农业。坚持“美丽乡村+特色农业”双向驱动，大力推进产业升级、链条延伸、三产融合。“黄瓜小镇”翟庄村、“千年枣林”小堤村、“羊洋花木小镇”李沿村等一批精品美丽乡村以特色农产品而闻名。

二是突出文化创意。提倡就地取材、顺势而为，对村内的古民居、古庙宇、古祠堂、古井、古树等以保护原貌为主，兼修旧如旧。同时，植入现代元素，通过市场化运作引入咖啡馆、酒吧、青年创客、电子网点、网吧、民宿、农家乐等新产业新业态，打造了“古赵文化、战汉风格”索家寨村、中国文化艺术“溪谷”王边村等一批特色文化村镇，享誉八方。

三是突出乡村旅游。对美丽乡村的旅游资源进行深入开发、整体包装，规划建设了太行红河谷、生态湿地、传统村落、农耕体验等7条“冀南乡村游”线路。仅中秋节小长假期间，全市美丽乡村游总接待人数达80万人次，旅游总收入达1300万元。

四、多轮驱动，强化保障

一是高位强势推动。市委、市政府主要领导亲力亲为，明确提出了“全面启动、重点突破、点面结合、梯次推进”的推进思路。市委书记担任市美丽乡村建设领导小组组长，市委、市政府和各县(市、区)委政府主要负责同志签订责任状，层层传导压力，形成上下联动的有效机制。

二是加大财力扶持。以县级为平台整合资源，在资金、政策、帮扶等方面给予重点倾斜。推行PPP模式，引导社会资金投向美丽乡村建设。市县两级成立美丽乡村建设融资平台公司，资本金到位5.58亿元，已获得银行贷款额度23.1亿元，发放贷款1.95亿元。

三是充分发动群众。全市216个乡镇全部开展了每人每月1元钱保洁费征收，培养广大村民自觉维护环境卫生的良好习惯。各重点村普遍成立了乡贤会等群众性组织，全程参与美丽乡村规划、建设、监督、管理等工作。

（邯郸市委、市人民政府）

深化农村综合改革　增强农业农村发展活力

近年来，我们紧紧抓住衡水市作为全省唯一的综合配套改革试点市的机遇，坚持以深化农村综合改革统揽“三农”工作全局，市委主要领导亲自推动，先后19次召开市委深化改革领导小组会议，其中9次研究涉农改革议题23个，农村重点领域改革取得突破性进展，农业农村发展活力得到显著增强。

一、以“多证同发”为抓手，维护农民的财产权益。坚持农村资产资源“能确权尽确权、能股份则股份”的指导思想，以确权登记、扩大权能、规范流转为主线，在全省率先试行农村土地承包经营权证、农村土地经营权流转证、农村宅基地使用权和房屋所有权证、农村股份合作制经济组织股权证、农村集体经济组织股权证、新型职业农民证等“多证同发”，进一步盘活农村资产资源，释放发展活力，增加农民财产性收入。一是颁证确权。在全省率先全面推进土地确权登记工作，坚持先试点后扩面、先区域后全域，目前全市4994个村已全部完成农村土地承包经营权确权登记任务。与之同时开展了农村宅基地使用权和房屋所有权、农村水权、农村集体经济组织股权等方面的确权试点，探索经验、先行先试。二是流转活权。全市11个县市区和110个乡镇全部设立土地流转服务中心，摸索出了租赁、转包、入股、托管等多种有效方式，全市流转土地342.2万亩，流转率达到43.65%，居全省首位。三是折股用权。引导农民将土地、房屋、资金、技术等折股量化，投入到合作社、企业等经营主体，按股权比例分享收益。全市农村股份合作制经济组织发展到3954个，行政村覆盖率达到74%，脱贫出列村覆盖率达到100%，带动1.7万贫困户、2.49万贫困人口实现稳定脱贫。

二、以规模经营为引领，创新农业经营体系。着眼于加快发展规模经营、促进“小农户”与“大市场”有效对接，大力构建新型农业经营体系。一是发展法人农业。积极培育壮大农民合作社、家庭农场、龙头企业等各类新型农业经营主体，农业组织化程度得到显著提升。全市农民合作社1.38万家、家庭农场6724家、农业公司997家，土地规模经营水平达24.6%，产业化经营率达66.8%。二是发展园区农业。把现代农业园区建设作为农业规模经营的有效载体，全市共建成县级以上现代农业园区161个，省级现代农业园区12个，引进亿元以上项目41个，有效发挥了技术集成、产业融合、辐射带动的功能作用。三是发展基地农业。倾力打造“京津绿色农产品加工配送基地”，全市形成面向京津的“五线”、“十片”优质蔬菜产品基地和禽畜产品基地，北京新发地等企业在我市建设农副产品物流园。

三、以“三区同建”为路径，提升美丽乡村建设水平。坚持以全域规划为引领，以重点片区和中心村示范点为依托，以用好城乡建设用地增减挂钩政策为支撑，大力推进农村新型社区与产业园区、生态园区“三区同建”，统筹推进美丽乡村建设，走出了新型城镇化和新农村建设协同发展的新路子。一是把握住统筹这个理念，科学规划引领。按照新型城镇化和城乡统筹示范区建设要求，科学编制《衡水市美丽乡村建设“十三五”规划》，把全市村庄划分为保留村、中心村、撤并村等不同类型，对规划布局的188个中心村(包含811个行政村)，实行增减挂钩、联村并建，成熟一个启动一个。目前，全市在建农村新型社区达到61个，已完成建筑面积215万平米，拆迁旧村庄5200多亩，节约村庄占地3900亩。二是把握住协同这个关键，狠抓“三区同建”。按照产业美、环境美、精神美、生态美的发展目标，采取企业、集体、农户协同推进方法，在建设新型社区的同时，统筹建设产业园区、生态园区，宜农则农、宜工则工、宜贸则贸、宜游则游，方便群众就地就近就业。目前，全市共有137家工商企业参与“三区同建”，建设各类现代农业园区280个、工业园区40个，撬动社会资金50多亿元。农民既有土地流转形成的财产性收入，又有园区打工形成的工资性收入，收入渠道更加多元化。三是把握住创新这个根本，破解建设难题。破解用地难题，探索出了先拆后建、原拆原建，不占耕地、不受土地指标限制的有效途径。破解资金难题，市财政整合3.37亿元农村基础设施及公共服务建设资金，向农村新型社区建设集中投放；市县两级建立美丽乡村投融资平台，引导金融资本投向“三区”同建；用好城乡建设用地增减挂钩政策，每亩指标平均收益20万元。破解拆迁和建设管理难题，与农户、承建商分别签订《房屋拆迁协议》和《新村建设协议》，采取双向缴纳保证金的办法保障拆迁。四是把握住农民这个主体，践行以人为本。坚持把政策交给群众，账怎么算、房怎么建、建什么房，都让农民说了算。全市各示范点普遍成立村民自拆自建委员会，由党员代表、群众代表和威信较高、办事公道的明白人及志愿者组成，让群众自我决策、自我管理、自我监督、自我服务。增强了农民参与“三区同建”的主动性和积极性，有力地保护了农民合法权益。

（衡水市委、市人民政府）

建设现代农业园区　创新融合发展机制

近年来，威县作为全省综合改革试点县，坚持将农业园区建设作为农业供给侧结构性改革的突破点和有力抓手，不断创新产业融合、区域融合、资本融合、多元融合发展机制，农业园区建设取得明显成效。先后被认定为“国家现代农业示范区”“国家农业科技园区”“全国农村三产融合发展试点示范县”“河北省现代农业园区”，并承办召开了农业园区、果品强省、压采节水等多个全省性现场会，总结我县典型经验和模式。

一、促进产业融合，加快转型升级。一是以园区化为载体。致力于打造现代农业“三带三园”，即沿西沙河双10万亩经济林带、沿106国道双10万亩设施蔬菜带、沿老沙河1亿只鸡10万头牛“南鸡北牛”畜禽养殖带及4.5万亩农业科技示范园为三产融合提供了“孵化园”“试验场”。二是以产业化为重点。按照全产业链思路抓农业，引进培育30余家涵盖农业生产、农产品加工、农产品市场流通与服务领域的省、市级龙头，打造了君乐宝乳业园区、宏博肉食加工园区，实现农业各环节深度融合。三是以融合化为方向。以农业园区、万亩葡萄基地、梨产业带、乳业园区四大区域为重点，实施工业园区、农业园区、农村社区“三区同建”，现代农业、美丽乡村、乡村旅游协调联动，深入挖掘农业多种功能，培育壮大新产业新业态，打造了3A级景区葡萄小镇等一批融合样板。

二、推进区域融合，实现规模经营。一是以规划为引领。坚持全县域规划、一体化推进，在城乡统筹上制定“1+3+N+180(县城+3个卫星镇+N个重点镇+180个中心村)”规划，从机制上打破行政区划束缚。二是以管理为保障。我立现代农业、梨产业、乳业三个园区管委会，有效解决园区跨区域管理难、涉农力量整合难、项目摆放规范难、发展质量保证难“四难”。三是以改革为动力。坚持整县推进，全面完成土地确权；赋予农民土地经营权抵押、担保职能，允许以承包经营权入股；实施好“全国首批农村土地承包经营权抵押贷款试点”，放活土地承包经营权；将经营权聚集到全县140余家龙头企业、合作社及家庭农场等新型经营主体，实现土地流转45万亩，规模经营38万亩。

三、加速资本融合，破解发展瓶颈。一是整合平台。开展涉农资金整合试点，累计整合农口资金7亿余元，实施路网、高效节水、井电配套等25项基础设施工程，补齐农业基础设施短板。二是投融平台。成立威州农投等14家涉农国有投融资公司，将县属经济林权、河道确权土地等优质资产注入，总资产达到14亿元，已融资4.9亿元。三是担保平台。整合资金1900万元作为风险补偿金，担保系数放大10倍，与金融机构合作开展“政银企户保”贷款业务，2100多信用户获得1亿多元信贷支持。四是抵押平台。与神州数码公司及土流网合作，实施农村土地经营权抵押贷款，已发放贷款5280万元。五是普惠平台。大力推进“双基”共建农村信用工程，完成2.2万户信用户数据采集，已发放贷款3亿多元。

四、坚持多元融合，提升综合效益。一是推动生态融合。实施县政府、科研机构、龙头企业、金融机构、保险公司“五方握手”行动，共同打造生态循环农业样板，PPP智慧节水模式成为全国示范点。二是推动科技融合。探索建立产业首席专家制度，建成省级梨产业院士工作站等一批农业科研平台。三是推动智慧融合。以实施“大智移云”为引领，建成包括智慧农业在内总投资1.5亿元的“智慧威县”二期工程。引进阿里巴巴“农村淘宝”、北京新农宝、云农场等项目，农业信息化水平显著提升。

（威县县委、县人民政府）

抓住机遇　精准发力
坚决打赢易地扶贫搬迁攻坚战

沽源县位于张家口坝上地区，是燕山——太行山集中连片特困地区县，共有120个贫困村、4.3万贫困人口，贫困发生率21.5%。去年以来，我县把易地扶贫搬迁作为脱贫攻坚战略的最有力抓手，18个集中安置点全面开工建设，有一半已完成主体工程，17620平米安置房基本具备入住条件，省、市两级易地扶贫搬迁工作现场会先后在我县召开。

一、搬迁思路理得“清”。一是搬迁底数清。易地扶贫搬迁工作启动后，我县层层发动，坚持逐村逐户走到位、政策宣传讲到位、百姓心声听到位、搬迁意向摸到位、群众共识聚到位，精准确定了“十三五” 8308户、19214人的搬迁目标，其中建档立卡贫困户3136户、5755人。2016年我县搬迁5928户、13764人，其中贫困户2427户、4593人，搬迁规模位居全省前列。二是安置理念清。在安置区选择上，坚持以乡镇驻地村和中心村为主、集中连片为主、便于调规审批为主和旧宅基地利用为主，全县规划21个集中安置区，5个在建制镇，5个在乡政府驻地村，其余11个均在永久保留中心村。三是建设目标清。把6个乡村旅游扶贫产业项目纳入安置区集中建设，打造了一批光伏、旅游、商贸等特色小镇，培育了丁庄湾红色文化、榛子沟绿色文化、长梁河源文化等品牌，实现了易地扶贫搬迁与乡村旅游发展有机结合。

二、搬迁任务推进“快”。一是前期工作启动快。省委、省政府关于易地扶贫搬迁任务下达后，我县2016年3月9日召开专题会议，组织乡镇和部门反复讨论搬迁方案、研究补助办法，形成了《易地扶贫搬迁总体规划》。二是资料上报操作快。迅速制定了扶贫搬迁项目实施方案，于5月16日上报省发改委，是全省第一个上报的县。6月29日将土地调规组卷上报省国土厅，再次成为全省第一个上报的县。三是任务落地速度快。鉴于搬迁任务重和坝上施工期短，我们提出“一年启动、三年完成”的目标，在确保完成2016年搬迁工作的基础上，同步启动2017年搬迁工程，2018年全面完成。对于协议签订、款项兑付、土地复垦等工作，倒排工期，全部明确了时间节点，确保今年10月份全部完成村庄搬迁任务，11月份完成土地复垦。

三、群众工作做得“细”。扎实做好入户发动、协议签订、诉求回应三方面工作。组织县乡村三级干部走村入户，给群众讲政策、做宣传，一起算经济账、算健康账、谋致富路。对搬迁群众提出的宅基地预留、退耕还林、土地流转等问题，我们都一一回应，拿出了群众满意的解决办法。由于工作做得比较细，群众诉求解决得比较好，一些最初不想搬、不愿搬的村，后来主动申请搬迁。根据群众意愿，我县又新增7个搬迁村，搬迁规模和力度进一步加大。

四、易地搬迁举措“新”。一是决策方法新。县里出台指导性意见，乡镇充分担当，群众充分参与，在安置区选址和住宅的设计、建设、监理等环节最大程度尊重群众意愿，充分让群众参与，努力使群众搬得放心、住得舒心。二是建设模式新。采取“政府＋企业＋农户”合作方式，政府整合项目资金集中投入，企业兜底不足部分并具体负责建设运营，群众以宅基地出让、土地入股等方式参与建设。配套实施现代产业园区建设，实现安置区全覆盖，确保群众搬得出、稳得住、能致富。三是破解难题办法新。采取“乡村两级组织、搬迁户委托代建”模式，搬迁户与乡镇签订搬迁协议、与建筑企业签订代建协议，将政府大包大揽变成了搬迁户委托代建，有效破解了招投标周期长影响建设进度的问题。

（沽源县委、县人民政府）

V 农业法规 文件选载

中共河北省委 河北省人民政府 关于进一步推进农垦改革发展的实施意见

（2016年10月30日）

农垦是中国特色农业经济体系重要组成部分，是国有农业经济的骨干和代表，是推进农业现代化的重要力量。为贯彻落实《中共中央国务院关于进一步推进农垦改革发展的意见》(中发〔2015〕33号)精神，激发农垦发展活力，充分发挥农垦在推进全省农业现代化和全面建成小康社会中的示范引领作用，提出如下实施意见。

一、深刻认识农垦的特殊地位和重要作用

(一)河北农垦在全国农垦占有重要位置。经过60多年艰苦创业，特别是近年来的改革发展，我省农垦整体经济实力显著提升，成为全国农垦的一支骨干力量。目前，全省共有32个农场，其中大型骨干农场9个，中小农场23个，分布在除秦皇岛、衡水、邯郸市之外的8个市。土地总面积590万亩，人口46万，职工7万。2015年，全省农垦生产总值456亿元，在全国35个垦区中排名第4位。5个大型骨干农场位列全国1780个农场经济总量前20强，中捷农场、柏各庄农场分列第一位和第二位。

(二)农垦对全省农业现代化发挥着骨干引领作用。全省农垦建有国家级现代农业示范区2个、全国农垦系统现代农业示范场3个、全国农垦农机标准化示范场1个、省级现代农业园区3个。拥有农业产业化龙头企业55家，其中销售收入亿元以上的8家。建成全国最大的脱毒马铃薯种薯研发和繁育基地，种苗产量占全国总量的1/4，辐射内蒙古、宁夏、山东等省(区)；建成具有农垦自主品牌的节水、耐盐碱小麦良种研发基地，辐射周边种植1000多万亩；建成了优质稻米生产供应基地，产量占全省的40%；建成奶牛标准化规模化养殖基地，奶牛存栏和牛奶产量分别占全省10%、12%以上；建成优质水产品养殖基地，产量占全省的10%以上；对保障国家粮食安全和农产品市场供给作出了重大贡献，在全省农业现代化进程中发挥了重要的骨干引领作用。

(三)新形势下农垦承担着更加重要的历史使命。当前，国内外农业竞争日趋激烈，京津冀农业协同发展不断加快，河北正处在现代农业建设的关键时期。农垦经过多年的改革发展，形成了组织化程度高、规模化特征突出、产业体系健全的独特优势，科技推广应用、物质装备条件、农产品质量安全水平、农业对外合作等走在全省前列，在全省农业中的战略作用更加突出。但是，河北农垦同时也存在着大型骨干农场以政代企，中小农场以企代政，部分国家强农惠农富农和改善民生政策未能将农垦纳入范围等体制机制方面的问题。适应新形势新要求，必须进一步深化农垦改革，促进农垦事业持续健康发展，努力把河北农垦建设成为保障京津冀重要农产品有效供给的国家队、中国特色农业现代化的示范区、农业对外合作的排头兵。

二、明确农垦改革发展的总体要求

(一)指导思想。认真贯彻党的十八大和十八届三中、四中、五中全会及河北省委八届十二次、十四次全会精神，深入贯彻习近平总书记系列重要讲话和对河北重要指示精神，坚持社会主义市场经济改革方向，以创新、协调、绿色、开放、共享的发展理念为引领，以推进垦区集团化、农场企业化、经营园区化、土地资本化为主线，加快转变发展方式，推进资源资产整合、产业优化升级，建设京津冀现代农业的大基地、大企业、大产业，全面增强农垦内生动力、发展活力、整体实力，为建设经济强省、美丽河北作出新的贡献。

（二）基本原则。市场导向，政府支持。坚持市场经济改革方向，推进政企分开、社企分开，确立国有农场的市场主体地位。切实保障农垦平等享受各类普惠性政策，完善与农垦履行使命相适应的支持政策，解决国有农场实际困难，提升可持续发展能力。

因地制宜，分类施策。注重国有农场管理体制、资源禀赋和发展水平的差异性，因地因场制宜推进集团化、企业化改革，不搞“一刀切”和“齐步走”，促进多样化发展。

积极稳妥，试点先行。正确处理改革发展稳定关系，把握好改革的次序、节奏和重点，突出问题导向，发挥基层首创精神，鼓励大胆探索、试点先行，确保改革平稳有序、扎实推进。

国有属性，以农为本。围绕发挥国有经济主导作用，完善国有农业经济实现形式，坚持以农为本，充分发挥农垦规模优势，构建现代农业经营体系，促进一二三产业融合发展，做大做强农垦经济。

（三）主要目标。围绕垦区率先基本实现农业现代化、率先全面建成小康社会，加快改革发展。到2020年，实现以下目标：

所有农场完成企业化改造，9个大型骨干农场建成区域性现代农业企业集团，培育1至2家农垦上市集团公司。

全面建设现代农业园区，建成9个以上省级现代农业园区，打造优质水稻、小麦良种、马铃薯及种薯、牛奶、水产品、饲草等30个特色农产品生产加工基地和生态农业基地，形成完善的现代农业产业体系。

垦区民生建设取得显著进展，强农惠农富农政策和民生政策在农场全覆盖，垦区人均纯收入比2010年翻一番以上，农场社区基础设施和公共服务进一步健全，新型城镇化水平明显提升。

建立完善高效的农垦管理体制，以政代企、以企代政，政企、社企不分问题得到有效解决，管理区（开发区、产业园区等，下同）履行政府职能、提供公共服务的主体作用充分发挥，国有农场的市场主体地位充分彰显，形成优势互补、合力推进的良性机制。

三、深化农垦体制机制改革

（一）加快推进农场企业化改革。所有农场都要加快公司化改造步伐，建立完善产权清晰、权责明确、政企分开、管理科学的现代企业制度。建有管理区的大型骨干农场，重点解决以政代企、政企不分、企业性质被严重弱化问题。未建立管理区的中小农场，重点解决以企代政、企业办社会问题。

（二）探索推进农垦集团化改革。加快资源整合和资产重组，探索自下而上的垦区集团化路径。以大型骨干农场为基础，用3年左右时间打造一批大型农垦企业集团。推动距离较近、规模较小、产业结构相似的中小农场合并重组，建成若干个农垦企业集团（公司）。产业特色明显的农场可以联合组建农业产业公司。对实行集团化（公司）改革的农场，本着做大做强、地位不降、规模不减的原则，由所在市县政府明确出资人，依法健全法人治理结构，建立董事会、监事会、经理层和职代会，完善各项内部管理制度。在改革过渡期内，农垦管理机关人员经批准允许到农垦企业兼职，但应从严掌握，且须严格执行兼职不兼薪的政策规定。由唐山、沧州、邢台、张家口、承德市每市选择1个大型骨干农场开展改革试点，廊坊、保定市开展中小农场合并重组试点，先行推进农场集团化改革，试点成熟后再全面推开。试点由各市确定，报省农垦改革发展工作领导小组备案后实施。

（三）分类解决农场办社会问题。坚持社企分开改革方向，推进国有农场生产经营企业化和社会管理属地化。建有管理区的大型骨干农场，要通过完善管理区职能，加强政策支持，使管理区能够全面承担起场域社会管理和公共服务职能。各级政府及有关职能部门在编制和实施经济社会发展规划及各专项规划中，要将管理区与县（市、区）同等对待，实现基本公共服务均等配置。对实行特殊农垦管理体制的柏各庄农场，由曹妃甸管理区承担社会管理和公共服务职能，可在下属分场设立办事处或乡镇。对远离中心城镇等不具备社会职能移交条件的，实行内部分开、管办分离，地方政府可采取授权委托、购买服务等方式赋予相应管理权限和公共服务事项。对农垦管理区经清理甄别纳入存量政府性债务的，按照财政管理体制由各级财政部门严格按照政府性债务管理有关政策统一管理。

（四）积极推进土地资源资产化、资本化。用3年左右的时间，基本完成农垦国有土地使用权确权登记发证任务，工作经费由各级财政与国有农场共同负担。鼓励农场通过土地托管、代耕代种代收、股份合作等方式，与农户形成利益联结机制，发展多种形式适度规模经营。引入工商企业与战略投资者，发展混合所有制经济，对农场土地资源进行全域规划开发，建设现代农业园区，壮大特色优势产业。有序开展农垦国有农用地使用权抵押、担保试点。对农垦企业改革改制中涉及的国有划拨建设用地和农用地，可按需要采取国有土地使用权出让、租赁、作价出资（入股）和保留划拨用地等方式处置。省级以上政府批准实行国有资产授权经营的国有独资企业、国有独资公司等农垦企业，其使用的原生产经营性国有划拨建设土地和农用地，经批准可采取作价入资（入股）、授权经营方式处置。农垦现有划拨建设用地，经批准办理有偿使用手续后，可以转让、出租、抵押或改变用途，需办理出让手续的，可以采取协议方式。农垦土地被依法收回后再出让的，其出让收入实行收支两条线管理，市县分成的相应土地出让收入要按规定用于农垦农业土地开发、农田水利建设以及公益性基础设施建设。加强对农垦土地利用总体规划及年度计划管理，保障农垦产业发展和城镇化建设用地合理需求。严格执行土地用途管制制度，对农垦土地严格实行分类管理，禁止擅自将农用地转为建设用地。切实落实耕地占补平衡制度，加快划定永久基本农田。强化农垦土地权益保护，严肃查处擅自改变土地用途和非法侵占农垦土地行为。严禁擅自收回农垦国有土地使用权，确需收回的要经原批准用地的政府批准，并参照区片地价予以补偿，妥善解决职工生产生活困难，依法安排社会保障费用。

(五)创新农业经营管理体制。坚持和完善以职工家庭经营为基础、大农场统筹小农场的农业双层经营体制，积极推进多种形式的农业适度规模经营。强化国有农场农业统一经营管理和服务职能，建立健全农场与职工间合理的利益分享和风险共担机制。积极培育新型农业经营主体，发展股份制、公司制等农业经营形式，既要防止土地碎片化，又要防止土地过度集中。构建权利义务关系清晰的国有土地经营制度，改革完善职工承包租赁经营管理制度，建立经营面积、收费标准、承包租赁期限等与职工身份相适应的衔接机制。探索开展职工承包租赁土地自愿有偿退出试点，有序推进土地规模化、集约化、高效化利用。职工承包租赁期限不得超过其退休年限，防止简单固化承包租赁关系。职工退休时，在同等条件下其承包租赁土地可由其在农场务农的子女优先租赁经营。对农垦农用地承包租赁合同进行清理规范，重点解决土地承包期过长、租金过低等问题。对超过法定期限承包土地等违法行为，依法撤销合同并收回土地；对拖欠租金、擅自改变土地用途、破坏土地资源、长期闲置、私下流转等违约行为，依法解除合同并收回土地；对租金过低的合同，依法变更或终止合同。加强承包和租赁收费管理，全面推行收支公开，强化审计监督。

(六)构建新型劳动用工制度。建立健全职工招录、培训和考核体系，逐步建立以劳动合同制度为核心的市场化用工制度。除已签订劳动合同的职工外，对长期在农场从事农业生产经营的职工子女、外来落户人员等从业人员，结合国有农场改革发展进程，依法签订劳动合同。实施新型职业农工培育工程，将农场职工纳入新型职业农民培训体系。鼓励和引导职工子女扎根农场务农兴业，积极吸引优秀企业家、高端专业技术人才、职业经理人到垦区就业创业。加大政策扶持力度，拓展就业渠道，对符合条件的农垦企业失业人员及时进行失业登记，并按规定享受失业保险待遇，对符合就业困难人员条件的农垦企业人员，按规定纳入就业援助范围。

(七)完善社会保障机制。按照属地管理原则，将农垦职工和垦区居民纳入相应的社会保险、社会救助等社会保障体系。与国有农场签订劳动合同的农业从业人员，可以执行当地统一的企业职工社会保障政策，也可以实行符合农业生产特点的参保缴费办法。强化农垦企业及其职工按时足额缴费义务和地方政府主体责任，将未参加养老和医疗保险或中途断保的职工，按规定纳入参保范围。对于自愿退出土地承包经营权的职工，依法安排社会保障费用，建立长效保障机制。各级财政进一步加大社会保障投入力度，支持落实好农垦企业职工和垦区居民的社会保障政策。

(八)健全国有资产监管体制。针对农垦国有资产数量大、分布广、类型多的特点，根据我省国有企业改革情况和相关要求，逐步将符合条件的农垦企业纳入经营性国有资产集中统一监管体系。农垦管理部门要加强和改进对农垦企业的监管，全面开展包括土地在内的国有资产清产核资工作，加大对国有资本投向的专项监督力度，促进国有资产保值增值，放大国有资本功能，提升国有资本运行效率和效益。开展改组组建农垦国有资本投资、运营公司试点，建立以管资本为主的监管体制。明晰农垦国有资产权属关系，设立管理区的原大型骨干农场及其他市属农垦企业，由所在市政府作为出资人授权市级农垦资产管理部门履行日常监管职责；其他农场由属地政府明确出资人及其日常监管部门。

四、加快推进农垦现代农业发展

(一)着力打造全域化农垦现代农业园区。按照“品种高端、技术高端、装备高端、管理高端、产品高端”要求，以9个大型骨干农场为重点，进行全域规划、全域建设，加快打造一批在全省具有示范引领作用的现代农业园区，努力形成现代农业发展高地。提升塞北管理区、曹妃甸区国家级现代农业示范区建设水平，努力把大型骨干农场建成省级以上现代农业园区。以现代农业园区为载体，推动农垦企业开展多种形式的垦地合作，通过集聚生产要素、壮大优势产业、延伸产业链条、完善服务体系，辐射带动周边区域加快发展现代农业。

(二)加快建设特色农产品生产基地。加快建设农场高标准农田，实施农场节水灌溉工程、地表水置换地下水工程。调整产业结构，做大做强优势特色产业。立足农场不同的区域、资源优势，将柏各庄、芦台、汉沽农场建成优质水稻生产供应基地，中捷农场和察北、沽源、康保牧场建成牛奶、马铃薯、饲草、畜产品大型生产供应基地，柏各庄、中捷、南大港农场建成优质水产品及种苗生产供应基地，中捷、大曹庄、保定农场建成小麦良种基地，坝上各牧场和沿海农场建成生态休闲旅游基地，柏各庄农场、中捷农场、沽源牧场分别建成稻谷、农作物种源、饲草应急保障基地。其他农牧场要根据区域资源优势建设特色农产品生产基地。

（三）积极推进一二三产业融合发展。发挥农垦组织化、规模化、标准化程度高和产业链条健全、生产要素聚集等优势，加快发展农产品加工流通业，推动一二三产业融合发展，实现农业持续增值增效。推进农业生产全程标准化，建立从田间到餐桌的全程农产品质量安全追溯体系。鼓励农垦企业加快粮食晾晒、烘干、仓储设施和现代物流中心建设，大力发展大宗农产品产地初加工和精深加工，建设食品、饲料等专用原料基地和加工产业园区，辐射带动周边农民增收致富。推进农垦农产品流通网络优化布局，加快发展冷链物流、电子商务、连锁经营等新型流通业态。推进农垦企业品牌建设，打造一批全国知名品牌。支持农垦企业按照有关规定参与国家大宗农产品政策性收储。结合垦区特色城镇和美丽乡村建设，拓展农业多种功能，加快发展休闲农业、生态旅游。

（四）提升科技创新能力。农场要在良种化、机械化、信息化等科技创新方面和农业技术推广方面继续走在全省前列。推动唐山、沧州、邢台等地具有种业发展传统优势农场和农垦科学研究所加强合作，形成坝下种业研发合力，培育战略性新兴产业。发挥坝上农场独特气候优势，探索组建以马铃薯、裸燕麦、饲草为主的种子企业联盟。组建以企业为主体的农业产业技术创新联盟，搭建农业科技创新和成果转化推广平台，加快科技成果转化。积极推进生产经营管理全程信息化，开展农业物联网等信息技术集成应用和试验示范。开展高产高效技术集成示范，推动绿色、高效、可持续现代农业发展。

（五）提升农垦国际化合作水平。发挥中捷农场、芦台农场、察北牧场等国际合作渊源和外事资源优势，引进国外农业先进技术，将其打造成为境外农业技术转移合作的先行示范区。鼓励有条件的农场以合资合作和并购重组等方式开展境外农业开发，建立生产、加工、仓储、运销体系。利用外经贸发展专项资金、农业综合开发等现有政策渠道，鼓励支持农场实施农业国际合作项目。加强国际先进技术设备的引进、消化、利用，不断提高农垦企业技术装备和管理水平。

（六）加快推进垦区新型城镇化建设。中捷、柏各庄农场等经济基础较好的农场所在地要建成宜业宜居的中小城市，其他设立管理区的大型骨干农场要逐步发展成为特色场镇。毗邻城镇的中小农场要加大区域资源共享共建力度，与地方政府合作开展城镇开发建设，防止互相隔离和重复建设，推动垦地城镇融合发展。鼓励社会资本参与国有农场公共服务和基础设施建设。引导职工向场镇集中，开发建设场部小城镇。加快实施国有垦区危房改造，加强农场道路、供排水、环境整治等基础设施建设，增强场镇综合承载功能。

（七）切实加强贫困农场建设。落实国家专项规划和政策措施，加强贫困农场和生态脆弱区农场的基础设施及公共服务体系建设，切实改善生产生活条件。加大对贫困农场扶持力度，帮助解决实际困难，增强农场自我积累、自我发展能力。支持农场培育发展特色优势产业，多渠道增加职工收入。生态脆弱区农场的水土流失治理和生态环境保护，纳入各级政府统一政策实施范围。

五、强化对农垦改革发展的政策支持

（一）加大财政支持力度。以政府性资金为引导，鼓励符合条件的金融机构和农垦企业集团等投入，设立农垦产业发展股权投资基金，推动产业资本与金融资本相互融合，推动垦区优势资源聚集重组、优化配置，推动农垦特色优势产业联合联盟联营，把农垦打造成为农业领域的航母。将农场纳入强农惠农富农政策支持范围，平等享受国家普惠性政策。农业对外合作支持资金安排向符合条件的农垦企业倾斜。积极支持农垦承担国家农业援外项目，鼓励农垦企业扩大优势特色农产品出口。

（二）加大项目支持力度。各级发展改革、工业和信息化、水利、环保、林业、商务等部门要做好垦区产业和项目规划衔接，积极安排垦区危房改造、饮水安全、垃圾污水处理、防护林工程、农产品冷链物流和电子商务等项目。支持垦区城镇化建设，加快实施国有垦区危房改造。加强道路、环境整治等基础设施建设，提高场镇综合承载能力。落实国家政策，增加农场小型农田水利设施建设补助。将农场纳入农机购置补贴范围，优先支持购置大型农业机械，提高装备水平。

（三）加大金融支持力度。落实国家和省有关政策，把农垦作为产业发展、民生改善的信贷支持重点，加大对农场发展的金融服务。支持农垦企业加快资源整合，推动符合国家产业政策、盈利能力强、成长性好的名优企业上市（挂牌）融资。支持符合条件的农垦集团（公司）通过发行企业债券、公司债券、短期融资券或中期票据等筹集资金。积极发展混合所有制经济，通过出资入股、收购股权、认购可转债、融资租赁等方式，吸引民营资本参与农垦企业改制重组。鼓励农垦企业参与国内外资源开发，努力拓展外部市场，提升市场竞争力。

（四）加大基础设施建设和社会事业发展支持力度。按照民生政策农场全覆盖的要求，把农场涉水事项纳入全省相关专项规划，积极支持农场水利工程建设；将符合条件的农垦道路纳入路网规划，加强建设、养护和管理；加强农垦系统社会保险费征缴，切实落实农垦企业职工和农场居民的社会保障政策；优化林业资源管理利用，加大农场生态保护，扶持具备生态保护条件的农场建设自然保护区、湿地公园，支持发展森林旅游、木材加工、种苗、林下经济等产业，并在林业专项资金上给予倾斜。

六、加强对农垦改革发展的领导

（一）加强组织领导。成立由分管副省长任组长，省政府分管副秘书长、省农业厅厅长任副组长，省编委办、省发展改革委、省教育厅、省科技厅、省民政厅、省财政厅、省人力资源社会保障厅、省国土资源厅、省住房城乡建设厅、省水利厅、省林业厅、省卫生计生委、省国资委、省扶贫办、省金融办等有关部门负责同志为成员的省农垦改革发展工作领导小组，负责全省农垦改革发展的组织领导、工作协调和督导考核工作。领导小组办公室设在省农业厅。有关市县要抓紧成立相应机构，研究制定推进农垦改革发展的具体实施方案，报上级农垦改革发展领导小组备案后，认真组织实施，确保完成农垦改革发展任务。把农垦改革与党的建设紧密结合起来，保证党组织机构健全、党务工作者队伍稳定、党组织和党员作用得到有效发挥。把加强党的领导和完善农垦企业公司治理统一起来，创新党组织发挥政治核心作用的途径和形式。加强农垦各级领导班子思想作风和反腐倡廉建设，强化对农垦企业领导人员履职行权的监督。农垦企业改革要依法依规、严格程序、公开公正，切实加强监督，严格责任追究，杜绝国有资产流失。

（二）落实市县和部门责任。各级各部门在依法编制经济社会发展规划、城乡规划、土地利用总体规划、新型城镇化发展规划及公共服务体系等规划时，要将农垦纳入其中并同步组织实施。发展改革部门要做好规划衔接，安排相关建设项目时对农垦加大支持力度；财政部门要根据农垦管理体制和改革发展需要，按照中央政策要求，将农垦纳入国家强农惠农富农和改善民生政策覆盖范围；其他部门要按照职责分工，落实有关政策措施。

（三）加快转变管理职能。各级农垦管理部门要适应农垦改革发展需要，加强自身能力建设，进一步简政放权，转变工作职能，创新工作方式，切实履行行业指导管理、国有资产监管等职责，按组织程序推荐任命农垦企业负责人，加强企业负责人薪酬和业务费管理。不得擅自解散、下放、撤销国有农场。国有农场合并、分设、调整等体制变动，国有农垦企业管理机构设置及人员编制、重大体制改革、资产处置等事项，须征求上级农垦管理部门意见。加强农垦经营管理人才引进和培训，着力培养一批懂市场、善经营、会管理的优秀企业家，造就一支热爱农垦、献身农垦的高素质干部职工队伍。

（冀发〔2016〕38号）

河北省人民政府
关于深入推进新型城镇化建设的实施意见

（2016年6月8日）

为贯彻落实《国务院关于深入推进新型城镇化建设的若干意见》（国发〔2016〕8号）精神，深入推进新型城镇化建设，结合我省实际，提出如下实施意见：

一、总体要求

深入贯彻落实中央城镇化工作会议、城市工作会议精神和国务院总体部署，牢固树立创新、协调、绿色、开放、共享的发展理念，以人的城镇化为核心，以新型城镇化与城乡统筹示范区建设为主线，以体制机制改革为动力，加强部门和市、县工作协调联动，统筹安排重点工作和重大项目，着力完善户籍、土地、财政、投融资等政策措施，充分释放新型城镇化蕴藏的巨大内需潜力，为经济持续健康发展提供持久强劲动力。

二、积极推进农业转移人口市民化

（一）加快落实户籍制度改革政策。按照我省深化户籍制度改革的实施意见，加快推进户籍制度改革，着力解决农村学生升学和参军进入城镇的人口、在城镇就业居住5年以上人口、举家迁徙的农业转移人口等重点群体在城镇落户问题。开展户籍制度改革情况专项检查，清理限制户口迁移的“门槛”和障碍。推进教育、就业、医疗、养老、住房保障等领域配套改革，开展农村土地确权登记颁证，探索土地承包权、宅基地使用权、集体收益分配权退出机制，推动“三权”与户口脱钩，调动农村转移人口进城落户的积极性。

（二）全面实行居住证制度。认真贯彻实施《河北省居住证实施办法（试行）》，建立健全为居住证持有人提供国家和省规定的基本公共服务和便利的机制。综合考虑连续居住年限等因素，建立居住证梯度赋权机制。将流动人口纳入城镇基本公共卫生计生服务范围，各项服务指标达到国家规范和省定标准。建立健全公共就业服务提供机制，保障城镇常住人口享有与本地户籍人口同等的劳动就业权利，并提供就业政策法规咨询、职业指导、职业介绍等基本公共就业服务。推动居住证持有人享有与当地户籍人口同等的住房保障权利，将符合条件的农业转移人口纳入当地住房保障范围。各地要积极创造条件，逐步扩大为居住证持有人提供公共服务和便利范围，提高服务标准，防止基本公共服务与居住证制度脱钩。

（三）推进城镇基本公共服务常住人口全覆盖。实施农民工职业技能提升计划，每年培训40万人次以上。建立城乡统一的居民医疗保险制度和城乡一体化经办运行机制。完善省内医疗保险异地就医直接结算体系，加快建立基本医疗保险省外异地就医医疗费用结算制度。2016年继续按照不低于生均公用经费基准定额的标准对城乡义务教育学校（含民办学校）补助公用经费；自2017年起，统一城乡义务教育学生“两免一补”政策。

（四）加快建立农业转移人口市民化激励机制。切实维护进城落户农民在农村的合法权益。逐步扩大农村集体经济组织股份合作制改革试点范围，将农村集体经营性资产折股量化到集体经济组织成员，设立一批农村股份经济合作社。引导农村股份经济合作社开展代耕代种、联耕联种、土地托管等农业社会化服务。将农村股份经济合作社纳入新型农业经营主体奖补范围。待国家出台财政转移支付同农业转移人口市民化挂钩机制指导意见后，结合实际研究提出我省财政转移支付同农业转移人口市民化挂钩机制指导意见。积极为吸纳农业转移人口落户数量较多的城镇争取更多中央预算内投资支持，优先安排省级预算内基本建设配套资金。

三、全面提升城市功能

（一）加快城镇棚户区、城中村和危房改造。打好棚户区改造三年攻坚战，用足用好城镇棚户区改造政策，将城中村、城郊村及易地搬迁进入城镇的村庄改造纳入棚户区改造范围，推动棚户区改造与名城保护、城市更新相结合。各地新启动的城镇棚户区改造货币化安置比例达到80%以上。到2020年基本完成现有城镇棚户区、城中村和危房改造。每年开展两次省级工程质量巡查，对棚户区改造工程进行重点督查。

（二）加快城市综合交通网络建设。重点推进石家庄城市轨道交通项目1号线一期工程建设，3号线一期工程力争2017年投产运行。启动石家庄市郊铁路规划和承德、张家口、秦皇岛、唐山、廊坊、保定、沧州、衡水、邢台、邯郸城市轨道交通线网规划编制工作，推进石家庄、保定“公交都市”建设，在百万人口城市构建快速公交系统（BRT）。优化街区路网结构，打通城市“断头路”，增加街巷支路密度，到2020年，城市建成区平均路网密度提高到8公里／平方公里，道路面积率达到15%。推广国家自行车和步行道系统示范项目。严格落实充电设施配置要求，新建住宅配建停车位、大型公共建筑物配建停车场、社会公共停车场建设充电基础设施或预留建设充电设施安装条件的车位比例原则上不低于100%、10%、10%。

（三）实施城市地下管网改造工程。加快实施既有道路城市电网、通信网络、架空线入地工程。编制地下综合管廊建设规划，明确五年项目滚动建设计划和年度实施计划，逐步推进地下综合管廊建设。加强综合管廊开工项目督查，确保建设进度和质量。编制河北省城镇排水防涝设施建设和供水设施建设“十三五”规划，指导各市（含定州、辛集市，下同）排水防涝设施建设、雨污分流改造和供水管网建设及改造工作。

（四）推进海绵城市建设。制定省级海绵城市建设标准、规划和工程图集，指导各市在城市新区、各类园区、成片开发区域开展海绵城市建设。推进海绵型建筑与小区、海绵型道路与广场、海绵型公园与绿地等建设，到2017年底，迁安市完成海绵城市试点建设任务，达到国家试点要求。推进唐山湾生态城、正定新区、北戴河新区、黄骅新城、涿州生态宜居示范基地和承德北部新区生态城海绵城市建设。

（五）推动新型城市建设。开展“多规合一”试点，制定编制导引和技术规范。与总体规划、控制性详细规划修编同步开展总体城市设计和近期建设用地范围内重点区段城市设计。加快建设绿色城市、智慧城市、人文城市等新型城市。贯彻落实“宽带中国”战略，提升百兆光纤覆盖城市家庭比例，在农村地区开展电信普遍业务，推进石家庄、唐山、秦皇岛、张家口“宽带中国”示范城市建设。推进全省县级以上城市主城区公共区域免费 WiFi 全覆盖。按照国家城镇化工作部署，实施“互联网+”城市计划，建设新型智慧城市，打造“智创空间”“智创园区”。制定智慧城市评价指标体系总体框架，重点推进城市公共安全视频监控、时空信息云平台、智慧交通、智慧医疗、智慧旅游等建设，开展智能电网技术研发。2020年前建成全省城镇空间信息平台和城市建

（构）筑物空间数据库。推动分布式太阳能、风能、生物质能、地热能多元化规模化应用和工业余热供暖，推进既有建筑供热计量和节能改造。培育建立区域性建筑节能新技术新产品展示基地，建立绿色建材评价标识管理信息平台和建材装备使用管理信用平台，启动绿色建材评价标识工作，推广应用绿色新型建材、装配式建筑和钢结构建筑。推行生活垃圾分类收集、运输和处理，完善生活垃圾收运体系，建立与垃圾分类收集、资源化利用及无害化处理相衔接的生活垃圾收运网络。加强餐厨废弃物和建筑垃圾管理，力争用5年左右时间，基本建立餐厨废弃物、建筑垃圾回收和再生利用体系。划定永久基本农田、生态保护红线和城市开发边界，实施城市生态系统修复工程，开展城市生态修复项目试点、分布式可再生能源综合示范、钢结构建筑推广试点等工作。完善城市绿地系统布局，加强公园、游园、道路绿化、生态隔离带和绿道绿廊建设。积极推进太行山申报世界自然文化遗产工作。加快建设园林城市（县城），推动生态园林城市（县城）创建取得突破进展。制定实施城市空气质量达标时间表，提高优良天数比例，大幅减少重污染天数。积极推进中水回用，全面建设节水型城市。支持经济基础好、就业规模较大、符合土地和城市规划的开发区率先向城市功能区转型。

（六）提升城市公共服务水平。积极争取中央公共服务设施建设资金支持，加大地方各级财政投入。编制城镇公共服务设施综合专项规划。加强社区卫生服务体系建设，逐步健全社区卫生服务网络。“十三五”期间创建300个全国综合减灾示范社区，建设30个城市示范性应急避难场所，合理规划预留城市绿地，积极争取资金重点开展城镇地质灾害治理，完善城市排水防涝应急预案，建立城市防洪排涝应急体系。加强居家养老服务中心建设，完善呼叫服务网络，健全农村养老服务设施，将各级留存福利彩票公益金50%以上用于支持养老服务业发展，开展养老专业护理人员培训工作。开展以生活服务业为核心的社区电子商务服务。整合利用闲置城乡公共设施，依托城乡社区综合服务设施，加强城市社区和农村文化设施建设。推进公共图书馆、博物馆、文化馆、纪念馆、美术馆等免费开放工作，逐步将民族博物馆、行业博物馆纳入免费开放范围。保障公共体育设施建设用地，在城市社区建设15分钟健身圈，开展社区多功能运动场等健身场所建设。引导物流园区、配送中心及配送网点建设。

四、加快培育中小城市和特色小城镇

（一）提升县城和重点镇基础设施水平。开展污水处理厂污泥处理处置情况排查，实施未达标污水处理厂提标改造，完善污泥处理设施。2018年前全面完成县城公共供水设施建设和升级改造。2016年所有县城实现集中供热或清洁能源供热，重点镇也要加快推进步伐。因地制宜选择无害化生活垃圾处理技术，升级改造未达标处理设施。开展水泥窑协同处置垃圾废弃物工作，到2018年，建成水泥窑协同处置垃圾废弃物示范工程，实现年处置500万吨垃圾废弃物和1000万吨水泥熟料产能转型。在医疗资源短缺、人口相对集中、距离主城区较远的地区，依托中心乡镇卫生院建设县级医院分院。在县城建设县级全民健身活动中心和公共体育场，推进农民体育建设工程项目建设。将公共文化设施建设纳入市、县城乡规划，列入同级政府固定资产投资计划。健全小城镇垃圾处理体系，推进重点镇棚户区改造，到2019年，重点镇全部具备污水处理能力。

（二）加快拓展特大镇功能。将产业发展、城市建设管理、市场监管、公共服务、环境保护、社会治安等县级管理权限，下放给特大镇政府，不宜下放的要赋予特大镇必要的监督协管权力并给予相应经费保障，实行条块结合、以块为主的双重管理体制。结合城市执法体制改革，采取设立派出机构、有限赋权、委托授权、联合执法、延伸相对集中行政处罚权等方式，探索特大镇综合执法新模式。规范县乡财政体制，进一步推进县级财政简政放权，下沉资金资产管理权限，强化乡（镇）财政职能。分类确定乡（镇）财政管理体制，重点镇和财政收入规模过亿元乡（镇），可实行“分税制”体制，其他乡（镇）可实行“统收统支”体制。省、市财政按照项目管理的专项转移支付，在项目申报、资金安排和拨付等方面，对特大镇给予重点考虑。特大镇发展急需的建设项目，同等条件下优先列入省、市、县重点项目。当地政府安排适当用地指标用于特大镇发展。

（三）加快特色镇发展。以多样化、专业化和特色化为方向，推动小城镇发展，省重点培育100个特色小城镇。加快小城镇基础设施建设，谋划一批生活污水、垃圾处理设施和集中供热项目，争取列入全国“十三五”城镇基础实施建设规划。立足打造创新创业新载体，培育一批供给侧特色小镇。“十三五”期间培育一批具有示范性、影响力的非物质文化遗产示范县、镇，推出一批山地度假小镇、湿地生态小镇、草原风情小镇、冰雪运动小镇等主题旅游小镇。发展乡村特色餐饮、民俗节庆、休闲农业、旅游购物等旅游产品。

（四）培育发展一批中小城市。自2016年起，实施县城建设三年攻坚行动，着力完善服务功能，增强承载能力，提升城市品质，打造有历史记忆、地域特征、山清水秀、宜居宜业的美丽县城。坚持分类指导、典型引路，集中培育30个中小城市和10个都市卫星城，推进县城建设上档升级、增比进位。围绕新型城镇化与城乡统筹示范区建设，在全省推出一批先进市、县，探索路径，积累经验，在全省推广。科学整合乡镇行政建制，推进撤乡设镇、撤镇设街道办事处行政区划调整工作，稳步推进村委会改居委会工作。

（五）加快城市群建设。落实京津冀协同发展战略，构建以首都为核心的世界级城市群，优化省域城镇层级结构和空间布局，编制河北省空间布局规划和省域城镇体系规划，修编各市城市总体规划。加快推进城乡发展一体化，构建主城区与周边县（市）规划、管理、交通、能源等同城化发展格局。推进京津石中心城区与新城、卫星城市之间的“1小时通勤圈”、京津保唐“1小时交通圈”、相邻城市间基本实现1.5小时通达。统筹区域热负荷发展需要，建设集中供热项目。

五、辐射带动新农村建设

（一）推动基础设施和公共服务向农村延伸。启动1000个左右中心村示范点建设。推进美丽乡村建设，实施民居改造、安全饮水、污水治理、街道硬化、无害化卫生厕所改造、清洁能源利用、“三清一拆”和垃圾治理、村庄绿化、特色富民产业、电子商务平台建设、乡村文化建设、基层组织建设等专项行动。推进城乡客运一体化，实施城市周边农村客运班线公交化改造，推广农村客运片区经营模式，加快燕山—太行山集中连片特困地区、革命老区农村客运发展。建设实体性乡镇便民服务中心。2016年基本公共卫生经费补助标准提高到人均45元，服务项目增加到12类45项。

（二）带动农村一二三产业融合发展。加强农村产业融合发展规划与城乡规划、土地利用总体规划有效衔接，积极争取国家农村产业融合发展专项建设基金，每年评选200家省级示范家庭农场，并纳入支农补贴政策、农业基础设施建设和重点农业项目扶持范围。整合发展一批农民工返乡创业园，培育一批电子商务进农村综合示范县。建设安国市、巨鹿县、涉县、滦平县等中药材种植、加工、存储、销售基地。组建农民合作社联合社，形成规模和品牌优势。构建河北省休闲农业与乡村旅游品牌体系，到2020年，认定200个休闲农业示范点和星级园区，培育20条特色休闲农业观光带,建成30条农业休闲旅游精品线路。实施乡村旅游创客行动，建设一批旅游创客基地，支持和组织引导旅游志愿者、艺术和科技工作者驻村帮扶，到2020年，全省打造500个旅游专业村，10000个旅游专业户。开展农民合作社示范社建设，推动农民合作社与大型超市、社区、金融部门等开展合作。

（三）带动农村电子商务发展。鼓励电子商务企业加强与万村千乡、邮政便民服务网点、供销合作社、超市等流通主体合作，提高电子商务应用水平。建设完善县、乡、村三级物流节点基础设施，打通农村电子商务“最后一公里”。到2016年底，基本实现行政村宽带全覆盖。发展农业生产资料电子商务，探索鲜活农产品进入社区模式，拓宽河北农产品、民俗产品、乡村旅游等网络营销市场。加快信息进村入户试点县12316益农服务社建设，健全全省品牌农产品展示推介平台。加快实施快递下乡工程，打通农村快递物流“下乡与进城”的双向快捷通道，改善农村地区电子商务服务环境。开发适合电子商务企业发展的金融产品。

（四）推进易地扶贫搬迁与新型城镇化结合。制定“十三五”易地扶贫搬迁实施方案和年度计划，集中安置搬迁37.8万人左右。搞好科学规划，在县城、小城镇或工业园区附近建设移民集中安置区，推进转移就业贫困人口在城镇落户。改善贫困农户生产生活条件，提高公共服务设施建设水平，加强后续产业发展帮扶。合理配置教育、医疗、文化、体育等服务设施，满足搬迁群众居住、看病、上学等需求。

六、完善土地利用机制

（一）规范推进城乡建设用地增减挂钩。全面实行城镇建设用地增加与农村建设用地减少相挂钩政策。全省城乡建设用地增减挂钩、工矿废弃地复垦利用指标优先保障新型城镇化建设。利用土地调查外业在线监测平台和专业队伍外业核实的方式，加强土地利用变更情况监测监管。

（二）建立城镇低效用地再开发激励机制。允许存量土地使用权人在不违反法律法规、符合相关规划的前提下，按照有关规定经批准后对土地进行再开发。完善城镇存量土地再开发过程中的供应方式，鼓励原土地使用权人自行改造，涉及原划拨土地使用权转让需补办出让手续的，经依法批准，可采取规定方式办理，并按市场价缴纳土地出让价款。在国家、改造者、土地权利人之间合理分配“三旧”（旧城镇、旧厂房、旧村庄）改造的土地收益。探索城市资本盘活农村闲置资源的方式方法和“市民农庄”等新型模式，挖掘城市郊区发展潜力。

（三）因地制宜推进低丘缓坡地开发。在坚持最严格的耕地保护制度、确保生态安全、切实做好地质灾害防治的前提下，鼓励资源环境承载力适宜地区开展低丘缓坡地开发试点，充分发挥荒山荒坡土地资源优势，推动未利用地规范、科学、有序开发利用，提高土地资源利用的经济、生态和社会效益。

（四）完善土地经营权和宅基地使用权流转机制。2016年完成村镇地籍调查，逐步进行集体建设用地、宅基地使用权颁证工作。2017年基本完成农村土地承包经营权确权登记颁证工作。维护进城落户农民土地承包权、宅基地使用权、集体收益分配权，支持引导其依法自愿有偿转让。开展农村土地确权登记成果应用试点，指导平泉县在互换并地、承包权有偿退出等方面开展积极探索。

七、创新投融资机制

（一）深化政府和社会资本合作。大力推广政府和社会资本合作模式，引入价格和补贴动态调整机制，充分考虑社会资本获得合理收益，吸引社会资本投入城市基础设施和公共服务领域。指导各地做好 PPP 项目库建设，推荐一批 PPP 项目申请国家和省级试点。

（二）加大政府投入力度。从教育发展、文化体育事业发展、基础设施建设、社保资金等省级预算专项资金中，统筹衔接落实支持农业转移人口市民化的相关配套设施建设资金。协调各金融机构配合做好地方政府债券发行工作。

（三）强化金融支持。鼓励国家开发银行河北省分行、中国农业发展银行河北省分行创新信贷模式和产品，重点支持棚户区改造、城镇地下综合管网和垃圾处理等市政基础设施建设。充分利用重点建设基金，加大项目资本金投入，通过“投贷结合”支持重点项目建设。申请发行城镇化建设专项债券，筹集发展建设资金。探索建立河北省城镇化建设基金。推动建设主体企业资产证券化，拓宽城市基础设施建设项目直接融资渠道。加强项目前期工作，做好与国家开发银行、中国农业发展银行的沟通衔接，积极争取国家专项建设基金，重点支持城市基础设施和公共服务设施建设、特色小城镇功能提升等。加强与住房城乡建设部、中国农业发展银行在推进棚户区改造、地下综合管廊建设和农村垃圾治理等方面的战略合作。

八、完善城镇住房制度

（一）建立购租并举的城镇住房制度。以满足新市民的住房需求为出发点，建立购房与租房并举、市场配置与政府保障相结合的住房制度，健全以市场为主满足多层次需求、以政府为主提供基本保障的住房供应体系。紧盯国家深化住房制度改革动向，待国家政策出台后，及时制定我省政策。

（二）完善城镇住房保障体系。实行公租房货币化，各地政府原则上不再新建公租房，住房保障方式由采取实物与租赁补贴相结合逐步转向租赁补贴为主。指导各地将城镇住房保障范围覆盖到城镇中低收入住房困难家庭、新就业职工、居住证持有人、外来务工人员、乡镇公职人员。各地要合理确定租赁补贴发放和实物保障的准入标准，实行梯度保障，做好有效衔接。继续落实好保障性住房并轨政策。完善住房保障申请、审核、公示、轮候、复核制度，严格保障性住房分配和使用管理，健全退出机制，确保住房保障体系公平、公正、健康运行。

（三）加快发展专业化住房租赁市场。建立租赁市场房源信息平台，积极培育专业化住房租赁机构，推动住房租赁规模化、专业化经营。根据住房租赁业务的经营特点、融资需求，开发住房租赁业务信贷产品。

（四）健全房地产市场调控机制。认真落实我省关于化解房地产库存促进房地产市场健康发展的政策措施，将棚户区改造货币化安置比例列入年度考核目标体系。完善住房用地供应制度，优化供应结构。取消90平方米以下住房面积所占比重必须达到开发建设总面积70%以上的强制要求。加快建立房地产统计监测平台，做好市场动态监测分析。切实加强房地产交易资金监管。指导各市、县政府制定鼓励农民进城购房的政策措施。将农民工和城镇个体工商户纳入住房公积金覆盖范围，全面开展住房公积金异地贷款，实现住房公积金缴存异地互认和转移接续，提高进城务工人员住房消费能力。研究制定差别化住房信贷政策并抓好落实，鼓励银行业金融机构尽快推出针对农民进城购房的信贷产品。推行个人住房贷款保险业务。

九、加快推进新型城镇化综合试点

（一）深化试点内容。按照国家新型城镇化综合试点工作要求，积极推进石家庄市和定州市、张北县、威县、保定市白沟镇在建立农业转移人口市民化成本分担机制、可持续城镇化投融资机制方面，有序建立进城落户农民农村土地承包权、宅基地使用权、集体收益分配权依法自愿有偿退出机制方面，加大探索力度，实现重点突破，积极开展省级新型城镇化综合试点。

（二）扩大试点范围。积极组织省级综合试点中改革意愿强、综合条件成熟的地区申报国家综合试点。总结推广典型经验，适时扩大省级综合试点范围。鼓励市、县开展城镇化综合试点，有关部门在组织开展城镇化相关领域试点时，向国家和省级新型城镇化综合试点地区倾斜。

（三）加大支持力度。研究制定新型城镇化发展评估实施办法，探索建立试点申报评价体系，激发各级政府在推进新型城镇化工作中的活力。加强对试点地区的指导和支持，组织试点地区总结试点经验并及时推广。指导试点地区制定和实施年度推进计划，明确年度任务，确保试点工作有序推进。

十、健全新型城镇化工作推进机制

（一）强化政策协调。省城镇化工作领导小组统筹推动相关政策尽快出台，领导小组办公室要加强协调，各成员单位主动配合，共同推动新型城镇化建设。

（二）加强监督检查。积极配合国家有关部门对新型城镇化建设进展情况的跟踪监测和监督检查。省城镇化工作领导小组办公室及时发布城镇化发展报告和年度工作要点，推动政策措施落地生效。

（三）强化宣传引导。利用网络、电视、报刊等媒体和新闻客户端、微博、微信、论坛等平台，加大宣传力度，努力营造良好氛围。

（冀政发〔2016〕27号）

河北省人民政府
关于加快农产品加工业发展的意见

（2016年7月13日）

为促进我省农产品加工业加快发展，增强市场竞争力，培育新的经济增长极，提出如下意见：

一、总体要求

(一)基本原则。

坚持市场主导，政府引导。充分发挥市场在资源自己置中的决定性作用，促进资源要素有效整合，高效利用；更好发挥政府引导作用，搞好规划引导，强化政策扶持，完善公共服务，因地制宜发展优势、特色农产品加工业。

坚持创新驱动，品牌带动。加强各类创新平台建设，大力开发和引进高新技术、设备和工艺，加快推进技术创新、产品创新、管理创新，强化品牌建设，实施品牌战略，打造知名品牌。

坚持绿色加工，持续发展。牢固树立绿色生态理念，实施全产业链质量控制，加强绿色清洁生产，健全产品可追溯体系；加强农副产品循环利用、全值利用和梯次利用，增强可持续发展能力。

坚持融合互动，利益共享。围绕一二三产业融合发展，引导资源要素向优势区域和加工园区集聚，有效链接产加销各环节，延伸产业链条，提高附加值；完善企农利益联结机制，保障农民获得合理的产业链增值收益，实现多重增收。

(二)主要目标。实施农产品加工业“倍增计划”，到2017年，农产品加工业产值达到11000亿元，加工业与农林牧渔业总产值比达到1.8:1。到2020年，农产品加工业产值比2015年翻一番，达到18000亿元以上，加工业与农林牧渔业总产值比达到2.5:1。农产品加工能力和水平明显提升，市场竞争力显著增强，初步建成农产品加工业强省。

二、重点任务

(一)全面提升加工水平。大力发展农产品产地初加工，加强产地初加工设施和装备建设，积极推进粮食加工减损增效，加强薯类、蔬菜、果品、食用菌、中药材等农产品产后处理。五年内新建或改造升级50000个储藏、保鲜、烘干、分类分级、包装和运销等初加工设施装备，农产品产地初加工率达到60%以上。深入推进精深加工，积极采用生物工程技术、分子蒸馏等精深加工技术，生产多种类型深加工产品，拉长产业链，提高附加值。重点打造小麦、玉米和乳品、肉类、油料、蔬菜、果品、杂粮、薯类、水产品、食用菌、中药材等十二大加工产业链，到2020年，农副产品加工转化率达到60%以上。提升主食加工水平，推动粮食产业升级，推进马铃薯主粮化、主食化，加强“菜篮子”产品商品化加工，大力发展主食品工业化生产和社会化供应。培育壮大一批主食加工示范企业，推介一批主食加工“老字号”品牌。推动综合利用，科学选择一批重点地区、品种和环节，主攻农业副产品循环利用、加工副产物全值高值利用和加工废弃物梯次利用。

(二)培育壮大龙头企业。实施项目带动战略，发挥投资拉动作用，每年竣工100个亿元以上加工项目，培育和壮大加工企业。强化对重点龙头企业的监测服务、动态管理和政策支持，提高农产品加工企业管理水平，重点支持发展100家行业领军企业。鼓励农产品加工企业兼并重组、强强联合，组建大型加工企业集团。鼓励发展农产品加工合作社，引导农民合作社发展农产品加工流通，分享加工增值收益。支持农民创新创业，兴办小微企业和加工作坊，因地制宜发展农产品加工。支持龙头企业、合作社等各类加工主体，以资本、技术、品牌为纽带，通过股份合作、工序衔接、产销对接等方式，建立产业联盟。到2020年，新增规模以上农产品加工龙头企业1000家，总数达到4000家以上，其中年销售额超100亿元的加工型龙头企业达到10家，年销售额超10亿元的加工型龙头企业达到100家。

（三）努力打造加工集群。以现代农业园区为平台，支持各类加工主体进园入区集聚发展，大力发展农产品加工集聚区。到2020年，省级现代农业园区农产品加工比值一般不低于3:1。重点培育一批以核心加工企业为引领，以产业链为纽带，联系上下游关联企业，带动农户、家庭农场和合作社发展的现代农业产业化联合体，打造成为关联紧密、相互配套、功能互补、利益共享的一二三产业融合发展典型，促进产业链式集群集聚，带动县域经济加快发展。到2020年，建成200个年产值超10亿元的现代农业产业化联合体。

（四）建设优质原料基地。结合优势农产品区域规划，重点抓好小麦、玉米和薯类、蔬菜、果品、畜产品、水产品、中药材等加工专用原料基地建设。依托龙头企业、合作社、家庭农场等新型市场主体，加快推进农业适度规模经营，实现加工原料规模化、标准化、专业化生产。大力发展无公害、绿色、有机农产品和地理标志产品，建设生态、优质、安全的农产品加工“第一车间”。

（五）确保农产品加工品质量安全。建立健全农产品加工安全监控体系，实现全程监管和无缝对接。强化企业安全责任意识，配置原料检验、生产过程动态监测和产品出厂检测等检验检测设备。支持企业完善内部质量控制，提高农产品加工企业质量安全管理能力。落实企业主体责任，加强企业内部诚信管理，推进食品工业诚信管理体系（CMS）建设，全面提升食品工业企业质量安全保障能力。推行加工原料标准化生产，完善农产品质量安全全程控制和可追溯制度。严格市场准入，不断提高农产品加工质量安全管理标准、产品标准、加工工艺标准及卫生环境标准。加强对农产品加工、流通和消费等重点环节的监管，严防发生重大产品质量安全事件。

（六）大力实施品牌战略。开展河北省优质农产品加工品牌创建和宣传推介活动，推动我省农产品加工业品牌化发展。引导农产品加工企业创建自主品牌，支持符合条件的申报驰名商标和著名商标。坚持政府、协会、企业协作，积极开展农产品地理标志的申报和保护，打造地域品牌、区域品牌。支持农产品加工企业利用自有品牌、自主知识产权开展国际贸易，加快培育跨国企业和国际知名品牌。开展多种形式的品牌展示、推介和宣传活动，提升品牌影响力。到2020年中国驰名商标数量达到80个以上、地理标志商标达到50个以上，地理标志产品达到70个以上，重点推介200个农产品加工优势品牌。

（七）健全利益共享机制。鼓励农产品加工企业通过多种利益联结形式，建立稳定的农产品产销关系。推广以股份为纽带的紧密型联结方式，支持农户和合作社以生产要素入股龙头企业，组建“收益共享、风险共担”的利益主体。引导龙头企业采取股份分红、利润返还等形式让利农户。将农产品加工业作为产业扶贫的重要内容，支持贫困地区依托当地资源优势，大力发展特色农产品加工业，创建一批扶贫龙头企业，构建以种植养殖、深加工、销售于一体的产业链条，提高贫困群众参与度，分享加工增值收益，为全面实现小康作出贡献。

三、政策措施

（一）加大财税支持力度。各级财政要加大对农产品加工业的扶持力度。省财政对新型农业经营主体建设产地初加工设施给予补助。农业综合开发资金要加大产业化项目投入比例。技改资金项目要划定一定比例用于支持农业产业化重点龙头企业转型升级。其他相关涉农涉企资金，按照政策规定，可重点支持农产品加工企业及其原料基地建设。推广股权引导、风险保障、政银保合作金融服务等多种财政支持模式，用足用好农业产业化引导股权投资基金，引导社会资本投资农产品加工项目。开展农业产业化增信基金试点，放大财政资金扶持效应，撬动金融资本支持农产品加工业。各级政府组建农业信贷担保机构，将农产品加工企业列为重点支持对象。落实支持农产品加工业发展的相关税收优惠政策。

（二）加强融资信贷支持。金融机构要加强对农产品加工企业的信贷支持力度，结合农产品加工企业特点，创新金融产品，适当延长贷款期限和本息偿付周期。拓展抵押担保物范围，稳妥开展农村承包土地的经营权抵押贷款，探索开展农机具抵押、大额订单质押、蔬菜大棚抵押、果树大棚抵押、林权抵押、农产品加工制品抵押、应收账款质押等信贷产品。鼓励加工企业建立互助资金和联保制度，依法开展多种形式的互助性融资担保。各级农产品加工主管部门要积极推荐优质农产品加工项目，开展政银企对接活动。探索组建农产品加工设备融资租赁公司，开展融资租赁业务。支持农产品加工企业上市挂牌融资、发行债券，扩大直接融资，对新上市的农产品加工企业给予财政奖励。

(三)强化建设用地保障。在年度建设用地指标中单列一定比例，专门用于新型农业经营主体进行农产品加工、仓储物流、产地批发市场等辅助设施建设。国家级龙头企业和省政府确定的行业领军企业发展所需的建设用地优先满足供应。涉及占用林地的，按最低标准收取植被恢复费。省政府确定的扶贫建设用地优先支持农产品加工项目。支持农产品加工企业参与农村产权制度改革，通过盘活存量集体建设用地，利用增减挂钩政策，获得建设用地。涉及土地承包经营权流转的，在维护承包农户权益的前提下，有关部门要主动为龙头企业做好相关服务。

(四)提升科技创新能力。支持我省农产品加工企业，联合京津科技单位，建立一批农产品加工业技术创新战略联盟，建设一批科技型农产品加工企业聚集的农业科技园区。加强农产品加工领域的工程技术研究中心、重点实验室建设，支持创建国家级研发中心，打造一批联合创新基地和研发中心。对具备条件的农产品加工企业开展科技创新活动，优先列入相关政策支持范围，优先支持申请国家和省重大科技专项。加强人才培养和引进，组织龙头企业管理人员开展融资、上市、管理、外贸等培训学习活动。创新发展理念，积极支持应用互联网、物联网、云计算、智慧物流等新手段，大力发展新兴业态。

(五)推进对外合作。统筹利用国际国内两个市场、两种资源，进一步扩大对外开放，为农产品加工业发展提供新支撑。积极承接京津农产品加工产业转移，扩大京津市场占有率。大力招商引资，世界500强、国内500强和国家级龙头企业等在我省新建的农产品加工项目，总投资5亿元以上的，优先列入省重点项目，享受各种优惠政策。款励有条件、有实力的龙头企业“走出去”，开展境外贸易，参与国际竞争。对建设国际标准农产品生产示范区(基地)、开展境外商标注册或认证的龙头企业按有关政策给予支持。支持有条件的企业到境外投资办厂，建立原料基地、加工基地、技术研发中心。对开展国际合作和开拓国际市场的，给予融资、保险、外汇收付等政策扶持和配套服务。

(六)优化发展环境。加强政策、咨询、信息、人才、融资、技术、市场对接等服务，采用政府购买服务的形式组织社会力量为农产品加工主体提供各类服务。将农产品加工用电纳入优先保障范围，农产品产地初加工用电执行农业生产用电的价格政策。省政府确定的省级农业产业化重点项目享受省重点项目同等优惠政策。支持符合条件的龙头企业承担重要农产品收储业务。组织开展产销对接、展示展览等活动。支持发展农产品加工品集散中心、物流配送中心、展销中心以及直营直供、连锁经营、“互联网+流通”等新型流通业态，鼓励发展农产品电子商务，探索建立河北农产品网上展销平台。取消农产品加工企业的征地管理费、出口商品检验检疫费等行政事业性收费，减轻企业负担。

四、组织保障

(一)加强组织领导。各级各有关部门要将加快农产品加工业发展摆上重要议事日程。各级农业产业化工作领导小组同时作为农产品加工业发展工作领导小组，统筹领导农产品加工业工作，协调解决工作推进中的重大问题。省农业厅(省农工办)要履行主体责任，搞好政策研究，发挥组织协调和指导服务作用。省有关部门要明确责任分工，形成促进农产品加工业发展的合力。各市、县要建立相应工作机制，保障工作经费，加强队伍建设，为推进农产品加工业发展提供保障。

(二)严格责任考核。将农产品加工业发展和农产品加工比值作为对各级党政领导班子经济社会发展实绩考核的一项指标。省农业厅(省农工办)和省统计局要结合农产品加工业“倍增计划”，将农产品加工业发展任务目标分解到各市，定期督导检查，通报有关情况。省有关部门要按照本意见要求，制定推进措施，落实优惠政策。各地要结合实际，研究制定适合本地的农产品加工业发展规划。

(三)强化统计监测。各级统计和农产品加工主管部门要做好农产品加工统计监测工作。省统计局和省农业厅(省农工办)要完善统计工作制度，建立规范化、常态化的农产品加工业统计分析体系。各市、县要认真组织农产品加工业基础数据录入、汇总等工作，确保全面反映农产品加工业发展现状。

(四)加强宣传引导。省内各新闻媒体要大力宣传加快农产品加工业发展的重要意义和好经验、好典型、好做法。各地要打造一批农产品加工典型企业和园区，组织观摩交流活动，发挥示范引领作用。对在推进农产品加工业发展方面作出突出贡献的单位和个人，按照有关规定给予奖励，营造促进农产品加工业发展的良好环境。

（冀政发〔2016〕35号）

河北省人民政府
关于实施支持农业转移人口市民化若干财政政策的意见

（2016年11月14日）

为贯彻落实《国务院关于实施支持农业转移人口市民化若干财政政策的通知》（国发〔2016〕44号)精神，加快推进我省农业转移人口市民化进程，推动基本公共服务常住人口全覆盖，促进新型城镇化建设和城乡统筹发展，结合我省实际，提出如下意见:

一、总体要求

全面贯彻落实中央和全省城镇化工作会议、城市工作会议精神，牢固树立创新、协调、绿色、开放、共享的发展理念，强化县(市、区)政府尤其是人口流入地政府的主体责任，建立健全支持农业转移人口市民化的财政政策体系，进一步调整财政支出结构，完善财政转移支付制度，将持有居住证人口纳入基本公共服务保障范围，加快实现基本公共服务常住人口全覆盖，确保所有公民享有同等的基本公共服务。加大对吸纳农业转移人口地区的支持力度，维护进城落户农民土地承包权、宅基地使用权、集体收益分配权，支持引导其依法自愿有偿转让，促进以农民工、高校毕业生、城中村居民为重点的城市稳定就业定居人口有序实现市民化，并与城镇居民享有同等权利。

二、基本原则

（一）创新体制机制。改变过去主要依据户籍人口配置公共资源的方式，找准财政支持农业转移人口市民化的着力点，拓宽覆盖范围，将持有居住证人口纳入基本公共服务保障范围，使其逐步享受与当地户籍人口同等的基本公共服务。

（二）分类精准施策。根据经济社会发展水平和财力水平，精准制定推动农业转移人口市民化政策措施，促进均衡发展，引导经济发达市、县(市、区)加大支出结构调整力度，依靠自身财力为农业转移人口提供与当地户籍人口同等的基本公共服务。综合考虑持有居住证人口和常住人口等因素，适度增加对财政困难市、县(市、区)的转移支付力度，促进基本公共服务均等化。

（三）建立激励机制。建立省、市财政农业转移人口市民化奖励机制，统筹考虑县(市、区)吸纳农业转移人口进城落户人数、提供基本公共服务情况的因素实施奖补，有序推进有能力在城镇稳定就业和生活的农业转移人口举家进城落户。

（四）创新支持方式。统筹运用地方政府债券、政府和社会资本合作(PPP）、政府购买服务等方式，撬动社会资本投入，拓宽支持城市建设发展的资金渠道，提升城市功能，增强城市承载力和辐射力，为吸引农业转移人口创造便利条件。

三、政策措施

（一）建立农业转移人口市民化与财力性转移支付挂钩(奖励)机制。

1. 实行财力性转移支付分配与持有居住证人口挂钩。充分考虑各县(市、区)政府为农业转移人口提供基本公共服务的支出需求，完善省对下财力性转移支付分配办法，省财政在测算县(市、区)教育、社会保障、医疗、就业、保障房等相关民生支出时，统筹考虑持有居住证人口规模等因素，将持有居住证的农业转移人口纳入测算范围，按照基本支出需求缺口给予适当补助，加强对吸纳农业转移人口较多且民生支出需求较大的县(市、区)的财力保障。各市政府要参照省级做法，在对下分配财力性转移支付时考虑为持有居住证人口提供基本公共服务等增支因素，鼓励农业转移人口就近城镇化。各县(市、区)政府要统筹用好资金，切实将农业转移人口纳入基本公共服务保障范围，使农业转移人口与当地户籍人口享受同等基本公共服务。

2. 设立农业转移人口市民化奖励资金。省财政统筹中央下达的农业转移人口市民化奖励资金和省财政预算安排资金，建立农业转移人口市民化奖励机制，根据各地农业转移人口实际进城落户人数及县(市、区)政府提供基本公共服务等情况，并适当考虑农业转移人口流动、城市规模、小城镇建设等因素给予奖励，重点向吸纳农业人口较多的县(市、区)倾斜。统筹考虑承担北京非首都功能疏解任务较重的县(市、区)人口流入等因素给予适当奖励。各市政府要安排资金，建立对下农业人口市民化奖励机制。

各县(市、区)政府要将省、市奖励资金统筹用于提供基本公共服务。

（二）加大对农业转移人口市民化的支持力度。

1. 保障农业转移人口子女平等享有受教育权利。各市、县(市、区)政府要将农业转移人口及其他常住人口随迁子女义务教育纳入公共财政保障范围，逐步完善并落实中等职业教育免学杂费和普惠性学前教育的政策。省、市财政按在校学生人数及相关标准核定义务教育和职业教育中涉及学生政策的转移支付，加快统一城乡义务教育经费保障机制，自2017年起实现城乡义务教育学生“两免一补”和生均公用经费基准定额资金随学生流动可携带，落实好中等职业教育国家助学政策。

2. 完善城乡基本医疗保险制度。各市、县(市、区)政府要将流动人口纳入城镇基本公共卫生计生服务范围，按照国家和省确定的各项标准提供基本公共卫生计生服务。省财政根据各地常住人口数、当年人均补助标准及绩效考核等因素，测算分配基本公共卫生服务等专项资金，加大对农业转移人口集中的基层社区医疗卫生机构服务能力建设投入力度，优化配置城镇基本医疗卫生服务资源。完善省内医疗保险异地就医直接结算体系，加快建立基本医疗保险省外异地就医医疗费用结算制度。整合城乡居民基本医疗保险制度，对居住证持有人选择参加城镇居民医保的，个人按城乡居民医保标准缴费，省以下各级财政按照有关政策给予补助。加快实施统一的城乡医疗救助制度。加快实现基本医疗保险参保人跨制度、跨地区转移接续。

3. 支持完善统筹城乡的社会保障体系。各市、县(市、区)政府要加快推动实施统一规范的城乡社会保障制度。省、市财政部门要配合人力资源社会保障等有关部门做好将持有居住证人口纳入城镇职工社会保障体系的工作。推动进城务工人员参加失业保险、工伤保险，切实维护进城务工人员依法享有失业、工伤保险合法权益

4. 加大对农业转移人口就业的支持力度。建立健全公共就业服务供给机制，保障城镇常住人口享有与本地户籍人口同等的劳动就业权利。省、市财政在安排就业专项资金时，要充分考虑、农业转移人口问题，将城镇常住人口和城镇新增就业人口作为分配因素，并赋予适当权重。各县(市、区)政府要统筹上级转移支付和自有财力，支持进城落户农业转移人口中的失业人员进行失业登记，并提供就业政策法规咨询、职业指导、职业介绍、职业培训等基本公共就业服务。支持实施农民工职业技能提升计划，加强对农民工就业技能、岗位技能提升培训，实行农民工免费职业技能鉴定，引导款励农民工取得职业资格证书和专项职业能力证书，提高农民工就业创业能力和职业素质。加大对农民工创业政策扶持力度，落实相关税费减免、创业担保贷款、场地资金补贴等优惠政策。

（三）支持提升城市功能和增强城市承载力。综合运用财政政策工具，创新融资方式、拓宽融资渠道，多渠道筹集资金，支持城镇功能提升，增强城镇承载能力，缓解农业转移人口带来的城镇基础设施承载压力。省级财政安排城市基础设施建设、运行维护、保障性住房等相关专项资金时，对吸纳农业转移人口较多的县(市、区)给予重点支持；安排地方政府债券资金额度，要充分考虑吸纳农业转移人口较多的县(市、区)城市基础设施建设资金需求，在不突破债务限额的前提下，给予重点倾斜支持；加大支持力度，将市、县(市、区)更多符合条件的政府和社会资本合作（PPP）项目纳入省级项目库。各市、县(市、区)政府要将农业转移人口市民化工作纳入本地经济社会发展规划、城乡规划和城市基础设施建设规划。积极推广运用政府和社会资本合作（PPP）模式，鼓励社会资本参与城市基础设施建设和运营。推动居住证持有人享有与当地户籍人口同等的住房保障权利，将符合条件的农业转移人口纳入当地住房保障范围。

（四）维护进城落户农民合法权益。切实维护进城落户农民土地承包权、宅基地使用权、集体收益分配权，消除农民进城落户的后顾之忧。市、县(市、区)政府不得强行要求进城落户农民转让在农村的土地承包权、宅基地使用权、集体收益分配权，或将其作为进城落户条件。通过健全农村产权流转交易市场，逐步建立进城落户农民在农村的相关权益退出机制，积极引导和支持进城落户农民依法自愿有偿转让相关权益，促进相关权益的实现和维护，现阶段要严格限定在本集体经济组织内部。

四、组织实施

（一）狠抓工作落实。各级各部门要高度重视，明确责任，细化分工。财政部门要发挥好牵头协调作用，整体把握和指导农业转移人口市民化财政政策的实施和推进。公安、统计等部门要全面、准确掌握本地流动人口规模、人员结构、人口转移等情况，将居住证人数、城镇常住人口和城镇新增就业人口等相关数据及时提供给财政部门，为测算分配转移支付资金提供科学准确的依据。教育、卫生计生、人力资源社会保障、住房城乡建设、农业等有关部门要密切配合，协调联动，切实做好基本公共服务专项领域相关工作。

（二）明确各级责任。省财政要及时调整完善相关政策，加大转移支付支持力度，建立转移支付动态调整机制，根据不同时期农业转移人口数量规模、不同地区和城乡之间农业转移人口流动变化、大中小城市农业转移人口市民化成本差异等，对转移支付规模和结构进行动态调整。各市要结合本地实际，制定支持农业转移人口市民化的政策措施，建立激励机制，引导和鼓励市辖区吸引农业人口，

加速城镇化建设。各县（市、区）政府特别是人口流入地政府要把推动本地新型城镇化、加快推进户籍制度改革、促进已进城农业转移人口在城镇定居落户与提供基本公共服务结合起来，统筹自身财力和上级转移支付资金，通过增收节支、优化结构、盘活存量等措施，履行好为农业转移人口提供基本公共服务的义务和责任。

（三）加强督导检查。省财政要建立绩效考核机制，加大对下转移支付资金管理、使用情况的监督检查力度，督促市、县（市、区）政府落实好有关支持政策，合理安排预算，优化支出结构，切实保障农业转移人口的基本公共服务支出需求。

（冀政发〔2016〕49号）

中共河北省委办公厅　河北省人民政府办公厅 印发《关于发展壮大农村集体经济的若干政策措施》的通知

（2016年1月24日）

（冀办发〔2016〕9号）

《关于发展壮大农村集体经济的若干政策措施》已经省委、省政府领导同意，现印发给你们，请认真贯彻执行。

关于发展壮大农村集体经济的若干政策措施

发展壮大农村集体经济，是巩固和加强农村基层党组织领导核心地位的重要保障，是深化农村改革、推动精准脱贫、全面建成小康社会的重要内容。根据中央和省委“十三五”经济社会发展的总体部署，现就发展壮大农村集体经济，制定如下政策措施。

一、规范村集体承包合同。开展村集体资产资源承包租赁合同审核清理工作，以县(市、区)为单位，逐村建立台账，重新确权登记颁证，变更情况每年更新一次。进一步规范村集体机动地、山场、林地、果园、水面、闲置地和废弃房屋等资产资源的承包租赁，着力解决承包合同不规范、不符合法律规定、明显有失公允等问题。其中，村集体机动地的承包合同，已经到期的，按照当前市场行情重新评估确定租金，进行二次发包；未到期的，依据《河北省农村土地承包条例》等法律法规，通过“四议两公开”民主决策程序，协商提高租金或收回重新发包。已建立县级农村产权交易平台的地方，村集体资产资源出租、出让、转让，转移所有权或使用权的，一般应进入县级农村产权流转交易平台公开交易，防止“暗箱操作”。

二、加强村级荒废土地开发。村“两委”班子要组织党员群众，对村庄路旁、渠旁、沟旁等未承包到农户的闲散地块进行全面清理，整理汇集，统一管理。这些地块为村集体所有，利用这些地块植树造林、种植经济作物或发展绿色生态产业的，收入归村集体所有。村集体与有开发能力的工商企业、社会团体及其他组织或个人，合作开发利用村集体所有的荒山、荒沟、荒丘、荒滩等资源，新形成的股份和收益，作为集体经济收入。支持有条件的村，由村集体牵头开发利用这些资源，发展现代特色农林业、品牌农业、旅游观光和生态循环农业，增加集体收入。从事农、林、牧、渔业项目的所得，可以免征、减征企业所得税。

三、盘活政府投资和社会帮扶到村形成的资产。在文明生态村、扶贫开发、美丽乡村建设中，由政府投资或社会帮扶形成的农村饮水、垃圾处理、文化娱乐等公益性项目，以及冷库、仓库、厂房、蔬菜大棚、养殖小区、农田水利等生产性设施，归村集体所有。在法律许可前提下，村集体可进行资产经营，可承包租赁获得租金收益，可折价入股获得分红收益，可依法依规向村民收取一定的设施运行维护费用。创新财政涉农资金投入方式，投入到村的有关支农项目资金可核成归村集体所有的股金，与新型经营主体或工商企业进行股份合作。农业产业化、农业综合开发、土地整理、扶贫等涉农项目中适合村集体承担部分，优先选择村集体实施，在完成政府投资项目中获取集体收益。

四、开展土地流转服务。支持村集体建立土地流转服务站，开展信息沟通、委托流转等土地流转服务。在承包土地经营权流转中，集体机井、沟渠、田间道路等基础设施供流入方使用，利用集体资金改良土壤、提高地力，可向非本集体经济组织以外的流入方收取基础设施使用费和土地流转管理服务费。支持村集体组建土地股份合作社，引导农民以承包土地经营权出租、入股等形式统一流转，村集体对流转后的土地进行连片整理，新增部分归集体所有。

五、有序进行土地整理。村集体组织力量对废弃窑厂、坑塘、沟渠进行连片开发整理，形成新的可耕复耕地，经土地确权、明确权属后，村集体可通过承包、转包、出租、入股托管等形式向农业开发公司、龙头企业、农民合作社、家庭农场、农业种植大户等新型经营主体流转，流转费用归村集体所有。用足用好城乡建设用地增减挂钩政策，支持符合规划、有条件的村庄，通过整村新建或联村合建等形式，有序进行土地整理和村庄整治，在优先保障农民安置和生产发展用地的前提下，可将部分结余指标支持县城建设。

六、积极开展生产性服务。支持村集体兴办劳务合作社，以实行劳务总承包等方式对外承接社区服务、道路养护、绿化管护、家政服务、建筑施工等劳务。引导村集体领办创办各种类型的服务实体，在规范签订合同、约定服务内容的前提下，恰当收取服务费作为集体经济收入。注重发展农业生产性服务业，开展代耕代种代收、统防统治、烘干储藏、集中运输等综合性服务。农业科技企业和个人从事技术转让、技术开发业务和与之相关的技术咨询、技术服务业务取得的收入，可按规定免征增值税。

七、大力发展股份合作经济。有集体企业的村，要按照相关政策法规，及时进行集体企业的股份制改造，在留足集体股权的同时，可赋予农民对集体资产股份占有、收益、有偿退出及抵押、担保、继承等权利。村集体控股的股份制企业，按规定享受相关的税收优惠政策。支持有条件的地方开展农村社区股份合作制改造试点，明晰产权归属，将资产折股量化，合理分配到集体和个人。鼓励村集体以集体资产资源参股农民专业合作社和经营稳健的工商企业。

八、引导发展物业经济。在符合土地利用总体规划和城乡建设规划的前提下，可以通过开发利用依法取得的存量集体经营性建设用地，建设物业项目或开展租赁经营，增加集体收入。支持村集体建设各类生产、生活资料市场和农家乐经营点、农家乐管理中心、车库泊位等物业服务业，增加集体物业和服务收入。允许村集体向村民收取一定卫生费，用于组建农村卫生保洁队伍，维护村庄日常环境卫生。对村集体投资兴建的物业建设项目，免收征地管理费、土地登记费、房屋登记费等行政事业性收费。

九、加大财政金融支持力度。各级财政要加大对农村集体经济发展的支持力度，通过入股、贴息、担保、奖补等形式，重点支持农村资源开发。积极争取国家财政资金，扶持村级集体经济试点。鼓励涉农金融机构把村级集体经济组织纳入评级授信范围，创新金融产品和金融服务，对符合条件的村级集体经济项目在信贷支持上实行计划优先、利率优惠。扩大抵押物范围，稳妥推进农村集体建设用地使用权、村集体资产抵押贷款，以及农村生产设施、村级股权等抵质押贷款，为集体经济融资发展创造条件。

十、建立健全考核激励机制。要把发展壮大农村集体经济作为市县乡党委书记抓基层党建述职评议考核的重要内容，引导各级党委抓好这项工作。省直有关部门按照职能分工，细化支持农村集体经济发展的政策举措，主动搞好服务、给予大力支持。完善委托代理、财务公开、定期审计制度，规范村级集体资金和资产的经营管理。建立健全村级集体经济积累机制，完善村集体公益金、公积金制度，支持农村公益、扶贫济困等事业发展。有条件的村，可以探索设立扶持村级集体经济发展基金，积极探索基金使用运转方式，实现集体资产保值增值。将村干部报酬与村级集体经济发展挂钩，对发展村级集体经济突出的村“两委”主要负责人，可按不高于村级集体经济经营性收入年增长额的10%给予奖励，村党组织书记、村委会主任奖金合计不超过30万元，由村集体收入列支。

中共河北省委办公厅　河北省人民政府办公厅
关于印发《河北省脱贫攻坚督查巡查工作实施办法》的通知

（2016年10月21日）

《河北省脱贫攻坚督查巡查工作实施办法》已经省委、省政府领导同意，现印发给你们，请结合实际认真贯彻执行。

（冀办字〔2016〕58号）

河北省脱贫攻坚督查巡查工作实施办法

第一章　总　则

第一条　为了确保脱贫攻坚各项目标任务圆满完成，根据中共中央办公厅、国务院办公厅印发的《脱贫攻坚督查巡查工作办法》（厅字〔2016〕22号）、《中共河北省委、河北省人民政府关于坚决打赢脱贫攻坚战的决定》（冀发〔2015〕27号）和有关规定，制定本办法。

第二条　本办法适用于对全省9个扶贫任务重的市、62个贫困县党委和政府以及省直有关单位脱贫攻坚工作的督查和巡查。

第三条　督查巡查工作应当认真贯彻精准扶贫、精准脱贫基本方略要求，坚持围绕目标、聚焦问题、实事求是、突出重点、群众参与、分级负责、强化整改、提高实效的原则，督促有关地区和单位落实工作责任，遵守纪律和规定，解决突出问题，改进工作方法，完成减贫任务，确保打赢脱贫攻坚战。

第四条　督查巡查工作主要采取召开座谈会、查阅资料、实地调查、问卷调查、个别访谈、受理举报、随机查访或者暗访等形式进行，同时适当运用第三方评估成果。

省扶贫开发领导小组根据工作需要，可以组织市县开展交叉督查和巡查。

第五条　省扶贫开发领导小组适时对被督查巡查地区和单位进行回访核查，对整改落实情况开展“回头看”，切实巩固和提升督查巡查成效。

第二章　督　查

第六条　省扶贫开发领导小组负责督查工作的组织领导，审定年度督查计划，批准督查事项，组建督查组，向省委、省政府报告督查情况。

省扶贫办负责督查日常工作，提出年度督查计划、督查组组建方案、督查工作方案，报省扶贫开发领导小组审定。加强督查工作组织协调，提高督查工作实效。

第七条　督查组负责督查工作的具体实施，实行组长负责制，组长由厅级领导干部担任，成员从省扶贫开发领导小组成员单位抽调，必要时聘请第三方机构参与。

第八条　督查工作坚持目标导向，着力推动工作落实。

督查工作包括综合督查和专项督查。对有关地区和单位脱贫攻坚工作情况进行综合督查，一般每年1次。对脱贫攻坚重点工作进行专项督查，根据需要不定期开展。

第九条　综合督查的重点内容有：

（一）脱贫攻坚责任落实情况；

（二）脱贫攻坚规划、重大政策措施制定以及落实情况；

（三）减贫任务完成情况和特困群体脱贫情况；

（四）精准识别、精准退出以及动态管理情况；

（五）行业扶贫、专项扶贫、定点扶贫、扶贫协作和对口帮扶情况；

（六）产业扶贫、就业创业扶贫、易地扶贫搬迁、基础设施扶贫等情况；

（七）低保兜底、教育扶贫、健康扶贫等社保政策落实情况；

（八）财政扶贫资金投入、财政涉农资金整合使用和金融扶贫落实情况；

（九）省扶贫开发领导小组交办的其他事项。

第十条　综合督查工作按照以下程序进行：

（一）制定方案。督查组根据督查工作方案，制定具体实施方案。

（二）实地督查。

1. 召开座谈会，听取工作汇报。

2. 现场调研，做到“五必查五必看”：贫困识别、退出的标准和程序落实情况必查，扶贫项目实施情况必查，社保政策兜底情况必查，驻村工作队帮扶情况必查，脱贫人口后续扶持情况必查；有关脱贫攻坚重要文件或者会议纪要必看，扶贫资金投入、管理和使用的相关凭证必看，贫困户扶贫手册必看，建档立卡信息系统必看，低保五保、医疗报销和救助等资金发放情况必看。

3. 开展个别谈话、问卷调查、走访调研等。

4. 建立督查工作台账。

（三）报告情况。督查组形成书面报告，主要反映督查情况和发现的问题，提出意见和建议。

第十一条　专项督查的内容根据工作需要确定，程序和方式参照综合督查执行。

第十二条　督查情况由省扶贫开发领导小组汇总后，向省委、省政府报告，并作为对9个扶贫任务重的市、62个贫困县和省直有关单位脱贫攻坚工作考核的重要参考。

对督查情况好的地区和单位，由省扶贫开发领导小组予以通报表扬。对督查中发现的先进典型和经验，及时进行总结和宣传推广。对落实中央和省脱贫攻坚决策部署不到位的地区和单位，由省扶贫开发领导小组在全省进行通报批评，并视情况对有关地区和单位的主要负责同志进行约谈。

第十三条　省扶贫开发领导小组向被督查地区和单位通报督查结果，对存在的问题提出整改要求。被督查地区和单位应当按照要求及时向省扶贫开发领导小组反馈整改情况。省扶贫开发领导小组应当及时汇总整改情况，向省委、省政府报告。

第三章　巡　查

第十四条　省扶贫开发领导小组根据工作需要，报经省委、省政府批准，组建巡查组，不定期开展巡查工作。省扶贫办负责日常工作。

第十五条　巡查组实行组长负责制，组长由厅级领导干部担任，成员根据需要从有关单位和地方抽调。

第十六条　巡查工作坚持问题导向，着力解决突出问题。

巡查的重点问题有：

(一)脱贫攻坚目标任务和政策措施落实中的失职渎职、不作为、假作为、慢作为问题；

(二)贪占挪用扶贫资金、违规安排扶贫项目问题；

(三)贫困识别、退出严重失实，弄虚作假搞“数字脱贫”问题；

(四)违反贫困县党政正职领导保持稳定纪律要求和贫困县约束机制规定问题；

(五)脱贫攻坚政策落实、工作推进中的其他突出问题；

(六)省扶贫开发领导小组交办的其他事项。

第十七条　巡查工作一般按照以下程序进行：

(一)制定方案。巡查组根据巡查任务，制定巡查工作方案，报省扶贫开发领导小组批准。

(二)实地巡查。巡查组进驻被巡查地区开展工作，受理反映脱贫攻坚有关问题的来信、来电、来访等；听取被巡查地区党委、政府有关情况汇报；调阅和查看相关的文件、会议记录、扶贫业务工作台账等资料；巡查工作期间，对群众反映强烈、明显违反规定且应当及时解决的问题，根据《河北省农村扶贫开发条例》等，向被巡查地区的党委和政府提出处理建议。

(三)报告情况。巡查组形成书面报告，反映巡查情况和问题，并依据事实和有关规定，提出处理建议。

第十八条　巡查情况和处理建议由省扶贫开发领导小组研究后，向省委、省政府请示报告。涉及违纪违法的，按照有关规定移交纪检监察或者检察机关。

第十九条　省扶贫开发领导小组向被巡查地区反馈巡查情况，提出整改要求。被巡查地区应当认真进行整改，并于2个月内向省扶贫开发领导小组反馈整改情况。省扶贫开发领导小组应当及时汇总整改情况，向省委、省政府报告。被巡查地区整改落实情况能公开的，应当及时公开，接受社会监督。

第四章　附　则

第二十条　扶贫任务重的9个市应当参照本办法，结合本地实际，对加强本地脱贫攻坚督查和巡查工作作出相应部署。其他市可以参照本办法实施。

各市应当及时将开展督查和巡查工作的情况以书面形式向省扶贫开发领导小组报告。

第二十一条　本办法的具体解释工作由省扶贫办会同有关部门承担。

第二十二条　本办法自2016年10月21日起施行。

河北省人民政府办公厅
关于印发河北省农业水权交易办法的通知

（2016年3月15日）

《河北省农业水权交易办法》已经省政府同意，现印发给你们，请认真贯彻执行。

河北省农业水权交易办法

第一条　为充分发挥市场配置水资源的作用，促进农业节水，规范农业取用水户水资源使用权（以下简称农业水权）交易行为，维护农业水权交易双方合法权益，依据《取水许可和水资源费征收管理条例》（国务院令第460号）、《河北省实施〈中华人民共和国水法〉办法》和《河北省地下水管理条例》等有关规定，制定本办法。

第二条　本办法适用于地下水超采综合治理试点县（市、区）农业取用水户间的水权交易，其他县（市、区）可参照执行。

第三条　农业水权交易遵循政府引导、双方自愿、信息公开、公平公正、规范有序的原则，不得损害第三方的合法权益。

第四条　农业水权交易额度不得超过水权证载明的有效期内尚未使用的水量。交易对象包括拥有农业水权的农户、专业大户、家庭农场、农民专业合作组织等农业经营主体。

第五条　农业水权交易可采取农业取用水户间自主交易、县级农村产权流转交易中心平台交易、委托农民用水合作组织交易和政府回购等形式。

第六条　农业取用水户间自主交易可自愿选择交易对象和交易方式，可通过双方协商实行有偿转让或无偿转让，任何组织和个人不得干预其自主交易行为。

第七条　通过县级农村产权流转交易中心平台进行交易的，交易双方分别提出交易申请，在平台上发布交易水量、期限、价格等信息，达成协议后，签订书面交易合同。

第八条　委托农民用水合作组织进行交易的，由需求方向农民用水合作组织提出委托交易申请，载明交易水量、期限、价格等，由农民用水合作组织确定交易方式和交易对象。

第九条　政府回购农业水权的，经县级水行政主管部门核准后，由当地政府或其授权的水行政主管部门、灌区管理单位予以回购。回购价格应不低于当地市场均价，具体回购办法由当地县级政府制定。

第十条　交易双方应及时将交易信息在有管辖权的农民用水合作组织备案，村、乡级农民用水合作组织要将当年的交易情况分别汇总后逐级上报，由县级农民用水合作组织统一报送县级水行政主管部门。

第十一条　土地承包经营权流转时农业水权一并流转使用。耕地改变为非农建设用地的，其农业水权由水权证发放单位无偿收回。

第十二条　农业水权交易收入扣除规定的交易费用后归出让人所有，任何组织或个人不得侵占、截留、挪用。

第十三条　农业水权交易发生争议或纠纷，当事人应先行协商解决。当事人不愿协商或协商不成的，可申请仲裁或依法向人民法院提起诉讼。

第十四条　县级水行政主管部门及有关部门要切实履行职责，加强对农民用水合作组织的业务指导，强化对水权交易的监督管理，促进农业水权交易有序开展。

第十五条　县级政府要依据本办法，制定农业水权交易实施细则，建立健全农村产权流转交易中心平台，利用水价改革奖补等资金实施政府回购，引导开展多种形式的农业水权交易。

第十六条　本办法自印发之日起施行。

（冀政办字〔2016〕36号）

河北省人民政府办公厅
关于推进农业水价综合改革的实施意见

（2016年4月11日）

为贯彻落实《国务院办公厅关于推进农业水价综合改革的意见》（国办发〔2016〕2号）精神，进一步建立健全农业水价形成机制，促进农业节水和农业可持续发展，结合我省实际,制定如下实施意见：

一、总体目标

建立健全合理反映供水成本、有利于节水和农田水利体制机制创新、与投融资体制相适应的农业水价形成机制；农业用水价格总体达到运行维护成本水平，农业用水总量控制和定额管理普遍实行，可持续的精准补贴和节水奖励、水权流转机制基本建立，先进适用的农业节水技术措施普遍应用，农业种植结构实现优化调整，促进农业用水方式由粗放式向集约化转变；全面推行计量收费，农业水费收取率达到95%以上。到2020年，地下水超采综合治理试点项目区和农田水利工程设施完善的地区率先实现改革目标；到2025年全面完成改革任务。

二、夯实农业水价改革基础

（一）完善供水计量设施。建立农业灌溉用水信息管理系统，加快供水计量设施建设，尚未配备计量设施的已有节水工程要抓紧改造。井灌区逐步推行“一井（泵）一表、一户一卡”。地下水超采综合治理试点项目区和严重缺水地区的灌溉机井要率先完善配套计量设施，暂时无法配套的要实行以电折水计量办法。渠灌区全部实现斗口及以下计量供水，末级渠系根据管理需要细化计量单元，扬水站点要计量到泵站出口。新建、改扩建工程要同步建设计量设施。

（二）建立农业水权制度。对各类水源依据持续利用、留有余量、生活优先、注重生态、市场调剂的原则，确定各县（市、区）农业用水量，实行总量控制。县（市、区）按灌溉面积将农业用水分配给各用水户，实现分水到户、水随地走、明晰水权。逐步建立农业水权交易制度，鼓励用户转让节水量或结转下年使用。县（市、区）政府或授权的水行政主管部门、灌区管理单位可予以回购。在满足区域内农业用水的前提下，鼓励节水量跨区域、跨行业转让。

（三）加强水资源调配管理。完善引黄引卫配套设施，加快建成大中小型并举的农田水利工程体系，全面提升引蓄灌排能力。在地下水超采区，根据供水条件，优先配置外调水、地表水，严格管理地下水，鼓励使用微咸水和其他非常规水源，逐步实现采补平衡。落实最严格水资源管理制度，因水制宜，科学确定不同区域的灌水方式和灌溉定额，着力提升用水效率。强化供水计划管理和调度，建立管理科学、精简高效的运行机制，为农业灌溉提供优质服务。

（四）推广节水灌溉技术。根据土壤墒情和作物生长期需水量，实施科学精准灌溉。合理调整农业种植结构，压减高耗水农作物种植面积，减少农业灌溉水量。构建与水资源相匹配的农业生产布局，选育推广耐旱节水作物,推广雨热同期的农作物种植模式,加快高效节水灌溉技术推广，以种植大户、家庭农场、农村合作组织等新型经营主体为重点，大力发展喷灌、微灌等高效节水灌溉，集成推广水、肥一体化技术，同时积极推广农机深松、播后镇压、小畦种植、限水栽培等农艺节水技术，提高灌溉水利用率。鼓励推广增施有机肥、地膜覆盖、耙耱保墒、开沟借墒等旱作农业技术。加强农业节水技术宣传培训和技术指导，开展节水农业技术试验示范，提高农民科学用水、节约用水意识和技术水平。

（五）创新终端用水管理。鼓励发展水管单位管理、农民用水自治、专业化服务等多种形式的终端用水管理模式。支持农民用水合作组织规范组建、创新发展，并充分发挥其在供水工程建设管理、用水管理、水费计收等方面的作用。推进小型水利工程产权制度改革，明晰所有权，明确管护主体，落实管护费用，做好工程维修养护，保障工程良性运行。在确保工程安全、公益属性和生态保护的前提下，采取承包、租赁、拍卖、股份合作和委托管理等方式，搞活经营权。积极探索实施政府和社会资本合作（PPP）、政府购买服务等模式，鼓励社会资本参与农田水利工程建设和管护。

三、建立健全农业水价形成机制

（一）逐步实现成本定价。根据水资源紧缺状况、供水单位运行情况和农业用水户水费承受能力等实际，灌区骨干工程农业水价逐步达到运行维护成本水平（不含固定资产折旧）。末级渠系实行全成本水价。社会资本参与建设和管护的农田水利工程供水价格，社会投资部分按照全成本加利润原则测算。用水量年际变化较大的，实行由基本水价和计量水价构成的两部制水价。合理制定地下水水资源费（税）征收标准，严格控制地下水超采。

（二）定额管理超用加价。按照定额管理、水权限额、节奖超罚、合理负担的原则，对农业用水推行“定额管理、超用加价”“一提一补、按亩返还”等水价改革模式，使节水灌溉成为农民的自觉行动，促进农业节水。超水权或超定额用水加价20%。

（三）推行终端水价制度。渠灌区实行“骨干工程水价+末级渠系水价”的终端水价制度，末级渠系水价以灌区为单位，根据末级渠系工程条件和管理状况，统一或分片确定。小型灌区实行“一价到户”的水价制度，地理位置相邻、水资源条件相似的小型灌区探索实行区域统一水价。井灌区分深、浅井合理确定终端水价。

（四）探索实行分类水价。区别粮食作物、经济作物等用水类型，在终端用水环节实行分类水价。统筹考虑用水量、生产效益、区域农业发展政策等，合理确定各类用水价格。

（五）分级制定农业水价。农业水价按照价格管理权限实行分级管理。大中型灌区骨干工程实行政府定价，其中大型和跨市中型灌区由省价格主管部门管理，中型灌区由市（含定州、辛集市）价格主管部门管理；末级渠系供水实行政府指导价，由县价格主管部门管理。小型渠灌区、井灌区、社会资本参与建设和管护的农田水利工程水价由供需双方协商确定。

（六）加强水费征收监管。完善水价公示制度，由供水经营者公开用水指标、实用水量、水价标准、水费额度，增强水费征收的透明度，防止乱加价、乱收费。加强水费的使用监督，防止乱挪用、乱开支，切实将水费用在供水工程运行维护管理的合理开支范围内。

四、建立精准补贴和节水奖励机制

（一）建立精准补贴机制。在建立农业灌溉用水总量控制和定额管理制度基础上，建立与节水成效、调价幅度、财力状况相匹配的农业用水精准补贴机制。重点补贴种粮农民定额内用水，补贴标准根据定额内用水价格与运行维护成本的差额确定。补贴环节和方式等通过修改完善我省农业水价改革及奖补办法予以明确。

（二）完善节水奖励机制。在充分考虑可持续性和绩效考核的基础上，根据节水量对实施节水的规模经营主体、农民用水合作组织和农户给予奖励。农田水利资金投入重点向农业水价综合改革积极性高、工作有成效的地区倾斜。

（三）多方筹集节水资金。统筹各级财政安排的水管单位公益性人员基本支出和工程公益性部分维修养护经费、农业灌排工程运行管理费、农田水利工程设施维修养护补助、调水费用补助、收缴的加价水费、上级补助的专项资金以及社会捐助等，落实节水资金来源，主要用于实施精准补贴和节水奖励。地下水超采综合治理试点项目区，可使用体制机制创新项目补助资金补充资金来源。

五、保障措施

（一）加强组织督导。各地各有关部门要进一步提高认识，把农业水价综合改革作为改革重点任务，积极推进落实。各市、县（市、区）政府对本行政区域农业水价综合改革工作负总责，要结合当地实际，制定具体实施方案，明确改革时间表和分步实施计划，细化年度改革目标任务，建立健全工作机制，抓好各项措施落实。各市（含定州、辛集市）于2016年6月底前将实施方案报送省物价局，每年11月底前报送工作进展情况。要强化工作督导，发现问题及时纠正，确保农业水价综合改革顺利推进。

（二）强化协调配合。加强农业水价改革与相关改革的衔接，综合运用工程配套、管理创新、价格调整、财政奖补、技术推广、结构优化等举措统筹推进改革。发展改革（价格）、财政、水利、农业、民政、电力、林业等部门要认真履行职责，加强沟通，密切配合。发展改革（价格）部门要加强对农业水价改革工作的调度，严把时间节点，积极稳妥地推进水价改革。财政部门要与有关部门共同研究落实农业水价财政补贴政策，积极支持水价改革。水利部门要做好计量设施安装、农业水权确权和水资源调配等水价改革基础工作。电力部门要做好计量设施安装、改造及扩容等配合工作。农业、林业部门积极调整优化种植结构，推进节水措施。民政部门要做好县、乡、村农民用水合作组织注册、登记、管理等工作。

（三）做好舆论引导。各市、县（市、区）政府和有关部门要做好农业水价综合改革的政策解读，加强舆论引导。省、市主要媒体要加大宣传力度，大力宣传农业水价改革和节约用水的重大意义，引导农民提高有偿用水意识和节约用水的自觉性，营造农业水价综合改革的良好氛围。

（冀政办字〔2016〕51号）

河北省人民政府办公厅
关于加强农业对外开放工作的意见

（2016年4月22日）

为加强农业对外开放工作，扩大农产品出口，加快新品种、新技术、新装备引进，主动融入“一带一路”国家战略，为全省农业转方式、调结构、促增收提供有力支撑，经省政府同意，提出如下意见：

一、总体要求和任务目标

（一）总体要求。提高全省农业统筹利用国际国内两个市场、两种资源的能力，进一步扩大农业对外开放，全面实施农业“引进来、走出去”“一带一路”国家战略；加强农业对外经济技术合作，提高农业利用外资水平；加大品种、技术、设施、装备和人才引进力度，加快提高农业科技和装备水平；加强农产品生产、贸易等环节的对外合作，建设国际标准农产品生产示范区（基地）。加快形成开放有序、交流顺畅、融合共享的外向型农业新格局，为全省农业转变发展方式、深化农产品供给侧改革、增加农民收入开辟新领域。

（二）任务目标。

到2017年底，建成国际标准农产品生产示范区（基地）100个以上，取得境内有机农产品或农产品地理标志认证和商标注册的产品（企业）达到50个以上，取得境外农产品商标注册或国际质量管理体系、生产规范认证的农产品企业(产品)达到200个以上，全省农业利用外资、对外投资和农产品出口年均增速保持5%以上，出口农产品一次检验合格率达到99%以上。

到2020年底，国际标准农产品生产示范区（基地）达到200个，取得境内有机农产品或农产品地理标志认证和商标注册的产品（企业）达到100个，取得境外农产品商标注册或国际质量管理体系、生产规范认证的农产品企业(产品)达到300个。

二、加大农业资金技术引进力度

（一）拓宽引资领域。围绕现代农业建设重点领域和关键环节，加大国外先进技术、经营模式、管理方式和现代服务的引进力度，力争在高效种养技术、农产品精深加工、农产品交易、动植物遗传育种、动植物疫病防控等方面实现新突破；充分利用国际开发性金融资本，引进节水农业、设施农业、农村新能源等方面的先进技术和装备；吸引外商直接投资建设集种植、养殖、加工、销售、物流和休闲观光为一体的现代农业园区，发挥示范带动作用；推广政府和社会资本合作（PPP）模式，吸引外资参与建设大型农业基础设施项目。

（二）加强项目建设。建立省级农业招商项目库，储备发布一批科技含量高、社会效益好、生态保育功能强的农业重点项目，吸引外资参与我省现代农业建设。加大对国外农业节水、农产品质量安全监测、农业资源高效利用、农业面源污染防控、环境治理等先进技术的引进、消化、吸收和再创新力度，突破现代农业发展的瓶颈制约。各级政府要制定招商办法和奖惩政策，创新招商方式，充分发挥现代农业园区和产业化龙头企业的平台和载体作用，通过展会招商、产业招商、网上招商、代理招商等多种形式，引进一批引领性农业项目。

（三）强化人才保障。建立农业对外开放专业人才成长、引进、使用和激励机制。促进国际间农业人才交流与合作，为加快推进我省农业对外开放和招商引资提供专业人才支撑和智力储备。

三、大力发展外向型农业

（一）建设国际标准农产品生产示范区（基地）。在食用菌、蔬菜、果品、水产、肉类加工、肠衣、中药材等我省特色、优势农产品生产区域，建设结构合理、管理规范、示范作用明显的国际标准农产品生产示范区（基地）。鼓励各类农业企业、现代农业园区、农产品外贸转型升级示范基地（企业）参与国际标准农产品生产示范区（基地）创建，带动全省外向型出口农产品生产。

（二）培育出口型农业龙头企业。各地要抢抓京津冀协同发展机遇，主动承接、引进一批京津出口农产品加工龙头企业。加大对省内重点农业出口企业支持力度，推动食品农产品龙头企业重组整合和外向型改造，培育具有国际竞争力的现代农业企业集团，引导和帮助农业龙头企业利用普惠制和区域性优惠贸易政策，增强出口农产品的竞争力。

（三）培育农产品知名品牌。围绕国际农产品市场需求，积极推进农业供给侧改革，鼓励农产品出口企业在境内开展有机农产品认证和农产品地理标志认证，扩大国际市场影响力和竞争力。对申请国际标准认证的蔬菜（大白菜、西兰花、白菜花、胡萝卜、白萝卜、结球生菜、番茄、甜椒、芦笋、食用菌等）、果品（苹果、梨、板栗、核桃等）、动物产品（肉类、肠衣、鲜蛋、水产品等）给予定额奖励。鼓励企业（产品）申请国际良好农业规范(GAP)、美国有机农业标准（NOP）、欧盟良好农业规范（GLOBAL-GAP)、日本农业标准（JAS）、质量管理体系(ISO)、良好生产规范(GMP)、危害分析与关键控制点(HACCP)等产品、质量管理认证，推动我省农业生产方式与国际接轨，提升农产品质量安全水平，培育河北农产品知名品牌。

四、扩大农产品出口

（一）创新农产品出口贸易模式。巩固欧美日韩等传统市场份额，加强与东盟、中东欧、非洲、南美洲、中东、澳大利亚、瑞士等新兴市场及自贸区的贸易合作，拓展新兴市场、自贸区市场的贸易空间，组织和支持农产品生产企业、合作社、家庭农场、农业龙头企业等新型农业经营主体，充分利用河北农业特色和资源，举办或参加境内外农产品展销会和博览会，扩大农产品出口主体，提高我省农产品国际知名度。实施“互联网+农业”，推动企业开展跨境电子贸易，支持农产品跨国展示和交易平台建设。鼓励生产主体和经营企业参与农产品期货市场，缓冲供需矛盾和价格风险。

（二）优化农产品国际贸易环境。完善口岸协作机制，推行出口通关一体化、直通放行、区港互通、高速公路通行等便利化措施，实现出口食品农产品通关流程最优、效率最高、成本最低。深化关检交通协作，加快推进信息互通、监管互认、执法互助，建立完善协作机制，对出口农产品快速查验、尽快通关。开展出口食品农产品安全、区域化管理体系建设，提高通关便利化级别。

（三）完善出口农产品质量安全保障体系。建设农产品出口质量安全风险监测与预警体系，切实加强质量检测和安全监管。建设生态原产地保护产品区、种植业有害生物非(无)疫区和养殖业生物安全隔离区,进一步健全省、市、县三级农产品质量安全监管体系，建立质量追溯信息平台，实现出口农产品生产信息可查询、质量有检测、流向可追踪、责任可追溯。

（四）支持企业运用政策性出口信用保险。降低保险费率，对农产品出口企业承保费率降低25%-30%；提高保费支持比例，对农产品出口企业给予保费全额支持。

五、加快农业“走出去”步伐

（一）丰富渠道。鼓励省内企业以设备、技术输出和直接投资的方式，到海外发展种植、养殖业和农产品加工业。支持有实力的食品农产品出口企业到进口国设立贸易营销机构。以杂交谷子、旱作节水技术和设备为重点，开展针对性、超前性和储备性重大技术创新研究，积极推动对外农业技术合作。加快培植适应国际劳务市场的外派劳务资源，扩大农村劳动力对外输出。

（二）拓展市场。贯彻“一带一路”国家战略，扩大农产品出口、农业对外投资和技术合作规模与领域，巩固澳大利亚、加拿大、乌干达、柬埔寨、赞比亚、喀麦隆等原有市场，拓展波兰、罗马尼亚、保加利亚、匈牙利、塞尔维亚、阿尔巴尼亚、印度和印度尼西亚等市场，开拓拉美、非洲等新兴市场，提高欧美高端市场份额，力争用3至5年的时间，基本形成我省农业全方位“走出去”的新格局。

（三）完善机制。制定农业对外投资合作规划，与目标国农业发展需求规划有机结合，积极搭建各类农业“走出去”对接平台，组织重点农业企业开展国内外业务宣讲、国别推介、项目对接活动。对重点农业企业实行“一对一”跟踪服务，帮助解决对外投资过程中遇到的困难与问题。各类农业产业化扶持资金要向“走出去”企业倾斜。

六、深化农业国际交流与合作

（一）构建多渠道农业合作沟通网络。加强与友好省州、友好城市互访交流，尤其是与美国艾奥瓦州的农业交流合作，巩固深化农业互利合作关系。支持各市与更多国外城市建立农业合作机制。拓展与国际组织、外国驻华使馆、各国农业部门、外商和我国驻外人员的联络沟通，开展农业合作信息交流。

（二）举办多种形式农业合作交流活动。发挥友好协会、贸促机构、商协会和侨商会等民间团体的桥梁纽带作用，组织开展农业经贸交流活动。邀请国外政府和企业参加河北省经贸洽谈会和中国（廊坊）农产品交易会，组织龙头企业参加境内外国际展会。加大园区、企业、商品、技术的宣传推介力度，增强招商引资和交流合作效果。开展中东欧国家使领馆外交使节“河北日”系列活动，组织双方知名农业企业互访对接，为合资合作创造机会。

七、加强农业对外开放的保障和服务

（一）加强组织领导。成立省加强农业对外开放工作领导小组，协调解决农业对外开放和农产品出口中的重大问题。省农业厅牵头负责将农业对外开放工作任务目标分解到各市，明确职责分工和要求，定期开展督导检查，通报有关情况。各成员单位按照职责分工细化责任，完善政策措施和工作方案，加强配合，形成工作合力。加快建立国外农产品技术性贸易措施应对机制，发布年度报告，督促有关企业积极采取应对措施。各市、县政府要健全工作机制，为扩大农业对外开放提供组织保障。

（二）加大财政支持。2017-2021年省级预算安排专项资金采用先建后补、以奖代补的方式支持农业对外开放工作。每年支持40家国际标准农产品生产示范区（基地），每个奖补基本建设费30-50万元。每年支持80家取得境内有机农产品、农产品地理标志认证的产品（企业）或获得 GAP、NOP、GLOBAL-GAP、JAS、ISO、GMP、HACCP等国际认证的农产品企业（产品），每个予以一次性奖补10万元。对取得境外商标注册或认证的生鲜（活）农产品企业在研发投入、提升产品质量、装备水平、提高检验检测能力等方面予以支持。对参加生鲜（活）农产品国外知名国际性展会企业的展位费实行全额奖补。对在境外购地300公顷以上从事种养殖生产、农产品加工的企业，生鲜（活）农产品仓储能力达到2万吨以上的企业，农产品物流基地中转能力达到30万吨以上的农业企业，分别一次性给予不超过30万元、50万元和100万元的奖补。对企业到国外从事农业开发等海外投资项目，给予100%政策性海外投资保险保费全额支持，获得银行融资的，最高给予不超过融资额3%的贴息支持。

各市、县也要积极统筹资金，加大支持力度。同时，省级现代农业园区、农产品质量安全及蔬菜、水果、畜牧、水产标准化项目要将培育农产品出口列为重要创建内容，给予相关专项资金重点对接支持。落实好对生鲜（活）农产品出口企业的检疫检验费用全额补贴政策。自2016年起，每年末由省农业厅会同有关部门组织市、县对列入资金扶持范围的事项进行申报、审核后，于下年度进行奖补。

（三）强化金融服务。引导各金融机构扩大对国际标准农产品生产示范区（基地）、生鲜（活）农产品出口企业的信贷投放，提高金融服务水平，切实加大支持力度。

（四）营造开放环境。各级出入境检验检疫、交通运输部门要设立生鲜（活）农产品出口“绿色通道”，对在国家《鲜活农产品品种目录》内的出口生鲜（活）农产品免收高速公路通行费。各级国税部门在严防出口骗税的基础上，对出口生鲜（活）农产品的出口企业加快退税进度，确保及时足额退税。以各地出入境检验检疫部门检测机构为基础，建立河北省出口食品农产品公共检测技术服务平台，为外向型企业提供信息咨询、培训、技术支持、检测认证等综合性技术服务。加大宣传力度，营造支持农业对外开放工作的环境。

（冀政办字〔2016〕61号）

河北省人民政府办公厅关于推进农村一二三产业融合发展的实施意见

（2016年6月14日）

为贯彻落实《国务院办公厅关于推进农村一二三产业融合发展的指导意见》(国办发〔2015〕93号)精神，加快推进我省农村产业融合发展，经省政府同意，提出如下实施意见：

一、总体要求

(一)基本原则。坚持和完善农村基本经营制度，提高农业综合生产能力；坚持因地制宜，分类指导，探索不同地区、不同产业融合模式；坚持尊重农民意愿，保障农民获得合理的产业链增值收益；坚持市场导向，充分发挥市场配置资源的决定性作用；坚持改革创新，激发融合发展活力；坚持农业现代化与新型城镇化相衔接，引导农村产业集聚发展。

(二)发展目标。到2020年，全省基本建成农村一二三产业融合的现代农业产业体系，形成产业链条完整、功能多样、业态丰富、利益联结紧密、产城融合协调、城乡一体发展的新格局，建成一批类型多样的农村产业融合发展示范县、示范乡、示范村。

二、发展多类型农村产业融合方式

(一)着力推进新型城镇化。推进产业园区与城镇化融合发展，加强规划和市场开发，培育农产品加工、商贸物流等专业特色小城镇。以县为单位制定政策，编制产业园区建设规划，引导农村二三产业向县城、重点乡镇及产业园区集中。到2020年，引导农产品加工、商贸物流等企业全部进入产业园区。

(二)加快农业结构调整。

1.调整优化农业种植养殖结构。全面推进农业结构调整三年行动计划，建设现代农业园区，整合各类要素向园区集中，带动农村一二三产业融合发展。到2020年，粮经饲比调整到55:39:6，农产品加工与农林牧渔总产值比调高到2.5:1；畜牧业、蔬菜、果品三大主导产业占农林牧渔总产值比重提高到77%，农业产业化经营率提高到70%以上。

2.加快发展种养结合循环农业。建设现代饲草料产业体系，在黑龙港地区推行“粮改饲”种植，在坝上、山区、沙坡地和滨海盐碱地实行退耕还草，合理布局规模化、标准化养殖场，促进种养结合、循环发展。到2020年“粮改饲”面积达到600万亩以上，建成种养结合示范市1个、示范县10个、示范场500个。

3.加强海洋牧场建设。改善海洋生态环境，打造特色海洋牧场渔业园区；建立数字化海洋牧场管理体系；推广上藻下贝、贝藻轮养模式。到2020年，创建3个国家级海洋牧场、新建10处人工鱼礁区、建设3万公顷海洋牧场。

4.推进农林复合经营。发展林下产品采集、林下特种养殖、林下特色种植产业；选择一批有条件的国有林场，建设林下采集、种植、养殖及景观利用项目示范和技术推广示范基地。在用地方面，支持发展林下经济的经营主体，可使用不超过3%(最多15亩)的林地建设生产附属设施；对农民销售自产的林下农业产品和林下经济农民专业合作社向本社成员销售的农膜、种子、种苗、农药、农机，免征增值税。到2020年，全省林下产业年经营面积达到600万亩，有林地林下开发利用率达到10%以上，年产值达到140亿元。

5.加强农业标准体系建设。清理整合地方标准，制定修订我省现代农业相关标准。做好农业标准化示范区建设推广，开展农产品质量安全示范县创建活动，推进绿色产品、有机食品认证、地理标志农产品认证和地理标志产品保护，推进蔬菜标准园、畜牧标准化示范场和水产健康养殖示范场建设。到2020年，全省农业标准化覆盖率达到45%以上，创建国家级、省级农业标准化示范单位200家以上。

(三)延伸农业产业链。

1.发展农业生产性服务业。鼓励开展代耕代种代收、大田托管、统防统治、烘干储藏等市场化和专业化服务。到2020年，打造农机化服务组织4000家、统防统治服务组织5000家、农村土地托管服务组织100家。全省耕种收综合机械化率达到75.7%，小麦和玉米机收率分别达到98%和80%。

2.支持农产品加工业发展。完善农产品产地初加工补助政策，扩大实施区域和品种范围，初加工用电享受农用电政策。加强农产品产后处理，加大对产地初加工项目建设支持力度，提高粮食等农产品产后初加工比率，实现减损增效。到2020年，新建或改造升级储藏、保鲜、烘干、分类分级、包装和运销等初加工设施装备5万个，农产品初加工率达到60%以上。

3.加快农产品冷链物流和产地营销体系建设。支持我省农业合作社和农业企业产品在城市建立直销体系。到2020年，全省建成国家级产地示范市场1-2个，区域性产地示范市场5-10个，田头产地示范市场50个，初步建成比较完善的农产品冷链物流服务体系。

4.保障农村产业融合项目用地指标。在用地指标安排使用中单列一定比例，专门用于新型农业经营主体进行农产品加工、仓储物流、产地批发市场等辅助设施建设，保障农村一二三产业融合健康发展。

(四)拓展农业多种功能。

1.推进农业与文教旅游休闲养老等产业深度融合。制定出台河北省乡村旅游示范区评定标准，创建休闲农业与乡村旅游示范县、示范点、星级休闲农业园区，开展最美休闲乡村和十佳现代休闲农业园区认定工作。到2020年，打造休闲农业园区200家、旅游专业村500个、最美休闲乡村50个，以环京津地区为重点，推出30条特色农业休闲观光线路。

2.大力推进农耕文化教育进校园。组织中小学生参加农业科普和农事体验等社会实践活动。加强督导，力争农村中小学校每年组织一次以上农业科普或农事体验活动。

(五)大力发展农业新型业态。

1.实施“互联网+现代农业”行动。搭建我省农业数据中心云平台和农产品市场分析预警平台，开展农产品和农资电子商务试点，完善全省农业视频指挥系统平台功能，建设电子监管系统，搭建农业行政管理和农产品质量监管平台。到2020年，全省基本建成运行规范、管理高效、覆盖全省142个涉农县(市、区)的河北省农业农村综合信息服务体系和运行体制机制。

2.推进科技、人文等元素融入农业。在环首都现代农业科技示范带、河北省农业科技园区和现代农业示范区发展农田艺术景观、阳台农艺等创意农业，在廊坊、保定市等现代休闲农业发展迅速的区域建设现代农业景观典型，在省会和环京津地区发展工厂化、立体化等高科技的高效农业。到2020年，建设科技、人文等元素融入现代农业的景观典范2-3个，建设工厂化、立体化等高科技的高效农业样板2-3个。

(六)引导产业集聚发展。

1.制定县级农村产业发展规划。各县(市、区)根据本地实际制定农村产业发展规划，并与城乡发展规划、土地利用规划衔接。到2020年，各县(市、区)形成产业空间布局合理、功能定位准确的国土空间发展格局。

2.开展农村土地整治。大力开展农村闲置宅基地整理和土地整治，新增的耕地和建设用地，优先用于农村一二三产业融合发展项目。

3.加强项目、政策和资金整合。通过整合形成合力，支持农业产业化示范基地和现代农业示范区，建设融标准化原料基地、集约化加工基地和体系化物流配送及市场营销网络于一体的融合发展先导区。对照国家标准，搞好基地建设，做好申报工作。到2020年，新创建3个国家级农业产业化示范基地。

4.完善农村电子商务公共服务体系。实施快递下乡工程，培育多元化农村电子商务主体，提升农村电子商务应用水平。到2020年，初步建成农村电子商务市场体系。

5.推进农产品品牌建设。扶持发展一乡一业、一村一品，加快培育乡村手工艺品和农村土特产品品牌，推进农产品品牌建设。到2020年，培育国家级区域公用品牌50个，重点推介10个国家级农业品牌、100个省级农业品牌、1000个“三品一标”认证品牌，培育450项省级名优产品。

6.培育农业科技型企业。依托省级以上农业科技园区、农业科研院校和“星创天地”，培育农业科技创新应用企业集群。积极对接和归并整合现有科技农业专项资金，利用股权投资基金，吸引社会和金融资本，加大对农业科技园区企业的支持力度，推动科技成果资本化、产业化。到2020年，入驻省级以上农业科技园区的农业科技型企业达到1000家。

三、培育多元化农村产业融合主体

(一)强化农民合作社和家庭农场基础作用。

1.推进农民合作社和家庭农场建设。引导大中专毕业生、新型职业农民、务工经商返乡人员领办农民合作社、兴办家庭农场、开展乡村旅游等经营活动。加强新型职业农民培训，制定职业农民教育培训指导意见，研究制定绩效考核指标体系。到2020年，全省培育新型职业农民10万人，基本构建教育培训、认定管理和政策扶持相互衔接配套的新型职业农民培育制度体系。

2.开展农民合作社创新试点。积极争取国家农民合作社创新试点。引导发展农民合作社联合社，支持符合条件的农民合作社、家庭农场优先承担政府涉农项目。制定我省发展农民合作社联合社的指导意见及土地流向农民合作社和家庭农场的支持政策。到2020年，形成便于农民合作社、家庭农场申报、申请国家涉农项目和资金的政策体系。

(二)支持龙头企业发挥引领示范作用。培育壮大农业产业化龙头企业，引导龙头企业重点发展农产品加工流通、电子商务和农业社会化服务。强化省级重点龙头企业跟踪服务、动态管理，优先给予项目和资金支持。培育发展一批现代农业产业化联合体。到2020年，年销售额超10亿元的加工型龙头企业达到100家。

(三)发挥供销合作社综合服务优势。推动供销合作社与新型农业经营主体有效对接，培育大型农产品加工、流通企业，拓展供销合作社经营领域。在张家口等市加快建设大型公益性农产品市场；在唐山等市加快构建服务城市社区的农产品直采直销体系；推进冀菜净菜进京入津工程。到2020年，农产品批发市场总数达到100个以上，实现年交易额300亿元以上。

(四)积极发展行业协会和产业联盟。充分发挥行业协会商会规范行业行为和桥梁纽带作用，开展行业有关培训、展览和推介活动。在质量检测、信用评估等领域，将适合行业协会承担的职能移交行业协会。

(五)鼓励社会资本投入。研究提出社会资本进入农村服务业的意见，探索社会资本进入农村金融服务、农村信贷担保体系的途径，制定社会资本开发农村“四荒”的优惠政策。到2020年，打造一批社会资本开展农业环境治理和修复的示范工程。

四、建立多形式利益联结机制

(一)鼓励发展股份合作。

1.加快推进农村集体产权制度改革。2017年基本完成土地等农村集体资源性资产确权登记颁证，探索形成以农户承包土地经营权入股的股份合作社、股份合作制企业利润分配机制，采取“保底收益十按股分红”等形式，切实保障土地经营权入股部分的收益。到2020年，基本完成农村集体资源经营性资产折股量化到本集体经济组织成员。

2.鼓励支持农村股份合作制经济发展。鼓励具备条件的村，结合盘活农村资源发展新型经营主体，改革支农资金、扶贫资金使用方式，积极推进股份合作制经济组织发展。自2016年起，组织开展试点示范行动，全省每年认定100家省级农村股份合作制示范经济组织，2020年达到500家。

(二)强化工商企业社会责任。逐步建立工商企业和农户利益联结机制，实现共赢。引导工商企业发挥自身优势，辐射带动农户扩大生产经营规模、提高管理水平。鼓励工商企业优先聘用流转土地的农民，提供技能培训、就业岗位和社会保险。

(三)健全风险防范机制。

1.推进政策性农业保险发展。稳定土地流转关系，引导各地建立土地流转、订单农业等风险保障金制度。引导土地流转双方签订书面流转合同，合理约定流转计价方式，实现租金动态调整。建立健全覆盖全省的政策性农业信贷担保体系和运行机制。加大对产粮大县三大粮食作物农业保险的支持力度，推动开展地方特色优势农产品保险。到2020年，省级农业担保公司注册资本金达到30亿以上，逐步扩大政策性农业保险覆盖面。

2.加强对工商资本租赁农地的监管和风险防范。以乡镇、县(市、区)为主建立分级备案制度。规范工商资本租赁农地行为，建立健全纠纷调解仲裁体系，保护双方合法权益。开展土地承包仲裁培训，提高仲裁员素质。到2020年，在各县(市、区)建立土地承包仲裁委员会，确保土地承包经营纠纷及时受理并依法裁决。

3.推动农村信用体系建设。增强新型农业经营主体契约意识，鼓励制定适合农村特点的信用评级方法体系积极推进农户信用评价和信用培育；组织推动涉农金融机构开展“信用户、信用村、信用乡(镇)”创建活动；引导涉农金融机构对信用农户实行优惠信贷政策。做好对农村经济主体的信用增进和诚信教育，增强其信用意识，改善农村信用环境和融资环境。

五、完善多渠道农村产业融合服务

(一)搭建公共服务平台。

1.加快完善农业服务平台。建设我省农村创业孵化平台和创业服务平台，制定优惠政策支持农业小微企业、创新企业利用孵化平台和创业服务平台创业。推动科研机构、行业协会、龙头企业等参与农村产业融合。采取政府购买、资助、奖励等形式，引导科研机构、行业协会、龙头企业等提供公共服务。到2020年，按市场规模建立适当数量农业创业孵化平台，形成农村一二三产业深度融合的创业服务支撑体系。

2. 加快完善农村产权流转交易平台。加快推进农村产权交易机构建设，搭建流转交易品种齐全、组织架构清晰、管理制度规范、技术信息联动、交易风险可控的农村产权流转交易平台。扩大试点示范规模，形成较为成熟的组建方式、运行机制和管理办法，为农村资产资本化、农村资源市场化、农民增收多元化提供优质服务和制度保障。

(二)创新农村金融服务。

1. 发展农村普惠金融。优化县域金融机构网点布局，推动农村基础金融服务全覆盖。到2020年，实现乡乡有机构、村村有服务，乡镇一级基本实现银行物理网点和保险服务全覆盖，提高小微企业和农户申贷获得率，不断提高农业保险参保农户覆盖率，增加农村证券期货服务覆盖面。

2. 推进“主办行”制度。在全省县域实施新型农业经营主体“主办行”制度，鼓励金融机构结合新型农业经营主体金融需求，创新金融产品，提供差别化、精细化的金融服务，支持现代农业园区、休闲旅游农业等新业态的发展，扎实做好家庭农场、专业大户、农民合作社、产业化龙头企业等新型农业经营主体金融服务工作。

3. 推进农村承包土地经营权抵押贷款试点。在玉田县、邱县、张北县、平乡县、威县、饶阳县稳妥有序开展农村承包土地经营权抵押贷款试点，鼓励有条件的县(市、区)按照有关政策要求积极参与试点工作，推动试点县政府完善基础设施和各项制度，运用货币政策工具，引导和鼓励金融机构积极稳妥开展业务，有序推进农村承包土地经营权抵押贷款工作。

4. 推进供销合作社、农民合作社开展信用合作试点。按照“成员自办、封闭运行、民主管理、自负盈亏、政府监管”的原则，选择条件成熟的供销合作社、农民合作社开展成员内部信用合作试点，着力推动农村金融改革创新。研究制定监督管理办法，稳妥发展农村合作金融组织。

5. 推进粮食生产规模经营主体营销贷款试点。加快省级农业信贷担保机构建设，为农业尤其是粮食适度规模经营的新型经营主体提供信贷担保服务。研究建立农业信贷担保经营风险补助机制、风险救助制度及农业信贷担保机构和合作银行的风险分担机制、利益分享机制，规范担保机构运营。到2020年，初步建成覆盖全省的农业信贷担保网络。

6. 推进农业融资租赁服务。引导融资租赁企业面向新型农业经营主体，开展农业大型机械、生产加工设备、冷藏设备设施等融资租赁服务。加快简政放权，拓宽融资渠道，支持金融租赁企业和融资租赁企业加大对农村产业融合发展的支持力度。到2020年，金融租赁和融资租赁业服务现代农业的业务规模不断扩大，与农村产业的融合更加紧密，服务作用更加明显。

7. 加强财政对涉农企业多种方式奖补。对企业在境内外主板或创业板、“新三板”、石家庄股权交易所主板挂牌上市的企业给予一次性奖励；省财政以购买金融服务方式，支持石家庄股权交易所为省内中小微企业提供挂牌、股权托管和业务培训；通过后奖励方式，对成功实现资产证券化的企业及实现信贷资产证券化的金融机构给予奖励。

8. 推进涉农企业多元化融资。在全省范围内推行“政府＋银行＋保险”融资模式；鼓励银行业金融机构创新业务品种，对购买农业保险的企业(农户)给予信贷支持。省级设立补偿资金，推广“政银保”融资模式；鼓励各市、县(市、区)创新适合本地特点的“政银保”模式。到2020 年.有效缓解小微企业和农业企业融资难、融资贵、融资慢问题。

(三)强化人才和科技支撑。

1. 加快发展农村职业教育。有计划地支持集中连片特殊困难地区内限制开发和禁止开发区的初中毕业生到省内外经济较发达地区接受职业教育；按规定落实面向农民、农村转移劳动力等接受职业培训的补贴政策。到2020年，形成完善的农村职业教育体系。

2. 实施返乡创业三年行动计划。到2017年，基本实现农民工主要输出地县级基础服务设施全覆盖；以输出地市、县(市、区)为主，依托现有各类园区、闲置土地、厂房、校舍等整合发展一批农民工返乡创业园。到2020年，创建20个电子商务进农村综合示范县，建设县域电子商务公共服务中心和村级电子商务服务站点，建立完善的县、乡、村三级物流配送体系。

3. 推动我省科技特派员制度建设。搭建农业科技创新创业基地和服务平台，建立健全农业科技人员到农村合作社、农业企业任职兼职，落实知识产权入股、参与分红等激励制度，培养一批领军型农业科技创新创业人才。到2020年，农业科研人员、科技特派员领办创办农业科技企业、开展农业科技服务达到5000人次以上，积极开发农产品加工贮藏、分级包装等新技术和转化农业科技新技术新成果1000项以上。

(四)改善农业农村基础设施条件。

1. 加强高标准农田建设。完成《河北省高标准农田建设总体规划》建设任务，强化市、县(市、区)政府责任，加大地方财政投入力度，建立工程良性运行管理机制。到2020年，建设高标准农田2258万亩。

2.大力改善农业农村基础设施。实施农村饮水安全巩固提升工程，实施县、乡主干道提级改造和“村村通”公路工程。加强农村水电生产企业安全监管，对全省老旧水电站进行增效扩容改造，消除安全隐患。到2020年，实现农村居民饮水安全，农村水电站安全生产标准化全部达标，实现县到乡、相邻乡便捷连通，所有行政村都有一条畅通的出口路，县乡道安全隐患治理率基本达到100%。

3.大力推进美丽乡村建设。实施村庄绿化专项行动，开展水土流失治理，改善农村生态环境。强化规划引领作用，加大财政资金投入力度，积极争取国家支持。到2020年，全省新增村庄绿化面积140万亩，治理水土流失10000平方公里。

(五)支持贫困地区农村产业融合发展。

1.实施精准扶贫、精准脱贫。支持贫困地区立足当地资源优势，发展特色种养业、农产品加工业和乡村旅游、电子商务等农村服务业，实施符合当地条件和市场需求的农村产业融合项目，相关扶持资金向贫困地区倾斜。到2020年，310万贫困人口全部脱贫。

2.推进京津冀对口帮扶。推进京津所属区县对口帮扶我省贫困县工作，推动京津企业对口帮扶我省贫困村，实施社会组织扶贫工程及公民个人扶贫活动。

六、健全农村产业融合推进机制

(一)加大财税支持力度。落实小微企业税收扶持政策，积极支持“互联网+现代农业”等新型业态和商业模式发展。落实好农产品初加工所得税优惠政策。提升纳税服务水平，加强政策落实情况督导。到2020年，实现符合条件的小型微型企业所得税优惠政策实际受惠面达100%。

(二)开展试点示范。按照国家农村产业融合发展试点方案，结合我省实际，积极培育农业内部融合型、产业链延伸型、功能拓展型、新技术渗透型、多业态复合型和产城融合型六类试点示范县，抓好农村产业融合试点示范县、乡、村的筛选、申报工作，争取国家政策支持。积极争取国家农村产业融合发展专项建设基金对我省的支持，统筹安排财政涉农资金向农村产业融合发展项目倾斜。到2020年，每个市建成2个以上农村产业融合发展试点项目，建成一批国家级农村产业融合发展示范县。

(三)落实地方责任。各市(含定州、辛集市)政府要切实加强组织领导，把推进农村产业融合发展摆上重要议事日程，纳入经济社会发展总体规划和年度计划；要创新和完善乡村治理机制，加强分类指导，因地制宜探索融合发展模式；要制定优惠政策，安排专项资金支持农村产业融合发展。县级政府要强化主体责任，制定具体实施方案和工作措施，以园区建设为载体，引导资金、技术、人才等要素向农村产业融合集聚。

(冀政办发〔2016〕19号)

河北省人民政府办公厅
关于健全生态保护补偿机制的实施意见

(2016年9月17日)

为贯彻落实《国务院办公厅关于健全生态保护补偿机制的意见》(国办发〔2016〕31号)精神，加快推进全省生态文明建设，经省政府同意，提出如下实施意见：

一、总体目标

到2020年，实现全省森林、草原、湿地、荒漠、海洋、水流、耕地等重点领域和禁止开发区域、重点生态功能区等重要区域生态保护补偿全覆盖，补偿水平与经济社会发展状况相适应，京津冀横向生态保护补偿试点示范取得明显进展，初步建立多元化生态保护补偿机制，基本建成符合我省省情的生态保护补偿制度体系，促进全省形成绿色生产方式和生活方式。

二、重点任务

(一)森林。

建立重点生态公益林补偿标准动态调整机制。以林木蓄积增长价值、管护公益林成本、物价上涨指数和财力状况等作为动态补偿的依据，动态调整重点生态公益林补偿标准，逐步提高公益林补偿标准。

完善以政府购买服务为主的公益林管护机制。逐步建立以政府购买服务为主体，林权权利人管护为补充，社会广泛参与的公益林管护机制。地方政府可将重点生态公益林补偿资金用做管护资金购买服务，管护资金比例原则上不高于现行补偿标准的40%。

建立健全天然林保护政策体系。严格执行有关政策要求，全面停止国有天然林商业性采伐，推动集体和个人所有的天然商品林协议停伐，积极争取国家停止天然林商业性采伐补助奖励资金。健全天然林保护资金投入机制，充分调动天然林林权所有者保护天然林的积极性。建立健全天然林管护体系，加强管护基础设施建设，逐步实现管护区域全覆盖。

（二）草原。

实施国家新一轮草原生态保护补助奖励政策。将我省兴隆、滦平、怀来、涿鹿、赤城县纳入新一轮草原生态保护补助奖励实施范围，构建和强化京津冀一体化发展生态安全屏障。利用中央财政资金，按照每年每亩7.5元的标准给予禁牧补助。

（三）湿地。

加强湿地资源和生态系统保护。稳步推进退耕还湿试点，积极争取国家在衡水湖等国家级湿地自然保护区开展补偿试点，试点范围逐步扩大到其他国家重要湿地。探索建立湿地生态效益补偿制度，统筹当地水和外调水，保障白洋淀、衡水湖、南大港等重要湿地生态用水和生态补水水费支出。推动建立城市湿地公园生态保护补偿机制。

（四）沙地。

加强沙区资源和生态系统保护。积极探索和完善以政府购买服务为主的管护机制，建立管护组织，确定管护人员，严格保护植被，严格控制防风固沙林的采伐。推行舍饲圈养、围封禁牧制度，预防森林、草原病虫鼠害和火灾的发生，保护防沙治沙建设成果。积极争取在我省坝上沙化严重和具有潜在沙化危险的县（区），开展沙化土地封禁保护试点。

（五）海洋。

完善捕捞渔民季节性休渔和转产转业补助政策。研究制定海洋伏季休渔渔民补贴制度，逐步实现海洋伏季休渔渔民补贴制度全覆盖。对压减拆解的渔船进行补助，并对所有转产渔民进行技能培训，拓宽就业门路；鼓励转产渔民发展休闲渔业和远洋渔业，对新建造的休闲渔船和远洋渔船给予适当补助。

健全渔业资源增殖保护和水产养殖生态环境修复补助政策。重点加强水生生物资源增殖放流、水产种质资源保护区建设、海洋牧场及人工鱼礁建设。积极发展生态健康养殖，强化养殖生产设施条件改善和生态环境修复。按照“谁损害、谁赔偿”的原则，完善涉海工程生态保护补偿和渔业资源损害赔偿制度，制定海洋生态及渔业资源修复补偿政策，改善海洋生态环境。

（六）水流。

开展河流源头区和集中式饮用水水源地生态保护补偿。全面开展燕山、太行山61个山区县（市）及19个地表水集中式饮用水水源地生态保护补偿，重点支持水土保持、污染治理、水源涵养林、退耕还林还草等生态保护工程建设。

推进重要江河敏感河段、重要生态治理区和重要湖泊生态保护补偿。积极推进永定河、滦河、潮白河、北运河、南运河、大清河、滹沱河和白洋淀、衡水湖、南大港等重要河流湖泊生态综合治理，探索建立生态补水长效机制，完善南水北调、引黄等生态补水工程体系，改善和修复重要河湖生态系统。

实施水土保持重点预防区和治理区生态保护补偿。在燕山国家级水土流失重点预防区、永定河上游和太行山国家级水土流失重点治理区全面实施生态保护补偿。

启动重要蓄滞洪区生态保护补偿。率先开展东淀、献县泛区等2处蓄滞洪区生态保护补偿试点，加快推进蓄滞洪区安全建设。对肩负保护京津任务的文安洼等7处重点蓄滞洪区，积极争取国家和北京、天津市进行生态保护补偿。

加强水产种质资源保护区建设管理。对重要渔业水域、水域生态环境敏感区、关键区划定生态红线，实现水产种质资源保护区的专项管理。对重点水域加大水生生物增殖放流投入力度，在白洋淀、衡水湖等重点水域积极推广“人放天养”养殖模式，规范传统捕捞业，恢复和保护野生渔业资源。

（七）耕地。

完善耕地保护补偿制度。研究制定未污染耕地保护奖励政策，积极统筹相关专项资金，加大耕地土壤污染修复财政支持力度，完善财政资金与社会资金相结合的多元化资金投入与保障机制。率先建立基本农田保护和耕地保有量调整的动态补偿制度。

建立农业生态治理补贴制度。在地下水漏斗区、重金属污染区、生态严重退化地区，对实施耕地季节性休耕的农户给予资金补助。制定完善休耕补贴政策，在衡水、沧州、邢台、邯郸、保定、廊坊等市地下水超采区开展季节性休耕，实现“一季休耕、一季雨养”，进一步减少农业生产用水量。对重度污染耕地集中的县（市、区）划定禁止种植食用农产品生产区，制定种植结构调整或退耕还林还草和治理修复计划，逐步开展土壤污染治理与修复。研究制定鼓励引导农民施用有机肥料、低毒生物农药和环境友好型地膜的扶持政策。

扩大新一轮退耕还林还草规模。扩大张家口、承德市新一轮退耕还林还草规模，落实中央补助政策，逐步完善返耕还林还草制度。将太行山、燕山山区25度以上陡坡耕地退出基本农田，逐步纳入退耕还林还草补助范围，对退耕农户给予适当的现金补助。

三、推进制度创新

(一)建立稳定投入机制。

多渠道筹措资金。积极争取中央均衡性转移支付和县级基本财力保障奖补资金支持，争取中央财政逐步提高对我省的转移支付补助系数，增加财力性转移支付规模。积极争取中央预算内投资，重点支持我省坝上、衡水湖、白洋淀等重点生态功能区的基础设施建设和基本公共服务设施建设。综合采用财政补贴、资金奖补等方式，支持生态保护补偿领域PPP模式项目实施。建立完善政府引导、市场推进、社会公众广泛参与的生态保护补偿投融资机制。

完善省以下转移支付制度。建立省级生态保护补偿资金投入机制，完善以一般性转移支付为主体，一般性转移支付和专项转移支付相结合的省以下转移支付制度体系，加大对国家及省级重点生态功能区的资金支持力度，有效保障生态功能区生态环保支出。

扩大资源税征收范围。加强收费基金和有偿使用收入管理，按照国家要求，完善森林、草原、海洋、渔业、自然文化遗产等资源收费基金和各类资源有偿使用收入征收管理办法，逐步扩大资源税征收范围，允许相关收入用于开展相关领域生态保护补偿。

加大水土保持生态效益补偿资金筹集力度。从煤炭、石油、矿山开采、电力开发及大中型供水工程收益中，安排一定比例的资金，专项用于河流源头区、水源涵养区、饮用水水源保护区的水土流失预防和治理。

完善生态保护成效与资金分配挂钩的激励约束机制。强化生态环境质量综合考核，制定省级生态功能区转移支付资金管理办法，建立资金分配与考核结果挂钩机制。对生态环境质量明显改善的地区，加大转移支付资金补助力度。对生态环境质量恶化的地区，扣减转移支付资金。加强对生态保护补偿资金使用的监督管理，完善生态保护补偿各类资金管理办法。

(二)完善重点生态区域补偿机制。

加强重点生态区域生态保护补偿示范建设。继续推进生态保护补偿试点示范，加大各类补偿资金统筹整合力度，鼓励有条件的市探索包括资金补偿、人才补偿、智力补偿、实物补偿在内的综合性补偿办法，拓宽生态保护补偿资金筹资渠道。积极争取国家山水林田湖生态修复试点。

研究制定重点生态区域生态保护补偿政策。划定并严守生态保护红线，建立河北省生态保护红线区财政转移支付制度，健全和完善受益者付费、保护者得到合理补偿的运行机制。强化生态保护红线绩效考核，建立完善生态保护补偿的激励和约束机制。因地制宜调动更多民间力量参与生态保护补偿。健全全省世界文化自然遗产、国家森林公园等各类禁止开发区域的生态保护补偿政策，对在生态保护过程中利益受到损失、发展受到限制的个人、机构与地区开展补偿。适时启动国家公园试点创建工作，将生态保护补偿作为国家公园体制试点的重要内容。

(三)推进横向生态保护补偿。

加快构建京津冀横向生态保护补偿制度。积极争取中央财政支持我省与京津建立跨省域横向生态保护补偿机制，继续推动京津冀水源涵养区生态保护补偿试点。尽快推动津冀引滦入津上下游生态保护补偿方案落地。推动建立京冀区域生态保护补偿机制，共同研究并签订密云、官厅水库上游等水环境生态保护补偿协议。

积极探索省内横向生态保护补偿办法。因地制宜探索灵活多样的省内地区间横向补偿方式，研究制定省内跨地区、跨流域横向生态保护补偿机制，鼓励受益地区与保护生态地区、流域下游与上游通过多种方式建立横向补偿机制。省级建立以奖励、补偿、扣减相结合的横向生态保护补偿机制，对省内横向生态保护给予资金支持。

（四）健全配套制度体系。

推动建立生态保护补偿标准体系。根据各领域、各地特点，以生态产品产出能力为基础进一步完善测算方法；在补偿和受偿双方协商基础上，根据环境保护和生态建设目标责任制考核内容，推动建立科学的生态保护补偿标准体系，逐步提高重点领域、典型地区的生态保护补偿标准。

加强重点生态功能区监测能力建设。完善我省流域水质自动监测网络，实现重要饮用水水源地水质在线监测基本全覆盖，河流地市界水量监测全覆盖，年入河废污水量300万方以上的排污口水量水质自动监测逐步实现全覆盖。完善水土保持监测站网络布局，加强草原生态监测能力建设，全面开展耕地环境污染监测。

研究建立生态保护补偿统计指标体系和信息发布制度。建立科学、合理、全面的生态保护补偿统计指标体系，进一步完善量化指标。健全生态保护补偿信息发布制度，推进生态保护补偿信息公开化。

加强生态保护补偿效益评估。积极培育生态服务价值评估机构，引导评估机构对受补偿地区的森林、草地、湿地等自然生态系统面积和质量开展第三方评估，确定各类生态资产存量，分析评价受补偿地区的生态产品和生态服务的功能量和经济价值。

健全自然资源资产产权制度。建立统一的确权登记系统，对全省水流、森林、山岭、草原、荒地、滩涂等所有自然生态空间统一进行确权登记，清晰界定我省国土空间内各类自然资源资产的产权主体。健全土地承包经营权登记制度，逐步将农村土地承包经营权纳入不动产统一登记。

强化生态保护补偿科技支撑。依托高等学校、科研院所，深化生态保护补偿理论和生态服务价值等课题研究，强化相关的科技支撑体系建设，加强生态保护补偿标准研究，加强排污权交易、水权交易等市场化补偿方式的理论研究和实践。

（五）创新政策协同机制。

积极推进生态环境保护新机制。研究建立生态环境损害赔偿、生态产品市场交易与生态保护补偿协同推进的新机制。积极推进环境损害鉴定评估纳入司法鉴定管理体系，组织开展环境损害鉴定评估试点。支持企业、组织及农户实施清洁生产，引导生态产品在市场上实现优质优价。

稳步推进生态环境损害赔偿制度改革。按照《河北省生态文明体制改革实施方案》工作安排，择机启动生态环境损害赔偿制度改革试点，做好生态环境损害赔偿制度改革推进工作，加快形成损害生态环境责任者赔偿的运行机制。

建立用水权、排污权、碳排放权初始分配制度。培育和发展交易平台，完善有偿使用、预算管理、投融资等机制，实现经济与资源环境的平衡。综合考虑重点排放行业排放水平、数据基础、减排潜力及成本等因素，科学制定重点排放行业配额分配方案，鼓励市场化交易。建立生态产品交换机制，健全生态保护市场体系。

探索地区间、流域间水权交易方式。以区域用水总量和河流水量分配指标为基础，合理分配水资源使用权并确权登记。充分利用水权交易平台，发挥市场机制对水资源配置的调节作用，完成河流流域水量分配方案的流域，探索开展地区间水权交易。

加快构建规范有效的排污权有偿使用和交易机制。科学有序推进我省现有排污单位排污权初次核定和分配工作，力争2016年底全面完成现有排污单位排污权的初次核定，确保2017年底初步建立排污权初始分配制度。推进现有排污单位排污权有偿使用和交易试点，建立排污权储备与调控机制，确保我省新、改(扩)建设项目的新增排污权均通过排污权交易取得。逐步扩大排污权有偿使用和交易试点。

逐步建立碳排放权交易制度。建立重点企事业单位温室气体排放报告制度，完善重点企业温室气体排放报告信息管理平台，定期组织开展排放报告第三方核查。落实国家碳排放权交易总量及配额分配方案，做好全国碳排放权交易启动我省相关准备工作。

协同加快农业发展方式向生态绿色转变。严格落实对绿色产品研发生产、运输配送、购买使用的财税金融支持和政府采购等政策。鼓励支持我省符合节能和环境标志技术标准的产品申报进入国家节能环境标志政府采购清单。全面推行绿色、生态和环境友好型生产技术，积极开展减化肥、减农药等农业投入品减量化施用，构建农产品全程监管管护技术体系，促进形成农业绿色生产方式。

(六)结合生态保护补偿推进精准脱贫。

走出一条生态扶贫的新路。坚持生态建设与脱贫致富有机结合，在生存条件差、生态系统重要、需要保护修复的市，结合生态环境保护和治理，采取多样化扶贫模式，周密组织推动、加大资金支持、创新体制机制、加强科技服务，探索形成农业产业、林果产业、林下经济、生态保护补偿、旅游康养、碳汇交易等脱贫致富新模式。

加大对精准扶贫、精准脱贫项目扶持力度。生态保护补偿资金、国家重大生态工程项目和资金，向贫困地区倾斜，向建档立卡贫困人口倾斜，拓宽贫困人口增收渠道。加大以工代赈投入力度，建立完善支持贫困农户直接参与重大生态工程建设机制。大力推进生态扶贫，加快改善贫困地区的生态环境。积极引导贫困群众依托当地生态资源转产转业，使当地部分有劳动能力的贫困人员转为生态保护人员，增加农户生态建设管护收入。

完善生态功能区转移支付制度。生态功能区转移支付资金分配要充分考虑贫困人口、人均财力、生态环保投入和财政困难程度等因素，加大转移支付力度，重点向贫困地区倾斜。结合京津冀协同发展生态环境治理和生态扶贫攻坚任务，适当扩大生态功能区转移支付补助范围。

加大贫困地区新一轮退耕还林还草力度。加快推进贫困地区土地利用总体规划调整完善和永久基本农田划定，合理调整耕地保有量，优先安排25度以上坡耕地基本农田全部调出，做好退耕还林还草与基本农田调整划定的衔接工作。

启动占地补偿股权试点工作。在贫困地区开发水电资源，鼓励项目法人和被占用土地者在双方自愿基础上，进行以集体土地入股水电项目的试点，使原住居民能够按照股权比例获得电站长年运行的收益补偿。

(七)加快推进法治建设。

待国家出台生态保护补偿条例后，加快推进我省生态保护补偿相关法规、规章或规范性文件研究制定工作。鼓励市、县积极研究生态保护补偿政策措施，不断推进生态保护补偿的制度化和法治化。

四、加强组织实施

(一)强化组织领导。各级政府要把健全生态保护补偿机制作为推进生态文明建设的重要抓手，列入重要议事日程。要及时总结相关生态建设和保护补偿试点情况，提炼可复制可推广的试点经验。

(二)加强督促落实。省发展改革委、省财政厅要会同省有关部门对落实本实施意见情况进行监督和跟踪分析。各级审计部门要依法加强对生态补偿政策、资金的审计，各级监察部门对涉及问责的事项要依纪依规进行处理，各级环境保护部门要将生态保护补偿机制推进落实情况作为环保督查的重点内容。对生态保护补偿工作落实不力的，启动追责机制。

(三)加强舆论宣传。要加强生态保护补偿形势宣讲和政策解读，充分发挥新闻媒体舆论导向和监督作用，通过多种形式，引导全社会树立生态产品有价、保护生态环境人人有责的意识，自觉抵制无视生态保护、损害生态环境的不良行为，营造珍惜环境、保护生态的浓厚社会氛围。

（冀政办发〔2016〕25号）

河北省人民政府办公厅
关于深入推行科技特派员制度促进农村创新创业的实施意见

（2016年9月20日）

为贯彻落实《国务院办公厅关于深入推行科技特派员制度的若干意见》(国办发〔2016〕36号)精神，深入推行科技特派员制度，激发广大科技特派员创新创业热情，推进农村大众创业、万众创新，促进我省农村全面建成小康社会，经省政府同意，提出如下实施意见：

一、总体要求

(一)指导思想。

全面贯彻党的十八大和十八届三中、四中、五中全会精神，以创新、协调、绿色、开放、共享的发展理念为引领，紧紧围绕落实省委、省政府推进农业供给侧结构性改革的战略部署和“统筹推进现代农业、美丽乡村建设、脱贫攻坚、山区综合开发和乡村旅游”的重点任务，以促进农业转型升级和农民增收致富为出发点和落脚点，深入推进科技特派员制度，不断壮大科技特派员队伍，健全新型社会化科技服务体系，培育新型农业经营和服务主体，围绕产业链配置创新链、围绕创新链配置人才链，推动现代农业全产业链增值和品牌化、高端化发展，促进农村一二三产业深度融合，为实现城乡一体化发展、全面建成小康社会打造新引擎，培育新动力。

(二)基本原则。

1.注重与现代农业结合。以产出高效、产品安全、资源节约、环境友好为目标，以发展精准农业、都市农业、生态农业、节水农业、高端装备农业等为重点，创办、领办、协办科技型企业，延伸和重构农业产业链，提升价值链，促进现代农业建设。

2.注重与美丽乡村建设结合。以特色小镇为重点，支持科技特派员进村入户开展创业和技术服务，支撑美丽乡村建设。

3.注重与精准脱贫结合。以燕山一太行山集中连片特困地区、黑龙港流域集中连片特困地区、环首都扶贫攻坚示范区为重点，开展科技特派员创业式扶贫，培育发展富民产业，助推精准脱贫。

4.注重与京津优势科技资源结合。以环首都现代农业科技示范带为重点，统筹京津冀科技资源，吸引京津科技人员加入科技特派员队伍，积极探索开展京津冀农业科技协同创新试点，共同推进协同创新发展。

5.注重与“互联网+”结合。选派一批信息技术科技特派员，加强互联网技术在农业生产、经营、管理、服务等环节的应用，进一步缩小城乡“数字鸿沟”，提升信息技术对农业农村发展的支撑能力。

(三)总体目标。

1.壮大一批优秀科技特派员队伍。长期服务于农村基层的科技特派员稳定在2万人，法人科技特派员达到200个，实现在农业科技型企业、特色产业基地、农业科技园区、现代农业园区等重点创新主体及平台的全覆盖。

2.创建一批农业“星创天地”。以农业科技园区、特色产业、基地等为载体，创建300个农业“星创天地”。依托“星创天地”等，领办、创办、协办农业科技型中小企业4000家。

3.培育壮大一批农业优势特色产业。依托农业科技园区、现代农业园区、特色产业基地和农业科技型企业，培育壮大100个区域优势特色产业。筛选形成系列化、标准化的农业技术成果包，转化推广2000项新成果。

二、实施八大专项行动

（一）科技特派员精准选派行动。选派一批农口高等学校和科研院所的专业技术骨干科技特派员和专家服务团，进驻农业科技园区、现代农业园区、特色产业基地、科技型企业等，开展农业科技成果转移转化和技术服务；选派一批农、林、水等农技推广科技特派员，深入农村开展适用技术示范推广；选派一批农村流通科技特派员、农村青年科技特派员、巾帼科技特派员等，到农村带领农民创新创业；选派一批具备条件的事业单位、社团和企业等法人科技特派员，发挥其资金、技术、人才等优势，到农村创办、领办农业科技型企业。

（二）科技特派员创新创业能力提升行动。针对现代农业发展和美丽乡村建设需求，重点围绕科技特派员创业和服务过程中的关键环节和现实需要，大力实施农业科技创新专项，推进渤海粮仓、粮食丰产、绿山富民等科技示范工程实施和农业科技园区提档升级，加快环首都现代农业科技示范带、特色产业基地建设，在良种选育、新型药肥、农业物联网和装备智能化、节水节肥节药、主要农产品安全生产与质量控制、生态环境保育、农产品加工以及农村民生等方面取得一批新型实用技术成果，形成系列化、标准化的农业技术成果包，为科技特派员农村科技创业提供技术支撑。

（三）京津冀创新创业平台共建行动。以环首都现代农业科技示范带、农业科技园区和现代农业园区为主要载体，吸引京津科技人员来冀创新创业，共建一批农业科技成果承接转化基地、新型创业孵化基地、农业技术产权交易中心，促进京津农业科技成果向河北转移转化。组建京津冀科技特派员专家服务团，为农业各类创新主体提供专业服务和技术支撑，提升产业链科技含量。构建一批京津冀产业技术协同创新联盟，联合开展技术攻关、成果转化和示范推广等活动。

（四）农业“星创天地”创建行动。按照“政府引导、企业运营、市场运作、社会参与”的原则，选择有一定的产业基础和科技支撑、有稳定的专业服务团队、有完整的线上线下服务平台、有完善的支撑保障机制的企业、合作社等实体，创建一批融合科技示范、技术集成、成果转化、融资孵化、创新创业、平台服务为一体的农业“星创天地”，为科技特派员创新创业营造低成本、专业化、社会化、便捷化的服务环境。

（五）大学生村官“科技青春·创业富民”行动。以推进农业现代化、美丽乡村建设和惠农富农强农为目标，充分发挥大学生村官的技术和组织优势，大力开展“科技青春·创业富民”农村科技创业行动，支持大学生村官科技特派员创建科技型农业企业、专业合作社、农产品网店、农业科技超市、“万元示范田”、科技特派员工作站，带动现代生产要素向农村聚集，培育壮大农村科技型农业企业和新型农业经营主体，造就一支新型农业农村人才队伍，不断提高农民收入。

（六）“三区”人才精准扶贫行动。针对我省燕山太行山、黑龙港流域和环首都贫困地区产业发展需求，创新扶贫理念，选派一批科技特派员，开展创新创业和科技服务，推进创业式扶贫，建立科技特派员与农村致富带头人结对帮扶制度，培养一批本土科技人才，为“三区”经济社会发展提供有效的人才和智力支持，加快科技成果在贫困地区转移转化，增强贫困地区创新创业和自我发展能力，加快脱贫致富进程。

（七）互联网＋科技特派员创新创业服务行动。围绕我省农业主导产业，建立一批互联网＋科技特派员创新创业示范基地，促进互联网技术在农业生产、经营、管理、服务等环节的应用。丰富星火科技“12396”和农业“12316”综合信息服务平台功能，提升科技特派员利用互联网开展科技服务的能力。对接国家构建“河北省科技特派员管理服务平台”，实行科技特派员网上备案登记制，完善考核评价体系和统计报告制度，加强科技特派员创新创业过程管理和跟踪，并把科技特派员纳入组织部门人才工作。

（八）科技特派员社会化服务体系建设行动。坚持主体多元化、服务专业化、运行市场化的方向，以政府购买公益性农业技术服务为引导，加快构建公益性与经营性相结合、专项服务与综合服务相协调的新型农业社会化科技服务体系。积极培育扶持多元化服务组织，依托新农村发展研究院、科技特派员创业培训基地、供销合作社服务网点和各类产业技术创新联盟等载体，为科技特派员提供全方位创新创业服务。建立创业辅导培训制度，依托河北农业大学、河北科技师范学院等国家科技特派员培训基地，聘请知名专家、创业成功者、企业家和风险投资人等各行各业优秀人才，建立创业导师队伍，为科技特派员提供创业全过程服务。建立农业农村科技需求库、高校院所创新成果供给库、创新创业典型案例库，对科技特派员开放共享，提供一站式服务。

三、完善激励政策

（一）落实扶持政策。科技特派员在派出期间，保留原职级和岗位，工资、职务、职称晋升、岗位变动、保险等与派出单位在职人员同等对待，并把科技特派员的工作业绩，作为评聘和晋升专业技术职务（职称）的重要依据。科技特派员优先享有参加专家评选、职称评聘、岗位晋升等权利。期满后，可根据科技特派员本人意愿选择辞职创业或回原单位工作。引导大学生、城镇登记失业人员、新型职业农民、青年农场主、返乡农民工、退伍转业军人、农村青年、农村妇女等积极参与农村科技创业，按规定落实社会保险补贴、创业担保贷款等政策。

(二)加强金融支持。引导政策性银行和商业银行等金融机构在业务范围内加大信贷支持力度，开展对科技特派员的授信和小额贷款业务，支持科技特派员开展农村科技创业和服务。针对科技特派员创办的企业不同阶段融资需求，创新金融产品和服务，探索开展专利质押、应收账款质押、动产质押、股权质押、订单质押等抵质押贷款方式，开展农村承包土地经营权和林权抵押贷款业务。落实省政府关于支持企业上市的奖励政策，积极引导和鼓励科技特派员创业企业在中小板、创业板、新三板、区域股权交易市场等多层次资本市场上市、挂牌融资，对上市、挂牌成功的企业给予奖励，拓宽企业直接融资渠道。

(三)加大奖励力度。鼓励高等学校、科研院所等成果完成单位通过许可、转让等方式支持科技特派员带科技成果到农村创业，成果转化后，应将不低于70%的净收益或股权，用于成果完成团队和个人、科技特派员的奖励、报酬。鼓励科技特派员与企业、专业经营大户等合作，以资金、技术、专利入股等方式，建立利益共同体，允许科技特派员在创办、领办、协办的专业合作社、专业技术协会和涉农企业兼职取酬，探索对科技特派员实施期权、技术入股、股权奖励、分红权等多种形式奖励。

(四)便利工商登记。支持科技特派员依法办理农民专业合作社、涉农企业，积极落实注册资本登记改革、“先照后证”、简化住所(经营场所)登记手续、“多证合一”等改革措施，推行限时办结、绿色通道、一审一核、审核合一等制度，为科技特派员创办的经济实体提供高效便捷的注册登记服务。

(五)落实税收优惠。科技特派员创办的企业和农民专业合作组织等，依法享受企业研发费用税前加计扣除等税收优惠政策，按规定享受国家相关支农优惠政策。省外科技特派员来冀创办的企业或经济合作组织，同时享受招商引资和发展非公有制经济的有关优惠政策。

四、强化措施保障

(一)完善统筹推进机制。发挥省科技特派员科技创业行动协调指导小组作用，加强统筹协调和政策配套，形成部门协同、上下联动的组织体系和长效推动机制，为推行科技特派员制度提供组织保障。各市、县(市、区)要将推行科技特派员工作作为加强基层科技工作的重要抓手，建立健全多部门联合工作机制，结合实际制定本地推动科技特派员创业的政策措施。要切实关心科技特派员工作生活，推动科技特派员工作深入开展。

(二)拓宽科技特派员选派渠道。坚持自愿协商、双向选择、按需选派原则，重点针对农业农村创新发展短板，组织选派专业技术人员、大学生、新型职业农民、青年农场主、返乡农民工、退伍转业军人、农村青年、农村妇女等自然人和法人科技特派员，参与农村科技创新创业。凡承担市级以上农业领域应用示范推广类研究计划项目的科技人员，均纳入科技特派员管理序列。不断拓展科技特派员选派渠道，壮大科技特派员队伍。

(三)加大财政支持力度。从省级科技资金中统筹安排科技特派行动项目资金，优先支持科技特派员实施产学研合作项目，各市要加大对科技特派员创新创业的资金扶持力度。科技特派员创办领办的科技型中小企业，优先纳入省科技型中小企业成长计划、农业科技成果转化专项等科技计划给予支持。支持返乡创业园建设，优先安排科技特派员入园孵化，根据实际需求就近入驻，并落实好房租、物业、水电、宽带、公共软件等补贴政策。

(四)选树先进典型。省科技特派员科技创业行动协调指导小组每年选树100名成绩突出的科技特派员，表扬一批科技特派员工作组织管理先进单位，选树的科技特派员达到职称评聘条件的优先评聘，不受名额限制；国务院政府津贴的推荐、选拔、评审，优先考虑。

(五)营造良好氛围。各地各部门要广泛利用各种新闻媒体，加强宣传报道，宣传先进人物、典型事例和先进经验，形成全社会关心和支持科技特派员工作的良好舆论氛围，激励更多的科技人员投身于农村创新创业。

(冀政办发〔2016〕27号)

河北省人民政府办公厅
转发省民政厅等部门关于做好农村最低生活保障制度与
扶贫开发政策有效衔接实施方案的通知

（2016年12月19日）

省民政厅、省扶贫办、省农业厅(省农工办)、省财政厅、省统计局、省残联《关于做好农村最低生活保障制度与扶贫开发政策有效衔接的实施方案》已经省政府同意，现转发给你们，请认真贯彻执行。

为贯彻落实《国务院办公厅转发民政部等部门关于做好农村最低生活保障制度与扶贫开发政策有效衔接指导意见的通知》（国办发〔2016〕70号）精神，充分发挥农村最低生活保障(以下简称低保)制度在打赢脱贫攻坚战中的兜底作用，进一步提高我省脱贫攻坚工作水平，结合我省实际，制定本方案。

一、总体要求

(一)指导思想。以习近平总书记系列重要讲话精神特别是关于扶贫开发重要指示精神为指导，深入贯彻落实中央和全省扶贫开发工作会议精神，坚持精准扶贫精准脱贫基本方略，以制度有效衔接为重点，加强部门协作，完善政策措施，健全工作机制，形成制度合力，推动低保线与扶贫线“两线合一”工作落到实处。

(二)基本原则。坚持应扶尽扶，将符合条件的农村低保对象全部纳入农村建档立卡贫困人口范围，给予政策扶持，帮助其脱贫增收；坚持应保尽保，将符合条件的农村建档立卡贫困人口全部纳入农村低保范围，保障其基本生活；坚持动态管理，定期核查低保对象和建档立卡贫困人口，建立精准台账，实现应进则进，应退则退；坚持资源统筹，将政府兜底保障与扶贫开发政策相结合，形成脱贫攻坚合力，实现对农村贫困人口的全面扶持。

(三)工作目标。有效衔接农村低保制度与扶贫开发政策，形成工作合力，对全省符合低保标准的农村贫困人口实行政策性保障兜底，确保到2020年现行扶贫标准下农村贫困人口全部脱贫。

二、工作任务

(一)做好政策衔接工作。统筹各类救助、扶贫资源，进一步完善政策措施，切实加强农村低保制度与扶贫开发政策的衔接，做到应保尽保、应扶尽扶。

1.全面扶持农村贫困人口。对符合农村低保条件的建档立卡贫困人口，按规定程序纳入低保范围；对符合建档立卡贫困户识别标准的农村低保家庭，按规定程序纳入建档立卡系统；对返贫的家庭，按规定程序审核后，相应纳入社会救助制度和扶贫开发政策覆盖范围。对不在建档立卡范围内的农村低保家庭、特困人员，统筹使用相关扶贫开发政策予以帮扶。

2.切实提高医疗保障救助水平。认真落实《河北省人民政府办公厅转发省民政厅等部门关于进一步完善医疗救助制度全面开展重特大疾病医疗救助工作实施意见的通知》（冀政办发〔2015〕26号）和《河北省人民政府办公厅印发关于提高贫困人口医疗保障救助水平解决因病致贫返贫问题实施方案(试行)的通知》(冀政办字〔2016〕131号)精神，提高全省农村建档立卡贫困人口的医疗保障救助水平；组织开展其他困难群体医疗保障救助试点，取得经验后逐步推开。

3.认真落实分类施救政策。对有一定收入的农村低保家庭，据实核算家庭成员年人均收入，按照人数足额补差；对无劳动能力、无任何收入的农村低保对象，按照当地低保标准全额分助；对充分享受低保政策，足额领取低保补助金后，家庭生活仍有较大困难的，通过临时救助帮助解决生活困难；对农村低保家庭中的老年人、未成年人、重度残疾人、重病患者等重点救助对象，采取多种措施提高救助水平，全面落实困难残疾人生活补贴制度和重度残疾人护理补贴制度。2016年，各地农村低保补差标准不得低于150元/月。

(二)做好对象衔接工作。完善贫困家庭经济状况评估指标体系和核查机制，切实加强农村低保和扶贫开发在对象认定上的衔接，做到精准识别、精准认定。

1.规范认定程序。进一步完善农村低保家庭和建档立卡贫困家庭经济状况核查机制，严格按规定程序认定低保和扶贫对象。乡镇政府(街道办事处)要将农村低保和扶贫开发情况纳入政府信息公开范围，及时将农村低保对象、特困人员和建档立卡贫困人口名单在其居住地公示，接受社会和群众监督。

2.规范收入核算。进一步完善城乡居民低保家庭经济状况核算与评估办法，以家庭收入、财产作为主要指标，根据当地实际适当考虑家庭成员因残疾、患重病等增加的刚性支出因素，综合评估家庭贫困程度。对按国家规定所获得的强农惠农生产性补贴、农村养老保险基础养老金、优待抚恤金、困难残疾人生活补贴和重度残疾人护理补贴，以及教育、计划生育、见义勇为等方面的奖金，暂不计入家庭收入。对参与扶贫开发项目实现就业的农村低保家庭，在核算其家庭收入时，可以扣减必要的就业成本，具体扣减办法由各地根据实际研究制定。

3.规范申请范围。将靠父母和其他亲属供养并提出申请的成年重度残疾人纳入低保范围；认真落实按户施保政策，以户为单位将符合条件的贫困家庭纳入低保范围；对法定赡养义务人有赡养能力的老年人，原则上不纳入低保。

（三）做好标准衔接工作。适应脱贫攻坚和全面建成小康社会的需要，切实加强农村低保与扶贫开发在标准上的衔接，做到低保线与扶贫线“两线合一”、同步提高。

1.实行低保线与扶贫线“两线合一”。2016年各地农村低保标准提高到2855元/年以上，2017至2020年，农村低保标准与扶贫标准同步提高，鼓励经济条件好的地方低保标准高于国家扶贫标准。

2.及时调整农村低保标准。2017至2020年，各地农村低保标准，由各市（含定州、辛集市，下同）根据当年国家扶贫标准、上年度农村居民人均消费支出、全省农村平均低保标准等因素确定。各市确定的农村低保标准，不得低于国家扶贫标准。各市调整后的标准要及时报省民政厅、省财政厅备案，并向社会公布。

3.建立社会救助标准自然调整机制。各地要根据当地经济社会发展水平和城乡居民人均消费支出水平等因素，建立城市低保标准、特困供养人员救助标准和孤儿基本生活保障标准的自然调整机制。各地社会救助标准调整后应及时向社会公布，接受监督。

（四）做好管理衔接工作。建立健全工作协调机制，强化动态管理，切实加强农村低保对象和建档立卡贫困人口的管理衔接，做到应进则进，应退则退。

1.组织集中核查活动。2017至2020年，各县（市、区）每年3至5月组织开展一次核查活动，全面复核城乡低保对象和农村建档立卡贫困人口。县级民政部门依据核查结果，对已经脱贫、不再符合条件的低保对象予以清退，县级扶贫部门与民政部门对接后调整建档立卡系统中低保人口数据。对因年老、身患重病、重度残疾等因素完全或部分丧失劳动能力及新返贫且符合条件的，纳入低保或特困人员供养范围；对新返贫的农村家庭，按规定程序纳入建档立卡范围；对需要医疗救助的，按政策给予救助。

2.实施动态管理。乡镇政府（街道办事处）要会同村（居）委会不定期开展走访调查，及时掌握农村低保家庭、特困人员和建档立卡贫困家庭人口、收入、财产变化情况，并及时报县级民政、扶贫部门。

3.建立沟通机制。各级民政、扶贫、农村工作、财政、统计等部门和残联组织要建立健全工作协调机制，加强沟通协调，定期会商交流情况，研究解决存在的问题，不断完善政策措施，形成脱贫攻坚合力。

（五）做好信息衔接工作。提高低保和扶贫开发工作信息化建设水平，切实加强农村低保对象和建档立卡贫困人口的信息衔接，做到互联互通，信息共享。

1.提高居民家庭经济状况核查能力。加快推广应用全省居民家庭经济状况核查系统，尽快实现民政与扶贫、公安、人力资源社会保障、住房城乡建设、工商、税务、住房公积金等部门和金融机构的信息互联共享，提高低保家庭经济状况核查效率和精准度。

2.定期交换数据。2017至2020年，每年3月底，各级民政、扶贫部门和残联组织要根据精准兜底脱贫工作需要，交换农村低保、特困供养人员、上年度脱贫人口、新增贫困人口和返贫人口、重度残疾人等信息数据。

3.及时更新和比对台账数据。县级民政、扶贫部门要定期会商交流农村低保对象和建档立卡贫困人口变化情况，指导乡镇政府（街道办事处）及时更新农村低保对象和建档立卡贫困人口数据，加强信息核对，确保信息准确完整、更新及时，每年至少比对1次台账数据。

三、组织实施

（一）加强工作指导。按照中央统筹、省负总责、市县抓落实的工作机制，各市民政、扶贫部门要会同有关部门，结合本地实际提出具体要求，指导县（市、区）抓紧制定实施细则，进一步明确工作目标、主要任务、部门职责、实施步骤和工作措施，并认真组织实施。要将农村低保制度与扶贫开发政策衔接工作分别纳入低保工作绩效评价和脱贫攻坚工作成效考核体系，加大督促检查力度，加强社会监督，建立第三方评估机制，增强约束力和工作透明度。

（二）明确职责分工。民政部门牵头做好农村低保制度与扶贫开发政策衔接工作；扶贫部门落实扶贫开发政策，配合做好衔接工作；农村工作部门综合指导衔接政策设计工作；财政部门做好相关资金保障工作；统计调查部门会同有关部门组织实施农村贫困监测，及时提供调整低保标准、扶贫标准所需的相关数据；残联组织会同有关部门及时核查残疾人情况，配合做好对农村低保对象和建档立卡贫困人口中残疾人的重点帮扶工作。健全责任追究机制，对衔接工作中出现的违法违纪问题，依法依纪严肃追究有关人员责任。

(三)开展摸底调查。2016年底前，县级民政、扶贫部门和残联组织要指导乡镇政府(街道办事处)抓紧开展一次农村低保对象和建档立卡贫困人口台账比对，逐户核对农村低保对象和建档立卡贫困人口，掌握纳入建档立卡范围的农村低保对象、特困人员、残疾人数据，摸清建档立卡贫困人口中完全或部分丧失劳动能力的贫困家庭情况，为做好农村低保与扶贫开发政策有效衔接奠定基础。

(四)完善政策规定。省民政厅要根据社会救助兜底脱贫新要求，修订城乡居民最低社会保障家庭经济状况核算与评估办法，制定社会救助工作年度检查考核办法，建立最低生活然障、特困供养人员救助和孤儿基本生活保障标准自然调整机制。省、市有关部门要进一步完善农村低保标准与物价上涨挂钩的联动机制，确保困难群众不因物价上涨影响基本生活。

(五)加强资金统筹。各级财政部门要会同民政部门认真落实社会救助资金统筹使用有关规定，盘活财政存量资金，增加资金有效供给，优化财政支出结构，加快预算执行进度，提升资金使用效益。省级财政安排的困难群众基本生活保障及救助补助资金，县级财政、民政部门可结合当地实际，统筹使用，分项列支。自2016年起，各地全年补助资金执行数不得少于当年省级下达的省以上补助资金数。

(六)提高工作能力。各地要切实加强基层社会救助经办服务能力建设，探索建立村级民政协理员制度，在乡镇政府(街道办事处)现有编制内，根据社会救助对象数量等因素配备相应工作人员。加大业务培训力度，提高基层工作人员政策执行能力。通过政府购买服务等方式，引入社会力量参与农村低保、特困供养人员救助和扶贫开发服务。充分发挥第一书记和驻村工作队在落实农村低保制度和扶贫开发政策中的骨干作用。进一步健全社会救助“一门受理、协同办理”工作机制，为农村低保对象和建档立卡贫困人口提供“一站式”便民服务，确保困难群众求助有门、受助及时。

(七)加强舆论引导。各地要充分利用新闻媒体和基层政府便民服务窗口、公园广场、医疗机构、村(社区)公示栏等，组织开展有针对性的宣传活动，坚持正确舆论导向，引导社会力量参与社会救助和扶贫开发，鼓励贫困群众在政府扶持下依靠自我奋斗实现脱贫致富。

各市要加强督导检查，及时掌握县(市、区)衔接工作落实情况。2017年1月底前，各市民政、扶贫部门和残联组织要将贯彻落实本实施方案情况书面报省民政厅、省扶贫办、省残联。

（冀政办字〔2016〕199号）

河北省人民政府办公厅
关于印发河北省农村经济发展“十三五”规划的通知

（2016年12月22日）

《河北省农村经济发展“十三五”规划》已经省政府同意，现印发给你们，请结合本地本部门实际，认真贯彻执行。

（冀政办字〔2016〕204号）

河北省农村经济发展“十三五”规划

为加快构建我省现代农业产业体系，务实农村经济发展基础，不断增进农民福祉，确保农村如期全面建成小康社会，制定本规划。

一、总体要求

(一)指导思想。深入贯彻落实创新、协调、绿色、开放、共享的发展理念，全面融入京津冀协同发展，以转变农村经济发展方式为主线，以农业供给侧结构性改革为动力，以农民持续增收为核心，着力构建特色农业产业体系，着力推进农村产业融合发展，加快形成产出高效、产品安全、资源节约、环境友好的现代农业发展格局，统筹推进现代农业发展、美丽乡村建设、脱贫攻坚、山区综合开发和乡村旅游，为建设经济强省、美丽河北奠定坚实基础，为如期全面建成小康社会提供有力支撑。

(二)发展目标。到2020年，粮食综合生产能力得到有效保障，农业产业转型升级取得明显进步，现代农业产业体系基本形成，农村产业融合发展水平明显提升；农业资源保护与利用效率显著提高，农业环境突出问题治理取得阶段性成效，农业可持续发展能力进一步增强；农民生活达到全面小康水平，农村居民人均可支自己收入比2010年翻一番，增幅高于城镇居民；现行标准下农村贫困人口实现脱贫，贫困村全部出列，贫困县全部摘帽，解决区域性整体贫困；具备条件的农村基本建成美丽乡村，农民素质和农村社会文明程度显著提升。

二、构建特色农业产业体系，做优做强现代农业

(一)优化农业区域布局。

1.全力打造环京津都市农业圈。以都市现代农业为主攻方向，建成京津“菜篮子”产品重要供给区、农业先进生产要素聚集区和农业多功能开发先行区。强化蔬菜、水果供给保障能力，提高肉、蛋、奶供给保障水平。打造农业信息化高地，促进农业生产智能化、产品信息化、经营网络化。加快建设“中央厨房”供应体系。建设高效便捷农村物流体系。加快京津冀休闲农业一体化进程。强力推进环首都现代农业科技示范带建设，打造“农业硅谷”，搭建京津冀协同创新平台，聚集农业高新技术、创新团队和科技企业，努力打造成对接首都创新资源的桥头堡。

2.积极建设四大农业功能区。山前平原核心农业区，以高产绿色基地型农业为主攻方向，建成粮食、蔬菜、畜禽等重要农产品生产、加工、物流基地，提高产品供给能力。黑龙港节水农业区，以高效节水农业为主攻方向，开展地下水超采综合治理，修复生态环境，推广耐旱作物和品种，推进“粮改饲”“棉麦丰收”等种植模式，建设商品粮、优质棉花和绿色农产品供应基地及国家节水农业综合示范区。燕山、太行山生态农业区，以生态保育型农业为主攻方向，突出生态屏障、农民增收功能，实施山区综合开发工程，抓好沟域经济，发展现代山地特色高效农业，把太行山、燕山建成绿水青山、金山银山，打造现代农业、扶贫开发、休闲农业和乡村旅游、生态建设综合发展示范区。坝上高原特色农牧区，以种养结合的草原特色农牧业为主攻方向，突出生态涵养、农民增收功能，建成优质绿色生态奶源和肉类生产基地、高原特色有机农产品供应基地和高原特色休闲旅游度假区。

3.加快发展沿海水产经济带。加速建设环渤海水产品养殖带、山区冷水鱼养殖带和环京津及大中城市周围生态高效渔业、休闲渔业养殖区三大水产品集中产区。以唐山、秦皇岛、沧州市为核心建设环渤海水产品养殖带，重点发展对虾、贝类、河　、海参、鲆鲽鱼、梭子蟹等品种，以人工鱼礁建设为重点，配套增殖放流、底播、移植等措施，加强渔业生态环境养护与渔业综合开发，推进海洋牧场示范区、水生生物自然保护区和水产种质资源保护区建设。山区冷水鱼养殖带，重点发展鲑、鳟、鲟、鳇等鱼类养殖。环京津及大中城市周围生态高效渔业、休闲渔业养殖区，突出发展甲鱼、虾蟹养殖。

(二)调整农业产业结构。

1.稳定粮食综合生产能力。“以水定产”，适度调减小麦、籽粒玉米种植面积，调减黑龙港等地区高耗水粮食种植面积。全面开展永久基本农田划定工作，建设4000万亩高标准农田核心区。推进渤海粮仓和粮食丰产工程，加快改造环渤海地区盐碱地和黑龙港地区中低产田。优化粮食作物结构，推进马铃薯主粮化，通过绿色高产高效关键技术示范推广，促进粮食生产向高产稳产、优质高效、节本增效方向发展。到2020年，粮食生产能力稳定在3350万吨以上，保证省内供需基本平衡。

2.做精做优三大优势产业。大力发展畜牧业。按照“稳定猪鸡、发展牛羊、突出奶业”的要求，调整优化畜牧业结构，扩大粮改饲、草牧业试点，形成粮饲兼顾、农牧结合的新型农业结构。坚持“以地定养、以养定种、以草定牧”，综合考虑种养规模和环境消纳能力，因地制宜优化养殖模式，推动草食畜牧业健康发展。巩固发展生猪、禽蛋等传统优势产业，加快推进标准化规模养殖，稳定存栏量，提高生产性能。提升奶源基地标准化水平，大力提高单产水平和生鲜乳质量，建立奶业健康发展长效机制，实现奶业大省向奶业强省转变。到2020年，实现肉羊出栏2400万只，肉牛出栏340万头，存栏300头以上奶牛规模养殖比例达到99%以上。

促进蔬菜产业提档升级。立足于服务京津冀都市群消费市场，构建生产标准化、栽培设施化、品种特色化、质量可追溯、产销一体化的现代蔬菜产业体系，实现稳量增效。打造环京津、太行山前平原、冀东平原蔬菜产业带，加快建设25个种植面积20万亩以上的蔬菜大县和集中产区。进一步扩大设施蔬菜面积，推广节水蔬菜品种，实现周年供应。推进规模化经营、标准化生产，加大“三品一标”认证，打造区域性标志和品牌。到2020年，蔬菜生产规模稳定在2000万亩左右，产量稳定在9000万吨左右。

大力发展果品产业。以苹果、梨、核桃、红枣为重点，加快建设太行山、燕山、冀东、冀中南优势果品产业带。加强良种繁育体系建设，推广现代果品栽培技术。大力推进万亩现代果业标准化示范区建设，突出发展“名特优新”品种，提高产业竞争力和市场占有率。到2020年，全省果品总面积达到3500万亩，总产量达到2200万吨。

3.积极发展特色产业。水产品产业，完善水产良种繁育体系，优化养殖结构和方式，推动宜渔资源规模化开发

和海洋牧场建设，调整海洋捕捞作业结构，到2020年，水产品供给能力稳定在135万吨左右，水产养殖面积稳定在320万亩左右。杂粮产业，充分发挥我省自然资源多样化优势和杂粮作物特点，在黑龙港地区、太行山、燕山丘陵区、张承坝上地区等干旱缺水地区，因地制宜，发展适销对路、抗旱性较强的谷子、莜麦、荞麦、绿豆、红小豆、蚕豆等优质杂粮产业，到2020年，全省杂粮播种面积稳定在100万亩以上。中药材产业，发展大宗道地中草药品种和药食两用品种，加强野生中药种质资源保护，着力打造中药材优势产区，到2020年，全省中药材种植面积发展到300万亩。食用菌产业，建设山坝区错季菇产业带、环京津珍稀菇产业带、冀中南草腐菌产业区，建设一批现代食用菌产业示范园区，到2020年，全省食用菌栽培面积发展到50万亩以上，年产量达到440万吨以上。棉花产业，发展高产、优质、抗病、抗盐碱品种，完善棉花科研和技术推广体系，建设棉花黑龙港流域优势区域产区，到2020年，面积稳定在400万亩，总产达到30万吨。油料产业，推进花生、油葵、油菜籽、芝麻、胡麻等油料作物持续健康发展，到2020年，油料作物种植面积稳定在700万亩，总产达到150万吨以上。花卉产业，建设一批园艺作物标准园，促进花卉业向规模化、现代化发展，到2020年，新增花卉面积14万亩，总面积达到80万亩。烟草产业，以现代烟草农业建设为基础，充分利用行业相关政策，继续推进烟叶生产基础设施建设，改善烟叶生产条件，降低烟叶生产成本，改进烟叶品质，到2020年，在现有种植计划8万担、2.6万亩的基础上有所增长。

(三)创新农业经营方式。

1.发展多种形式农业适度规模经营。在农村土地承包经营权确权登记的基础上，引导农户依法采取土地流转、土地入股、土地托管等多种形式，有序推进适度规模经营。创新规模经营模式，鼓励和支持农户、合作社、龙头企业开展合作与联合，加快推动股份合作制经济发展，形成联户联社经营、“龙头企业+合作社十农户”等组织方式，提高农业生产经营规模效益。

2.大力培育新型农业经营主体。加大扶持力度，完善家庭农场认定登记制度，规范发展农民合作社，推进农民合作社联合与合作，重点培育大型龙头企业，积极培育具有发展潜力的中小型龙头企业。支持新型农业经营主体申报和实施政府投资项目，逐步扩大其承担涉农项目规模。落实好新型农业经营主体在用地、农业补贴、金融服务等方面的政策，探索融资试点，拓宽抵质押物范围。培育农业社会化服务组织，创新服务模式。到2020年，省级示范家庭农场达到800家，重点扶持建设500家省级示范社，省级农业产业化重点龙头企业达到800家，年销售总收入达到6000亿元。

(四)加速农业科技创新驱动。

1.加强农业科技创新与推广。加大科技创新力度，积极承接国家创新成果，重点围绕节水农业、农业面源污染治理、种质资源创新、粮食综合生产能力提升、病虫害统防统治、一二三产业融合等关键领域集中攻关。壮大现代种业，支持公益性研发机构建立种质资源库，开展种质资源搜集、保护、育种等工作；推进良种重大科研联合攻关，培育发展一批育繁推一体化的现代种业集团，配套建设一批大型现代种子加工中心；加强种子管理体系和队伍建设，提升种业监管能力，建设海南农作物种子繁育基地，提升我省南繁育种能力。加快农业科技成果转化推广，深化基层农技推广体系改革，加强基层农技推广队伍建设，提高基层农技人员待遇，加大农技推广知识更新培训，加强农技推广服务云平台及硬件配套设施建设，创新农技推广服务模式手段，提升农技推广服务能力。

2.推动“互联网＋”在农业领域应用。建设河北省农业大数据中心，形成全省主要农产品生产、农产品加工、农产品市场、农业统计、农产品进出口、农产品批发市场建设、全国农产品批发市场交易等七大类信息数据库，实现全省农业数据互联互通、数据共享。加强12316农业信息服务系统建设，为农户提供信息服务；建立健全农村信息管理系统，加强集体资产、土地确权登记、耕地流转等管理服务。打造农业物联网平台，推进“互联网＋生产”，实现农业生产智能化、精准化、数字化、可控化和全程监管；打造农产品电子商务平台，推进“互联网＋经营”，实现农产品网络化营销；打造农产品质量安全可追溯信息管理平台，推进“互联网＋管理”，实现农产品生产和经营的全程监管；打造农业科技服务平台，推进“互联网＋服务”，实现农业科技服务便捷化。加强遥感基础设施建设，推进遥感技术在农业资源监测管理中的应用。到2020年，全省“互联网＋农业”产业体系基本形成，努力建成全国领先的智慧农业示范基地。

3.建立健全农业科技创新机制。加强农业科技创新平台建设，鼓励校企联合，搭建农科教结合、产学研协作平台，支持建设省级产业技术体系创新团队和农业科技创新联盟。探索成果权益分享、转移转化和科研人员分类管理机制。积极探索农业科研机构与新型农业经营主体合作集成熟化科技成果的有效途径。深入推进科技特派员农村科技创业行动，建设一批科技特派员创业基地。实施渤海粮仓、粮食丰产、绿山富民、环首都现代农业科技示范带、农业科技园区提档升级、京津冀农业协同创新等科技示范工程，提升农业科技创新支撑能力。加强农业科技国际交流与合作。

(五)提升农产品质量安全水平。

1. 加强农产品质量安全监管。推进农业标准化生产，加快农业标准示范区建设，提高农业标准化水平。构建农产品质量安全追溯体系，强化农产品质量安全监管，建立健全产地环境、农业投入品、生产过程、储藏运输等全链条、全产业监管机制，加强农产品质量安全可追溯管理信息平台建设，强化省、市、县联检联测机制，开展农产品质量安全县创建活动。到2020年，农业标准化覆盖率达到70%以上，农产品质量安全县实现全覆盖。

2. 提高农产品品牌影响力。加强农产品“三品一标”认证体系建设，创建扶持一批品牌价值高、综合竞争力强的自主品牌，努力提高主要农产品京津市场占有率。对获得省级及以上名牌产品、河北优质农产品的市场主体给予奖励，引导金融机构加大对名优产品生产企业的支持力度。

三、推进产业融合发展，提升农业竞争力

(一)推动农产品加工业转型升级。大力发展奶类、肉类、粮食、果品、蔬菜、水产品等加工业，培育一批农产品精深加工龙头企业。加强专业原料基地建设，统筹布局农产品生产基地建设与产地初加工、精深加工发展及副产品综合利用。加强农产品加工技术创新，开发拥有自主知识产权的技术装备，支持农产品加工设备改造提升。加强规划和政策引导，深入实施主食加工业提升行动，开展农产品加工副产物综合利用行动。到2020年，农产品产地初加工率力争达到50%，农产品加工业与农业产值比值提高到2.5:1。

(二)大力发展休闲农业和乡村旅游。推进农业与文化、教育、科技等的深度融合，大力发展休闲农业和乡村旅游。制定出台省美丽乡村旅游示范区建设规范，围绕石家庄等中心城市发展体验农业，开展美丽休闲乡村和十佳现代休闲农业园认定工作。同时，积极打造环首都和京张特色休闲农业游。到2020年，打造休闲农业园区200家，推出30条特色农业休闲观光线路。实施农耕文化进校园行动，建设一批农业教育和社会实践基地。

(三)大力发展农业新型业态。积极改造升级农业物联网，搭建农业监测统计、农产品市场分析预警、信息发布、农产品质量监督综合服务平台。实施快递下乡工程，培育多元化农村电子商务主体，提升农村电子商务应用水平。到2020年，全省基本建成运行规范、管理高效，覆盖全省142个涉农县(市、区)的农业农村综合信息服务体系和运行体制机制。促进科技、人文等元素向农业渗透融合，在环首都现代农业科技示范带、农业科技园区和现代农业示范区，发展农田艺术景观、阳台农艺等创意农业，在廊坊、保定市等现代休闲农业发展迅速的区域建设现代农业景观典型，在省会和环京津地区发展高科技高效农业。鼓励发展农业生产租赁业务，积极探索农产品个性化定制服务、会展农业、农业众筹等新型业态。到2020年，建设科技、人才等元素融入现代农业的景观典型2至3个，建设工厂化、立体化高效农业样板2至3个。

(四)加快发展现代农业园区。按照规划在园区结合，主体在园区聚合，要素在园区整合，产业在园区融合的要求，高起点谋划、高标准建设，打造一批万亩以上的一二三产融合、产加销游一体、产业链条完整的现代农业园区，在全省农业现代化进程中发挥示范引领作用。科学制定园区规划，提升园区功能，切实搞好现有园区的整合提升，推广威县、枣强县经验做法，鼓励有条件的地区实施农民新社区、工业园区、现代农业园区“三区”联动。到2020年，省级现代农业园区发展到200个，带动市、县建设现代农业园区1000个以上，全省农业产业化经营总量超过10000亿元。

(五)创新一二三产业融合机制。完善利益联结机制，让农民分享产业融合增值收益。创新发展订单农业，引导龙头企业在平等互利的基础上，与农户、家庭农场、农民合作社签订农产品购销合同，形成稳定购销关系。支持龙头企业为农户提供贷款担保，资助订单农户参加农业保险。到2020年，省级农业担保公司注册资本金达到30亿元以上。鼓励发展股份合作，在尊重农户意愿的基础上，推广“保底收益+按股分红”等形式，探索形成以农户承包土地经营权入股的股份合作社、股份合作制企业利润分配机制，到2020年，省级农村股份合作制示范经济组织达到500家。加强农民合作社示范社建设，支持建立农产品加工流通和直供直销体系，加强标准化建设，提高市场竞争能力，打造联合品牌，实现利益共享。以产城融合为依托，探索农村产业融合发展与新型城镇化相结合的有效措施，引导二三产业向县域重点乡镇及产业园区集中。

四、加强基础设施建设，厚植农村经济发展优势

(一)加快改善农业基础设施条件。

1. 强化水利基础设施建设。优化水资源配置，全面建成南水北调配套、引黄入冀补淀、承德双峰寺水库等重大工程，提高水资源保障能力。推进河湖水系联通工程建设，加快构建现代水网体系。加快推进南水北调东线二期工程和乌拉哈达、石湖、老亮子、四道河、茅岭底等5座大中型水库项目前期工作。加强防洪抗旱能力建设，完成病险水库、水闸除险加固，加快主要河流支流治理和重要蓄滞洪区建设，推进中小河流治理和农村河塘整治；强化山洪灾害防治，推进抗旱应急水源中小型调蓄工程建设，完善

抗旱应急预案，增加抗旱物资储备，基本建成抗旱减灾体系。加快农田水利工程建设，实施地下水超采综合治理、大中型灌区节水改造、山丘区“五小水利”、田间渠系配套等项目。大力推广先进适用节水灌溉技术，建设一批从水源到田间的高效节水灌溉工程。“十三五”期间，发展节水灌溉面积1500万亩，其中高效节水灌溉面积1200万亩。

2. 深入实施农业综合开发。以山前平原为重点，大力开展土地平整、土地深松、农田水利、土壤改良、机耕道、配套电网林网建设，加快建设集中连片、旱涝保收、稳产高产、生态友好的高标准农田。提升土壤肥力，加强肥源建设，推广测土配方施肥和保护性耕作，加快改造盐碱地。鼓励工商资本和城市企业按照土地利用规划，开展土地整治和高标准农田建设。到2020年，累计建成高标准农田4678万亩，旱涝保收高标准农田比重达到60%。

3. 加强农产品市场基础设施建设。加强农产品流通设施建设，合理规划农产品市场流通网络布局，重点支持重要农产品集散地、优势农产品产地市场建设，加快构建辐射京津、覆盖城乡、产销衔接的农产品流通网络。加快农产品批发市场升级改造，加强粮食等重要农产品仓储物流设施建设。推进公益性农产品批发市场建设，支持农产品营销公共服务平台建设。完善跨区域农产品冷链体系，加快鲜活农产品连锁配送中心建设，实施特色农产品产区预冷工程。鼓励大型商务平台企业建设涉农电子商务平台，开展农村电子商务服务。鼓励和支持农业生产基地、农民合作社在城市特别是京津社区建设直销网点。

(二)提升农业物质装备水平。

1. 提高农业机械化水平。以发展配套农机具为重点，开发一批具有自主知识产权的多功能、智能化、经济型农机产品，改善农机具配比结构，提高农机具使用整体效益。加快先进适用农业装备的推广步伐，发挥农机购置补贴政策导向作用，重点推广大马力、高性能、复式作业机械，推进农业装备向大型化、多功能化转变。健全农机社会化服务体系，积极推进农机化公共服务，重点加强示范基地、机耕道建设，提高农机推广服务和安全监管能力。

2. 提高种养业设施装备水平。按照“扩规模、优结构、强技术、重管理”的要求，多渠道增加设施种养业投入，加快提升设施农业发展的规模、质量和生产效益。以园区为载体，加强高端设施农业建设。大力发展设施蔬菜，根据区域特点，合理确定设施类型。加强畜禽养殖场标准化改造和高效设施渔业建设，引进先进设备，配套建设规模养殖设施，提高装备水平。到2020年，全省种养业设施生产面积达到1200万亩，基本形成高端设施农业规模化、区域化发展格局。

3. 科学推进农业防灾减灾。完善农村气象灾害防御体系，加强农业气象中心、农业小气候观测站、行政村气象信息服务站建设，强化气象信息发布系统建设，提高人工影响天气作业能力建设，支持粮食主产区、生态建设保护区、水资源、储备区等重点区域开展人工增雨雪抗旱、防雹等工作。加强种子、饲草料等应急救灾物资储备调运条件建设，推广相应的生产技术和预警防灾减灾措施，提高应对自然灾害和重大突发事件能力。

(三)加强农村基础设施建设。

1. 加快实施农村饮水安全巩固提升工程。按照“规模化发展、标准化建设、专业化管理、企业化经营”的要求，大力推进农村饮水安全巩固提升工程，进一步提高农村集中供水率、自来水普及率、供水保证率、水质达标率。到2020年，全省农村集中供水率、自来水普及率分别达到90%和85%。

2. 加快实施农村电网改造提升工程。实施新一轮农村电网改造工程，进一步优化农村电网结构，突出抓好贫困地区农网改造升级工程， 2018年全部完成贫困村升级改造。因地制宜采取电网延伸、光伏、风电、小水电等供电方式，推动城乡各类用电同网同价。

3. 改善农村交通条件。加强普通国省干线公路升级改造、山区贫困地区通道建设、农村和国有林(牧)场公路路网建设，形成便捷通畅的公路交通网。加快太行山高速及国省干线公路建设，加快实现行政村通硬化路、通班车，推动一定人口规模的自然村通公路。到2020年，全省新改建农村公路6万公里，公路总里程达到22万公里，实现每个行政村有一条畅通的出口路。切实加强农村客运和农村校车安全，推进农村客运网络化建设和线路公交化改造。落实农村公路管理养护责任，强化农村公路养护管理资金投入和机制创新。

4. 推进农村新能源建设。实施农村能源清洁开发利用工程。加快可再生能源利用，推进沼气、秸秆燃气、高效清洁燃烧炉具、秸秆燃料、太阳能开发利用等生态能源项目建设，带动改水、改厨、改厕、改圈和秸秆综合利用。继续实施养殖小区和联户沼气、大中型沼气、乡村服务网点等农村沼气项目建设，积极实施规模化大型沼气工程和规模化生物天然气工程建设试点。大力推进煤炭清洁利用模式、燃煤替代模式、建筑节能模式等，积极发展农村光伏能源。

5. 加快农村通信、通邮及宽带建设。加强农村通信基础设施建设，继续推进广播电视村村通工程，积极推进电信网、广播电视网和互联网“三网融合”。支持快递服务网络向农村延伸。实施宽带乡村工程，实现光纤到村。

五、加快发展生态农业，促进生态环境建设

(一)推动生态农业产业化。

1.推广农业清洁生产。按照“源头控制、过程清洁、末端利用”的原则，统筹协调畜牧、种植、水产各产业平衡发展，建立不同类型农业清洁生产技术示范区和国家有机食品生产基地。加快农业清洁生产研究应用，推广清洁生产设备，推行规模化、精细化养殖，选育推广优质高效畜禽品种，大力发展规模化沼气和生物天然气工程，积极开展农光(牧)一体化产业试点项目，建立完善农业清洁生产技术标准体系。到2020年，建成50个农业清洁生产示范区。

2. 加强面源污染治理。以“一控、两减、三基本”为目标，深入推进农业面源污染治理。普及和深化测土配方施肥等技术，推广精准施肥机具，鼓励使用有机肥，实现化肥施用零增长。推广使用低毒、低残留农药，开展农作物病虫害绿色防控和统防统治，实现农药施用零增长。按照“减量化、资源化、再利用”的思路，围绕农业废弃物资源化利用，大力发展循环农业。建立健全秸秆收储运体系，推行秸秆肥料化、饲料化、能源化、基料化、原料化利用，优化秸秆利用结构，促进秸秆高值化利用，基本实现秸秆全量利用。因地制宜推广畜禽粪污综合利用技术，加快现有规模化养殖场改造，建设病死畜禽无害化处理系统。鼓励农民使用厚度大于0.01㎜ 地膜代替超薄地膜，建立废旧地膜回收网点。到2020年，化肥投入量控制在333万吨以下，农药投入量控制在4万吨以下，畜禽粪便基本实现资源化利用，农作物秸秆综合利用率达到96%以上，新增农用地膜回收网点300个，农膜回收率达到80%以上。

3. 推广高效生态循环农业模式。推广种养结合生态循环绿色农牧业“三个循环”，即农业产业融合县城立体大循环、农牧结合区域多向中循环、种养结合引导主体双向小循环，打造“以种促养、以养定种、种养结合”循环农业模式，促进种植业和养殖业互动协调发展。推进养殖场粪污治理的“三改两分”工程和标准化屠宰工程建设，探索建立粮改饲试验示范点。推进海洋牧场建设，发展生态渔业，推行节能节水的封闭式或半封闭式循环水养殖模式。积极发展林下种植、林下养殖、林副产品采集加工、生态旅游为主的林下经济产业，建立以短养长、综合高效的立体复合经营模式。

(二)加强农业资源保护与修复。

1.发展生态节水型农业。落实最严格的水资源管理制度，强化用水总量、用水效率和水功能区限制纳污“三条红线”刚性约束。加强地下水监测，开展地下水超采区综合治理。优化农业种植结构和布局，大力推广耐旱、稳产、优质农作物品种。加快构建农业高效节水体系，普及高效节水灌溉技术，推广节水灌溉机械，发展节水型设施农业。支持规模化畜禽养殖场、水产养殖场开展标准化改造和升级，提升污水收集和处理再利用水平。科学划定禁养区和限养区，依法关闭或搬迁禁养区内的畜禽养殖场。到2020年，实现农业用水总量控制在130亿立方米以内，地下水压采能力达到51亿立方米，基本实现采补平衡。

2.严格保护耕地资源。实施耕地分类管理，划定耕地保护红线，将城镇周边、交通沿线、粮棉油生产基地的优质土地优先划为永久基本农田。实施耕地质量保护与提升行动，加快高标准农田建设，围绕提高耕地土壤肥力、抗灾能力和持续产出能力，提高耕地质量。严格控制农业外源性污染，防治耕地污染。因地制宜开展生态型复合种植，探索实行耕地轮作休耕和粮改饲模式。在严重干旱的黑龙港地下水漏斗区连续实施季节性休耕100万亩，实行“一季休耕、一季雨养”，用3至5年时间初步建立耕地轮作休耕组织方式和政策体系。开展全省农产品产地土壤重金属污染普查，探索建立耕地重金属污染防治长效机制。到2020年，全省耕地保有量不低于9080万亩。

3.划定生态保护红线。划定森林红线，认真落实林地保护利用规划，大力实施绿色河北攻坚工程、退化林分改造和太行山绿化工程，健全各级森林防火防灾体系，到2020年，全省森林覆盖率达到35%以上，森林蓄积量1.71亿立方米。制定基本草原保护管理办法，推行围栏禁牧、补播改良、草畜平衡，确保草原面积不减少、质量不下降、用途不改变，继续实行草原生态保护补助奖励政策，切实抓好草原鼠虫害防治，到2017年，确定草原保护红线。通过退耕还湿、湿地植被恢复、栖息地修复、生态补水等措施，加强湿地综合治理和生态修复，全省划定湿地生态保护面积94.2万公顷，自然湿地保护率达到42%。严格执行休渔禁渔制度，推行生态养殖，加快海洋渔业生态环境监测能力建设，严格落实海洋生态红线制度。加强畜禽遗传资源和农业野生植物资源保护，建立健全外来生物入侵、动植物疫病监测预警体系。

4. 加强农业综合资源动态监测。进一步完善综合性农业资源调查监测评估体系建设，充分利用现代遥感技术定期开展动态监测，及时掌握区域性农业资源变化情况。建立农村居民、农业生产清洁燃料使用、农村沼气、秸秆燃气生产与使用数据平台。建设和完善农业资源与生态环境风险评估和预警体系。加快完善耕地质量和土壤墒情、重金属污染、土壤环境监测网点，建立土壤样品库数据平台，健全农业灌溉用水监测监管体系，建设全省农业资源环境大数据中心。依据国家环境质量标准，制定地下水与土壤污染控制指标，建立严格监管机制。

(三)加快构建京津冀生态环境支撑区。

1.建设区域生态屏障。深入实施《河北省生态环境支撑区建设规划》和《河北省山水林田湖生态修复规划》，加快建设区域生态屏障。加快京津保中心区生态过渡带建设，以农业结构调整为抓手，争取国家调整生态用地与耕地比例；着力保护城市周边耕地，为生态建设留足空间；着力恢复重点洼淀生态功能，分类推进白洋淀、衡水湖、文安洼等重点湿地保护与修复，逐步扩大湿地空间；着力推进村镇绿美廊道建设，完善提升已建成的绿美廊道，用大网格宽林带建设成片森林，扩大绿化面积。加快坝上高原生态防护区建设，继续实施新一轮退耕还林还草等重大生态工程，开展农牧交错带已垦草原治理试点项目建设，通过围栏封育、草地改良、营造防风固沙林，构建生态防护区。加快燕山——太行山生态涵养区建设，以京津风沙源治理、三北防护林、太行山绿化工程为抓手，重点提高林草覆盖率，维护生物多样性，加快水土流失治理，增强水源、涵养、水土保持功能。推进低平原区生态修复，调整农业种植结构，大力发展节水型农业，推进跨流域引水调水，实施水网联通工程，强化利用非常规水；加强基本农田建设，改造中低产田；强化农村环境整治和农业面源污染治理，推行清洁生产；加强湖淀污染治理，恢复重要湿地功能。推进海岸海域生态修复，采取系统规划和推进生态修复工程，加强受损海岸滩修复和沿海防护林体系建设，治理岸线蚀退；加强海洋保护区、国家级水产种质资源保护区、生态景观带等建设，构建海岸生态防护体系，减轻海洋灾害。

2.健全生态保护补偿机制。围绕森林、草原、湿地、沙地、海洋、水流等重点领域，加快完善重点生态区域补偿机制，推进生态保护补偿体制机制创新，按照“谁受益、谁补偿、生态共建、资源共享、公平发展”的原则，建立健全京津冀生态环境效益共享、建设保护成本共担的横向生态保护补偿制度，深化区域间生态环境建设领域的合作。在国家统筹协调下，不断扩大生态补偿覆盖面，加大生态补偿财政转移支付力度，争取国家把临时补偿政策固化为长期的制度性安排。积极推进建立京津冀跨区域排污权和碳排放交易市场。将张承等生态功能区生态建设与生计保障和区域发展有机结合起来，积极建立市场化补偿模式。比照大江大湖治理政策，争取国家支持白洋淀、衡水湖等重要湖泊湿地环境治理和生态修复。

六、打造美丽乡村，统筹城乡协调发展

(一)优化布局指导乡村发展。科学制定村镇体系规划和县(市)域乡村建设规划，优化村镇空间布局，集约高效、节约用地，合理确定一般集镇和农村社区数量，形成“宜聚尽聚，聚散相宜”的村镇空间格局。对村庄发展科学定级定位，按照因地制宜、量力而行、由点到面、逐步展开的原则整村推进，对保留村、中心村、撤并村实施分类指导和建设。保留村重点推进基础设施和公共服务设施项目建设，着力改善农民基本生活条件。一村一策、就地改造。按照“修旧为主、建新为辅，保留乡村风情、改造提升品位”的要求，重点突出当地民居特色，塑造“一县一特”“一乡一品”的民居建筑风格。中心村要充分尊重农民意愿，做好土地增减挂钩，合理联村并建。抓好土地复垦，落实城乡建设用地增减挂钩政策，其土地增值收益全部返还农村，保障农民的合法收益。撤并村要整合资源、有序搬迁整治。对选址存在地质灾害危险、不具备生产生活条件、影响自然生态保护和生态功能增强的村，实行生态移民。对空心率超过50%、剩余户少于100户的空心村，在充分尊重村民意愿的前提下实施搬迁整治。科学有序开发有市场价值的空心村，组建农宅合作社，在保留村庄原有风貌的基础上，建设乡村酒店，用于养老或休闲度假。对纳入城市规划的村，结合新型城镇化进行改造建设。“十三五”期间，每年就地改造4000个左右的保留村，每年启动建设200个左右中心村，力争五年启动建设1000个左右中心村。

(二)整村连片推进美丽乡村建设。以“四美五改·美丽乡村”(改房、改水、改路、改厕、改厨)为抓手，实施美丽乡村建设专项行动，加快建设“环境美、产业美、精神美、生态美”的美丽乡村。

1.环境美。有序引导农村住宅和居民点建设，严格管理控制村庄风貌，引导住宅向布局合理、功能完善、特色鲜明、节能环保的方向发展。加强农村基础设施建设，开展“三清一拆”和垃圾处理、“三水共治”、厕所改造、道路硬化、村庄绿化等专项行动，全面提升农村面貌。构建农村信息化公共服务体系，增加农村商品零售、餐饮及其他生活服务网点，形成方便快捷的“居民服务生活圈。

2.产业美。结合产业基础和资源禀赋，发挥农村土地资源、劳动力资源相对丰富的优势，加快培育新型农业生产经营主体，积极推进现代农业园区、特色产业链条、特色产业乡镇建设，打造一批乡村旅游、特色种养、特色工贸和家庭手工业专业村。

3.精神美。实施美丽乡村文化建设专项行动，绘制文化墙，推进农村环境美化，加强教育、科普、体育健身、文化广场等基础设施建设，建设整合集办公议事、村务公开等服务于一体的村民中心。开展文明村镇、星级文明农户、美丽庭院、卫生村镇、文明家庭等创建评选活动；健全红白事理事会等群众自治组织，加强传统美德教育和乡村记忆建设，做好关爱留守儿童工作，开展丰富多彩的文体活动，倡导科学精神，反对封建迷信，开展移风易俗，弘扬文明家风。完善服务机制，重点建立办事服务站和群众工作站，构建和谐稳定的农村社会环境。

4.生态美。将生态文明理念融入美丽乡村建设，把保护农村自然生态放在关键位置。引导村民在房前屋后、道

路两旁开展植树护绿，提高庭院和街道绿化水平。引导农民使用太阳能、天然气、沼气等清洁能源，鼓励支持农村散煤煤改电、煤改气，改善农村生产生活能源利用方式。开展农村环境综合整治和农业面源污染治理，建立农村垃圾和废弃物收储运设施，改善农村人居环境。

(三)统筹城乡推动农村发展。

1.推进城乡基础设施一体化。对城乡基础设施建设统一布局、统筹推进。强化城乡基础设施连接，实施道路畅通工程、同城化交通工程。实施农村饮用水安全巩固提升工程，统筹城乡供水。加快农村电网改造升级，建设适应农村新能源和电动汽车、电锅炉等多元负荷接入，实现信息交互的现代智能配电网。推动水电路气等基础设施城乡联网。统筹城乡垃圾和污水处理设施建设，根据村庄分布、经济条件等因素确定农村生活垃圾收运和处理方式，推行“村收村运村处理”“村收村(镇)运镇处理”“村收镇运片(县)处理”等多种模式。逐步建立“户分类、村收集、镇转运、县处理”的一体化处理模式。

2.推进农业转移人口市民化。健全农业转移人口落户制度，实施差别化落户政策，全面放开城区人口100万以下的城市和建制镇落户限制，合理确定城区人口100万以上的城市和首都周边城镇落户限制。建立健全财政转移支付同农业转移人口市民化挂钩、城镇建设用地增加规模同城市吸纳农业转移人口落户数量挂钩、城市基础设施财政性建设补贴资金同城市吸纳农业转移人口落户数量挂钩的机制，保障进城落户农民土地承包权、宅基地使用权、集体收益分配权不变，将在城市稳定就业居住的农民和退出土地经营权的农民纳入城镇社会保障体系，努力促进农业转移人口融入城镇。

3.推动农村社区化。普遍推行村党组织、村民代表会议、村民委员会、经济合作组织村级治理架构。加强乡(镇)服务型政府建设，乡(镇)普遍建立便民服务、生产服务、金融服务、群众工作“四个中心”。大力推进农村法治建设，强化基层执法队伍建设，合理配置执法力量，加强执法能力建设。开展农村社区建设试点工作，完善农村社区治理机制，畅通干部挂职任职、驻点帮扶等多元主体参与的农村社区建设渠道，加强农村社区司法行政工作室等法治机构建设，指导农村社区开展各项法治工作，推进农村社区法治建设，动员社会组织和居民群众参加农村社区志愿服务，推动农村社区公益性服务、市场化服务创新发展。

七、增进农民福祉，共享发展成果

(一)坚决打赢脱贫攻坚战。按照“三年集中攻坚，两年巩固提升”的总体思路，聚焦“六个精准”，实施“五个一批”，举全省之力坚决打赢脱贫攻坚战。到2020年，实现农村贫困人口稳定脱贫，义务教育、基本医疗和住房安全有保障；实现贫困地区农民人均可支配收入增长幅度高于全省平均水平，基本公共服务主要领域指标接近全省平均水平；确保现行标准下310万农村贫困人口实现脱贫、贫困村全部出列、贫困县全部摘帽。

1.实施精准扶贫精准脱贫“八大专项”行动。实施产业和就业脱贫行动，推进现代农业、旅游、家庭手工业、光伏扶贫和山区综合开发，打造特色农业产业带、旅游休闲产业带、美丽乡村示范带、生态涵养支撑带、绿色能源产业带“五带”新格局，实现户户有增收项目、人人有脱贫门路，对有劳动能力的160多万贫困人口，做到特色产业项目和就业创业服务全覆盖。实施易地搬迁和危房改造脱贫行动，对居住在“一方水土养不起一方人”地方的42万农村人口，加快实施易地扶贫搬迁工程，同时，跟进搬迁后续扶贫举措，确保搬迁对象搬得出、稳得住、能致富；省级农村危房改造指标70%以上用于贫困县，贫困地区符合条件的危房实现应改尽改。实施生态保护脱贫行动，在重点生态功能区或自然保护区，探索生态脱贫新路子。实施教育脱贫行动，切实阻断贫困代际传递。实施社保政策兜底脱贫行动，对149万完全或部分丧失劳动能力的贫困人口，实施农村低保线与扶贫线“两线合一”，动态管理。实施医疗保险和医疗救助脱贫行动，保障贫困人口享有基本医疗卫生服务，实现基本医疗保险、大病保险、医疗救助三重医疗保障。实施基础设施脱贫行动，大力推进水、电、路、环境治理等基础设施建设，加快建成燕山东西、太行山南北、黑龙港流域1500公里高速公路通道、1500公里国省干线通道、1500公里县域公路通道，建设改造贫困地区农村公路15000公里。实施“互联网+扶贫”行动，大力实施宽带乡村工程，全面推进电子商务扶贫工程。大力支持革命老区和民族地区扶贫攻坚。

2.构建打赢脱贫攻坚战的政策支撑体系。加大财政扶贫投入力度，省级财政优先安排扶贫资金并保持逐年增长，各类转移支付资金进一步向贫困地区和贫困人口倾斜，支持贫困县开展统筹整合使用财政涉农资金试点。加大金融扶贫力度，鼓励和引导各类金融机构加大对扶贫开发的金融支持，扩大贫困户贷款覆盖率。积极推进县、乡、村三级金融服务网络建设，支持贫困地区培育发展农民资金互助组织，开展农民合作社信用合作试点。建立健全省、市、县三级扶贫开发投融资主体，运用农业扶贫开发创业投资引导基金设立扶贫开发股权投资基金。加大扶贫开发用地支持力度，支持贫困地区调整完善土地利用总体规划，拓展开发空间，对后备耕地资源丰富的贫困地区优先安排耕地开垦项目。对燕山——太行山集中连片特困地区和国家扶贫开发工作重点县所需增减挂钩指标、工矿废弃地复垦利用计划给予保障，结余指标可在省城范围内挂钩使用。加大资产收益脱贫机制建设力度，财政专项扶贫资金和其他涉农资金投入设施农业、养殖业、光伏、水电、乡村旅游等项目形成的资产，具备条件的可折股量化给贫困村和贫困户，优先保障丧失劳动能力的贫困户。允许财政扶持资金投入扶贫龙头企业、农民合作社等经营主体，并将财政资金投入形成的资产，以股权形式全部量化给扶贫对象。贫困地区水电、矿产等资源开发赋予土地被占用的村集体股权，让贫困人口分享资源开发收益。

3.改革创新扶贫工作机制。实行“省负总责、市抓协调、县抓落实”的脱贫工作机制，落实党政一把手负总责的扶贫开发工作责任制。鼓励金融机构、保险机构、高等学校、科研院所及教育卫生医疗等机构、企业、社会组织和个人在农村扶贫开发中给予支持，构建利益联结机制和农村扶贫开发市场化模式，打造政府、社会、市场协同推进、共治共赢的“大扶贫”格局。完善对口帮扶机制，加强与定点帮扶我省的中央、国家机关和有关单位务实对接，推动北京、天津市的县(区)对口帮扶我省贫困县。完善驻村帮扶机制，提高帮扶成效。完善社会参与机制，组织省、市、县、乡干部帮扶贫困户，实现“一帮一”全覆盖。改革创新贫困地区考核评价办法，充分发挥考核的“指挥棒”作用，对9个有扶贫任务的市，提高脱贫成效考核权重；对贫困县实行单独考核、单独排队，聚焦精准脱贫。

(二)大力促进农民增收。

1.稳定提高家庭经营收入。挖掘农业农村内部增收潜力，以一二三产业融合发展拉动农民增收。以优化产业结构促增收，立足农村资源优势，以市场需求为导向，调整产品结构，发展优质优价农产品。以适度规模经营促增收，培育新型农业经营主体，促进土地流转，实现规模效益。以全产业链开发促增收，加快农产品加工业转型升级，重点通过股份合作制建立利益联结机制，让农民分享全产业链、全价值链收益。以农业多功能开发促增收，培育发展新产业新业态，支持休闲农业和乡村旅游发展，使之成为繁荣农村、富裕农民的新兴支撑产业。通过提质增效、畅通渠道，利用多种方式加大农产品营销促销力度，提高农产品流通和溢价水平，稳定和提高家庭经营收入。促进“大众创业、万众创新”，引导有技能、资金和管理经验的农民工返乡创业，落实优惠政策，支持发展中小企业和家庭手工业，鼓励各地发展电子商务，培育农村电子商务人才。

2.巩固提高工资性收入。大力促进就地就近就业，发展特色县域经济和农村服务业，加快培育中小城市和特色小城镇，增强吸纳农业转移人口能力。稳定并扩大外出农民工规模，在巩固原有劳务输入地和输出规模的基础上，以京津冀协同发展为契机，促进农民工向产业承接地转移；建立统一就业信息数据平台，通过信息咨询、技能培训等手段促进农民工就业的产业转型和空间转型，不断扩大农民工在服务业领域的就业规模；实施新生代农民工职业技能提升计划，落实中等职业教育计划和“雨露计划”等，提高农民工就业层次。依法维护农民工合法劳动权益，规范劳动用工管理，建立健全农民工工资支付保障长效机制和最低工资标准调整机制，维护农民工社会保险权益，加强农民工安全生产和职业健康保护，加大对农民工法律服务和援助。

3.拓展提高转移性收入和财产性收入。增加农民转移性收入。认真落实中央农业支持保护补贴政策，提高补贴的导向性和效能；健全粮食主产区利益补偿、耕地保护补偿、生态保护补偿机制；加大财政对主要粮食作物保险的保费补贴力度，扩大森林保险范围，充分发挥政策惠农增收效应。增加农民财产性收入。积极推广实物计租货币结算、租金动态调整等计价方式，确保农民通过土地流转获得相应收益；加强农村集体资产管理和开发，促进资源变资产，农民变股东，让农民更多分享到集体资产红利；拓展农民投融资渠道，完善农村金融服务，积极发展内置金融，把按劳分配和按要素分配结合起来，允许农民以承包土地经营权等要素为股份进入农民合作经济组织。

(三)完善农村基本公共服务。

1.实施农村教育提质惠民工程。加快发展农村学前教育，坚持公办民办并举，扩大农村普惠性学前教育资源。全面改善贫困地区义务教育薄弱学校基本办学条件，改善农村学校寄宿条件，办好乡村小规模学校(含教学点)。加快普及高中阶段教育。对我省建档立卡的家庭经济困难学生实施免除普通高中、中等职业学校、普通高等学校学费，免收住宿费、免费提供教科书，实现家庭经济困难学生资助全覆盖。加强乡村教师队伍建设，拓展教师补充渠道，推动城镇优秀教师向乡村学校流动。办好农村特殊教育。

2.实施农村社保扩面提标工程。整合城乡居民基本医疗保险制度，适当提高政府补助标准、个人缴费和受益水平。全面实施城乡居民大病保险制度。健全城乡医疗救助制度。完善城乡居民养老保险参保缴费激励约束机制，引导参保人员选择较高档次缴费。改进农村低保申请家庭经济状况核查机制，实现农村低保制度与扶贫开发政策有效衔接。

3.加强农村公共文化服务体系建设。健全农村社区文化服务设施和服务体系，提升农村社区公共文化服务供给水平。继续实施文化惠民项目，在农村建设基层综合性文化服务中心，整合基层宣传文化、党员教育、科学普及、体育健身等设施，整合文化信息资源共享、农村电影放映、农家书屋等项目，发挥基层文化公共设施整体效应。

4.加强农村基层卫生能力建设。完善以县级医院为龙头、乡镇医院为枢纽、村卫生所为网底的农村三级医疗卫生服务网络体系。强化县级公立医院对农村基层卫生服务的辐射带动作用，重点抓好儿科、妇产科、重症医学、急诊急救等科室建设。提升乡镇卫生院的技术、装备和信息化管理水平，发挥中心乡镇卫生院对周边区域的技术指导作用。整合乡、村两级卫生计生资源，稳定村卫生室人员队伍，提高基本公共卫生服务和常见病、多发病的初级诊治水平。

5.健全农村留守儿童、留守妇女、留守老人和残疾人关爱服务体系。建立健全农村困境儿童福利保障和未成年人社会保护制度，加强农村家庭教育和家风建设。切实维护农村妇女平等享有集体经济组织成员权利。加强农村儿童福利院、互助幸福院、救助保护机构、特困人员供养机构、残疾人康复托养机构等服务设施和队伍建设。建立家庭、学校、基层组织、政府和社会力量相衔接的留守儿童关爱服务网络。完善困难残疾人生活补贴和重度残疾人护理补贴制度，提高农村低保家庭中的老年人、未成年人、重度残疾人等重点救助对象的救助水平，保障其基本生活。

八、深化农村改革开放，激发发展活力

(一)有序推进农村土地“三权分置”。深化农村土地制度改革，实行所有权、承包权、经营权分置并行。坚持农村土地农民集体所有，严格保护农户承包权，加快放活土地经营权。扎实推进农村土地确权登记颁证工作，完善土地用途管制制度。加快推进农村承包地确权登记颁证，完成好国家整省确权试点任务，2016年完成全部耕地面积的30%，整体完成80%，争取达到90%，2017年基本完成。基本完成房地一体的农村集体建设用地和宅基地使用权确权登记颁证。完善宅基地权益保障和取得方式，探索农民住房保障新机制。积极推进不动产统一登记制度改革，实现登记机构、登记簿册、登记依据、信息平台“四统一”，加快建立归属清晰、权责明确、保护严格、流转舒畅的不动产统一登记体系。建立健全土地流转规范管理制度，依法推进土地经营权有序流转，鼓励引导农户自愿互换承包地块实现连片耕种，加强流转合同管理，完善工商资本租赁农地准入、监管和风险防范机制，完善基层农村土地承包调解机制。加快县级农村产权流转交易市场建设，打造为农服务综合平台。2016年全省半数以上县(市、区)建成农村产权流转交易市场，2017年基本实现县级农村产权流转交易市场全覆盖。积极稳妥推进定州土地征收制度改革试点，抓紧建立耕地占补平衡和城乡建设用地增减挂钩政策省级指标交易调剂平台。

(二)鼓励支持农村股份合作制经济发展。按照“三权分置、确权颁证，产权流转、股份合作，培育主体、盘活资源”的要求，引导鼓励农户自愿以土地经营权等入股龙头企业和农民合作社，采取“保底收益+按股分红”等方式，让农户分享加工销售环节收益。建立健全财政支农资金使用与农户分享产业链利益机制，探索将财政资金投入农业农村形成的经营性资产，通过股权量化到户，让集体组织成员长期分享资产收益。积极开展承德双滦区农村集体经济组织股份合作制改革国家级试点，稳妥推进97个省市级试点村的改革任务。到2020年，基本完成农村集体经营性资产折股量化到本集体经济组织成员。

(三)积极推进涉农联动改革。继续深化供销社改革，把供销合作社打造成与农民利益联结更紧密、为农服务功能更完备、市场化运作更高效的合作经济组织体系。深化以林权和国有林场为重点的林业改革，巩固和扩大主体改革成果，推进集体林权制度配套改革，加快推进国有林场改革。加快推进以水权、水价为重点的水利改革，深化小型农田水利工程产权制度改革，积极探索社会化和专业化的水利工程管理模式。稳步推进农业水价综合改革，实行农业用水总量控制和定额管理。深化农垦改革，推进垦区集团化、农场企业化，打造一二三产业融合发展的现代农垦企业集团。

(四)加快农业对外开放。主动融入“一带一路”国家战略，全面实施农业“引进来、走出去”。拓宽引资引智领域，加大品种、技术、装备，以及先进经营模式、管理方式和现代服务的引进消化吸收与再创新力度，建立省级农业招商项目库，建立农业对外开放专业人才引进、使用和激励机制。大力发展外向型农业，加快建设具有我省特色的国际标准农产品生产示范区(基地)，积极培育出口型农业龙头企业和农产品知名品牌，扩大国际市场影响力，增强出口农产品竞争力。扩大农产品出口，创新农产品出口贸易模式，推动企业开展跨境电子贸易，支持农产品跨国展示和交易平台建设，开展出口食品农产品安全、区域化管理体系建设。加强农业国际交流与区域合作，支持省内农业企业抱团“走出去”，鼓励企业以设备、技术输出和直接投资的方式到海外发展。制定农业对外投资合作规划，构建多渠道农业合作沟通平台和网络。到2020年底，国际标准农产品生产示范区(基地)达到200个，取得境内有机农产品或农产品地理标志认证和商标注册的产品(企业)达到100个，取得境外农产品商标注册或国际质量管理体系、生产规范认证的农产品企业(产品)达到300个。

九、保障措施

(一)加强组织领导。各市、县(市、区)政府要高度重视本规划的组织实施工作，建立健全统一领导，部门齐抓共管、分工负责、协作配合的工作机制。有关部门要认真制定行业发展规划，搞好总体规划与专项规划的有效衔接。健全规划实施的考核、督查机制，落实年度计划，扎实推进重点任务的落实，确保规划目标任务的完成。

(二)加大财政支持力度。健全稳定持续的“三农”投入长效机制，优先保障支农投入，坚持将农业农村作为固定资产投资的重点领域，努力争取国家投资支持，建设一批重点工程项目，确保“三农”投入力度不减，增强农业和农村经济发展后劲。以“五位一体”为重点，实施农业农村投资三年倍增行动，鼓励和引导金融资本、工商资本更多投向农业农村。发挥财政政策导向功能和财政资金杠杆作用，完善农产品产地初加工补助政策，在用电政策、用地指标等方面予以倾斜。加大专项建设基金对扶贫、水利、农村产业融合、农产品批发市场等“三农”领域重点项目支持力度。完善农业补贴办法，将种粮农民直接补贴、良种补贴、农资综合补贴合并为农业支持保护补贴，重点支持耕地地力保护和粮食适度规模经营，向新型农业经营主体、主产区倾斜，提高补贴精准性、指向性。加大对集中连片经济薄弱地区、产粮大县的财政转移支付力度。充分发挥农业产业发展资金作用，采取先建后补、以奖代补、贷款贴息等方式，支持园区基础设施建设和农业生产重大技术措施在园区推广示范。加强涉农资金整合，提高投资综合效益。

(三)创新金融服务模式。加快完善农村金融服务体系，不断创新适合新型农业经营主体的金融产品。以“政银企户保”为突破口，着力解决农村融资难问题。鼓励国有和股份制金融机构拓展“三农”业务，推动地方法人金融机构设立“三农”金融事业部。推广产业链金融模式，加大对农村产业融合发展的信贷支持。积极推动涉农企业对接多层次资本市场，支持符合条件的涉农企业通过发行债券、资产证券化等方式融资。加快推进政府支持的农业信贷担保体系建设。积极推广玉田国家金融改革试点经验，探索创新农村金融组织和服务，解决金融进村“最后一公里”问题。深化全省农村信用社改革，加快推进县级联社组建农村商业银行步伐，增强服务“三农”和县域经济能力。稳妥开展农村承包土地经营权抵押贷款试点。支持新型农业经营主体利用期货、期权等衍生工具进行风险管理，探索在供销合作社和农民合作社内部开展信用合作试点。继续在全省县域实施新型农业经营主体“主办行”制度，加大对新型农业经营主体信贷主持力度。

加大农业保险支持力度，逐步扩大保险范围和覆盖区域，支持发展特色优势农产品保险、设施农业保险等，探索建立农业补贴、涉农信贷、农产品期货期权和农业保险的联动机制。完善农业信贷担保机构和农业农村相关投融资平台建设，以 PPP 项目建设为载体，充分发挥财政资金“种子”作用，吸引社会资本投向农业农村。完善省级农业农村 PPP 项目库建设和项目储备制度，实现动态管理，并努力争取国家支持。建立政府部门、项目单位、金融机构和社会资本的协调沟通渠道和机制，促进项目落地实施。

(四)提高人才保障水平。加强农村科技人才队伍建设，继续实施创新人才推进计划、农业科研杰出人才培养计划和新农人工程，培育农业科技领军人才和创新团队。完善人才引进和激励机制，健全科研院所、高等学校科研人员与企业人才流动和兼职制度，提高科研人员成果转化收益比例。加快构建职业农民队伍，将职业农民培育纳入教育培训发展规划，构建职业农民教育培训体系，创新农村职业教育办学模式。加强农村电子商务人才培训。鼓励农业科技特派员到农村创新创业。积极引导农村青年、返乡农民工、农技推广人员、农村大中专毕业生和退役军人等加入职业农民队伍，为“植场创客”提供政策资金等优惠条件。启动实施新型农业经营主体带头人培育行动、现代青年农场主计划和万名青年职业农民创业工程，为农村经济发展提供人才和智力保障。

(五)强化法治保障。推进农业农村地方性立法，以农业产业安全和生态安全、农产品质量安全、农民利益保护等为重点，开展农村可再生能源、循环农业、耕地质量、植物保护、动物防疫等制度创新，建立健全适应现代农业发展要求的农业农村法规制度。加强农业农村普法和依法治理，增强农村生产经营主体守法安全理念。健全农村综合执法机制，改善执法手段，提高执法能力。完善农产品的质量标准、安全检测和质量认证体系，加大农业执法力度，健全农产品质量信誉监控体系，规范农业投入品市场秩序，加快提高农产品质量安全水平。

河北省农村扶贫开发条例

（2016年7月29日河北省第十二届人民代表大会常务委员会第二十二次会议通过）

第一章　总 则

第一条　为了规范农村扶贫开发工作，加大农村扶贫开发力度，完成脱贫攻坚任务，促进贫困地区经济社会发展，全面建成小康社会，根据有关法律、行政法规，结合本省实际，制定本条例。

第二条　本省行政区域内的农村扶贫开发活动，适用本条例。

本条例所称农村扶贫开发，是指国家机关和社会各界，通过政策、项目、资金、技术、人才等方面的支持，帮助扶贫对象脱贫和可持续发展的活动。

第三条　农村扶贫开发应当贯彻精准扶贫、精准脱贫的基本方略，遵循因地制宜、分类指导、注重实效、协调发展的原则，坚持与农业现代化建设、生态文明建设、新型城镇化建设和美丽乡村建设相结合，发挥扶贫对象主体作用，构建政府、社会、市场协同推进的工作机制，巩固脱贫成果。农村扶贫开发应当与经济社会发展同步，实现共同富裕。

第四条　省人民政府负责农村扶贫开发目标确定、资金投放、任务分解、监督考核等工作。

设区的市人民政府负责农村扶贫开发指导协调和监督检查等工作。

县级人民政府承担脱贫攻坚工作主体责任，负责精准识别、项目审批实施、资金安排使用、人力调配等工作。

乡（镇）人民政府负责本行政区域内农村扶贫开发的具体实施工作。

村民委员会协助做好贫困户识别、退出、扶贫措施的落实等相关工作。

第五条　县级以上人民政府扶贫开发工作机构负责本行政区域农村扶贫开发工作的规划、协调、管理、服务和监督。

县级以上人民政府有关部门在各自职责范围内做好农村扶贫开发相关工作。

第六条　各级人民政府应当组织开展农村扶贫开发宣传教育活动，宣传相关法律法规、政策以及农村扶贫开发和脱贫致富的典型事迹，激发贫困户自主脱贫的积极性，引导形成扶贫济困、勤劳进取的社会风尚。

第二章　扶贫对象

第七条　本条例所称扶贫对象，是指按照国家和本省有关规定识别确定的贫困户、贫困村和贫困县（区）。

省人民政府根据本地区农民年人均纯收入、经济社会发展水平等，可以制定高于国家农村扶贫标准的省农村扶贫标准，并根据经济社会发展状况调整。

第八条　建立农村扶贫开发建档立卡管理制度。县级人民政府应当按照国家和省扶贫标准、程序，确定贫困户、贫困村。对贫困户实行动态管理，新增贫困户应当及时纳入扶贫对象范围。

贫困户、贫困村信息由乡（镇）人民政府录入建档立卡信息采集系统，贫困县（区）信息由县级人民政府扶贫开发工作机构录入。录入扶贫对象基本情况、致贫原因、发展需求、帮扶措施等信息应当及时、准确、全面。

县级人民政府扶贫开发工作机构负责对系统内录入信息进行审核，省、设区的市人民政府扶贫开发工作机构负责对系统内录入信息进行监测。

扶贫对象应当如实提供建档立卡所需信息及相关材料。

第九条　县级以上人民政府应当建立贫困退出机制。达到贫困退出标准的扶贫对象，应当按照规定程序及时退出。扶贫对象退出后，原有扶贫政策在一定时期内保持不变。

第十条　县级以上人民政府及其有关部门应当建立农村扶贫开发统计指标体系和统计调查、贫困监测制度，联合发布农村扶贫开发有关信息，准确反映贫困状况和扶贫对象变化趋势，为扶贫决策提供依据。

第三章　扶贫措施

第十一条　县级以上人民政府应当制定农村扶贫开发规划，作为国民经济和社会发展规划的重要组成部分，并组织实施。

县级以上人民政府扶贫开发工作机构应当根据本级人民政府制定的农村扶贫开发规划，拟订年度农村扶贫开发实施方案，报本级人民政府批准后实施。

县级以上人民政府有关部门编制的行业发展规划涉及农村扶贫开发的，应当与农村扶贫开发规划相衔接。

第十二条　县级以上人民政府及其有关部门应当充分发挥贫困地区资源优势，发展现代农业、乡村旅游、家庭手工业等特色产业，培育龙头企业、农民合作社、专业大户等经营主体，发展光伏、电子商务等新型业态，带动和帮助扶贫对象稳定脱贫。

第十三条　县级以上人民政府及其有关部门应当支持贫困地区建立基层劳动就业和社会保障服务平台，引导和支持用人企业在贫困地区建立劳务培训基地，建立和完善输出地与输入地劳务对接机制。

各级人民政府应当对贫困户中的劳动力以及贫困地区返乡创业的农民工进行实用技术培训和生产技术指导，培育新型职业农民，提高其职业技术水平和就业创业能力；自主创业的，在项目、资金、技术、服务等方面给予优惠和支持。

第十四条　县级以上人民政府及其有关部门应当对居住在生存条件恶劣、生态环境脆弱、自然灾害频发地区及库区的农村贫困人口实施自愿易地扶贫搬迁，精准培育和发展迁入地产业，提供住房建设优惠政策支持，帮助搬迁户改善生活和发展条件。

易地搬迁农村新型社区应当与产业园区、生态园区协同建设，推进生态、生活、生产协调发展。

第十五条　县级以上人民政府及其有关部门应当建立生态保护补偿扶贫机制，在项目和资金上向贫困地区倾斜。建立生态保护市场体系和生态产品价格形成机制，统筹利用生态保护补偿和生态保护工程资金，帮助保护者实现稳定脱贫。

第十六条　县级以上人民政府及其有关部门应当加强贫困地区基础教育和职业教育，建立省级统筹乡村教师补充机制，推进标准化学校建设。完善教育救助体系，建立和落实家庭贫困学生完成学业的资助机制，实施面向贫困地区定向招生专项计划。落实贫困地区教师优惠政策和乡村教师荣誉制度，对有贫困地区任教经历的教师，同等条件下优先评聘职称；对国家集中连片特困地区和在其他贫困山区乡村任教的义务教育教师给予生活补助，列入省级财政预算。

第十七条　县级以上人民政府及其有关部门应当积极推进健康扶贫，保障贫困人口享有基本医疗卫生和计划生育服务。建立和完善以基本医疗保险、大病保险、医疗救助三重医疗保障为主，疾病应急救助、社会捐助、慈善救助和商业保险等多种形式为辅的贫困人口医疗救助政策和工作机制。做好新型农村合作医疗与城乡居民基本医疗保险制度衔接工作，对贫困人口参加城乡居民基本医疗保险个人缴费部分由财政给予补贴。

第十八条　县级以上人民政府及其有关部门应当完善新型农村社会养老保险、最低生活保障、特困人员救助供养和社会福利等社会保障制度。保证农村低保标准不低于扶贫标准，实现应保尽保，新增支出除中央财政转移支付外不足部分，省市县财政分级负担，以省级财政解决为主。

第十九条　鼓励企业、农民合作组织、家庭农场等生产经营组织与贫困户、贫困村建立利益联结机制。财政扶贫资金或者财政资金投入形成的资产可以以股权形式量化给贫困户、贫困村，优先安排丧失劳动能力的贫困户。贫困户、贫困村参与农业、旅游业等产业开发，可以将土地、林地、水面等生产资料委托生产经营组织经营或者将经营权折价入股。生产经营组织应当与贫困户、贫困村订立合同，明确双方的权利和义务。

第二十条　县级以上人民政府及其有关部门应当依照各自职责，将改善贫困地区发展环境和条件列入行业发展规划，优先安排贫困地区道路、农村校舍、危房改造、农田灌溉、安全饮水、农网改造、电信等基础设施建设。

第二十一条　建立政府搭台增信、银行降槛降息、企业农户承贷、保险兜底保证的多方联动贫困贷款模式。

县级以上人民政府及其有关部门应当建立贫困地区扶贫贷款财政贴息、风险补偿、融资担保和融资增信机制，加强农村扶贫开发投融资主体建设，建立县、乡、村三级金融服务网络。

鼓励金融机构创新金融产品和服务方式，为贫困户提供免担保扶贫小额信贷，支持带动贫困人口脱贫成效明显的市场经营主体发展。

推行分类贴息政策，对符合条件的建档立卡贫困户小额贷款进行贴息；对龙头企业、农民合作社等生产经营组织根据带动贫困户的数量，实行差别化贴息。

鼓励保险机构开发精准扶贫的保险产品。改进和推广小额贷款保证保险，提供融资增信支持。

第二十二条　县级以上人民政府及其有关部门应当建立完善新型科技服务体系，组织科技人员开展科技扶贫，创建科技扶贫示范村、示范户，促进新技术、新品种的推广应用。

鼓励支持高等院校、科研院所以及教育、卫生、医疗等机构建立智力扶贫机制，为贫困地区定向培养人才，组织和支持专业技术人员到贫困地区开展农村扶贫开发服务。

第二十三条　鼓励企业、社会组织和个人通过到贫困地区投资兴业、招工用工、捐资助贫、技能培训等多种形式，参与村企共建、结对帮扶等扶贫开发活动，引导企业在资金、项目、人才、技术等方面对贫困地区给予支持。

第二十四条　国家机关、社会团体、国有企业事业单位以及中直驻冀单位应当承担定点扶贫任务，向贫困村精准派出驻村工作组，开展结对帮扶。

驻村工作组重点帮助派驻村开展建档立卡、动态管理，制定农村扶贫开发规划，监管扶贫项目资金使用，协调推进扶贫政策措施落实，完成脱贫攻坚任务。

县级以上人民政府应当为本级选派的驻村工作组安排一定的工作经费。

第二十五条　县级以上人民政府及其有关部门应当构建农村扶贫开发市场化模式，引导各类资源要素向贫困地区流动，推动贫困地区经济发展和结构转型。

第二十六条　县级以上人民政府及其有关部门应当加强社会主义精神文明建设，普及理想、道德、文化、法制等教育，发挥乡规民约积极作用，创建文明村镇、文明家庭，树立脱贫典范，提高贫困人口综合素质。

加强贫困县及乡、村文化馆、图书馆和综合文化站等公共文化设施投入，推进广播电视户户通、农村电影放映、农家书屋、体育健身、宽带乡村等惠民工程建设。挖掘乡村文化资源，开发特色文化产品，发展文化产业。鼓励文化单位、文艺工作者和其他社会力量为贫困地区提供文化产品和服务。

第二十七条　县级以上人民政府应当建立农村扶贫开发协调机制，统筹协调农村扶贫开发各项工作。

贫困县（区）应当有负责农村扶贫开发工作的机构，确保人员编制和工作条件适应农村扶贫开发工作需要。扶贫开发任务重的乡（镇）应当有专门人员负责农村扶贫开发工作。

第二十八条　县级以上人民政府应当加强扶贫开发信息管理，建立扶贫开发信息数据平台，实现各级扶贫开发工作机构和相关部门资源共享、信息互通，为参与农村扶贫开发活动的单位、个人提供便利和服务。

第四章　扶贫项目

第二十九条　扶贫项目主要包括基础设施建设、产业发展、就业扶持、易地扶贫搬迁、教育扶持、生态保护、扶贫培训和公共服务等项目。

第三十条　县级人民政府应当及时发布扶贫项目申报指南，并在每年12月底前建立下一年度扶贫项目库。扶贫项目库中的项目可以根据精准扶贫工作需要适当调整。

项目申报不得虚构或者伪造。

年度实施项目应当从扶贫项目库中选取。经批准的年度实施项目，任何单位和个人不得擅自变更；确需变更的，应当经县级人民政府同意。

第三十一条　扶贫项目应当实行项目责任制、合同管理制、项目监理制、公开公示制、绩效评估制和竣工验收制，并依法接受审计。

扶贫项目符合政府采购和招标要求的，应当依法实行政府采购和招标。

第三十二条　项目实施单位应当在项目开工建设后二十日内建立公示牌，公示项目负责人、建设内容、规模、投资额度、主管单位及负责人、监督联系方式等内容。

第三十三条　产业扶贫项目使用财政投入的，可以通过协议方式，在建立扶贫对象受益保障机制后，交由龙头企业、农民合作社或者专业大户实施。

第三十四条　扶贫项目实施完毕后，由实施单位报请项目管理部门按照相关标准组织验收，验收不合格的，责令限期整改。验收应当邀请扶贫对象参与。

基础设施和公共服务建设项目竣工验收后，由县级人民政府项目管理部门或者项目所在地乡（镇）人民政府帮助受益地区、扶贫对象建立管理维护制度，明确管理维护责任和相关权利义务。

任何单位和个人不得损坏、非法占用或者处置扶贫项目设施、设备和资产。

第五章　扶贫资金

第三十五条　农村扶贫资金包括：

（一）财政扶贫资金；

（二）社会帮扶资金；

（三）金融扶贫资金；

（四）其他资金。

第三十六条　县级以上人民政府应当发挥政府投入在农村扶贫开发中的引导作用，将财政扶贫资金列入年度财政预算，建立政府扶贫投入力度与脱贫攻坚任务相适应的资金投入机制。

省人民政府应当将中央一般性转移支付资金安排向贫困地区倾斜，加大省级财政对贫困地区一般性转移支付力度。在脱贫攻坚期内，各级财政应当调整和优化财政支出结构，优先保障财政扶贫资金投入。

国家扶贫开发工作重点县在脱贫攻坚期内实施占补平衡、增减挂钩等土地政策形成的收益，应当主要用于脱贫攻坚。

国家、省在贫困地区安排的公益性建设项目，取消县级配套资金。

第三十七条　贫困县人民政府应当根据农村扶贫开发规划，制定资金统筹整合使用方案，统筹整合使用财政涉农资金，推动金融资本和社会帮扶资金投向农村扶贫开发，扩大扶贫资金投入总量，提高资金使用精确度和脱贫效益。

审计、财政等部门应当加强对贫困县的审计和监督检查。对贫困县统筹整合使用的涉农扶贫资金，应当根据其所在地县（区）制定的资金统筹整合使用方案进行审计监督。

任何单位和个人不得限定资金在贫困县的具体用途，不得干扰资金统筹整合使用。

第三十八条　社会扶贫资金应当按照帮扶单位或者捐助者的意愿使用，及时向帮扶单位或者捐助者反馈使用情况，并依照有关法律、法规进行管理和监督。单位、个人捐助资金扶贫的，依法享受税收优惠。

第三十九条　扶贫资金实行县（市、区）、乡（镇）、村三级公示公告制度。

任何单位、个人不得滞留、截留、挤占、挪用、冒领和贪污农村扶贫资金。

第六章　监督和考核

第四十条　县级以上人民政府应当每年向本级人民代表大会及其常务委员会专题报告农村扶贫开发工作，接受监督。

第四十一条　县级以上人民政府及其有关部门应当依法对扶贫项目和资金进行监督、检查、审计。相关单位、个人应当予以配合，如实提供有关情况和资料。

任何单位、个人不得采取虚报、隐瞒、伪造等弄虚作假手段，骗取农村扶贫开发优惠政策或者农村扶贫资金、物资。

第四十二条　农村扶贫开发生产经营组织应当依法建立财务制度，设立会计账簿。入股贫困户可以查询生产经营组织经营状况、财务状况、成员权益，保证农村扶贫开发生产经营组织接受入股贫困户监督。

第四十三条　农村扶贫开发工作应当接受扶贫对象和社会公众监督。任何单位、个人有权对违反本条例的行为进行举报。有关单位应当及时进行调查核实，并依法予以处理。

第四十四条　县级以上人民政府应当建立脱贫攻坚目标责任和考核评价制度，对同级人民政府有关部门和下级人民政府脱贫攻坚目标任务完成情况进行考核。对提前完成脱贫攻坚目标任务的贫困县给予相应奖励。

县级以上人民政府应当建立第三方评估机制，对扶贫政策执行情况、扶贫成效、群众满意度等进行调查评估，并作为脱贫攻坚目标任务完成情况的考核依据。

任何单位和个人不得降低贫困退出标准，不得弄虚作假。

第七章　法律责任

第四十五条　各级人民政府和相关部门及其工作人员在农村扶贫开发工作中有下列行为之一的，对直接负责的主管人员和其他直接责任人员依法给予处分；构成犯罪的，依法追究刑事责任：

（一）降低贫困退出标准或者弄虚作假的；

（二）滞留、截留、挤占、挪用、冒领和贪污农村扶贫资金的；

（三）利用职务之便索贿受贿的；

（四）擅自变更扶贫项目的；

（五）限定或者干扰统筹整合财政涉农资金使用的；

（六）其他滥用职权、玩忽职守、徇私舞弊的行为。

村民委员会及其成员有前款行为之一的，由有关部门追究相关责任人的责任。

第四十六条　违反本条例第三十条第二款规定，虚构、伪造扶贫项目的，由有关部门依法取消该项目，并会同财政等有关部门追回已拨付的扶贫项目资金，追究相关责任人责任；构成犯罪的，依法追究刑事责任。

第四十七条　违反本条例第四十一条第二款规定，骗取农村扶贫开发优惠政策或者农村扶贫资金、物资的，由有关部门取消其相关优惠；获取经济利益的，由有关部门依法追回，并追究相关责任人责任；造成损失的，依法赔偿损失；构成犯罪的，依法追究刑事责任。

第四十八条　违反本条例第三十四条第三款规定，损坏、非法占用或者处置扶贫项目设施、设备和资产的，由有关部门责令限期改正，追究相关责任人责任；造成损失的，依法赔偿损失。

第八章　附则

第四十九条　本条例自2016年9月1日起施行。

河北省气候资源保护和开发利用条例

（2016年7月29日河北省第十二届人民代表大会常务委员会第二十二次会议通过）

第一章　总　则

第一条　为了规范气候资源的保护和开发利用，应对气候变化，加强生态文明建设，促进经济社会与生态环境协调发展，根据《中华人民共和国气象法》等法律法规的规定，结合本省实际，制定本条例。

第二条　本省行政区域内从事气候资源保护和开发利用活动，适用本条例。

本条例所称气候资源，是指气象要素中可被开发利用的太阳能、风能、热量、降水、云水和大气成分等资源。

第三条　气候资源的保护和开发利用应当遵循自然生态规律，坚持保护优先、统筹规划、趋利避害、科学利用的原则。

第四条　县级以上人民政府应当对本行政区域内的气候资源保护和开发利用工作负责，根据本行政区域气候资源特点，将气候资源保护和开发利用、应对气候变化纳入国民经济和社会发展规划，并按照国家规定将由地方承担的气象基础性公益事业部分纳入地方本级财政预算。

第五条　县级以上人民政府气象主管机构负责本行政区域内气候资源保护和开发利用工作的指导监督，组织开展气候资源探测、调查、区划和评估论证等工作。

县级以上人民政府其他有关部门按照规定的职责，做好气候资源保护和开发利用相关工作。

第六条　省、设区的市人民政府应当加强气候资源保护和开发利用领域的科学技术研究，促进产业化发展和技术进步。

第七条　县级以上人民政府应当组织气象主管机构和有关部门，向社会公众普及气候资源保护和开发利用基本知识，宣传气候资源保护和开发利用法律法规以及气候变化应对措施。鼓励支持公民、法人和其他组织保护和科学开发利用气候资源。

第二章　气候资源探测

第八条　本省实行气候资源综合调查制度。

县级以上人民政府气象主管机构负责本行政区域内气候资源综合调查工作。

第九条　县级以上人民政府应当加强气候资源探测基础设施建设，保护气候资源探测环境。

县级以上人民政府气象主管机构所属气象台站应当按照职责承担气候资源的探测任务。其他有关部门所属的气象台站，在相应职责范围内承担气候资源探测任务。

第十条　气候资源保护和开发利用应当充分利用气象主管机构所属台站现有的探测资料，现有探测资料不能满足需要，确需新建探测站（点）的，应当将探测站（点）的地理位置、经纬度坐标、探测时段、探测要素、仪器设备、资料传输、存储方式和目的用途等相关信息报探测站（点）所在地设区的市气象主管机构备案，并在备案范围内进行探测。

第十一条　境外组织和个人从事气候资源开发利用或者科学研究，需要设立探测站（点）的，应当报省人民政府气象主管机构会同同级国家安全机关、保密部门按照国家有关规定程序批准，并在批准范围内探测。

任何组织和个人不得向未经批准的境外组织、机构和个人提供气象探测场所和气象资料，不得将涉及国家秘密的气象资料以任何方式提供、泄露给其他组织和个人或者予以发表。

第十二条　鼓励应用先进技术手段从事气候资源探测。

气候资源探测应当执行国务院气象主管机构规定的气候资源探测方法、标准和规范，使用经审查合格的气象专用技术装备和经检定合格的气象计量器具。

第十三条　县级以上人民政府气象主管机构所属气象台站应当按照规定职责探测气象要素和天气现象，保障气候资源保护和开发利用的工作需要。

县级以上人民政府气象主管机构应当组织对可能引起气候恶化的大气成分进行监测，大气成分出现异常时，应当向本级人民政府报告，并抄送同级环境保护行政主管部门。

第十四条　本省实行气候资源探测资料统一汇交制度。气象台站以及从事气候资源探测的有关组织和个人，应当向省人民政府气象主管机构汇交气候资源探测资料。

气候资源探测资料汇交办法由省人民政府制定。

第十五条　省人民政府应当组织气象、环保、水利、农业、林业、国土等机构或者部门，建设气象、大气环境、地质灾害、海洋、水文等资料数据库和信息共享平台，为气候资源保护和开发利用提供科学依据。

第三章　气候资源保护

第十六条　县级以上人民政府应当采取节能减排、生态修复、湿地保护、城乡绿化等措施，改善生态环境。

第十七条　省、设区的市人民政府气象主管机构应当定期分析本行政区域的气候资源变化和分布状况，组织开展气候变化影响评估和气候资源变化趋势分析，提出本行政区域气候资源保护的建议。

第十八条　省、设区的市人民政府气象主管机构应当根据本行政区域内气候资源监测、调查情况，定期向社会公开发布包括基本气候概况、主要气候事件、气候影响评价等内容的气候公报。

第十九条　县级以上人民政府应当组织气象、环保、发展改革、水利、城乡规划等机构或者部门，对本地城市和重要区域的气候容量以及空气污染扩散和集聚的气候条件进行评估，并对气候资源可开发利用潜力作出评估预测。

第二十条　县级以上人民政府应当组织对重点建设工程、重大区域性经济开发项目和大型太阳能、风能等气候资源开发利用项目以及城乡建设规划，依法开展气候可行性论证，并将论证结果纳入项目或者规划可行性研究报告。

省人民政府发展改革部门应当会同同级气象主管机构编制需要进行气候可行性论证的建设项目目录。

第二十一条　县级以上人民政府应当根据本地气候资源特点、气候资源区划、评估和论证结果，规划气候资源保护重点，制定保护措施，合理规划重大区域性经济发展和重点建设工程项目，科学编制城乡建设规划。

第四章　气候资源开发利用

第二十二条　县级以上人民政府气象主管机构应当向本级人民政府提出开发利用气候资源和推广应用气候资源区划成果的建议；为开发利用气候资源项目的勘察选址、建设运行提供气象监测、评估、预报等服务。

县级以上人民政府有关部门应当将气候资源开发利用统筹纳入电力、热力等能源供应计划，为开发利用气候资源项目的立项、用地、基础设施建设提供支持。

第二十三条　县级以上人民政府应当统筹考虑当地气候资源量，科学规划风能开发利用项目，注重保护生态环境，促进风能资源规范有序开发。

第二十四条　县级以上人民政府及其有关部门应当鼓励太阳能资源丰富地区科学开发利用太阳能资源。

鼓励组织和个人利用太阳能。对具备太阳能利用条件的新建建筑，建设、设计单位应当将太阳能利用系统作为建筑节能设计的组成部分，与建筑主体工程同步设计、同步施工、同步投入使用。

第二十五条　县级以上人民政府在农业布局、种植结构调整和生态建设中应当综合利用当地农业气候资源评估和区划成果。引导农民和农业经营主体建设温室、大棚等农业设施，合理开发利用当地热量资源，提高农业生产效率和效益。

第二十六条　城市规划和建设应当根据气候可行性论证结果，合理利用空气污染物扩散气象条件，科学设置、调整通风通道，避免和减轻大气污染物的滞留。

第二十七条　省人民政府气象主管机构应当对全省人工影响天气活动实施统一规划管理，规范人工影响天气作业行为，定期对人工影响天气作业效果进行评估。

人工影响天气作业单位应当服从省人民政府气象主管机构对其人工影响天气作业的指挥调度。省人民政府气象主管机构对作业不符合规范要求或者存在安全隐患的作业单位，应当依法制止或者终止其作业活动。

县级以上人民政府应当加强人工影响天气作业单位、作业站点和装备设施建设，提高云水资源开发利用能力。

第二十八条　各级人民政府应当加强海绵城市建设，推进雨污分流，支持对雨水的收集和利用，鼓励公共建筑和其他民用建筑配套设计、安装雨（雪）水回收利用设施；在水资源短缺地区修建蓄水池、水窖等蓄水工程，充分利用雨（雪）水资源。

第二十九条　县级以上人民政府应当根据当地气候资源特点，采取扶持政策和措施，鼓励引导有关市场主体合理开发利用雨雪景观、云雾景观、物候景观、避暑气候、疗养气候等气候资源，发展旅游产业。

第五章　监督管理

第三十条　县级以上人民政府应当监督检查下级人民政府及其有关部门履行气候资源保护和开发利用情况，并纳入综合考核内容，考核结果应当及时向社会公开。

第三十一条　县级以上人民政府气象主管机构应当加强对气候资源保护和开发利用情况的监督检查，依法查处违反气候资源保护和开发利用法律法规的行为。

气候资源保护和开发利用组织或者个人对监督检查工作应当予以配合，不得拒绝或者阻挠监督检查人员依法执行职务。

第三十二条　县级以上人民政府气象主管机构或者其他负有气候资源保护职责的部门应当公布投诉举报电话，方便公民、法人和其他组织投诉、举报，并对举报人的相关信息予以保密，维护举报人的合法权益。

第六章　法律责任

第三十三条　县级以上人民政府气象主管机构及其工作人员违反本条例规定，有下列行为之一的，对负有责任的主管人员和其他直接责任人员依法给予处分；构成犯罪的，依法追究刑事责任：

（一）在气候资源监测、分析、评估、区划及编制气候资源保护和开发利用规划中弄虚作假的；

（二）对不符合法定条件的事项予以批准、核准或者备案的；

（三）因玩忽职守导致气候资源区划、评估报告、气候公报、气候可行性论证报告等出现重大错误的；

（四）对违法行为不查处或者查处不力，造成严重后果的；

（五）泄露气候资源秘密的；

（六）其他玩忽职守、徇私舞弊的行为。

第三十四条　违反本条例规定，有下列行为之一的，由县级以上人民政府气象主管机构责令停止违法行为和限期改正；逾期不改正的，处一万元以上三万元以下罚款：

（一）开展气象探测活动未向所在地设区的市气象主管机构备案或者提供虚假备案材料的；

（二）气候资源探测使用未经审查合格的气象专用技术装备或者未经检定合格的气象计量器具的；

（三）超出备案范围进行气候资源探测的；

（四）未按规定汇交所获得的气候资源探测资料的。

第三十五条　违反本条例规定，气候资源开发利用项目建设单位有下列行为之一的，由县级以上人民政府气象主管机构责令停止违法行为和限期改正；逾期不改正的，处三万元以上九万元以下罚款；构成犯罪的，依法追究刑事责任：

（一）应当进行气候可行性论证的建设项目未论证的；

（二）委托不具备气候可行性论证能力的机构进行气候可行性论证的；

（三）伪造或者擅自涂改气候可行性论证报告的；

（四）与未经批准的境外组织和个人进行联合开发的；

（五）向未经批准的境外组织和个人提供、泄露气象资料的。

第三十六条　违反本条例规定，境外组织和个人未经气象主管机构会同有关部门批准，擅自设立气候资源探测站（点）的，由省、设区的市人民政府气象主管机构责令停止违法行为和限期改正，逾期不改正的，可以撤销其气候资源探测站（点），并处十万元以上三十万元以下罚款。

第七章　附　则

第三十七条　本条例下列用语的含义是：

（一）气候资源探测，是指以利用气象仪器仪表等观测设施、设备对气候资源相关的气象要素和现象等进行系统观察、测量和推算的活动；

（二）气候可行性论证，是指依据已有的气候资料，运用科学手段和方法，对规划和建设项目的气候适宜性、风险性以及规划和建设项目可能对局地气候产生的影响进行分析、预测和评估，并提出预防或者减轻不良影响的对策、措施；

（三）气候容量，是指一个地区特定气候资源所能够承载的自然生态系统和人类社会经济活动的数量、强度和规模。

第三十八条　本条例自2016年10月1日起施行。

河北省湿地保护条例

（2016年9月22日河北省第十二届人民代表大会常务委员会第二十三次会议通过）

第一章　总　则

第一条　为了加强湿地保护，改善生态环境，维护湿地生态功能和生物多样性，促进湿地资源可持续利用，根据有关法律、行政法规，结合本省实际，制定本条例。

第二条　本省行政区域内从事湿地的保护、利用和监督管理等活动适用本条例。

第三条　本条例所称湿地，是指常年或者季节性积水地带、水域和低潮时水深不超过6米的海域，包括沼泽湿地、湖泊湿地、河流湿地、滨海湿地等自然湿地，以及重点保护野生动物栖息地或者重点保护野生植物原生地等人工湿地。

本条例所保护的湿地，是指列入湿地保护名录的湿地。

第四条　湿地保护工作遵循保护优先、科学恢复、合理利用和可持续发展的原则。

第五条　县级以上人民政府对本行政区域内的湿地保护工作负责，加强对湿地保护工作的领导，将湿地保护纳入国民经济和社会发展规划，建立健全联席会议制度，完善综合协调、分部门实施的管理体制，协调解决湿地管理机构、经费保障、保护利用等方面的重大问题，明确各有关部门的监督管理责任。

第六条　县级以上人民政府林业主管部门具体负责湿地保护的组织、协调、指导和监督工作。

县级以上人民政府环境保护、水利、国土资源、住房和城乡建设、农业等有关部门与林业主管部门统称湿地保护管理部门，按照有关法律、法规规定，负责各自职责范围内的湿地保护和管理工作。其他有关部门按照各自职责，做好湿地保护和管理的相关工作。

乡镇人民政府应当配合有关部门做好湿地保护和管理工作。

第七条　建立湿地生态效益补偿制度。

因湿地保护需要造成湿地所有者、使用者的合法权益受到损失的，应当依法补偿；对其生产、生活造成影响的，应当作出妥善安排。

鼓励受益地区与湿地保护地区通过资金补偿、对口协作、产业转移、人才培训等方式建立横向补偿关系。

第八条　县级以上人民政府应当支持开展湿地保护科学研究，推广应用科研成果，提高湿地保护和管理的科学技术水平。

各级人民政府、有关部门、新闻媒体应当组织开展湿地保护宣传教育，普及湿地保护法律、法规和科学知识，提高全社会湿地保护意识。

第九条　湿地保护是社会公益事业。鼓励公民、法人和其他组织以志愿服务、捐赠等形式参与湿地保护。

公民、法人和其他组织都有保护湿地资源的责任，有权对破坏湿地资源的行为投诉、举报。

第二章　规划与名录

第十条　省人民政府林业主管部门应当会同有关部门根据国家有关规定和技术规程进行湿地资源调查，并公布调查数据。湿地资源调查应当与土地、水、海洋、野生动植物等资源调查相衔接。

湿地资源调查数据应当作为制定湿地保护规划、采取湿地保护和利用措施的依据。

第十一条　县级以上人民政府林业主管部门应当会同本级政府有关部门，根据上一级人民政府的湿地保护规划编制本行政区域的湿地保护规划，报本级人民政府批准后公布实施。

湿地保护规划需要调整和修改的，应当按照前款规定程序报批。

编制湿地保护规划应当与土地利用总体规划相衔接，与城乡规划、海洋功能区划、水资源规划、旅游发展规划等相协调，并通过论证会、听证会等形式广泛征求意见。

第十二条　湿地保护规划应当包括下列内容：

（一）湿地资源分布情况、类型及特点、生态功能和水资源、野生生物资源状况；

（二）保护和利用的总体要求、目标和任务；

（三）湿地保护区划与建设布局；

（四）生态、社会以及经济效益分析和评价；

（五）保障措施。

第十三条　建立湿地生态红线制度。

县级以上人民政府应当科学合理划定并严守湿地生态红线，确保湿地生态功能不降低、面积不减少、性质不改变。

第十四条　湿地实行分级保护管理。

按照湿地保护规划和湿地生态功能、生物多样性的重要程度等，分为国家重要湿地、省级重要湿地和一般湿地，并由湿地保护名录予以确定。

第十五条　湿地保护实行名录管理制度。

湿地保护名录应当明确湿地的名称、类型、保护级别、保护范围等事项，并明确湿地保护管理部门。

第十六条　国家重要湿地名录的确定按照国家有关规定执行。

省级重要湿地名录的确定及其调整，由省人民政府林业主管部门会同有关部门研究提出意见，经专家论证后，报省人民政府批准并公布。

一般湿地名录的确定及其调整，由设区的市、县级人民政府林业主管部门会同有关部门研究提出意见，经专家论证后，报同级人民政府批准并公布。

省、设区的市、县级人民政府应当根据湿地资源变化情况，及时调整湿地保护名录。

第三章　保护与利用

第十七条　县级以上人民政府应当对列入湿地保护名录的湿地设立保护标识，标明湿地的名称、类型、保护级别、保护范围、管理部门及其联系方式等内容。

第十八条　县级以上人民政府应当采取建立湿地自然保护区、湿地公园、湿地保护小区等方式，健全湿地保护体系，明确保护管理机构，加强湿地保护。

第十九条　具备自然保护区设立条件的湿地，应当依法建立湿地自然保护区。湿地自然保护区的设立和管理按照自然保护区管理的有关规定执行。

第二十条　以保护生态系统、合理利用资源、科普宣传和科学研究为目的，并具备开展生态旅游条件的湿地，可以建立湿地公园。

湿地公园分为国家湿地公园、省级湿地公园、市级湿地公园和县级湿地公园。

第二十一条　具备国家湿地公园设立条件的湿地，可以依照国家有关规定申请设立国家湿地公园。

第二十二条　面积在20公顷以上，并具备下列条件之一的湿地，可以设立省级湿地公园：

（一）湿地自然景观优美，具有湿地主体功能或者历史文化价值的；

（二）湿地生态系统典型，在省内具有示范性或者重要地位的；

（三）湿地生物多样性丰富，具有重要或者特殊科学研究、宣传教育价值的。

设立省级湿地公园，由湿地所在地县级人民政府向省人民政府林业主管部门提出申请，省人民政府林业主管部门应当征求有关部门意见，组织有关专家进行论证，对符合条件的予以批准。

第二十三条　设立市级湿地公园、县级湿地公园，由湿地所在地人民政府确定。

第二十四条　对不适宜设立湿地自然保护区和湿地公园的湿地，可以因地制宜设立湿地保护小区。

需要设立湿地保护小区的，由湿地所在地县级人民政府林业主管部门会同有关部门以及乡（镇）人民政府、街道办事处提出湿地保护小区建设方案，报本级人民政府批准后实施。

第二十五条　建设项目对湿地生态系统产生影响的，应当依法进行环境影响评价。

建设单位编制的环境影响评价文件应当包括湿地生态功能影响评价内容，并有相应的湿地保护方案。建设单位应当严格按照湿地保护方案进行施工，减少对湿地生态系统的影响，避免对湿地生态功能的损害。

第二十六条　严格控制改变湿地用途。

任何单位和个人不得擅自占用湿地或者改变湿地用途。确需占用或者征收湿地的，应当按照有关法律、法规的规定办理相应手续。

第二十七条　因建设工程等特殊需要确需临时占用湿地的，应当经县级人民政府有关湿地保护管理部门批准。

临时占用湿地的期限不得超过二年，不得修筑永久性建筑物。占用期满后，用地单位应当按照有关标准进行生态修复。

第二十八条　利用湿地资源应当符合湿地保护规划，维护湿地资源的可持续利用，不得超出湿地资源的承载能力。

在湿地内从事生产经营、观赏旅游、科学研究、调查观测、科普教育等活动，应当避免影响、降低湿地生态功能和对野生生物物种造成损害。

第二十九条　禁止在湿地内从事下列行为：

（一）擅自占用、围垦、填埋或者排干湿地；

（二）擅自取用或者截断湿地水源；

（三）破坏水生动物洄游通道或者野生动物栖息地；

（四）擅自采砂、取土；

（五）向湿地违法排污；

（六）捡拾鸟卵，捕猎野生动物；

（七）擅自引进外来物种；

（八）破坏或者移动湿地界标、围栏、围网等保护设施；

（九）其他破坏湿地及其生态功能或者改变湿地用途的行为。

第三十条　县级以上人民政府应当采取扶持措施，实施湿地生态保护和修复、退耕还湿和湿地水土流失综合治理工程，加强水资源保护和地下水超采治理，合理调配水资源，科学利用雨洪水，充分利用再生水，维持湿地的基本生态用水，保护和恢复湿地生态功能。

第三十一条　县级以上人民政府湿地保护管理部门应当对湿地的自然状况、受影响因素等进行监测，发现存在或者可能导致湿地面积减少、生态功能退化等情况的，采取退耕还湿、补水、限牧、移民搬迁、有害生物防治等措施保护和恢复湿地。

第三十二条　县级以上人民政府农业行政主管部门应当推广先进适用的农业技术，推进生物有机肥、低毒低残留农药、可降解地膜的应用，有效控制农业面源污染。

第三十三条　县级以上人民政府水行政主管部门在制定水资源开发、利用规划和调度水资源时，应当在河道径流量满足的前提下，维持河流的合理流量和湖泊等湿地的合理水位，并根据水功能区划对水质的要求和湿地水体的自然净化能力，核定水功能区的纳污能力，向同级人民政府环境保护主管部门提出限制排污总量的意见。

第三十四条　开发利用水资源应当兼顾湿地生态用水的需要。因人为活动或者自然因素，造成湿地生态用水不能满足维护湿地生态功能需要的，应当综合考虑年度来水情况和生产、生活、生态用水需求，适时组织补水。国家重要湿地的生态补水，按照国家有关规定执行。

省级重要湿地的生态补水，由省人民政府水行政主管部门会同有关部门和当地人民政府共同组织实施。

第四章　监督管理

第三十五条　县级以上人民政府应当加强对湿地保护管理情况的监督检查。

县级以上人民政府林业主管部门应当定期向本级人民政府和上一级人民政府林业主管部门报告湿地保护情况，并将湿地保护情况抄送同级人民政府有关部门。

第三十六条　设区的市和县级人民政府应当根据有关部门的职责，明确列入湿地保护名录湿地的保护管理部门。

县级以上人民政府林业主管部门和其他有关部门应当加强执法队伍建设，建立湿地保护执法协作机制。具备条件的，可以推行相对集中行政处罚权制度。

第三十七条　实行生态环境损害责任终身追究制，对在落实湿地保护监督管理责任过程中不履职、不当履职、违法履职，导致产生严重后果和恶劣影响的责任单位和责任人依法依规进行责任追究。

第三十八条　省人民政府湿地保护管理部门应当根据各自职责加强对湿地资源的监测、监控。

省人民政府林业主管部门应当建立全省湿地资源信息管理系统，定期公布湿地资源保护、恢复、利用和管理信息，接受公众监督。

第五章　法律责任

第三十九条　县级以上人民政府及其有关部门工作人员违反本条例规定，有下列行为之一的，依法给予行政处分；构成犯罪的，依法追究刑事责任：

（一）未按照规定确定湿地保护名录的；

（二）未依法采取湿地保护措施的；

（三）未按照规定批准占用湿地的；

（四）对造成湿地污染的违法行为未采取制止措施的；

（五）未依法履行监督管理职责或者因保护利用不当，造成湿地生态系统损害的；

（六）其他滥用职权、弄虚作假、玩忽职守、徇私舞弊的行为。

第四十条　违反本条例规定，临时占用湿地期满后未进行生态修复的，由县级以上人民政府有关湿地保护管理部门按照未进行生态修复的湿地的面积，处每平方米一百元以上三百元以下罚款。

第四十一条　违反本条例规定，在湿地内从事生产经营、观赏旅游、科学研究、调查观测、科普教育等活动，影响湿地生态功能或者对野生生物物种造成损害的，由有关湿地保护管理部门责令改正，并处五千元以上一万元以下罚款；情节严重的，处一万元以上三万元以下罚款。

第四十二条　违反本条例规定，擅自占用、围垦、填埋或者排干湿地的，由县级以上人民政府有关湿地保护管理部门责令限期改正、恢复原状，并处每平方米一百五十元以上三百元以下罚款。

违反本条例规定，擅自取用或者截断湿地水源、破坏水生动物洄游通道或者野生动物栖息地的，由县级以上人民政府有关湿地保护管理部门责令限期改正、恢复原状，并处五千元以上一万元以下罚款。

第四十三条　违反本条例规定，擅自在湿地内采砂、取土的，由县级以上人民政府有关湿地保护管理部门责令限期改正、恢复原状，并处三万元以上五万元以下罚款；情节严重的，处十万元以上三十万元以下罚款。

第四十四条　违反本条例规定，向湿地违法排污的，由县级以上人民政府环境保护行政主管部门责令限期治理，并处应缴纳排污费数额三倍以上五倍以下罚款。

第四十五条　违反本条例规定，捡拾鸟卵、擅自引进外来物种、破坏或者移动湿地界标、围栏、围网等保护设施的，由县级以上人民政府有关湿地保护管理部门责令限期改正，并处五百元以上一千元以下罚款。

第六章　附　则

第四十六条　本条例自2017年1月1日起施行。

河北省农村供水用水管理办法

（2016年12月6日）

《河北省农村供水用水管理办法》已经2016年11月28日省政府第98次常务会议讨论通过，现予公布，自2017年2月1日起施行。

第一章　总　则

第一条　为规范农村供水用水活动，保障农村供水用水安全，维护供水单位和用户合法权益，根据《中华人民共和国水法》等法律、法规，结合本省实际，制定本办法。

第二条　本省行政区域内从事农村饮用水水源保护、供水设施维护、用水管理等活动，适用本办法。

本办法所称供水用水，是指利用集中供水管道及其附属设施主要为农村居民和单位提供生活用水的活动。

第三条　农村供水是社会公益性事业。

县级以上人民政府应当加强对农村供水用水工作的领导，保障水源保护、水质监测检测、应急供水的财政投入，落实有关用地、用电、税收等优惠政策。

鼓励有条件的地区发展城乡一体化供水，将城镇周边农村供水纳入城镇供水系统管理。

第四条　县级以上人民政府水行政主管部门负责本行政区域内农村供水用水管理工作。

县级以上人民政府环境保护、卫生、农业、发展改革、财政、国土资源等有关部门按照职责分工，做好农村供水用水管理相关工作。

乡(镇)人民政府应当建立健全供水设施管理制度，配合上级人民政府水行政、卫生、环境保护等部门做好农村供水用水管理相关工作。

第五条　任何单位和个人都有保护农村饮用水水源、农村供水设施的义务，并有权对破坏或者损毁农村饮用水水源、农村供水设施的行为进行检举和控告。

第二章　水源和供水设施保护

第六条　县级以上人民政府应当建立健全农村饮用水水源保护协调工作机制，推进农村饮用水水源保护区或者保护范围划定工作。

第七条　县级以上人民政府应当按照有关规定和标准划定农村饮用水水源保护区，不具备划定水源保护区条件的，县级人民政府应当组织划定农村饮用水水源保护范围。

第八条　县级人民政府应当在农村饮用水水源保护区

和保护范围边界设立明确的地理界标和明显的警示标志。

第九条　县级人民政府水行政主管部门应当会同有关部门和乡(镇)人民政府，会商相关村民委员会，根据国家和省有关规定，划定供水管道等农村供水设施的保护范围，设立警示标志。

第十条　禁止在农村饮用水水源保护范围和农村供水设施保护范围内从事下列活动：

(一)开展取土、采砂、打桩等作业；

(二)排放有毒有害物质；

(三)堆放垃圾、粪便等废弃物、污染物；

(四)从事畜禽养殖；

(五)擅自改造、迁移或者拆除农村集中供水设施。

第三章　供水管理

第十一条　农村供水应当优先保障生活用水，兼顾畜禽饮水、庭院生产等用水。不得用于工业生产和规模化畜禽养殖。已经实行农村集中供水并且能够全天候供水的地区，禁止新打自备井。

第十二条　农村集中供水设施的运行维护单位(以下统称供水单位)负责向用户供水。

供水单位包括农村集中供水设施所有权人和通过承包、租赁等方式依法获得运行维护管理权的其他单位或者个人。

第十三条　县级以上人民政府应当建立健全农村集中供水设施运行维护经费合理负担机制，通过财政补贴、水费提留等方式，推行农村集中供水设施维修养护基金制度。

供水单位应当落实农村集中供水设施运行维护经费，保障运行维护工作正常进行。

第十四条　供水单位应当履行下列义务：

(一)供应符合国家卫生标准的饮用水；

(二)满足供水设施设计的水量、水压和供水保证率等要求；

(三)按照有关规定收取水费；

(四)检查、维护供水设施；

(五)设立供水服务电话，并向社会公布。

第十五条　供水单位应当采购和使用经依法批准生产并符合国家卫生标准的水处理设备、水质消毒设施、输配水管材和化学药剂等涉及饮用水安全卫生的产品，采取符合国家和省规定的水质消毒措施，确保饮水安全。

第十六条　供水单位应当按照国家标准建立水质检测制度，定期向县级人民政府水行政主管部门和卫生主管部门报告检测结果。

设计供水能力在日供水量一千立方米以上或者一万人以上的集中供水设施，供水单位应当设立专门水质化验室，配备相应的检验人员和检测设备，对原水、出厂水、管网末梢水进行水质指标检测。

其他集中供水设施，供水单位可以配备与供水能力相适应的检测设备，也可以委托具备相应资质的机构进行水质检测。

第十七条　供水单位应当定期检修供水设施，制定供水突发事件应急预案，不得擅自停止供水。

因供水设施施工或者检修确需临时停止供水的，供水单位应当提前二十四小时通知用户；因发生自然灾害或者突发事件不能提前通知的，应当在抢修的同时告知用户。

连续超过四十八小时不能恢复正常供水的，供水单位应当采取应急供水措施，保障用户生活饮用水需求。

第十八条　县级人民政府水行政主管部门应当制定本行政区域的农村供水突发事件总体应急预案，配备必要的工作设备和抢险物资，建立应急抢险队伍，定期组织应急抢险队伍和供水单位开展演练。

第四章　用水管理

第十九条　农村集中供水实行计量收费，推行基本水价和计量水价相结合的两部制水价。

供水价格低于合理成本的，应当依法调整价格，如未予调整造成供水单位政策性亏损的，县级人民政府可以给予供水单位适当补贴。

第二十条　供水单位应当对生活特殊困难的用户在供水价格上给予适当优惠，因此造成政策性亏损的，县级人民政府应当给予供水单位适当补助。

第二十一条　用水实行一户一表，按表计量，水表应当符合计量标准。

第二十二条　用户应当履行下列义务：

(一)依照国家和省有关规定缴纳水费，不得拖欠和拒付；

(二)不得改变用水性质；

(三)不得擅自拆除、损坏水表等计量设备；

(四)不得盗用或者向其他单位和个人转供用水。

第五章　法律责任

第二十三条　县级以上人民政府水行政、环境保护、卫生等有关部门及其工作人员违反本办法规定的，对直接负责的主管人员和其他直接责任人员，依法给予处分；构成犯罪的，依法追究刑事责任。

第二十四条　违反本办法第十条规定的，由县级人民政府水行政主管部门按照下列规定处理；造成损失的，依法予以赔偿：

（一）违反第一项、第五项规定的，责令限期改正，并处二千元以上五千元以下的罚款；

（二）违反第二项规定的，责令限期改正，并处三万元以上十万元以下的罚款；

（三）违反第三项、第四项规定的，责令限期改正；逾期未改正的，处一万元以上三万元以下的罚款。

违反本办法对农村饮用水水源保护规定的行为，法律、法规已规定法律责任的，从其规定。

第二十五条　供水单位违反本办法规定的，按照下列规定处理：

（一）违反本办法第十四条第一项规定的，由县级人民政府卫生主管部门责令限期改正；逾期未改正的，处二千元以上五千元以下的罚款；

（二）违反本办法第十五条规定的，由县级人民政府卫生主管部门责令限期改正；逾期未改正的，处二万元以上五万元以下的罚款；

（三）违反本办法第十六条第二款规定的，由县级人民政府水行政主管部门责令限期改正；逾期未改正的，处二万元以上五万元以下的罚款；

（四）违反本办法第十七条第一款规定的，由县级人民政府水行政主管部门责令限期改正，并处五千元以上一万元以下的罚款。

第二十六条　用户违反本办法第二十二条规定的，由县级人民政府水行政主管部门按照下列规定处理；造成损失的，依法予以赔偿：

（一）违反第二项、第四项规定的，责令限期改正，并按照用水量对相关用户以及其他责任人处每立方米十元的罚款，最高不超过十万元；

（二）违反第三项规定的，责令限期改正；逾期不改正的，处二百元以上五百元以下的罚款。

第六章　附　则

第二十七条　本办法自2017年2月1日起施行。

（河北省人民政府令〔2016〕第4号）

Ⅵ 统计图

现价农林牧渔总产值

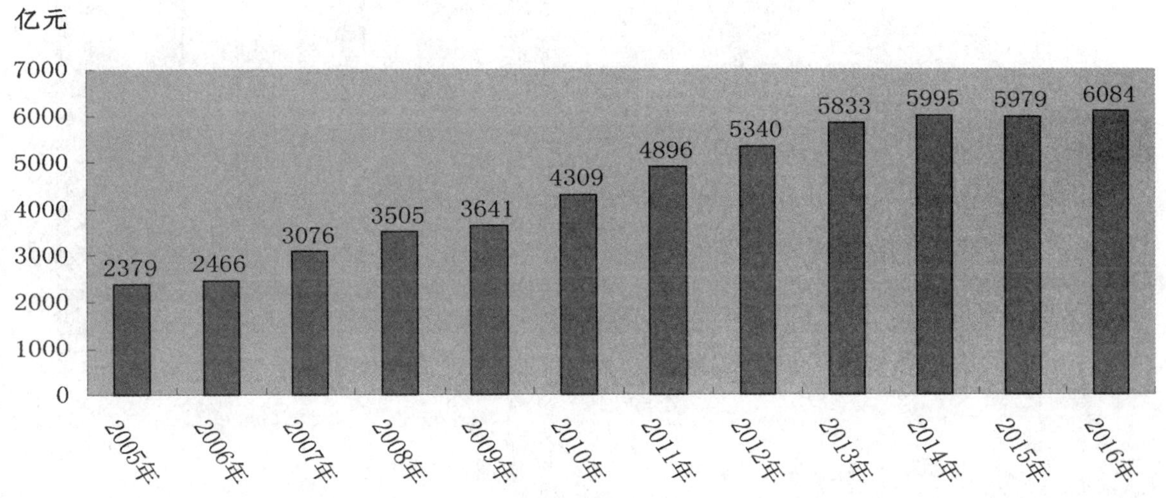

现价农林牧渔业总产值构成

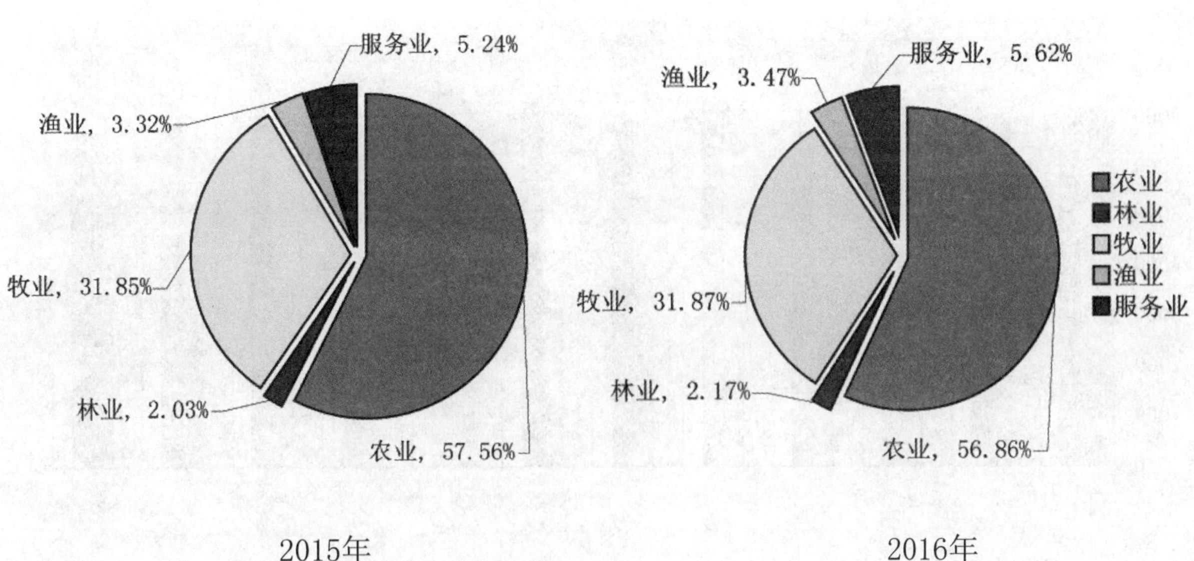

农林牧渔业增加值及占地区生产总值比重

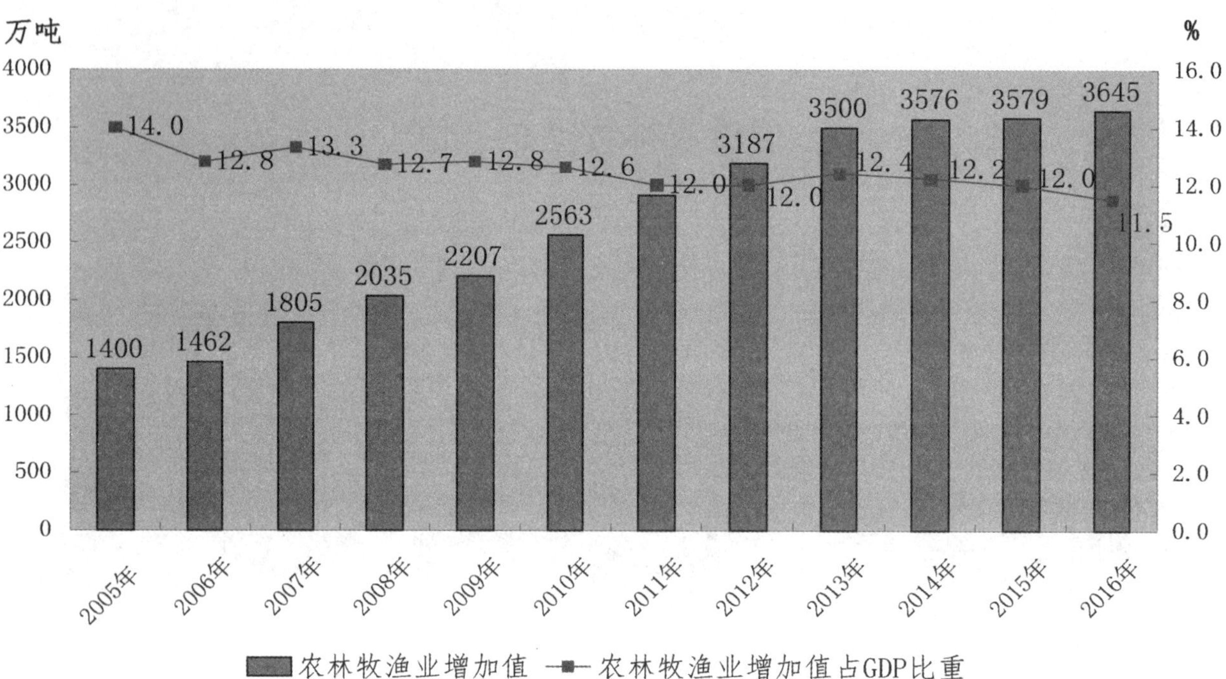

粮食、蔬菜和水果产量

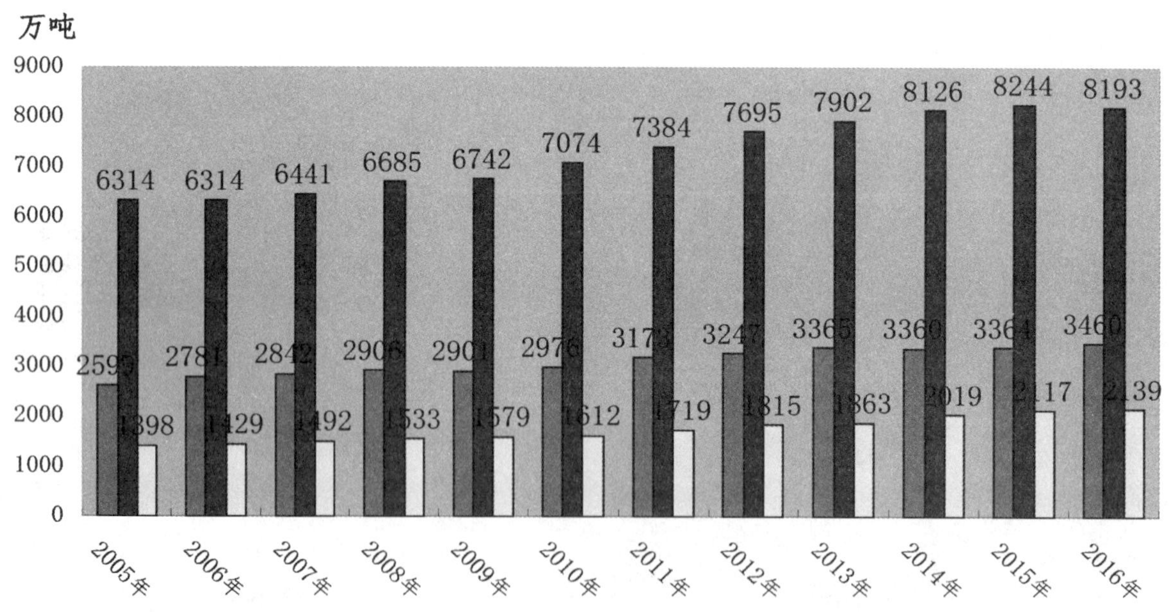

农业产业化经营总量及产业化率

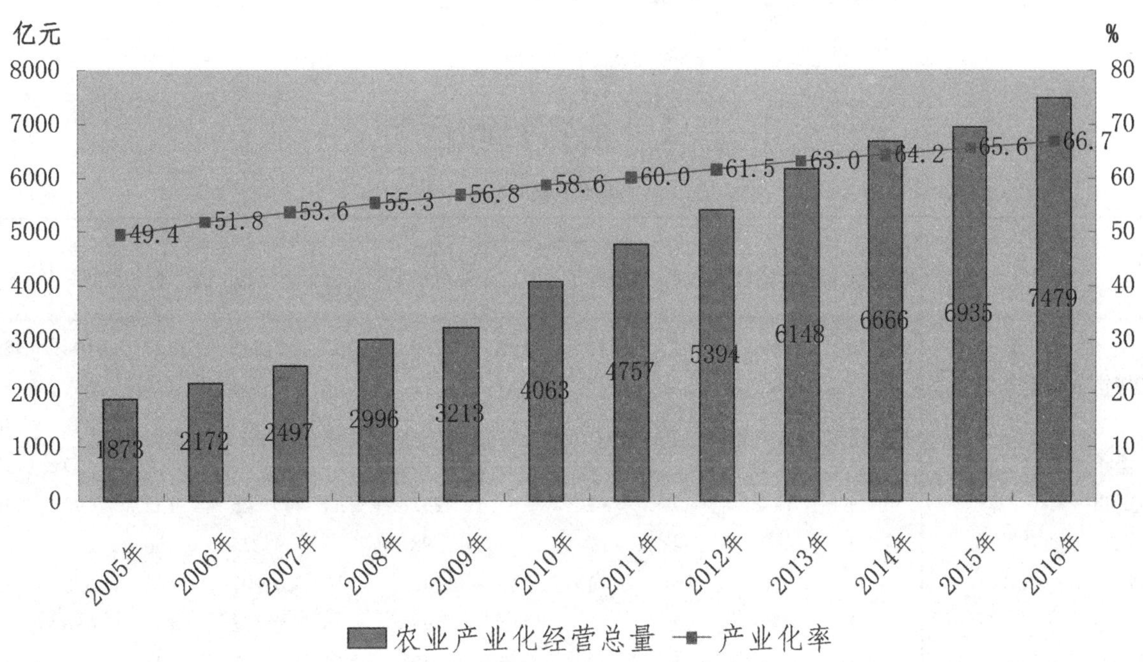

农民人均纯收入及生活消费支出

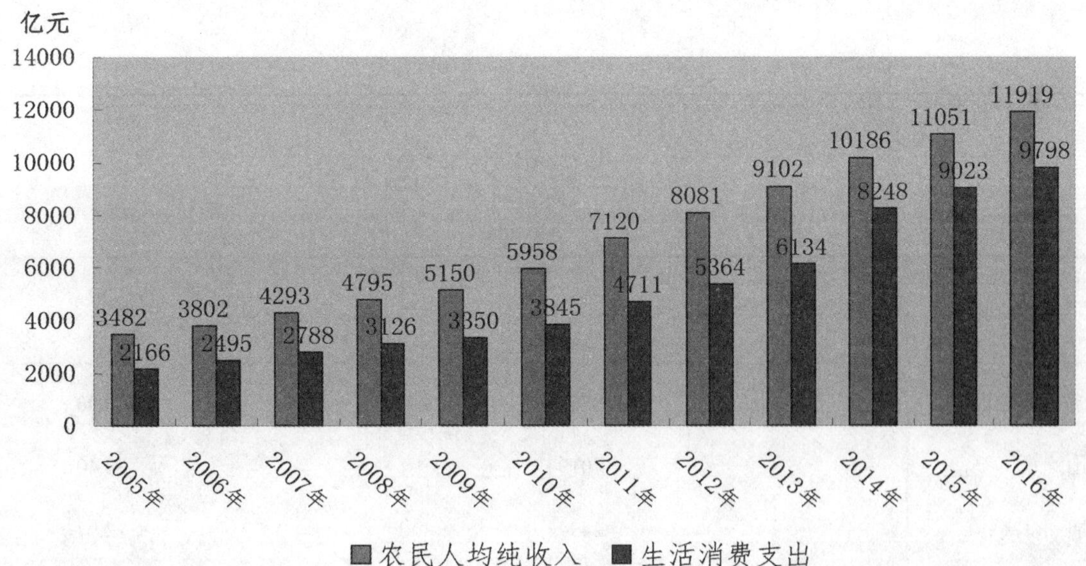

从 2013 年起，农村居民人均纯收入改为新口径：农村居民人均可支配收入；农村人均生活消费支出改为农村人均消费支出。

Ⅶ 统计资料

1-1-1 全省行政区划

(2016年底)

单位：个

名　称	地级单位数	县级单位数	市辖区	县级市	县	乡镇级单位数	街道办事处	乡数	镇数	居民委员会	村民委员会
全　省	**11**	**168**	**47**	**19**	**102**	**2255**	**302**	**845**	**1107**	**4194**	**48860**
石家庄市（包含辛集市）	1	22	8	3	11	276	56	91	129	659	4354
石家庄市（不含辛集市）	1	21	8	2	11	261	56	84	121	642	4010
辛集市		1		1		15		7	8	17	344
唐 山 市	1	14	7	2	5	231	54	45	132	690	5405
秦皇岛市	1	7	4		3	98	23	25	50	222	2265
邯 郸 市	1	18	6	1	11	242	30	107	105	528	5208
邢 台 市	1	19	2	2	15	198	26	72	100	480	4906
保 定 市（包含定州市）	1	24	5	4	15	340	29	137	174	433	6201
保 定 市（不含定州市）	1	23	5	3	15	315	25	132	158	388	5715
定州市		1		1		25	4	5	16	45	486
张家口市	1	16	6		10	233	23	110	99	294	4175
承 德 市	1	11	3		8	218	14	110	94	173	2458
沧 州 市	1	16	2	4	10	194	26	83	85	362	5685
廊 坊 市	1	10	2	2	6	107	17	22	68	248	3210
衡 水 市	1	11	2	1	8	118	4	43	71	105	4993

1-1-2 全省地表形态分布

(2016年底)

单位：平方公里

地表形态	总面积	占总面积 (%)
全省地表总面积	**187693**	**100.00**
山　地	70194	37.40
坝上高原	24343	12.97
丘　陵	9068	4.83
平　原	57223	30.49
盆　地	22709	12.10
湖泊洼淀	4156	2.21

1-1-3　总人口、人口自然变动及从业人员

年份	总人口（万人）	#男	出生率（‰）	死亡率（‰）	自然增长率（‰）	就业人员（万人）	#一产业就业人员	失业人员（万人）
1949	3086.06	1564.23	27.30	12.73	14.57			
1952	3271.95	1652.81	29.17	12.10	17.07			
1957	3670.10	1865.23	29.62	11.30	18.32			
1962	3883.58	1961.29	28.68	9.06	19.62			
1965	4086.96	2084.19	32.93	8.74	24.18			
1970	4549.55	2320.15	26.73	6.49	20.24			
1975	4913.39	2514.52	17.78	7.22	10.56			
1978	5057.47	2595.40	20.88	6.49	14.39	2109.39	1621.61	
1980	5167.62	2650.65	20.47	6.46	14.01	2182.80	1637.42	
1985	5547.52	2851.51	17.10	5.30	11.80	2555.43	1603.36	3.56
1990	6158.88	3147.00	20.46	6.82	13.64	2955.47	1820.51	7.70
1995	6436.51	3265.89	13.93	6.32	7.61	3252.01	1729.29	17.50
1996	6483.67	3309.37	13.85	6.55	7.30	3300.16	1635.17	15.64
1997	6524.58	3327.63	13.11	6.82	6.29	3324.23	1634.03	15.53
1998	6569.30	3343.24	13.01	6.18	6.83	3367.18	1650.22	15.86
1999	6613.66	3356.43	12.99	6.26	6.73	3322.30	1653.25	16.20
2000	6674.27	3397.20	11.30	6.21	5.09	3385.71	1678.12	17.40
2001	6699.13	3383.67	11.16	6.18	4.98	3409.16	1676.34	19.50
2002	6734.60	3419.96	11.53	6.25	5.28	3435.00	1662.59	22.20
2003	6769.44	3453.92	11.43	6.27	5.16	3470.23	1672.26	25.80
2004	6808.75	3479.62	11.98	6.19	5.79	3516.71	1612.85	28.01
2005	6850.83	3441.17	12.84	6.75	6.10	3568.97	1564.72	27.82
2006	6897.86	3485.69	12.86	6.59	6.23	3609.99	1524.89	28.69
2007	6943.19	3528.97	13.33	6.78	6.55	3664.97	1481.52	29.29
2008	6988.82	3562.35	13.04	6.49	6.55	3725.66	1481.37	32.24
2009	7034.40	3582.08	12.93	6.43	6.50	3792.49	1479.22	34.50
2010	7193.60	3647.18	13.22	6.41	6.81	3865.14	1464.21	35.14
2011	7240.51	3742.62	13.02	6.52	6.50	3962.42	1439.63	35.99
2012	7287.51	3693.75	12.88	6.41	6.47	4085.74	1426.27	36.83
2013	7332.61	3723.50	13.04	6.87	6.17	4183.93	1404.49	37.17
2014	7383.75	3750.64	13.18	6.23	6.95	4202.66	1398.88	38.30
2015	7424.92	3757.23	11.35	5.79	5.56	4212.50	1387.83	39.40
2016	7470.05	3795.17	12.42	6.36	6.06	4223.95	1380.33	39.73

注：1999年以后年份就业人员不包括离开本单位仍保留劳动关系的职工。

1-1-4 历年农业基本生产条件

年份	一、户数、人口、劳动力								
	乡村户数(万户)	乡村人口数(万人)	乡村从业人员(万人)	#农林牧渔业	工业	建筑业	批发和零售业	交通运输、仓储和邮政业	住宿和餐饮业
1957	767.53	3322.06	1382.83	1382.83					
1962	836.21	3555.11	1375.24	1375.24					
1965	846.79	3703.83	1456.74	1456.74					
1970	921.07	4156.23	1635.57	1635.57					
1975	985.81	4415.46	1716.84	1617.61	37.40				
1978	1040.77	4490.38	1726.00	1475.43	95.39	11.87			
1980	1075.10	4537.77	1766.59	1542.02	126.25	22.51			
1985	1159.84	4793.36	2059.76	1639.03	167.98	81.15	35.96	31.14	
1990	1325.48	5211.59	2360.50	1780.42	220.73	102.01	53.59	48.07	
1995	1387.10	5324.29	2573.51	1715.42	325.04	157.83	98.00	78.23	
1996	1390.10	5319.26	2583.16	1621.83	365.92	184.06	116.48	85.58	
1997	1394.43	5313.76	2613.43	1620.31	380.19	188.14	122.16	89.11	
1998	1398.67	5322.46	2635.91	1635.83	380.10	191.51	125.73	89.63	
1999	1401.18	5336.29	2654.31	1639.90	382.38	198.06	129.69	90.63	
2000	1422.61	5382.39	2707.10	1665.45	388.36	202.47	135.33	92.13	
2001	1434.07	5385.64	2717.88	1664.96	390.30	205.74	137.46	93.69	
2002	1434.69	5388.84	2731.76	1651.97	403.47	212.53	141.17	94.55	
2003	1436.10	5383.04	2748.04	1660.24	441.88	243.73	124.89	101.01	37.81
2004	1439.38	5389.87	2771.98	1600.43	481.54	259.35	140.60	107.92	43.05
2005	1448.55	5422.28	2805.94	1552.75	518.86	275.22	154.26	114.71	48.61
2006	1445.65	5412.04	2817.80	1513.04	545.32	285.43	161.03	117.63	50.38
2007	1461.93	5456.94	2846.53	1479.04	576.85	301.50	165.60	121.22	53.11
2008	1476.82	5495.58	2894.82	1478.23	597.96	309.50	172.04	126.96	55.69
2009	1497.39	5531.18	2944.36	1472.50	623.63	327.11	178.03	129.21	57.52
2010	1525.58	5570.20	2976.55	1458.33	640.13	342.13	182.49	132.36	59.60
2011	1536.91	5599.62	3003.83	1433.17	657.96	352.33	188.10	137.87	63.88
2012	1551.16	5628.36	3023.37	1419.85	670.96	359.83	190.89	140.15	65.69
2013	1564.25	5659.96	3039.17	1397.22	678.97	361.10	202.82	133.99	77.86
2014	1575.24	5695.41	3055.91	1389.29	689.86	364.60	207.42	134.99	79.33
2015	1579.05	5711.49	3055.31	1371.37	695.43	365.92	211.87	135.33	80.71
2016	1590.45	5746.56	3063.83	1369.28	695.76	366.89	215.22	135.88	82.87

注：1.乡村从业人员：指乡村人口中16岁以上实际参加生产经营活动并取得实物或货币收入的人员。
2.2002年及以前年度的批发和零售业从业人员包括批发和零售业以及住宿和餐饮业从业人员。

1-1-4续1　历年农业基本生产条件

年 份	二、耕地面积(千公顷)				三、农业机械化情况		
	年末耕地面积	#年末常用耕地面积	#有效灌溉面积	有效灌溉面积占耕地面积比重(%)	1.农用机械总动力(万千瓦)	2.大中型拖拉机(台)	3.小型拖拉机(万台)
1949		7265.79	769.21	10.6			
1952		7616.41	962.84	12.6		34	
1957		7545.97	1577.55	20.9		1953	
1962		6953.83	1357.31	19.5		4724	
1965		6983.71	1754.27	25.1		5614	
1970		6849.55	2678.31	39.1		6909	0.07
1975		6718.61	3553.22	52.9	769.04	17017	1.94
1978		6675.01	3660.17	54.8	1083.17	28092	9.10
1980		6648.01	3622.25	54.5	1253.84	42133	11.06
1985		6603.41	3572.70	54.1	1993.74	37341	29.04
1990		6556.03	3758.49	57.3	2822.25	30063	59.39
1995		6517.25	4040.01	62.0	4336.44	29040	91.53
1996	6897.11	6498.80	4248.15	61.6	5137.72	32961	101.20
1997	6888.52	6493.74	4322.57	62.8	5808.66	38414	108.64
1998	6874.94	6484.58	4388.04	63.8	6263.90	45767	116.34
1999	6868.77	6478.71	4444.45	64.7	6622.75	52953	123.12
2000	6857.08	6465.96	4482.32	65.4	7000.39	63624	129.85
2001	6854.04	6448.93	4485.39	65.4	7244.43	66771	132.14
2002	6691.13	6125.15	4415.17	66.0	7451.21	76753	134.94
2003	6486.51	5991.27	4403.99	67.9	7764.54	81165	133.79
2004	6441.51	6000.63	4459.77	69.2	8135.63	89745	139.60
2005	6396.25	5988.93	4547.75	71.1	8487.21	100894	144.68
2006	6315.34	5882.52	4569.77	72.4	8795.77	111080	145.47
2007	6314.53	5893.61	4579.02	72.5	9134.53	114345	148.15
2008	6331.89	5901.44	4560.51	72.0	9525.37	136169	150.05
2009	6561.35	6060.83	4509.60	68.7	9861.37	155153	149.15
2010	6551.42	6057.53	4520.87	69.0	10151.30	172676	150.50
2011	6563.78		4596.61	70.0	10349.19	197882	149.10
2012	6558.33		4165.03	63.5	10553.81	213733	146.27
2013	6551.20		4349.03	66.4	10786.45	234425	142.43
2014	6537.74		4404.22	67.4	10942.86	254604	138.62
2015	6525.47		4447.98	68.2	11102.81	274346	136.26
2016	6520.45		4457.64	68.4	7401.97	298740	131.81

注:1.年末常用耕地面积不包括25°以上坡地。从2011年起，不在统计常用耕地面积。
2.2012年有效灌溉面积为全国第一次水利普查数据(下同)。

1-1-4续2 历年农业基本生产条件

年份	三、农业机械化情况(续)						四、农业现代化项目水平	
	4.大中型拖拉机配套农具(台)	5.小型拖拉机配套农具(万台)	6.农用排灌电动机(万台)	7.农用排灌柴油机(万台)	8.联合收割机(台)	9.农用水泵(万台)	1.机耕地面积(千公顷)	机耕地面积占耕地面积比重(%)
1952	156						2.05	0.03
1957	4563		0.05	0.16			480.45	6.37
1962	16239		3.03	1.11			1321.67	19.01
1965	15365		6.96	1.13			1764.31	25.26
1970	13537		14.50	4.76			1485.02	21.68
1975	33078		31.82	41.09	237		2740.69	40.79
1978	76803	16.84	40.17	48.60	269	63.87	3863.28	57.88
1980	88589	11.11	46.46	47.09	397	65.28	3819.53	57.45
1985	53091	18.33	62.29	71.12	558	87.01	2792.11	42.28
1990	40962	56.01	75.26	109.00	1624	111.15	4249.63	64.82
1995	45809	89.69	97.45	125.67	12265	134.87	4595.89	70.52
1996	51395	102.08	115.34	130.43	16277	148.88	4765.60	73.33
1997	59013	113.21	122.14	136.34	25006	165.65	4924.14	75.83
1998	76953	130.30	126.05	136.27	32041	163.04	5056.51	77.98
1999	94202	136.69	126.92	136.64	37756	161.42	5141.02	79.35
2000	108349	156.69	131.23	138.23	41945	163.71	5072.60	78.45
2001	123114	163.99	128.01	135.14	43946	156.75	4916.85	76.24
2002	132318	167.61	130.43	131.83	45808	163.72	4874.29	79.58
2003	143412	170.63	133.60	119.46	50578	162.73	4740.87	79.13
2004	163534	182.54	136.61	128.44	53619	159.65	4707.93	78.46
2005	183516	191.63	139.46	125.84	56015	165.85	4745.47	79.24
2006	205530	227.69	139.87	124.33	60412	164.99	4768.88	81.07
2007	223486	200.55	142.62	123.12	63618	170.51	4860.07	82.46
2008	260496	198.96	145.24	117.94	68595	174.44	4914.24	83.27
2009	320043	199.45	146.93	115.00	72937	171.28	5251.56	60.48
2010	345268	201.04	148.18	113.21	79264	172.09	5317.10	60.99
2011	379647	199.38	148.76	109.36	85926	172.22	5332.02	60.77
2012	409718	195.46	149.88	105.28	101418	172.15	5401.96	61.48
2013	435351	191.04	152.41	100.75	115167	172.03	5408.02	61.81
2014	458201	183.74	153.62	97.03	127713	170.61	5432.65	62.35
2015	497756	180.39	154.46	94.27	137703	169.73	5475.26	62.65
2016	538025	173.39	152.91	88.47	147449	164.83	5473.05	62.79

1-1-4续3 历年农业基本生产条件

年 份	四、农业现代化项目水平(续)							
	2.机械播种面积(千公顷)	机播面积占总播种面积比重(%)	3.机械收获面积(千公顷)	机收面积占总播种面积比重(%)	4.化肥施用量(折纯)(万吨)	5.农村用电量(亿千瓦小时)	6.旱涝保收面积(千公顷)	7.年末实有机电井(眼)
1952					0.48			5
1957					3.04	0.11		5786
1962					2.73	1.92		47382
1965					4.65	5.42	806.64	76557
1970					18.52	11.43	1566.41	217105
1975	365.95	3.87	86.14	0.91	36.94	20.12	1933.87	555211
1978	1699.25	18.13	141.74	1.51	65.32	23.84	2008.10	587389
1980	1725.62	19.14	237.32	2.63	74.74	30.77	2041.28	565650
1985	1161.85	13.42	313.37	3.62	110.36	40.93	2225.33	630762
1990	2201.65	25.06	1172.05	13.34	145.21	58.81	2681.20	735470
1995	2956.26	33.90	1881.15	21.57	220.68	118.51	3081.48	798012
1996	3351.66	37.78	2045.29	23.05	259.28	150.02	3176.99	814821
1997	3865.74	43.65	2323.93	26.24	262.44	161.32	3272.56	828334
1998	4306.06	47.33	2579.49	28.35	270.23	167.37	3389.74	889574
1999	4608.08	50.89	2693.47	29.75	272.41	172.91	3423.18	877442
2000	4550.57	50.43	2688.00	29.79	270.62	180.45	3428.17	880324
2001	4498.87	50.04	2570.34	28.59	273.38	184.07	3461.67	893224
2002	4712.83	52.74	2504.62	28.03	278.80	201.73	3372.52	909821
2003	4672.01	54.08	2312.39	26.77	283.31	216.77	3420.42	918432
2004	4778.86	54.96	2258.13	25.97	289.88	266.58	3455.84	918495
2005	5282.47	60.13	2480.45	28.23	303.39	337.05	3609.66	937207
2006	5354.98	61.45	2623.25	30.10	304.89	388.22	3638.66	943907
2007	5472.76	63.25	2682.37	31.00	311.87	430.14	3733.94	952795
2008	6018.41	69.07	2846.50	32.67	312.40	418.90	3751.87	961710
2009	6183.34	71.22	3147.03	36.25	316.17	486.05	3450.17	960346
2010	6274.51	71.97	3428.52	39.33	322.86	511.81	3568.32	964516
2011	6451.91	73.54	3715.28	42.35	326.28	559.22	3659.75	983695
2012	6592.46	75.03	4209.83	47.91	329.33	593.94	3678.54	906250
2013	6571.87	75.11	4680.15	53.49	331.04	616.37	3561.43	913808
2014	6623.45	76.02	4988.42	57.25	335.61	631.33	3548.63	922302
2015	6624.64	75.80	5192.38	59.41	335.49	611.82	3590.44	917192
2016	6669.38	76.51	5397.25	61.92	331.79	600.78	3597.60	914284

注：1.从2009年开始，机耕面积按播种面积计算，机耕面积占耕地面积的比重为机耕面积占播种面积的比重。
2.2012年机电井数据为全国第一次水利普查数据。

1-1-5　历年受灾和成灾面积

单位：公顷

年　份	受灾面积	#旱　灾	#水　灾	成灾面积	#旱　灾	#水　灾	成灾率(%)
1949	1127333	91333	956667	715333	26000	531333	63.5
1952	1394000	768667	173333	955333	238000	107333	68.5
1957	1165333	510667	157333	726000	168000	98000	62.3
1962	3198000	1596000	916000	2044667	843333	674000	63.9
1965	2697333	2352667	27333	1624000	1192667	19333	60.2
1970	662000	113333	136000	347333	96667	192667	52.5
1975	1971933	1576933	94933	1048000	865933	45200	53.1
1978	1474413	760440	311873	970187	504920	199367	65.8
1980	2721460	2386353	4547	1976447	1764400	2440	72.6
1985	2570013	847813	619420	1844233	592140	461700	71.8
1990	3095293	217653	244067	1783887	70807	176240	57.6
1995	2762177	289226	787140	1875069	151565	575190	67.9
1996	2507050	368585	1387067	1708628	216716	1028734	68.2
1997	4044083	3439195	16610	3063959	2684902	12137	75.8
1998	2444726	1030099	139899	1358898	562018	102401	55.6
1999	3617217	3048057	13925	2602177	2269793	10761	71.9
2000	3560282	2974700	114161	2541304	2210543	62783	71.4
2001	2924925	2224193	40795	2063339	1656829	32128	70.5
2002	3696377	2660998	19101	2617448	1959847	14979	70.8
2003	2622015	1316182	105837	1664419	938896	69388	63.5
2004	1543220	391253	110778	797522	198684	61610	51.7
2005	1721821	934146	108803	976022	596169	65277	56.7
2006	1774124	1046985	118614	899864	530335	67098	50.7
2007	1847462	1243650	102746	1170210	876055	84220	63.3
2008	1397714	735875	72775	825872	479858	51673	59.1
2009	1944331	1218240	67906	1301122	928342	31833	66.9
2010	1668172	844652	127120	1058292	640473	58048	63.4
2011	811365	497273	95774	479815	319801	53479	59.1
2012	1107557	338989	456026	758574	236924	310506	68.5
2013	752708	195702	226454	485081	118760	160609	64.4
2014	1164465	976120	17463	721840	599239	10605	62.0
2015	1794902	1104150	320992	976931	543319	239997	54.4
2016	1447833	216054	953218	560582	20601	371143	38.7

1-1-6 农村基层组织和从业人员

指　　标	单　位	2010年	2015年	2016年	2016年比上年增减(%)
一、农村基层组织情况					
乡个数	个	953	890	845	-5.1
镇个数	个	1007	1067	1107	3.8
村民委员会个数	个	48953	48974	48860	-0.2
二、乡村户数、人口、从业人员					
乡村户数	万户	1525.6	1579.0	1590.5	0.7
乡村人口数	万人	5570.2	5711.5	5746.6	0.6
乡村从业人员	万人	2976.5	3055.3	3063.8	0.3
#男从业人员	万人	1602.5	1650.1	1654.3	0.3
三、乡村从业人员按行业分					
农林牧渔业	万人	1458.3	1371.4	1369.3	-0.2
工　业	万人	640.1	695.4	695.8	0.1
建筑业	万人	342.1	365.9	366.9	0.3
批发和零售业	万人	182.5	211.9	215.2	1.6
交通运输、仓储和邮政业	万人	132.4	135.3	135.9	0.4
住宿和餐饮业	万人	59.6	80.7	82.9	2.7
其他非农行业	万人	161.5	194.7	197.9	1.7

1-1-7 农业主要资源

指　　标	单　位	2010年	2015年	2016年	2016年比上年增减(%)
一、年末耕地面积	**千公顷**	**6551.4**	**6525.5**	**6520.5**	**-0.1**
#有效灌溉面积	千公顷	4520.9	4448.0	4457.6	0.2
二、森　　林					
森林面积	千公顷	4875.3	5800.0	6000.0	3.0
森林覆盖率	%	26.00	31.00	32.00	1.0
林木储蓄量	万立方米	12145	13975	14900	6.0
三、草原面积	**千公顷**	**3692.85**	**2774.35**	**2846.35**	**2.6**
四、水文、水利					
水资源总量	亿立方米	138.92	135.09	208.31	54.2
水能资源可开发量	万千瓦	120.6	120.6	120.6	
淡水养殖面积	公　顷	74955	76421	75078	-1.8
海水养殖面积	公　顷	123810	117533	115416	-1.8
海岸线长度	公　里	487	487	487	

注：1.2015年草原面积数据为二调数据。
　　2.2015年森林面积、森林覆盖率数据为预计数。

1-1-8 主要农用机械年末拥有量及增减

指　　标	单　位	2010年	2015年	2016年	2016年比上年增减(%)
一、农用机械总动力合计	**万千瓦**	**10151.30**	**11102.81**	**7401.97**	
柴油发动机动力	万千瓦	8011.62	8760.15	5116.32	
汽油发动机动力	万千瓦	121.57	146.03	134.66	
电动机动力	万千瓦	2018.11	2196.63	2150.99	
其他机械动力	万千瓦				
二、主要农业机械与设备					
大中型拖拉机	万 台	17.27	27.43	29.87	8.9
小型拖拉机	万 台	150.50	136.26	131.81	-3.3
大中型拖拉机配套农具	万 台	34.53	49.78	53.80	8.1
小型拖拉机配套农具	万 台	201.04	180.39	173.39	-3.9
农用排灌电动机	万 台	148.18	154.46	152.91	-1.0
农用排灌柴油机	万 台	113.21	94.27	88.47	-6.2
联合收割机	万 台	7.93	13.77	14.74	7.1
割晒机	台	39881	30374	26190	-13.8
机动脱粒机	万 台	21.78	19.81	19.33	-2.5
农用运输车	万 辆	268.19	269.41	——	——
节水灌溉机械	万 套	4.39	5.69	5.74	0.9
农用水泵	万 台	172.09	169.73	164.83	-2.9

注：根据《道路交通安全法》和《机动车运行安全技术条件》（GB7258-2012）的规定，取消了“农用运输车”的称谓，统一称为“低速载货汽车”，2016年起不再对“农用运输车”进行单独统计。因此，2016年农用机械总动力不包括农用运输车动力。

1-1-9 农业机械化、电气化及农田水利建设情况

指　　标	单　位	2010年	2015年	2016年	2016年比上年增减(%)
一、农业机械化情况					
机耕地面积	千公顷	5317.10	5475.26	5473.05	0.0
机械播种面积	千公顷	6274.51	6624.64	6669.38	0.7
机械收获面积	千公顷	3428.52	5192.38	5397.25	4.0
二、农村电气化情况					
1.农村水电站处数	处	135	248	250	0.8
装机容量	千　瓦	63222	395658	395833	0.0
发电量	万千瓦小时	11588	42078	48226	14.6
2.农村用电量	亿千瓦小时	511.81	611.82	600.78	-1.8
三、农田水利建设情况					
有效灌溉面积	千公顷	4520.87	4447.98	4457.64	0.2
旱涝保收面积	千公顷	3568.32	3598.52	3597.60	0.0
年末机电井数	万　眼	96.45	91.72	91.43	-0.3

1—1—10 农用化肥、农药、农膜和柴油使用量

指　　标	单　位	2010年	2015年	2016年	2016年比上年增减(%)
一、农用化肥施用量(折纯)	**万 吨**	**322.86**	**335.49**	**331.79**	**-1.1**
氮　肥	万 吨	153.07	147.95	144.95	-2.0
磷　肥	万 吨	47.31	46.36	45.17	-2.6
钾　肥	万 吨	26.84	28.05	27.73	-1.1
复合肥	万 吨	95.64	113.14	113.93	0.7
二、农药使用量	**万 吨**	**8.46**	**8.33**	**8.17**	**-2.0**
三、农用塑料薄膜使用量	**万 吨**	**11.86**	**13.80**	**13.84**	**0.3**
#地膜使用量	万 吨	6.40	6.57	6.51	-0.8
地膜覆盖面积	千公顷	1066.13	1068.55	1065.31	-0.3
四、农用柴油使用量	**万 吨**	**298.47**	**293.19**	**218.65**	**-25.4**

注：2016年农用柴油使用量不包含农用运输车的柴油使用量。

1—1—11 历年灌区、水库和节水灌溉情况

项　　目	单　位	1985年	1990年	1995年	2000年	2005年	2010年	2015年	2016年
年底万亩以上灌区	处	154	158	163	147	141	140	149	149
#五十万亩以上	处	4	4	4	5	5	5	6	6
三十至五十万亩	处	2	2	3	12	13	15	15	15
水库	座	1169	1173	1169	1107	1096	1063	1065	1065
#大型水库	座	17	17	17	18	18	19	23	23
中型水库	座	35	35	38	39	39	42	45	45
小型水库	座	1117	1121	1114	1050	1039	1002	997	997
水利工程向农业年供水量	亿立方米	150.28	148.14	163.98	170.67	150.69	151.70	130.24	126.33
易涝面积	千公顷	1865.05	1865.29	1865.07	1865.07	1870.46	1870.70	1870.70	1870.70
除涝面积	千公顷	1541.19	1564.95	1616.47	1638.16	1642.67	1648.64	1641.14	1641.15
占易涝面积比重	%	82.64	83.90	86.67	87.83	87.82	88.13	87.73	87.73
水土流失面积	千公顷	6913.60	6878.20	6978.65	6978.64	7071.62	7125.49	7125.49	7125.49
水土流失治理面积	千公顷	3567.60	4020.70	4589.00	5407.14	5977.24	6290.31	5061.55	5187.90
占流失面积比重	%	51.60	58.46	65.76	77.48	84.52	88.28	71.03	72.81
堤防长度	公　里	17572.00	17572.00	20106.00	20258.18	21115.67	21393.84	11728.36	11778.67
堤防保护耕地面积	千公顷	3191.00	3191.00	2977.12	3106.46	3343.98	3283.87	3794.26	3655.12
节水灌溉面积	千公顷			1225.94	1978.75	2405.21	2698.83	3139.98	3314.24
#喷滴灌	千公顷			47.46	371.74	366.61	241.92	193.37	351.52

1-1-12 受 灾 情 况

指 标	单 位	2010年	2015年	2016年
一、受灾面积	**千公顷**	**1668.17**	**1794.90**	**1447.83**
#旱 灾	千公顷	844.65	1104.15	216.05
水 灾	千公顷	127.12	320.99	953.22
风雹灾	千公顷	149.83	347.77	261.63
霜冻灾	千公顷	252.98	10.68	15.40
病虫灾	千公顷	118.80	11.31	1.50
二、成灾面积	**千公顷**	**1058.29**	**976.93**	**560.58**
#旱 灾	千公顷	640.47	543.32	20.60
水 灾	千公顷	58.05	240.00	371.14
风雹灾	千公顷	86.92	159.00	156.23
霜冻灾	千公顷	146.53	2.80	12.20
病虫灾	千公顷	35.32	6.25	0.41
三、绝收面积	**千公顷**		**170.85**	**118.40**
四、因灾损失情况				
成（受）灾人口	万 人	484.03	1701.80	1440.76
死亡人口	人	7	16	
倒塌房屋	间	2046	621	104056

注：1.2015年后数据为民政部门数，其他年份为统计部门数。（下同）

1–2–1 历年主要农作物播种面积

单位：千公顷

年 份	总播种面积	#粮食作物播种面积	#夏收粮食	谷 物	#小 麦	#稻 谷	#玉 米	豆 类	#大 豆	薯 类
1949	8471.0	7242.9	1621.5		1577.1	38.6	1246.3		632.1	350.2
1952	9071.4	7418.8	1634.1		1586.4	53.5	1129.0		548.9	456.9
1957	9707.9	7983.2	2474.9		2397.0	145.0	1473.7		813.6	481.2
1962	8470.3	7085.5	1795.8		1724.1	57.5	1216.6		535.5	768.1
1965	8615.1	7215.5	1978.7		1851.6	122.2	1457.6		480.0	673.6
1970	8998.8	7670.7	2278.4		2076.1	92.8	1735.6		410.7	694.6
1975	9448.1	8054.1	2954.9		2813.2	73.5	1895.9		241.1	630.3
1978	9370.9	7949.4	2979.2		2854.8	110.2	2236.2		260.0	608.5
1980	9013.9	7487.2	2703.8		2648.9	145.2	2340.9		261.2	473.6
1985	8656.5	6492.7	2367.5		2351.9	127.6	1749.5		300.7	473.9
1990	8786.7	6827.8	2515.0		2508.4	147.7	2040.8		403.5	433.7
1995	8720.1	6829.5	2515.3	5767.2	2500.6	128.7	2290.8	655.4	481.4	407.0
1996	8872.1	7137.3	2610.4	6068.6	2591.2	141.8	2524.9	637.6	473.4	431.1
1997	8856.9	7099.4	2745.3	6068.4	2720.7	155.3	2425.9	610.2	460.0	420.8
1998	9097.7	7305.7	2793.8	6243.8	2764.0	153.2	2581.0	647.8	496.2	414.1
1999	9055.2	7236.1	2765.8	6230.7	2729.9	154.7	2663.8	584.6	438.1	420.8
2000	9024.4	6918.7	2716.6	5879.1	2678.8	143.9	2478.6	592.2	423.7	447.4
2001	8990.8	6628.9	2629.6	5736.1	2579.8	94.1	2543.4	484.0	379.2	408.8
2002	8935.1	6484.4	2493.2	5625.8	2449.6	111.0	2577.4	452.1	331.3	406.5
2003	8638.5	5944.0	2232.9	5183.5	2192.9	75.6	2488.8	384.0	280.5	376.5
2004	8695.4	6003.4	2200.5	5322.9	2161.5	83.5	2630.6	359.7	274.3	320.8
2005	8785.5	6240.2	2415.4	5611.3	2377.1	87.7	2677.4	333.1	254.9	295.8
2006	8713.9	6271.7	2535.6	5752.2	2504.5	88.7	2799.9	270.0	210.9	249.5
2007	8652.7	6168.2	2443.1	5662.4	2412.4	84.5	2862.6	248.4	188.5	257.5
2008	8713.2	6158.1	2447.2	5648.9	2416.1	81.5	2841.1	249.6	187.6	259.6
2009	8682.5	6216.5	2424.2	5753.0	2394.5	85.1	2950.5	219.3	165.8	244.2
2010	8718.4	6282.2	2455.2	5831.8	2420.3	79.7	3008.6	194.4	147.9	256.0
2011	8773.7	6286.1	2431.6	5836.2	2396.1	83.0	3035.8	179.3	136.1	270.6
2012	8786.5	6302.4	2444.7	5863.4	2410.0	85.9	3049.1	171.7	127.6	267.3
2013	8749.2	6315.9	2407.1	5883.8	2377.7	86.8	3108.8	166.4	124.5	265.7
2014	8713.1	6332.0	2365.0	5912.2	2342.7	84.8	3170.9	162.3	122.3	257.5
2015	8739.8	6392.5	2350.7	5965.2	2318.9	84.8	3248.1	153.7	115.9	273.6
2016	8716.6	6327.4	2345.8	5903.3	2313.9	81.5	3191.1	145.6	105.7	278.5

1-2-1续　历年主要农作物播种面积

单位：千公顷

年 份	#棉 花	#油 料	#花 生	#芝 麻	#麻 类	#甜 菜	#烟 叶	#烤 烟	#蔬菜播种面积	#瓜果类播种面积
1949	625.4	322.7	232.5	52.5	21.9		4.1	0.3		
1952	978.1	348.8	229.9	45.4	40.0		8.1	1.6		
1957	935.8	358.6	220.5	36.9	40.2		5.0	0.8		
1962	667.8	208.7	80.6	46.7	25.0	1.2	5.2	0.5		
1965	716.5	287.3	142.5	39.4	41.1	0.2	3.7	0.7		
1970	580.8	273.3	123.5	46.2	26.3	2.2	4.0	0.8		
1975	582.3	300.3	137.9	40.4	37.9	11.3	8.5	3.3	210.0	25.3
1978	576.6	300.2	133.1	32.1	30.2	15.2	11.8	6.3	225.4	26.0
1980	548.7	461.0	237.1	52.3	27.8	10.0	5.6	1.0	213.7	36.5
1985	850.3	749.8	331.6	123.3	24.6	11.5	11.5	3.3	263.2	82.7
1990	910.9	543.5	296.2	59.7	9.0	7.7	12.2	7.2	288.5	45.2
1995	700.5	604.5	371.7	46.4	4.9	11.9	5.5	3.7	408.9	53.0
1996	427.5	601.1	374.1	39.2	4.4	7.2	6.6	5.0	529.4	60.1
1997	377.1	602.7	399.7	27.2	5.6	7.2	8.9	6.9	599.3	54.4
1998	315.7	632.4	425.2	29.8	5.0	8.0	5.7	4.3	667.7	79.8
1999	266.6	635.2	430.5	27.4	3.4	8.0	5.9	4.3	735.6	78.5
2000	307.4	686.4	463.3	25.9	3.0	9.9	5.5	3.7	866.1	87.7
2001	418.5	631.7	494.5	26.1	2.6	9.3	4.1	2.9	925.8	109.7
2002	407.4	642.0	479.8	21.3	3.6	11.6	4.9	3.2	1028.9	104.1
2003	581.4	634.0	489.5	19.2	2.1	11.5	4.7	3.1	1068.5	111.8
2004	669.1	583.6	448.9	16.2	2.1	8.6	4.4	2.9	1082.2	109.3
2005	573.5	559.0	438.8	15.2	2.2	10.5	3.7	2.6	1104.8	105.4
2006	664.1	485.9	377.6	13.0	2.0	13.9	1.9	1.1	1066.7	103.1
2007	680.0	498.3	391.5	11.2	1.5	15.7	1.9	1.1	1075.0	104.8
2008	690.0	516.9	409.9	9.7	0.4	15.7	3.0	2.5	1101.3	102.5
2009	620.0	496.6	389.7	8.6	0.4	12.5	3.0	2.4	1100.9	100.0
2010	581.6	464.4	367.4	7.9	0.3	14.1	2.9	1.9	1138.6	104.1
2011	632.5	453.1	360.2	7.4	0.3	12.5	2.9	2.3	1157.9	105.2
2012	578.3	454.0	354.5	6.8	0.3	14.2	3.2	2.6	1203.0	106.7
2013	483.0	470.4	355.6	6.4	0.3	16.3	3.2	2.7	1220.4	109.5
2014	410.9	466.3	352.5	6.1	0.3	15.3	3.0	2.4	1237.5	114.2
2015	359.3	461.6	342.9	6.2	0.2	17.1	2.9	2.4	1242.1	114.7
2016	288.6	468.3	342.3	5.7	0.1	19.3	2.8	2.3	1236.2	113.6

1–2–2 历年主要农作物产品产量

年份	粮食总产量(万吨)	#夏收粮食	谷物	#小麦	#稻谷	#玉米	豆类	#大豆	薯类	棉花总产量(万吨)
1949	469.5	90.2		86.4	3.1	86.1		30.7	47.5	10.82
1952	772.2	119.3		115.5	9.7	134.7		39.2	95.8	28.14
1957	819.1	167.0		161.7	22.5	207.8		70.7	106.5	30.05
1962	662.8	109.7		104.2	10.5	140.4		33.8	153.4	13.02
1965	964.5	206.0		192.0	27.1	250.7		34.5	159.1	26.07
1970	1272.5	256.5		228.0	36.4	368.1		53.1	210.7	25.28
1975	1543.4	487.4		460.0	36.7	421.1		27.5	199.2	18.30
1978	1687.9	655.2		631.4	54.3	516.6		32.3	163.8	11.71
1980	1522.5	387.9		378.8	83.1	663.2		29.7	125.2	24.72
1985	1966.6	748.2		744.3	78.0	678.9		38.5	144.5	62.86
1990	2276.9	929.8		927.7	91.6	829.2		53.5	138.6	57.08
1995	2739.0	1065.4	2507.0	1060.3	90.3	1183.4	94.3	78.6	137.7	37.05
1996	2789.5	1146.8	2557.1	1139.1	92.2	1168.4	89.9	73.6	142.5	25.84
1997	2746.7	1341.5	2554.1	1330.7	102.4	1009.5	68.0	58.2	124.6	24.87
1998	2917.5	1265.3	2680.3	1253.6	99.2	1187.2	95.0	76.0	142.2	27.02
1999	2746.3	1294.4	2552.1	1280.5	93.1	1088.0	68.6	56.7	125.6	22.26
2000	2551.1	1219.8	2355.6	1208.0	65.8	994.5	74.5	62.9	121.0	30.01
2001	2491.8	1140.6	2309.0	1122.7	47.2	1059.5	67.1	56.3	115.7	41.93
2002	2435.8	1114.2	2256.2	1099.5	55.7	1035.0	60.6	49.4	119.0	40.19
2003	2387.8	1035.4	2205.9	1018.8	41.1	1073.6	60.6	46.4	121.3	52.20
2004	2480.1	1069.0	2319.4	1053.2	47.3	1157.6	57.6	44.3	103.1	66.54
2005	2598.6	1166.0	2452.9	1150.3	51.6	1193.8	51.2	42.4	94.5	57.72
2006	2780.6	1203.4	2640.2	1189.7	51.2	1348.8	46.9	39.5	93.5	70.02
2007	2841.6	1207.8	2716.0	1193.7	57.6	1421.8	42.8	36.4	82.8	72.47
2008	2905.8	1236.5	2758.5	1221.9	55.6	1442.2	45.9	38.1	101.4	73.73
2009	2910.2	1243.2	2801.8	1229.8	57.5	1465.2	34.9	28.5	73.4	60.46
2010	2975.9	1243.7	2844.3	1230.6	54.2	1508.7	33.5	27.7	98.1	56.95
2011	3172.6	1290.1	3032.3	1276.1	60.2	1639.6	35.7	29.5	104.6	65.34
2012	3246.6	1353.1	3102.7	1337.7	49.8	1649.5	32.5	25.9	111.5	56.44
2013	3365.0	1402.4	3221.8	1387.2	58.8	1703.9	30.9	24.4	112.4	45.68
2014	3360.2	1444.0	3224.9	1429.9	54.2	1670.7	34.8	25.0	100.5	43.10
2015	3363.8	1450.2	3230.4	1435.0	54.5	1670.4	29.5	22.6	103.9	37.3
2016	3460.2	1448.7	3321.9	1433.3	54.7	1753.6	32.0	24.7	106.3	30.0

1-2-2续 历年主要农作物产品产量

年份	油料总产量(万吨)	#花生	#芝麻	麻类总产量(吨)	#黄红麻	甜菜总产量(万吨)	烟叶(吨)	#烤烟	蔬菜总产量(万吨)	瓜果类总产量(万吨)
1949	26.36	23.25	1.37	9875		0.01	2455	125		
1952	30.99	25.87	2.00	31420		0.06	9040	1990		
1957	29.47	24.34	1.46	25870		0.05	3845	545		
1962	8.42	5.22	1.75	4825		0.32	2310	225		
1965	17.85	10.66	1.95	16785		0.11	2385	535		
1970	24.18	14.89	2.56	11610		2.15	3975	990		
1975	24.05	15.29	2.33	18630	10030	6.05	6715	2515	523.8	33.0
1978	24.50	17.37	1.26	16615	9130	8.31	10940	6385	550.7	29.7
1980	45.14	35.77	3.23	17785	9720	9.44	5900	1540	531.6	45.9
1985	86.92	58.01	5.14	59890	52305	19.89	20135	5440	921.2	173.1
1990	74.89	57.81	2.74	20148	18158	12.34	22090	11596	1157.0	110.6
1995	109.86	94.68	2.47	13996	13095	12.36	9427	6513	2148.4	186.6
1996	120.65	100.48	2.22	11575	10805	6.86	16334	9661	2581.8	221.9
1997	117.98	106.79	1.62	14294	12966	7.09	18872	13965	3033.8	215.1
1998	138.82	118.53	2.23	14257	13313	17.08	12488	8302	3587.8	313.6
1999	129.51	117.98	1.85	9042	8535	7.53	12082	7839	3815.4	310.0
2000	146.97	132.59	2.03	7951	7436	11.53	12429	7360	4454.0	341.9
2001	153.81	144.27	1.99	7231	6897	9.90	9356	4062	4892.6	405.0
2002	151.26	140.45	1.64	10271	10060	14.73	11083	5252	5477.2	420.8
2003	163.10	148.14	1.64	6214	5801	22.03	10693	4378	5903.4	473.8
2004	154.32	137.85	1.50	4329	778	20.99	10952	5135	6187.5	469.4
2005	152.73	140.33	1.46	7262	767	42.66	9759	4928	6467.6	479.4
2006	133.78	121.87	1.32	7328	810	56.82	4984	2286	6314.4	460.3
2007	138.09	130.68	1.12	3962	717	53.08	4226	2271	6440.7	475.7
2008	152.59	140.07	1.08	710	617	59.38	6114	3562	6684.6	478.8
2009	143.27	133.99	1.01	745	699	30.73	6650	4082	6742.1	474.6
2010	140.29	129.23	1.05	677	648	48.98	6505	3201	7073.6	500.7
2011	141.78	128.92	1.04	729	688	46.52	6812	4159	7384.3	514.1
2012	142.83	126.94	0.91	780	738	59.43	7019	4550	7695.1	528.9
2013	151.13	130.08	0.88	786	736	74.24	7154	4806	7902.1	560.2
2014	150.20	129.24	0.84	612	592	75.62	8871	6568	8125.7	598.4
2015	151.54	127.41	0.85	499	480	89.18	6400	4202	8243.7	608.6
2016	156.50	129.71	0.77	172	153	93.14	6062	3976	8193.4	613.9

1–2–3　历年主要农作物单位面积产量

单位：公斤/公顷

年　份	粮食播种面积单　产	#小 麦	#稻 谷	#玉 米	#大 豆	#薯 类	棉花播种面积单　产
1949	648	548	798	691	487	1355	173
1952	1041	728	1820	1193	714	2096	288
1957	1026	675	1552	1410	869	2214	321
1962	935	605	1818	1154	632	1997	195
1965	1337	1037	2220	1721	719	2362	364
1970	1659	1098	3926	2121	1293	3033	435
1975	1916	1635	4994	2222	1141	3161	314
1978	2123	2212	4928	2310	1245	2693	203
1980	2034	1430	5722	2833	1140	2640	451
1985	3029	3165	6113	3881	1283	3045	739
1990	3335	3698	6201	4063	1326	3196	627
1995	4011	4240	7019	5166	1654	3384	529
1996	3908	4396	6501	4628	1555	3307	604
1997	3869	4891	6591	4161	1265	2960	660
1998	3993	4536	6477	4600	1532	3434	856
1999	3795	4691	6017	4085	1295	2985	835
2000	3687	4509	4573	4012	1485	2705	976
2001	3759	4352	5021	4166	1486	2830	1002
2002	3756	4489	5019	4015	1492	2926	986
2003	4017	4646	5433	4314	1655	3223	898
2004	4131	4873	5659	4400	1616	3214	994
2005	4164	4839	5882	4459	1664	3193	1007
2006	4434	4750	5770	4817	1873	3747	1054
2007	4607	4948	6810	4967	1929	3214	1066
2008	4719	5057	6815	5076	2032	3906	1069
2009	4681	5136	6751	4966	1718	3006	975
2010	4737	5085	6805	5015	1873	3831	979
2011	5047	5326	7249	5401	2169	3864	1033
2012	5151	5551	5798	5410	2032	4170	976
2013	5328	5834	6768	5481	1962	4229	946
2014	5307	6104	6383	5269	2045	3903	1049
2015	5262	6188	6431	5143	1949	3798	1039
2016	5469	6194	6712	5495	2332	3818	1038

1-2-3续　历年主要农作物单位面积产量

单位：公斤/公顷

年　份	油料播种面积单产	#花　生	麻类播种面积单产	甜菜播种面积单产	烟叶播种面积单产	#烤　烟	蔬菜播种面积单产	瓜果类播种面积单产
1949	817	721	452		601	391		
1952	888	742	785	14000	1115	1254		
1957	822	679	644	12250	776	717		
1962	403	250	193	2674	448	462		
1965	621	371	408	4800	647	819		
1970	885	545	442	9636	983	1248		
1975	801	509	492	5370	786	756	24938	13052
1978	816	1305	548	5468	930	1013	24435	11400
1980	979	1509	638	9398	1058	1478	24870	12518
1985	1159	1750	2438	17250	1755	1665	34995	20940
1990	1378	1951	2229	16027	1818	1606	40110	24479
1995	1817	2548	2843	10408	1729	1761	52547	35241
1996	2007	2686	2654	9527	2458	1951	48769	36913
1997	1957	2672	2565	9816	2123	2012	50618	39546
1998	2195	2787	2864	21465	2187	1931	53733	39274
1999	2039	2740	2689	9389	2052	1821	52870	39467
2000	2141	2862	2642	11695	2267	1976	51424	38996
2001	2435	2918	2739	10636	2265	1396	53377	36914
2002	2356	2927	2885	12654	2248	1636	53236	40420
2003	2573	3026	2988	19105	2256	1431	55250	42370
2004	2644	3071	2061	24291	2478	1771	57175	42941
2005	2732	3198	3317	40704	2635	1918	58542	45486
2006	2753	3227	3684	40769	2612	2169	59194	44663
2007	2771	3338	2717	33851	2213	2028	59915	45395
2008	2952	3417	1994	37851	2030	1449	60694	46695
2009	2885	3438	354	24540	2224	4082	61240	47466
2010	3021	3517	2212	34813	2206	1659	62127	48105
2011	3129	3579	2202	37246	2339	1815	63775	48857
2012	3146	3581	2241	41911	2211	1725	63966	49547
2013	3213	3658	2382	45584	2253	1807	64753	51144
2014	3221	3667	2242	49574	3001	2692	65662	52420
2015	3283	3716	2160	52015	2183	1721	66371	53067
2016	3342	3790	2177	48363	2168	1696	66279	54043

1-2-4 主要农作物播种面积增减

指 标	播种面积(千公顷)			
	2010年	2015年	2016年	2016年比上年增减(%)
农作物总播种面积	**8718.4**	**8739.8**	**8716.6**	**-0.3**
一、粮食作物	**6282.2**	**6392.5**	**6327.4**	**-1.0**
#夏收粮食	2455.2	2350.7	2345.8	-0.2
1.谷 物	5831.8	5965.2	5903.3	-1.0
#稻 谷	79.7	84.8	81.5	-3.9
小 麦	2420.3	2318.9	2313.9	-0.2
玉 米	3008.6	3248.1	3191.1	-1.8
谷 子	154.8	148.3	149.3	0.7
高 粱	16.2	11.5	10.7	-6.8
2.豆 类	194.4	153.7	145.6	-5.3
#大 豆	147.9	115.9	105.7	-8.7
3.薯 类	256.0	273.6	278.5	1.8
#马铃薯	155.0	178.3	181.3	1.7
二、油 料	**464.4**	**461.6**	**468.3**	**1.5**
#花 生	367.4	342.9	342.3	-0.2
油菜籽	22.0	17.6	18.7	6.2
芝 麻	7.9	6.2	5.7	-7.5
胡麻籽	41.0	34.5	33.0	-4.2
葵花籽	23.8	59.3	67.0	13.1
三、棉 花	**581.6**	**359.3**	**288.6**	**-19.7**
四、麻 类	**0.3**	**0.2**	0.1	**-65.8**
#黄红麻	0.3	0.2	0.1	-69.6
大麻(线)		0.0	0.0	-42.9
五、甜 菜	**14.1**	**17.1**	**19.3**	**12.3**
六、烟 叶	**2.9**	**2.9**	**2.8**	**-4.6**
#烤 烟	1.9	2.4	2.3	-3.9
七、药 材	**28.4**	**62.1**	**69.0**	**11.0**
八、蔬 菜	**1138.6**	**1242.1**	**1236.2**	**-0.5**
九、瓜果类	**104.1**	**114.7**	**113.6**	**-0.9**
十、其他农作物	**101.9**	**87.3**	**191.5**	**119.3**
#青饲料	64.3	55.8	117.4	110.4

1-2-5　主要农作物播种面积构成

（以农作物总播种面积为100）　　单位：%

指　　标	2010年	2015年	2016年
农作物总播种面积	**100.00**	**100.00**	**100.00**
一、粮食作物	**72.06**	**73.14**	**72.59**
#夏收粮食	28.16	26.90	26.91
1.谷　物	66.89	68.25	67.72
#稻　谷	0.91	0.97	0.94
小　麦	27.76	26.53	26.55
玉　米	34.51	37.16	36.61
谷　子	1.78	1.70	1.71
高　粱	0.19	0.13	0.12
2.豆　类	2.23	1.76	1.67
#大　豆	1.70	1.33	1.21
3.薯　类	2.94	3.13	3.20
#马铃薯	1.78	2.04	2.08
二、油　料	**5.33**	**5.28**	**5.37**
#花　生	4.21	3.92	3.93
油菜籽	0.25	0.20	0.22
芝　麻	0.09	0.07	0.07
胡麻籽	0.47	0.39	0.38
葵花籽	0.27	0.68	0.77
三、棉　花	**6.67**	**4.11**	**3.31**
四、麻　类		**0.00**	**0.00**
#黄红麻		**0.00**	**0.00**
大麻(线)		0.00	
五、甜　菜	**0.16**	**0.20**	**0.22**
六、烟　叶	**0.03**	**0.03**	**0.03**
#烤　烟	0.02	0.03	0.03
七、药　材	**0.33**	**0.71**	**0.79**
八、蔬　菜	**13.06**	**14.21**	**14.18**
九、瓜果类	**1.19**	**1.31**	**1.30**
十、其他农作物	**1.17**	**1.00**	**2.20**
#青饲料	0.74	0.64	1.35

1-2-6 主要农作物产品产量增减

指标	总产量（万吨）			
	2010年	2015年	2016年	2016年比上年增减(%)
一、粮食作物	**2975.90**	**3363.81**	**3460.24**	**2.9**
#夏收粮食	1243.70	1450.21	1448.70	-0.1
1.谷　物	2844.29	3230.42	3321.86	2.8
#稻　谷	54.23	54.53	54.72	0.4
小　麦	1230.62	1435.00	1433.25	-0.1
玉　米	1508.72	1670.36	1753.64	5.0
谷　子	39.29	48.37	52.76	9.1
高　粱	4.55	3.70	3.76	1.7
2.豆　类	33.52	29.47	32.04	8.7
#大　豆	27.69	22.58	24.66	9.2
3.薯　类	98.09	103.93	106.34	2.3
#马铃薯	44.96	58.32	59.48	2.0
二、油　料	**140.29**	**151.54**	**156.50**	**3.3**
#花　生	129.23	127.41	129.71	1.8
油菜籽	2.89	2.97	3.10	4.3
芝　麻	1.05	0.85	0.77	-9.4
胡麻籽	2.71	3.26	3.15	-3.2
葵花籽	3.76	16.72	19.37	15.8
三、棉　花	**56.95**	**37.34**	**29.95**	**-19.8**
四、麻　类	**0.07**	**0.05**	**0.02**	**-65.5**
#黄红麻	0.06	0.05	**0.02**	-68.1
大麻(线)		0.00	0.00	-60.0
五、甜　菜	**48.98**	**89.18**	**93.14**	**4.45**
六、烟　叶	**0.65**	**0.64**	**0.61**	**-5.3**
#烤　烟	0.32	0.42	0.40	-5.4
七、药　材		**38.77**	**42.60**	**9.9**
八、蔬　菜	**7073.57**	**8243.69**	**8193.37**	**-0.6**
九、瓜果类	**500.70**	**608.58**	**613.92**	**0.9**

1-2-7 主要农作物播种面积单产增减

指 标	每公顷产量(公斤)			
	2010年	2015年	2016年	2016年比上年增减(%)
一、粮食作物	**4737**	**5262**	**5469**	**3.9**
#夏收粮食	5066	6169	6176	0.1
1.谷 物	4877	5415	5627	3.9
#稻 谷	6805	6431	6712	4.4
小 麦	5085	6188	6194	0.1
玉 米	5015	5143	5495	6.9
谷 子	2538	3262	3534	8.3
高 粱	2803	3227	3521	9.1
2.豆 类	1724	1917	2200	14.8
#大 豆	1873	1949	2332	19.7
3.薯 类	3831	3798	3818	0.5
#马铃薯	2901	3272	3282	0.3
二、油 料	**3021**	**3283**	**3342**	**1.8**
#花 生	3517	3716	3790	2.0
油菜籽	1312	1683	1653	-1.8
芝 麻	1341	1381	1353	-2.0
胡麻籽	662	945	955	1.1
葵花籽	1577	2822	2890	2.4
三、棉 花	**979**	**1039**	1038	**-0.1**
四、麻 类	**2212**	**2160**	2177	**0.8**
#黄红麻	2258	2212	2318	4.8
大麻(线)	1500	1429	1000	-30.0
五、甜 菜	**34813**	**52015**	**48363**	**-7.0**
六、烟 叶	**2206**	**2183**	**2168**	**-0.7**
#烤 烟	1659	1721	1696	-1.5
七、蔬 菜	**62127**	**66371**	**66279**	**-0.1**
八、瓜果类	**48105**	**53067**	**54043**	**1.8**

1-2-8 历年水果及食用坚果产量

单位：吨

年 份	食用坚果产量	#核 桃	#板 栗	园林水果产量	#苹 果	#梨
1949	12005	3947	4497	228090	1338	80849
1952	12989	3880	5692	351161	1897	61517
1957	22969	5962	12078	226090	3256	52619
1962	14030	4780	8701	319229	2503	79072
1965	37170	9519	19784	331610	6580	73089
1970	36635	7102	13667	523832	32743	188355
1975	31185	6257	15261	645190	75250	263840
1978	42932	10688	22234	795113	172303	370708
1980	43625	11895	23340	801200	178060	359985
1985	51335	12391	23801	1601587	467727	738079
1990	50042	12254	26565	1754709	467647	763038
1995	65532	19099	28812	4319652	1255794	1686062
1996	87502	21742	39976	5031989	1566759	1977097
1997	102402	27905	43021	5561208	1751374	2113339
1998	92742	29441	42490	6296892	1930339	2388517
1999	97254	30365	43023	6437654	1871157	2509805
2000	90259	30102	34620	6773066	1806155	2551647
2001	83036	28761	50725	6697927	1845447	2445536
2002	89177	30613	55049	7485270	1965571	2662857
2003	110723	32746	71595	7969744	2002769	2820702
2004	132974	38401	84661	8769525	2142882	3131868
2005	164307	47032	107079	9184789	2202273	3246220
2006	189815	46044	134895	9685262	2357620	3334972
2007	234029	52253	168874	10158050	2478845	3459772
2008	249197	61590	166115	10541293	2615982	3539679
2009	314814	70518	211619	11040692	2767973	3640682
2010	282387	74392	174640	11117252	2724614	3758287
2011	336181	96891	208241	12050753	2926425	4068629
2012	400706	126636	243925	12860377	3114632	4450544
2013	427566	104334	284555	13030993	3201405	4455981
2014	468958	160632	275201	14205932	3457299	4735278
2015	543683	173363	327482	15086122	3665784	5059899
2016	584878	185625	351423	15245885	3655841	4992313

1-2-8续 历年水果及食用坚果产量

单位：吨

年 份	园林水果产量（续）					
	#桃	#葡 萄	#红 枣	#柿 子	#杏	#红 果
1949			82555			
1952			164183			
1957			73243			
1962			134948			
1965			126425			
1970			121811			
1975		10270	153100	64880		
1978	36309	5647	92855	75207		
1980	34585	7585	124400	55955		
1985	48082	25807	139912	102230	24561	16724
1990	178001	80921	122889	57405	25022	31175
1995	499684	293034	212812	153893	39577	107888
1996	538423	304721	215382	151833	56363	127609
1997	576184	361689	284032	188173	67924	136759
1998	649389	404436	359256	221166	70685	166754
1999	713701	447002	353051	241482	80511	123897
2000	735804	523601	441657	246119	120141	96121
2001	868119	580139	419954	225584	109040	117828
2002	1009618	758280	488031	257519	126981	120480
2003	1133773	803418	551313	291535	140877	123716
2004	1223842	840916	666445	323962	156907	156359
2005	1248910	863938	807577	333382	173335	161367
2006	1316853	878417	909161	345685	185692	191765
2007	1370654	946886	910315	394325	185922	252014
2008	1430416	988071	929978	410365	190566	262525
2009	1444854	1050802	1077928	418102	196518	295594
2010	1462150	1075468	1031025	446393	213487	250340
2011	1526760	1125481	1253857	470458	233297	275343
2012	1573161	1241764	1258911	503927	247677	298783
2013	1661743	1369938	1167677	444477	261618	307508
2014	1818496	1549564	1312732	523230	273196	338378
2015	1931515	1659871	1385688	522629	289005	366434
2016	2020728	1707421	1388360	583604	309835	376698

1−2−9　园林水果及食用坚果生产

指　　标	单　位	2010年	2015年	2016年	2016年比上年增减(%)
一、园林水果产量	**吨**	**11117252**	**15086122**	**15245885**	**1.1**
#苹　果	吨	2724614	3665784	3655841	-0.3
梨	吨	3758287	5059899	4992313	-1.3
桃	吨	1462150	1931515	2020728	4.6
葡　萄	吨	1075468	1659871	1707421	2.9
红　枣	吨	1031025	1385688	1388360	0.2
柿　子	吨	446393	522629	583604	11.7
杏	吨	213487	289005	309835	7.2
红　果	吨	250340	366434	376698	2.8
二、食用坚果产量	**吨**	**282387**	**543683**	**584878**	**7.6**
#核　桃	吨	74392	173363	185625	7.1
板　栗	吨	174640	327482	351423	7.3
三、果园面积	**千公顷**	**1064.40**	**1094.23**	**1090.14**	**-0.4**
#苹果园	千公顷	265.41	242.65	241.77	-0.4
梨　园	千公顷	189.21	203.30	198.03	-2.6
桃　园	千公顷	85.76	88.28	87.46	-0.9
葡萄园	千公顷	70.37	86.49	88.27	2.1

1−2−10　林　业　生　产

指　　标	单　位	2010年	2015年	2016年	2016年比上年增减(%)
一、营造林情况					
(一)人工造林面积	千公顷	138.37	284.08	345.63	21.7
(二) 飞播造林面积	千公顷	76.60		33.33	
(三)当年新封山育林面积	千公顷	68.91	58.84	135.11	129.6
(四)退化林修复面积	千公顷		11.69	65.65	461.6
(五)人工更新面积	千公顷	4.20	5.26	3.64	-30.8
(六)森林抚育面积	千公顷	263.75	444.49	408.38	-8.1
(七)当年零星四旁植树	万　株	10036.95	10786.14	10429.56	-3.3
(八)当年新增育苗面积	千公顷	16.12	28.86	25.01	-13.4
二、商品材采伐量	**万立方米**	**71.34**	**80.45**	**82.30**	**2.3**
#村及村以下木材采伐量	万立方米	44.20	48.29	54.61	13.1
三、花椒产量	**吨**	**12271**	**10726**	**10284**	**-4.1**

注：森林抚育面积是指中、幼龄林抚育面积。

1-2-11　历年牲畜存栏头数

单位：万头

年　份	大牲畜年末存栏	牛	马	驴	骡
1949	299.80	146.69	8.65	127.08	17.37
1952	369.92	189.15	12.19	148.91	19.64
1957	346.55	174.66	18.12	136.57	17.17
1962	258.13	142.40	19.48	83.10	13.13
1965	300.65	171.71	24.37	90.32	14.24
1970	366.55	198.52	41.01	102.12	24.66
1975	380.70	165.03	70.91	98.43	44.93
1978	354.70	134.60	79.81	83.07	56.95
1980	341.05	120.71	78.02	78.26	63.88
1985	446.50	155.10	71.95	142.57	76.88
1990	525.22	207.90	56.95	176.71	83.66
1995	870.88	579.34	48.68	167.69	75.17
1996	885.85	598.52	49.36	164.23	73.74
1997	860.33	582.96	49.54	158.17	69.66
1998	835.89	563.76	49.03	155.36	67.74
1999	811.94	543.33	48.21	153.61	66.79
2000	774.24	516.73	45.04	149.14	63.33
2001	730.17	487.72	43.31	138.92	60.22
2002	702.92	476.64	40.64	130.04	55.60
2003	685.06	477.87	36.83	121.05	49.31
2004	721.81	528.39	35.53	112.56	45.33
2005	762.63	584.92	33.13	104.11	40.47
2006	613.00	458.93	28.99	90.16	34.92
2007	610.49	474.99	24.92	80.72	29.86
2008	569.75	449.01	22.70	70.65	27.39
2009	536.66	429.11	20.30	62.89	24.36
2010	503.87	404.20	18.85	57.73	23.09
2011	495.72	400.31	18.20	55.80	21.41
2012	498.15	403.10	18.44	55.49	21.12
2013	482.55	390.66	18.07	53.64	20.16
2014	488.23	402.42	17.06	49.92	18.79
2015	493.20	412.48	15.97	47.34	17.37
2016	467.70	395.98	15.11	40.88	15.71

1-2-11续　历年牲畜存栏头数

年份	生猪存栏（万头）	羊存栏（万只）			活家禽存栏（万只）
			山羊	绵羊	
1949	346.5	170.3	81.7	88.6	
1952	502.9	306.1	155.6	150.5	
1957	704.4	463.4	263.3	200.1	
1962	524.4	799.7	529.2	270.5	
1965	772.9	573.6	331.1	242.5	
1970	923.8	665.4	391.6	273.8	
1975	1622.8	659.0	382.9	276.1	
1978	1245.7	600.7	346.1	254.6	
1980	1293.4	814.9	461.4	353.5	4210.8
1985	1421.4	721.1	372.8	348.3	10233.0
1990	1494.2	1074.5	562.6	511.9	12838.2
1995	2052.8	1565.7	803.4	762.3	35670.5
1996	2061.2	1654.2	840.1	814.1	44078.6
1997	2097.8	1728.8	872.8	856.0	44971.5
1998	2069.6	1738.8	866.8	872.1	45153.6
1999	2029.2	1719.3	844.9	874.4	45066.2
2000	1959.6	1676.6	801.8	874.8	45515.9
2001	1904.2	1639.5	751.3	888.2	44432.9
2002	1909.9	1572.5	672.9	899.6	47707.8
2003	1926.2	1594.3	664.5	929.8	42212.7
2004	1964.3	1664.5	673.7	990.9	51602.9
2005	1977.5	1679.1	678.3	1000.8	41070.5
2006	1812.8	1552.6	771.5	781.1	37495.5
2007	1907.1	1583.7	785.5	798.2	39106.9
2008	2015.2	1617.0	750.9	866.1	37996.3
2009	1968.0	1565.1	551.4	1013.7	34922.4
2010	1846.0	1408.6	462.2	946.4	33106.4
2011	1885.2	1457.2	467.5	989.7	35668.3
2012	1847.5	1413.5	450.5	963.0	38528.8
2013	1932.9	1455.1	450.9	1004.2	37206.4
2014	1915.5	1526.4	481.6	1044.8	38694.7
2015	1865.7	1450.1	475.8	974.3	37804.7
2016	1819.0	1386.3	470.3	916.0	38560.8

1-2-12 历年牲畜出栏及主要畜产品产量

年份	年内出栏肉猪（万头）	年内牛出栏（万头）	年内羊出栏（万只）	活家禽出栏（万只）	肉类总产量（万吨）	#猪牛羊肉产量（万吨）	奶类产量（万吨）	#生牛奶产量（万吨）	绵羊毛产量（吨）	禽蛋产量（万吨）
1975	584.3		150.5				2.16	1.40	2649	
1978	570.5	4.0	135.7			41.7	2.46	1.82	3652	
1980	716.9	5.4	174.9			52.5	4.51	2.65	5134	
1985	1018.5	15.2	325.9		85.9	81.9	10.05	7.32	7511	33.44
1990	1395.5	45.0	644.4	5246.6	130.1	121.2	14.26	11.18	12634	51.28
1995	2409.6	333.3	1200.7	31457.4	310.7	258.8	38.92	32.55	17427	205.29
1996	2454.1	325.8	1392.0	40690.8	315.9	253.1	47.94	40.06	19284	266.63
1997	2564.5	329.0	1470.0	42762.5	332.7	262.5	54.72	46.74	21547	294.02
1998	2620.4	329.3	1491.3	42920.7	339.8	268.1	65.89	55.81	23172	305.61
1999	2666.6	320.7	1493.2	43913.3	343.7	270.5	78.81	68.35	25715	317.76
2000	2675.2	326.3	1511.5	44471.3	342.4	270.0	96.21	84.20	27788	329.35
2001	2699.4	315.5	1502.7	45073.9	347.7	269.7	119.26	107.38	27475	335.53
2002	2757.1	321.2	1609.6	45671.3	356.6	277.1	148.89	136.89	28657	346.88
2003	2853.0	329.5	1591.6	46542.5	365.8	285.3	207.61	197.90	30004	358.56
2004	2991.0	403.2	1615.8	47033.9	378.8	298.7	276.95	266.46	31678	367.24
2005	3145.0	360.4	1695.5	48690.1	395.6	314.2	348.64	340.35	36466	385.18
2006	3246.7	348.8	1726.4	48743.0	406.2	323.5	417.00	407.62	33254	382.30
2007	2964.2	359.7	1789.1	52107.8	398.1	307.6	497.70	489.44	32051	396.45
2008	3230.8	354.1	1946.2	53900.3	421.1	329.1	515.33	504.51	34147	411.00
2009	3332.9	344.3	2059.1	52552.8	426.6	336.8	461.10	451.50	34588	353.20
2010	3222.9	361.2	2143.5	47980.7	416.7	332.6	449.08	439.76	29290	339.08
2011	3235.8	339.0	2050.7	50730.8	418.2	329.5	466.94	458.90	28748	339.84
2012	3396.7	340.3	2071.5	57935.9	442.9	343.0	478.97	470.37	30663	342.56
2013	3452.0	325.3	2105.1	58573.2	448.8	346.6	465.66	458.00	33105	346.06
2014	3638.4	320.6	2189.3	59627.5	468.1	364.1	496.12	487.77	36145	362.71
2015	3551.1	325.4	2255.0	58435.0	462.5	359.9	480.93	473.14	36308	373.59
2016	3433.9	331.9	2303.8	60772.4	457.7	352.0	448.04	440.49	35272	388.54

1-2-13 历年猪、牛、羊、禽出栏率及胴体重

年份	猪出栏率(%)	牛出栏率(%)	羊出栏率(%)	家禽出栏率(%)	平均每头猪产肉(公斤)	平均每头牛产肉(公斤)	平均每只羊产肉(公斤)	平均每只家禽产肉(公斤)
1978	41.9	2.8	22.5					
1980	53.0	4.2	24.0					
1985	84.3	11.3	44.9		74.9	122.8	11.4	
1990	94.4	22.2	55.7	45.1	77.2	123.7	12.3	1.11
1995	134.4	71.7	98.5	105.3	77.8	163.8	14.0	1.41
1996	119.5	56.2	88.9	114.1	75.8	150.2	13.1	1.39
1997	124.4	55.0	88.9	97.0	75.2	153.7	13.0	1.36
1998	124.9	56.5	86.3	95.4	75.4	155.3	13.1	1.38
1999	128.8	56.9	85.9	97.3	75.5	154.5	13.1	1.38
2000	131.8	60.1	87.9	98.7	75.3	150.1	13.0	1.38
2001	137.8	61.0	89.6	99.0	75.3	148.6	13.0	1.41
2002	144.8	65.9	98.2	102.8	75.4	151.0	12.9	1.42
2003	149.4	69.1	101.2	97.6	75.3	151.4	12.9	1.42
2004	155.3	84.4	101.3	111.4	75.5	128.3	13.2	1.44
2005	160.1	68.2	101.9	94.4	75.7	149.3	13.2	1.38
2006	164.2	59.6	102.8	118.7	76.0	155.0	13.1	1.41
2007	163.5	78.4	115.2	139.0	76.1	160.5	13.6	1.45
2008	169.4	74.5	122.9	137.8	76.1	160.5	13.6	1.45
2009	165.3	76.7	127.3	138.3	76.1	160.6	13.6	1.45
2010	163.8	84.2	137.0	137.4	76.1	160.9	13.7	1.46
2011	175.0	83.0	145.6	153.2	76.2	160.7	13.9	1.47
2012	180.1	85.0	142.2	162.4	76.3	162.5	13.9	1.47
2013	186.8	80.7	148.9	152.0	76.8	160.8	13.8	1.48
2014	188.2	82.1	150.5	160.3	77.3	163.4	13.9	1.48
2015	185.4	80.9	147.7	151.0	77.4	163.5	14.0	1.49
2016	184.1	80.5	158.9	160.8	77.3	163.5	14.0	1.49

1—2—14 主要牲畜出栏和畜产品产量及增减情况

指 标	单 位	2010年	2015年	2016年	2016年比上年增减(%)
一、牲畜出栏量					
1.大牲畜出栏	万头	412.7	373.8	379.7	1.6
#牛	万头	361.2	325.4	331.9	2.0
2.猪 出 栏	万头	3222.9	3551.1	3433.9	-3.3
3.羊 出 栏	万只	2143.5	2255.0	2303.8	2.2
4.活家禽出栏	万只	47980.7	58435.0	60772.4	4.0
5.兔 出 栏	万只	2879.2	3227.2	3175.6	-1.6
二、肉类总产量	**万吨**	**416.7**	**462.5**	**457.7**	-1.0
#猪 肉	万吨	245.2	275.0	265.4	-3.5
牛 肉	万吨	58.1	53.2	54.3	2.0
羊 肉	万吨	29.3	31.7	32.4	2.2
禽 肉	万吨	69.9	87.0	90.5	4.0
兔 肉	万吨	4.9	5.4	5.4	-1.3
三、其他畜产品产量					
1.奶类产量	万吨	449.1	480.9	448.0	-6.8
#生牛奶	万吨	439.8	473.1	440.5	-6.9
2.山羊粗毛产量	吨	2728	3115	3088	-0.9
3.绵羊毛产量	吨	29290	36308	35272	-2.9
4.羊绒产量	吨	776	946	918	-3.0
5.天然蜂蜜产量	吨	11152	12882	14027	8.9
6.禽蛋产量	万吨	339.1	373.6	388.5	4.0
7.蚕茧产量	吨	1417	1007	958	-4.9

1—2—15 牲畜年末存栏头数及增减情况

指 标	单 位	2010年	2015年	2016年	2016年比上年增减(%)
一、大牲畜存栏头数	**万头**	**503.9**	**493.2**	**467.7**	**-5.2**
1.牛	万头	404.2	412.5	396.0	-4.0
2.马	万头	18.9	16.0	15.1	-5.4
3.驴	万头	57.7	47.3	40.9	-13.7
4.骡	万头	23.1	17.4	15.7	-9.6
二、猪	**万头**	**1846.0**	**1865.7**	**1819.0**	**-2.5**
#能繁母猪	万头	184.2	185.5	175.3	-5.5
三、羊	**万只**	**1408.6**	**1450.1**	**1386.3**	**-4.4**
1.山 羊	万只	462.2	475.8	470.3	-1.1
2.绵 羊	万只	946.4	974.3	916.0	-6.0
四、家禽	**万只**	**33106.4**	**37804.7**	**38560.8**	**2.0**
五、兔	**万只**	**1342.4**	**1304.7**	**1049.0**	**-19.6**

1-2-16 历年水产品产量

单位：吨

年 份	水产品总产量	海水产品	#鱼	#虾蟹类	淡水产品	#鱼	#虾蟹类	远洋捕捞
1949	50184	30158	7081	12934	20026	19251	300	
1952	68915	53463	9988	30428	15452	14928	88	
1957	96142	68534	19763	37583	27608	26882	82	
1962	47030	32568	20632	11025	14462	14014	280	
1965	64290	45586	28688	13531	18704	18192	219	
1970	72091	64610	30816	29211	7481	6678	7	
1975	131128	121457	35029	52722	9671	9146	459	
1978	139017	128043	43988	63856	10974	10232	214	
1980	97610	86479	41902	38144	11131	9811	643	
1985	127495	104529	58578	39276	22966	21464	1489	
1990	218553	164880	61762	71295	53673	50912	2722	
1995	396070	210215	73868	62853	185855	178218	6330	
1996	506930	283038	81682	72035	223892	215806	5317	
1997	606110	338322	119981	69949	267788	255759	11192	
1998	693317	384917	156073	84556	308400	290273	14679	
1999	759566	423429	180402	84302	336137	316480	15356	
2000	809496	482032	187944	80707	327464	306535	15084	
2001	848887	514411	185570	92362	334476	312911	15942	
2002	870571	518440	181557	91831	352131	315759	19720	
2003	862715	489702	177773	90483	373013	340328	25936	
2004	928218	541332	190417	94519	386886	351315	26843	
2005	989461	571808	191613	95057	417653	386333	23696	
2006	871418	499047	155456	77803	372371	342458	22504	
2007	906437	524303	160388	75141	382134	353175	22909	
2008	966400	549250	164631	80317	417150	385537	25009	
2009	1004100	553884	151520	78503	450216	415983	26465	
2010	1063300	582600	151653	78882	480700	443331	27725	
2011	1067131	563281	145094	71757	503850	464896	28464	
2012	1163172	634631	141882	81978	528541	484141	33498	
2013	1230636	682809	134634	77538	547827	498931	39094	
2014	1263941	731594	143783	74982	532347	490131	32328	
2015	1297077	756931	153972	77740	536146	495247	30960	4000
2016	1369267	759208	155961	76951	562468	521205	32859	47591

1-2-17 水产品产量和养殖面积及增减情况

指 标	单 位	2010年	2015年	2016年	2016年比上年增减(%)
一、水产品总产量	**吨**	**1063300**	**1297077**	**1369267**	**5.6**
1.海水产品产量	吨	582600	756931	759208	0.3
海洋捕捞产量	吨	253292	250447	247836	-1.0
海水养殖产量	吨	329308	506484	511372	1.0
按品种分:					
鱼 类	吨	151653	153972	155961	1.3
虾蟹类	吨	78882	77740	76951	-1.0
贝 类	吨	308017	482177	480046	-0.4
其 他	吨	44048	43042	46250	7.5
2.淡水产品产量	吨	480700	536146	562468	4.9
淡水捕捞产量	吨	92247	102721	102669	-0.1
淡水养殖产量	吨	388453	433425	459799	6.1
按品种分:					
鱼 类	吨	443331	495247	521205	5.2
虾蟹类	吨	27725	30960	32859	6.1
贝 类	吨	3886	3818	3681	-3.6
其 他	吨	5758	6121	4723	-22.8
3.远洋捕捞产量	吨		4000	47591	1089.8
二、水产养殖面积	**公顷**	**198765**	**193954**	**190494**	**-1.8**
1.海水养殖面积	公顷	123810	117533	115416	-1.8
海上养殖	公顷	77046	65773	62417	-5.1
滩涂养殖	公顷	27838	33584	35212	4.8
陆基养殖	公顷	18926	18176	17787	-2.1
2.淡水养殖面积	公顷	74955	76421	75078	-1.8
池塘养殖	公顷	26995	29783	29795	0.0
湖泊养殖	公顷	4142	2851	2850	0.0
河沟养殖	公顷	1719	1470	1655	12.6
水库养殖	公顷	41449	41407	40409	-2.4
其他养殖	公顷	650	910	369	-59.5

1-2-18　历年平均每人主要农产品产量

(按年平均人口计算)

年　份	人均耕地面　积(亩/人)	人均常用耕地面积(亩/人)	粮　食(公斤)	棉　花(公斤)	油　料(公斤)	蔬　菜(公斤)	园林水果(公斤)
1949		3.53	152.14	3.51	8.54		7.39
1952		3.49	238.44	8.69	9.57		10.84
1957		3.08	225.70	8.28	8.12		6.23
1962		2.69	172.64	3.39	2.19		8.31
1965		2.56	238.63	6.45	4.42		8.20
1970		2.26	282.97	5.62	5.38		11.65
1975		2.05	315.78	3.74	4.92	107.11	13.20
1978		1.98	335.72	2.32	4.87	108.38	15.81
1980		1.93	296.42	4.81	8.79	103.50	15.60
1985		1.79	356.43	11.39	15.75	166.96	29.03
1990		1.60	378.23	9.48	12.44	192.19	29.15
1995		1.52	427.17	5.78	17.13	335.05	67.37
1996	1.60	1.50	431.80	4.00	18.68	399.65	77.89
1997	1.58	1.49	422.30	3.82	18.14	466.44	85.50
1998	1.57	1.48	445.62	4.13	21.20	548.01	96.18
1999	1.56	1.47	416.64	3.38	19.65	578.84	97.67
2000	1.54	1.45	383.97	4.52	22.12	670.38	101.94
2001	1.53	1.44	372.65	6.27	23.00	738.99	100.17
2002	1.49	1.36	362.63	5.98	22.52	815.54	111.44
2003	1.44	1.33	353.64	7.73	24.16	874.32	118.03
2004	1.42	1.32	365.30	9.80	22.73	911.39	129.17
2005	1.40	1.31	380.48	8.45	22.36	946.97	134.48
2006	1.37	1.28	404.49	10.19	19.46	918.55	140.89
2007	1.36	1.27	410.60	10.47	19.95	930.66	146.78
2008	1.36	1.27	417.15	10.58	21.91	959.61	151.32
2009	1.40	1.29	415.05	8.62	20.43	961.56	157.46
2010	1.37	1.26	418.32	8.01	19.72	994.32	156.27
2011	1.36		439.85	9.06	19.66	1023.75	167.07
2012	1.35		446.94	7.77	19.66	1059.35	177.04
2013	1.34		460.32	6.25	20.67	1080.99	178.26
2014	1.33		456.66	5.86	20.41	1104.31	193.06
2015	1.32		454.30	5.04	20.47	1113.36	203.75
2016	1.31		464.62	4.02	21.01	1100.15	204.71

注：人均耕地面积、人均常用耕地面积、人均生猪存栏按年末人口计算。

1-2-18续　历年平均每人主要农产品产量

（按年平均人口计算）

年　份	生猪存栏(头)	肉　类总产量(公斤)	#猪牛羊肉(公斤)	禽　蛋(公斤)	奶类产量(公斤)	#生牛奶(公斤)	水 产 品(公斤)
1949	0.11						1.63
1952	0.16						2.13
1957	0.19						2.65
1962	0.14						1.22
1965	0.19						1.59
1970	0.21						1.60
1975	0.33				0.44	0.29	2.68
1978	0.25		8.29		0.48	0.36	2.76
1980	0.25		13.45		0.88	0.52	1.90
1985	0.26	15.57	14.84	6.06	1.82	1.33	2.31
1990	0.25	21.61	20.13	8.52	2.37	1.86	3.64
1995	0.32	48.46	40.36	32.02	6.07	5.08	6.18
1996	0.32	48.90	39.18	41.27	7.42	6.20	7.85
1997	0.32	51.16	40.36	45.21	8.41	7.19	9.32
1998	0.32	51.90	40.96	46.68	10.06	8.53	10.59
1999	0.31	52.14	41.04	48.21	11.96	10.37	11.52
2000	0.29	51.53	40.64	49.57	14.48	12.67	12.18
2001	0.28	52.00	40.33	50.18	17.84	16.06	12.70
2002	0.28	53.10	41.26	51.64	22.17	20.38	12.96
2003	0.29	54.17	42.25	53.10	30.75	29.31	12.78
2004	0.29	55.79	44.00	54.09	40.79	39.25	13.67
2005	0.29	57.92	46.00	56.40	51.05	49.83	14.49
2006	0.26	59.09	47.06	55.61	60.66	59.30	12.68
2007	0.27	57.53	44.45	57.29	71.92	70.72	13.10
2008	0.29	60.45	47.24	59.00	73.98	72.43	13.87
2009	0.28	60.84	48.04	50.38	65.76	64.40	14.32
2010	0.26	58.58	46.75	47.66	63.13	61.82	14.95
2011	0.26	57.94	45.65	47.09	64.70	63.58	14.79
2012	0.25	60.97	47.22	47.16	65.49	64.75	16.01
2013	0.26	61.39	47.42	47.34	63.70	62.65	16.83
2014	0.26	63.62	49.48	49.29	67.42	66.29	17.18
2015	0.25	62.46	48.61	50.46	64.95	63.90	17.52
2016	0.24	61.45	47.27	52.17	60.16	59.15	18.39

1-3-1 全省饲料工业情况

指　标	单 位	2010年	2015年	2016年	2015年比上年增减(%)
一、饲料工业企业个数	**个**	**1209**	**820**	**952**	**16.10**
#国　有	个	6	10	9	-10.00
集　体	个	13	4	6	50.00
私　营	个	795	402	491	22.14
联　营	个	9	1	2	100.00
股　份	个	309	226	273	20.80
港澳台	个	4	3	2	-33.33
外　商	个	12	6	5	-16.67
其　他	个	12	2	2	
二、饲料工业企业职工人数	**人**	**30800**	**29959**	**28508**	**-4.84**
三、饲料工业企业营业收入	**亿元**	**301.68**	**363.88**	**333.83**	**-8.26**
饲料工业企业总产值	亿元	315.75	407.07	353.07	-13.27
四、饲料企业加工产品产量	**万吨**	**1086.36**	**1338.29**	**1342.04**	**0.28**
1.配合饲料小计	万吨	913.30	1133.38	1144.09	0.95
(1)猪　料	万吨	164.51	283.08	304.27	7.48
(2)蛋禽料	万吨	551.84	466.44	441.38	-5.37
(3)肉禽料	万吨	94.09	190.48	201.38	5.72
(4)水产料	万吨	41.23	60.85	58.51	-3.84
(5)精料补充料	万吨	53.83	89.04	94.82	6.50
(6)其　他	万吨	7.80	43.49	43.73	0.56
2.浓缩饲料小计	万吨	160.00	192.79	184.21	-4.45
(1)猪　料	万吨	49.58	105.93	95.10	-10.23
(2)蛋禽料	万吨	81.59	52.86	53.09	0.44
(3)肉禽料	万吨	13.62	2.26	2.37	4.85
(4)水产料	万吨				
(5)反刍料	万吨	13.00	28.12	30.84	9.69
(6)其　他	万吨	2.21	3.63	2.81	-22.53
3.添加剂预混合饲料小计	万吨	13.06	12.13	13.73	13.20
(1)猪　料	万吨	4.50	3.76	4.49	19.40
(2)蛋禽料	万吨	6.03	3.17	4.13	30.41
(3)肉禽料	万吨	0.94	1.67	0.89	-46.91
(4)水产料	万吨	0.15	0.22	0.22	1.67
(5)反刍料	万吨	0.90	1.42	2.06	44.88
(6)其　他	万吨	0.54	1.88	1.94	3.23

1-3-2 历年农林牧渔业总产值

（按不变价格计算）

单位：万元

年 份	农林牧渔业总产值	农 业	#种植业	林 业	牧 业	渔 业	农林牧渔服务业
	（按1957年不变价格计算）						
1949	180184	160414	143067	2259	15590	1921	
1952	276429	248413	229976	4128	21228	2660	
1957	307677	273043	254034	7008	24331	3295	
1962	226665	202497	185116	4001	18456	1711	
1965	316859	277629	255519	7067	30218	1945	
1970	394415	344471	316986	10970	36911	2063	
	（按1970年不变价格计算）						
1970	538644	465517	433677	16966	53518	2643	
1975	644961	534377	503486	18876	87040	4668	
1978	685638	578756	537142	21615	80213	5054	
1980	687381	567304	532420	18063	98200	3814	
1981	713639	577428	548941	15454	117673	3084	
	（按1980年不变价格计算）						
1981	965451	783410	752099	24911	151142	5988	
1985	1499092	1188118	1136301	48833	252570	9571	
1990	1809563	1358777	1262566	51454	374372	24960	
	（按1990年不变价格计算）						
1990	3866785	2700871	2543021	116894	909030	139990	
1995	5710110	3585601	3275738	133792	1801282	189435	
1996	6244990	3728188	3361601	137844	2145537	233421	
1997	6713897	3915014	3480571	145024	2373523	280336	
1998	7238692	4204617	3705008	148058	2577014	309003	
1999	7589684	4296375	3721825	152417	2799615	341277	
2000	8020111	4526321	3892416	149942	2972928	370920	
2001	8445318	4763377	4089170	183017	3112180	386744	
2002	8868986	4953650	4246754	202936	3312898	399502	
	10368416	5210064	5210064	204132	3952010	426910	575300
2003	11018504	5499430	5499430	228033	4231138	424484	635419
2004	11752370	5873088	5873088	213894	4511036	457731	696621
2005	24341854	12032927	12032927	387778	9957063	750095	1213991
2006	25095512	13338640	13338640	388189	9228634	810000	1330049
2007	25617141	14387805	14387805	502403	8499134	764337	1463462
2008	32335656	16996031	16996031	568762	12220756	909995	1640112
2009	36172789	18183875	18183875	624720	14433198	1072496	1858500
2010	37666607	20337909	20337909	403715	13818542	1424679	2018294
2011	44755491	26052575	26052575	531106	14602615	1449986	2119209
2012	50940555	28743771	28743771	619850	17520618	1702086	2354230
2013	55174364	32190172	32190172	829466	17686167	1884038	2584521
2014	60669844	35824696	35824696	1048754	19100486	1844742	2851166
2015	61543617	35498735	35498735	1128260	19856406	1954555	3105661
2016	61860020	35514517	35514517	1293029	19607352	2062763	3382359

注：1.1996-2006年数据按第二次全国农业普查数据进行了调整。
2.2002年下边一行数和2003-2016年数据按新分类。
3.从2005年起，农林牧渔业总产值使用可比价格计算。

1-3-3 历年农林牧渔业总产值指数

(上年=100)

年份	农林牧渔业总产值	农业	林业	牧业	渔业	农林牧渔服务业
1950	123.0	123.7	127.4	116.2	112.1	
1951	104.2	103.7	114.9	107.6	109.7	
1952	119.7	120.8	124.8	108.8	112.6	
1953	91.1	89.8	113.5	98.9	111.4	
1954	103.1	103.0	105.9	100.3	121.5	
1955	113.0	115.6	104.6	88.9	103.7	
1956	88.5	85.6	133.6	115.1	96.2	
1957	118.6	120.0	101.0	113.0	91.7	
1958	104.6	104.7	124.5	98.3	100.7	
1959	94.8	94.3	101.0	99.0	95.8	
1960	84.4	84.6	84.2	79.0	108.4	
1961	86.7	87.9	66.1	85.3	57.4	
1962	101.5	101.0	81.5	115.7	86.5	
1963	84.9	82.1	81.5	110.8	137.5	
1964	132.5	132.9	186.2	123.5	108.9	
1965	124.3	125.6	116.4	119.6	75.9	
1966	107.1	105.5	147.0	114.7	72.9	
1967	99.6	99.0	84.4	108.8	125.1	
1968	97.1	97.9	100.8	90.5	84.3	
1969	107.9	109.8	123.1	89.1	93.5	
1970	111.3	110.5	100.8	121.4	147.6	
1971	105.7	99.5	90.8	164.7	88.4	
1972	87.3	88.0	94.4	81.2	135.3	
1973	115.2	119.5	116.6	91.1	102.8	
1974	109.3	109.1	93.5	114.7	112.4	
1975	103.1	100.6	118.9	116.3	127.7	
1976	94.4	93.8	105.5	96.2	92.2	
1977	93.5	92.4	95.9	98.6	115.7	
1978	122.1	125.0	113.1	97.2	101.5	
1979	106.9	106.4	86.8	117.7	74.8	
1980	93.8	92.1	96.2	104.0	100.9	

1-3-3续　历年农林牧渔业总产值指数

(上年=100)

年　份	农林牧渔业总 产 值	农　业	林　业	牧　业	渔　业	农林牧渔服务业
1981	103.8	101.8	85.6	119.8	80.9	
1982	117.6	117.2	154.5	113.1	116.6	
1983	117.2	121.7	100.9	97.8	93.1	
1984	109.1	107.7	120.2	115.3	116.6	
1985	103.3	98.6	104.6	131.1	126.2	
1986	98.5	97.0	91.7	106.0	123.2	
1987	104.5	104.3	103.3	105.3	116.9	
1988	107.8	105.6	104.8	117.6	115.4	
1989	103.1	102.5	98.8	105.5	109.4	
1990	105.4	104.4	107.3	107.1	143.7	
1991	103.6	102.1	104.3	106.6	111.4	
1992	100.9	95.1	103.8	110.3	140.7	
1993	108.7	109.3	95.2	119.5	57.8	
1994	116.2	113.1	105.4	123.6	120.3	
1995	111.9	110.5	105.4	114.0	124.3	
1996	109.4	104.0	103.0	119.1	123.2	
1997	107.5	105.0	105.2	110.6	120.1	
1998	107.8	107.4	102.1	108.6	110.2	
1999	104.8	102.2	102.9	108.6	110.4	
2000	105.7	105.4	98.4	106.2	108.7	
2001	105.3	105.2	122.1	104.7	104.3	
2002	105.0	104.0	110.9	106.4	103.3	
2003	106.3	105.6	111.7	107.1	99.4	110.5
2004	106.7	106.8	93.8	106.6	107.8	109.6
2005	106.5	106.0	96.9	107.7	104.1	107.5
2006	105.5	106.0	96.7	104.9	102.0	108.8
2007	103.9	104.2	109.6	102.1	105.1	108.4
2008	105.1	103.7	108.6	106.6	106.9	107.8
2009	103.2	103.3	111.8	102.3	104.4	106.2
2010	103.5	103.8	101.8	102.4	105.8	106.5
2011	103.9	105.5	103.6	101.1	101.8	105.0
2012	104.1	103.6	105.5	104.7	104.1	105.0
2013	103.3	104.0	106.5	101.2	106.0	107.0
2014	104.0	103.1	108.9	105.1	103.2	107.0
2015	102.7	102.8	104.3	101.7	102.4	107.0
2016	103.5	103.2	106.4	103.0	103.8	108.0

注：本表按可比价计算，2003-2016年数据不包括农民家庭兼营商品性工业，包括农林牧渔服务业。

1-3-4 历年农林牧渔业总产值指数

(1952年=100)

年 份	农林牧渔业总产值	农 业	林 业	牧 业	渔 业	农林牧渔服务业
1949	65.2	64.6	54.7	73.4	72.2	
1952	100.0	100.0	100.0	100.0	100.0	
1957	111.3	109.9	169.8	114.6	123.9	
1962	82.0	81.5	96.9	86.9	64.3	
1965	114.6	111.8	171.2	142.3	73.1	
1970	142.7	138.7	265.7	173.9	77.6	
1975	170.8	159.2	295.7	282.8	137.0	
1978	181.6	172.4	338.6	260.6	148.3	
1980	182.1	169.0	282.9	319.0	111.9	
1985	293.5	260.9	474.5	638.9	144.6	
1990	354.3	298.3	500.0	947.0	377.2	
1995	523.2	396.1	572.3	1876.5	510.5	
1996	572.2	411.8	589.6	2235.1	629.0	
1997	615.2	432.4	620.3	2472.6	755.4	
1998	663.3	464.4	633.3	2684.6	832.7	
1999	695.4	474.6	651.9	2916.5	919.6	
2000	734.9	500.0	641.3	3097.0	999.5	
2001	773.9	526.2	782.8	3243.0	1042.1	
2002	812.8	547.2	868.0	3452.2	1076.5	
2003	864.3	577.5	969.7	3697.3	1070.4	110.5
2004	922.2	616.8	909.5	3941.3	1154.2	121.1
2005	982.1	653.8	881.3	4244.8	1201.5	130.2
2006	1036.1	693.0	852.3	4452.8	1225.5	141.6
2007	1076.5	722.1	934.1	4546.3	1288.0	153.5
2008	1131.4	748.8	1014.4	4846.4	1376.9	165.5
2009	1167.6	773.5	1134.1	4957.8	1437.5	175.8
2010	1208.5	802.9	1154.5	5076.8	1520.9	187.2
2011	1255.0	846.8	1196.3	5134.7	1548.0	196.6
2012	1305.8	877.0	1261.6	5374.0	1610.7	206.4
2013	1348.9	912.1	1343.6	5438.5	1707.3	220.9
2014	1402.9	940.4	1463.2	5715.8	1762.0	236.3
2015	1440.8	966.7	1526.1	5813.0	1804.3	252.9
2016	1490.6	997.7	1624.4	5985.6	1872.8	273.1

注：农林牧渔服务业指数以2002年为100。

1—3—5　历年农林牧渔业总产值

（按当年价格计算）　　单位：亿元

年　份	农林牧渔业总产值	农　业	林　业	牧　业	渔　业	农林牧渔服务业
1949	20.31	18.08	0.25	1.76	0.22	
1952	29.70	26.69	0.44	2.28	0.29	
1957	30.77	27.31	0.70	2.43	0.33	
1962	31.26	27.93	0.55	2.55	0.24	
1965	45.49	39.86	1.01	4.34	0.28	
1970	59.69	51.59	1.88	5.93	0.29	
1975	72.73	60.26	2.13	9.82	0.53	
1978	75.86	64.03	2.39	8.87	0.56	
1980	97.79	79.86	3.10	14.00	0.83	
1985	167.33	128.65	6.15	31.16	1.37	
1990	357.63	254.77	9.58	83.38	9.90	
1995	1147.83	753.52	23.50	344.18	26.63	
1996	1298.04	801.26	24.80	437.59	34.39	
1997	1437.29	845.18	26.38	523.14	42.59	
1998	1505.91	885.88	27.37	547.57	45.09	
1999	1539.77	879.64	28.14	582.96	49.03	
2000	1544.65	846.72	25.37	613.68	58.88	
2001	1680.33	899.38	34.02	685.77	61.16	
2002	1728.85	918.62	37.49	706.82	65.92	
2003	1877.37	958.30	41.27	721.31	57.72	98.78
2004	2285.56	1135.75	40.02	924.78	72.08	112.93
2005	2379.17	1258.00	40.13	879.38	79.44	122.21
2006	2466.37	1380.45	45.85	832.32	72.75	135.00
2007	3075.77	1639.07	52.37	1146.99	85.14	152.20
2008	3505.23	1760.75	55.89	1410.82	102.77	175.00
2009	3640.93	1958.79	39.69	1350.10	108.38	183.99
2010	4309.42	2470.11	51.26	1443.76	142.47	201.83
2011	4895.88	2775.27	58.78	1674.04	163.58	224.21
2012	5340.11	3095.29	77.88	1747.66	177.74	241.54
2013	5832.94	3473.27	96.30	1818.19	178.72	266.46
2014	5994.79	3453.42	108.14	1952.02	190.97	290.25
2015	5978.88	3441.37	121.48	1904.12	198.72	313.18
2016	6083.86	3459.39	132.31	1939.22	210.95	341.97

注：本表按当年价格计算，2003—2016年数据按新分类、生产者价格计算，不包括农民家庭兼营商品性工业，包括农林牧渔服务业(下同)。

1-3-6 历年农林牧渔业总产值构成

(按当年价格计算)

单位：%

年 份	农林牧渔业总产值	农 业	林 业	牧 业	渔 业	农林牧渔服务业
1949	100.00	89.03	1.25	8.65	1.07	
1952	100.00	89.87	1.49	7.68	0.96	
1957	100.00	88.74	2.28	7.91	1.07	
1962	100.00	89.34	1.77	8.14	0.75	
1965	100.00	87.62	2.23	9.54	0.61	
1970	100.00	86.42	3.15	9.94	0.49	
1975	100.00	82.85	2.93	13.50	0.72	
1978	100.00	84.41	3.15	11.70	0.74	
1980	100.00	81.66	3.17	14.32	0.85	
1985	100.00	76.88	3.68	18.62	0.82	
1990	100.00	71.24	2.68	23.31	2.77	
1995	100.00	65.65	2.05	29.98	2.32	
1996	100.00	61.73	1.91	33.71	2.65	
1997	100.00	58.80	1.84	36.40	2.96	
1998	100.00	58.83	1.82	36.36	2.99	
1999	100.00	57.13	1.83	37.86	3.18	
2000	100.00	54.82	1.64	39.73	3.81	
2001	100.00	53.53	2.02	40.81	3.64	
2002	100.00	53.14	2.17	40.88	3.81	
2003	100.00	51.05	2.20	38.42	3.07	5.26
2004	100.00	49.69	1.75	40.46	3.16	4.94
2005	100.00	52.87	1.69	36.96	3.34	5.14
2006	100.00	55.97	1.86	33.75	2.95	5.47
2007	100.00	53.29	1.70	37.29	2.77	4.95
2008	100.00	50.23	1.60	40.25	2.93	4.99
2009	100.00	53.80	1.09	37.08	2.98	5.05
2010	100.00	57.32	1.19	33.50	3.31	4.68
2011	100.00	56.69	1.20	34.19	3.34	4.58
2012	100.00	57.96	1.46	32.73	3.33	4.52
2013	100.00	59.55	1.65	31.17	3.06	4.57
2014	100.00	57.61	1.80	32.56	3.19	4.84
2015	100.00	57.56	2.03	31.85	3.32	5.24
2016	100.00	56.86	2.17	31.87	3.47	5.62

注：2003–2016年数据按新分类，不包括农民家庭兼营商品性工业，包括农林牧渔服务业(下同)。

1-3-7 分项农林牧渔业产值及构成

（按当年价格计算）

指 标	绝 对 数(亿元)		构 成(%)	
	2015年	2016年	2015年	2016年
农林牧渔业总产值	**5978.88**	**6083.86**	**100.00**	**100.00**
一、农业产值	**3441.37**	**3459.39**	**57.56**	**56.86**
(一)谷物及其他作物	1000.92	969.13	16.74	15.93
1.谷 物	723.01	688.95	12.09	11.32
2.薯 类	83.16	84.40	1.39	1.39
3.油 料	80.80	78.40	1.35	1.29
4.豆 类	14.46	14.58	0.24	0.24
5.棉 花	78.41	66.24	1.31	1.09
6.生 麻	0.02	0.01	0.00	0.00
7.糖 类	3.57	3.73	0.06	0.06
8.烟 草	0.53	0.48	0.01	0.01
9.其他农作物	16.96	32.35	0.28	0.53
(二)蔬菜、食用菌及花卉盆景园艺	1747.81	1779.44	29.23	29.25
1.蔬 菜	1608.20	1632.67	26.90	26.84
2.食用菌	110.17	116.71	1.84	1.92
3.花 卉	9.95	13.69	0.17	0.22
4.盆景园艺	19.50	16.37	0.33	0.27
(三)水果、食用坚果、饮料和香料	624.31	632.28	10.44	10.39
1.水 果	539.93	552.30	9.03	9.08
(1)园林水果	404.15	417.86	6.76	6.87
(2)瓜果类	135.78	134.45	2.27	2.21
2.食用坚果	80.30	75.93	1.34	1.25
3.香料原料	4.08	4.05	0.07	0.07
(四)中草药材	68.33	78.54	1.14	1.29
二、林业产值	**121.48**	**132.31**	**2.03**	**2.17**
(一)林木的培育和种植	91.63	99.61	1.53	1.64
1.育种育苗	25.90	23.19	0.43	0.38
2.造 林	37.16	50.25	0.62	0.83
3.抚育和管理	28.57	26.16	0.48	0.43
(二)木材采运	5.13	5.09	0.09	0.08
(三)林产品	24.73	27.61	0.41	0.45
三、牧业产值	**1904.12**	**1939.22**	**31.85**	**31.87**
(一)牲畜饲养	641.08	589.40	10.72	9.69
1.牛的饲养	267.71	254.68	4.48	4.19
2.羊的饲养	191.99	180.75	3.21	2.97
3.其他牲畜饲养	13.08	7.41	0.22	0.12
4.奶产品	159.30	140.05	2.66	2.30
5.毛绒产品	6.90	6.51	0.12	0.11
(二)猪的饲养	608.43	686.61	10.18	11.29
(三)家禽饲养	465.31	461.28	7.78	7.58
1.肉 禽	136.72	132.98	2.29	2.19
2.禽 蛋	328.59	328.30	5.50	5.40
(四)猎狩和捕捉动物	0.03		0.00	
(五)其他畜牧业	189.28	201.93	3.17	3.32
四、渔业产值	**198.72**	**210.95**	**3.32**	**3.47**
(一)海水产品	125.15	143.55	2.09	2.36
(二)淡水产品	73.57	67.41	1.23	1.11
五、农林牧渔服务业产值	**313.18**	**341.97**	**5.24**	**5.62**

注：本表按新分类、生产者价格计算，不包括农民家庭兼营商品性工业，包括农林牧渔服务业。

1–3–8 历年农林牧渔业增加值及指数

年 份	农林牧渔业增加值(亿元)	指 数(以上年为100)	年 份	农林牧渔业增加值(亿元)	指 数(以上年为100)	年 份	农林牧渔业增加值(亿元)	指 数(以上年为100)
1952	25.23		1974	45.62	105.6	1996	700.94	105.5
1953	24.10	88.3	1975	50.66	110.2	1997	761.76	105.4
1954	25.38	103.1	1976	45.86	91.9	1998	790.60	106.2
1955	28.18	111.6	1977	48.42	106.3	1999	805.97	104.3
1956	25.01	88.0	1978	52.20	110.4	2000	824.55	105.1
1957	26.11	111.3	1979	61.11	104.2	2001	913.82	105.3
1958	27.89	103.9	1980	68.09	97.4	2002	956.84	105.4
1959	27.00	94.7	1981	71.03	105.3	2003	1064.05	106.1
1960	23.43	82.1	1982	85.59	119.5	2004	1333.57	106.7
1961	23.99	79.8	1983	102.10	118.7	2005	1400.00	106.2
1962	24.07	102.3	1984	111.46	108.0	2006	1461.81	105.0
1963	19.84	83.6	1985	120.34	102.2	2007	1804.72	104.0
1964	27.15	138.1	1986	123.45	97.4	2008	2034.59	104.9
1965	37.20	128.4	1987	137.66	101.6	2009	2207.34	103.3
1966	40.12	107.2	1988	162.31	101.1	2010	2562.81	103.5
1967	40.06	100.0	1989	196.35	103.7	2011	2905.74	104.2
1968	40.35	97.3	1990	227.89	105.7	2012	3186.66	104.0
1969	44.11	108.5	1991	236.89	102.5	2013	3500.42	103.5
1970	46.41	103.0	1992	257.08	99.4	2014	3576.48	103.8
1971	44.06	95.4	1993	301.68	104.4	2015	3578.66	102.7
1972	38.35	87.9	1994	451.91	111.8	2016	3644.82	103.7
1973	43.16	111.7	1995	631.34	108.6			

注：指数按可比价格计算。2003–2016年数据按新分类、生产者价格计算，不包括农民家庭兼营商品性工业，包括农林牧渔服务业(下同)。

1–3–9 农林牧渔业增加值、构成及占产值比重

指 标	绝 对 数(万元)		构 成(%)		中间消耗、增加值占产值比重(%)	
	2015年	2016年	2015年	2016年	2015年	2016年
一、农林牧渔业总产值	**59788754**	**60838568**	**100.00**	**100.00**	**100.00**	**100.00**
农 业	34413677	34593921	57.56	56.86	100.00	100.00
林 业	1214841	1323149	2.03	2.17	100.00	100.00
牧 业	19041241	19392235	31.85	31.87	100.00	100.00
渔 业	1987181	2109525	3.32	3.47	100.00	100.00
农林牧渔服务业	3131814	3419738	5.24	5.62	100.00	100.00
二、中间消耗	**24002165**	**24390395**	**100.00**	**100.00**	**40.14**	**40.09**
农 业	11038272	10996017	45.99	45.08	32.08	31.79
林 业	353043	391899	1.47	1.61	29.06	29.62
牧 业	10059852	10239860	41.91	41.98	52.83	52.80
渔 业	811275	862955	3.38	3.54	40.83	40.91
农林牧渔服务业	1739723	1899664	7.25	7.79	55.55	55.55
三、农林牧渔业增加值	**35786589**	**36448173**	**100.00**	**100.00**	**59.86**	**59.91**
农 业	23375405	23597904	65.32	64.74	67.92	68.21
林 业	861798	931250	2.41	2.55	70.94	70.38
牧 业	8981389	9152375	25.10	25.11	47.17	47.20
渔 业	1175906	1246570	3.29	3.42	59.17	59.09
农林牧渔服务业	1392091	1520074	3.89	4.17	44.45	44.45

1-3-10 历年农林牧渔业商品产值

单位:亿元

年 份	农林牧渔业商品产值	农 业	林 业	牧 业	渔 业
1987	110.57	73.75	1.98	31.04	3.80
1990	199.71	127.85	2.85	59.97	9.04
1991	212.78	130.15	4.19	68.23	10.21
1992	244.92	145.60	5.59	80.10	13.63
1993	301.39	179.77	7.24	102.89	11.49
1994	487.46	277.70	9.74	181.16	18.86
1995	714.11	417.00	10.26	262.08	24.77
1996	845.92	454.07	12.64	347.30	31.91
1997	950.42	483.49	13.46	414.27	39.20
1998	1013.48	521.77	13.85	436.96	40.90
1999	1060.90	535.14	13.76	468.12	43.88
2000	1084.35	531.08	11.66	489.55	52.06
2001	1203.96	583.44	17.55	547.45	55.52
2002	1262.29	615.29	18.46	568.43	60.11
2003	1399.47	644.27	18.81	684.34	52.05
2004	1728.80	759.15	20.75	885.06	63.84
2005	1934.80	862.26	23.86	976.03	72.65
2006	1817.08	993.23	29.89	726.78	67.18
2007	2312.00	1187.10	35.92	1010.60	78.38
2008	2605.73	1260.86	36.63	1215.56	92.67
2009	2764.35	1467.40	10.79	1184.59	101.57
2010	3304.70	1881.19	12.76	1275.55	135.20
2011	3788.25	2125.39	17.11	1494.41	151.35
2012	4161.17	2420.11	21.48	1565.91	153.67
2013	4541.13	2735.19	29.11	1633.86	142.97
2014	4666.32	2711.71	31.79	1758.77	164.04
2015	4657.20	2731.70	41.53	1708.06	175.91
2016	4841.56	2827.46	49.54	1773.25	191.31

1-3-11 历年农林牧渔业商品率

单位：%

年 份	农林牧渔业商品率	农 业	林 业	牧 业	渔 业
1987	55.10	50.56	28.99	71.09	88.58
1990	55.84	50.18	29.75	71.92	91.31
1991	56.34	50.20	33.84	71.92	91.98
1992	58.34	51.55	40.13	73.82	91.35
1993	58.95	52.18	47.32	73.97	92.89
1994	61.21	53.58	50.10	76.06	93.02
1995	62.21	55.34	43.66	76.15	93.02
1996	65.17	56.67	50.97	79.36	92.81
1997	66.13	57.21	51.01	79.19	92.06
1998	67.30	58.90	50.60	79.80	90.70
1999	68.90	60.84	48.90	80.30	89.50
2000	70.20	62.72	45.97	79.77	88.40
2001	71.64	64.87	51.59	79.81	90.76
2002	73.00	66.98	49.25	80.39	91.17
2003	74.52	67.23	45.59	83.40	90.19
2004	75.64	66.84	51.86	85.29	88.56
2005	77.33	68.54	59.46	86.80	91.45
2006	77.94	71.95	65.19	87.32	92.34
2007	79.08	72.42	68.59	88.11	92.06
2008	78.24	71.61	65.54	86.16	90.17
2009	79.97	74.91	27.20	87.74	93.72
2010	80.45	76.16	24.90	88.35	94.90
2011	81.09	76.58	29.11	89.27	92.52
2012	81.61	78.19	27.58	89.60	86.46
2013	81.58	78.75	30.23	89.86	80.00
2014	81.80	78.52	29.40	90.10	85.90
2015	82.20	79.38	34.19	89.70	88.52
2016	84.32	81.73	37.44	91.44	90.69

1-3-12 历年农业劳动生产率、土地生产率、投入产出率

单位：元

年 份	每一农村农林牧渔业从业人员创造农林牧渔业总产值	每一农村农林牧渔业从业人员创造农林牧渔业增加值	每公顷耕地创造农林牧渔业总产值	每公顷耕地创造农林牧渔业增加值	农业投入产出率(%)
1978	510	351	1136	782	220.6
1980	629	438	1479	1024	229.3
1985	1031	741	2534	1822	256.1
1990	2041	1307	5455	3476	175.7
1995	6558	3627	17612	9687	122.2
1996	7738	4201	19974	10786	117.4
1997	8821	4699	22133	11731	112.8
1998	9202	4856	23223	12192	110.5
1999	9352	4921	23767	12440	109.8
2000	9298	4989	23889	12752	114.5
2001	10091	5488	26056	14170	119.2
2002	10424	5769	28225	15622	123.9
2003	11336	6425	31335	17760	130.8
2004	14019	8180	38089	22224	140.1
2005	15091	8880	39726	23376	143.0
2006	16090	9536	41927	24850	145.5
2007	20559	12063	52188	30622	142.0
2008	23706	13760	59396	34476	138.3
2009	24678	14961	55491	33642	154.0
2010	29408	17489	65778	39118	146.7
2011	33864	20098	74589	44269	146.0
2012	37435	22339	81425	48590	148.0
2013	41411	24851	91507	54593	150.1
2014	43027	25670	91695	54705	147.9
2015	43315	25926	91624	54841	149.1
2016	44397	26598	93304	55898	149.4

注：按从业人员年平均人数计算。

1-3-13 历年农村经济在国民经济中的地位

年 份	农林牧渔业增加值占地区生产总值比重	乡村人口占总人口比重	农林牧渔业从业人员占全社会从业人员比重	农村消费品零售额占全社会消费品零售额比重
1952	62.31		87.44	63.71
1957	49.92	90.52	89.91	61.20
1962	49.39	91.54	79.21	63.85
1965	51.16	90.63	87.60	67.14
1970	44.52	91.35	89.92	64.65
1975	38.15	89.87	83.17	63.04
1978	28.52	88.79	69.95	64.20
1980	28.43	87.81	74.74	67.82
1985	30.33	86.41	64.14	61.45
1990	25.42	84.62	60.24	53.18
1995	22.16	83.89	52.75	48.87
1996	20.30	82.04	49.14	49.80
1997	19.27	81.44	48.74	51.16
1998	18.58	81.02	48.58	53.02
1999	17.86	80.69	49.76	53.72
2000	16.35	80.72	49.56	53.56
2001	16.56	80.39	49.17	52.92
2002	15.90	80.02	48.40	52.20
2003	15.37	79.52	48.19	51.13
2004	16.12	79.16	45.86	50.82
2005	13.93	79.15	43.84	53.18
2006	12.70	78.46	42.24	52.55
2007	13.21	78.59	40.42	52.10
2008	12.65	78.63	39.76	52.14
2009	12.74	78.63	39.00	52.28
2010	12.51	77.43	37.88	23.73
2011	11.79	77.34	36.33	23.35
2012	11.92	77.23	34.91	23.26
2013	12.23	77.19	33.57	23.16
2014	12.07	77.14	33.29	21.71
2015	11.92	76.92	32.95	22.06
2016	11.37	76.93	32.68	22.06

注:1.本表为经普后对历史数据进行调整的数据。
2.从2010年起，社会消费品零售额按销售单位所在地分为城镇和农村。
3.2004年-2016年地区生产总值数据中包含研发支出数据。

1-3-14 历年平均每一乡村农林牧渔业从业人员生产的主要农产品

单位：公斤

年份	粮食	棉花	油料	猪牛羊肉	禽蛋	水产品
1957	592.34	21.73	21.31			6.95
1962	431.95	9.47	6.12			3.42
1965	662.09	17.90	12.25			4.41
1970	778.02	15.46	14.78			4.41
1975	948.56	11.31	14.87			8.11
1978	1144.01	7.94	16.61	28.26		9.42
1980	933.24	15.15	27.67	34.05		5.98
1985	1199.86	38.35	53.03	49.97	20.44	7.78
1986	1200.19	31.23	37.71	56.06	21.83	9.47
1987	1181.89	38.55	42.40	58.66	22.68	11.04
1988	1229.81	35.07	39.73	65.98	26.77	12.57
1989	1212.90	31.43	32.83	65.67	26.24	12.25
1990	1278.86	32.06	42.06	68.07	28.80	12.28
1995	1596.69	21.60	64.04	150.86	119.67	23.09
1996	1719.96	15.93	74.39	156.08	164.40	31.26
1997	1695.17	15.35	72.81	162.00	181.46	37.41
1998	1783.49	16.52	84.86	163.92	186.82	42.38
1999	1674.67	13.57	78.98	164.95	193.77	46.32
2000	1531.76	18.02	88.25	162.13	197.75	48.61
2001	1496.61	25.18	92.38	161.96	201.52	50.99
2002	1474.45	24.33	91.56	167.76	209.98	52.70
2003	1438.22	31.44	98.24	171.84	215.97	51.96
2004	1549.63	41.57	96.42	186.66	229.46	58.00
2005	1673.53	37.17	98.36	202.33	248.06	63.72
2006	1837.75	46.27	89.41	213.79	252.67	57.59
2007	1921.21	49.00	94.38	207.97	268.04	61.29
2008	1965.74	49.88	103.23	222.62	278.03	65.38
2009	1976.35	41.06	97.30	228.75	239.87	68.19
2010	2040.62	39.05	96.20	228.06	233.62	72.91
2011	2213.70	45.59	98.93	229.89	237.12	74.46
2012	2286.58	39.75	100.59	241.57	241.29	81.92
2013	2408.34	32.69	108.16	248.09	247.68	88.08
2014	2418.62	31.02	108.12	262.05	261.08	90.98
2015	2452.88	27.23	110.50	262.43	272.42	94.29
2016	2527.04	21.87	114.30	257.09	283.75	100.00

注：按年末从业人数计算。

1-3-15 历年农业产业化经营情况

指　　标	单 位	1998年	2000年	2005年	2006年	2007年	2008年	2009年
农业产业化经营总量	亿元	618.5	795.1	1873.1	2171.8	2496.8	2996.4	3213.3
农业产业化经营率	%	28.4	36.1	49.4	51.8	53.6	55.3	56.8
龙头经营组织个数	个	582	604	1118	1172	1203	1230	1252
龙头经营组织销售额	亿元	209.1	306.7	907.3	1106.6	1332.2	1562.8	1614.2
龙头企业(集团)个数	个	411	471	908	954	989	1016	1030
龙头企业销售额	亿元	171.4	267.8	832.6	1018.2	1242.4	1460.7	1497.2
专业批发市场个数	个	115	103	123	127	125	127	120
专业批发市场销售额	亿元	32.6	35.3	66.3	76.0	77.6	91.1	105.4
中介服务组织个数	个	56	30	87	91	89	87	102
中介服务组织销售额	亿元	5.2	3.7	8.4	12.4	12.1	11.0	11.6
农产品生产(加工)基地个数	个	343	385	469	481	497	505	500
农产品生产(加工)基地销售产值	亿元	384.2	463.0	955.5	1056.3	1160.0	1417.8	1582.1
农产品生产(加工)基地联系农户	万户	431.1	512.2	681.6	749.0	753.0	758.3	747.9
种植业生产基地个数	个	191	227	261	263	272	274	271
种植业生产基地种植面积	千公顷	849.5	1036.5	1581.8	1705.9	1846.1	1883.6	1964.8
种植业生产基地销售产值	亿元	160.3	218.9	434.0	487.2	568.7	661.8	774.6
种植业生产基地联系农户数	万户	309.4	363.7	465.1	499.4	497.0	499.4	493.8
养殖业生产基地个数	个	132	137	183	191	198	203	202
养殖业生产基地销售产值	亿元	111.4	131.8	316.5	365.6	388.5	512.1	540.5
养殖业生产基地联系农户数	万户	111.3	133.2	195.1	227.2	235.3	236.2	231.1
生产加工基地个数	个	20	21	25	27	27	28	27
生产加工基地销售产值	亿元	112.5	112.3	205.0	203.6	202.7	243.9	267.0
生产加工基地联系农户数	万户	10.4	15.3	21.5	22.4	20.8	22.7	22.9
农户参与度	%	30.8	36.0	47.1	51.8	51.5	51.3	49.9
参与农户增收比率	%	28.7	28.7	35.6	35.6	36.2	38.2	40.5
农民受益率	%	10.1	11.9	16.5	17.5	16.0	16.1	16.5

1-3-15续 历年农业产业化经营情况

指 标	单 位	2010年	2011年	2012年	2013年	2014年	2015年	2016年
农业产业化经营总量	亿元	4062.9	4757.1	5394.3	6147.7	6666.1	6934.8	7479.2
农业产业化经营率	%	58.6	60.0	61.5	63.0	64.2	65.6	66.7
龙头经营组织个数	个	1465	1576	1662	1834	1974	2181	2529
龙头经营组织销售额	亿元	2122.5	2424.0	2719.1	3108.8	3448.0	3637.8	4019.7
龙头企业(集团)个数	个	1218	1307	1338	1555	1703	1899	2212
龙头企业销售额	亿元	1963.6	2235.5	2496.5	2861.9	3158.4	3296.7	3633.8
专业批发市场个数	个	129	129	127	126	111	113	113
专业批发市场销售额	亿元	140.9	167.0	199.5	222.7	265.6	314.3	357.0
中介服务组织个数	个	118	140	147	153	160	169	204
中介服务组织销售额	亿元	18.0	21.5	23.1	24.2	23.9	26.8	28.9
农产品生产(加工)基地个数	个	556	590	633	671	688	699	724
农产品生产(加工)基地销售产值	亿元	1927.1	2313.1	2675.2	3038.9	3218.1	3297.0	3459.4
农产品生产(加工)基地联系农户	万户	798.8	818.3	885.4	852.5	860.7	885.5	887.4
种植业生产基地个数	个	309	322	340	366	374	382	397
种植业生产基地种植面积	千公顷	2152.5	2191.6	2097.0	2457.4	2433.7	2373.7	2378.9
种植业生产基地销售产值	亿元	961.1	1118.3	1338.5	1552.7	1598.9	1646.4	1675.4
种植业生产基地联系农户数	万户	535.4	544.4	591.0	583.3	582.4	605.3	606.4
养殖业生产基地个数	个	218	238	259	271	281	286	294
养殖业生产基地销售产值	亿元	643.3	840.5	903.2	980.5	1059.1	1090.1	1128.5
养殖业生产基地联系农户数	万户	239.4	246.2	260.8	239.2	251.8	252.8	246.9
生产加工基地个数	个	29	30	34	34	33	31	33
生产加工基地销售产值	亿元	322.7	354.3	433.4	505.8	560.2	560.5	655.5
生产加工基地联系农户数	万户	24.0	27.7	33.6	30.0	26.5	27.3	34.1
农户参与度	%	52.4	53.2	57.1	54.5	54.6	56.1	55.8
参与农户增收比率	%	41.3	40.4	43.4	41.1	40.0	43.0	42.6
农民受益率	%	17.4	15.9	29.0	16.2	14.7	15.7	14.0

1-3-16 历年城乡居民人均消费水平对比

单位：元

年份	居民消费水平			
	居民消费水平	城镇居民	农村居民	城乡消费水平对比（农村居民=1）
1978	165	402	137	2.93
1980	199	460	164	2.80
1981	223	481	187	2.57
1982	236	507	198	2.56
1983	258	513	221	2.32
1984	301	569	261	2.18
1985	366	672	319	2.11
1986	413	773	356	2.17
1987	494	917	423	2.17
1988	664	1300	557	2.33
1989	722	1557	583	2.67
1990	783	1592	605	2.63
1991	847	1839	675	2.72
1992	950	2182	729	2.99
1993	1089	2496	831	3.00
1994	1320	3009	1001	3.01
1995	1686	3397	1306	2.60
1996	1925	3499	1554	2.25
1997	2151	3765	1711	2.20
1998	2207	3833	1731	2.21
1999	2312	3950	1803	2.19
2000	2533	4523	1848	2.45
2001	2749	4991	1912	2.61
2002	3081	5776	1987	2.91
2003	3271	6063	2042	2.97
2004	3758	7096	2167	3.27
2005	4270	7851	2426	3.24
2006	4924	8971	2714	3.31
2007	5667	10031	3067	3.27
2008	6498	10835	3515	3.08
2009	7193	12195	3606	3.38
2010	8057	13619	3867	3.52
2011	9551	15331	4893	3.13
2012	10749	16554	5766	2.87
2013	11610	17278	6490	2.66
2014	12171	17589	7023	2.50
2015	12829	17924	7666	2.34
2016	14328	19276	8897	2.17

注:1.居民消费水平2000年以后数据为按经济普查口径调整后数据。
2.本表数据来源于国民经济核算资料，与城乡住户抽样调查数据的指标口径不同。

1−4−1　农村居民家庭基本情况

指　　标	单 位	2000年	2005年	2010年	2015年	2016年
一、调查户数	**户**	**4200**	**4200**	**4200**		
二、调查户人口						
户均常住人口	人	4.11	3.92	3.70	3.40	3.41
户均整半劳动力	人	2.74	2.81	2.76	2.42	2.42
整半劳动力占常住人口比重	%	66.62	71.67	74.47	71.34	70.89
平均每个劳动力负担人口	人	1.50	1.40	1.34	1.40	1.41
三、劳动力就业情况						
整半劳动力	人	11503	11801	11583		
各业劳动力比重	%	100.00	100.00	100.00	100.00	100.00
1.第一产业	%	71.86	63.90	58.22	52.61	48.26
2.第二产业	%		16.90	22.75	26.90	28.47
(1)采矿业	%		0.74	0.77	1.01	0.91
(2)制造业	%	8.50	10.48	14.37	16.64	17.00
(3)电力、热力、燃气及水生产和供应业	%		0.26	0.56	0.61	0.65
(4)建筑业	%	4.02	5.42	7.05	8.64	9.90
3.第三产业	%		19.20	19.03	20.49	23.27
(1)批发和零售业	%	4.51	4.97	5.01	5.48	6.49
(2)交通运输、仓储和邮政业	%	1.88	2.64	3.03	3.78	4.20
(3)住宿和餐饮业	%		1.30	1.51	1.38	1.97
(4)信息传输、软件和信息技术服务业	%				0.22	0.36
(5)金融业	%				0.25	0.33
(6)房地产业	%				0.08	0.09
(7)租赁和商务服务业	%				0.18	0.27
(8)科学研究和技术服务业	%				0.08	0.09
(9)水利、环境和公共设施管理业	%				0.15	0.22
(10)居民服务、修理和其他服务业	%	1.85	3.24	4.06	5.15	5.50
(11)教育	%		1.19	1.00	1.17	1.08
(12)卫生和社会工作	%		0.62	0.66	0.67	0.71
(13)文化、体育和娱乐业	%		0.23	0.39	0.27	0.34
(14)公共管理、社会保障和社会组织	%		4.99	3.37	1.64	1.62
(15)国际组织	%					

注：带阴影的数据为所框几个项目之和。

1−4−2　农村居民家庭劳动力文化程度

指　　标	单 位	2000年	2005年	2010年	2015年	2016年
平均每百个劳动力中						
未上过学	人	2.68	2.80	1.55	2.54	2.34
小　学	人	25.00	19.21	17.52	20.49	19.06
初　中	人	57.99	59.73	59.74	58.69	60.17
高　中	人	13.84	17.13	19.17	14.78	14.66
大专及以上	人	0.49	1.12	2.02	3.51	3.76

1-4-3 农村居民家庭平均每百户年末拥有生产性固定资产

指　　标	单 位	2000年	2005年	2010年	2015年	2016年
生产性用房及建筑物	平方米	1179.10	1965.17	2203.59	1179.08	1182.95
大中型农用拖拉机	台	2.03	2.48	2.92	2.46	2.00
小型农用拖拉机	台	34.49	36.43	32.13	36.68	31.01
农用排灌动力机械	台		32.04	26.59	8.25	7.57
收割机	台		2.07	1.76	0.64	0.74
脱粒机	台	6.30	2.17	2.73	2.68	1.78
役　畜	头	25.04	11.95	8.32	3.30	2.37
产品畜	头	19.88	60.95	40.26	60.96	80.55

1-4-4 农村居民家庭平均每户年末拥有生产性固定资产原值

单位：元

<table>
<tr><th>指　　标</th><th>2000年</th><th>2005年</th><th>2010年</th><th>2015年</th><th>2016年</th></tr>
<tr><td>平均每户生产性固定资产原值</td><td>6328.32</td><td>9335.54</td><td>11455.36</td><td>15252.44</td><td>20362.85</td></tr>
<tr><td>1.农　业</td><td rowspan="4">4132.77</td><td>4646.31</td><td>5683.50</td><td>6287.34</td><td>5232.19</td></tr>
<tr><td>2.林　业</td><td>9.05</td><td>11.27</td><td>59.15</td><td>12.74</td></tr>
<tr><td>3.牧　业</td><td>1449.07</td><td>1417.95</td><td>1534.27</td><td>2030.10</td></tr>
<tr><td>4.渔　业</td><td></td><td></td><td>6.93</td><td>7.55</td></tr>
<tr><td>5.农林牧渔服务业</td><td></td><td></td><td></td><td>53.04</td><td>22.78</td></tr>
<tr><td>6.采矿业</td><td rowspan="2">586.06</td><td>14.88</td><td>26.19</td><td></td><td>18.66</td></tr>
<tr><td>7.制造业</td><td>1070.92</td><td>1354.51</td><td>1587.37</td><td>3182.82</td></tr>
<tr><td>8.电力、热力、燃气及水生产和供应业</td><td></td><td></td><td>4.76</td><td></td><td>6.72</td></tr>
<tr><td>9.建筑业</td><td>31.57</td><td>38.33</td><td>158.33</td><td>238.89</td><td>1013.95</td></tr>
<tr><td>10.批发和零售业</td><td rowspan="7">1577.92</td><td>457.83</td><td>727.00</td><td>2362.73</td><td>5511.61</td></tr>
<tr><td>11.交通运输、仓储和邮政业</td><td>1356.43</td><td>1585.74</td><td>2232.68</td><td>2100.92</td></tr>
<tr><td>12.住宿和餐饮业</td><td>70.19</td><td>101.55</td><td>217.22</td><td>348.06</td></tr>
<tr><td>13.房地产业</td><td></td><td></td><td></td><td>21.57</td></tr>
<tr><td>14.租赁和商务服务业</td><td></td><td></td><td>108.53</td><td>96.16</td></tr>
<tr><td>15.居民服务、修理和其他服务业</td><td>123.43</td><td>206.44</td><td>487.58</td><td>654.50</td></tr>
<tr><td>16.其他行业</td><td>99.10</td><td>178.12</td><td>76.71</td><td>102.53</td></tr>
</table>

1-4-5 农村居民住房情况

指　　标	单　位	2000年	2005年	2010年	2015年	2016年
一、年末拥有房屋面积	**平方米／人**	**22.87**	**28.35**	**32.48**	**37.66**	**39.20**
现住房面积	平方米／人	22.87	28.35	32.23	36.52	38.00
#钢筋混凝土	平方米／人	2.98	6.11	7.53	2.88	3.59
砖混材料	平方米／人	18.35	21.10	23.57	18.25	20.47
砖瓦砖木	平方米／人				14.58	13.25
竹草土坯	平方米／人				0.68	0.53
其　他	平方米／人				0.13	0.17
二、年末拥有房屋价值	**平方米／人**	**5292.80**	**8352.21**	**11047.80**	**35216.01**	**39804.23**
三、年内新建、购住房建筑面积	**平方米／人**	**0.94**	**0.74**	**0.42**	**0.41**	**0.27**
#钢筋混凝土结构面积	平方米／人	0.43	0.38	0.23		
砖混结构面积	平方米／人	0.50	0.36	0.17		
四、新建住房竣工建筑面积	**平方米／人**				**0.23**	**0.13**
新购住房建筑面积	平方米／人				0.18	0.14
五、年内新建、购住房价值	**元／人**	**325.17**	**308.70**	**312.03**	**768.79**	**694.09**
新建住房竣工价值	元／人				219.96	146.55
新购住房总金额	元／人				548.83	547.54

1-4-6 农村居民按人均可支配收入分组的户数占调查户比重

指　　标	2000年	2005年	2010年	2015年	2016年
比　　重(%)	100.00	100.00	100.00	100.00	100.00
按人均可支配收入水平分组					
2000元以下	39.85	23.24	8.83	3.76	2.38
2000－3000元	30.40	26.21	12.00	2.51	2.14
3000－4000元	15.98	19.40	14.38	3.87	3.19
4000－5000元	7.79	12.55	13.07	4.62	3.70
5000－6000元		7.21	10.98	5.67	4.78
6000－7000元		4.10	8.95	5.99	5.30
7000－8000元		2.62	7.33	7.21	6.45
8000－9000元		1.33	5.52	7.08	7.02
9000－10000元		0.88	4.21	7.66	7.16
10000－11000元		0.55	3.57	7.01	6.74
11000－12000元		0.45	1.98	5.92	6.77
12000－13000元	5.98	0.38	2.00	6.25	6.24
13000－14000元	(5000元以上)	0.19	1.14	4.61	5.68
14000－15000元		0.21	1.38	4.16	4.35
15000－16000元		0.07	0.79	3.18	4.54
16000－17000元		0.07	0.79	3.16	3.55
17000－18000元		0.07	0.55	2.27	3.24
18000－19000元		0.05	0.50	2.57	2.61
19000－20000元		0.14	0.29	1.66	2.20
20000元以上		0.26	1.74	10.85	11.96

1—4—7　历年农村居民人均可支配收入及指数

单位：元/人

年　份	一、收入合计(元)	从集体得到的　收　入	从经济联合体得到的收入	家庭经营纯 收 入	其他非生产性收　　入	二、指　数 以上年为100	以1978年为100
1954	62.66	2.91		48.54	11.21		
1957	64.43	48.69		1.61	14.13		
1962	90.11	54.72		24.68	10.71		
1965	87.80	54.80		19.90	13.10		
1966	87.75	56.49		19.69	11.57		
1977	83.14	59.61		16.99	6.54		
1978	114.06	84.12		19.56	10.38	137.2	100.0
1979	136.11	98.21		24.01	13.89	119.3	119.3
1980	175.77	104.96		45.16	25.65	129.1	154.1
1985	385.23	34.87	9.31	304.77	36.28	111.7	337.7
1986	407.61	40.33	10.75	319.31	37.22	105.8	357.4
1987	444.40	43.68	11.63	356.52	32.57	109.0	389.6
1988	546.62	49.97	13.20	444.71	38.74	123.0	479.2
1989	589.40	58.30	13.96	472.36	44.78	107.8	516.7
1990	621.67	55.49	11.65	506.86	47.67	105.5	545.0
1991	657.38	69.46	8.06	523.53	56.33	105.7	576.3
1992	682.48	77.86	8.81	530.32	65.49	103.8	598.4

1—4—7续　历年农村居民人均可支配收入及指数

单位：元/人

年　份	一、可支配收入(元)	1.工资性收入	2.经营净收入	3.财产净收入	4.转移净收入	二、指　数 以上年为100	以1978年为100
1993	803.80	220.49	550.08	6.46	26.77	117.8	704.7
1994	1107.25	293.61	753.38	31.58	28.68	137.8	970.8
1995	1668.73	441.23	1149.75	40.92	36.83	150.7	1463.0
1996	2054.95	574.60	1391.21	48.90	40.24	123.1	1801.6
1997	2286.01	762.07	1449.19	36.22	38.53	111.2	2004.2
1998	2405.32	786.79	1520.12	42.09	56.32	105.2	2108.8
1999	2441.50	896.28	1432.37	52.55	60.30	101.5	2140.5
2000	2478.86	949.25	1417.99	51.98	59.64	101.5	2173.3
2001	2603.60	978.38	1501.22	76.01	47.99	105.0	2282.7
2002	2685.16	1043.67	1506.11	77.51	57.87	103.1	2354.2
2003	2853.29	1071.83	1645.17	75.71	60.57	106.3	2501.6
2004	3171.06	1110.92	1887.68	79.03	93.42	111.1	2780.2
2005	3481.64	1293.50	1988.58	93.74	105.81	109.8	3052.5
2006	3801.82	1514.68	2039.64	107.72	139.78	109.2	3333.2
2007	4293.43	1754.33	2249.67	115.8	173.64	112.9	3764.2
2008	4795.46	1979.52	2416.22	118.63	281.09	111.7	4204.3
2009	5149.67	2251.01	2440.44	123.9	334.31	107.4	4514.9
2010	5957.98	2653.42	2729.80	182.45	392.31	115.7	5223.5
2011	7119.69	3423.95	3006.20	206.36	483.18	119.5	6242.1
2012	8081.39	4005.28	3254.57	218.30	603.23	113.5	7085.2
2013	9187.71	4452.99	3165.52	166.37	1402.84	112.6	7979.9
2014	10186.14	5133.34	3435.48	203.96	1413.37	110.9	8847.1
2015	11050.51	5811.87	3684.86	233.78	1320.00	108.5	9597.8
2016	11919.35	6263.25	3970.00	257.47	1428.64	107.9	10352.4

注：2013年以前农村居民为人均纯收入，以后为新口径人均可支配收入，指数为可比。

1—4—8 农村居民总收入

单位：元/人

指　　标	2000年	2005年	2010年	2015年	2016年
总收入	**3307.55**	**4985.96**	**8293.86**	**14110.02**	**15121.94**
一、工资性收入	**949.25**	**1293.50**	**2653.42**	**5811.87**	**6263.25**
（一）工　　资				5407.67	5788.99
（二）实物福利				9.40	5.55
（三）其　　他				394.80	468.70
二、经营性收入	**2217.08**	**3415.40**	**5034.03**	**6464.87**	**6852.50**
(一)第一产业经营收入	1595.70	2608.96	3780.22	4047.01	3677.57
1.农　业	1214.79	1849.32	2696.13	3064.89	2885.34
2.林　业	8.15	14.67	42.45	105.86	97.51
3.牧　业	361.30	744.92	1041.64	875.10	687.01
4.渔　业	11.46	0.05		1.15	7.71
（二）第二产业经营收入	154.35	273.37	474.52	518.13	574.54
1.采矿业					
2.制造业	131.80	253.84	424.61	461.42	463.86
3.电力、热力、燃气及水生产和供应业					0.79
4.建筑业	22.55	19.53	49.91	56.70	109.90
(三)第三产业经营收入	467.03	533.07	779.28	1899.73	2600.38
1.批发和零售业	197.38	234.26	393.07	730.40	1255.28
2.交通运输、仓储和邮政业	148.60	194.71	252.70	676.67	726.05
3.住宿和餐饮业				80.73	87.72
4.房地产业				0.04	0.35
5.租赁和商务服务业	121.05	104.10	133.51	21.49	38.14
6.居民服务、修理和其他服务业				250.08	335.16
7.其他				45.94	43.71
8.农林牧渔服务业				94.38	113.98
三、财产性收入	**62.66**	**93.74**	**182.45**	**249.49**	**269.30**
四、转移性收入	**78.55**	**183.32**	**423.97**	**1583.80**	**1736.89**

1-4-9 农村居民总支出

单位：元/人

指 标	2000年	2005年	2010年	2015年	2016年
全年总支出	**2264.78**	**3711.00**	**6402.90**	**13804.02**	**14937.85**
一、消费支出	**1365.23**	**2165.72**	**3844.92**	**9022.84**	**9798.28**
二、生产经营费用支出	**627.34**	**1242.76**	**2072.31**	**2482.68**	**2484.52**
(一)第一产业经营费用支出	536.64	1036.26	1597.30	1747.96	1404.04
1.农 业	359.71	578.16	817.31	1036.95	984.42
2.林 业	2.36	3.52	10.17	24.73	24.10
3.牧 业	169.70	454.56	769.82	684.70	390.46
4.渔 业	4.87	0.02		1.58	5.06
(二)第二产业经营费用支出	31.04	94.41	223.82	206.12	157.82
1.采矿业				0.07	0.81
2.制造业	29.71	90.98	212.77	195.85	134.16
3.电力、热力、燃气及水生产和供应业				1.49	0.22
4.建筑业	1.32	3.43	11.05	8.70	22.63
(三)第三产业经营费用支出	59.65	112.09	251.19	528.61	922.66
1.批发和零售	16.41	39.41	124.82	214.83	568.13
2.交通运输、仓储和邮电业	33.03	53.33	89.01	187.64	208.74
3.住宿和餐饮业				29.26	22.18
4.房地产业					0.04
5.租赁和商务服务业				6.04	5.10
6.居民服务、修理和其他服务业				66.45	93.52
7.其 他				10.22	10.44
8.农林牧渔服务业				14.16	14.50
三、财产性支出	**16.22**	**13.29**	**22.10**	**13.57**	**11.83**
四、转移性支出	**84.40**	**167.99**	**317.11**	**263.79**	**308.26**
五、部分商业保险支出				**50.36**	**64.40**
六、购置资产及非经常性转移支出				**1552.34**	**1989.65**
七、借贷性支出				**418.43**	**280.90**

1-4-10 农村居民人均可支配收入

单位：元/人

指　　标	2000年	2005年	2010年	2015年	2016年
可支配收入	**2478.86**	**3481.64**	**5957.98**	**11050.51**	**11919.35**
一、工资性收入	**949.25**	**1293.50**	**2653.42**	**5811.87**	**6263.25**
1.工　　资				5407.67	5788.99
2.实物福利				9.40	5.55
3.其　　他				394.80	468.70
二、经营净收入	**1417.99**	**1988.58**	**2729.80**	**3684.86**	**3970.00**
（一）按产业划分					
1.第一产业	914.45	1455.91	2052.76	2144.19	2131.05
2.第二产业	113.26	154.89	213.65	276.15	334.12
3.第三产业	390.28	377.77	463.38	1264.51	1504.83
（二）按行业划分					
1.农　业	758.15	1181.39	1775.23	1904.51	1798.55
2.林　业	5.16	10.96	32.08	79.97	73.16
3.牧　业	145.86	263.54	245.45	160.28	256.83
4.渔　业	5.28	0.02		-0.56	2.51
5.农林牧渔服务业				79.17	99.03
6.采矿业				-0.07	-1.17
7.制造业	92.45	139.53	178.06	234.41	267.43
8.电力、热力、燃气及水生产和供应业				-1.49	0.44
9.建筑业	20.81	15.36	35.59	43.31	67.43
10.批发和零售业	176.27	183.59	244.36	469.18	579.32
11.交通运输、仓储和邮政业	106.11	113.76	132.00	445.19	476.21
12.住宿和餐饮业				47.21	58.73
13.房地产业				0.04	0.31
14.租赁和商务服务业				15.46	31.16
15.居民服务、修理和其他服务业				174.06	228.83
16.其　他				34.21	31.26
三、财产性净收入	**51.98**	**93.74**	**182.45**	**233.78**	**257.47**
四、转移净收入	**59.64**	**105.81**	**392.31**	**1320.00**	**1428.64**
#养老金或离退休金	10.25	33.95	119.68	495.31	573.13

注：2013年以前农村居民为人均纯收入，以后为新口径人均可支配收入。

1-4-11 历年农村居民人均消费支出及构成

单位：元

年 份	合 计	一、生 活 消 费 品 支 出						二、非商品支 出
		小 计	食 品	衣 着	燃 料	用品及支 出	住 房	
1954	56.86	55.44	39.09	6.46	4.39	2.82	2.68	1.42
1957	58.08	56.36	37.71	7.69	4.32	3.99	2.65	1.72
1962	80.50	76.26	43.55	7.18	10.20	10.18	5.15	4.24
1965	76.50	73.40	51.70	7.90	6.10	4.10	3.60	3.10
1978	95.02	92.95	62.97	13.95	7.30	5.96	2.77	2.07
1980	142.00	138.82	79.61	19.70	8.25	16.83	14.43	3.18
1985	297.72	290.17	148.95	32.25	16.49	42.86	49.62	7.55
1986	333.04	324.28	161.57	35.29	19.09	47.63	60.70	8.76
1987	365.35	355.60	180.34	38.31	17.79	54.13	65.03	9.75
1988	445.68	424.92	209.23	44.84	22.24	67.63	80.98	20.76
1989	495.20	469.75	238.30	47.79	27.53	69.87	86.26	25.45
1990	485.70	456.84	248.64	46.59	27.77	64.66	69.18	28.86
1991	558.23	515.93	267.64	58.39	28.61	82.30	78.99	42.30
1992	579.36	530.33	298.49	56.05	28.54	78.54	68.71	49.03
构成(%)								
1954	100.00	97.50	68.75	11.36	7.72	4.96	4.71	2.50
1957	100.00	97.04	64.93	13.24	7.44	6.87	4.56	2.96
1962	100.00	94.73	54.10	8.92	12.67	12.64	6.40	5.27
1965	100.00	95.95	67.58	10.33	7.97	5.36	4.71	4.05
1978	100.00	97.82	66.27	14.68	7.68	6.27	2.92	2.18
1980	100.00	97.76	56.06	13.88	5.81	11.85	10.16	2.24
1985	100.00	97.46	50.03	10.83	5.54	14.39	16.67	2.54
1986	100.00	97.37	48.51	10.60	5.73	14.30	18.23	2.63
1987	100.00	97.33	49.36	10.49	4.87	14.82	17.80	2.67
1988	100.00	95.34	46.95	10.06	4.99	15.17	18.17	4.66
1989	100.00	94.86	48.12	9.65	5.56	14.11	17.42	5.14
1990	100.00	94.06	51.19	9.59	5.72	13.31	14.24	5.94
1991	100.00	92.42	47.94	10.46	5.13	14.74	14.15	7.58
1992	100.00	91.54	51.52	9.67	4.93	13.56	11.86	8.46

1-4-11续 历年农村居民人均消费支出及构成

单位：元

年 份	合 计	食品烟酒	衣 着	居 住	生活用品及服务	交通通信	教育文化娱乐	医疗保健	其他用品和服务
1993	696.52	406.72	52.26	96.52	35.97	11.33	41.12	44.05	8.55
1994	779.04	441.66	65.22	109.06	42.85	18.70	57.12	33.19	11.24
1995	1104.30	627.43	89.62	165.41	58.15	33.47	73.04	40.93	16.25
1996	1398.94	729.92	133.58	210.49	77.98	57.91	106.74	60.08	22.24
1997	1394.81	701.37	123.88	221.43	78.63	56.53	125.91	61.35	25.71
1998	1298.54	616.90	111.72	212.10	76.95	60.43	130.45	64.46	25.53
1999	1338.37	584.65	106.22	261.70	81.18	72.37	136.10	68.72	27.43
2000	1365.23	539.33	104.84	322.04	65.41	84.55	130.71	78.28	40.07
2001	1429.81	567.95	106.24	329.39	66.59	98.89	139.22	81.33	40.20
2002	1476.42	574.59	109.18	318.99	68.58	110.42	156.91	99.14	38.60
2003	1600.10	639.10	114.97	311.46	71.65	149.52	186.48	101.63	25.28
2004	1834.92	780.09	127.06	340.88	80.42	182.56	115.97	176.60	31.33
2005	2165.72	888.37	155.52	398.90	101.49	221.96	225.79	134.77	38.92
2006	2495.33	915.50	167.87	531.66	115.84	285.70	265.38	166.34	47.03
2007	2786.77	1025.72	185.68	627.98	140.45	318.19	243.30	188.06	57.40
2008	3125.55	1192.93	203.74	696.14	151.94	346.73	250.07	219.32	64.68
2009	3349.74	1195.65	217.82	796.62	170.40	350.92	263.53	289.27	65.55
2010	3844.92	1351.41	250.92	839.66	218.90	464.80	296.11	344.25	78.87
2011	4711.16	1579.65	334.10	1090.29	316.90	520.18	315.41	434.67	119.95
2012	5364.14	1817.00	396.58	1137.31	349.90	604.33	358.49	543.75	156.77
2013	7377.13	2205.22	521.58	1628.26	470.50	931.95	648.71	795.27	175.64
2014	8247.99	2421.20	581.61	1858.48	508.00	1146.52	758.74	788.71	184.72
2015	9022.84	2578.07	625.26	2014.16	527.48	1298.46	870.43	920.54	188.43
2016	9798.28	2745.42	650.23	2206.87	597.17	1511.06	952.85	928.22	206.47
构成(%)									
1993	100.00	58.39	7.50	13.86	5.16	1.63	5.90	6.32	1.24
1994	100.00	56.69	8.37	14.00	5.50	2.40	7.33	4.26	1.45
1995	100.00	56.82	8.12	14.98	5.27	3.03	6.61	3.71	1.46
1996	100.00	52.18	9.55	15.05	5.57	4.14	7.63	4.29	1.59
1997	100.00	50.28	8.88	15.88	5.64	4.05	9.03	4.40	1.84
1998	100.00	47.51	8.60	16.33	5.93	4.65	10.05	4.96	1.97
1999	100.00	43.68	7.94	19.55	6.07	5.41	10.17	5.13	2.05
2000	100.00	39.50	7.68	23.59	4.79	6.19	9.57	5.73	2.95
2001	100.00	39.72	7.43	23.04	4.66	6.91	9.74	5.69	2.81
2002	100.00	38.92	7.39	21.61	4.65	7.48	10.63	6.71	2.61
2003	100.00	39.94	7.19	19.47	4.48	9.34	11.65	6.35	1.58
2004	100.00	42.51	6.92	18.58	4.38	9.95	6.32	9.62	1.71
2005	100.00	41.02	7.18	18.42	4.69	10.25	10.43	6.22	1.79
2006	100.00	36.69	6.73	21.31	4.64	11.45	10.64	6.67	1.88
2007	100.00	36.81	6.66	22.53	5.04	11.42	8.73	6.75	2.06
2008	100.00	38.17	6.52	22.27	4.86	11.09	8.00	7.02	2.07
2009	100.00	35.69	6.50	23.78	5.09	10.48	7.87	8.64	1.96
2010	100.00	35.15	6.53	21.84	5.69	12.09	7.70	8.95	2.05
2011	100.00	33.53	7.09	23.14	6.73	11.04	6.69	9.23	2.55
2012	100.00	33.53	7.09	23.14	6.73	11.04	6.69	9.23	2.55
2013	100.00	29.89	7.07	22.07	6.38	12.63	8.79	10.78	2.38
2014	100.00	29.36	7.05	22.53	6.16	13.90	9.20	9.56	2.24
2015	100.00	28.57	6.93	22.32	5.85	14.39	9.65	10.20	2.09
2016	100.00	28.02	6.64	22.52	6.09	15.42	9.72	9.47	2.11

注：2013年以前为生活消费支出，之后为消费支出。

1-4-12　农村居民家庭人均主要食品消费量

指　标	单　位	2000年	2005年	2010年	2015年	2016年
一、粮食(原粮)	公斤	215.88	200.84	181.69	145.41	138.54
（一）谷物	公斤	211.00	196.52	178.60	137.58	130.26
1.小麦	公斤	153.10	139.80	122.09	93.32	90.72
2.稻谷	公斤	14.63	17.47	21.10	24.85	24.48
（二）薯类	公斤	2.76	1.52	1.23	2.15	2.19
（三）豆类	公斤	2.12	2.81	1.86	5.68	6.08
二、蔬菜及菜制品	公斤	61.45	57.70	55.38	82.41	81.73
#鲜菜	公斤	61.23		54.69	80.61	79.63
三、肉禽及其制品	公斤	8.06	10.54	10.95	18.58	18.78
#猪肉	公斤	6.63	7.15	7.12	11.26	10.72
牛肉	公斤	0.35	0.47	0.34	0.44	0.44
羊肉	公斤	0.19	0.37	0.38	0.83	0.90
禽类	公斤	0.37	0.75	1.02	2.93	3.36
四、蛋类及蛋制品	公斤	5.09	6.27	7.26	11.49	11.80
五、奶和奶制品	公斤	0.22	2.40	3.48	7.55	7.99
六、水产品	公斤	1.79	2.48	2.52	3.41	3.87
七、油脂类	公斤	5.91	6.75	8.33	11.87	9.45
#植物油	公斤	5.32	6.28	8.12	11.73	9.28
八、食糖	公斤	0.59	0.77	0.66	1.10	1.21
九、鲜瓜果	公斤	16.74	16.57	21.11	41.51	44.75
十、坚果类	公斤	0.60	1.11	1.11	3.24	3.90
十一、茶叶	公斤		0.13	0.12	0.10	0.11
十二、酒	公斤	6.50	9.16	8.84	11.97	11.59

1-4-13　农村居民家庭平均每百户年末耐用消费品拥有量

指　标	单 位	2000年	2005年	2010年	2015年	2016年
家用汽车	辆				23.61	29.39
摩托车	辆	34.33	58.17	61.43	66.43	58.69
助力车	辆			40.50	91.11	100.04
洗衣机	台	58.86	74.17	86.33	96.72	97.83
电冰箱	台				90.12	94.83
微波炉	台				15.77	17.00
彩色电视机	台	64.76	102.14	116.55	120.81	120.28
#接入有线电视网	台		23.64	42.14	51.63	55.40
空　调	台				55.25	65.92
热水器	台				56.37	62.66
#太阳能热水器	台				49.79	54.43
消毒碗柜	台				0.29	0.17
洗碗机	台				0.57	0.67
抽油烟机	台	1.86	3.81	8.05	17.21	21.71
固定电话	部	31.17	76.74	61.45	33.21	26.59
移动电话	部				226.22	236.27
#接入互联网	部				68.85	88.14
计算机	台				37.82	39.18
#接入互联网	台				29.20	31.83
摄像机	台	0.24	0.43	0.69	0.72	0.76
照相机	台	4.17	3.50	4.24	4.54	4.20
中高档乐器	架	0.19	0.17	0.38	0.46	0.67
健身器材	部				0.64	0.80
组合音响	套	8.12	11.74		2.59	1.81

1-4-14 历年城乡居民可支配收入与消费支出及恩格尔系数

单位：元，%

年份	可支配收入				消费支出		恩格尔系数	
	全体居民	城镇居民	农村居民	城乡收入水平对比(农村居民=1)	城镇居民	农村居民	城镇居民	农村居民
1978		276.24	114.06	2.42	402.00	137.00		66.27
1980		400.56	175.77	2.28	460.00	164.00	60.08	56.06
1981		402.48	204.41	1.97	481.00	187.00	53.34	52.19
1982		432.84	238.70	1.81	507.00	198.00	56.28	54.29
1983		448.68	298.07	1.51	513.00	221.00	56.93	53.52
1984		519.24	345.00	1.51	569.00	261.00	55.36	52.24
1985		630.72	385.23	1.64	672.00	319.00	49.96	50.03
1986		766.44	407.61	1.88	773.00	356.00	50.24	48.51
1987		855.00	444.40	1.92	917.00	423.00	51.67	49.36
1988		1080.48	546.62	1.98	1300.00	557.00	46.50	46.95
1989		1256.88	589.40	2.13	1557.00	583.00	52.00	48.12
1990		1397.35	621.67	2.25	1592.00	605.00	51.16	51.19
1991		1489.32	657.38	2.27	1839.00	675.00	51.34	47.94
1992		1763.40	682.48	2.58	2182.00	729.00	49.51	51.52
1993		2201.04	803.80	2.74	2496.00	831.00	46.31	58.39
1994		3007.68	1107.25	2.72	3009.00	1001.00	47.29	56.69
1995		3991.72	1668.73	2.39	3397.00	1306.00	46.22	56.82
1996		4429.66	2054.95	2.16	3499.00	1554.00	44.78	52.18
1997		4958.67	2286.01	2.17	3765.00	1711.00	41.95	50.28
1998		5084.64	2405.32	2.11	3833.00	1731.00	40.02	47.51
1999		5365.03	2441.50	2.20	3950.00	1803.00	37.70	43.68
2000		5661.16	2478.86	2.28	4523.00	1848.00	34.39	39.50
2001		5984.82	2603.60	2.30	4991.00	1912.00	35.35	39.72
2002		6678.73	2685.16	2.49	5776.00	1987.00	35.42	38.92
2003		7239.12	2853.29	2.54	6063.00	2042.00	35.16	39.94
2004		7951.30	3171.06	2.51	7096.00	2167.00	36.82	42.51
2005		9107.10	3481.64	2.62	7851.00	2426.00	34.56	41.02
2006		10304.56	3801.82	2.71	8971.00	2714.00	33.94	36.69
2007		11690.47	4293.43	2.72	10031.00	3067.00	33.88	36.81
2008		13441.09	4795.46	2.80	10835.00	3515.00	34.73	38.17
2009		14718.25	5149.67	2.86	12195.00	3606.00	33.59	35.69
2010		16263.43	5957.98	2.73	13619.00	3867.00	32.32	35.15
2011		18292.23	7119.69	2.57	15331.00	4893.00	33.80	33.53
2012		20543.44	8081.39	2.54	16554.00	5766.00	33.60	33.53
2013	15189.6	22226.75	9187.71	2.42	14970.03	7377.13	26.88	29.89
2014	16647.4	24141.34	10186.14	2.37	16203.82	8247.99	26.17	29.36
2015	18118.1	26152.16	11050.51	2.37	17586.62	9022.84	26.05	28.57
2016	19725.4	28249.39	11919.35	2.37	19105.89	9798.28	26.13	28.02

注:1.1996年以前城镇居民为人均生活费收入，1996—2012年为可支配收入，2013年为新口径可支配收入，指数为可比。
2.2013年以前农村居民为人均纯收入，以后为新口径人均可支配收入，指数为可比（下同）。

1-5-1 种植业生产成本收益与劳动生产率

指标	单位	河北粮食		小麦		玉米	
		2015年	2016年	2015年	2016年	2015年	2016年
一、每亩							
主产品产量	公斤	418.35	408.45	450.07	461.89	482.04	486.03
产值合计	元	1135.96	1142.52	1086.23	1129.96	928.13	796.67
主产品产值	元	1107.63	1108.76	1066.29	1110.41	894.88	762.39
副产品产值	元	28.33	33.76	19.94	19.55	33.25	34.28
总成本	元	1084.37	1120.75	1001.32	1030.82	926.64	926.43
生产成本	元	823.78	871.06	820.62	841.97	737.78	735.44
物质与服务费用	元	382.86	380.15	484.97	483.32	350.60	332.57
人工成本	元	440.92	490.91	335.65	358.65	387.18	402.87
家庭用工折价	元	412.35	456.75	335.65	358.65	384.61	395.85
雇工费用	元	28.57	34.16			2.57	7.02
土地成本	元	260.59	249.69	180.70	188.85	188.86	190.99
流转地租金	元	42.26	27.45	3.00	2.93	2.87	2.79
自营地折租	元	218.33	222.24	177.70	185.92	185.99	188.20
净利润	元	51.59	21.77	84.91	99.14	1.49	-129.76
现金成本	元	453.69	441.76	487.97	486.25	356.04	342.38
现金收益	元	682.27	700.76	598.26	643.71	572.09	454.29
成本利润率	%	4.76	3.01	8.48	1.90	0.16	3.70
二、每50公斤主产品							
平均出售价格	元	132.38	135.73	118.46	120.20	92.82	78.43
总成本	元	126.37	133.14	109.20	109.65	92.67	91.20
生产成本	元	96.00	103.48	89.49	89.56	73.78	72.40
净利润	元	6.01	2.59	9.26	10.55	0.15	-12.77
现金成本	元	52.87	52.48	53.22	51.73	35.61	33.71
现金收益	元	79.51	83.25	65.24	68.47	57.21	44.72
三、附记							
每亩用工数量	日	6.24	6.33	4.94	4.78	5.68	5.36
每亩主产品已出售数量	公斤	281.65	273.17	305.72	304.66	313.79	317.72
每亩主产品已出售产值	元	731.01	705.10	723.05	735.90	584.39	499.13
商品率	%	89.32	66.88	79.59	80.70	96.97	97.06
商品已出售率	%	67.32	61.54	67.93	65.96	65.10	65.37
每亩补贴收入	元	64.85	64.27	51.35	55.93	53.67	54.22
每亩成本外支出	元						

注：1."河北粮食"为小麦、玉米、稻谷、谷子、大豆简单平均。
2."每亩主产品已出售数量"和"每亩主产品已出售产值"截止当年年底（下同）。

1－5－1续1　种植业生产成本收益与劳动生产率

指　　标	单位	粳　稻		谷　子		大　豆	
		2015年	2016年	2015年	2016年	2015年	2016年
一、每亩							
主产品产量	公斤	717.11	653.80	249.73	257.45	192.82	183.09
产值合计	元	2004.59	1958.14	888.21	905.52	772.65	922.33
主产品产值	元	1948.20	1880.05	856.13	868.63	772.65	922.33
副产品产值	元	56.39	78.09	32.08	36.89		
总成本	元	1896.49	1900.56	812.94	877.49	783.59	866.69
生产成本	元	1267.59	1351.77	684.20	749.44	607.85	674.92
物质与服务费用	元	639.91	650.47	193.96	186.18	244.87	248.17
人工成本	元	627.68	701.30	490.24	563.26	362.98	426.75
家庭用工折价	元	488.10	541.95	489.53	558.83	362.98	426.75
雇工费用	元	139.58	159.35	0.71	4.44		
土地成本	元	628.90	548.79	128.74	128.05	175.74	191.77
流转地租金	元	205.42	121.10				10.44
自营地折租	元	423.48	427.69	128.74	128.05	175.74	181.33
净利润	元	108.10	57.58	75.27	28.03	-10.94	55.64
现金成本	元	984.91	930.92	194.67	190.62	244.87	258.61
现金收益	元	1019.68	1027.22	693.54	714.90	527.78	663.72
成本利润率	%	5.70	4.11	9.26	4.20	-1.40	
二、每50公斤主产品							
平均出售价格	元	135.84	143.78	171.41	168.70	200.36	251.88
总成本	元	128.51	139.55	156.88	163.48	203.20	236.69
生产成本	元	85.90	99.26	132.04	139.62	157.62	184.31
净利润	元	7.33	4.23	14.53	5.22	-2.84	15.19
现金成本	元	66.74	68.35	37.57	35.51	63.50	70.62
现金收益	元	69.10	75.43	133.84	133.19	136.86	181.26
三、附记							
每亩用工数量	日	8.01	8.31	7.21	7.49	5.34	5.69
每亩主产品已出售数量	公斤	553.95	491.61	157.75	230.74	77.03	21.13
每亩主产品已出售产值	元	1494.85	1405.43	557.02	778.28	295.74	106.76
商品率	%	91.59	91.49	94.31	95.10	84.12	78.14
商品已出售率	%	77.25	75.19	63.17	89.63	39.95	11.54
每亩补贴收入	元	98.78	92.70	63.17	65.20	57.26	53.29
每亩成本外支出	元						

1–5–1续2　种植业生产成本收益与劳动生产率

指　　标	单位	花　生		棉　花	
		2015年	2016年	2015年	2016年
一、每亩					
主产品产量	公斤	259.07	265.42	90.21	93.26
产值合计	元	1526.71	1648.12	1457.34	1824.67
主产品产值	元	1512.31	1634.32	1154.73	1416.28
副产品产值	元	14.40	13.80	302.61	408.39
总成本	元	1409.49	1507.47	2240.35	2368.70
生产成本	元	1162.75	1248.58	1908.85	2033.47
物质与服务费用	元	478.27	488.64	399.85	397.04
人工成本	元	684.48	759.94	1509.00	1636.43
家庭用工折价	元	663.07	695.03	1500.49	1636.43
雇工费用	元	21.41	64.91	8.51	
土地成本	元	246.74	258.89	331.50	335.23
流转地租金	元	7.89	9.63	39.22	42.36
自营地折租	元	238.85	249.26	292.28	292.87
净利润	元	117.22	140.65	-783.01	-544.03
现金成本	元	507.57	563.18	447.58	439.40
现金收益	元	1019.14	1084.94	1009.76	1385.27
成本利润率	%	8.32	0.92	-34.95	17.24
二、每50公斤主产品					
平均出售价格	元	291.87	307.87	640.02	759.32
总成本	元	269.46	281.60	983.89	985.71
生产成本	元	222.29	233.24	838.31	846.21
净利润	元	22.41	26.27	-343.87	-226.39
现金成本	元	97.04	105.20	196.56	182.85
现金收益	元	194.83	202.67	443.46	576.47
三、附记					
每亩用工数量	日	10.08	10.10	22.15	21.82
每亩主产品已出售数量	公斤	149.74	150.25	76.50	83.77
每亩主产品已出售产值	元	878.71	942.61	972.53	1280.15
商品率	%	81.02	83.34	99.42	99.22
商品已出售率	%	57.80	56.61	84.80	89.82
每亩补贴收入	元	52.83	40.77	98.87	93.74
每亩成本外支出	元				

1-5-1续3 种植业生产成本收益与劳动生产率

指　　标	单位	苹　果		鸭　梨	
		2015年	2016年	2015年	2016年
一、每亩					
主产品产量	公斤	1907.40	1981.59	3119.98	3204.00
产值合计	元	5885.45	5469.91	6225.26	5399.54
主产品产值	元	5879.24	5467.89	6225.26	5399.54
副产品产值	元	6.21	2.02		
总成本	元	3557.67	3706.12	4734.41	4715.10
生产成本	元	3165.13	3290.19	4334.89	4277.21
物质与服务费用	元	979.32	905.52	1480.81	1520.53
人工成本	元	2185.81	2384.67	2854.08	2756.68
家庭用工折价	元	1704.62	1822.35	2270.04	2402.18
雇工费用	元	481.19	562.32	584.04	354.50
土地成本	元	392.54	415.93	399.52	437.89
流转地租金	元	69.42	28.88	7.03	8.55
自营地折租	元	323.12	387.05	392.49	429.34
净利润	元	2327.78	1763.79	1490.85	684.44
现金成本	元	1529.93	1496.72	2071.88	1883.58
现金收益	元	4355.52	3973.19	4153.38	3515.96
成本利润率	%	65.43	0.05	31.49	
二、每50公斤主产品					
平均出售价格	元	154.12	137.97	99.76	84.26
总成本	元	93.16	93.48	75.87	73.58
生产成本	元	82.88	82.99	69.47	66.75
净利润	元	60.96	44.49	23.89	10.68
现金成本	元	40.06	37.75	33.20	29.39
现金收益	元	114.06	100.22	66.56	54.87
三、附记					
每亩用工数量	日	30.77	30.78	41.56	37.48
每亩主产品已出售数量	公斤	1710.05	1861.83	3037.75	3113.00
每亩主产品已出售产值	元	5189.91	5118.98	6007.07	5251.77
商品率	%	99.22	99.22	99.34	98.79
商品已出售率	%	89.65	93.96	97.36	97.16
每亩补贴收入	元	19.30	17.68	60.81	61.83
每亩成本外支出	元				

1-5-2 种植业生产费用和用工

指标	单位	河北粮食		小麦		玉米	
		2015年	2016年	2015年	2016年	2015年	2016年
一、每亩物质与服务费用	**元**	**382.86**	**380.15**	**484.97**	**483.32**	**350.60**	**332.57**
(一)直接费用	元	376.56	372.79	476.27	472.18	345.26	327.28
1.种子费	元	42.75	42.46	70.60	72.70	49.42	48.06
2.化肥费	元	120.65	117.10	151.22	145.65	113.05	106.41
3.农家肥费	元	17.47	15.60	31.09	29.14	11.43	14.75
4.农药费	元	23.19	21.66	15.25	15.87	16.29	15.46
5.农膜费	元	2.29	1.74			0.48	0.39
6.租赁作业费	元	164.34	169.10	203.86	204.96	150.16	138.22
机械作业费	元	105.24	116.56	134.75	133.19	107.63	112.48
排灌费	元	56.41	50.42	69.11	71.77	42.09	25.74
#水费	元	6.09	5.24	1.52	3.43		0.62
畜力费	元	2.69	2.12			0.44	
7.燃料动力费	元				0.01		
8.技术服务费	元	0.31					
9.工具材料费	元	2.94	2.73	2.27	2.10	2.52	2.20
10.修理维护费	元	2.62	2.40	1.98	1.75	1.91	1.79
11.其他直接费用	元						
(二)间接费用	元	6.30	7.36	8.70	11.14	5.34	5.29
1.固定资产折旧	元	5.70	6.24	5.70	5.55	5.34	5.29
2.保险费	元	0.60	1.12	3.00	5.59		
3.管理费	元						
4.财务费	元						
5.销售费	元						
二、每亩人工成本	**元**	**440.92**	**490.91**	**335.65**	**358.65**	**387.18**	**402.87**
1.家庭用工折价	元	412.35	456.75	335.65	358.65	384.61	395.85
家庭用工天数	日	6.06	6.09	4.94	4.78	5.66	5.28
劳动日工价	元	68.00	75.00	68.00	75.00	68.00	75.00
2.雇工费用	元	28.57	34.16			2.57	7.02
雇工天数	日	0.17	0.24			0.03	0.08
雇工工价	元	164.21	142.33	71.42		91.75	87.69
三、附记							
1.每亩种子用量	公斤	6.21	6.17	17.54	17.92	2.38	2.44
2.每亩化肥用量(折纯)	公斤	23.04	23.34	30.24	30.49	20.96	20.57
3.每亩农膜用量	公斤	0.15	0.14			0.04	0.03

注："河北粮食"为小麦、玉米、稻谷、谷子、大豆简单平均。

1−5−2续1　种植业生产费用和用工

指　　标	单位	粳　稻		谷　子		大　豆	
		2015年	2016年	2015年	2016年	2015年	2016年
一、每亩物质与服务费用	**元**	**639.91**	**650.47**	**193.96**	**186.18**	**244.87**	**248.17**
(一)直接费用	元	632.62	640.54	190.93	182.97	237.74	240.95
1.种子费	元	38.00	35.28	12.70	12.58	43.02	43.68
2.化肥费	元	194.93	181.93	58.16	54.40	85.94	97.12
3.农家肥费	元	8.07		31.21	34.10	5.56	
4.农药费	元	64.25	55.86	10.38	9.56	9.79	11.53
5.农膜费	元	10.95	8.32				
6.租赁作业费	元	302.87	348.81	74.16	68.03	90.63	85.47
机械作业费	元	175.59	229.48	59.76	56.56	48.48	51.09
排灌费	元	127.28	119.33	1.41	0.89	42.15	34.38
#水费	元	28.91	22.16				
畜力费	元			12.99	10.58		
7.燃料动力费	元						
8.技术服务费	元	1.55					
9.工具材料费	元	5.78	5.17	2.71	2.52	1.40	1.66
10.修理维护费	元	6.22	5.17	1.61	1.78	1.40	1.49
11.其他直接费用	元						
(二)间接费用	元	7.29	9.93	3.03	3.21	7.13	7.22
1.固定资产折旧	元	7.29	9.93	3.03	3.21	7.13	7.22
2.保险费	元						
3.管理费	元						
4.财务费	元						
5.销售费	元						
二、每亩人工成本	**元**	**627.68**	**701.30**	**490.24**	**563.26**	**362.98**	**426.75**
1.家庭用工折价	元	488.10	541.95	489.53	558.83	362.98	426.75
家庭用工天数	日	7.18	7.23	7.20	7.45	5.34	5.69
劳动日工价	元	68.00	75.00	68.00	75.00	68.00	75.00
2.雇工费用	元	139.58	159.35	0.71	4.44		
雇工天数	日	0.83	1.08	0.01	0.04		
雇工工价	元	168.78	147.55	100.86	110.90	57.34	
三、附记							
1.每亩种子用量	公斤	5.53	4.84	0.60	0.61	4.98	5.02
2.每亩化肥用量(折纯)	公斤	36.16	36.33	14.45	13.47	13.48	15.82
3.每亩农膜用量	公斤	0.73	0.65				

1-5-2续2　种植业生产费用和用工

指　　标	单位	花　生		棉　花	
		2015年	2016年	2015年	2016年
一、每亩物质与服务费用	**元**	**478.27**	**488.64**	**399.85**	**397.04**
(一)直接费用	元	472.66	482.79	392.80	389.83
1.种子费	元	208.61	201.90	51.36	48.68
2.化肥费	元	105.96	106.55	128.41	135.01
3.农家肥费	元	10.80	7.52		
4.农药费	元	19.20	20.30	67.08	63.99
5.农膜费	元	19.53	21.11	27.69	25.36
6.租赁作业费	元	104.50	120.56	114.31	112.07
机械作业费	元	77.89	95.70	64.82	66.46
排灌费	元	26.61	24.86	49.49	45.61
#水费	元				
畜力费	元				
7.燃料动力费	元				
8.技术服务费	元				
9.工具材料费	元	2.11	2.54	2.13	2.62
10.修理维护费	元	1.95	2.31	1.82	2.10
11.其他直接费用	元				
(二)间接费用	元	5.61	5.85	7.05	7.21
1.固定资产折旧	元	5.61	5.85	7.05	7.21
2.保险费	元				
3.管理费	元				
4.财务费	元				
5.销售费	元				
二、每亩人工成本	**元**	**684.48**	**759.94**	**1509.00**	**1636.43**
1.家庭用工折价	元	663.07	695.03	1500.49	1636.43
家庭用工天数	日	9.75	9.27	22.07	21.82
劳动日工价	元	68.00	75.00	68.00	75.00
2.雇工费用	元	21.41	64.91	8.51	
雇工天数	日	0.33	0.83	0.09	
雇工工价	元	65.08	78.21	100.06	
三、附记					
1.每亩种子用量	公斤	17.31	17.26		
2.每亩化肥用量(折纯)	公斤	18.79	18.43	23.57	23.52
3.每亩农膜用量	公斤	1.43	1.69	2.38	2.29

1-5-2续3 种植业生产费用和用工

指　　标	单位	苹　果		鸭　梨	
		2015年	2016年	2015年	2016年
一、每亩物质与服务费用	**元**	**979.32**	**905.52**	**1480.81**	**1520.53**
(一)直接费用	元	949.86	876.19	1435.72	1475.17
1.种子费	元				
2.化肥费	元	385.52	315.54	432.71	359.88
3.农家肥费	元	111.41	114.86	52.72	59.17
4.农药费	元	229.98	203.51	363.44	379.55
5.农膜费	元				
6.租赁作业费	元	105.23	126.69	176.21	160.21
机械作业费	元	35.18	48.59	94.54	59.59
排灌费	元	70.05	78.10	81.67	100.62
#水费	元				
畜力费	元				
7.燃料动力费	元			31.97	35.16
8.技术服务费	元				
9.工具材料费	元	103.68	98.73	367.27	448.60
10.修理维护费	元	12.89	16.86	11.40	11.78
11.其他直接费用	元	1.15			20.82
(二)间接费用	元	29.46	29.33	45.09	45.36
1.固定资产折旧	元	22.42	21.92	33.93	31.41
2.保险费	元				
3.管理费	元			0.32	0.34
4.财务费	元				
5.销售费	元	7.04	7.41	10.84	13.61
二、每亩人工成本	**元**	**2185.81**	**2384.66**	**2854.08**	**2756.68**
1.家庭用工折价	元	1704.62	1822.35	2270.04	2402.18
家庭用工天数	日	25.07	24.30	33.38	32.03
劳动日工价	元	68.00	75.00	68.00	75.00
2.雇工费用	元	481.19	562.31	584.04	354.50
雇工天数	日	5.70	6.48	8.18	5.45
雇工工价	元	84.42	86.78	71.42	65.05
三、附记					
1.每亩种子用量	公斤				
2.每亩化肥用量(折纯)	公斤	69.86	54.41	74.57	61.72
3.每亩农膜用量	公斤				

1-5-3 种植业主要品种中间消耗(2016年)

指　　标	单位	小　麦	玉　米	棉　花	马铃薯	大　豆
一、调查县数	**个**	**32**	**36**	**6**	**5**	**12**
调查单位数	个	155	156	18	14	50
调查面积	亩	4976.34	5626.19	497.30	3837.60	80.24
二、每亩面积产量	**公斤**	**486.17**	**519.05**	**209.95**	**2329.92**	**122.75**
三、每亩中间消耗合计	**元**	**495.22**	**333.27**	**498.67**	**1174.22**	**162.60**
(一)物质消耗	元	349.30	226.90	420.02	1077.91	123.75
#种　子	元	75.04	47.08	43.69	422.50	31.84
肥　料	元	178.14	124.66	155.38	387.54	63.41
燃　料	元	10.15	4.24	28.09	34.63	13.62
农　膜	元		0.56	27.49	37.22	2.33
农　药	元	15.47	14.97	139.01	133.39	11.09
水　费	元	1.10	5.37			
电　费	元	69.72	28.62	14.71	1.09	26.37
棚架材料费	元					
小农具	元	0.83	0.88		19.68	0.09
其　它	元	0.14	0.52		25.77	0.20
(二)生产服务支出	元	145.91	106.39	78.65	96.32	38.85
#修理费	元	1.96	2.03	2.08	15.85	15.00
外雇运输费	元	1.70	2.13		4.17	
外雇排灌费	元	8.67	0.07			
外雇机械作业费	元	139.09	100.25	76.57	76.30	23.85
技术咨询费	元		1.31			
上交管理费	元					
其它费	元	0.09	0.19			

1—5—4 养殖业主要品种中间消耗(2016年)

指　　标	单位	生 猪	活 牛	牛 奶	鸡 蛋	肉 鸡	活 羊
一、调查县数	**个**	**13**	**12**	**5**	**5**	**4**	**11**
调查单位数	个	50	35	15	18	12	35
调查数量	头(只)	65039	1534			1593918	9874
二、平均每头(只)毛重	**公斤**	**115.29**	**475.17**			**2.60**	**37.99**
三、每头(只)、公斤中间消耗合计	**元**	**1373.02**	**5247.09**	**2.37**	**5.42**	**19.05**	**331.12**
(一)物质消耗	元	1350.15	5205.25	2.33	5.35	18.77	324.82
#种　子	元	376.05	2431.46			3.02	114.69
饲料、饲草	元	936.76	2703.86	2.23	5.01	14.89	203.16
燃　料	元	9.64	17.25	0.01	0.01	0.39	0.50
养殖用药	元	13.96	32.15	0.03	0.21	0.31	3.42
水　费	元	0.62	3.80		0.04	0.01	0.45
电　费	元	10.48	11.94	0.01	0.07	0.11	1.90
小农具	元	0.19	1.76			0.05	
其　它	元	2.48	3.35	0.03			0.72
(二)生产服务支出	元	22.87	41.84	0.03	0.07	0.29	6.29
#修理费	元	2.07	2.13				0.44
外雇运输费	元	0.66	17.68				0.63
配种费	元	3.89	8.70				
防疫费	元	14.33	16.90		0.06	0.28	5.26
技术咨询费	元					0.01	
上交管理费	元						
其它费	元	2.81		0.02	0.01		

1-6-1 历年社会消费品零售总额和商品市场情况

年 份	社会消费品零售总额(亿元)	#农 村	商品市场个数(个)	商品市场成交额(万元)
1949	8.3			
1952	15.8			
1957	26.6			
1962	26.3			
1965	26.6			
1970	32.3			
1975	47.6			
1978	60.3	40.4		
1980	81.2	54.7	1755	92145
1985	169.7	105.3	2470	306217
1990	308.0	163.8	3042	1001656
1995	852.1	416.4	4408	9276794
1996	1022.1	509.0	4549	11415350
1997	1195.0	611.4	4677	13291800
1998	1332.6	706.6	4542	16145443
1999	1458.8	783.6	4705	18284174
2000	1613.9	864.4	4896	21273816
2001	1778.3	941.0	4814	22846478
2002	1968.3	1026.6	4931	25060931
2003	2177.9	1113.5	4899	27644773
2004	2576.4	1369.7	4902	31461722
2005	2969.5	1579.2	4107	33103227
2006	3435.7	1805.4	4195	36702516
2007	4053.8	2112.1	4230	41101031
2008	4991.1	2602.4	4105	46432843
2009	5764.9	3013.9	4014	52090130
2010	6821.8	1618.8	4011	59333439
2011	8035.5	1876.4		
2012	9254.0	2152.6		
2013	10516.7	2435.5		
2014	11820.5	2566.5		
2015	12990.7	2865.2		
2016	14364.7	3169.0		

注：自2010年起社会消费品零售总额按销售单位所在地分为城镇和乡村。2011年取消了商品市场统计。

1-6-2 历年各种物价总指数

(上年=100)

年 份	全省居民消费价格总指数	城市居民消费价格总指数	农村居民消费价格总指数	全省零售物价总指数	城市零售物价总指数	农村零售物价总指数	农产品生产价格总指数	农业生产资料价格指数
1952		101.2		102.8	101.2	102.8	102.6	111.3
1957		101.2		101.3	101.6	100.6	102.1	99.5
1962		100.1		100.4	100.1	101.8	92.2	100.9
1965		96.5		97.1	96.6	97.6	98.2	96.2
1970		99.7		99.6	99.7	99.5	99.7	99.7
1975		100.0		100.0	100.0	100.0	100.6	99.8
1978		100.2		99.8	100.2	99.8	106.1	99.0
1980		107.2		105.3	107.5	103.7	114.2	101.2
1985	106.8	108.9	105.7	106.8	109.2	105.5	112.2	104.9
1990	100.6	101.2	99.9	99.9	99.9	100.0	102.8	103.5
1995	115.2	116.1	114.8	115.8	115.2	116.6	128.5	120.9
1996	107.1	107.6	106.8	106.2	106.0	106.3	99.1	108.0
1997	103.5	103.7	103.4	102.1	102.0	102.1	93.3	104.3
1998	98.4	98.7	98.1	97.7	97.9	97.3	90.1	98.7
1999	98.1	98.7	97.6	97.8	98.0	97.7	86.0	97.5
2000	99.7	100.5	99.1	99.1	99.2	98.9	93.0	101.5
2001	100.5	100.4	100.6	99.8	99.4	100.2	103.3	100.2
2002	99.0	98.6	99.5	99.2	98.8	99.6	98.0	100.4
2003	102.2	102.3	102.0	100.2	100.1	100.4	107.5	99.8
2004	104.3	103.7	104.8	103.2	102.3	104.0	110.1	106.7
2005	101.8	101.4	102.2	101.1	101.0	101.2	102.5	106.8
2006	101.7	101.7	101.7	101.5	101.6	101.5	100.2	101.6
2007	104.7	104.3	105.1	104.1	103.5	104.6	116.2	106.9
2008	106.2	105.2	108.1	106.7	105.4	107.9	109.0	118.6
2009	99.3	98.8	100.3	99.0	98.9	99.1	99.7	100.6
2010	103.1	102.8	103.6	103.1	102.7	103.5	115.1	104.4
2011	105.7	105.3	106.5	105.0	104.7	106.0	110.9	112.6
2012	102.6	102.7	102.5	102.2	102.1	102.3	100.7	108.2
2013	103.0	102.7	103.5	102.2	102.1	102.5	105.1	101.1
2014	101.7	101.7	101.8	101.0	101.0	101.1	100.2	99.1
2015	100.9	101.1	100.5	100.2	100.3	100.0	97.5	99.8
2016	101.5	101.5	101.5	101.2	101.1	101.3	96.4	100.0

1-6-3 历年各种物价总指数

(1952年=100)

年 份	全省居民消费价格总指数	城市居民消费价格总指数	农村居民消费价格总指数	全省零售物价总指数	城市零售物价总指数	农村零售物价总指数
1957		105.5		106.3	106.3	106.0
1962		117.9		116.8	118.6	114.2
1965		95.1		101.0	93.8	106.7
1970		95.2		100.1	94.4	104.9
1975		95.8		98.3	95.0	101.6
1978		96.7		98.4	96.1	101.6
1980		105.4		105.1	105.0	106.5
1985	109.5	125.8	107.9	122.0	125.1	121.3
1990	175.6	200.1	175.5	194.2	197.1	195.2
1995	309.8	387.7	285.7	326.3	357.1	312.4
1996	331.8	417.2	305.1	346.5	378.5	332.1
1997	343.4	432.6	315.5	353.8	386.1	339.1
1998	337.9	427.0	309.5	345.7	378.0	329.9
1999	331.5	421.4	302.1	338.1	370.4	322.3
2000	330.5	423.5	299.4	335.1	367.4	318.8
2001	332.2	425.2	301.2	334.4	365.2	319.4
2002	328.9	419.2	299.7	331.7	360.8	318.1
2003	336.1	428.8	305.7	332.4	361.2	319.4
2004	350.6	444.7	320.4	343.0	369.5	332.2
2005	356.9	450.9	327.4	346.8	373.2	336.2
2006	363.0	458.6	333.0	352.0	379.2	341.2
2007	380.0	490.9	349.9	375.7	399.6	368.1
2008	403.5	516.4	378.4	401.0	421.3	397.3
2009	400.8	510.3	379.7	396.9	416.5	393.7
2010	413.1	524.7	393.4	409.2	427.7	407.4
2011	436.7	552.5	418.9	429.7	447.9	431.6
2012	448.1	567.3	429.4	439.0	457.4	441.5
2013	461.4	582.7	444.3	448.6	466.9	452.7
2014	469.3	592.6	452.1	453.1	471.4	457.8
2015	473.6	598.9	454.3	454.1	472.8	457.9
2016	480.8	607.9	461.1	459.6	478.0	463.8

注：1.从1994年开始，“零售物价总指数”中不再包括“农业生产资料”。
2.表中全省和农村居民消费价格总指数是以1983年为100。

1-6-4 居民消费价格分类指数(2016年)

(上年=100)

指　　标	全　省	城　市	农　村
居民消费价格总指数	**101.5**	**101.5**	**101.5**
一、食品烟酒	**102.6**	**102.6**	**102.7**
1.食品	103.0	103.1	102.9
(1)粮食	99.0	99.5	98.4
(2)薯类	110.5	111.0	109.5
(3)豆类	99.7	99.2	100.5
(4)食用油	100.1	100.3	100.0
(5)菜	109.7	109.1	110.8
(6)畜肉类	110.9	110.4	111.8
(7)禽肉类	100.9	101.2	100.3
(8)水产品	99.5	99.2	100.7
(9)蛋类	96.4	95.3	97.9
(10)奶类	99.3	99.1	99.6
(11)干鲜瓜果类	97.0	97.6	95.5
(12)糖果糕点类	100.8	100.5	101.3
(13)调味品	102.3	102.5	102.2
(14)其他食品类	102.1	102.7	101.3
2.茶及饮料	100.5	100.4	100.8
3.烟酒	101.9	102.1	101.7
4.在外餐饮	101.6	101.4	102.4
二、衣着	**101.8**	**101.8**	**101.8**
1.服装	102.0	102.1	101.8
2.服装材料	99.8	99.8	99.7
3.其他衣着及配件	100.5	100.6	100.3
4.衣着加工服务费	102.5	102.7	102.2
5.鞋类	101.4	101.1	102.1
三、居住	**100.7**	**100.8**	**100.5**
1.租赁房房租	100.6	100.4	102.4
2.住房保养维修及管理	101.3	100.4	102.2
3.水电燃料	98.8	99.6	97.6
4.自有住房	101.5	101.4	101.7
五、交通和通信	**98.3**	**98.2**	**98.4**
1.交通	97.6	97.3	98.1
2.通信	99.6	99.9	99.0
六、教育文化和娱乐	**101.3**	**100.6**	**102.5**
1.教育	102.1	101.3	103.1
2.文化娱乐	99.9	99.7	100.4
七、医疗保健	**104.4**	**105.2**	**103.0**
1.药品及医疗器具	107.0	106.4	108.1
2.医疗服务	102.7	104.3	100.6
八、其他用品和服务	**103.3**	**103.6**	**102.6**
1.其他用品类	102.4	102.7	101.9
2.其他服务类	104.0	104.4	103.2

1-6-5 商品零售价格分类指数（2016年）

(上年=100)

指　　标	全　省	城　市	农　村
商品零售价格指数	**101.2**	**101.1**	**101.3**
一、食品	**102.8**	**102.9**	**102.8**
1.粮食	99.3	99.8	98.4
2.薯类	110.1	110.5	109.1
3.豆类	99.4	99.4	99.4
4.食用油	100.0	100.1	99.9
5.菜	109.6	109.6	109.7
6.畜肉类	110.6	110.2	111.5
7.禽肉类	100.9	101.1	100.3
8.水产品	99.7	99.4	101.1
9.蛋类	96.4	95.6	98.4
10.奶类	99.3	99.3	99.0
11.干鲜瓜果类	97.3	97.9	95.0
12.糖果糕点类	101.0	100.9	101.5
13.调味品	102.7	102.7	102.5
14.其他食品类	102.3	102.7	101.4
15.在外餐饮	101.8	101.7	102.4
二、饮料、烟酒	**101.7**	**101.8**	**101.5**
1.茶及饮料	100.6	100.5	101.0
2.烟草	102.4	102.6	101.9
3.酒类	101.4	101.4	101.1
三、服装、鞋帽	**101.6**	**101.6**	**101.5**
1.服装	101.8	101.9	101.5
2.鞋帽袜	101.0	100.9	101.5
3.其他衣着配件	101.6	101.9	100.2
四、纺织品	**99.7**	**100.0**	**98.8**
1.服装材料	100.0	100.0	100.0
2.床上用品	99.6	100.0	98.6
五、家用电器及音像器材	**100.1**	**100.2**	**99.9**
1.家庭设备	100.8	100.9	100.2
2.文娱用耐用消费品	98.8	98.7	99.2
3.专业音像器材	99.6	99.7	99.1

1-6-5续　商品零售价格分类指数(2016年)

(上年=100)

指　　标	全　　省	城　　市	农　　村
六、文化办公用品	**100.2**	**100.2**	**100.3**
七、日用品	**100.4**	**100.3**	**100.5**
1.日用百货	100.1	100.0	100.7
2.厨具餐具茶具	101.3	101.0	101.9
3.清洗用品	100.3	100.6	99.4
4.其他日用品	100.4	100.4	100.4
八、体育娱乐用品	**100.2**	**100.0**	**100.9**
1.体育户外用品	100.6	100.6	100.4
2.娱乐用品	100.1	99.8	100.9
九、交通、通信用品	**97.2**	**97.6**	**95.9**
1.交通运输机械	96.3	96.3	96.0
2.通信器材	99.5	101.0	95.7
十、家具	**100.1**	**100.1**	**100.2**
十一、化妆品	**101.7**	**102.1**	**100.2**
十二、金银饰品	**105.5**	**105.7**	**104.5**
十三、中西药品及医疗保健用品	**107.2**	**106.5**	**109.5**
1.医疗卫生器具	103.2	102.1	104.4
2.中药	103.4	103.5	103.2
3.西药	109.3	108.2	112.5
4.保健器具及用品	104.1	104.2	102.1
十四、书报杂志及电子出版物	**102.7**	**102.9**	**102.2**
1.教材及参考书	100.8	101.0	100.3
2.书报杂志	105.8	105.6	106.3
3.计算机办公软件	103.3	103.4	102.9
十五、燃料	**100.6**	**99.8**	**103.3**
1.煤炭及制品	110.2	109.9	110.6
2.石油及制品	97.8	97.8	97.4
十六、建筑材料及五金电料	**100.5**	**100.5**	**100.6**
1.建筑装璜材料	100.6	100.6	100.5
2.五金水暖	100.3	100.1	101.0

1-6-6　农业生产资料价格分类指数

(上年=100)

年　份	农业生产资料价格指数	一、农用手工工　具	二、饲　　料	三、产 品 畜	四、半机械化农　具	五、机械化农　具
1995	120.9	115.1	144.8	123.6	108.9	115.8
1996	108.0	113.5	110.6	97.5	106.9	105.7
1997	104.3	115.8	92.2	143.8	102.5	100.0
1998	98.7	101.2	98.1	95.8	100.2	99.1
1999	97.5	99.3	101.7	82.6	99.9	96.6
2000	101.5	98.8	96.2	113.5	99.1	97.7
2001	100.2	101.2	104.7	104.2	99.0	98.6
2002	100.4	103.0	99.6	103.4	98.2	98.3
2003	99.8	99.8	101.6	101.3	94.8	97.8
2004	106.7	99.6	110.7	124.4	99.7	99.1
2005	106.8	100.5	99.2	106.2	99.9	101.3
2006	101.6	100.8	100.0	83.2	99.9	100.5
2007	106.9	100.1	107.6	140.6	100.4	101.0
2008	118.6	112.2	120.7	135.6	106.2	107.2
2009	100.6	104.9	100.5	89.1	100.8	102.2
2010	104.4	105.0	108.2	105.0	99.9	101.8
2011	112.6	105.1	108.4	153.6	108.2	111.1
2012	108.2	105.4	106.5	110.9	107.3	106.7
2013	101.1	100.2	104.0	102.1	101.0	101.0
2014	99.1	99.6	104.3	95.0	98.6	100.8
2015	99.8	100.0	99.3	104.4	100.0	100.4
2016	100.0	99.9	96.0	133.5	100.3	100.6

注：2016年第三大类“产品畜”改为“仔畜幼禽及产品畜”

1-6-6续　农业生产资料价格分类指数

(上年=100)

年　份	六、化学肥料	七、农药及农药械	八、农用机油	九、其他农业生产资料	十、农业生产服　　务
1995	129.5	119.1	103.8	119.0	
1996	109.9	112.0	107.0	109.2	
1997	92.3	97.5	119.0	99.4	
1998	94.4	96.0	99.7	102.2	
1999	96.6	98.1	101.8	98.5	
2000	95.0	97.7	120.3	97.8	
2001	100.3	96.9	99.7	99.4	
2002	101.6	97.8	98.4	108.0	
2003	100.8	98.5	109.7	85.9	
2004	106.4	102.9	110.8	106.6	
2005	112.0	101.2	116.6	108.6	
2006	101.0	100.4	115.1	107.7	110.4
2007	101.6	100.6	105.1	104.5	108.2
2008	121.2	104.3	116.9	110.9	115.7
2009	101.2	100.7	90.2	100.0	111.2
2010	100.2	97.6	115.2	108.0	103.1
2011	111.8	105.0	113.4	113.0	107.4
2012	108.5	107.3	106.2	111.1	110.0
2013	95.3	103.2	100.8	102.8	104.8
2014	91.6	101.7	98.6	102.8	101.2
2015	101.4	99.6	86.4	99.1	100.5
2016	98.3	98.6	98.4	99.4	100.3

1-6-7 主要农产品生产价格及指数

指　　标	单　位	2016年生产价格	生产价格指数(以上年为100)	
			2015年	2016年
农产品生产价格指数			**97.50**	**96.35**
一、农业产品			**97.26**	**93.24**
(一)谷　物	元/公斤		97.28	88.36
稻　谷	元/公斤			
小　麦	元/公斤	2.32	100.00	98.20
玉　米	元/公斤	1.60	95.22	81.24
谷　子	元/公斤		106.38	
高　粱	元/公斤			
(二)薯　类	元/公斤		79.84	105.41
马铃薯	元/公斤	1.56	79.84	105.41
(三)油　料	元/公斤		109.81	101.74
花　生	元/公斤	6.14	109.81	101.74
油菜籽	元/公斤			
葵花籽	元/公斤			
芝　麻	元/公斤			
(四)豆　类	元/公斤		99.65	103.45
大　豆	元/公斤		98.59	103.97
绿　豆	元/公斤		102.22	102.17
(五)棉　花	元/公斤		90.06	92.89
籽　棉	元/公斤	5.87	90.06	92.89
(六)蔬菜及食用菌	元/公斤		107.04	105.48
1.蔬　菜	元/公斤		107.53	105.78
叶菜类蔬菜	元/公斤		101.64	104.37
芹　菜	元/公斤	2.39	101.64	109.74
油　菜	元/公斤			106.97
菠　菜	元/公斤			99.25
白菜类蔬菜	元/公斤		109.28	105.59
大白菜	元/公斤	0.87	109.28	105.59
甘蓝类蔬菜	元/公斤		125.96	110.49
结球甘蓝	元/公斤	1.42	125.96	110.49
花椰菜	元/公斤			
根茎类蔬菜	元/公斤		109.42	103.88
白萝卜	元/公斤	1.00	111.83	103.88
胡萝卜	元/公斤		109.09	
瓜菜类蔬菜	元/公斤		108.64	103.3
黄　瓜	元/公斤	2.71	108.59	103.52
冬　瓜	元/公斤		141.18	93.33
西葫芦	元/公斤	1.90	109.09	101.06
豆类蔬菜	元/公斤		106.06	99.01
四季豆	元/公斤	3.31	106.06	99.01

1-6-7续1 主要农产品生产价格及指数

指标	单位	2016年生产价格	生产价格指数(以上年为100)	
			2015年	2016年
茄果类蔬菜	元/公斤		105.91	100.11
茄子	元/公斤	3.30	98.38	100
青椒	元/公斤	5.78	109.09	101.46
西红柿	元/公斤	2.94	109.49	99.83
葱蒜类蔬菜	元/公斤		102.35	132.09
大葱	元/公斤	2.73	106.20	163.53
蒜苔	元/公斤			
蒜头	元/公斤	10.46	99.77	121.46
韭菜	元/公斤	3.03	98.92	99.84
2.食用菌	元/公斤		96.45	99.08
平菇	元/公斤	5.57	102.88	97.17
香菇	元/公斤	8.77	81.39	103.54
其他食用菌	元/公斤	4.61	100.74	
(七)水果及坚果	元/公斤		85.72	83.03
1.水果（园林水果）	元/公斤		85.91	82.23
苹果	元/公斤		113.40	86.84
红富士苹果	元/公斤	4.09	105.34	86.84
梨	元/公斤		77.46	87.74
雪花梨	元/公斤	1.45	91.15	93.75
鸭梨	元/公斤	1.98	70.00	86.09
葡萄	元/公斤			
巨峰葡萄	元/公斤			
玫瑰香葡萄	元/公斤			
瓜类水果	元/公斤		80.00	
西瓜	元/公斤		80.00	
伊利沙白瓜	元/公斤			
其他水果	元/公斤		83.17	72.73
枣	元/公斤	2.88	82.77	72.73
柿子	元/公斤		100.00	
桃	元/公斤			
杏	元/公斤			
草莓	元/公斤			
2.食用坚果	元/公斤		81.68	100.51
核桃	元/公斤		83.66	87.96
栗子	元/公斤		80.41	108.57
板栗	元/公斤	12.21	80.41	108.57
(八)香料原料	元/公斤		130.92	104.95
调味香料	元/公斤		130.92	104.95
花椒	元/公斤		130.92	104.95

1-6-7续2 主要农产品生产价格及指数

指　　标	单　位	2016年生产价格	生产价格指数(以上年为100)	
			2015年	2016年
二、林业产品			**94.53**	**95.94**
(一)育种和育苗			94.53	95.94
苗木类	元/株		94.53	95.94
针叶乔木苗类	元/株		93.47	95.38
阔叶乔木苗类	元/株		101.10	95.38
(二)木材采伐产品	元/立方米			99.43
1.原　木	元/立方米			
非针叶原木	元/立方米			
杨树原木	元/立方米			
2.薪　材	元/立方米			
三、饲养动物及其产品	**元/公斤**		**97.33**	**101.5**
(一)活牲畜	元/公斤		102.54	111.25
猪	元/公斤	18.18	111.73	120.93
牛	元/公斤	22.49	93.00	95.49
羊	元/公斤	16.17	79.06	90.95
(二)活家禽	元/公斤		94.24	100
活　鸡	元/公斤	9.27	94.24	100
(三)畜禽产品	元/公斤		91.17	89.14
1.生　奶	元/公斤	3.11	94.77	95.99
2.禽　蛋	元/公斤		90.19	86.9
鸡　蛋	元/公斤	7.93	90.19	86.9
鸭　蛋	元/公斤			
3.动物毛类	元/公斤		86.80	99.73
绵羊毛	元/公斤		86.80	99.73
四、渔业产品	**元/公斤**		**105.74**	
(一)海水养殖产品	元/公斤			
1.海水养殖虾	元/公斤			
海水养殖中国对虾	元/公斤			
其他海水养殖海虾	元/公斤			
2.海水养殖蟹	元/公斤			
海水养殖梭子蟹	元/公斤			
3.海水养殖贝类	元/公斤			
海水养殖扇贝	元/公斤			
海水养殖蛤	元/公斤			
(二)淡水养殖产品	元/公斤		105.74	99.97
养殖淡水鱼	元/公斤		105.74	99.97
养殖淡水鲤鱼	元/公斤	10.58	110.09	98.39
养殖淡水草鱼	元/公斤	11.93	92.58	104.74
养殖淡水鲢鱼	元/公斤			
养殖淡水鲫鱼	元/公斤			

1-7-1 石家庄海关出口农副产品及加工品数量

指　　标	单 位	2010年	2015年	2016年
肉及杂碎	吨	6597	12573	13887
牛　肉	吨	138	50	
冻　鸡	吨	347	3914	5795
水海产品	吨	22056	46610	47669
活　鱼	吨	237	394	436
冻鱼、冻鱼片	吨	792	1267	1330
鲜、冻对虾	吨	30	0.1	0.8
冻虾仁	吨	214	82	69
粮　食	吨	69037	69730	76160
谷物及谷物粉	吨	3104	3668	1807
玉　米	吨	2	25	109
淀粉块茎及薯类	吨		620	262
豆　类	吨		65442	74091
蔬　菜	吨	93736	115996	124818
鲜或冷藏蔬菜	吨	43518	55648	58424
干的食用菌类	吨	126	128	71
鲜、干水果及坚果	吨	122492	120179	148525
橘、橙	吨	275		20
苹　果	吨	3832	894	609
梨	吨	100362	105220	133280
乳品	吨		133	79
果蔬汁	吨	9309	15232	13397
食用油籽	吨	11522	3975	4166
大　豆	吨	936	2779	3471
花生、花生仁	吨	7306	762	282
食用植物油(包括棕榈油)	吨	3038	1495	1284
豆　油	吨	54	137	79
烘焙花生	吨	1445	4081	3193
天然蜂蜜	吨	792	102	142
茶　叶	吨		101	
辣椒干	吨	1726	1675	2385
猪肉罐头	吨		1	0.6
番茄酱	吨	56	28012	19390
蘑菇罐头	吨	1669	1420	480
啤　酒	升		20909	20880
肠　衣	吨	3947	6800	6608
填充用羽毛；羽绒	吨	6	5	
药　材	吨	5726	3304	4170
锯　材	立方米	660	12（吨）	50（吨）
山羊绒	吨	1014	1628	2041

注：2015年、2016年，锯材计量单位“立方米”改为“吨”。

1-7-2 石家庄海关出口农副产品及加工品金额

单位：万美元

指　　标	2010年	2015年	2016年	2016年比上年增减(%)
农产品	**122770.7**	**165557.3**	**151125.6**	**-8.7**
肉及杂碎	10494.3	13867.0	12218.4	-11.9
牛　肉	73.4	55.0		
冻　鸡	69.7	1282.4	2008.6	56.6
水海产品	12073.6	45255.0	32463.6	-28.3
活　鱼	255.1	611.8	760.3	24.3
冻鱼、冻鱼片	364.2	899.4	820.6	-8.8
鲜、冻对虾	13.5		0.7	1378.2
冻虾仁	127.4	62.0	64.5	4.0
粮　食	6733.6	8406.0	7957.9	-5.3
谷物及谷物粉	161.1	315.3	138.4	-56.1
玉　米	0.2	2.3	10.0	333.1
淀粉块茎及薯类		84.8	42.5	-49.8
豆　类		8006.0	7777.0	-2.9
蔬　菜	8312.9	11050.7	11923.0	7.9
鲜或冷藏蔬菜	2645.1	3340.9	2902.7	-13.1
干的食用菌类	139.1	96.7	108.3	11.9
鲜、干水果及坚果	9301.6	12935.1	13209.9	2.1
橘、橙	12.5		1.1	.
苹　果	307.9	89.7	51.7	-42.4
梨	4934.2	8296.3	9334.6	12.5
乳品		15.5	29.8	92.2
果蔬汁	892.6	1854.7	1442.2	-22.2
食用油籽	1323.3	560.8	417.4	-25.6
大　豆	84.5	385.0	324.1	-15.8
花生、花生仁	872.0	119.3	45.7	-61.7
食用植物油(包括棕榈油)	362.4	137.6	129.0	-6.2
豆　油	7.0	16.5	9.0	-45.7
花生油				
烘焙花生	225.0	897.8	668.3	-25.6
天然蜂蜜	129.4	18.6	33.8	81.0
茶　叶		329.8		
辣椒干	560.7	609.5	665.0	9.1
猪肉罐头		1.8	1.5	-17.8
番茄酱	4.3	2925.7	1717.7	-41.3
蘑菇罐头	238.2	315.6	109.9	-65.2
啤　酒		1.5	1.5	-2.0
肠　衣	9407.3	11535.5	9417.5	-18.4
填充用羽毛；羽绒	13.9	4.1		
药　材	2182.0	1774.4	2076.5	5.3
锯　材	53.5	4.9	12.9	163.3
山羊绒	6734.6	11264.4	11739.3	4.2

1—7—3 石家庄海关进口农副产品及加工品数量

指标	单位	2010年	2015年	2016年
冻鱼	吨	571	64	757
鲜、干水果及坚果	吨	57441	1914	2334
香蕉	吨	56136		747
乳品	吨		4565	7400
粮食	吨	3089461	3969551	4123064
谷物及谷物粉	吨	80383	171152	138783
小麦	吨	8732	12595	11111
大麦	吨	71651	136665	98475
稻谷和大米	吨		513	1800
大豆	吨	3002514	3763921	3978126
食用植物油	吨	84432	40269	10960
豆油			2913	
花生油				834
橄榄油	吨	11	54	38
棕榈油	吨	74722	35502	5508
菜子油和芥子油#				352
食糖	吨	2856	4354	8940
酒类	千升	46247	33690	20768
啤酒	千升	93	518	654
葡萄酒	千升	46152	33170	20113
饲料用鱼粉	吨	2	185	
豆饼、豆粕	吨		50917	6061
天然橡胶(包括胶乳)	吨	6695	60086	64530
合成橡胶(包括胶乳)	吨	19981	24035	20365
原木	立方米	37863	29970（吨）	237286（吨）
锯材	立方米	125657	10543（吨）	9400（吨）
纸浆	吨	55648	269964	313398
羊毛	吨	3778	2368	3110
棉花	吨	68685	4793	5554
肥料	吨		139043	103887
矿物肥料及化肥	吨		139043	103887
氯化钾	吨		139042	95920

注：2015年、2016年，原木、锯材计量单位“立方米”改为“吨”。

1-7-4 石家庄海关进口农副产品及加工品金额

单位：万美元

指　　标	2010年	2015年	2016年	2016年比上年增减(%)
农产品	216221.1	257531	245828	-4.5
冻　鱼	60.6	7	87	1155.7
鲜、干水果及坚果	2826.0	807	460	-42.9
香蕉（包括芭蕉）	2440.4		29	
乳 品		1789	2350	31.4
粮　食	138385.0	163380	168420	3.1
谷物及谷物粉	1799.5	5029	3700	-26.4
小　麦	217.8	373	287	-23.4
大　麦	1581.8	3924	2446	-37.7
稻谷和大米		34	64	87.6
大　豆	136362.9	157187	164183	4.4
食用植物油	7101.0	2712	955	-64.8
豆油		258		
花生油			110	
橄榄油	9.2	29	19	-34.5
棕榈油	6242.3	2193	367	-83.3
菜子油和芥子油#			58	
食　糖	203.7	182	454	149.8
酒　类	3784.3	2141	2130	-0.5
啤　酒	6.6	26	36	37.9
葡萄酒	3775.4	2113	2094	-0.9
饲料用鱼粉	1.9	16		
豆饼、豆粕		3327	342	-89.7
天然橡胶(包括胶乳)	1684.1	6237	6390	2.5
合成橡胶(包括胶乳)	3250.8	2998	2353	-21.5
原　木	436.3	638	4119	545.8
锯　材	2515.0	791	888	12.3
纸　浆	7988.9	20267	22593	11.5
羊　毛	611.2	585	614	5.0
棉　花	14339.3	1001	1099	9.8
肥　料	0.5	4411	2817	-36.1
矿物肥料及化肥		4411	2817	-36.1
氯化钾		4410	2564	-41.9

1-8-1 河北省农业综合开发情况

指　　标	单　位	完成情况	
		2015年	2016年
一、总投资	**万元**	**349735.9**	641850.3
1.财政资金	万元	261207	254270
2.自筹资金	万元	69474.8	40765.1
3.银行贷款	万元	10000	344173
4.其他资金	万元	9054.1	2642.2
二、土地治理项目	**万亩**	**153.6**	135.3
1.投入资金	万元	195013.2	159529.7
2.高标准农田建设项目	万亩	130.1	109.7
主要工程:			
拦河坝	座	10	3
排灌站	座	293	229
机电井	眼	10867	9612
衬砌渠道	公里	189.9	216.9
渠系建筑物	座	12153	10992
喷灌	亩	103399	76203
微灌	亩	38575	17977
改良土壤	万亩	29.5	10.9
建设良种晒场	平方米	600	
田间干道	公里	1594.7	1425.5
田间支路	公里	634	444.7
造林	万亩	2.7	1.9
苗圃	亩	1300	550
技术培训	人次	1550	6850
仪器设备	台（件）	29	7
示范推广	万亩	41.6	35.9
3.生态综合治理项目	万亩	23.5	25.6
(1) 小流域治理项目	万亩	21.8	24.2
主要工程:			
拦河坝	座	21	11
排灌站	座	89	96
机电井	眼	589	417
输变电线路配套	公里	114.2	119.2
衬砌渠道	公里	22.4	57.6
埋设管道	公里	944.1	1080.9
渠系建筑物	座	119	591
喷灌	亩	1700	1840
微灌	亩	19320	7545
小型蓄排水工程	座	1246	1463
谷坊	座	5	17
溪流护岸	公里	1.68	3.7
改良土壤	万亩	1.27	0.6
机耕路（牧区机耕道）	公里	293.9	309.6
梯田埂	公里	414.7	364
造林	万亩	3.9	3.6
技术培训	人次	4425	5145
购置仪器设备	台	6	130
示范推广	万亩	0.8	0.4

说明：以上数据截止2017年4月。2016年度落实贫困县涉农资金整合政策，我省62个扶贫县共计整合财政资金51759.1万元。

1-8-1续　河北省农业综合开发情况

指　　标	单　位	完成情况	
		2015年	2016年
（2）土地沙化治理项目	万亩	1.8	1.4
主要工程：			
新打机电井	眼	9	4
输变电线路配套	公里	4.2	2
埋设管道	公里	78.2	32.3
渠系建筑物	座	8	9
小型蓄排水工程	座	3	4
改良土壤	万亩	0.01	0
机耕路	公里	8.8	10.4
造林	万亩	0.6	0.8
技术培训	人次	100	0
购置仪器设备	台	4	0
（3）其他	万亩	0	0
4.主要效益			
新增和改善灌溉面积	万亩	151.5	131.5
新增和改善除涝面积	万亩	20.5	18.1
新增节水灌溉面积	万亩	137.2	113.9
年节约水量	万立方米	7582.1	669.5
增加农田林网防护面	万亩	87.6	69.9
增加机耕面积	万亩	0.7	0.7
扩大良种种植面积	万亩	39.8	31.8
治理沙化土地面积	万亩	1.8	1.3
控制水土流失面积	平方公里	80.1	0
项目区年直接受益农户数量	户	256202	204914
项目区年直接受益农业人口数	人	954562	717199
项目区直接受益农民年纯收入增加总额	万元	54251.3	46246
三、产业化经营项目	**个**	**295**	160
1.投入资金	万元	140786.1	275144
2.财政补助项目	个	245	45
3.设施蔬菜项目	个	42	43
4.龙头企业带动产业发展和“一县一特”项目	个	6	0
5.贷款贴息项目	个	2	72
6.其他项目	个	0	0
7.主要效益			
加工转化农产品	万公斤	64448.5	4195
年新增总产值	万元	523706.8	148464.9
年新增增加值	万元	84204.1	41875.9
年新增利税	万元	56013.3	16125.9
年直接受益农业人口数	人	591064	
直接受益农民年收入增加总额	万元	74380.9	63350.6
年新增就业人数	人	7747	1893
四、现代农业园区试点项目	**个**	**3**	2
1.投入资金	万元	13936.6	24925
2.高标准农田建设项目	个	3	3
3.产业化龙头企业项目	个	5	0
4.农民合作社项目	个	7	0
5.其他项目	个	0	0

1—9—1　农垦系统国有农牧场基本情况

指　　标	单　位	2000年	2005年	2010年	2015年	2016	2016年比上年增减(%)
一、农场数	**个**	**30**	**30**	**32**	**33**	**33**	
二、农场人口及职工							
总人口	人	290157	397033	422544	459210	462635	**0.75**
职工人数	人	94660	85212	71138	66068	66674	**0.92**
三、土地总面积	**公顷**	**350720**	**352607**	**354669**	**393149**	**393146**	**0.00**
耕地面积	公顷	90380	80297	89095	97763	96726	**-1.06**
牧草地面积	公顷	99080	70062	77909	94430	93091	**-1.42**
#已利用	公顷	84730	52126	51891	63911	61944	**-3.08**
林地面积	公顷	38330	89785	83774	79527	76156	**-4.24**
水面面积	公顷	47680	48663	36939	26702	26464	**-0.89**
#养殖面积	公顷	10010	15156	13042	18277	18488	**1.15**
茶果桑园面积	公顷	2880	2913	1964	1589	1552	**-2.33**
四、农用机械总动力	**千瓦**	**470279**	**508748**	**898694**	**1194250**	**1162683**	**-2.64**
大中型农用拖拉机	台	991	1046	2586	4749	6229	**31.16**
小型及手扶拖拉机	台	16109	17147	22672	23186	20856	**-10.05**
联合收割机	台	207	202	348	806	952	**18.11**
农用化肥施用量	吨	19376	21559	24185	33443	35289	**5.52**
农场用电量	万千瓦小时	55845	69732	99125	206115	482628	**134.15**
五、生产总值	**万元**	**323032**	**681963**	**2287295**	**4556503.4**	**4868212**	**6.84**
#第一产业增加值	万元	90158	174177	322098	478212	521664	**9.09**
第二产业增加值	万元	131522	324760	1383855	2350858	2485572	**5.73**
第三产业增加值	万元	101352	183026	581342	1727433.4	1860976	**7.73**
人均生产总值	元/人	8225	17300	54034	99225	105228	**6.05**
农林牧渔业总产值(现价)	万元	174796	335053	621483	889766	900549	**1.21**

1−9−1续 农垦系统国有农牧场基本情况

指 标	单 位	2000年	2005年	2010年	2015年	2016	2016年比上年增减(%)
六、农作物总播种面积	**公顷**	**94840**	**87903**	**99098**	**100743**	**97265**	**-3.45**
1.粮 食	公顷	68540	59393	64341	78239	76439	**-2.30**
#谷 物	公顷	61350	54083	59771	68009	67346	**-0.97**
#小 麦	公顷	19710	15975	17504	16114	15845	**-1.67**
稻 谷	公顷	27010	17962	18145	24062	25704	**6.82**
2.棉 花	公顷	3390	21454	19881	7657	5385	**-29.67**
3.油 料	公顷	12380	920	2015	1262	1467	**16.24**
七、主要农产品产量							
1.粮 食	吨	240341	339161	415799	532361	622544	**16.94**
#谷 物	吨	232711	324412	389171	401920	443034	**10.23**
#小 麦	吨	50070	54400	75643	75169	76966	**2.39**
稻 谷	吨	141569	174670	179027	211730	23792	**-88.76**
2.棉 花	吨	4121	25133	32481	9410	6831	**-27.41**
3.油 料	吨	3466	983	2626	1324	1898	**43.35**
4.鲜 果	吨	17295	21762	16037	24292	24209	**-0.34**
八、林业生产情况							
当年造林面积	公顷	5417	8011	3110	4227	4703	**11.26**
林木采伐量	立方米	2420	2758	3636	1621	6363	**292.54**
九、畜牧业渔业生产							
年末大牲畜存栏	头	36500	82832	137400	202800	189800	**-6.41**
#牛	头	30400	80991	135800	199400	186400	**-6.52**
年末猪存栏	头	90100	199849	273700	328300	330600	**0.70**
年末羊存栏	只	51700	102147	54000	128000	114700	**-10.39**
#山羊	只	14600	8373	4300	3600	3400	**-5.56**
年末家禽存栏	万只	137	167.15	219.06	285.81	373.59	**30.71**
畜产品产量							
肉类总产量	吨	21210	42800	56021	61005	67409	**10.50**
牛奶产量	吨	68104	208148	473614	538743	559201	**3.80**
禽蛋产量	吨	6817	7801	10027	12438	19050	**53.16**
水产品产量	吨	48207	68933	78115	136907	114136	**-16.63**
#养殖产量	吨	39057	61000	71562	115135	111896	**-2.81**

1-9-2　主要农牧场经济指标

指　标	单　位	柏各庄农　场	芦　台农　场	汉　沽农　场	中捷友谊农场	南大港农　场	大曹庄农　场	察　北农　场	沽　源农　场	御道口牧　场
一、2010年数量	人									
总人口	人	142617	40420	44766	40400	43944	43001	20951	7886	4012
耕地面积	公顷	26703	7716	5640	5551	6345	5502	6718	7959	2120
农作物总播种面积	公顷	22858	7668	5492	10417	9682	11005	6718	7786	2120
粮食总产量	吨	192113	15513	6537	26928	27878	73347	9308	12083	3218
#小麦	吨	1154			8925	8361	36986			
稻谷	吨	169356	8603	96						
水产品产量	吨	66870	630	5811	3005	1410				
#养殖	吨	60628	630	5530	3005	1380				
农业总产值	万元	263071	37898	58937	35355	30122	39666	82546	40938	6350
二、2015年数量										
总人口	人	165102	41487	44690	46891	46933	46364	20697	8092	4035
耕地面积	公顷	28457	7676	6092	6375	6345	5502	9713	8529	2120
农作物总播种面积	公顷	25165	8469	7089	6594	8750	10581	7655	7866	2120
粮食总产量	吨	200100	37065	14711	13622	13692	75862	10473	98137	8652
#小麦	吨	416	1468		5870	5206	39181	160		
稻谷	吨	187219	22436	1211						
水产品产量	吨	127186		4970	3040	1540				
#养殖	吨	108754		4690	3040	1520				
农业总产值	万元	405007	49329	81605	38372	38655	51695	133473	66281	9864
三、2016年数量										
总人口	人	166948	41503	44343	47623	47538	46857	20749	8099	4049
耕地面积	公顷	28325	7718	6092	6375	6345	5502	9713	8524	2120
农作物总播种面积	公顷	25267	8436	7000	3563	8848	10502	8032	8186	2120
粮食总产量	吨	204621	46527	15173	11299	42016	66975	13741	139936	7650
#小麦	吨	415	1859	1442	4159	8132	39408	67		
稻谷	吨	194049	34313	2553						
水产品产量	吨	140497		4990	3104	1550				
#养殖	吨	122012		4715	3104	1530				
农业总产值	万元	452901	61280	90356	41972	31223	50428	112865	77595	7552

1-9-2续　主要农牧场经济指标

指　标	单 位	柏各庄农　场	芦台农场	汉沽农场	中捷友谊农场	南大港农　场	大曹庄农　场	察北农场	沽源农场	御道口牧　场
一、2010年数量										
生产总值(现价)	万元	746476	225453	188313	603278	195000	83016	115225	88933	8590
第一产业增加值	万元	142260	24010	32436	16909	15935	18353	36000	20807	3190
第二产业增加值	万元	309639	156188	92934	506221	122825	49480	64300	62710	1161
第三产业增加值	万元	294577	45255	62943	80148	56240	15183	14925	5416	4239
人均生产总值	元/人									
工业总产值(现价)	万元	542918	524400	303419	1586419	481300	60440	156443	186800	
职工人数	人	33519	4079	3283	7588	7002	2185	1214	2632	1040
利润总额	万元	93871	18323	5372	10280	29065	14121	23602	37487	
外贸出口总额	万元	8568	53837	7423	4500	1710				
二、2015年数量										
生产总值(现价)	万元	1018727	386437	302586	1301002	850000	158194	252000	170179	57987
第一产业增加值	万元	200535	31162	50295	19092	29000	26056	65000	36531	5576
第二产业增加值	万元	377184	279474	144042	584910	495000	101273	170000	115339	43198
第三产业增加值	万元	441008	75801	108249	697000	326000	30865	17000	18309	9213
人均生产总值	元/人	61703	93147	67707	277452	181109	34120	121757	210305	143710
工业总产值(现价)	万元	1147712	1232828	462221	2372126	1421543	221868	482636	445886	62944
职工人数	人	33000	3218	2576	3620	7369	988	1150	2301	818
利润总额	万元	62035	32900	8187	18500	51977	61870	30517	58500	2187
外贸出口总额	万元	18420	94658	19866	5262	1781	2978		229	
三、2016年数量										
生产总值(现价)	万元	1100225	420000	321079	1355200	930000	169034	255000	174818	75464
第一产业增加值	万元	216578	37746	58000	20293	30050	27824	65000	42235	7322
第二产业增加值	万元	407359	304174	148849	627214	501000	109306	172000	113017	56638
第三产业增加值	万元	476288	78080	114230	707693	398950	31904	18000	19566	11503
人均生产总值	元/人	65902	101198	72408	284568	195633	36074	122897	215851	186377
工业总产值(现价)	万元	1417974	1455879	489257	2190192	1425221	243559	509992	396972	71160
职工人数	人	36373	3026	2488	3608	6959	987	1080	2312	1070
利润总额	万元	61144	37627	9122	22115	52181	67165	20547	49725	4672
外贸出口总额	万元	17590	104554	20601	1240	366	19256		49	

1-10-1 历年财政收支情况

单位：亿元

年份	全部财政收入	比上年增长(%)	一般公共预算收入	比上年增长(%)	一般公共预算支出	比上年增长(%)
1952	4.44	21.4			1.88	68.7
1957	6.69	1.9			5.07	-19.2
1962	10.76	-29.0			5.88	-46.8
1965	12.38	14.3			9.65	-19.6
1970	20.55	37.6			12.13	24.4
1975	30.37	14.3			20.92	5.9
1978	45.10	38.0			32.44	2.9
1980	35.02	-18.3			28.36	-17.1
1985	45.15	15.5			41.66	16.2
1990	81.15	6.6			87.29	12.9
1995	214.12	17.5	119.95	26.0	191.18	18.9
1996	258.57	20.8	151.78	26.5	231.90	21.3
1997	297.43	15.0	183.31	20.8	270.46	16.6
1998	341.86	14.9	206.76	12.8	301.55	11.5
1999	367.20	7.4	223.28	8.0	350.80	16.3
2000	397.60	8.3	248.76	11.4	415.54	18.5
2001	448.44	12.8	283.50	14.0	514.18	23.7
2002	544.86	12.6	302.31	14.8	576.59	12.1
2003	634.94	16.5	335.83	15.3	646.74	12.2
2004	778.33	22.6	407.83	43.9	785.56	21.5
2005	1035.20	33.0	515.70	26.5	979.16	24.6
2006	1223.46	18.2	620.53	20.3	1180.36	20.5
2007	1528.90	25.0	789.12	27.2	1506.65	27.6
2008	1824.00	19.3	947.59	20.1	1881.67	24.9
2009	2020.77	10.8	1067.12	12.6	2347.59	24.8
2010	2409.01	19.2	1331.85	24.8	2820.24	20.1
2011	3017.59	25.3	1737.77	30.5	3537.39	25.4
2012	3479.26	15.3	2084.28	19.9	4079.45	15.3
2013	3652.38	5.0	2295.62	10.1	4409.58	8.1
2014	3764.56	3.1	2446.62	6.6	4677.3	6.1
2015	4065.11	8.0	2649.18	8.3	5632.19	20.4
2016	4390.65	8.0	2849.87	7.6	6049.53	7.4

1-10-2 农村集体和农村居民个人固定资产投资额

年 份	全社会固定资产投资总额(万元)	#农村集体单位固定资产投资	占全社会固定资产投资比重(%)	#农村居民个人固定资产投资	占全社会固定资产投资比重(%)
“七五”时期	**8643259**	**1131570**	**13.1**	**2228365**	**25.8**
1986	1312984	132659	10.1	359822	27.4
1987	1520053	192059	12.6	398281	26.2
1988	2108484	375802	17.8	499057	23.7
1989	1929602	277289	14.4	541861	28.1
1990	1772136	153761	8.7	429344	24.2
“八五”时期	**27649417**	**5766951**	**20.9**	**4210837**	**15.2**
1991	2404473	250938	10.4	766958	31.9
1992	3357908	632424	18.8	546134	16.3
1993	5401987	1168929	21.6	630000	11.7
1994	7091874	1533235	21.6	939969	13.3
1995	9393175	2181425	23.2	1327776	14.1
“九五”时期	**79546083**	**20242326**	**25.4**	**8938514**	**11.2**
1996	11876934	3264185	27.5	1435517	12.1
1997	14699903	3987635	27.1	1905761	13.0
1998	16511500	4172899	25.3	1924263	11.7
1999	17985435	4380020	24.4	1756132	9.8
2000	18472311	4437587	24.0	1916841	10.4
“十五”时期	**139663377**	**25790810**	**18.5**	**10671746**	**7.6**
2001	19418957	4507361	23.2	2086309	10.7
2002	20466852	4680000	22.9	2050000	10.0
2003	25158590	5057295	20.1	1994491	7.9
2004	32516504	5601372	17.2	2166461	6.7
2005	42102474	5944782	14.1	2374485	5.6
“十一五”时期	**486474443**	**57526969**	**11.8**	**18654705**	**3.8**
2006	55009984	7734309	14.1	2935796	5.3
2007	68846817	8723906	12.7	3219779	4.7
2008	88665605	10071465	11.4	3956398	4.5
2009	123118505	13998564	11.4	3934497	3.2
2010	150833532	16998725	11.3	4608235	3.1
“十二五”时期					
2011	163893254	16972913	10.4	6090686	3.7
2012	196612832	24055135	12.2	5566535	2.8
2013	231942296	33229695	14.3	5644603	2.4
2015	294482706	62069003	21.1	5425323	1.8
“十三五”时期					
2016年	317500152	80823028	25.5	4099479	1.3

注：2006—2010年，农村集体与农村个人分组为农村非农户与农村农户分组，2011年及以后为农村建设项目投资。

1-10-3 农业基本建设投资

年 份	基本建设投资(亿元)	#农业(包括水利业)基本建设投资	#水利基本建设投资	农业基本建设投资占基本建设投资比重(%)	水利基本建设投资占农业基本建设投资比重(%)
"一五"时期	**19.21**	**2.32**		**12.1**	
"二五"时期	**53.01**	**11.70**		**22.1**	
1963-1965年	14.10	4.54		32.2	
"三五"时期	**29.19**	**9.20**		**31.5**	
"四五"时期	**68.05**	**11.69**		**17.2**	
"五五"时期	**124.40**	**16.33**		**13.1**	
"六五"时期	**133.84**	**9.13**		**6.8**	
"七五"时期	**275.14**	**6.33**		**2.3**	
"八五"时期	**871.96**	**25.37**		**2.9**	
"九五"时期	**2617.63**	**123.03**	**68.34**	**4.7**	**55.5**
"十五"时期					
2001	591.87	43.93	16.60	7.4	37.8
2002	597.24	36.64	14.76	6.1	40.3
2003	845.84	42.01	16.69	5.0	39.7
2004	1308.96	61.96	25.77	4.7	41.6
	城镇投资	农林牧渔业投资	水利管理业投资	农林牧渔业占城镇投资比重(%)	水利管理业占城镇投资比重(%)
2005	3378.32	61.21	33.00	1.8	1.0
"十一五"时期	**41029.28**	**943.19**	**393.01**	**2.3**	**1.0**
2006	4433.99	83.71	57.32	1.9	1.3
2007	5690.31	116.26	55.01	2.0	1.0
2008	7463.77	188.41	60.14	2.5	0.8
2009	10518.54	244.43	112.43	2.3	1.1
2010	12922.66	310.38	108.11	2.4	0.8
	固定资产投资	农林牧渔业投资	水利管理业投资	农林牧渔业占固定资产投资比重(%)	水利管理业占固定资产投资比重(%)
"十二五"时期					
2011	15780.26	590.36	84.87	3.7	0.5
2012	19104.63	651.84	171.68	3.4	0.9
2013	22629.77	794.72	205.38	3.5	0.9
2014	26147.20	1120.95	298.04	4.3	1.1
2015	28905.74	1510.11	324.83	5.2	1.1
	固定资产投资	农林牧渔业投资	水利管理业投资	农林牧渔业占固定资产投资比重(%)	水利管理业占固定资产投资比重(%)
"十三五"时期					
2016	31340.07	1686.58	269.33	5.4	0.9

1-11-1 普通中学和普通小学基本情况

指 标	单 位	合 计			# 农 村		
		2010年	2015年	2016年	2010年	2015年	2016年
一、普通中学							
学校数	所	3264	2956	2977	1456	857	839
学生数	万人	348.76	351.92	364.91	74.89	45.09	46.63
专任教师数	万人	26.06	27.79	28.92	6.96	4.11	4.24
二、普通小学							
学校数	所	13563	12126	11944	11084	7368	7169
学生数	万人	511.59	596.24	620.55	309.80	238.91	241.40
专任教师数	万人	31.90	32.02	33.05	20.84	14.59	14.65

1-11-2 乡镇卫生院、床位、卫生人员和村卫生室及人员数

指 标	单 位	2010年	2015年	2016年
一、乡（镇）情况				
1.乡镇卫生院	个	1962	1960	1961
#中心卫生院	个	641	641	641
乡卫生院	个	1321	1319	1320
2.乡镇卫生院床位	张	57097	64853	66447
#中心卫生院	张	25349	28387	29001
乡卫生院	张	31748	36466	37446
3.乡镇卫生院卫生机构人员	人	53966	55793	56107
#中心卫生院	人	26112	24759	24700
乡卫生院	人	27854	31034	31407
乡镇卫生院卫生技术人员	人	44902	45867	46371
#中心卫生院	人	21623	20380	20468
乡卫生院	人	23279	25487	25903
二、村情况				
1.村卫生室个数	个	66356	60492	60365
#村办	个	28575	28399	28735
2.乡村医生和卫生员数	人	86986	82355	82542
#乡村医生	人	84080	77733	77321

1-11-3 农村文化机构和农村老年福利机构情况

指 标	单位	2015年	2016年
一、乡镇文化站	**个**	**1985**	**1988**
二、农村养老服务机构	**-**		
机构数	个	431	435
工作人员数	人	5983	6424
床位数	张	73780	71982
年末收养人数	人	33337	32450
三、农村最低保障资金	**万元**	**302394.2**	**379948.2**

注：国家从2015年开始调整农村养老服务机构的数据，只要是没有组织机构代码的单位都放到"社区服务机构"里了，所以今年新报的2015、2016两年的床位数就是单指"农村养老服务机构"里的床位数。

2-1-1 各市总户数、总人口

名称	年末总户数(万户)		年末常住人口(万人)		城镇人口(万人)		城镇化率(%)	
	2015年	2016年	2015年	2016年	2015年	2016年	2015年	2016年
全　省	**2356.04**	**2367.78**	**7424.92**	**7470.05**	**3811.21**	**3983.03**	**51.33**	**53.32**
石家庄市（包含辛集市）	297.97	302.05	1070.16	1078.46	623.90	646.64	58.30	59.96
石家庄市（不含辛集市）	276.35	280.31	1007.11	1015.12	587.14	615.57	59.03	60.64
辛集市	21.61	21.73	63.05	63.34	36.76	31.11	58.31	49.12
唐山市	229.14	229.23	780.12	784.36	421.81	473.83	54.07	60.41
秦皇岛市	110.15	94.88	307.32	309.46	157.90	173.70	51.38	56.13
邯郸市	268.26	262.55	943.30	949.28	450.24	508.15	47.73	53.53
邢台市	234.21	236.68	729.44	731.99	340.43	364.75	46.67	49.83
保定市（包含定州市）	366.26	384.81	1155.24	1163.45	538.92	571.37	46.67	49.11
保定市（不含定州市）	330.62	348.65	1034.90	1042.53	482.60	511.15	46.65	49.03
定州市	35.63	36.16	120.34	120.92	56.32	60.27	46.80	49.84
张家口市	190.08	191.63	442.17	442.51	214.72	239.80	48.56	54.19
承德市	137.18	139.01	353.01	353.18	194.16	173.06	55.00	49.00
沧州市	232.13	233.49	744.30	750.55	347.14	379.48	46.64	50.56
廊坊市	141.06	140.85	456.32	461.50	213.74	262.13	46.84	56.80
衡水市	149.61	152.60	443.54	445.31	206.78	217.71	46.62	48.89

注：年末总户数为公安年报数，年末常住人口数为人口变动抽样推算数。

2-1-2 各市人口出生、死亡、自然增长率

单位：‰

名称	出生率		死亡率		自然增长率	
	2015年	2016年	2015年	2016年	2015年	2016年
全　省	**11.35**	**12.42**	**5.79**	**6.36**	**5.56**	**6.06**
石家庄市（包含辛集市）	11.72	12.62	5.84	6.30	5.88	6.32
石家庄市（不含辛集市）	11.86	12.67	5.78	6.23	6.08	6.44
辛集市	9.54	11.77	6.88	7.44	2.66	4.33
唐山市	9.48	10.91	6.04	6.76	3.44	4.15
秦皇岛市	8.81	9.12	5.88	6.69	2.93	2.43
邯郸市	13.14	13.89	5.95	6.56	7.19	7.33
邢台市	13.06	13.86	5.96	6.59	7.10	7.27
保定市（包含定州市）	10.91	12.22	5.45	5.92	5.46	6.30
保定市（不含定州市）	10.78	12.18	5.37	5.79	5.41	6.39
定州市	12.04	12.52	6.14	7.06	5.90	5.46
张家口市	9.02	11.96	5.66	6.79	3.36	5.17
承德市	10.26	10.72	5.79	6.41	4.47	4.31
沧州市	12.28	13.07	5.83	6.33	6.45	6.74
廊坊市	11.94	13.02	5.22	5.79	6.72	7.23
衡水市	11.08	12.07	6.07	6.08	5.01	5.99

2–1–3 各市农村基层组织情况

单位：个

名称	乡镇个数		乡个数		镇个数		村委会个数	
	2015年	2016年	2015年	2016年	2015年	2016年	2015年	2016年
全省	**1957**	**1952**	**890**	**845**	**1067**	1107	**48974**	**48860**
石家庄市（包含辛集市）	220	220	94	91	126	129	4358	4354
石家庄市（不含辛集市）	205	205	87	84	118	121	4014	4010
辛集市	15	15	7	7	8	8	344	344
唐山市	177	177	45	45	132	132	5405	5405
秦皇岛市	75	75	27	25	48	50	2265	2265
邯郸市	213	212	108	107	105	105	5208	5208
邢台市	173	172	76	72	97	100	4942	4906
保定市（包含定州市）	311	311	160	137	151	174	6201	6201
保定市（不含定州市）	290	290	155	132	135	158	5715	5715
定州市	21	21	5	5	16	16	486	486
张家口市	209	209	112	110	97	99	4175	4175
承德市	205	204	115	110	90	94	2480	2458
沧州市	170	168	86	83	84	85	5737	5685
廊坊市	90	90	22	22	68	68	3210	3210
衡水市	114	114	45	43	69	71	4993	4993

2–1–4 各市农村基础设施

单位：个

名称	自来水受益村数		通有线电视村数		通宽带村数		通公共交通村数	
	2015年	2016年	2015年	2016年	2015年	2016年	2015年	2016年
全省	**45169**	**45501**	**39051**	**40150**	**46013**	**46482**	**38999**	**39556**
石家庄市（包含辛集市）	4097	4112	3290	3407	4286	4303	4106	4148
石家庄市（不含辛集市）	3753	3768	2946	3063	3942	3959	3796	3804
辛集市	344	344	344	344	344	344	310	344
唐山市	5222	5223	4520	4730	5398	5398	4048	4123
秦皇岛市	1340	1476	2019	2019	2260	2262	1962	1992
邯郸市	4982	5005	4401	4493	4621	4803	4968	4950
邢台市	4903	4880	3846	4061	4864	4838	4140	4174
保定市（包含定州市）	5426	5544	3457	3697	5889	5963	5076	5157
保定市（不含定州市）	4948	5065	3020	3243	5418	5492	4714	4788
定州市	478	479	437	454	471	471	362	369
张家口市	3441	3517	2586	2669	2600	2798	2646	2759
承德市	1818	1856	2340	2326	2216	2277	770	848
沧州市	5737	5685	5737	5685	5737	5685	5424	5447
廊坊市	3210	3210	2137	2215	3210	3210	2482	2493
衡水市	4993	4993	4718	4848	4932	4945	3377	3465

2-1-5　各市乡村户数、人口和劳动力资源

单位：户、人

名　　称	乡村户数		乡村人口		1.男		2.女	
	2015年	2016年	2015年	2016年	2015年	2016年	2015年	2016年
全　　省	**15790472**	**15904543**	**57114923**	**57465574**	**29431500**	**29613957**	**27683423**	**27851617**
石家庄市（包含辛集市）	1829646	1863695	6915327	7022797	3521471	3590510	3393856	3432287
石家庄市（不含辛集市）	1668042	1701111	6357557	6466587	3233584	3302423	3123973	3164164
辛集市	161604	162584	557770	556210	287887	288087	269883	268123
唐 山 市	1616418	1615079	5479445	5511826	2783530	2795909	2695915	2715917
秦皇岛市	686102	689470	2055646	2056191	1058905	1059308	996741	996883
邯 郸 市	1880260	1846773	7567035	7613225	3940665	3970271	3626370	3642954
邢 台 市	1608988	1642483	6266358	6365167	3219114	3270050	3047244	3095117
保 定 市（包含定州市）	2507402	2549317	9620232	9713241	4965163	5007781	4655069	4705460
保 定 市（不含定州市）	2228323	2264657	8513848	8592349	4395079	4428501	4118769	4163848
定州市	279079	284660	1106384	1120892	570084	579280	536300	541612
张家口市	1198724	1190692	3267075	3144857	1704049	1642680	1563026	1502177
承 德 市	922425	912353	3027212	3038100	1584635	1589673	1442577	1448427
沧 州 市	1630359	1653270	5985460	6031555	3098623	3118266	2886837	2913289
廊 坊 市	838396	858836	3231385	3281776	1663502	1689480	1567883	1592296
衡 水 市	1071752	1082575	3699748	3686839	1891843	1880029	1807905	1806810

2-1-5续　各市乡村户数、人口和劳动力资源

单位：人

名　　称	乡村劳动力资源数		1.男		2.女	
	2015年	2016年	2015年	2016年	2015年	2016年
全　　省	**33667608**	**33829498**	**18011060**	**18086617**	**15656548**	**15742881**
石家庄市（包含辛集市）	4102169	4119752	2159335	2173592	1942834	1946160
石家庄市（不含辛集市）	3760454	3778132	1977161	1991459	1783293	1786673
辛集市	341715	341620	182174	182133	159541	159487
唐 山 市	3367773	3371436	1784505	1783489	1583268	1587947
秦皇岛市	1277996	1276590	696689	692846	581307	583744
邯 郸 市	4283306	4303023	2282849	2286491	2000457	2016532
邢 台 市	3365190	3406878	1777074	1798000	1588116	1608878
保 定 市（包含定州市）	5898274	5959703	3172202	3206952	2726072	2752751
保 定 市（不含定州市）	5183820	5231681	2797554	2825418	2386266	2406263
定州市	714454	728022	374648	381534	339806	346488
张家口市	2031196	2010214	1136930	1121214	894266	889000
承 德 市	1842914	1846705	1016218	1021216	826696	825489
沧 州 市	3598647	3615456	1925953	1931952	1672694	1683504
廊 坊 市	1844622	1863927	984992	992198	859630	871729
衡 水 市	2055521	2055814	1074313	1078667	981208	977147

2-1-6 各市乡村从业人员

名称	乡村从业人员数		按性别分			
			男		女	
	2015年	2016年	2015年	2016年	2015年	2016年
全　省	**30553067**	**30638308**	**16501173**	**16543116**	**14051894**	**14095192**
石家庄市（包含辛集市）	3744675	3760444	1996897	2007977	1747778	1752467
石家庄市（不含辛集市）	3446729	3462934	1838039	1849711	1608690	1613223
辛集市	297946	297510	158858	158266	139088	139244
唐山市	3016752	3020999	1626222	1625522	1390530	1395477
秦皇岛市	1167778	1163438	646069	639734	521709	523704
邯郸市	3895288	3915057	2108812	2117985	1786476	1797072
邢台市	3085734	3120119	1631318	1652897	1454416	1467222
保定市（包含定州市）	5386305	5430441	2903188	2926522	2483117	2503919
保定市（不含定州市）	4722241	4756702	2552058	2568494	2170183	2188208
定州市	664064	673739	351130	358028	312934	315711
张家口市	1760795	1714395	1008714	979419	752081	734976
承德市	1621531	1623686	909928	911377	711603	712309
沧州市	3269460	3277060	1757986	1766267	1511474	1510793
廊坊市	1671176	1688875	900395	909518	770781	779357
衡水市	1933573	1923794	1011644	1005898	921929	917896

2-1-7 各市分行业乡村从业人员

单位：人

名称	1.农林牧渔业		2.工业		3.建筑业	
	2015年	2016年	2015年	2016年	2015年	2016年
全　省	**13713697**	**13692830**	**6954300**	**6957640**	**3659173**	**3668931**
石家庄市（包含辛集市）	1393242	1391892	1088992	1081168	388755	388406
石家庄市（不含辛集市）	1301548	1301290	970074	963670	353063	353005
辛集市	91694	90602	118918	117498	35692	35401
唐山市	1198799	1223762	825361	802041	338500	332290
秦皇岛市	712456	711780	126299	122012	156716	157519
邯郸市	1670895	1669665	642111	639345	464814	479206
邢台市	1346490	1340561	893711	911194	281469	288027
保定市（包含定州市）	2727916	2731639	959684	975878	853178	855845
保定市（不含定州市）	2539533	2542672	884751	898184	596410	597277
定州市	188383	188967	74933	77694	256768	258568
张家口市	1142388	1127551	130638	122194	189840	176330
承德市	941527	936504	167272	167264	277131	278454
沧州市	977111	971477	1135709	1133520	350308	353275
廊坊市	790811	788580	426700	440939	159512	160972
衡水市	812062	799419	557823	562085	198950	198607

2-1-7续1　各市分行业乡村从业人员

单位：人

名　称	4.批发和零售业		5.交通运输、仓储和邮政业		6.住宿和餐饮业		7.信息传输、软件和信息技术服务业	
	2015年	2016年	2015年	2016年	2015年	2016年	2015年	2016年
全　省	**2118715**	**2152190**	**1353271**	**1358779**	**807135**	**828735**	**116888**	**119159**
石家庄市（包含辛集市）	262971	271902	197489	203444	116069	118897	23094	22314
石家庄市（不含辛集市）	250751	258599	188221	193832	111555	114166	21659	20818
辛集市	12220	13303	9268	9612	4514	4731	1435	1496
唐山市	219090	221851	179473	181653	58307	61180	6277	6559
秦皇岛市	44834	45832	43633	40932	28787	30016	3079	3249
邯郸市	363144	364325	216001	218282	148443	150596	29095	29087
邢台市	197308	204956	147385	149895	70320	72752	5648	5918
保定市（包含定州市）	299645	308786	155658	156421	122050	126233	15919	17074
保定市（不含定州市）	248333	257229	139769	140271	103821	106700	11528	12047
定州市	51312	51557	15889	16150	18229	19533	4391	5027
张家口市	76715	73486	60876	56425	47678	47735	9846	9901
承德市	59834	61332	59160	59714	45525	47037	4999	4983
沧州市	343391	346017	166322	166414	83126	86184	10715	11243
廊坊市	103683	104550	64025	63115	37577	39560	3804	4316
衡水市	148100	149153	63249	62484	49253	48545	4412	4515

2-1-7续2　各市分行业乡村从业人员

单位：人

名　称	8.金　融　业		9.房地产业		10.租赁和商务服务业		11.科学研究和技术服务业	
	2015年	2016年	2015年	2016年	2015年	2016年	2015年	2016年
全　省	**64911**	**65677**	**37577**	**39173**	**172596**	**175699**	**19050**	**19533**
石家庄市（包含辛集市）	13870	14345	8309	9396	37551	40038	5453	5662
石家庄市（不含辛集市）	12578	13040	7974	9048	36317	38790	5273	5481
辛集市	1292	1305	335	348	1234	1248	180	181
唐山市	5143	5192	1643	1735	14775	14914	1419	1454
秦皇岛市	1225	1282	640	603	4720	5059	430	500
邯郸市	14038	13822	12463	12691	47628	45960	5015	5085
邢台市	4006	4292	1982	2077	8471	8670	922	959
保定市（包含定州市）	10084	10274	3687	3756	19383	20163	1687	1729
保定市（不含定州市）	9259	9342	3217	3355	16863	17262	1524	1544
定州市	825	932	470	401	2520	2901	163	185
张家口市	2187	1893	2516	2417	6030	6394	666	670
承德市	1422	1564	824	973	3952	4173	407	446
沧州市	5615	5719	3219	3258	16014	16920	1899	1516
廊坊市	3097	3119	1049	1143	7759	7639	620	817
衡水市	4224	4175	1245	1124	6313	5769	532	695

2-1-7续3 各市分行业乡村从业人员

单位：人

名　称	12.水利、环境和公共设施管理业		13.居民服务、修理和其他服务业		14.教　育	
	2015年	2016年	2015年	2016年	2015年	2016年
全　省	**46949**	**47510**	**778642**	**785916**	**249099**	**255849**
石家庄市（包含辛集市）	9405	9719	89729	89328	33815	35552
石家庄市（不含辛集市）	8772	9064	75314	74454	31342	32967
辛集市	633	655	14415	14874	2473	2585
唐 山 市	2825	2886	91528	91737	22007	22266
秦皇岛市	940	1138	27988	27249	4329	4415
邯 郸 市	12478	12061	136644	139409	45992	47822
邢 台 市	3164	3211	62314	63531	27481	28095
保 定 市（包含定州市）	4754	4932	113167	114116	32870	34808
保 定 市（不含定州市）	4173	4269	74967	75816	28880	30378
定州市	581	663	38200	38300	3990	4430
张家口市	3073	2960	55178	54597	11953	11410
承 德 市	1004	1048	31617	32299	8780	9138
沧 州 市	5516	5598	95671	98031	30396	31319
廊 坊 市	2232	2285	31333	32714	16109	16058
衡 水 市	1558	1672	43473	42905	15367	14966

2-1-7续4 各市分行业乡村从业人员

单位：人

名　称	15.卫生和社会工作		16.文化、体育和娱乐业		17.公共管理、社会保障和社会组织	
	2015年	2016年	2015年	2016年	2015年	2016年
全　省	**172573**	**175744**	**101260**	**103867**	**187231**	**191076**
石家庄市（包含辛集市）	25323	25796	21772	22544	28836	30041
石家庄市（不含辛集市）	24335	24801	20894	21655	27059	28254
辛集市	988	995	878	889	1777	1787
唐 山 市	16824	16715	6989	7329	27792	27435
秦皇岛市	4647	4638	1722	1715	5333	5499
邯 郸 市	34346	34710	25999	26619	26182	26372
邢 台 市	15079	15428	7362	7653	12622	12900
保 定 市（包含定州市）	22323	22582	13250	14033	31050	32172
保 定 市（不含定州市）	20501	20469	10714	11161	27998	28726
定州市	1822	2113	2536	2872	3052	3446
张家口市	6809	6952	3855	3625	10547	9855
承 德 市	6381	6663	2733	2743	8963	9351
沧 州 市	19670	20678	8656	8801	16122	17090
廊 坊 市	10575	10799	4216	4253	8074	8016
衡 水 市	10596	10783	4706	4552	11710	12345

2-1-8 各市乡村从业人员的文化程度

单位：人

名称	未上过学		小学文化程度		初中文化程度	
	2015年	2016年	2015年	2016年	2015年	2016年
全　省	**237587**	**230201**	**7285817**	**7176821**	**15043806**	**15115807**
石家庄市（包含辛集市）	41353	40508	749854	740100	1783423	1786502
石家庄市（不含辛集市）	40564	39743	683820	674911	1632920	1636781
辛集市	789	765	66034	65189	150503	149721
唐山市	12331	11624	737316	734362	1483293	1479859
秦皇岛市	6454	6267	288375	255629	579436	608451
邯郸市	56952	56686	907451	919393	1860314	1859579
邢台市	10124	9692	722817	716209	1571309	1586656
保定市（包含定州市）	40053	38542	1493200	1469165	2625827	2650408
保定市（不含定州市）	37161	36097	1338124	1313769	2273184	2294766
定州市	2892	2445	155076	155396	352643	355642
张家口市	14186	14483	447744	441723	781482	763365
承德市	15301	14024	436574	430791	784681	785507
沧州市	10409	9202	693458	678409	1675581	1678132
廊坊市	23854	23482	436841	438766	857866	871540
衡水市	6570	5691	372187	352274	1040594	1045808

2-1-8续 各市乡村从业人员的文化程度

单位：人

名称	高中文化程度（包括中专）		大专及以上文化程度	
	2015年	2016年	2015年	2016年
全　省	**7126122**	**7157353**	**859735**	**958126**
石家庄市（包含辛集市）	1040222	1049067	129823	144267
石家庄市（不含辛集市）	965701	973466	123724	138033
辛集市	74521	75601	6099	6234
唐山市	675315	679949	108497	115205
秦皇岛市	256092	247972	37421	45119
邯郸市	969175	964705	101396	114694
邢台市	722084	738823	59400	68739
保定市（包含定州市）	1080417	1108107	146808	164219
保定市（不含定州市）	950147	973038	123625	139032
定州市	130270	135069	23183	25187
张家口市	437402	408129	79981	86695
承德市	339593	343165	45382	50199
沧州市	801447	811486	88565	99831
廊坊市	325317	326465	27298	28622
衡水市	479058	479485	35164	40536

2-1-9 各市农用机械年末拥有量

单位：千瓦

名称	一、农用机械总动力		#柴油发动机动力		#汽油发动机动力		#电动机动力	
	2015年	2016年	2015年	2016年	2015年	2016年	2015年	2016年
全省	**111028112**	**74019708**	**87601534**	**51163236**	**1460302**	**1346569**	**21966261**	**21509903**
石家庄市（包含辛集市）	20404517	12808040	14818041	7656945	137445	138099	5449016	5012996
石家庄市（不含辛集市）	18402642	11559262	13324987	6916975	117249	117892	4960391	4524395
辛集市	2001875	1248778	1493054	739970	20196	20207	488625	488601
唐山市	12289682	7667433	9247014	4627927	90887	90603	2951781	2948903
秦皇岛市	2922298	1805058	2191208	1082570	23489	28699	707601	693789
邯郸市	15301877	9757802	12119495	6510732	112371	125062	3070011	3122008
邢台市	10220062	8216801	7996769	5992321	220993	221248	2002300	2003232
保定市（包含定州市）	12697581	7516882	10770368	5645571	95377	26630	1831836	1844681
保定市（不含定州市）	10529220	6565735	8832132	4925196	91307	22560	1605781	1617979
定州市	2168361	951147	1938236	720375	4070	4070	226055	226702
张家口市	3406070	2444740	2831114	1873064	62142	58813	512814	512863
承德市	4077196	2462399	3402793	1778652	23970	24517	650433	659230
沧州市	12938460	9963942	11073645	8175009	149555	126442	1715260	1662491
廊坊市	6986265	3930233	5343001	2326832	41687	31269	1601577	1572132
衡水市	9784104	7446378	7808086	5493613	502386	475187	1473632	1477578

2-1-9续1 各市农用机械年末拥有量

单位：台

名称	二、主要农业机械与设备							
	大中型拖拉机		小型拖拉机		大中型拖拉机配套农具		小型拖拉机配套农具	
	2015年	2016年	2015年	2016年	2015年	2016年	2015年	2016年
全省	**274346**	**298740**	**1362632**	**1318085**	**497756**	**538025**	**1803935**	**1733921**
石家庄市（包含辛集市）	34212	35324	162659	156494	66866	68665	145850	143928
石家庄市（不含辛集市）	32195	33239	145979	140814	63452	65051	135186	133464
辛集市	2017	2085	16680	15680	3414	3614	10664	10464
唐山市	28264	30691	150271	149034	47524	51587	98056	95991
秦皇岛市	5767	6562	41746	41449	6520	6825	21690	21579
邯郸市	30919	33610	84551	80113	61268	66654	142634	133750
邢台市	34336	38099	203027	189639	55121	68423	251827	243869
保定市（包含定州市）	35146	37003	120886	118273	58803	65954	132925	128766
保定市（不含定州市）	31916	33481	101230	98935	52988	59565	102168	99509
定州市	3230	3522	19656	19338	5815	6389	30757	29257
张家口市	14984	18147	74520	74095	22912	28261	91812	88755
承德市	17840	20843	44654	45485	16405	17225	50351	50332
沧州市	32264	34862	233324	227934	75317	78702	494798	490515
廊坊市	15972	17166	56791	50703	24522	25618	89861	87917
衡水市	24642	26433	190203	184866	62498	60111	284131	248519

2-1-9续2　各市农用机械年末拥有量

单位：台

名　称	二、主要农业机械与设备(续1)							
	农用排灌电动机		农用排灌柴油机		联合收割机		割　晒　机	
	2015年	2016年	2015年	2016年	2015年	2016年	2015年	2016年
全　省	**1544609**	**1529054**	**942676**	**884703**	**137703**	**147449**	**30374**	**26190**
石家庄市（包含辛集市）	233316	219958	137917	126458	27651	29212	483	146
石家庄市（不含辛集市）	212660	199302	113836	102477	25395	26716	483	146
辛集市	20656	20656	24081	23981	2256	2496		
唐 山 市	277456	277264	58232	57592	3584	4123	1604	845
秦皇岛市	47233	47233	24432	24257	262	388	266	271
邯 郸 市	244907	242788	120683	90509	20226	22005	126	109
邢 台 市	178299	179059	59490	49719	18534	19584	677	
保 定 市（包含定州市）	159977	161799	93116	92002	22971	24755	101	101
保 定 市（不含定州市）	137937	139709	93116	92002	20060	21463	101	101
定州市	22040	22090			2911	3292		
张家口市	21484	21951	2853	2664	1043	1230	2265	2246
承 德 市	38530	38990	12211	12508	249	265	67	69
沧 州 市	146330	143834	271734	269309	17610	18655	22574	22403
廊 坊 市	90418	89306	40523	38252	6711	7113		
衡 水 市	106659	106872	121485	121433	18862	20119	2211	

2-1-9续3　各市农用机械年末拥有量

单位：台

名　称	二、主要农业机械与设备(续2)					
	机动脱粒机		节水灌溉机械（套）		农用水泵（台）	
	2015年	2016年	2015年	2016年	2015年	2016年
全　省	**198122**	**193259**	**56864**	**57376**	**1697321**	**1648338**
石家庄市（包含辛集市）	25503	24703	11296	11340	210470	198599
石家庄市（不含辛集市）	22473	21673	11277	11321	187517	175646
辛集市	3030	3030	19	19	22953	22953
唐 山 市	20880	20903	12226	12255	293761	294398
秦皇岛市	5667	5706	4698	4682	68921	68811
邯 郸 市	28686	30674	1003	1040	222145	220679
邢 台 市	21004	19639	1120	1175	158352	159931
保 定 市（包含定州市）	14470	14929	832	883	212233	212996
保 定 市（不含定州市）	14470	14929	832	881	190193	190906
定州市				2	22040	22090
张家口市	11657	11732	6271	6766	21539	22097
承 德 市	14959	15203	6208	6281	58057	58495
沧 州 市	35210	35278	1949	1886	290585	251806
廊 坊 市	7330	7232	9615	9418	96740	95986
衡 水 市	12756	7260	1646	1650	64518	64540

2-1-10 各市农业机械化情况

单位：公顷

名称	机耕面积		机播面积		机收面积	
	2015年	2016年	2015年	2016年	2015年	2016年
全省	**5475260**	**5473046**	**6624639**	**6669379**	**5192376**	**5397248**
石家庄市（包含辛集市）	571858	507066	711032	706167	656016	660977
石家庄市（不含辛集市）	518325	455201	622663	619636	584150	586511
辛集市	53533	51865	88369	86531	71866	74466
唐山市	494211	479543	543944	536328	324932	354925
秦皇岛市	185003	182120	96466	94323	43852	52434
邯郸市	604320	591572	850974	823204	704625	725834
邢台市	594433	611237	880292	922617	652610	676564
保定市（包含定州市）	635589	652670	868644	879774	781691	826562
保定市（不含定州市）	564483	581470	772764	775474	689331	724342
定州市	71106	71200	95880	104300	92360	102220
张家口市	561270	566012	411857	419542	251593	271108
承德市	216687	220015	183601	186667	80320	87140
沧州市	724230	774169	1008220	1026455	852891	868994
廊坊市	296372	294083	327589	315280	252626	256731
衡水市	591287	594559	742020	759022	591220	615979

2-1-11 各市农村电气化情况

名称	1.农村水电站数（处）		装机容量（千瓦）		发电量（万千瓦时）		2.农村用电量（万千瓦时）	
	2015年	2016年	2015年	2016年	2015年	2016年	2015年	2016年
全省	**248**	**250**	**395658**	**395833**	**42078**	**48226**	**6118225**	**6007781**
石家庄市（包含辛集市）	58	58	112438	112438	9588	12821	732116	787930
石家庄市（不含辛集市）	58	58	112438	112438	9588	12821	696308	752028
辛集市							35808	35902
唐山市	14	14	29705	29705	3595	1499	1163660	1119786
秦皇岛市	6	6	25590	25590	2599	4242	283264	234649
邯郸市	65	67	64816	65301	9622	8696	655026	659949
邢台市	11	11	9359	9359	283	545	355555	365206
保定市（包含定州市）	50	50	91445	91465	9560	12000	519497	514733
保定市（不含定州市）	50	50	91445	91465	9560	12000	492724	489646
定州市							26773	25087
张家口市	14	14	13875	13875	1720	1950	131691	127499
承德市	30	30	48430	48100	5111	6473	197739	206468
沧州市							830832	859312
廊坊市							925807	810340
衡水市							323038	321909

2-1-12 各市农用化肥、农药使用量

单位：吨

名称	一、农用化肥施用量(按实物量计算)					
	合计		1.氮肥		2.磷肥	
	2015年	2016年	2015年	2016年	2015年	2016年
全省	**11010489**	**10792378**	**5192986**	**5044567**	**2449903**	**2378402**
石家庄市（包含辛集市）	1728819	1698148	897762	874702	450227	442443
石家庄市（不含辛集市）	1501545	1472178	787418	764697	365497	358442
辛集市	227274	225970	110344	110005	84730	84001
唐山市	1105028	1104714	594347	587614	63394	63298
秦皇岛市	401743	377103	143474	137820	34545	32326
邯郸市	1766626	1709747	716371	688040	576606	546397
邢台市	1229054	1201757	513762	498063	309646	297613
保定市（包含定州市）	1546003	1490443	801850	753754	269044	252983
保定市（不含定州市）	1297767	1240012	670182	623658	207103	191295
定州市	248236	250431	131668	130096	61941	61688
张家口市	381537	394603	171930	175122	91592	100338
承德市	341565	335929	175444	173521	55131	52923
沧州市	1004435	989033	476004	466725	218863	212065
廊坊市	464074	453836	255912	246544	61394	60402
衡水市	1041605	1037065	446130	442662	319461	317614

2-1-12续1 各市农用化肥、农药使用量

单位：吨

名称	一、农用化肥施用量(按实物量计算)（续）			
	3.钾肥		4.复合肥	
	2015年	2016年	2015年	2016年
全省	**642277**	**631073**	**2725323**	**2738336**
石家庄市（包含辛集市）	58137	56946	322693	324057
石家庄市（不含辛集市）	49781	48658	298849	300381
辛集市	8356	8288	23844	23676
唐山市	92158	92158	355129	361644
秦皇岛市	38940	33628	184784	173329
邯郸市	93117	90929	380532	384381
邢台市	74828	73307	330818	332774
保定市（包含定州市）	74416	73413	400693	410293
保定市（不含定州市）	69688	68592	350794	356467
定州市	4728	4821	49899	53826
张家口市	27912	30203	90103	88940
承德市	20575	20415	90415	89070
沧州市	71898	71057	237670	239186
廊坊市	24136	23565	122632	123325
衡水市	66160	65452	209854	211337

2-1-12续2　各市农用化肥、农药使用量

单位：吨

名　　称	二、农用化肥施用量(按折纯法计算)					
	合　　计		1.氮　　肥		2.磷　　肥	
	2015年	2016年	2015年	2016年	2015年	2016年
全　　省	**3354920**	**3317876**	**1479455**	**1449545**	**463583**	**451699**
石家庄市（包含辛集市）	501190	485349	260277	252481	78369	75676
石家庄市（不含辛集市）	436914	421394	220585	212911	65178	62600
辛集市	64276	63955	39692	39570	13191	13076
唐 山 市	380589	383363	162054	161680	13771	13873
秦皇岛市	146497	141557	45146	43099	6738	6218
邯 郸 市	489149	481400	190791	184247	98740	94141
邢 台 市	366018	362227	139241	136711	57906	56286
保 定 市（包含定州市）	477107	481081	221760	219795	57722	57711
保 定 市（不含定州市）	403856	405416	186021	184639	45271	45350
定州市	73251	75665	35739	35156	12451	12361
张家口市	110342	113911	47204	49182	17199	17380
承 德 市	113706	111572	52931	52320	14006	13501
沧 州 市	315431	310318	155343	151964	45350	44015
廊 坊 市	167235	163842	93470	90328	15785	15524
衡 水 市	287656	283256	111238	107738	57997	57374

2-1-12续3　各市农用化肥、农药使用量

单位：吨

名　　称	二、农用化肥施用量(按折纯法计算)(续)				三、农药使用量	
	3.钾　　肥		4.复合肥			
	2015年	2016年	2015年	2016年	2015年	2016年
全　　省	**280503**	**277329**	**1131379**	**1139303**	**83328**	**81691**
石家庄市（包含辛集市）	26999	26500	135545	130692	12799	12248
石家庄市（不含辛集市）	23794	23321	127357	122562	9341	8872
辛集市	3205	3179	8188	8130	3458	3376
唐 山 市	43432	43427	161332	164383	5614	5549
秦皇岛市	18076	17467	76537	74773	5640	5284
邯 郸 市	35323	34470	164295	168542	7995	7680
邢 台 市	32375	32213	136496	137017	10512	10253
保 定 市（包含定州市）	32776	33222	164849	170353	14199	14442
保 定 市（不含定州市）	31351	31791	141213	143636	12835	13133
定州市	1425	1431	23636	26717	1364	1309
张家口市	10662	10949	35277	36400	3265	3823
承 德 市	9185	9032	37584	36719	1441	1354
沧 州 市	27919	28056	86819	86283	10008	9419
廊 坊 市	11165	10823	46815	47167	3100	3028
衡 水 市	32591	31170	85830	86974	8755	8611

2-1-13 各市农用薄膜及柴油使用量

名称	农用塑料薄膜使用量(吨)		#地膜使用量(吨)		地膜覆盖面积(公顷)		农用柴油使用量(吨)	
	2015年	2016年	2015年	2016年	2015年	2016年	2015年	2016年
全省	**137983**	**138434**	**65655**	**65123**	**1068550**	**1065312**	**2931878**	**2186540**
石家庄市（包含辛集市）	8203	7990	3219	3166	50697	49981	303950	270754
石家庄市（不含辛集市）	7051	6840	2689	2641	43593	42958	266723	239381
辛集市	1152	1150	530	525	7104	7023	37227	31373
唐山市	11086	10558	6332	6117	104558	102794	416393	183038
秦皇岛市	5683	4548	1771	1958	28403	30038	140685	102219
邯郸市	14582	15553	9360	10116	151224	170772	275606	174664
邢台市	15153	14734	10495	10062	176257	167030	343741	283405
保定市（包含定州市）	13180	13375	5458	5625	91122	94828	287121	272160
保定市（不含定州市）	10959	11022	4794	4925	77754	81295	260155	258040
定州市	2221	2353	664	700	13368	13533	26966	14120
张家口市	8088	10862	4958	4884	78313	76757	94748	56927
承德市	9788	9811	2976	3179	49333	52761	141704	131636
沧州市	17008	18276	6975	6573	113765	105771	457434	366972
廊坊市	15641	13688	4418	4327	70580	68783	220375	98896
衡水市	19571	19039	9693	9117	154298	145797	250121	245869

2-1-14 各市农田水利建设情况

名称	有效灌溉面积(公顷)		旱涝保收面积(公顷)		机电井年末数(眼)	
	2015年	2016年	2015年	2016年	2015年	2016年
全省	**4447980**	**4457640**	**3598523**	**3597602**	**917192**	**914284**
石家庄市（包含辛集市）	512610	500480	464687	464548	150333	150389
石家庄市（不含辛集市）	448410	440880	408963	408983	134238	132839
辛集市	64200	59600	55724	55565	16095	17550
唐山市	456090	458130	393713	390376	122964	122615
秦皇岛市	126730	127720	76497	76816	37654	41117
邯郸市	537800	533650	380639	398424	91429	90162
邢台市	577390	587200	496834	493956	110843	106211
保定市（包含定州市）	653370	657130	590972	592081	162725	162773
保定市（不含定州市）	567710	571470	505312	506421	134447	134495
定州市	85660	85660	85660	85660	28278	28278
张家口市	252550	258550	141878	140555	36477	36579
承德市	122300	123580	76883	76883	24974	25646
沧州市	498180	502780	385097	370817	56554	56416
廊坊市	230490	227310	193868	192645	47481	47400
衡水市	480470	481110	397455	400501	75758	74976

2-1-15 各市水库、供水和水保情况

名　称	水库座数(座)		水利工程向农业年供水量(亿立方米)		已治理水土流失面积(千公顷)	
	2015年	2016年	2015年	2016年	2015年	2016年
全　省	**1065**	**1065**	**130.24**	**126.33**	**5061.55**	**5187.90**
石家庄市（包含辛集市）	239	239	21.56	20.09	420.81	452.56
石家庄市（不含辛集市）	239	239	18.90	17.29	420.81	452.56
辛集市			2.65	2.80		
唐 山 市	131	131	13.68	14.01	225.55	232.93
秦皇岛市	281	281	5.34	5.30	306.28	314.00
邯 郸 市	74	74	14.05	13.68	256.54	267.17
邢 台 市	49	49	13.54	11.71	253.06	266.56
保 定 市（包含定州市）	94	94	20.62	20.92	591.96	611.22
保 定 市（不含定州市）	94	94	17.56	17.87	586.86	606.12
定州市			3.05	3.05	5.10	5.10
张家口市	93	93	6.79	6.50	1414.79	1435.87
承 德 市	101	101	5.24	5.31	1502.21	1517.22
沧 州 市	3	3	9.90	9.82	6.26	6.26
廊 坊 市			6.27	5.85	29.22	29.24
衡 水 市			13.25	13.15	54.87	54.87

2-1-16 各市节水灌溉情况

单位：千公顷

名　称	节水灌溉面积		#喷滴灌面积		#低压灌溉面积	
	2015年	2016年	2015年	2016年	2015年	2016年
全　省	**3139.98**	**3314.24**	**193.37**	**351.52**	**2518.30**	**2623.89**
石家庄市（包含辛集市）	466.57	456.55	7.41	31.21	356.46	356.73
石家庄市（不含辛集市）	421.37	406.64	6.79	29.17	312.64	308.86
辛集市	45.20	49.91	0.62	2.04	43.82	47.87
唐 山 市	260.46	265.74	13.30	16.05	240.50	248.41
秦皇岛市	82.80	85.94	6.48	5.71	42.44	45.34
邯 郸 市	364.21	418.19	36.39	66.75	261.11	295.57
邢 台 市	319.27	365.86	16.32	27.05	257.95	261.75
保 定 市（包含定州市）	411.83	432.10	11.74	19.81	351.36	373.97
保 定 市（不含定州市）	372.28	392.39	11.41	19.48	314.61	337.06
定州市	39.55	39.71	0.33	0.33	36.75	36.91
张家口市	188.84	196.42	30.43	76.71	65.01	67.21
承 德 市	102.41	110.57	33.90	52.86	49.44	49.19
沧 州 市	400.39	426.26	12.30	20.75	384.46	403.77
廊 坊 市	176.36	177.51	3.30	7.75	171.05	169.72
衡 水 市	366.84	379.10	21.80	26.87	338.52	352.23

2-1-17　各市自然灾害情况

单位：公顷

名　称	一、受灾面积		#旱　灾		#水　灾		#风雹灾	
	2015年	2016年	2015年	2016年	2015年	2016年	2015年	2016年
全　省	**1794902**	**1447833**	**1104150**	**216054**	**320992**	**953218**	**347769**	**261630**
石家庄市（包含辛集市）	209952	123493	105926		52020	98197	52000	25297
石家庄市（不含辛集市）	201799	119941	105926		47367	98183	48500	21758
辛集市	8153	3552			4653	14	3500	3539
唐 山 市	51381	67335	34536		4383	42524	12462	24799
秦皇岛市	124900	88436	88400		10603	61626	22200	26780
邯 郸 市	66510	255765	55690	96030	1317	145303	9503	12952
邢 台 市	82360	166183	45411	8289	950	148957	30078	8909
保 定 市（包含定州市）	123345	162861	73300		3415	135755	46400	27107
保 定 市（不含定州市）	111745	151096	73300		3415	123990	34800	27107
定州市	11600	11765				11765	11600	
张家口市	109180	110178	61791		1346	25476	44044	73317
承 德 市	185700	150399	147907	111735	5371	13954	22300	20713
沧 州 市	326438	151039	223100		27324	143707	76000	7332
廊 坊 市	199700	144425	183204		10896	118694	5600	25730
衡 水 市	315434	27719	84885		203366	19026	27183	8694

2-1-17续1　各市自然灾害情况

单位：公顷

名　称	一、受灾情况（续）				二、成灾面积			
	#霜冻灾		#病虫灾				#旱　灾	
	2015年	2016年	2015年	2016年	2015年	2016年	2015年	2016年
全　省	**10680**	**15392**	**11310**	**1509**	**976931**	**560582**	**543319**	**20601**
石家庄市（包含辛集市）	6				122403	48551	73087	
石家庄市（不含辛集市）	6				116400	45578	73087	
辛集市					6003	2973		
唐 山 市		11			26397	16360	18100	
秦皇岛市			3697	29	63312	40035	49600	
邯 郸 市				1480	9901	86023	6200	6205
邢 台 市			5922		35477	71311	21785	1193
保 定 市（包含定州市）	230				47880	47761	29966	
保 定 市（不含定州市）	230				47880	47761	29966	
定州市								
张家口市	308	11571	1691		74903	87589	39404	
承 德 市	10122	3810			115001	43406	79500	13203
沧 州 市	14				129419	26547	72700	
廊 坊 市					137000	67701	132967	
衡 水 市					215238	25298	20009	

2-1-17续2　各市自然灾害情况

单位：公顷

名　　称	二、成灾面积（续）							
	#水　　灾		#风　雹　灾		#霜 冻 灾		#病 虫 灾	
	2015年	2016年	2015年	2016年	2015年	2016年	2015年	2016年
全　　省	**239997**	**371143**	**158998**	**156228**	**27960**	**12199**	**6254**	**413**
石家庄市（包含辛集市）	31415	32873	17900	15579				
石家庄市（不含辛集市）	26762	32859	16550	12619				
辛集市	4653	14	1350	2960				
唐 山 市	2447	6221	5850	10128		11		
秦皇岛市	1836	31613	9650	8393			2226	
邯 郸 市	64	76452	3408	4274				413
邢 台 市	317	65708	9742	4110			3460	
保 定 市（包含定州市）	1282	32448	16450	15313	182			
保 定 市（不含定州市）	1282	32448	16450	15313	182			
定州市								
张家口市	1133	17187	28330	60307	5468	9888	568	
承 德 市	2977	10514	10213	17106	22310	2300		
沧 州 市	15569	22387	41150	4159				
廊 坊 市	2483	58041	1550	9260				
衡 水 市	180475	17699	14754	7599				

2-1-17续3　各市自然灾害情况

名　　称	三、绝收面积（公顷）		四、因灾损失情况					
			受灾人口（人）		死亡人口（人）		倒塌房屋（间）	
	2015年	2016年	2015年	2016年	2015年	2016年	2015年	2016年
全　　省	**170851**	**118401**	**17017765**	**14407679**	16		621	104056
石家庄市（包含辛集市）	13037	12808	2295941	1430169	3		75	35696
石家庄市（不含辛集市）	10410	12440	2193322	1377702	3		75	35696
辛集市	2627	368	102619	52467				
唐 山 市	4800	2934	483720	711246			2	175
秦皇岛市	13200	7219	1274144	1254118			148	776
邯 郸 市	1000	40437	883632	2317937	4			36390
邢 台 市	9043	33200	1273479	1751741			75	27021
保 定 市（包含定州市）	10040	8196	1889003	2192621			7	1933
保 定 市（不含定州市）	10040	8196	1653073	2020371			7	1337
定州市			235930	172250				596
张家口市	12204	4951	657784	692061	6		277	1686
承 德 市	18597	3230	1935712	811203	1		3	67
沧 州 市	33406	3399	3269202	1462906	2		24	133
廊 坊 市	27000	129	1735796	1555196			10	149
衡 水 市	28523	1898	1319352	228481				30

2-1-18　各市耕地面积

单位：公顷

名　称	2009年	2010年	2011年	2012年
全　省	**6561353**	**6551425**	**6563784**	**6558329**
石家庄市（包含辛集市）	582267	578836	588868	587665
石家庄市（不含辛集市）	526337	522978	533123	531941
辛集市	55930	55857	55745	55724
唐 山 市	562820	561622	560357	558314
秦皇岛市	191677	190531	189636	189240
邯 郸 市	676088	673208	672311	670993
邢 台 市	701698	700042	699708	698264
保 定 市（包含定州市）	808320	807597	807372	806317
保 定 市（不含定州市）	721779	721144	720924	719852
定州市	86541	86453	86449	86465
张家口市	916779	922483	928378	932110
承 德 市	402953	402336	401260	400632
沧 州 市	789021	788471	787486	787688
廊 坊 市	360018	357834	360706	360201
衡 水 市	569712	568465	567702	566906

2-1-18续　各市耕地面积

单位：公顷

名　称	2013年	2014年	2015年	2016年
全　省	6551196	6537737	6525468	6520454
石家庄市（包含辛集市）	586856	584189	582901	581979
石家庄市（不含辛集市）	531316	528876	527645	526562
辛集市	55539	55312	55256	55417
唐 山 市	558445	556996	555720	556057
秦皇岛市	189757	189043	188650	188321
邯 郸 市	669254	667391	664565	664151
邢 台 市	696145	694670	694044	692440
保 定 市（包含定州市）	806299	803773	802148	801423
保 定 市（不含定州市）	719774	717663	716272	715623
定州市	86525	86110	85876	85800
张家口市	931783	931854	931729	932053
承 德 市	400795	400802	400031	399923
沧 州 市	786874	785863	785034	784487
廊 坊 市	358850	357892	356014	355192
衡 水 市	566139	565264	564632	564428

2-2-1　各市粮食作物播种面积和产量

单位：公顷、公斤/公顷、吨

名　　称	农作物总播种面积		一、粮　食　作　物					
			播种面积		播种单产		总　产　量	
	2015年	2016年	2015年	2016年	2015年	2016年	2015年	2016年
全　省	**8739837**	**8716636**	**6392480**	**6327410**	**5262**	**5469**	**33638120**	**34602360**
石家庄市（包含辛集市）	1002839	998987	755349	737477	6683	6723	5047938	4958248
石家庄市（不含辛集市）	901663	897697	676985	659324	6647	6679	4500189	4403563
辛集市	101176	101290	78364	78153	6990	7097	547749	554685
唐 山 市	807109	806219	494371	478818	6238	6380	3083737	3054934
秦皇岛市	220179	213531	148331	137072	5693	5919	844406	811358
邯 郸 市	1057442	1057979	773410	781539	7014	6993	5424620	5465540
邢 台 市	1024421	1029163	730147	741013	6178	6173	4511001	4574605
保 定 市（包含定州市）	1215824	1210300	918287	905043	6207	6306	5700214	5706790
保 定 市（不含定州市）	1055130	1048671	820947	810053	6112	6210	5017856	5030719
定州市	160694	161629	97340	94990	7010	7117	682358	676071
张家口市	703159	698660	474193	468859	3361	3566	1593883	1672083
承 德 市	397276	397919	297637	289819	4072	4622	1212077	1339642
沧 州 市	1100766	1097772	900189	892943	4939	5102	4446149	4555387
廊 坊 市	468938	451177	308678	300289	5205	5310	1606679	1594517
衡 水 市	814073	805323	575776	584819	6115	6203	3520883	3627468

注：粮、棉全省总数为抽样调查数，分市为上报数，各市之和不等于总数(下同)。

2-2-1续1　各市粮食作物播种面积和产量

单位：公顷、公斤/公顷、吨

名　　称	#夏　收　粮　食					
	播种面积		播种单产		总　产　量	
	2015年	2016年	2015年	2016年	2015年	2016年
全　省	**2350710**	**2345780**	**6169**	**6176**	**14502079**	**14486960**
石家庄市（包含辛集市）	370581	369642	6933	6935	2569280	2563607
石家庄市（不含辛集市）	329383	328097	6894	6895	2270603	2262127
辛集市	41198	41545	7250	7257	298677	301480
唐 山 市	123428	125549	5802	5807	716132	729118
秦皇岛市	11723	11173	5688	5702	66676	63709
邯 郸 市	372494	375531	7000	6991	2607607	2625256
邢 台 市	342026	343649	6543	6542	2237710	2248096
保 定 市（包含定州市）	401080	395871	6494	6506	2604614	2575533
保 定 市（不含定州市）	348373	343206	6437	6449	2242509	2213225
定州市	52707	52665	6870	6879	362105	362308
张家口市						
承 德 市						
沧 州 市	382172	382322	5417	5432	2070362	2076593
廊 坊 市	73419	67684	5809	5783	426525	391449
衡 水 市	261844	257434	6564	6572	1718641	1691799

2-2-1续2 各市粮食作物播种面积和产量

单位：公顷、公斤/公顷、吨

名称	#秋收粮食					
	播种面积		播种单产		总产量	
	2015年	2016年	2015年	2016年	2015年	2016年
全省	**4041770**	**3981630**	**4735**	**5052**	**19136041**	**20115400**
石家庄市（包含辛集市）	384768	367835	6442	6510	2478658	2394641
石家庄市（不含辛集市）	347602	331227	6414	6465	2229586	2141436
辛集市	37166	36608	6702	6917	249072	253205
唐山市	370943	353269	6383	6584	2367605	2325816
秦皇岛市	136608	125899	5693	5938	777730	747649
邯郸市	400916	406008	7026	6996	2817013	2840284
邢台市	388121	397364	5857	5855	2273291	2326509
保定市（包含定州市）	517207	509172	5985	6150	3095600	3131257
保定市（不含定州市）	472574	466847	5873	6035	2775347	2817494
定州市	44633	42325	7175	7413	320253	313763
张家口市	474193	468859	3361	3566	1593883	1672083
承德市	297637	289819	4072	4622	1212077	1339642
沧州市	518017	510621	4586	4854	2375787	2478794
廊坊市	235259	232605	5016	5172	1180154	1203068
衡水市	313932	327385	5741	5913	1802242	1935669

2-2-1续3 各市粮食作物播种面积和产量

单位:公顷、公斤/公顷、吨

名称	(一)谷物合计					
	播种面积		播种单产		总产量	
	2015年	2016年	2015年	2016年	2015年	2016年
全省	**5965150**	**5903260**	**5415**	**5627**	**32304170**	**33218600**
石家庄市（包含辛集市）	718834	700975	6861	6908	4931572	4842040
石家庄市（不含辛集市）	643341	625357	6830	6871	4393882	4296624
辛集市	75493	75618	7122	7213	537690	545416
唐山市	461962	446279	6327	6478	2922798	2890881
秦皇岛市	119524	105309	5901	6197	705352	652645
邯郸市	755427	763400	7103	7065	5365943	5393305
邢台市	711782	719324	6235	6254	4437735	4498758
保定市（包含定州市）	870936	858126	6270	6368	5460498	5464199
保定市（不含定州市）	776653	766070	6178	6275	4798440	4807337
定州市	94283	92056	7022	7135	662058	656862
张家口市	346224	340016	3318	3508	1148618	1192922
承德市	244808	231673	4300	4643	1052565	1075719
沧州市	870662	871194	5007	5143	4359065	4480785
廊坊市	289471	279992	5357	5456	1550782	1527586
衡水市	564917	575243	6158	6241	3478482	3590031

2-2-1续4　各市粮食作物播种面积和产量

单位：公顷、公斤/公顷、吨

名　称	1.稻　谷					
	播种面积		播种单产		总　产　量	
	2015年	2016年	2015年	2016年	2015年	2016年
全　省	**84790**	**81520**	**6431**	**6712**	**545264**	**547200**
石家庄市（包含辛集市）	349	325	2851	2825	995	918
石家庄市（不含辛集市）	349	325	2851	2825	995	918
辛集市						
唐 山 市	54747	57097	8817	8998	482712	513755
秦皇岛市	8540	8420	7193	7981	61426	67200
邯 郸 市	1675	1535	5432	4981	9099	7646
邢 台 市						
保 定 市（包含定州市）	1271	1774	5543	5908	7045	10481
保 定 市（不含定州市）	1271	1774	5543	5908	7045	10481
定州市						
张家口市	1481	1410	5795	6018	8582	8486
承 德 市	14363	13407	7497	7860	107685	105383
沧 州 市	760		4158		3160	
廊 坊 市	15		7667		115	
衡 水 市						

2-2-1续5　各市粮食作物播种面积和产量

单位:公顷、公斤/公顷、吨

名　称	2.小　麦					
	播种面积		播种单产		总　产　量	
	2015年	2016年	2015年	2016年	2015年	2016年
全　省	**2318870**	**2313900**	**6188**	**6194**	**14350021**	**14332500**
石家庄市（包含辛集市）	370101	369167	6938	6941	2567907	2562262
石家庄市（不含辛集市）	328903	327622	6899	6901	2269230	2260782
辛集市	41198	41545	7250	7257	298677	301480
唐 山 市	112881	115122	5787	5792	653245	666802
秦皇岛市	2652	2206	6454	6430	17115	14185
邯 郸 市	372352	375389	7001	6991	2606684	2624334
邢 台 市	341232	342869	6546	6545	2233662	2244100
保 定 市（包含定州市）	391484	386164	6509	6519	2548085	2517313
保 定 市（不含定州市）	340851	335468	6456	6465	2200599	2168892
定州市	50633	50696	6863	6873	347486	348421
张家口市						
承 德 市						
沧 州 市	382172	382322	5417	5432	2070362	2076593
廊 坊 市	72035	66385	5849	5823	421347	386587
衡 水 市	261844	257434	6564	6572	1718641	1691799

2-2-1续6　各市粮食作物播种面积和产量

单位：公顷、公斤/公顷、吨

名　称	(1) 冬 小 麦					
	播种面积		播种单产		总 产 量	
	2015年	2016年	2015年	2016年	2015年	2016年
全　省	**2308670**	**2304490**	**6194**	**6199**	**14300721**	**14285000**
石家庄市（包含辛集市）	370101	369167	6938	6941	2567907	2562262
石家庄市（不含辛集市）	328903	327622	6899	6901	2269230	2260782
辛集市	41198	41545	7250	7257	298677	301480
唐 山 市	105644	107476	5839	5842	616908	627831
秦皇岛市	2651	2206	6453	6430	17106	14185
邯 郸 市	372352	375389	7001	6991	2606684	2624334
邢 台 市	341232	342869	6546	6545	2233662	2244100
保 定 市（包含定州市）	391484	386164	6509	6519	2548085	2517313
保 定 市（不含定州市）	340851	335468	6456	6465	2200599	2168892
定州市	50633	50696	6863	6873	347486	348421
张家口市						
承 德 市						
沧 州 市	382172	382322	5417	5432	2070362	2076593
廊 坊 市	71994	66365	5850	5824	421170	386501
衡 水 市	261844	257434	6564	6572	1718641	1691799

2-2-1续7　各市粮食作物播种面积和产量

单位：公顷、公斤/公顷、吨

名　称	(2) 春 小 麦					
	播种面积		播种单产		总 产 量	
	2015年	2016年	2015年	2016年	2015年	2016年
全　省	**10200**	**9410**	**4833**	**5048**	**49300**	**47500**
石家庄市（包含辛集市）						
石家庄市（不含辛集市）						
辛集市						
唐 山 市	7237	7646	5021	5097	36337	38971
秦皇岛市	1		9000		9	
邯 郸 市						
邢 台 市						
保 定 市（包含定州市）						
保 定 市（不含定州市）						
定州市						
张家口市						
承 德 市						
沧 州 市						
廊 坊 市	41	20	4317	4300	177	86
衡 水 市						

2-2-1续8　各市粮食作物播种面积和产量

单位：公顷、公斤/公顷、吨

名　　称	3.玉　　米					
	播种面积		播种单产		总　产　量	
	2015年	2016年	2015年	2016年	2015年	2016年
全　　省	**3248080**	**3191050**	**5143**	**5495**	**16703576**	**17536400**
石家庄市（包含辛集市）	338617	321801	6915	7015	2341631	2257360
石家庄市（不含辛集市）	305512	288894	6894	6982	2106284	2017099
辛集市	33105	32907	7109	7301	235347	240261
唐 山 市	291204	270753	6095	6268	1774814	1697196
秦皇岛市	101010	86458	5941	6235	600142	539058
邯 郸 市	348921	353621	7607	7480	2654255	2645152
邢 台 市	338693	344148	6112	6150	2070008	2116389
保 定 市（包含定州市）	467816	458995	6143	6319	2873731	2900338
保 定 市（不含定州市）	424166	417635	6033	6206	2559159	2591897
定州市	43650	41360	7207	7457	314572	308441
张家口市	176012	169344	4728	5114	832238	866092
承 德 市	192953	179026	4481	4880	864661	873581
沧 州 市	480447	483347	4710	4937	2262912	2386344
廊 坊 市	215490	211668	5210	5356	1122665	1133605
衡 水 市	297289	312005	5839	6006	1735813	1873790

2-2-1续9　各市粮食作物播种面积和产量

单位：公顷、公斤/公顷、吨

名　　称	4.谷　　子					
	播种面积		播种单产		总　产　量	
	2015年	2016年	2015年	2016年	2015年	2016年
全　　省	**148290**	**149300**	**3262**	**3534**	**483738**	**527600**
石家庄市（包含辛集市）	9242	9162	2101	**2171**	19415	19892
石家庄市（不含辛集市）	8052	7996	1956	**2028**	15749	16217
辛集市	1190	1166	3081	**3152**	3666	3675
唐 山 市	1783	1866	3500	**3637**	6241	6786
秦皇岛市	4543	5136	2938	**3143**	13346	16144
邯 郸 市	31939	32303	2974	**3568**	94998	115256
邢 台 市	31099	31574	4216	**4295**	131105	135619
保 定 市（包含定州市）	9226	9995	3055	**3255**	28186	32534
保 定 市（不含定州市）	9226	9995	3055	**3255**	28186	32534
定州市						
张家口市	39118	37170	3460	**3296**	135330	122527
承 德 市	12967	14172	3255	**3799**	42212	53837
沧 州 市	4471	3762	3289	**3244**	14706	12204
廊 坊 市	361	384	1823	**1977**	658	759
衡 水 市	4841	4891	4142	**4193**	20052	20507

2-2-1续10 各市粮食作物播种面积和产量

单位：公顷、公斤/公顷、吨

名 称	5.高 粱					
	播种面积		播种单产		总 产 量	
	2015年	2016年	2015年	2016年	2015年	2016年
全 省	**11460**	**10680**	**3227**	**3521**	**36985**	**37600**
石家庄市（包含辛集市）	156	147	2968	3102	463	456
石家庄市（不含辛集市）	156	147	2968	3102	463	456
辛集市						
唐 山 市	1015	1070	4280	4419	4344	4728
秦皇岛市	1848	1837	4508	4827	8330	8867
邯 郸 市	397	411	1841	1798	731	739
邢 台 市	695	655	3948	3623	2744	2373
保 定 市（包含定州市）	864	840	3339	2810	2885	2360
保 定 市（不含定州市）	864	840	3339	2810	2885	2360
定州市						
张家口市	968	997	2557	3684	2475	3673
承 德 市	1364	1577	3634	4661	4957	7350
沧 州 市	2727	1709	2796	3222	7624	5506
廊 坊 市	1039	1062	3224	3910	3350	4152
衡 水 市	479	450	4445	4516	2129	2032

2-2-1续11 各市粮食作物播种面积和产量

单位：公顷、公斤/公顷、吨

名 称	6.其他谷物					
	播种面积		播种单产		总 产 量	
	2015年	2016年	2015年	2016年	2015年	2016年
全 省	**153660**	**156810**	**1201**	**1513**	**184586**	**237300**
石家庄市（包含辛集市）	369	373	3146	3088	1161	1152
石家庄市（不含辛集市）	369	373	3146	3088	1161	1152
辛集市						
唐 山 市	332	371	4343	4350	1442	1614
秦皇岛市	931	1252	5363	5744	4993	7191
邯 郸 市	143	141	1231	1262	176	178
邢 台 市	63	78	3429	3551	216	277
保 定 市（包含定州市）	275	358	2058	3277	566	1173
保 定 市（不含定州市）	275	358	2058	3277	566	1173
定州市						
张家口市	128645	131095	1321	1466	169993	192144
承 德 市	23161	23491	1427	1514	33050	35568
沧 州 市	85	54	3541	2556	301	138
廊 坊 市	531	493	4985	5037	2647	2483
衡 水 市	464	463	3981	4110	1847	1903

2-2-1续12 各市粮食作物播种面积和产量

单位：公顷、公斤/公顷、吨

名称	#大麦					
	播种面积		播种单产		总产量	
	2015年	2016年	2015年	2016年	2015年	2016年
全省	**360**	**570**	**4167**	**4211**	**1500**	**2400**
石家庄市（包含辛集市）						
石家庄市（不含辛集市）						
辛集市						
唐山市	18	18	4611	4611	83	83
秦皇岛市						
邯郸市						
邢台市						
保定市（包含定州市）						
保定市（不含定州市）						
定州市						
张家口市	100	206	1610	1684	161	347
承德市		2		3000		6
沧州市						
廊坊市	340	303	4574	4601	1555	1394
衡水市						

2-2-1续13 各市粮食作物播种面积和产量

单位：公顷、公斤/公顷、吨

名称	#燕麦（莜麦）					
	播种面积		播种单产		总产量	
	2015年	2016年	2015年	2016年	2015年	2016年
全省	**64130**	**73370**	**1237**	**1452**	**79319**	**106500**
石家庄市（包含辛集市）						
石家庄市（不含辛集市）						
辛集市						
唐山市						
秦皇岛市						
邯郸市						
邢台市						
保定市（包含定州市）	80		1875		150	
保定市（不含定州市）	80		1875		150	
定州市						
张家口市	58556	65991	1028	1293	60178	85350
承德市	6275	7382	1245	1372	7814	10130
沧州市						
廊坊市						
衡水市						

2-2-1续14　各市粮食作物播种面积和产量

单位：公顷、公斤/公顷、吨

名　称	#荞　麦					
	播种面积		播种单产		总　产　量	
	2015年	2016年	2015年	2016年	2015年	2016年
全　省	**670**	**630**	**1388**	**1587**	**930**	**1000**
石家庄市（包含辛集市）	177	44	3254	2023	576	89
石家庄市（不含辛集市）	177	44	3254	2023	576	89
辛集市						
唐 山 市						
秦皇岛市						
邯 郸 市						
邢 台 市						
保 定 市（包含定州市）	109	222	2110	2072	230	460
保 定 市（不含定州市）	109	222	2110	2072	230	460
定州市						
张家口市	316	599	1633	1210	516	725
承 德 市	68	94	1191	1883	81	177
沧 州 市						
廊 坊 市						
衡 水 市						

2-2-1续15　各市粮食作物播种面积和产量

单位：公顷、公斤/公顷、吨

名　称	(二)豆　类　合　计					
	播种面积		播种单产		总　产　量	
	2015年	2016年	2015年	2016年	2015年	2016年
全　省	**153720**	**145610**	**1917**	**2200**	**294691**	**320400**
石家庄市（包含辛集市）	15600	16142	1534	1572	23935	25382
石家庄市（不含辛集市）	14232	15014	1534	1572	21826	23605
辛集市	1368	1128	1542	1575	2109	1777
唐 山 市	16953	16741	2949	3063	49992	51280
秦皇岛市	8908	9396	2582	2668	22998	25072
邯 郸 市	10163	10084	2044	2200	20778	22186
邢 台 市	11173	13243	2806	2779	31346	36802
保 定 市（包含定州市）	13126	12449	2823	2852	37061	35505
保 定 市（不含定州市）	12430	11783	2772	2798	34460	32964
定州市	696	666	3737	3815	2601	2541
张家口市	27000	25879	1259	1334	34002	34520
承 德 市	9051	9112	2495	2693	22578	24537
沧 州 市	21911	14761	1752	2063	38396	30456
廊 坊 市	13161	13413	2059	2325	27103	31187
衡 水 市	6994	6135	2705	2692	18921	16517

2–2–1续16 各市粮食作物播种面积和产量

单位：公顷、公斤/公顷、吨

名　称	#大豆					
	播种面积		播种单产		总产量	
	2015年	2016年	2015年	2016年	2015年	2016年
全　省	**115850**	**105740**	**1949**	**2332**	**225845**	**246600**
石家庄市（包含辛集市）	13319	13823	1600	1647	21317	22767
石家庄市（不含辛集市）	11951	12695	1607	1653	19208	20990
辛集市	1368	1128	1542	1575	2109	1777
唐 山 市	10979	10694	2980	3133	32715	33505
秦皇岛市	5782	6402	2348	2497	13575	15983
邯 郸 市	8893	8774	2093	2295	18611	20139
邢 台 市	9535	9272	2876	2837	27426	26307
保 定 市（包含定州市）	10084	9871	2873	2920	28971	28821
保 定 市（不含定州市）	9403	9214	2809	2856	26416	26311
定州市	681	657	3752	3820	2555	2510
张家口市	11304	9511	1206	1220	13627	11606
承 德 市	7629	7569	2595	2795	19800	21155
沧 州 市	20251	13250	1779	2114	36032	28016
廊 坊 市	11470	11846	2049	2352	23503	27861
衡 水 市	5988	4806	2797	2887	16746	13876

2–2–1续17 各市粮食作物播种面积和产量

单位：公顷、公斤/公顷、吨

名　称	#绿豆					
	播种面积		播种单产		总产量	
	2015年	2016年	2015年	2016年	2015年	2016年
全　省	**12460**	**13270**	**1344**	**1680**	**16750**	**22300**
石家庄市（包含辛集市）	547	563	1424	1359	779	765
石家庄市（不含辛集市）	547	563	1424	1359	779	765
辛集市						
唐 山 市	387	424	2607	2651	1009	1124
秦皇岛市	320	335	1650	1758	528	589
邯 郸 市	1209	1248	1726	1511	2087	1886
邢 台 市	1616	3950	2399	2647	3877	10455
保 定 市（包含定州市）	1142	945	2270	2219	2592	2097
保 定 市（不含定州市）	1127	936	2259	2207	2546	2066
定州市	15	9	3067	3444	46	31
张家口市	4722	4864	729	771	3444	3752
承 德 市	581	581	1859	2005	1080	1165
沧 州 市	1186	1015	1551	1744	1840	1770
廊 坊 市	277	274	1022	1022	283	280
衡 水 市	840	1157	2036	1856	1710	2147

2-2-1续18 各市粮食作物播种面积和产量

单位：公顷、公斤/公顷、吨

名 称	#红 小 豆					
	播种面积		播种单产		总 产 量	
	2015年	2016年	2015年	2016年	2015年	2016年
全 省	**6750**	**7100**	**1291**	**1634**	**8711**	**11600**
石家庄市（包含辛集市）	670	689	1206	1184	808	816
石家庄市（不含辛集市）	670	689	1206	1184	808	816
辛集市						
唐 山 市	1651	1731	1876	2006	3098	3473
秦皇岛市	450	506	1789	1682	805	851
邯 郸 市	59	60	1305	1317	77	79
邢 台 市	22	21	1909	1905	42	40
保 定 市（包含定州市）	673	640	2088	2120	1405	1357
保 定 市（不含定州市）	673	640	2088	2120	1405	1357
定州市						
张家口市	1474	1477	1515	1285	2233	1898
承 德 市	635	636	1951	1942	1239	1235
沧 州 市	444	494	1176	1350	522	667
廊 坊 市	561	486	1401	1372	786	667
衡 水 市	166	172	2801	2866	465	493

2-2-1续19 各市粮食作物播种面积和产量

单位：公顷、公斤/公顷、吨

名 称	(三)薯 类 合 计					
	播种面积		播种单产		总 产 量	
	2015年	2016年	2015年	2016年	2015年	2016年
全 省	**273610**	**278540**	**3798**	**3818**	**1039259**	**1063360**
石家庄市（包含辛集市）	20915	20360	4419	4461	92431	90825
石家庄市（不含辛集市）	19412	18953	4352	4397	84481	83333
辛集市	1503	1407	5289	5325	7950	7492
唐 山 市	15456	15798	7178	7138	110947	112774
秦皇岛市	19899	22367	5832	5975	116056	133642
邯 郸 市	7820	8055	4846	6213	37899	50047
邢 台 市	7192	8446	5829	4623	41920	39045
保 定 市（包含定州市）	34225	34468	5921	6008	202655	207086
保 定 市（不含定州市）	31864	32200	5805	5914	184956	190418
定州市	2361	2268	7496	7349	17699	16668
张家口市	100969	102964	4073	4318	411263	444640
承 德 市	43778	49034	3128	4882	136934	239386
沧 州 市	7616	6988	6393	6317	48688	44146
廊 坊 市	6046	6884	4762	5192	28794	35745
衡 水 市	3865	3441	6075	6080	23480	20920

2–2–1续20 各市粮食作物播种面积和产量

单位：公顷、公斤/公顷、吨

名　　称	1.马　铃　薯					
	播种面积		播种单产		总　产　量	
	2015年	2016年	2015年	2016年	2015年	2016年
全　　省	**178270**	**181270**	**3272**	**3282**	**583231**	**594840**
石家庄市（包含辛集市）	2111	2174	3514	3891	7418	8459
石家庄市（不含辛集市）	2111	2174	3514	3891	7418	8459
辛集市						
唐 山 市	7254	7188	7193	7223	52180	51917
秦皇岛市	5944	6491	6170	6092	36672	39543
邯 郸 市	676	981	5619	5708	3798	5600
邢 台 市	1114	1156	5264	5196	5864	6006
保 定 市（包含定州市）	11777	11897	5762	5892	67855	70103
保 定 市（不含定州市）	9703	9928	5487	5662	53236	56216
定州市	2074	1969	7049	7053	14619	13887
张家口市	100704	102665	4075	4320	410343	443495
承 德 市	42838	48142	3077	4851	131833	233530
沧 州 市	127	136	6854	5897	870	802
廊 坊 市	418	229	5709	5026	2386	1151
衡 水 市	251	273	6247	5482	1568	1497

2–2–1续21 各市粮食作物播种面积和产量

单位：公顷、公斤/公顷、吨

名　　称	2.甘　　薯					
	播种面积		播种单产		总　产　量	
	2015年	2016年	2015年	2016年	2015年	2016年
全　　省	**95340**	**97270**	**4783**	**4817**	**456028**	**468520**
石家庄市（包含辛集市）	18804	18186	4521	**4529**	85012	82367
石家庄市（不含辛集市）	17301	16779	4454	**4462**	77063	74875
辛集市	1503	1407	5289	**5325**	7950	7492
唐 山 市	8202	8610	7165	**7068**	58767	60857
秦皇岛市	13955	15876	5689	**5927**	79384	94099
邯 郸 市	7144	7074	4773	**6283**	34100	44447
邢 台 市	6078	7290	5932	**4532**	36056	33039
保 定 市（包含定州市）	22448	22571	6005	**6069**	134799	136983
保 定 市（不含定州市）	22161	22272	5944	**6026**	131720	134202
定州市	287	299	10730	**9302**	3080	2781
张家口市	265	299	3470	**3829**	920	1145
承 德 市	940	892	5427	**6566**	5102	5857
沧 州 市	7489	6852	6385	**6326**	47817	43344
廊 坊 市	5628	6655	4692	**5198**	26408	34594
衡 水 市	3614	3168	6063	**6131**	21912	19423

2-2-2 各市油料播种面积和产量

单位：公顷、公斤/公顷、吨

名　称	油料作物					
	播种面积		播种单产		总产量	
	2015年	2016年	2015年	2016年	2015年	2016年
全　省	**461591**	**468318**	**3283**	**3342**	**1515428**	**1565043**
石家庄市（包含辛集市）	60660	61334	3395	3394	205955	208187
石家庄市（不含辛集市）	53320	54129	3245	3238	173012	175272
辛集市	7340	7205	4488	4568	32943	32915
唐山市	76586	78916	3940	4073	301734	321451
秦皇岛市	18324	23514	3266	3429	59846	80630
邯郸市	41520	41892	3679	3660	152742	153333
邢台市	53682	54057	3342	3382	179394	182841
保定市（包含定州市）	71170	71003	3886	3919	276554	278258
保定市（不含定州市）	56849	56771	3771	3815	214370	216595
定州市	14321	14232	4342	4333	62184	61663
张家口市	52132	53056	1182	1309	61615	69444
承德市	7997	10857	1806	2141	14444	23245
沧州市	28602	27007	3129	3209	89488	86665
廊坊市	15422	15415	2507	2606	38659	40164
衡水市	35496	31267	3803	3864	134997	120825

2-2-2续1 各市油料播种面积和产量

单位：公顷、公斤/公顷、吨

名　称	#花生					
	播种面积		播种单产		总产量	
	2015年	2016年	2015年	2016年	2015年	2016年
全　省	**342873**	**342253**	**3716**	**3790**	**1274146**	**1297096**
石家庄市（包含辛集市）	53474	53912	3558	3564	190284	192156
石家庄市（不含辛集市）	46812	47324	3402	3403	159273	161027
辛集市	6662	6588	4655	4725	31011	31129
唐山市	76375	78347	3945	4091	301320	320532
秦皇岛市	18178	23021	3278	3461	59595	79683
邯郸市	33037	32573	4051	4040	133831	131585
邢台市	34603	34570	3379	3421	116912	118274
保定市（包含定州市）	66511	64743	3931	3999	261465	258894
保定市（不含定州市）	52355	50687	3818	3906	199917	197998
定州市	14156	14056	4348	4332	61548	60896
张家口市	625	537	2086	2412	1304	1295
承德市	247	308	3089	3308	763	1019
沧州市	22802	20209	3382	3503	77113	70792
廊坊市	11661	11478	2611	2659	30442	30516
衡水市	25360	22555	3987	4094	101117	92350

2-2-2续2　各市油料播种面积和产量

单位：公顷、公斤/公顷、吨

名　　称	#油菜籽					
	播种面积		播种单产		总　产　量	
	2015年	2016年	2015年	2016年	2015年	2016年
全　　省	**17642**	**18744**	**1683**	**1653**	**29693**	**30980**
石家庄市（包含辛集市）	1657	1699	2024	2048	3353	3480
石家庄市（不含辛集市）	1657	1699	2024	2048	3353	3480
辛集市						
唐 山 市		15		3000		45
秦皇岛市		22		1364		30
邯 郸 市	5932	5955	1730	1609	10261	9583
邢 台 市	2985	3152	2145	2057	6402	6483
保 定 市（包含定州市）	196	452	2480	2358	486	1066
保 定 市（不含定州市）	196	452	2480	2358	486	1066
定州市						
张家口市	4209	4484	1015	1047	4273	4695
承 德 市	1045	1347	1505	1670	1573	2250
沧 州 市	1615	1591	2069	2074	3341	3300
廊 坊 市	3		1333		4	
衡 水 市		27		1778		48

2-2-2续3　各市油料播种面积和产量

单位：公顷、公斤/公顷、吨

名　　称	#芝麻					
	播种面积		播种单产		总　产　量	
	2015年	2016年	2015年	2016年	2015年	2016年
全　　省	**6156**	**5696**	**1381**	**1353**	**8503**	**7706**
石家庄市（包含辛集市）	666	664	884	881	589	585
石家庄市（不含辛集市）	666	664	884	881	589	585
辛集市						
唐 山 市	167	179	1593	1709	266	306
秦皇岛市	70	76	1814	1895	127	144
邯 郸 市	553	506	1259	1312	696	664
邢 台 市	967	809	1615	1286	1562	1040
保 定 市（包含定州市）	596	498	1606	1641	957	817
保 定 市（不含定州市）	596	498	1606	1641	957	817
定州市						
张家口市						
承 德 市	68	62	2103	2161	143	134
沧 州 市	1543	1521	1440	1519	2222	2310
廊 坊 市	581	554	866	861	503	477
衡 水 市	945	827	1522	1486	1438	1229

2-2-2续4 各市油料播种面积和产量

单位：公顷、公斤/公顷、吨

名 称	#胡麻籽					
	播种面积		播种单产		总 产 量	
	2015年	2016年	2015年	2016年	2015年	2016年
全 省	**34473**	**33022**	**945**	**955**	**32576**	**31543**
石家庄市（包含辛集市）						
石家庄市（不含辛集市）						
辛集市						
唐 山 市						
秦皇岛市						
邯 郸 市						
邢 台 市						
保 定 市（包含定州市）	62	55	710	727	44	40
保 定 市（不含定州市）	62	55	710	727	44	40
定州市						
张家口市	31898	30469	956	965	30484	29396
承 德 市	2513	2498	815	843	2048	2107
沧 州 市						
廊 坊 市						
衡 水 市						

2-2-2续5 各市油料播种面积和产量

单位：公顷、公斤/公顷、吨

名 称	#葵花籽					
	播种面积		播种单产		总 产 量	
	2015年	2016年	2015年	2016年	2015年	2016年
全 省	**59253**	**67002**	**2822**	**2890**	**167198**	**193657**
石家庄市（包含辛集市）	4742	4950	2408	2360	11417	11682
石家庄市（不含辛集市）	4064	4333	2334	2284	9485	9896
辛集市	678	617	2850	2895	1932	1786
唐 山 市	44	45	3364	2933	148	132
秦皇岛市	70	361	1571	1970	110	711
邯 郸 市	1930	2798	4081	4087	7876	11436
邢 台 市	14418	14742	3624	3694	52248	54454
保 定 市（包含定州市）	3745	5195	3618	3347	13551	17388
保 定 市（不含定州市）	3580	5019	3608	3312	12915	16621
定州市	165	176	3855	4358	636	767
张家口市	15400	17566	1659	1939	25554	34058
承 德 市	3894	6493	2396	2664	9330	17298
沧 州 市	2642	3681	2578	2786	6812	10255
廊 坊 市	3177	3313	2427	2730	7710	9045
衡 水 市	9191	7858	3530	3461	32442	27198

2-2-3 各市棉花播种面积和产量

单位：公顷、公斤/公顷、吨

名称	棉花					
	播种面积		播种单产		总产量	
	2015年	2016年	2015年	2016年	2015年	2016年
全省	**359267**	**288570**	**1039**	**1038**	**373404**	**299500**
石家庄市（包含辛集市）	7688	5650	1002	981	7700	5540
石家庄市（不含辛集市）	3762	3297	873	899	3283	2963
辛集市	3926	2353	1125	1095	4417	2577
唐山市	20875	17383	1161	1190	24232	20680
秦皇岛市	793	384	1105	1193	876	458
邯郸市	82025	61879	1284	1282	105343	79305
邢台市	146598	132070	1219	1202	178766	158706
保定市（包含定州市）	12271	7349	1144	1126	14041	8274
保定市（不含定州市）	11927	7173	1147	1129	13685	8101
定州市	344	176	1035	983	356	173
张家口市						
承德市						
沧州市	58985	44622	1129	1213	66577	54142
廊坊市	19686	13473	1077	1104	21200	14868
衡水市	98647	65873	1209	1208	119242	79546

2-2-4 各市生麻播种面积和产量

单位：公顷、公斤/公顷、吨

名称	麻类合计					
	播种面积		播种单产		总产量	
	2015年	2016年	2015年	2016年	2015年	2016年
全省	**231**	**79**	**2160**	**2177**	**499**	**172**
石家庄市（包含辛集市）						
石家庄市（不含辛集市）						
辛集市						
唐山市	220	69	2209	2304	486	159
秦皇岛市						
邯郸市	3	3	1000	1000	3	3
邢台市						
保定市（包含定州市）	6	5	500	600	3	3
保定市（不含定州市）	6	5	500	600	3	3
定州市						
张家口市	1	1	1000	1000	1	1
承德市	1	1	6000	6000	6	6
沧州市						
廊坊市						
衡水市						

2-2-4续1　各市生麻播种面积和产量

单位：公顷、公斤/公顷、吨

名　　称	#生　黄　红　麻					
	播种面积		播种单产		总　产　量	
	2015年	2016年	2015年	2016年	2015年	2016年
全　　省	**217**	**66**	**2212**	**2318**	**480**	**153**
石家庄市（包含辛集市）						
石家庄市（不含辛集市）						
辛集市						
唐 山 市	217	66	2212	2318	480	153
秦皇岛市						
邯 郸 市						
邢 台 市						
保 定 市（包含定州市）						
保 定 市（不含定州市）						
定州市						
张家口市						
承 德 市						
沧 州 市						
廊 坊 市						
衡 水 市						

2-2-4续2　各市生麻播种面积和产量

单位：公顷、公斤/公顷、吨

名　　称	#生　大　麻					
	播种面积		播种单产		总　产　量	
	2015年	2016年	2015年	2016年	2015年	2016年
全　　省	**7**	**4**	**1429**	**1000**	**10**	**4**
石家庄市（包含辛集市）						
石家庄市（不含辛集市）						
辛集市						
唐 山 市	3		2000		6	
秦皇岛市						
邯 郸 市	3	3	1000	1000	3	3
邢 台 市						
保 定 市（包含定州市）						
保 定 市（不含定州市）						
定州市						
张家口市	1	1	1000	1000	1	1
承 德 市						
沧 州 市						
廊 坊 市						
衡 水 市						

2-2-5 各市甜菜播种面积和产量

单位：公顷、公斤/公顷、吨

名称	甜菜					
	播种面积		播种单产		总产量	
	2015年	2016年	2015年	2016年	2015年	2016年
全省	**17144**	**19259**	**52015**	**48363**	**891753**	**931417**
石家庄市（包含辛集市）						
石家庄市（不含辛集市）						
辛集市						
唐山市						
秦皇岛市						
邯郸市						
邢台市						
保定市（包含定州市）						
保定市（不含定州市）						
定州市						
张家口市	17064	19083	51954	48231	886543	920394
承德市	80	176	65125	62631	5210	11023
沧州市						
廊坊市						
衡水市						

2-2-6 各市烟叶播种面积和产量

单位：公顷、公斤/公顷、吨

名称	烟叶合计					
	播种面积		播种单产		总产量	
	2015年	2016年	2015年	2016年	2015年	2016年
全省	**2932**	**2796**	**2183**	**2168**	**6400**	**6062**
石家庄市（包含辛集市）	499	369	2002	2011	999	742
石家庄市（不含辛集市）	499	369	2002	2011	999	742
辛集市						
唐山市	302	302	5414	5424	1635	1638
秦皇岛市		1		1000		1
邯郸市						
邢台市						
保定市（包含定州市）	262	226	2473	2381	648	538
保定市（不含定州市）	262	226	2473	2381	648	538
定州市						
张家口市	1836	1870	1673	1659	3072	3103
承德市	29	28	1448	1429	42	40
沧州市						
廊坊市	4		1000		4	
衡水市						

2-2-6续　各市烟叶播种面积和产量

单位：公顷、公斤/公顷、吨

名　称	#烤烟					
	播种面积		播种单产		总产量	
	2015年	2016年	2015年	2016年	2015年	2016年
全　省	**2441**	**2345**	**1721**	**1696**	**4202**	**3976**
石家庄市（包含辛集市）	499	369	2002	2011	999	742
石家庄市（不含辛集市）	499	369	2002	2011	999	742
辛集市						
唐山市						
秦皇岛市						
邯郸市						
邢台市						
保定市（包含定州市）	104	104	1240	1240	129	129
保定市（不含定州市）	104	104	1240	1240	129	129
定州市						
张家口市	1836	1870	1673	1659	3072	3103
承德市	2	2	1000	1000	2	2
沧州市						
廊坊市						
衡水市						

2-2-7　各市药材及其他农作物播种面积和产量

名　称	药材				#甘草			
	播种面积（公顷）		药材产量（吨）		播种面积（公顷）		产量（吨）	
	2015年	2016年	2015年	2016年	2015年	2016年	2015年	2016年
全　省	**62131**	**68952**	**387669**	**425991**	**36**	**17**	**231**	**118**
石家庄市（包含辛集市）	1906	1846	10870	10627	34	17	229	118
石家庄市（不含辛集市）	1806	1713	10353	9923	34	17	229	118
辛集市	100	133	517	704				
唐山市	746	1615	4792	7209				
秦皇岛市	1037	3020	42132	80917	2		2	
邯郸市	10530	12228	39394	14044				
邢台市	15265	16088	58470	66985				
保定市（包含定州市）	14453	14041	110501	112236				
保定市（不含定州市）	11689	11132	65930	67454				
定州市	2764	2909	44571	44782				
张家口市	5499	6885	18439	24686				
承德市	12313	12731	102114	107812				
沧州市	248	152	800	660				
廊坊市	100	267	4	600				
衡水市	34	79	153	215				

2–2–7续1　各市药材及其他农作物播种面积和产量

名　　称	#枸　杞				其他农作物播种面积（包括花卉种植面积）（公顷）		#青　饲　料	
	播种面积（公顷）		产量（吨）					
	2015年	2016年	2015年	2016年	2015年	2016年	2015年	2016年
全　　省	**4496**	**4507**	**41144**	**35543**	**87325**	**191466**	**55800**	**117412**
石家庄市（包含辛集市）	35	37	113	58	2917	20384	277	16609
石家庄市（不含辛集市）	35	37	113	58	2917	18554	277	15236
辛集市						1830		1373
唐 山 市					8514	23257	375	14383
秦皇岛市	557	471	24527	21000	2057	2711	27	876
邯 郸 市			2780		2127	6944		
邢 台 市	3748	3666	13247	13856	408	7810		3273
保 定 市（包含定州市）					12744	24601	449	12208
保 定 市（不含定州市）					3870	12411	116	8667
定州市					8874	12190	333	3541
张家口市	146	131	465	34	45393	41136	45142	40868
承 德 市	10	196	12	585	2556	5194	1877	3899
沧 州 市					4684	27169	4060	9325
廊 坊 市					4646	6040	2393	3448
衡 水 市		6		10	1279	26220	1200	12523

2–2–8　各市蔬菜播种面积和产量

单位：公顷、公斤/公顷、吨

名　　称	蔬菜(含食用菌)					
	播种面积		播种单产		总　产　量	
	2015年	2016年	2015年	2016年	2015年	2016年
全　　省	**1242056**	**1236188**	**66371**	**66279**	**82436877**	**81933702**
石家庄市（包含辛集市）	163891	162021	81149	81530	13299570	13209572
石家庄市（不含辛集市）	152496	150457	80566	80941	12285946	12178211
辛集市	11395	11564	88953	89187	1013624	1031361
唐 山 市	189363	189927	76699	77237	14524026	14669398
秦皇岛市	48564	45849	70062	70727	3402507	3242768
邯 郸 市	140343	144648	61076	57263	8571581	8283034
邢 台 市	71809	71794	55151	55606	3960338	3992211
保 定 市（包含定州市）	163559	165484	61704	62372	10092291	10321504
保 定 市（不含定州市）	126797	128680	59214	60076	7508210	7730643
定州市	36762	36804	70292	70396	2584081	2590861
张家口市	103247	104090	71528	70948	7385056	7384991
承 德 市	75933	78312	57121	59140	4337347	4631402
沧 州 市	92765	91561	62105	63077	5761129	5775353
廊 坊 市	107353	102211	63301	62504	6795596	6388610
衡 水 市	85229	80291	50540	50253	4307436	4034859

2-2-8续1 各市蔬菜播种面积和产量

单位：公顷、公斤/公顷、吨

名称	1.叶菜类					
	播种面积		播种单产		总产量	
	2015年	2016年	2015年	2016年	2015年	2016年
全省	**150907**	**147627**	**57625**	**56985**	**8695971**	**8412570**
石家庄市（包含辛集市）	30062	29464	71910	73412	2161764	2163011
石家庄市（不含辛集市）	28968	28358	72095	73658	2088451	2088800
辛集市	1094	1106	67014	67099	73313	74211
唐山市	20686	20085	63826	61506	1320314	1235356
秦皇岛市	3582	2815	48473	49688	173632	139873
邯郸市	18529	19203	54192	50033	1004121	960793
邢台市	6533	6342	39386	39932	257307	253249
保定市（包含定州市）	17302	17501	50904	51647	880738	903874
保定市（不含定州市）	13925	13995	49327	50455	686879	706124
定州市	3377	3506	57406	56403	193859	197750
张家口市	10716	9689	84435	88010	904810	852731
承德市	6622	6865	34030	34323	225348	235630
沧州市	10538	10439	42914	41844	452225	436811
廊坊市	12656	11996	46351	45419	586613	544846
衡水市	13681	13228	53293	51890	729099	686396

2-2-8续2 各市蔬菜播种面积和产量

单位：公顷、公斤/公顷、吨

名称	#芹菜					
	播种面积		播种单产		总产量	
	2015年	2016年	2015年	2016年	2015年	2016年
全省	**47886**	**45722**	**66501**	**65993**	**3184446**	**3017312**
石家庄市（包含辛集市）	5792	5686	74112	71413	429259	406055
石家庄市（不含辛集市）	5605	5495	73637	70824	412735	389180
辛集市	187	191	88364	88351	16524	16875
唐山市	8229	7780	71167	70545	585631	548838
秦皇岛市	966	830	68579	69483	66247	57671
邯郸市	5631	5706	69424	66914	390928	381810
邢台市	1069	989	44673	45522	47755	45021
保定市（包含定州市）	4865	5075	52092	52420	253428	266029
保定市（不含定州市）	4052	4155	50050	51196	202802	212719
定州市	813	920	62271	57946	50626	53310
张家口市	7519	6754	95528	99992	718273	675346
承德市	2339	2255	45634	45420	106739	102423
沧州市	3863	3653	51961	49953	200724	182477
廊坊市	4943	4687	52629	52102	260146	244203
衡水市	2670	2307	46935	46571	125316	107439

2-2-8续3　各市蔬菜播种面积和产量

单位：公顷、公斤/公顷、吨

名　　称	#油　　菜					
	播种面积		播种单产		总　产　量	
	2015年	2016年	2015年	2016年	2015年	2016年
全　　省	**16419**	**15582**	**50143**	**47892**	**823297**	**746254**
石家庄市（包含辛集市）	4469	3919	72791	67596	325301	264908
石家庄市（不含辛集市）	4160	3614	73973	68505	307729	247577
辛集市	309	305	56867	56823	17572	17331
唐 山 市	1419	1477	49894	47850	70799	70675
秦皇岛市	487	440	37031	35095	18034	15442
邯 郸 市	1780	1609	39088	36540	69577	58793
邢 台 市	413	393	37262	37028	15389	14552
保 定 市（包含定州市）	2143	2147	43422	43618	93053	93648
保 定 市（不含定州市）	1721	1705	40615	40700	69898	69393
定州市	422	442	54870	54876	23155	24255
张家口市	876	764	63971	63736	56039	48694
承 德 市	930	1047	33322	32899	30989	34445
沧 州 市	1125	1309	28961	30840	32581	40369
廊 坊 市	1686	1511	40829	43126	68838	65163
衡 水 市	1091	966	39136	40958	42697	39565

2-2-8续4　各市蔬菜播种面积和产量

单位：公顷、公斤/公顷、吨

名　　称	#菠　　菜					
	播种面积		播种单产		总　产　量	
	2015年	2016年	2015年	2016年	2015年	2016年
全　　省	**72282**	**70441**	**50330**	**50217**	**3637983**	**3537308**
石家庄市（包含辛集市）	17348	16359	67824	69243	1176619	1132752
石家庄市（不含辛集市）	16750	15749	67905	69385	1137402	1092748
辛集市	598	610	65580	65580	39217	40004
唐 山 市	8566	8266	53424	52349	457632	432717
秦皇岛市	1668	1250	44577	45732	74354	57165
邯 郸 市	10056	10684	38272	36847	384867	393672
邢 台 市	5051	4957	38441	39055	194163	193595
保 定 市（包含定州市）	9770	9646	49835	50085	486884	483118
保 定 市（不含定州市）	7628	7503	48087	48378	366806	362983
定州市	2142	2143	56059	56059	120078	120135
张家口市	2264	2065	53170	56954	120376	117609
承 德 市	3152	3153	26186	26258	82539	82793
沧 州 市	3612	3577	30554	30039	110362	107451
廊 坊 市	3175	3007	39447	39881	125243	119921
衡 水 市	7620	7477	55767	55706	424944	416515

2–2–8续5　各市蔬菜播种面积和产量

单位：公顷、公斤/公顷、吨

名　　称	2.白　　菜　　类					
	播种面积		播种单产		总　产　量	
	2015年	2016年	2015年	2016年	2015年	2016年
全　　省	**240439**	**237088**	**79947**	**79634**	**19222295**	**18880167**
石家庄市（包含辛集市）	31002	31341	92683	93165	2873344	2919896
石家庄市（不含辛集市）	29846	30146	91108	91573	2719204	2760565
辛集市	1156	1195	133339	133331	154140	159331
唐 山 市	34500	34259	91681	92651	3163001	3174125
秦皇岛市	14839	14590	89315	89723	1325339	1309064
邯 郸 市	18679	17370	71627	67712	1337919	1176154
邢 台 市	19598	19922	66141	65279	1296232	1300485
保 定 市（包含定州市）	35893	35398	79832	80979	2865420	2866483
保 定 市（不含定州市）	27857	27359	77234	78668	2151515	2152283
定州市	8036	8039	88838	88842	713905	714200
张家口市	17760	17658	89190	85659	1584009	1512566
承 德 市	19592	21554	63555	64165	1245174	1383017
沧 州 市	21968	22177	76137	76959	1672571	1706714
廊 坊 市	15790	12985	74654	70606	1178785	916820
衡 水 市	10818	9834	62905	62522	680501	614843

2–2–8续6　各市蔬菜播种面积和产量

单位：公顷、公斤/公顷、吨

名　　称	#大　　白　　菜					
	播种面积		播种单产		总　产　量	
	2015年	2016年	2015年	2016年	2015年	2016年
全　　省	**238754**	**233884**	**80000**	**79804**	**19100377**	**18664842**
石家庄市（包含辛集市）	30992	31291	92551	93115	2868327	2913672
石家庄市（不含辛集市）	29836	30096	90970	91519	2714187	2754341
辛集市	1156	1195	133339	133331	154140	159331
唐 山 市	34499	33231	91328	91897	3150734	3053845
秦皇岛市	14839	14586	89315	89731	1325339	1308814
邯 郸 市	18559	17199	71617	67682	1329135	1164068
邢 台 市	19598	19862	66141	65260	1296232	1296185
保 定 市（包含定州市）	35378	34947	79785	81873	2822649	2861232
保 定 市（不含定州市）	27342	26908	77125	79792	2108744	2147032
定州市	8036	8039	88838	88842	713905	714200
张家口市	17752	17440	89211	86100	1583670	1501589
承 德 市	19337	21356	64042	64475	1238383	1376921
沧 州 市	21410	21730	76726	78166	1642702	1698537
廊 坊 市	15640	12765	74567	70225	1166235	896419
衡 水 市	10750	9477	62974	62632	676971	593560

2-2-8续7 各市蔬菜播种面积和产量

单位：公顷、公斤/公顷、吨

名称	3.甘蓝类					
	播种面积		播种单产		总产量	
	2015年	2016年	2015年	2016年	2015年	2016年
全省	**84954**	**85166**	**70324**	**70055**	**5974268**	**5966308**
石家庄市（包含辛集市）	8791	8573	92371	91991	812037	788639
石家庄市（不含辛集市）	7468	7268	91470	91018	683098	661518
辛集市	1323	1305	97460	97411	128939	127121
唐山市	13061	12919	81451	80476	1063832	1039671
秦皇岛市	4999	4840	68739	69856	343627	338103
邯郸市	14427	15315	65332	61480	942539	941571
邢台市	1885	1781	56590	59853	106673	106598
保定市（包含定州市）	8103	8273	68085	67659	551692	559743
保定市（不含定州市）	4818	4863	58045	57288	279661	278593
定州市	3285	3410	82810	82449	272031	281150
张家口市	16756	16930	74396	76887	1246582	1301703
承德市	6604	6651	56928	56321	375954	374593
沧州市	2322	1920	45146	44018	104829	84514
廊坊市	5223	5317	54289	54305	283552	288740
衡水市	2783	2647	51366	53809	142951	142433

2-2-8续8 各市蔬菜播种面积和产量

单位：公顷、公斤/公顷、吨

名称	#卷心（圆白）菜					
	播种面积		播种单产		总产量	
	2015年	2016年	2015年	2016年	2015年	2016年
全省	**83032**	**82426**	**70576**	**70341**	**5860094**	**5797927**
石家庄市（包含辛集市）	8791	8573	92371	91991	812037	788639
石家庄市（不含辛集市）	7468	7268	91470	91018	683098	661518
辛集市	1323	1305	97460	97411	128939	127121
唐山市	12986	12743	81518	80437	1058594	1025014
秦皇岛市	4291	4229	71872	72562	308404	306863
邯郸市	14017	14892	64017	61103	897320	909950
邢台市	1872	1765	56803	60061	106335	106008
保定市（包含定州市）	8082	8029	68159	68580	550861	550628
保定市（不含定州市）	4797	4619	58126	58341	278830	269478
定州市	3285	3410	82810	82449	272031	281150
张家口市	16629	16563	74864	76389	1244912	1265230
承德市	6587	6638	56959	56321	375191	373862
沧州市	2076	1662	44342	45168	92055	75069
廊坊市	4973	4714	54999	54284	273510	255893
衡水市	2728	2618	51640	53770	140875	140771

2-2-8续9　各市蔬菜播种面积和产量

单位：公顷、公斤/公顷、吨

名　称	4.根　茎　类					
	播种面积		播种单产		总　产　量	
	2015年	2016年	2015年	2016年	2015年	2016年
全　省	**91166**	**89708**	**62976**	**63474**	**5741281**	**5694164**
石家庄市（包含辛集市）	10802	10485	81608	81345	881532	852900
石家庄市（不含辛集市）	10544	10218	81410	81122	858385	828909
辛集市	258	267	89717	89854	23147	23991
唐 山 市	8918	8661	69790	70776	622387	612993
秦皇岛市	3048	2838	63903	63027	194775	178871
邯 郸 市	6012	6457	76695	68651	461092	443277
邢 台 市	3070	3001	45164	47227	138653	141729
保 定 市（包含定州市）	21767	21358	50496	51728	1099147	1104796
保 定 市（不含定州市）	20145	19722	49029	50321	987696	992421
定州市	1622	1636	68712	68689	111451	112375
张家口市	9459	10408	69827	69433	660490	722663
承 德 市	9926	9084	51601	55363	512192	502917
沧 州 市	4168	4131	52622	52192	219327	215607
廊 坊 市	11283	10533	70406	71640	794396	754586
衡 水 市	2713	2752	57976	59529	157290	163825

2-2-8续10　各市蔬菜播种面积和产量

单位：公顷、公斤/公顷、吨

名　称	#白　萝　卜					
	播种面积		播种单产		总　产　量	
	2015年	2016年	2015年	2016年	2015年	2016年
全　省	**40074**	**39099**	**70214**	**70313**	**2813762**	**2749150**
石家庄市（包含辛集市）	7307	7113	86684	87811	633399	624597
石家庄市（不含辛集市）	7290	7097	86715	87842	632153	623416
辛集市	17	16	73294	73813	1246	1181
唐 山 市	4454	4324	77270	76945	344162	332711
秦皇岛市	1463	1439	57297	58573	83825	84286
邯 郸 市	4364	4385	79149	77426	345405	339511
邢 台 市	2286	2269	46492	46705	106280	105973
保 定 市（包含定州市）	5243	5126	59921	59777	314168	306417
保 定 市（不含定州市）	4436	4319	57781	57552	256318	248567
定州市	807	807	71685	71685	57850	57850
张家口市	6064	5921	73228	73083	444056	432722
承 德 市	2418	2316	60208	62289	145584	144262
沧 州 市	1902	1952	57613	55889	109579	109096
廊 坊 市	3263	3059	64769	64993	211342	198814
衡 水 市	1310	1195	57986	59214	75962	70761

2-2-8续11 各市蔬菜播种面积和产量

单位：公顷、公斤/公顷、吨

名称	#胡萝卜					
	播种面积		播种单产		总产量	
	2015年	2016年	2015年	2016年	2015年	2016年
全省	**30606**	**30138**	**61633**	**63411**	**1886342**	**1911087**
石家庄市（包含辛集市）	2979	2815	70806	70457	210932	198337
石家庄市（不含辛集市）	2738	2564	69040	68458	189031	175527
辛集市	241	251	90876	90876	21901	22810
唐山市	1537	1440	66618	70085	102392	100922
秦皇岛市	595	587	65187	65772	38786	38608
邯郸市	1362	1285	61313	59656	83508	76658
邢台市	784	729	41292	48941	32373	35678
保定市（包含定州市）	3977	3860	59015	59410	234702	229324
保定市（不含定州市）	3162	3031	57274	57670	181101	174799
定州市	815	829	65768	65772	53601	54525
张家口市	3375	4441	63862	62704	215533	278470
承德市	7020	6255	49619	53771	348323	336338
沧州市	1270	1196	39840	40870	50597	48881
廊坊市	6821	6780	76392	77491	521067	525392
衡水市	886	750	54322	56639	48129	42479

2-2-8续12 各市蔬菜播种面积和产量

单位：公顷、公斤/公顷、吨

名称	#生姜					
	播种面积		播种单产		总产量	
	2015年	2016年	2015年	2016年	2015年	2016年
全省	**2263**	**2147**	**66761**	**62045**	**151081**	**133210**
石家庄市（包含辛集市）		1		75000		75
石家庄市（不含辛集市）		1		75000		75
辛集市						
唐山市	1173	1267	63484	58320	74467	73892
秦皇岛市	963	784	72278	67980	69604	53296
邯郸市	23		26783		616	
邢台市		2		39000		78
保定市（包含定州市）						
保定市（不含定州市）						
定州市						
张家口市						
承德市	11	7	37636	48286	414	338
沧州市	49	46	61857	60239	3031	2771
廊坊市	44	40	67023	69000	2949	2760
衡水市						

2-2-8续13　各市蔬菜播种面积和产量

单位：公顷、公斤/公顷、吨

名　　称	5.瓜　　菜　　类					
	播种面积		播种单产		总　产　量	
	2015年	2016年	2015年	2016年	2015年	2016年
全　　省	**169940**	**169725**	**71726**	**72205**	**12189121**	**12254937**
石家庄市（包含辛集市）	21498	20350	81895	83086	1760578	1690797
石家庄市（不含辛集市）	19868	19363	81899	82361	1627166	1594754
辛集市	1630	987	81848	97308	133412	96043
唐 山 市	25343	26068	87496	86933	2217422	2266173
秦皇岛市	6104	5734	80157	83446	489278	478479
邯 郸 市	18611	19732	61034	59081	1135899	1165787
邢 台 市	7162	7202	52914	54042	378967	389209
保 定 市（包含定州市）	17101	17334	62978	64626	1076989	1120235
保 定 市（不含定州市）	12913	13130	61859	63206	798779	829891
定州市	4188	4204	66430	69064	278210	290344
张家口市	4348	3637	64576	63442	280776	230739
承 德 市	11009	11312	58230	61544	641054	696185
沧 州 市	22390	23348	83942	83587	1879464	1951600
廊 坊 市	21357	20867	71809	71929	1533631	1500933
衡 水 市	15017	14141	52944	54084	795063	764800

2-2-8续14　各市蔬菜播种面积和产量

单位：公顷、公斤/公顷、吨

名　　称	#黄　　瓜					
	播种面积		播种单产		总　产　量	
	2015年	2016年	2015年	2016年	2015年	2016年
全　　省	**135238**	**135430**	**74089**	**74600**	**10019674**	**10103042**
石家庄市（包含辛集市）	14487	14012	83850	85124	1214737	1192751
石家庄市（不含辛集市）	13545	13044	82843	84145	1122112	1097589
辛集市	942	968	98328	98308	92625	95162
唐 山 市	22047	22552	89639	89282	1976277	2013494
秦皇岛市	5349	5040	84069	87459	449687	440795
邯 郸 市	12942	13090	60401	59290	781706	776103
邢 台 市	4539	4569	49406	50217	224255	229443
保 定 市（包含定州市）	13192	13408	64320	65331	848511	875963
保 定 市（不含定州市）	10185	10351	63057	63802	642239	660418
定州市	3007	3057	68597	70509	206272	215545
张家口市	2621	2709	66374	67255	173967	182195
承 德 市	9121	9447	61685	63745	562628	602200
沧 州 市	20932	21936	86296	85344	1806341	1872114
廊 坊 市	19193	18610	72688	73134	1395097	1361030
衡 水 市	10815	10057	54227	55380	586468	556954

2-2-8续15　各市蔬菜播种面积和产量

单位：公顷、公斤/公顷、吨

名　　称	#南　　瓜					
	播种面积		播种单产		总　产　量	
	2015年	2016年	2015年	2016年	2015年	2016年
全　　省	**2193**	**2134**	**41778**	**45658**	**91619**	**97435**
石家庄市（包含辛集市）	565	479	50168	47207	28345	22612
石家庄市（不含辛集市）	556	469	50363	47454	28002	22256
辛集市	9	10	38111	35600	343	356
唐 山 市	156	161	38429	41801	5995	6730
秦皇岛市	26	29	30962	32655	805	947
邯 郸 市	174	324	36523	40596	6355	13153
邢 台 市	162	127	52315	39315	8475	4993
保 定 市（包含定州市）	344	508	44134	52575	15182	26708
保 定 市（不含定州市）	344	508	44134	52575	15182	26708
定州市						
张家口市	42	42	57452	54714	2413	2298
承 德 市	432	175	29773	50817	12862	8893
沧 州 市	122	98	47393	44122	5782	4324
廊 坊 市	67	58	31463	31776	2108	1843
衡 水 市	103	133	32010	37098	3297	4934

2-2-8续16 各市蔬菜播种面积和产量

单位：公顷、公斤/公顷、吨

名　　称	6.豆　　类（菜用）					
	播种面积		播种单产		总　产　量	
	2015年	2016年	2015年	2016年	2015年	2016年
全　　省	**69892**	**69028**	**47231**	**46788**	**3301087**	**3229716**
石家庄市（包含辛集市）	7151	7028	60980	58186	436070	408932
石家庄市（不含辛集市）	6842	6774	61698	59010	422136	399737
辛集市	309	254	45094	36201	13934	9195
唐 山 市	13775	13556	60584	60528	834538	820514
秦皇岛市	4538	4073	41145	36423	186718	148351
邯 郸 市	4190	4114	38091	34459	159603	141766
邢 台 市	2502	2569	33899	35389	84816	90914
保 定 市（包含定州市）	11408	11443	40707	40564	464382	464169
保 定 市（不含定州市）	9526	9562	39343	39482	374785	377529
定州市	1882	1881	47607	46061	89597	86640
张家口市	11783	11545	46998	49874	553773	575791
承 德 市	2584	2895	28564	29903	73810	86570
沧 州 市	2547	2330	42193	41649	107466	97043
廊 坊 市	5704	5840	42408	39664	241895	231636
衡 水 市	3710	3635	42592	45125	158016	164030

2-2-8续17 各市蔬菜播种面积和产量

单位：公顷、公斤/公顷、吨

名称	#豇豆					
	播种面积		播种单产		总产量	
	2015年	2016年	2015年	2016年	2015年	2016年
全省	**12348**	**12457**	**46024**	**42516**	**568303**	**529627**
石家庄市（包含辛集市）	2051	2020	57419	52904	117767	106866
石家庄市（不含辛集市）	1998	2020	56940	52904	113767	106866
辛集市	53		75472		4000	
唐山市	864	891	70098	67413	60565	60065
秦皇岛市	309	274	41427	30460	12801	8346
邯郸市	1764	1719	39922	36642	70422	62987
邢台市	703	840	33504	35301	23553	29653
保定市（包含定州市）	2026	1836	40487	41130	82027	75515
保定市（不含定州市）	1716	1520	38540	39023	66134	59315
定州市	310	316	51268	51266	15893	16200
张家口市	796	721	40770	35232	32453	25402
承德市	65	79	71062	44506	4619	3516
沧州市	981	969	43773	40857	42941	39590
廊坊市	1627	1523	40333	38554	65621	58717
衡水市	1162	1585	47792	37205	55534	58970

2-2-8续18 各市蔬菜播种面积和产量

单位：公顷、公斤/公顷、吨

名称	#四季豆					
	播种面积		播种单产		总产量	
	2015年	2016年	2015年	2016年	2015年	2016年
全省	**56622**	**55191**	**47288**	**47911**	**2677524**	**2644244**
石家庄市（包含辛集市）	5098	5002	62434	60160	318287	300922
石家庄市（不含辛集市）	4843	4748	63670	61442	308353	291727
辛集市	255	254	38957	36201	9934	9195
唐山市	12876	12628	60088	60136	773692	759399
秦皇岛市	4213	3791	41042	36867	172910	139763
邯郸市	2206	2257	33995	33172	74994	74869
邢台市	1799	1699	34054	35589	61263	60466
保定市（包含定州市）	9317	9212	40528	40627	377598	374252
保定市（不含定州市）	7746	7647	39232	39730	303894	303812
定州市	1571	1565	46915	45010	73704	70440
张家口市	10822	10613	47341	50738	512328	538481
承德市	2370	2565	26538	28897	62895	74122
沧州市	1526	1337	42021	42258	64124	56499
廊坊市	3853	4064	41041	40026	158130	162664
衡水市	2542	2023	39852	50819	101303	102807

2-2-8续19　各市蔬菜播种面积和产量

单位：公顷、公斤/公顷、吨

名　称	7.茄　果　类					
	播种面积		播种单产		总　产　量	
	2015年	2016年	2015年	2016年	2015年	2016年
全　省	**211177**	**211543**	**62306**	**61624**	**13157579**	**13036060**
石家庄市（包含辛集市）	25468	25412	80791	80047	2057581	2034158
石家庄市（不含辛集市）	22660	22539	79811	78940	1808518	1779232
辛集市	2808	2873	88698	88732	249063	254926
唐 山 市	38116	37525	73082	73755	2785575	2767658
秦皇岛市	5179	4867	66078	65488	342218	318732
邯 郸 市	22074	23450	59232	55506	1307491	1301619
邢 台 市	16053	16091	52490	52327	842614	841994
保 定 市（包含定州市）	29419	31107	60756	59625	1787384	1854763
保 定 市（不含定州市）	20838	22316	59018	57643	1229817	1286370
定州市	8581	8791	64977	64656	557567	568393
张家口市	10152	10044	65929	64094	669310	643764
承 德 市	7938	8313	43364	42328	344220	351875
沧 州 市	14597	13807	57397	58353	837818	805680
廊 坊 市	18828	18979	67610	67758	1272962	1285970
衡 水 市	23353	21948	38985	37810	910406	829847

2-2-8续20　各市蔬菜播种面积和产量

单位：公顷、公斤/公顷、吨

名　称	#茄　　子					
	播种面积		播种单产		总　产　量	
	2015年	2016年	2015年	2016年	2015年	2016年
全　省	**55739**	**55568**	**59601**	**59517**	**3322080**	**3307240**
石家庄市（包含辛集市）	7547	7527	77849	77144	587530	580660
石家庄市（不含辛集市）	6368	6315	76023	75116	484114	474360
辛集市	1179	1212	87715	87706	103416	106300
唐 山 市	6885	6725	70115	70833	482745	476351
秦皇岛市	981	866	43444	40797	42619	35330
邯 郸 市	6677	7000	60368	58471	403077	409299
邢 台 市	3632	3889	44557	44249	161831	172083
保 定 市（包含定州市）	9052	9150	59608	60101	539576	549920
保 定 市（不含定州市）	5803	5730	56225	56611	326273	324380
定州市	3249	3420	65652	65947	213303	225540
张家口市	2609	2592	66399	67216	173234	174225
承 德 市	2567	2605	36067	36630	92585	95420
沧 州 市	5247	5072	50001	51311	262355	260247
廊 坊 市	4294	4422	60765	61393	260925	271478
衡 水 市	6248	5720	50513	49340	315603	282227

2-2-8续21　各市蔬菜播种面积和产量

单位：公顷、公斤/公顷、吨

名　称	#辣　椒					
	播种面积		播种单产		总　产　量	
	2015年	2016年	2015年	2016年	2015年	2016年
全　省	**47867**	**48180**	**45502**	**44409**	**2178047**	**2139617**
石家庄市（包含辛集市）	4813	4717	75031	72942	361124	344068
石家庄市（不含辛集市）	4540	4446	75603	73395	343239	326315
辛集市	273	271	65513	65509	17885	17753
唐 山 市	9166	9236	55892	55626	512308	513758
秦皇岛市	602	518	39706	39315	23903	20365
邯 郸 市	7213	8013	44442	40965	320563	328254
邢 台 市	4285	4065	41228	39683	176661	161310
保 定 市（包含定州市）	5301	6057	46286	43054	245362	260776
保 定 市（不含定州市）	3686	4404	40394	37324	148892	164376
定州市	1615	1653	59734	58318	96470	96400
张家口市	2310	2360	58352	59475	134794	140361
承 德 市	1491	1659	30438	31781	45383	52725
沧 州 市	1702	1188	35283	36210	60052	43017
廊 坊 市	2449	2106	55000	56012	134694	117961
衡 水 市	8535	8261	19122	19008	163203	157022

2-2-8续22　各市蔬菜播种面积和产量

单位：公顷、公斤/公顷、吨

名　称	#西　红　柿					
	播种面积		播种单产		总　产　量	
	2015年	2016年	2015年	2016年	2015年	2016年
全　省	**106315**	**105294**	**71146**	**70485**	**7563937**	**7421645**
石家庄市（包含辛集市）	13105	13057	83068	82917	1088612	1082652
石家庄市（不含辛集市）	11749	11667	81781	81579	960850	951779
辛集市	1356	1390	94220	94153	127762	130873
唐 山 市	22035	21463	81106	82468	1787166	1770011
秦皇岛市	3594	3479	76688	75550	275616	262839
邯 郸 市	7606	7781	72521	70298	551596	546989
邢 台 市	8070	8135	62246	62444	502326	507979
保 定 市（包含定州市）	15062	15418	66383	66241	999861	1021305
保 定 市（不含定州市）	11347	11701	66412	66226	753579	774905
定州市	3715	3717	66294	66290	246282	246400
张家口市	5175	4984	69546	61993	359898	308971
承 德 市	3647	3766	54524	51482	198848	193882
沧 州 市	7641	7457	67358	66205	514682	493687
廊 坊 市	11949	11892	73094	71523	873400	850546
衡 水 市	8431	7862	48859	48688	411932	382784

2-2-8续23　各市蔬菜播种面积和产量

单位：公顷、公斤/公顷、吨

名　　称	8.葱　蒜　类					
	播种面积		播种单产		总　产　量	
	2015年	2016年	2015年	2016年	2015年	2016年
全　　省	**135892**	**134239**	**56504**	**56577**	**7678440**	**7594888**
石家庄市（包含辛集市）	17158	15266	75623	75841	1297536	1157784
石家庄市（不含辛集市）	14787	14362	74443	74861	1100786	1075151
辛集市	2371	904	82982	91408	196750	82633
唐 山 市	16424	17358	70809	71889	1162969	1247850
秦皇岛市	4466	3966	50970	49870	227633	197783
邯 郸 市	32796	34280	51000	49342	1672585	1691440
邢 台 市	8328	7781	53163	56509	442745	439698
保 定 市（包含定州市）	13943	14019	54290	55955	756959	784437
保 定 市（不含定州市）	10607	10677	51001	52836	540970	564128
定州市	3336	3342	64745	65921	215989	220309
张家口市	5988	6061	40257	41265	241061	250108
承 德 市	3658	3718	31336	33034	114626	122821
沧 州 市	8987	8386	45832	48266	411889	404759
廊 坊 市	14203	13776	54852	55031	779063	758112
衡 水 市	9941	9628	57477	56096	571374	540096

2-2-8续24　各市蔬菜播种面积和产量

单位：公顷、公斤/公顷、吨

名　　称	#大　　葱					
	播种面积		播种单产		总　产　量	
	2015年	2016年	2015年	2016年	2015年	2016年
全　　省	**54205**	**53608**	**60841**	**61730**	**3297879**	**3309234**
石家庄市（包含辛集市）	7705	7464	78624	81322	605800	606986
石家庄市（不含辛集市）	6956	6699	77100	80019	536310	536050
辛集市	749	765	92777	92727	69490	70936
唐 山 市	8196	8460	71822	72644	588655	614565
秦皇岛市	1809	1610	45971	43410	83162	69890
邯 郸 市	6107	6776	68362	64617	417486	437843
邢 台 市	4301	4002	65128	70782	280114	283270
保 定 市（包含定州市）	7605	7609	56581	58986	430295	448821
保 定 市（不含定州市）	6409	6528	54380	57002	348520	372111
定州市	1196	1081	68374	70962	81775	76710
张家口市	3621	3718	45619	44059	165186	163812
承 德 市	2488	2574	33250	34720	82725	89370
沧 州 市	4228	3984	41318	42518	174692	169393
廊 坊 市	3784	3577	58852	58373	222697	208802
衡 水 市	4361	3834	56654	56464	247067	216482

2-2-8续25 各市蔬菜播种面积和产量

单位：公顷、公斤/公顷、吨

名 称	#蒜 头					
	播种面积		播种单产		总 产 量	
	2015年	2016年	2015年	2016年	2015年	2016年
全 省	**32716**	**32308**	**44067**	**44083**	**1441689**	**1424223**
石家庄市（包含辛集市）	3667	3548	80709	75083	295960	266396
石家庄市（不含辛集市）	3530	3409	80560	74714	284378	254699
辛集市	137	139	84540	84151	11582	11697
唐 山 市	985	1133	27690	34033	27275	38559
秦皇岛市	370	416	43416	57688	16064	23998
邯 郸 市	17677	17365	39267	39087	694116	678739
邢 台 市	640	747	38752	41775	24801	31206
保 定 市（包含定州市）	3022	3256	49418	48240	149342	157070
保 定 市（不含定州市）	1992	2135	43620	42106	86891	89897
定州市	1030	1121	60632	59922	62451	67173
张家口市	1333	1261	24406	30345	32533	38265
承 德 市	473	574	23975	26538	11340	15233
沧 州 市	1074	815	32984	31229	35425	25452
廊 坊 市	1688	1549	38952	41844	65751	64816
衡 水 市	1787	1644	49850	51392	89082	84489

2-2-8续26 各市蔬菜播种面积和产量

单位：公顷、公斤/公顷、吨

名 称	9.水 生 菜 类					
	播种面积		播种单产		总 产 量	
	2015年	2016年	2015年	2016年	2015年	2016年
全 省	**1416**	**2169**	**48891**	**51831**	**69229**	**112421**
石家庄市（包含辛集市）	15	15	85733	85933	1286	1289
石家庄市（不含辛集市）	15	15	85733	85933	1286	1289
辛集市						
唐 山 市	69	112	43406	35848	2995	4015
秦皇岛市	105		49610		5209	
邯 郸 市	78	148	57628	43932	4495	6502
邢 台 市	169	191	30071	22073	5082	4216
保 定 市（包含定州市）	180	742	43050	53673	7749	39825
保 定 市（不含定州市）	180	742	43050	53673	7749	39825
定州市						
张家口市						
承 德 市	5		3000		15	
沧 州 市	128	5	10922	37000	1398	185
廊 坊 市	667	956	61469	58984	41000	56389
衡 水 市						

2-2-8续27 各市蔬菜播种面积和产量

单位：公顷、公斤/公顷、吨

名　　称	#莲　　藕					
	播种面积		播种单产		总　产　量	
	2015年	2016年	2015年	2016年	2015年	2016年
全　　省	**1162**	**2099**	**51540**	**52878**	**59890**	**110990**
石家庄市（包含辛集市）	15	15	85733	85933	1286	1289
石家庄市（不含辛集市）	15	15	85733	85933	1286	1289
辛集市						
唐 山 市	67	110	44299	36255	2968	3988
秦皇岛市						
邯 郸 市	75	148	33267	43932	2495	6502
邢 台 市	169	191	30071	22073	5082	4216
保 定 市（包含定州市）	164	723	42951	54011	7044	39050
保 定 市（不含定州市）	164	723	42951	54011	7044	39050
定州市						
张家口市						
承 德 市	5		3000		15	
沧 州 市		5		37000		185
廊 坊 市	667	907	61469	61477	41000	55760
衡 水 市						

2-2-8续28 各市蔬菜播种面积和产量

单位：公顷、公斤/公顷、吨

名　　称	10.其　他　蔬　菜					
	播种面积		播种单产		总　产　量	
	2015年	2016年	2015年	2016年	2015年	2016年
全　　省	**86273**	**89895**	**55617**	**55293**	**4798225**	**4970554**
石家庄市（包含辛集市）	11944	14087	69703	70832	832527	997814
石家庄市（不含辛集市）	11498	11414	68847	69845	791607	797211
辛集市	446	2673	91749	75048	40920	200603
唐 山 市	18471	19384	61254	64490	1131422	1250076
秦皇岛市	1704	2126	57366	53823	97751	114427
邯 郸 市	4947	4579	65347	46910	323272	214799
邢 台 市	6509	6914	42537	40088	276876	277169
保 定 市（包含定州市）	8443	8309	53436	54572	451157	453439
保 定 市（不含定州市）	5988	6314	50048	52857	299685	333739
定州市	2455	1995	61699	60000	151472	119700
张家口市	16285	18118	75129	70251	1223472	1272810
承 德 市	7995	7920	25942	25305	207409	200416
沧 州 市	5120	5018	9488	9163	48581	45981
廊 坊 市	1642	962	46691	45790	76667	44050
衡 水 市	3213	2478	40178	40183	129091	99573

2-2-8续29　各市蔬菜播种面积和产量

单位：吨

名　称	11.食　用　菌							
	合　计		#香　菇(干品)		#黑木耳(干品)		#蘑　菇(鲜品)	
	2015年	2016年	2015年	2016年	2015年	2016年	2015年	2016年
全　省	**1609381**	**1781917**	**65489**	**69439**	**11107**	**11918**	**1511285**	**1639977**
石家庄市（包含辛集市）	185315	194352	871	989	331	340	184111	190023
石家庄市（不含辛集市）	185309	191045	870	889	331	340	184108	189816
辛集市	6	3307	1	100			3	207
唐山市	219571	250967	2425	3094	122	108	217024	245194
秦皇岛市	16327	19085	1604	1644	155	165	14568	17146
邯郸市	222565	239326	4649	4002	256	436	217660	215388
邢台市	130373	146950	580	1116		36	129793	145713
保定市（包含定州市）	150674	169740	7332	9657	8391	8392	131035	135352
保定市（不含定州市）	150674	169740	7332	9657	8391	8392	131035	135352
定州市								
张家口市	20773	22116	1000	1100			19623	20636
承德市	597545	677378	46945	47756	1785	2372	531463	608763
沧州市	25561	26459	2		2	4	25557	26367
廊坊市	7032	6528	81	81	65	65	6836	6379
衡水市	33645	29016					33615	29016

2-2-9　各市瓜果类播种面积和产量

单位：公顷、公斤/公顷、吨

名　称	瓜　果　类　合　计					
	播种面积		播种单产		总　产　量	
	2015年	2016年	2015年	2016年	2015年	2016年
全　省	**114680**	**113598**	**53067**	**54043**	**6085775**	**6139198**
石家庄市（包含辛集市）	9929	9906	54912	52567	545225	520727
石家庄市（不含辛集市）	9878	9854	54973	52620	543021	518516
辛集市	51	52	43216	42519	2204	2211
唐山市	16132	15932	61993	62613	1000067	997543
秦皇岛市	1073	980	40792	41839	43770	41002
邯郸市	7484	8846	46233	46441	346009	410813
邢台市	6512	6331	39258	44065	255646	278976
保定市（包含定州市）	23072	22548	49861	52699	1150399	1188250
保定市（不含定州市）	22783	22220	49867	52676	1136129	1170450
定州市	289	328	49377	54268	14270	17800
张家口市	3794	3680	33219	36531	126032	134435
承德市	730	801	38804	38915	28327	31171
沧州市	15293	14318	52366	54257	800832	776856
廊坊市	13049	13482	55535	55534	724670	748716
衡水市	17612	16774	60459	60255	1064798	1010709

2-2-9续1　各市瓜果类播种面积和产量

单位：公顷、公斤/公顷、吨

名　　称	#西　　瓜					
	播种面积		播种单产		总　产　量	
	2015年	2016年	2015年	2016年	2015年	2016年
全　　省	**77869**	**76496**	**55643**	**57121**	**4332893**	**4369509**
石家庄市（包含辛集市）	7373	7324	57175	57171	421548	418724
石家庄市（不含辛集市）	7351	7303	57161	57153	420187	417385
辛集市	22	21	61864	63762	1361	1339
唐 山 市	6674	6536	62945	63690	420093	416278
秦皇岛市	37	37	94486	99054	3496	3665
邯 郸 市	4816	6113	51772	50749	249336	310226
邢 台 市	5900	5795	40886	45535	241230	263878
保 定 市（包含定州市）	15028	14369	58584	63338	880401	910102
保 定 市（不含定州市）	14801	14124	58646	63361	868021	894907
定州市	227	245	54537	62020	12380	15195
张家口市	2496	2426	36379	41103	90801	99715
承 德 市	176	126	68182	59198	12000	7459
沧 州 市	10036	9091	45316	46453	454791	422307
廊 坊 市	8881	9411	61762	60219	548505	566721
衡 水 市	16452	15268	61433	62250	1010692	950434

2-2-9续2　各市瓜果类播种面积和产量

单位：公顷、公斤/公顷、吨

名　　称	#香　　瓜（甜瓜）					
	播种面积		播种单产		总　产　量	
	2015年	2016年	2015年	2016年	2015年	2016年
全　　省	**22299**	**22045**	**54099**	**55362**	**1206360**	**1220453**
石家庄市（包含辛集市）	1770	1764	41769	41958	73931	74014
石家庄市（不含辛集市）	1761	1753	41833	42054	73668	73720
辛集市	9	11	29222	26727	263	294
唐 山 市	7802	7748	65325	65941	509663	510913
秦皇岛市	203	116	45330	51741	9202	6002
邯 郸 市	630	640	42084	41366	26513	26474
邢 台 市	598	504	23694	27484	14169	13852
保 定 市（包含定州市）	1056	1062	36450	37518	38491	39844
保 定 市（不含定州市）	1038	1039	36562	37655	37951	39124
定州市	18	23	30000	31304	540	720
张家口市	990	904	27286	26846	27013	24269
承 德 市	190	140	28979	31786	5506	4450
沧 州 市	5174	4985	66632	69978	344754	348842
廊 坊 市	2778	2715	40684	41681	113020	113164
衡 水 市	1108	1467	39800	39965	44098	58629

2-2-9续3 各市瓜果类播种面积和产量

单位：公顷、公斤/公顷、吨

名称	#草莓					
	播种面积		播种单产		总产量	
	2015年	2016年	2015年	2016年	2015年	2016年
全省	**12677**	**12934**	**34769**	**34230**	**440771**	**442737**
石家庄市（包含辛集市）	705	636	32522	35376	22928	22499
石家庄市（不含辛集市）	685	616	32625	35586	22348	21921
辛集市	20	20	29000	28900	580	578
唐山市	1641	1502	42269	38911	69364	58445
秦皇岛市	832	827	37345	37890	31071	31335
邯郸市	2005	2037	34384	34429	68940	70131
邢台市	14	25	17643	23840	247	596
保定市（包含定州市）	6988	7080	32933	33023	230139	233800
保定市（不含定州市）	6944	7020	32948	33036	228789	231915
定州市	44	60	30682	31417	1350	1885
张家口市	127	297	61118	30721	7762	9124
承德市	260	425	29938	33661	7784	14306
沧州市	14	24	20500	20000	287	480
廊坊市	48	48	21208	20625	1018	990
衡水市	43	33	28628	31242	1231	1031

2-2-10 各市特种农作物生产

名称	1.花卉种植面积(公顷)		2.鲜切花(万枝)		3.盆栽观赏植物(盆)		4.香料（花椒）	
	2015年	2016年	2015年	2016年	2015年	2016年	2015年	2016年
全省	**17013**	**17967**	**25072**	**27221**	**64581538**	**62952565**	**10726**	**10284**
石家庄市（包含辛集市）	923	914	516	452	7803225	8365780	4286	4195
石家庄市（不含辛集市）	923	914	516	452	7803225	8365780	4286	4195
辛集市								
唐山市	950	789	15150	15053	5676535	6199848	54	9
秦皇岛市	416	336	217	173	6916072	6890000	35	20
邯郸市	1991	2098	232	6102	23833524	23896313	5420	5423
邢台市	250	310	27	17	2434030	2308719	4	1
保定市（包含定州市）	9720	9871	2875	1335	1967718	2067464	310	319
保定市（不含定州市）	1179	1276	2875	1335	1567718	1664464	310	319
定州市	8541	8595			400000	403000		
张家口市	93	175	103	81	251000	258000	7	7
承德市	386	770	2661	751	2022680	1697670	600	300
沧州市	209	414	895	851	3760840	3242470		
廊坊市	2032	2207	2360	2370	9815459	7925731	10	10
衡水市	43	83	36	36	100455	100570		

2-2-11 各市设施农业生产

名称	一、设施蔬菜生产				#芹菜			
	蔬菜种植面积(公顷)		蔬菜产量(吨)		种植面积(公顷)		产量(吨)	
	2015年	2016年	2015年	2016年	2015年	2016年	2015年	2016年
全省	**403735**	**405874**	**27332729**	**27259126**	**22565**	**20649**	**1455702**	**1329078**
石家庄市（包含辛集市）	74909	75083	6031669	6035726	3638	3478	282984	267762
石家庄市（不含辛集市）	67937	68031	5389404	5396605	3509	3355	271363	256681
辛集市	6972	7052	642265	639121	129	123	11621	11081
唐山市	69982	69684	5263538	5292973	5506	4346	366245	307638
秦皇岛市	12338	12430	898843	919382	624	644	43019	49799
邯郸市	55065	49464	3608885	2656185	3781	3368	289680	249930
邢台市	13299	14639	829450	950252	410	436	18732	19568
保定市（包含定州市）	39331	41946	2314394	2823513	1913	2086	93491	101016
保定市（不含定州市）	22547	28816	1291917	1842783	1526	1824	68780	84192
定州市	16784	13130	1022477	980730	387	262	24711	16824
张家口市	11925	13968	841984	883581	1099	933	87628	72141
承德市	9774	11222	593685	683971	512	564	21064	28983
沧州市	41433	40595	2907185	2885088	1784	1656	104009	94849
廊坊市	38464	40922	2323886	2447578	1881	1711	90796	81713
衡水市	37215	35921	1719210	1680877	1417	1427	58054	55679

注：设施包括温室、大棚和中小棚。

2-2-11续1 各市设施农业生产

名称	#油菜				#菠菜			
	种植面积(公顷)		产量(吨)		种植面积(公顷)		产量(吨)	
	2015年	2016年	2015年	2016年	2015年	2016年	2015年	2016年
全省	**7697**	**7570**	**396988**	**381992**	**26980**	**24605**	**1370101**	**1149250**
石家庄市（包含辛集市）	2623	2473	176799	166880	8695	7024	629261	449184
石家庄市（不含辛集市）	2374	2221	164900	154838	8305	6629	597973	417495
辛集市	249	252	11899	12042	390	395	31288	31689
唐山市	754	763	38476	37863	3159	2821	174160	160645
秦皇岛市	252	303	9767	10333	416	421	17224	16701
邯郸市	1166	898	50030	36689	4150	3998	173983	164805
邢台市	63	85	4413	5462	584	558	17482	18521
保定市（包含定州市）	786	995	30241	38937	3110	3003	149415	133045
保定市（不含定州市）	640	761	21246	26823	1645	2123	67440	83368
定州市	146	234	8995	12114	1465	880	81975	49677
张家口市	511	491	32453	29753	436	393	24458	22183
承德市	188	277	6710	9987	603	753	18010	21060
沧州市	345	385	11222	12290	1309	1044	38540	31924
廊坊市	540	454	22185	18231	1040	1038	36074	36375
衡水市	469	446	14692	15567	3478	3552	91494	94807

2-2-11续2 各市设施农业生产

名 称	#黄 瓜				#西 红 柿			
	种植面积(公顷)		产 量(吨)		种植面积(公顷)		产 量(吨)	
	2015年	2016年	2015年	2016年	2015年	2016年	2015年	2016年
全 省	**80849**	**80352**	**6169196**	**6156251**	**69764**	**67004**	**4930522**	**4709726**
石家庄市（包含辛集市）	9120	9345	795826	818591	8874	9209	748444	742103
石家庄市（不含辛集市）	8554	8774	733601	755816	7954	8277	662809	655351
辛集市	566	571	62225	62775	920	932	85635	86752
唐 山 市	12291	12380	1101517	1115656	16511	14876	1325185	1260955
秦皇岛市	3267	3218	343774	348454	2241	2249	184304	189692
邯 郸 市	7835	7629	509190	479731	5026	5035	380503	372388
邢 台 市	2104	2200	120304	125062	4666	4651	280419	280620
保 定 市（包含定州市）	6927	7251	418002	409300	10514	9852	690098	616174
保 定 市（不含定州市）	4661	6007	267430	328791	7477	8354	494770	525029
定州市	2266	1244	150572	80509	3037	1498	195328	91145
张家口市	947	1135	70284	82008	2243	1936	170264	152886
承 德 市	5288	5718	388905	434136	1554	1684	101700	102399
沧 州 市	17009	15797	1543212	1441022	5490	5122	363871	308012
廊 坊 市	8708	9170	555895	602378	5896	6148	384341	408626
衡 水 市	7353	6509	322287	299913	6749	6242	301393	275871

2-2-11续3 各市设施农业生产

名 称	#生 姜				#辣 椒			
	种植面积(公顷)		产 量(吨)		种植面积(公顷)		产 量(吨)	
	2015年	2016年	2015年	2016年	2015年	2016年	2015年	2016年
全 省	**209**	**668**	**15460**	**40938**	**15224**	**14646**	**885880**	**895971**
石家庄市（包含辛集市）					2830	3049	202326	228815
石家庄市（不含辛集市）					2830	2908	202326	219489
辛集市						141		9326
唐 山 市	193	658	14697	40400	4126	4379	281816	299438
秦皇岛市	1		8		198	157	8077	6565
邯 郸 市					1153	1092	68804	64056
邢 台 市					618	533	24666	23769
保 定 市（包含定州市）					1853	1545	99133	79482
保 定 市（不含定州市）					874	913	43447	41473
定州市					979	632	55686	38009
张家口市					1282	1314	73781	85118
承 德 市	4	3	181	153	440	485	12703	14644
沧 州 市	7	7	385	385	719	296	26472	9844
廊 坊 市	4		189		749	663	38433	35508
衡 水 市					1256	1133	49669	48732

2–2–11续4 各市设施农业生产

名称	二、设施瓜果类生产				#草莓			
	瓜果类种植面积（公顷）		瓜果类产量（吨）		种植面积（公顷）		产量（吨）	
	2015年	2016年	2015年	2016年	2015年	2016年	2015年	2016年
全省	**54498**	**54335**	**3259487**	**3191453**	**8059**	**8028**	**247676**	**260484**
石家庄市（包含辛集市）	7220	7023	435184	374253	613	555	20520	20433
石家庄市（不含辛集市）	7195	6994	434304	373381	593	535	19940	19855
辛集市	25	29	880	872	20	20	580	578
唐山市	9934	10193	630911	643616	1210	1218	37567	44043
秦皇岛市	881	851	36286	35115	740	730	28484	28369
邯郸市	1811	1852	87365	89001	683	684	15261	15367
邢台市	706	695	41473	41797	4	12	76	317
保定市（包含定州市）	13502	12270	700759	608624	4493	4380	137386	135286
保定市（不含定州市）	13390	12168	696469	604712	4449	4344	136036	134156
定州市	112	102	4290	3912	44	36	1350	1130
张家口市	89	258	4531	13810	52	92	2811	5193
承德市	320	374	7856	11837	239	328	4900	10807
沧州市	4608	4957	355105	399252	11	11	217	219
廊坊市	4654	4777	257940	261505	11	11	409	363
衡水市	10773	11085	702077	712643	3	7	45	87

2–2–11续5 各市设施农业生产

名称	三、花卉苗木				四、食用菌			
	种植面积(公顷)		产量(万只)		种植面积(公顷)		产量(吨)	
	2015年	2016年	2015年	2016年	2015年	2016年	2015年	2016年
全省	**1924**	**2074**	**15668**	**13459**	**12822**	**13669**	**1521799**	**1691548**
石家庄市（包含辛集市）	106	118	245	230	714	708	166049	173371
石家庄市（不含辛集市）	106	118	245	230	704	692	166043	170064
辛集市					10	16	6	3307
唐山市	297	293	9929	9579	929	899	219111	250859
秦皇岛市	106	60	180	353	228	194	14317	19002
邯郸市	30	30	30	16	1908	2713	208255	213211
邢台市	62	60	27	8	1506	1379	127397	140848
保定市（包含定州市）	84	69	868	451	2054	2405	127421	157138
保定市（不含定州市）	81	69	868	451	2054	2405	127421	157138
定州市	3							
张家口市		2		3	41	37	13801	14062
承德市	117	41	2323	511	4982	4918	596285	675880
沧州市	24	25	131	140	188	167	23879	23316
廊坊市	1098	1375	1935	2168	65	71	5095	4973
衡水市		1			207	178	20189	18888

2-2-11续6 各市设施农业生产

名称	1.干品产量（吨）		2.鲜干品产量（吨）		#蘑菇（鲜品）		五、其他作物(公顷)	
	2015年	2016年	2015年	2016年	2015年	2016年	2015年	2016年
全省	**90382**	**94928**	**1431417**	**1596620**	**1350650**	**1547378**	**4528**	**10899**
石家庄市（包含辛集市）	854	1165	165195	172206	165193	168303	638	1
石家庄市（不含辛集市）	853	1065	165190	168999	165190	168096	638	1
辛集市	1	100	5	3207	3	207		
唐山市	2436	3380	216675	247479	171749	244863	1998	2090
秦皇岛市	1759	1800	12558	17202	12558	17072	1094	7761
邯郸市	4520	4197	203735	209014	200906	188890	378	470
邢台市	580	1152	126817	139696	124452	137116	49	140
保定市（包含定州市）	15263	15438	112158	141700	83943	125366	242	251
保定市（不含定州市）	15263	15438	112158	141700	83943	125366	242	194
定州市								57
张家口市			13801	14062	13571	12875	16	77
承德市	64961	67787	531324	608093	531324	607923	1	
沧州市			23879	23316	22229	21728	7	4
廊坊市	9	9	5086	4964	4536	4354	57	57
衡水市			20189	18888	20189	18888	48	48

2-2-11续7 各市设施农业生产

名称	附记：					
	设施数量（个）		设施占地面积（公顷）		设施使用面积（公顷）	
	2015年	2016年	2015年	2016年	2015年	2016年
全省	**2689314**	**2587196**	**266046**	**304568**	**221229**	**255865**
石家庄市（包含辛集市）	248223	244368	36272	32818	32892	30677
石家庄市（不含辛集市）	221355	219122	34013	30580	30908	28697
辛集市	26868	25246	2259	2238	1984	1980
唐山市	527978	526030	43457	43283	35021	35117
秦皇岛市	103235	94105	8622	8393	7745	6974
邯郸市	666236	534401	30523	32593	24972	28653
邢台市	83348	83229	10068	9979	7059	7469
保定市（包含定州市）	203883	210728	25843	24623	22206	21167
保定市（不含定州市）	180264	182590	20350	21245	17300	18409
定州市	23619	28138	5493	3378	4906	2758
张家口市	85482	123521	26863	25960	20732	18531
承德市	98723	105124	10930	12446	7932	9361
沧州市	115585	102139	21355	61723	18338	53131
廊坊市	195224	213603	23194	23943	18687	19576
衡水市	361397	349948	28919	28807	25645	25209

2-2-12 各市水果及食用坚果生产

单位：吨

名称	一、园林水果产量		1.苹果		#红富士苹果		#国光苹果	
	2015年	2016年	2015年	2016年	2015年	2016年	2015年	2016年
全省	**15086122**	**15245885**	**3665784**	**3655841**	**2116471**	**2187073**	**389440**	**390086**
石家庄市（包含辛集市）	2801287	2801993	375896	347294	290479	265947	7450	7187
石家庄市（不含辛集市）	2288287	2286945	247176	246074	181392	181387	7450	7187
辛集市	513000	515048	128720	101220	109087	84560		
唐山市	1593291	1579297	519653	497402	245796	340821	42902	36592
秦皇岛市	883458	872870	398734	404257	326180	331801	16344	15852
邯郸市	885117	918033	203321	253075	86685	87359	16930	15216
邢台市	1371687	1235253	300839	280233	222917	208162	14552	11720
保定市（包含定州市）	1748232	1930660	190773	203332	85761	97268	1719	1536
保定市（不含定州市）	1599382	1781907	165103	177732	85761	97268	1719	1536
定州市	148850	148753	25670	25600				
张家口市	721124	746166	98262	99992	20103	20232	26728	29187
承德市	1239947	1288471	705176	729770	173082	188685	242678	256164
沧州市	1534498	1517613	153231	150132	121780	119503	8875	8585
廊坊市	715519	691457	156933	127702	107556	94310	4413	3207
衡水市	1591962	1664072	562966	562652	436132	432985	6849	4840

2-2-12续1 各市水果及食用坚果生产

单位：吨

名称	一、园林水果产量(续1)							
	2.梨		#雪花梨		#鸭梨		3.桃	
	2015年	2016年	2015年	2016年	2015年	2016年	2015年	2016年
全省	**5059899**	**4992313**	**918931**	**833059**	**1793798**	**1758402**	**1931515**	**2020728**
石家庄市（包含辛集市）	1821255	1834330	441381	418634	587755	572266	104432	111841
石家庄市（不含辛集市）	1503315	1497266	441381	418634	509075	493006	59409	66689
辛集市	317940	337064			78680	79260	45023	45152
唐山市	231079	241662	27843	55896	11566	23482	510702	508970
秦皇岛市	110284	112556	3386	5660	1798	962	157251	161582
邯郸市	326858	322831	31995	32162	163815	161363	152260	160393
邢台市	527690	412362	269515	151472	89380	49803	51095	54050
保定市（包含定州市）	279389	287345	9745	31001	87000	74526	499801	544379
保定市（不含定州市）	180209	188178	9745	31001	87000	74526	483001	527579
定州市	99180	99167					16800	16800
张家口市	33709	33745	2646	7350	14721	22196	16292	16785
承德市	174630	181181	10212	11405	4521	4620	16585	17588
沧州市	644096	634827	30391	29935	417334	412981	37722	43026
廊坊市	220675	219935	56468	53519	53732	49667	143236	138173
衡水市	690234	711539	35349	36025	362176	386536	242139	263941

2-2-12续2　各市水果及食用坚果生产

单位：吨

名　　称	一、园林水果产量(续2)					
	4.猕猴桃		5.葡萄		6.红枣	
	2015年	2016年	2015年	2016年	2015年	2016年
全　省	**1740**	**1570**	**1659871**	**1707421**	**1385688**	**1388360**
石家庄市（包含辛集市）	1670	1500	141339	154025	282462	276517
石家庄市（不含辛集市）	1670	1500	133042	135405	280595	274645
辛集市			8297	18620	1867	1872
唐山市			211847	214901	9665	10150
秦皇岛市			171591	148891	1012	1026
邯郸市			138336	126011	11603	10490
邢台市			167243	162804	139531	137058
保定市（包含定州市）	70	70	106805	121104	191370	217856
保定市（不含定州市）	70	70	100585	114898	191315	217801
定州市			6220	6206	55	55
张家口市			497674	512916	14746	14804
承德市			3114	3984	5798	6686
沧州市			28322	29789	667979	651739
廊坊市			124483	134144	48315	48375
衡水市			69117	98852	13207	13659

2-2-12续3　各市水果及食用坚果生产

单位：吨

名　　称	一、园林水果产量(续3)					
	7.柿子		8.杏		9.红果	
	2015年	2016年	2015年	2016年	2015年	2016年
全　省	**522629**	**583604**	**289005**	**309835**	**366434**	**376698**
石家庄市（包含辛集市）	27515	29749	16858	21754	2244	2186
石家庄市（不含辛集市）	25239	27490	9684	14594	2244	2186
辛集市	2276	2259	7174	7160		
唐山市	48939	41949	19408	20874	18455	18807
秦皇岛市	617	528	6105	6223	8928	9649
邯郸市	27150	21014	10966	11038	160	165
邢台市	34962	31081	100493	101511	49103	51038
保定市（包含定州市）	364880	439404	71148	77858	3383	3959
保定市（不含定州市）	364380	438904	70892	77602	3383	3800
定州市	500	500	256	256		159
张家口市			19353	25223	1344	1800
承德市	14014	14590	18819	19690	281034	287490
沧州市	758	724	2000	2319	69	33
廊坊市	3471	3555	11589	12386	310	474
衡水市	323	1010	12266	10959	1404	1097

2-2-12续4　各市水果及食用坚果生产

单位:吨

名　称	一、园林水果产量(续4)		二、食用坚果产量			
	10.其　他		合　计		#核　桃	
	2015年	2016年	2015年	2016年	2015年	2016年
全　省	**203557**	**209515**	**543683**	**584878**	**173363**	**185625**
石家庄市（包含辛集市）	27616	22797	58982	63655	52302	56405
石家庄市（不含辛集市）	25913	21096	58982	63645	52302	56395
辛集市	1703	1701		10		10
唐 山 市	23543	24582	107328	113343	19336	21014
秦皇岛市	28936	28158	43956	49570	5121	5691
邯 郸 市	14463	13016	41125	39544	37825	37194
邢 台 市	731	5116	49033	52128	27859	28124
保 定 市（包含定州市）	40613	35353	25393	30574	17302	22269
保 定 市（不含定州市）	40444	35343	23183	28374	15092	20069
定州市	169	10	2210	2200	2210	2200
张家口市	39744	40901	22700	26971	867	867
承 德 市	20777	27492	194271	208418	12077	13391
沧 州 市	321	5024	2	115	2	115
廊 坊 市	6507	6713	127	141	122	136
衡 水 市	306	363	766	419	550	419

2-2-12续5　各市水果及食用坚果生产

单位:吨

名　称	二、食用坚果产量(续1)					
	#板　栗		#松　子		#杏　扁	
	2015年	2016年	2015年	2016年	2015年	2016年
全　省	**327482**	**351423**	**3**		**30263**	**33265**
石家庄市（包含辛集市）	6680	7250				
石家庄市（不含辛集市）	6680	7250				
辛集市						
唐 山 市	87489	91638				
秦皇岛市	38627	43669	3		104	110
邯 郸 市	2700	1850				
邢 台 市	20345	23220			14	14
保 定 市（包含定州市）	1571	1771			5115	5024
保 定 市（不含定州市）	1571	1771			5115	5024
定州市						
张家口市	2				21290	24674
承 德 市	170063	182020			3740	3443
沧 州 市						
廊 坊 市	5	5				
衡 水 市						

2-2-12续6 各市水果及食用坚果生产

单位:公顷

名称	三、年末果园面积					
	合计		#苹果园		#梨园	
	2015年	2016年	2015年	2016年	2015年	2016年
全省	**1094234**	**1090140**	**242646**	**241773**	**203302**	**198028**
石家庄市（包含辛集市）	167469	170375	17081	16849	50128	51244
石家庄市（不含辛集市）	146606	149516	11331	12313	38145	38528
辛集市	20863	20859	5750	4536	11983	12716
唐山市	71420	68375	24750	22578	11492	11131
秦皇岛市	46597	48240	22728	23876	7288	7498
邯郸市	47615	44484	11180	10813	13245	13107
邢台市	84672	80041	21839	21064	21954	17552
保定市（包含定州市）	135001	137892	10560	11487	8434	8327
保定市（不含定州市）	130601	133526	9867	10800	5714	5620
定州市	4400	4366	693	687	2720	2707
张家口市	119509	124508	28763	28944	2955	3211
承德市	118023	123009	49187	51716	19342	20225
沧州市	164398	155338	13094	12549	30206	28046
廊坊市	65165	65087	11225	10761	16573	16469
衡水市	74365	72791	32239	31136	21685	21218

2-2-12续7 各市水果及食用坚果生产

单位:公顷

名称	三、年末果园面积(续1)					
	#桃园		#猕猴桃园		#葡萄园	
	2015年	2016年	2015年	2016年	2015年	2016年
全省	**88279**	**87457**	**102**	**104**	**86491**	**88266**
石家庄市（包含辛集市）	4779	5029	100	100	5086	5567
石家庄市（不含辛集市）	2783	3055	100	100	4720	4720
辛集市	1996	1974			366	847
唐山市	16642	15791		2	7463	7480
秦皇岛市	6053	6693			5018	4613
邯郸市	8841	7206			4516	4690
邢台市	2614	2682			9092	9153
保定市（包含定州市）	19671	20400	2	2	5503	6144
保定市（不含定州市）	19111	19840	2	2	5170	5831
定州市	560	560			333	313
张家口市	2231	2023			34011	34091
承德市	1265	1384			835	891
沧州市	3406	3353			2199	2148
廊坊市	10877	11290			8374	8359
衡水市	11900	11606			4394	5036

2-2-13 各市林业生产

单位：公顷

名称	一.人工造林面积		二.飞播造林面积		三.新封山（沙）育林面积	
	2015年	2016年	2015年	2016年	2015年	2016年
全省	**284083**	**345625**		**33333**	**58840**	**135107**
石家庄市（包含辛集市）	39449	50124			8334	82405
石家庄市（不含辛集市）	39262	49655			8334	82405
辛集市	187	469				
唐山市	19058	16553			6201	5867
秦皇岛市	8840	16459			4053	4832
邯郸市	20145	25067		33333	5883	12268
邢台市	13944	25695			4700	1066
保定市（包含定州市）	36994	37346			14669	14335
保定市（不含定州市）	34861	35946			14669	14335
定州市	2133	1400				
张家口市	43098	81075			4666	5333
承德市	44029	46736			10001	8668
沧州市	15175	8495				
廊坊市	31945	20196			333	333
衡水市	11406	17879				

2-2-13续1 各市林业生产

单位：公顷

名称	四.退化林修复面积		五.人工更新面积		六.森林抚育面积	
	2015年	2016年	2015年	2016年	2015年	2016年
全省	**1169**	**65653**	**5262**	**3643**	**444487**	**408379**
石家庄市（包含辛集市）			60	129	111287	114346
石家庄市（不含辛集市）			60	129	110723	113674
辛集市					564	672
唐山市			2482	1248	13731	21613
秦皇岛市		598	10		7981	9541
邯郸市					53252	20569
邢台市		200			26945	29535
保定市（包含定州市）	1080	467	121	90	33924	31047
保定市（不含定州市）	1080	467	121	90	27424	24547
定州市					6500	6500
张家口市		64379			37936	30333
承德市	30	9	2227	1932	56596	48461
沧州市					7342	9528
廊坊市					49860	45274
衡水市	59		362	244	45633	48132

2–2–13续2 各市林业生产

名　　称	七.四旁（零星）植树（万株）		八.年末实有封山（沙）育林面积		九、林木种子采集量（吨）		十、当年苗木产量（万株）	
	2015年	2016年	2015年	2016年	2015年	2016年	2015年	2016年
全　　省	**10786**	**10430**	**892071**	**937199**	**3268**	**2722**	**383621**	**399678**
石家庄市（包含辛集市）	1779	1618	66124	133587	1624	1813	12841	16458
石家庄市（不含辛集市）	1699	1553	66124	133587	1624	1813	12461	16084
辛集市	80	65					380	374
唐 山 市	1029	1308	25080	25200			15792	8309
秦皇岛市	751	619	38328	32035	35	13	34528	25600
邯 郸 市	1329	1121	10750	15223	53	83	13877	12496
邢 台 市	1259	1219	22365	15099	65	56	10141	11027
保 定 市（包含定州市）	1628	1437	53269	45335			151162	135674
保 定 市（不含定州市）	1508	1309	53269	45335			68662	61974
定州市	120	128					82500	73700
张家口市	1071	1156	350030	337928	65	70	48376	64456
承 德 市	795	835	324058	330725	1426	687	78513	106243
沧 州 市	555	350					5310	6825
廊 坊 市	490	663	2067	2067			9733	9277
衡 水 市	100	104					3349	3313

2–2–13续3 各市林业生产

名　　称	十一、育苗面积（公顷）		#本年新增育苗面积		十二、商品材（立方米）		#村及村以下各级组织和农民个人生产的木材	
	2015年	2016年	2015年	2016年	2015年	2016年	2015年	2016年
全　　省	**92464**	**93179**	**28861**	**25008**	**804492**	**822954**	**482851**	**546105**
石家庄市（包含辛集市）	5929	6118	2152	1775	32484	30218	32484	30218
石家庄市（不含辛集市）	5500	5631	2064	1697	30764	28798	30764	28798
辛集市	429	487	88	78	1720	1420	1720	1420
唐 山 市	5161	4481	1499	1332	94388	126063	90708	122652
秦皇岛市	2512	2621	1334	1468	14177	16520	11913	16189
邯 郸 市	5121	4306	2501	1597	17005	17936	16760	16467
邢 台 市	4513	4988	1824	1767	25282	33972	24202	33047
保 定 市（包含定州市）	35721	34387	10019	10424	45459	47325	44081	42039
保 定 市（不含定州市）	24716	22614	4204	4274	42859	42225	41481	42039
定州市	11005	11773	5815	6150	2600	5100	2600	
张家口市	6231	6981	1170	423	94751	48697	70243	43826
承 德 市	5600	7403	2073	1550	395396	382723	107106	122990
沧 州 市	5790	6335	1587	1169	13272	20030	13106	20007
廊 坊 市	9582	9770	3330	2410	33369	40584	33369	40584
衡 水 市	6304	5789	1372	1093	38909	58886	38879	58086

2-2-14 各市林业重点工程完成情况

单位：公顷

名 称	林业重点工程完成情况合计		1.退耕还林工程		2.京津风沙源治理工程		3.三北及长江流域防护林建设工程合计	
	2015年	2016年	2015年	2016年	2015年	2016年	2015年	2016年
全 省	**129733**	**126473**	**16394**	**20317**	**41133**	**42069**	**72206**	**64087**
石家庄市（包含辛集市）	6585	7480					6585	7480
石家庄市（不含辛集市）	6518	7413					6518	7413
辛集市	67	67					67	67
唐 山 市	11668	13068					11668	13068
秦皇岛市	9202	11180					9202	11180
邯 郸 市	3935	2680					3935	2680
邢 台 市	4333	2399					4333	2399
保 定 市（包含定州市）	18028	15635					18028	15635
保 定 市（不含定州市）	17402	15635					17402	15635
定州市	626						626	
张家口市	25598	28220	8266	9287	17332	18933		
承 德 市	31929	34166	8128	11030	23801	23136		
沧 州 市	11722	4444					11722	4444
廊 坊 市	6600	7201					6600	7201
衡 水 市	133						133	

2-2-14续 各市林业重点工程完成情况

单位：公顷

名 称	3.三北及长江流域防护林建设工程(续)							
	(1)三北防护林五期工程		(2)太行山绿化工程		(3)沿海防护林三期工程		(4)平原绿化	
	2015年	2016年	2015年	2016年	2015年	2016年	2015年	2016年
全 省	**39083**	**37650**	**14866**	**14613**	**18257**	**11824**		
石家庄市（包含辛集市）	2654	680	3931	6800				
石家庄市（不含辛集市）	2587	613	3931	6800				
辛集市	67	67						
唐 山 市	8001	10534			3667	2534		
秦皇岛市	4668	5001			4534	6179		
邯 郸 市			3935	2680				
邢 台 市			4333	2399				
保 定 市（包含定州市）	15361	12901	2667	2734				
保 定 市（不含定州市）	14735	12901	2667	2734				
定州市	626							
张家口市								
承 德 市								
沧 州 市	1666	1333			10056	3111		
廊 坊 市	6600	7201						
衡 水 市	133							

2-2-15 各市牲畜出栏

单位：百头

名称	一、大牲畜		1.牛		2.马		3.驴	
	2015年	2016年	2015年	2016年	2015年	2016年	2015年	2016年
全省	**37383**	**37966**	**32542**	**33193**	**1002**	**965**	**2896**	**2928**
石家庄市（包含辛集市）	6274	6256	5705	5731	102	87	394	374
石家庄市（不含辛集市）	6058	6068	5570	5596	77	73	338	336
辛集市	216	187	135	135	25	14	56	38
唐山市	5438	5799	4946	5350	59	48	357	337
秦皇岛市	1983	1890	1880	1785	4	4	93	94
邯郸市	3517	3487	2908	2934	148	130	273	260
邢台市	2260	2335	2074	2151	25	24	141	141
保定市（包含定州市）	3269	3503	2995	3224	30	36	235	232
保定市（不含定州市）	2554	2756	2297	2505	20	22	228	219
定州市	715	747	698	720	10	14	6	13
张家口市	4393	4803	3362	3585	170	235	579	692
承德市	5873	6175	5364	5662	242	242	142	144
沧州市	5023	4991	4609	4653	116	84	200	163
廊坊市	4300	3433	3867	3198	60	32	322	175
衡水市	3126	2885	2903	2679	45	44	161	146

注：猪、牛、羊、禽全省总数为畜禽监测数，分市为上报数，各市之和不等于总数(下同)。

2-2-15续1 各市牲畜出栏

单位：百头、百只

名称	4.骡		二、猪		三、羊	
	2015年	2016年	2015年	2016年	2015年	2016年
全省	**942**	**879**	**355109**	**343390**	**225502**	**230377**
石家庄市（包含辛集市）	73	63	60863	60807	16388	15973
石家庄市（不含辛集市）	73	63	53629	53443	14797	14381
辛集市		0	7234	7364	1591	1592
唐山市	76	65	65924	67622	11851	12671
秦皇岛市	6	8	26993	27282	21402	22098
邯郸市	187	162	54216	54196	39704	38737
邢台市	20	19	26490	25880	12394	12274
保定市（包含定州市）	9	10	64884	66092	29721	29371
保定市（不含定州市）	9	10	53784	54659	26551	26105
定州市		0	11100	11433	3170	3266
张家口市	282	292	27274	26864	35453	37709
承德市	125	127	24370	24585	14317	14133
沧州市	97	91	27369	27813	24001	24032
廊坊市	50	28	22441	20268	22403	18505
衡水市	16	16	32545	32050	16684	16388

2-2-15续2 各市牲畜出栏

单位：百只

名　称	1.山羊		2.绵羊		四、活家禽		五、家兔	
	2015年	2016年	2015年	2016年	2015年	2016年	2015年	2016年
全　省	**73081**	**74908**	**152421**	**155469**	**5843496**	**6077236**	**322720**	**317556**
石家庄市（包含辛集市）	5220	4828	11168	11145	1615395	1563260	47995	38812
石家庄市（不含辛集市）	4850	4456	9947	9925	1421125	1400078	43099	33917
辛集市	370	372	1221	1220	194270	163183	4896	4895
唐 山 市	5069	5408	6782	7263	675494	736785	28783	27487
秦皇岛市	7021	7974	14381	14124	388366	436202	10540	7839
邯 郸 市	24552	23782	15152	14955	1038587	1065130	137535	115075
邢 台 市	6216	6043	6177	6230	530473	656833	16909	11026
保 定 市（包含定州市）	9427	8662	20294	20709	577417	602723	10977	10556
保 定 市（不含定州市）	9107	8332	17444	17773	485424	507314	8980	9742
定州市	320	330	2850	2936	91993	95409	1997	814
张家口市	3045	2622	32408	35087	323269	342641	26648	24634
承 德 市	7727	7268	6590	6865	966419	1008771	6408	5720
沧 州 市	10664	11062	13337	12970	1039896	1075826	3393	2522
廊 坊 市	5287	4263	17116	14242	330508	316684	694	425
衡 水 市	9347	9186	7337	7202	480790	491783	13874	12046

2-2-16 各市牲畜存栏

单位：百头

名　称	一、大牲畜		(一) 牛		1.肉牛(包括役用牛)		2.奶牛	
	2015年	2016年	2015年	2016年	2015年	2016年	2015年	2016年
全　省	**49320**	**46767**	**41248**	**39598**	**16686**	**16936**	**19630**	**18060**
石家庄市（包含辛集市）	8291	7676	7797	7193	3805	3541	3920	3594
石家庄市（不含辛集市）	7843	7246	7414	6809	3624	3360	3718	3392
辛集市	448	430	383	384	181	182	202	202
唐 山 市	8987	8242	8045	7358	2901	3163	4601	4002
秦皇岛市	2415	1929	2148	1700	1403	1176	521	384
邯 郸 市	4871	4572	3949	3731	2932	2822	808	711
邢 台 市	3076	2716	2841	2599	1790	1652	1043	940
保 定 市（包含定州市）	5359	4946	4636	4407	1771	1716	2840	2688
保 定 市（不含定州市）	4535	4236	3833	3723	1669	1615	2139	2105
定州市	824	710	803	684	102	101	701	583
张家口市	8164	7940	6232	5963	1855	1604	4276	4281
承 德 市	9096	9346	7867	8121	6618	6882	633	624
沧 州 市	5029	3380	4683	3145	3964	2570	422	410
廊 坊 市	3690	2696	3115	2404	2238	1638	817	724
衡 水 市	4276	3907	3869	3557	3159	2872	711	684

2-2-16续1　各市牲畜存栏

单位：百头

名　　称	（二）马		（三）驴		（四）骡	
	2015年	2016年	2015年	2016年	2015年	2016年
全　　省	**1597**	**1511**	**4734**	**4088**	**1737**	**1571**
石家庄市（包含辛集市）	89	89	342	344	63	50
石家庄市（不含辛集市）	77	80	289	307	63	50
辛集市	12	9	53	37	0	
唐 山 市	95	84	725	685	118	113
秦皇岛市	18	19	216	185	34	24
邯 郸 市	179	154	476	437	267	250
邢 台 市	30	13	179	90	26	14
保 定 市（包含定州市）	56	61	638	451	29	26
保 定 市（不含定州市）	49	52	624	434	29	26
定州市	8	9	14	17	0	0
张家口市	293	334	925	970	715	673
承 德 市	588	586	330	331	311	309
沧 州 市	71	43	207	146	67	46
廊 坊 市	91	46	403	205	81	42
衡 水 市	89	82	293	245	25	23

2-2-16续2　各市牲畜存栏

单位：百头、百只

名　　称	二、猪存栏		#能繁母猪		三、羊存栏		1.山羊存栏	
	2015年	2016年	2015年	2016年	2015年	2016年	2015年	2016年
全　　省	**186565**	**181901**	**18547**	**17527**	**145009**	**138629**	**47578**	**47034**
石家庄市（包含辛集市）	35660	34762	3978	3748	12379	11805	4100	3890
石家庄市（不含辛集市）	31620	30702	3522	3292	10797	10222	3723	3514
辛集市	4040	4060	456	456	1582	1583	377	377
唐 山 市	41947	42282	4779	4807	9058	9762	3646	3747
秦皇岛市	14749	13773	1802	1573	11490	11594	4823	4882
邯 郸 市	34221	33547	3673	3579	34072	32112	20623	19498
邢 台 市	17920	17439	2418	2275	10135	10119	5306	5167
保 定 市（包含定州市）	40225	40036	4976	4787	21704	21856	6429	5828
保 定 市（不含定州市）	34319	34279	4273	4107	19550	19816	6230	5640
定州市	5906	5757	703	680	2154	2040	199	188
张家口市	14998	15547	1777	1616	22604	22300	1856	1726
承 德 市	16190	16394	1685	1650	10440	11255	5501	5637
沧 州 市	18067	17574	2141	1963	17425	15474	7813	6886
廊 坊 市	11991	10384	1150	1014	15328	13086	3552	2797
衡 水 市	22773	20665	2704	2466	12956	12537	7367	6956

2-2-16续3 各市牲畜存栏

单位：百只

名 称	2.绵羊存栏		四、活家禽存栏		五、家兔存栏	
	2015年	2016年	2015年	2016年	2015年	2016年
全 省	**97431**	**91595**	**3780468**	**3856077**	**130473**	**104897**
石家庄市（包含辛集市）	8279	7914	1216928	1191074	25332	18852
石家庄市（不含辛集市）	7075	6708	1038998	1013008	23482	17003
辛集市	1204	1206	177930	178065	1850	1849
唐 山 市	5412	6015	390051	404751	8019	7205
秦皇岛市	6667	6713	170433	178420	2915	2034
邯 郸 市	13449	12614	1016274	966403	54700	45650
邢 台 市	4829	4952	522995	489897	10188	4467
保 定 市（包含定州市）	15275	16028	458787	430134	7339	7083
保 定 市（不含定州市）	13320	14176	377055	365524	6959	6870
定州市	1955	1852	81732	64610	381	213
张家口市	20748	20574	214290	232348	8959	8487
承 德 市	4939	5617	286194	286265	1829	1743
沧 州 市	9611	8588	499301	462460	2063	1584
廊 坊 市	11776	10289	213124	200739	437	40
衡 水 市	5589	5581	371891	346931	8692	7752

2-2-17 各市肉类产量

单位：吨

名 称	肉类总产量		1. 牛 肉		2.马 肉	
	2015年	2016年	2015年	2016年	2015年	2016年
全 省	**4624516**	**4576714**	**531907**	**542545**	**11767**	**11307**
石家庄市（包含辛集市）	784133	774695	90253	89008	1239	1060
石家庄市（不含辛集市）	696846	688048	88093	86800	914	883
辛集市	87287	86647	2160	2208	325	177
唐 山 市	741125	758095	79606	84414	672	531
秦皇岛市	354241	361227	29739	28391	40	42
邯 郸 市	705230	702952	45808	46054	1745	1496
邢 台 市	336301	345712	32829	33156	319	289
保 定 市（包含定州市）	677337	685567	47451	49177	361	401
保 定 市（不含定州市）	564021	569147	36579	38136	228	229
定州市	113316	116420	10872	11041	133	172
张家口市	389656	387831	51820	54715	1994	2719
承 德 市	450982	457123	85988	89336	2895	2907
沧 州 市	490986	505856	71864	72536	1296	997
廊 坊 市	313090	275579	61313	49908	716	375
衡 水 市	384339	374185	44721	40860	490	490

2-2-17续1 各市肉类产量

单位：吨

名　称	肉类总产量(续1)					
	3.驴　肉		4.骡　肉		5.猪　肉	
	2015年	2016年	2015年	2016年	2015年	2016年
全　省	**24844**	**25142**	**11145**	**10355**	**2750312**	**2654051**
石家庄市（包含辛集市）	3305	3208	759	664	460153	456771
石家庄市（不含辛集市）	2801	2866	759	664	405175	399523
辛集市	504	342			54978	57248
唐山市	3074	2881	870	723	507108	515622
秦皇岛市	844	835	84	90	209895	206547
邯郸市	2423	2300	2248	1953	402683	406362
邢台市	1220	1250	248	240	198954	192261
保定市（包含定州市）	2114	1962	111	98	491066	496757
保定市（不含定州市）	2062	1887	111	98	408538	411752
定州市	52	75			82528	85005
张家口市	4850	5803	3344	3462	214779	201936
承德市	1242	1267	1509	1521	186458	184787
沧州市	1755	1416	1192	1091	207826	210732
廊坊市	2778	1492	590	326	168678	151986
衡水市	1239	1122	190	187	244327	238556

2-2-17续2 各市肉类产量

单位：吨

名　称	肉类总产量(续2)					
	6.羊　肉		(1)山羊肉		(2)绵羊肉	
	2015年	2016年	2015年	2016年	2015年	2016年
全　省	**316726**	**323656**	**119132**	**122110**	**197594**	**201546**
石家庄市（包含辛集市）	22543	22124	6547	6002	15996	16122
石家庄市（不含辛集市）	20228	19766	6066	5550	14162	14216
辛集市	2315	2358	481	452	1834	1906
唐山市	16836	17942	6620	6898	10216	11044
秦皇岛市	30041	30870	8397	9432	21644	21439
邯郸市	52535	51427	31534	29736	21001	21691
邢台市	17026	16578	8157	7706	8869	8872
保定市（包含定州市）	41334	40991	9677	10148	31657	30843
保定市（不含定州市）	37045	36573	9314	9775	27731	26798
定州市	4289	4418	363	373	3926	4045
张家口市	50962	53472	3795	3133	47167	50339
承德市	19818	19326	9748	9037	10070	10289
沧州市	33688	33558	13919	14073	19769	19486
廊坊市	30600	25154	6515	5122	24085	20032
衡水市	22011	21596	11291	11027	10720	10570

2-2-17续3 各市肉类产量

单位：吨

名　称	肉类总产量(续3)					
	7.禽　肉		8.兔　肉		9.其他肉	
	2015年	2016年	2015年	2016年	2015年	2016年
全　省	**870100**	904904	**54451**	53743	**53247**	51011
石家庄市（包含辛集市）	197442	194935	7736	6288	703	638
石家庄市（不含辛集市）	171416	171600	6757	5309	703	638
辛集市	26026	23335	979	979		
唐 山 市	127205	130704	5035	4721	702	557
秦皇岛市	56818	67952	1287	1236	25493	25265
邯 郸 市	158094	159081	23316	18150	16378	16129
邢 台 市	82412	99772	2984	1863	309	303
保 定 市（包含定州市）	91918	93469	1712	1683	1270	1029
保 定 市（不含定州市）	76844	77943	1371	1530	1243	999
定州市	15074	15526	341	153	27	30
张家口市	50666	55629	4842	4423	6399	5671
承 德 市	151876	156910	1145	1018	51	52
沧 州 市	172000	184408	505	332	860	786
廊 坊 市	48267	46286	107	29	41	22
衡 水 市	68641	68914	2150	1901	570	559

2-2-18 各市畜产品产量

单位：吨

名　称	一、禽蛋产量		二、奶类产量		#生　牛　奶		三、山羊粗毛产量	
	2015年	2016年	2015年	2016年	2015年	2016年	2015年	2016年
全　省	**3735942**	**3885380**	**4809345**	**4480418**	**4731369**	**4404905**	**3115**	**3088**
石家庄市（包含辛集市）	1094495	1122771	1227900	1172072	1225495	1169363	342	335
石家庄市（不含辛集市）	932805	936804	1164010	1107422	1161605	1104713	342	335
辛集市	161690	185967	63890	64650	63890	64650		
唐 山 市	372419	381033	1823894	1754561	1768971	1700268	260	239
秦皇岛市	116374	112296	105697	104332	99031	98457	378	379
邯 郸 市	1116300	1145866	233799	241803	222784	231195	614	527
邢 台 市	544292	543915	287799	298884	287799	298884	120	109
保 定 市（包含定州市）	461869	478700	834054	807453	834021	807419	542	627
保 定 市（不含定州市）	376376	390642	609504	576166	609471	576132	542	627
定州市	85493	88058	224550	231287	224550	231287		
张家口市	238080	255574	1259791	1333802	1258875	1332826	151	182
承 德 市	115653	118979	148515	153279	148471	153235	423	445
沧 州 市	327447	332512	77775	114110	77775	114110	229	196
廊 坊 市	155434	156539	228680	171290	226706	170316	6	5
衡 水 市	300454	299660	115028	129651	115028	129651	50	44

2-2-18续1 各市畜产品产量

单位：吨

名 称	山羊绒产量		四、绵羊毛产量		#细羊毛		#半细羊毛	
	2015年	2016年	2015年	2016年	2015年	2016年	2015年	2016年
全 省	**946**	**918**	**36308**	**35272**	**6655**	**7094**	**22956**	**22909**
石家庄市（包含辛集市）	24	25	2935	2904	119	140	2450	2394
石家庄市（不含辛集市）	24	25	2582	2549	119	140	2097	2039
辛集市			353	355			353	355
唐 山 市	28	28	1444	1333	217	163	896	862
秦皇岛市	110	108	1983	1697	359	348	1556	1345
邯 郸 市	236	221	3238	3224	753	730	1627	1590
邢 台 市	46	42	1289	1181	57	59	1050	1044
保 定 市（包含定州市）	252	256	4601	4656	397	502	3997	3911
保 定 市（不含定州市）	252	256	4520	4578	397	492	3916	3843
定州市			81	78		10	81	68
张家口市	59	56	11745	12557	2611	3100	8693	9003
承 德 市	131	135	2497	2560	989	996	1076	1102
沧 州 市	37	27	1695	1511	687	627	498	484
廊 坊 市			2625	1576	35	33	62	175
衡 水 市	23	20	2256	2073	431	396	1051	999

2-2-18续2 各市畜产品产量

单位：吨

名 称	五、天然蜂蜜产量		六、蚕茧产量		#桑蚕茧		#柞蚕茧	
	2015年	2016年	2015年	2016年	2015年	2016年	2015年	2016年
全 省	**12882**	**14027**	**1007**	**958**	**252**	**208**	**755**	**750**
石家庄市（包含辛集市）	3116	3384						
石家庄市（不含辛集市）	3116	3380						
辛集市		4						
唐 山 市	302	285						
秦皇岛市	938	938	812	790	57	40	755	750
邯 郸 市	705	645						
邢 台 市	1234	1414	130	108	130	108		
保 定 市（包含定州市）	1798	2440						
保 定 市（不含定州市）	1773	2414						
定州市	25	26						
张家口市	262	267						
承 德 市	4302	4455	65	60	65	60		
沧 州 市	32	35						
廊 坊 市	20	5						
衡 水 市	173	159						

2-2-19 各市畜牧养殖小区情况

单位：个

名 称	养殖小区个数		养猪小区		养鸡小区		#养蛋鸡小区	
	2015年	2016年	2015年	2016年	2015年	2016年	2015年	2016年
全 省	**2504**	**1502**	**254**	**121**	**662**	**544**	**207**	**82**
石家庄市（包含辛集市）	334	284	14	10	21	11	21	11
石家庄市（不含辛集市）	304	257	8	4	14	4	14	4
辛集市	30	27	6	6	7	7	7	7
唐 山 市	137	119	15	14	6	6	4	4
秦皇岛市	42	38	1	1	8	8	1	1
邯 郸 市	107	98	4	1	46	43	6	5
邢 台 市	51	88	3	24	25	42	6	5
保 定 市（包含定州市）	254	177	35	28	40	39	25	24
保 定 市（不含定州市）	176	127	7		18	17	3	2
定州市	78	50	28	28	22	22	22	22
张家口市	114	71			4	6	3	4
承 德 市	1226	461	149	24	407	304	118	15
沧 州 市	101	86	6	6	78	69	4	4
廊 坊 市	18	4						
衡 水 市	120	76	27	13	27	16	19	9

2-2-19续1 各市畜牧养殖小区情况

单位：个

名 称	养牛小区		#养奶牛小区		养羊小区		#养绵羊小区	
	2015年	2016年	2015年	2016年	2015年	2016年	2015年	2016年
全 省	**1198**	**55**	**900**	**690**	**341**	**43**	**292**	**24**
石家庄市（包含辛集市）	298	2	296	260	1	1	1	1
石家庄市（不含辛集市）	282	1	281	248				
辛集市	16	1	15	12	1	1	1	1
唐 山 市	116		116	99				
秦皇岛市	23		23	21	9	8	1	
邯 郸 市	56		56	53	1	1		
邢 台 市	20	1	20	18	3	2	3	2
保 定 市（包含定州市）	179		178	110				
保 定 市（不含定州市）	151		150	110				
定州市	28		28					
张家口市	106		106	61	4	4	4	4
承 德 市	327	50	40	34	317	23	277	13
沧 州 市	10		10	4				
廊 坊 市	18		18	4				
衡 水 市	45	2	37	26	6	4	6	4

2-2-19续2　各市畜牧养殖小区情况

单位：万头、万只

名　　称	猪存栏		活鸡存栏		肉牛存栏	
	2015年	2016年	2015年	2016年	2015年	2016年
全　　省	**90.13**	**70.62**	**4998.14**	**4279.07**	**14.57**	**2.58**
石家庄市（包含辛集市）	24.94	18.16	1642.75	1311.63	1.18	1.20
石家庄市（不含辛集市）	11.65	4.86	641.30	301.00	0.18	0.19
辛集市	13.29	13.30	1001.45	1010.63	1.00	1.01
唐 山 市	7.10	7.37	46.94	42.14		
秦皇岛市	3.86	3.86	115.38	116.59		
邯 郸 市	3.18	2.45	338.51	338.30		
邢 台 市	2.45	6.80	626.00	505.00		0.40
保 定 市（包含定州市）	11.98	8.70	298.02	282.71	0.80	
保 定 市（不含定州市）	7.64	4.35	255.28	240.00	0.80	
定州市	4.34	4.35	42.74	42.71		
张家口市			105.00	110.00		
承 德 市	25.72	18.60	1221.60	1114.80	11.85	0.92
沧 州 市	0.66	0.70	332.60	357.60		
廊 坊 市						
衡 水 市	10.24	3.98	271.34	100.30	0.74	0.06

2-2-19续3　各市畜牧养殖小区情况

单位：万头、万只

名　　称	奶牛存栏		羊存栏		猪出栏	
	2015年	2016年	2015年	2016年	2015年	2016年
全　　省	**90.62**	**61.78**	**58.36**	**40.53**	**148.91**	**127.71**
石家庄市（包含辛集市）	35.38	32.66	2.70	2.80	42.11	32.82
石家庄市（不含辛集市）	33.36	30.64			18.19	8.71
辛集市	2.02	2.02	2.70	2.80	23.92	24.11
唐 山 市	13.71	11.58			11.45	22.50
秦皇岛市	2.37	2.22	17.94	17.66	8.29	8.31
邯 郸 市	4.55	2.04	0.06	0.06	5.21	4.03
邢 台 市	3.63	3.10	2.80	2.25	4.04	11.18
保 定 市（包含定州市）	12.86	0.20	0.42		23.10	10.26
保 定 市（不含定州市）	10.78	0.20	0.42		12.86	
定州市	2.08				10.24	10.26
张家口市	7.24	4.13	3.50	4.00		
承 德 市	5.70	3.35	24.24	10.22	36.18	30.40
沧 州 市	0.23	0.27			1.91	1.13
廊 坊 市	1.30	0.09				
衡 水 市	3.65	2.15	6.70	3.54	16.62	7.08

2–2–19续4 各市畜牧养殖小区情况

单位：万只、万头

名称	活鸡出栏		肉牛出栏		羊出栏	
	2015年	2016年	2015年	2016年	2015年	2016年
全省	**13558.98**	**13114.08**	**20.32**	**3.18**	**109.57**	**68.99**
石家庄市（包含辛集市）	1463.82	1193.00	1.38	1.80	3.29	3.28
石家庄市（不含辛集市）	712.70	435.00	0.32	0.73		
辛集市	751.12	758.00	1.06	1.07	3.29	3.28
唐山市	89.57	85.17				
秦皇岛市	628.80	632.15			40.41	39.66
邯郸市	899.40	808.01			0.09	0.09
邢台市	978.80	948.00		0.08	2.90	4.12
保定市（包含定州市）	569.49	568.72	3.50		0.03	
保定市（不含定州市）	537.70	538.00	3.50		0.03	
定州市	31.79	30.72				
张家口市	87.00	90.00			4.10	4.00
承德市	7150.98	7209.98	15.11	1.17	44.35	10.28
沧州市	1488.90	1507.38				
廊坊市						
衡水市	202.22	71.67	0.33	0.13	14.4	7.56

2–2–19续5 各市畜牧养殖小区情况

单位：吨

名称	肉产量		蛋产量		奶产量	
	2015年	2016年	2015年	2016年	2015年	2016年
全省	**337157**	**261706**	**264825**	**210951**	**2598809**	**2075055**
石家庄市（包含辛集市）	62838	49161	166542	144790	1137220	1022496
石家庄市（不含辛集市）	32820	16889	75410	39280	1073330	957846
辛集市	30018	32272	91132	105510	63890	64650
唐山市	10696	8766	4053	3920	190907	195588
秦皇岛市	11353	21209	925	926	43600	37700
邯郸市	4589	3846	8111	8000	85032	80300
邢台市	659	4997	1	8250	128661	119650
保定市（包含定州市）	25013	11196	22019	21202	459550	281996
保定市（不含定州市）	16432	3040	16814	16000	373854	281996
定州市	8581	8156	5205	5202	85696	
张家口市	1252	1428	2500	3000	201994	152242
承德市	176644	126747	28378	8457	175800	117120
沧州市	32821	30856	1759	1618	8407	8373
廊坊市	302				45133	6198
衡水市	10991	3500	30537	10788	122505	53393

2-2-20 各市特种畜禽饲养存栏情况

单位：头、只

名称	貂		鹿		狐狸	
	2015年	2016年	2015年	2016年	2015年	2016年
全省	**2306200**	**1991648**	**8233**	**6805**	**1999533**	**2152956**
石家庄市（包含辛集市）	304798	216547	475	485	98753	120930
石家庄市（不含辛集市）	302068	213797	245	245	52193	74230
辛集市	2730	2750	230	240	46560	46700
唐山市	578238	544587	550	450	525842	471666
秦皇岛市	203687	191922	1875	643	906716	1096219
邯郸市	8300	8300	310	400	12330	52280
邢台市	5700	5400	70		1910	1760
保定市（包含定州市）	424660	424210	100	50	51015	51441
保定市（不含定州市）	424660	424210	100	50	51015	51441
定州市						
张家口市	2180	110	183	159	12096	10870
承德市	2252	2192	4540	4410	330	3320
沧州市	157335	133030	30	148	343541	317570
廊坊市						
衡水市	619050	465350	100	60	47000	26900

2-2-20续1 各市特种畜禽饲养存栏情况

单位：头、只

名称	貉		肉鸽		雉(山)鸡	
	2015年	2016年	2015年	2016年	2015年	2016年
全省	**5237205**	**5327496**	**1333100**	**1391953**	**39126**	**55928**
石家庄市（包含辛集市）	116402	168057	395870	501750	40	
石家庄市（不含辛集市）	114402	165957	385970	491750	40	
辛集市	2000	2100	9900	10000		
唐山市	2871399	2682738	41568	41190		
秦皇岛市	1652101	2007561	2000	6000	9936	8128
邯郸市	2100	2200	191400	152500	3000	3100
邢台市	720	900	158500	154900	6000	11000
保定市（包含定州市）	146122	146540	80870	81721	15500	30000
保定市（不含定州市）	145980	146540	77180	77980	15500	30000
定州市	142		3690	3741		
张家口市	44000	39470	1800	300		
承德市	6290	5990	7200	7200	1500	600
沧州市	261871	249840	121150	121230	2150	2100
廊坊市			33442	25562		
衡水市	136200	24200	299300	299600	1000	1000

2–2–20续2 各市特种畜禽饲养存栏情况

单位：头、只

名 称	鹌鹑		鸵鸟		獭兔	
	2015年	2016年	2015年	2016年	2015年	2016年
全 省	**6095979**	**4914322**	**17539**	**12780**	**3479443**	**3351879**
石家庄市（包含辛集市）	1388100	1417500	14964	10025	33090	30300
石家庄市（不含辛集市）	1388100	1417500	14964	10025	23590	20500
辛集市					9500	9800
唐 山 市	90000	83000			253026	230586
秦皇岛市	3262379	2089022			38155	15102
邯 郸 市	5000	10000	15	15	1838800	1834800
邢 台 市	183500	184800			227000	217900
保 定 市（包含定州市）	955000	948000	2470	2650	326920	305410
保 定 市（不含定州市）	955000	948000	2470	2650	288250	266860
定州市					38670	38550
张家口市	60000	50000	90	90	262250	243600
承 德 市					54057	14668
沧 州 市	100000	90000			195745	190000
廊 坊 市	20000	11000				613
衡 水 市	32000	31000			250400	268900

2–2–20续3 各市特种畜禽饲养存栏情况

单位：头、只

名 称	肉犬		鹧鸪		乌骨鸡	
	2015年	2016年	2015年	2016年	2015年	2016年
全 省	**271014**	**226240**			**158798**	**81270**
石家庄市（包含辛集市）	32730	16030				
石家庄市（不含辛集市）	32730	16030				
辛集市						
唐 山 市	1218	100			20000	20000
秦皇岛市	16195	675			3348	20
邯 郸 市	37280	37080			3000	3000
邢 台 市	266	245			6200	20000
保 定 市（包含定州市）	43340	40000				
保 定 市（不含定州市）	43340	40000				
定州市						
张家口市	35	39				
承 德 市					114250	12250
沧 州 市	28450	26720				
廊 坊 市	36500	39351				14000
衡 水 市	75000	66000			12000	12000

2-2-21　各市特种畜禽饲养出栏情况

单位：头、只

名　称	貂		鹿		狐　狸	
	2015年	2016年	2015年	2016年	2015年	2016年
全　省	**6660824**	**5805412**	**4132**	**3876**	**6595571**	**7183047**
石家庄市（包含辛集市）	776481	501120	200	210	256876	358688
石家庄市（不含辛集市）	771771	496370	150	150	184146	283488
辛集市	4710	4750	50	60	72730	75200
唐 山 市	1274783	1073877	300	360	2475511	1246048
秦皇岛市	1126588	779159	125	248	2484363	4157393
邯 郸 市	3200	3500	130	130	11080	129820
邢 台 市	14555	14955	90		7490	7690
保 定 市（包含定州市）	992370	994320	35	32	176267	177037
保 定 市（不含定州市）	992370	994320	35	32	176267	177037
定州市						
张家口市	18100	50	83	13	29000	28100
承 德 市	2950	2900	3002	2857	590	6580
沧 州 市	498197	448031	17	26	1018744	932091
廊 坊 市						
衡 水 市	1953600	1987500	150		135650	139600

2-2-21续1　各市特种畜禽饲养出栏情况

单位：头、只

名　称	貉		肉　鸽		雉(山)鸡	
	2015年	2016年	2015年	2016年	2015年	2016年
全　省	**17302825**	**14477014**	**3094958**	**3374186**	**56080**	**63330**
石家庄市（包含辛集市）	370334	492234	432913	883800	30	6500
石家庄市（不含辛集市）	368134	489934	422163	873000	30	6500
辛集市	2200	2300	10750	10800		
唐 山 市	5919639	5594960	58965	45830		
秦皇岛市	9565885	7121582	20000	6000	5640	4980
邯 郸 市	1500	1600	353800	236560	13000	13050
邢 台 市	3900	3700	866500	859800	11000	19000
保 定 市（包含定州市）	418483	416956	259180	263146	19000	15000
保 定 市（不含定州市）	418390	416956	254100	258050	19000	15000
定州市	93		5080	5096		
张家口市	83800	82310	2100			
承 德 市	18998	16748	4100	4100	4000	1500
沧 州 市	718956	645594	498700	499990	3410	3300
廊 坊 市			55100	30360		
衡 水 市	201330	101330	543600	544600		

2-2-21续2 各市特种畜禽饲养出栏情况

单位：头、只

名　称	鹌鹑		鸵鸟		獭兔	
	2015年	2016年	2015年	2016年	2015年	2016年
全　省	**8248309**	**4572247**	**15520**	**12028**	**11991582**	**12027830**
石家庄市（包含辛集市）	1642960	1694760	11940	8320	77030	74540
石家庄市（不含辛集市）	1642960	1694760	11940	8320	64500	61400
辛集市					12530	13140
唐山市	74000	78000			978368	1061955
秦皇岛市	5810299	2145487			109879	20483
邯郸市	3000	43000	10	8	6249909	6225209
邢台市	105000	113000			461120	409500
保定市（包含定州市）	505050	395000	3570	3700	1243910	1168066
保定市（不含定州市）	505050	395000	3570	3700	1129650	1053930
定州市					114260	114136
张家口市	32000	30000			566860	835020
承德市					128600	26657
沧州市	11000	20000			1418206	1525500
廊坊市	9000					
衡水市	56000	53000			757700	680900

2-2-21续3 各市特种畜禽饲养出栏情况

单位：头、只

名　称	肉犬		鹧鸪		乌骨鸡	
	2015年	2016年	2015年	2016年	2015年	2016年
全　省	**122872**	**119049**			**73863**	**56560**
石家庄市（包含辛集市）	16480	28800				
石家庄市（不含辛集市）	16480	28800				
辛集市						
唐山市	621				40000	5000
秦皇岛市	12707	647			1863	60
邯郸市	28090	27890			3000	3000
邢台市	278	295			7000	28000
保定市（包含定州市）	24313	25550				
保定市（不含定州市）	24313	25550				
定州市						
张家口市	13	27				
承德市					10000	8500
沧州市	15870	15440				
廊坊市	2000					
衡水市	22500	20400			12000	12000

2-2-22　各市水产品产量

单位：吨

名　称	水产品产量		(一)海水产品产量		鱼　类		虾蟹类	
	2015年	2016年	2015年	2016年	2015年	2016年	2015年	2016年
全　省	**1297077**	**1369267**	**756931**	**759208**	**153972**	**155961**	**77740**	**76951**
石家庄市（包含辛集市）	33855	31211						
石家庄市（不含辛集市）	33812	31170						
辛集市	43	41						
唐 山 市	560005	612272	289515	284812	47462	41888	52117	52214
秦皇岛市	360706	361752	353662	352620	13737	14773	8046	6797
邯 郸 市	35023	36371						
邢 台 市	9549	8767						
保 定 市（包含定州市）	57296	57422						
保 定 市（不含定州市）	57166	57322						
定州市	130	100						
张家口市	13070	12994						
承 德 市	40205	42011						
沧 州 市	143684	162603	108708	116682	88041	94702	17265	17636
廊 坊 市	34961	34926	5046	5094	4732	4598	312	304
衡 水 市	8723	8938						

2-2-22续1　各市水产品产量

单位：吨

名　称	贝　类		其他海水产品		按生产方式分			
					海洋捕捞产品产量		海水养殖产品产量	
	2015年	2016年	2015年	2016年	2015年	2016年	2015年	2016年
全　省	**482177**	**480046**	**43042**	**46250**	**250447**	**247836**	**506484**	**511372**
石家庄市（包含辛集市）								
石家庄市（不含辛集市）								
辛集市								
唐 山 市	156706	154440	33230	36270	123701	116112	165814	168700
秦皇岛市	323661	323627	8218	7423	26482	23630	327180	328990
邯 郸 市								
邢 台 市								
保 定 市（包含定州市）								
保 定 市（不含定州市）								
定州市								
张家口市								
承 德 市								
沧 州 市	1810	1979	1592	2365	95218	103000	13490	13682
廊 坊 市			2	192	5046	5094		
衡 水 市								

2-2-22续2　各市水产品产量

单位：吨

名　称	(二)淡水产品产量		鱼　类		虾蟹类		贝　类	
	2015年	2016年	2015年	2016年	2015年	2016年	2015年	2016年
全　省	**536146**	**562468**	**495247**	**521205**	**30960**	**32859**	**3818**	**3681**
石家庄市（包含辛集市）	33855	31211	31629	29437	1155	1002		
石家庄市（不含辛集市）	33812	31170	31586	29396	1155	1002		
辛集市	43	41	43	41				
唐 山 市	270490	295460	246684	269942	23421	25160		
秦皇岛市	7044	9132	6686	8423	258	549		
邯 郸 市	35023	36371	33856	35481	1127	800	40	90
邢 台 市	9549	8767	9448	8451	28	303		
保 定 市（包含定州市）	57296	57422	47094	48526	2015	1960	3778	3591
保 定 市（不含定州市）	57166	57322	46964	48426	2015	1960	3778	3591
定州市	130	100	130	100				
张家口市	13070	12994	11841	11751	1229	1243		
承 德 市	40205	42011	40155	41961	50	50		
沧 州 市	30976	30330	29500	28747	1465	1579		
廊 坊 市	29915	29832	29740	29658	103	103		
衡 水 市	8723	8938	8614	8828	109	110		

2-2-22续3　各市水产品产量

单位：吨

名　称	其 他 类		按生产方式分：淡水捕捞产品产量		按生产方式分：淡水养殖产品产量	
	2015年	2016年	2015年	2016年	2015年	2016年
全　省	**6121**	**4723**	**102721**	**102669**	**433425**	**459799**
石家庄市（包含辛集市）	1071	772	16757	16610	17098	14601
石家庄市（不含辛集市）	1071	772	16757	16610	17055	14560
辛集市					43	41
唐 山 市	385	358	8544	8964	261946	286496
秦皇岛市	100	160	1380	1735	5664	7397
邯 郸 市			12233	12575	22790	23796
邢 台 市	73	13	3124	2067	6425	6700
保 定 市（包含定州市）	4409	3345	40603	41148	16693	16274
保 定 市（不含定州市）	4409	3345	40603	41148	16563	16174
定州市					130	100
张家口市			97	93	12973	12901
承 德 市			10638	10250	29567	31761
沧 州 市	11	4	4842	4794	26134	25536
廊 坊 市	72	71	2390	2075	27525	27757
衡 水 市			2113	2358	6610	6580

2–2–23 各市水产养殖面积

名称	远洋捕捞产量（吨）		水产养殖面积（公顷）		(一)海水养殖面积（公顷）	
	2015年	2016年	2015年	2016年	2015年	2016年
全 省	**4000**	**47591**	**193954**	**190494**	**117533**	**115416**
石家庄市（包含辛集市）			15383	15210		
石家庄市（不含辛集市）			15372	15199		
辛集市			11	11		
唐 山 市		32000	81225	82656	62254	63957
秦皇岛市			51304	48012	44785	41437
邯 郸 市			2443	2571		
邢 台 市			2430	1683		
保 定 市（包含定州市）			5576	5308		
保 定 市（不含定州市）			5558	5292		
定州市			18	16		
张家口市			9844	9844		
承 德 市			5881	5869		
沧 州 市	4000	15591	15660	15157	10494	10022
廊 坊 市			3207	3184		
衡 水 市			1001	1000		

2–2–23续1 各市水产养殖面积

单位：公顷

名称	1.海上养殖		2.滩涂养殖		3.陆基养殖	
	2015年	2016年	2015年	2016年	2015年	2016年
全 省	**65773**	**62417**	**33584**	**35212**	**18176**	**17787**
石家庄市（包含辛集市）						
石家庄市（不含辛集市）						
辛集市						
唐 山 市	25785	25785	29058	30700	7411	7472
秦皇岛市	39988	36632	4526	4512	271	293
邯 郸 市						
邢 台 市						
保 定 市（包含定州市）						
保 定 市（不含定州市）						
定州市						
张家口市						
承 德 市						
沧 州 市					10494	
廊 坊 市						
衡 水 市						

2-2-23续2　各市水产养殖面积

单位：公顷

名　　称	(二)淡水养殖面积		1.池塘养殖		2.湖泊养殖	
	2015年	2016年	2015年	2016年	2015年	2016年
全　　省	**76421**	**75078**	**29783**	**29795**	**2851**	**2850**
石家庄市（包含辛集市）	15383	15210	866	793		
石家庄市（不含辛集市）	15372	15199	855	782		
辛集市	11	11	11	11		
唐 山 市	18971	18699	15849	15774	354	313
秦皇岛市	6519	6575	465	484		
邯 郸 市	2443	2571	1349	1477	146	146
邢 台 市	2430	1683	611	637		40
保 定 市（包含定州市）	5576	5308	732	731	944	944
保 定 市（不含定州市）	5558	5292	714	715	944	944
定州市	18	16	18	16		
张家口市	9844	9844	444	444	1360	1360
承 德 市	5881	5869	428	440	47	47
沧 州 市	5166	5135	4832	4831		
廊 坊 市	3207	3184	3207	3184		
衡 水 市	1001	1000	1000	1000		

2-2-23续3　各市水产养殖面积

单位：公顷

名　　称	3.河沟养殖		4.水库养殖		5.其他养殖	
	2015年	2016年	2015年	2016年	2015年	2016年
全　　省	**1470**	**1655**	**41407**	**40409**	**910**	**369**
石家庄市（包含辛集市）	70	70	14447	14347		
石家庄市（不含辛集市）	70	70	14447	14347		
辛集市						
唐 山 市	472	725	1736	1737	560	150
秦皇岛市	150	151	5902	5937	2	3
邯 郸 市	380	380	567	567	1	1
邢 台 市			1819	1006		
保 定 市（包含定州市）	340	302	3213	3116	347	215
保 定 市（不含定州市）	340	302	3213	3116	347	215
定州市						
张家口市			8040	8040		
承 德 市			5406	5382		
沧 州 市	57	27	277	277		
廊 坊 市						
衡 水 市	1					

2-2-24 各市水产品加工企业情况

名称	加工企业个数（个）		加工能力（吨/年）		水产冷库（座）	
	2015年	2016年	2015年	2016年	2015年	2016年
全　省	**247**	**250**	**413358**	**424858**	**225**	**230**
石家庄市（包含辛集市）	1	1	1500	1500	3	3
石家庄市（不含辛集市）	1	1	1500	1500	3	3
辛集市						
唐 山 市	112	112	83748	84248	118	119
秦皇岛市	45	48	285870	296870	46	49
邯 郸 市	10	10	7500	7500		
邢 台 市						
保 定 市（包含定州市）						
保 定 市（不含定州市）						
定州市						
张家口市	1	1	1000	1000		
承 德 市	3	3	20000	20000	6	7
沧 州 市	75	75	13740	13740	52	52
廊 坊 市						
衡 水 市						

2-2-24续 各市水产品加工企业情况

名称	冻结能力（吨/日）		水产加工产量（吨）		#冷冻水产品	
	2015年	2016年	2015年	2016年	2015年	2016年
全　省	**6025**	**6125**	**79620**	**86050**	**58111**	**66018**
石家庄市（包含辛集市）	18	18	770	770	570	570
石家庄市（不含辛集市）	18	18	770	770	570	570
辛集市						
唐 山 市	1925	1945	29658	28883	25860	26455
秦皇岛市	845	935	27688	34632	23741	31023
邯 郸 市			6766	7180		
邢 台 市						
保 定 市（包含定州市）						
保 定 市（不含定州市）						
定州市						
张家口市			1000	1000	1000	1000
承 德 市	130	120	100	100	100	100
沧 州 市	3107	3107	13638	13485	6840	6870
廊 坊 市						
衡 水 市						

2-2-25 各市主要人均指标(2016年)

单位 ：公斤

名　　称	粮食产量	棉花产量	油料产量	蔬菜产量	园林水果产　　量	肉类产量
全　　省	**464.62**	**4.02**	**21.01**	**1100.15**	**204.71**	**61.45**
石家庄市（包含辛集市）	461.53	0.52	19.38	1229.59	260.82	72.11
石家庄市（不含辛集市）	435.52	0.29	17.33	1204.43	226.18	68.05
辛集市	877.74	4.08	52.08	1632.03	815.01	137.11
唐 山 市	390.54	2.64	41.09	1875.31	201.89	96.91
秦皇岛市	263.09	0.15	26.15	1051.52	283.04	117.13
邯 郸 市	577.58	8.38	16.20	875.32	97.01	74.29
邢 台 市	626.05	21.72	25.02	546.34	169.05	47.31
保 定 市（包含定州市）	492.24	0.71	24.00	890.29	166.53	59.13
保 定 市（不含定州市）	484.32	0.78	20.85	744.25	171.55	54.79
定州市	560.45	0.14	51.12	2147.78	123.31	96.51
张家口市	378.01		15.70	1669.53	168.69	87.68
承 德 市	379.40		6.58	1311.66	364.91	129.46
沧 州 市	609.48	7.24	11.60	772.70	203.05	67.68
廊 坊 市	347.46	3.24	8.75	1392.13	150.67	60.05
衡 水 市	816.22	17.90	27.19	907.88	374.43	84.20

2-2-25续 各市主要人均指标(2016年)

名　　称	#猪牛羊肉产量(公斤)	奶类产量(公斤)	#生牛奶产量(公斤)	禽蛋产量(公斤)	水产品产　量(公斤)	农村居民人均可支配收入(元)
全　　省	**47.27**	**60.16**	**59.15**	**52.17**	**18.39**	**11919**
石家庄市（包含辛集市）	52.86	109.10	108.85	104.51	2.91	
石家庄市（不含辛集市）	50.05	109.52	109.26	92.65	3.08	12345
辛集市	97.81	102.30	102.30	294.27	0.06	14500
唐 山 市	79.00	224.30	217.36	48.71	78.27	15023
秦皇岛市	86.19	33.83	31.93	36.41	117.30	11621
邯 郸 市	53.24	25.55	24.43	121.09	3.84	12153
邢 台 市	33.12	40.90	40.90	74.44	1.20	10006
保 定 市（包含定州市）	50.63	69.65	69.64	41.29	4.95	
保 定 市（不含定州市）	46.83	55.47	55.47	37.61	5.52	11612
定州市	83.28	191.73	191.73	73.00	0.08	13298
张家口市	70.11	301.53	301.31	57.78	2.94	9241
承 德 市	83.11	43.41	43.40	33.70	11.90	8736
沧 州 市	42.39	15.27	15.27	44.49	21.76	11340
廊 坊 市	49.48	37.33	37.11	34.11	7.61	14286
衡 水 市	67.73	29.17	29.17	67.43	2.01	10069

注：各指标均按年平均人口计算。

2–3–1 2016年各市农林牧渔业总产值(可比价)

单位：万元

名称	农林牧渔业总产值	一、农业产值	(一)谷物及其他作物	(二)蔬菜、食用菌及花卉盆景园艺产品	(三)水果、食用坚果、饮料和香料
全省	**61860020**	**35514517**	**10445498**	**17919867**	**6386657**
石家庄市（包含辛集市）	9048175	4957257	1475113	2463004	1000082
石家庄市（不含辛集市）	8120666	4418589	1326156	2230672	844300
辛集市	927509	538668	148957	232332	155782
唐山市	9445651	5086941	1078354	3077115	917781
秦皇岛市	3357439	1467622	361519	581376	379167
邯郸市	7505722	4087557	1607622	1966150	489180
邢台市	4973021	3110844	1677099	810800	499181
保定市（包含定州市）	7910650	4884937	1590046	2212092	881929
保定市（不含定州市）	6516144	4020530	1405430	1637842	860089
定州市	1394506	864407	184616	574250	21840
张家口市	4504897	2276988	677149	1238751	318291
承德市	4279335	2472405	508001	1145132	637605
沧州市	6472976	3121074	1418840	1135835	565246
廊坊市	3790684	2393273	474159	1548548	369545
衡水市	4082214	2392017	970871	823037	597743

注：有关产值、商品产值、中间消耗、增加值，全省总数为省计算数，分市为上报数，各市之和不等于总数(下同)。

2–3–1续1 2016年各市农林牧渔业总产值(可比价)

单位：万元

名称	(四)中草药材	二、林业产值	(一)林木的培育和种植	(二)竹木采运	(三)林产品
全省	**762494**	**1293029**	**971879**	**53053**	**268097**
石家庄市（包含辛集市）	19058	197155	152767	2198	42190
石家庄市（不含辛集市）	17461	193125	149037	1898	42190
辛集市	1597	4030	3730	300	
唐山市	13691	70262	55729	8280	6253
秦皇岛市	145560	56604	44298	1190	11116
邯郸市	24605	83993	82343	1145	505
邢台市	123764	70014	67737	2210	68
保定市（包含定州市）	200870	187304	166563	2722	18019
保定市（不含定州市）	117169	126872	106248	2722	17902
定州市	83701	60432	60315		117
张家口市	42797	169382	146340	7921	15121
承德市	181667	257360	101443	25232	130685
沧州市	1153	51035	31795	1269	17971
廊坊市	1021	73813	66880	3059	3874
衡水市	366	49783	45939	3844	

2-3-1续2　2016年各市农林牧渔业总产值(可比价)

单位：万元

名　　称	三、牧业产值	(一)牲畜饲养	(二)猪的饲养	(三)家禽饲养	(四)猎狩和捕捉动物
全　　省	**19607352**	**6665164**	**6001860**	**4881319**	
石家庄市（包含辛集市）	3453725	1015867	1056224	1299533	
石家庄市（不含辛集市）	3088227	958605	895997	1151524	
辛集市	365498	57262	160227	148009	
唐 山 市	3042513	1127852	1094426	509670	14981
秦皇岛市	1399829	369151	448990	199991	
邯 郸 市	2909245	650955	883377	1239405	
邢 台 市	1506248	380716	452129	657336	
保 定 市（包含定州市）	2524595	792078	1081673	552595	
保 定 市（不含定州市）	2075657	628229	898539	450885	
定州市	448938	163849	183134	101710	
张家口市	1925468	1102645	431794	298733	4524
承 德 市	1410138	644466	406011	331093	149
沧 州 市	1801000	639916	455232	545254	259
廊 坊 市	1192002	507519	355745	214972	
衡 水 市	1285159	401753	494784	356244	

2-3-1续3　2016年各市农林牧渔业总产值(可比价)

单位：万元

名　　称	(五)其他畜牧业	四、渔业产值	(一)海水产品	(二)淡水产品	五、农林牧渔服务业
全　　省	**2059009**	**2062763**	**1306148**	**756615**	**3382359**
石家庄市（包含辛集市）	82101	44082		44082	395956
石家庄市（不含辛集市）	82101	44039		44039	376686
辛集市		43		43	19270
唐 山 市	295584	967125	511479	455646	278810
秦皇岛市	381697	339340	325320	14020	94044
邯 郸 市	135508	50450		50450	374740
邢 台 市	16067	12413		12413	273502
保 定 市（包含定州市）	98249	91321		91321	222493
保 定 市（不含定州市）	98004	91148		91148	201937
定州市	245	173		173	20556
张家口市	87772	19933		19933	113126
承 德 市	28419	61088		61088	78344
沧 州 市	160339	436064	312087	123977	1063803
廊 坊 市	113766	56776	12481	44295	74820
衡 水 市	32378	12532		12532	342723

2-3-2 各市农林牧渔业总产值(现价)

单位：万元

名 称	农林牧渔业总产值		一、农业产值		(一)谷物及其他作物		1.谷 物	
	2015年	2016年	2015年	2016年	2015年	2016年	2015年	2016年
全 省	**59788754**	**60838568**	**34413677**	**34593921**	**10009212**	**9691333**	**7230116**	**6889483**
石家庄市（包含辛集市）	8955030	8809674	4930922	4689309	1329829	1376667	1083463	960171
石家庄市（不含辛集市）	8043381	7911215	4396985	4192068	1175779	1235717	964055	850701
辛集市	911649	898459	533937	497241	154050	140950	119408	109470
唐 山 市	9112116	9615708	4919492	5043740	1014593	1046814	676523	607602
秦皇岛市	3188255	3519932	1376411	1462461	315707	349041	152791	125463
邯 郸 市	7423359	7663825	4061188	4159001	1581482	1509896	1194114	1086059
邢 台 市	4914338	4776000	3089012	2934574	1671611	1562265	1047466	922228
保 定 市（包含定州市）	7632965	7973300	4690619	4790494	1587606	1493279	1189402	1062728
保 定 市（不含定州市）	6279447	6529350	3849160	3906263	1398851	1314374	1044664	933414
定州市	1353518	1443950	841459	884231	188755	178905	144738	129314
张家口市	4309299	4650478	2175484	2384571	622991	657145	268139	271283
承 德 市	4020719	4074783	2242483	2253705	356898	380421	238973	215246
沧 州 市	6388019	6259392	3241231	2951948	1423725	1318602	948692	866154
廊 坊 市	3811856	3667346	2309298	2309121	447533	397189	321971	272302
衡 水 市	4050442	4302293	2360354	2499689	997717	1022444	682281	700053

2-3-2续1 各市农林牧渔业总产值(现价)

单位：万元

名 称	#小 麦		#稻 谷		#玉 米		2.薯 类	
	2015年	2016年	2015年	2016年	2015年	2016年	2015年	2016年
全 省	**3458109**	**3289607**	**190855**	**191520**	**3268895**	**2911042**	**831551**	**844043**
石家庄市（包含辛集市）	616297	588040	348	317	456618	361367	93691	89498
石家庄市（不含辛集市）	544615	518850	348	317	410725	322925	85344	81818
辛集市	71682	69190			45893	38442	8347	7680
唐 山 市	156779	153032	168949	177758	346089	271553	98011	101701
秦皇岛市	4108	3255	21499	23251	117028	86248	109023	126623
邯 郸 市	625604	602287	3185	2645	517580	423225	38105	48928
邢 台 市	536079	515020			445052	338622	41737	38069
保 定 市（包含定州市）	611540	577726	2466	3626	560378	464056	185633	191042
保 定 市（不含定州市）	528144	497763	2466	3626	499036	414705	173629	177567
定州市	83396	79963			61342	49351	12004	13475
张家口市			3004	2937	162286	138576	236913	253965
承 德 市			37690	36461	168609	139774	81161	139114
沧 州 市	496887	476576	1106		441268	381815	50709	44885
廊 坊 市	101123	88720	40		218920	181377	29100	36115
衡 水 市	412474	388268			258636	299808	23910	20761

2–3–2续2 各市农林牧渔业总产值(现价)

单位：万元

名　称	薯类（续）#马铃薯 2015年	薯类（续）#马铃薯 2016年	3.油　料 2015年	3.油　料 2016年	#花　生 2015年	#花　生 2016年	#油菜籽 2015年	#油菜籽 2016年
全　省	**348257**	**363810**	**808016**	**783989**	**700778**	**687461**	**16653**	**17838**
石家庄市（包含辛集市）	4428	5071	87243	111150	79921	101844	29	3642
石家庄市（不含辛集市）	4428	5071	73453	93902	66896	85346	29	3642
辛集市			13790	17248	13025	16498		
唐 山 市	36306	39323	126879	170291	126554	169882		25
秦皇岛市	25670	30172	25208	42725	25030	42233		17
邯 郸 市	2299	3371	66259	82234	56209	69740	21	6992
邢 台 市	3878	4203	76424	91651	49103	62686	3866	3631
保 定 市（包含定州市）	45557	50633	116525	145765	109815	137215		384
保 定 市（不含定州市）	35324	40009	90423	113168	83965	104940		384
定州市	10233	10624	26102	32597	25850	32275		
张家口市	235947	252791	25650	30556	548	686	2179	2629
承 德 市	75804	133111	6132	10353	320	541	802	1260
沧 州 市	500	457	39324	46088	32387	37520		1945
廊 坊 市	1372	656	16344	20475	12786	16174	2	
衡 水 市	902	852	56754	61624	42469	48945		27

2–3–2续3 各市农林牧渔业总产值(现价)

单位：万元

名　称	4.豆　类 2015年	4.豆　类 2016年	#大　豆 2015年	#大　豆 2016年	5.棉　花 2015年	5.棉　花 2016年	6.生　麻 2015年	6.生　麻 2016年
全　省	**144558**	**145763**	**108384**	**119588**	**784148**	**662400**	**189**	**69**
石家庄市（包含辛集市）	11644	12811	10232	11043	16170	12231		
石家庄市（不含辛集市）	10632	11949	9220	10181	6894	6541		
辛集市	1012	862	1012	862	9276	5690		
唐 山 市	25171	28418	15703	16251	50887	45661	166	63
秦皇岛市	11912	13496	6446	7749	1840	1010		
邯 郸 市	10569	11381	8933	9767	221220	175106	1	1
邢 台 市	16165	21154	13164	12757	375409	350423		
保 定 市（包含定州市）	18694	17282	13831	13970	29487	18269	1	1
保 定 市（不含定州市）	17432	16040	12605	12753	28739	17887	1	1
定州市	1262	1242	1226	1217	748	382		
张家口市	17346	20031	6541	5628				
承 德 市	11011	12654	9504	10260			2	2
沧 州 市	18901	15548	17295	13589	139812	119545		
廊 坊 市	13250	14754	11281	13513	44520	32827		
衡 水 市	9522	8848	8038	6731	209627	175637		

2-3-2续4　各市农林牧渔业总产值(现价)

单位：万元

名　　称	7.糖　料		8.烟　草		9.其他农作物		#饲料作物	
	2015年	2016年	2015年	2016年	2015年	2016年	2015年	2016年
全　　省	**35670**	**37257**	**5334**	**4850**	**169630**	**323480**	**26226**	**89989**
石家庄市（包含辛集市）			809	594	36809	190212	127	
石家庄市（不含辛集市）			809	594	34592	190212	127	
辛集市					2217			
唐 山 市				1310	36956	91768	173	
秦皇岛市				1	14933	39723	12	
邯 郸 市					51214	106187		
邢 台 市					114410	138740		
保 定 市（包含定州市）			574	431	47290	57761	213	2911
保 定 市（不含定州市）			574	431	43389	55866	53	2911
定州市					3901	1895	160	
张家口市	31916	36816	2150	2482	40877	42012	20765	
承 德 市	188	441	36	32	19395	2579	863	
沧 州 市					226287	226382	1868	
廊 坊 市					22348	20716	1101	
衡 水 市					15623	55521	552	

2-3-2续5　各市农林牧渔业总产值(现价)

单位：万元

名　　称	(二)蔬菜、食用菌及花卉盆景园艺产品		1.蔬　菜		2.食用菌		3.花　卉	
	2015年	2016年	2015年	2016年	2015年	2016年	2015年	2016年
全　　省	**17478108**	**17794428**	**16081981**	**16326726**	**1101676**	**1167097**	**99460**	**136885**
石家庄市（包含辛集市）	2607288	2468047	2459886	2348987	139061	99327	8341	8889
石家庄市（不含辛集市）	2399056	2241404	2251665	2124127	139050	97544	8341	8889
辛集市	208232	226643	208221	224860	11	1783		
唐 山 市	2976043	3083966	2769651	2905107	161194	140793	28594	29571
秦皇岛市	609942	570358	589218	546397	13686	15780	7038	7022
邯 郸 市	1946857	2143365	1722476	1946264	194037	147539	23467	32953
邢 台 市	786395	774221	686053	690698	97959	81231	2383	2292
保 定 市（包含定州市）	1981196	2215166	1716372	1902532	132326	152114	6285	4092
保 定 市（不含定州市）	1468938	1631421	1277412	1414449	132326	152114	5899	3700
定州市	512258	583745	438960	488083			386	392
张家口市	1177409	1176221	1157891	1159964	19112	12584	406	383
承 德 市	1090737	1085369	530518	539677	554180	542863	6039	2829
沧 州 市	1200074	1154484	1159279	1134155	35784	14777	5011	4502
廊 坊 市	1516983	1544154	1418357	1363851	5988	3961	12968	11490
衡 水 市	782549	857351	757692	841341	24702	15824	155	156

2-3-2续6　各市农林牧渔业总产值(现价)

单位：万元

名　称	4.盆景园艺		(三)水果、食用坚果、饮料和香料		1.水　果		(1)园林水果	
	2015年	2016年	2015年	2016年	2015年	2016年	2015年	2016年
全　省	**194991**	**163720**	**6243090**	**6322791**	**5399310**	**5523027**	**4041510**	**4178577**
石家庄市（包含辛集市）		10844	974652	825113	863539	718325	747533	608115
石家庄市（不含辛集市）		10844	803966	696784	692853	590014	577914	480572
辛集市			170686	128329	170686	128311	169619	127543
唐 山 市	16604	8495	920127	899548	787676	744174	519676	480544
秦皇岛市		1159	373995	393375	323089	327180	291545	296642
邯 郸 市	6877	16609	465635	479462	363262	395132	258490	282372
邢 台 市			523846	471499	446620	395046	416171	362134
保 定 市（包含定州市）	126213	156428	924268	874472	867518	811251	496933	443989
保 定 市（不含定州市）	53301	61158	867336	837285	815669	777980	448371	414625
定州市	72912	95270	56932	37187	51849	33271	48562	29364
张家口市		3290	342121	505878	258464	431145	238655	409389
承 德 市			612478	588831	384789	305215	374611	290436
沧 州 市		1050	616005	477658	616001	477459	491718	349623
廊 坊 市	79670	164852	344775	366697	344366	366415	228309	230384
衡 水 市		30	579828	619507	577699	618763	413634	454285

2-3-2续7　各市农林牧渔业总产值(现价)

单位：万元

名　称	#苹　果		#梨		(2) 瓜 果 类		2.食用坚果	
	2015年	2016年	2015年	2016年	2015年	2016年	2015年	2016年
全　省	**1319682**	**1181607**	**794404**	**837192**	**1357800**	**1344450**	**803021**	**759268**
石家庄市（包含辛集市）	150358	110499	384943	264642	116006	110210	93969	90847
石家庄市（不含辛集市）	98870	78401	286382	212541	114939	109442	93969	90829
辛集市	51488	32098	98561	52101	1067	768		18
唐 山 市	207861	156556	41594	35397	268000	263630	132451	155340
秦皇岛市	59817	131935	6494	16642	31544	30538	50906	66119
邯 郸 市	81328	86422	51317	49402	104772	112760	80693	63722
邢 台 市	120336	87926	105538	62798	30449	32912	77210	76453
保 定 市（包含定州市）	76789	65795	62745	42762	370585	367262	55510	62009
保 定 市（不含定州市）	66041	57757	36041	28853	367298	363355	50427	58093
定州市	10748	8038	26704	13909	3287	3907	5083	3916
张家口市	16447	32875	2394	5027	19809	21756	83630	74706
承 德 市	292648	229146	41911	25925	10178	14779	225289	282476
沧 州 市	70486	50988	165533	98661	124283	127836	4	199
廊 坊 市	45322	39584	14199	32139	116057	136031	409	244
衡 水 市	143556	178899	153094	109555	164065	164478	2129	744

2-3-2续8　各市农林牧渔业总产值(现价)

单位：万元

名　称	#核　桃		#板　栗		3.香料原料（花椒）		(四)中草药材	
	2015年	2016年	2015年	2016年	2015年	2016年	2015年	2016年
全　省	**327656**	**272720**	**343856**	**425727**	**40759**	**40497**	**683267**	**785369**
石家庄市（包含辛集市）	87074	81404	6895	9425	17144	15941	19153	19482
石家庄市（不含辛集市）	87074	81386	6895	9425	17144	15941	18184	18163
辛集市		18					969	1319
唐 山 市	37372	34428	93067	119129		34	8729	13412
秦皇岛市	10755	8450	39321	56770		76	76767	149687
邯 郸 市	75728	59267	2565	2405	21680	20608	67214	26278
邢 台 市	54566	43915	19328	30186	16		107160	126589
保 定 市（包含定州市）	34927	34932	1492	2302	1240	1212	197549	207577
保 定 市（不含定州市）	29844	31016	1492	2302	1240	1212	114035	123183
定州市	5083	3916					83514	84394
张家口市	1801	1356	2		27	27	32963	45327
承 德 市	23291	21333	172084	236627	2400	1140	182370	199084
沧 州 市	4	199					1427	1204
廊 坊 市	244	237	5	7		38	7	1081
衡 水 市	1265	744					260	387

2-3-2续9　各市农林牧渔业总产值(现价)

单位：万元

名　称	二、林业产值		(一)林木的培育和种植		1.育种育苗		2.造　林	
	2015年	2016年	2015年	2016年	2015年	2016年	2015年	2016年
全　省	**1214841**	**1323149**	**916252**	**996079**	**258999**	**231884**	**371552**	**502549**
石家庄市（包含辛集市）	165715	198472	122678	153991	22795	17222	51585	82126
石家庄市（不含辛集市）	160355	194358	117486	150014	18783	16041	51375	81092
辛集市	5360	4114	5192	3977	4012	1181	210	1034
唐 山 市	70069	76005	56472	62037	13581	12022	24941	26799
秦皇岛市	49230	61896	33686	49658	12085	14942	11739	24425
邯 郸 市	69088	95724	67957	94080	22799	18419	25251	51241
邢 台 市	62052	79367	60154	77187	16758	16697	17239	36808
保 定 市（包含定州市）	187545	203301	170104	182284	90094	98511	48279	56365
保 定 市（不含定州市）	129412	139445	112626	118548	38039	40393	45588	54233
定州市	58133	63856	57478	63736	52055	58118	2691	2132
张家口市	145187	186041	111880	166345	16776	27501	55564	114861
承 德 市	272588	268578	101623	111095	18765	14743	56473	67639
沧 州 市	71375	53970	43355	34457	14358	11572	20848	14878
廊 坊 市	114540	80339	110098	73837	33028	23532	49381	28550
衡 水 市	48509	55156	45864	51504	12424	10489	14529	25043

2-3-2续10 各市农林牧渔业总产值(现价)

单位：万元

名 称	3.抚育和管理		(二)木材采运		#村及村以下木材采运		(三)林产品	
	2015年	2016年	2015年	2016年	2015年	2016年	2015年	2016年
全 省	**285701**	**261645**	**51318**	**50931**	**30540**	**50931**	**247271**	**276140**
石家庄市（包含辛集市）	48298	34304	2182	1927	2182	1922	40855	42554
石家庄市（不含辛集市）	47328	34102	2014	1790	2014	1785	40855	42554
辛集市	970	202	168	137	168	137		
唐 山 市	17950	6634	5757	7669	5514	7636	7840	6299
秦皇岛市	9862	2863	938	1029	788	949	14606	11209
邯 郸 市	19907	8760	1119	1137	386	1050	12	507
邢 台 市	26157	8862	1646	2111	1579	2093	252	69
保 定 市（包含定州市）	31731	9744	3147	2617	1660	2617	14294	18400
保 定 市（不含定州市）	28999	7794	2534	2617	1047	2617	14252	18280
定州市	2732	1950	613		613		42	120
张家口市	39540	8671	7420	4497	6250	3001	25887	15199
承 德 市	26385	14538	25889	23715	6641	9879	145076	133768
沧 州 市	8149	2763	866	1198	855	1154	27154	18315
廊 坊 市	27689	13583	2780	2627	2780	2526	1662	3875
衡 水 市	18911	14455	2549	3652	2549	3602	96	

2-3-2续11 各市农林牧渔业总产值(现价)

单位：万元

名 称	三、牧业产值		(一)牲畜饲养		1.牛的饲养		2.羊的饲养	
	2015年	2016年	2015年	2016年	2015年	2016年	2015年	2016年
全 省	**19041241**	**19392235**	**6410772**	**5894004**	**2677066**	**2546832**	**1919880**	**1807499**
石家庄市（包含辛集市）	3446706	3483324	1023289	943155	467278	434594	137362	124575
石家庄市（不含辛集市）	3092720	3105720	975885	898672	456200	424325	123895	111941
辛集市	353986	377604	47404	44483	11078	10269	13467	12634
唐 山 市	2929729	3168822	1115887	1063170	406424	409116	98779	96698
秦皇岛市	1362706	1430920	376097	345345	153847	137407	178790	168621
邯 郸 市	2893181	2991106	662371	610068	237968	224663	326297	289820
邢 台 市	1494843	1475916	373146	358685	168814	165275	102060	92963
保 定 市（包含定州市）	2458272	2670997	782932	751126	244819	246555	243606	227165
保 定 市（不含定州市）	2024730	2196092	623998	595425	187288	191056	216804	201201
定州市	433542	474905	158934	155701	57531	55499	26802	25964
张家口市	1854609	1948170	1038100	1047934	273657	274596	300006	298873
承 德 市	1375574	1429965	621742	610491	440459	437619	116496	105253
沧 州 市	1771337	1814675	548473	599703	377967	358774	134449	184127
廊 坊 市	1254679	1158602	608430	453268	318223	244717	204450	144447
衡 水 市	1297190	1391615	421727	377440	239393	206824	137040	122916

2-3-2续12 各市农林牧渔业总产值(现价)

单位：万元

名称	3.其他牲畜饲养		4.奶产品		#生牛奶		5.毛绒产品	
	2015年	2016年	2015年	2016年	2015年	2016年	2015年	2016年
全省	**130833**	**74104**	**1593003**	**1400516**	**1575461**	**1400516**	**68990**	**65053**
石家庄市（包含辛集市）	9141	8427	405284	369978	404779	369978	4224	4239
石家庄市（不含辛集市）	7845	7595	384096	349585	383591	349585	3849	3884
辛集市	1296	832	21188	20393	21188	20393	375	355
唐山市	7312	7227	599939	541135	589549	541135	3433	2692
秦皇岛市	1652	1683	34394	31238	32994	31238	7414	6396
邯郸市	9826	8919	76293	73312	73980	73312	11987	12591
邢台市	2988	2954	95371	94506	95371	94506	3913	2970
保定市（包含定州市）	4385	4457	276184	257016	276177	257016	13938	15523
保定市（不含定州市）	4120	4025	201929	183288	201922	183288	13857	15445
定州市	265	432	74255	73728	74255	73728	81	78
张家口市	31286	19637	418770	425621	418578	425621	14381	14979
承德市	8200	8274	49038	48430	49029	48430	7549	8405
沧州市	6674	5448	25906	36167	25906	36167	3477	2787
廊坊市	6947	3775	75429	58748	75014	58748	3381	1581
衡水市	3682	3313	38449	41458	38449	41458	3163	2917

2-3-2续13 各市农林牧渔业总产值(现价)

单位：万元

名称	#羊毛		#山羊绒		(二)猪的饲养		(三)家禽饲养	
	2015年	2016年	2015年	2016年	2015年	2016年	2015年	2016年
全省	**37772**	**28333**	**31218**	**36720**	**6084260**	**6866128**	**4653102**	**4612847**
石家庄市（包含辛集市）	3408	3239	816	1000	1004668	1192640	1330396	1267786
石家庄市（不含辛集市）	3033	2884	816	1000	886443	1048051	1145207	1079254
辛集市	375	355			118225	144589	185189	188532
唐山市	2481	1572	952	1120	1070910	1318980	480870	486185
秦皇岛市	3674	2076	3740	4320	447241	535442	191996	188373
邯郸市	3963	3751	8024	8840	913914	1061708	1220380	1189313
邢台市	2349	1290	1564	1680	473548	503458	633378	598090
保定市（包含定州市）	5370	5283	8568	10240	1065041	1298331	535886	524971
保定市（不含定州市）	5289	5205	8568	10240	887136	1075408	439269	428930
定州市	81	78			177905	222923	96617	96041
张家口市	12375	12739	2006	2240	446628	522776	284748	287685
承德市	3095	3005	4454	5400	403496	476494	322954	314549
沧州市	2219	1707	1258	1080	452482	541259	529783	518411
廊坊市	3381	1581			366700	397233	215005	198965
衡水市	2381	2117	782	800	502252	626220	356608	356215

2-3-2续14　各市农林牧渔业总产值(现价)

单位：万元

名　称	#肉　禽		#禽　蛋		(四)狩猎和捕捉动物		(五)其他畜牧业	
	2015年	2016年	2015年	2016年	2015年	2016年	2015年	2016年
全　省	**1367249**	**1329826**	**3285853**	**3283021**	**300**		**1892807**	**2019256**
石家庄市（包含辛集市）	370645	333342	959751	934444			88353	79743
石家庄市（不含辛集市）	326565	298060	818642	781194			85185	79743
辛集市	44080	35282	141109	153250			3168	
唐 山 市	155564	161408	325306	324777		14156	262062	286331
秦皇岛市	90333	94762	101663	93611			347372	361760
邯 郸 市	241808	232942	978572	956371			96516	130017
邢 台 市	126334	146594	507044	451495			14771	15683
保 定 市（包含定州市）	133361	129296	402525	395675			74413	96569
保 定 市（不含定州市）	112172	108187	327097	320743			74327	96329
定州市	21189	21109	75428	74932			86	240
张家口市	74717	72939	210031	214746		4300	85133	85475
承 德 市	223111	216861	99843	97688		152	27382	28279
沧 州 市	243451	241708	286332	276703		260	240599	155042
廊 坊 市	77834	69613	137171	129352			64544	109136
衡 水 市	112884	107350	243724	248865			16603	31740

2-3-2续15　各市农林牧渔业总产值(现价)

单位：万元

名　称	#蚕　茧		#家　兔		四、渔业产值		(一)海水产品	
	2015年	2016年	2015年	2016年	2015年	2016年	2015年	2016年
全　省	**957**	**1820**	**124540**	**102456**	**1987181**	**2109525**	**1251453**	**1435457**
石家庄市（包含辛集市）			19198	15525	52837	38101		
石家庄市（不含辛集市）			17240	13567	52776	38060		
辛集市			1958	1958	61	41		
唐 山 市			11513	10995	926049	1044986	499861	673503
秦皇岛市	1543	1501	4216	3135	324305	469731	310365	458212
邯 郸 市			55014	46029	51869	38772		
邢 台 市	247	205	6764	4410	13909	9458		
保 定 市（包含定州市）			3678	4222	87560	83293		
保 定 市（不含定州市）			3592	3896	87374	83155		
定州市			86	326	186	138		
张家口市			10659	9852	21605	17403		
承 德 市	124	114	2563	2288	54534	43296		
沧 州 市			1357	1008	327955	363694	281795	328784
廊 坊 市			278	171	53144	43582	8273	12112
衡 水 市			1804	4819	12692	9418		

2–3–2续16　各市农林牧渔业总产值(现价)

单位：万元

名　称	(一)海水产品（续1）							
	#养　殖		1.鱼　类		2.虾 蟹 类		3.贝　类	
	2015年	2016年	2015年	2016年	2015年	2016年	2015年	2016年
全　省	**837378**	**898968**	**334119**	**326892**	**549622**	**535583**	**289306**	**499033**
石家庄市（包含辛集市）								
石家庄市（不含辛集市）								
辛集市								
唐 山 市	286285	351137	99670	90549	229315	359395	107739	150141
秦皇岛市	287125	406610	43126	31760	37105	48659	143418	345894
邯 郸 市								
邢 台 市								
保 定 市（包含定州市）								
保 定 市（不含定州市）								
定州市								
张家口市								
承 德 市								
沧 州 市	34969	47242	175445	195042	97035	125394	315	2967
廊 坊 市			5644	9640	2627	2138		
衡 水 市								

2–3–2续17　各市农林牧渔业总产值(现价)

单位：万元

名　称	4.其 他 类		(二)淡水产品		#养　殖		1.鱼　类	
	2015年	2016年	2015年	2016年	2015年	2016年	2015年	2016年
全　省	**78406**	**73949**	**735728**	**674068**	**594769**	**550392**	**530438**	**532690**
石家庄市（包含辛集市）			52837	38101	26682	17848	47644	30274
石家庄市（不含辛集市）			52776	38060	26621	17807	47583	30233
辛集市			61	41	61	41	61	41
唐 山 市	63137	73418	426188	371483	412726	361223	313289	271322
秦皇岛市	86716	31899	13940	11519	11209	8843	13106	8687
邯 郸 市			51869	38772	33752	27504	46734	35697
邢 台 市			13909	9458	9359	6238	13114	8239
保 定 市（包含定州市）			87560	83293	25501	33410	57204	50114
保 定 市（不含定州市）			87374	83155	25315	33272	57018	49976
定州市			186	138	186	138	186	138
张家口市			21605	17403	21445	17309	19607	12022
承 德 市			54534	43296	40105	32699	54314	43088
沧 州 市	9000	5381	46160	34910	38945	29514	44064	29921
廊 坊 市	2	334	44871	31470	41286	29304	42463	30694
衡 水 市			12692	9418	9618	6903	12103	8981

2–3–2续18　各市农林牧渔业总产值(现价)

单位：万元

名　　称	（二）淡水产品（续）						五、农林牧渔服务业	
	2.虾蟹类		3.贝　类		4.其他类			
	2015年	2016年	2015年	2016年	2015年	2016年	2015年	2016年
全　　省	**144893**	**131577**	**1146**	**1127**	**59251**	**8674**	**3131814**	**3419738**
石家庄市（包含辛集市）	2341	5105			2852	2722	358850	400468
石家庄市（不含辛集市）	2341	5105			2852	2722	340545	381009
辛集市							18305	19459
唐 山 市	109357	97935			3542	2226	266777	282155
秦皇岛市	607	2331			227	501	75603	94924
邯 郸 市	4919	3046	216	29			348033	379222
邢 台 市	123	1103			672	116	254522	276685
保 定 市（包含定州市）	8866	8826	1209	1099	20281	23254	208969	225215
保 定 市（不含定州市）	8866	8826	1209	1099	20281	23254	188771	204395
定州市							20198	20820
张家口市	1998	5381					112414	114293
承 德 市	220	208					75540	79239
沧 州 市	2050	4951			46	38	976121	1075105
廊 坊 市	1672	287		10	736	479	80195	75702
衡 水 市	589	437					331697	346415

2–3–3　各市农林牧渔业总产值及构成(2016年)

单位：万元

名　　称	农林牧渔业总产值	农　业	林　业	牧　业	渔　业	农林牧渔服务业	农林牧渔业总产值构成(%)				
							农业	林业	牧业	渔业	农林牧渔服务业
全　　省	**60838568**	**34593921**	**1323149**	**19392235**	**2109525**	**3419738**	**56.86**	**2.17**	**31.87**	**3.47**	**5.62**
石家庄市（包含辛集市）	8809674	4689309	198472	3483324	38101	400468	53.23	2.25	39.54	0.43	4.55
石家庄市（不含辛集市）	7911215	4192068	194358	3105720	38060	381009	52.99	2.46	39.26	0.48	4.82
辛集市	898459	497241	4114	377604	41	19459	55.34	0.46	42.03	0.00	2.17
唐 山 市	9615708	5043740	76005	3168822	1044986	282155	52.45	0.79	32.95	10.87	2.93
秦皇岛市	3519932	1462461	61896	1430920	469731	94924	41.55	1.76	40.65	13.34	2.70
邯 郸 市	7663825	4159001	95724	2991106	38772	379222	54.27	1.25	39.03	0.51	4.95
邢 台 市	4776000	2934574	79367	1475916	9458	276685	61.44	1.66	30.90	0.20	5.79
保 定 市（包含定州市）	7973300	4790494	203301	2670997	83293	225215	60.08	2.55	33.50	1.04	2.82
保 定 市（不含定州市）	6529350	3906263	139445	2196092	83155	204395	59.83	2.14	33.63	1.27	3.13
定州市	1443950	884231	63856	474905	138	20820	61.24	4.42	32.89	0.01	1.44
张家口市	4650478	2384571	186041	1948170	17403	114293	51.28	4.00	41.89	0.37	2.46
承 德 市	4074783	2253705	268578	1429965	43296	79239	55.31	6.59	35.09	1.06	1.94
沧 州 市	6259392	2951948	53970	1814675	363694	1075105	47.16	0.86	28.99	5.81	17.18
廊 坊 市	3667346	2309121	80339	1158602	43582	75702	62.96	2.19	31.59	1.19	2.06
衡 水 市	4302293	2499689	55156	1391615	9418	346415	58.10	1.28	32.35	0.22	8.05

2–3–4　各市农林牧渔业总产值指数(2016年)

(上年=100)

名　　称	农林牧渔业总产值	农　业	林　业	牧　业	渔　业	农林牧渔服务业
全　　省	**103.5**	**103.2**	**106.4**	**103.0**	**103.8**	**108.0**
石家庄市（包含辛集市）	101.2	101.4	113.5	99.8	76.7	108.6
石家庄市（不含辛集市）	101.1	101.4	114.7	99.4	76.8	108.8
辛集市	101.7	100.9	75.2	103.3	70.5	105.3
唐 山 市	103.7	103.5	93.4	103.8	104.4	105.2
秦皇岛市	105.3	106.6	115.6	102.6	104.8	123.9
邯 郸 市	101.1	100.6	120.6	100.5	99.0	108.4
邢 台 市	101.0	100.5	111.2	100.9	93.4	106.3
保 定 市（包含定州市）	103.6	104.1	99.9	102.7	104.3	106.5
保 定 市（不含定州市）	103.8	104.5	98.0	102.5	104.3	107.0
定州市	103.0	102.7	104.0	103.6	93.0	101.8
张家口市	104.2	103.9	111.6	104.2	95.3	110.4
承 德 市	106.4	109.5	99.4	102.9	103.6	103.0
沧 州 市	101.3	100.1	91.7	101.1	105.2	104.5
廊 坊 市	99.2	103.2	68.5	94.5	98.4	100.5
衡 水 市	100.8	101.4	100.9	99.0	100.0	103.2

2–3–5　各市农林牧渔业商品产值

单位：万元

名　　称	农林牧渔业商品产值		一、农业商品产值		(一)谷物及其他作物		1.谷　物	
	2015年	2016年	2015年	2016年	2015年	2016年	2015年	2016年
全　　省	**46572005**	**48415557**	**27316999**	**28274578**	**6401421**	**6432413**	**4261450**	**4305927**
石家庄市（包含辛集市）	6436317	6481876	3465886	3364349	852173	876851	685099	610941
石家庄市（不含辛集市）	5787937	5853535	3124332	3070475	753426	778465	604536	526373
辛集市	648380	628341	341554	293874	98747	98386	80563	84568
唐 山 市	7671099	8646715	4260924	4601413	688404	769881	398571	455546
秦皇岛市	2599840	2989284	1086249	1219991	199618	239011	90176	75200
邯 郸 市	5983429	6180248	3254748	3376376	1149611	1121203	867759	789368
邢 台 市	3909094	3779094	2453361	2347372	1171204	1104057	669111	586769
保 定 市（包含定州市）	5834878	6107008	3593638	3647210	869868	885604	641437	576425
保 定 市（不含定州市）	4648450	4891419	2834806	2898982	712742	733535	518410	466509
定州市	1186428	1215589	758832	748228	157126	152069	123027	109916
张家口市	3686782	3904345	1919550	2029157	510280	533802	214753	218479
承 德 市	3369306	3434486	1872515	1926218	226610	283006	142526	154212
沧 州 市	4302009	4246887	2267779	2296998	711625	817434	432682	493912
廊 坊 市	3034417	3077420	1888345	1992368	248504	255224	178420	163536
衡 水 市	3077707	3401295	1879342	2074651	666623	730934	409368	464273

2-3-5续1 各市农林牧渔业商品产值

单位：万元

名　　称	2.薯　类		3.油　料		4.豆　类		5.棉　花	
	2015年	2016年	2015年	2016年	2015年	2016年	2015年	2016年
全　　省	**590401**	**626280**	**634293**	**620135**	**104515**	**106552**	**712006**	**602784**
石家庄市（包含辛集市）	65589	65982	57193	70015	6026	6714	13515	7251
石家庄市（不含辛集市）	62250	60990	51387	64465	5520	6283	4982	4406
辛集市	3339	4992	5806	5550	506	431	8533	2845
唐 山 市	59882	69459	126098	145805	22655	22604	46692	26463
秦皇岛市	84108	103719	14315	24491	6444	7441	1199	730
邯 郸 市	20877	31941	51926	70074	7249	7787	201800	161316
邢 台 市	28975	23169	56231	71505	12198	15743	347476	324014
保 定 市（包含定州市）	111352	138056	84223	110580	12678	11202	19604	14498
保 定 市（不含定州市）	101149	126603	62036	82872	11605	10146	18968	14173
定州市	10203	11453	22187	27708	1073	1056	636	325
张家口市	183545	211717	23165	26947	14241	15657		
承 德 市	69287	112236	5077	8320	4520	6267		
沧 州 市	43714	24259	32434	33125	17879	11347	139703	92633
廊 坊 市	18301	28359	8635	15013	7417	7096	29828	24655
衡 水 市	15790	16818	45403	43123	7398	7139	188664	161242

2-3-5续2 各市农林牧渔业商品产值

单位：万元

名　　称	6.生　麻		7.糖　类		8.烟　草		9.其他农作物	
	2015年	2016年	2015年	2016年	2015年	2016年	2015年	2016年
全　　省	**166**	**66**	**35278**	**36884**	**4790**	**4392**	**58522**	**129392**
石家庄市（包含辛集市）					469	261	24282	115687
石家庄市（不含辛集市）					469	261	24282	115687
辛集市								
唐 山 市	149	61				1181	34357	48762
秦皇岛市							3376	27430
邯 郸 市		1						60716
邢 台 市							57213	82857
保 定 市（包含定州市）					574	318		34525
保 定 市（不含定州市）					574	318		32914
定州市								1611
张家口市			31549	28766	2150	2482	40877	29754
承 德 市		2	188	441	12		5000	1528
沧 州 市							45213	162158
廊 坊 市							5903	16565
衡 水 市								38339

2–3–5续3 各市农林牧渔业商品产值

单位：万元

名 称	(二)蔬菜、食用菌及花卉盆景园艺		1.蔬 菜		2.食 用 菌		3.花 卉	
	2015年	2016年	2015年	2016年	2015年	2016年	2015年	2016年
全 省	**14675185**	**15331221**	**13404240**	**13941392**	**1037779**	**1111077**	**91603**	**128507**
石家庄市（包含辛集市）	1715311	1774169	1586842	1665371	123689	92849	4780	6799
石家庄市（不含辛集市）	1606957	1683473	1478497	1576291	123680	91233	4780	6799
辛集市	108354	90696	108345	89080	9	1616		
唐 山 市	2673874	2952932	2475386	2787092	153814	128391	28403	28964
秦皇岛市	504914	477556	484712	454448	13680	15723	6522	6414
邯 郸 市	1662827	1828701	1451620	1649082	190520	132054	20687	31146
邢 台 市	696728	692959	600849	613426	93496	77241	2383	2292
保 定 市（包含定州市）	1753339	1788302	1545993	1518097	128279	113677	6155	3596
保 定 市（不含定州市）	1287913	1310879	1153807	1136316	128279	113677	5827	3224
定州市	465426	477423	392186	381781			328	372
张家口市	1063443	971274	1046072	961216	17010	6965	361	383
承 德 市	952185	964453	426968	445764	519636	515907	5581	2782
沧 州 市	943078	1043357	909716	1024873	28603	13654	4759	3980
廊 坊 市	1349066	1411170	1253233	1255058	5491	3393	12951	11352
衡 水 市	683573	772449	659878	757534	23541	14792	154	98

2–3–5续4 各市农林牧渔业商品产值

单位：万元

名 称	4.盆景园艺		(三)水果、食用坚果、饮料和香料		1.水 果		(1) 园林水果	
	2015年	2016年	2015年	2016年	2015年	2016年	2015年	2016年
全 省	**141563**	**150246**	**5604271**	**5754634**	**4823852**	**5010477**	**3566529**	**3744005**
石家庄市（包含辛集市）		9150	882660	697320	774530	600837	678070	511075
石家庄市（不含辛集市）		9150	749079	593716	640949	497233	545341	408102
辛集市			133581	103604	133581	103604	132729	102973
唐 山 市	16271	8485	889917	865526	758782	714533	501812	456946
秦皇岛市		971	304950	353744	258480	291948	229175	263710
邯 郸 市		16419	375096	402056	281331	323644	186745	225278
邢 台 市			482015	433441	408653	361969	381011	332264
保 定 市（包含定州市）	72912	152932	774022	769863	726969	715958	378020	370801
保 定 市（不含定州市）		57662	721256	735523	679263	685516	333211	343808
定州市	72912	95270	52766	34340	47706	30442	44809	26993
张家口市		2710	328824	481884	252583	411971	236176	394019
承 德 市			534513	485769	329917	236183	320768	221578
沧 州 市		850	611651	435020	611651	434823	489620	316185
廊 坊 市	77391	141367	290768	325433	290538	325198	187201	203005
衡 水 市		25	529146	570881	529146	570832	378273	415229

2-3-5续5 各市农林牧渔业商品产值

单位：万元

名　称	(2) 瓜 果 类		2.食用坚果		3.香料原料		(四)中 药 材	
	2015年	2016年	2015年	2016年	2015年	2016年	2015年	2016年
全　省	**1257323**	**1266472**	**745203**	**706119**	**35216**	**38038**	**636122**	**756310**
石家庄市（包含辛集市）	96460	89762	92450	81929	15680	14554	15742	16009
石家庄市（不含辛集市）	95608	89131	92450	81929	15680	14554	14870	14821
辛集市	852	631					872	1188
唐 山 市	256970	257587	131135	150974		19	8729	13074
秦皇岛市	29305	28238	46470	61777		19	76767	149680
邯 郸 市	94586	98366	74433	58112	19332	20300	67214	24416
邢 台 市	27642	29705	73346	71472	16		103414	116915
保 定 市（包含定州市）	348949	345157	47053	52909		996	196409	203441
保 定 市（不含定州市）	346052	341708	41993	49011		996	112895	119045
定州市	2897	3449	5060	3898			83514	84396
张家口市	16407	17952	76241	69886		27	17003	42197
承 德 市	9149	14605	202928	248796	1668	790	159207	192990
沧 州 市	122031	118638		197			1425	1187
廊 坊 市	103337	122193	230	235			7	541
衡 水 市	150873	155603		49				387

2-3-5续6 各市农林牧渔业商品产值

单位：万元

名　称	二、林业商品产值		(一)林木的培育和种植		(二)木材采运		(三)林 产 品	
	2015年	2016年	2015年	2016年	2015年	2016年	2015年	2016年
全　省	**415316**	**495412**	**128778**	**179294**	**42183**	**43291**	**244355**	**272827**
石家庄市（包含辛集市）	23371	44500	14955	10376	710	855	7706	33269
石家庄市（不含辛集市）	19826	42397	11462	8314	658	814	7706	33269
辛集市	3545	2103	3493	2062	52	41		
唐 山 市	42888	36348	29815	26476	5433	6504	7640	3368
秦皇岛市	21555	28382	7812	17265	852	961	12891	10156
邯 郸 市	220	1069			220	577		492
邢 台 市	16532	25620	15000	23627	1282	1935	250	58
保 定 市（包含定州市）	13744	26658	11502	9086	2242	1552		16020
保 定 市（不含定州市）	13223	26538	11502	9086	1721	1552		15900
定州市	521	120			521			120
张家口市	41238	79148	9905	67924	5533	2482	25800	8742
承 德 市	179953	175704	15744	58800	24209	21160	140000	95744
沧 州 市	3185	21444	2754	9294	431	728		11422
廊 坊 市	14093	21956	12252	17384	1841	1927		2645
衡 水 市	6203	12815	4310	9688	1893	3127		

2–3–5续7　各市农林牧渔业商品产值

单位：万元

名　称	三、牧业商品产值		(一)牲畜饲养		1.牛的饲养		2.羊的饲养	
	2015年	2016年	2015年	2016年	2015年	2016年	2015年	2016年
全　省	**17080636**	**17732496**	**5878678**	**5545602**	**2470224**	**2406756**	**1728293**	**1675552**
石家庄市（包含辛集市）	2910641	3038444	886967	812711	390933	371257	121678	95030
石家庄市（不含辛集市）	2607421	2706119	845700	776454	380409	361501	110361	86896
辛集市	303220	332325	41267	36257	10524	9756	11317	8134
唐 山 市	2571264	2991403	1001187	1011712	337501	376340	83070	86559
秦皇岛市	1269232	1310562	350785	324274	145370	129733	170450	156363
邯 郸 市	2676592	2767004	591592	555119	232668	200867	268173	268797
邢 台 市	1425566	1396959	363681	349898	163639	160650	98706	89811
保 定 市（包含定州市）	2150001	2355392	712082	696360	227716	231255	207743	206076
保 定 市（不含定州市）	1723112	1888289	553578	541089	170432	175997	180941	180127
定州市	426889	467103	158504	155271	57284	55258	26802	25949
张家口市	1709718	1779248	956166	968757	243510	238777	273452	280953
承 德 市	1264620	1291885	602306	572680	434291	417712	106663	94905
沧 州 市	1716004	1652838	539907	539516	370332	325429	133879	162249
廊 坊 市	1083767	1020642	547752	431684	293563	236325	179870	134596
衡 水 市	1180734	1305094	390800	351228	220242	197904	127661	107144

2–3–5续8　各市农林牧渔业商品产值

单位：万元

名　称	3.其他牲畜饲养		4.奶　类		5.毛 绒 类		(二)猪的饲养	
	2015年	2016年	2015年	2016年	2015年	2016年	2015年	2016年
全　省	**115846**	**65953**	**1501051**	**1337493**	**63264**	**59849**	**5451497**	**6220712**
石家庄市（包含辛集市）	8068	7355	362343	334123	3945	3872	851476	1037434
石家庄市（不含辛集市）	6875	6606	344334	316789	3721	3588	742709	904412
辛集市	1193	749	18009	17334	224	284	108767	133022
唐 山 市	6726	6760	570457	533684	3433	2676	867792	1272347
秦皇岛市	1522	1541	26029	30241	7414	6396	415561	484026
邯 郸 市	9057	7263	72265	66139	9429	11292	906170	1009502
邢 台 市	2939	2870	94512	93591	3885	2960	446100	478953
保 定 市（包含定州市）	4118	3997	259707	242965	12798	11672	944823	1110694
保 定 市（不含定州市）	3853	3565	185635	169411	12717	11594	771731	893776
定州市	265	432	74072	73554	81	78	173092	216918
张家口市	24449	12966	401977	410074	12778	14150	405334	472607
承 德 市	8093	7536	45978	42970	7281	8249	360321	418211
沧 州 市	6348	5213	25901	34282	3447	2243	452350	490454
廊 坊 市	5664	3410	65680	50630	2975	1266	288090	322470
衡 水 市	3232	2903	36587	40427	3078	2839	467079	601841

2–3–5续9　各市农林牧渔业商品产值

单位：万元

名　　称	(三)家禽饲养		1.肉　禽		2.禽　蛋		(四)狩猎和捕捉动物	
	2015年	2016年	2015年	2016年	2015年	2016年	2015年	2016年
全　　省	**4234323**	**4222958**	**1264705**	**1240727**	**2969618**	**2982230.6**		
石家庄市（包含辛集市）	1141041	1122227	329726	289777	811315	832450		
石家庄市（不含辛集市）	987855	965039	292174	259787	695681	705252		
辛集市	153186	157188	37552	29990	115634	127198		
唐 山 市	440325	457580	147544	154498	292781	303082		3072
秦皇岛市	168538	166610	81228	86483	87310	80127		
邯 郸 市	1178830	1099366	232106	218895	946724	880471		
邢 台 市	601917	554868	120201	136041	481716	418827		
保 定 市（包含定州市）	453656	462251	122055	117370	331601	344881		
保 定 市（不含定州市）	358363	367577	101367	96815	256996	270762		
定州市	95293	94674	20688	20555	74605	74119		
张家口市	263822	267992	67844	68150	195978	199842		3000
承 德 市	289993	278803	210217	199170	79776	79633		103
沧 州 市	507210	476714	230817	223946	276393	252768		150
廊 坊 市	188375	182115	68106	64251	120269	117864		
衡 水 市	321230	330952	101948	100649	219282	230303		

2–3–5续10　各市农林牧渔业商品产值

单位：万元

名　　称	(五)其他畜牧业		四、渔业商品产值		(一)海水产品		(二)淡水产品	
	2015年	2016年	2015年	2016年	2015年	2016年	2015年	2016年
全　　省	**1516138**	**1743223**	**1759054**	**1913072**	**1105021**	**1295356**	**654033**	**617716**
石家庄市（包含辛集市）	31157	66072	36419	34583			36419	34583
石家庄市（不含辛集市）	31157	60214	36358	34544			36358	34544
辛集市		5858	61	39			61	39
唐 山 市	261960	246692	796023	1017551	465689	653454	330334	364097
秦皇岛市	334348	335652	222804	430349	218541	419393	4263	10956
邯 郸 市		103017	51869	35799			51869	35799
邢 台 市	13868	13240	13635	9143			13635	9143
保 定 市（包含定州市）	39440	86087	77495	77748			77495	77748
保 定 市（不含定州市）	39440	85847	77309	77610			77309	77610
定州市		240	186	138			186	138
张家口市	84396	66892	16276	16792			16276	16792
承 德 市	12000	22088	52218	40679			52218	40679
沧 州 市	216537	146004	315041	275607	270500	243436	44541	32171
廊 坊 市	59550	84373	48212	42454	8273	12110	39939	30344
衡 水 市	1625	21073	11428	8735			11428	8735

2-3-6 各市农林牧渔业中间消耗

单位：万元

名称	农林牧渔业中间消耗		(一)农业中间消耗		1.农业物质消耗		(1)用种量	
	2015年	2016年	2015年	2016年	2015年	2016年	2015年	2016年
全省	**24002165**	**24390395**	**11038272**	**10996018**	**8994001**	**8956001**	**1316120**	**1310120**
石家庄市（包含辛集市）	3849353	3804169	1576852	1658148	1265991	1312226	192503	206121
石家庄市（不含辛集市）	3450206	3401633	1402487	1494652	1099250	1209879	178116	192631
辛集市	399147	402536	174365	163496	166741	102347	14387	13490
唐山市	3301711	3499353	1265327	1292274	1022132	973161	241122	146975
秦皇岛市	1380240	1520392	401274	428966	341674	358460	37145	39143
邯郸市	3246952	3328038	1396008	1423794	1152759	1199062	157360	178348
邢台市	2037321	1944358	1029677	967974	777404	753295	114291	123952
保定市（包含定州市）	3205125	3345752	1650936	1664796	1232981	1242092	181644	182823
保定市（不含定州市）	2659712	2762699	1373512	1374354	1023520	1022802	150853	150587
定州市	545413	583053	277424	290442	209461	219290	30791	32236
张家口市	1812652	1932271	832342	887045	682539	735331	213465	204888
承德市	1628120	1658965	795432	796330	665240	702118	71050	84851
沧州市	2739905	2693920	1104824	982492	839583	756608	149539	135140
廊坊市	1713312	1650679	887830	935701	670312	709617	98536	104189
衡水市	2207344	2298140	1179767	1211474	902234	986610	140928	185356

2-3-6续1 各市农林牧渔业中间消耗

单位：万元

名称	1.农业物质消耗(续1)							
	(2)役畜用饲料、饲草		(3)肥料		(4)燃料		(5)农药	
	2015年	2016年	2015年	2016年	2015年	2016年	2015年	2016年
全省	**38000**	**37500**	**4294567**	**4283567**	**554992**	**550992**	**981040**	**976040**
石家庄市（包含辛集市）	9689	11791	602177	589193	73626	87320	105457	108462
石家庄市（不含辛集市）	4188	6633	514713	561182	56240	71019	86955	91114
辛集市	5501	5158	87464	28011	17386	16301	18502	17348
唐山市	5521	4285	330863	429347	40272	51454	80339	76972
秦皇岛市	4292	4082	152584	158580	29071	30206	39847	41209
邯郸市	9805	3998	594135	552170	41450	62948	75045	83344
邢台市	3090	13383	346999	296141	41185	45223	62809	58852
保定市（包含定州市）	4724	5385	553971	543287	62629	66005	99872	97859
保定市（不含定州市）	3885	4507	460501	445431	51531	54386	82949	80142
定州市	839	878	93470	97856	11098	11619	16923	17717
张家口市	53321	44361	163833	179602	54049	51661	37125	50603
承德市	20300	5315	311533	334170	39926	32613	56002	62781
沧州市	4583	8082	317857	272033	51517	46122	78293	60739
廊坊市	2681	2762	299227	316044	35527	37412	54161	57050
衡水市	5740	10162	390293	450265	49692	49412	74085	72846

2–3–6续2 各市农林牧渔业中间消耗

单位：万元

名　称	1.农业物质消耗(续2)							
	(6)农用塑料薄膜		(7)用 电 量		(8)小农具购置		(9)办公用品购置	
	2015年	2016年	2015年	2016年	2015年	2016年	2015年	2016年
全　省	**496118**	**491118**	**920175**	**915175**	**74513**	**74013**	**5049**	**4549**
石家庄市（包含辛集市）	49909	53569	172825	203991	6293	6828	2855	3142
石家庄市（不含辛集市）	44459	48458	155676	187911	5610	6188	2805	3092
辛集市	5450	5111	17149	16080	683	640	50	50
唐 山 市	164052	44204	105485	151000	4909	5649	2657	2484
秦皇岛市	13039	12841	27598	32033	2119	2069	1606	1604
邯 郸 市	55640	55673	100879	124569	11007	26252	416	7205
邢 台 市	32948	38808	119444	115005	4120	12107	2057	4687
保 定 市（包含定州市）	51452	56566	187551	186442	6216	8874	3240	3222
保 定 市（不含定州市）	41460	46105	155382	152763	5107	7713	2696	2653
定州市	9992	10461	32169	33679	1109	1161	544	569
张家口市	25950	30250	45832	52570	12406	16162	1011	8080
承 德 市	45045	36790	40007	44092	10015	4476	242	170
沧 州 市	61541	51276	149004	121356	12978	9309	9438	1333
廊 坊 市	28421	29936	102960	109076	3553	3715	1776	1854
衡 水 市	45175	66889	139133	97489	5420	9657	2077	5691

2–3–6续3 各市农林牧渔业中间消耗

单位：万元

名　称	(10)其　他		2.生产服务支出		(二)林业中间消耗		1.物质消耗	
	2015年	2016年	2015年	2016年	2015年	2016年	2015年	2016年
全　省	**313427**	**312927**	**2044271**	**2040017**	**353043**	**391900**	**270034**	**290270**
石家庄市（包含辛集市）	50657	41809	310861	345922	71199	85760	49589	67033
石家庄市（不含辛集市）	50488	41651	303237	284773	69089	84199	47511	65495
辛集市	169	158	7624	61149	2110	1561	2078	1538
唐 山 市	46912	60791	243195	319113	27045	27870	20415	21763
秦皇岛市	34373	36693	59600	70506	19714	24431	17467	21129
邯 郸 市	107022	104555	243249	224732	33487	46281	19598	35133
邢 台 市	50461	45137	252273	214679	30980	39389	25249	31491
保 定 市（包含定州市）	81682	91629	417955	422704	71120	76715	59434	61967
保 定 市（不含定州市）	69156	78515	349992	351552	52306	56034	44129	45143
定州市	12526	13114	67963	71152	18814	20681	15305	16824
张家口市	75547	97154	149803	151714	56699	70628	43533	53517
承 德 市	71120	96860	130192	94212	65501	63309	42311	49023
沧 州 市	4833	51218	265241	225884	25290	19170	20542	15986
廊 坊 市	43470	47579	217518	226084	55735	39659	45425	32733
衡 水 市	49691	38843	277533	224864	24187	27004	19394	21964

2–3–6续4　各市农林牧渔业中间消耗

单位：万元

名　　称	1.林业物质消耗(续1)							
	(1)用 种 量		(2)肥　料		(3)燃　料		(4)农　药	
	2015年	2016年	2015年	2016年	2015年	2016年	2015年	2016年
全　　省	**218414**	**236270**	**18507**	**19507**	**7702**	**7902**	**10935**	**11535**
石家庄市（包含辛集市）	12530	29196	20400	18109	2633	5418	8189	5455
石家庄市（不含辛集市）	11704	28585	19760	17636	2313	5180	7972	5294
辛集市	826	611	640	473	320	238	217	161
唐 山 市	9905	12212	7797	5925	536	622	1515	2174
秦皇岛市	10428	12864	4983	5644	380	501	597	739
邯 郸 市	11954	20309	1796	7989	973	1398	2903	2553
邢 台 市	15114	16388	6569	7584	712	1208	2075	2688
保 定 市（包含定州市）	35119	36178	15261	16181	1738	1836	5077	5131
保 定 市（不含定州市）	25948	26097	11495	12041	1297	1351	3833	3764
定州市	9171	10081	3766	4140	441	485	1244	1367
张家口市	30709	36706	5351	5367	1297	1163	1390	3413
承 德 市	8249	20427	4495	8103	5864	2697	22406	8863
沧 州 市	13200	10708	4013	2523	332	496	298	327
廊 坊 市	27204	19657	11815	8422	1280	902	3734	2764
衡 水 市	11087	13368	5274	4396	615	796	1432	1223

2–3–6续5　各市农林牧渔业中间消耗

单位：万元

名　　称	1.林业物质消耗(续2)							
	(5)用 电 量		(6)小农机具购置		(7)办公用品购置		(8)其　他	
	2015年	2016年	2015年	2016年	2015年	2016年	2015年	2016年
全　　省	**10061**	**10161**	**655**	**705**	**260**	**290**	**3500**	**3900**
石家庄市（包含辛集市）	1102	2328	3972	4119	161	511	602	1897
石家庄市（不含辛集市）	1057	2295	3970	4118	156	508	579	1879
辛集市	45	33	2	1	5	3	23	18
唐 山 市	300	395	95	97	72	70	195	268
秦皇岛市	445	555	111	160	74	109	449	557
邯 郸 市	794	1070	268	528	237	379	673	907
邢 台 市	436	1082	88	507	18	525	237	1509
保 定 市（包含定州市）	1217	1189	238	389		16	784	1047
保 定 市（不含定州市）	965	912	180	325		16	411	637
定州市	252	277	58	64			373	410
张家口市	946	1304	1213	1343	211	623	2416	3598
承 德 市	460	932	260	58	178	36	399	7907
沧 州 市	1770	424	695	229	131	250	103	1029
廊 坊 市	779	470	166	112		5	447	401
衡 水 市	524	718	137	919	55	107	270	437

2–3–6续6 各市农林牧渔业中间消耗

单位：万元

名称	2.生产服务支出		(三)牧业中间消耗		1.牧业物质消耗		(1)用种量	
	2015年	2016年	2015年	2016年	2015年	2016年	2015年	2016年
全　省	**83009**	**101630**	**10059852**	**10239859**	**9719252**	**9889252**	**1492109**	**1552109**
石家庄市（包含辛集市）	21610	18727	1978649	1836438	1881785	1731546	284885	231819
石家庄市（不含辛集市）	21578	18704	1766257	1609875	1683066	1519569	260523	205831
辛集市	32	23	212392	226563	198719	211977	24362	25988
唐 山 市	6630	6107	1468082	1586391	1157751	1508506	195549	251585
秦皇岛市	2247	3302	756531	779177	719137	740420	146938	168747
邯 郸 市	13889	11148	1592746	1624272	1524976	1526199	198499	289939
邢 台 市	5731	7898	836824	789729	796654	749849	125527	133882
保 定 市（包含定州市）	11686	14748	1326215	1440397	1265015	1352117	192575	214879
保 定 市（不含定州市）	8177	10891	1088439	1180193	1038653	1104404	156987	175934
定州市	3509	3857	237776	260204	226362	247713	35588	38945
张家口市	13166	17111	860796	911087	781237	825917	67750	91622
承 德 市	23190	14286	703528	738759	664599	696096	220101	151053
沧 州 市	4748	3184	926547	951178	877776	886823	123130	123514
廊 坊 市	10310	6926	701311	611354	667648	581306	105197	92465
衡 水 市	4793	5040	819138	869108	787231	804228	130551	150183

2–3–6续7 各市农林牧渔业中间消耗

单位：万元

名称	1.牧业物质消耗(续1)					
	(2)饲料、饲草		(3)燃　料		(4)用 电 量	
	2015年	2016年	2015年	2016年	2015年	2016年
全　省	**7792725**	**7882725**	**235536**	**244536**	**98883**	**106883**
石家庄市（包含辛集市）	1470173	1356510	20168	29761	44711	47320
石家庄市（不含辛集市）	1312682	1188513	14131	23320	38857	41076
辛集市	157491	167997	6037	6441	5854	6244
唐 山 市	884804	1162176	9428	12168	28652	34554
秦皇岛市	514681	513283	6940	6979	12712	12833
邯 郸 市	1255449	1090850	23345	17304	22547	41374
邢 台 市	621754	555939	6694	7512	18409	20072
保 定 市（包含定州市）	990193	1045986	10316	11778	29131	30444
保 定 市（不含定州市）	813948	853117	8413	9695	23901	24721
定州市	176245	192869	1903	2083	5230	5723
张家口市	608946	611484	9640	12880	20281	23037
承 德 市	423591	491150	3503	7902	1802	4726
沧 州 市	718268	716295	4661	8021	13993	13053
廊 坊 市	521074	452506	5612	4718	15429	12883
衡 水 市	610275	588758	6291	16606	16516	12228

2–3–6续8　各市农林牧渔业中间消耗

单位：万元

名　　称	1.牧业物质消耗(续2)				2.生产服务支出	
	(5)畜牧用药品		(6)其　他			
	2015年	2016年	2015年	2016年	2015年	2016年
全　省	**61196**	**62196**	**38803**	**40803**	**340600**	**350608**
石家庄市（包含辛集市）	49230	45995	12618	20141	96864	104892
石家庄市（不含辛集市）	44509	40961	12364	19868	83191	90306
辛集市	4721	5034	254	273	13673	14586
唐 山 市	27816	33266	11502	14757	310331	77885
秦皇岛市	23100	23383	14766	15195	37394	38757
邯 郸 市	17538	50096	7598	36636	67770	98073
邢 台 市	17573	21232	6697	11212	40170	39880
保 定 市（包含定州市）	31515	31467	11285	17563	61200	88280
保 定 市（不含定州市）	26539	26022	8865	14915	49786	75789
定州市	4976	5445	2420	2648	11414	12491
张家口市	52923	57832	21697	29062	79559	85170
承 德 市	11690	10160	3912	31105	38929	42663
沧 州 市	10258	11749	7466	14191	48771	64355
廊 坊 市	14727	12984	5609	5750	33663	30048
衡 水 市	16519	23310	7079	13143	31907	64880

2–3–6续9　各市农林牧渔业中间消耗

单位：万元

名　　称	(四)渔业中间消耗		1.渔业物质消耗					
					(1)饲　料		(2)燃　料	
	2015年	2016年	2015年	2016年	2015年	2016年	2015年	2016年
全　省	**811275**	**862954**	**611391**	**646941**	**398009**	**423009**	**51032**	**56032**
石家庄市（包含辛集市）	25102	20079	20768	16715	12286	10558	1582	1502
石家庄市（不含辛集市）	25074	20061	20745	16701	12274	10550	1579	1500
辛集市	28	18	23	14	12	8	3	2
唐 山 市	394187	437246	329350	361085	197024	219331	21791	25420
秦皇岛市	158799	232974	109432	162615	44145	64634	13738	23132
邯 郸 市	24829	18350	22220	15600	13140	9523	3173	2005
邢 台 市	6644	4717	5475	3519	3251	2974	401	121
保 定 市（包含定州市）	41130	39099	33951	36164	20331	21927	2385	2823
保 定 市（不含定州市）	41042	39033	33879	36110	20287	21894	2378	2818
定州市	88	66	72	54	44	33	7	5
张家口市	10366	7274	8377	5745	5241	2982	129	321
承 德 市	24302	19288	23785	17660	22474	13114	520	293
沧 州 市	142446	145297	108369	119189	28069	92822	70926	7116
廊 坊 市	25131	22197	20105	18375	11930	11068	1464	1309
衡 水 市	6727	4997	5219	3983	3399	2400	330	337

2-3-6续10 各市农林牧渔业中间消耗

单位：万元

名 称	1.渔业物质消耗(续1)						2.生产服务支出	
	(3)用电量		(4)办公用品购置		(5)其他			
	2015年	2016年	2015年	2016年	2015年	2016年	2015年	2016年
全 省	**10252**	**10752**	**769**	**819**	**151329**	**156329**	**199884**	**216013**
石家庄市（包含辛集市）	980	953	13	115	5907	3587	4334	3364
石家庄市（不含辛集市）	977	951	12	115	5903	3585	4329	3360
辛集市	3	2	1		4	2	5	4
唐山市	18661	15804	176	314	91698	100216	64837	76161
秦皇岛市	2693	3358	334	353	48522	71138	49367	70359
邯郸市	192	594	22	279	5693	3199	2609	2750
邢台市	256	128	7	41	1560	255	1169	1198
保定市（包含定州市）	1593	1419		7093	9642	2902	7179	2935
保定市（不含定州市）	1589	1416		7093	9625	2889	7163	2923
定州市	4	3			17	13	16	12
张家口市	931	920	131	85	1945	1437	1989	1529
承德市	205	455	36	17	550	3781	517	1628
沧州市	2164	1704	3256	5287	3954	12260	34077	26108
廊坊市	953	853		9	5758	5136	5026	3822
衡水市	235	159	1	118	1254	969	1508	1014

2-3-6续11 各市农林牧渔业中间消耗

单位：万元

名 称	(五)农林牧渔服务业中间消耗		1.物质消耗		2.生产服务支出	
	2015年	2016年	2015年	2016年	2015年	2016年
全 省	**1739723**	**1899665**	**911338**	**991338**	**828385**	**908327**
石家庄市（包含辛集市）	197551	203744	179753	146796	17798	56948
石家庄市（不含辛集市）	187299	192846	170442	136988	16857	55858
辛集市	10252	10898	9311	9808	941	1090
唐山市	147070	155572	61103	63527	85967	92045
秦皇岛市	43922	54844	33277	38664	10645	16180
邯郸市	199882	215341	96844	155883	103038	59458
邢台市	133196	142549	93234	105498	39962	37051
保定市（包含定州市）	115724	124745	52097	53813	63627	70932
保定市（不含定州市）	104413	113085	47270	48837	57143	64248
定州市	11311	11660	4827	4976	6484	6684
张家口市	52449	56237	32651	36572	19798	19665
承德市	39357	41279	28932	29208	10425	12071
沧州市	540798	595783	468402	431152	72396	164631
廊坊市	43305	41768	21220	20659	22085	21109
衡水市	177525	185557	124267	114286	53258	71271

2-3-7　各市农林牧渔业增加值

单位：万元

名　　称	农林牧渔业增加值		1.农　业		2.林　业	
	2015年	2016年	2015年	2016年	2015年	2016年
全　　省	**35786589**	**36448173**	**23375405**	**23597904**	**861798**	**931250**
石家庄市（包含辛集市）	5105677	5005505	3354070	3031161	94516	112712
石家庄市（不含辛集市）	4593175	4509582	2994498	2697416	91266	110159
辛集市	512502	495923	359572	333745	3250	2553
唐 山 市	5810405	6116355	3654165	3751466	43024	48135
秦皇岛市	1808015	1999540	975137	1033495	29516	37465
邯 郸 市	4176407	4335922	2665180	2735342	35601	49443
邢 台 市	2877017	2831642	2059335	1966600	31072	39978
保 定 市（包含定州市）	4427840	4627548	3039683	3125698	116425	126586
保 定 市（不含定州市）	3619735	3766651	2475648	2531909	77106	83411
定州市	808105	860897	564035	593789	39319	43175
张家口市	2496647	2718207	1343142	1497526	88488	115413
承 德 市	2392599	2415818	1447051	1457375	207087	205269
沧 州 市	3648114	3565472	2136407	1969456	46085	34800
廊 坊 市	2098544	2016667	1421468	1373420	58805	40680
衡 水 市	1843098	2004153	1180587	1288215	24322	28152

2-3-7续　各市农林牧渔业增加值

单位：万元

名　　称	3.牧　业		4.渔　业		5.农林牧渔服务业	
	2015年	2016年	2015年	2016年	2015年	2016年
全　　省	**8981389**	**9152375**	**1175906**	**1246570**	**1392091**	**1520074**
石家庄市（包含辛集市）	1468057	1646886	27735	18022	161299	196724
石家庄市（不含辛集市）	1326463	1495845	27702	17999	153246	188163
辛集市	141594	151041	33	23	8053	8561
唐 山 市	1461647	1582431	531862	607740	119707	126583
秦皇岛市	606175	651743	165506	236757	31681	40080
邯 郸 市	1300435	1366834	27040	20422	148151	163881
邢 台 市	658019	686187	7265	4741	121326	134136
保 定 市（包含定州市）	1132057	1230600	46430	44194	93245	100470
保 定 市（不含定州市）	936291	1015899	46332	44122	84358	91310
定州市	195766	214701	98	72	8887	9160
张家口市	993813	1037083	11239	10129	59965	58056
承 德 市	672046	691206	30232	24008	36183	37960
沧 州 市	844790	863497	185509	218397	435323	479322
廊 坊 市	553368	547248	28013	21385	36890	33934
衡 水 市	478052	522507	5965	4421	154172	160858

2-3-8 各市农林牧渔业增加值构成(2016年)

名　称	农林牧渔业增加值构成（以增加值为100）					
	合计	农　业	林　业	牧　业	渔　业	农林牧渔服务业
全　省	**100.00**	**64.74**	**2.55**	**25.11**	**3.42**	**4.17**
石家庄市（包含辛集市）	100.00	60.56	2.25	32.90	0.36	3.93
石家庄市（不含辛集市）	100.00	59.82	2.44	33.17	0.40	4.17
辛集市	100.00	67.30	0.51	30.46	0.00	1.73
唐 山 市	100.00	61.33	0.79	25.87	9.94	2.07
秦皇岛市	100.00	51.69	1.87	32.59	11.84	2.00
邯 郸 市	100.00	63.09	1.14	31.52	0.47	3.78
邢 台 市	100.00	69.45	1.41	24.23	0.17	4.74
保 定 市（包含定州市）	100.00	67.55	2.74	26.59	0.96	2.17
保 定 市（不含定州市）	100.00	67.22	2.21	26.97	1.17	2.42
定州市	100.00	68.97	5.02	24.94	0.01	1.06
张家口市	100.00	55.09	4.25	38.15	0.37	2.14
承 德 市	100.00	60.33	8.50	28.61	0.99	1.57
沧 州 市	100.00	55.24	0.98	24.22	6.13	13.44
廊 坊 市	100.00	68.10	2.02	27.14	1.06	1.68
衡 水 市	100.00	64.28	1.40	26.07	0.22	8.03

2-3-9 各市农林牧渔业增加值指数(2016年)

(上年=100)

名　称	农林牧渔业增加值	农　业	林　业	牧　业	渔　业	农林牧渔服务业
全　省	**103.7**	**103.6**	**105.6**	**103.0**	**103.7**	**108.0**
石家庄市（包含辛集市）	101.1	101.4	112.7	99.5	75.5	108.5
石家庄市（不含辛集市）	101.1	101.5	113.9	99.2	75.5	108.7
辛集市	101.4	100.9	76.7	103.3	72.7	105.3
唐 山 市	103.6	103.4	93.7	104.0	104.2	105.2
秦皇岛市	105.7	106.4	115.0	103.3	105.0	124.5
邯 郸 市	102.1	101.4	121.7	102.2	100.1	108.7
邢 台 市	103.5	102.4	110.4	106.0	93.5	106.5
保 定 市（包含定州市）	103.9	104.4	100.6	102.7	104.4	106.5
保 定 市（不含定州市）	104.1	104.8	98.9	102.6	104.5	107.0
定州市	103.0	102.7	104.0	103.5	91.8	101.8
张家口市	104.6	104.3	118.1	104.1	101.0	98.5
承 德 市	106.6	109.4	99.7	103.2	103.6	103.0
沧 州 市	101.5	100.9	91.8	100.9	104.6	104.5
廊 坊 市	99.9	103.0	68.2	95.6	98.4	100.6
衡 水 市	102.9	103.8	101.8	100.7	99.9	103.1

2-3-10 各市农林牧渔业中间消耗、增加值占总产值的比重(2016年)

单位：%

名称	农林牧渔业		1.农业		2.林业	
	中间消耗	增加值	中间消耗	增加值	中间消耗	增加值
全省	**40.09**	**59.91**	**31.79**	**68.21**	**29.62**	**70.38**
石家庄市（包含辛集市）	43.18	56.82	35.36	64.64	43.21	56.79
石家庄市（不含辛集市）	43.00	57.00	35.65	64.35	43.32	56.68
辛集市	44.80	55.20	32.88	67.12	37.94	62.06
唐山市	36.39	63.61	25.62	74.38	36.67	63.33
秦皇岛市	43.19	56.81	29.33	70.67	39.47	60.53
邯郸市	43.42	56.58	34.23	65.77	48.35	51.65
邢台市	40.71	59.29	32.99	67.01	49.63	50.37
保定市（包含定州市）	41.96	58.04	34.75	65.25	37.73	62.27
保定市（不含定州市）	42.31	57.69	35.18	64.82	40.18	59.82
定州市	40.38	59.62	32.85	67.15	32.39	67.61
张家口市	41.55	58.45	37.20	62.80	37.96	62.04
承德市	40.71	59.29	35.33	64.67	23.57	76.43
沧州市	43.04	56.96	33.28	66.72	35.52	64.48
廊坊市	45.01	54.99	40.52	59.48	49.36	50.64
衡水市	53.42	46.58	48.46	51.54	48.96	51.04

2-3-10续 各市农林牧渔业中间消耗、增加值占总产值的比重(2016年)

单位：%

名称	3.牧业		4.渔业		5.农林牧渔服务业	
	中间消耗	增加值	中间消耗	增加值	中间消耗	增加值
全省	**52.80**	**47.20**	**40.91**	**59.09**	**55.55**	**44.45**
石家庄市（包含辛集市）	52.72	47.28	52.70	47.30	50.88	49.12
石家庄市（不含辛集市）	51.84	48.16	52.71	47.29	50.61	49.39
辛集市	60.00	40.00	43.90	56.10	56.00	44.00
唐山市	50.06	49.94	41.84	58.16	55.14	44.86
秦皇岛市	54.45	45.55	49.60	50.40	57.78	42.22
邯郸市	54.30	45.70	47.33	52.67	56.78	43.22
邢台市	53.51	46.49	49.87	50.13	51.52	48.48
保定市（包含定州市）	53.93	46.07	46.94	53.06	55.39	44.61
保定市（不含定州市）	53.74	46.26	46.94	53.06	55.33	44.67
定州市	54.79	45.21	47.83	52.17	56.00	44.00
张家口市	46.77	53.23	41.80	58.20	49.20	50.80
承德市	51.66	48.34	44.55	55.45	52.09	47.91
沧州市	52.42	47.58	39.95	60.05	55.42	44.58
廊坊市	52.77	47.23	50.93	49.07	55.17	44.83
衡水市	62.45	37.55	53.06	46.94	53.56	46.44

2-3-11　各市农业劳动生产率、投入产出率(2016年)

单位：元

名　称	每一农村农林牧渔业从业人员创造农林牧渔业总产值	每一农村农林牧渔业从业人员创造农林牧渔业增加值	农业投入产出率(%)
全　省	**44397**	**26598**	**149.4**
石家庄市（包含辛集市）	63262	35944	131.6
石家庄市（不含辛集市）	60789	34651	132.6
辛集市	98571	54409	123.2
唐 山 市	79385	50495	174.8
秦皇岛市	49429	28079	131.5
邯 郸 市	45883	25959	130.3
邢 台 市	35548	21076	145.6
保 定 市（包含定州市）	29209	16952	138.3
保 定 市（不含定州市）	25695	14823	136.3
定州市	76531	45629	147.7
张家口市	40974	23950	140.7
承 德 市	43394	25727	145.6
沧 州 市	64245	36595	132.4
廊 坊 市	46440	25537	122.2
衡 水 市	53396	24873	87.2

注：按从业人员年平均人数计算。

2-3-12　各市农村经济比重(2016年)

名　称	地区生产总值(亿元)	农林牧渔业增加值(亿元)	农林牧渔业增加值比重(%)	年末常住人口(万人)	乡村人口(万人)	乡村人口比重(%)	社会消费品零售总额(亿元)	乡村零售额(亿元)	乡村零售额比重(%)
全　省	**32070.45**	**3644.82**	**11.4**	**7470.05**	**5746.56**	**76.9**	**14364.7**	**3169.0**	**22.1**
石家庄市（包含辛集市）	5927.73	500.55	8.4	1078.46	702.28	65.1	2975.2	469.0	15.8
石家庄市（不含辛集市）	5502.15	450.96	8.2	1015.12	646.66	63.7	2693.0	374.6	13.9
辛集市	425.58	49.59	11.7	63.34	55.62	87.8	282.3	94.4	33.4
唐 山 市	6354.87	611.64	9.6	784.36	551.18	70.3	2371.1	425.2	17.9
秦皇岛市	1349.35	199.95	14.8	309.46	205.62	66.4	699.8	100.2	14.3
邯 郸 市	3361.11	433.59	12.9	949.28	761.32	80.2	1508.9	354.6	23.5
邢 台 市	1975.75	283.16	14.3	731.99	636.52	87.0	969.9	197.2	20.3
保 定 市（包含定州市）	3477.13	462.75	13.3	1163.45	971.32	83.5	1828.2	414.4	22.7
保 定 市（不含定州市）	3149.32	376.67	12.0	1042.53	859.23	82.4	1669.3	376.4	22.5
定州市	327.81	86.09	26.3	120.92	112.09	92.7	158.9	38.0	23.9
张家口市	1465.99	271.82	18.5	442.51	314.49	71.1	683.2	146.2	21.4
承 德 市	1438.57	241.58	16.8	353.18	303.81	86.0	543.3	136.3	25.1
沧 州 市	3544.68	356.55	10.1	750.55	603.16	80.4	1227.8	330.2	26.9
廊 坊 市	2720.46	201.67	7.4	461.50	328.18	71.1	881.9	410.8	46.6
衡 水 市	1420.18	200.42	14.1	445.31	368.68	82.8	675.4	184.9	27.4

注：2016年地区生产总值数据中包含研发支出数据。

2-3-13 各市非国有经济基本情况及效益

名称	单位个数(个)		从业人数(人)		增加值(万元)	
	2015年	2016年	2015年	2016年	2015年	2016年
全省	**2755934**	**2871289**	**21323740**	**21811328**	**201864398**	**215831137**
石家庄市(包含辛集市)	315773	325694	3101883	3174111	36657733	39513826
石家庄市(不含辛集市)	298480	308521	2860524	2922544	33613325	36124180
辛集市	17293	17173	241359	251567	3044408	3389646
唐山市	334704	348047	2377682	2322547	41867000	43386656
秦皇岛市	111361	117732	785817	793992	8130100	8724738
邯郸市	357677	373061	2808270	2857353	20513472	21785601
邢台市	249074	259672	1893099	2031789	11720442	13003798
保定市(包含定州市)	321949	336275	3144808	3218603	22427324	23376527
保定市(不含定州市)	292390	305555	2748784	2802732	20389500	21304000
定州市	29559	30720	396024	415871	2037824	2072527
张家口市	220722	232456	1188025	1228936	8054723	8633536
承德市	204647	213109	985700	1001116	8676328	9230937
沧州市	219393	230088	2159868	2231558	21939082	24844688
廊坊市	200532	208223	1583073	1624807	17561431	19468102
衡水市	220102	226932	1295515	1326516	8542763	9956228

2-3-13续 各市非国有经济基本情况及效益

单位:万元

名称	营业收入		实交税金		固定资产投资	
	2015年	2016年	2015年	2016年	2015年	2016年
全省	**1005972034**	**1071057695**	**24093515**	**26662447**	**174988689**	**187993627**
石家庄市(包含辛集市)	182421690	197986506	4443544	4783486	19030795	20166110
石家庄市(不含辛集市)	170154031	185284673	4283425	4622857	18065357	19039231
辛集市	12267659	12701833	160119	160629	965438	1126879
唐山市	175013671	173602269	3676230	3654406	26505349	27848287
秦皇岛市	38624936	42894503	1339431	1308717	4815521	4864687
邯郸市	123587325	128835609	1686638	1918607	27005713	29058698
邢台市	60615018	66971971	1191782	1284216	12805131	13565867
保定市(包含定州市)	105414559	116025857	2714726	3072445	20689794	22314890
保定市(不含定州市)	95941444	105503867	2536501	2887293	18500149	19863209
定州市	9473115	10521990	178225	185152	2189645	2451681
张家口市	33332711	36090098	1009937	1222137	8465152	9995690
承德市	47183156	49713399	1063808	1117118	9652055	9980546
沧州市	109989557	118233145	2199893	2430869	21271681	22577856
廊坊市	85457224	91830043	3622181	4726399	15405377	17586049
衡水市	44332187	48874295	1087345	1144047	9342121	10034947

2-3-14 各市非国有出口企业情况

名　　称	企业单位个数(个)		年末职工人数(人)		出口产品交货值(万元)	
	2015年	2016年	2015年	2016年	2015年	2016年
全　　省	**8706**	**7173**	**1110405**	**1142161**	**16956375**	**17152342**
石家庄市（包含辛集市）	840	822	145989	164624	2962594	3260636
石家庄市（不含辛集市）	659	664	103689	121687	2590026	2913285
辛集市	181	158	42300	42937	372568	347351
唐 山 市	359	361	126470	121876	1974823	1952335
秦皇岛市	239	243	123384	122745	505677	1411766
邯 郸 市	129	132	49611	52017	1657122	395927
邢 台 市	757	758	68684	70750	1015048	1075021
保 定 市（包含定州市）	1893	1707	192745	224444	3242652	3580387
保 定 市（不含定州市）	1814	1619	182789	214243	3068652	3357549
定州市	79	88	9956	10201	174000	222838
张家口市	180	200	57447	57690	135787	132423
承 德 市	51	53	14575	15341	99908	112076
沧 州 市	988	990	119631	114261	2128714	1904887
廊 坊 市	500	495	131981	132101	1612271	1749554
衡 水 市	2770	1412	79888	66312	1621779	1577330

2-3-15 各市非国有经济园区情况

名　　称	园区个数(个)		园区内年末实有企业个数(个)		园区内企业年末从业人员数(人)		园区内企业增加值(万元)	
	2015年	2016年	2015年	2016年	2015年	2016年	2015年	2016年
全　　省	**327**	**310**	**56963**	**60046**	**2492264**	**2806067**	**52931790**	**56257115**
石家庄市（包含辛集市）	42	41	6600	6738	388639	402045	8552350	10487092
石家庄市（不含辛集市）	37	36	6068	6173	320820	317383	7204785	8502218
辛集市	5	5	532	565	67819	84662	1347565	1984874
唐 山 市	17	18	1724	2157	212337	231118	9699788	9381589
秦皇岛市	15	14	1344	1389	69976	67680	1409867	1456097
邯 郸 市	62	57	12280	13729	293819	271242	5388737	5128000
邢 台 市	44	37	7031	7153	344413	320275	7180694	7319358
保 定 市（包含定州市）	36	34	9553	8922	458966	479422	4760896	5752191
保 定 市（不含定州市）	34	32	9376	8721	434784	455240	4077789	4639084
定州市	2	2	177	201	24182	24182	683107	1113107
张家口市	23	23	6917	6796	110804	77253	2900322	2705526
承 德 市	12	13	1271	1454	84428	106604	1723837	1757965
沧 州 市	42	40	5566	5889	234991	536701	5004568	5913723
廊 坊 市	14	14	2640	3722	138080	138533	1726209	2074973
衡 水 市	20	19	2037	2097	155811	175194	4584522	4280601

2–3–16 各市非国有农产品加工经济单位情况

名　称	单位个数(个)		从业人员(人)		增加值(万元)	
	2015年	2016年	2015年	2016年	2015年	2016年
全　省	**77094**	**84289**	**1176020**	**1193251**	**12224469**	**13114706**
石家庄市（包含辛集市）	7810	8186	232294	232276	3240744	3515972
石家庄市（不含辛集市）	7287	7671	185325	181134	2413198	2607446
辛集市	523	515	46969	51142	827546	908526
唐 山 市	5961	5591	78044	67507	1239779	1396657
秦皇岛市	1622	1715	38234	43944	251774	270137
邯 郸 市	14047	18308	148182	186859	1103554	1386213
邢 台 市	19205	22253	193916	192710	1582493	1892576
保 定 市（包含定州市）	7235	8116	217252	221123	1381972	1455222
保 定 市（不含定州市）	6802	7683	203836	207707	1357425	1430675
定州市	433	433	13416	13416	24547	24547
张家口市	6595	7171	57855	52835	409560	413752
承 德 市	2607	3143	46018	49011	416257	400414
沧 州 市	5426	4347	85578	66836	973152	980017
廊 坊 市	1305	1397	45451	48971	1119073	993495
衡 水 市	5281	4062	33196	31179	506111	410251

2–3–16续 各市非国有农产品加工经济单位情况

单位：万元

名　称	营业收入		上缴税金	
	2015年	2016年	2015年	2016年
全　省	**58227475**	**63910010**	**994048**	**938050**
石家庄市（包含辛集市）	15215714	17457233	163579	194428
石家庄市（不含辛集市）	11774006	14012121	127805	158665
辛集市	3441708	3445112	35774	35763
唐 山 市	5783049	5275601	111059	74816
秦皇岛市	1177992	1305869	75427	73220
邯 郸 市	5898146	7620475	64053	76590
邢 台 市	8672505	9055849	150960	103814
保 定 市（包含定州市）	7288292	7367870	135034	120626
保 定 市（不含定州市）	7159042	7238620	132555	118147
定州市	129250	129250	2479	2479
张家口市	1600483	1492712	36513	37688
承 德 市	1565258	1695192	48647	39223
沧 州 市	4420222	4798359	61107	43386
廊 坊 市	4909563	6310894	103355	138798
衡 水 市	1696251	1529956	44314	35461

2–4–1 各市扶贫情况

名 称	当年中央和省财政投入扶贫资金总额（万元）		脱贫人口数（万人）		解决饮水安全人口（万人）	
	2015年	2016年	2015年	2016年	2015年	2016年
全 省	**234482**	**397494**	**106.73**	**104.17**	**230.04**	**90.30**
石家庄市（包含辛集市）	15751	26603	5.49	8.15	10.87	23.90
石家庄市（不含辛集市）	15751	26025	5.49	8.15	10.87	23.90
辛集市		578				
唐 山 市						
秦皇岛市	4461	6607	2.51	3.01	3.76	0.60
邯 郸 市	21105	27774	9.96	15.22	16.63	15.80
邢 台 市	29992	47113	16.03	12.05	47.16	18.25
保 定 市（包含定州市）	49000	87916	20.29	14.04	34.32	12.28
保 定 市（不含定州市）	49000	86914	20.29	14.04	34.32	12.28
定州市		1002				
张家口市	41551	86227	20.07	22.16	40.23	12.70
承 德 市	29625	58108	14.94	12.78	22.23	3.95
沧 州 市	22972	30868	9.39	5.97	0.00	
廊 坊 市						
衡 水 市	20026	26279	8.05	10.79	54.84	2.82

2–4–1续 各市扶贫情况

名 称	“雨露”计划培训人数（万人）		新增基本农田面积（公顷）		新增公路里程（公里）	
	2015年	2016年	2015年	2016年	2015年	2016年
全 省	**14.67**	**16.93**	**604.03**		**2374.25**	**3443.87**
石家庄市（包含辛集市）	1.28	0.65	464.00		281.00	340.42
石家庄市（不含辛集市）	1.28	0.65	464.00		281.00	267.08
辛集市						73.34
唐 山 市						
秦皇岛市	0.65	0.40				82.08
邯 郸 市	1.77	1.36			209.00	375.34
邢 台 市	2.26	1.85			379.46	1151.03
保 定 市（包含定州市）	2.67	4.51			563.80	292.01
保 定 市（不含定州市）	2.67	4.51			563.80	279.92
定州市						12.09
张家口市	3.23	4.40			109.28	282.66
承 德 市	0.38	1.51	140.03		656.71	423.41
沧 州 市	1.57	0.59				194.81
廊 坊 市						
衡 水 市	0.86	1.66			175.00	302.11

2–4–2 各市粮食购销情况

单位：吨

名 称	从生产者购进		#省外购进		销 售		#省外销售	
	2015年	2016年	2015年	2016年	2015年	2016年	2015年	2016年
全 省	**7008056**	**6570324**	**66627**	**133509**	**7855109**	**5255626**	**1906129**	**1361471**
石家庄市（包含辛集市）	1458057	782059			1534934	951107	34922	20055
石家庄市（不含辛集市）	1422253	730869			1499166	929676	34922	20055
辛集市	35804	51190			35768	21431		
唐 山 市	155241	330270	1252	4111	186502	183197	148	5224
秦皇岛市	491160	403621	9245	89774	929847	754266	471668	480401
邯 郸 市	225846	785273			238564	520034	19355	227898
邢 台 市	1144189	1302455		9658	1331823	574916	192527	171297
保 定 市（包含定州市）	1128620	941985			1076329	702110	358994	249652
保 定 市（不含定州市）	1094937	780676			1040868	678142	358994	249652
定州市	33683	161309			35461	23968		
张家口市	54078	34216			90013	129933		562
承 德 市	251891	352053		2179	143341	378973	8333	7985
沧 州 市	460008	584948			444864	408645	28702	40642
廊 坊 市	336853	321002	20936	27787	360620	349728	90924	90636
衡 水 市	1302114	732442	35194		1518271	302717	700557	67121

注:以上数据均为全省国有粮食经营企业数据。2016年从生产者购进数含最低价收购小麦数。

2–4–3 各市日照、降水和气温情况

名 称	日照(小时)		降水(毫米)		平均气温(℃)	
	2015年	2016年	2015年	2016年	2015年	2016年
全 省	**2319.1**	**2358.8**	**506.0**	**608.9**	**12.6**	**12.6**
石家庄市（包含辛集市）	2155.4	2150.7	505.8	620.5	14.1	14.2
石家庄市（不含辛集市）	2140.1	2134.0	511.9	631.4	14.1	14.1
辛集市	2400.2	2418.8	408.6	445.8	14.6	14.8
唐 山 市	2458.6	2536.5	545.6	687.9	12.5	12.4
秦皇岛市	2698.7	2763.9	567.7	817.4	11.8	11.5
邯 郸 市	2211.0	2134.8	413.0	684.6	14.4	14.6
邢 台 市	2037.5	1965.0	447.5	672.3	14.1	14.2
保 定 市（包含定州市）	2158.5	2170.8	526.9	547.3	13.1	13.1
保 定 市（不含定州市）	2156.9	2169.5	527.1	548.8	13.1	13.1
定州市	2185.9	2194.1	523.6	519.1	13.4	13.6
张家口市	2675.1	2875.7	433.2	493.7	7.3	7.1
承 德 市	2478.9	2590.9	526.7	618.4	8.3	8.1
沧 州 市	2443.7	2586.0	630.1	578.7	13.7	13.8
廊 坊 市	2409.7	2483.5	533.3	555.1	13.1	12.9
衡 水 市	2313.9	2339.4	523.4	536.3	13.9	14.1

注：全省数据取自142个气象台站的平均值。

2-4-4 各市乡（镇）卫生院、床位数和卫生人员情况

名　　称	乡（镇）卫生院（个）		床位数（张）		卫生人员数（人）	
	2015 年	2016 年	2015 年	2016 年	2015 年	2016 年
全　　省	1960	1961	64853	66447	55793	56107
石家庄市（包含辛集市）	220	220	7366	7601	6537	6704
石家庄市（不含辛集市）	205	205	6940	7175	6134	6260
辛集市	15	15	426	426	403	444
唐 山 市	178	179	5718	5764	6529	6448
秦皇岛市	75	75	2529	2438	1777	1705
邯 郸 市	214	214	10986	11865	8134	8325
邢 台 市	173	173	6693	6798	5386	5476
保 定 市（包含定州市）	312	312	9279	9241	8138	8225
保 定 市（不含定州市）	290	290	8403	8333	7295	7399
定州市	22	22	876	908	843	826
张家口市	210	210	4282	4298	3280	3272
承 德 市	204	204	5406	5676	3996	3960
沧 州 市	170	170	5156	5172	5420	5398
廊 坊 市	90	90	3832	3934	3249	3178
衡 水 市	114	114	3606	3660	3347	3416

2-4-5 各市村卫生室和卫生人员情况

名　　称	村卫生室数（个）				乡村医生和卫生员（人）			
			#村办				#乡村医生	
	2015年	2016年	2015年	2016年	2015年	2016年	2015年	2016年
全　　省	60492	60365	28399	28735	82355	82542	77733	77321
石家庄市（包含辛集市）	3974	3973	3598	3597	9488	9367	9045	8915
石家庄市（不含辛集市）	3635	3633	3275	3273	8498	8366	8055	7950
辛集市	339	340	323	324	990	1001	990	965
唐 山 市	6904	6859	2682	2724	8765	8969	8119	8014
秦皇岛市	2465	2480	1834	1823	2641	2669	2589	2643
邯 郸 市	7429	7426	4136	4201	12283	12329	11137	11219
邢 台 市	7343	7121	2782	2924	8674	8538	8243	8078
保 定 市（包含定州市）	7983	8062	3021	3071	11671	11862	11195	11286
保 定 市（不含定州市）	7516	7595	2583	2631	10787	10977	10325	10415
定州市	467	467	438	440	884	885	870	871
张家口市	3972	3967	1663	1683	4743	4764	4466	4463
承 德 市	2575	2552	2200	2202	3728	3686	3620	3575
沧 州 市	7911	7935	1831	1830	9476	9533	8881	8825
廊 坊 市	4737	4727	2698	2695	5098	5027	4888	4821
衡 水 市	5199	5263	1954	1985	5788	5798	5550	5482

2-5-1 各市主要经济指标排序

名称	农用机械总动力(千瓦)				农村用电量（万千瓦时）			
	2015年数量	位次	2016年数量	位次	2015年数量	位次	2016年数量	位次
全省	**111028112**		**74019708**		**6118225**		**6007781**	
石家庄市（包含辛集市）	20404517	1	12808040	1	732116	4	787930	4
唐山市	12289682	5	7667433	5	1163660	1	1119786	1
秦皇岛市	2922298	11	1805058	11	283264	9	234649	9
邯郸市	15301877	2	9757802	3	655026	5	659949	5
邢台市	10220062	6	8216801	4	355555	7	365206	7
保定市（包含定州市）	12697581	4	7516882	6	519497	6	514733	6
张家口市	3406070	10	2444740	10	131691	11	127499	11
承德市	4077196	9	2462399	9	197739	10	206468	10
沧州市	12938460	3	9963942	2	830832	3	859312	2
廊坊市	6986265	8	3930233	8	925807	2	810340	3
衡水市	9784104	7	7446378	7	323038	8	321909	8

注：各市数据均包含省直管县(下同)。

2-5-1续1 各市主要经济指标排序

名称	有效灌溉面积(公顷)				粮食总产量（吨）			
	2015年数量	位次	2016年数量	位次	2015年数量	位次	2016年数量	位次
全省	**4447980**		**4457640**		**33638120**		**34602360**	
石家庄市（包含辛集市）	512610	4	500480	5	5047938	3	4958248	3
唐山市	456090	7	458130	7	3083737	7	3054934	7
秦皇岛市	126730	10	127720	10	844406	11	811358	11
邯郸市	537800	3	533650	3	5424620	2	5465540	2
邢台市	577390	2	587200	2	4511001	4	4574605	4
保定市（包含定州市）	653370	1	657130	1	5700214	1	5706790	1
张家口市	252550	8	258550	8	1593883	9	1672083	8
承德市	122300	11	123580	11	1212077	10	1339642	10
沧州市	498180	5	502780	4	4446149	5	4555387	5
廊坊市	230490	9	227310	9	1606679	8	1594517	9
衡水市	480470	6	481110	6	3520883	6	3627468	6

2-5-1续2 各市主要经济指标排序

单位：吨

名称	棉花总产量				油料总产量			
	2015年数量	位次	2016年数量	位次	2015年数量	位次	2016年数量	位次
全省	**373404**		**299500**		**1515428**		**1565043**	
石家庄市（包含辛集市）	7700	8	5540	8	205955	3	208187	3
唐山市	24232	5	20680	5	301734	1	321451	1
秦皇岛市	876	9	458	9	59846	9	80630	8
邯郸市	105343	3	79305	3	152742	5	153333	5
邢台市	178766	1	158706	1	179394	4	182841	4
保定市（包含定州市）	14041	7	8274	7	276554	2	278258	2
张家口市				10	61615	8	69444	9
承德市				10	14444	11	23245	11
沧州市	66577	4	54142	4	89488	7	86665	7
廊坊市	21200	6	14868	6	38659	10	40164	10
衡水市	119242	2	79546	2	134997	6	120825	6

2-5-1续3 各市主要经济指标排序

单位：吨

名称	蔬菜产量				园林水果产量			
	2015年数量	位次	2016年数量	位次	2015年数量	位次	2016年数量	位次
全省	**82436877**		**81933702**		**15086122**		**15245885**	
石家庄市（包含辛集市）	13299570	2	13209572	2	2801287	1	2801993	1
唐山市	14524026	1	14669398	1	1593291	3	1579297	4
秦皇岛市	3402507	11	3242768	11	883458	9	872870	9
邯郸市	8571581	4	8283034	4	885117	8	918033	8
邢台市	3960338	10	3992211	10	1371687	6	1235253	7
保定市（包含定州市）	10092291	3	10321504	3	1748232	2	1930660	2
张家口市	7385056	5	7384991	5	721124	10	746166	10
承德市	4337347	8	4631402	8	1239947	7	1288471	6
沧州市	5761129	7	5775353	7	1534498	5	1517613	5
廊坊市	6795596	6	6388610	6	715519	11	691457	11
衡水市	4307436	9	4034859	9	1591962	4	1664072	3

2-5-1续4　各市主要经济指标排序

单位：吨

名　称	肉类产量				禽蛋产量			
	2015年数量	位　次	2016年数量	位　次	2015年数量	位　次	2016年数量	位　次
全省	**4624516**		**4576714**		**3735942**		**3885380**	
石家庄市（包含辛集市）	784133	1	774695	1	1094495	2	1122771	2
唐 山 市	741125	2	758095	2	372419	5	381033	5
秦皇岛市	354241	9	361227	9	116374	10	112296	11
邯 郸 市	705230	3	702952	3	1116300	1	1145866	1
邢 台 市	336301	10	345712	10	544292	3	543915	3
保 定 市（包含定州市）	677337	4	685567	4	461869	4	478700	4
张家口市	389656	7	387831	7	238080	8	255574	8
承 德 市	450982	6	457123	6	115653	11	118979	10
沧 州 市	490986	5	505856	5	327447	6	332512	6
廊 坊 市	313090	11	275579	11	155434	9	156539	9
衡 水 市	384339	8	374185	8	300454	7	299660	7

2-5-1续5　各市主要经济指标排序

单位：吨

名　称	奶类产量				水产品产量			
	2015年数量	位　次	2016年数量	位　次	2015年数量	位　次	2016年数量	位　次
全　省	**4809345**		**4480418**		**1297077**		**1369267**	
石家庄市（包含辛集市）	1227900	3	1172072	3	33855	8	31211	8
唐 山 市	1823894	1	1754561	1	560005	1	612272	1
秦皇岛市	105697	10	104332	11	360706	2	361752	2
邯 郸 市	233799	6	241803	6	35023	6	36371	6
邢 台 市	287799	5	298884	5	9549	10	8767	11
保 定 市（包含定州市）	834054	4	807453	4	57296	4	57422	4
张家口市	1259791	2	1333802	2	13070	9	12994	9
承 德 市	148515	8	153279	8	40205	5	42011	5
沧 州 市	77775	11	114110	10	143684	3	162603	3
廊 坊 市	228680	7	171290	7	34961	7	34926	7
衡 水 市	115028	9	129651	9	8723	11	8938	10

2-5-1续6　各市主要经济指标排序

单位：万元

名　　称	农林牧渔业总产值				农林牧渔业增加值			
	2015年数量	位　次	2016年数量	位　次	2015年数量	位　次	2016年数量	位　次
全　　省	**59788754**		**60838568**		**35786589**		**36448173**	
石家庄市（包含辛集市）	8955030	2	8809674	2	5105677	2	5005505	2
唐 山 市	9112116	1	9615708	1	5810405	1	6116355	1
秦皇岛市	3188255	11	3519932	11	1808015	11	1999540	11
邯 郸 市	7423359	4	7663825	4	4176407	4	4335922	4
邢 台 市	4914338	6	4776000	6	2877017	6	2831642	6
保 定 市（包含定州市）	7632965	3	7973300	3	4427840	3	4627548	3
张家口市	4309299	7	4650478	7	2496647	7	2718207	7
承 德 市	4020719	9	4074783	9	2392599	8	2415818	8
沧 州 市	6388019	5	6259392	5	3648114	5	3565472	5
廊 坊 市	3811856	10	3667346	10	2098544	9	2016667	9
衡 水 市	4050442	8	4302293	8	1843098	10	2004153	10

2-5-1续7　各市主要经济指标排序

名　　称	农业产业化经营率(%)				农村居民人均可支配收入(元)			
	2015年数量	位　次	2016年数量	位　次	2015年数量	位　次	2016年数量	位　次
全　　省	**65.6**		**66.7**		**11051**		**11919**	
石家庄市（含辛集市）	65.7	8	66.8	8	11442	3	12345	3
唐 山 市	67.9	2	68.4	5	13935	1	15023	1
秦皇岛市	68.0	1	69.5	1	10782	5	11621	5
邯 郸 市	66.2	7	67.0	7	11247	4	12153	4
邢 台 市	67.2	5	69.1	2	9152	8	10006	9
保 定 市（含定州市）	67.3	3	68.3	6	10558	6	11612	6
张家口市	59.1	10	58.3	11	8341	10	9241	10
承 德 市	67.3	3	68.7	4	7923	11	8736	11
沧 州 市	63.5	9	64.1	9	10389	7	11340	7
廊 坊 市	58.0	11	62.6	10	13159	2	14286	2
衡 水 市	66.8	6	68.8	3	9030	9	10069	8

注：农村居民人均可支配收入指标石家庄市不含辛集市，保定市不含定州市.

2-6-1 各市农业产业化龙头经营组织发展情况

名称	一、龙头经营组织总数(个)		(一)按组织类型分(个)					
			1.龙头企业带动型		#销售额2千万元以上		#销售额1亿元以上	
	2015年	2016年	2015年	2016年	2015年	2016年	2015年	2016年
全　省	**2181**	**2529**	**1899**	**2212**	**1512**	**1724**	**589**	**633**
石家庄市（包含辛集市）	277	356	242	325	199	268	91	103
石家庄市（不含辛集市）	251	325	216	294	178	245	80	93
辛集市	26	31	26	31	21	23	11	10
唐 山 市	163	181	149	167	96	108	31	31
秦皇岛市	149	176	110	131	84	94	27	31
邯 郸 市	242	267	223	246	205	228	94	95
邢 台 市	202	224	190	212	166	192	72	76
保 定 市（包含定州市）	266	285	242	262	213	229	85	85
保 定 市（不含定州市）	244	265	224	245	195	212	81	80
定州市	22	20	18	17	18	17	4	5
张家口市	203	243	154	171	113	104	36	36
承 德 市	165	177	151	162	100	108	28	28
沧 州 市	263	279	221	234	171	176	70	72
廊 坊 市	70	123	57	105	42	67	14	23
衡 水 市	181	218	160	197	123	150	41	53

注：龙头企业、专业市场的统计标准为年销售额500万元以上，中介服务组织年服务收入50万元以上(下同)。

2-6-1续1 各市农业产业化龙头经营组织发展情况

名称	(一)按组织类型分(个)(续1)					
	2.专业市场带动型		#成交额5千万元以上		#成交额1亿元以上	
	2015年	2016年	2015年	2016年	2015年	2016年
全　省	**113**	**113**	**111**	**111**	**99**	**102**
石家庄市（包含辛集市）	17	14	16	13	13	11
石家庄市（不含辛集市）	17	14	16	13	13	11
辛集市						
唐 山 市	7	7	7	7	6	6
秦皇岛市	6	6	6	6	6	6
邯 郸 市	12	14	12	14	9	12
邢 台 市	6	6	6	6	6	6
保 定 市（包含定州市）	14	14	14	14	12	12
保 定 市（不含定州市）	12	12	12	12	10	10
定州市	2	2	2	2	2	2
张家口市	6	6	6	6	5	5
承 德 市	6	5	5	4	4	4
沧 州 市	20	20	20	20	19	19
廊 坊 市	6	8	6	8	6	8
衡 水 市	13	13	13	13	13	13

2-6-1续2　各市农业产业化龙头经营组织发展情况

名　　称	(一)按组织类型分(个)(续2)					
	2.中介服务组织带动型		#专业合作经济组织		#服务收入100万元以上的专业合作组织	
	2015年	2016年	2015年	2016年	2015年	2016年
全　省	**169**	**204**	**141**	**175**	**126**	**143**
石家庄市（包含辛集市）	18	17	8	8	6	4
石家庄市（不含辛集市）	18	17	8	8	6	4
辛集市						
唐 山 市	7	7	4	4	4	4
秦皇岛市	33	39	32	37	32	36
邯 郸 市	7	7	7	7	7	7
邢 台 市	6	6	6	6	6	6
保 定 市（包含定州市）	10	9	10	9	10	9
保 定 市（不含定州市）	8	8	8	8	8	8
定州市	2	1	2	1	2	1
张家口市	43	66	41	64	34	44
承 德 市	8	10	1	2		1
沧 州 市	22	25	19	22	14	16
廊 坊 市	7	10	7	10	7	10
衡 水 市	8	8	6	6	6	6

2-6-1续3　各市农业产业化龙头经营组织发展情况

名　　称	(二)按利益联结方式分(个)							
	1.合同关系		#订单关系		年订单额（万元）		年履约订单额（万元）	
	2015年	2016年	2015年	2016年	2015年	2016年	2015年	2016年
全　省	**1479**	**1669**	**1165**	**1314**	**11426223**	**13000252**	**10784528**	**12149171**
石家庄市（包含辛集市）	185	226	149	180	1317870	1707989	1274344	1623739
石家庄市（不含辛集市）	160	198	124	154	784108	1192687	764265	1127463
辛集市	25	28	25	26	533762	515302	510079	496276
唐 山 市	127	132	109	115	1075899	1088925	1049530	1061336
秦皇岛市	121	143	103	126	1030772	1069470	950808	970818
邯 郸 市	215	232	187	205	1786116	1998211	1670471	1866579
邢 台 市	99	111	65	81	1420986	1653018	1364572	1591437
保 定 市（包含定州市）	150	159	104	109	793903	1070431	758477	1023117
保 定 市（不含定州市）	135	146	92	98	602282	906091	567103	858777
定州市	15	13	12	11	191621	164340	191374	164340
张家口市	144	157	122	126	664851	763698	559317	659295
承 德 市	122	134	100	108	874846	871781	809026	813240
沧 州 市	146	156	109	114	1423419	1490340	1356228	1332124
廊 坊 市	49	81	40	61	442368	588262	436705	556405
衡 水 市	121	138	77	89	595193	698127	555050	651081

2-6-1续4　各市农业产业化龙头经营组织发展情况

名　　称	(二)按利益联结方式分(个)（续）					
	2.实行利润返还		3.股份分红		4.其他	
	2015年	2016年	2015年	2016年	2015年	2016年
全　省	**29**	**43**	**30**	**47**	**643**	**770**
石家庄市（包含辛集市）		10	5	10	87	110
石家庄市（不含辛集市）		10	5	10	86	107
辛集市					1	3
唐 山 市	6	8	3	3	27	38
秦皇岛市	3	2		1	25	30
邯 郸 市	5	5			22	30
邢 台 市	1	1	2	3	100	109
保 定 市（包含定州市）			2	2	114	124
保 定 市（不含定州市）			2	2	107	117
定州市					7	7
张家口市	3	6	2	6	54	74
承 德 市		1		2	43	40
沧 州 市	7	7	11	11	99	105
廊 坊 市	1			1	20	41
衡 水 市	3	3	5	8	52	69

2-6-1续5　各市农业产业化龙头经营组织发展情况

名　　称	二、龙头经营组织按产业类型分(个)							
	合　　计		(一）种植业		1.粮食		2.饲料	
	2015年	2016年	2015年	2016年	2015年	2016年	2015年	2016年
全　省	**2181**	**2529**	**1025**	**1196**	**221**	**259**	**109**	**119**
石家庄市（包含辛集市）	277	356	146	187	32	43	30	32
石家庄市（不含辛集市）	251	325	132	171	27	39	27	29
辛集市	26	31	14	16	5	4	3	3
唐 山 市	163	181	66	72	17	21	8	9
秦皇岛市	149	176	65	76	19	23	5	5
邯 郸 市	242	267	131	145	30	34	14	14
邢 台 市	202	224	99	106	20	23	18	17
保 定 市（包含定州市）	266	285	117	119	17	16	8	9
保 定 市（不含定州市）	244	265	104	107	14	13	6	7
定州市	22	20	13	12	3	3	2	2
张家口市	203	243	102	128	34	39	5	7
承 德 市	165	177	66	76	20	20	2	2
沧 州 市	263	279	117	130	10	14	8	9
廊 坊 市	70	123	33	61	11	14	1	3
衡 水 市	181	218	83	96	11	12	10	12

2–6–1续6 各市农业产业化龙头经营组织发展情况

名 称	二、龙头经营组织按产业类型分(个)(续1)							
	3.油料		4.糖料		5.水果		6.蔬菜及食用菌	
	2015年	2016年	2015年	2016年	2015年	2016年	2015年	2016年
全 省	**59**	**58**	**3**	**3**	**186**	**203**	**314**	**396**
石家庄市(包含辛集市)	7	6			32	43	31	42
石家庄市(不含辛集市)	5	4			29	38	30	40
辛集市	2	2			3	5	1	2
唐 山 市	2	2			14	15	19	19
秦皇岛市	3	2	1	1	16	16	16	23
邯 郸 市	18	19			8	9	43	47
邢 台 市	5	4	1	1	8	10	30	33
保 定 市(包含定州市)	6	4			32	32	39	40
保 定 市(不含定州市)	5	4			31	31	35	36
定州市	1				1	1	4	4
张家口市	7	7	1	1	9	6	36	57
承 德 市	1	2			16	17	21	29
沧 州 市	1	3			39	42	31	32
廊 坊 市	2	2				2	16	34
衡 水 市	7	7			12	11	32	40

2–6–1续7 各市农业产业化龙头经营组织发展情况

名 称	二、龙头经营组织按产业类型分(个)(续2)							
	7.棉麻丝		8.中药材		9.花卉		10.其他种植业	
	2015年	2016年	2015年	2016年	2015年	2016年	2015年	2016年
全 省	**39**	**41**	**34**	**40**	**15**	**18**	**45**	**59**
石家庄市(包含辛集市)			3	5	3	4	8	12
石家庄市(不含辛集市)			3	5	3	4	8	12
辛集市								
唐 山 市	1				2	2	3	4
秦皇岛市			3	4	1	1	1	1
邯 郸 市	5	3	4	5	4	3	5	11
邢 台 市	4	4	7	7			6	7
保 定 市(包含定州市)	1	1	9	10	1	1	4	6
保 定 市(不含定州市)	1	1	9	10	1	1	2	4
定州市							2	2
张家口市			2	2	1	2	7	7
承 德 市			4	5			2	1
沧 州 市	24	24			1	1	3	5
廊 坊 市					2	4	1	2
衡 水 市	4	9	2	2			5	3

2-6-1续8　各市农业产业化龙头经营组织发展情况

名　　称	二、龙头经营组织按产业类型分(个)（续3）							
	（二）畜牧业		1.猪		2.牛		3.羊	
	2015年	2016年	2015年	2016年	2015年	2016年	2015年	2016年
全　　省	**726**	**821**	**227**	**247**	**79**	**113**	**41**	**56**
石家庄市（包含辛集市）	93	119	35	46	5	12	2	4
石家庄市（不含辛集市）	84	106	31	40	5	11	1	3
辛集市	9	13	4	6		1	1	1
唐 山 市	57	62	16	16	5	8	2	2
秦皇岛市	29	32	7	6	3	3	5	8
邯 郸 市	74	85	28	29	7	10	5	8
邢 台 市	58	65	18	22	4	5	2	3
保 定 市（包含定州市）	93	100	38	40	4	8	11	13
保 定 市（不含定州市）	85	93	34	36	4	8	10	12
定州市	8	7	4	4			1	1
张家口市	59	64	19	18	12	13	1	2
承 德 市	58	57	17	15	13	14	2	3
沧 州 市	106	107	24	25	16	16	4	4
廊 坊 市	28	47	9	11	3	11		
衡 水 市	71	83	16	19	7	13	7	9

2-6-1续9　各市农业产业化龙头经营组织发展情况

名　　称	二、龙头经营组织按产业类型分(个)（续4）							
	4.禽肉		5.蛋类		6.奶类		7.皮毛类	
	2015年	2016年	2015年	2016年	2015年	2016年	2015年	2016年
全　　省	**101**	**115**	**77**	**82**	**128**	**134**	**44**	**45**
石家庄市（包含辛集市）	8	12	11	10	20	22	7	7
石家庄市（不含辛集市）	8	12	11	10	18	20	5	5
辛集市					2	2	2	2
唐 山 市	9	12	4	2	19	20		
秦皇岛市	5	5	5	5	1	1	2	3
邯 郸 市	13	15	12	12	4	5	1	1
邢 台 市	6	7	10	10	5	6	13	12
保 定 市（包含定州市）	9	9	10	11	15	13	1	2
保 定 市（不含定州市）	9	9	9	10	13	12	1	2
定州市			1	1	2	1		
张家口市	2	3	2	8	15	13	4	4
承 德 市	7	7	5	4	11	11	1	1
沧 州 市	32	32	8	8	7	7	12	12
廊 坊 市		4	5	6	10	15		
衡 水 市	10	9	5	6	21	21	3	3

2-6-1续10　各市农业产业化龙头经营组织发展情况

名　　称	二、龙头经营组织按产业类型分(个)(续5)							
	8.其他畜牧业		(三)水产业		(四)林业		(五)其他	
	2015年	2016年	2015年	2016年	2015年	2016年	2015年	2016年
全　　省	**29**	**29**	**53**	**62**	**110**	**114**	**267**	**336**
石家庄市(包含辛集市)	5	6	3	3	9	9	26	38
石家庄市(不含辛集市)	5	5	3	3	9	9	23	36
辛集市		1					3	2
唐 山 市	2	2	12	12	11	12	17	23
秦皇岛市	1	1	19	28	10	11	26	29
邯 郸 市	4	5	3	2	15	16	19	19
邢 台 市					18	19	27	34
保 定 市(包含定州市)	5	4	6	6	3	3	47	57
保 定 市(不含定州市)	5	4	6	6	3	3	46	56
定州市							1	1
张家口市	4	3			7	7	35	44
承 德 市	2	2	1	1	19	18	21	25
沧 州 市	3	3	9	10	5	4	26	28
廊 坊 市	1				5	7	4	8
衡 水 市	2	3			8	8	19	31

2-6-1续11　各市农业产业化龙头经营组织发展情况

名　　称	三、龙头经营组织规模									
	(一)从业人员合计(人)		1.龙头企业		2.专业市场		3.中介服务组织		#专业合作经济组织	
	2015年	2016年	2015年	2016年	2015年	2016年	2015年	2016年	2015年	2016年
全　　省	**505170**	**533442**	**386707**	**415929**	**112198**	**109910**	**6265**	**7603**	**4964**	**6194**
石家庄市(包含辛集市)	93050	106011	72203	84659	20437	20919	410	433	159	188
石家庄市(不含辛集市)	61192	73978	40345	52626	20437	20919	410	433	159	188
辛集市	31858	32033	31858	32033						
唐 山 市	34370	37210	31136	34159	3083	2905	151	146	121	118
秦皇岛市	27129	27676	21611	22224	4229	3936	1289	1516	1264	1481
邯 郸 市	50690	57674	39889	44623	10665	12918	136	133	136	133
邢 台 市	50631	50117	48002	47422	2320	2378	309	317	309	317
保 定 市(包含定州市)	76333	78286	53301	55257	22689	22780	343	249	343	249
保 定 市(不含定州市)	70204	73948	47321	50971	22644	22737	239	240	239	240
定州市	6129	4338	5980	4286	45	43	104	9	104	9
张家口市	34311	29230	21884	20966	10840	5935	1587	2329	1514	2295
承 德 市	28811	28308	28025	27351	269	265	517	692	5	20
沧 州 市	40006	39327	35707	34940	3637	3679	662	708	425	486
廊 坊 市	12804	17145	12303	16426	183	219	318	500	318	500
衡 水 市	57035	62458	22646	27902	33846	33976	543	580	370	407

2–6–1续12　各市农业产业化龙头经营组织发展情况

名　称	三、龙头经营组织规模(续1)							
	(二）固定资产净值合计（万元）		1.龙头企业		2.专业市场		3.中介服务组织	
	2015年	2016年	2015年	2016年	2015年	2016年	2015年	2016年
全　省	**11342293**	**13196017**	**10443965**	**12213343**	**777918**	**816080**	**120410**	**166594**
石家庄市（包含辛集市）	3411116	3990892	3383701	3966619	24242	21571	3173	2702
石家庄市（不含辛集市）	1218311	1800120	1190896	1775847	24242	21571	3173	2702
辛集市	2192805	2190772	2192805	2190772				
唐 山 市	742361	969551	692884	919230	46616	47534	2861	2787
秦皇岛市	555960	736173	521090	671663	14992	18482	19878	46028
邯 郸 市	1137761	1277764	1066394	1190960	69476	84872	1891	1932
邢 台 市	1074565	1123097	1038405	1086862	33660	33741	2500	2494
保 定 市（包含定州市）	1397084	1501537	963189	1049566	414062	445508	19833	6463
保 定 市（不含定州市）	1226212	1341940	810515	894824	412464	443723	3233	3393
定州市	170872	159597	152674	154742	1598	1785	16600	3070
张家口市	714647	816514	655368	764904	38609	25612	20670	25998
承 德 市	641332	771304	617285	726966	6736	6145	17311	38193
沧 州 市	827303	864221	701550	732400	104531	106317	21222	25504
廊 坊 市	290918	416408	276115	397068	5622	6777	9181	12563
衡 水 市	549246	728556	527984	707105	19372	19521	1890	1930

2–6–1续13　各市农业产业化龙头经营组织发展情况

单位：户

名　称	三、龙头经营组织规模(续2)							
	(三）带动农户合计（户）		#订单带动农户		1.龙头企业带动农户		#订单带动农户	
	2015年	2016年	2015年	2016年	2015年	2016年	2015年	2016年
全　省	**14514331**	**16549504**	**6588351**	**7272738**	**11822625**	**13910036**	**6024064**	**6714576**
石家庄市（包含辛集市）	1481899	2471468	711562	989845	1385857	2378646	704215	982322
石家庄市（不含辛集市）	1091715	2152947	592428	897498	995673	2060125	585081	889975
辛集市	390184	318521	119134	92347	390184	318521	119134	92347
唐 山 市	1140613	1119751	568746	682009	864316	841536	463326	561489
秦皇岛市	1455533	1417745	716069	710778	1209683	1217677	654043	630062
邯 郸 市	3239506	3689277	1447562	1513747	2344960	2740630	1324718	1380886
邢 台 市	1591822	1795815	628315	826778	1432619	1637300	619235	817898
保 定 市（包含定州市）	1431601	1490508	604563	609675	1232332	1386365	548060	601855
保 定 市（不含定州市）	1296258	1351172	551624	545961	1113160	1256334	495121	538141
定州市	135343	139336	52939	63714	119172	130031	52939	63714
张家口市	709295	716265	419372	405198	637585	655340	403177	390807
承 德 市	823018	876938	507337	557625	724248	745066	457387	503375
沧 州 市	1283118	1217981	395438	423130	925123	870675	314607	344590
廊 坊 市	438906	509016	247944	244954	343407	387460	240274	237958
衡 水 市	919020	1244740	341443	308999	722495	1049341	295022	263334

2-6-1续14　各市农业产业化龙头经营组织发展情况

单位：户

名　　称	三、龙头经营组织规模(续3)							
	2.专业市场带动农户		#订单带动农户		3.中介服务组织带动农户		#订单带动农户	
	2015年	2016年	2015年	2016年	2015年	2016年	2015年	2016年
全　　省	**2192991**	**2144524**	**343952**	**330783**	**498715**	**494944**	**220335**	**227379**
石家庄市（包含辛集市）	52428	49672	2780	2773	43614	43150	4567	4750
石家庄市（不含辛集市）	52428	49672	2780	2773	43614	43150	4567	4750
辛集市								
唐　山　市	264490	266910	102500	117300	11807	11305	2920	3220
秦皇岛市	167492	126769	6379	21430	78358	73299	55647	59286
邯　郸　市	880815	935266	120654	130867	13731	13381	2190	1994
邢　台　市	143236	142224	6500	6300	15967	16291	2580	2580
保　定　市（包含定州市）	176728	87272	50038	3855	22541	16871	6465	3965
保　定　市（不含定州市）	168752	79952	50038	3855	14346	14886	6465	3965
定州市	7976	7320			8195	1985		
张家口市	51190	36760	8000	4050	20520	24165	8195	10341
承　德　市	20770	50700	3000	3300	78000	81172	46950	50950
沧　州　市	180352	169101	8580	5253	177643	178205	72251	73287
廊　坊　市	86620	112230			8879	9326	7670	6996
衡　水　市	168870	167620	35521	35655	27655	27779	10900	10010

2-6-1续15　各市农业产业化龙头经营组织发展情况

名　　称	四、龙头经营组织效益							
	（一）销售总额（万元）		1.龙头企业		2.专业市场		3.中介服务组织	
	2015年	2016年	2015年	2016年	2015年	2016年	2015年	2016年
全　　省	**36377815**	**40197321**	**32966618**	**36337907**	**3142723**	**3570449**	**268474**	**288965**
石家庄市（包含辛集市）	7034072	7761828	6667538	7472780	358456	279748	8078	9300
石家庄市（不含辛集市）	4606071	5374960	4239537	5085912	358456	279748	8078	9300
辛集市	2428001	2386868	2428001	2386868				
唐　山　市	2139513	2432735	2030377	2320248	106856	110236	2280	2251
秦皇岛市	2815044	2909275	2753813	2844330	10630	9681	50601	55264
邯　郸　市	3927030	4159011	3724578	3912060	189409	234627	13043	12324
邢　台　市	4256944	4939946	4114060	4779068	108417	120301	34467	40577
保　定　市（包含定州市）	3688979	4010801	3282761	3389263	391127	608155	15091	13383
保　定　市（不含定州市）	3271966	3561487	2875248	2947223	384627	601184	12091	13080
定州市	417013	449314	407513	442040	6500	6971	3000	303
张家口市	1876235	1873014	1713870	1746093	124393	91523	37972	35398
承　德　市	1757481	1853320	1685006	1768121	37897	40340	34578	44859
沧　州　市	4593562	4915386	3333982	3433912	1211779	1428481	47801	52993
廊　坊　市	1782924	2141879	1633859	2011133	128122	111831	20943	18915
衡　水　市	2506031	3200126	2026774	2660899	475637	535526	3620	3701

2-6-1续16　各市农业产业化龙头经营组织发展情况

名　　称	四、龙头经营组织效益（续1）							
	（二）净利润（万元）		1.龙头企业		2.专业市场		3.中介服务组织	
	2015年	2016年	2015年	2016年	2015年	2016年	2015年	2016年
全　　省	**4063021**	**4658636**	**2127717**	**2527470**	**1898171**	**2090697**	**37133**	**40469**
石家庄市（包含辛集市）	655444	663192	555507	573624	98124	87697	1813	1871
石家庄市（不含辛集市）	395932	403535	295995	313967	98124	87697	1813	1871
辛集市	259512	259657	259512	259657				
唐山市	188360	278267	148691	240385	39067	37357	602	525
秦皇岛市	76513	69978	67678	60743	3412	4242	5423	4993
邯郸市	393293	463371	269829	316458	122593	146143	871	770
邢台市	239695	283008	158536	240568	78741	40079	2418	2361
保定市（包含定州市）	637492	830536	299698	338094	330604	485751	7190	6691
保定市（不含定州市）	591918	790906	260539	304665	324741	479580	6638	6661
定州市	45574	39630	39159	33429	5863	6171	552	30
张家口市	161117	169332	113735	134396	44010	29921	3372	5015
承德市	149548	182490	115315	148200	30735	29389	3498	4901
沧州市	1014179	1042848	232836	234495	772634	798057	8709	10296
廊坊市	37150	82297	19112	64018	16253	16780	1785	1499
衡水市	510230	593317	146780	176489	361998	415281	1452	1547

2-6-1续17　各市农业产业化龙头经营组织发展情况

名　　称	四、龙头经营组织效益（续2）							
	（三）上交税金（万元）		1.龙头企业		2.专业市场		3.中介服务组织	
	2015年	2016年	2015年	2016年	2015年	2016年	2015年	2016年
全　　省	**829664**	**904052**	**726089**	**766177**	**102828**	**136373**	**747**	**1502**
石家庄市（包含辛集市）	144495	146193	133337	133231	11020	12824	138	138
石家庄市（不含辛集市）	103843	107486	92685	94524	11020	12824	138	138
辛集市	40652	38707	40652	38707				
唐山市	59952	62327	57178	59380	2755	2926	19	21
秦皇岛市	53927	46305	53229	45737	672	427	26	141
邯郸市	53910	74344	46511	66078	7399	8266		
邢台市	51882	72467	49724	70420	2003	1897	155	150
保定市（包含定州市）	92260	143981	65261	82459	26839	61362	160	160
保定市（不含定州市）	79957	131331	52958	69809	26839	61362	160	160
定州市	12303	12650	12303	12650				
张家口市	47509	45805	40271	41604	7238	4191		10
承德市	86570	88856	85315	86939	1041	1065	214	852
沧州市	40983	39347	30866	30549	10082	8768	35	30
廊坊市	87460	67482	86312	66635	1148	847		
衡水市	110716	116945	78085	83145	32631	33800		

2-6-1续18 各市农业产业化龙头经营组织发展情况

名　称	四、龙头经营组织效益（续3）					
	（四）龙头企业出口创汇（万美元）		（五）龙头企业主要农产品原料采购值（万元）		（六）专业市场成交额（万元）	
	2015年	2016年	2015年	2016年	2015年	2016年
全　省	**209585**	**200420**	**19053443**	**20779091**	**20034764**	**20831391**
石家庄市（包含辛集市）	55312	57628	3014382	3606260	2286756	1432871
石家庄市（不含辛集市）	13692	17907	2185304	2784009	2286756	1432871
辛集市	41620	39721	829078	822251		
唐 山 市	25084	25936	1205130	1197646	840596	843262
秦皇岛市	48868	37721	1683754	1695513	1768957	1355025
邯 郸 市	23376	22595	2477753	2603093	1962105	2322830
邢 台 市	9008	8116	2741456	3230708	379792	400920
保 定 市（包含定州市）	14165	15556	1876112	1879911	2894955	3783895
保 定 市（不含定州市）	14165	15556	1619935	1678364	2559370	3474110
定州市			256177	201547	335585	309785
张家口市	6074	6764	1032789	931824	579736	525250
承 德 市	7728	6095	778165	808965	456092	466200
沧 州 市	13198	11000	2037922	1999659	6263196	6836271
廊 坊 市	80	354	930019	1133879	477318	610288
衡 水 市	6692	8655	1275961	1691633	2125261	2254579

2-6-1续19 各市农业产业化龙头经营组织发展发展情况

名　称	五、龙头经营组织按重点级别分(个)							
	1.国家重点龙头		2.省级重点龙头		3.市级重点龙头		4.县级重点龙头	
	2015年	2016年	2015年	2016年	2015年	2016年	2015年	2016年
全　省	**52**	**52**	**652**	**720**	**1119**	**1375**	**358**	**382**
石家庄市（包含辛集市）	5	4	45	52	123	191	104	109
石家庄市（不含辛集市）	5	4	39	45	105	167	102	109
辛集市			6	7	18	24	2	
唐 山 市	8	8	37	41	102	115	16	17
秦皇岛市	5	5	39	42	80	102	25	27
邯 郸 市	7	7	46	55	156	172	33	33
邢 台 市	3	4	68	69	92	106	39	45
保 定 市（包含定州市）	3	2	64	69	154	165	45	49
保 定 市（不含定州市）	2	1	60	65	139	152	43	47
定州市	1	1	4	4	15	13	2	2
张家口市	2	4	183	200	18	36		3
承 德 市	5	5	44	48	111	120	5	4
沧 州 市	5	5	46	47	168	180	44	47
廊 坊 市	4	2	26	32	32	76	8	13
衡 水 市	5	6	54	65	83	112	39	35

2-6-1续20　各市农业产业化龙头经营组织发展发展情况

名　称	六、龙头经营组织按上市情况分（个）					
	1.境内上市		2.境外上市		3.未上市	
	2015年	2016年	2015年	2016年	2015年	2016年
全　省	**32**	**50**	**9**	**10**	**2140**	**2469**
石家庄市（包含辛集市）	3	4	1		273	352
石家庄市（不含辛集市）	2	2	1		248	323
辛集市	1	2			25	29
唐 山 市	3	3	1	2	159	176
秦皇岛市		4		1	149	171
邯 郸 市	4	5	2	2	236	260
邢 台 市	2	3			200	221
保 定 市（包含定州市）	5	4	2	1	259	280
保 定 市（不含定州市）	4	3	2	1	238	261
定州市	1	1			21	19
张家口市	1	6	2	3	200	234
承 德 市	3	4			162	173
沧 州 市	3	6	1	1	259	272
廊 坊 市	3	2			67	121
衡 水 市	5	9			176	209

2-6-1续21　各市农业产业化龙头经营组织发展发展情况

名　称	七、龙头经营组织按产品辐射范围分（个）					
	1.本省内		2.跨省区		3.国　外	
	2015年	2016年	2015年	2016年	2015年	2016年
全　省	**567**	**709**	**1434**	**1621**	**180**	**199**
石家庄市（包含辛集市）	102	141	155	193	20	22
石家庄市（不含辛集市）	90	127	145	179	16	19
辛集市	12	14	10	14	4	3
唐 山 市	52	61	90	98	21	22
秦皇岛市	37	51	85	91	27	34
邯 郸 市	40	44	190	211	12	12
邢 台 市	59	70	139	150	4	4
保 定 市（包含定州市）	73	74	166	181	27	30
保 定 市（不含定州市）	66	68	151	167	27	30
定州市	7	6	15	14		
张家口市	57	79	124	139	22	25
承 德 市	23	28	125	133	17	16
沧 州 市	69	78	174	179	20	22
廊 坊 市	13	32	55	87	2	4
衡 水 市	42	51	131	159	8	8

2-6-2 各市农产品生产(加工)基地发展情况

名称	一、农产品生产(加工)基地个数(个)		(一) 按基地类型分(个)					
			1.种植业生产基地(包括林果)		2.养殖业生产基地(包括水产)		3.农产品加工基地	
	2015年	2016年	2015年	2016年	2015年	2016年	2015年	2016年
全　　省	**699**	**724**	**382**	**397**	**286**	**294**	**31**	**33**
石家庄市（包含辛集市）	73	70	35	33	35	35	3	2
石家庄市（不含辛集市）	68	65	33	31	32	32	3	2
辛集市	5	5	2	2	3	3		
唐 山 市	64	64	27	27	34	34	3	3
秦皇岛市	43	44	23	23	18	18	2	3
邯 郸 市	92	111	42	52	46	54	4	5
邢 台 市	66	67	41	42	23	23	2	2
保 定 市（包含定州市）	135	137	83	85	44	44	8	8
保 定 市（不含定州市）	128	130	79	81	41	41	8	8
定州市	7	7	4	4	3	3		
张家口市	43	43	24	23	17	17	2	3
承 德 市	51	52	32	33	19	19		
沧 州 市	48	48	23	23	21	21	4	4
廊 坊 市	32	36	21	25	9	9	2	2
衡 水 市	52	52	31	31	20	20	1	1

注：农产品生产基地的统计标准为销售产值500万元以上，或种植面积5000亩以上，加工基地的统计标准为销售产值2000万元以上且基地内不够企业标准的个体加工户数达1000户以上，商品率在90%以上(下同)。

2-6-2续1 各市农产品生产(加工)基地发展情况

名称	(二) 农产品生产（加工）基地按基地带动的龙头经营组织类型分（个）							
	1.龙头企业带动型		2.专业市场带动型		3.中介服务组织带动型		4.无龙头带动	
	2015年	2016年	2015年	2016年	2015年	2016年	2015年	2016年
全　　省	**332**	**345**	**69**	**71**	**39**	**36**	**259**	**272**
石家庄市（包含辛集市）	24	25	8	7	8	5	33	33
石家庄市（不含辛集市）	21	22	7	6	8	5	32	32
辛集市	3	3	1	1			1	1
唐 山 市	39	38	6	6	3	3	16	17
秦皇岛市	25	25	3	4			15	15
邯 郸 市	60	72	11	15	2	2	19	22
邢 台 市	36	33	6	6	7	9	17	19
保 定 市（包含定州市）	32	35	8	9	10	9	85	84
保 定 市（不含定州市）	29	32	7	8	8	7	84	83
定州市	3	3	1	1	2	2	1	1
张家口市	23	22	4	1	3	2	13	18
承 德 市	31	33	4	3	4	4	12	12
沧 州 市	22	22	6	7	1	1	19	18
廊 坊 市	14	14	4	4			14	18
衡 水 市	26	26	9	9	1	1	16	16

2-6-2续2 各市农产品生产(加工)基地发展情况

名 称	(三)农产品生产(加工)基地按产业类型分(个)							
	1.粮 食		2.饲 料		3.油 料		4.糖 料	
	2015年	2016年	2015年	2016年	2015年	2016年	2015年	2016年
全 省	**36**	**40**	**2**	**2**	**18**	**16**	**1**	**1**
石家庄市(包含辛集市)	3	3			1	1		
石家庄市(不含辛集市)	3	3			1	1		
辛集市								
唐 山 市	4	4			2	2		
秦皇岛市	6	7						
邯 郸 市	3	5			1	1		
邢 台 市	2	2			2	2		
保 定 市(包含定州市)	4	5			7	6		
保 定 市(不含定州市)	4	5			6	5		
定州市					1	1		
张家口市	5	5					1	1
承 德 市	6	6						
沧 州 市					2	1		
廊 坊 市	1	1	1	1	1	1		
衡 水 市	2	2	1	1	2	2		

2-6-2续3 各市农产品生产(加工)基地发展情况

名 称	(三)农产品生产(加工)基地按产业类型分(个)(续1)							
	5.水 果		6.蔬菜及食用菌		7.棉麻丝		8.中药材	
	2015年	2016年	2015年	2016年	2015年	2016年	2015年	2016年
全 省	**99**	**109**	**138**	**141**	**19**	**18**	**13**	**13**
石家庄市(包含辛集市)	12	12	12	11				
石家庄市(不含辛集市)	11	11	11	10				
辛集市	1	1	1	1				
唐 山 市	4	4	10	10	1	1		
秦皇岛市	7	7	6	6			2	2
邯 郸 市	3	8	21	21	5	5	2	3
邢 台 市	11	13	10	11	6	5	5	4
保 定 市(包含定州市)	26	28	29	30			2	2
保 定 市(不含定州市)	25	27	28	29			2	2
定州市	1	1	1	1				
张家口市	4	4	11	11				
承 德 市	5	6	12	12			2	2
沧 州 市	10	9	7	7	4	4		
廊 坊 市	8	9	9	11				
衡 水 市	9	9	11	11	3	3		

2-6-2续4　各市农产品生产(加工)基地发展情况

名　称	(三) 农产品生产 (加工) 基地按产业类型分 (个) (续2)							
	9.花　卉		10.其他种植业		11.猪		12.牛	
	2015年	2016年	2015年	2016年	2015年	2016年	2015年	2016年
全　省	**4**	**6**	**22**	**9**	**75**	**79**	**29**	**25**
石家庄市 (包含辛集市)			2	1	12	12	1	1
石家庄市 (不含辛集市)			2	1	11	11	1	1
辛集市					1	1		
唐 山 市			2		8	8	3	1
秦皇岛市	1	1	2		3	3	1	1
邯 郸 市	2	2		1	13	16	3	4
邢 台 市			2	1	6	6	3	3
保 定 市 (包含定州市)	1	2	6	2	13	13	3	2
保 定 市 (不含定州市)		1	6	2	12	12	3	2
定州市	1	1			1	1		
张家口市			4	2	4	5	2	1
承 德 市					4	4	4	4
沧 州 市			3	2	2	2	2	2
廊 坊 市		1	1		3	3	4	3
衡 水 市					7	7	3	3

2-6-2续5　各市农产品生产(加工)基地发展情况

名　称	(三) 农产品生产 (加工) 基地按产业类型分 (个) (续3)							
	13.羊		14.禽　肉		15.蛋　类		16.奶　类	
	2015年	2016年	2015年	2016年	2015年	2016年	2015年	2016年
全　省	**24**	**26**	**39**	**39**	**56**	**60**	**29**	**33**
石家庄市 (包含辛集市)	1	1			12	12	6	6
石家庄市 (不含辛集市)					11	11	6	6
辛集市	1	1			1	1		
唐 山 市	1	1	3	3	3	3	5	7
秦皇岛市	3	3	5	5	1	1		
邯 郸 市	8	9	4	5	10	14	2	2
邢 台 市	1	1	4	3	8	8	1	1
保 定 市 (包含定州市)	4	4	6	6	8	8	8	9
保 定 市 (不含定州市)	4	4	6	6	7	7	7	8
定州市					1	1	1	1
张家口市	3	3			5	5	2	3
承 德 市	3	3	4	4	1	1	1	1
沧 州 市			7	7	4	4	1	1
廊 坊 市		1	1	1	2	2		
衡 水 市			5	5	2	2	3	3

2-6-2续6　各市农产品生产(加工)基地发展情况

名　　称	（三）农产品生产（加工）基地按产业类型分（个）（续4）							
	17.皮毛类		18.其他畜牧业		19.水产业		20.林　业	
	2015年	2016年	2015年	2016年	2015年	2016年	2015年	2016年
全　　省	**9**	**9**	**3**	**1**	**26**	**27**	**39**	**48**
石家庄市（包含辛集市）	1	1			3	3	5	5
石家庄市（不含辛集市）	1	1			3	3	5	5
辛集市								
唐 山 市	1	1			9	9	5	7
秦皇岛市	2	2			3	4	1	2
邯 郸 市			3	1	3	3	7	9
邢 台 市	1	1					3	4
保 定 市（包含定州市）	1	1			3	3	6	8
保 定 市（不含定州市）	1	1			3	3	6	8
定州市								
张家口市							1	2
承 德 市					1	1	7	6
沧 州 市	2	2			4	4		
廊 坊 市							1	2
衡 水 市	1	1					3	3

2-6-2续7　各市农产品生产(加工)基地发展情况

名　　称	二、农产品生产(加工)基地规模效益							
	农产品生产(加工)基地产值(万元)		农产品生产(加工)基地销售产值(万元)		基地销售产值按产业类型分（万元）			
					粮食		饲料	
	2015年	2016年	2015年	2016年	2015年	2016年	2015年	2016年
全　　省	**34229125**	**35775163**	**32969992**	**34594457**	**896927**	**910141**	**4125**	**6000**
石家庄市（包含辛集市）	3877187	3675977	3754891	3561212	176755	132490		
石家庄市（不含辛集市）	3700446	3499215	3584643	3390942	176755	132490		
辛集市	176741	176762	170248	170270				
唐 山 市	5778419	6106638	5649606	5958304	150592	139986		
秦皇岛市	1326649	1790207	1275256	1727046	86260	93308		
邯 郸 市	4016276	4206276	3835378	4031453	89897	110532		
邢 台 市	2683137	2580332	2572232	2488657	36417	29709		
保 定 市（包含定州市）	5016874	5322561	4788838	5123784	43755	53017		
保 定 市（不含定州市）	4099715	4361002	3940810	4219722	43755	53017		
定州市	917159	961559	848028	904062				
张家口市	1912323	2246856	1805026	2187836	136998	177866		
承 德 市	2216620	2332182	2131206	2218435	172750	169338		
沧 州 市	3084549	2944731	2994506	2873562				
廊 坊 市	1810455	1901984	1749681	1841922	668	749	2335	4405
衡 水 市	2506636	2667419	2413372	2582246	2835	3146	1790	1595

2–6–2续8　各市农产品生产(加工)基地发展情况

名　　称	二、农产品生产(加工)基地规模效益（续1）							
	基地销售产值按产业类型分（万元）（续1）							
	油料		糖料		水果		蔬菜及食用菌	
	2015年	2016年	2015年	2016年	2015年	2016年	2015年	2016年
全　　省	**196948**	**206972**	**19325**	**14033**	**2924805**	**3372704**	**10810980**	**11068887**
石家庄市（包含辛集市）	19566	16204			456382	334532	1235056	1268059
石家庄市（不含辛集市）	19566	16204			428380	306532	1194566	1227559
辛集市					28002	28000	40490	40500
唐 山 市	36107	48812			368847	376156	2425065	2553816
秦皇岛市					176825	167466	230856	267845
邯 郸 市	31162	39324			37281	130012	1540583	1596626
邢 台 市	16189	19171			209598	200435	266098	267196
保 定 市（包含定州市）	64999	59742			538145	574698	1201984	1249847
保 定 市（不含定州市）	43026	32034			490445	540358	811798	868066
定州市	21973	27708			47700	34340	390186	381781
张家口市			19325	14033	182895	668260	703138	681314
承 德 市					116483	151407	797437	799815
沧 州 市	14290	10065			411406	229529	897784	830240
廊 坊 市	6570	4877			85659	137883	934255	953450
衡 水 市	8065	8777			341284	402326	578724	600679

2–6–2续9　各市农产品生产(加工)基地发展情况

名　　称	二、农产品生产(加工)基地规模效益（续2）							
	基地销售产值按产业类型分（万元）（续2）							
	棉麻丝		中药材		花卉		其他种植业	
	2015年	2016年	2015年	2016年	2015年	2016年	2015年	2016年
全　　省	**1580463**	**592845**	**363111**	**406242**	**102748**	**156372**	**295665**	**90637**
石家庄市（包含辛集市）							11180	6509
石家庄市（不含辛集市）							11180	6509
辛集市								
唐 山 市	10296	8044					85306	
秦皇岛市			61500	125000	2950	60	8287	
邯 郸 市	193486	171133	43892	15309	30748	26448		7310
邢 台 市	287596	239816	150793	141052			8350	2891
保 定 市（包含定州市）			80840	88288	69050	111304	45451	32210
保 定 市（不含定州市）			80840	88288		15662	45451	32210
定州市					69050	95642		
张家口市							62129	16297
承 德 市			26086	36593				
沧 州 市	974323	92035					51795	25420
廊 坊 市						18560	23167	
衡 水 市	114762	81817						

2-6-2续10 各市农产品生产(加工)基地发展情况

名称	二、农产品生产(加工)基地规模效益（续3）							
	基地销售产值按产业类型分（万元）（续3）							
	猪		牛		羊		肉禽	
	2015年	2016年	2015年	2016年	2015年	2016年	2015年	2016年
全　省	**3852301**	**4437586**	**1143977**	**921710**	**572819**	**538868**	**744769**	**784750**
石家庄市（包含辛集市）	477205	501581	27932	26126	2996	2997		
石家庄市（不含辛集市）	445875	470243	27932	26126				
辛集市	31330	31338			2996	2997		
唐山市	854869	1029325	150458	60098	21822	20247	45818	45060
秦皇岛市	207820	244183	2122	1856	89167	96148	45236	48797
邯郸市	596945	705301	22229	22598	175030	174601	82431	99312
邢台市	163061	176563	70827	43134	12950	11324	23880	31032
保定市（包含定州市）	794134	903024	56433	55607	92012	77302	178950	175380
保定市（不含定州市）	623042	686106	56433	55607	92012	77302	178950	175380
定州市	171092	216918						
张家口市	178148	203538	71751	32353	162578	136220		
承德市	137244	168392	372195	364093	16264	17545	227574	236138
沧州市	98000	113395	69090	50003			90332	105528
廊坊市	39566	48611	183277	173642		2484	5800	2130
衡水市	305309	343673	117663	92200			44748	41373

2-6-2续11 各市农产品生产(加工)基地发展情况

名称	二、农产品生产(加工)基地规模效益（续4）							
	基地销售产值按产业类型分（万元）（续4）							
	蛋类		奶类		皮毛类		其他畜牧业	
	2015年	2016年	2015年	2016年	2015年	2016年	2015年	2016年
全　省	**2250662**	**2183475**	**1056985**	**1097237**	**2897245**	**3073751**	**64627**	**10325**
石家庄市（包含辛集市）	557262	548882	254808	263689	214137	206640		
石家庄市（不含辛集市）	489832	481447	254808	263689	214137	206640		
辛集市	67430	67435						
唐山市	148490	136886	410087	453400	61064	84110		
秦皇岛市	18543	20984			264269	260283		
邯郸市	624062	644356	16305	15472			64627	10325
邢台市	275156	198566	25565	27377	969467	1020112		
保定市（包含定州市）	212175	206520	202610	209570	496300	546000		
保定市（不含定州市）	137570	132401	129188	136016	496300	546000		
定州市	74605	74119	73422	73554				
张家口市	153151	132603	93576	71426				
承德市	18500	16000	27479	27051				
沧州市	122821	147522	12355	7958	83703	56089		
廊坊市	55421	58665						
衡水市	65081	72491	14200	21294	808305	900517		

2-6-2续12 各市农产品生产(加工)基地发展情况

名称	二、农产品生产(加工)基地规模效益(续5)							
	基地销售产值按产业类型分(万元)(续5)				农产品生产(加工)基地上交税金(万元)		1.种植业生产基地种植面积(公顷)	
	水产业		林业					
	2015年	2016年	2015年	2016年	2015年	2016年	2015年	2016年
全省	**932128**	**1339385**	**1207222**	**1234284**	**141924**	**151080**	**2373681**	**2378850**
石家庄市(包含辛集市)	15947	9523	85089	68429	19638	17769	205035	205152
石家庄市(不含辛集市)	15947	9523	85089	68429	19638	17769	195404	195517
辛集市							9631	9635
唐山市	561314	596496	148439	241044	3452	3201	344082	343085
秦皇岛市	67421	369198	14000	31918	1900	5225	153198	160013
邯郸市	29725	20214	238014	228009	12273	14368	319375	295121
邢台市			46777	49094	30592	32006	204618	204284
保定市(包含定州市)	59888	60230	42219	51681	12790	13273	294727	305686
保定市(不含定州市)	59888	60230	42219	51681	12790	13273	230868	241865
定州市							63859	63821
张家口市			19739	31744	9093	13787	204273	201793
承德市	29226	25556	189376	83541	4871	4965	147140	159153
沧州市	168607	258168			9150	6942	230588	226449
廊坊市			412963	436466	10485	11036	93435	118060
衡水市			10606	12358	27680	28508	177210	160054

2-6-2续13 各市农产品生产(加工)基地发展情况

单位：万元

名称	二、农产品生产(加工)基地规模效益(续6)					
	种植业产值		种植业销售产值		种植业上交税金	
	2015年	2016年	2015年	2016年	2015年	2016年
全省	**17190571**	**17416869**	**16463741**	**16754420**	**36261**	**40545**
石家庄市(包含辛集市)	2039215	1880606	1984028	1826223	6046	5449
石家庄市(不含辛集市)	1967517	1808901	1915536	1757723	6046	5449
辛集市	71698	71705	68492	68500		
唐山市	3257546	3401753	3164552	3305955	1317	1502
秦皇岛市	599892	691520	571833	673959	605	524
邯郸市	1957782	2067544	1864701	1960841	8120	10204
邢台市	1091628	982246	1039948	949364	183	192
保定市(包含定州市)	2169968	2286483	2039084	2165995	2224	2210
保定市(不含定州市)	1580397	1698674	1510175	1626524	2224	2210
定州市	589571	587809	528909	539471		
张家口市	1046125	1122165	974025	1089324	5354	10037
承德市	1361847	1445446	1302132	1363148	922	942
沧州市	1475034	1228367	1412718	1187289	8605	6338
廊坊市	1092737	1165301	1052654	1121624	282	344
衡水市	1098797	1145438	1058066	1110698	2603	2803

2–6–2续14　各市农产品生产(加工)基地发展情况

名　　称	二、农产品生产(加工)基地规模效益(续7)					
	2.养殖业生产基地牲畜饲养量（百头）		禽类饲养量（百只）		水产养殖面积（公顷）	
	2015年	2016年	2015年	2016年	2015年	2016年
全　　省	**740489**	**653144**	**10783015**	**7099401**	**65010**	**76197**
石家庄市（包含辛集市）	47154	46316	1026197	1023269	1825	2189
石家庄市（不含辛集市）	42961	42102	846637	843669	1825	2189
辛集市	4193	4214	179560	179600		
唐山市	102055	101903	4488476	522541	36868	38753
秦皇岛市	51720	49506	298070	333470	13685	13688
邯郸市	103735	102117	1357163	1463476	941	743
邢台市	21251	20373	615023	726351		
保定市（包含定州市）	191311	102986	657290	639699	130	130
保定市（不含定州市）	173604	85213	483565	479680	130	130
定州市	17707	17773	173725	160019		
张家口市	70771	75261	216215	224657		
承德市	31034	32065	791263	827090	2510	2510
沧州市	73449	78738	700578	731786	9051	18184
廊坊市	21645	19327	169801	150878		
衡水市	26364	24552	462939	456184		

2–6–2续15　各市农产品生产(加工)基地发展情况

单位：万元

名　　称	二、农产品生产(加工)基地规模效益(续8)					
	2.养殖业生产基地养殖业产值		养殖业销售产值		养殖业上交税金	
	2015年	2016年	2015年	2016年	2015年	2016年
全　　省	**11254199**	**11655928**	**10900982**	**11284782**	**22380**	**21561**
石家庄市（包含辛集市）	1393385	1403574	1336150	1352798	1919	1839
石家庄市（不含辛集市）	1288342	1298517	1234394	1251028	1919	1839
辛集市	105043	105057	101756	101770		
唐山市	2296434	2482746	2261638	2432765	1193	1354
秦皇岛市	718115	836704	695058	811252	1178	1236
邯郸市	1664689	1736261	1595972	1673618	2682	2540
邢台市	555275	517248	544142	496746	422	421
保定市（包含定州市）	1527897	1622571	1477235	1564021	2792	2904
保定市（不含定州市）	1200309	1248821	1158116	1199430	2792	2904
定州市	327588	373750	319119	364591		
张家口市	824028	680239	789601	655160	3004	1900
承德市	854773	886736	829074	855287	3949	4023
沧州市	643978	732365	620030	702305	137	142
廊坊市	213624	174042	205081	169799	1414	1500
衡水市	562001	583442	547001	571031	3690	3702

2-6-2续16　各市农产品生产(加工)基地发展情况

单位：万元

名　　称	二、农产品生产(加工)基地规模效益(续9)					
	3.农产品加工基地加工业产值		加工业销售产值		加工业上交税金	
	2015年	2016年	2015年	2016年	2015年	2016年
全　　省	**5784355**	**6702366**	**5605269**	**6555255**	**83283**	**88974**
石家庄市（包含辛集市）	444587	391797	434713	382191	11673	10481
石家庄市（不含辛集市）	444587	391797	434713	382191	11673	10481
辛集市						
唐 山 市	224439	222139	223416	219584	942	345
秦皇岛市	8642	261983	8365	241835	117	3465
邯 郸 市	393805	402471	374705	396994	1471	1624
邢 台 市	1036234	1080838	988142	1042547	29987	31393
保 定 市（包含定州市）	1319009	1413507	1272519	1393768	7774	8159
保 定 市（不含定州市）	1319009	1413507	1272519	1393768	7774	8159
定州市						
张家口市	42170	444452	41400	443352	735	1850
承 德 市						
沧 州 市	965537	983999	961758	983968	408	462
廊 坊 市	504094	562641	491946	550499	8789	9192
衡 水 市	845838	938539	808305	900517	21387	22003

2-6-2续17　各市农产品生产(加工)基地发展情况

名　　称	三、农产品生产(加工)基地带动农户数(户)		#订单带动农户数		1.种植业生产基地带动农户数			
							#订单带动农户数	
	2015年	2016年	2015年	2016年	2015年	2016年	2015年	2016年
全　　省	**8854795**	**8873828**	**1680299**	**1849495**	**6053153**	**6063920**	**1276741**	**1380231**
石家庄市（包含辛集市）	742881	718260	91086	91021	469710	456810	60882	61730
石家庄市（不含辛集市）	669727	645091	91086	91021	417326	404414	60882	61730
辛集市	73154	73169			52384	52396		
唐 山 市	1116332	1121763	222909	217870	706263	709832	149612	144218
秦皇岛市	582076	623295	47408	78038	428163	426839	38603	37968
邯 郸 市	1144011	1129077	467937	496474	755343	744565	344225	373969
邢 台 市	850794	852672	265130	275505	670267	674109	243193	254098
保 定 市（包含定州市）	1352523	1375974	189750	194592	936955	960794	141016	145327
保 定 市（不含定州市）	953853	977117	122525	127122	689480	713187	80046	84167
定州市	398670	398857	67225	67470	247475	247607	60970	61160
张家口市	922358	918727	123881	209836	510872	514190	103186	161242
承 德 市	829495	836254	123955	124374	564814	570620	88125	88148
沧 州 市	559621	538641	37774	43856	405456	391415	19976	19896
廊 坊 市	223667	231760	2008	651	199843	212349	1900	550
衡 水 市	531037	527405	108461	117278	405467	402397	86023	93085

2-6-2续18　各市农产品生产(加工)基地发展情况

名　称	三、农产品生产(加工)基地带动农户数(户)(续1)					
	2.养殖业生产基地带动农户数		#订单带动农户数		3.农产品加工基地带动农户数	
	2015年	2016年	2015年	2016年	2015年	2016年
全　省	**2528253**	**2468688**	**355109**	**365418**	**273389**	**341220**
石家庄市（包含辛集市）	255832	246450	29404	28461	17339	15000
石家庄市（不含辛集市）	235062	225677	29404	28461	17339	15000
辛集市	20770	20773				
唐 山 市	390204	392063	73297	73652	19865	19868
秦皇岛市	142689	137837	8675	8781	11224	58619
邯 郸 市	365838	361087	103725	102297	22830	23425
邢 台 市	153038	150958	21937	21407	27489	27605
保 定 市（包含定州市）	383760	383227	33743	33306	31808	31953
保 定 市（不含定州市）	232565	231977	27488	26996	31808	31953
定州市	151195	151250	6255	6310		
张家口市	373536	341237	17775	22844	37950	63300
承 德 市	264681	265634	35830	36226		
沧 州 市	82795	78937	17798	23960	71370	68289
廊 坊 市	12806	10262	108	101	11018	9149
衡 水 市	103074	100996	12817	14383	22496	24012

2-6-2续19　各市农产品生产(加工)基地发展情况

名　称	三、农产品生产(加工)基地带动农户数(户)(续2)		四、基地带动农户的户均纯收入(元)			
	#农产品加工基地订单带动农户数				#从产业化中经营中得到的户均纯收入	
	2015年	2016年	2015年	2016年	2015年	2016年
全　省	**48449**	**103846**	**25975**	**25322**	**11180**	**10780**
石家庄市（包含辛集市）	800	830	27770	28438	13843	13242
石家庄市（不含辛集市）	800	830	28728	29509	13843	14003
辛集市			19003	19002	6544	6544
唐 山 市			32592	33898	13867	14937
秦皇岛市	130	31289	17164	18706	5491	7134
邯 郸 市	19987	20208	26060	25485	8747	8524
邢 台 市			31533	24695	17281	9324
保 定 市（包含定州市）	14991	15959	24791	24753	10160	10204
保 定 市（不含定州市）	14991	15959	24554	24470	9721	9850
定州市			25359	25445	10959	11073
张家口市	2920	25750	19260	14474	8421	8114
承 德 市			21397	21914	9130	9254
沧 州 市			24369	25040	10856	11739
廊 坊 市			26596	27166	12155	11398
衡 水 市	9621	9810	33385	36583	15227	17399

2-6-3　各市农业产业化统计监测情况

名　　称	农业产业化总量(万元)		产业化经营率(%)		农副产品转化率(%)		农副产品加工增值率(%)	
	2015年	2016年	2015年	2016年	2015年	2016年	2015年	2016年
全　　省	**69347807**	**74791778**	**65.6**	**66.7**	**42.9**	**42.9**	**73.0**	**74.9**
石家庄市（包含辛集市）	10788963	11323040	65.7	66.8	37.1	36.1	121.2	107.2
石家庄市（不含辛集市）	8190714	8765902	62.6	64.1	39.2	38.0	94.0	82.7
辛集市	2598249	2557138	77.8	77.8	18.7	19.0	192.9	190.3
唐 山 市	7789119	8391039	67.9	68.4	59.6	59.7	68.5	93.7
秦皇岛市	4090300	4636321	68.0	69.5	39.7	42.2	63.6	67.8
邯 郸 市	7762408	8190464	66.2	67.0	46.6	47.4	50.3	50.3
邢 台 市	6829176	7428603	67.2	69.1	32.2	30.3	50.1	47.9
保 定 市（包含定州市）	8477817	9134585	67.3	68.3	46.1	46.8	75.0	80.3
保 定 市（不含定州市）	7212776	7781209	66.6	67.8	42.5	43.3	77.5	75.6
定州市	1265041	1353376	71.5	71.5	62.7	62.6	59.1	119.3
张家口市	3681261	4060850	59.1	58.3	40.9	37.5	66.0	87.4
承 德 市	3888687	4071755	67.3	68.7	53.0	54.4	116.5	118.6
沧 州 市	7588068	7788948	63.5	64.1	31.8	30.2	63.6	71.7
廊 坊 市	3532605	3983801	58.0	62.6	33.0	35.2	75.7	77.4
衡 水 市	4919403	5782372	66.8	68.8	39.6	39.1	58.8	57.3

2-6-3续　各市农业产业化统计监测情况

名　　称	农副产品商品率(%)		农民人均纯收入增长率(%)		农户参与度(%)		参与农户增收比率(%)		农民受益率(%)	
	2015年	2016年	2015年	2016年	2015年	2016年	2015年	2016年	2015年	2016年
全　　省	**82.3**	**84.3**	**8.5**	**7.9**	**56.1**	**55.8**	**43.0**	**42.6**	**15.7**	**14.0**
石家庄市（包含辛集市）	74.9	77.0			40.6	38.5	49.9	46.6		
石家庄市（不含辛集市）	75.7	77.7	8.5	7.9	40.2	37.9	48.2	47.5	12.7	11.3
辛集市	72.6	71.5	9.0	8.5	45.3	45.0	34.4	34.4	6.4	5.9
唐 山 市	86.7	92.6	8.3	7.8	69.1	69.5	42.6	44.1	20.3	20.2
秦皇岛市	83.5	87.3	8.2	7.8	84.8	90.4	32.0	38.1	14.4	18.6
邯 郸 市	84.6	84.8	8.7	8.1	60.8	61.1	33.6	33.5	11.8	10.4
邢 台 市	83.9	84.0	9.7	9.3	52.9	51.9	54.8	37.8	25.6	12.5
保 定 市（包含定州市）	78.6	78.8			53.9	54.0	41.0	41.2		
保 定 市（不含定州市）	76.3	77.3	10.3	10.0	42.8	43.2	39.6	40.3	10.3	9.7
定州市	89.0	85.4	11.7	11.2	142.9	140.1	43.2	43.5	33.0	29.6
张家口市	87.9	86.1	11.8	10.8	76.9	77.2	43.7	56.1	28.5	25.7
承 德 市	85.4	86.0	10.6	10.3	89.9	91.7	42.7	42.2	31.6	29.2
沧 州 市	79.5	81.9	10.0	9.2	34.3	32.6	44.6	46.9	9.8	9.2
廊 坊 市	81.3	85.7	8.6	8.6	26.7	27.0	45.7	42.0	6.4	5.6
衡 水 市	82.8	86.0	11.4	11.5	49.6	48.7	45.6	47.6	24.2	24.7

3-1 县(市、区)国民经济主要指标(2016)(1-1)

县(市、区)	一、基本情况						
	行政区域土地面积(平方公里)	乡个数(个)	镇个数(个)	村民委员会个数(个)	#自来水受益村数	#通有线电视村数	#通宽带村数
石家庄市							
长安区	138		4	8	8	8	8
桥西区	70	0	0	15	15	15	15
新华区	92	2	2	13	13	13	13
井陉矿区	70	1	2				
裕华区	61	0	1	6	6	6	6
藁城区	836	1	12	226	226	224	226
鹿泉区	603	3	9	208	208	184	208
栾城区	326	3	4	173	173	163	173
井陉县	1381	7	10	318	295	248	301
正定县	468	5	3	154	154	154	154
行唐县	1025	11	4	322	250	299	317
灵寿县	1066	9	6	279	249	153	252
高邑县	222	1	4	107	107	107	107
深泽县	296	3	3	125	125	122	125
赞皇县	1210	7	4	212	143	78	212
无极县	524	5	6	213	213	213	213
平山县	2648	11	12	717	692	292	715
元氏县	675	7	8	208	185	208	208
赵　县	674	4	7	281	281	277	281
辛集市	951	7	8	344	344	344	344
晋州市	619	1	9	224	224	98	224
新乐市	525	3	8	160	160	160	160
唐山市							
路南区	117	1	1	56	56	56	56
路北区	161	1	1	71	71	71	71
古冶区	248	3	2	122	122	122	122
开平区	257		6	134	134	122	134
丰南区	1262	3	12	444	444	287	444
丰润区	1154	3	17	480	480	447	480
曹妃甸区	1281	0	5	109	109	109	109
滦　县	1027	0	10	504	491	352	504
滦南县	1482		16	589	589	485	589
乐亭县	1417	3	10	473	473	417	466
迁西县	1439	8	9	417	275	417	417
玉田县	1170	4	16	750	750	589	750
遵化市	1513	12	13	648	648	648	648
迁安市	1227	7	10	458	431	458	458
秦皇岛市							
海港区	800		8	262	179	253	262
山海关区	194		3	96	96	96	96
北戴河区	113	0	3	43	37	43	43
抚宁区	968	2	5	363	180	276	362
青龙满族自治县	3510	14	11	396	232	390	396

3-1 县(市、区)国民经济主要指标(2016)(1-2)

县(市、区)	一、基本情况						
	行政区域土地面积(平方公里)	乡个数(个)	镇个数(个)	村民委员会个数(个)	#自来水受益村数	#通有线电视村数	#通宽带村数
昌黎县	1212	5	11	418	356	415	418
卢龙县	956	3	9	548	272	407	548
邯郸市							
邯山区	209	2	2	118	118	118	118
丛台区	194	4	1	74	73	54	73
复兴区	137	2	1	41	28	34	41
峰峰矿区	341	1	9	157	155	108	150
肥乡区	503	5	4	265	265	265	265
永年区	754	11	6	342	342	293	229
临漳县	742	9	5	425	425	315	326
成安县	482	5	4	234	234	215	234
大名县	1053	12	8	609	591	532	609
涉　县	1509	8	8	280	272	280	280
磁　县	695	5	6	240	186	209	237
邱　县	449	3	4	217	217	217	217
鸡泽县	336	3	4	169	169	165	105
广平县	314	3	4	169	169	169	169
馆陶县	456	4	4	269	269	269	269
魏　县	864	11	10	541	541	505	505
曲周县	677	4	6	338	338	279	338
武安市	1806	9	13	502	395	248	420
邢台市							
桥东区	68	1	1	25	25	25	25
桥西区	120		2	33	33	30	33
邢台县	1848	6	10	519	519	375	470
临城县	797	4	4	210	203	196	209
内丘县	788	4	5	309	309	92	309
柏乡县	268	3	3	121	121	121	121
隆尧县	749	6	6	274	274	253	274
任　县	431	4	4	134	134	134	134
南和县	405	5	3	218	218	183	218
宁晋县	1032	3	11	315	315	306	315
巨鹿县	631	3	7	246	246	246	246
新河县	366	4	2	169	169	169	169
广宗县	504	4	4	196	196	196	196
平乡县	406	4	2	227	227	108	227
威　县	1012	7	9	519	519	470	505
清河县	500		6	305	305	135	305
临西县	542	3	6	299	299	299	299
南宫市	861	5	6	440	440	434	440
沙河市	859	4	4	242	223	184	238
保定市							
竞秀区	127	5		63	63	51	63
莲池区	177	7		120	111	80	111
满城区	630	6	5	183	183	146	179

3-1 县(市、区)国民经济主要指标(2016)(1-3)

县(市、区)	一、基本情况						
	行政区域土地面积(平方公里)	乡个数(个)	镇个数(个)	村民委员会个数(个)	#自来水受益村数	#通有线电视村数	#通宽带村数
清苑区	867	9	9	266	262	215	266
徐水区	723	4	10	304	288	247	304
涞水县	1662	4	11	284	220	76	239
阜平县	2496	7	6	209	209	190	196
定兴县	714	9	7	274	137	50	264
唐　县	1414	11	9	345	237	230	322
高阳县	495	4	5	170	170	170	170
容城县	314	3	5	127	127	62	127
涞源县	2448	9	8	283	267	147	225
望都县	370	4	4	143	143	142	142
安新县	728	3	9	207	207	156	207
易　县	2534	18	9	469	352	159	424
曲阳县	1084	10	8	367	222	233	367
蠡　县	652	3	10	232	232	172	232
顺平县	711	5	5	237	235	172	237
博野县	331	1	6	133	133	65	133
雄　县	514	3	6	223	223	68	221
涿州市	751	1	10	402	375	154	389
定州市	1284	5	16	486	479	454	471
安国市	486	3	7	198	197	21	198
高碑店市	618	1	8	409	405	176	409
张家口市							
桥东区	94		1	9	9	9	9
桥西区	103		1	20	20	20	10
宣化区	2334	8	9	356	351	267	277
下花园区	315	4		46	46	41	41
万全区	1162	7	4	171	171	171	163
崇礼区	2324	8	2	211	210	199	174
张北县	3863	11	7	366	277	209	210
康保县	3365	8	7	326	283	128	38
沽源县	3363	10	4	233	77	143	42
尚义县	2601	7	7	172	162	172	161
蔚　县	3198	11	11	547	395	397	418
阳原县	1849	9	5	301	221	126	233
怀安县	1698	7	4	273	246	170	234
怀来县	1801	6	11	279	269	200	250
涿鹿县	2802	4	13	373	369	263	344
赤城县	5287	9	9	440	359	102	142
承德市							
双桥区	332		5	53	37	48	53
双滦区	452	2	4	63	51	61	63
鹰手营子矿区	151		4	15	14	15	15
承德县	3648	13	10	378	302	374	346
兴隆县	3117	9	11	290	131	218	252
平泉县	3294	7	12	238	193	238	237

3–1 县(市、区)国民经济主要指标(2015)(1–4)

县(市、区)	一、基本情况						
	行政区域土地面积(平方公里)	乡个数(个)	镇个数(个)	村民委员会个数(个)	#自来水受益村数	#通有线电视村数	#通宽带村数
滦平县	2993	12	8	200	127	198	188
隆化县	5473	15	9	357	250	348	335
丰宁满族自治县	8765	16	10	309	293	280	250
宽城满族自治县	1936	10	8	205	172	199	197
围场满族蒙古族自治县	9037	26	11	312	257	311	305
沧州市							
新华区	89	1		20	20	20	20
运河区	118	1	1	62	62	62	62
沧　县	1520	15	4	510	510	510	510
青　县	968	3	7	345	345	345	345
东光县	710	1	8	447	447	447	447
海兴县	919	4	3	197	197	197	197
盐山县	795	6	6	450	450	450	450
肃宁县	516	3	6	253	253	253	253
南皮县	790	3	6	312	312	312	312
吴桥县	583	5	5	473	473	473	473
献　县	1173	11	7	500	500	500	500
孟村回族自治县	387	2	4	126	126	126	126
泊头市	1009	4	8	657	657	657	657
任丘市	1012	6	9	413	413	413	413
黄骅市	1545	6	4	327	327	327	327
河间市	1322	11	7	563	563	563	563
廊坊市							
安次区	578	4	4	284	284	240	284
广阳区	331	1	3	150	150	150	150
固安县	703	4	5	421	421	204	421
永清县	776	5	5	386	386	386	386
香河县	448		9	300	300	118	300
大城县	897	2	8	394	394	164	394
文安县	1037	1	12	383	383	358	383
大厂回族自治县	176		5	105	105	105	105
霸州市	802	5	7	372	372	302	372
三河市	634		10	395	395	168	395
衡水市							
桃城区	383	1	3	220	220	220	220
冀州区	878	4	6	382	382	382	352
枣强县	905	3	8	553	553	553	553
武邑县	800	3	6	524	524	524	524
武强县	443	3	3	238	238	238	238
饶阳县	572	3	4	197	197	166	197
安平县	495	3	5	230	230	230	230
故城县	941	4	9	538	538	538	538
景　县	1188	6	10	848	848	734	830
阜城县	695	5	5	610	610	610	610
深州市	1245	6	11	465	465	465	465

3−1 县(市、区)国民经济主要指标(2016)(2−1)

县(市、区)	二、人口与就业					三、综合经济	
	年末总人口（万人）	乡村总户数（户）	乡村人口（人）	年末乡村从业人员（人）	#农林牧渔业从业人员	(一)地区生产总值（万元）	按产业分
							第一产业增加值
石家庄市							
长安区	64.29	6456	22547	10889	2656	4319495	21792
桥西区	68.41	12724	33010	17838	1295	4744595	13213
新华区	50.13	17160	61420	36321	2622	2470193	17185
井陉矿区	9.22	14408	53127	19837	3752	554048	5728
裕华区	46.29	5784	26642	13372	3370	2182276	2821
藁城区	79.45	199983	746745	386173	66481	6096636	741045
鹿泉区	42.74	96290	370822	177717	68351	3679455	234460
栾城区	35.14	80057	325055	174676	43745	2177970	264071
井陉县	33.34	83999	291396	147839	62990	1506926	117688
正定县	50.60	104896	438563	228852	69038	2927014	323968
行唐县	46.30	107110	379393	186675	77971	1336533	281477
灵寿县	34.95	71595	271789	145830	75106	899756	166412
高邑县	20.24	43632	165524	95440	44723	881952	129870
深泽县	26.23	62005	229147	127912	47253	1079534	160399
赞皇县	27.89	60816	219836	127570	47791	977766	165758
无极县	53.75	119347	458836	249271	116064	1965162	269048
平山县	50.49	124460	448160	244157	155935	2085091	182506
元氏县	44.32	99520	395335	242277	159700	2001614	256485
赵　县	61.92	126974	501520	290718	102107	2127267	337065
辛集市	63.76	162584	556210	297510	90602	4255828	487362
晋州市	57.16	124680	477243	260695	84645	3004688	290652
新乐市	51.74	105402	421910	223610	50940	2079912	292967
唐山市							
路南区	26.50	20286	61202	31550	9547	1230986	41174
路北区	66.06	31683	118595	66177	27335	1520465	72505
古冶区	35.16	42124	129268	64750	27269	1932575	140382
开平区	25.52	58301	178013	84036	24625	1255534	53117
丰南区	53.26	125047	458254	251165	95655	6193554	483438
丰润区	82.94	182091	630411	362898	198895	6419734	506352
曹妃甸区	21.07	48999	152546	87587	41752	3678803	256360
滦　县	57.34	149101	514552	289206	113533	4620687	454016
滦南县	57.58	152577	522183	295989	183642	3365536	920000
乐亭县	45.09	125572	381904	231877	103379	3451769	939208
迁西县	39.85	99232	348554	189713	81556	4259678	236557
玉田县	70.50	165245	595012	335954	104392	3809081	768268
遵化市	76.03	196500	686819	328263	110844	5122370	430387
迁安市	77.26	158697	540881	289370	56524	9201601	440574
秦皇岛市							
海港区	80.31	66204	191100	101551	48916	3768053	82863
山海关区	14.56	18507	53228	31898	17878	640749	61710
北戴河区	12.40	24691	62560	35744	12603	513512	20061
抚宁区	35.20	92121	287345	154395	105188	1106926	343787
青龙满族自治县	56.68	144254	508509	284832	164397	1001897	359729

3-1 县(市、区)国民经济主要指标(2016)(2-2)

县(市、区)	二、人口与就业					三、综合经济	
	年末总人口(万人)	乡村总户数(户)	乡村人口(人)	年末乡村从业人员(人)	#农林牧渔业从业人员	(一)地区生产总值(万元)	按产业分 第一产业增加值
昌黎县	56.15	175631	457067	268928	170364	2125544	589385
卢龙县	42.20	124195	378467	219020	149115	1026954	316362
邯郸市							
邯山区	49.02	40366	167097	87436	41914	1721906	58124
丛台区	54.63	32703	148143	64805	23449	2359523	23141
复兴区	31.65	13845	56883	29700	11027	2221128	7071
峰峰矿区	50.91	59142	227118	96698	31592	1765577	51234
肥乡区	41.03	80373	352214	194825	59844	954609	303135
永年区	96.39	176874	720208	385944	117992	2653746	644068
临漳县	75.83	142612	610539	389445	266914	1300553	313971
成安县	46.23	84207	344589	191868	67321	1493471	263804
大名县	93.34	161170	701185	359546	161807	1367889	349959
涉　县	42.39	120874	373601	197634	64269	2205188	107365
磁　县	47.03	91888	366351	180308	43134	1396756	150057
邱　县	25.92	51976	209860	108159	58694	799379	159669
鸡泽县	33.63	68244	325045	134510	24104	1056480	196005
广平县	31.36	59813	255153	143412	68835	799639	132194
馆陶县	36.51	69211	281583	142011	77541	1057369	269140
魏　县	105.06	195341	889768	370403	270600	1411942	286465
曲周县	52.36	98799	445298	238656	70790	1341952	295828
武安市	83.88	193564	700477	372093	124882	6066464	223457
邢台市							
桥东区	26.63	11371	34839	18460	7757	857013	15666
桥西区	41.31	19125	69431	35388	11563	1450342	9314
邢台县	35.87	111091	337858	168732	54324	1304214	109209
临城县	22.11	53535	194528	88630	59385	608155	99059
内丘县	29.50	63494	246238	124605	58688	696402	114009
柏乡县	20.57	45870	184357	90302	36281	373194	119452
隆尧县	56.14	121036	509478	225669	80672	970430	243566
任　县	38.35	75600	322276	160118	59797	509447	119440
南和县	38.79	83351	342866	171092	81857	567565	191275
宁晋县	80.72	178960	712225	347344	171304	2650278	273538
巨鹿县	42.74	117165	388917	208722	115902	643158	201673
新河县	17.96	43861	155565	71409	41903	316501	90697
广宗县	33.27	76164	295587	151023	60993	473417	129800
平乡县	36.05	68644	286960	143082	41632	596327	133699
威　县	64.32	146120	561200	298431	153200	897112	330223
清河县	43.83	86085	363623	163976	33432	1473287	82360
临西县	39.03	75621	295236	147683	60070	749568	123938
南宫市	50.61	115197	449676	217188	95272	1064369	184022
沙河市	44.82	91675	382306	166201	70266	2313692	72029
保定市							
竞秀区	43.81	30496	120539	62525	21901	1787623	35578
莲池区	62.54	41855	161235	90301	38000	4348100	58488
满城区	40.61	88096	335836	184278	110893	1083814	220095

3-1 县(市、区)国民经济主要指标(2016)(2-3)

县(市、区)	二、人口与就业					三、综合经济	
	年末总人口(万人)	乡村总户数(户)	乡村人口(人)	年末乡村从业人员(人)	#农林牧渔业从业人员	(一)地区生产总值(万元)	按产业分 第一产业增加值
清苑区	68.90	157671	627930	351363	193365	1521232	340333
徐水区	62.13	148150	561752	309843	156791	1853840	277924
涞水县	35.84	92946	318499	181496	117144	631217	127047
阜平县	23.09	56189	193235	88721	60395	367456	85307
定兴县	60.42	139178	549665	333840	145376	1203752	261331
唐　县	60.26	140463	541035	268145	159664	702743	181114
高阳县	35.73	80555	309022	178648	72854	995771	88346
容城县	27.33	54843	224858	130204	44646	594146	97989
涞源县	28.94	78735	246637	126121	87668	648702	50899
望都县	27.47	60972	229055	126653	86443	604598	192745
安新县	46.80	122913	445783	258655	117433	578793	100045
易　县	58.41	144225	518349	260140	147619	1175005	257350
曲阳县	64.99	152590	565169	270379	169338	782404	121404
蠡　县	54.75	116978	496387	270234	150643	964576	143965
顺平县	31.98	82537	291361	161609	109533	534178	209507
博野县	27.44	50248	191042	124170	51823	469626	147437
雄　县	39.49	88903	337831	210291	98472	1011416	106249
涿州市	69.21	118533	457176	258978	146977	2852423	216807
定州市	124.89	284660	1120892	673739	188967	3278090	851737
安国市	41.71	91677	345057	209834	97336	1211368	175414
高碑店市	57.27	100671	429431	241641	132098	1486361	155773
张家口市							
桥东区	22.20	6836	18707	10506	4964	1526335	3957
桥西区	21.21	7789	21352	8638	1950	885655	3795
宣化区	59.59	111495	309835	175237	108082	2082660	258547
下花园区	6.65	11315	26626	14177	7837	253166	25730
万全区	22.59	69396	188641	101082	67459	714005	119443
崇礼区	12.73	41581	106062	59012	36920	338464	87791
张北县	36.45	89579	245547	154605	98115	962334	216578
康保县	27.30	77897	194448	124447	75983	466185	206843
沽源县	22.45	74610	180805	100883	75725	482349	192341
尚义县	19.03	57020	137514	78623	58506	372991	122844
蔚　县	50.25	161266	463844	197466	131144	863415	161754
阳原县	27.59	84059	228483	118400	70656	474353	124391
怀安县	24.58	75019	208797	118668	78756	688602	107083
怀来县	36.48	73145	196589	117975	72240	1449084	238866
涿鹿县	35.33	106066	253014	153492	115925	1058671	376710
赤城县	29.92	101505	252554	111970	82776	726287	241217
承德市							
双桥区	31.90	24310	68663	30793	14901	1142561	9619
双滦区	14.86	24694	83627	43276	14943	1027845	24206
鹰手营子矿区	6.45	6107	19528	9580	2835	348497	9410
承德县	42.80	116320	389581	218693	124891	1204735	282569
兴隆县	32.96	88438	292267	156316	100368	1008976	255818
平泉县	48.21	121799	425736	217484	116550	1668353	329711

3-1 县(市、区)国民经济主要指标(2016)(2-4)

县(市、区)	二、人口与就业					三、综合经济	
	年末总人口(万人)	乡村总户数(户)	乡村人口(人)	年末乡村从业人员(人)	#农林牧渔业从业人员	(一)地区生产总值(万元)	按产业分 第一产业增加值
滦平县	32.97	85850	272085	150620	65973	1602460	284626
隆化县	44.98	110399	383747	226150	138266	1148736	317224
丰宁满族自治县	41.11	114234	347456	183341	119925	1014460	259288
宽城满族自治县	26.20	68862	231183	121072	51234	2081794	183789
围场满族蒙古族自治县	54.18	133555	462600	235596	173259	1090882	412871
沧州市							
新华区	18.94	9637	37212	15982	6630	1472633	2576
运河区	33.24	20943	81185	37870	21287	2494639	16350
沧　县	74.07	177523	681401	384206	79335	2456705	224711
青　县	43.72	97865	350373	207261	54561	1861875	463084
东光县	38.63	93805	336524	167141	70062	1462221	134931
海兴县	23.75	62768	195564	106773	57682	463822	79772
盐山县	49.41	109636	426323	217790	79990	1558150	141488
肃宁县	36.93	88994	325028	202124	56983	1424977	251660
南皮县	40.13	92038	340484	187249	99598	1093080	190393
吴桥县	28.47	70480	229983	143764	49615	750408	165765
献　县	65.96	139245	542277	275847	103962	2439553	324064
孟村回族自治县	23.28	48011	185871	93550	37525	906787	75627
泊头市	63.54	157223	505750	271670	66247	2157759	186160
任丘市	89.28	165200	615333	300512	59249	5942697	183691
黄骅市	48.06	106161	412319	210240	31312	2595774	312300
河间市	89.12	201557	720365	429010	85619	2872111	257231
廊坊市							
安次区	37.18	70591	271984	151914	92310	1864945	114991
广阳区	49.18	36806	155600	82519	55285	2584493	128053
固安县	51.08	91942	373344	181976	138780	2070661	316740
永清县	41.08	81960	321265	176972	109163	1307850	376407
香河县	36.77	77505	284086	141653	45616	2161059	167168
大城县	52.84	120000	450662	223474	117978	1188936	174421
文安县	54.54	115277	436842	227818	81436	1397263	113862
大厂回族自治县	13.07	28361	68590	43996	10630	892785	72912
霸州市	65.03	125618	518791	258188	66605	3952879	178018
三河市	69.13	100627	352435	176395	63600	5096286	340161
衡水市							
桃城区	44.99	47028	154713	77830	20142	1362332	92095
冀州区	34.77	97685	300752	150716	68134	982960	100716
枣强县	40.77	107952	344678	175495	91075	929191	120153
武邑县	32.37	70397	275168	136874	65785	687809	179260
武强县	21.83	55596	193214	100856	54282	634164	88256
饶阳县	29.29	73285	258107	151174	52342	639285	233423
安平县	33.74	82967	276657	150274	41686	1200038	110258
故城县	53.10	123040	441021	219398	107699	1161866	250450
景　县	55.56	124320	473110	232099	100845	1527557	164248
阜城县	35.67	103161	338969	180337	68404	788464	164467
深州市	57.70	168022	524987	287532	106684	1501796	303304

3-1 县(市、区)国民经济主要指标(2016年)(3-1)

县(市、区)	三、综合经济（续1）							
	按产业分（续）		按行业分					
	第二产业增加值	第三产业增加值	农林牧渔业增加值	#农业增加值	#林业增加值	#牧业增加值	#渔业增加值	工业增加值
石家庄市								
长安区	682534	3615169	23840	18094	238	3460		294584
桥西区	465034	4266348	13647	11178	14	2021		69490
新华区	512118	1940890	19202	17094	20	48	23	89850
井陉矿区	344154	204166	5782	1985	653	3085	5	351413
裕华区	431262	1748193	3978	2247		574		189440
藁城区	3995232	1360359	756286	547906	3843	189293	3	3902128
鹿泉区	1901221	1543774	248620	160891	4708	64541	4320	1796513
栾城区	1209329	704570	283121	142697	1073	120301		1121991
井陉县	618757	770481	127128	45823	21080	50644	141	544040
正定县	1172264	1430782	334646	166170	1277	155839	682	1051808
行唐县	642572	412484	294113	145882	9942	124452	1201	613024
灵寿县	389841	343503	173178	90686	10821	60574	4331	355813
高邑县	500253	251829	136442	100790	496	28584		446252
深泽县	634049	285086	167542	117058	1107	42234		556080
赞皇县	535329	276679	173486	87619	11859	65793	487	491892
无极县	1059388	636726	279563	150693	929	117419	7	1006902
平山县	1208108	694477	192229	108054	23218	44519	6715	1136192
元氏县	1071035	674094	266842	149591	7414	99396	84	1008274
赵　县	1233150	557052	351428	244018	3512	89535		1181821
辛集市	2551333	1217133	495923	333745	2553	151041	23	2429208
晋州市	1715389	998647	303354	186268	5571	98813		1654561
新乐市	1137382	649563	307663	167715	2177	123075		1051154
唐山市								
路南区	214923	974889	41181	33638	385	7151		144923
路北区	218163	1229797	72521	66805	65	5635		131163
古冶区	1168007	624186	145571	96558	1106	37641	5077	1106007
开平区	602479	599938	54818	20434	714	23949	8020	558779
丰南区	3595292	2114824	495532	338044	3368	76105	65921	3475492
丰润区	4313747	1599635	516960	301885	2454	197721	4292	3625996
曹妃甸区	2133996	1288447	288381	71478	2603	43537	138742	1863324
滦　县	2747042	1419629	458512	238680	2864	210489	1983	2619344
滦南县	1029894	1415642	936751	530867	7590	270221	111322	779894
乐亭县	1069062	1443499	941931	677666	3417	96587	161538	849062
迁西县	2572091	1451030	246974	151075	9714	51602	24166	2417550
玉田县	1732326	1308487	774889	554779	2802	206892	3795	1621315
遵化市	2436543	2255440	436648	294847	6327	127195	2018	2232143
迁安市	5473258	3287769	454782	262727	3978	173869		5216258
秦皇岛市								
海港区	1075911	2609279	85122	48342	2546	28692	3283	685452
山海关区	285371	293668	62102	38727	758	14677	7548	241719
北戴河区	65439	428012	20599	11561	672	5473	2355	23746
抚宁区	261503	501636	353707	203157	6903	132033	1694	197696
青龙满族自治县	148545	493623	361778	235845	11874	110775	1235	85858

3-1 县(市、区)国民经济主要指标(2016年)(3-2)

县(市、区)	三、综合经济（续1）							
	按产业分（续）		按行业分					
	第二产业增加值	第三产业增加值	农林牧渔业增加值	#农业增加值	#林业增加值	#牧业增加值	#渔业增加值	工业增加值
昌黎县	776737	759422	611949	292093	7302	224676	65314	700062
卢龙县	286943	423649	317999	187310	4181	123812	1059	235045
邯郸市								
邯山区	408458	1255324	59296	29567	1667	26890		174352
丛台区	648882	1687500	23539	13579	1025	8537		401236
复兴区	1593151	620906	7201	3686	500	2885		1526529
峰峰矿区	998548	715795	52495	9345	1975	39042	872	974867
肥乡区	381459	270015	317228	228846	1276	72991	22	288580
永年区	1212042	797636	654671	511124	3728	124230	4986	1108475
临漳县	573885	412697	321745	197069	2317	114570	15	469683
成安县	716475	513192	297839	188776	1744	73279	5	629095
大名县	560069	457861	366542	190786	2359	156467	347	482405
涉　县	1177112	920711	108328	59172	7788	38863	1542	1011417
磁　县	640535	606164	151643	73271	4050	66889	5847	538776
邱　县	330286	309424	174399	105479	1680	52441	69	284938
鸡泽县	524873	335602	202755	137617	891	57472	25	477139
广平县	344921	322524	140736	93149	1555	37469	21	270433
馆陶县	512329	275900	281762	152328	2975	113823	14	447131
魏　县	573091	552386	295309	193785	2932	89677	71	453203
曲周县	727106	319018	313843	168583	2562	121544	3139	649576
武安市	3701777	2141230	224861	117615	6982	98000	860	3592788
邢台市								
桥东区	180057	661290	15766	12735	9	2922		138797
桥西区	553856	887172	9574	6234	137	2784	159	494407
邢台县	847364	347641	109828	80071	3821	25028	289	797811
临城县	324441	184655	99572	56189	2507	37314	3049	297611
内丘县	292969	289424	114927	72385	2607	38999	18	243584
柏乡县	126225	127517	120018	87822	630	31000		111095
隆尧县	399020	327844	246967	164068	3701	75797		357422
任　县	198594	191413	123334	95587	1708	22119	26	173161
南和县	161203	215087	193639	147255	4165	39846	9	131196
宁晋县	1788277	588463	285980	194183	1653	77700	2	1686058
巨鹿县	213591	227894	202090	171098	1472	29067	36	180346
新河县	121724	104080	91199	72951	1045	16464	237	110130
广宗县	187931	155686	135539	98546	1338	29916		162053
平乡县	228917	233711	136889	104745	2310	26606	38	196409
威　县	254499	312390	358796	253205	2676	74158	184	213699
清河县	717690	673237	128926	64838	3897	13356	269	652829
临西县	314064	311566	139559	86429	1870	35567	72	280280
南宫市	434929	445418	185793	140695	2439	40836	52	382838
沙河市	1221345	1020318	76952	30900	1744	39112	273	1128002
保定市								
竞秀区	1057319	694726	36615	24871	141	10566		579986
莲池区	2628290	1661322	58875	38766	133	19589		2354482
满城区	518069	345650	223187	164644	4268	51050	133	458907

3-1 县(市、区)国民经济主要指标(2016年)(3-3)

县(市、区)	三、综合经济（续1）							
	按产业分（续）		按行业分					
	第二产业增加值	第三产业增加值	农林牧渔业增加值	#农业增加值	#林业增加值	#牧业增加值	#渔业增加值	工业增加值
清苑区	792147	388752	344366	271160	4194	64973	6	695561
徐水区	915504	660412	287728	169668	2243	105872	141	846534
涞水县	137961	366209	130866	69629	13825	43323	270	63390
阜平县	84368	197781	86089	53103	5554	17692	8958	46543
定兴县	559257	383164	274029	168478	1405	90979	469	478760
唐　县	271177	250452	182738	112987	3329	63715	1083	160735
高阳县	613322	294103	95169	74028	1086	13129	103	564970
容城县	333998	162159	99663	55235	903	41037	814	300958
涞源县	347626	250177	51844	27890	5528	17172	309	314700
望都县	242214	169639	193955	154145	1042	37531	27	157641
安新县	272057	206691	103351	56116	1051	16462	26416	218591
易　县	513548	404107	258586	129263	7373	117935	2779	400115
曲阳县	327725	333275	123886	68990	3621	47220	1573	288081
蠡　县	544633	275978	151205	108482	2010	33471	2	513319
顺平县	190520	134151	210705	188172	2667	18645	23	141858
博野县	176277	145912	152987	110191	14662	22516	68	150164
雄　县	705812	199355	108562	82140	1109	22749	251	634992
涿州市	1055232	1580384	226193	157974	4162	54122	549	676591
定州市	1585941	840412	860897	593789	43175	214701	72	1117577
安国市	646601	389353	178907	136939	1958	36457	60	599138
高碑店市	786242	544346	162104	90486	946	64253	88	611674
张家口市								
桥东区	712531	809847	4000	1193	202	2562		623831
桥西区	178446	703414	4069	1244	840	1711		112146
宣化区	891934	932179	265126	117376	11004	129953	214	781334
下花园区	146731	80705	26818	11506	1745	12479		143662
万全区	345570	248992	125473	46004	6044	67393	2	310510
崇礼区	146117	104556	88178	64187	6652	16942	10	93987
张北县	476451	269305	219038	124649	5175	86533	221	353651
康保县	126703	132639	208169	114959	2753	89071	60	84963
沽源县	155508	134500	192813	137790	6640	45728	2183	115508
尚义县	145023	105124	125363	75350	12623	34756	115	138523
蔚　县	202395	499266	167680	74673	5599	81222	260	146895
阳原县	146061	203901	130370	29292	10450	84242	407	108261
怀安县	223602	357917	110598	57145	11383	38341	214	183102
怀来县	351807	858411	241151	164049	5906	63081	5830	128807
涿鹿县	283364	398597	380404	243890	9516	123166	138	201164
赤城县	287246	197824	248723	150777	18508	71457	475	251546
承德市								
双桥区	234652	898290	9759	6457	1077	1973	112	32069
双滦区	705599	298040	26214	16693	2459	4786	268	608496
鹰手营子矿区	246906	92181	9576	4718	1877	2636	179	214350
承德县	528299	393867	286429	174397	15960	91544	668	465797
兴隆县	430806	322352	259561	205206	12491	35267	2854	380549
平泉县	708181	630461	330587	284296	8455	36290	670	639946

3-1 县(市、区)国民经济主要指标(2016年)(3-4)

县(市、区)	三、综合经济（续1）							
	按产业分（续）		按行业分					
	第二产业增加值	第三产业增加值	农林牧渔业增加值	#农业增加值	#林业增加值	#牧业增加值	#渔业增加值	工业增加值
滦平县	819054	498780	290499	140400	35073	108315	838	722018
隆化县	454500	377012	321852	154244	25271	137373	336	358762
丰宁满族自治县	388764	366408	267600	103627	30384	123311	1966	307318
宽城满族自治县	1226411	671594	189026	116502	19663	33228	14396	1125411
围场满族蒙古族自治县	293081	384930	415849	244975	52343	114095	1458	214312
沧州市								
新华区	551196	918861	2578	1101	170	1291	14	432596
运河区	693768	1784521	16998	13073	267	3010		452768
沧　县	1173892	1058102	240120	141031	7987	75555	138	1055929
青　县	761191	637600	471165	405834	1895	55106	249	698979
东光县	561346	765944	251548	94748	1242	38560	381	514346
海兴县	220785	163265	87793	28990	4723	22961	23098	163577
盐山县	1010881	405781	145747	59165	2195	79950	178	964881
肃宁县	535472	637845	257171	176087	3608	71965		468048
南皮县	486200	416487	233893	148683	1075	40340	295	424200
吴桥县	191181	393462	305774	105547	684	59383	151	170943
献　县	1368731	746758	355101	205106	2516	113448	2994	1306271
孟村回族自治县	555154	276006	77683	25851	2279	47426	71	522659
泊头市	1218221	753378	193174	131004	1345	53483	328	1125302
任丘市	3495754	2263252	203228	132933	1016	39162	10580	3373617
黄骅市	1065530	1217944	335368	96697	1518	88232	125853	939325
河间市	1340460	1274420	303507	198320	1822	56787	302	1145062
廊坊市								
安次区	903323	846631	121082	80837	8057	25517	580	800354
广阳区	608653	1847787	133189	102029	2460	23369	195	251777
固安县	504550	1249371	316984	287613	3829	25178	120	377234
永清县	303130	628313	377910	280630	5237	90285	255	237524
香河县	1071275	922616	169827	135768	1565	28506	1329	938848
大城县	490565	523950	179932	86764	4372	82839	446	373919
文安县	814290	469111	119085	63599	3099	40159	7005	710747
大厂回族自治县	309116	510757	73283	23847	586	47490	989	224133
霸州市	2431918	1342943	180887	128846	8330	35633	5209	2210539
三河市	2555287	2200838	344488	183487	3145	148272	5257	2104766
衡水市								
桃城区	455115	815122	99132	64052	1561	26101	381	378102
冀州区	473079	409165	107175	74428	2246	22625	1417	431293
枣强县	505185	303853	146656	90440	1735	27845	133	461220
武邑县	253102	255447	188394	126385	2812	49976	87	195216
武强县	328780	217128	97814	54628	3348	30280		275903
饶阳县	195943	209919	246219	193615	2630	37178		161019
安平县	612964	476816	124217	33773	1641	74748	96	550935
故城县	411015	500401	263917	182209	1959	65171	1111	349483
景　县	814184	549125	198249	106104	2145	55950	49	716968
阜城县	403206	220791	176231	132885	2332	29197	53	371083
深州市	559263	639229	317387	209502	4970	88690	142	504827

3–1 县(市、区)国民经济主要指标(2016年)(4–1)

县(市、区)	三、综合经济(续2)							
	地区生产总值指数(上年=100)	第一产业	第二产业	第三产业	(二)全部财政收入(万元)	#地方一般公共预算收入	一般公共预算支出(万元)	(三)年末居民储蓄存款余额(万元)
石家庄市								
长安区	108.0	89.9	100.1	109.8	1073727	436797	263422	
桥西区	108.2	101.4	103.0	108.8	1463852	627615	325204	
新华区	108.4	92.5	103.3	110.0	602847	252840	201314	
井陉矿区	103.4	67.7	101.5	109.1	49522	26519	89500	396120
裕华区	108.0	53.6	98.4	110.8	570370	283417	183905	
藁城区	106.0	100.6	105.0	112.8	1543665	315892	459680	2445964
鹿泉区	106.4	100.6	104.7	109.8	357046	197339	339428	2027391
栾城区	107.0	97.3	106.4	112.5	188154	101873	206559	1244390
井陉县	103.2	89.5	99.6	109.1	129109	55086	192938	1154254
正定县	107.0	102.4	105.8	109.2	251090	160017	347910	2895159
行唐县	103.2	105.8	98.7	109.5	62812	40406	223185	1213058
灵寿县	103.2	103.7	98.4	110.1	51715	35343	185736	990920
高邑县	106.5	103.9	105.5	110.0	54572	42800	118690	618211
深泽县	106.6	101.9	105.8	111.3	56713	43002	121755	960936
赞皇县	106.1	102.8	105.1	110.4	50331	31450	154029	645181
无极县	106.7	101.1	106.6	109.5	87925	52350	190152	1517923
平山县	106.8	100.9	105.8	110.4	217218	107802	322513	1518577
元氏县	106.9	102.4	105.5	111.0	129895	66631	188546	1264907
赵　县	106.0	100.4	105.6	110.9	81026	51971	218311	1235074
辛集市	107	101.4	105.4	112.9	211076	122590	318764	3049245
晋州市	106.7	102.0	105.5	110.6	115139	80099	226640	2059003
新乐市	106.6	101.0	105.7	110.9	97473	68026	216036	1285657
唐山市								
路南区	107.5	86.8	109.2	108.1	428624	195514	160782	
路北区	107.0	100.4	112.0	106.5	776816	420928	372682	
古冶区	104.3	103.2	107.0	99.6	170041	108574	188558	2045846
开平区	106.8	109.4	106.3	107.1	178687	100694	142423	1516833
丰南区	106.9	102.0	106.9	108.0	549866	315208	458451	3496766
丰润区	104.6	102.1	104.3	106.3	461949	232577	360639	5145343
曹妃甸区	107.2	105.4	107.6	106.8	1011439	666333	884173	1075472
滦　县	106.2	105.8	106.3	106.2	252155	156000	315522	3030554
滦南县	106.1	104.9	106.1	106.8	150910	102080	274530	1901742
乐亭县	107.6	104.5	107.1	109.9	205315	122301	292601	2310095
迁西县	106.5	104.5	106.7	106.5	178685	105160	303740	2049006
玉田县	105.8	101.0	106.1	108.4	162907	96124	285565	3314306
遵化市	105.9	105.2	106.1	105.7	164855	100411	309115	3551833
迁安市	103.7	101.7	103.7	104.0	638887	362809	599658	5030621
秦皇岛市								
海港区	106.2	132.7	105.9	105.7	810082	179785	340381	1756107
山海关区	106.9	103.0	106.5	108.1	102356	43596	90730	518210
北戴河区	106.0	101.9	105.0	106.4	81486	44570	101460	1010277
抚宁区	106.1	99.9	103.5	112.4	60123	30683	163824	1767158
青龙满族自治县	105.8	118.1	104.1	99.0	51116	31703	232485	1142369

3–1 县(市、区)国民经济主要指标(2016年)(4–2)

县(市、区)	三、综合经济(续2)							
	地区生产总值指数(上年=100)	第一产业	第二产业	第三产业	(二)全部财政收入(万元)	#地方一般公共预算收入	一般公共预算支出(万元)	(三)年末居民储蓄存款余额(万元)
昌黎县	107.3	105.1	106.2	110.3	187529	100018	277683	2388394
卢龙县	103.6	102.3	103.4	104.6	57948	37231	197228	1353990
邯郸市								
邯山区	106.4	101.1	105.8	106.8	347734	113601	274756	
丛台区	106.2	86.5	100.4	108.6	466080	63825	141551	
复兴区	106.1	108.5	103.6	112.5	147964	37032	77384	
峰峰矿区	106.5	99.5	105.1	109.0	220215	111638	296473	198
肥乡区	107.3	104.2	107.0	111.3	85426	54121	204519	655508
永年区	106.8	94.5	107.8	114.9	187418	116397	391463	2294700
临漳县	107.3	103.2	106.5	111.5	55383	35157	214576	1009853
成安县	107.3	106.3	104.1	112.4	87287	48123	198784	738908
大名县	107.3	102.9	106.9	111.2	62089	37601	276111	1342610
涉　县	106.3	83.9	106.0	110.0	160416	100800	243508	1437302
磁　县	106.8	113.8	104.6	107.4	155215	105328	261812	1281587
邱　县	107.4	100.6	106.2	112.3	37819	25795	132342	535800
鸡泽县	107.7	100.7	107.8	111.6	41368	23739	147044	619006
广平县	107.5	106.7	105.8	109.5	50066	33961	152253	528078
馆陶县	107.3	103.0	105.9	114.0	53513	40990	179338	648216
魏　县	107.6	105.9	104.4	111.8	84669	61165	361707	1203920
曲周县	107.8	104.7	107.3	111.7	65001	44414	211531	846000
武安市	106.9	103.5	104.3	112	614794	373078	544029	4065887
邢台市								
桥东区	107.1	103.2	105.9	107.5	163081	91237	110387	
桥西区	106.0	97.7	103.9	107.3	246477	127996	125843	
邢台县	107.1	102.5	107.0	109.0	132446	75065	218049	1322051
临城县	106.6	98.8	106.9	111.1	34169	23609	124700	751425
内丘县	106.1	105.2	105.2	107.6	66959	42089	156188	894899
柏乡县	105.6	98.9	106.8	110.5	24071	15971	101210	424266
隆尧县	106.1	102.6	106.5	108.4	72184	37001	190629	1162831
任　县	108.3	106.5	106.9	110.9	47125	30185	170692	708954
南和县	108.1	104.9	107.3	112.0	50152	32899	179396	737338
宁晋县	106.3	96.8	107.6	109.5	158335	81568	287494	1990553
巨鹿县	107.6	109.0	107.0	106.8	50005	34688	205677	995831
新河县	107.4	102.5	107.6	112.3	32465	15782	129951	554632
广宗县	107.9	105.2	107.4	110.7	30079	17838	145663	517558
平乡县	108.0	108.2	107.0	108.7	54351	37061	155515	807842
威　县	108.0	107.3	108.0	108.7	65405	45305	244795	1166048
清河县	108.1	107.5	107.2	109.1	123036	65688	204386	1544777
临西县	108.5	111.3	107.3	108.1	49197	34871	191110	623287
南宫市	106.2	97.5	107.1	109.2	46517	29531	207683	1399975
沙河市	105.0	98.3	102.3	109.2	180128	90429	232107	1943578
保定市								
竞秀区	104.5	106.0	106.3	101.7	353631	60448	132445	
莲池区	105.0	110.4	107.7	101.0	857244	76192	192566	
满城区	105.5	101.9	105.9	107.6	99875	53041	153300	1348271

3-1 县(市、区)国民经济主要指标(2016年)(4-3)

县(市、区)	三、综合经济(续2) 地区生产总值指数(上年=100)	第一产业	第二产业	第三产业	(二)全部财政收入(万元)	#地方一般公共预算收入	一般公共预算支出(万元)	(三)年末居民储蓄存款余额(万元)
清苑区	104.6	104.6	105.8	102.3	114421	51416	220228	1561390
徐水区	106.7	101.0	106.3	110.3	307863	102508	251932	1897530
涞水县	107.6	104.1	108.6	108.4	107222	68023	220401	1043346
阜平县	108.6	116.0	108.4	105.7	36158	26722	325573	707991
定兴县	105.8	101.1	106.5	108.5	107378	52799	211326	1289900
唐　县	104.6	103.7	103.7	106.6	57735	36791	206447	1479879
高阳县	109.9	102.9	112.7	106.0	103226	63751	149148	1249197
容城县	104.7	100.9	104.9	106.9	40329	25475	111439	903647
涞源县	106.0	115.5	105.1	106.1	111825	84766	219520	696214
望都县	107.2	104.3	107.9	109.2	44685	31118	135723	80913
安新县	104.8	109.2	102.4	106.2	56637	32751	153541	1167353
易　县	105.8	103.7	105.2	108.2	75953	50445	263491	1413745
曲阳县	106.1	110.1	106.7	104.1	61372	40220	225934	1225777
蠡　县	105.6	103.1	106.3	105.5	60838	36154	190464	1258344
顺平县	105.3	107.1	105.9	101.9	52130	29034	136582	732573
博野县	105.7	108.9	105.8	102.6	31449	20679	125968	622817
雄　县	104.7	103.6	104.6	105.9	65562	34921	138026	1155651
涿州市	105.0	100.0	107.2	104.2	362153	211419	302510	2993171
定州市	107.8	103.0	107.7	112.9	335630	181217	550631	3710109
安国市	105.2	101.4	106.1	105.4	101028	56953	174428	1500319
高碑店市	109	101.3	107.7	113.6	190311	106425	230619	2881847
张家口市								
桥东区	106.5	123.6	97.6	116.2	561710	30408	109920	
桥西区	108.7	91.7	107.9	109.0	100926	32510	104930	
宣化区	101.6	98.7	94.9	110.9	249320	113298	391342	3402000
下花园区	110.8	114.0	109.9	111.5	33244	14117	70185	313415
万全区	108.5	107.0	107.8	110.1	85096	44239	181149	673180
崇礼区	105.2	100.3	101.7	117.0	65514	44018	210684	429162
张北县	108.6	103.1	108.7	113.5	104335	67859	246716	780980
康保县	108.2	106.4	111.6	107.8	39501	35101	165777	325740
沽源县	109.7	103.2	120.8	108.7	41920	28543	207590	403665
尚义县	108.6	112.4	105.4	108.7	25849	17109	148995	348816
蔚　县	108.3	103.8	107.3	110.3	89704	66627	254240	1525667
阳原县	109.3	109.6	109.5	108.9	40846	31155	190829	727603
怀安县	107.6	91.0	109.0	112.9	72672	41823	180603	704866
怀来县	108.3	106.3	109.1	108.4	234950	152860	253149	1454593
涿鹿县	108.5	103.0	108.4	113.0	96049	59640	239404	977236
赤城县	102.3	110.9	92.9	110.9	51943	35205	195622	784830
承德市								
双桥区	106.5	85.6	106.2	106.9	192364	70127	115178	4703287
双滦区	106.9	104.8	105.0	112.2	103712	47594	105820	924855
鹰手营子矿区	105.3	105.4	103.9	108.9	22360	9289	63538	280445
承德县	106.9	107.0	106.2	108.1	104169	55256	229959	1085808
兴隆县	106.8	104.5	106.5	109.1	78006	45717	194919	1011018
平泉县	107.4	104.5	106.1	110.4	108086	58908	296032	1395541

3-1 县(市、区)国民经济主要指标(2016年)(4-4)

县(市、区)	三、综合经济(续2)							
	地区生产总值指数(上年=100)	第一产业	第二产业	第三产业	(二)全部财政收入(万元)	#地方一般公共预算收入	一般公共预算支出(万元)	(三)年末居民储蓄存款余额(万元)
滦平县	107.9	107.3	106.0	112.0	123758	56877	218857	857975
隆化县	106.5	105.8	105.0	109.5	70080	37785	243740	975690
丰宁满族自治县	106.3	106.5	105.0	107.5	105950	67480	310752	973443
宽城满族自治县	107.0	106.6	106.0	109.0	144800	70082	170767	1395369
围场满族蒙古族自治县	107.6	110.5	101.3	108.3	81298	47130	327497	1081115
沧州市								
新华区	108.5	93.8	104.1	111.5	480410	76201	73170	
运河区	109.1	96.6	110.0	108.9	483271	153628	105808	
沧　县	108.3	95.1	107.1	113.1	145144	94876	330616	1675337
青　县	108.1	100.9	107.5	114.1	135726	65669	229926	1580013
东光县	107.3	95.4	105.4	111.1	100640	54270	195722	1431034
海兴县	109.8	104.8	108.4	113.9	50208	32543	163157	553864
盐山县	107.9	94.9	106.7	115.5	84395	46164	196845	990180
肃宁县	108.0	99.1	105.9	114.0	245860	126880	285768	1344654
南皮县	108.6	105.4	105.8	112.7	82519	40582	197074	1038892
吴桥县	108.4	102.0	105.5	112.8	45113	28715	150873	964863
献　县	107.9	102.6	105.0	114.2	112168	68350	258779	1701222
孟村回族自治县	108.2	105.4	105.9	113.7	56898	29392	136691	602446
泊头市	107.0	97.9	106.2	111.2	137144	76813	248197	2275385
任丘市	106.0	102.1	104.6	108.6	1067669	280566	404397	4123380
黄骅市	108.8	102.7	107.5	111.8	274735	156666	366513	2252497
河间市	108.2	103.9	107.4	109.9	185653	111922	324215	2848426
廊坊市								
安次区	108.6	102.2	107.5	110.7	414070	139266	248334	
广阳区	108.1	101.9	104.9	109.8	569272	169864	155851	
固安县	110.1	102.8	106.4	113.8	808586	447851	607812	2072392
永清县	107.1	97.8	106.4	118.6	240253	122819	242820	1280412
香河县	108.5	98.8	106.5	112.9	645762	401017	544992	2583989
大城县	107.5	101.7	103.9	113.2	117798	77029	245578	2053326
文安县	108.0	97.5	104.7	117.1	136789	82644	285491	2216569
大厂回族自治县	105.1	77.9	103.9	112.0	463025	222025	366047	925274
霸州市	107.0	100.2	105.3	111.3	360231	219221	382975	3510072
三河市	106.0	104.5	106.0	106.3	1253356	726467	1017018	5428757
衡水市								
桃城区	108.0	96.5	105.5	110.7	370822	101260	181504	5114891
冀州区	107.9	102.5	106.7	110.7	100812	62372	276926	1653573
枣强县	107.5	103.2	106.2	111.4	106319	58130	243821	1809688
武邑县	108.2	103.6	106.3	113.5	56128	37771	180420	1071705
武强县	108.1	103.5	107.0	111.5	46845	31019	139848	708569
饶阳县	107.5	102.2	105.1	115.6	35663	24441	178029	903780
安平县	108.0	103.8	105.0	112.4	114833	71201	211281	1571548
故城县	107.4	103.0	105.6	110.7	94697	59654	204638	1500426
景　县	107.9	103.9	105.9	112.3	132570	75765	251596	2078675
阜城县	108.5	105.4	108.1	111.4	58488	37929	163337	1207471
深州市	107.5	103.5	104.9	112.1	112404	72348	251244	1625478

3-1 县(市、区)国民经济主要指标(2016年)(5-1)

县(市、区)	四、农　业						
	(一)农用机械总动力(千瓦)	大中型拖拉机(台)	小型拖拉机(台)	机耕面积(公顷)	机播面积(公顷)	机收面积(公顷)	化肥使用量(按折纯法计算)(吨)
石家庄市							
长安区	19321	59		7513	7513	7513	1081
桥西区	3889	14	17	127	127	127	199
新华区	27501	145	170	2130	2130	2130	81
井陉矿区	20849	131	526		280	480	302
裕华区	1541			174	204	194	118
藁城区	1454533	4945	2950	53300	67333	67233	53056
鹿泉区	463295	1372	6762	15704	29694	27513	14891
栾城区	560955	2016	4101	23520	32520	32520	15603
井陉县	330835	657	22279	12300	12000	8900	11743
正定县	822800	2283	4946	20790	41340	38560	42505
行唐县	833392	2554	2620	34678	46233	36050	25281
灵寿县	455284	1601	8581	20850	18380	32054	10291
高邑县	458950	870	8963	18780	20580	22726	11522
深泽县	284866	1138	1200	11867	26355	24974	16021
赞皇县	501886	2507	16852	21000	33000	22000	11500
无极县	639398	2010	9637	33090	45727	43289	28919
平山县	592081	2037	9937	19125	20500	13480	14389
元氏县	573645	2080	13073	34767	50467	45798	33938
赵　县	1033538	1615	6671	38920	72950	73810	58132
辛集市	1248778	2085	15680	51865	86531	74466	63955
晋州市	703780	1875	17329	39333	44000	41200	32867
新乐市	1733120	3169	4200	43433	43383	41040	19933
唐山市							
路南区	79860	604	495	2749	2749	2388	3327
路北区	50830	266	230	3522	3432	2418	4646
古冶区	67779	495	995	6022	5812	4398	3788
开平区	101333	829	1736	8183	8767	7271	4321
丰南区	532203	3308	5750	39596	51286	37279	30708
丰润区	789664	3581	17008	63985	65557	47660	42444
曹妃甸区	563614	1544	10245	24219	25267	22975	11181
滦　县	576843	2602	10980	45161	52234	34482	44642
滦南县	919308	3564	32280	63948	76541	62496	42077
乐亭县	709379	1355	21828	68683	37409	18905	69802
迁西县	182356	540	2792	10728	2993	30	17770
玉田县	662919	3035	13000	51900	80650	68100	52386
遵化市	975814	3156	17209	41908	52850	15096	31742
迁安市	1111471	3994	8472	21406	43962	11029	15338
秦皇岛市							
海港区	58709	399	1310	9600	2080	1334	7042
山海关区	42512	193	785	4410	1573	16	471
北戴河区	27928	206	680	2790	828	559	1525
抚宁区	278449	820	6435	35770	6050	2620	18701
青龙满族自治县	120513	488	1893	19890	4665		14987

3-1 县(市、区)国民经济主要指标(2016年)(5-2)

县(市、区)	四、农 业						
	(一)农用机械总动力(千瓦)	大中型拖拉机(台)	小型拖拉机(台)	机耕面积(公顷)	机播面积(公顷)	机收面积(公顷)	化肥使用量(按折纯法计算)(吨)
昌黎县	648261	3323	21742	69430	65667	34605	53178
卢龙县	628686	1133	8604	40230	13460	13300	39618
邯郸市							
邯山区	87592	691	245	9863	14433	13100	12110
丛台区	110169	206	118	5779	9483	8801	7458
复兴区	114333	234	375	2603	4813	2957	2089
峰峰矿区	98180	381	3115	6900	8066	7200	6836
肥乡区	486672	2231	1459	54269	62320	61380	40903
永年区	643709	3217	4270	62000	72000	65750	50424
临漳县	614766	3563	4537	43350	72593	68000	47904
成安县	626647	1884	3290	24666	51789	37333	45533
大名县	707847	3096	5038	83750	110600	113632	44933
涉 县	361600	822	22334	15640	12700	12300	8015
磁 县	734551	1840	5011	31431	38103	27699	14449
邱 县	261062	1305	5503	37867	35334	22666	23850
鸡泽县	275462	1283	641	23000	35782	29534	21741
广平县	322939	1744	1896	19081	29650	28059	14842
馆陶县	497079	2395	870	26500	38356	37713	27942
魏 县	650430	3004	5920	46750	89600	79600	29725
曲周县	766038	2773	1508	39435	75735	60606	49895
武安市	1893527	1386	10990	27119	26620	22333	18060
邢台市							
桥东区	17701	58	272	2495	3162	3162	4004
桥西区	70699	479	2752	3400	6600	6400	1127
邢台县	346865	1720	11475	24520	22150	20550	12893
临城县	241452	1931	8310	14978	24813	20880	8722
内丘县	258126	1533	8312	22697	29301	28297	8602
柏乡县	349761	1340	6000	15575	28479	26351	13634
隆尧县	814510	4610	14200	56000	90920	69100	43783
任 县	465423	2327	11482	25383	48975	41589	17057
南和县	491971	1408	3500	34000	53000	48000	16778
宁晋县	967071	2960	35050	63827	116255	103515	41744
巨鹿县	439890	3010	15003	35605	62250	28380	14985
新河县	288290	2240	9300	24490	37860	26000	6742
广宗县	215820	1374	3401	29627	38680	15093	12181
平乡县	277860	1491	7900	23800	36700	31700	19417
威 县	656407	1546	8540	83000	74300	26200	39523
清河县	388481	1864	4959	27444	48159	42719	21043
临西县	518515	1685	4208	34701	57801	50000	27765
南宫市	734967	2484	18100	51259	86264	34876	26147
沙河市	339617	1750	10670	22230	30383	28010	11550
保定市							
竞秀区	47669	396	382	2863	6412	6400	5971
莲池区	63893	555	217	10483	10483	10483	7035
满城区	296097	1228	2400	13850	25700	24350	12803

3–1 县(市、区)国民经济主要指标(2016年)(5–3)

县(市、区)	四、农业						
	(一)农用机械总动力(千瓦)	大中型拖拉机(台)	小型拖拉机(台)	机耕面积(公顷)	机播面积(公顷)	机收面积(公顷)	化肥使用量(按折纯法计算)(吨)
清苑区	525790	4685	3170	58000	67940	63170	50215
徐水区	488486	2050	5400	41918	57423	55407	29546
涞水县	171177	1000	4000	19000	26000	21750	8527
阜平县	85069	92	1175	2000	3000	200	4913
定兴县	429359	2074	7212	44720	66500	65239	37875
唐县	293253	3300	2530	23340	24668	27717	25789
高阳县	153477	1404	326	28299	30965	27540	12339
容城县	312631	1548	3918	22790	30870	29200	9983
涞源县	78099	432	2274	21880	14166	2000	4215
望都县	316174	1495	11990	20580	28840	29846	18820
安新县	401768	1431	9700	30450	47500	43000	13395
易县	234901	1484	3379	16982	25327	30400	19813
曲阳县	387040	935	6110	26939	23253	26510	12850
蠡县	486494	2644	3600	23964	45100	40000	21319
顺平县	243654	671	3564	16000	23000	19728	16421
博野县	259994	1095	2550	21990	31480	26317	19450
雄县	237098	995	6040	36999	38300	36552	10431
涿州市	288495	1164	8870	31000	56210	49074	22353
定州市	951147	3522	19338	71200	104300	102220	75665
安国市	513150	1312	9402	30000	38667	36289	23147
高碑店市	235890	1420	700	32566	47666	47166	16188
张家口市							
桥东区	2140	15	48	801			261
桥西区	18343	1	40	201			41
宣化区	135008	1086	3210	36000	31800	4847	9738
下花园区	10098	46	301	2000	13		373
万全区	92473	757	2261	22667	13333	2333	5586
崇礼区	69195	616	1731	11334	1334	439	1697
张北县	343266	3594	13023	83900	78000	39000	7076
康保县	263472	885	11986	88503	84075	77175	4845
沽源县	425780	3112	20600	78720	76630	70500	4330
尚义县	105699	1090	3142	40002	26150	17650	3998
蔚县	233699	1758	2897	61000	50000	17000	12143
阳原县	107327	777	2277	30000	4800	9633	10025
怀安县	80439	416	852	32160	7050	5000	10804
怀来县	156668	886	3502	16520	14573	7994	14455
涿鹿县	192419	1298	3143	19843	8210	4471	22608
赤城县	106490	995	3615	22600	8150	940	4100
承德市							
双桥区	21465	126	415	2329	500		638
双滦区	64064	176	1008	1671	1400		1148
鹰手营子矿区	34519	33	107	446			324
承德县	159548	1368	1213	22670	17300	3333	11420
兴隆县	72263	138	1080	9000	4050		7947
平泉县	331185	1395	6910	19279	32000	3667	21644

3-1 县(市、区)国民经济主要指标(2016年)(5-4)

县(市、区)	四、农 业						
	(一)农用机械总动力(千瓦)	大中型拖拉机(台)	小型拖拉机(台)	机耕面积(公顷)	机播面积(公顷)	机收面积(公顷)	化肥使用量(按折纯法计算)(吨)
滦平县	309505	1348	3829	19699	15510	2000	10209
隆化县	299755	1671	4088	32667	18667	4733	16487
丰宁满族自治县	451643	5320	11026	60754	56954	29189	11961
宽城满族自治县	92302	271	1200	7100	2000		6127
围场满族蒙古族自治县	626150	8997	14609	44400	38286	44218	22830
沧州市							
新华区	48416	604	921	1067	1878	1812	272
运河区	86517	459	2424	2622	5292	4830	778
沧　县	1106814	3701	37785	98666	98666	98666	40414
青　县	559285	1808	6960	56197	73758	46510	19333
东光县	516057	1793	4100	42166	60616	43621	23316
海兴县	336088	1277	12469	24428	35307	32521	9517
盐山县	422101	1728	7020	50414	61660	54800	9760
肃宁县	659455	1440	8520	29053	54003	42470	23196
南皮县	959160	4080	14900	43150	67100	62800	15372
吴桥县	510862	2380	6089	60697	63914	49127	22575
献　县	795525	3400	13510	99300	103060	97139	26852
孟村回族自治县	241758	1173	4034	16597	33929	31798	8166
泊头市	1116625	2923	50500	50095	72412	66000	32069
任丘市	646051	1475	11677	52608	87032	72910	31206
黄骅市	810065	2127	18162	57505	83290	68166	11943
河间市	981110	2989	24000	75720	110654	82925	30494
廊坊市							
安次区	139122	955	980	19650	23650	14150	5965
广阳区	114031	755	1465	18390	17300	11900	7466
固安县	486004	3061	4593	46000	46000	37433	25664
永清县	406110	1900	3600	30666	25043	20200	22118
香河县	271244	1612	2450	14972	17504	16801	18915
大城县	462331	2047	14310	44797	51650	42253	11879
文安县	668465	1965	13340	50033	61566	52966	14787
大厂回族自治县	154400	748	1140	7355	8350	9266	2504
霸州市	770748	2545	5011	36300	37500	26663	24539
三河市	453651	1491	3774	24790	25187	23399	29590
衡水市							
桃城区	370793	2050	7000	21330	26379	21348	8037
冀州区	622975	2855	21000	42391	67343	36899	28443
枣强县	429678	2036	7200	60500	77000	70200	22228
武邑县	445832	2728	8930	63560	67560	49074	17527
武强县	573330	1063	12620	35100	46300	39700	7448
饶阳县	505292	1087	9939	41754	59756	36200	19382
安平县	358615	1409	8557	13826	41293	35199	13635
故城县	1056994	3105	37200	70160	81170	67500	37995
景　县	855714	3487	34000	68792	104198	90553	36389
阜城县	549830	3523	10310	50100	65061	50796	21635
深州市	1627925	2100	28000	110500	103228	99166	66088

3-1 县(市、区)国民经济主要指标(2016年)(6-1)

县(市、区)	四、农业（续1）						
	农药使用量(吨)	地膜使用量(吨)	农村用电量(万千瓦小时)	有效灌溉面积(公顷)	(二)农作物总播种面积(公顷)	粮食播种面积(公顷)	#稻谷播种面积
石家庄市							
长安区	140		760	4030	7795	6679	
桥西区	19	2	6050	230	1074	172	
新华区	56	14		2370	4451	2693	
井陉矿区	12	1	16639	1880	743	562	
裕华区			750	174	674	543	
藁城区	572	313	97267	51470	102841	65801	
鹿泉区	537	59	44845	21740	47143	33972	
栾城区	230	56	16073	22120	44115	32459	
井陉县	142	34	18952	10010	29829	23251	18
正定县	507	270	19947	29890	55310	38307	
行唐县	567	246	37183	24240	61932	37142	
灵寿县	138	38	27831	17430	36462	29564	26
高邑县	264	150	12474	14370	32466	22260	
深泽县	265	31	27007	20640	35903	27809	
赞皇县	388	146	59479	22310	35925	25948	
无极县	590	127	48703	33440	65837	48542	
平山县	212	152	17680	18730	48896	36011	281
元氏县	540	375	19350	20630	63972	52646	
赵　县	2150	93	48660	47250	83428	70455	
辛集市	3376	525	35902	59600	101290	78153	
晋州市	1017	48	193562	39800	61498	51426	
新乐市	499	452	32721	32830	65263	43288	
唐山市							
路南区	61	46	8495	2970	5166	2360	50
路北区	42	45	4786	6630	8356	3103	
古冶区	95	98	8487	5000	10637	4524	295
开平区	36	40	25309	5560	9859	7222	13
丰南区	722	806	362116	51490	78214	36907	8151
丰润区	634	237	43687	40170	84662	57574	
曹妃甸区	553	57	26671	25420	25267	23113	21585
滦　县	501	636	25817	28510	72716	39451	640
滦南县	550	1162	27900	71430	128508	67883	14668
乐亭县	990	622	11551	54200	84415	41860	4068
迁西县	86	91	27866	5250	18864	12319	
玉田县	397	794	157902	63880	121815	80949	189
遵化市	452	657	144871	37480	66454	44289	
迁安市	112	429	213926	40110	60007	37206	120
秦皇岛市							
海港区	96	18	7758	5280	11128	6638	63
山海关区	29	15	520	2600	4435	393	6
北戴河区	61	28	9913	2620	2952	2017	445
抚宁区	1103	439	20191	19700	36300	15275	1650
青龙满族自治县	908	12	14646	16500	34325	25276	105

3–1 县(市、区)国民经济主要指标(2016年)(6–2)

县(市、区)	四、农　业（续1）						
	农药使用量(吨)	地膜使用量(吨)	农村用电量(万千瓦小时)	有效灌溉面积(公顷)	(二)农作物总播种面积(公顷)	粮食播种面积(公顷)	#稻谷播种面积
昌黎县	2123	1201	163130	50620	72880	47168	3158
卢龙县	879	224.9	13760	24980	44100	33943	609
邯郸市							
邯山区	142	33	14940	12770	16827	15363	
丛台区	73	15	3235	4780	13281	12810	
复兴区	49	6	3435	2320	5677	5099	
峰峰矿区	79	1	11581	7690	10433	9918	
肥乡区	493	1049	17346	38300	70233	45479	
永年区	1164	563	70399	52030	103021	65712	
临漳县	573	203	11698	48900	91474	76058	
成安县	208	1430	26986	35000	63168	39908	
大名县	860	513	16786	57960	130943	98864	
涉　县	388	40	9008	5610	32790	19822	627
磁　县	92	118.8	73884	17060	39159	32849	
邱　县	555	1817	3339	26880	44371	18975	
鸡泽县	540	748	26587	24490	44358	29710	
广平县	584	408	11533	22870	40192	30921	
馆陶县	268	390	13765	28620	56172	42291	
魏　县	459	105	15000	56510	94564	84409	
曲周县	599	1006	36242	41780	77144	56771	
武安市	280	300	259800	29150	63627	56249	
邢台市							
桥东区	110	14	4059	1620	4163	3164	
桥西区	30	2	2817	2550	6601	6028	
邢台县	612	35	19279	23480	31890	24820	
临城县	188	15	5560	10880	31241	26045	
内丘县	223	9	10361	23400	48592	34944	
柏乡县	130	47	4949	17970	31839	27881	
隆尧县	940	326	62690	49000	95172	77304	
任　县	501	215	21863	30160	57342	49465	
南和县	560	428	20100	28780	55344	44843	
宁晋县	1460	286	35024	66500	121387	105273	
巨鹿县	459	693	16519	30130	65508	37544	
新河县	533	303	9231	21240	37892	29643	
广宗县	656	1099	8351	26640	38987	16494	
平乡县	125	399	23584	26050	53702	36295	
威　县	1025	2718	9535	72800	93257	31831	
清河县	611	415	31520	34090	52526	41392	
临西县	420	670	13288	32700	60196	49345	
南宫市	1302	2366	21081	62310	86264	47018	
沙河市	286	6	23098	20970	30383	26650	
保定市							
竞秀区	199	58	13535	4438	8073	6417	
莲池区	298	30	10056	6320	11696	8450	
满城区	706	292	22499	21120	38519	28301	

3-1 县(市、区)国民经济主要指标(2016年)(6-3)

县(市、区)	四、农业（续1）						
	农药使用量(吨)	地膜使用量(吨)	农村用电量(万千瓦小时)	有效灌溉面积(公顷)	(二)农作物总播种面积(公顷)	粮食播种面积(公顷)	#稻谷播种面积
清苑区	1507	1023	20279	53230	99092	68187	
徐水区	695	100	34703	36600	69941	55391	
涞水县	191	115	14458	13800	30728	24228	
阜平县	130	249	4268	9520	16620	13436	
定兴县	2920	470	27095	47460	81103	68352	
唐　县	304	40	12473	19210	43840	35567	250
高阳县	403	435	25729	27460	38948	27427	
容城县	66	25	10263	19660	34842	30181	
涞源县	42	9	2690	5740	21880	18760	102
望都县	411	50	8600	22540	42581	31679	
安新县	579	236	41244	27970	48427	42884	1084
易　县	1021	98	15374	25440	48109	38216	
曲阳县	600	16	6012	17320	38953	33541	
蠡　县	240	515	24702	36990	60393	44177	
顺平县	649	223	25862	18990	31492	22904	89
博野县	570	60	30100	23200	39208	26426	
雄　县	540	115	71557	23130	45371	40041	
涿州市	484	245	37905	40200	70107	52002	249
定州市	1309	700	25087	85660	161629	94990	
安国市	289	41	7319	31490	56940	38160	
高碑店市	219	396	18143	36230	63970	49588	
张家口市							
桥东区	3	7	613	1000	1076	872	
桥西区	1	2	486	2000	441	351	
宣化区	104	427	13860	29850	48847	37698	3
下花园区	19	12	1896	970	3322	2333	
万全区	65	454	30322	19500	22913	19597	370
崇礼区	53	190	1900	7800	16603	7522	
张北县	78	679	6521	29280	100517	50633	
康保县	108	138	3305	14570	98594	68085	
沽源县	133	420	2837	26060	81902	50300	
尚义县	87	84	2679	9750	43173	20161	
蔚　县	325	1100	8060	24950	74066	60230	541
阳原县	273	165	6255	18920	46738	40096	1
怀安县	237	556	11381	18840	35337	26698	333
怀来县	996	93	11634	20790	29380	24110	129
涿鹿县	1233	238	10922	18040	29264	24686	33
赤城县	62	242	4682	11740	42739	23960	
承德市							
双桥区	2	0.6	3624	2020	2329	1189	
双滦区	4	9	3706	1600	3604	2792	53
鹰手营子矿区	9	3	1534	360	959	334	
承德县	165	10	20742	14390	40528	32702	491
兴隆县	210	47	11413	6350	9072	7751	
平泉县	90	266	15973	12540	50271	40811	61

3-1 县(市、区)国民经济主要指标(2016年)(6-4)

县(市、区)	四、农　业(续1)						
	农药使用量(吨)	地膜使用量(吨)	农村用电量(万千瓦小时)	有效灌溉面积(公顷)	(二)农作物总播种面积(公顷)	粮食播种面积(公顷)	#稻谷播种面积
滦平县	178	46	39241	15350	32166	16916	500
隆化县	72	71	12173	19080	64225	41175	11826
丰宁满族自治县	91	211	9330	28710	80736	59533	72
宽城满族自治县	59	8	73700	4480	17731	13805	164
围场满族蒙古族自治县	460	2502	13451	18700	92879	69897	240
沧州市							
新华区	28	1	1492	1380	1920	1878	
运河区	39	12	1974	2620	6423	5353	
沧　县	1300	33	93942	37190	102180	99354	
青　县	270	929	75910	29120	86653	56718	
东光县	1700	1250	31082	48420	65961	45846	
海兴县	872	68	12529	15580	37843	35425	
盐山县	520	160	14580	33010	68181	63145	
肃宁县	688	249	44649	31800	55579	42921	
南皮县	295	564	17240	34870	71524	53567	
吴桥县	288	754	12407	33850	71838	53524	
献　县	275	673	72500	53200	112569	81444	
孟村回族自治县	484	12	69209	14250	34905	33877	
泊头市	863	112	75696	43120	74924	70970	
任丘市	258	293	121380	40680	92635	76808	
黄骅市	898	113.7	71392	18230	90099	73733	
河间市	610	1264	129219	63040	110654	84903	
廊坊市							
安次区	102	567	4667	13790	32271	20484	
广阳区	123	93	8516	10670	23158	12451	
固安县	1012	919	18864	36210	77314	41306	
永清县	266	1253	15889	30320	60545	27067	
香河县	193	107	21554	20410	32678	20349	
大城县	222	277	50955	29210	64009	50691	
文安县	227	628	135189	32740	61579	56597	
大厂回族自治县	70	7	9237	5350	9456	7074	
霸州市	225	358	498029	25660	49947	37481	
三河市	556	118	44260	22350	40220	26789	
衡水市							
桃城区	285	207	35181	19630	30922	22220	
冀州区	1223	1660	34457	48530	71019	39398	
枣强县	793	1343	25257	51940	77917	55878	
武邑县	551	668	12710	40040	69359	44989	
武强县	81	189	16903	22960	46343	39287	
饶阳县	95	924	19174	34980	62051	36070	
安平县	273	86	28125	26900	43374	35466	
故城县	902	1528	23441	47630	83966	50882	
景　县	846	875	15249	77800	114198	91237	
阜城县	819	778	27508	37040	69561	51524	
深州市	2615	712	66130	63690	114874	98348	

3–1 县(市、区)国民经济主要指标(2016年)(7–1)

县(市、区)	四、农 业 (续2)						
	#小麦播种面积	#玉米播种面积	#大豆播种面积	油料播种面积(公顷)	棉花播种面积(公顷)	糖料播种面积(公顷)	蔬菜播种面积(公顷)
石家庄市							
长安区	3465	3214			24		1070
桥西区	99	72					824
新华区	1425	1001	267	12			1620
井陉矿区	280	282					173
裕华区	374	169					130
藁城区	32731	30200	1642	1929	205		34378
鹿泉区	15867	16107	850	1402	141		11295
栾城区	16400	14579	1194	63	13		9570
井陉县	7808	10936	1269	2783	158		3370
正定县	20840	16155	1052	4537	226		8672
行唐县	21267	11053	367	7490	313		5052
灵寿县	12058	13961	108	2513	229		3222
高邑县	11122	10508	132	1257	96		8307
深泽县	12537	13833	851	1742	60		6087
赞皇县	11745	11710	553	7039	107		2546
无极县	25321	20145		4649	361		11733
平山县	15653	16400	580	4142	668		6397
元氏县	26260	22401	876	2843	540		7109
赵 县	38013	32212		880			10930
辛集市	41545	32907	1128	7205	2353		11564
晋州市	25020	21495	2384	2846			7164
新乐市	24332	17672	570	8002	156		8464
唐山市							
路南区	966	1330	14	387	2		2347
路北区	703	2400		419			4569
古冶区	748	3075	205	1704	2		3875
开平区	1260	5914	15	1572	1		1037
丰南区	9468	19100	158	7393	8442		24411
丰润区	19423	37040	322	8209	571		16259
曹妃甸区	59	1139	7	165	101		1366
滦 县	9242	26440	1091	15652	186		11401
滦南县	18273	29160	2425	15194	885		31088
乐亭县	8299	23610	1375	2183	491		32931
迁西县		8311	993	2338	259		1225
玉田县	28035	46807	607	1165	922		34602
遵化市	9794	31687	1412	11542	71		10114
迁安市	5933	25706	1783	10011	26		11913
秦皇岛市							
海港区		3732	1060	1862			2519
山海关区		60	115	602			3357
北戴河区		1299	114	125			574
抚宁区		9589	679	3743	237		15602
青龙满族自治县		14906	2148	1160			4885

3-1 县(市、区)国民经济主要指标(2016年)(7-2)

县(市、区)	四、农业(续2)						
	#小麦播种面积	#玉米播种面积	#大豆播种面积	油料播种面积(公顷)	棉花播种面积(公顷)	糖料播种面积(公顷)	蔬菜播种面积(公顷)
昌黎县	2165	33340	1117	9859	52		14535
卢龙县	21	19699	1066	5871	95		3894
邯郸市							
邯山区	7126	7846	88	135	182		1122
丛台区	5736	5907	178	76	145		250
复兴区	1444	2903	139	440	138		
峰峰矿区	3198	5512	256	54	1		446
肥乡区	24085	20160	549	1093	7511		12637
永年区	31948	31708	675	978	674		35570
临漳县	37520	35423	1290	1875	2201		10663
成安县	21381	16765	322	1048	12259		7052
大名县	56713	41867	264	21552	1414		8933
涉　县	6661	7541	1340	335	17		1280
磁　县	14201	15194	414	932	401		4238
邱　县	9434	9082	130	315	20134		3619
鸡泽县	17031	12001	32	734	1768		12144
广平县	15787	13916	401	2413	1307		3035
馆陶县	22463	18580	747	3277	1185		8414
魏　县	42380	40683	483	1746	1104		6394
曲周县	28560	27820	38	945	8582		9178
武安市	13079	21755	887	2126	2015		2608
邢台市							
桥东区	1525	1637	2	34	9		950
桥西区	2912	3091	3	235	78		179
邢台县	6223	15900	558	3387	432		2180
临城县	10513	13018	392	3142	461		1509
内丘县	15911	15980	642	6936	503		1848
柏乡县	13864	13172	562	762	326		2842
隆尧县	39553	33699	1771	3340	4640		9327
任　县	24347	22110	493	831	1116		5630
南和县	22752	21388	146	564	890		9047
宁晋县	53024	50827	857	1932	5236		7235
巨鹿县	18794	16884	235	4317	9019		3786
新河县	14683	13330		1412	6380		349
广宗县	4369	5282	402	7237	8267		3533
平乡县	15010	18426	266	9031	825		6076
威　县	14920	8496	530	1761	50678		7585
清河县	19220	21346	488	1573	6304		963
临西县	24733	23698	307	388	9374		757
南宫市	19307	18140	1156	4091	27081		6128
沙河市	8594	15305	462	2538	293		898
保定市							
竞秀区	2926	3491					1569
莲池区	4426	4024		334			2695
满城区	11930	14279	216	786	428		5573

3−1 县(市、区)国民经济主要指标(2016年)(7−3)

县(市、区)	四、农　业（续2）						
				油料播种面　积（公顷）	棉花播种面　积（公顷）	糖料播种面　积（公顷）	蔬菜播种面　积（公顷）
	#小麦播种面　积	#玉米播种面　积	#大豆播种面　积				
清苑区	32159	34115	481	4321	117		15000
徐水区	27377	27033	359	1342	38		10483
涞水县	7338	14120	452	2978	24		2867
阜平县	740	7080	425	1499			1584
定兴县	32752	32900	446	3475	37		8312
唐　县	13337	15960	420	1550	580		5747
高阳县	10652	15873	706	3310	1265		6502
容城县	14036	15210	401	1286	137		2770
涞源县	43	13944	870	203			1997
望都县	18086	13074	197	1384	370		5590
安新县	20550	21181	34	321	1330		2927
易　县	8713	23800	341	4358	304		5167
曲阳县	8642	17913	538	2481	164		2526
蠡　县	19075	22640	990	4278	66		8990
顺平县	9675	11170	190	1472	90		5367
博野县	12313	13133	435	2710	1446		7678
雄　县	14520	21513	869	1408			3489
涿州市	21872	28025	500	4785			11411
定州市	50696	41360	657	14232	176		36804
安国市	19453	18707		4610	300		3625
高碑店市	22287	25467	239	6889	477		6089
张家口市							
桥东区		766	20	20			180
桥西区		300		3			87
宣化区		25358	1287	1960			8055
下花园区		1240	116	105			748
万全区		14493	155	555			2154
崇礼区		1417	4	729			8109
张北县			243	10386		9591	9913
康保县			286	7916		3657	11929
沽源县		20		8181		1314	17217
尚义县		1828	209	7335		4174	8733
蔚　县		32227	1635	4014			5065
阳原县		23049	2603	4250			1622
怀安县		18760	528	3214		27	4215
怀来县		21087	632	909			4199
涿鹿县		16726	559	645			3921
赤城县		8396	1234	2188			11977
承德市							
双桥区		1055	17	151			887
双滦区		2389	141	14			722
鹰手营子矿区		203	23				550
承德县		28667	1141	256			7223
兴隆县		6713	463	80			1137
平泉县		35666	1154	894		176	6917

3-1 县(市、区)国民经济主要指标(2016年)(7-4)

县(市、区)	四、农　业(续2)						
	#小麦播种面　积	#玉米播种面　积	#大豆播种面　积	油料播种面　积(公顷)	棉花播种面　积(公顷)	糖料播种面　积(公顷)	蔬菜播种面　积(公顷)
滦平县		13778	1002	245			11306
隆化县		23379	1462	1872			14975
丰宁满族自治县		32706	725	4343			14494
宽城满族自治县		10612	722	361			2113
围场满族蒙古族自治县		21413	656	2628			17535
沧州市							
新华区	862	1016					42
运河区	2182	3084	31	12			1033
沧　县	41618	56797	748	166	290		2031
青　县	15231	41000	263	577	285		25609
东光县	22651	22767	192	795	14526		2096
海兴县	14661	19702	461	737	259		756
盐山县	29330	30980	1365	1076	894		2235
肃宁县	19631	23100	84	1313	16		10593
南皮县	25746	27305	172	803	11080		4647
吴桥县	26280	26830	168	393	10223		5638
献　县	34464	40380	2700	10141	2331		12127
孟村回族自治县	15527	17756	188	607	165		216
泊头市	31843	37734	958	223	1612		2044
任丘市	31737	41447	1549	2907	494		9473
黄骅市	35904	32153	2985	1516	2015		2764
河间市	29127	53347	1386	5741	408		9929
廊坊市							
安次区	577	16881	1511	2515	3679		3686
广阳区	4237	7536	266	1331	512		7269
固安县	17667	21354	692	2472	33		28525
永清县	4048	20667	1272	4100	3419		23794
香河县	7762	12416	162		5		12068
大城县	4920	40006	3853	3015	2718		3733
文安县	10342	43629	1685	130	661		1972
大厂回族自治县	3687	3387			8		2024
霸州市	6012	27352	1824	1677	2258		7815
三河市	7133	18440	581	175	180		11325
衡水市							
桃城区	9488	11860	136	1202	1178		4462
冀州区	16999	21080	148	3357	19440		7420
枣强县	22761	25733	1608	2063	13010		4301
武邑县	20068	23573	483	3037	8666		9172
武强县	17066	22107	59	1259	96		3726
饶阳县	17103	18427	210	4093	68		19419
安平县	12866	21467	687	2989			2698
故城县	20603	28887	988	2930	12800		12195
景　县	41000	49553	340	3460	5225		4827
阜城县	23196	27898	110	142	4780		4145
深州市	46801	51400	32	6432	198		6594

3–1 县(市、区)国民经济主要指标(2016年)(8–1)

县(市、区)	四、农　业（续3）						
	粮　食总产量(吨)	#稻谷产量	#小麦产量	#玉米产量	#大豆产量	油料产量(吨)	棉花产量(吨)
石家庄市							
长安区	40847		21467	19380			24
桥西区	1055		597	452			
新华区	15981		8913	6467	601	49	
井陉矿区	2705		1478	1227			
裕华区	3399		2309	1090			
藁城区	511099		249391	249150	3941	8858	381
鹿泉区	200146		99419	95732	1092	4877	145
栾城区	243777		122567	117986	2039	230	7
井陉县	84570	10	35430	40682	1242	4917	120
正定县	286584		155650	125812	2619	19928	190
行唐县	242621		139866	80432	459	24919	209
灵寿县	139543	107	60413	69436	201	5231	138
高邑县	164890		79243	83223	265	4851	107
深泽县	202796		91697	105617	1500	6680	54
赞皇县	95731		55917	35911	371	9514	64
无极县	341562		184826	149577		17225	240
平山县	200649	801	101098	92214	777	9892	618
元氏县	329793		170917	145295	1362	7670	521
赵　县	563303		289605	272548		4010	
辛集市	554685		301480	240261	1777	32915	2577
晋州市	352740		181052	158985	3865	9180	
新乐市	313654		174168	134524	656	37241	145
唐山市							
路南区	14108	378	5202	8493	35	1487	3
路北区	17824		3406	14418		1758	
古冶区	25640	2800	4118	16822	717	5636	3
开平区	41279	92	7031	33969	56	6954	1
丰南区	246138	71434	53263	120970	314	30188	10397
丰润区	359071		115192	235577	1254	36325	651
曹妃甸区	204621	194049	415	7522	23	640	182
滦　县	254941	4002	54349	179956	2842	67133	285
滦南县	456053	139584	111015	182518	9058	62654	952
乐亭县	264166	38807	51832	149063	3630	10384	439
迁西县	71473			52235	3292	8134	325
玉田县	492138	1374	159771	292773	1221	4512	1081
遵化市	257157		55179	190326	3933	47833	69
迁安市	207897	848	28901	151097	6387	33802	30
秦皇岛市							
海港区	28805	397		19378	2586	4219	
山海关区	2102	30		334	272	1832	
北戴河区	15326	3888		9758	488	475	
抚宁区	88588	13202		56959	1733	11724	262
青龙满族自治县	117609	750		77139	4560	3772	

3-1 县(市、区)国民经济主要指标(2016年)(8-2)

县(市、区)	四、农 业（续3）						
	粮 食总产量(吨)	#稻谷产量	#小麦产量	#玉米产量	#大豆产量	油料产量(吨)	棉花产量(吨)
昌黎县	291358	22875	13949	211904	2415	37142	60
卢龙县	223611	4533	123	141661	3663	20137	136
邯郸市							
邯山区	108597		51346	56079	223	248	191
丛台区	60290		34117	23919	568	107	119
复兴区	24973		7906	15430	155	526	123
峰峰矿区	46923		14234	28963	523	44	1
肥乡区	342650		173025	166053	906	4089	10140
永年区	478481		233114	240417	1392	3229	631
临漳县	602185		280038	305417	4683	5574	2476
成安县	300765		157077	138278	675	4838	16978
大名县	737221		403717	333091	356	88934	1315
涉 县	62743	2403	26976	20592	1665	618	15
磁 县	203331		87445	99531	1600	1923	489
邱 县	138887		66508	70236	540	1237	26878
鸡泽县	208111		122879	84067	68	2622	1976
广平县	228009		110805	113830	631	10527	1627
馆陶县	314250		163519	147850	1455	13070	1360
魏 县	618717		302644	312447	690	4113	1027
曲周县	425972		204226	220752	126	3880	10749
武安市	291100		73799	134640	1516	4025	2259
邢台市							
桥东区	18757		9173	9581	3	118	11
桥西区	31344		14764	16506	6	680	101
邢台县	108152		33512	66870	980	8981	271
临城县	126190		58125	62682	483	7509	341
内丘县	187294		90599	87730	1498	18035	653
柏乡县	206563		102271	100893	2070	2798	307
隆尧县	523384		280785	224246	6275	14059	5277
任 县	343202		182395	151067	1737	3355	1420
南和县	287242		151545	132704	460	2338	1104
宁晋县	744346		391945	348759	2425	6667	3097
巨鹿县	212941		113892	93380	528	13400	10911
新河县	159998		84575	69983		3812	7082
广宗县	89474		25163	32326	1375	28256	10540
平乡县	248748		94957	140614	585	32974	965
威 县	177369		85647	46036	1537	8717	65370
清河县	287846		140733	143996	1105	5858	7801
临西县	320175		149851	166400	918	1620	11340
南宫市	238937		106741	94498	3707	18053	31793
沙河市	119716		43647	68971	615	4089	196
保定市							
竞秀区	39512		17558	21954			
莲池区	52600		27353	25247		1222	
满城区	177050		77640	87023	525	2690	496

3–1 县(市、区)国民经济主要指标(2016年)(8–3)

县(市、区)	四、农　业（续3）						
	粮　食总产量(吨)	#稻谷产量	#小麦产量	#玉米产量	#大豆产量	油料产量(吨)	棉花产量(吨)
清苑区	467169		215163	239295	1835	17552	133
徐水区	366414		180163	181111	824	5503	40
涞水县	133358		44136	77942	1169	11170	27
阜平县	66257		4231	34970	705	4501	
定兴县	472313		216373	235893	1860	15219	51
唐　县	203279	1001	78024	100400	1386	4155	512
高阳县	169799		65829	100976	1512	12652	1484
容城县	205756		92675	108630	1860	5337	153
涞源县	63084	410	175	45806	2360	314	
望都县	232931		127257	102799	590	6895	406
安新县	251375	6994	128619	115501	86	1183	1636
易　县	200804		54426	119593	605	17005	437
曲阳县	161397		52233	83295	1330	6193	186
蠡　县	263702		120547	132832	2412	14502	59
顺平县	129871	477	58628	60486	1188	5313	76
博野县	184088		83114	96047	1670	12113	1516
雄　县	243414		91515	128128	2146	4483	
涿州市	307248	1599	136343	160884	1331	12660	
定州市	676071		348421	308441	2510	61663	173
安国市	268200		133099	135101		22100	420
高碑店市	337191		147754	180492	641	29547	469
张家口市							
桥东区	4955			4647	31	24	
桥西区	1464			1350		5	
宣化区	227468	26		177527	1748	3215	
下花园区	9820			6287	162	126	
万全区	130562	2895		99861	581	1259	
崇礼区	23531			6313	2	1299	
张北县	122279				240	11087	
康保县	161544				330	12990	
沽源县	136552			42		5549	
尚义县	50600			6197	357	13977	
蔚　县	145821	2045		95320	1120	4008	
阳原县	91889	2		71221	1984	5485	
怀安县	118034	2899		95113	1008	5279	
怀来县	116192	384		107860	792	1421	
涿鹿县	162757	235		135481	1314	1150	
赤城县	98509			31737	1937	2022	
承德市							
双桥区	6311			5702	71	374	
双滦区	15510	340		13799	404	34	
鹰手营子矿区	1926			1247	95		
承德县	200104	3411		183364	3560	749	
兴隆县	33256			29000	1456	275	
平泉县	210666	296		192831	3252	2146	

3-1 县(市、区)国民经济主要指标(2016年)(8-4)

县(市、区)	四、农 业(续3)						
	粮 食 总产量 (吨)	#稻谷产量	#小麦产量	#玉米产量	#大豆产量	油料产量 (吨)	棉花产量 (吨)
滦平县	79723	3038		66548	3343	393	
隆化县	277914	95758		153112	4750	7313	
丰宁满族自治县	158848	113		106949	1305	4904	
宽城满族自治县	59254	1299		49027	1310	1185	
围场满族蒙古族自治县	284367	1128		61880	1486	5837	
沧州市							
新华区	6907		3051	3856			
运河区	21791		9066	12516	47	22	
沧 县	452710		203758	247274	1096	374	286
青 县	223978		77409	144630	588	1626	454
东光县	289811		155735	131903	625	2104	15688
海兴县	133023		50525	78611	762	1276	237
盐山县	243187		136317	102234	1495	1124	522
肃宁县	257861		125883	131322	208	4724	21
南皮县	308265		155924	150116	389	2828	15765
吴桥县	389005		187989	198836	774	1659	12414
献 县	425674		200115	197974	7128	35887	2867
孟村回族自治县	166444		71735	92420	765	1987	154
泊头市	403236		186196	212775	1814	397	1888
任丘市	453506		196406	244645	3072	7171	556
黄骅市	252075		121759	114258	5303	3425	2518
河间市	498477		180185	308077	3950	22061	750
廊坊市							
安次区	94353		2691	85254	2273	4363	4131
广阳区	61871		23569	36633	790	2812	462
固安县	238303		109797	119788	2030	6829	30
永清县	148100		22891	116560	2688	10948	3026
香河县	126203		46969	78688	303		4
大城县	209065		25834	165193	11328	9564	3832
文安县	287402		54402	225443	2830	226	745
大厂回族自治县	43655		22419	21236			10
霸州市	211499		34991	158183	3839	4980	2477
三河市	174066		43024	126627	1780	442	151
衡水市							
桃城区	155646		66207	87225	276	4303	1227
冀州区	227539		107889	114637	456	12055	22360
枣强县	346521		150347	163547	5043	8050	17958
武邑县	268291		126934	136077	1117	10569	9749
武强县	238072		108747	128872	133	4221	110
饶阳县	216563		108677	105504	515	14297	60
安平县	202416		81381	117240	1511	9935	
故城县	306714		132682	169192	3328	11565	16384
景 县	591686		282445	306556	1042	12371	5800
阜城县	303524		144475	157129	366	474	5162
深州市	648538		323861	324081	69	32142	290

3-1 县(市、区)国民经济主要指标(2016年)(9-1)

县(市、区)	四、农　业（续4）						
	糖料产量(吨)	蔬菜产量(吨)	园林水果产　量(吨)	食用坚果产　量(吨)	肉　类总产量(吨)	#猪牛羊肉产　量	禽蛋产量(吨)
石家庄市							
长安区		69173	5900		2447	2370	405
桥西区		53981	67	10	1289	1191	564
新华区		103680	3350	27	16	5	81
井陉矿区		4272	4242	60	2307	2232	1300
裕华区		8961			365	320	249
藁城区		3107541	243140	705	84358	55322	148226
鹿泉区		927069	42107	2634	26271	19997	34105
栾城区		910480	990	100	47512	27248	98415
井陉县		182718	48846	2244	20410	15139	27610
正定县		870180	17080	72	77301	54948	125239
行唐县		376471	144502	600	40745	34009	36600
灵寿县		237673	25660	14000	31722	27115	20674
高邑县		618295	4671	800	14148	8973	16718
深泽县		473204	115621	1523	24685	20804	19988
赞皇县		158276	131910	19700	26255	21131	24151
无极县		887849	18254		57911	41927	82792
平山县		315989	60390	13650	22866	20154	15798
元氏县		505741	16186	7500	45875	34250	57263
赵　县		857870	620000		44297	35356	56200
辛集市		1031361	515048	10	86647	61814	185967
晋州市		557193	752400		53967	38732	78210
新乐市		813904	30529	20	60890	43161	86085
唐山市							
路南区		164847			4160	3640	1017
路北区		311178	4887		3285	2594	722
古冶区		383138	29224	26	15990	11360	15478
开平区		65600	1025	27	10643	8936	4442
丰南区		1703607	26252	28	49796	40003	14360
丰润区		1110266	87304	2311	88683	70148	58500
曹妃甸区		77839	8830		27406	22686	6902
滦　县		977109	151576	1368	62450	50855	52892
滦南县		2297640	153635	66	130235	109839	42666
乐亭县		2666779	548584		35363	23841	14787
迁西县		115822	50419	66764	24637	19338	9914
玉田县		2909341	70059	865	116673	102638	76522
遵化市		840046	237766	30995	73611	65018	27744
迁安市		893740	152044	10874	86428	71011	40413
秦皇岛市							
海港区		122472	27754	11310	20897	15114	6776
山海关区		231011	35100	12	8854	5692	4711
北戴河区		31977	2892		3480	2044	2602
抚宁区		963909	161035	15132	89657	70576	19387
青龙满族自治县		315000	246521	21050	69699	51667	12200

3-1 县(市、区)国民经济主要指标(2016年)(9-2)

县(市、区)	四、农业(续4)						
	糖料产量(吨)	蔬菜产量(吨)	园林水果产量(吨)	食用坚果产量(吨)	肉类总产量(吨)	#猪牛羊肉产量	禽蛋产量(吨)
昌黎县		1231909	220158	20	83650	52755	27037
卢龙县		322114	163646	1717	78696	62375	34307
邯郸市							
邯山区		41698	33797	75	12560	9644	19434
丛台区		11726	3900	650	4665	3091	12726
复兴区			106	77	1930	1875	720
峰峰矿区		15345	3073	28	26301	23786	11491
肥乡区		832963	52600	12	38158	29507	39883
永年区		2335179	51450	100	57348	35755	192888
临漳县		514577	202275	45	55727	38576	45449
成安县		440445	69700		36146	26614	44848
大名县		422380	30682		82032	68496	93278
涉　县		71359	20673	20000	21776	14147	24389
磁　县		167400	16602	1390	31375	23306	57259
邱　县		200537	20720	55	22581	12154	52574
鸡泽县		613098	19530	5	28598	19419	47829
广平县		167208	25148		13025	9067	25863
馆陶县		497943	40792		57043	31693	185974
魏　县		378653	250111	57	63449	37019	60709
曲周县		566876	42787		56700	36816	109289
武安市		127296	26096	17050	69782	64450	27702
邢台市							
桥东区		58188	2682	2	1989	1676	1053
桥西区		6487	4041	65	1461	1163	2348
邢台县		111903	141033	22693	13706	10804	16917
临城县		80322	24315	12984	16555	11558	39480
内丘县		107246	35078	9370	24848	22079	20104
柏乡县		230780	73282	118	15268	10361	37997
隆尧县		667309	52193	500	36476	24122	94717
任　县		361755	16487	99	12067	7742	25378
南和县		583299	5698	25	19330	13558	44742
宁晋县		365071	305956		36392	32821	26199
巨鹿县		160194	107014		17625	10421	13160
新河县		23609	160671		6833	5137	12351
广宗县		146204	17379	21	18304	12876	10003
平乡县		246135	26750	350	13924	8767	20985
威　县		396012	131582	15	40283	20029	57400
清河县		48703	54406		8912	4633	9108
临西县		82139	13111	67	17225	11618	27874
南宫市		260863	43079	193	23373	20712	15419
沙河市		41580	16344	5556	16000	8520	53302
保定市							
竞秀区		75770	4524		7416	7282	2068
莲池区		146798	496	23	3216	2939	13784
满城区		298322	231340	10	24033	20494	37125

3–1　县(市、区)国民经济主要指标(2016年)(9–3)

县(市、区)	四、农　业（续4）						
	糖料产量（吨）	蔬菜产量（吨）	园林水果产量（吨）	食用坚果产量（吨）	肉类总产量（吨）	#猪牛羊肉产量	禽蛋产量（吨）
清苑区		1031951	40463	11	30428	20302	49631
徐水区		816824	42901	120	62098	54546	21705
涞水县		164950	49499	2900	24102	22096	4108
阜平县		57309	119851	4040	8375	7532	2812
定兴县		594788	29372	67	58181	46122	38037
唐　县		292104	85309	9928	37638	35648	17397
高阳县		283771	17029	20	6405	5694	6470
容城县		188894	2161	20	29247	27448	6302
涞源县		63164	6841	3563	7944	7495	4426
望都县		377226	23000		19296	16362	17640
安新县		125781	6565		10378	6517	21125
易　县		342090	263001	4800	67517	62720	29973
曲阳县		131169	158317	2059	25770	23711	12766
蠡　县		476966	32985	15	9120	6762	11802
顺平县		295501	484249	250	11264	10725	4293
博野县		546161	34835	200	13526	11955	9613
雄　县		202768	30150		16465	14137	7145
涿州市		644858	32930	40	37797	25865	18922
定州市		2590861	148753	2200	116420	100464	88058
安国市		206651	36640	60	21409	19124	19240
高碑店市		334804	31695	248	34913	28687	30455
张家口市							
桥东区		5324	850	43	1008	941	433
桥西区		6973		8	671	660	515
宣化区		490763	21945	4850	55948	47949	45030
下花园区		40361	1390	1550	4854	3051	12138
万全区		95704	4146	256	27744	22315	10814
崇礼区		596911	3754	36	5393	3759	3700
张北县	414189	920466			21054	20460	2134
康保县	216654	1176352			32232	30701	3668
沽源县	54358	1246397			9520	9047	1805
尚义县	217149	742314	258		16365	15632	2086
蔚　县		226859	5589	5240	34772	29815	30610
阳原县		64380	4475	764	30424	19704	57844
怀安县	2156	170865	8191	3818	18037	16383	2512
怀来县		186530	285208	3206	39787	15811	12026
涿鹿县		263574	403546	6700	49038	42005	55474
赤城县		640624	6318	325	32474	24752	3903
承德市							
双桥区		45571	1699	13	1264	1182	457
双滦区		70224	1166	23	3312	3056	634
鹰手营子矿区		26216	1326	487	1223	1123	661
承德县		410531	240946	3147	100735	30681	23646
兴隆县		44536	398150	145734	21989	17897	7850
平泉县	11023	709249	193722	3318	21668	18302	17550

3-1 县(市、区)国民经济主要指标(2016年)(9-4)

县(市、区)	四、农 业(续4)						
	糖料产量 (吨)	蔬菜产量 (吨)	园林水果产量 (吨)	食用坚果产量 (吨)	肉类总产量 (吨)	#猪牛羊肉产量	禽蛋产量 (吨)
滦平县		736437	43740	1056	108058	49457	10882
隆化县		607287	56100	205	69336	65202	10288
丰宁满族自治县		743573	19700	1287	51686	45651	19661
宽城满族自治县		164627	63430	44000	20672	17100	7585
围场满族蒙古族自治县		1050275	266979	9121	55745	43069	17607
沧州市							
新华区		1988	465		865	574	650
运河区		49719	1858		1558	656	3765
沧 县		116869	297204		37124	27398	38086
青 县		2008880	41763		21798	15541	32964
东光县		100942	8272	1	19697	15669	16795
海兴县		30098	54396		15169	8654	4818
盐山县		148772	48648		50328	45702	7058
肃宁县		739574	92397	39	33166	11462	22608
南皮县		412465	77230		18359	14323	10839
吴桥县		295371	15217		31140	26032	16585
献 县		590025	179530		61947	47593	62875
孟村回族自治县		15534	12987		40776	10841	6010
泊头市		94454	517126		28341	20719	45166
任丘市		491853	24752		43598	12438	17038
黄骅市		128891	117637		59093	38523	17759
河间市		533820	27021	75	33799	17120	24949
廊坊市							
安次区		209035	54105		13412	9295	18008
广阳区		370211	48010	3	13340	10704	11801
固安县		1663004	98900		15839	14381	7142
永清县		1822153	240000		61445	55943	14697
香河县		744123	29460	40	15396	11240	21519
大城县		202324	69254		36671	23868	32928
文安县		122225	44961	8	20100	14686	19183
大厂回族自治县		107458	3993		20559	19753	4342
霸州市		478887	15700		23320	16560	12179
三河市		669190	87074	90	55497	50619	14740
衡水市							
桃城区		325190	18019		17829	14305	9356
冀州区		193142	106033	80	15146	11766	16315
枣强县		191943	85700	12	19278	17194	5383
武邑县		589321	52691	9	35023	25622	22755
武强县		198030	7350		16944	10837	23732
饶阳县		812532	133274	17	25182	19849	35998
安平县		128335	41130		65539	62966	16164
故城县		822136	50579	1	49342	30924	39046
景 县		204252	41299	300	38424	32838	27023
阜城县		242478	245499		18828	14390	25519
深州市		249983	880000		62281	51545	73031

3-1 县(市、区)国民经济主要指标(2016年)(10-1)

县(市、区)	四、农　业（续5）						
	奶类产量 (吨)	年内猪出栏 (百头)	年内牛出栏 (百头)	年内羊出栏 (百只)	年末猪存栏 (百头)	年末牛存栏 (百头)	年末羊存栏 (百只)
石家庄市							
长安区	3661	275	11	105	174	22	88
桥西区	1	163	2	4	6	1	3
新华区				4			20
井陉矿区		290	1	36	230		53
裕华区	375	39	0	14	13	2	23
藁城区	77826	5973	498	1628	3070	599	984
鹿泉区	71723	2275	147	425	857	195	251
栾城区	104728	2989	274	451	1485	550	317
井陉县	9760	1071	350	1004	770	352	864
正定县	117578	6156	672	496	3987	856	357
行唐县	335950	3013	640	708	1795	890	640
灵寿县	57693	3037	237	712	1702	441	530
高邑县	5196	1102	25	252	608	24	120
深泽县	45176	2346	94	1066	1001	102	603
赞皇县		1351	697	631	806	556	636
无极县	62342	3791	691	1594	2256	863	1079
平山县	11000	2188	130	978	1522	247	753
元氏县	42790	3118	557	1853	1903	455	1260
赵　县	37500	4218	148	775	2190	152	498
辛集市	64650	7364	135	1592	4060	384	1583
晋州市	22484	4526	168	1340	2716	133	873
新乐市	99829	5360	221	270	3450	326	210
唐山市							
路南区	7442	459	12	40	265	29	22
路北区	6000	311	9	145	190	15	105
古冶区	60714	1275	84	298	894	154	205
开平区	23352	674	212	348	392	97	107
丰南区	79584	5065	137	393	2935	295	418
丰润区	157277	7883	385	1627	3762	511	1260
曹妃甸区	2059	2975	6	32	1596	11	20
滦　县	463384	3993	1230	1098	2807	865	822
滦南县	522649	12859	532	638	7562	1587	709
乐亭县	57180	2645	124	1231	1691	190	1055
迁西县	21580	1769	133	2721	1009	210	1449
玉田县	118373	11204	965	1094	8132	1394	971
遵化市	13019	6991	665	1697	4858	859	1528
迁安市	149335	7463	821	1172	4637	912	840
秦皇岛市							
海港区	9250	1811	50	665	997	56	645
山海关区	3405	705	28	152	538	35	151
北戴河区	2164	223	8	186	114	2	103
抚宁区	14993	8321	327	2498	3642	330	1581
青龙满族自治县	200	5100	195	6600	1820	110	3300

3−1　县(市、区)国民经济主要指标(2016年)(10−2)

县(市、区)	四、农　业（续5）						
	奶类产量(吨)	年内猪出栏(百头)	年内牛出栏(百头)	年内羊出栏(百只)	年末猪存栏(百头)	年末牛存栏(百头)	年末羊存栏(百只)
昌黎县	47235	4462	668	5163	2786	643	2814
卢龙县	19967	5940	487	6753	3061	461	2889
邯郸市							
邯山区	38606	1076	52	561	540	110	320
丛台区		339	6	236	75	5	108
复兴区	182	259		57	159	1	82
峰峰矿区	10472	2981	39	576	1520	34	278
肥乡区	23112	2902	208	3386	1783	262	2563
永年区	53271	3739	239	2941	2948	415	2960
临漳县	10390	3666	355	4263	1924	165	2020
成安县	20888	2575	195	3304	1803	128	3243
大名县	5218	6918	481	5434	4280	848	4183
涉　县		1424	123	1162	982	255	1148
磁　县	8889	2622	104	1466	1520	121	1394
邱　县	719	938	92	2706	725	120	2659
鸡泽县	7775	1998	124	2005	1052	103	1644
广平县	2014	1060	25	851	703	28	546
馆陶县	6513	3530	188	1670	2201	149	1246
魏　县	1390	4190	86	3304	3200	135	4000
曲周县	8300	3900	292	2883	2080	294	2508
武安市	3892	8136	170	417	4986	377	370
邢台市							
桥东区	260	239		25	83	1	18
桥西区	439	150	1	42	101	8	51
邢台县	150	1208	62	670	550	38	522
临城县		1084	220	327	761	232	309
内丘县	899	2772	84	184	1659	94	80
柏乡县	2616	1367	16	123	625	20	122
隆尧县	14320	2733	135	872	1400	78	587
任　县		918	10	481	556	4	359
南和县	11846	1776	43	163	1354	59	79
宁晋县	136942	3863	213	587	2520	478	561
巨鹿县	5769	940	178	506	1080	243	536
新河县	1058	296	164	296	242	183	316
广宗县		1217	171	1029	753	180	850
平乡县	3937	812	119	638	604	97	522
威　县	14820	1860	202	2248	1950	330	2178
清河县	3270	478	32	351	411	41	365
临西县	2400	827	218	1496	387	176	891
南宫市	8	2107	168	1578	1478	59	1204
沙河市	1460	868	79	597	576	61	507
保定市							
竞秀区	5594	955	3	60	574	20	93
莲池区	64812	311	41	60	233	222	103
满城区	36059	2598	34	573	2003	168	806

3-1 县(市、区)国民经济主要指标(2016年)(10-3)

县(市、区)	四、农　业（续5）						
	奶类产量（吨）	年内猪出栏（百头）	年内牛出栏（百头）	年内羊出栏（百只）	年末猪存栏（百头）	年末牛存栏（百头）	年末羊存栏（百只）
清苑区	91167	2431	55	624	1217	308	642
徐水区	142908	6426	292	576	4952	562	497
涞水县	8587	2378	123	2514	1400	130	1750
阜平县	6599	734	60	719	580	192	1000
定兴县	22113	5387	142	2380	4152	217	2050
唐　县	2584	3648	81	4325	2330	214	3278
高阳县	15090	743	5	288	482	34	285
容城县	14541	3495	49	310	1722	65	215
涞源县		585	61	1651	388	124	510
望都县	43520	1960	50	567	870	105	270
安新县	3029	756	26	210	750	27	173
易　县	7248	5941	909	3250	2012	487	1323
曲阳县	38641	2340	184	1734	942	287	1372
蠡　县	11133	791	22	359	558	67	414
顺平县	8644	1201	70	474	545	92	771
博野县	2371	1575	23	590	1180	27	291
雄　县	1979	1511	15	1050	750	20	685
涿州市	19620	3025	55	1775	2458	142	1542
定州市	231287	11433	720	3266	5757	684	2040
安国市	10035	2340	47	578	1500	39	420
高碑店市	18837	3261	143	1336	2511	147	1256
张家口市							
桥东区	2042	109	3	76	69	11	92
桥西区	1835	65	3	86	52	3	10
宣化区	122862	4621	355	5190	2631	469	2031
下花园区	4127	356	10	170	248	15	138
万全区	75361	2301	225	1225	1369	264	1156
崇礼区	31335	320	87	280	219	184	88
张北县	205808	1162	525	2400	1564	800	3483
康保县	101821	1785	414	6952	783	709	2797
沽源县	88833	262	296	2020	288	432	2081
尚义县	2951	1030	268	2697	293	148	1100
蔚　县	25150	2707	301	3801	1190	222	1940
阳原县	10497	1790	149	2747	1050	140	2237
怀安县	34231	1794	46	1287	874	138	850
怀来县	94364	1711	121	1059	880	315	1285
涿鹿县	119906	4582	112	4399	2816	471	1212
赤城县	2517	1662	566	2497	843	324	1192
承德市							
双桥区		145	3	39	126	4	76
双滦区	8	382	3	99	417	9	200
鹰手营子矿区		135	3	47	98	2	45
承德县	1630	3010	401	1216	1973	458	1044
兴隆县	1778	2004	91	1303	1130	85	730
平泉县	768	1340	368	1610	684	455	1499

3-1 县(市、区)国民经济主要指标(2016年)(10-4)

县(市、区)	四、农　业（续5）						
	奶类产量(吨)	年内猪出栏(百头)	年内牛出栏(百头)	年内羊出栏(百只)	年末猪存栏(百头)	年末牛存栏(百头)	年末羊存栏(百只)
滦平县	11216	5986	161	1214	3076	238	805
隆化县	5774	4238	1860	2837	3006	3248	1333
丰宁满族自治县	96805	2799	1340	2293	2490	1407	1898
宽城满族自治县		1922	57	1281	1035	55	1339
围场满族蒙古族自治县	35300	2532	1375	2159	2279	2161	2184
沧州市							
新华区		63	6	16	95	2	18
运河区	112	74	1	61	68	2	44
沧　县	9106	2175	468	2422	1202	210	1612
青　县	25050	1157	284	1708	731	255	1135
东光县	911	1031	371	1396	513	375	961
海兴县	1015	815	113	540	610	75	315
盐山县		4227	644	2539	1844	120	550
肃宁县	3376	1343	34	618	937	43	410
南皮县		910	374	1009	547	297	766
吴桥县		1667	809	1076	937	206	860
献　县	6126	4437	535	3758	3351	479	2550
孟村回族自治县		420	363	1636	342	302	1309
泊头市	5100	2140	129	1662	1540	101	1448
任丘市	6396	1277	77	1028	837	86	912
黄骅市	2947	4069	269	2528	2373	203	1162
河间市	437	1582	160	1863	1315	185	1289
廊坊市							
安次区	13359	1065	41	615	715	59	505
广阳区	17086	1268	91	349	401	108	368
固安县	10011	1706	31	845	1071	30	688
永清县	41748	5530	434	5244	2867	375	3915
香河县	9645	1091	145	590	573	138	518
大城县	17070	1605	499	3000	764	245	1770
文安县	1620	1043	162	3004	640	103	2061
大厂回族自治县		784	858	696	322	203	383
霸州市	1955	1891	22	1385	769	30	752
三河市	58796	4285	916	2777	2263	1113	2127
衡水市							
桃城区	6724	1298	185	1298	841	175	712
冀州区	4814	1141	135	866	848	81	448
枣强县	6815	1754	238	1387	663	218	875
武邑县	12821	1873	570	2080	1845	846	1398
武强县	46460	1068	126	738	785	264	421
饶阳县	16287	2453	47	728	1876	116	665
安平县	6269	8310	16	291	4960	42	315
故城县	10552	2840	355	3349	819	975	2112
景　县	6927	3159	471	1099	2111	254	1028
阜城县	4155	1591	100	1282	1865	203	1678
深州市	7635	5834	282	2495	3694	262	2503

3-1 县(市、区)国民经济主要指标(2016年)(11-1)

县(市、区)	四、农　业（续6）						
	水产品产量(吨)	农业产业化经营率(%)	(三)农林牧渔业总产值(现价)(万元)	农业产值	林业产值	牧业产值	渔业产值
石家庄市							
长安区		23	38035	24818	540	8567	
桥西区		94	20817	15708	24	4157	
新华区	38	17	27483	23227	43	124	41
井陉矿区	10	43	11442	2896	1215	7198	10
裕华区		93	7065	3431		1334	
藁城区	10	72	1281260	870958	8196	371106	10
鹿泉区	6340	74	410998	242722	8580	126923	8088
栾城区		72	496079	221598	2046	233119	
井陉县	280	34	215610	69652	36960	92280	300
正定县	1300	73	648710	267529	2429	357381	1338
行唐县	1530	59	530837	220734	17191	265539	2091
灵寿县	7730	32	308209	137796	17347	130136	9268
高邑县		43	227538	164556	989	51041	
深泽县	115	53	296803	178802	1819	101427	
赞皇县	1000	43	278971	131795	16606	112204	994
无极县	5	66	523972	243145	1389	258192	19
平山县	12599	53	363993	175368	49614	99720	15691
元氏县	213	39	452741	213552	11625	200846	210
赵　县		72	597974	378885	7293	183286	
辛集市	41	78	898459	497241	4114	377604	41
晋州市		67	534511	288150	7127	214113	
新乐市		61	554863	261032	2957	261323	
唐山市							
路南区			58774	44076	466	14217	
路北区			98512	87019	125	11333	
古冶区	9436	46	224161	125348	2159	75144	9978
开平区	15911	44	97857	28380	1356	47325	17018
丰南区	73050	72	777168	451071	5632	171333	122249
丰润区	9580	64	838901	399562	4336	402086	9277
曹妃甸区	140497	72	524442	102867	3263	87674	259097
滦　县	3656	77	751358	332057	5491	400153	3659
滦南县	84601	68	1501114	732253	11285	535709	184382
乐亭县	169640	76	1372617	914740	5996	196649	249177
迁西县	47400	70	373613	194523	13378	94042	48431
玉田县	5932	74	1167537	716924	5288	422547	8034
遵化市	4020	72	687534	407562	9380	252623	4053
迁安市		76	746805	355618	6613	353005	
秦皇岛市							
海港区	1753	36	147087	67142	4487	64582	5956
山海关区	6604	76	116991	67516	1280	32600	14741
北戴河区	1284	25	35530	16102	1109	12461	4607
抚宁区	2082	68	601455	283581	10925	279953	3316
青龙满族自治县	1600	57	587996	336458	19903	224285	2490

3-1 县(市、区)国民经济主要指标(2016年)(11-2)

县(市、区)	四、农 业(续6)						
	水产品产 量(吨)	农业产业化经营率(%)	(三)农林牧渔业总产值(现价)(万元)	农业产值	林业产值	牧业产值	渔业产值
昌黎县	91715	72	1110782	397715	12029	519219	128044
卢龙县	2045	53	555664	269814	7055	272798	2077
邯郸市							
邯山区		59	109940	44081	3108	59960	
丛台区		14	45009	21520	2015	20543	
复兴区		13	13504	5988	947	6264	
峰峰矿区	1670	60	105516	13983	4030	82871	1698
肥乡区	37	70	556877	368353	3061	154019	40
永年区	9448	64	1136390	763961	7431	330936	9594
临漳县	28	64	551578	307298	4573	221781	27
成安县	9	69	525901	291972	3310	150692	9
大名县	660	70	682969	319793	4817	318824	680
涉 县	3020	72	189248	88832	15013	80107	3051
磁 县	9199	67	273283	108037	8004	142405	11157
邱 县	126	69	306238	156620	2918	112511	130
鸡泽县	83	69	347743	202726	1831	127188	47
广平县	40	67	236032	142321	3056	70772	42
馆陶县	25	67	561572	235076	5237	292119	26
魏 县	115	70	500472	284447	5226	190580	119
曲周县	5620	70	551034	245549	4870	253572	5591
武安市	1635	70	400165	166775	13562	214906	1665
邢台市							
桥东区		14	25532	18984	22	6301	
桥西区	255	13	16848	9606	345	5970	340
邢台县	526	60	179843	117165	7492	53223	571
临城县	5050	65	172628	80330	4147	80884	6037
内丘县	31	65	198950	109432	5684	81785	38
柏乡县		64	197641	127165	1363	67837	
隆尧县		76	439655	251722	8212	172147	
任 县	53	60	208446	146070	3368	50193	55
南和县	16	67	318122	216787	7354	88696	16
宁晋县	1	61	492096	297311	3207	163846	4
巨鹿县	73	69	325300	259647	3212	61427	78
新河县	470	63	144168	107056	2217	33285	489
广宗县		53	226950	147961	2734	63343	
平乡县	80	68	226058	156178	5147	58258	81
威 县	370	63	583013	360558	5900	156331	394
清河县	507	86	225940	99037	6003	29177	516
临西县	150	67	242505	130280	3851	75994	158
南宫市	456	66	309969	214260	5014	86667	102
沙河市	670	73	141025	44484	3434	84449	522
保定市							
竞秀区		68	60516	34928	233	23045	
莲池区		74	97612	54125	229	42390	
满城区	200	66	378791	250807	7263	113554	255

3-1 县(市、区)国民经济主要指标(2016年)(11-3)

县(市、区)	四、农　业（续6）						
	水产品产　量(吨)	农业产业化经营率(%)	(三)农林牧渔业总产值(现价)(万元)	农业产值	林业产值	牧业产值	渔业产值
清苑区	10	66	583132	421895	7275	144967	11
徐水区	280	69	517081	260756	3737	230405	278
涞水县	481	68	228415	107499	21752	90129	512
阜平县	6725	55	147262	82543	8940	37185	16843
定兴县	300	74	488494	258897	2470	197800	878
唐　县	1989	67	313847	169009	5725	133424	2054
高阳县	180	67	169727	123303	1901	28999	189
容城县	1381	74	181097	87061	1627	87117	1545
涞源县	566	56	93828	45314	9270	36542	589
望都县	12	66	304273	216454	1797	83269	53
安新县	35443	72	186632	90272	1834	37405	49728
易　县	5100	63	472914	205995	12461	246382	5338
曲阳县	2810	67	222403	106676	6117	101145	2955
蠡　县		71	272271	176383	3503	76273	3
顺平县	15	72	338053	290381	4786	40148	43
博野县		69	254425	169487	24113	48289	128
雄　县	580	68	185923	129462	1986	48765	471
涿州市	1050	58	386863	240345	6927	117204	1054
定州市	100	71	1443950	884231	63856	474905	138
安国市		67	303880	213793	3528	78688	60
高碑店市	200	70	301351	144130	1603	141407	168
张家口市							
桥东区			7161	1691	567	4826	
桥西区			7139	1644	1786	3189	
宣化区	610	11	447220	167963	17172	248260	413
下花园区		47	45462	17881	2726	22757	
万全区	4	58	208738	64787	9294	123535	4
崇礼区	15	60	142548	95792	13086	32950	14
张北县	254	70	377889	208247	10042	155082	392
康保县	85	63	401941	221251	9959	168144	86
沽源县	2500	65	363550	265804	10985	82772	3104
尚义县	155	23	226564	137953	16020	66585	161
蔚　县	460	61	296956	120286	12029	153386	482
阳原县	522	27	228064	41390	14605	156587	547
怀安县	324	44	176087	86244	15035	68446	346
怀来县	6972	70	386884	238968	9605	122730	10731
涿鹿县	320	75	612382	349504	14636	236777	320
赤城县	773	48	406339	238014	28109	126795	803
承德市							
双桥区	185	94	15585	9683	1476	3936	188
双滦区	470	61	39846	22071	3629	9483	482
鹰手营子矿区	310	55	14806	6620	2574	4940	329
承德县	1160	72	530156	287102	21446	212375	1193
兴隆县	5030	69	404475	300066	17120	74396	5098
平泉县	1190	71	542199	437096	13009	88902	1199

3−1 县(市、区)国民经济主要指标(2016年)(11−4)

县(市、区)	四、农 业(续6)						
	水产品产量(吨)	农业产业化经营率(%)	(三)农林牧渔业总产值(现价)(万元)	农业产值	林业产值	牧业产值	渔业产值
滦平县	1420	65	508221	208496	44640	241353	1495
隆化县	580	69	571632	263679	32043	265668	597
丰宁满族自治县	3480	61	446203	144034	42202	239136	3512
宽城满族自治县	25450	67	316800	189047	22827	67921	26091
围场满族蒙古族自治县	2566	59	671050	377840	67261	217123	2626
沧州市							
新华区	27	87	4765	1731	269	2732	29
运河区		55	27204	19163	419	6362	
沧　县	271	67	408876	205309	12264	156512	281
青　县	465	73	717514	579370	2959	116478	507
东光县	778	44	493765	149725	1974	79892	782
海兴县	7844	46	153795	46139	7747	47767	34277
盐山县	343	75	272434	93197	2709	166395	359
肃宁县		77	429450	260652	5821	150497	
南皮县	557	43	413231	229078	1703	84541	580
吴桥县	295	65	600360	162869	1077	123919	310
献　县	5430	67	626541	307845	3871	238436	5854
孟村回族自治县	135	56	148959	41578	3563	99033	141
泊头市	656	68	320373	187128	2136	114530	679
任丘市	14500	56	361027	203019	1658	91528	20422
黄骅市	77392	60	596407	148303	2289	179434	214704
河间市	642	67	535020	308386	2795	118850	592
廊坊市							
安次区	1211	49	193393	111551	11803	55216	1226
广阳区	396	54	223097	153168	5123	52933	412
固安县	251	68	571841	500586	7959	62494	257
永清县	524	56	827793	577290	8680	237927	545
香河县	2730	64	292656	214773	3029	66069	2846
大城县	910	51	320675	147550	9949	149934	950
文安县	9204	71	218675	100258	6842	85933	13966
大厂回族自治县	2216	68	131938	37180	1195	90463	2321
霸州市	7044	46	295594	190371	18451	70413	9959
三河市	10440	71	591684	276394	7308	287220	11100
衡水市							
桃城区	791	66	192200	107538	3109	65711	810
冀州区	2650	65	250838	168581	4327	61174	3014
枣强县	288	77	337732	201115	3466	75869	282
武邑县	177	65	405339	243863	5727	136029	184
武强县		65	211351	102498	6429	81879	
饶阳县		69	473347	337940	5512	102363	
安平县	196	69	294409	73438	3181	187376	207
故城县	2381	64	546934	330633	3895	180892	2364
景　县	100	64	431759	212339	4152	141210	104
阜城县	110	64	377358	269077	4681	78241	113
深州市	289	70	691771	410937	9193	241345	304

3–1 县(市、区)国民经济主要指标(2016年)(12–1)

县(市、区)	四、农　业（续7）		五、规模以上工业企业			六、交通、通讯与能源	
	农林牧渔服务业产值	农林牧渔业总产值指数（上年=100）	工业企业单位数(个)	工业企业从业人员年平均人数(人)	工业企业主营业务收入(万元)	公路里程(公里)	固定电话用户(户)
石家庄市							
长安区	4110	90.76	23	12777	1941276		
桥西区	928	105.83	10	6244	208082		
新华区	4048	91.48	17	3603	192338		
井陉矿区	123	71.42	46	10589	1530828	137	5800
裕华区	2300	60.87	13	3366	367341		
藁城区	30990	100.60	419	108214	16360438	1568	51658
鹿泉区	24685	100.90	201	44189	7312536	968	56020
栾城区	39316	98.06	164	34485	4108743	722	32892
井陉县	16418	91.01	68	12484	1267190	1338	12000
正定县	20033	102.47	146	28736	4573326	1123	63010
行唐县	25282	105.23	89	13550	2195886	1408	19470
灵寿县	13662	103.31	69	8663	1158746	1228	19530
高邑县	10952	103.71	74	19379	1478454	581	16200
深泽县	14755	101.99	89	17580	2156090	498	7463
赞皇县	17372	103.25	67	11221	1814791	882	13100
无极县	21227	101.18	119	26616	3986493	832	42104
平山县	23600	102.20	24	25046	3797080	2984	29800
元氏县	26508	102.22	78	17567	3325320	1048	20311
赵　县	28510	100.82	112	34274	6825766	807	22810
辛集市	19459	101.74	317	167990	9296564	1249	46286
晋州市	25121	102.26	269	55299	5504041	1010	36701
新乐市	29551	101.50	168	41750	4832494	957	31720
唐山市							
路南区	15	86.05	28	5297	772866		
路北区	35	100.54	29	7512	419377		
古冶区	11532	103.00	48	21368	2709550	332	54846
开平区	3778	113.47	64	17749	1923438	369	35950
丰南区	26883	102.02	183	74321	17054754	1230	74000
丰润区	23640	101.98	159	69020	13675063	1866	133436
曹妃甸区	71541	105.57	92	49811	6481614	1030	67300
滦　县	9998	105.57	85	37169	7566912	1525	57796
滦南县	37485	104.86	71	17808	1680357	1819	60488
乐亭县	6055	104.53	74	11065	2822980	1788	48749
迁西县	23239	104.52	44	14072	7447828	1484	48851
玉田县	14744	101.01	142	30099	4278555	1598	94802
遵化市	13916	105.90	128	35435	5099712	1645	83770
迁安市	31569	101.71	161	98612	13078223	3275	77322
秦皇岛市							
海港区	4920	117.23	71	24313	2254000	699	269926
山海关区	854	103.37	25	3208	579316	283	33840
北戴河区	1251	100.79	5	521	24564	90	28639
抚宁区	23680	101.32	27	6906	638235	1519	46000
青龙满族自治县	4860	116.28	14	2500	226100	2700	32000

3-1 县(市、区)国民经济主要指标(2016年)(12-2)

县(市、区)	四、农 业(续7)		五、规模以上工业企业			六、交通、通讯与能源	
	农林牧渔服务业产值	农林牧渔业总产值指数(上年=100)	工业企业单位数(个)	工业企业从业人员年平均人数(人)	工业企业主营业务收入(万元)	公路里程(公里)	固定电话用户(户)
昌黎县	53775	104.83	34	22422	2647724	1982	59000
卢龙县	3920	103.46	24	7989	758539	1655	27881
邯郸市							
邯山区	2791	101.90	30	6503	463236		
丛台区	931	88.80	18	4830	1748449	267	
复兴区	305	106.58	19	27529	59081978	157	
峰峰矿区	2934	100.25	85	43043	3609481	458	26021
肥乡区	31404	103.28	55	7366	1018781	1070	3200
永年区	24468	95.00	128	18520	2279926	1079	26040
临漳县	17899	102.51	73	7774	1573745	2209	17961
成安县	79918	105.62	84	12770	2476061	1054	19230
大名县	38855	102.86	92	11546	1759360	1468	34020
涉　县	2245	79.25	69	11201	1946244	1527	24230
磁　县	3680	72.29	48	10362	1627808	892	25574
邱　县	34059	100.95	72	9534	1627152	758	7334
鸡泽县	15951	101.90	83	17142	1848333	1226	38404
广平县	19841	105.90	46	6679	683956	550	7009
馆陶县	29114	100.42	73	8869	1741534	964	8918
魏　县	20100	103.73	72	12687	2259171	1355	17800
曲周县	41452	104.24	93	4543	2225960	1205	10520
武安市	3257	102.06	98	92000	12402172	1485	35200
邢台市							
桥东区	225	99.74	3	496	22185		
桥西区	587	93.59	14	39555	1547371		
邢台县	1392	98.70	49	13458	2746617	1920	33200
临城县	1230	95.71	54	5380	1172637	780	26328
内丘县	2011	101.74	32	4742	516447	1175	36900
柏乡县	1276	96.37	42	4798	454297	350	10125
隆尧县	7574	100.82	69	18438	2047655	1111	64280
任　县	8760	103.59	47	4938	414410	842	17560
南和县	5269	102.08	34	7101	774553	746	
宁晋县	27728	93.80	209	40660	5098252	1679	62703
巨鹿县	936	107.40	66	6557	552022	1377	23572
新河县	1121	99.77	41	6028	399000	648	26304
广宗县	12912	104.90	57	7993	425344	1001	11322
平乡县	6394	107.75	64	7424	489702	950	12420
威　县	59830	105.52	85	9403	683336	1683	29608
清河县	91207	107.13	117	18904	1850179	941	38755
临西县	32222	105.63	57	6256	584960	874	11800
南宫市	3926	94.92	83	16097	1703782	1132	40192
沙河市	8136	96.26	92	25942	3028310	1580	72353
保定市							
竞秀区	2310	105.51	59	19113	2742747		
莲池区	868	111.64	80	72312	10788056		
满城区	6912	103.06	99	16330	1321173	755	43193

3—1 县(市、区)国民经济主要指标(2016年)(12—3)

县(市、区)	四、农　业（续7）		五、规模以上工业企业			六、交通、通讯与能源	
	农林牧渔服务业产值	农林牧渔业总产值指数（上年=100）	工业企业单位数（个）	工业企业从业人员年平均人数(人)	工业企业主营业务收入（万元）	公路里程（公里）	固定电话用户（户）
清苑区	8984	104.49	67	12029	2319125	1121	51808
徐水区	21905	100.82	57	24761	1528555	1436	65381
涞水县	8523	104.07	38	3884	149642	1355	31005
阜平县	1751	117.80	16	1392	74895	1684	19386
定兴县	28449	101.44	77	22938	1385607	946	39770
唐　县	3635	101.72	59	7387	598176	1120	46421
高阳县	15335	104.81	87	24654	1423667	590	45404
容城县	3747	100.94	59	8166	406281	309	28706
涞源县	2113	115.14	21	3988	457003	1645	25542
望都县	2700	106.10	27	3174	297290	643	24198
安新县	7393	105.19	75	6105	1059449	589	47874
易　县	2738	103.74	53	8529	1476946	1713	49407
曲阳县	5510	104.16	64	6378	343604	1325	50552
蠡　县	16109	103.47	93	17726	2358854	883	43773
顺平县	2695	106.90	54	5648	496097	997	27087
博野县	12408	107.02	42	4476	534425	441	23433
雄　县	5239	102.90	118	8056	2226255	661	35411
涿州市	21333	100.08	73	33790	2836069	1167	89360
定州市	20820	103.03	245	26629	3401177	1809	80000
安国市	7811	100.82	78	9931	1842695	656	41948
高碑店市	14043	102.65	49	10311	1097764	926	46654
张家口市							
桥东区	77	122.62	23	8888	1292722		
桥西区	520	91.06	11	1474	53731		
宣化区	13412	98.28	83	29624	2783627	1362	59698
下花园区	2098	112.35	17	4699	272164	253	5444
万全区	11118	107.41	47	10244	380324	1072	14339
崇礼区	706	101.12	11	1879	100248	1080	9146
张北县	4126	102.89	41	3655	546632	2742	23698
康保县	2501	105.53	25	2012	154908	3108	5300
沽源县	885	101.80	14	1006	162192	1315	9320
尚义县	5845	111.41	18	1778	182611	1023	4035
蔚　县	10773	102.02	13	8888	261707	1933	40246
阳原县	14935	109.03	19	2524	122143	1227	12000
怀安县	6016	88.92	24	2357	497613	1499	13000
怀来县	4850	104.13	34	4567	260083	3066	53120
涿鹿县	11145	103.11	41	5814	608386	1242	46000
赤城县	12618	110.76	39	5170	318251	1637	7430
承德市							
双桥区	302	86.42	8	1621	82951	635	78501
双滦区	4181	104.91	29	19700	2486585	578	12784
鹰手营子矿区	343	104.87	25	7217	741840	173	11304
承德县	8040	106.52	64	8586	1256504	2740	25253
兴隆县	7795	104.70	59	11235	1277993	2803	17363
平泉县	1993	103.22	72	13003	1159306	2332	21203

3-1 县(市、区)国民经济主要指标(2016年)(12-4)

县(市、区)	四、农 业（续7）		五、规模以上工业企业			六、交通、通讯与能源	
	农林牧渔服务业产值	农林牧渔业总产值指数(上年=100)	工业企业单位数(个)	工业企业从业人员年平均人数(人)	工业企业主营业务收入(万元)	公路里程(公里)	固定电话用户(户)
滦平县	12237	106.51	51	10553	1558387	2264	16689
隆化县	9645	105.39	47	4817	903324	2756	17902
丰宁满族自治县	17319	105.94	36	4931	598831	3326	22201
宽城满族自治县	10914	105.75	36	22222	4366791	1513	10223
围场满族蒙古族自治县	6200	112.02	40	3138	346367	3030	25524
沧州市							
新华区	4	95.94	26	5899	1566994		321
运河区	1260	97.01	25	11526	2153713		
沧　县	34510	92.12	206	43317	3582467	1945	183989
青　县	18200	101.45	153	17600	2323200	1302	47500
东光县	261392	100.17	118	11836	932428	1300	25735
海兴县	17865	104.74	37	4578	232577	731	22100
盐山县	9774	94.64	139	29874	6277800	986	33578
肃宁县	12480	98.65	94	12612	1424268	588	38738
南皮县	97329	105.44	102	13786	1019933	910	25314
吴桥县	312185	103.44	44	4800	282125	872	27181
献　县	70535	102.41	226	45804	8366252	1561	57263
孟村回族自治县	4644	104.98	119	9801	1153225	558	42501
泊头市	15900	99.30	253	24200	3697900	1003	48795
任丘市	44400	102.18	296	50706	8186151	1786	180217
黄骅市	51677	102.62	110	19190	1175535	1600	48992
河间市	104397	104.72	261	18495	4160628	1366	85843
廊坊市							
安次区	13597	100.32	54	46981	2326796	844	
广阳区	11461	104.56	28	8791	1444691	976	131760
固安县	545	100.75	79	12428	1338400	1205	43214
永清县	3351	96.57	75	7232	689312	1124	56890
香河县	5939	99.05	161	20033	2781260	1010	44950
大城县	12292	103.15	85	6401	1198819	1163	78120
文安县	11676	97.87	131	18995	2436039	1615	165740
大厂回族自治县	779	78.60	64	9369	759872	543	24990
霸州市	6400	99.97	206	44989	10113917	1246	118420
三河市	9662	103.29	175	42043	9586634	1353	107810
衡水市							
桃城区	15032	84.35	49	16475	1289697	771	127689
冀州区	13742	103.03	94	14620	1379388	1248	48260
枣强县	57000	103.01	145	9068	1331765	1597	42075
武邑县	19536	102.33	46	5379	482927	1210	25712
武强县	20545	103.89	82	7858	848080	720	16701
饶阳县	27532	100.22	80	7335	629614	682	24550
安平县	30207	99.30	154	12090	1203237	813	46925
故城县	29150	99.61	103	8851	912429	1188	46677
景　县	73954	100.63	134	15305	1893313	1625	45802
阜城县	25246	105.72	102	10083	1082070	1336	20772
深州市	29992	102.65	85	11672	1562289	1667	40821

3–1 县(市、区)国民经济主要指标(2015年)(13–1)

县(市、区)	六、交通、通讯与能源				七、贸易、外经		
	移动电话用户(户)	互联网宽带接入用户(户)	全社会用电量(万千瓦时)	单位GDP能耗上升或下降(%)	社会消费品零售总额(万元)	出口总额(万美元)	当年实际使用外资额(万美元)
石家庄市							
长安区					3049787		15543
桥西区					4695323		9019
新华区					2206927	177688	1538
井陉矿区	83000	23106		-6.93	146045	1637	146
裕华区					1719940	30400	6087
藁城区	743500	118403	251605	-4.33	1738640	27799	13236
鹿泉区	342005	89630	221921	-5.12	1339267	14580	403
栾城区	457097	123179	156869	-5.60	846615	31000	19601
井陉县	98871	50035	70589	-6.66	494031		3141
正定县	248501	94123	241685	-7.52	1293539	8943	6156
行唐县	284500	55000	65371	-5.84	647536		3062
灵寿县	233700	50300	137314	-4.10	448717	1877	847
高邑县	145000	38000	120182	-7.48	359222		998
深泽县	178778	36996	72646	-3.64	454773	11774	2
赞皇县	227188	30292	111135	-9.14	458125	25373	533
无极县	389521	42063	134976	-4.92	1260040	925	405
平山县	115600	61200	251413	-5.20	602188	39729	431
元氏县	403214	62310	157669	-7.12	566986	50612	37
赵　县	485427	80762	161687	-8.04	1219984	9584	502
辛集市	574862	110276	247573	-6.82	2822523	46745	232
晋州市	372523	54642	233185	-7.78	1245644	29820	3200
新乐市	473156	92786	151541	-5.36	1138324	11251	7
唐山市							
路南区				-2.98	1526431	31204	2011
路北区				-1.02	2394478		8243
古冶区	406425	80508	59699	-4.70	1274482	1798	4140
开平区	145040	39715	269122	-9.78	845995	32242	8183
丰南区	667000	121000	787287	-5.65	1915879	66674	16978
丰润区	861227	177134	362511	19.07	1809402	134000	6539
曹妃甸区	352646	82871	119900	-3.91	697090	56389	15310
滦　县	464728	84607	470028	1.41	1515737	5450	5102
滦南县	450030	104323	155475	-4.15	1793234	60462	5065
乐亭县	454043	83878	299753	-3.51	1328426	8290	8982
迁西县	349991	65568	442995	-3.79	1073456	13101	18105
玉田县	632668	121482	360880	-6.86	1408528	18932	5159
遵化市	655000	119344	392671	-4.10	2104320	6760	12555
迁安市	692964	138161	934021	-4.00	2470831	38490	6519
秦皇岛市							
海港区	1670427	440690	137937	-4.09	3086232	60923	28180
山海关区	172306	49453	19700	-2.53	733145	5125	6915
北戴河区	97343	24531	36211	-4.35	646850	401	3960
抚宁区	413000	67000	262331	-5.75	326095	11569	
青龙满族自治县	394658	49354	55453	-3.54	385213	476	5022

3-1 县(市、区)国民经济主要指标(2016年)(13-2)

县(市、区)	六、交通、通讯与能源				七、贸易、外经		
	移动电话用户(户)	互联网宽带接入用户(户)	全社会用电量(万千瓦时)	单位GDP能耗上升或下降(%)	社会消费品零售总额(万元)	出口总额(万美元)	当年实际使用外资额(万美元)
昌黎县	472000	90800	268241	-3.54	655949	4497	7555
卢龙县	288275	41500	90274	-4.95	419520		
邯郸市							
邯山区				-3.88	1611943	3870	702
丛台区				-0.50	1651650	1021	41
复兴区				-7.83	397176	9990	25091
峰峰矿区	470216	67088	95081	-6.27	990716	1396	4736
肥乡区	235400	19460	41065	-3.22	332056	1350	140
永年区	577571	40707	214649	-3.94	1338813	7330	6950
临漳县	267800	25701	70617	-4.86	470878		239
成安县	279460	31256	96013	-2.87	479202	6333	256
大名县	567000	69398	75645	-3.61	778574	2405	14
涉　县	394314	71680	74486	-13.39	839992	640	186
磁　县	540802	87192	124698	-6.83	757048	1897	
邱　县	172717	41576	42244	-17.18	223948	2522	77
鸡泽县	322218	40466	47385	-4.05	306942	3533	33
广平县	120000	21466	26718	-3.35	341290	2614	2364
馆陶县	223183	35091	42577	-3.34	351132	828	73
魏　县	540905	45111	66438	-3.57	858543	2229	3851
曲周县	285211	28824	58447	-2.80	649129	10715	27
武安市	753200	111500	1104000	-5.04	1673009	25931	50948
邢台市							
桥东区			67302		1129219	2341	
桥西区					940450	16737	3688
邢台县	177475	30885	167871	-5.02	114202	1073	6048
临城县	127325	22428	58755	-1.00	257911	687	111
内丘县	149211	36702	98556	-5.57	384007	130	5380
柏乡县	125134	25092	53403	2.98	214752	616	995
隆尧县	355100	41500	138404	-4.95	568660	8511	420
任　县	237710	51130	71779	-5.73	372683	2259	1310
南和县			67761	2.23	332262	394	
宁晋县	492894	133993	265196	-5.06	949000	17086	25000
巨鹿县	262847	37521	62910	-1.72	447325	4338	38
新河县	25690	21600	49989	-3.71	210007	1602	41
广宗县	116517	14305	50355	-2.41	200725	5777	820
平乡县	266800	51000	73384	-1.76	316229	8890	190
威　县	266035	58136	73052	-5.34	411307	4879	2300
清河县	272551	79241	116704	-1.76	817923	21761	605
临西县	206898	42394	50407	-1.56	387461	2725	1373
南宫市	215202	58263	62750	-6.36	550851	11150	32
沙河市	417025	77828	156670	-4.02	773415	9306	3751
保定市							
竞秀区					1277925	12062	147
莲池区					2190528	36000	7750
满城区	433019	64168	182712	-3.52	591162	6771	

3-1 县(市、区)国民经济主要指标(2016年)(13-3)

县(市、区)	六、交通、通讯与能源				七、贸易、外经		
	移动电话用户(户)	互联网宽带接入用户(户)	全社会用电量(万千瓦时)	单位GDP能耗上升或下降(%)	社会消费品零售总额(万元)	出口总额(万美元)	当年实际使用外资额(万美元)
清苑区	516940	84555	148283	2.20	695952	12385	3043
徐水区	540274	93254	125896	-6.18	862656	14523	5061
涞水县	282196	64066	62784	-3.60	323715	119	169
阜平县	172295	32427	23408	-5.50	195608		
定兴县	435497	81754	72074	-4.00	643407	1305	7340
唐　县	425058	77559	88440	-5.08	335383	1603	763
高阳县	365135	75539	128558	-6.10	582053	26538	41
容城县	255754	51808	63391	-4.60	449208	21841	120
涞源县	253816	46299	51112	0.90	199960	103	8459
望都县	234416	48037	43867	-5.00	224616	2408	124
安新县	412194	76948	146182	-5.10	496160	4820	3443
易　县	416440	79650	84413	-3.50	475415	2464	189
曲阳县	488432	93879	92358	-5.40	430298	904	2
蠡　县	450582	80406	125245	-4.50	705709	25631	671
顺平县	243462	45084	68977	-4.70	294959	6466	1861
博野县	208034	38453	46230	-5.30	243642	2515	300
雄　县	362623	79974	201884	-5.20	535419	8179	800
涿州市	619147	181298	143201	-4.40	1421638	28401	5422
定州市	1056300	171800	231327	-3.50	1588575	21000	2970
安国市	377922	73425	63325	-5.16	791109	1090	3
高碑店市	489389	136261	160913	-4.10	717105	3288	1174
张家口市							
桥东区			209411	-3.60	747135	5194	
桥西区			34387	-4.05	763300	2850	810
宣化区	730000	132000	448940	-2.02	1156763	2667	844
下花园区	54524	14146	18903	-7.50	100564	2	
万全区	195482	32812	47977	-4.93	261489	2790	2
崇礼区	94153	17963	27616	-3.60	109225	44	2267
张北县	110836	35647	53278	-5.25	293564	1420	2402
康保县	104500	13800	14800	-3.40	196061	779	
沽源县	135400	30000	34136	-5.57	173775		345
尚义县	87352	9251	23251	-5.02	120097	384	
蔚　县	83715	32788	54512	-5.42	439798	416	5134
阳原县	145683	19100	24244	-3.60	357159	7237	215
怀安县	94833	18677	48417	-6.35	238555	18732	9743
怀来县	241083	45360	57300	-4.75	504944	948	7545
涿鹿县	100000	41300	55179	-6.11	369797	454	
赤城县	155000	26880	48207	-3.61	226190	294	
承德市							
双桥区	663153	151606	102669	-3.00	1229177		3798
双滦区	177623	44655	270916	-3.94	205045	28101	1018
鹰手营子矿区	71884	14015	17640	-4.12	124196		
承德县	312589	45471	102796	-4.86	489317	820	10
兴隆县	258038	44192	121426	-3.82	490083	2343	139
平泉县	397449	52576	126713	-5.46	604758	4525	100

3-1 县(市、区)国民经济主要指标(2016年)(13-4)

县(市、区)	六、交通、通讯与能源				七、贸易、外经		
	移动电话用户(户)	互联网宽带接入用户(户)	全社会用电量(万千瓦时)	单位GDP能耗上升或下降(%)	社会消费品零售总额(万元)	出口总额(万美元)	当年实际使用外资额(万美元)
滦平县	258000	43165	183160	-4.04	455049	2973	1439
隆化县	307373	42544	73450	-4.65	426051	48	42
丰宁满族自治县	245990	36065	70074	-6.65	436285	13	
宽城满族自治县	217536	43717	302713	-3.80	437926	1108	
围场满族蒙古族自治县	397962	55651	54053	-4.17	475279	317	13460
沧州市							
新华区			44355	-3.60	719456	6696	15
运河区				-3.80	924029	8219	1550
沧　县	405674	35110	136969	-4.63	1062806	6575	1400
青　县	402000	68894	87715	-5.10	677582	14400	66
东光县	298596	59223	204603	-4.30	409146	10241	9177
海兴县	189977	40400	28069	-3.80	145483	1400	62
盐山县	337770	56863	67970	-4.20	478635	6787	
肃宁县	337122	70681	66215	-4.65	416588	13736	5
南皮县	355676	51171	61478	-4.30	322632	5838	10
吴桥县	191789	27291	38422	-4.21	263980	2425	703
献　县	455916	86320	109439	-4.10	478997	13100	1307
孟村回族自治县	98865	8566	82529	-5.20	281021	14698	3100
泊头市	521379	90280	122633	-4.50	999472	14300	240
任丘市	831611	184208	498021	-3.80	1949083	23422	800
黄骅市	521701	111054	130585	-4.00	1054482	19280	2306
河间市	670570	98987	171064	-4.66	1339247	7955	
廊坊市							
安次区			228093	-6.41	577812	12493	4547
广阳区	176586	85896	204515	-3.40	1747421	4456	2328
固安县	369652	74258	119136	-3.94	518500	5336	1128
永清县	313162	61810	102065	-3.50	457187	6182	1678
香河县	382604	62935	124252	-7.97	770826	9057	2033
大城县	421680	93586	179769	-3.80	670266	3272	
文安县	509889	83136	299402	-5.61	661387	6970	20
大厂回族自治县	174854	44457	85687	-3.50	202822	9687	1266
霸州市	659020	136108	713943	-7.11	1287778	62256	2655
三河市	884139	186624	368182	-3.75	1608481	11156	20863
衡水市							
桃城区	987475	189400	199896	-6.01	1213778	13687	1200
冀州区	321401	61607	72692	-6.95	519179	7092	2805
枣强县	352768	71978	71562	-5.28	470798	74123	2670
武邑县	239531	39062	58600	-5.53	341583	3299	810
武强县	185348	34067	51531	-4.79	234040	3611	969
饶阳县	229443	43136	50062	-5.85	313116	1087	806
安平县	342113	68681	145961	-4.98	516090	36070	2710
故城县	390522	73023	72932	-5.13	583741	52038	2315
景　县	409921	71354	126833	-6.58	716823	6632	2770
阜城县	258939	41811	49395	-5.36	373515	6130	1500
深州市	435289	72141	121792	-6.61	689933	5598	2535

3-1 县(市、区)国民经济主要指标(2016年)(14-1)

县(市、区)	八、教育、科技、卫生						
	普通中学专任教师数（人）	小学专任教师数（人）	普通中学在校学生数（人）	小学在校学生数（人）	农业技术人员（人）	医疗卫生机构床位数（床）	医疗卫生机构技术人员数（人）
石家庄市							
长安区	2910	2467	26155	51823		9373	13716
桥西区	2250	2364	23379	53407		5752	8281
新华区	1794	2024	23532	48799		7170	11213
井陉矿区	269	443	2709	4245	11	703	639
裕华区	1594	2220	20916	41940	8	5453	8925
藁城区	2724	3398	30812	54864	158	1909	2254
鹿泉区	1622	1702	18265	31786	110	1481	2105
栾城区	1375	1614	13017	25881	125	1486	1256
井陉县	1163	1360	10899	19156	83	1037	1648
正定县	1827	2381	25013	39157	150	1944	2312
行唐县	1594	2150	26307	39740	228	1426	1492
灵寿县	1042	1414	17214	22547	77	1239	1390
高邑县	677	1148	8741	18105	50	615	468
深泽县	561	995	7965	16151	26	750	911
赞皇县	791	1495	11491	28695	18	1031	776
无极县	1672	2178	20279	39856	239	1489	1216
平山县	2109	2407	22882	37540	395	1582	1984
元氏县	410	2058	15283	33195	166	1620	1980
赵　县	2612	1589	23630	44462	232	2170	1874
辛集市	2486	2736	30846	41745	199	2120	2798
晋州市	1417	2219	19157	39068	154	1275	1413
新乐市	1454	1982	16998	47577	203	1732	1942
唐山市							
路南区	1022	1042	9163	17153	14	4715	5103
路北区	1576	1831	19598	41181	8	9382	10490
古冶区	1121	1189	7423	15255	40	2361	2197
开平区	767	1265	6670	16157	25	1301	1357
丰南区	2286	1906	27265	33243	206	1704	2538
丰润区	3073	3141	34270	55004	278	3872	4310
曹妃甸区	662	718	6865	9551	74	891	1265
滦　县	2647	2445	25591	40139	192	2205	2656
滦南县	2556	1810	29150	33223	195	2374	2452
乐亭县	2195	1650	19352	20092	189	1636	1654
迁西县	1749	2405	19369	34431	220	1965	1551
玉田县	2365	2576	32569	49212	229	2482	2445
遵化市	2749	3190	40792	61106	335	3069	3472
迁安市	3155	3095	32965	61813	309	4094	5490
秦皇岛市							
海港区	2589	3626	21667	55375	48	7453	10470
山海关区	384	672	4684	7694	44	1131	1036
北戴河区	260	681	1747	5381	17	1228	654
抚宁区	1632	1617	14995	18935	276	1666	2042
青龙满族自治县	1151	2549	13347	41778	229	1684	1485

3-1 县(市、区)国民经济主要指标(2016年)(14-2)

县(市、区)	八、教育、科技、卫生						
	普通中学专任教师数(人)	小学专任教师数(人)	普通中学在校学生数(人)	小学在校学生数(人)	农业技术人员(人)	医疗卫生机构床位数(床)	医疗卫生机构技术人员数(人)
昌黎县	2283	2554	24724	31514	286	2851	2694
卢龙县	1897	2223	18971	24467	164	1234	1281
邯郸市							
邯山区	701	2357	8830	47215	89	8678	8912
丛台区	618	1766	4853	44904	13	5166	5900
复兴区	333	1229	2462	20433	23	1412	1474
峰峰矿区	1651	2012	21191	33725	61	3755	3199
肥乡区	1596	2046	18353	42768	172	1203	1201
永年区	2768	3716	43377	93699	510	4362	3113
临漳县	2024	3601	35612	74690	166	1681	1232
成安县	1177	2078	16990	45809	116	1430	1265
大名县	2630	3271	40456	59018	112	3934	2915
涉　县	1508	1646	22872	32736	196	2412	1797
磁　县	1886	2613	20044	46788	246	2218	1683
邱　县	923	1588	16671	31769	204	837	667
鸡泽县	919	1600	15203	36964	60	966	759
广平县	1023	1460	12538	34086	119	1195	923
馆陶县	1136	2071	18968	42611	170	1121	1395
魏　县	2462	4097	38488	84396	63	2714	2456
曲周县	1560	2602	26436	55721	89	1580	1487
武安市	3834	4490	47129	80157	176	3088	3253
邢台市							
桥东区		1320		25780	26	4895	5465
桥西区	142	1520	752	31501	32	4280	5391
邢台县	1142	1482	13575	21055	208	1629	1688
临城县	1135	871	14521	18978	73	773	877
内丘县	516	1266	8994	23880	57	1106	1093
柏乡县	567	1027	9454	16574	29	714	722
隆尧县	1028	2822	12965	43334	94	1494	1619
任　县	934	1802	12722	29545	23	870	868
南和县	704	1183	17539	29105	136	1167	1110
宁晋县	2158	3118	27795	63596	353	3190	2658
巨鹿县	1309	1792	18643	31792	74	1673	1410
新河县	474	644	5090	9495	20	631	505
广宗县	622	1511	8389	27092	68	904	861
平乡县	880	1625	16763	31411	32	1228	1225
威　县	1898	2923	24255	53381	155	2078	1687
清河县	1041	3026	16258	45247	69	1745	2085
临西县	754	2224	14419	37626	65	1301	837
南宫市	1884	2181	24293	32291	102	1557	1437
沙河市	2771	2512	29677	41179	232	1557	1654
保定市							
竞秀区	1136	1638	14329	29748	49	2830	4149
莲池区	1784	2294	20224	44302	46	9968	13314
满城区	1435	1595	18745	36615	329	1489	2432

3-1　县(市、区)国民经济主要指标(2016年)(14-3)

县(市、区)	八、教育、科技、卫生						
	普通中学专任教师数（人）	小学专任教师数（人）	普通中学在校学生数（人）	小学在校学生数（人）	农业技术人员（人）	医疗卫生机构床位数（床）	医疗卫生机构技术人员数（人）
清苑区	1976	2654	27015	55238	196	2281	2233
徐水区	2116	2070	30748	45899	449	2182	2529
涞水县	1240	1373	16435	20978	520	913	1191
阜平县	717	1082	10659	21282	393	730	772
定兴县	1702	2241	29431	42054	301	1281	1391
唐　县	2101	2503	31228	50510	434	2329	1691
高阳县	1117	1747	16881	34269	215	1210	1575
容城县	818	1129	9453	21870	166	1057	919
涞源县	891	1384	15148	26734	179	1075	1170
望都县	1112	1135	11258	18723	167	1101	1207
安新县	1276	2120	17362	41402	544	1243	1255
易　县	1725	2651	29442	41632	1058	1946	1526
曲阳县	2599	2986	38397	72846	150	2373	2068
蠡　县	1544	2212	24883	48928	1413	1623	1365
顺平县	1004	1276	13191	24035	332	1239	1185
博野县	778	804	11350	21685	116	813	739
雄　县	1040	1580	17889	39058	72	1188	1245
涿州市	2160	1918	25819	40193	115	4002	4774
定州市	4268	4441	70992	96493	311	4887	4922
安国市	1447	1738	21643	28962	70	1285	1318
高碑店市	1753	1803	24790	38914	504	1884	2263
张家口市							
桥东区	678	918	8095	18489	14	2172	1905
桥西区	595	798	8069	15117	5	4064	4330
宣化区	2844	2616	30593	42400	87	3129	3324
下花园区	180	336	1361	2587	5	335	340
万全区	446	1133	8595	15436	53	1025	818
崇礼区	363	591	3132	5360	31	398	382
张北县	1140	1366	20036	22116	13	1776	1152
康保县	582	803	5706	6989	102	705	555
沽源县	729	930	6333	10966	121	671	405
尚义县	413	795	4335	6768	59	740	504
蔚　县	1379	2271	20987	47945	54	1512	1295
阳原县	1007	1322	9647	19356	63	767	739
怀安县	658	873	8210	14273	53	737	513
怀来县	1371	1885	18234	24732	64	1405	1077
涿鹿县	1020	1642	16003	23778	113	1249	1021
赤城县	677	1026	10595	17957	29	929	567
承德市							
双桥区	1700	1215	17871	24063	53	4386	5532
双滦区	488	727	6786	12534	64	1205	1081
鹰手营子矿区	199	246	2649	3194	15	494	351
承德县	1144	1445	15786	27760	142	1883	1528
兴隆县	1083	1600	13527	21668	237	1315	1413
平泉县	1305	2265	22552	35033	201	1848	1639

3–1 县(市、区)国民经济主要指标(2016年)(14–4)

县(市、区)	八、教育、科技、卫生						
	普通中学专任教师数(人)	小学专任教师数(人)	普通中学在校学生数(人)	小学在校学生数(人)	农业技术人员(人)	医疗卫生机构床位数(床)	医疗卫生机构技术人员数(人)
滦平县	1095	1615	14543	23632	52	1638	1649
隆化县	1063	2098	15220	33169	168	1757	1814
丰宁满族自治县	1433	1996	17543	30796	55	1880	1666
宽城满族自治县	930	1770	9832	23238	93	1261	1048
围场满族蒙古族自治县	1511	2180	26499	41714	407	2080	1621
沧州市							
新华区	101	971	901	12267	34	2989	3309
运河区	482	1887	6387	33878	43	7482	8479
沧　县	2436	3206	29857	63472	28	2578	2202
青　县	1278	2024	14369	34203	255	1600	1929
东光县	1076	1827	11837	27901	140	1291	1322
海兴县	623	1225	6695	19030	153	1198	763
盐山县	817	1632	15809	44246	177	1238	1629
肃宁县	1150	1436	12671	29199	187	1038	1379
南皮县	1167	1903	16828	32696	235	1424	1520
吴桥县	653	1219	7597	17731	189	1218	981
献　县	1873	3627	24297	65086	190	1735	1853
孟村回族自治县	691	1278	7380	21630	94	443	553
泊头市	2132	2988	27397	57639	235	1772	2277
任丘市	3503	4123	39725	82991	279	4356	5389
黄骅市	1873	2258	24309	42139	176	3184	3410
河间市	2695	4505	36020	81073	116	2293	2573
廊坊市							
安次区	1066	1681	10939	29686	41	753	969
广阳区	617	1821	7734	32528	21	4982	6218
固安县	1506	2320	20984	40011	92	1078	1313
永清县	1324	1801	12690	30761	59	1043	1059
香河县	1329	2242	16639	29034	143	1634	1783
大城县	1939	3463	24591	50881	62	1473	1670
文安县	2026	2953	23092	63102	122	1642	1388
大厂回族自治县	590	552	6598	9540	158	447	610
霸州市	2360	3607	32557	74779	88	2605	3153
三河市	2366	2690	37491	63988	347	4799	5330
衡水市							
桃城区	5202	2352	68746	43802	120	5922	7993
冀州区	2943	1213	38850	25407	91	1011	1020
枣强县	1483	1645	21620	36199	151	1096	873
武邑县	1725	1157	25259	24473		921	887
武强县	884	956	7116	15681	331	539	595
饶阳县	838	1335	7888	17635	111	1212	1424
安平县	948	1814	13496	26197	131	1382	1403
故城县	1668	2014	26379	45013	472	2150	2472
景　县	1926	2137	25681	43309	55	1960	1645
阜城县	1206	1544	16694	27202	156	1456	816
深州市	1434	2020	20125	32210	175	1560	1729

3-1　县(市、区)国民经济主要指标(2016年)(15-1)

县(市、区)	九、全社会固定资产投资(万元)	十、居民收入		十一、社会保障		十二、城镇化率(%)
		城镇居民人均可支配收入(元)	农村居民人均可支配收入(元)	基本养老保险参保人数(人)	基本医疗保险参保人数(人)	
石家庄市						
长安区	4728729	34113		155534		100.00
桥西区	4927007	34836		137550		100.00
新华区	3477245	34295		95586		98.67
井陉矿区	832182	27271	15943	41279		79.60
裕华区	4084424	35087		80913		100.00
藁城区	3058417	30411	16318	485932		50.49
鹿泉区	3677888	29269	16314	254082		55.02
栾城区	2461677	27209	14895	202557		57.01
井陉县	1712455	25335	11253	174612	304190	40.20
正定县	3074696	27168	15669	261794	403285	56.36
行唐县	1724784	25446	6809	239966	370159	35.00
灵寿县	1314305	25001	6164	186422	309814	35.20
高邑县	940072	23408	11878	108634	180019	40.02
深泽县	970591	24257	11393	136478	228371	33.03
赞皇县	1646564	23302	5729	136191	232595	28.50
无极县	1568980	24886	12922	290164	479817	37.01
平山县	2458978	26087	7270	287724	448784	36.65
元氏县	2450137	24168	12590	252188	397412	36.49
赵　县	1870080	26087	13143	325234	538498	37.61
辛集市	2385274	29139	14500	403914	571667	49.12
晋州市	3134873	28817	16264	346339	496342	41.50
新乐市	2756609	24267	14410	235420	455929	47.90
唐山市						
路南区	1316630	36017	15184	100757		91.54
路北区	3269652	36378	17515	135241		95.05
古冶区	2034758	32142	14666	145541		85.10
开平区	1580045	31299	14432	132130		65.13
丰南区	3207189	34357	14696	410129	516060	55.84
丰润区	2204232	34291	14345	530295	697143	54.82
曹妃甸区	8863798	33075	16216	138546		73.28
滦　县	3650262	34138	14710	422694	483836	49.07
滦南县	2725808	32133	12803	407750	525570	47.80
乐亭县	2235621	31378	14789	314308	400042	49.60
迁西县	2654975	33572	14795	275073	362900	48.00
玉田县	2596196	31069	14418	465825	632965	49.00
遵化市	3042331	32920	14265	444318	651227	54.96
迁安市	6540479	34637	19938	451219	689802	55.66
秦皇岛市						
海港区	2076903	32487	16510	148905	32887	87.57
山海关区	709325	28370	16411	54462	17405	93.76
北戴河区	256688	35102	16530	54208	12209	88.13
抚宁区	637119	29842	12839	212509	44999	27.07
青龙满族自治县	711392	29174	8600	339715	39827	28.72

注：1.基本养老保险参保人数不含机关事业职工养老保险参保人数。2.部分市辖区的基本养老保险、基本医疗保险为市级统一参保，因此数据为0。

3-1 县(市、区)国民经济主要指标(2016年)(15-2)

县(市、区)	九、全社会固定资产投资(万元)	十、居民收入		十一、社会保障		十二、城镇化率(%)
		城镇居民人均可支配收入(元)	农村居民人均可支配收入(元)	基本养老保险参保人数(人)	基本医疗保险参保人数(人)	
昌黎县	1483250	27137	13678	337224	63337	42.87
卢龙县	791560	27666	11594	278528	34513	34.73
邯郸市						
邯山区	2910407	33022	14113	130934	274035	86.55
丛台区	2431634	33913	13647	118440	134736	86.62
复兴区	2090996	33281	13066	61975	157009	89.42
峰峰矿区	2060906	22968	11770	184111	350447	75.25
肥乡区	1386532	21672	12248	228805	332835	40.46
永年区	2440608	27264	13951	494780	822640	43.41
临漳县	1819164	24897	13147	366281	563106	42.01
成安县	1955171	29155	12820	235885	386895	47.91
大名县	1854005	24153	10821	464360	742894	42.01
涉　县	2664562	17073	11069	247764	386617	57.94
磁　县	1208229	26000	12752	235418	401410	50.55
邱　县	862273	15182	11384	153634	211297	45.57
鸡泽县	1554366	22857	12140	200008	249775	41.20
广平县	1081571	19032	10691	166498	251663	42.01
馆陶县	1410195	21683	10738	204362	269503	44.99
魏　县	2239787	23894	11252	535934	822581	45.55
曲周县	1713317	24226	12901	296958	437575	41.23
武安市	3623625	31739	13438	468745	722771	50.55
邢台市						
桥东区	1050944	26177		53979	125300	98.98
桥西区	1500501	30531		76008	164624	96.76
邢台县	1247577	25277	11525	263337	333953	31.94
临城县	693372	21376	7756	108022	198932	43.97
内丘县	1129749	22882	9984	165347	266615	41.78
柏乡县	356935	20487	10805	106339	184076	42.46
隆尧县	992941	22290	10423	350018	504708	41.93
任　县	598636	21559	10112	215171	330756	42.39
南和县	738624	24518	12078	238780	329779	43.42
宁晋县	2406295	23373	12320	471954	733338	45.59
巨鹿县	784910	21449	6794	216973	371970	44.97
新河县	257920	19854	6158	103935	145518	39.66
广宗县	612975	21449	7104	173072	273576	31.14
平乡县	799086	21359	8305	195713	302167	52.68
威　县	826240	20200	7369	342175	543081	37.50
清河县	1557223	25136	12625	242081	385716	55.83
临西县	806457	22396	11365	247785	337538	45.42
南宫市	1237773	21362	10684	323061	438295	46.33
沙河市	2018785	26330	12804	263491	382832	54.13
保定市						
竞秀区	1775626	30431	18560	111539		96.75
莲池区	2829270	30942	17790	210725		97.42
满城区	900235	26433	14040	219009	367318	45.91

3—1 县(市、区)国民经济主要指标(2016年)(15—3)

县(市、区)	九、全社会固定资产投资(万元)	十、居民收入		十一、社会保障		十二、城镇化率(%)
		城镇居民人均可支配收入(元)	农村居民人均可支配收入(元)	基本养老保险参保人数(人)	基本医疗保险参保人数(人)	
清苑区	627938	26705	14468	321187	581815	40.41
徐水区	1640966	26412	14463	392941	289750	42.77
涞水县	1125270	20973	8349	219391	289750	43.21
阜平县	650413	14401	6542	132810	195839	37.51
定兴县	1479369	26593	12934	334522	487580	42.20
唐　县	594989	17291	6300	323945	477257	30.84
高阳县	784032	23556	15266	204245	281856	45.34
容城县	550692	23296	14893	163370	216177	46.53
涞源县	840472	20820	6101	177421	256209	45.43
望都县	657010	23360	11187	151196	223885	43.48
安新县	778542	24518	12316	243444	403152	41.38
易　县	1442603	20436	7476	371514	476511	30.59
曲阳县	479008	18568	6378	278857	575851	35.83
蠡　县	607260	23196	13264	298192	339054	41.27
顺平县	497033	22693	6050	184801	255319	32.65
博野县	532510	20456	11151	133142	229417	45.45
雄　县	767346	28057	14517	218078	279102	47.82
涿州市	2365589	30397	15514	331496	543006	56.16
定州市	2929601	25391	13298	613608	1085917	49.84
安国市	1185824	22298	15251	257086	362529	46.28
高碑店市	1504387	26802	13760	297436	470388	48.19
张家口市						
桥东区	565771	30780	13336	76868		95.55
桥西区	894636	28936	11404	73167		93.79
宣化区	2513537	27302	10747	313605	227707	67.59
下花园区	445502	28187	7537	35782		71.20
万全区	899252	25187	8130	150615	188917	52.28
崇礼区	475735	26484	8657	81718	108270	42.10
张北县	1249257	23416	8589	242110	313394	46.02
康保县	510026	22170	8115	131346	231806	37.64
沽源县	652493	22667	8240	115853	190864	37.89
尚义县	223405	20787	7448	19815	26902	36.06
蔚　县	782272	26012	8354	289623	426336	40.34
阳原县	548456	19970	7713	153499	206705	40.39
怀安县	652733	22717	8851	132569	183410	41.76
怀来县	1473696	26484	13861	198106	309719	51.58
涿鹿县	1437878	26706	10302	227557	280288	44.06
赤城县	1102422	25002	8673	175004	233402	39.61
承德市						
双桥区	649338	28168	10485	21873	352418	93.35
双滦区	1399519	28897	10420	27203	62597	73.30
鹰手营子矿区	300331	22006	8497	11820	57767	89.60
承德县	1953387	23212	8999	243610	362921	37.36
兴隆县	1588990	22042	9911	204511	293512	38.22
平泉县	1902581	23752	9990	289708	426875	50.00

3-1 县(市、区)国民经济主要指标(2016年)(15-4)

县(市、区)	九、全社会固定资产投资(万元)	十、居民收入		十一、社会保障		十二、城镇化率(%)
		城镇居民人均可支配收入(元)	农村居民人均可支配收入(元)	基本养老保险参保人数(人)	基本医疗保险参保人数(人)	
滦平县	2023546	25105	8029	197947	300293	41.73
隆化县	1526699	22173	7255	253997	381181	40.81
丰宁满族自治县	1351442	19986	6829	239290	367381	36.59
宽城满族自治县	1933251	26676	10450	162841	233218	47.36
围场满族蒙古族自治县	1277252	20811	7138	310084	483306	37.11
沧州市						
新华区	781266	30007	11802	50175	51603	95.95
运河区	1659698	32381	13362	87165	98752	94.69
沧　县	2219714	28882	12512	469935	621061	28.49
青　县	2155821	28875	13882	283171	391631	50.87
东光县	1449864	28750	10225	245531	333380	49.84
海兴县	591023	23198	6727	114455	190264	42.61
盐山县	1350685	25629	8341	285814	432137	41.99
肃宁县	1537654	28769	11638	236316	308101	45.70
南皮县	1228551	27413	8289	199732	354564	42.50
吴桥县	1053121	26790	11005	186340	254151	44.65
献　县	2266031	25688	9300	381843	535995	41.83
孟村回族自治县	1199213	27327	9749	123802	182463	47.18
泊头市	2251991	27758	12092	358241	539659	52.60
任丘市	2055776	30640	14086	444563	648423	60.14
黄骅市	2599585	29173	13758	270670	434340	57.71
河间市	2276174	28794	12230	533905	696797	40.64
廊坊市						
安次区	1551100	31596	14090	338638	300159	60.00
广阳区	2194305	34737	13686	158729	168713	72.32
固安县	2137509	31137	13614	244109	374699	54.50
永清县	1543969	29942	13308	248604	327324	43.10
香河县	2139133	36718	15256	233548	298762	60.33
大城县	1795165	32266	13028	333536	416387	47.08
文安县	2259551	32305	14222	308083	451902	49.80
大厂回族自治县	1464991	35265	14235	79758	121197	61.13
霸州市	3386138	36875	14780	369166	586946	54.10
三河市	5723310	38067	16168	328963	525982	63.40
衡水市						
桃城区	1361258	29013	13052	199306	0	80.41
冀州区	1266127	26723	12151	259667	332412	55.96
枣强县	1125745	23993	9677	258859	330658	42.83
武邑县	476669	18011	7278	198689	264228	40.32
武强县	423227	18837	7067	121161	184684	37.85
饶阳县	627661	20951	6930	196645	264245	39.94
安平县	1170975	23868	12966	208580	296048	47.30
故城县	1436029	21870	9503	310617	454683	43.80
景　县	1357630	23085	12434	327805	464418	45.83
阜城县	769570	21797	7134	200949	308580	40.79
深州市	1102964	21718	12190	336797	512188	47.40

3-2 各县(市、区)粮食总产量排序(2016年)

单位：吨

县(市、区)	粮食总产量	位次	县(市、区)	粮食总产量	位次	县(市、区)	粮食总产量	位次
宁晋县	744346	1	黄骅市	252075	57	万全区	130562	113
大名县	737221	2	安新县	251375	58	顺平县	129871	114
定州市	676071	3	平乡县	248748	59	香河县	126203	115
深州市	648538	4	丰南区	246138	60	临城县	126190	116
魏　县	618717	5	栾城区	243777	61	张北县	122279	117
临漳县	602185	6	雄　县	243414	62	沙河市	119716	118
景　县	591686	7	盐山县	243187	63	怀安县	118034	119
赵　县	563303	8	行唐县	242621	64	青龙满族自治县	117609	120
辛集市	554685	9	南宫市	238937	65	怀来县	116192	121
隆尧县	523384	10	固安县	238303	66	邯山区	108597	122
藁城区	511099	11	武强县	238072	67	邢台县	108152	123
河间市	498477	12	望都县	232931	68	赤城县	98509	124
玉田县	492138	13	广平县	228009	69	赞皇县	95731	125
永年区	478481	14	冀州区	227539	70	安次区	94353	126
定兴县	472313	15	宣化区	227468	71	阳原县	91889	127
清苑区	467169	16	青　县	223978	72	广宗县	89474	128
滦南县	456053	17	卢龙县	223611	73	抚宁区	88588	129
任丘市	453506	18	饶阳县	216563	74	井陉县	84570	130
沧　县	452710	19	巨鹿县	212941	75	滦平县	79723	131
曲周县	425972	20	霸州市	211499	76	迁西县	71473	132
献　县	425674	21	平泉县	210666	77	阜平县	66257	133
泊头市	403236	22	大城县	209065	78	涞源县	63084	134
吴桥县	389005	23	鸡泽县	208111	79	涉　县	62743	135
徐水区	366414	24	迁安市	207897	80	广阳区	61871	136
丰润区	359071	25	柏乡县	206563	81	丛台区	60290	137
晋州市	352740	26	容城县	205756	82	宽城满族自治县	59254	138
枣强县	346521	27	曹妃甸区	204621	83	莲池区	52600	139
任　县	343202	28	磁　县	203331	84	尚义县	50600	140
肥乡区	342650	29	唐　县	203279	85	峰峰矿区	46923	141
无极县	341562	30	深泽县	202796	86	大厂回族自治县	43655	142
高碑店市	337191	31	安平县	202416	87	开平区	41279	143
元氏县	329793	32	易　县	200804	88	石家庄市长安区	40847	144
临西县	320175	33	平山县	200649	89	竞秀区	39512	145
馆陶县	314250	34	鹿泉区	200146	90	兴隆县	33256	146
新乐市	313654	35	承德县	200104	91	邢台市桥西区	31344	147
南皮县	308265	36	内丘县	187294	92	海港区	28805	148
涿州市	307248	37	博野县	184088	93	古冶区	25640	149
故城县	306714	38	威　县	177369	94	复兴区	24973	150
阜城县	303524	39	满城区	177050	95	崇礼区	23531	151
成安县	300765	40	三河市	174066	96	运河区	21791	152
昌黎县	291358	41	高阳县	169799	97	邢台市桥东区	18757	153
武安市	291100	42	孟村回族自治县	166444	98	路北区	17824	154
东光县	289811	43	高邑县	164890	99	石家庄市新华区	15981	155
清河县	287846	44	涿鹿县	162757	100	双滦区	15510	156
文安县	287402	45	康保县	161544	101	北戴河区	15326	157
南和县	287242	46	曲阳县	161397	102	路南区	14108	158
正定县	286584	47	新河县	159998	103	下花园区	9820	159
围场满族蒙古族自治县	284367	48	丰宁满族自治县	158848	104	沧州市新华区	6907	160
隆化县	277914	49	桃城区	155646	105	双桥区	6311	161
武邑县	268291	50	永清县	148100	106	张家口市桥东区	4955	162
安国市	268200	51	蔚　县	145821	107	石家庄市裕华区	3399	163
乐亭县	264166	52	灵寿县	139543	108	井陉矿区	2705	164
蠡　县	263702	53	邱　县	138887	109	山海关区	2102	165
肃宁县	257861	54	沽源县	136552	110	鹰手营子矿区	1926	166
遵化市	257157	55	涞水县	133358	111	张家口市桥西区	1464	167
滦　县	254941	56	海兴县	133023	112	石家庄市桥西区	1055	168

3-3 各县(市、区)棉花总产量排序(2016年)

单位：吨

县(市、区)	棉花总产量	位次	县(市、区)	棉花总产量	位次	县(市、区)	棉花总产量	位次
威　县	65370	1	桃城区	1227	42	曹妃甸区	182	83
南宫市	31793	2	南和县	1104	43	定州市	173	84
邱　县	26878	3	玉田县	1081	44	孟村回族自治县	154	85
冀州区	22360	4	魏　县	1027	45	容城县	153	86
枣强县	17958	5	平乡县	965	46	三河市	151	87
成安县	16978	6	滦南县	952	47	鹿泉区	145	88
故城县	16384	7	河间市	750	48	新乐市	145	88
南皮县	15765	8	文安县	745	49	灵寿县	138	90
东光县	15688	9	内丘县	653	50	卢龙县	136	91
吴桥县	12414	10	丰润区	651	51	清苑区	133	92
临西县	11340	11	永年区	631	52	复兴区	123	93
巨鹿县	10911	12	平山县	618	53	井陉县	120	94
曲周县	10749	13	任丘市	556	54	丛台区	119	95
广宗县	10540	14	盐山县	522	55	武强县	110	96
丰南区	10397	15	元氏县	521	56	高邑县	107	97
肥乡区	10140	16	唐　县	512	57	邢台市桥西区	101	98
武邑县	9749	17	满城区	496	58	顺平县	76	99
清河县	7801	18	磁　县	489	59	遵化市	69	100
新河县	7082	19	高碑店市	469	60	赞皇县	64	101
景　县	5800	20	广阳区	462	61	昌黎县	60	102
隆尧县	5277	21	青　县	454	62	饶阳县	60	102
阜城县	5162	22	乐亭县	439	63	蠡　县	59	104
安次区	4131	23	易　县	437	64	深泽县	54	105
大城县	3832	24	安国市	420	65	定兴县	51	106
宁晋县	3097	25	望都县	406	66	徐水区	40	107
永清县	3026	26	藁城区	381	67	迁安市	30	108
献　县	2867	27	临城县	341	68	固安县	30	108
辛集市	2577	28	迁西县	325	69	涞水县	27	110
黄骅市	2518	29	柏乡县	307	70	石家庄市长安区	24	111
霸州市	2477	30	深州市	290	71	肃宁县	21	112
临漳县	2476	31	沧　县	286	72	涉　县	15	113
武安市	2259	32	滦　县	285	73	邢台市桥东区	11	114
鸡泽县	1976	33	邢台县	271	74	大厂回族自治县	10	115
泊头市	1888	34	抚宁区	262	75	栾城区	7	116
安新县	1636	35	无极县	240	76	香河县	4	117
广平县	1627	36	海兴县	237	77	路南区	3	118
博野县	1516	37	行唐县	209	78	古冶区	3	118
高阳县	1484	38	沙河市	196	79	开平区	1	120
任　县	1420	39	邯山区	191	80	峰峰矿区	1	120
馆陶县	1360	40	正定县	190	81			
大名县	1315	41	曲阳县	186	82			

3–4　各县(市、区)油料总产量排序(2016年)

单位：吨

县(市、区)	油料总产量	位次	县(市、区)	油料总产量	位次	县(市、区)	油料总产量	位次
大名县	88934	1	藁城区	8858	54	南皮县	2828	107
滦　县	67133	2	威　县	8717	55	广阳区	2812	108
滦南县	62654	3	迁西县	8134	56	柏乡县	2798	109
定州市	61663	4	枣强县	8050	57	满城区	2690	110
遵化市	47833	5	元氏县	7670	58	鸡泽县	2622	111
新乐市	37241	6	临城县	7509	59	南和县	2338	112
昌黎县	37142	7	隆化县	7313	60	平泉县	2146	113
丰润区	36325	8	任丘市	7171	61	东光县	2104	114
献　县	35887	9	开平区	6954	62	赤城县	2022	115
迁安市	33802	10	望都县	6895	63	孟村回族自治县	1987	116
平乡县	32974	11	固安县	6829	64	磁　县	1923	117
辛集市	32915	12	深泽县	6680	65	山海关区	1832	118
深州市	32142	13	宁晋县	6667	66	路北区	1758	119
丰南区	30188	14	曲阳县	6193	67	吴桥县	1659	120
高碑店市	29547	15	清河县	5858	68	青　县	1626	121
广宗县	28256	16	围场满族蒙古族自治县	5837	69	临西县	1620	122
行唐县	24919	17	古冶区	5636	70	路南区	1487	123
安国市	22100	18	临漳县	5574	71	怀来县	1421	124
河间市	22061	19	沽源县	5549	72	崇礼区	1299	125
卢龙县	20137	20	徐水区	5503	73	海兴县	1276	126
正定县	19928	21	阳原县	5485	74	万全区	1259	127
南宫市	18053	22	容城县	5337	75	邱　县	1237	128
内丘县	18035	23	顺平县	5313	76	莲池区	1222	129
清苑区	17552	24	怀安县	5279	77	宽城满族自治县	1185	130
无极县	17225	25	灵寿县	5231	78	安新县	1183	131
易　县	17005	26	霸州市	4980	79	涿鹿县	1150	132
定兴县	15219	27	井陉县	4917	80	盐山县	1124	133
蠡　县	14502	28	丰宁满族自治县	4904	81	承德县	749	134
饶阳县	14297	29	鹿泉区	4877	82	邢台市桥西区	680	135
隆尧县	14059	30	高邑县	4851	83	曹妃甸区	640	136
尚义县	13977	31	成安县	4838	84	涉　县	618	137
巨鹿县	13400	32	肃宁县	4724	85	复兴区	526	138
馆陶县	13070	33	玉田县	4512	86	北戴河区	475	139
康保县	12990	34	阜平县	4501	87	阜城县	474	140
涿州市	12660	35	雄　县	4483	88	三河市	442	141
高阳县	12652	36	安次区	4363	89	泊头市	397	142
景　县	12371	37	桃城区	4303	90	滦平县	393	143
博野县	12113	38	武强县	4221	91	双桥区	374	144
冀州区	12055	39	海港区	4219	92	沧　县	374	144
抚宁区	11724	40	唐　县	4155	93	涞源县	314	146
故城县	11565	41	魏　县	4113	94	兴隆县	275	147
涞水县	11170	42	肥乡区	4089	95	邯山区	248	148
张北县	11087	43	沙河市	4089	95	栾城区	230	149
永清县	10948	44	武安市	4025	97	文安县	226	150
武邑县	10569	45	赵　县	4010	98	下花园区	126	151
广平县	10527	46	蔚　县	4008	99	邢台市桥东区	118	152
乐亭县	10384	47	曲周县	3880	100	丛台区	107	153
安平县	9935	48	新河县	3812	101	石家庄市新华区	49	154
平山县	9892	49	青龙满族自治县	3772	102	峰峰矿区	44	155
大城县	9564	50	黄骅市	3425	103	双滦区	34	156
赞皇县	9514	51	任　县	3355	104	张家口市桥东区	24	157
晋州市	9180	52	永年区	3229	105	运河区	22	158
邢台县	8981	53	宣化区	3215	106			

3－5 各县(市、区)蔬菜总产量排序(2016年)

单位：吨

县(市、区)	蔬 菜 总产量	位次	县(市、区)	蔬 菜 总产量	位次	县(市、区)	蔬 菜 总产量	位次
藁城区	3107541	1	馆陶县	497943	57	宽城满族自治县	164627	113
玉田县	2909341	2	任丘市	491853	58	巨鹿县	160194	114
乐亭县	2666779	3	宣化区	490763	59	赞皇县	158276	115
定州市	2590861	4	霸州市	478887	60	盐山县	148772	116
永年区	2335179	5	蠡 县	476966	61	莲池区	146798	117
滦南县	2297640	6	深泽县	473204	62	广宗县	146204	118
青 县	2008880	7	成安县	440445	63	曲阳县	131169	119
永清县	1822153	8	大名县	422380	64	黄骅市	128891	120
丰南区	1703607	9	南皮县	412465	65	安平县	128335	121
固安县	1663004	10	承德县	410531	66	武安市	127296	122
沽源县	1246397	11	威 县	396012	67	安新县	125781	123
昌黎县	1231909	12	古冶区	383138	68	海港区	122472	124
康保县	1176352	13	魏 县	378653	69	文安县	122225	125
丰润区	1110266	14	望都县	377226	70	沧 县	116869	126
围场满族蒙古族自治县	1050275	15	行唐县	376471	71	迁西县	115822	127
清苑区	1031951	16	广阳区	370211	72	邢台县	111903	128
辛集市	1031361	17	宁晋县	365071	73	大厂回族自治县	107458	129
滦 县	977109	18	任 县	361755	74	内丘县	107246	130
抚宁区	963909	19	易 县	342090	75	石家庄市新华区	103680	131
鹿泉区	927069	20	高碑店市	334804	76	东光县	100942	132
张北县	920466	21	桃城区	325190	77	万全区	95704	133
栾城区	910480	22	卢龙县	322114	78	泊头市	94454	134
迁安市	893740	23	平山县	315989	79	临西县	82139	135
无极县	887849	24	青龙满族自治县	315000	80	临城县	80322	136
正定县	870180	25	路北区	311178	81	曹妃甸区	77839	137
赵 县	857870	26	满城区	298322	82	竞秀区	75770	138
遵化市	840046	27	顺平县	295501	83	涉 县	71359	139
肥乡区	832963	28	吴桥县	295371	84	双滦区	70224	140
故城县	822136	29	唐 县	292104	85	石家庄市长安区	69173	141
徐水区	816824	30	高阳县	283771	86	开平区	65600	142
新乐市	813904	31	涿鹿县	263574	87	阳原县	64380	143
饶阳县	812532	32	南宫市	260863	88	涞源县	63164	144
香河县	744123	33	深州市	249983	89	邢台市桥东区	58188	145
丰宁满族自治县	743573	34	平乡县	246135	90	阜平县	57309	146
尚义县	742314	35	阜城县	242478	91	石家庄市桥西区	53981	147
肃宁县	739574	36	灵寿县	237673	92	运河区	49719	148
滦平县	736437	37	山海关区	231011	93	清河县	48703	149
平泉县	709249	38	柏乡县	230780	94	双桥区	45571	150
三河市	669190	39	蔚 县	226859	95	兴隆县	44536	151
隆尧县	667309	40	安次区	209035	96	邯山区	41698	152
涿州市	644858	41	安国市	206651	97	沙河市	41580	153
赤城县	640624	42	景 县	204252	98	下花园区	40361	154
高邑县	618295	43	雄 县	202768	99	北戴河区	31977	155
鸡泽县	613098	44	大城县	202324	100	海兴县	30098	156
隆化县	607287	45	邱 县	200537	101	鹰手营子矿区	26216	157
崇礼区	596911	46	武强县	198030	102	新河县	23609	158
定兴县	594788	47	冀州区	193142	103	孟村回族自治县	15534	159
献 县	590025	48	枣强县	191943	104	峰峰矿区	15345	160
武邑县	589321	49	容城县	188894	105	丛台区	11726	161
南和县	583299	50	怀来县	186530	106	石家庄市裕华区	8961	162
曲周县	566876	51	井陉县	182718	107	张家口市桥西区	6973	163
晋州市	557193	52	怀安县	170865	108	邢台市桥西区	6487	164
博野县	546161	53	磁 县	167400	109	张家口市桥东区	5324	165
河间市	533820	54	广平县	167208	110	井陉矿区	4272	166
临漳县	514577	55	涞水县	164950	111	沧州市新华区	1988	167
元氏县	505741	56	路南区	164847	112			

3-6 各县(市、区)园林水果产量排序(2016年)

单位：吨

县(市、区)	园林水果产量	位次	县(市、区)	园林水果产量	位次	县(市、区)	园林水果产量	位次
深州市	880000	1	大城县	69254	55	涉　县	20673	109
晋州市	752400	2	宽城满族自治县	63430	56	丰宁满族自治县	19700	110
赵　县	620000	3	平山县	60390	57	鸡泽县	19530	111
乐亭县	548584	4	隆化县	56100	58	无极县	18254	112
泊头市	517126	5	清河县	54406	59	桃城区	18019	113
辛集市	515048	6	海兴县	54396	60	广宗县	17379	114
顺平县	484249	7	安次区	54105	61	正定县	17080	115
涿鹿县	403546	8	武邑县	52691	62	高阳县	17029	116
兴隆县	398150	9	肥乡区	52600	63	磁　县	16602	117
宁晋县	305956	10	隆尧县	52193	64	任　县	16487	118
沧　县	297204	11	永年区	51450	65	沙河市	16344	119
怀来县	285208	12	故城县	50579	66	元氏县	16186	120
围场满族蒙古族自治县	266979	13	迁西县	50419	67	霸州市	15700	121
易　县	263001	14	涞水县	49499	68	吴桥县	15217	122
魏　县	250111	15	井陉县	48846	69	临西县	13111	123
青龙满族自治县	246521	16	盐山县	48648	70	孟村回族自治县	12987	124
阜城县	245499	17	广阳区	48010	71	曹妃甸区	8830	125
藁城区	243140	18	文安县	44961	72	东光县	8272	126
承德县	240946	19	滦平县	43740	73	怀安县	8191	127
永清县	240000	20	南宫市	43079	74	武强县	7350	128
遵化市	237766	21	徐水区	42901	75	涞源县	6841	129
满城区	231340	22	曲周县	42787	76	安新县	6565	130
昌黎县	220158	23	鹿泉区	42107	77	赤城县	6318	131
临漳县	202275	24	青　县	41763	78	石家庄市长安区	5900	132
平泉县	193722	25	景　县	41299	79	南和县	5698	133
献　县	179530	26	安平县	41130	80	蔚　县	5589	134
卢龙县	163646	27	馆陶县	40792	81	路北区	4887	135
抚宁区	161035	28	清苑区	40463	82	高邑县	4671	136
新河县	160671	29	安国市	36640	83	竞秀区	4524	137
曲阳县	158317	30	山海关区	35100	84	阳原县	4475	138
滦南县	153635	31	内丘县	35078	85	井陉矿区	4242	139
迁安市	152044	32	博野县	34835	86	万全区	4146	140
滦　县	151576	33	邯山区	33797	87	邢台市桥西区	4041	141
定州市	148753	34	蠡　县	32985	88	大厂回族自治县	3993	142
行唐县	144502	35	涿州市	32930	89	丛台区	3900	143
邢台县	141033	36	高碑店市	31695	90	崇礼区	3754	144
饶阳县	133274	37	大名县	30682	91	石家庄市新华区	3350	145
赞皇县	131910	38	新乐市	30529	92	峰峰矿区	3073	146
威　县	131582	39	雄　县	30150	93	北戴河区	2892	147
阜平县	119851	40	香河县	29460	94	邢台市桥东区	2682	148
黄骅市	117637	41	定兴县	29372	95	容城县	2161	149
深泽县	115621	42	古冶区	29224	96	运河区	1858	150
巨鹿县	107014	43	海港区	27754	97	双桥区	1699	151
冀州区	106033	44	河间市	27021	98	下花园区	1390	152
固安县	98900	45	平乡县	26750	99	鹰手营子矿区	1326	153
肃宁县	92397	46	丰南区	26252	100	双滦区	1166	154
丰润区	87304	47	武安市	26096	101	开平区	1025	155
三河市	87074	48	灵寿县	25660	102	栾城区	990	156
枣强县	85700	49	广平县	25148	103	张家口市桥东区	850	157
唐　县	85309	50	任丘市	24752	104	莲池区	496	158
南皮县	77230	51	临城县	24315	105	沧州市新华区	465	159
柏乡县	73282	52	望都县	23000	106	尚义县	258	160
玉田县	70059	53	宣化区	21945	107	复兴区	106	161
成安县	69700	54	邱　县	20720	108	石家庄市桥西区	67	162

3-7 各县(市、区)肉类总产量排序(2016年)

单位：吨

县(市、区)	肉类总产量	位次	县(市、区)	肉类总产量	位次	县(市、区)	肉类总产量	位次
滦南县	130235	1	大城县	36671	57	巨鹿县	17625	113
玉田县	116673	2	隆尧县	36476	58	临西县	17225	114
定州市	116420	3	宁晋县	36392	59	武强县	16944	115
滦平县	108058	4	成安县	36146	60	临城县	16555	116
承德县	100735	5	乐亭县	35363	61	雄　县	16465	117
抚宁区	89657	6	武邑县	35023	62	尚义县	16365	118
丰润区	88683	7	高碑店市	34913	63	沙河市	16000	119
辛集市	86647	8	蔚　县	34772	64	古冶区	15990	120
迁安市	86428	9	河间市	33799	65	固安县	15839	121
藁城区	84358	10	肃宁县	33166	66	香河县	15396	122
昌黎县	83650	11	赤城县	32474	67	柏乡县	15268	123
大名县	82032	12	康保县	32232	68	海兴县	15169	124
卢龙县	78696	13	灵寿县	31722	69	冀州区	15146	125
正定县	77301	14	磁　县	31375	70	高邑县	14148	126
遵化市	73611	15	吴桥县	31140	71	平乡县	13924	127
武安市	69782	16	清苑区	30428	72	邢台县	13706	128
青龙满族自治县	69699	17	阳原县	30424	73	博野县	13526	129
隆化县	69336	18	容城县	29247	74	安次区	13412	130
易　县	67517	19	鸡泽县	28598	75	广阳区	13340	131
安平县	65539	20	泊头市	28341	76	广平县	13025	132
魏　县	63449	21	万全区	27744	77	邯山区	12560	133
滦　县	62450	22	曹妃甸区	27406	78	任　县	12067	134
深州市	62281	23	峰峰矿区	26301	79	顺平县	11264	135
徐水区	62098	24	鹿泉区	26271	80	开平区	10643	136
献　县	61947	25	赞皇县	26255	81	安新县	10378	137
永清县	61445	26	曲阳县	25770	82	沽源县	9520	138
新乐市	60890	27	饶阳县	25182	83	蠡　县	9120	139
黄骅市	59093	28	内丘县	24848	84	清河县	8912	140
定兴县	58181	29	深泽县	24685	85	山海关区	8854	141
无极县	57911	30	迁西县	24637	86	阜平县	8375	142
永年区	57348	31	涞水县	24102	87	涞源县	7944	143
馆陶县	57043	32	满城区	24033	88	竞秀区	7416	144
曲周县	56700	33	南宫市	23373	89	新河县	6833	145
宣化区	55948	34	霸州市	23320	90	高阳县	6405	146
围场满族蒙古族自治县	55745	35	平山县	22866	91	崇礼区	5393	147
临漳县	55727	36	邱　县	22581	92	下花园区	4854	148
三河市	55497	37	兴隆县	21989	93	丛台区	4665	149
晋州市	53967	38	青　县	21798	94	路南区	4160	150
丰宁满族自治县	51686	39	涉　县	21776	95	北戴河区	3480	151
盐山县	50328	40	平泉县	21668	96	双滦区	3312	152
丰南区	49796	41	安国市	21409	97	路北区	3285	153
故城县	49342	42	张北县	21054	98	莲池区	3216	154
涿鹿县	49038	43	海港区	20897	99	石家庄市长安区	2447	155
栾城区	47512	44	宽城满族自治县	20672	100	井陉矿区	2307	156
元氏县	45875	45	大厂回族自治县	20559	101	邢台市桥东区	1989	157
赵　县	44297	46	井陉县	20410	102	复兴区	1930	158
任丘市	43598	47	文安县	20100	103	运河区	1558	159
孟村回族自治县	40776	48	东光县	19697	104	邢台市桥西区	1461	160
行唐县	40745	49	南和县	19330	105	石家庄市桥西区	1289	161
威　县	40283	50	望都县	19296	106	双桥区	1264	162
怀来县	39787	51	枣强县	19278	107	鹰手营子矿区	1223	163
景　县	38424	52	阜城县	18828	108	张家口市桥东区	1008	164
肥乡区	38158	53	南皮县	18359	109	沧州市新华区	865	165
涿州市	37797	54	广宗县	18304	110	张家口市桥西区	671	166
唐　县	37638	55	怀安县	18037	111	石家庄市裕华区	365	167
沧　县	37124	56	桃城区	17829	112	石家庄市新华区	16	168

3–8　各县(市、区)禽蛋产量排序(2016年)

单位：吨

县(市、区)	禽蛋产量	位次	县(市、区)	禽蛋产量	位次	县(市、区)	禽蛋产量	位次
永年区	192888	1	昌黎县	27037	57	广阳区	11801	113
馆陶县	185974	2	景　县	27023	58	峰峰矿区	11491	114
辛集市	185967	3	宁晋县	26199	59	滦平县	10882	115
藁城区	148226	4	广平县	25863	60	南皮县	10839	116
正定县	125239	5	阜城县	25519	61	万全区	10814	117
曲周县	109289	6	任　县	25378	62	隆化县	10288	118
栾城区	98415	7	河间市	24949	63	广宗县	10003	119
隆尧县	94717	8	涉　县	24389	64	迁西县	9914	120
大名县	93278	9	赞皇县	24151	65	博野县	9613	121
定州市	88058	10	武强县	23732	66	桃城区	9356	122
新乐市	86085	11	承德县	23646	67	清河县	9108	123
无极县	82792	12	武邑县	22755	68	兴隆县	7850	124
晋州市	78210	13	肃宁县	22608	69	宽城满族自治县	7585	125
玉田县	76522	14	徐水区	21705	70	雄　县	7145	126
深州市	73031	15	香河县	21519	71	固安县	7142	127
献　县	62875	16	安新县	21125	72	盐山县	7058	128
魏　县	60709	17	平乡县	20985	73	曹妃甸区	6902	129
丰润区	58500	18	灵寿县	20674	74	海港区	6776	130
阳原县	57844	19	内丘县	20104	75	高阳县	6470	131
威　县	57400	20	深泽县	19988	76	容城县	6302	132
元氏县	57263	21	丰宁满族自治县	19661	77	孟村回族自治县	6010	133
磁　县	57259	22	邯山区	19434	78	枣强县	5383	134
赵　县	56200	23	抚宁区	19387	79	海兴县	4818	135
涿鹿县	55474	24	安国市	19240	80	山海关区	4711	136
沙河市	53302	25	文安县	19183	81	开平区	4442	137
滦　县	52892	26	涿州市	18922	82	涞源县	4426	138
邱　县	52574	27	安次区	18008	83	大厂回族自治县	4342	139
清苑区	49631	28	黄骅市	17759	84	顺平县	4293	140
鸡泽县	47829	29	望都县	17640	85	涞水县	4108	141
临漳县	45449	30	围场满族蒙古族自治县	17607	86	赤城县	3903	142
泊头市	45166	31	平泉县	17550	87	运河区	3765	143
宣化区	45030	32	唐　县	17397	88	崇礼区	3700	144
成安县	44848	33	任丘市	17038	89	康保县	3668	145
南和县	44742	34	邢台县	16917	90	阜平县	2812	146
滦南县	42666	35	东光县	16795	91	北戴河区	2602	147
迁安市	40413	36	高邑县	16718	92	怀安县	2512	148
肥乡区	39883	37	吴桥县	16585	93	邢台市桥西区	2348	149
临城县	39480	38	冀州区	16315	94	张北县	2134	150
故城县	39046	39	安平县	16164	95	尚义县	2086	151
沧　县	38086	40	平山县	15798	96	竞秀区	2068	152
定兴县	38037	41	古冶区	15478	97	沽源县	1805	153
柏乡县	37997	42	南宫市	15419	98	井陉矿区	1300	154
满城区	37125	43	乐亭县	14787	99	邢台市桥东区	1053	155
行唐县	36600	44	三河市	14740	100	路南区	1017	156
饶阳县	35998	45	永清县	14697	101	路北区	722	157
卢龙县	34307	46	丰南区	14360	102	复兴区	720	158
鹿泉区	34105	47	莲池区	13784	103	鹰手营子矿区	661	159
青　县	32964	48	巨鹿县	13160	104	沧州市新华区	650	160
大城县	32928	49	曲阳县	12766	105	双滦区	634	161
蔚　县	30610	50	丛台区	12726	106	石家庄市桥西区	564	162
高碑店市	30455	51	新河县	12351	107	张家口市桥西区	515	163
易　县	29973	52	青龙满族自治县	12200	108	双桥区	457	164
临西县	27874	53	霸州市	12179	109	张家口市桥东区	433	165
遵化市	27744	54	下花园区	12138	110	石家庄市长安区	405	166
武安市	27702	55	怀来县	12026	111	石家庄市裕华区	249	167
井陉县	27610	56	蠡　县	11802	112	石家庄市新华区	81	168

3-9 各县(市、区)奶类产量排序(2016年)

单位：吨

县(市、区)	奶类产量	位次	县(市、区)	奶类产量	位次	县(市、区)	奶类产量	位次
滦南县	522649	1	定兴县	22113	51	竞秀区	5594	101
滦　县	463384	2	迁西县	21580	52	大名县	5218	102
行唐县	335950	3	成安县	20888	53	高邑县	5196	103
定州市	231287	4	卢龙县	19967	54	泊头市	5100	104
张北县	205808	5	涿州市	19620	55	冀州区	4814	105
丰润区	157277	6	高碑店市	18837	56	阜城县	4155	106
迁安市	149335	7	广阳区	17086	57	下花园区	4127	107
徐水区	142908	8	大城县	17070	58	平乡县	3937	108
宁晋县	136942	9	饶阳县	16287	59	武安市	3892	109
宣化区	122862	10	高阳县	15090	60	石家庄市长安区	3661	110
涿鹿县	119906	11	抚宁区	14993	61	山海关区	3405	111
玉田县	118373	12	威　县	14820	62	肃宁县	3376	112
正定县	117578	13	容城县	14541	63	清河县	3270	113
栾城区	104728	14	隆尧县	14320	64	安新县	3029	114
康保县	101821	15	安次区	13359	65	尚义县	2951	115
新乐市	99829	16	遵化市	13019	66	黄骅市	2947	116
丰宁满族自治县	96805	17	武邑县	12821	67	柏乡县	2616	117
怀来县	94364	18	南和县	11846	68	唐　县	2584	118
清苑区	91167	19	滦平县	11216	69	赤城县	2517	119
沽源县	88833	20	蠡　县	11133	70	临西县	2400	120
丰南区	79584	21	平山县	11000	71	博野县	2371	121
藁城区	77826	22	故城县	10552	72	北戴河区	2164	122
万全区	75361	23	阳原县	10497	73	曹妃甸区	2059	123
鹿泉区	71723	24	峰峰矿区	10472	74	张家口市桥东区	2042	124
莲池区	64812	25	临漳县	10390	75	广平县	2014	125
辛集市	64650	26	安国市	10035	76	雄　县	1979	126
无极县	62342	27	固安县	10011	77	霸州市	1955	127
古冶区	60714	28	井陉县	9760	78	张家口市桥西区	1835	128
三河市	58796	29	香河县	9645	79	兴隆县	1778	129
灵寿县	57693	30	海港区	9250	80	承德县	1630	130
乐亭县	57180	31	沧　县	9106	81	文安县	1620	131
永年区	53271	32	磁　县	8889	82	沙河市	1460	132
昌黎县	47235	33	顺平县	8644	83	魏　县	1390	133
武强县	46460	34	涞水县	8587	84	新河县	1058	134
深泽县	45176	35	曲周县	8300	85	海兴县	1015	135
望都县	43520	36	鸡泽县	7775	86	东光县	911	136
元氏县	42790	37	深州市	7635	87	内丘县	899	137
永清县	41748	38	路南区	7442	88	平泉县	768	138
曲阳县	38641	39	易　县	7248	89	邱　县	719	139
邯山区	38606	40	景　县	6927	90	邢台市桥西区	439	140
赵　县	37500	41	枣强县	6815	91	河间市	437	141
满城区	36059	42	桃城区	6724	92	石家庄市裕华区	375	142
围场满族蒙古族自治县	35300	43	阜平县	6599	93	邢台市桥东区	260	143
怀安县	34231	44	馆陶县	6513	94	青龙满族自治县	200	144
崇礼区	31335	45	任丘市	6396	95	复兴区	182	145
蔚　县	25150	46	安平县	6269	96	邢台县	150	146
青　县	25050	47	献　县	6126	97	运河区	112	147
开平区	23352	48	路北区	6000	98	双滦区	8	148
肥乡区	23112	49	隆化县	5774	99	南宫市	8	149
晋州市	22484	50	巨鹿县	5769	100	石家庄市桥西区	1	150

3-10 各县(市、区)水产品产量排序(2016年)

单位：吨

县(市、区)	水产品产量	位次	县(市、区)	水产品产量	位次	县(市、区)	水产品产量	位次
乐亭县	169640	1	峰峰矿区	1670	47	徐水区	280	93
曹妃甸区	140497	2	武安市	1635	48	井陉县	280	93
昌黎县	91715	3	青龙满族自治县	1600	49	沧　县	271	95
滦南县	84601	4	行唐县	1530	50	邢台市桥西区	255	96
黄骅市	77392	5	滦平县	1420	51	张北县	254	97
丰南区	73050	6	容城县	1381	52	固安县	251	98
迁西县	47400	7	正定县	1300	53	元氏县	213	99
安新县	35443	8	北戴河区	1284	54	满城区	200	100
宽城满族自治县	25450	9	安次区	1211	55	高碑店市	200	100
开平区	15911	10	平泉县	1190	56	安平县	196	102
任丘市	14500	11	承德县	1160	57	双桥区	185	103
平山县	12599	12	涿州市	1050	58	高阳县	180	104
三河市	10440	13	赞皇县	1000	59	武邑县	177	105
丰润区	9580	14	大城县	910	60	尚义县	155	106
永年区	9448	15	桃城区	791	61	临西县	150	107
古冶区	9436	16	东光县	778	62	孟村回族自治县	135	108
文安县	9204	17	赤城县	773	63	邱　县	126	109
磁　县	9199	18	沙河市	670	64	深泽县	115	110
海兴县	7844	19	大名县	660	65	魏　县	115	110
灵寿县	7730	20	泊头市	656	66	阜城县	110	112
霸州市	7044	21	河间市	642	67	定州市	100	113
怀来县	6972	22	宣化区	610	68	景　县	100	113
阜平县	6725	23	隆化县	580	69	康保县	85	115
山海关区	6604	24	雄　县	580	69	鸡泽县	83	116
鹿泉区	6340	25	涞源县	566	71	平乡县	80	117
玉田县	5932	26	南皮县	557	72	巨鹿县	73	118
曲周县	5620	27	邢台县	526	73	任　县	53	119
献　县	5430	28	永清县	524	74	辛集市	41	120
易　县	5100	29	阳原县	522	75	广平县	40	121
临城县	5050	30	清河县	507	76	石家庄市新华区	38	122
兴隆县	5030	31	涞水县	481	77	肥乡区	37	123
遵化市	4020	32	新河县	470	78	内丘县	31	124
滦　县	3656	33	双滦区	470	78	临漳县	28	125
丰宁满族自治县	3480	34	青　县	465	80	沧州市新华区	27	126
涉　县	3020	35	蔚　县	460	81	馆陶县	25	127
曲阳县	2810	36	南宫市	456	82	南和县	16	128
香河县	2730	37	广阳区	396	83	崇礼区	15	129
冀州区	2650	38	威　县	370	84	顺平县	15	129
围场满族蒙古族自治县	2566	39	盐山县	343	85	望都县	12	131
沽源县	2500	40	怀安县	324	86	清苑区	10	132
故城县	2381	41	涿鹿县	320	87	藁城区	10	132
大厂回族自治县	2216	42	鹰手营子矿区	310	88	井陉矿区	10	132
抚宁区	2082	43	定兴县	300	89	成安县	9	135
卢龙县	2045	44	吴桥县	295	90	无极县	5	136
唐　县	1989	45	深州市	289	91	万全区	4	137
海港区	1753	46	枣强县	288	92	宁晋县	1	138

3-11 各县(市、区)农林牧渔业总产值排序(2016年)

单位：万元

县(市、区)	农林牧渔业总产值	位次	县(市、区)	农林牧渔业总产值	位次	县(市、区)	农林牧渔业总产值	位次
滦南县	1501114	1	宣化区	447220	57	清河县	225940	113
定州市	1443950	2	丰宁满族自治县	446203	58	古冶区	224161	114
乐亭县	1372617	3	隆尧县	439655	59	广阳区	223097	115
藁城区	1281260	4	景　县	431759	60	曲阳县	222403	116
玉田县	1167537	5	肃宁县	429450	61	文安县	218675	117
永年区	1136390	6	南皮县	413231	62	井陉县	215610	118
昌黎县	1110782	7	鹿泉区	410998	63	武强县	211351	119
辛集市	898459	8	沧　县	408876	64	万全区	208738	120
丰润区	838901	9	赤城县	406339	65	任　县	208446	121
永清县	827793	10	武邑县	405339	66	内丘县	198950	122
丰南区	777168	11	兴隆县	404475	67	柏乡县	197641	123
滦　县	751358	12	康保县	401941	68	安次区	193393	124
迁安市	746805	13	武安市	400165	69	桃城区	192200	125
青　县	717514	14	怀来县	386884	70	涉　县	189248	126
深州市	691771	15	涿州市	386863	71	安新县	186632	127
遵化市	687534	16	满城区	378791	72	雄　县	185923	128
大名县	682969	17	张北县	377889	73	容城县	181097	129
围场满族蒙古族自治县	671050	18	阜城县	377358	74	邢台县	179843	130
正定县	648710	19	迁西县	373613	75	怀安县	176087	131
献　县	626541	20	平山县	363993	76	临城县	172628	132
涿鹿县	612382	21	沽源县	363550	77	高阳县	169727	133
抚宁区	601455	22	任丘市	361027	78	海兴县	153795	134
吴桥县	600360	23	鸡泽县	347743	79	孟村回族自治县	148959	135
赵　县	597974	24	顺平县	338053	80	阜平县	147262	136
黄骅市	596407	25	枣强县	337732	81	海港区	147087	137
三河市	591684	26	巨鹿县	325300	82	新河县	144168	138
青龙满族自治县	587996	27	大城县	320675	83	崇礼区	142548	139
清苑区	583132	28	泊头市	320373	84	沙河市	141025	140
威　县	583013	29	南和县	318122	85	大厂回族自治县	131938	141
固安县	571841	30	宽城满族自治县	316800	86	山海关区	116991	142
隆化县	571632	31	唐　县	313847	87	邯山区	109940	143
馆陶县	561572	32	南宫市	309969	88	峰峰矿区	105516	144
肥乡区	556877	33	灵寿县	308209	89	路北区	98512	145
卢龙县	555664	34	邱　县	306238	90	开平区	97857	146
新乐市	554863	35	望都县	304273	91	莲池区	97612	147
临漳县	551578	36	安国市	303880	92	涞源县	93828	148
曲周县	551034	37	高碑店市	301351	93	竞秀区	60516	149
故城县	546934	38	蔚　县	296956	94	路南区	58774	150
平泉县	542199	39	深泽县	296803	95	下花园区	45462	151
河间市	535020	40	霸州市	295594	96	丛台区	45009	152
晋州市	534511	41	安平县	294409	97	双滦区	39846	153
行唐县	530837	42	香河县	292656	98	石家庄市长安区	38035	154
承德县	530156	43	赞皇县	278971	99	北戴河区	35530	155
成安县	525901	44	磁　县	273283	100	石家庄市新华区	27483	156
曹妃甸区	524442	45	盐山县	272434	101	运河区	27204	157
无极县	523972	46	蠡　县	272271	102	邢台市桥东区	25532	158
徐水区	517081	47	博野县	254425	103	石家庄市桥西区	20817	159
滦平县	508221	48	冀州区	250838	104	邢台市桥西区	16848	160
魏　县	500472	49	临西县	242505	105	双桥区	15585	161
栾城区	496079	50	广平县	236032	106	鹰手营子矿区	14806	162
东光县	493765	51	涞水县	228415	107	复兴区	13504	163
宁晋县	492096	52	阳原县	228064	108	井陉矿区	11442	164
定兴县	488494	53	高邑县	227538	109	张家口市桥东区	7161	165
饶阳县	473347	54	广宗县	226950	110	张家口市桥西区	7139	166
易　县	472914	55	尚义县	226564	111	石家庄市裕华区	7065	167
元氏县	452741	56	平乡县	226058	112	沧州市新华区	4765	168

3-12 各县(市、区)农林牧渔业增加值排序(2016年)

单位：万元

县(市、区)	农林牧渔业增加值	位次	县(市、区)	农林牧渔业增加值	位次	县(市、区)	农林牧渔业增加值	位次
乐亭县	941931	1	易　县	258586	57	井陉县	127128	113
滦南县	936751	2	肃宁县	257171	58	万全区	125473	114
定州市	860897	3	东光县	251548	59	尚义县	125363	115
玉田县	774889	4	赤城县	248723	60	安平县	124217	116
藁城区	756286	5	鹿泉区	248620	61	曲阳县	123886	117
永年区	654671	6	迁西县	246974	62	任　县	123334	118
昌黎县	611949	7	隆尧县	246967	63	安次区	121082	119
丰润区	516960	8	饶阳县	246219	64	柏乡县	120018	120
辛集市	495923	9	怀来县	241151	65	文安县	119085	121
丰南区	495532	10	沧　县	240120	66	内丘县	114927	122
青　县	471165	11	南皮县	233893	67	怀安县	110598	123
滦　县	458512	12	涿州市	226193	68	邢台县	109828	124
迁安市	454782	13	武安市	224861	69	雄　县	108562	125
遵化市	436648	14	满城区	223187	70	涉　县	108328	126
围场满族蒙古族自治县	415849	15	张北县	219038	71	冀州区	107175	127
涿鹿县	380404	16	顺平县	210705	72	安新县	103351	128
永清县	377910	17	康保县	208169	73	容城县	99663	129
大名县	366542	18	任丘市	203228	74	临城县	99572	130
青龙满族自治县	361778	19	鸡泽县	202755	75	桃城区	99132	131
威　县	358796	20	巨鹿县	202090	76	武强县	97814	132
献　县	355101	21	景　县	198249	77	高阳县	95169	133
抚宁区	353707	22	望都县	193955	78	新河县	91199	134
赵　县	351428	23	南和县	193639	79	崇礼区	88178	135
三河市	344488	24	泊头市	193174	80	海兴县	87793	136
清苑区	344366	25	沽源县	192813	81	阜平县	86089	137
黄骅市	335368	26	平山县	192229	82	海港区	85122	138
正定县	334646	27	宽城满族自治县	189026	83	孟村回族自治县	77683	139
平泉县	330587	28	武邑县	188394	84	沙河市	76952	140
隆化县	321852	29	南宫市	185793	85	大厂回族自治县	73283	141
临漳县	321745	30	唐　县	182738	86	路北区	72521	142
卢龙县	317999	31	霸州市	180887	87	山海关区	62102	143
深州市	317387	32	大城县	179932	88	邯山区	59296	144
肥乡区	317228	33	安国市	178907	89	莲池区	58875	145
固安县	316984	34	阜城县	176231	90	开平区	54818	146
曲周县	313843	35	邱　县	174399	91	峰峰矿区	52495	147
新乐市	307663	36	赞皇县	173486	92	涞源县	51844	148
吴桥县	305774	37	灵寿县	173178	93	路南区	41181	149
河间市	303507	38	香河县	169827	94	竞秀区	36615	150
晋州市	303354	39	蔚　县	167680	95	下花园区	26818	151
成安县	297839	40	深泽县	167542	96	双滦区	26214	152
魏　县	295309	41	高碑店市	162104	97	石家庄市长安区	23840	153
行唐县	294113	42	博野县	152987	98	丛台区	23539	154
滦平县	290499	43	磁　县	151643	99	北戴河区	20599	155
曹妃甸区	288381	44	蠡　县	151205	100	石家庄市新华区	19202	156
徐水区	287728	45	枣强县	146656	101	运河区	16998	157
承德县	286429	46	盐山县	145747	102	邢台市桥东区	15766	158
宁晋县	285980	47	古冶区	145571	103	石家庄市桥西区	13647	159
栾城区	283121	48	广平县	140736	104	双桥区	9759	160
馆陶县	281762	49	临西县	139559	105	鹰手营子矿区	9576	161
无极县	279563	50	平乡县	136889	106	邢台市桥西区	9574	162
定兴县	274029	51	高邑县	136442	107	复兴区	7201	163
丰宁满族自治县	267600	52	广宗县	135539	108	井陉矿区	5782	164
元氏县	266842	53	广阳区	133189	109	张家口市桥西区	4069	165
宣化区	265126	54	涞水县	130866	110	张家口市桥东区	4000	166
故城县	263917	55	阳原县	130370	111	石家庄市裕华区	3978	167
兴隆县	259561	56	清河县	128926	112	沧州市新华区	2578	168

3−13 各县(市、区)农村居民人均可支配收入排序(2016年)

单位：元

县(市、区)	农村居民人均可支配纯收入	位次	县(市、区)	农村居民人均可支配纯收入	位次	县(市、区)	农村居民人均可支配纯收入	位次
迁安市	19938	1	永清县	13308	55	隆尧县	10423	109
竞秀区	18560	2	定州市	13298	56	双滦区	10420	110
莲池区	17790	3	蠡　县	13264	57	涿鹿县	10302	111
路北区	17515	4	临漳县	13147	58	东光县	10225	112
北戴河区	16530	5	赵　县	13143	59	任　县	10112	113
海港区	16510	6	复兴区	13066	60	平泉县	9990	114
山海关区	16411	7	桃城区	13052	61	内邱县	9984	115
藁城区	16318	8	大城县	13028	62	兴隆县	9911	116
鹿泉区	16314	9	安平县	12966	63	孟村回族自治县	9749	117
晋州市	16264	10	定兴县	12934	64	枣强县	9677	118
曹妃甸区	16216	11	无极县	12922	65	故城县	9503	119
三河市	16168	12	曲周县	12901	66	献　县	9300	120
井陉矿区	15943	13	抚宁区	12839	67	承德县	8999	121
正定县	15669	14	成安县	12820	68	怀安县	8851	122
涿州市	15514	15	沙河市	12804	69	赤城县	8673	123
高阳县	15266	16	滦南县	12803	70	崇礼区	8657	124
香河县	15256	17	磁　县	12752	71	青龙满族自治县	8600	125
安国市	15251	18	清河县	12625	72	张北县	8589	126
路南区	15184	19	元氏县	12590	73	鹰手营子矿区	8497	127
栾城区	14895	20	沧　县	12512	74	蔚　县	8354	128
容城县	14893	21	景　县	12434	75	涞水县	8349	129
迁西县	14795	22	宁晋县	12320	76	盐山县	8341	130
乐亭县	14789	23	安新县	12316	77	平乡县	8305	131
霸州市	14780	24	肥乡区	12248	78	南皮县	8289	132
滦　县	14710	25	河间市	12230	79	沽源县	8240	133
丰南区	14696	26	深州市	12190	80	万全区	8130	134
古冶区	14666	27	冀州区	12151	81	康保县	8115	135
雄　县	14517	28	鸡泽县	12140	82	滦平县	8029	136
辛集市	14500	29	泊头市	12092	83	临城县	7756	137
清苑区	14468	30	南和县	12078	84	阳原县	7713	138
徐水区	14463	31	高邑县	11878	85	下花园区	7537	139
开平区	14432	32	沧州市新华区	11802	86	易　县	7476	140
玉田县	14418	33	峰峰矿区	11770	87	尚义县	7448	141
新乐市	14410	34	肃宁县	11638	88	威　县	7369	142
丰润区	14345	35	卢龙县	11594	89	武邑县	7278	143
遵化市	14265	36	邢台县	11525	90	平山县	7270	144
大厂回族自治县	14235	37	张家口市桥西区	11404	91	隆化县	7255	145
文安县	14222	38	深泽县	11393	92	围场满族蒙古族自治县	7138	146
邯山区	14113	39	邱　县	11384	93	阜城县	7134	147
安次区	14090	40	临西县	11365	94	广宗县	7104	148
任丘市	14086	41	井陉县	11253	95	武强县	7067	149
满城区	14040	42	魏　县	11252	96	饶阳县	6930	150
永年区	13951	43	望都县	11187	97	丰宁满族自治县	6829	151
青　县	13882	44	博野县	11151	98	行唐县	6809	152
怀来县	13861	45	涉　县	11069	99	巨鹿县	6794	153
高碑店市	13760	46	吴桥县	11005	100	海兴县	6727	154
黄骅市	13758	47	大名县	10821	101	阜平县	6542	155
广阳区	13686	48	柏乡县	10805	102	曲阳县	6378	156
昌黎县	13678	49	宣化区	10747	103	唐　县	6300	157
丛台区	13647	50	馆陶县	10738	104	灵寿县	6164	158
固安县	13614	51	广平县	10691	105	新河县	6158	159
武安市	13438	52	南宫市	10684	106	涞源县	6101	160
运河区	13362	53	双桥区	10485	107	顺平县	6050	161
张家口市桥东区	13336	54	宽城满族自治县	10450	108	赞皇县	5729	162

3-14 各县(市、区)生产总值排序(2016年)

单位：万元

县(市、区)	生产总值	位次	县(市、区)	生产总值	位次	县(市、区)	生产总值	位次
迁安市	9201601	1	峰峰矿区	1765577	57	冀州区	982960	113
丰润区	6419734	2	邯山区	1721906	58	赞皇县	977766	114
丰南区	6193554	3	平泉县	1668353	59	隆尧县	970430	115
藁城区	6096636	4	滦平县	1602460	60	蠡县	964576	116
武安市	6066464	5	盐山县	1558150	61	张北县	962334	117
任丘市	5942697	6	景县	1527557	62	肥乡区	954609	118
遵化市	5122370	7	张家口市桥东区	1526335	63	枣强县	929191	119
三河市	5096286	8	清苑区	1521232	64	孟村回族自治县	906787	120
石家庄市桥西区	4744595	9	路北区	1520465	65	灵寿县	899756	121
滦县	4620687	10	井陉县	1506926	66	威县	897112	122
莲池区	4348100	11	深州市	1501796	67	大厂回族自治县	892785	123
石家庄市长安区	4319495	12	成安县	1493471	68	张家口市桥西区	885655	124
迁西县	4259678	13	高碑店市	1486361	69	高邑县	881952	125
辛集市	4255828	14	清河县	1473287	70	蔚县	863415	126
霸州市	3952879	15	沧州市新华区	1472633	71	邢台市桥东区	857013	127
玉田县	3809081	16	东光县	1462221	72	广平县	799639	128
海港区	3768053	17	邢台市桥西区	1450342	73	邱县	799379	129
鹿泉区	3679455	18	怀来县	1449084	74	阜城县	788464	130
曹妃甸区	3678803	19	肃宁县	1424977	75	曲阳县	782404	131
乐亭县	3451769	20	魏县	1411942	76	吴桥县	750408	132
滦南县	3365536	21	文安县	1397263	77	临西县	749568	133
定州市	3278090	22	磁县	1396756	78	赤城县	726287	134
晋州市	3004688	23	大名县	1367889	79	万全区	714005	135
正定县	2927014	24	桃城区	1362332	80	唐县	702743	136
河间市	2872111	25	曲周县	1341952	81	内丘县	696402	137
涿州市	2852423	26	行唐县	1336533	82	怀安县	688602	138
永年区	2653746	27	永清县	1307850	83	武邑县	687809	139
宁晋县	2650278	28	邢台县	1304214	84	涞源县	648702	140
黄骅市	2595774	29	临漳县	1300553	85	巨鹿县	643158	141
广阳区	2584493	30	开平区	1255534	86	山海关区	640749	142
运河区	2494639	31	路南区	1230986	87	饶阳县	639285	143
石家庄市新华区	2470193	32	安国市	1211368	88	武强县	634164	144
沧县	2456705	33	承德县	1204735	89	涞水县	631217	145
献县	2439553	34	定兴县	1203752	90	临城县	608155	146
丛台区	2359523	35	安平县	1200038	91	望都县	604598	147
沙河市	2313692	36	大城县	1188936	92	平乡县	596327	148
复兴区	2221128	37	易县	1175005	93	容城县	594146	149
涉县	2205188	38	故城县	1161866	94	安新县	578793	150
裕华区	2182276	39	隆化县	1148736	95	南和县	567565	151
栾城区	2177970	40	双桥区	1142561	96	井陉矿区	554048	152
香河县	2161059	41	抚宁区	1106926	97	顺平县	534178	153
泊头市	2157759	42	南皮县	1093080	98	北戴河区	513512	154
赵县	2127267	43	围场满族蒙古族自治县	1090882	99	任县	509447	155
昌黎县	2125544	44	满城区	1083814	100	沽源县	482349	156
平山县	2085091	45	深泽县	1079534	101	阳原县	474353	157
宣化区	2082660	46	南宫市	1064369	102	广宗县	473417	158
宽城满族自治县	2081794	47	涿鹿县	1058671	103	博野县	469626	159
新乐市	2079912	48	馆陶县	1057369	104	康保县	466185	160
固安县	2070661	49	鸡泽县	1056480	105	海兴县	463822	161
元氏县	2001614	50	双滦区	1027845	106	柏乡县	373194	162
无极县	1965162	51	卢龙县	1026954	107	尚义县	372991	163
古冶区	1932575	52	丰宁满族自治县	1014460	108	阜平县	367456	164
安次区	1864945	53	雄县	1011416	109	鹰手营子矿区	348497	165
青县	1861875	54	兴隆县	1008976	110	崇礼区	338464	166
徐水区	1853840	55	青龙满族自治县	1001897	111	新河县	316501	167
竞秀区	1787623	56	高阳县	995771	112	下花园区	253166	168

3–15 各县(市、区)地方公共财政预算收入排序(2016年)

单位：万元

县(市、区)	地方公共财政预算收入	位次	县(市、区)	地方公共财政预算收入	位次	县(市、区)	地方公共财政预算收入	位次
三河市	726467	1	涞源县	84766	57	高邑县	42800	113
曹妃甸区	666333	2	文安县	82644	58	内丘县	42089	114
石家庄市桥西区	627615	3	宁晋县	81568	59	怀安县	41823	115
固安县	447851	4	晋州市	80099	60	馆陶县	40990	116
石家庄市长安区	436797	5	大城县	77029	61	南皮县	40582	117
路北区	420928	6	泊头市	76813	62	行唐县	40406	118
香河县	401017	7	沧州市新华区	76201	63	曲阳县	40220	119
武安市	373078	8	莲池区	76192	64	阜城县	37929	120
迁安市	362809	9	景　县	75765	65	隆化县	37785	121
藁城区	315892	10	邢台县	75065	66	武邑县	37771	122
丰南区	315208	11	深州市	72348	67	大名县	37601	123
裕华区	283417	12	安平县	71201	68	卢龙县	37231	124
任丘市	280566	13	双桥区	70127	69	平乡县	37061	125
石家庄市新华区	252840	14	宽城满族自治县	70082	70	复兴区	37032	126
丰润区	232577	15	献　县	68350	71	隆尧县	37001	127
大厂回族自治县	222025	16	新乐市	68026	72	唐　县	36791	128
霸州市	219221	17	涞水县	68023	73	蠡　县	36154	129
涿州市	211419	18	张北县	67859	74	灵寿县	35343	130
鹿泉区	197339	19	丰宁满族自治县	67480	75	赤城县	35205	131
路南区	195514	20	元氏县	66631	76	临漳县	35157	132
定州市	181217	21	蔚　县	66627	77	康保县	35101	133
海港区	179785	22	清河县	65688	78	雄　县	34921	134
广阳区	169864	23	青　县	65669	79	临西县	34871	135
正定县	160017	24	丛台区	63825	80	巨鹿县	34688	136
黄骅市	156666	25	高阳县	63751	81	广平县	33961	137
滦县	156000	26	冀州区	62372	82	南和县	32899	138
运河区	153628	27	魏　县	61165	83	安新县	32751	139
怀来县	152860	28	竞秀区	60448	84	海兴县	32543	140
安次区	139266	29	故城县	59654	85	张家口市桥西区	32510	141
邢台市桥西区	127996	30	涿鹿县	59640	86	青龙满族自治县	31703	142
肃宁县	126880	31	平泉县	58908	87	赞皇县	31450	143
永清县	122819	32	枣强县	58130	88	阳原县	31155	144
辛集市	122590	33	安国市	56953	89	望都县	31118	145
乐亭县	122301	34	滦平县	56877	90	武强县	31019	146
永年区	116397	35	承德县	55256	91	抚宁区	30683	147
邯山区	113601	36	井陉县	55086	92	张家口市桥东区	30408	148
宣化区	113298	37	东光县	54270	93	任　县	30185	149
河间市	111922	38	肥乡区	54121	94	南宫市	29531	150
峰峰矿区	111638	39	满城区	53041	95	孟村回族自治县	29392	151
古冶区	108574	40	定兴县	52799	96	顺平县	29034	152
平山县	107802	41	无极县	52350	97	吴桥县	28715	153
高碑店市	106425	42	赵　县	51971	98	沽源县	28543	154
磁　县	105328	43	清苑区	51416	99	阜平县	26722	155
迁西县	105160	44	易　县	50445	100	井陉矿区	26519	156
徐水区	102508	45	成安县	48123	101	邱　县	25795	157
滦南县	102080	46	双滦区	47594	102	容城县	25475	158
栾城区	101873	47	围场满族蒙古族自治县	47130	103	饶阳县	24441	159
桃城区	101260	48	盐山县	46164	104	鸡泽县	23739	160
涉　县	100800	49	兴隆县	45717	105	临城县	23609	161
开平区	100694	50	威　县	45305	106	博野县	20679	162
遵化市	100411	51	北戴河区	44570	107	广宗县	17838	163
昌黎县	100018	52	曲周县	44414	108	尚义县	17109	164
玉田县	96124	53	万全区	44239	109	柏乡县	15971	165
沧　县	94876	54	崇礼区	44018	110	新河县	15782	166
邢台市桥东区	91237	55	山海关区	43596	111	下花园区	14117	167
沙河市	90429	56	深泽县	43002	112	鹰手营子矿区	9289	168

4-1 乡镇经济主要指标(2016年)

乡镇名称	行政区域面积(公顷)	乡镇总人口(人)	粮食产量(吨)	现价农林牧渔业总产值(万元)	企业营业收入(万元)	公共财政收入(万元)
长安区西兆通镇	3000	48346	16779	9440	54500	2241
长安区南村镇	2114	43965	20602	19721	61643	
长安区高营镇	1600	34624	2712	5238	300816	
长安区桃园镇	1936	34678	513	3175	146340	188
新华区大郭镇	1847	40600	1221	3875	110520	8525
新华区赵陵铺镇	830	109788	206	7840	120000	13358
新华区西三庄乡	1450	51139	132	2283	246000	27000
新华区杜北乡	2610	29581	14422	13484	160000	3195
井陉矿区贾庄镇	3455	27515	1346	7007	599086	5500
井陉矿区凤山镇	1930	12860	669	2639	215421	898
井陉矿区横涧乡	1512	12861	690	1796	209963	4202
裕华区方村镇	1600	37611	2248	5983	111407	1592
藁城区廉州镇	8628	78605	48610	127660	1270643	13842
藁城区兴安镇	6479	54647	32683	128187	1869539	5849
藁城区贾市庄镇	5700	50971	26917	82782	502316	1210
藁城区南营镇	5256	47660	36942	131435	729471	3680
藁城区梅花镇	7445	63623	64139	165818	1046825	4231
藁城区岗上镇	4547	37990	27714	76002	466816	5387
藁城区南董镇	4875	46527	24173	67699	2060950	4218
藁城区张家庄镇	4740	59741	40940	75104	1343595	4280
藁城区南孟镇	3974	43386	42977	65720	858155	3896
藁城区增村镇	5737	65796	43044	85370	727390	2689
藁城区常安镇	6630	58217	46863	112288	1299017	4164
藁城区西关镇	4982	40102	37185	68556	950350	4532
藁城区九门回族乡	4660	46785	31717	66529	720082	4053
鹿泉区获鹿镇	5402	67923	9829	22436	877761	20944
鹿泉区铜冶镇	7701	69315	35401	110459	1330000	8324
鹿泉区寺家庄镇	4120	43105	28496	27693	1147228	2597
鹿泉区上庄镇	4981	38747	18639	29120	710730	8427
鹿泉区李村镇	6457	37431	36255	56642	162499	1668
鹿泉区宜安镇	5807	28552	13035	33843	45168	881
鹿泉区黄壁庄镇	4503	18247	11617	21606	7857	1006
鹿泉区大河镇	6091	46481	29764	75110	675086	1774
鹿泉区山尹村镇	2464	14260	8992	11715	677716	1246
鹿泉区石井乡	4443	13100	2640	7539	60823	2896
鹿泉区白鹿泉乡	4188	8637	2097	7859	4033	3058
鹿泉区上寨乡	3606	9734	2391	4952	3168	779
栾城区栾城镇	5172	77928	34635	62329	1978882	8439
栾城区冶河镇	4327	47032	38901	79245	950850	2523
栾城区窦妪镇	5783	51332	35610	84101	718200	5792
栾城区楼底镇	3042	49822	19269	48703	1174635	3808
栾城区南高乡	3675	26123	38448	55526	395850	1856
栾城区柳林屯乡	4816	42220	29460	68652	749400	2402
栾城区西营乡	5746	47050	47453	97187	281080	1178
井陉县微水镇	9945	65210	8523	20942	532027	4396
井陉县上安镇	5766	22609	6204	11734	605943	2235
井陉县天长镇	9983	37030	11698	18412	632441	663
井陉县秀林镇	5728	26092	8683	15454	354619	2860
井陉县南峪镇	8049	13389	3249	7251	382349	251

4-1续1 乡镇经济主要指标(2016年)

乡镇名称	行政区域面积(公顷)	乡镇总人口(人)	粮食产量(吨)	现价农林牧渔业总产值(万元)	企业营业收入(万元)	公共财政收入(万元)
井陉县威州镇	7781	26293	8418	23543	424998	834
井陉县小作镇	7579	18346	5877	12043	543720	285
井陉县南障城镇	10302	9878	2062	9131	59677	17
井陉县苍岩山镇	11964	10748	2218	10679	54910	14
井陉县测鱼镇	16793	13177	2528	9770	85491	67
井陉县吴家窑乡	4760	12498	3829	12914	268035	200
井陉县北正乡	1840	10492	4168	8611	137086	997
井陉县于家乡	3433	6381	2472	5346	179500	155
井陉县孙庄乡	5304	15850	4722	16053	61371	295
井陉县南陉乡	4624	7775	2877	8665	72092	43
井陉县辛庄乡	16293	8430	2866	8925	123686	135
井陉县南王庄乡	7880	10143	4144	12855	49953	78
正定县正定镇	8447	86743	35410	98496	1619286	18443
正定县新城铺镇	3600	37985	22570	62897	161003	6614
正定县新安镇	4102	39713	30031	86043	448731	2793
正定县南牛乡	4000	45323	35838	64419	89520	1049
正定县南楼乡	8500	50612	42976	112001	33421	1286
正定县西平乐乡	2300	21926	19403	41682	196570	1540
正定县北早现乡	3797	39092	30518	70150	307161	2122
正定县曲阳桥乡	6400	49902	34329	69921	498718	751
行唐县龙州镇	4018	43200	16313	33312	436315	1005
行唐县南桥镇	6127	32788	20369	37564	162515	826
行唐县上碑镇	2542	16988	11503	26867	24705	25
行唐县口头镇	14631	24800	8448	48170	149471	923
行唐县独羊岗乡	6111	37452	27019	59746	125599	873
行唐县安香乡	4287	25786	22143	28899	237659	1408
行唐县只里乡	6251	39076	30954	35739	176647	563
行唐县市同乡	2814	22901	17027	22621	110928	526
行唐县翟营乡	7154	29989	31629	45645	80754	1241
行唐县城寨乡	6000	18632	13209	37751	80345	93
行唐县上方乡	4964	23607	13643	35701	105660	1242
行唐县玉亭乡	6163	20377	12394	31686	35434	915
行唐县北河乡	4217	5935	4958	22600	30727	409
行唐县上闫庄乡	5847	5728	2042	13016	43964	388
行唐县九口子乡	13122	14680	2687	30075	31066	760
灵寿县灵寿镇	4475	62320	17652	52131	606687	1034
灵寿县青同镇	5639	27740	18079	28210	187032	696
灵寿县塔上镇	4555	11927	5759	14706	74718	343
灵寿县陈庄镇	16073	21708	3280	19790	3710	500
灵寿县慈峪镇	9520	32690	14300	18667	192362	780
灵寿县岔头镇	8315	17486	3013	11590	20257	13
灵寿县三圣院乡	3113	36548	14677	18998	458092	273
灵寿县北洼乡	3312	21942	14859	32500	192033	403
灵寿县牛城乡	4654	24408	10096	18196	45509	351
灵寿县狗台乡	4483	23726	13864	34637	145845	579
灵寿县南寨乡	2569	16381	10434	22136	160330	445
灵寿县南燕川乡	7133	13600	4464	12081	104865	370
灵寿县北谭庄乡	4013	10401	4817	10238	39013	142
灵寿县寨头乡	10774	11930	2774	9217	7305	384

4-1续2 乡镇经济主要指标(2016年)

乡镇名称	行政区域面积(公顷)	乡镇总人口(人)	粮食产量(吨)	现价农林牧渔业总产值(万元)	企业营业收入(万元)	公共财政收入(万元)
灵寿县南营乡	13953	8064	1475	6792	54169	235
高邑县高邑镇	3791	59524	27288	42183	236652	6881
高邑县大营镇	4634	33500	42551	48505	267145	4230
高邑县富村镇	5440	40122	32829	37356	456258	7850
高邑县万城镇	4996	43374	35956	60789	364734	6528
高邑县中韩乡	3377	23510	26266	38705	43846	1000
深泽县深泽镇	2814	50192	15097	22659	474978	5744
深泽县铁杆镇	7324	39823	48179	83261	451257	3934
深泽县赵八镇	3598	32387	29958	35020	398368	3008
深泽县白庄乡	5770	51210	39367	61077	329318	2431
深泽县留村乡	3831	35412	29973	32119	254627	1960
深泽县桥头乡	6263	49098	40222	62667	561337	4418
赞皇县赞皇镇	6280	72664	25270	40320	809174	11181
赞皇县院头镇	10710	21780	7923	19253	255218	207
赞皇县西龙门乡	4354	24817	16385	27423	506320	1983
赞皇县南邢郭乡	5166	26345	10784	24550	121003	6515
赞皇县南清河乡	4808	20589	6276	27112	530977	315
赞皇县西阳泽乡	7513	24401	11353	27386	50277	218
赞皇县土门乡	4740	12307	2505	15784	104656	457
赞皇县黄北坪乡	9808	11555	2810	29100	8982	125
赞皇县嶂石岩乡	9642	5902	787	10236		289
赞皇县许亭乡	14999	18491	3887	28847	229438	397
赞皇县张楞乡	5684	14157	7751	28960	12544	119
无极县无极镇	5700	49850	30649	46291	434464	10044
无极县七汲镇	5400	43989	35371	68120	28598	555
无极县张段固镇	5100	45309	30562	38090	2002396	15200
无极县北苏镇	5728	60106	42292	59668	206182	1360
无极县郭庄镇	4752	43829	31557	41731	90271	1100
无极县大陈镇	4200	32707	25074	48220	17526	270
无极县高头回族乡	3220	25627	24913	46233	22861	895
无极县郝庄乡	5500	50252	34565	45182	623131	9598
无极县东侯坊乡	5632	50591	39636	49222	320410	1520
无极县里城道乡	4600	43709	27850	48387	32598	1624
无极县南流乡	3000	25295	19093	32828	8805	320
平山县平山镇	19988	121688	40040	70543	267335	11827
平山县东回舍镇	7835	35583	20869	22177	422003	1915
平山县温塘镇	9820	22622	12502	22892	133443	3156
平山县南甸镇	6346	24166	15814	22950	3717633	4495
平山县岗南镇	9642	29116	14822	20904	40403	1679
平山县古月镇	13135	16075	5325	14009	40569	163
平山县下槐镇	13775	15740	5916	15530	22707	52
平山县孟家庄镇	10827	4787	1834	10698	19131	16
平山县小觉镇	17987	16809	3104	10350	23684	130
平山县蛟潭庄镇	14943	5273	910	7616	7447	20
平山县西柏坡镇	2523	6579	1549	9117	29871	525
平山县下口镇	12075	7931	1300	6124	39559	52
平山县西大吾乡	3919	20505	13734	22539		209
平山县上三汲乡	4258	20862	14576	19351	43441	118
平山县两河乡	4070	19722	14209	15550	41239	271

4-1续3　乡镇经济主要指标(2016年)

乡　镇　名　称	行政区域面　积(公顷)	乡　镇总人口(人)	粮　食产　量(吨)	现价农林牧渔业总产值(万元)	企业营业收　入(万元)	公共财政收　入(万元)
平山县东王坡乡	12849	20928	16408	18657		266
平山县苏家庄乡	5874	7402	3226	8172	13637	35
平山县宅北乡	10122	11760	4279	8470	27223	118
平山县北冶乡	20857	16277	5018	10890	16022	78
平山县上观音堂乡	11119	4211	1318	5390	3001	5
平山县杨家桥乡	13497	8037	1382	6516	9410	62
平山县营里乡	23469	9136	1752	8600	11821	16
平山县合河口乡	15870	3644	764	6948	5600	81
元氏县槐阳镇	5200	56915	35986	59635	319517	4269
元氏县殷村镇	3946	31495	31266	42635	72725	488
元氏县南佐镇	4039	17422	12035	27153	136835	2247
元氏县宋曹镇	3674	35289	32863	37863	217598	475
元氏县南因镇	3896	36516	34256	43935	317653	729
元氏县姬村镇	4155	29058	25299	32922	160235	875
元氏县北褚镇	4822	23919	38230	47005	332915	283
元氏县马村镇	4250	35775	27772	38990	177520	2181
元氏县东张乡	4536	39083	25486	28865	114023	676
元氏县赵同乡	3820	29416	25066	26293	166999	970
元氏县苏村乡	3656	15723	10998	17083	27255	298
元氏县苏阳乡	4805	25125	11563	19998	111598	487
元氏县北正乡	5764	13208	6863	16028	46698	170
元氏县前仙乡	4379	9917	6214	8235	60906	217
元氏县黑水河乡	5837	13843	6948	13250	45715	138
赵县赵州镇	7827	114860	69355	72617	2282626	3912
赵县范庄镇	8968	72942	4378	73550	817265	597
赵县北王里镇	6210	49197	70681	55891	450077	554
赵县新寨店镇	4721	31996	50842	41232	699635	2529
赵县韩村镇	6442	51787	72619	67413	326617	237
赵县南柏舍镇	5825	41312	63682	42864	911895	2057
赵县沙河店镇	4677	35062	46774	35574	195878	74
赵县前大章乡	5946	46097	68628	51917	311933	169
赵县谢庄乡	7671	76637	15036	65488	622200	228
赵县高村乡	5718	41468	66721	48144	362908	168
赵县王西章乡	3395	28670	34587	43283	519560	308
石家庄高新技术产业开发区宋营镇	2615	75597	12822	12104	257839	3896
石家庄高新技术产业开发区郄马镇	2503	31497	11628	16604	294636	3200
石家庄循环化工园区丘头镇	5421	51434	40138	54596	3307381	28970
晋州市晋州镇	8897	87841	47480	55827	1656011	3052
晋州市总十庄镇	6441	52041	36750	63281	395489	1149
晋州市营里镇	4626	36773	29155	46456	947522	828
晋州市桃园镇	7686	58787	39032	79550	300781	3527
晋州市东卓宿镇	5408	46525	34832	55919	470810	861
晋州市马于镇	5966	41875	30329	65783	487312	914
晋州市小樵镇	6388	61206	40075	38291	374508	906
晋州市槐树镇	6947	60083	43896	31688	901764	1222
晋州市东里庄镇	6225	48524	35337	77532	747524	1341
晋州市周家庄乡	1625	17741	15854	7223	2102	355
新乐市化皮镇	3095	22630	18432	35316	10318	1261
新乐市承安镇	7932	78210	45804	62560	831420	3070

4-1续4 乡镇经济主要指标(2016年)

乡镇名称	行政区域面积(公顷)	乡镇总人口(人)	粮食产量(吨)	现价农林牧渔业总产值(万元)	企业营业收入(万元)	公共财政收入(万元)
新乐市正莫镇	4101	23926	12295	31928	424640	1332
新乐市南大岳镇	2069	22742	15359	37218	334949	938
新乐市杜固镇	3152	33429	19605	36264	173636	1600
新乐市邯邰镇	8356	81310	59711	83693	656221	1626
新乐市东王镇	3830	29824	22065	43493	32682	872
新乐市马头铺镇	4543	45414	33758	51103	703677	2137
新乐市协神乡	4719	40312	38843	55022	624399	3063
新乐市木村乡	2748	22291	11017	35914	524705	1381
新乐市彭家庄回族乡	2969	20693	18304	36799	153511	920
路南区稻地镇	5020	30724	10802	51259	835000	3942
路南区女织寨乡	3200	31429	3138	7401	219294	1211
路北区韩城镇	5560	53865	14952	70556	181504	7552
路北区果园乡	4000	60947	2872	27954	626200	4726
古冶区范各庄镇	6380	55156	11060	62472	1376702	1632
古冶区卑家店镇	5767	32462	5148	37598	653054	1016
古冶区王辇庄乡	5914	28144	3542	45993	135939	776
古冶区习家套乡	1818	14108	3810	23856	40371	1353
古冶区大庄坨乡	1745	14402	2080	54242	616520	3721
开平区开平镇	6570	62319	8405	13590	551973	5164
开平区栗园镇	3370	30161	7657	29329	275949	2324
开平区郑庄子镇	2264	19595	3740	5991	633144	14444
开平区双桥镇	3170	16377	1921	3770	40306	
开平区洼里镇	3200	21751	7107	24148	136751	1046
开平区越河镇	5643	46938	12449	21029	971712	8558
丰南区小集镇	7733	35855	25207	46665	6676458	22775
丰南区黄各庄镇	6856	49400	19391	72079	1198515	15302
丰南区西葛镇	4810	24880	40798	29020	703659	3705
丰南区大新庄镇	13200	55712	44389	128058	182500	2993
丰南区钱营镇	11467	38797	23770	53643	1139561	7944
丰南区唐坊镇	4871	17291	4123	38388	422045	833
丰南区王兰庄镇	8650	39276	5154	63700	268109	2403
丰南区柳树瞿阝镇	10906	29043	26856	44774	347516	2118
丰南区黑沿子镇	10729	22558	3430	99973	125800	1160
丰南区丰南镇	7417	81603	10510	19308	5617437	66962
丰南区大齐各庄镇	3986	13386	11322	28131	632094	3175
丰南区岔河镇	4229	26863	19836	31881	89159	907
丰南区南孙庄乡	9418	21886	1805	62349	72011	764
丰南区东田庄乡	7288	14469	1240	41735	143498	346
丰南区尖字沽乡	4565	15238	6723	16916	41766	924
丰润区丰润镇	9520	82549	31136	79942	1499736	17300
丰润区任各庄镇	4986	28785	17769	50997	425000	2787
丰润区左家坞镇	8370	34579	16870	34362	82000	480
丰润区泉河头镇	5380	26553	17110	47648	47989	986
丰润区王官营镇	9710	39128	17914	48487	82416	715
丰润区火石营镇	13080	29303	11915	26850	13000	85
丰润区新军屯镇	4970	35564	26540	52743	1073880	2908
丰润区小张各庄镇	2230	16151	14340	21613	757476	547
丰润区丰登坞镇	6817	42091	33486	52497	422352	605
丰润区李钊庄镇	6370	23862	18169	43178	1123600	756

4-1续5 乡镇经济主要指标(2016年)

乡镇名称	行政区域面积(公顷)	乡镇总人口(人)	粮食产量(吨)	现价农林牧渔业总产值(万元)	企业营业收入(万元)	公共财政收入(万元)
丰润区白官屯镇	6600	44783	35006	86900	750000	441
丰润区石各庄镇	4510	24445	23547	25776	350000	638
丰润区沙流河镇	5630	36671	26425	52148	442087	1329
丰润区七树庄镇	2670	18856	17386	17364	547742	6026
丰润区杨官林镇	4899	24021	14251	45042	64600	841
丰润区银城铺镇	5100	33778	5964	12740	2370000	22054
丰润区常庄镇	2640	21227	7062	17098	412800	1324
丰润区姜家营乡	2977	15571	5363	10104	35949	2251
丰润区欢喜庄乡	3600	15663	14396	25993	805400	1000
丰润区刘家营乡	2700	14196	3799	8343	306614	1446
曹妃甸区唐海镇	5928	53243	16855	19376	113927	8223
曹妃甸区滨海镇	12400	24996	15946	60629	61200	2577
曹妃甸区柳赞镇	5490	13823	3132	89808	45916	1012
曹妃甸区八农场	8213	26206	42289	82234	128120	1085
曹妃甸区九农场	6423	15381	24188	45978	12000	1075
滦县东安各庄镇	11673	62673	25381	69700	1068516	1385
滦县雷庄镇	7743	34666	18448	47282	525176	1814
滦县茨榆坨镇	6125	24751	19988	84486	569098	17827
滦县榛子镇	9588	56747	26728	70942	1770870	4044
滦县杨柳庄镇	8299	21588	12934	42953	134906	3123
滦县油榨镇	8194	45304	19776	43693	86179	554
滦县古马镇	6965	31242	18243	80184	16615	3693
滦县小马庄镇	8562	35448	35612	112473	39407	602
滦县九百户镇	8036	32890	17489	38751	671587	403
滦县王店子镇	5912	26038	18033	41372	62582	249
滦南县倴城镇	9631	67572	29500	96137	583203	8347
滦南县宋道口镇	8744	50083	48513	161038	360000	1184
滦南县长凝镇	5368	29540	29387	55937	27500	1344
滦南县胡各庄镇	6752	32449	35492	62799	12240	932
滦南县坨里镇	3756	17147	17179	54940	31168	156
滦南县姚王庄镇	2659	15329	4031	83689	28615	335
滦南县司各庄镇	11947	38942	45411	121870	57582	757
滦南县安各庄镇	6985	24369	24876	68427	35624	1151
滦南县扒齿港镇	11601	34886	43871	119311	80850	1477
滦南县程庄镇	9193	44665	37062	118567	8735	319
滦南县青坨营镇	8694	25832	22852	106199	25610	428
滦南县柏各庄镇	9670	44955	52497	115739	35120	2614
滦南县南堡镇	2614	15235	8208	131960	74970	914
滦南县方各庄镇	5342	28732	23377	80963	97980	331
滦南县东黄坨镇	5120	15156	21913	71976	2250	579
滦南县马城镇	3066	15849	11884	34589	22550	659
乐亭县乐亭镇	7654	37417	24956	133980	301200	4320
乐亭县汤家河镇	7450	24609	17057	113017	58281	2108
乐亭县胡家坨镇	5097	20361	10187	69540	22179	268
乐亭县闫各庄镇	6780	33548	12989	139529	48596	1137
乐亭县马头营镇	6002	23270	24680	59721	45840	1066
乐亭县新寨镇	3981	22022	12039	74935	76462	932
乐亭县汀流河镇	4936	25898	11858	99516	948752	519
乐亭县姜各庄镇	22636	39636	39501	246065	167768	994

4-1续6　乡镇经济主要指标(2016年)

乡镇名称	行政区域面积(公顷)	乡镇总人口(人)	粮食产量(吨)	现价农林牧渔业总产值(万元)	企业营业收入(万元)	公共财政收入(万元)
乐亭县毛庄镇	7544	29594	34720	88287	137425	1163
乐亭县中堡镇	8166	27758	20316	88095	147540	965
乐亭县庞各庄乡	3868	18364	4114	115053	34289	1212
乐亭县大相各庄乡	3888	19007	18680	75207	127769	730
乐亭县古河乡	6243	16693	30511	48886	690260	1465
迁西县兴城镇	12700	52293	11636	44048	603020	5637
迁西县金厂峪镇	8600	16699	2136	17149	163691	1192
迁西县洒河桥镇	7900	19409	1228	27871	343850	3868
迁西县太平寨镇	11200	35044	5733	20485	251342	156
迁西县罗家屯镇	6900	24117	6703	21622	127706	296
迁西县东荒峪镇	7000	14219	3843	18574	122137	243
迁西县新集镇	9700	27001	11115	29985	193254	1046
迁西县三屯营镇	11100	28450	4812	29136	3997065	25642
迁西县滦阳镇	10400	19281	2001	26183	112680	1091
迁西县白庙子乡	6500	18314	4446	16627	176543	5044
迁西县上营乡	8600	12596	1575	13260	242163	330
迁西县汉儿庄乡	11400	22295	2064	33829	291478	410
迁西县渔户寨乡	5800	10755	1562	12227	156235	330
迁西县旧城乡	4800	9855	1183	16650	165520	518
迁西县尹庄乡	7500	19694	3834	19844	155547	364
迁西县东莲花院乡	6000	11726	4025	11364	8478	40
迁西县新庄子乡	6200	12273	3578	13348	36740	265
玉田县玉田镇	8033	68300	26170	98018	1029807	14349
玉田县亮甲店镇	7470	33102	42707	76071	454937	1569
玉田县鸦鸿桥镇	6260	65391	28714	80391	170045	2775
玉田县窝洛沽镇	7770	50942	39304	66909	520153	1724
玉田县石臼窝镇	11340	31556	59306	92977	156079	913
玉田县虹桥镇	5490	29750	24424	72515	317529	2059
玉田县散水头镇	5100	24392	21713	51106	75604	1090
玉田县林南仓镇	2900	24000	10332	23710	235954	1705
玉田县林西镇	6460	29410	28410	56243	269362	1384
玉田县杨家板桥镇	6560	27840	27612	66815	26604	640
玉田县彩亭桥镇	2750	17225	14444	35034	219561	2135
玉田县孤树镇	4470	23374	16573	34180	340181	1516
玉田县大安镇镇	5700	28450	23841	70814	49203	832
玉田县唐自头镇	5620	19549	11961	31992	15550	444
玉田县郭家屯镇	8390	31600	22968	62795	153484	894
玉田县杨家套镇	4850	26572	20033	58196	319412	1281
玉田县林头屯乡	3800	21837	13052	45587	26906	279
玉田县潮洛窝乡	6020	21420	23380	63498	41445	298
玉田县陈家铺乡	3730	14349	19479	40748	233631	1392
玉田县郭家桥乡	4200	16084	17715	39938	14252	550
唐山市芦台经济技术开发区海北镇	8613	27911	25233	36719	906437	981
唐山市汉沽管理区汉丰镇	8950	23392	7037	45095	30100	1258
唐山高新技术产业开发区老庄子镇	3817	27888	12561	36880	123087	2808
河北唐山海港经济开发区王滩镇	18415	51245	45677	189330	10525	5518
遵化市遵化镇	3131	50207	1107	21381	979307	13040
遵化市堡子店镇	6786	41844	20579	37427	518764	1331
遵化市马兰峪镇	5205	24633	7135	14857	663655	752

4-1续7 乡镇经济主要指标(2016年)

乡镇名称	行政区域面积(公顷)	乡镇总人口(人)	粮食产量(吨)	现价农林牧渔业总产值(万元)	企业营业收入(万元)	公共财政收入(万元)
遵化市平安城镇	9588	50076	27054	90615	114944	576
遵化市东新庄镇	6310	32610	20966	59205	272654	744
遵化市新店子镇	9497	46459	20320	39010	175808	1858
遵化市党峪镇	8163	28896	8126	28867	109695	476
遵化市地北头镇	6358	22713	12631	18086	11896	102
遵化市东旧寨镇	7553	23463	9445	25769	83087	522
遵化市铁厂镇	7613	17479	5819	25926	1410	118
遵化市苏家洼镇	6126	31228	10436	19959	646542	1823
遵化市建明镇	7240	32325	9255	27241	1643000	675
遵化市石门镇	7268	31043	22478	34863	51385	675
遵化市西留村乡	2922	26634	7145	14228	143663	1093
遵化市崔家庄乡	2950	19705	8093	20293	299157	896
遵化市兴旺寨乡	6450	22216	6480	19105	468159	884
遵化市西下营满族乡	3396	11762	2159	8612	67370	128
遵化市汤泉满族乡	2432	8697	3254	7902	22330	229
遵化市东陵满族乡	7021	21628	8522	28158	107889	393
遵化市刘备寨乡	6053	21673	17551	59129	8850	69
遵化市团瓢庄乡	4439	25158	18227	36498	95297	472
遵化市娘娘庄乡	7409	21670	4159	16581	94908	201
遵化市西三里乡	2304	17983	3256	7759	83335	2064
遵化市侯家寨乡	5853	13922	1605	8030	23232	171
遵化市小厂乡	9286	15769	1355	11952	158836	91
迁安市夏官营镇	7181	32313	16223	40134	351428	715
迁安市杨各庄镇	7601	37766	22750	52361	50117	1535
迁安市建昌营镇	8992	43528	16804	67981	275226	449
迁安市赵店子镇	3943	20312	9353	36946	1101837	8538
迁安市野鸡坨镇	7527	38607	13869	35402	173269	5315
迁安市大崔庄镇	6612	24941	6462	35456	93762	393
迁安市蔡园镇	5571	26068	4887	21034	2218835	2630
迁安市马兰庄镇	4916	22369	1838	7027	1789475	9849
迁安市沙河驿镇	4077	28152	8025	35732	1703909	4897
迁安市木厂口镇	5879	23295	7786	27900	2078215	37978
迁安市扣庄乡	7127	43552	22785	47298	261170	3407
迁安市彭店子乡	4055	23175	12424	31614	298018	117
迁安市上射雁庄乡	4434	24550	6305	56976	72375	5935
迁安市闫家店乡	4239	24483	9140	38432	46762	248
迁安市五重安乡	6771	26136	6174	25759	50539	2443
迁安市大五里乡	5050	17914	4074	30047	320581	743
迁安市太平庄乡	6508	15903	7014	39864	265275	2923
海港区东港镇	1832	15004	1221	6225	115169	3475
海港区海港镇	1287	11793		63	108306	1453
海港区西港镇	2900	21493	1096	4510	248796	1336
海港区海阳镇	2560	21386	915	18140	201750	4502
海港区北港镇	5400	19194	1764	6141	51762	1762
海港区杜庄镇	9257	34167	4280	6134	742876	1582
海港区石门寨镇	17734	45380	15562	45804	145798	2374
海港区驻操营镇	23408	23951	3841	36328	14429	1295
山海关区第一关镇	2200	16669	171	18159	78369	1081
山海关区石河镇	11278	21715	960	72832	134798	1609

4-1续8　乡镇经济主要指标(2016年)

乡　镇　名　称	行政区域面　积(公顷)	乡　镇总人口(人)	粮　食产　量(吨)	现价农林牧渔业总产值(万元)	企业营业收　入(万元)	公共财政收　入(万元)
山海关区孟姜镇	3514	17212	971	26000	69985	1432
北戴河区海滨镇	917	14120		7013	16013	1246
北戴河区戴河镇	3714	30528	1181	7594	17241	8068
北戴河区牛头崖镇	3955	20778	14145	16149	2405	2924
抚宁区抚宁镇	19655	80230	16670	162230	977337	3886
抚宁区留守营镇	8970	49742	24773	101696	404655	1695
抚宁区榆关镇	13505	34060	17357	53262	424251	1280
抚宁区台营镇	15864	42046	7575	66826	12147	1497
抚宁区大新寨镇	21357	33650	8260	54496	11500	1363
抚宁区茶棚乡	11384	36622	10985	84566	91556	975
抚宁区深河乡	3737	7347	2968	6305	27175	959
青龙满族自治县青龙镇	36100	86999	7453	39324	528500	1031
青龙满族自治县祖山镇	31500	22357	6671	22890	258743	880
青龙满族自治县木头凳镇	18600	28803	8502	55397	24532	32
青龙满族自治县双山子镇	10400	21948	5735	25916	34560	533
青龙满族自治县马圈子镇	18900	23119	4938	22040	53482	570
青龙满族自治县肖营子镇	13400	33845	8819	40294	93526	1549
青龙满族自治县大巫岚镇	16500	29913	8014	31548	408653	856
青龙满族自治县土门子镇	12000	25969	6043	57303	48863	522
青龙满族自治县八道河镇	17200	27481	4481	20700	42560	473
青龙满族自治县隔河头镇	16600	24659	4791	23035	5630	476
青龙满族自治县娄杖子镇	11000	23118	5824	34894	29863	486
青龙满族自治县凤凰山乡	7800	10778	2417	14060	102	575
青龙满族自治县龙王庙乡	12100	16443	6564	16532	668	434
青龙满族自治县三星口乡	10400	12423	3529	14384	10865	401
青龙满族自治县干沟乡	8800	7588	2760	8945	980	500
青龙满族自治县大石岭乡	11500	11178	3180	19695	2496	485
青龙满族自治县官场乡	18400	9949	1826	15999	260	402
青龙满族自治县茨榆山乡	11000	16671	5473	22184	26879	419
青龙满族自治县平方子乡	7915	10816	2873	14232	2456	472
青龙满族自治县安子岭乡	14000	13846	3776	15187	3240	416
青龙满族自治县朱杖子乡	6400	12131	3160	10816	57095	549
青龙满族自治县草碾乡	8500	7866	2955	19140	3650	375
青龙满族自治县七道河乡	6100	8672	2071	11819	6685	395
青龙满族自治县三拨子乡	8400	11181	2284	14887	1530	432
青龙满族自治县凉水河乡	11500	19601	3469	16775	35095	476
昌黎县昌黎镇	8713	119387	14090	37889	256390	2435
昌黎县靖安镇	9027	42196	14277	120775	1354454	1656
昌黎县安山镇	8290	46851	25788	64151	83158	1946
昌黎县龙家店镇	8260	43235	29061	27349	172461	2031
昌黎县泥井镇	7301	26220	27016	55893	15920	953
昌黎县大蒲河镇	3500	11867	8781	21378	29000	1022
昌黎县新集镇	9112	30569	24565	55813	14600	604
昌黎县刘台庄镇	5897	22893	21650	44378	12000	1091
昌黎县茹荷镇	4602	16354	16523	92691	800	84
昌黎县朱各庄镇	5830	31809	11623	20743	1500000	2134
昌黎县荒佃庄镇	7122	29406	26822	54348	13128	1237
昌黎县团林乡	1312	7198	6119	24398	22600	780
昌黎县葛条港乡	4170	21768	16980	22550	26985	1013

4-1续9 乡镇经济主要指标(2016年)

乡 镇 名 称	行政区域面积(公顷)	乡镇总人口(人)	粮食产量(吨)	现价农林牧渔业总产值(万元)	企业营业收入(万元)	公共财政收入(万元)
昌黎县马坨店乡	10159	36899	44154	71739	15125	1322
昌黎县两山乡	5046	20038	2438	39002	39955	174
昌黎县十里铺乡	3367	13254	980	23652	54865	1658
卢龙县卢龙镇	10645	78733	21888	33087	429339	1590
卢龙县潘庄镇	8294	24250	15663	20145	48747	1614
卢龙县燕河营镇	10756	31989	20772	44118	63427	248
卢龙县双望镇	7921	27337	25138	48689	58390	465
卢龙县刘田各庄镇	11095	42992	18790	78270	202535	388
卢龙县石门镇	8850	43259	17540	38624	589062	1756
卢龙县木井镇	6875	40510	25068	109519	237232	477
卢龙县陈官屯镇	7409	24508	17381	33823	358979	445
卢龙县蛤泊镇	5183	25941	13778	60657	87618	322
卢龙县下寨乡	4035	15658	14211	23068	187194	793
卢龙县刘家营乡	6194	14716	7893	16502	92000	1312
卢龙县印庄乡	7102	27655	22388	44128	53952	485
秦皇岛市经济技术开发区渤海乡	2100	9715	68	619	7100	
邯山区北张庄镇	3600	33027	8900	10161	756280	8980
邯山区河沙镇镇	4814	42287	47206	39589	5794	
邯山区南堡乡	5846	83572	23142	33705	137600	525
邯山区代召乡	4300	39031	29349	22160	92808	
丛台区黄粱梦镇	5819	52036	21854	9560	47123	1892
丛台区苏曹乡	800	51825			66815	5550
丛台区三陵乡	5579	28067	10749	7665	33155	1390
丛台区南吕固乡	2617	32050	21658	20150	86825	1520
丛台区兼庄乡	2414	73874	5707	4980	27926	1292
复兴区户村镇	4012	31187	12454	5784	875060	1093
复兴区彭家寨乡	2749	44376	1815	1150	1043575	1634
复兴区康庄乡	6014	29906	10704	5959	192100	719
峰峰矿区临水镇	1061	32929		1869	166860	795
峰峰矿区峰峰镇	4308	76797	4406	5912	285000	483
峰峰矿区新坡镇	2415	28638	4768	9415	214000	470
峰峰矿区大社镇	4113	45017	9464	15276	410000	311
峰峰矿区和村镇	5249	59779	5417	22486	706000	1125
峰峰矿区义井镇	5686	47347	5664	14024	705000	4051
峰峰矿区彭城镇	3335	58126	3499	8232	756000	524
峰峰矿区界城镇	2716	25262	2674	10776	263220	435
峰峰矿区大峪镇	2013	18382	2530	4544	170000	312
峰峰矿区西固义乡	2043	12759	8501	8299	56109	410
肥乡区肥乡镇	8062	85978	50106	76356	373052	8458
肥乡区天台山镇	5928	40694	45460	67806	223414	1919
肥乡区辛安镇镇	4505	35359	34555	63068	187707	3377
肥乡区大寺上镇	4539	32887	35667	53148	173760	3201
肥乡区毛演堡乡	5462	37964	41884	76967	144073	1005
肥乡区元固乡	5569	42723	44440	61771	240068	1471
肥乡区屯庄营乡	5338	29893	25728	51412	186685	1579
肥乡区东漳堡乡	5352	32576	32508	52219	161993	1221
肥乡区旧店乡	5499	29838	32302	54130	81131	1958
永年区临洺关镇	8208	162266	45617	62320	1431551	385
永年区大北汪镇	4043	39171	29050	53454	22324	287

4-1续10 乡镇经济主要指标(2016年)

乡镇名称	行政区域面积(公顷)	乡镇总人口(人)	粮食产量(吨)	现价农林牧渔业总产值(万元)	企业营业收入(万元)	公共财政收入(万元)
永年区张西堡镇	5087	48213	25634	89862	15543	460
永年区广府镇	4155	45122	16674	108783	172511	300
永年区永合会镇	7771	36099	11108	34376	101552	215
永年区刘营镇	3245	52322	31276	43032	454592	435
永年区西苏乡	4616	60971	42329	82853	290811	230
永年区界河店乡	3222	30005	14140	28285	1132626	6142
永年区刘汉乡	4647	43581	36777	64483	100576	217
永年区正西乡	4371	36532	26777	64752	70133	193
永年区讲武乡	3878	44396	31977	47562	90242	214
永年区曲陌乡	3692	36872	25413	57378	39166	585
永年区辛庄堡乡	4430	40716	40495	63736	20028	174
永年区小龙马乡	4141	51181	41362	105627	102558	486
永年区东杨庄乡	3258	41778	29956	109098	17824	355
永年区西河庄乡	4583	33268	14360	74857	46577	188
永年区西阳城乡	2825	24810	15533	45932	10678	179
临漳县临漳镇	5201	132407	33198	36045	79196	10651
临漳县南东坊镇	2714	26638	26193	26693	7155	290
临漳县孙陶集镇	83357	54826	55410	38012	28956	871
临漳县柳园镇	8894	58944	66715	48531	186652	690
临漳县称勾集镇	5835	43810	50495	45412	15812	121
临漳县狄邱乡	3664	31534	33435	37310	86302	110
临漳县张村集乡	7595	53791	65123	55813	140310	145
临漳县西羊羔乡	3059	23977	23912	28315	45415	367
临漳县香菜营乡	4880	33314	31254	46407	57310	170
临漳县杜村集乡	5449	41225	38921	37812	18012	240
临漳县章里集乡	4196	41256	39661	30612	86300	589
临漳县习文乡	5847	36720	36721	37812	131921	284
临漳县砖寨营乡	5639	36726	50435	45113	19215	240
临漳县柏鹤集乡	4939	41302	50712	37691	6012	182
成安县成安镇	4856	101295	27271	79261	2010653	25267
成安县商城镇	7215	74859	45249	91433	842537	8909
成安县漳河店镇	5065	35812	31211	54923	176895	2087
成安县李家疃镇	4908	36871	43720	52362	130418	2240
成安县辛义乡	5638	34588	38078	57971	138163	1551
成安县柏寺营乡	3365	24158	22769	36588	133294	1470
成安县道东堡乡	6475	37589	37618	73377	218299	2018
成安县北乡义乡	6425	29254	30523	48801	152621	1370
成安县长巷乡	4194	15971	24327	31185	328396	3211
大名县大名镇	4607	73725	34004	30560	674163	300
大名县杨桥镇	6297	43220	60566	38270	94295	137
大名县万堤镇	4906	33373	42881	33358	183095	187
大名县龙王庙镇	5043	59275	33496	28807	115072	439
大名县束馆镇	5364	41318	32444	41173	13872	196
大名县金滩镇	6065	47959	40409	30522	82446	129
大名县沙圪塔镇	5859	36200	49507	32378	42859	136
大名县大街镇	5956	40545	51609	36515	388089	803
大名县王村乡	4832	36512	44725	28608	20996	405
大名县铺上乡	4597	29640	31031	27779	213894	141
大名县黄金堤乡	5406	34152	44259	44764	100227	182

4-1续11　乡镇经济主要指标(2016年)

乡镇名称	行政区域面积(公顷)	乡镇总人口(人)	粮食产量(吨)	现价农林牧渔业总产值(万元)	企业营业收入(万元)	公共财政收入(万元)
大名县旧治乡	5850	40640	50473	42290	795159	263
大名县西未庄乡	4344	31546	35167	33663	45544	240
大名县孙甘店乡	5736	37369	24173	30535	131028	220
大名县西付集乡	5440	45784	39172	41641	98874	346
大名县埝头乡	6348	46425	35667	35608	194228	569
大名县北峰乡	5136	32414	20791	32771	61886	168
大名县张铁集乡	6264	37288	24741	36695	95760	230
大名县红庙乡	4999	32804	30069	33806	108464	144
大名县营镇回族乡	1971	14764	9026	23222	32085	109
涉县河南店镇	7503	36670	8136	12272	270748	725
涉县索堡镇	9578	26300	7532	23143	106000	682
涉县西戌镇	4162	17316	2352	11406	72231	946
涉县井店镇	10836	46509	3695	11306	1410816	1396
涉县更乐镇	6613	25636	3377	12365	950000	710
涉县固新镇	15435	25370	4544	13896	53183	436
涉县西达镇	9440	17665	2856	5810	31510	282
涉县偏城镇	13900	13032	3014	6063	136710	331
涉县神头乡	6172	14336	3284	11345	15526	149
涉县辽城乡	11192	15540	4569	18381	10716	203
涉县偏店乡	4352	15476	1683	10066	10206	150
涉县龙虎乡	7633	20117	1417	5819	57060	831
涉县木井乡	6031	14578	2275	7023	107094	272
涉县关防乡	10504	11555	2121	5903	70989	249
涉县合漳乡	11118	20894	2674	7031	9537	363
涉县鹿头乡	10544	14648	3210	13125	14631	268
磁县磁州镇	10430	172680	56783	99808	2109700	22262
磁县讲武城镇	7452	44527	47062	49203	322800	1312
磁县岳城镇	9531	37907	18654	18137	1075141	4813
磁县观台镇	4105	28245	12824	20540	1093200	14228
磁县白土镇	6675	23752	7091	10144	262990	706
磁县黄沙镇	2082	17739	5797	7950	221197	13019
磁县路村营乡	3852	23749	7370	15616	247900	2374
磁县时村营乡	4592	27338	25892	17778	146200	679
磁县陶泉乡	9688	15128	4135	9966	83300	452
磁县都党乡	3804	14408	4212	5928	315000	387
磁县北贾壁乡	7295	26097	7414	7607	90450	205
邱县新马头镇	11952	53848	27520	78542	609234	580
邱县邱城镇	5843	30971	21406	49038	82034	449
邱县梁二庄镇	6253	31083	34092	49189	238700	298
邱县香城固镇	6099	32570	18175	40824	71995	235
邱县南辛店乡	5284	22553	25993	35546	109568	223
邱县古城营乡	6964	27395	9833	37885	23100	321
邱县陈村回族乡	1124	6115	1868	15214	29864	111
鸡泽县鸡泽镇	7266	64933	35470	51622	82053	2838
鸡泽县小寨镇	6258	44706	38686	57818	401965	1349
鸡泽县双塔镇	3564	42059	23864	47647	109345	652
鸡泽县曹庄镇	4770	38914	28736	45991	282499	1019
鸡泽县浮图店乡	4691	58820	39616	48732	106803	780
鸡泽县吴官营乡	4280	32671	23583	39508	154972	248

4-1续12　乡镇经济主要指标(2016年)

乡　镇　名　称	行政区域面　积(公顷)	乡　镇总人口(人)	粮　食产　量(吨)	现价农林牧渔业总产值(万元)	企业营业收　入(万元)	公共财政收　入(万元)
鸡泽县风正乡	2768	27446	18156	38033	489923	538
广平县广平镇	4962	76007	33555	34319	658831	3972
广平县平固店镇	5306	37366	39335	42346	493269	1023
广平县胜营镇	4691	45164	36164	36116	448378	1976
广平县南阳堡镇	3151	29500	25035	23146	394478	404
广平县十里铺乡	4510	45032	33297	33086	449954	2256
广平县南韩村乡	4897	30186	35867	37108	449960	493
广平县东张孟乡	3843	23569	24756	29911	341283	1040
馆陶县馆陶镇	4825	74120	25565	64883	436293	4200
馆陶县房寨镇	4401	26327	26827	49960	222	426
馆陶县柴堡镇	7447	45267	44827	66910	216180	570
馆陶县魏僧寨镇	5598	34795	49598	82645	739995	700
馆陶县寿山寺乡	6160	43246	45093	67316	585421	1300
馆陶县王桥乡	5470	35075	41697	102501	70534	265
馆陶县南徐村乡	4269	28461	27696	43605	8688	360
馆陶县路桥乡	7226	40216	52947	63871	233787	260
魏县魏城镇	6365	109847	27997	38947	19312	4716
魏县德政镇	2365	27692	14018	21522	77608	581
魏县北皋镇	6895	61466	50308	34615	259901	1199
魏县双井镇	4877	47279	39533	30151	167389	400
魏县牙里镇	4835	52955	41030	29368	14970	530
魏县车往镇	4470	36665	34246	28292	35530	820
魏县回隆镇	4301	46332	37787	31389	18663	2930
魏县张二庄镇	6114	55183	47947	35919	115920	142
魏县东代固镇	2876	33291	5764	25546	127368	70
魏县院堡镇	2138	17460	18375	14476	16878	
魏县棘针寨乡	2795	22892	13687	26721	7995	511
魏县沙口集乡	6184	36645	38876	39626	11003	890
魏县野胡拐乡	2612	16249	17389	10083	95316	335
魏县仕望集乡	2381	20159	17530	19260	34398	377
魏县前大磨乡	3712	24128	27303	17159	31872	710
魏县南双庙乡	4423	34315	35307	21363	77500	658
魏县大辛庄乡	4576	28128	32085	18598	75321	527
魏县大马村乡	2240	17310	19765	11322	95164	172
魏县边马乡	5095	41570	44620	20668	21668	266
魏县北台头乡	2687	15579	24732	9869	80592	521
魏县泊口乡	4270	32495	30418	15578	34981	560
曲周县曲周镇	7366	55249	34739	101260	1069710	3551
曲周县安寨镇	9450	68114	65470	67639	615643	705
曲周县侯村镇	9857	67813	70539	62662	578706	1320
曲周县河南疃镇	7440	50213	46366	46560	809024	1057
曲周县第四疃镇	8153	45593	42538	36436	551010	718
曲周县白寨镇	6533	60152	50707	85913	576274	388
曲周县槐桥乡	5712	33723	33590	44798	296193	1159
曲周县南里岳乡	5291	35298	39760	37987	339286	397
曲周县大河道乡	3620	26416	20627	38728	272397	919
曲周县依庄乡	4599	30154	21636	29051	281740	358
邯郸经济技术开发区尚璧镇	2919	35986	11915	24078	25559	31
邯郸经济技术开发区南沿村镇	4000	53263	10539	163370	119008	306

4-1续13　乡镇经济主要指标(2016年)

乡镇名称	行政区域面积(公顷)	乡镇总人口(人)	粮食产量(吨)	现价农林牧渔业总产值(万元)	企业营业收入(万元)	公共财政收入(万元)
邯郸经济技术开发区小西堡乡	4518	32407	14398	149812	39415	180
邯郸经济技术开发区姚寨乡	5322	42000	24746	87089	316980	210
冀南新区马头镇	1800	42156	6879	4189	238613	565
冀南新区高臾镇	5270	42381	28975	30015	160465	630
冀南新区西光禄镇	5263	27424	23676	17142	265948	230
冀南新区林坛镇	6428	34063	30101	19900	224168	296
冀南新区辛庄营乡	1539	29518	16582	17475	96205	313
冀南新区花官营乡	3449	37862	28288	14320	225532	1336
冀南新区台城乡	3052	27968	25582	12411	233189	9483
冀南新区南城乡	5494	24982	27275	19680	170630	204
武安市武安镇	4150	176425	5245	12985	3296859	69452
武安市康二城镇	8000	34713	9426	14659	486789	667
武安市午汲镇	7200	43675	23598	20986	2869582	38695
武安市磁山镇	5354	76540	14698	7598	2398654	117464
武安市伯延镇	4300	21688	16995	7239	73625	2665
武安市淑村镇	6405	25002	11152	17298	301120	800
武安市大同镇	7400	46664	16987	23605	635123	670
武安市邑城镇	6620	45055	21635	19854	176352	365
武安市矿山镇	9966	47016	8723	12291	1295784	427
武安市贺进镇	12000	25975	5425	6428	34987	446
武安市阳邑镇	10700	44167	13987	17278	2013164	891
武安市徘徊镇	10361	30291	13259	24206	56958	362
武安市冶陶镇	7500	23520	7436	5669	932572	500
武安市上团城乡	5130	35618	11960	8835	2398891	31738
武安市北安庄乡	3200	16884	11987	9958	169987	306
武安市北安乐乡	5000	33685	12958	16987	86754	150
武安市西土山乡	7396	60985	19974	18329	1802458	241
武安市西寺庄乡	6750	38512	11987	23984	249871	317
武安市活水乡	20990	23370	4765	11095	219854	350
武安市石洞乡	7100	22882	11987	12698	236978	230
武安市管陶乡	18800	18826	7069	8469	56497	217
武安市马家庄乡	8370	18052	8059	10185	60986	260
桥东区东郭村镇	1307	18792	2964	6951	69120	389
桥东区大梁庄乡	898	16063	703	3648	61444	1008
桥西区南大郭镇	2487	30935	5641	3603	392	3887
桥西区李村镇	6326	37520	15844	8638	29660	2367
邢台县晏家屯镇	4831	23778	18535	13675	1830000	751
邢台县南石门镇	10238	47401	16857	22400	870010	2796
邢台县羊范镇	7817	29469	10405	10335	63201	1258
邢台县皇寺镇	15500	33495	15570	22218	85155	2047
邢台县会宁镇	10400	38468	22817	18698	197158	1504
邢台县西黄村镇	14000	19868	4564	8996	12856	1642
邢台县路罗镇	14600	16867	3475	8262	14956	1455
邢台县将军墓镇	12515	14409	1517	4662	56000	1265
邢台县浆水镇	16300	28835	3043	23689	49465	1160
邢台县宋家庄镇	16200	18311	1449	14370	62839	1402
邢台县太子井乡	6500	10931	818	2536	67800	1061
邢台县龙泉寺乡	15200	11739	1799	7622	15860	1215
邢台县北小庄乡	11400	6330	2854	4481	4225	1097

4-1续14 乡镇经济主要指标(2016年)

乡镇名称	行政区域面积(公顷)	乡镇总人口(人)	粮食产量(吨)	现价农林牧渔业总产值(万元)	企业营业收入(万元)	公共财政收入(万元)
邢台县城计头乡	8900	11739	1661	7662	10200	977
邢台县白岸乡	12100	8893	1219	4295	3079	911
邢台县冀家村乡	8200	9844	1569	5415	20600	661
临城县临城镇	12900	71930	32408	33079	51637	2326
临城县东镇镇	5296	25918	22098	18008	59145	546
临城县西竖镇	8867	17903	6076	34777	44928	228
临城县郝庄镇	9482	15338	4156	12819	20061	240
临城县黑城乡	10271	24103	22832	22552	41578	921
临城县鸭鸽营乡	9071	27355	25431	25645	54977	88
临城县石城乡	7333	10577	8473	12871	9766	136
临城县赵庄乡	16369	19262	4716	12877	69186	345
内丘县内丘镇	6520	88201	34330	29185	283304	17546
内丘县大孟村镇	7650	31205	24734	20292	535893	8383
内丘县金店镇	9920	56611	55610	41507	276784	3232
内丘县官庄镇	4830	26609	31633	21694	23925	3468
内丘县柳林镇	9160	20085	10783	18283	7060	886
内丘县五郭店乡	7998	24866	23843	30523	36174	499
内丘县南赛乡	9645	9521	3094	15399	10391	108
内丘县獐獏乡	5660	5488	1146	5921	19059	37
内丘县侯家庄乡	17390	11374	2120	16146	17430	52
柏乡县柏乡镇	5030	52226	42241	32470	254693	1157
柏乡县固城店镇	5238	39453	40839	39112	22640	677
柏乡县西汪镇	3660	32106	25007	46228	112684	874
柏乡县王家庄乡	3320	19125	22352	20600	58653	763
柏乡县龙华乡	5460	36232	50178	31819	57440	1220
柏乡县内步乡	3290	19239	23777	23418	11571	735
隆尧县隆尧镇	8160	104858	53701	58064	332820	5289
隆尧县魏家庄镇	4110	32800	25971	30672	161150	224
隆尧县尹村镇	6690	46426	39088	38209	176260	508
隆尧县山口镇	5465	34368	33974	38409	300000	710
隆尧县莲子镇镇	7512	66181	43044	24371	2325650	3034
隆尧县固城镇	6470	45690	63787	32037	165100	436
隆尧县北楼乡	3794	28534	29907	35642	14100	35
隆尧县东良乡	6910	48027	49215	47136	55060	483
隆尧县双碑乡	3621	25858	26250	32514	105150	162
隆尧县牛家桥乡	4993	22819	35619	34678	69960	150
隆尧县千户营乡	7800	28664	55108	37657	15500	31
隆尧县大张庄乡	6790	32732	47949	25092	15510	56
任县任城镇	5600	48894	45431	30301	56490	3508
任县邢家湾镇	5300	38159	48171	24322	322183	1853
任县辛店镇	3500	40349	29260	23255	30526	960
任县天口镇	6296	47908	50881	25296	48107	1062
任县西固城乡	6300	45001	41217	29567	66347	1077
任县永福庄乡	4900	33899	49527	24878	16661	150
任县大屯乡	6800	50730	52036	29576	12423	2650
任县骆庄乡	4000	33232	26679	21251	2755	883
南和县和阳镇	4514	57636	31612	42589	201048	3016
南和县贾宋镇	6768	57779	55538	55171	135406	560
南和县郝桥镇	6110	63547	47152	46596	24910	408

4-1续15　乡镇经济主要指标(2016年)

乡　镇　名　称	行政区域面　积(公顷)	乡　镇总人口(人)	粮　食产　量(吨)	现价农林牧渔业总产值(万元)	企业营业收　入(万元)	公共财政收　入(万元)
南和县东三召乡	5803	51000	45616	43895	59493	238
南和县阎里乡	4516	38228	29400	42462	27454	352
南和县河郭乡	4435	31341	31970	35747	970420	1249
南和县史召乡	3800	33751	25597	30389	127032	357
南和县三思乡	4230	35986	20357	21273	127112	559
宁晋县凤凰镇	9263	126021	65232	49941	3124452	49015
宁晋县河渠镇	7960	63165	69707	34340	278558	1021
宁晋县北河庄镇	5996	48104	64360	35351	149229	193
宁晋县耿庄桥镇	13312	54212	54447	32542	226356	401
宁晋县东汪镇	5860	35788	41924	30777	618713	660
宁晋县贾家口镇	8616	48444	73079	35905	1336034	4904
宁晋县四芝兰镇	8586	55005	61700	47922	203661	376
宁晋县大陆村镇	6637	46035	50827	33836	436616	1273
宁晋县苏家庄镇	8667	59260	49525	54822	999860	1107
宁晋县换马店镇	5572	41391	46368	34358	85410	298
宁晋县唐邱镇	6015	45358	39395	36949	156319	224
宁晋县侯口乡	5826	23211	43743	20584	518689	473
宁晋县纪昌庄乡	5931	23293	41816	28045	105806	185
宁晋县北鱼乡	2061	8656	19816	10387	14620	54
巨鹿县巨鹿镇	8336	120839	24962	67836	566333	3663
巨鹿县王虎寨镇	4721	24424	18568	18670	262945	1467
巨鹿县西郭城镇	3718	14325	20054	12148	295961	1085
巨鹿县官亭镇	6390	33748	32938	21890	47335	1933
巨鹿县阎疃镇	6352	26379	14332	38798	30616	1320
巨鹿县小吕寨镇	3759	23464	8536	16115	27710	1539
巨鹿县苏家营镇	7989	34797	30314	29663	3650	1594
巨鹿县堤村乡	7310	37680	19319	39262	7626	457
巨鹿县张王疃乡	7456	37767	22223	35266	8100	706
巨鹿县观寨乡	6640	32327	21695	45652	2162	1687
新河县新河镇	5706	64836	31826	24945	282020	580
新河县寻寨镇	5456	25527	27315	21890	14556	587
新河县白神首乡	4135	16763	23874	17535	284412	561
新河县荆家庄乡	6664	23623	45063	22150	440759	505
新河县西流乡	6689	25357	14595	26518	257368	599
新河县仁让里乡	7665	20294	17325	31133	5645	430
广宗县广宗镇	6480	73901	7645	15547	63254	1979
广宗县冯家寨镇	6813	38600	8047	23175	55484	1006
广宗县北塘疃镇	9219	44463	6127	56944	30003	745
广宗县核桃园镇	6793	33415	31826	41298	11053	406
广宗县葫芦乡	4199	21079	2664	24920	831	258
广宗县大平台乡	7309	36331	12513	25067	4372	598
广宗县件只乡	4890	25288	8185	19619	952	320
广宗县东召乡	3669	18707	12467	20380	4895	370
平乡县平乡镇	5270	37705	39272	31366	129425	1759
平乡县河古庙镇	6370	51081	29734	32178	399288	5682
平乡县节固乡	5730	37888	41057	34339	118216	1332
平乡县油召乡	6550	39404	54224	38710	193460	1444
平乡县田付村乡	4940	27926	27754	30485	94850	2089
平乡县寻召乡	5290	31002	27404	29619	99688	1212

4–1续16　乡镇经济主要指标(2016年)

乡镇名称	行政区域面积(公顷)	乡镇总人口(人)	粮食产量(吨)	现价农林牧渔业总产值(万元)	企业营业收入(万元)	公共财政收入(万元)
威县洺州镇	6836	93660	7539	39758	229309	818
威县梨园屯镇	5311	30151	7549	34929	12768	570
威县章台镇	6143	36361	17741	40878	88717	695
威县侯贯镇	7039	34250	13200	28545	152487	731
威县七级镇	6054	33642	13668	35972	165703	1000
威县贺营镇	6363	34784	6134	30009	15202	613
威县方家营镇	5006	28583	9672	27567	137728	630
威县常庄镇	5395	26830	13190	42247	332806	1275
威县第什营镇	7943	34445	12374	42422	80751	791
威县枣园乡	5436	34236	9633	29672	30183	650
威县固献乡	6351	28153	7562	26895	147279	735
威县贺钊乡	6843	33508	11028	31153	157044	1100
威县张家营乡	5206	22690	11253	34609	25179	588
威县常屯乡	7337	31330	12590	38619	61899	631
威县高公庄乡	5704	26572	11321	53567	24147	683
威县赵村乡	5796	28537	12915	46170	140858	1109
清河县葛仙庄镇	12698	142109	28341	58752	1528217	6135
清河县连庄镇	8220	63162	62519	42629	534117	1583
清河县油坊镇	7150	63179	56341	35147	180745	1116
清河县谢炉镇	7025	57250	46448	35636	501823	1688
清河县王官庄镇	7200	61267	47835	26771	766648	2016
清河县坝营镇	7771	47574	46362	27005	216486	1523
临西县临西镇	4100	55052	25822	19796	315300	3122
临西县河西镇	5300	38578	27069	21100	335146	2186
临西县下堡寺镇	6000	32275	21425	36251	156200	2102
临西县尖冢镇	6000	41089	40499	22834	138440	1196
临西县老官寨镇	7401	35317	54499	31688	136520	
临西县吕寨镇	6800	29538	39140	32976	53500	3570
临西县东枣园乡	4438	22745	22876	18903	115280	2645
临西县摇鞍镇乡	7700	37701	45733	34952	62400	1556
临西县大刘庄乡	6500	33287	43112	24005	176550	1743
河北邢台经济开发区东汪镇	2080	33289	8223	4846	523803	1438
河北邢台经济开发区王快镇	2860	41165	9168	5540	1842422	1886
河北邢台经济开发区祝村镇	3656	25376	9699	5939	171402	1582
河北邢台经济开发区沙河城镇	2985	18392	8770	4815	12171	1310
河北邢台经济开发区留村镇	6941	48988	40092	28238	805186	1144
邢台市大曹庄管理区徐家河乡	3913	18367	41859	32458	146441	3500
邢台市大曹庄管理区大曹庄乡	2087	14576	25115	19474	87865	856
南宫市苏村镇	5060	21475	14014	13549	25505	573
南宫市大高村镇	4620	20091	11318	16562	65936	297
南宫市垂杨镇	7760	41687	20729	23088	72579	715
南宫市明化镇	6950	31728	22129	26934	53996	597
南宫市段芦头镇	9290	50937	26694	25712	405629	3046
南宫市紫冢镇	8550	39187	32579	31147	169573	988
南宫市大村乡	5870	21981	15307	18294	10919	377
南宫市南便村乡	6080	28138	13595	21058	12316	624
南宫市大屯乡	5640	22484	11963	22758	27768	544
南宫市王道寨乡	5800	25553	10753	21393	23311	488
南宫市薛吴村乡	6680	29789	18766	30987	33517	1165

4－1续17 乡镇经济主要指标(2016年)

乡镇名称	行政区域面积(公顷)	乡镇总人口(人)	粮食产量(吨)	现价农林牧渔业总产值(万元)	企业营业收入(万元)	公共财政收入(万元)
沙河市新城镇	5244	41520	19924	15840	265000	948
沙河市白塔镇	8400	42968	13637	16916	1250000	12500
沙河市十里亭镇	6330	28011	8842	9537	211680	6661
沙河市綦村镇	10842	28020	5763	13230	98210	7982
沙河市册井乡	6066	24874	4303	9249	40299	942
沙河市刘石岗乡	7550	22867	10033	10910	6850	637
沙河市柴关乡	8249	15873	1986	8995	9850	1130
沙河市蝉房乡	15230	18370	2462	13295	485	1037
竞秀区颉庄乡	1140	22874	3126	3022	576281	1516
竞秀区富昌乡	1416	25331	5135	4141	737847	1059
竞秀区韩村乡	550	11890	739	486	180031	4277
竞秀区南奇乡	2272	22692	8581	19665	413638	1087
竞秀区江城乡	4289	39408	21931	33202	824350	2703
莲池区韩庄乡	2180	42983	10032	11100	12479	872
莲池区东金庄乡	1530	21505	1924	10845	135000	10840
莲池区百楼乡	2461	25308	13252	15966	347106	1948
莲池区杨庄乡	1272	14354	1742	4167	4120	480
莲池区南大园乡	1722	28152	457	6451	11772674	100
莲池区焦庄乡	2980	33646	13560	21640	93950	2019
莲池区五尧乡	2779	41358	11633	19630	223728	1963
满城区满城镇	8800	104800	28728	101961	594000	3154
满城区大册营镇	4740	36283	16074	30950	374290	1011
满城区神星镇	7300	42137	11562	35488	301080	752
满城区南韩村镇	5933	44425	34512	62579	690921	2151
满城区方顺桥镇	5199	45092	32554	38860	736100	682
满城区于家庄乡	2947	22675	23345	25620	290000	831
满城区要庄乡	2816	25240	15187	30480	104807	735
满城区白龙乡	4750	18167	4923	11255	32010	698
满城区石井乡	5924	22651	5942	20510	184717	727
满城区坨南乡	6667	17055	3121	13993	7536	495
满城区刘家台乡	7862	5068	1099	7095	13554	411
清苑区清苑镇	4690	39822	23868	19343	576627	5737
清苑区冉庄镇	6440	38372	37558	42731	48264	700
清苑区阳城镇	6790	39375	49510	33827	16825	825
清苑区魏村镇	4500	38657	35391	21000	107327	784
清苑区温仁镇	6613	49925	27403	55400	140028	392
清苑区张登镇	5538	40249	10625	42444	117900	785
清苑区大庄镇	2900	23578	10096	23480	130312	396
清苑区臧村镇	3610	31052	23160	24469	42568	577
清苑区白团乡	5070	37884	31999	17766	84467	692
清苑区北店乡	4538	27892	23326	29031	81900	159
清苑区石桥乡	7120	43310	32229	42580	261000	1210
清苑区李庄乡	4966	27219	25910	28509	45780	582
清苑区北王力乡	4525	28553	18216	37796	3942	561
清苑区东吕乡	5909	47289	22460	59282	296754	480
清苑区何桥乡	3947	28718	29871	19780	17810	570
清苑区孙村乡	2158	18670	13222	21230	17100	469
清苑区阎庄乡	2226	20600	15563	19128	49000	436
清苑区望亭镇	4212	41243	36761	41697	710000	610

4–1续18　乡镇经济主要指标(2016年)

乡镇名称	行政区域面积(公顷)	乡镇总人口(人)	粮食产量(吨)	现价农林牧渔业总产值(万元)	企业营业收入(万元)	公共财政收入(万元)
徐水区安肃镇	8154	137480	45449	66852	1075673	4402
徐水区崔庄镇	7036	73371	44125	49265	293583	185
徐水区大因镇	5744	54136	39008	48394	113747	104
徐水区遂城镇	6791	46618	43098	43360	329934	2559
徐水区高林村镇	6577	43842	36972	74790	216511	256
徐水区大王店镇	7271	52279	15605	57256	100373	261
徐水区漕河镇	5287	34556	28279	53506	54845	54
徐水区东史端镇	4236	32584	24963	24210	116610	2321
徐水区留村镇	3733	28414	23153	25438	145710	101
徐水区正村镇	3589	25557	17872	30246	18762	87
徐水区户木乡	3589	24387	23034	20771	7560	101
徐水区瀑河乡	3358	14702	8127	15524	5376	245
徐水区东釜山乡	3813	12817	5671	3670	14881	63
徐水区义联庄乡	3122	7585	4257	3799	11099	447
涞水县涞水镇	4432	38656	14816	38565	42535	320
涞水县永阳镇	6489	29560	15924	19621	21624	1203
涞水县义安镇	5336	29925	21789	22904	20075	529
涞水县石亭镇	7357	38179	15873	22572	23098	1216
涞水县赵各庄镇	25311	22233	1753	12306	1277	6504
涞水县九龙镇	22419	16353	1343	9840	3255	500
涞水县三坡镇	21837	13237	957	6956	5077	240
涞水县一渡镇	4799	9833	1424	5654	1794	529
涞水县明义镇	3331	20519	16064	22793	4386	120
涞水县王村镇	3444	20912	12311	12681	15594	420
涞水县东文山乡	3200	17299	8112	9253	9328	328
涞水县娄村满族镇	16206	29137	9783	19163	8245	702
涞水县其中口乡	17678	6219	1633	3792	342	100
涞水县龙门乡	21307	9676	914	6571	5701	525
涞水县胡家庄乡	2521	15285	10589	15744	5152	276
阜平县阜平镇	29440	52010	8113	18814	39467	468
阜平县龙泉关镇	14872	7141	4222	8469	2247	105
阜平县平阳镇	18726	25143	8291	17962	19634	136
阜平县城南庄镇	27580	17853	8895	19092	12693	560
阜平县天生桥镇	16483	10361	5387	9352	10594	154
阜平县王林口镇	10550	19702	5688	12351	1880	345
阜平县台峪乡	11367	7408	3555	6068	16690	195
阜平县大台乡	17714	11233	4221	8929	4344	21
阜平县史家寨乡	26380	7915	3303	8946	1561	540
阜平县砂窝乡	23169	10627	5195	10160	16488	882
阜平县吴王口乡	20423	3803	2002	5214	10724	196
阜平县夏庄乡	16942	4835	1932	5075	3772	84
阜平县北果元乡	15947	22435	5439	16830	14443	310
定兴县定兴镇	6587	128570	23633	22005	728889	2315
定兴县固城镇	6724	45457	52427	50517	81659	672
定兴县贤寓镇	6722	41490	43462	61230	206427	564
定兴县北河镇	3329	20568	18769	13745	54251	437
定兴县天宫寺镇	4258	33736	31604	31099	64880	780
定兴县小朱庄镇	4486	28740	28732	28195	50130	279
定兴县东落堡乡	3921	25000	24592	31548	31223	290

4-1续19　乡镇经济主要指标(2016年)

乡镇名称	行政区域面积(公顷)	乡镇总人口(人)	粮食产量(吨)	现价农林牧渔业总产值(万元)	企业营业收入(万元)	公共财政收入(万元)
定兴县高里乡	8242	43985	54416	70876	106512	741
定兴县张家庄乡	2823	17656	23608	29830	29824	392
定兴县姚村镇	3091	18699	25996	14612	34152	496
定兴县肖村乡	3751	19950	26337	26017	6344	172
定兴县柳卓乡	3156	19913	23074	12897	11720	369
定兴县杨村乡	3856	24135	26155	24472	62590	398
定兴县北田乡	4879	31003	26242	43857	65081	703
定兴县北南蔡乡	2815	16941	19773	15511	39494	325
定兴县李郁庄乡	2777	15700	23492	12082	26518	1028
唐县仁厚镇	5000	46865	20535	24137	233454	1100
唐县王京镇	4600	51370	26032	21007	181335	1514
唐县高昌镇	5500	36217	20832	24206	20302	450
唐县北罗镇	4100	50245	16480	18832	40744	185
唐县白合镇	11000	29531	12598	16609	32039	
唐县军城镇	9700	22667	4584	8240	7560	300
唐县川里镇	10100	8207	1819	1650	21900	340
唐县长古城镇	4310	41957	26018	33890	85563	735
唐县罗庄镇	5400	36440	11160	9314	1520	238
唐县都亭乡	3400	24391	11692	28756	59780	175
唐县南店头乡	1780	22564	10180	39892	30318	203
唐县北店头乡	7910	29666	12328	20246	12035	538
唐县雹水乡	2900	17916	5170	2415	7971	205
唐县大洋乡	5100	25282	5050	8173	9234	90
唐县迷城乡	5200	12205	1041	2756	5583	334
唐县齐家佐乡	11600	25700	8305	15246	6479	646
唐县羊角乡	9200	11080	2915	5101	12777	165
唐县石门乡	9215	8612	2298	4110	5206	45
唐县黄石口乡	11800	17578	2375	3160	9072	402
唐县倒马关乡	10300	4107	1830	1276	4839	135
高阳县高阳镇	3960	81747	8661	7340	160012	446
高阳县庞口镇	8612	51292	25229	30141	205873	380
高阳县西演镇	7197	46159	18865	32187	204346	800
高阳县邢家南镇	5050	43000	18153	12744	326130	280
高阳县晋庄镇	5406	33270	26810	17210	452552	737
高阳县蒲口乡	5254	25619	19869	17751	181200	1112
高阳县小王果庄乡	4396	23173	19332	13086	184772	708
高阳县龙化乡	5200	24133	18870	21545	26300	595
高阳县庞家佐乡	4274	18863	14010	17723	35462	576
容城县容城镇	7590	76704	43305	44384	410050	1506
容城县小里镇	3500	28240	21789	21838	208765	462
容城县南张镇	5380	42473	39221	29522	200360	951
容城县大河镇	3200	22620	22047	13639	358000	633
容城县晾马台镇	3380	26723	18304	12010	186220	472
容城县八于乡	2920	20129	19578	13719	29700	686
容城县贾光乡	2380	25189	20546	29160	76950	447
容城县平王乡	3050	24721	20966	16811	309950	469
涞源县涞源镇	18100	45920	10502	11144	361521	4972
涞源县银坊镇	23200	15307	2919	6471	21200	245
涞源县走马驿镇	15700	20909	1907	6940	63200	40

4-1续20　乡镇经济主要指标(2016年)

乡镇名称	行政区域面积(公顷)	乡镇总人口(人)	粮食产量(吨)	现价农林牧渔业总产值(万元)	企业营业收入(万元)	公共财政收入(万元)
涞源县水堡镇	15300	7990	1804	4251	147500	298
涞源县王安镇	14600	15962	2457	4834	6100	476
涞源县杨家庄镇	11500	11862	944	1663	111517	1120
涞源县白石山镇	15700	19220	6138	8185	1305	7578
涞源县南屯镇	7100	10375	3812	4952	32000	398
涞源县南马庄乡	13500	10143	1028	6829	6460	689
涞源县北石佛乡	14900	19982	8311	11327	5550	932
涞源县金家井乡	17700	14088	7303	5843	2750	902
涞源县留家庄乡	13800	7460	2260	4851	2150	579
涞源县上庄乡	19300	15100	5525	4860	2270	180
涞源县东团堡乡	19400	14950	3632	4130	10470	681
涞源县塔崖驿乡	7500	6569	1066	2947	3586	511
涞源县乌龙沟乡	7500	6114	795	2483	41101	18
涞源县烟煤洞乡	7440	4880	475	2117	9150	
望都县望都镇	3980	56421	27760	30226	59890	623
望都县固店镇	4994	28519	33583	43969	81256	483
望都县贾村镇	4016	28632	22297	40213	40317	344
望都县寺庄乡	4883	32477	31469	32390	19556	365
望都县赵庄乡	3413	25622	27552	34681	81196	511
望都县黑堡乡	3822	28030	25984	32909	91968	370
望都县高岭乡	4031	24778	19665	44896	118210	510
望都县中韩庄镇	6535	26871	44621	44989	40125	351
安新县安新镇	7138	49153	13885	17425	208496	1534
安新县大王镇	7300	29598	42307	12527	320000	2000
安新县三台镇	5600	67065	24536	19750	1050000	1359
安新县端村镇	7200	48040	23922	29313	21564	1290
安新县赵北口镇	2260	22483	5565	6652	50000	225
安新县同口镇	8801	36099	19051	17827	144000	838
安新县刘李庄镇	6200	51497	20032	17227	760000	934
安新县安州镇	7482	40823	29749	13114	5030000	1257
安新县老河头镇	6090	45767	24239	14746	242600	2265
安新县圈头乡	4500	25442	242	13058	27285	768
安新县寨里乡	5796	35243	28700	13066	150800	972
安新县芦庄乡	4100	22597	19147	11499	377490	882
易县易州镇	8060	52594	12937	18850	78699	1384
易县梁格庄镇	14500	30715	7058	21700	55932	290
易县西陵镇	8000	16471	3495	24469	31598	260
易县裴山镇	8506	37479	16352	27185	33258	510
易县塘湖镇	7333	45957	14117	44547	15596	477
易县狼牙山镇	14667	16787	3531	13901	3385	527
易县良岗镇	16700	11722	2150	7297	8990	200
易县紫荆关镇	26300	21356	1417	37086	22985	525
易县高村镇	9800	36063	13856	36952	76439	502
易县桥头乡	5440	27357	19509	21623	33831	200
易县白马乡	5940	16660	7516	15338	17025	429
易县流井乡	10800	17527	9274	24124	8520	648
易县高陌乡	6450	47328	33757	41238	21500	545
易县大龙华乡	7500	12820	1695	6898	8678	200
易县安格庄乡	10300	11240	1192	6954	3573	190

4-1续21 乡镇经济主要指标(2016年)

乡 镇 名 称	行政区域面积(公顷)	乡镇总人口(人)	粮食产量(吨)	现价农林牧渔业总产值(万元)	企业营业收入(万元)	公共财政收入(万元)
易县凌云册乡	6620	31939	31816	43368	30098	265
易县西山北乡	9345	22157	4124	22472	14880	362
易县尉都乡	4050	16230	8496	9463	16985	170
易县独乐乡	3700	10520	1150	19855	1210	171
易县七峪乡	5100	2568	1140	3549	10137	190
易县富岗乡	10600	5992	874	2724	54160	152
易县坡仓乡	7200	5991	430	5365	5265	
易县牛岗乡	8378	5359	1448	3113	1368	70
易县桥家河乡	7310	4328	535	2495	14996	247
易县甘河净乡	6200	1531	655	2889	7005	197
易县蔡家峪乡	7200	2503	185	2008		219
易县南城司乡	17800	13348	2095	6114	3320	90
曲阳县恒州镇	4820	51784	12065	19520	84890	953
曲阳县灵山镇	12210	74223	5360	11383	29943	437
曲阳县燕赵镇	4850	46854	26593	27385	32210	206
曲阳县羊平镇	5150	45462	6779	9968	111320	104
曲阳县文德镇	3800	47650	24793	20804	64408	320
曲阳县晓林镇	6140	37885	14210	28005	31320	195
曲阳县路庄子乡	3640	17340	5177	7566	49166	157
曲阳县下河乡	5930	25762	8900	16337	3168	570
曲阳县庄窠乡	2310	12609	3212	4280	6723	483
曲阳县孝墓乡	6660	25727	4735	5990	543	143
曲阳县东旺乡	5840	36930	13592	13365	27650	774
曲阳县邸村镇	3040	26675	13122	13902	36989	1200
曲阳县产德乡	8760	32590	10238	17755	19881	190
曲阳县齐村镇	7620	16785	2039	4307	1035	400
曲阳县党城乡	6420	24657	3578	11104	31239	1288
曲阳县郎家庄乡	10199	21470	3215	4194	24347	622
曲阳县范家庄乡	4970	8452	1563	1660	1340	71
曲阳县北台乡	6300	11935	2219	4835	9420	595
蠡县蠡吾镇	9954	108943	36710	31833	763540	2209
蠡县留史镇	5962	55803	19769	14973	433466	1430
蠡县大百尺镇	19429	68265	34054	19325	456833	747
蠡县辛兴镇	6251	53673	33291	13450	619118	664
蠡县北郭丹镇	2718	23540	11620	15120	60733	375
蠡县万安镇	2991	30998	9847	22072	43762	350
蠡县桑园镇	3686	29120	18844	23436	210373	522
蠡县南庄镇	6896	39470	30057	43075	41645	550
蠡县大曲堤镇	2800	24541	3864	21840	102338	578
蠡县小陈乡	2027	25078	12435	12505	74224	373
蠡县林堡乡	2680	21871	10889	13446	70891	382
蠡县北埝头乡	4434	26188	22821	18762	35158	120
蠡县鲍墟镇	5830	41278	19501	22434	35954	1196
顺平县蒲阳镇	6473	50731	33016	55031	381644	827
顺平县高于铺镇	6731	58063	37605	49166	338533	215
顺平县腰山镇	5224	37456	19488	46508	105327	480
顺平县蒲上镇	5901	32457	14551	34104	315258	261
顺平县神南镇	9450	8200	2085	7618	7423	
顺平县白云乡	5907	30721	11476	43455	39093	834

4-1续22 乡镇经济主要指标(2016年)

乡镇名称	行政区域面积(公顷)	乡镇总人口(人)	粮食产量(吨)	现价农林牧渔业总产值(万元)	企业营业收入(万元)	公共财政收入(万元)
顺平县河口乡	5872	15941	1434	30332	2970	514
顺平县安阳乡	9095	17639	4289	21350	17501	154
顺平县台鱼乡	5450	18688	2665	25197	44018	125
顺平县大悲乡	10821	17846	3262	13858	8738	448
博野县博野镇	8652	69393	35292	54846	43797	2952
博野县小店镇	3018	28625	23485	20239	50594	398
博野县程委镇	7143	44393	38047	59987	73878	513
博野县东墟镇	2700	25906	19038	22516	4441	400
博野县北杨镇	2900	28186	15731	26273	3683	421
博野县城东镇	3800	30609	21832	30996	7816	543
博野县南小王乡	5278	37209	30663	39568	53223	1065
雄县雄州镇	9018	105863	32395	35514	682949	1184
雄县昝岗镇	4503	32358	28534	19520	383621	639
雄县大营镇	6137	31928	32761	17767	66620	975
雄县龙湾镇	8074	50081	24617	16189	412835	4689
雄县朱各庄镇	4710	41731	24642	18708	365649	953
雄县米家务镇	5770	34844	25374	23892	257941	2435
雄县北沙口乡	3741	24538	28809	16476	94241	379
雄县双堂乡	4109	21437	21866	21714	11569	529
雄县张岗乡	4879	31886	24416	16143	24390	503
保定高新技术产业开发区贤台乡	2867	21810	12195	14143	42013	2075
保定高新技术产业开发区大马坊乡	1935	17293	5299	8685	3145	950
保定白沟新城白沟镇	5434	152382	16413	17732	3447000	30876
涿州市松林店镇	7200	49242	37828	35895	24292	6563
涿州市码头镇	5932	37927	19415	32866	191844	1722
涿州市东城坊镇	10063	43199	34731	21896	69100	1106
涿州市高官庄镇	4260	27277	25745	27972	31369	690
涿州市东仙坡镇	4511	32927	20437	19720	19000	1684
涿州市百尺竿镇	5400	44483	21491	21603	188612	1143
涿州市义和庄镇	8120	38096	26857	66591	41120	1066
涿州市刁窝镇	6980	34173	25467	55960	97778	454
涿州市林家屯镇	5000	35907	27868	34852	45000	1322
涿州市孙庄乡	2696	17502	10565	8468	4430	1125
涿州市豆庄镇	7008	35329	34016	31919	53846	116
安国市祁州镇	4302	62712	21048	21556	426090	747
安国市伍仁桥镇	3480	32125	23180	29512	463905	550
安国市石佛镇	5495	33406	29702	35765	377945	450
安国市郑章镇	5500	37170	25816	27906	158763	509
安国市大五女镇	3900	23991	19409	23320	17580	569
安国市西佛落镇	3150	22520	24342	27914	198189	
安国市明官店乡	4700	33517	17406	23501	113005	500
安国市南娄底乡	3952	43069	33303	29989	81093	453
安国市西安国城镇	3500	28734	26840	28008	10005	435
安国市北段村乡	4700	24692	26603	29778	60761	342
高碑店市方官镇	6400	46394	43929	30463	225309	1190
高碑店市新城镇	7451	50570	34676	45003	239828	1298
高碑店市泗庄镇	5400	36083	29277	18561	410005	1954
高碑店市辛立庄镇	6030	40879	43180	25656	319216	1207
高碑店市东马营镇	4000	31494	17040	20164	283606	1533

4-1续23 乡镇经济主要指标(2016年)

乡镇名称	行政区域面积(公顷)	乡镇总人口(人)	粮食产量(吨)	现价农林牧渔业总产值(万元)	企业营业收入(万元)	公共财政收入(万元)
高碑店市辛桥镇	7200	33664	43241	25822	100070	911
高碑店市肖官营镇	4400	25066	21732	19066	244800	294
高碑店市梁家营乡	2900	29379	21416	32803	390000	665
高碑店市张六庄镇	6201	40294	35844	32692	256431	899
桥东区姚家庄镇	4622	15523	3965	5612	61455	2223
桥西区东窑子镇	10610	26929	1464	7139	27403	1265
宣化区庞家堡镇	12718	20665	2937	5727	4198	178
宣化区深井镇	33444	22672	38811	47270	51970	1395
宣化区崞村镇	27194	15130	14248	44615	10976	1190
宣化区沙岭子镇	3460	18968	6312	30630	425722	1299
宣化区洋河南镇	13060	48984	20111	36969	135386	1103
宣化区大仓盖镇	9720	21806	17638	44274	110294	729
宣化区贾家营镇	19472	19262	22705	33985	234566	2926
宣化区顾家营镇	4831	12756	12646	19087	245000	888
宣化区赵川镇	17619	32697	19555	45835	572376	2701
宣化区河子西乡	4900	16976	8050	16974	29485	3451
宣化区春光乡	3700	16019	1889	9648	363	1266
宣化区侯家庙乡	5899	13591	7160	12344	16346	1958
宣化区东望山乡	18680	14456	14139	25949	130386	1708
宣化区李家堡乡	10140	7428	5781	14221	128857	489
宣化区王家湾乡	23375	2131	7659	15386	83	397
宣化区塔儿村乡	18480	5544	7019	18448	6825	617
宣化区江家屯乡	10949	24984	20807	25800	137683	962
下花园区花园乡	5470	9559	1836	16487	60560	1360
下花园区辛庄子乡	6937	4824	2191	6877	55573	677
下花园区定方水乡	10460	8885	3795	15102	10151	578
下花园区段家堡乡	6420	1718	1998	4507	218	370
万全区孔家庄镇	6540	36266	18525	19525	295000	3962
万全区万全镇	7126	12833	6863	9525	18550	2269
万全区洗马林镇	13858	5763	4353	14052	46596	1740
万全区郭磊庄镇	5852	22150	22774	39556	64052	1048
万全区膳房堡乡	17695	9600	8734	12565	55128	1344
万全区北新屯乡	18663	5362	4984	6525	90	116
万全区宣平堡乡	7269	27479	11691	22552	43050	1899
万全区高庙堡乡	13400	10068	10010	9542	5265	1436
万全区旧堡乡	6424	9988	13601	24525	3500	1190
万全区安家堡乡	10138	22454	17819	25506	68557	2958
万全区北沙城乡	6484	17209	11209	24865	4342	1164
崇礼区西湾子镇	23024	36338	434	17107	187253	3029
崇礼区高家营镇	34693	25375	4333	21792	24960	1425
崇礼区四台嘴乡	37252	10167	2567	15623	95832	1347
崇礼区红旗营乡	17828	4304	1980	15568	5600	860
崇礼区石窑子乡	14399	2404	2004	14923		1206
崇礼区驿马图乡	33653	3886	5317	16452	1310	1081
崇礼区石嘴子乡	29904	6188	2484	18892	13500	516
崇礼区狮子沟乡	12032	3500	2050	7493	8023	836
崇礼区清三营乡	13889	2830	1921	7325		127
崇礼区白旗乡	15628	4778	441	7450	500	323
张北县张北镇	14177	143395	2313	49467	670995	1969

4–1续24　乡镇经济主要指标(2016年)

乡　镇　名　称	行政区域面　积(公顷)	乡　镇总人口(人)	粮　食产　量(吨)	现价农林牧渔业总产值(万元)	企业营业收　入(万元)	公共财政收　入(万元)
张北县公会镇	26033	7826	9524	18582	5974	565
张北县二台镇	32017	20108	6816	46311	6848	816
张北县大囫囵镇	27782	8480	8843	25478	64147	603
张北县小二台镇	20147	6961	8601	20622	22225	670
张北县油篓沟镇	23307	11452	9800	17156	55799	898
张北县大河镇	22234	6261	6967	15646	4798	498
张北县台路沟乡	17212	4638	4859	9416	855	460
张北县馒头营乡	19451	8135	4758	43100	2915	82
张北县二泉井乡	23282	9007	12467	18224	2160	618
张北县单晶河乡	16126	2972	3283	9757	29	500
张北县海流图乡	28432	9928	9314	17673	21515	616
张北县两面井乡	20283	8808	8816	12266	2863	515
张北县大西湾乡	21626	6896	5677	24351	20141	492
张北县郝家营乡	16229	8676	4489	11923	3266	581
张北县白庙滩乡	21007	7123	5721	13490	443	165
张北县战海乡	17721	6598	6692	10918	1580	504
张北县三号乡	19871	9091	3341	13511	45880	471
康保县康保镇	32903	76112	17230	49879	152684	1233
康保县张纪镇	25920	8245	11698	27402	2819	350
康保县土城子镇	19200	6237	10086	28681	5226	479
康保县邓油坊镇	14467	4888	10401	20128	645	609
康保县李家地镇	15000	5811	10744	17072	2469	580
康保县照阳河镇	23404	6019	4904	24293	14358	665
康保县屯垦镇	41157	7737	21678	24978	398	824
康保县闫油坊乡	23300	6476	10940	42145	3879	695
康保县丹清河乡	20301	6123	9940	38900	2166	683
康保县哈咇嘎乡	16770	6768	8372	31843	1656	263
康保县二号卜乡	18790	10802	11524	17419	750	687
康保县芦家营乡	15949	5100	10369	15114	8523	493
康保县忠义乡	10543	6264	6149	19106	1686	400
康保县处长地乡	14346	4193	9376	19159	2880	614
康保县满德堂乡	29666	8710	6104	19436	633	359
沽源县平定堡镇	38000	35000	21000	40360	55890	1240
沽源县小厂镇	22000	8783	10250	21260	16200	400
沽源县黄盖淖镇	17800	10264	7600	23900	15840	503
沽源县九连城镇	32200	11898	7210	18990	12150	1061
沽源县高山堡乡	17700	5970	11025	22951	9580	1334
沽源县小河子乡	34400	10352	9120	27900	970	415
沽源县二道渠乡	21800	9034	14250	33960	990	474
沽源县大二号回族乡	5700	3029	3500	8900	4850	179
沽源县闪电河乡	22700	9510	7800	33900	1270	493
沽源县长梁乡	23000	6760	13520	17200	965	1467
沽源县丰源店乡	28288	9200	11025	20800	820	
沽源县西辛营乡	21300	9348	5915	32100	1350	1057
沽源县莲花滩乡	21900	3969	2900	12850	665	387
沽源县白土窑乡	28700	9878	4100	28200	810	925
尚义县南壕堑镇	24828	57369	6638	17891	73440	3047
尚义县大青沟镇	19370	18585	2750	28231	16170	601
尚义县八道沟镇	20015	10511	7530	16499	22770	550

4-1续25　乡镇经济主要指标(2016年)

乡镇名称	行政区域面积(公顷)	乡镇总人口(人)	粮食产量(吨)	现价农林牧渔业总产值(万元)	企业营业收入(万元)	公共财政收入(万元)
尚义县红土梁镇	29324	7592	2648	12076	7260	130
尚义县小蒜沟镇	38054	4122	1978	7737	4950	1555
尚义县三工地镇	10884	7864	3453	9863	110	289
尚义县满井镇	2946	7693	4541	8055	37180	701
尚义县大营盘乡	25748	9203	4057	31348	12430	354
尚义县大苏计乡	13867	7804	2204	15896	550	434
尚义县石井乡	13100	6398	2220	8797	9790	282
尚义县七甲乡	7713	6143	2850	23977	330	539
尚义县套里庄乡	11461	3894	2922	10905	24860	520
尚义县甲石河乡	14326	4023	5516	10718	2200	412
尚义县下马圈乡	15750	1619	1293	1911	990	200
蔚县蔚州镇	3764	88825	4640	14965	698880	1024
蔚县代王城镇	6910	29507	9188	21271	70697	986
蔚县西合营镇	14045	49992	18929	19121	90000	720
蔚县吉家庄镇	13500	22230	7329	17003	3000	33
蔚县白乐镇	6462	18207	6432	11058	738	407
蔚县暖泉镇	6326	15433	4119	10994	98676	2746
蔚县南留庄镇	7137	25225	5758	14252	123900	11368
蔚县北水泉镇	10425	10487	4056	12276	12080	14
蔚县桃花镇	16220	19955	10712	22168	8000	
蔚县阳眷镇	13670	10711	2829	9559	4335	8
蔚县宋家庄镇	39620	23665	8701	18597	101100	842
蔚县下宫村乡	25335	22357	10570	20389	25200	55
蔚县南杨庄乡	12319	14004	19835	15283	83230	150
蔚县柏树乡	23706	11357	2734	13722	5202	66
蔚县常宁乡	5881	8980	4678	10356	8300	69
蔚县涌泉庄乡	7900	22790	7535	11303	55000	
蔚县杨庄窠乡	11810	13411	3189	8506	80000	610
蔚县南岭庄乡	7300	8893	5990	9324	18800	80
蔚县陈家洼乡	9692	7167	3118	8452	960	9
蔚县黄梅乡	7683	9343	3189	14665	1680	12
蔚县白草村乡	12198	5880	2015	5713	33866	889
蔚县草沟堡乡	46510	8855	275	6557	2600	368
阳原县西城镇	10460	87092	6030	25986	9981	9103
阳原县东城镇	16742	16164	6777	14234	1260	852
阳原县化稍营镇	9412	23993	6100	17010	13102	2847
阳原县揣骨疃镇	28100	20899	9701	20560	55800	1799
阳原县东井集镇	12800	24576	9273	20802	6521	1458
阳原县要家庄乡	10660	15306	5007	16693	4948	782
阳原县东坊城堡乡	11500	7327	5225	10070	3527	397
阳原县井儿沟乡	12620	9755	6557	9384	12645	439
阳原县三马坊乡	7770	8524	4029	15271	1127	778
阳原县高墙乡	17962	13520	5920	13623	13486	1088
阳原县大田洼乡	8050	3771	2541	3012		761
阳原县辛堡乡	11640	10851	8128	23514	8700	478
阳原县马圈堡乡	10880	7427	4071	12957	132	648
阳原县浮图讲乡	15330	9572	12530	18016	1812	532
怀安县柴沟堡镇	16383	72525	10429	31608	110987	3300
怀安县左卫镇	27178	39363	28767	31028	85879	3773

4-1续26　乡镇经济主要指标(2016年)

乡镇名称	行政区域面积(公顷)	乡镇总人口(人)	粮食产量(吨)	现价农林牧渔业总产值(万元)	企业营业收入(万元)	公共财政收入(万元)
怀安县头百户镇	8382	12049	14979	34183	69634	
怀安县怀安城镇	20487	24297	8985	24211	111186	1579
怀安县渡口堡乡	20237	16600	9330	10483		761
怀安县第六屯乡	8361	9370	6649	3592	629	1112
怀安县西湾堡乡	11622	5827	5873	5474	7568	12
怀安县西沙城乡	8500	8264	4761	5821		1025
怀安县太平庄乡	16877	7392	5834	6381	9228	
怀安县王虎屯乡	17383	8447	12958	11773		826
怀安县第三堡乡	13771	12214	8737	11533	19870	
怀来县沙城镇	5902	163236	3063	36799	1227996	9822
怀来县北辛堡镇	7056	11837	4212	14875	179818	732
怀来县新保安镇	6686	15500	4158	15100	139381	492
怀来县东花园镇	13616	15951	7395	19322	37682	443
怀来县官厅镇	17931	9726	3971	16175	395823	364
怀来县桑园镇	12133	25685	10112	46944	16068	614
怀来县存瑞镇	15125	25003	6930	27285	14250	1171
怀来县土木镇	9354	24872	19470	37927	76967	3300
怀来县大黄庄镇	4617	13167	9600	13000	3460	475
怀来县西八里镇	3658	20714	13911	14824	7800	398
怀来县小南辛堡镇	17236	15636	5128	16029	4649	427
怀来县狼山乡	5473	11757	4757	13709	9705	333
怀来县鸡鸣驿乡	4200	7853	6172	12535	47600	2093
怀来县东八里乡	2530	9880	6452	10233	15128	325
怀来县瑞云观乡	11830	4437	747	6720	38568	310
怀来县孙庄子乡	11136	3131	4697	5472		256
怀来县王家楼回族乡	13200	5419	5628	12264	1909	318
涿鹿县涿鹿镇	7122	29358	8604	37385	284700	1602
涿鹿县张家堡镇	6676	19396	16287	16313	49200	1739
涿鹿县武家沟镇	27000	10773	11638	16190	2860	505
涿鹿县五堡镇	6773	23064	10284	41267	1478	1313
涿鹿县保岱镇	10386	24417	25896	38763	6227	552
涿鹿县矾山镇	15479	19363	12615	18603	13800	2864
涿鹿县大堡镇	26676	16704	22149	43167	219	1125
涿鹿县河东镇	39661	11390	495	3190	11000	1014
涿鹿县东小庄镇	6111	29100	35273	57222	3860	600
涿鹿县辉耀镇	20838	10565	7659	19491	2746	1072
涿鹿县大河南镇	26643	12000	225	16908	9760	325
涿鹿县温泉屯镇	7660	10064	781	51982	118	670
涿鹿县蟒石口镇	20439	9617	402	9666	310	612
涿鹿县栾庄乡	13937	18309	6920	29251	10	1259
涿鹿县黑山寺乡	7117	9823	5685	17479	9	657
涿鹿县卧佛寺乡	23000	9487	6085	33868	5176	899
涿鹿县谢家堡乡	18300	5571	108	2933	1350	156
赤城县赤城镇	24660	74255	6194	39998	1660	2020
赤城县田家窑镇	18501	14960	9894	24274	280005	1009
赤城县龙关镇	28395	28458	10586	17713	220000	1520
赤城县雕鹗镇	35390	11404	5678	35710	20000	2045
赤城县独石口镇	21725	3866	4144	13603	3380	852
赤城县白草镇	24264	7183	3487	15833	320	712

4—1续27　乡镇经济主要指标(2016年)

乡镇名称	行政区域面积(公顷)	乡镇总人口(人)	粮食产量(吨)	现价农林牧渔业总产值(万元)	企业营业收入(万元)	公共财政收入(万元)
赤城县龙门所镇	23359	9520	4680	17502	1500	556
赤城县后城镇	36979	14825	8055	17315	800	1177
赤城县东卯镇	44245	15371	4257	18685	650	1470
赤城县炮梁乡	15634	7248	3197	6423	238610	772
赤城县大海陀乡	27550	7556	5785	19383	446	600
赤城县镇宁堡乡	32983	7605	6202	19910	4185	467
赤城县马营乡	31600	6142	3931	12323	300	784
赤城县云州乡	52034	11410	6790	16652	359679	1160
赤城县三道川乡	33708	6283	3427	10365	38900	1000
赤城县东万口乡	28220	11189	3616	19486	673	1225
赤城县茨营子乡	24203	7324	3520	11832	4700	685
赤城县样田乡	19159	5474	5111	28642	780	1445
张家口市高新技术产业开发区老鸦庄镇	2950	47781	4412	45539	858943	2534
张家口市高新技术产业开发区沈家屯镇	4500	25690	8835	43460	589627	4999
张家口市高新技术产业开发区姚家房镇	4771	30849	13911	30312	456941	5583
张家口市察北管理区沙沟镇	9628	5003	4322	29996	15351	1113
张家口市察北管理区宇宙营乡	9734	3627	4278	20223		612
双桥区水泉沟镇	4128	19876	961	1010	68479	448
双桥区狮子沟镇	3038	20102	70	240	42000	498
双桥区牛圈子沟镇	6200	45659	1008	2230	156150	648
双桥区大石庙镇	8230	33285	1771	7266	192340	978
双桥区双峰寺镇	12513	26532	2501	4839	25000	982
双滦区双塔山镇	8856	20298	1409	3400	256658	3162
双滦区滦河镇	1525	40807	139	500	439367	880
双滦区大庙镇	9436	12836	2024	3600	23332	1385
双滦区偏桥子镇	5253	9200	4045	15446		962
双滦区陈栅子乡	8795	14939	2642	10500		644
双滦区西地满族乡	11333	21021	5251	6400	105688	1406
鹰手营子矿区鹰手营子镇	3240	7916	680	5007	540160	1030
鹰手营子矿区北马圈子镇	2542	10454	376	3367	559516	1517
鹰手营子矿区寿王坟镇	6020	11257	470	3284	352722	2731
鹰手营子矿区汪家庄镇	2500	8387	400	3148	90982	626
承德县下板城镇	25364	99516	8083	26617	702000	21944
承德县甲山镇	17116	21168	6046	13439	142100	6195
承德县六沟镇	18040	32486	18742	43362	30000	1882
承德县三沟镇	18033	21880	14490	28744	4420	1808
承德县头沟镇	18513	23618	20756	29853	230700	4233
承德县高寺台镇	13364	13166	5704	24557	755200	5563
承德县鞍匠镇	18693	14335	7154	19825	3900	360
承德县三家镇	30329	19951	15920	47204	31800	164
承德县磴上镇	24997	13050	12157	38286	2946	290
承德县上谷镇	12472	20978	12662	20358	7460	432
承德县东小白旗乡	11693	8892	5202	10854	9386	172
承德县刘杖子乡	17587	10628	4456	35934	9490	283
承德县新杖子乡	10030	10320	5717	15668	7820	626
承德县孟家院乡	10147	10722	4147	22761	14100	682
承德县大营子乡	17358	7595	2971	14068	1045	193
承德县八家乡	13741	7623	4292	15263	14320	2876
承德县满杖子乡	11028	7533	3730	14130	422	140

4-1续28　乡镇经济主要指标(2016年)

乡 镇 名 称	行政区域面积(公顷)	乡镇总人口(人)	粮食产量(吨)	现价农林牧渔业总产值(万元)	企业营业收入(万元)	公共财政收入(万元)
承德县石灰窑乡	12868	19094	14775	23453	3770	363
承德县五道河乡	15857	8596	4293	9837	2470	171
承德县岔沟乡	18367	12666	12646	22855	138400	5824
承德县岗子满族乡	8120	8606	5262	5946	13050	265
承德县两家满族乡	10098	8272	5950	30333	4985	218
承德县仓子乡	10991	9276	4949	16810	1620	76
兴隆县兴隆镇	19200	71316	2371	39873	469965	12893
兴隆县半壁山镇	13100	21798	1760	29005	61739	1028
兴隆县挂兰峪镇	18800	11638	1340	28022	64881	986
兴隆县青松岭镇	18100	13613	1780	21331	42844	418
兴隆县六道河镇	17600	16751	1720	16129	63400	730
兴隆县平安堡镇	11200	15636	2290	10644	773300	691
兴隆县北营房镇	13200	12092	1650	15500	21390	1527
兴隆县孤山子镇	7840	10491	840	28038	131980	1198
兴隆县蓝旗营镇	9800	14151	1250	25006	36162	641
兴隆县雾灵山镇	28130	11458	2060	11003	12184	705
兴隆县李家营镇	16414	10450	1938	8099	44150	671
兴隆县南天门满族乡	11300	7553	1650	15059	41988	625
兴隆县八卦岭满族乡	10200	15057	928	29032	81574	493
兴隆县陡子峪乡	7600	6094	600	8160	24430	418
兴隆县上石洞乡	13660	2842	400	11408	256	459
兴隆县大杖子乡	23125	18334	3168	22010	2511	557
兴隆县蘑菇峪乡	33810	17337	3090	22512	33141	556
兴隆县三道河乡	11800	15317	1652	35007	41300	352
兴隆县安子岭乡	8482	4803	647	12530	10883	478
兴隆县大水泉乡	21800	12739	2122	16502	217	618
平泉县平泉镇	22386	137150	14428	38639	927150	30907
平泉县黄土梁子镇	15340	17947	15555	30816	9406	472
平泉县榆树林子镇	29872	24986	17164	83203	21750	436
平泉县杨树岭镇	20476	26340	17477	29010	91912	1669
平泉县七沟镇	28119	23929	14873	28325	54780	1755
平泉县小寺沟镇	15067	22198	12110	17743	83944	1528
平泉县党坝镇	22243	23965	14683	20781	50811	770
平泉县卧龙镇	23023	39384	13253	50476	435100	5366
平泉县南五十家子镇	9140	19758	8619	26166	72987	665
平泉县北五十家子镇	11556	11591	5630	23224	27856	278
平泉县桲椤树镇	13833	15201	9286	34898	72900	1277
平泉县柳溪镇	22811	9181	5763	23382	10820	655
平泉县王土房乡	12803	5379	1830	6664	17400	218
平泉县七家岱满族乡	11424	5772	4874	12934	6188	363
平泉县平房满族蒙古族乡	12536	16412	11273	23725	3670	214
平泉县茅兰沟满族蒙古族乡	16997	12985	14933	22747	5862	360
平泉县台头山乡	19015	16399	14305	24401	9500	409
平泉县松树台乡	15459	12217	8513	24150	3100	430
平泉县道虎沟乡	7310	11486	6095	20915	6200	458
滦平县滦平镇	14165	18308	3694	34402	390073	1301
滦平县长山峪镇	20084	22134	3619	38780	19977	321
滦平县红旗镇	13531	15775	8186	31008	250023	789
滦平县金沟屯镇	21025	16556	4921	28009	600762	1997

4-1续29 乡镇经济主要指标(2016年)

乡 镇 名 称	行政区域面积(公顷)	乡镇总人口(人)	粮食产量(吨)	现价农林牧渔业总产值(万元)	企业营业收入(万元)	公共财政收入(万元)
滦平县虎什哈镇	24224	18198	5700	44021	20208	778
滦平县巴克什营镇	18445	17000	2617	33475	14005	6641
滦平县张百湾镇	21751	24824	7495	42050	300438	6249
滦平县付营子镇	21102	17623	5001	35082	15574	326
滦平县平坊满族乡	6753	5077	4933	18052	15413	597
滦平县安纯沟门满族乡	15703	9628	4294	19050	4308	627
滦平县小营满族乡	12869	14150	3588	11697	1299152	31624
滦平县西沟满族乡	15255	5583	4367	17452	10321	89
滦平县邓厂满族乡	7386	1910	984	10021	4770	70
滦平县五道营子满族乡	12370	3227	769	14068	2619	157
滦平县马营子满族乡	13872	6392	3014	20084	8170	147
滦平县付家店满族乡	7928	4399	1235	18523	16904	576
滦平县火斗山乡	15815	13334	4029	26581	18895	930
滦平县两间房乡	9680	9078	2659	19021	5685	610
滦平县涝洼乡	9225	4786	2375	12658		73
滦平县大屯满族乡	15843	15874	5991	32587	101154	1057
隆化县韩麻营镇	21671	21491	7120	16544	646400	3178
隆化县中关镇	8297	9347	8325	12683	188160	855
隆化县七家镇	14610	12676	5321	25419	1312	757
隆化县汤头沟镇	26401	23033	18394	31147	15360	240
隆化县张三营镇	14281	22512	20508	33706	40240	291
隆化县唐三营镇	27822	24352	23844	48920	6610	239
隆化县蓝旗镇	26526	17259	21647	20930	65700	1007
隆化县步古沟镇	27254	14146	11983	21144	2380	208
隆化县郭家屯镇	70271	21210	22353	32832	36620	1500
隆化县荒地乡	28563	11428	10696	18936	6317	659
隆化县章吉营乡	15628	11724	8871	16239	22172	304
隆化县茅荆坝乡	30568	9678	4710	14087	1332	102
隆化县尹家营满族乡	8994	8476	7504	15608	768	120
隆化县庙子沟蒙古族满族乡	9825	5694	4656	8404	3866	342
隆化县偏坡营满族乡	17903	8130	11901	27033	7037	690
隆化县山湾乡	19097	6681	5791	23268	2355	128
隆化县八达营蒙古族乡	18879	11098	14508	43464	6520	277
隆化县太平庄满族乡	17131	5172	8950	12968	3500	704
隆化县旧屯满族乡	17405	7305	7871	11895	1880	173
隆化县西阿超满族蒙古族乡	18969	7871	7099	29794	3700	167
隆化县白虎沟满族蒙古族乡	9409	5908	6213	13698	2100	133
隆化县碱房乡	20397	6244	6795	13735	17442	636
隆化县韩家店乡	28286	13181	13884	20767	6020	109
隆化县湾沟门乡	20203	8215	9175	16247	2166	420
丰宁满族自治县大阁镇	38035	41778	9865	40093	872188	24650
丰宁满族自治县大滩镇	53177	20294	14586	47787	3423	541
丰宁满族自治县鱼儿山镇	31427	11401	10060	33817	6258	320
丰宁满族自治县土城镇	34301	16266	12065	32967	12174	110
丰宁满族自治县黄旗镇	32191	13883	8856	15988	3835	192
丰宁满族自治县凤山镇	36262	34899	12896	34156	92677	2076
丰宁满族自治县波罗诺镇	16101	11289	6456	14515	216397	848
丰宁满族自治县黑山咀镇	27587	19570	7598	16913	12133	520
丰宁满族自治县天桥镇	8110	8453	5669	7063	21589	536

4—1续30 乡镇经济主要指标(2016年)

乡 镇 名 称	行政区域面积(公顷)	乡镇总人口(人)	粮食产量(吨)	现价农林牧渔业总产值(万元)	企业营业收入(万元)	公共财政收入(万元)
丰宁满族自治县胡麻营镇	27891	15991	4980	11053	110436	18150
丰宁满族自治县万胜永乡	26613	3691	4860	10366	3657	414
丰宁满族自治县四岔口乡	56667	4700	3600	9528	68615	121
丰宁满族自治县苏家店乡	48272	4318	3315	7960	2525	412
丰宁满族自治县外沟门乡	53075	5835	1800	15569	2745	74
丰宁满族自治县草原乡	13567	4384	5587	10444	7200	38
丰宁满族自治县窟窿山乡	27458	3434	2358	4080	2987	10
丰宁满族自治县小坝子乡	30975	3702	1850	5791	4170	30
丰宁满族自治县五道营乡	36369	8187	3614	33920	5323	201
丰宁满族自治县南关蒙古族乡	35370	18765	7170	14246	45587	1254
丰宁满族自治县选将营乡	33140	12817	8895	9613	2987	269
丰宁满族自治县西官营乡	26051	11744	9174	7934	5624	25
丰宁满族自治县王营乡	13233	5934	2201	8926	8230	554
丰宁满族自治县北头营乡	19855	7412	2369	9436	8838	32
丰宁满族自治县石人沟乡	34741	16586	4113	14830	71726	560
丰宁满族自治县汤河乡	37455	6527	2881	19873	1073	64
丰宁满族自治县杨木栅子乡	18905	5254	2030	9335	315	47
宽城满族自治县宽城镇	17253	69716	6159	25717	2168897	10004
宽城满族自治县龙须门镇	18620	23175	8880	31738	148734	3212
宽城满族自治县峪耳崖镇	14149	22749	4574	18917	971353	5745
宽城满族自治县板城镇	16061	23883	6961	20703	1893364	4812
宽城满族自治县汤道河镇	23126	20875	6941	49122	12436	147
宽城满族自治县桲椤台镇	8091	8617	896	26543	294039	1697
宽城满族自治县碾子峪镇	7849	16439	2230	16777	358003	5092
宽城满族自治县亮甲台镇	6710	7710	3548	10512	282832	4654
宽城满族自治县化皮溜子乡	5855	10149	2261	9479	21661	255
宽城满族自治县塌山乡	8307	5864	1641	15897	5569	82
宽城满族自治县孟子岭乡	9682	7682	1448	10996	4247	430
宽城满族自治县独石沟乡	4968	1488	267	10721	7128	1
宽城满族自治县东大地乡	4844	6332	1616	8289	417566	9448
宽城满族自治县铧尖乡	6274	7533	1439	14381	77845	765
宽城满族自治县东黄花川乡	4422	5960	2039	6717	253758	2195
宽城满族自治县苇子沟乡	9592	7821	3063	11614	33516	90
宽城满族自治县大字沟门乡	7250	5806	2380	8417	22291	9
宽城满族自治县大石柱子乡	9732	7996	2911	20260	1277	31
围场满族蒙古族自治县围场镇	18779	115989	3794	21654	165763	1350
围场满族蒙古族自治县四合永镇	15269	27087	6180	22878	124156	1594
围场满族蒙古族自治县克勒沟镇	16804	21626	14516	20621	1878	594
围场满族蒙古族自治县棋盘山镇	27519	21622	13681	23165	4059	830
围场满族蒙古族自治县半截塔镇	20782	10253	4990	23089	11096	737
围场满族蒙古族自治县朝阳地镇	16277	12564	13141	22603	7120	604
围场满族蒙古族自治县朝阳湾镇	18271	13479	26092	25804	2850	613
围场满族蒙古族自治县腰站镇	20940	21584	6258	31512	25365	764
围场满族蒙古族自治县龙头山镇	14856	10768	2995	19548	20076	746
围场满族蒙古族自治县新拨镇	27274	12182	12180	35921	1255	762
围场满族蒙古族自治县御道口镇	24254	3884	3833	15178	1973	649
围场满族蒙古族自治县道坝子乡	19333	8317	5947	10356	2189	528
围场满族蒙古族自治县黄土坎乡	24507	12960	4046	15549	1954	409
围场满族蒙古族自治县四道沟乡	10965	8659	877	36752	510	480

4-1续31 乡镇经济主要指标(2016年)

乡镇名称	行政区域面积(公顷)	乡镇总人口(人)	粮食产量(吨)	现价农林牧渔业总产值(万元)	企业营业收入(万元)	公共财政收入(万元)
围场满族蒙古族自治县兰旗卡伦乡	20216	10256	4392	15457	219	79
围场满族蒙古族自治县银窝沟乡	20732	16307	8937	17658	325	656
围场满族蒙古族自治县新地乡	18053	15741	19794	36874	50	444
围场满族蒙古族自治县广发永乡	13261	7836	9700	10220	2714	380
围场满族蒙古族自治县育太和乡	9412	6916	7355	9624	1350	393
围场满族蒙古族自治县郭家湾乡	18381	7731	13071	19546	5724	454
围场满族蒙古族自治县杨家湾乡	16764	7429	6900	16723	1189	417
围场满族蒙古族自治县大唤起乡	12405	8692	3588	14987	4475	417
围场满族蒙古族自治县哈里哈乡	23345	7780	4538	12357	31	960
围场满族蒙古族自治县张家湾乡	12878	3524	2147	38229	4208	468
围场满族蒙古族自治县宝元栈乡	16984	7100	9589	13604	45	216
围场满族蒙古族自治县山湾子乡	22960	7677	7225	17203	4163	350
围场满族蒙古族自治县三义永乡	24527	7799	20124	19948	7069	173
围场满族蒙古族自治县姜家店乡	24420	7297	5351	14400	157920	354
围场满族蒙古族自治县下伙房乡	17644	5419	2217	9641	216	530
围场满族蒙古族自治县燕格柏乡	29800	4978	2754	7158	430	450
围场满族蒙古族自治县牌楼乡	15169	8724	5356	11210	1652	473
围场满族蒙古族自治县城子乡	29561	6895	6975	14986	1610	458
围场满族蒙古族自治县老窝铺乡	27612	2870	3212	8115	31	105
围场满族蒙古族自治县石桌子乡	16041	5262	3280	7909	1581	328
围场满族蒙古族自治县大头山乡	17791	7108	6007	12716	1123	339
围场满族蒙古族自治县南山嘴乡	17476	3565	2868	7010	686	320
围场满族蒙古族自治县西龙头乡	23736	3117	2805	6413	1716	272
承德高新技术产业开发区冯营子镇	8333	93788	2578	7209	2024537	1364
承德高新技术产业开发区上板城镇	19627	37544	9185	6601	225560	1204
新华区小赵庄乡	4905	37894	6907	4765	408324	1930
运河区小王庄镇	4243	33848	10791	10357	163028	43964
运河区南陈屯乡	4305	47341	10748	13580	37817	1791
沧县旧州镇	8200	22846	25700	17260	791756	10639
沧县兴济镇	11400	54305	39010	19892	427600	5296
沧县杜生镇	5800	46375	15698	28262	629850	1104
沧县崔尔庄镇	11800	57360	23010	29120	384960	3161
沧县薛官屯乡	9300	23419	26542	11569	535200	4040
沧县捷地回族乡	4300	28000	18032	17650	176523	1748
沧县张官屯乡	7900	48456	20628	28650	559800	5201
沧县李天木回族乡	9000	39160	34020	20362	612630	5700
沧县风化店乡	13000	39880	39012	24650	392579	4700
沧县姚官屯乡	7000	34711	28168	17296	544202	3458
沧县杜林回族乡	8300	47714	24132	23650	296987	4087
沧县汪家铺乡	8700	36749	20666	21789	198712	1411
沧县刘家庙乡	6500	27400	25689	17320	162300	2937
沧县仵龙堂乡	6900	29550	29896	26560	224968	4670
沧县大官厅乡	8500	41754	20687	18497	286500	1455
沧县高川乡	6500	35454	17652	24569	210921	1190
沧县黄递铺乡	4600	24220	10623	20231	99890	572
沧县大褚村回族乡	5500	26747	14653	19269	121869	1798
沧县纸房头乡	8876	40399	18892	22280	984250	2859
青县清州镇	11000	110086	21547	105092	1947244	21986
青县金牛镇	13300	42962	27765	16617	1768368	838

4-1续32 乡镇经济主要指标(2016年)

乡镇名称	行政区域面积(公顷)	乡镇总人口(人)	粮食产量(吨)	现价农林牧渔业总产值(万元)	企业营业收入(万元)	公共财政收入(万元)
青县新兴镇	8800	37348	29369	60794	138882	326
青县流河镇	11000	36713	26962	77479	124265	1631
青县木门店镇	7860	30723	22337	53709	96010	805
青县马厂镇	14100	45497	22241	17401	1264950	3658
青县盘古镇	7200	30167	14879	106402	176724	1307
青县上伍乡	6000	21449	18292	26526	251785	1130
青县曹寺乡	12600	43532	23533	230085	56875	368
青县陈嘴乡	4000	18308	13599	21902	64989	750
东光县东光镇	7179	73890	33630	41458	1110000	49732
东光县连镇镇	8789	42692	23986	65782	1084204	1501
东光县找王镇	5705	30243	18935	32720	461269	334
东光县秦村镇	7191	29493	34116	48991	271536	378
东光县灯明寺镇	8048	29099	34384	50528	186500	265
东光县南霞口镇	9067	40694	40918	57716	1081008	708
东光县大单镇	8607	48684	39518	68353	683206	708
东光县龙王李镇	7851	37819	25813	77799	423590	283
东光县于桥乡	8524	34439	38511	50418	407000	361
海兴县苏基镇	10900	59160	19296	19975	96557	28112
海兴县辛集镇	4800	22426	9183	11174	75961	482
海兴县高湾镇	7920	28046	20663	15007	45867	413
海兴县赵毛陶乡	13920	35855	28253	17667	82611	978
海兴县香坊乡	6520	18972	7612	24684	77151	515
海兴县小山乡	13100	24265	21363	23456	54701	730
海兴县张会亭乡	6340	29702	21817	16717	30165	226
盐山县盐山镇	9504	57533	17269	24344	1058463	30872
盐山县望树镇	5380	31879	23091	20441	78050	233
盐山县庆云镇	5600	47078	22420	22009	138441	890
盐山县韩集镇	5270	37100	16595	20738	25491	1500
盐山县千童镇	3810	26235	13082	18942	13487	198
盐山县圣佛镇	7770	44613	24228	27989	503435	1400
盐山县边务乡	9070	30195	13344	18821	228011	2526
盐山县小营乡	5900	29900	23488	20221	17668	1311
盐山县杨集乡	8810	29337	18002	19373	78474	909
盐山县孟店乡	8762	39246	27949	30329	46842	1600
盐山县常庄乡	3280	19413	13076	17821	15797	50
盐山县小庄乡	6470	32886	30643	31406	13899	1347
肃宁县肃宁镇	4972	74438	18125	22584	831078	103919
肃宁县梁家村镇	8146	47303	31653	53785	419271	783
肃宁县窝北镇	6083	36161	33599	53253	400440	2444
肃宁县尚村镇	5453	37043	27360	24018	1532677	5518
肃宁县万里镇	5595	35703	24524	75949	166833	375
肃宁县师素镇	6776	38953	45258	58807	201175	2623
肃宁县河北留善寺乡	5127	33782	21439	37567	319027	320
肃宁县付家佐乡	5067	29680	33789	65566	194125	10323
肃宁县邵庄乡	4403	23647	22114	37921	329317	575
南皮县南皮镇	6524	64295	28033	33058	2008872	5149
南皮县冯家口镇	10095	44754	46910	47521	726301	3183
南皮县寨子镇	8571	56832	46658	58679	322610	1101
南皮县鲍官屯镇	9104	35005	23422	35951	349738	915

4-1续33　乡镇经济主要指标(2016年)

乡镇名称	行政区域面积(公顷)	乡镇总人口(人)	粮食产量(吨)	现价农林牧渔业总产值(万元)	企业营业收入(万元)	公共财政收入(万元)
南皮县王寺镇	9069	40461	36734	41323	693260	1007
南皮县乌马营镇	9657	26701	38093	28099	908300	1701
南皮县大浪淀乡	9981	25985	24350	36775	218530	512
南皮县刘八里乡	5716	27167	31455	28099	257878	1421
南皮县潞灌乡	9854	48999	32610	103726	309378	809
吴桥县桑园镇	4542	50789	28764	27888	2111340	13395
吴桥县铁城镇	7357	39559	47562	102303	212811	787
吴桥县于集镇	6065	21785	38966	62427	732940	614
吴桥县梁集镇	5262	19993	26206	51442	328900	98
吴桥县安陵镇	6771	21355	47704	65171	419327	1069
吴桥县曹家洼乡	5142	21572	31376	54237	597665	1910
吴桥县宋门乡	6420	26000	45542	67346	831173	276
吴桥县杨家寺乡	5125	20450	32689	52196	567563	1080
吴桥县沟店铺乡	6028	23264	49332	59974	492037	206
吴桥县何庄乡	5671	22895	38684	57376	343782	84
献县乐寿镇	9900	89042	29088	49576	517375	11130
献县淮镇镇	7200	45000	22021	42515	832500	3360
献县郭庄镇	5800	30166	20012	33034	1347659	5860
献县河城街镇	7917	46010	29901	40524	544435	6980
献县韩村镇	11100	53775	41171	43785	610000	800
献县陌南镇	8400	43032	31810	52306	257556	763
献县陈庄镇	8508	30500	29006	34417	791150	858
献县徐留高乡	4900	32409	13625	19420	283980	2295
献县商林乡	5100	31531	16763	28834	664538	2543
献县段村乡	6900	29301	27242	35689	184086	2472
献县张村乡	6700	26900	29933	36686	162047	522
献县临河乡	5400	30431	24705	38794	114376	2435
献县小平王乡	4900	17769	17114	26367	153153	300
献县十五级乡	6500	27500	17393	26260	434000	2345
献县垒头乡	4800	21975	20076	28580	196696	1900
献县南河头乡	2025	17593	16886	21536	957992	10895
献县西城乡	5800	27298	22179	31045	318665	669
献县本斋回族乡	3000	15500	14868	37174	189500	1485
孟村回族自治县孟村镇	7600	68065	34164	31124	454690	7020
孟村回族自治县新县镇	6400	32065	39108	35159	177988	2358
孟村回族自治县辛店镇	4100	30412	14297	12953	1452537	9607
孟村回族自治县高寨镇	6100	23434	23387	21189	350860	1114
孟村回族自治县宋庄子乡	5500	32390	35722	32365	261100	1646
孟村回族自治县牛进庄乡	8468	34829	19766	16169	1007204	1212
沧州渤海新区新村回族乡	8300	9553		36446	1040	1469
泊头市泊镇	5802	49195	22828	21230	1680210	20178
泊头市交河镇	7904	50653	35823	23221	648995	9532
泊头市齐桥镇	10392	50641	29013	43614	435391	1667
泊头市寺门村镇	8158	33222	41563	19955	468500	3579
泊头市郝村镇	9278	38695	40168	25528	454503	2159
泊头市富镇镇	7818	36700	40961	26232	446250	2344
泊头市文庙镇	8467	42268	20167	23286	414414	1722
泊头市洼里王镇	7044	43359	15941	30016	321300	1568
泊头市王武庄乡	6942	32802	25908	28283	300300	1908

4-1续34　乡镇经济主要指标(2016年)

乡镇名称	行政区域面积(公顷)	乡镇总人口(人)	粮食产量(吨)	现价农林牧渔业总产值(万元)	企业营业收入(万元)	公共财政收入(万元)
泊头市营子乡	9412	44947	37969	22549	380000	1088
泊头市四营乡	7548	31674	38650	24599	422100	4111
泊头市西辛店乡	9557	40542	50572	28570	134726	253
任丘市出岸镇	5400	35953	28119	27747	508200	2892
任丘市石门桥镇	5990	43210	33021	21067	462000	1253
任丘市吕公堡镇	5170	41235	30581	22341	608752	1828
任丘市长丰镇	7860	49674	39328	26466	653800	955
任丘市鄚州镇	5820	26376	18264	19197	262280	998
任丘市苟各庄镇	6208	28870	18090	22175	323542	3395
任丘市梁召镇	7390	42078	37296	27783	588250	2175
任丘市辛中驿镇	5880	41319	31514	22790	511235	2534
任丘市麻家坞镇	7230	37893	32127	26334	694122	2286
任丘市议论堡乡	7178	41181	28140	18670	653428	3804
任丘市青塔乡	5260	29927	28746	17878	617928	1462
任丘市北辛庄乡	4140	34323	21313	21655	719239	2894
任丘市七间房乡	5220	26122	14905	16382	498766	1284
任丘市北汉乡	5120	29015	24900	25497	471620	1473
任丘市于村乡	8292	39463	47709	21869	518697	4232
黄骅市黄骅镇	12931	47145	18718	17820	2141279	84034
黄骅市南排河镇	7194	49859		250581	195665	7437
黄骅市吕桥镇	15000	39718	32709	40453	655125	6807
黄骅市旧城镇	14311	40286	32980	53289	1423546	8056
黄骅市羊二庄回族乡	22079	45570	38174	56135	950353	8704
黄骅市常郭乡	16573	34394	31578	51185	913857	4110
黄骅市滕庄子乡	19351	43171	29330	34971	444115	7586
黄骅市官庄乡	9182	32450	17500	25185	150288	4447
黄骅市齐家务乡	16069	38420	41567	60449	475168	6641
黄骅市羊三木回族乡	5506	9372	9520	6340	193289	7474
河间市米各庄镇	8769	58081	40681	30937	711309	2217
河间市景和镇	6471	25397	24698	23764	263058	1166
河间市卧佛堂镇	8118	47886	43700	31761	299077	1710
河间市束城镇	9182	54189	42801	33424	427981	2875
河间市留古寺镇	5650	29309	25046	22378	522997	1822
河间市沙河桥镇	7955	37588	18975	28303	600095	1279
河间市故仙乡	8400	33980	23040	31362	612270	1245
河间市黎民居乡	10558	39715	31834	32253	445838	1440
河间市兴村乡	8887	51418	41957	35784	529963	1699
河间市沙洼乡	5571	37812	24788	21749	128403	1172
河间市西九吉乡	4916	27123	12246	34354	257302	1150
河间市北石槽乡	4385	20964	20311	19040	526970	779
河间市诗经村乡	5632	27951	23942	24383	169041	989
河间市时村乡	6575	25541	18840	23690	259037	1024
河间市行别营乡	5851	37258	21560	26498	412460	1240
河间市尊祖庄乡	7387	33620	22281	26387	567064	2189
河间市龙华店乡	4923	25241	12722	18041	59879	935
河间市果子洼回族乡	2600	23171	10089	22378	121641	966
安次区落垡镇	5900	19933	13974	12472	69409	2581
安次区码头镇	10500	41680	18641	26965	229728	3594
安次区葛渔城镇	7800	40793	14357	41015	175252	2036

4-1续35 乡镇经济主要指标(2016年)

乡镇名称	行政区域面积(公顷)	乡镇总人口(人)	粮食产量(吨)	现价农林牧渔业总产值(万元)	企业营业收入(万元)	公共财政收入(万元)
安次区东沽港镇	6443	38410	8747	23471	1277101	9985
安次区杨税务乡	9200	39274	15036	32937	82426	113
安次区仇庄乡	6700	22854	9315	20617	276901	3422
安次区调河头乡	6200	22405	11188	14035	144381	1834
安次区北史家务乡	1955	30800	1605	21881	86643	3445
广阳区南尖塔镇	2626	28134	2721	30812	823832	1985
广阳区万庄镇	8842	39717	25176	65896	1137932	3179
广阳区九州镇	13301	56026	25571	105133	875862	445
广阳区北旺乡	4331	31985	6896	21256	918675	701
固安县固安镇	16614	173652	34803	109510	1587790	318407
固安县宫村镇	7360	36712	10380	48485	30956	3363
固安县柳泉镇	8686	45162	34371	73972	135840	286
固安县牛驼镇	8053	40635	26646	60508	47659	5628
固安县马庄镇	6650	36304	26898	38134	78966	487
固安县东湾乡	7475	40154	28642	65793	32457	93
固安县彭村乡	4616	25280	19242	44630	18259	40
固安县渠沟乡	4980	31068	21843	37471	37969	150
固安县礼让店乡	3570	21956	18607	27459	67096	321
永清县永清镇	18809	93812	32810	256788	831281	28853
永清县韩村镇	9060	28185	12895	34477	29630	800
永清县后奕镇	5210	24644	12485	52270	23710	767
永清县别古庄镇	7866	27123	16834	43909	91996	3589
永清县里澜城镇	6793	27449	12616	38284	105590	3990
永清县管家务回族乡	2947	10948	5745	24842	18930	430
永清县曹家务乡	9057	28879	12686	42249	50110	4415
永清县龙虎庄乡	5460	27381	14174	131687	22284	416
永清县刘街乡	5500	30596	18566	126098	77106	1559
永清县三圣口乡	5952	29180	9290	38803	33126	380
香河县淑阳镇	5233	115075	6888	21050	1807680	106155
香河县蒋辛屯镇	3288	16151	15402	15722	484482	5635
香河县渠口镇	6475	47445	19496	20234	479086	2701
香河县安头屯镇	4584	25930	10660	23670	122691	725
香河县安平镇	3352	20648	2712	19176	703488	76435
香河县刘宋镇	6289	33423	24843	54068	185457	830
香河县五百户镇	6199	37597	23679	96109	1058319	1628
香河县钱旺镇	3651	23702	10782	14830	278209	3369
香河县钳屯镇	3421	21237	11741	27797	185967	13611
大城县平舒镇	6796	80011	13992	24488	920500	908
大城县旺村镇	14564	42250	35075	11056	501105	4275
大城县大尚屯镇	13146	71692	34550	48017	246947	1508
大城县南赵扶镇	10705	47575	26776	32579	180670	860
大城县留各庄镇	7907	43219	14486	32108	701420	6500
大城县权村镇	6359	41395	12439	36131	150246	1020
大城县里坦镇	5964	24845	13055	44446	57274	580
大城县广安镇	6856	40564	16317	40669	175875	3932
大城县北位乡	7310	46902	19110	12348	29409	860
大城县臧屯乡	10069	49427	23265	38833	119655	916
文安县文安镇	13316	96796	38050	22023	133922	25531
文安县新镇镇	4815	33316	15568	11717	1190849	7346

4-1续36 乡镇经济主要指标(2016年)

乡镇名称	行政区域面积(公顷)	乡镇总人口(人)	粮食产量(吨)	现价农林牧渔业总产值(万元)	企业营业收入(万元)	公共财政收入(万元)
文安县苏桥镇	8253	32199	25517	19986	410853	1908
文安县大柳河镇	10503	35029	23107	15993	575666	9234
文安县左各庄镇	4280	26142	10107	7724	578986	6756
文安县滩里镇	6522	30769	16568	15833	605994	1256
文安县史各庄镇	3628	21220	8523	11963	373607	1699
文安县赵各庄镇	7168	40053	27761	18455	298169	2397
文安县兴隆宫镇	5495	31250	12941	13523	224369	2597
文安县大留镇镇	7083	39123	22303	14548	229979	2804
文安县孙氏镇	14392	61602	42528	28790	445455	2016
文安县德归镇	10487	21479	24848	19192	166787	2811
文安县大围河回族满族乡	6198	29592	19581	18928	213733	3148
大厂回族自治县大厂镇	4133	47409	13021	34790	282950	6226
大厂回族自治县夏垫镇	4118	34426	11932	49827	284859	10525
大厂回族自治县祁各庄镇	4752	23930	6751	21638	89421	2163
大厂回族自治县邵府镇	2218	9989	3093	11818	63737	586
大厂回族自治县陈府镇	2376	10949	8858	13865	22899	2316
霸州市霸州镇	8630	145391	26840	46769	318562	14614
霸州市南孟镇	5196	37119	14029	35618	467500	5382
霸州市信安镇	4158	30251	8233	13690	1613520	5724
霸州市堂二里镇	4638	35322	10476	11778	883275	5309
霸州市煎茶铺镇	7420	43796	19646	19530	621546	2083
霸州市胜芳镇	9701	103569	21783	17451	4038420	34611
霸州市杨芬港镇	8528	40967	17314	45143	691580	5654
霸州市岔河集乡	4859	52173	17295	22914	354725	1183
霸州市康仙庄乡	7854	50038	25710	26196	331530	3930
霸州市东杨庄乡	3021	21720	11641	9036	361423	741
霸州市王庄子乡	5146	40462	14713	11496	106548	945
霸州市东段乡	6367	47703	3759	105264	1984236	13700
三河市泃阳镇	6000	61522	16918	81074	1504000	63145
三河市李旗庄镇	4800	25384	12098	64200	235107	10510
三河市杨庄镇	4800	27730	20835	40705	130270	1021
三河市皇庄镇	6500	44725	26036	67393	128321	1376
三河市新集镇	6300	45815	26846	31970	115500	468
三河市段甲岭镇	6200	21752	6868	45050	102356	917
三河市黄土庄镇	6200	35822	12163	84423	301897	4652
三河市高楼镇	7800	37796	18150	70380	208316	1840
三河市齐心庄镇	4400	23212	18267	34717	110586	1322
三河市燕郊镇	10800	327965	15885	71772	3527430	603167
桃城区郑家河沿镇	10843	43025	51736	57357	67204	12719
桃城区赵家圈镇	11400	35789	69959	55084	988562	8822
桃城区邓庄镇	9995	28152	27620	67740	140702	5950
桃城区何家庄乡	1091	26676	548	1926	1030298	5890
冀州区冀州镇	13416	185086	28727	27864	2538360	49416
冀州区官道李镇	6408	13787	17609	22773	269386	1146
冀州区南午村镇	11646	25754	19248	28223	942387	5569
冀州区周村镇	7709	17570	13463	17056	355105	3483
冀州区码头李镇	9310	21744	32174	28526	215021	1249
冀州区西王镇	7377	20622	36414	31965	392285	2466
冀州区门家庄乡	6186	14199	32119	23510	211358	692

4-1续37　乡镇经济主要指标(2016年)

乡镇名称	行政区域面积(公顷)	乡镇总人口(人)	粮食产量(吨)	现价农林牧渔业总产值(万元)	企业营业收入(万元)	公共财政收入(万元)
冀州区徐家庄乡	8123	19812	14191	20475	305926	140
冀州区北漳淮乡	5878	13720	10629	21428	161597	2154
冀州区小寨乡	11694	20148	22965	28988	290184	5010
枣强县枣强镇	19200	133484	58207	60485	854384	6073
枣强县恩察镇	3700	14344	16357	17350	24108	301
枣强县大营镇	13600	80415	62292	44454	1131950	19026
枣强县嘉会镇	3200	12312	10886	22665	72625	292
枣强县马屯镇	11400	38608	46467	32928	104975	257
枣强县肖张镇	3400	13041	14764	14695	48500	375
枣强县张秀屯镇	9300	30725	26362	32228	23900	1204
枣强县新屯镇	7254	33026	36614	30316	119149	2015
枣强县王均乡	6400	18299	20155	23306	33756	1001
枣强县唐林乡	6900	19284	32692	32000	301634	380
枣强县王常乡	6000	17728	21725	27305	118972	398
武邑县武邑镇	12997	109455	42634	65847	181566	6579
武邑县清凉店镇	8982	25861	29785	48011	91199	1527
武邑县审坡镇	10531	31231	39132	61219	31225	448
武邑县赵桥镇	9767	28672	31441	42656	92999	467
武邑县韩庄镇	10522	32045	28158	48056	55966	326
武邑县肖桥头镇	7397	22830	29799	35551	71689	670
武邑县龙店乡	7477	23265	24184	36442	25917	159
武邑县圈头乡	5922	18341	22884	34701	21022	152
武邑县大紫塔乡	6410	17802	20274	32856	19675	282
武强县武强镇	9603	48851	45874	36535	549375	8765
武强县街关镇	7536	28983	39890	36724	178032	732
武强县周窝镇	5309	25811	33189	30915	390600	4535
武强县豆村乡	6237	24170	35506	32698	381675	1591
武强县北代乡	8147	25018	38468	32582	326767	368
武强县孙庄乡	7511	33653	46289	41897	402388	2893
饶阳县饶阳镇	10358	79767	34125	65474	347295	3806
饶阳县大尹村镇	4613	21206	14922	55967	273270	300
饶阳县五公镇	6457	36505	36547	72123	445560	4516
饶阳县大官亭镇	8255	37992	38799	76347	403128	644
饶阳县王同岳乡	6213	26223	20573	51941	147666	1779
饶阳县留楚乡	13813	45320	43386	104793	99548	1831
饶阳县东里满乡	7521	32838	28211	46702	72736	604
安平县安平镇	8195	108347	31124	33895	450853	912
安平县马店镇	8145	50764	33558	34189	353034	502
安平县南王庄镇	6159	34045	24042	44300	287520	377
安平县大何庄乡	5911	30639	24651	32009	133002	517
安平县程油子乡	5940	29511	23205	29256	145500	531
安平县西两洼乡	4431	21361	19685	67812	63200	369
安平县大子文乡	5623	24926	23544	27946	169000	993
安平县东黄城乡	5113	28922	22607	25002	210012	794
故城县郑口镇	12070	111510	46539	62669	650127	3920
故城县夏庄镇	8041	41397	32346	49645	538504	772
故城县青罕镇	4960	29568	14563	37445	172694	526
故城县故城镇	5280	27416	16985	40389	96399	846
故城县武官寨镇	7657	39659	19396	33349	207952	3075

4-1续38　乡镇经济主要指标(2016年)

乡　镇　名　称	行政区域面积(公顷)	乡镇总人口(人)	粮食产量(吨)	现价农林牧渔业总产值(万元)	企业营业收入(万元)	公共财政收入(万元)
故城县饶阳店镇	8424	33716	22588	48991	118327	1834
故城县军屯镇	3049	17465	16566	27130	181918	513
故城县建国镇	6722	48052	34468	50025	426090	4682
故城县西半屯镇	8111	40267	23406	48111	13869	643
故城县辛庄乡	7172	20477	14736	35626	115844	1499
故城县里老乡	5357	20275	19612	32202	142033	2388
故城县房庄乡	10112	27400	28934	44742	228070	2768
故城县三朗乡	7417	22721	16574	36612	124094	2414
景县景州镇	8956	102254	46849	31768	2344842	10666
景县龙华镇	7850	62179	38729	39406	525498	4066
景县广川镇	8055	32821	35778	24884	409536	3226
景县王瞳镇	6355	29067	29039	24390	164538	1066
景县洚河流镇	6281	26358	33336	22411	367330	1292
景县安陵镇	5698	20963	33724	23461	119564	618
景县杜桥镇	8994	31392	39186	24206	253176	1038
景县王谦寺镇	7568	24596	34041	23381	181944	1193
景县北留智镇	7695	29165	41556	29049	70968	1222
景县留智庙镇	8368	43293	44936	37013	282248	1949
景县刘集乡	7309	25158	35966	27198	70793	716
景县连镇乡	5999	18972	30965	25746	80926	917
景县梁集乡	8200	30833	42786	25657	88694	725
景县温城乡	6337	18009	32951	22643	228159	570
景县后留名府乡	7498	27627	33172	25739	149657	529
景县青兰乡	7793	22493	38672	24807	61263	698
阜城县阜城镇	8680	94080	29777	51706	229819	13425
阜城县古城镇	9032	41143	30765	50387	204242	1952
阜城县码头镇	10060	37030	42368	42472	125631	1618
阜城县霞口镇	6804	32626	26363	41207	224461	4505
阜城县崔家庙镇	9211	40731	51939	47416	240916	1409
阜城县漫河乡	6780	24974	15983	48087	81455	1307
阜城县建桥乡	4134	13937	19951	25243	71470	652
阜城县蒋坊乡	5287	22896	23480	28494	92154	923
阜城县大白乡	4432	18153	29998	24775	9036	661
阜城县王集乡	5106	20983	32900	17571	18968	729
河北衡水经济开发区大麻森乡	7170	29494	28733	23760	196644	
衡水滨湖新区魏家屯镇	4174	21296	17254	16765	312465	
衡水滨湖新区彭杜村乡	9500	38018	40592	26296	215143	4022
深州市唐奉镇	8373	38921	14314	66313	295474	878
深州市深州镇	5792	103344	9045	54487	1207785	682
深州市辰时镇	9520	31265	27223	63570	77016	660
深州市榆科镇	7334	24660	42956	43326	87246	1435
深州市魏家桥镇	7782	22995	54671	30561	129210	747
深州市大堤镇	6643	21260	43313	25037	72907	532
深州市前磨头镇	6223	19923	44473	37113	77643	597
深州市王家井镇	8581	27698	69624	36057	400502	598

4-1续39 乡镇经济主要指标(2016年)

乡镇名称	行政区域面积(公顷)	乡镇总人口(人)	粮食产量(吨)	现价农林牧渔业总产值(万元)	企业营业收入(万元)	公共财政收入(万元)
深州市护驾迟镇	7413	21078	56753	30062	83155	842
深州市大屯镇	8193	18314	59524	32456	47634	521
深州市高古庄镇	6973	18959	43739	30668	70175	2021
深州市兵曹乡	3273	11256	2919	43142	49698	606
深州市穆村乡	4216	21418	1782	33013	45062	605
深州市东安庄乡	7200	39920	36232	35670	183897	1893
深州市北溪村乡	7004	22421	39657	34987	39753	662
深州市大冯营乡	8091	26205	46944	42866	35391	716
深州市乔屯乡	5943	17296	45473	28644	33000	1039
定州市留早镇	8687	44159	61796	77916	9390	754
定州市清风店镇	5523	48036	35725	43168	48410	820
定州市庞村镇	4663	46536	25834	62389	86986	2661
定州市砖路镇	5596	50266	34462	48610	391518	697
定州市明月店镇	4137	48925	36079	36276	112791	816
定州市叮咛店镇	8316	50298	47265	31909	49110	800
定州市东亭镇	4918	31730	21423	55671	13661	643
定州市大辛庄镇	4276	29315	608	130388	36930	631
定州市东旺镇	4425	32011	15478	54683	12000	577
定州市高蓬镇	5615	42768	26349	61428	278416	302
定州市邢邑镇	4839	27341	34322	30196	28806	684
定州市李亲顾镇	4972	51576	35093	59814	435200	6230
定州市子位镇	6069	40210	39139	50488	100108	553
定州市开元镇	4500	50271	24513	51543	88312	925
定州市周村镇	5036	47836	29089	43116	57757	796
定州市息冢镇	5544	31753	21402	37460	397323	599
定州市东留春乡	4961	26789	28840	43331	12590	593
定州市号头庄回族乡	5406	37203	29706	79689	6575	724
定州市杨家庄乡	3600	32650	21831	35336	12080	684
定州市大鹿庄乡	6023	34537	18626	71106	25791	809
定州市西城乡	3488	18527	20644	25150	44717	538
辛集市辛集镇	7554	122577	41629	38358	6717011	25234
辛集市旧城镇	5516	44169	23017	109857	482411	2469
辛集市张古庄镇	4608	31834	22974	73486	284002	950
辛集市位伯镇	5155	40395	43150	45475	493882	887
辛集市新垒头镇	4006	29632	29954	50955	404543	4213
辛集市新城镇	5555	21327	35608	42941	359249	5700
辛集市南智邱镇	7896	35200	32136	45570	743090	1148
辛集市王口镇	10367	39600	53420	67307	450187	857
辛集市天宫营乡	5352	28734	29573	42202	247388	849
辛集市前营乡	5923	32458	28828	83714	209793	848
辛集市马庄乡	7483	25835	45194	60951	190498	592
辛集市和睦井乡	6711	33715	49116	67862	618405	984
辛集市田家庄乡	8530	49984	52359	66333	1036522	1337
辛集市中里厢乡	4232	22223	29382	57338	90540	728
辛集市小辛庄乡	3907	24444	30195	26498	423582	1360

5-1 各省(市、自治区)农用机械总动力及其位次

单位：万千瓦

地区	1990年		1995年		2000年		2005年		2010年		2015年		2016年	
	数量	位次	数量	位次	数量	位次	数量	位次	数量	位次	数量	位次	数量	位次
全　国	**28707.7**		**36118.1**		**52573.6**		**68397.8**		**92780.5**		**111728.1**		**97245.6**	
北　京	416.2	24	468.1	24	399.2	26	337.7	27	276.0	30	186.1	30	144.5	30
天　津	439.0	23	532.5	23	593.4	24	611.9	25	587.8	26	546.9	27	470.0	28
河　北	**2822.2**	**1**	**4336.4**	**1**	**7000.4**	**2**	**8487.2**	**2**	**10151.3**	**3**	**11102.8**	**3**	**7402.0**	**3**
山　西	1053.5	10	1359.0	10	1701.3	9	2288.7	7	2809.2	12	3351.7	12	1744.3	22
内蒙古	760.5	16	902.5	16	1350.3	14	1922.0	12	3033.6	11	3805.1	10	3331.1	12
辽　宁	1012.3	14	1016.9	14	1339.8	15	1918.1	13	2248.7	17	2813.9	15	2168.5	18
吉　林	629.0	21	661.4	21	1015.4	19	1471.3	18	2145.0	18	3152.5	14	3105.3	13
黑龙江	1173.4	11	1226.1	11	1613.8	11	2234.0	8	3736.3	8	5442.3	6	5634.3	6
上　海	276.5	29	173.4	29	142.5	30	96.5	31	104.1	31	119.0	31	122.3	31
江　苏	2004.8	4	2227.0	4	2925.3	5	3135.3	6	3937.3	6	4825.5	7	4906.6	7
浙　江	1217.9	7	1641.8	7	1990.1	7	2111.3	10	2427.5	14	2360.7	21	2136.7	19
安　徽	1307.3	5	1836.0	5	2975.9	4	3983.8	4	5409.8	4	6581.0	4	6867.5	4
福　建	587.1	18	757.3	18	873.3	21	1000.0	23	1206.2	23	1384.1	23	1269.1	24
江　西	667.7	20	663.1	20	902.3	20	1781.3	16	3805.0	7	2260.8	22	2201.6	16
山　东	3215.8	2	4016.5	2	7025.2	1	9199.3	1	11629.0	1	13353.0	1	9797.6	2
河　南	2264.0	3	3115.4	3	5780.6	3	7934.2	3	10195.9	2	11710.1	2	9855.0	1
湖　北	1099.6	12	1174.3	12	1414.0	13	2057.4	11	3371.0	9	4468.1	8	4187.8	9
湖　南	1209.1	9	1532.5	9	2209.7	6	3189.9	5	4651.5	5	5894.1	5	6097.5	5
广　东	1278.8	6	1669.6	6	1763.9	8	1782.1	15	2345.3	16	2696.8	16	2390.5	15
广　西	784.2	13	1075.4	13	1467.9	12	1909.7	14	2767.7	13	3803.2	11	3527.3	10
海　南	127.3	28	176.0	28	200.9	29	268.2	29	425.2	27	511.6	28	516.6	27
重　庆					586.5	25	776.0	24	1071.1	24	1299.7	24	1318.7	23
四　川	1259.9	8	1595.8	8	1679.7	10	2181.7	9	3155.1	10	4404.5	9	4267.3	8
贵　州	286.2	25	379.1	25	618.6	23	1011.5	22	1730.3	21	2575.2	19	2041.1	20
云　南	648.8	15	910.7	15	1301.3	16	1666.1	17	2411.1	15	3333.0	13	3440.6	11
西　藏	45.4	30	58.5	30	114.5	31	230.9	30	378.1	29	619.7	26	635.1	25
陕　西	712.0	17	780.5	17	1042.9	18	1406.3	20	2000.0	19	2667.3	18	2171.9	17
甘　肃	568.1	19	748.0	19	1056.9	17	1406.9	19	1977.6	20	2685.0	17	1903.9	21
青　海	126.9	27	188.5	27	256.2	28	327.3	28	421.3	28	453.9	29	458.6	29
宁　夏	191.1	26	241.5	26	380.6	27	555.1	26	729.1	25	831.3	25	580.5	26
新　疆	523.1	22	653.8	22	851.2	22	1116.3	21	1643.7	22	2489.3	20	2552.2	14

注：全国及各省(市、自治区)资料来源于国家统计局(下同)。

5-2 各省(市、自治区)农用化肥施用量(折纯)及其位次

单位：万吨

地区	1990年		1995年		2000年		2005年		2010年		2015年		2016年	
	数量	位次	数量	位次	数量	位次	数量	位次	数量	位次	数量	位次	数量	位次
全　国	**2590.3**		**3593.7**		**4146.4**		**4766.2**		**5561.7**		**6022.6**		**6005.5**	
北　京	14.4	25	18.7	25	17.9	28	14.8	28	13.7	28	10.5	28	9.7	28
天　津	6.9	28	12.2	28	16.6	29	23.3	27	25.5	27	21.8	27	22.6	27
河　北	**145.2**	**7**	**220.7**	**6**	**270.6**	**4**	**303.4**	**4**	**322.9**	**5**	**335.5**	**4**	**331.8**	**3**
山　西	56.6	18	77.1	19	87.0	19	95.7	20	110.4	20	118.5	20	117.1	20
内蒙古	34.5	23	53.7	22	74.8	21	116.7	18	177.2	15	229.4	16	234.6	14
辽　宁	81.4	14	103.1	15	109.8	16	119.9	17	140.1	17	152.1	17	148.1	17
吉　林	84.7	12	101.2	16	112.1	14	138.1	14	182.8	14	231.2	15	233.6	15
黑龙江	76.5	15	108.9	13	121.6	13	150.9	11	214.9	11	255.3	9	252.8	9
上　海	24.8	24	22.8	24	19.3	27	14.4	29	11.8	29	9.9	30	9.2	29
江　苏	221.8	2	292.8	3	335.5	3	340.8	3	341.1	4	320.0	6	312.5	6
浙　江	94.7	10	97.5	17	89.7	18	94.3	21	92.2	21	87.5	24	84.5	24
安　徽	144.5	8	203.3	7	253.2	5	285.7	6	319.8	6	338.7	3	327.0	5
福　建	76.4	16	104.3	14	123.3	12	122.0	16	121.0	19	123.8	19	123.8	19
江　西	83.6	13	112.1	11	106.9	17	129.4	15	137.6	18	143.6	18	142.0	18
山　东	245.5	1	362.3	1	423.2	1	467.6	2	475.3	2	463.5	2	456.5	2
河　南	213.2	3	322.2	2	419.5	2	518.1	1	655.2	1	716.1	1	735.3	1
湖　北	148.6	6	228.4	5	247.1	6	285.8	5	350.8	3	333.9	5	328.0	4
湖　南	126.1	9	167.9	9	182.2	8	209.9	8	236.6	10	246.5	12	246.4	12
广　东	162.4	5	195.7	8	176.2	9	204.6	9	237.3	8	256.5	8	261.0	8
广　西	86.2	11	122.9	10	157.8	10	201.3	10	237.2	9	259.9	7	262.1	7
海　南	12.2	26	17.3	26	26.3	25	37.3	25	46.4	25	51.1	25	50.6	25
重　庆					72.0	22	79.1	22	91.8	22	97.7	23	96.2	22
四　川	192.5	4	244.9	4	212.6	7	220.9	7	248.0	7	249.8	10	249.0	11
贵　州	38.7	21	60.8	21	71.3	23	77.4	23	86.5	23	103.7	21	103.7	21
云　南	55.5	19	88.0	18	112.1	15	142.7	13	184.6	13	231.9	14	235.6	13
西　藏	1.6	30	1.5	30	2.5	31	4.2	31	4.7	31	6.0	31	5.9	31
陕　西	67.9	17	112.0	12	131.2	11	147.3	12	196.8	12	231.9	13	233.1	16
甘　肃	37.5	22	50.9	23	64.5	24	75.9	24	85.3	24	97.9	22	93.4	23
青　海	5.3	29	6.5	29	7.2	30	7.0	30	8.8	30	10.1	29	8.8	30
宁　夏	11.6	27	16.4	27	23.6	26	29.9	26	37.9	26	40.1	26	40.7	26
新　疆	39.5	20	67.8	20	79.2	20	107.8	19	167.6	16	248.1	11	250.2	10

5–3 各省(市、自治区)农村用电量及其位次

单位：亿千瓦时

地区	1990年		1995年		2000年		2005年		2010年		2015年		2016年	
	数量	位次	数量	位次	数量	位次	数量	位次	数量	位次	数量	位次	数量	位次
全　国	**844.5**		**1655.8**		**2421.3**		**4375.70**		**6632.3**		**9026.9**		**9183.6**	
北　京	18.0	16	20.2	23	31.0	19	42.17	19	44.4	24	51.7	26	54.7	25
天　津	16.5	19	32.5	16	35.5	16	55.25	16	51.0	21	102.4	16	92.2	20
河　北	**58.8**	**4**	**118.5**	**5**	**180.4**	**5**	**337.05**	**5**	**511.8**	**4**	**611.8**	**5**	**600.8**	**5**
山　西	25.9	12	46.1	11	53.1	13	66.94	13	81.2	15	96.8	18	97.5	17
内蒙古	11.4	24	16.7	24	21.3	26	29.31	26	48.4	23	72.3	24	71.1	24
辽　宁	47.0	6	81.6	7	103.5	7	183.00	6	359.5	6	457.8	7	489.8	6
吉　林	16.8	18	21.5	20	23.8	25	28.02	27	39.5	27	49.6	27	51.1	27
黑龙江	17.6	17	23.5	19	27.5	23	36.35	22	55.7	20	72.6	23	77.5	23
上　海	32.5	9	52.3	9	73.2	9	124.53	9	195.5	9	919.2	3	983.2	3
江　苏	105.3	1	238.2	1	314.6	2	825.10	1	1472.9	1	1836.2	1	1869.3	1
浙　江	69.4	3	169.2	3	255.3	3	520.57	3	765.1	3	905.6	4	926.1	4
安　徽	23.6	13	37.4	15	45.8	14	63.96	15	107.4	13	156.7	11	161.6	11
福　建	20.4	15	45.7	12	72.4	10	160.58	8	257.5	8	381.1	8	384.4	8
江　西	16.0	20	26.6	17	35.3	17	45.13	17	71.6	16	99.9	17	104.6	16
山　东	75.7	2	147.3	4	200.3	4	346.54	4	439.0	5	482.3	6	488.8	7
河　南	46.9	7	85.1	6	125.8	6	172.15	7	269.4	7	321.0	9	317.2	9
湖　北	27.2	11	47.4	10	60.9	11	70.09	12	109.8	12	149.1	12	152.9	12
湖　南	23.4	14	37.6	14	44.5	15	65.24	14	98.6	14	123.9	13	126.7	13
广　东	56.9	5	186.3	2	405.4	1	766.43	2	1044.3	2	1326.2	2	1334.8	2
广　西	12.6	22	23.6	18	29.6	20	34.31	23	50.2	22	83.9	20	95.4	18
海　南	0.9	29	1.2	29	1.5	30	3.85	29	5.9	29	13.0	29	13.9	29
重　庆					27.9	22	42.89	18	64.8	17	78.1	22	78.7	22
四　川	44.0	8	78.7	8	82.8	8	112.92	10	141.7	10	174.8	10	183.1	10
贵　州	6.1	26	7.9	26	14.2	27	30.23	25	41.7	26	80.1	21	85.3	21
云　南	12.2	23	20.7	22	31.7	18	41.69	20	61.7	19	91.4	19	95.3	19
西　藏	0.1	30	0.2	30	0.3	31	0.64	31	0.8	31	1.3	31	1.2	31
陕　西	29.2	10	44.6	13	59.5	12	88.23	11	121.0	11	110.2	14	118.7	14
甘　肃	14.2	21	21.4	21	29.4	21	33.85	24	42.9	25	54.0	25	54.2	26
青　海	1.5	28	2.0	28	2.3	29	2.99	30	3.8	30	5.9	30	5.9	30
宁　夏	3.9	27	5.6	27	7.9	28	9.25	28	11.0	28	13.8	28	14.2	28
新　疆	10.5	25	16.2	25	24.5	24	36.47	21	64.3	18	104.1	15	108.2	15

5-4 各省(市、自治区)有效灌溉面积及其位次

单位：千公顷

地区	1990年		1995年		2000年		2005年		2010年		2015年		2016年	
	数量	位次	数量	位次	数量	位次	数量	位次	数量	位次	数量	位次	数量	位次
全　国	**47403.1**		**49281.2**		**53820.3**		**55029.3**		**60347.7**		**65872.6**		**67140.6**	
北　京	335.1	25	323.0	25	328.2	27	181.5	28	211.4	30	137.4	31	128.5	31
天　津	345.9	24	354.7	24	353.2	26	355.2	26	344.6	26	308.9	26	306.6	26
河　北	**3758.5**	**3**	**4040.0**	**3**	**4482.3**	**3**	**4547.8**	**3**	**4520.9**	**3**	**4448.0**	**5**	**4457.6**	**5**
山　西	1134.5	18	1202.0	18	1105.0	20	1088.6	20	1274.2	21	1460.3	18	1487.3	18
内蒙古	1251.5	11	1776.4	11	2371.7	9	2702.2	7	3027.5	8	3086.9	9	3131.5	9
辽　宁	1059.3	17	1203.8	17	1440.7	15	1527.1	14	1537.5	16	1520.3	17	1573.0	17
吉　林	881.9	21	904.4	21	1315.1	18	1613.7	13	1726.8	14	1790.9	13	1832.2	13
黑龙江	1078.7	19	1094.7	19	2032.0	11	2394.1	10	3875.2	4	5530.8	1	5932.7	1
上　海	319.7	26	287.7	26	285.9	28	237.3	27	201.0	31	188.2	30	189.8	30
江　苏	3970.9	4	3832.8	4	3900.9	4	3817.7	4	3819.7	5	3952.5	7	4054.1	7
浙　江	1477.1	14	1419.0	14	1403.2	17	1417.7	17	1451.0	18	1432.2	19	1446.3	19
安　徽	2633.3	5	2933.7	5	3197.2	5	3330.9	5	3519.8	7	4400.3	6	4437.5	6
福　建	933.6	20	936.5	20	940.2	22	949.7	22	967.5	23	1061.7	23	1055.4	23
江　西	1836.7	10	1879.7	10	1903.4	12	1831.4	12	1852.4	13	2027.7	12	2036.8	12
山　东	4463.7	1	4662.5	1	4824.9	1	4790.0	2	4955.3	2	4964.4	3	5161.2	3
河　南	3550.1	2	4044.2	2	4725.3	2	4864.1	1	5081.0	1	5210.6	2	5242.9	2
湖　北	2324.3	9	2174.4	9	2072.5	10	2064.6	11	2379.8	11	2899.1	10	2905.6	10
湖　南	2676.2	8	2680.0	8	2677.5	7	2690.4	8	2739.0	9	3113.3	8	3132.4	8
广　东	1795.1	12	1488.3	12	1478.5	14	1317.8	18	1872.5	12	1771.3	14	1771.7	15
广　西	1490.5	13	1472.1	13	1501.6	13	1519.8	15	1523.0	17	1618.8	16	1646.1	16
海　南	142.6	28	180.6	28	179.8	30	168.3	30	243.8	28	264.0	27	290.0	27
重　庆					624.6	24	618.1	24	685.3	24	687.2	24	690.6	24
四　川	2805.9	6	2898.6	6	2469.0	8	2508.3	9	2553.1	10	2735.1	11	2813.6	11
贵　州	550.3	23	612.1	23	653.4	23	711.6	23	1131.7	22	1065.4	22	1088.1	22
云　南	1054.2	16	1250.0	16	1403.4	16	1485.4	16	1588.4	15	1757.7	15	1809.4	14
西　藏	126.4	30	162.1	30	157.0	31	162.6	31	237.0	29	247.8	28	251.5	28
陕　西	1263.1	15	1340.0	15	1308.0	19	1298.8	19	1284.9	19	1236.8	21	1251.4	21
甘　肃	854.5	22	892.5	22	981.5	21	1030.4	21	1278.4	20	1306.7	20	1317.5	20
青　海	171.5	29	177.3	29	211.4	29	176.5	29	251.7	27	197.0	29	202.4	29
宁　夏	260.3	27	278.2	27	398.8	25	423.5	25	464.6	25	506.5	25	515.2	25
新　疆	2857.7	7	2780.0	7	3094.3	6	3204.3	6	3721.6	6	4944.9	4	4982.0	4

5–5 各省(市、自治区)粮食总产量及其位次

单位：万吨

地区	1990年		1995年		2000年		2005年		2010年		2015年		2016年	
	数量	位次	数量	位次	数量	位次	数量	位次	数量	位次	数量	位次	数量	位次
全 国	**44624**		**46661.8**		**46217.5**		**48402.2**		**54647.7**		**62143.9**		**61625.0**	
北 京	265	24	259.8	24	144.2	28	94.9	29	115.7	29	62.6	31	53.7	31
天 津	189	27	207.5	26	124.1	29	137.5	27	159.7	27	181.7	27	196.4	26
河 北	**2277**	**9**	**2739.0**	**5**	**2551.1**	**6**	**2598.6**	**8**	**2975.9**	**7**	**3363.8**	**8**	**3460.2**	**7**
山 西	969	19	917.1	20	853.4	22	978.0	20	1085.1	21	1259.6	18	1318.5	18
内蒙古	973	18	1055.4	17	1241.9	15	1662.2	13	2158.2	11	2827.0	10	2780.3	10
辽 宁	1495	14	1423.5	15	1140.0	18	1745.8	12	1765.4	13	2002.5	13	2100.6	13
吉 林	2046	10	1992.4	10	1638.0	11	2581.2	9	2842.5	9	3647.0	4	3717.2	4
黑龙江	2312	8	2552.1	8	2545.5	7	3092.0	4	5012.8	2	6324.0	1	6058.5	1
上 海	239	25	210.4	25	174.0	27	105.4	28	118.4	28	112.1	28	99.2	30
江 苏	3231	4	3286.3	4	3106.6	4	2834.6	5	3235.1	4	3561.3	5	3466.0	6
浙 江	1586	13	1430.9	14	1217.7	16	814.7	23	770.7	23	752.2	23	752.2	23
安 徽	2457	7	2580.7	7	2472.1	8	2605.3	7	3080.5	6	3538.1	6	3417.4	8
福 建	880	20	919.9	19	854.7	21	715.2	24	661.9	24	661.1	24	650.9	24
江 西	1658	12	1607.4	12	1614.6	12	1757.0	11	1954.7	12	2148.7	12	2138.1	12
山 东	3355	2	4246.4	2	3837.7	2	3917.4	2	4335.7	3	4712.7	3	4700.7	3
河 南	3304	3	3466.5	3	4101.5	1	4582.0	1	5437.1	1	6067.1	2	5946.6	2
湖 北	2475	6	2463.8	9	2218.5	9	2177.4	10	2315.8	10	2703.3	11	2554.1	11
湖 南	2651	5	2691.6	6	2767.9	5	2678.6	6	2847.5	8	3002.9	9	2953.2	9
广 东	1897	11	1734.8	11	1760.1	10	1395.0	16	1316.5	16	1358.1	17	1360.2	17
广 西	1363	15	1508.2	13	1528.5	13	1487.3	15	1412.3	15	1524.8	15	1521.3	15
海 南	170	28	201.8	28	199.6	26	153.0	26	180.4	26	184.0	26	177.9	27
重 庆					1106.9	20	1168.2	17	1156.1	19	1154.9	22	1166.0	21
四 川	4267	1	4365.0	1	3372.0	3	3211.1	3	3222.9	5	3442.8	7	3483.5	5
贵 州	721	21	948.9	18	1161.3	17	1152.1	18	1112.3	20	1180.0	20	1192.4	20
云 南	1057	17	1188.9	16	1467.8	14	1514.9	14	1531.0	14	1876.4	14	1902.9	14
西 藏	55	30	70.0	30	96.2	30	93.4	30	91.2	31	100.6	30	101.9	29
陕 西	1071	16	913.4	21	1089.1	19	1043.0	19	1164.9	18	1226.8	19	1228.3	19
甘 肃	691	22	644.2	23	713.5	24	836.9	22	958.3	22	1171.1	21	1140.6	22
青 海	114	29	114.2	29	82.7	31	93.3	31	102.0	30	102.7	29	103.5	28
宁 夏	190	26	203.2	27	252.7	25	299.8	25	356.5	25	372.6	25	370.6	25
新 疆	666	23	718.5	22	783.7	23	876.6	21	1170.7	17	1521.3	16	1512.3	16

5-6 各省(市、自治区)人均粮食产量及其位次

单位：公斤/人

地区	1990年		1995年		2000年		2005年		2010年		2015年		2016年	
	数量	位次	数量	位次	数量	位次	数量	位次	数量	位次	数量	位次	数量	位次
全国	**393.1**		**387.3**		**366.1**		**371.26**		**408.7**		**453.2**		**447.0**	
北京	249.3	27	218.7	29	109.3	31	61.91	30	62.3	30	29.0	31	24.7	31
天津	217.1	29	221.1	28	126.6	29	132.23	29	126.7	29	118.6	29	126.3	28
河北	**378.2**	**16**	**427.1**	**9**	**383.9**	**14**	**380.48**	**15**	**418.3**	**11**	**454.3**	**12**	**464.6**	**11**
山西	340.5	17	299.3	19	262.5	24	292.38	22	310.1	20	344.5	19	359.0	19
内蒙古	454.1	4	464.5	5	524.2	3	698.60	3	882.2	3	1127.2	3	1105.2	3
辽宁	381.2	14	348.9	15	271.1	22	414.84	11	406.1	13	456.5	11	479.6	8
吉林	837.7	1	771.4	1	608.2	1	953.22	1	1036.3	2	1324.8	2	1355.1	2
黑龙江	655.7	2	692.3	2	608.2	2	811.85	2	1309.3	1	1654.5	1	1592.1	1
上海	183.3	30	151.9	30	110.6	30	59.44	31	56.1	31	46.3	30	41.0	30
江苏	485.7	3	466.6	4	424.1	9	380.35	16	415.0	12	446.9	14	433.9	15
浙江	378.7	15	332.3	17	266.1	23	166.83	27	145.1	27	136.2	27	135.2	27
安徽	441.0	8	431.3	7	404.5	11	426.98	7	510.0	7	578.8	6	553.9	6
福建	296.5	22	286.6	21	251.9	26	202.92	24	180.9	26	172.9	26	168.8	26
江西	441.9	7	398.0	12	385.8	13	408.76	12	439.8	9	471.8	9	466.9	10
山东	402.9	11	488.8	3	427.3	7	424.86	8	455.2	8	480.0	8	475.0	9
河南	391.4	13	382.5	14	440.0	6	489.95	5	575.7	4	641.5	5	625.6	5
湖北	462.7	5	428.8	8	370.8	16	382.47	14	404.7	14	463.4	10	435.2	13
湖南	436.9	9	422.3	10	426.8	8	424.70	9	438.9	10	444.2	15	434.1	14
广东	306.7	21	255.9	26	221.2	27	152.18	28	131.2	28	125.9	28	124.5	29
广西	324.1	19	333.8	16	332.2	19	320.12	20	298.6	23	319.3	22	315.8	22
海南	260.5	24	281.3	22	257.8	25	185.34	25	208.4	24	202.8	24	194.6	24
重庆					359.1	17	418.77	10	402.6	15	384.5	18	384.5	18
四川	396.7	12	387.3	13	399.6	12	392.20	13	397.2	16	421.3	16	423.1	16
贵州	224.0	28	272.4	23	321.0	20	309.80	21	305.9	22	335.3	20	336.6	20
云南	286.5	23	299.9	18	346.2	18	341.46	17	334.0	18	396.9	17	400.1	17
西藏	251.1	26	294.1	20	371.5	15	338.20	18	309.0	21	313.7	23	311.4	23
陕西	329.1	18	261.2	25	301.6	21	281.22	23	310.4	19	324.2	21	323.0	21
甘肃	312.0	20	267.5	24	508.7	4	323.59	19	369.1	17	451.3	13	437.9	12
青海	256.8	25	239.2	27	160.9	28	172.20	26	182.1	25	175.3	25	175.1	25
宁夏	411.0	10	399.6	11	457.4	5	504.55	4	568.0	5	560.5	7	552.0	7
新疆	446.7	6	436.4	6	423.7	10	437.83	6	539.5	6	653.2	4	635.7	4

5-7　各省(市、自治区)棉花产量及其位次

单位：万吨

地区	1990年		1995年		2000年		2005年		2010年		2015年		2016年	
	数量	位次	数量	位次	数量	位次	数量	位次	数量	位次	数量	位次	数量	位次
全　国	**450.8**		**476.8**		**441.73**		**571.42**		**596.11**		**560.34**		**529.95**	
北　京	0.3	18	0.3	18	0.16	18	0.21	17	0.05	22	0.01	22	0.01	23
天　津	1.5	14	1.1	16	1.75	15	8.35	12	6.27	13	2.56	12	2.33	11
河　北	**57.1**	**3**	**37.0**	**6**	**30.01**	**6**	**57.72**	**4**	**56.95**	**3**	**37.34**	**3**	**29.95**	**3**
山　西	11.2	10	9.1	11	4.48	12	10.29	10	6.93	11	1.45	14	1.03	14
内蒙古					0.19	17	0.18	19	0.11	19	0.02	19	0.02	19
辽　宁	1.4	15	2.4	14	0.53	16	0.27	16	0.07	21	0.02	20	0.02	20
吉　林							0.17	20	0.52	16				
黑龙江														
上　海	1.2	16	0.4	17	0.12	19	0.18	18	0.35	17	0.04	18	0.03	18
江　苏	46.4	6	56.2	4	31.44	4	32.27	7	26.08	7	11.69	8	7.38	8
浙　江	6.4	12	6.2	12	2.92	13	2.16	15	2.94	14	1.99	13	1.65	13
安　徽	23.6	7	30.1	7	27.40	7	32.46	6	31.60	6	23.37	5	18.46	5
福　建					0.01	24	0.00	25	0.01	25	0.01	23	0.01	22
江　西	5.7	13	11.9	9	6.80	9	8.72	11	13.08	9	11.52	9	7.33	9
山　东	97.5	1	47.1	5	58.99	3	84.63	2	72.41	2	53.69	2	54.83	2
河　南	67.6	2	77.0	2	70.38	2	67.70	3	44.72	5	12.64	7	9.75	7
湖　北	51.7	4	58.6	3	30.43	5	37.50	5	47.18	4	29.76	4	18.85	4
湖　南	12.0	8	22.4	8	15.80	8	19.75	8	22.70	8	14.46	6	12.27	6
广　东														
广　西			0.1	20	0.09	21	0.09	21	0.21	18	0.25	16	0.25	16
海　南														
重　庆					0.05	23	0.02	24	0.01	24				
四　川	11.5	9	11.2	10	5.89	10	2.47	14	1.42	15	0.98	15	0.88	15
贵　州	0.1	19	0.1	19	0.11	20	0.06	22	0.10	20	0.12	17	0.12	17
云　南	0.1	20	0.1	21	0.05	22	0.02	23	0.04	23	0.01	21	0.01	21
西　藏														
陕　西	7.8	11	4.0	13	2.74	14	7.78	13	6.92	12	3.86	11	3.38	10
甘　肃	0.8	17	2.3	15	5.75	11	11.05	9	7.56	10	4.25	10	1.99	12
青　海														
宁　夏														
新　疆	46.9	5	99.4	1	145.60	1	187.40	1	247.90	1	350.30	1	359.38	1

5-8 各省(市、自治区)人均棉花产量及其位次

单位：公斤/人

地 区	1990年		1995年		2000年		2005年		2010年		2015年		2016年	
	数量	位次	数量	位次	数量	位次	数量	位次	数量	位次	数量	位次	数量	位次
全 国	**4.0**		**4.0**		**3.50**		**4.38**		**4.46**		**4.09**		**3.84**	
北 京	0.3	17	0.2	18	0.12	17	0.13	16	0.02	21	0.00	20	0.00	21
天 津	1.8	11	1.2	12	1.79	10	8.03	4	4.97	6	1.67	8	1.50	8
河 北	**9.5**	**4**	**5.8**	**5**	**4.52**	**5**	**8.45**	**3**	**8.01**	**3**	**5.04**	**4**	**4.02**	**3**
山 西	3.9	8	3.0	9	1.38	12	3.08	11	1.98	12	0.40	13	0.28	14
内蒙古					0.08	18	0.07	18	0.05	18	0.01	19	0.01	19
辽 宁	0.3	18	0.6	16	0.13	16	0.06	19	0.02	22	0.00	21	0.00	20
吉 林							0.06	20	0.19	15				
黑龙江														
上 海	0.9	15	0.3	17	0.07	19	0.10	17	0.17	17	0.02	18	0.01	18
江 苏	7.0	6	8.0	4	4.29	7	4.33	8	3.35	9	1.47	10	0.92	10
浙 江	1.5	12	1.5	11	0.64	15	0.44	14	0.55	14	0.36	14	0.30	13
安 徽	4.2	7	5.0	7	4.48	6	5.32	7	5.23	5	3.82	5	2.99	5
福 建												23	0.00	23
江 西	1.5	13	2.9	10	1.63	11	2.03	13	2.94	10	2.53	6	1.60	7
山 东	11.7	2	5.4	6	6.57	3	9.18	2	7.60	4	5.47	2	5.54	2
河 南	8.0	5	8.5	3	7.55	2	7.24	5	4.74	7	1.34	11	1.03	9
湖 北	9.7	3	10.2	2	5.09	4	6.59	6	8.25	2	5.10	3	3.21	4
湖 南	2.0	10	3.5	8	2.44	9	3.13	10	3.50	8	2.14	7	1.80	6
广 东														
广 西					0.02	20	0.02	21	0.04	19	0.05	16	0.05	16
海 南														
重 庆							0.01	23	0.00	24				
四 川	1.1	14	1.0	14	0.70	14	0.30	15	0.17	16	0.12	15	0.11	15
贵 州							0.02	22	0.03	20	0.03	17	0.03	17
云 南									0.01	23		22	0.00	22
西 藏														
陕 西	2.4	9	1.1	13	0.76	13	2.10	12	1.85	13	1.02	12	0.89	11
甘 肃	0.4	16	1.0	15	4.10	8	4.27	9	2.91	11	1.64	9	0.76	12
青 海														
宁 夏														
新 疆	31.4	1	60.4	1	78.72	1	93.60	1	114.24	1	150.40	1	151.07	1

5–9　各省(市、自治区)油料产量及其位次

单位：万吨

地区	1990年		1995年		2000年		2005年		2010年		2015年		2016年	
	数量	位次	数量	位次	数量	位次	数量	位次	数量	位次	数量	位次	数量	位次
全　国	**1613**		**2250.3**		**2954.8**		**3077.14**		**3230.1**		**3537.0**		**3629.5**	
北　京	3	29	3.3	30	3.8	30	2.49	30	1.6	30	0.6	30	0.6	31
天　津	5	28	4.0	28	3.3	31	1.29	31	0.6	31	0.4	31	1.6	29
河　北	**75**	**7**	**109.9**	**8**	**147.0**	**7**	**152.73**	**7**	**140.3**	**8**	**151.5**	**8**	**156.5**	**8**
山　西	39	16	22.3	20	44.8	16	21.26	25	17.6	26	15.3	25	15.4	25
内蒙古	69	9	70.2	11	116.4	9	122.17	9	128.1	9	193.6	7	220.0	6
辽　宁	17	23	19.8	22	29.6	22	36.84	21	99.6	11	46.1	20	81.3	14
吉　林	47	13	25.6	18	39.0	19	54.45	15	70.4	13	76.4	13	82.5	13
黑龙江	17	22	20.1	21	43.8	17	60.59	14	27.5	23	18.3	24	21.7	24
上　海	18	21	15.8	25	16.4	26	6.94	28	2.3	29	1.2	29	0.9	30
江　苏	112	5	159.5	6	225.6	5	215.99	6	152.0	7	143.1	9	131.9	9
浙　江	48	12	50.0	13	57.9	15	50.14	17	39.5	20	31.3	21	29.1	23
安　徽	129	4	191.8	3	285.0	4	270.67	4	227.6	5	227.9	6	214.8	7
福　建	18	20	23.3	19	25.8	24	27.42	24	26.6	24	30.7	22	31.0	21
江　西	55	11	103.6	9	96.7	10	76.12	12	107.6	10	124.0	10	122.0	10
山　东	212	1	315.0	1	356.9	2	363.86	2	342.2	2	324.1	3	326.8	3
河　南	152	3	298.0	2	392.6	1	449.60	1	540.7	1	599.7	1	619.1	1
湖　北	96	6	189.4	4	287.2	3	293.90	3	311.8	3	339.6	2	329.8	2
湖　南	72	8	112.0	7	139.3	8	140.98	8	195.3	6	242.9	5	242.9	5
广　东	59	10	71.0	10	78.8	11	77.01	11	88.2	12	110.3	11	113.3	11
广　西	25	19	45.3	15	58.6	14	63.18	13	45.8	18	64.7	16	68.9	17
海　南	5	27	7.3	26	10.1	27	8.53	27	9.5	27	11.3	27	11.2	27
重　庆					31.1	21	42.71	19	44.4	19	59.9	19	62.7	20
四　川	156	2	170.2	5	193.0	6	232.34	5	268.5	4	307.6	4	311.3	4
贵　州	44	14	58.8	12	74.3	12	84.89	10	60.3	16	101.3	12	103.4	12
云　南	13	24	19.6	23	27.0	23	36.22	22	34.2	22	65.9	15	68.5	18
西　藏	2	30	3.4	29	4.0	29	6.13	29	5.9	28	6.4	28	6.2	28
陕　西	34	18	38.2	16	38.8	20	45.35	18	56.1	17	62.7	18	63.8	19
甘　肃	34	17	31.7	17	41.7	18	50.31	16	64.1	15	71.6	14	76.0	15
青　海	12	25	16.2	24	19.4	25	31.85	23	34.4	21	30.5	23	30.0	22
宁　夏	6	26	5.6	27	7.0	28	12.21	26	20.8	25	15.3	26	14.7	26
新　疆	39	15	49.4	14	60.1	13	38.94	20	66.6	14	62.9	17	71.4	16

5-10 各省(市、自治区)人均油料产量及其位次

单位：公斤/人

地 区	1990年		1995年		2000年		2005年		2010年		2015年		2016年	
	数量	位次	数量	位次	数量	位次	数量	位次	数量	位次	数量	位次	数量	位次
全 国	**14.2**		**18.7**		**23.4**		**23.60**		**24.16**		**25.79**		**26.33**	
北 京	2.9	30	2.8	30	2.9	31	1.63	30	0.84	30	0.26	31	0.26	31
天 津	5.4	26	4.3	29	3.4	30	1.24	31	0.51	31	0.28	30	1.03	29
河 北	**12.4**	**17**	**17.1**	**11**	**22.1**	**12**	**22.36**	**10**	**19.72**	**16**	**20.47**	**15**	**21.01**	**15**
山 西	13.8	14	7.3	24	13.8	17	6.36	28	5.03	28	4.19	28	4.20	28
内蒙古	32.6	1	30.9	6	49.1	1	51.35	3	52.38	4	77.19	1	87.46	1
辽 宁	4.5	27	4.8	28	7.0	28	8.75	24	22.91	14	10.51	23	18.57	18
吉 林	19.1	6	9.9	23	14.5	16	20.11	14	25.68	11	27.76	10	30.09	9
黑龙江	4.9	28	5.4	26	11.7	22	15.91	18	7.19	27	4.80	27	5.71	26
上 海	13.9	13	11.4	17	10.4	24	3.91	29	1.09	29	0.49	29	0.37	30
江 苏	16.9	9	22.6	9	30.8	8	28.98	7	19.49	17	17.96	18	16.52	20
浙 江	11.5	19	11.6	16	12.7	21	10.27	23	7.43	25	5.68	26	5.23	27
安 徽	23.2	5	32.0	5	46.6	3	44.36	5	37.68	5	37.27	6	34.82	7
福 建	6.0	25	7.3	25	7.6	27	7.78	27	7.28	26	8.02	25	8.05	25
江 西	14.6	11	25.6	8	23.1	10	17.71	17	24.20	13	27.22	12	26.65	13
山 东	25.5	4	36.3	1	39.7	5	39.46	6	35.92	6	33.01	8	33.02	8
河 南	18.0	7	32.9	4	42.1	4	48.08	4	57.25	2	63.41	2	65.13	2
湖 北	17.9	8	33.0	3	48.0	2	51.63	2	54.49	3	58.21	3	56.19	3
湖 南	11.9	18	17.6	10	21.5	13	22.35	11	30.10	10	35.93	7	35.70	6
广 东	9.5	21	10.5	21	9.9	26	8.40	25	8.79	23	10.23	24	10.37	24
广 西	6.0	24	10.0	22	12.7	19	13.60	20	9.69	22	13.55	21	14.31	22
海 南	7.0	23	10.6	20	13.0	18	10.33	22	10.96	21	12.41	22	12.23	23
重 庆					10.1	25	15.31	19	15.48	19	19.93	17	20.68	16
四 川	14.5	12	15.1	13	22.9	11	28.38	8	33.10	8	37.63	5	37.81	5
贵 州	13.6	15	16.9	12	20.6	14	22.83	9	16.59	18	28.80	9	29.20	11
云 南	3.6	29	4.9	27	6.4	29	8.16	26	7.47	24	13.94	20	14.40	21
西 藏	7.6	22	14.1	14	15.3	15	22.20	12	19.87	15	19.97	16	18.99	17
陕 西	10.3	20	10.9	19	10.7	23	12.23	21	14.94	20	16.56	19	16.78	19
甘 肃	15.2	10	13.2	15	29.7	9	19.45	15	24.67	12	27.58	11	29.18	12
青 海	27.1	2	34.0	2	37.4	6	58.81	1	61.40	1	52.02	4	50.83	4
宁 夏	13.5	16	11.0	18	12.7	20	20.55	13	33.21	7	22.95	14	21.83	14
新 疆	26.1	3	30.0	7	32.5	7	19.45	16	30.70	9	27.00	13	30.01	10

5−11　各省(市、自治区)蔬菜产量及其位次

单位：万吨

地区	1995年		1999年		2005年		2010年		2015年		2016年	
	数量	位次	数量	位次	数量	位次	数量	位次	数量	位次	数量	位次
全　国	**25726.7**		**40513.5**		**56451.49**		**65099.4**		**78526.1**		**79779.7**	
北　京	397.3	20	426.8	25	423.89	26	303.0	29	205.1	29	183.6	29
天　津	434.2	17	486.1	23	542.74	25	419.3	26	441.5	27	450.4	27
河　北	**2148.4**	**2**	**3815.4**	**2**	**6467.61**	**2**	**7073.6**	**2**	**8243.7**	**2**	**8193.4**	**2**
山　西	542.9	15	719.6	18	901.54	18	909.1	23	1302.2	22	1294.5	22
内蒙古	308.3	25	594.9	19	1009.14	16	1350.9	16	1445.3	20	1502.3	20
辽　宁	1268.1	8	1650.8	8	1954.78	10	2668.2	9	2932.8	9	2257.5	11
吉　林	530.6	16	822.6	16	832.56	24	1078.7	22	860.0	24	852.4	24
黑龙江	338.1	23	1187.3	12	1153.55	14	723.8	24	957.4	23	936.8	23
上　海	244.3	27	337.0	27	409.03	27	398.1	28	364.5	28	334.2	28
江　苏	1600.0	6	2727.0	4	3604.69	4	4234.0	4	5595.7	4	5593.9	4
浙　江	822.9	12	1127.5	13	1764.60	11	1788.8	12	1806.9	17	1865.1	19
安　徽	1006.9	10	1509.2	10	1671.23	12	2137.4	10	2714.2	11	2774.7	10
福　建	735.1	14	991.3	15	1402.66	13	1563.3	14	1903.6	13	1951.6	14
江　西	809.4	13	1045.1	14	1145.93	15	1115.3	21	1359.1	21	1420.2	21
山　东	3694.8	1	6407.3	1	8606.98	1	9030.7	1	10272.9	1	10327.0	1
河　南	1660.8	5	3392.4	3	5880.25	3	6624.3	3	7456.5	3	7807.6	3
湖　北	1663.4	4	2631.0	5	2916.91	5	3131.5	6	3852.0	7	4001.7	7
湖　南	1134.6	9	1564.0	9	2399.05	8	3122.9	7	3996.9	6	4196.4	6
广　东	1703.9	3	2109.7	6	2596.02	7	2718.6	8	3438.8	8	3569.1	8
广　西	1302.0	7	1367.6	11	2130.59	9	2129.4	11	2786.4	10	2928.8	9
海　南	129.7	28	255.2	28	312.16	28	442.4	25	572.2	26	579.8	26
重　庆	397.6	19	770.7	17	890.47	19	1309.5	17	1780.5	18	1875.1	18
四　川	992.0	11	1942.2	7	2714.29	6	3408.3	5	4240.8	5	4388.6	5
贵　州	360.8	22	553.0	20	839.87	23	1202.0	20	1731.9	19	1878.5	17
云　南	405.6	18	526.4	21	970.89	17	1255.0	18	1873.9	14	1968.6	12
西　藏	9.3	31	17.1	31	42.92	31	58.1	31	69.6	31	70.7	31
陕　西	362.9	21	500.1	22	869.93	20	1384.0	15	1822.5	16	1896.2	16
甘　肃	327.6	24	460.0	24	866.91	21	1235.5	19	1823.1	15	1951.5	15
青　海	38.3	30	56.6	30	84.46	30	141.6	30	166.4	30	170.0	30
宁　夏	87.6	29	113.8	29	183.61	29	407.4	27	575.8	25	593.1	25
新　疆	269.6	26	406.2	26	862.23	22	1734.4	13	1933.9	12	1966.5	13

5-12 各省(市、自治区)园林水果产量及其位次

单位：万吨

地 区	1990年		1995年		2000年		2005年		2010年		2015年		2016年	
	数量	位次	数量	位次	数量	位次	数量	位次	数量	位次	数量	位次	数量	位次
全 国	**1874.42**		**4214.63**		**6225.15**		**8835.50**		**12865.23**		**17479.57**		**18119.40**	
北 京	26.38	19	45.24	19	58.59	21	76.12	22	80.99	22	67.43	24	62.18	24
天 津	10.10	24	19.92	25	28.28	25	27.79	28	31.27	29	32.71	29	32.38	28
河 北	**175.47**	**3**	**431.97**	**2**	**677.31**	**2**	**918.48**	**2**	**1111.73**	**4**	**1508.61**	**4**	**1524.59**	**5**
山 西	40.57	14	102.58	14	204.49	11	245.50	13	408.46	13	755.65	9	753.90	10
内蒙古	6.92	26	18.15	26	21.45	27	22.03	29	37.25	28	66.03	25	60.98	25
辽 宁	111.29	5	219.99	7	249.97	9	329.27	9	521.56	10	601.45	13	570.03	14
吉 林	13.33	23	27.97	22	48.56	22	66.20	23	65.08	24	53.40	26	50.97	27
黑龙江	4.95	28	12.70	27	19.21	29	46.20	25	46.64	26	51.86	27	53.16	26
上 海	9.42	25	21.71	23	22.54	26	33.63	26	44.16	27	32.76	28	28.80	29
江 苏	49.33	13	101.35	15	176.44	12	202.34	15	237.03	19	300.03	19	296.31	20
浙 江	107.01	6	214.62	9	170.37	13	283.69	11	382.49	14	460.02	16	437.26	16
安 徽	26.99	17	52.66	18	110.61	17	151.72	18	235.67	20	299.44	20	305.28	19
福 建	75.78	9	239.33	6	356.44	7	479.36	7	564.48	9	744.79	10	761.60	9
江 西	23.30	20	42.76	20	42.34	23	130.28	20	297.13	17	450.32	17	405.37	17
山 东	246.30	2	717.69	1	966.63	1	1201.48	1	1438.91	1	1703.00	1	1728.54	1
河 南	63.92	10	211.66	10	364.73	5	555.69	6	795.99	6	915.76	7	922.73	7
湖 北	26.89	18	114.70	12	215.68	10	260.79	12	437.13	12	615.84	12	649.72	12
湖 南	56.61	12	116.94	11	150.50	15	243.27	14	460.92	11	545.58	14	590.90	13
广 东	328.58	1	414.51	3	643.52	3	831.69	3	1128.73	3	1519.89	3	1580.96	3
广 西	91.61	7	266.60	5	360.14	6	571.58	5	841.77	5	1369.76	5	1525.20	4
海 南	15.28	22	36.05	21	105.52	18	162.53	17	285.36	18	296.68	21	291.53	21
重 庆					81.68	19	128.81	21	202.55	21	327.48	18	355.66	18
四 川	127.06	4	215.32	8	252.57	8	415.76	8	599.57	7	806.52	8	850.53	8
贵 州	16.68	21	20.97	24	31.10	24	51.42	24	69.61	23	147.65	22	162.27	22
云 南	31.97	16	55.71	17	76.95	20	136.63	19	341.64	15	656.32	11	697.04	11
西 藏	0.54	30	0.56	30	0.74	31	0.87	31	0.95	31	1.35	31	1.35	30
陕 西	62.03	11	283.96	4	493.79	4	765.74	4	1238.50	2	1630.62	2	1713.96	2
甘 肃	38.49	15	80.36	16	121.59	16	172.45	16	299.46	16	461.80	15	506.44	15
青 海	2.20	29	2.68	29	2.24	30	1.48	30	1.44	30	1.50	30	1.29	31
宁 夏	5.52	27	11.64	28	19.32	28	31.48	27	64.92	25	93.87	23	97.81	23
新 疆	79.88	8	114.34	13	151.87	14	291.26	10	593.85	8	961.45	6	1100.64	6

5–13 各省(市、自治区)肉类总产量及其位次

单位：万吨

地区	1990年		1995年		2000年		2005年		2010年		2015年		2016年	
	数量	位次	数量	位次	数量	位次	数量	位次	数量	位次	数量	位次	数量	位次
全　国	**2857.0**		**4076.4**		**6013.9**		**6938.9**		**7925.8**		**8625.0**		**8537.8**	
北　京	26.8	25	37.6	25	55.9	25	66.69	25	46.3	26	36.4	27	30.4	29
天　津	11.8	28	21.2	27	28.9	28	57.78	27	42.6	27	45.8	26	45.5	26
河　北	**130.1**	**8**	**310.7**	**5**	**342.4**	**5**	**395.56**	**5**	**416.7**	**6**	**462.5**	**5**	**457.7**	**5**
山　西	31.9	23	61.0	22	63.7	23	68.24	24	72.4	24	85.6	24	84.4	24
内蒙古	53.6	18	81.9	19	143.4	17	229.46	15	238.7	15	245.7	15	258.9	15
辽　宁	90.4	13	222.4	10	225.7	11	347.92	8	406.7	7	429.4	7	430.9	6
吉　林	51.8	19	134.5	14	216.3	12	260.15	12	238.9	14	261.1	14	260.4	14
黑龙江	55.9	17	135.8	13	151.6	16	173.51	17	197.9	16	228.7	16	231.2	16
上　海	37.5	22	57.8	23	55.0	26	31.34	28	26.2	29	20.3	31	17.4	31
江　苏	194.0	5	305.9	6	328.0	6	352.34	7	365.8	11	369.4	12	355.6	12
浙　江	96.1	12	121.2	17	117.6	20	165.35	20	175.1	20	131.1	21	118.1	21
安　徽	118.9	9	197.3	12	297.8	8	340.13	9	376.9	10	419.4	9	411.4	9
福　建	74.2	16	126.6	16	137.6	18	165.86	19	180.2	18	216.6	17	225.6	17
江　西	111.7	10	219.4	11	184.4	14	237.10	14	289.9	13	336.5	13	330.9	13
山　东	221.6	2	585.9	2	560.2	1	753.95	1	704.4	1	774.0	1	777.5	1
河　南	134.9	7	333.0	4	502.0	3	685.95	2	638.4	3	711.1	2	697.0	2
湖　北	146.9	6	279.4	8	248.8	10	327.31	10	379.4	9	433.3	6	425.2	7
湖　南	203.5	3	345.5	3	434.7	4	523.45	4	494.8	4	540.1	4	529.8	4
广　东	202.5	4	305.1	7	322.2	7	384.31	6	441.1	5	424.2	8	415.5	8
广　西	104.2	11	250.2	9	276.2	9	242.92	13	387.8	8	417.3	10	411.2	10
海　南	15.1	27	31.9	26	38.0	27	58.21	26	68.5	25	78.0	25	76.3	25
重　庆					153.6	15	177.96	16	192.5	17	213.8	18	210.8	18
四　川	442.8	1	625.7	1	555.5	2	653.55	3	656.6	2	706.8	3	696.3	3
贵　州	74.4	15	105.5	18	123.8	19	167.51	18	179.1	19	201.9	19	199.3	19
云　南	78.6	14	128.2	15	204.9	13	298.60	11	321.4	12	378.3	11	375.6	11
西　藏	8.8	29	11.6	30	14.1	31	21.46	31	25.0	31	28.0	30	27.7	30
陕　西	46.8	20	79.1	20	83.2	22	102.82	22	102.6	22	116.2	22	111.7	22
甘　肃	39.5	21	62.7	21	58.9	24	82.10	23	84.4	23	96.3	23	97.3	23
青　海	15.3	26	18.4	28	20.8	29	25.75	30	28.3	28	34.7	28	36.0	27
宁　夏	6.9	30	12.1	29	18.5	30	26.18	29	25.7	30	29.2	29	30.9	28
新　疆	30.5	24	52.4	24	83.6	21	143.27	21	121.7	21	153.2	20	161.0	20

5-14 各省(市、自治区)猪牛羊肉产量及其位次

单位：万吨

地区	1990年		1995年		2000年		2005年		2010年		2015年		2016年	
	数量	位次	数量	位次	数量	位次	数量	位次	数量	位次	数量	位次	数量	位次
全国	**2513**		**3304.0**		**4743.2**		**5473.5**		**6123.1**		**6627.5**		**6475.3**	
北京	20	25	27.0	24	34.0	25	39.7	27	27.5	27	25.2	30	24.4	30
天津	10	28	16.5	28	22.1	28	44.9	25	32.6	26	34.2	26	34.3	27
河北	**121**	**8**	**258.8**	**5**	**270.0**	**5**	**314.2**	**5**	**332.6**	**5**	**359.9**	**6**	**352.0**	**6**
山西	29	22	56.1	22	57.8	23	62.2	24	63.6	24	73.0	24	70.9	24
内蒙古	50	17	74.0	19	130.2	16	193.6	13	210.8	14	216.3	14	226.7	14
辽宁	79	13	173.9	11	146.2	13	240.6	11	277.9	9	275.8	11	269.5	10
吉林	43	20	96.7	18	132.2	15	163.3	15	166.9	15	187.4	16	182.5	16
黑龙江	46	18	106.5	14	117.7	17	142.3	18	165.7	16	192.3	15	193.5	15
上海	24	24	24.3	25	26.6	26	18.7	31	18.4	31	16.7	31	14.1	31
江苏	158	3	217.8	7	226.6	7	242.1	10	223.9	13	237.2	13	227.7	13
浙江	86	12	102.8	16	93.3	20	130.4	20	134.9	20	106.3	21	93.9	22
安徽	98	10	165.8	12	227.9	6	265.0	8	271.3	10	291.9	8	278.7	8
福建	64	16	106.0	15	109.9	19	138.5	19	150.7	19	140.0	19	141.7	19
江西	103	9	193.4	10	149.6	12	187.7	14	233.4	12	268.3	12	258.6	12
山东	187	2	371.7	2	379.9	4	484.1	3	454.5	3	502.4	3	488.9	3
河南	124	7	295.9	4	437.9	2	588.3	1	516.5	2	576.5	1	560.1	1
湖北	137	6	250.7	6	210.3	10	278.7	6	312.7	6	363.3	5	354.2	5
湖南	190	5	317.4	3	391.4	3	466.8	4	439.3	4	479.5	4	467.2	4
广东	148	4	194.9	9	212.4	9	264.2	9	282.6	8	282.0	9	272.3	9
广西	91	11	204.9	8	219.1	8	206.6	12	258.5	11	276.4	10	267.7	11
海南	12	27	20.9	26	25.8	27	41.3	26	44.6	25	49.4	25	46.5	25
重庆					138.4	14	153.3	17	156.3	18	168.8	18	164.6	18
四川	407	1	553.2	1	459.1	1	562.2	2	546.4	1	574.1	2	558.2	2
贵州	71	15	100.5	17	116.0	18	154.7	16	163.5	17	181.7	17	177.3	17
云南	75	14	120.4	13	191.2	11	276.0	7	285.3	7	337.8	7	334.1	7
西藏	9	29	11.6	29	15.0	31	21.5	30	24.7	29	26.3	29	26.0	29
陕西	45	19	71.6	20	74.2	21	89.6	22	93.7	22	106.1	22	101.9	21
甘肃	38	21	57.7	21	54.3	24	75.7	23	78.0	23	89.2	23	90.0	23
青海	15	26	18.0	27	20.4	29	25.1	28	27.4	28	33.4	27	34.7	26
宁夏	6	30	10.3	30	15.4	30	22.3	29	23.3	30	26.9	28	28.4	28
新疆	28	23	46.0	23	70.5	22	120.3	21	105.5	21	129.0	20	134.7	20

5-15 各省(市、自治区)牛奶产量及其位次

单位：万吨

地区	1990年		1995年		2000年		2005年		2010年		2015年		2016年	
	数量	位次	数量	位次	数量	位次	数量	位次	数量	位次	数量	位次	数量	位次
全 国	**415.7**		**576.4**		**827.4**		**2753.4**		**3575.6**		**3754.7**		**3602.2**	
北 京	21.7	6	20.6	8	30.3	8	64.2	10	64.1	13	57.2	14	45.7	16
天 津	7.6	17	10.7	15	16.5	15	63.4	11	69.0	12	68.0	11	68.0	11
河 北	**11.2**	**13**	**32.5**	**4**	**84.2**	**2**	**340.3**	**3**	**439.8**	**3**	**473.1**	**3**	**440.5**	**3**
山 西	16.0	8	26.0	6	33.5	7	71.3	9	73.2	10	91.9	10	95.1	10
内蒙古	37.0	2	48.6	2	79.8	3	691.0	1	905.2	1	803.2	1	734.1	1
辽 宁	14.4	9	17.1	12	18.9	14	74.9	8	121.2	8	140.3	8	143.1	7
吉 林	11.7	11	10.2	16	14.3	18	29.4	17	43.5	16	52.3	16	52.8	15
黑龙江	101.7	1	164.6	1	154.3	1	440.2	2	552.5	2	570.5	2	545.9	2
上 海	22.7	5	21.8	7	25.9	10	23.8	19	24.7	19	27.7	21	26.0	21
江 苏	8.7	15	10.0	17	25.5	11	56.6	14	57.3	14	59.6	13	59.0	13
浙 江	11.3	12	9.2	20	11.2	21	26.7	18	20.3	22	16.5	23	15.3	24
安 徽	2.5	25	2.5	26	4.1	27	11.0	26	20.5	21	30.6	19	32.7	19
福 建	4.8	22	6.1	21	9.6	22	19.4	22	15.4	23	15.0	24	15.4	23
江 西	2.2	26	3.2	25	5.6	24	12.5	23	11.4	26	13.0	25	13.5	25
山 东	7.0	19	17.9	10	45.7	5	187.1	4	253.1	5	275.4	5	268.4	5
河 南	2.7	24	5.5	22	16.1	17	104.0	7	290.9	4	342.2	4	326.8	4
湖 北	5.2	21	3.8	24	5.6	26	12.2	24	14.0	25	16.9	22	16.9	22
湖 南	1.1	27	0.8	29	1.1	30	6.9	28	7.8	29	9.7	28	10.1	27
广 东	5.5	20	5.5	23	9.2	23	11.6	25	14.2	24	12.9	26	12.9	26
广 西	0.9	29	0.9	28	1.7	29	5.4	29	8.2	27	10.1	27	9.7	28
海 南	0.1	30	0.1	30			0.1	31	0.2	31	0.2	31	0.2	31
重 庆					5.6	25	8.6	27	8.0	28	5.4	30	5.5	30
四 川	26.4	4	27.7	5	28.5	9	58.6	12	69.8	11	67.5	12	62.8	12
贵 州	1.0	28	1.4	27	1.7	28	3.8	30	4.6	30	6.2	29	6.4	29
云 南	7.3	18	9.5	19	13.0	20	30.9	16	50.4	15	55.0	15	56.9	14
西 藏	12.6	10	14.1	13	16.2	16	21.2	21	23.3	20	30.0	20	29.7	20
陕 西	9.5	14	17.4	11	39.2	6	113.3	6	137.5	6	141.2	7	140.2	8
甘 肃	7.9	16	9.6	18	13.3	19	31.2	15	36.3	17	39.3	17	40.0	17
青 海	20.1	7	20.0	9	20.6	13	23.6	20	26.2	18	31.5	18	33.0	18
宁 夏	4.1	23	14.0	14	23.6	12	57.9	13	84.5	9	136.5	9	139.5	9
新 疆	30.8	3	45.2	3	72.5	4	152.2	5	128.6	7	155.8	6	156.1	6

5-16 各省(市、自治区)禽蛋产量及其位次

单位：万吨

地区	1990年		1995年		2000年		2005年		2010年		2015年		2016年	
	数量	位次	数量	位次	数量	位次	数量	位次	数量	位次	数量	位次	数量	位次
全 国	**794.6**		**1676.7**		**2243.3**		**2879.5**		**2762.7**		**2999.2**		**3094.9**	
北 京	25.8	11	28.5	17	16.0	23	16.0	24	15.1	24	19.6	24	18.3	24
天 津	18.6	15	24.1	19	25.6	19	23.5	21	18.7	23	20.2	23	20.6	23
河 北	**51.3**	**5**	**205.3**	**2**	**329.4**	**2**	**385.2**	**2**	**339.1**	**3**	**373.6**	**3**	**388.5**	**3**
山 西	15.9	18	36.1	13	40.3	14	56.9	12	70.5	12	87.2	12	89.0	12
内蒙古	12.4	21	18.8	20	24.4	20	46.2	14	50.0	13	56.4	14	58.0	14
辽 宁	45.2	7	102.8	5	140.3	5	224.0	4	275.7	4	276.5	4	287.6	4
吉 林	25.0	12	48.9	10	80.0	9	100.0	10	95.6	10	107.3	9	114.4	9
黑龙江	30.9	9	79.0	8	75.3	10	102.7	9	105.3	9	99.9	11	106.3	10
上 海	15.1	19	14.8	21	16.6	22	8.4	27	6.3	28	4.9	28	3.5	29
江 苏	89.7	2	175.3	3	181.4	4	182.0	5	190.6	5	196.2	5	198.5	5
浙 江	19.0	13	31.7	15	37.2	15	44.5	15	44.3	15	33.3	18	30.8	19
安 徽	32.6	8	51.2	9	107.4	6	122.1	7	119.0	8	134.7	8	139.5	8
福 建	12.9	20	27.0	18	40.7	13	43.9	16	26.3	19	25.5	21	27.8	20
江 西	16.8	17	33.4	14	33.5	16	42.1	17	42.0	16	49.3	15	51.7	15
山 东	124.3	1	317.4	1	366.2	1	441.8	1	384.3	2	423.9	1	440.6	1
河 南	59.6	3	140.0	4	270.0	3	375.3	3	388.6	1	410.0	2	422.5	2
湖 北	51.9	4	87.9	6	102.6	7	121.3	8	132.6	7	165.3	6	167.8	6
湖 南	27.9	10	46.6	11	52.3	11	92.1	11	91.7	11	101.5	10	104.7	11
广 东	18.8	14	31.1	16	33.1	17	33.2	19	34.4	18	33.8	17	33.3	18
广 西	6.6	24	14.7	22	14.5	24	17.7	23	20.0	22	22.9	22	23.1	22
海 南	1.2	28	2.2	28	2.9	29	2.7	29	3.5	29	4.4	29	4.8	28
重 庆					27.9	18	39.1	18	37.2	17	45.4	16	47.4	16
四 川	47.1	6	79.2	7	99.7	8	157.2	6	144.4	6	146.7	7	148.1	7
贵 州	4.5	26	5.8	26	6.5	28	11.1	26	12.5	26	17.3	25	18.3	25
云 南	4.9	25	6.9	25	10.6	26	19.0	22	20.8	21	26.0	20	26.4	21
西 藏	0.1	30	0.7	30	0.2	31	0.4	31	0.3	31	0.5	31	0.5	31
陕 西	18.4	16	40.1	12	42.5	12	48.7	13	47.1	14	58.1	13	59.3	13
甘 肃	8.5	22	12.4	23	11.2	25	14.5	25	13.8	25	15.3	26	15.1	26
青 海	1.1	29	1.2	29	1.3	30	1.4	30	1.6	30	2.3	30	2.4	30
宁 夏	2.2	27	3.9	27	7.6	27	7.8	28	7.2	27	8.8	27	9.7	27
新 疆	6.3	23	9.5	24	18.5	21	25.0	20	24.4	20	32.6	19	36.1	17

5-17 各省(市、自治区)水产品产量及其位次

单位：万吨

地区	1990年		1995年		2000年		2005年		2010年		2015年		2016年	
	数量	位次	数量	位次	数量	位次	数量	位次	数量	位次	数量	位次	数量	位次
全　国	**1237.02**		**2517.18**		**3706.20**		**4419.90**		**5373.00**		**6699.65**		**6901.25**	
北　京	5.16	20	8.05	21	7.50	22	6.43	26	6.34	26	6.61	27	5.43	27
天　津	10.83	17	15.35	18	24.22	18	33.81	18	34.49	17	40.10	19	39.44	19
河　北	**21.86**	**14**	**39.61**	**14**	**80.95**	**13**	**98.95**	**13**	**106.33**	**13**	**129.71**	**14**	**136.93**	**14**
山　西	1.02	26	1.75	27	2.60	28	3.75	28	3.17	28	5.24	28	5.23	28
内蒙古	3.04	22	4.76	22	7.21	23	8.26	23	11.38	22	15.35	25	15.83	26
辽　宁	107.36	6	197.86	6	338.46	5	425.34	5	430.38	6	531.28	5	550.07	5
吉　林	7.09	19	11.06	19	14.01	21	11.89	21	16.60	21	19.52	22	20.07	22
黑龙江	14.79	16	25.29	16	38.22	15	44.60	16	39.97	16	54.24	17	57.30	17
上　海	27.36	12	29.07	15	28.87	17	35.35	17	28.97	19	32.44	20	29.62	20
江　苏	118.25	5	219.47	5	308.79	6	388.66	6	460.44	5	521.05	6	520.74	6
浙　江	138.98	3	318.07	3	469.51	4	483.77	4	477.95	4	597.83	4	604.54	4
安　徽	29.10	11	75.20	11	159.80	9	177.57	10	193.31	11	230.43	11	235.80	11
福　建	118.64	4	257.27	4	527.89	3	602.22	3	586.96	3	733.90	3	767.78	3
江　西	30.68	10	84.04	10	127.12	11	168.66	11	215.34	9	264.25	9	271.61	9
山　东	167.80	2	380.94	1	698.23	1	736.14	1	783.83	1	931.27	1	950.19	1
河　南	10.48	18	18.09	17	32.17	16	51.68	15	57.86	15	102.37	15	128.35	15
湖　北	70.98	7	150.91	7	234.34	7	318.21	7	353.09	7	455.89	7	470.84	7
湖　南	53.01	8	86.28	9	133.21	10	179.22	9	198.00	10	259.38	10	269.57	10
广　东	207.66	1	354.34	2	593.19	2	695.23	2	729.03	2	858.22	2	873.79	2
广　西	32.35	9	103.37	8	239.86	8	284.19	8	275.51	8	345.92	8	361.77	8
海　南	16.75	15	43.25	12	83.06	12	150.01	12	149.48	12	204.89	12	214.64	12
重　庆					20.03	19	25.06	19	22.43	20	48.09	18	50.84	18
四　川	23.26	13	42.00	13	51.31	14	98.25	14	105.06	14	138.69	13	145.44	13
贵　州	2.24	24	3.27	25	6.24	24	9.46	22	8.79	25	24.98	21	28.99	21
云　南	4.60	21	8.42	20	16.62	20	23.85	20	29.78	18	69.71	16	74.37	16
西　藏	0.02	30	0.13	30	0.18	30	0.01	31	0.05	31	0.03	31	0.09	31
陕　西	2.06	25	3.77	24	6.08	25	7.36	25	6.04	27	15.52	24	15.90	25
甘　肃	0.36	28	0.76	28	1.41	29	1.57	29	1.23	29	1.49	29	1.53	29
青　海	0.34	29	0.24	29	0.12	31	0.09	30	0.16	30	1.06	30	1.21	30
宁　夏	1.02	27	1.84	26	3.70	27	5.83	27	9.00	24	16.97	23	17.46	23
新　疆	2.32	23	4.44	23	6.01	26	7.93	24	10.11	23	15.14	26	16.16	24

5-18 各省(市、自治区)农林牧渔业总产值及其位次

(按当年现行价格计算) 单位：亿元

地区	1990年		1995年		2000年		2005年		2010年		2015年		2016年	
	数量	位次	数量	位次	数量	位次	数量	位次	数量	位次	数量	位次	数量	位次
全国	**7662**		**20340.9**		**24915.8**		**39450.9**		**69319.8**		**107056.4**		**112091.3**	
北京	70	24	164.5	26	195.2	27	268.8	26	328.0	26	368.2	28	338.1	29
天津	55	27	133.3	27	156.3	28	258.4	27	317.3	27	467.4	27	494.4	26
河北	**358**	**9**	**1147.8**	**6**	**1544.7**	**5**	**2379.2**	**6**	**4309.4**	**3**	**5978.9**	**5**	**6083.9**	**6**
山西	125	22	299.7	22	322.4	24	483.8	24	1047.8	22	1522.6	24	1534.0	24
内蒙古	157	19	373.6	20	543.2	18	980.2	18	1843.6	18	2751.6	20	2794.2	20
辽宁	274	11	761.8	12	967.4	12	1671.6	9	3106.5	9	4686.7	10	4421.8	12
吉林	189	17	490.3	16	609.4	17	1050.5	17	1850.3	16	2880.6	16	2724.9	21
黑龙江	245	14	670.0	14	625.1	16	1294.4	14	2536.3	12	5044.9	9	5197.8	9
上海	68	26	182.5	25	219.5	26	233.4	28	287.0	29	302.6	30	285.1	30
江苏	581	4	1686.8	2	1869.7	3	2577.0	3	4297.1	4	7030.8	3	7235.1	3
浙江	337	10	891.7	10	1062.9	10	1428.3	12	2172.9	14	2933.4	15	3146.1	15
安徽	371	8	980.3	9	1220.0	7	1666.2	10	2955.4	10	4390.8	11	4655.5	10
福建	229	15	765.4	11	1037.3	11	1396.1	13	2307.1	13	3717.9	13	4155.7	13
江西	255	12	631.7	15	760.3	14	1143.0	15	1900.6	15	2859.1	17	3130.3	16
山东	647	1	1857.5	1	2294.3	1	3741.8	1	6650.9	1	9549.6	1	9325.9	1
河南	502	5	1304.3	5	1981.5	2	3309.7	2	5734.2	2	7641.3	2	7799.7	2
湖北	402	6	988.5	8	1125.6	9	1775.6	8	3502.0	8	5728.6	6	6278.4	5
湖南	397	7	1047.0	7	1221.7	8	2056.2	7	3787.5	6	5630.7	7	6081.9	7
广东	601	3	1445.5	4	1640.7	4	2447.6	5	3754.9	7	5520.0	8	6078.4	8
广西	252	13	743.5	13	829.0	13	1448.4	11	2721.0	11	4197.1	12	4591.4	11
海南	69	25	202.1	24	311.9	25	475.9	25	821.3	25	1323.9	25	1470.4	25
重庆					412.6	22	662.2	21	1021.1	23	1738.1	22	1968.3	22
四川	637	2	1520.3	3	1413.3	6	2457.5	4	4081.8	5	6377.8	4	6831.1	4
贵州	145	21	344.9	21	413.0	21	571.8	22	997.8	24	2738.7	21	3097.2	17
云南	212	16	474.5	17	680.9	15	1068.6	16	1810.5	19	3383.1	14	3633.1	14
西藏	17	30	35.9	30	51.2	31	67.7	31	100.8	31	149.5	31	173.0	31
陕西	170	18	381.7	19	464.9	20	730.7	20	1666.1	20	2813.5	18	2985.8	18
甘肃	103	23	289.4	23	323.0	23	521.5	23	1057.0	21	1722.1	23	1778.0	23
青海	25	29	55.1	29	57.0	30	94.0	30	201.3	30	319.3	29	338.8	28
宁夏	25	28	56.6	28	77.8	29	138.0	29	305.9	28	483.0	26	493.6	27
新疆	145	20	415.2	18	487.2	19	831.1	19	1846.2	17	2804.4	19	2969.7	19

5-19 各省(市、自治区)农林牧渔业增加值及其位次

单位：亿元

地区	1990年		1995年		2000年		2005年		2010年		2015年		2016年	
	数量	位次	数量	位次	数量	位次	数量	位次	数量	位次	数量	位次	数量	位次
全国	**5062.0**		**12135.8**		**14944.7**		**22420.0**		**40533.6**		**62904.1**		**65967.9**	
北京	43.9	26	73.5	26	78.6	26	98.0	27	124.5	29	**142.6**	**29**	**132.0**	29
天津	27.3	28	60.8	27	73.7	28	112.4	26	145.6	27	210.5	28	222.0	28
河北	**227.9**	**9**	**631.3**	**7**	**824.6**	**6**	**1400.0**	**6**	**2562.8**	**3**	**3578.7**	**5**	**3644.8**	8
山西	80.8	23	168.7	23	179.9	25	262.4	25	554.5	24	824.1	25	827.3	25
内蒙古	112.6	18	260.2	19	350.8	18	589.6	18	1095.3	17	1642.5	20	1663.9	20
辽宁	168.6	13	392.2	13	503.4	13	882.4	12	1631.1	11	2505.1	12	2296.6	13
吉林	125.0	17	304.0	16	398.7	16	625.6	17	1050.2	19	1644.6	19	1549.3	21
黑龙江	160.3	15	371.2	15	383.2	17	684.6	15	1302.9	14	2687.8	9	2731.7	10
上海	34.2	27	59.8	28	76.7	27	90.3	28	114.7	30	114.0	30	113.5	31
江苏	355.2	3	866.2	2	1048.3	3	1461.5	4	2540.1	4	4209.5	3	4323.5	3
浙江	225.0	10	550.0	10	631.0	11	892.8	11	1360.6	13	1865.3	15	2000.2	15
安徽	246.1	8	584.1	9	741.8	8	966.5	9	1729.0	9	2550.3	11	2693.2	11
福建	147.0	16	464.8	11	640.6	10	841.2	13	1363.7	12	2194.1	13	2444.8	12
江西	176.0	12	374.6	14	485.1	14	727.4	14	1207.0	15	1827.8	16	1962.4	16
山东	425.3	1	1010.1	1	1268.6	1	1963.5	1	3588.3	1	5182.9	1	5171.1	1
河南	325.8	4	763.0	4	1161.6	2	1892.0	2	3258.1	2	4348.4	2	4440.0	2
湖北	289.5	6	619.8	8	662.3	9	1082.1	8	2147.0	8	3417.3	8	3780.8	6
湖南	279.1	7	685.3	5	784.9	7	1255.1	7	2325.5	6	3462.0	6	3725.9	7
广东	384.6	2	864.5	3	986.3	4	1428.3	5	2287.0	7	3426.1	7	3781.8	5
广西	176.8	11	453.2	12	557.4	12	912.5	10	1675.1	10	2633.0	10	2873.5	9
海南	45.7	25	128.9	24	192.0	24	300.8	24	539.8	25	880.5	24	977.6	24
重庆	100.4	21	264.2	18	284.9	20	463.4	20	685.4	21	1168.7	22	1324.7	22
四川	321.4	5	662.5	6	945.6	5	1481.1	3	2482.9	5	3745.3	4	4005.4	4
贵州	100.1	22	227.1	21	271.2	21	362.5	22	625.0	22	1712.7	17	1944.3	17
云南	168.1	14	302.7	17	431.8	15	669.8	16	1108.4	16	2098.3	14	2242.2	14
西藏	14.1	31	23.5	31	36.4	31	48.0	31	68.7	31	100.8	31	118.7	30
陕西	105.6	19	217.3	22	258.2	22	435.8	21	988.5	20	1673.2	18	1776.3	18
甘肃	64.1	24	110.7	25	194.1	23	308.1	23	599.3	23	995.5	23	1027.7	23
青海	17.7	29	38.8	29	38.5	30	65.3	30	134.9	28	212.2	27	224.7	27
宁夏	16.8	30	35.4	30	46.0	29	72.1	29	159.3	26	251.7	26	256.3	26
新疆	104.1	20	240.7	20	288.2	19	510.0	19	1078.6	18	1598.7	21	1691.8	19

5-20 各省(市、自治区)农村居民人均可支配收入及位次

单位：元

地区	1990年		1995年		2000年		2005年		2010年		2015年		2016年	
	数量	位次	数量	位次	数量	位次	数量	位次	数量	位次	数量	位次	数量	位次
全 国	**686**		**1577.74**		**2253.4**		**3255**		**5919**		**11422**		**12363**	
北 京	1297	2	3223.65	2	4604.6	2	7346	2	13262	2	20569	3	22310	3
天 津	1069	4	2406.38	6	3622.4	5	5580	4	10075	4	18482	4	20076	4
河 北	**622**	**19**	**1668.73**	**11**	**2478.9**	**9**	**3482**	**10**	**5958**	**12**	**11051**	**14**	**11919**	14
山 西	603	21	1208.30	21	1905.6	20	2891	18	4736	22	9454	23	10082	24
内蒙古	607	20	1300.00	19	2038.2	16	2989	17	5530	16	10776	19	11609	19
辽 宁	836	7	1756.50	9	2355.6	10	3690	9	6908	9	12057	9	12881	9
吉 林	804	8	1609.60	12	2022.5	17	3264	11	6237	10	11326	11	12123	12
黑龙江	759	10	1766.27	8	2148.2	14	3221	12	6211	11	11095	13	11832	16
上 海	1907	1	4245.61	1	5590.4	1	8248	1	13978	1	23205	1	25520	1
江 苏	959	6	2456.86	5	3595.1	6	5276	5	9118	5	16257	5	17606	5
浙 江	1099	3	2966.19	3	4253.7	3	6660	3	11303	3	21125	2	22866	2
安 徽	539	26	1302.82	18	1934.6	19	2641	22	5285	18	10821	18	11720	17
福 建	764	9	2048.59	7	3230.5	7	4450	7	7427	7	13793	6	14999	6
江 西	670	15	1537.36	13	2135.3	15	3129	13	5789	14	11139	12	12138	11
山 东	680	13	1715.09	10	2654.4	8	3931	8	6990	8	12930	8	13954	8
河 南	527	28	1231.97	20	1985.5	18	2871	19	5524	17	10853	17	11697	18
湖 北	671	14	1511.22	15	2268.5	11	3099	15	5832	13	11844	10	12725	10
湖 南	664	16	1425.16	17	2197.2	12	3118	14	5622	15	10993	15	11930	13
广 东	1043	5	2699.24	4	3654.5	4	4690	6	7890	6	13360	7	14512	7
广 西	639	18	1446.14	16	1864.5	23	2495	24	4543	25	9467	22	10359	22
海 南	696	11	1519.71	14	2182.3	13	3004	16	5275	20	10858	16	11843	15
重 庆					1892.4	22	2809	20	5277	19	10505	20	11549	20
四 川	558	24	1158.29	23	1903.6	21	2803	21	5087	21	10247	21	11203	21
贵 州	435	29	1086.62	25	1374.2	30	1877	31	3472	30	7387	30	8090	30
云 南	540	25	1010.97	27	1478.6	27	2042	29	3952	28	8242	28	9020	28
西 藏	650	17	1200.31	22	1330.8	31	2078	27	4139	26	8244	27	9094	27
陕 西	530	27	962.89	29	1442.3	28	2052	28	4105	27	8689	26	9396	26
甘 肃	431	30	880.34	30	1428.7	29	1980	30	3425	31	6936	31	7457	31
青 海	560	23	1029.77	26	1490.5	26	2151	26	3863	29	7933	29	8664	29
宁 夏	578	22	998.75	28	1724.3	24	2509	23	4675	23	9119	25	9852	25
新 疆	683	12	1136.45	24	1618.1	25	2482	25	4643	24	9425	24	10183	23

注：2013年以前农村居民为人均纯收入，2013年为新口径人均可支配收入。

Ⅷ 2016年河北农村工作大事记

一 月

1月16日 1月14日至今日，省长张庆伟到崇礼西湾子镇下三道河村、上三道河村、刷见草沟村、瓦窑村，走访慰问老党员和贫困户，并进行考察调研。

1月17日 今天，中央国家机关工委副书记常大光率中央扶贫开发工作会议精神宣讲组第14组到我省宣讲。省委副书记赵勇主持宣讲会并讲话。中国保监会党委副书记、副主席周延礼，副省长沈小平出席宣讲会。

1月20日 1月19日至今日，副省长张杰辉到平泉县就脱贫攻坚和美丽乡村建设进行专题调研。

今天，全省农村工作会议在石家庄召开。省委副书记赵勇出席会议并讲话。省人大常委会副主任王刚，省政协副主席郭华、葛会波出席会议。副省长沈小平作总结讲话。

今天，副省长秦博勇到易县就扶贫开发工作进行调研。

1月26日 下午，省长张庆伟主持召开省政府第74次常务会议，研究了《省政府办公厅关于加强农业对外开放工作的意见》。会议还研究了《关于加快我省民族地区发展的若干措施》《省政府关于推进与拉美国家互利合作的意见》《关于河北省国有企业功能界定与分类的实施意见》等其他事项，听取了关于提请审议批准2015年度河北省科学技术奖授奖人员和授奖项目的汇报。

1月28日 今天，中央国家机关工委常务副书记李智勇到临城县调研慰问。副省长沈小平陪同。

今天，副省长沈小平到威县梨园屯镇西河口村，就扶贫开发工作进行蹲点调研。

二 月

2月1日 1月31日至今日，中央政治局委员、国务院副总理、国务院扶贫开发领导小组组长汪洋在我省衡水市阜城县考察基层扶贫干部队伍工作状况。考察期间，汪洋还调研了阜城县漫河乡地下水超采综合治理试点项目进展情况。省委书记、省人大常委会主任赵克志，省长张庆伟分别陪同考察，并汇报了河北脱贫攻坚工作有关情况。国务院副秘书长江泽林，财政部副部长胡静林，国务院扶贫办主任刘永富、副主任洪天云；省领导赵勇、范照兵、沈小平分别陪同考察或参加座谈会。

2月3日 上午，副省长沈小平带领省直有关部门负责同志就精准扶贫精准脱贫和农业产业化工作到张家口市调研。

2月4日 今天，国家林业局局长张建龙就冬奥会绿化工作到张家口市调研。副省长沈小平陪同调研。

2月18日 上午，省长张庆伟到省农村信用联社调研。省政府秘书长朱浩文参加调研。

2月23日 下午，省长张庆伟主持召开省政府第76次常务会议，讨论通过《河北省新型城镇化与城乡统筹示范区建设规划》《河北省建设京津冀生态环境支撑区规划》和《河北省建设全国现代商贸物流重要基地规划》，部署京津冀协同发展有关工作，学习了《中华人民共和国社会保险法》。会议通过了《河北省人口与计划生育条例修正案（草案）》，决定将草案提请省人大常委会审议；还研究了《河北省太行山绿化规划》和《河北省太行山绿化三年攻坚战实施方案》等其他事项。

三 月

3月1日 上午，省扶贫开发领导小组全体会议在石家庄召开。省委书记、省人大常委会主任、省扶贫开发领导小组组长赵克志出席会议并讲话。省长、省扶贫开发领导小组组长张庆伟出席会议，省委副书记赵勇主持会议。省领导梁田庚、王刚、沈小平、郭华出席会议。

2月28日至今日，国家防总秘书长、水利部副部长刘宁带领国家防总海河流域防汛抗旱检查组到我省检查防汛抗旱工作。副省长沈小平陪同检查。

3月11日 上午，全省造林绿化暨国有林场改革电视电话会议在省会河北会堂召开。副省长沈小平出席会议并讲话。

3月16日 今天，副省长沈小平带领省政府有关部门负责同志和小麦专家，就春季农业生产和地下水超采综合治理到沧州进行调研。

3月18日 上午，全省美丽乡村建设推进大会在石家庄召开。省委副书记赵勇出席会议并讲话。省领导孙瑞彬、梁田庚、王刚、郭华出席会议。省委常委、宣传部部长田向利宣读表彰决定，副省长沈小平主持会议。

3月19日 上午，省委书记、省人大常委会主任赵克志，省长张庆伟，省委副书记赵勇，省政协主席付志方等省委、省人大常委会、省政府、省政协领导同志，来到石家庄滹沱河滨水生态公园参加义务植树活动。

3月24日 上午，驻冀部队参与打赢脱贫攻坚战工作会议在石家庄召开。省委副书记赵勇出席会议并讲话。省委常委、省军区司令员邵亨主持会议，省军区政委尚振贵部署相关工作，军地领导沈小平、姜明、李建斌、李芳才、李西楼、陈军出席会议。

下午，国家易地扶贫搬迁政策宣讲组在石家庄召开宣讲座谈会。省委副书记赵勇出席并讲话，财政部副部长胡静林作宣讲报告，副省长沈小平主持会议。

3月29日 今天，国家林业局副局长张永利一行就2016唐山世界园艺博览会筹备工作到唐山市调研。副省长沈小平陪同调研。

3月31日 今天，副省长沈小平就森林草原防火和造林绿化工作到石家庄调研。

四　月

4月6日 今天，全省易地扶贫搬迁现场会在保定市涞源县召开。省委副书记赵勇、国务院扶贫办副主任洪天云出席会议并讲话，省人大常委会副主任王刚、省政协副主席郭华出席会议，副省长沈小平主持会议。

4月11日 上午，全省春季农业生产暨地下水超采综合治理试点工作电视电话会议在石家庄召开。副省长沈小平出席会议并讲话。

4月13日 4月12日至今日，国务院南水北调办主任鄂竟平一行，就南水北调中线干线河北段工程防汛工作到我省检查。副省长沈小平陪同。

4月19日 今天，副省长沈小平到秦皇岛市督导检查森林草原防火工作。

4月29日 上午，2016唐山世界园艺博览会在唐山开幕。全国政协副主席兼秘书长张庆黎出席并宣布开幕。省委书记、省人大常委会主任赵克志出席。省长张庆伟，国家林业局局长张建龙，国际园艺生产者协会主席伯纳德·欧斯特罗姆，中国贸促会会长姜增伟，全国政协人口资源环境委员会副主任、中国花卉协会会长江泽慧致辞。全国政协人口资源环境委员会副主任凌振国，澳门特别行政区行政法务司司长陈海帆，国家林业局副局长张永利，国际园艺生产者协会副主席提姆·爱德华，荷兰驻华大使凯罗；省政协主席付志方，省委常委、秘书长、统战部部长范照兵，省委常委、唐山市委书记焦彦龙，副省长沈小平，副省长、省公安厅厅长董仚生，省政府秘书长朱浩文出席。

五　月

5月5日 下午，全省金融扶贫工作座谈会在石家庄召开。省委副书记赵勇出席会议并讲话。副省长沈小平，省长助理、省金融办主任江波出席会议。

5月7日 下午，省委书记、省人大常委会主任赵克志，省长张庆伟在石家庄会见了来我省调研的农业部党组书记、部长韩长赋一行。省委副书记赵勇，省委常委、秘书长、统战部部长范照兵，副省长沈小平和省政府秘书长朱浩文参加会见或陪同调研。

今天，京津冀现代农业协同创新研究院在涿州揭牌。副省长许宁出席仪式并揭牌。

5月9日 下午，省长张庆伟主持召开省政府第81次常务会议，会议研究《河北省贯彻〈中医药发展战略规划纲要（2016-2030年）〉实施方案》，推进中医药事业加快发展；研究《河北省人民政府关于统筹推进一流大学和一流学科建设的意见》，推动我省从高等教育大省向高等教育强省跨越。会议还听取了关于学习“重庆经验”加强我省农村道路交通安全工作的汇报；通过了《河北省发展循环经济条例（草案）》《河北省农村扶贫开发条例（草案）》，决定提交省人大常委会审议。

5月16日 下午，省长张庆伟主持召开省政府第82次常务会议，学习传达全国推进简政放权放管结合优化服务改革电视电话会议精神，研究贯彻落实意见；研究《河北省人民政府关于深入推进新型城镇化建设的实施意见》，充分释放内需潜力。会议还研究了《河北省普惠金融发展实施意见》《河北省人民政府办公厅关于推进农村一二三产业融合发展的实施意见》等其他事项。

5月18日 今天，副省长沈小平带领省直有关部门负责同志就渤海粮仓科技示范工程到邢台调研。

5月22日 今天，海河防汛抗旱总指挥部在北京召开工作会议。省长、海河防总总指挥张庆伟出席会议并讲话。水利部总规划师张志彤到会指导并讲话。北京市副市长林克庆、天津市副市长李树起、河北省副省长沈小平、山西省副省长郭迎光、河南省副省长王铁、山东省副省长赵润田、中部战区副参谋长王舜出席会议。海河防总常务副总指挥、海委主任任宪韶主持会议。

5月31日 上午，张庆伟在崇礼区主持召开座谈会，听取崇礼区、张北县和省政府办公厅驻村工作组的汇报。

省政府秘书长朱浩文参加会议。

5月29日至今日，省长张庆伟到张家口市，就决战决胜打好精准脱贫攻坚战进行调研。省政府秘书长朱浩文参加调研。

今天，副省长沈小平带领省直有关部门负责同志就地下水超采综合治理到衡水市调研。

六　　月

6月3日　上午，全省防汛抗旱暨“三夏”生产电视电话会议在石家庄召开。副省长沈小平出席会议并讲话。

上午，副省长姜德果就美丽乡村建设到平山县调研。

6月6日　上午，省委副书记、省长张庆伟在石家庄会见了来我省调研的国务院扶贫办党组书记、主任刘永富一行。省委副书记赵勇，副省长沈小平参加会见。

6月7日　上午，“千企帮千村”精准扶贫行动启动仪式在行唐县口头镇黄龙岗村举行。省委副书记赵勇、副省长张杰辉出席启动仪式并讲话。

6月12日　下午，全省教育扶贫工作现场会在灵寿县举行。副省长许宁出席会议并讲话。

6月13日　今天，副省长沈小平带领省直有关部门负责同志和省小麦专家，到石家庄市调研“三夏”生产。

6月15日　今天，全省利用土地政策助推脱贫攻坚现场会在保定市阜平县召开。省委副书记赵勇出席会议并讲话。副省长沈小平主持会议。

6月18日　下午，副省长王晓东带领省直有关部门负责同志参观了在唐山举办的新兴产业展、环保产业展和县域特色产业展。

6月21日　今天，省第三次全国农业普查领导小组第一次全体会议在石家庄召开。副省长沈小平出席会议并讲话。

今天，副省长王晓东到邯郸检查指导防汛工作并听取了邯郸市防汛工作汇报。

6月23日　今天，京津冀协同发展生态率先突破推进会议在张家口召开。国家林业局局长张建龙出席会议。副省长沈小平出席会议，并代表省政府与国家林业局、北京市人民政府、天津市人民政府签署《共同推进京津冀协同发展林业生态率先突破框架协议》。北京市政府副市长林克庆、天津市政府副市长尹海林出席会议并发言。

6月27日　6月26日至今日，国家安全监管总局党组书记、局长杨焕宁，党组成员、副局长徐绍川率员赴承德，督导检查汛期安全防范工作。副省长张杰辉参加督导检查。

6月29日　下午，省长张庆伟到省气象局调研，对汛期气象灾害防御工作进行调度。副省长沈小平主持调度会议，省政府秘书长朱浩文出席会议。

下午，全省水资源税改革试点动员电视电话会议在石家庄召开。省委常委、常务副省长袁桐利出席会议并讲话。副省长沈小平主持会议。

6月30日　下午，省长张庆伟主持召开省政府第86次常务会议，研究《河北省人民政府关于支持企业技术创新的指导意见》，促进产业转型升级和提质增效；研究《河北省人民政府关于加快农产品加工业发展的意见》，带动全省农业结构调整和农村经济发展。会议还研究了《关于省国资委监管企业深化改革“瘦身健体”工作意见》《河北省人民政府办公厅关于支持贫困县开展统筹整合使用财政涉农资金试点的实施意见》，通过了《河北省湿地保护条例（草案）》。

七　　月

7月1日　上午，全省支持贫困县开展统筹整合使用财政涉农资金试点电视电话会议在石家庄召开。副省长沈小平出席会议并讲话。

7月4日　7月3日至今日，农业部副部长于康震一行就2016年中国奶业20强（D20）峰会筹备工作到石家庄考察。副省长沈小平陪同考察。

7月5日　今天，副省长张杰辉到邢台市检查防汛工作。

今天，农业部、河北省在白洋淀共同举办水生生物增殖放流活动。农业部副部长于康震、副省长沈小平出席。

7月7日　今天，副省长沈小平带领省直有关部门负责同志到沧州市检查防汛工作。

7月15日　今天，省委常委、常务副省长袁桐利到张家口市检查永定河系防汛工作。

7月14日至今日，全省产业扶贫工作现场会在保定市曲阳县、涞水县召开。省委副书记赵勇、副省长沈小平出席会议并讲话。

7月18日　今天，副省长姜德果到沧州市督导检查子牙河系防汛工作。

7月19日　下午，省防汛抗旱指挥部指挥长、副省长沈小平到省防汛指挥调度中心，对当前防汛工作进行调度。

7月20日　凌晨，省长张庆伟在省防汛抗旱指挥部召开紧急调度会议，强调各地各部门要把防汛抗洪抢险救灾作为当前的中心工作，全力以赴做好防汛抗洪抢险救灾工作。省委常委、省军区司令员邵亨，副省长沈小平，省政府秘书长朱浩文参加会议。

下午，省长张庆伟到石家庄市鹿泉区、井陉县视察抗洪抢险工作。省委常委、省军区司令员邵亨，省政府秘书长朱浩文一同视察。

今天，省委常委、政法委书记，副省长董仚生到秦皇岛市指导防汛工作。

晚上，省委书记、省人大常委会主任赵克志，省长张庆伟到省防汛抗旱指挥部，研究部署我省防汛抗洪抢险救灾工作。省委、省政府、省军区领导范照兵、邵亨、沈小平、潘平等参加会议。

7月22日 下午，省委书记、省人大常委会主任赵克志到石家庄供水公司西北水厂，实地察看督导省会供水抢修工作。省领导范照兵、孙瑞彬、袁桐利参加督导。

下午，全省安全生产和防汛抗洪工作电视电话会议在石家庄召开。省长张庆伟出席会议并讲话。省委常委、省军区司令员邵亨，副省长沈小平，省政府党组成员刘玉顺，省长助理、省金融办主任江波，省政府秘书长朱浩文，武警河北省总队副司令员卢斌出席会议。副省长张杰辉主持会议。

7月24日 今天，受习近平总书记、李克强总理委派，国务委员、国家减灾委主任王勇率国务院有关部门负责同志赴我省邯郸、邢台、石家庄等地看望慰问受灾群众，指导受灾群众安置工作，并现场召开会议研究部署下一步群众安置工作。国务院副秘书长孟扬，民政部副部长窦玉沛，财政部副部长余蔚平，水利部副部长刘宁，国家气象局副局长矫梅燕陪同看望并参加座谈会。省委书记、省人大常委会主任赵克志参加座谈会，省长张庆伟、副省长姜德果，省政府秘书长朱浩文陪同看望并参加座谈会。

晚上，省长张庆伟到省防汛抗旱指挥部召开紧急调度会议，对重点地区的防汛工作进行安排部署。副省长沈小平，省政府秘书长朱浩文参加会议。

7月27日 7月25日至今日，省委常委、常务副省长袁桐利带领工作组赴石家庄市指导抗洪救灾工作。

今天，省政府召开专题会调度汛期安全生产和地质灾害防治工作。副省长张杰辉出席会议并讲话，省政府党组成员刘玉顺出席会议。

7月29日 今天，省委常委、常务副省长袁桐利到石家庄市井陉县实地察看灾情、指导救灾工作。

7月26日至今日，副省长姜德果先后到磁县、武安市、涉县、永年县、鸡泽县、峰峰矿区指导抗洪救灾工作。

7月30日 今天，省长张庆伟主持召开受灾群众安置和灾后重建工作专题调度会议。省委常委、常务副省长袁桐利，副省长张杰辉、沈小平、许宁、姜德果、王晓东，省政府党组成员吴显国、刘玉顺，省长助理尹亚力，省长助理、省金融办主任江波，省政府秘书长朱浩文出席会议。

7月31日 今天，省长张庆伟赴邢台开发区、隆尧县和宁晋县检查指导防汛救灾工作。省政府秘书长朱浩文参加检查。

下午，省委书记、省人大常委会主任赵克志到石家庄市井陉县，看望受灾群众，就抗灾救灾和灾后恢复重建进行调研。省委常委、石家庄市委书记孙瑞彬，省委常委、常务副省长袁桐利参加调研。

八　　月

8月1日 下午，省长张庆伟到石家庄市平山县、灵寿县检查指导灾后重建工作。

今天，副省长沈小平带领省直有关部门负责同志，就灾后重建和农业生产到邯郸市调研。

8月2日 上午，省长张庆伟到邯郸调研灾后重建工作，听取基层干部群众对灾后重建的意见和建议。副省长姜德果、省政府秘书长朱浩文一同考察。

今天，副省长沈小平带领省直有关部门负责同志，就受灾群众安置、水毁水利工程修复和农业生产恢复等工作到邢台调研。

8月3日 下午，省长张庆伟主持召开省政府第89次常务会议，研究《河北省人民政府关于做好“7·19”特大洪水重灾区恢复重建总体实施方案》和相关专项工作方案；决定省政府部门再次取消下放一批行政权力事项。会议还研究了《中共河北省委河北省人民政府关于进一步推进农垦改革发展的实施意见》《河北省卫生和计划生育事业发展“十三五”规划》等事项。

8月4日 今天，副省长沈小平带领省直有关部门负责同志，就农业生产恢复和水利工程修复工作到石家庄调研。

8月5日 下午，“7·19”特大洪水灾害灾后重建工作动员大会在石家庄召开。省委书记、省人大常委会主任赵克志主持会议并讲话。省长张庆伟作具体部署。省领导赵勇、付志方等出席会议。省委、省人大常委会、省政府、省政协领导同志出席会议。

8月6日 上午，天津市对口帮扶承德市贫困县及支持建设高等职业学院座谈会在石家庄举行。省长张庆伟与天津市人大常委会副主任荀利军、副市长李树起举行工作会谈。省委常委、常务副省长袁桐利主持，省政府秘书长朱浩文参加会议。

今天，副省长许宁带领省直有关部门负责同志，就灾后学校、卫生院等重建工作到邯郸磁县进行调研。

近日，副省长王晓东到廊坊市就防汛抗灾救灾和经济社会发展、市县乡换届、信访维稳等工作进行督导检查。

8月7日 今天，省长张庆伟赴保定市阜平县就灾后重建和扶贫攻坚工作进行调研。省政府秘书长朱浩文参加调研。

今天，省委常委、常务副省长袁桐利到井陉县考察指导灾后重建工作，并在灾后重建一线为基层党员干部讲了“两学一做”学习教育主题党课。

8月8日 下午，省灾后重建指挥部办公室第一次全体会议在石家庄召开。省委常委、常务副省长袁桐利，副省长姜德果出席会议并讲话。

8月10日 今天，副省长沈小平带领省水利厅负责同志，到石家庄市赞皇县调研农村饮水工程灾后重建工作。

今天，副省长许宁带领省教育厅、省卫生计生委等部门负责同志，就学校、卫生院、体育设施等灾后重建工作到邢台市进行调研。

8月11日 今天，副省长张杰辉就防汛抗灾救灾、经济社会发展、市县乡换届、信访维稳等工作到承德进行督导。

今天，副省长姜德果带领省直有关部门负责同志到磁县就灾后重建进行调研，并同基层干部群众代表座谈。

8月12日 下午，副省长沈小平带领省直有关部门负责同志，到省防汛抗旱指挥部研究调度强降雨过程应对工作。

8月16日 上午，省委、省政府召开省级老同志情况通报座谈会，通报今年以来省委、省政府主要工作和全省抗洪抢险救灾情况，听取老同志的意见和建议。省委书记、省人大常委会主任赵克志主持会议并讲话。省长张庆伟通报有关情况。省委常委、秘书长、统战部部长范照兵，省委常委、组织部部长梁田庚出席会议。原省领导白克明、赵金铎、臧胜业、赵世居、赵文鹤在会上发言，叶连松、郭志等40多位省级老同志出席会议。

8月17日 今天，副省长沈小平带领省水利厅负责同志，就农村饮水工程水毁修复工作到保定市阜平县调研。

8月18日 8月17日至今日，第二届全国乡村旅游与旅游扶贫工作推进大会在张北县举行。国家旅游局局长李金早、国务院扶贫办主任刘永富出席会议并讲话。省委副书记赵勇致辞，国家旅游局副局长李世宏主持会议，副省长王晓东出席会议。

8月24日 上午，省粮食安全责任制考核工作组第一次联席会议在石家庄召开。副省长沈小平出席会议并讲话。

8月25日 下午，省委书记、省人大常委会主任赵克志，省长张庆伟，分别会见了前来出席中国奶业20强峰会暨奶业振兴大会的农业部部长韩长赋等国家部委领导、中国奶业协会会长高鸿宾等中国奶协领导和 D20企业主要负责人，并共同出席省部共建奶业振兴示范省战略合作协议签约仪式。农业部副部长于康震、国家质检总局副局长吴清海、国家食药监总局副局长滕佳材、工业和信息化部总工程师张峰和副省长沈小平签署共建奶业振兴示范省战略合作协议。中宣部部务会议成员、国务院新闻办副主任郭卫民等国家部委有关领导，内蒙古自治区、中国奶业协会、中国乳品工业协会有关领导，省领导赵勇、范照兵、孙瑞彬和省政府秘书长朱浩文等出席相关活动。

8月26日 上午，2016中国奶业20强峰会暨奶业振兴大会在石家庄开幕。省委书记、省人大常委会主任赵克志出席大会，农业部部长韩长赋发表主旨演讲，省长张庆伟致辞。开幕式前，赵克志、韩长赋、张庆伟等参观了奶业发展成就展。开幕式结束后，韩长赋、张庆伟等参加了大会圆桌会议，并出席了《中国奶业振兴宣言》发布仪式。农业部副部长于康震主持。国家有关部委领导和君乐宝乳业负责人在大会上发言。郭卫民、吴清海、滕佳材、张峰、刘旭、吕维峰、高鸿宾等嘉宾和 D20企业主要负责人；省领导孙瑞彬、沈小平，省政府秘书长朱浩文出席大会。

8月28日 今天，北方农牧交错带农业结构调整座谈会在张家口市召开。农业部部长韩长赋、农业部副部长于康震、副省长沈小平出席会议。

8月30日 上午，全省水污染防治百日会战动员会在石家庄召开。副省长张杰辉出席会议并讲话。

九　月

9月21日 下午，省委书记、省人大常委会主任赵克志，省长张庆伟在石家庄会见了中央农村工作领导小组副组长袁纯清一行。省委副书记赵勇陪同袁纯清到平山县李家庄村、泓润生态园、西水碾村进行调研。副省长沈小平、省政府秘书长朱浩文参加会见。

9月25日 下午，省长张庆伟在廊坊会见了前来出席第二十届中国（廊坊）农产品交易会的中外嘉宾。中华全国供销合作总社副主任邹天敬，山东省副省长赵润田等国家部委和兄弟省市来宾，以及中外企业家代表；省领导王刚、沈小平、葛会波，省长助理、省金融办主任江波，省政府秘书长朱浩文参加会见。

9月26日 上午，以“现代农业、绿色品牌、交易合作”为主题的第二十届中国（廊坊）农产品交易会在廊坊国际会展中心开幕。省长张庆伟出席并宣布第二十届中国（廊坊）农产品交易会开幕。副省长沈小平、农业部副部长余欣荣、中华全国供销合作总社理事会副主任邹天敬致辞。山东省副省长赵润田，省人大常委会副主任王刚，省政协副主席葛会波，省长助理、省金融办主任江波，省政府秘书长朱浩文出席开幕式。

上午，第二十届中国（廊坊）农产品交易会河北省农业项目签约仪式在廊坊国际会展中心举行。副省长沈小平出席签约仪式。

9月29日 9月26日至今日，全国产业精准扶贫现场观摩会在我省召开。国务院扶贫办副主任欧青平出席会议并讲话。副省长沈小平出席会议并致辞。

十 月

10月8日 今天，全省易地扶贫搬迁现场观摩调度会在张家口召开。省长张庆伟出席会议并讲话。省委副书记赵勇主持会议。省领导王刚、沈小平、郭华，省政府秘书长朱浩文出席会议。

10月10日 今天，国务院副总理、国家扶贫开发领导小组组长汪洋在我省调研乡村旅游扶贫工作。省委书记、省人大常委会主任赵克志陪同调研并汇报了我省旅游扶贫工作有关情况。国务院副秘书长江泽林，国家旅游局局长李金早，国务院扶贫办副主任欧青平；省领导赵勇、范照兵、沈小平等参加活动。

10月11日 下午，省长张庆伟主持召开省政府第94次常务会议，传达学习第39届国际标准化组织大会主要精神，研究我省贯彻落实意见；分析全省今冬明春大气污染防治形势，研究部署应对举措。会议还研究了《河北省贯彻“健康中国2030”规划纲要实施意见》《关于实施支持农业转移人口市民化若干财政政策的意见》《关于进一步深化省财政直管县改革的实施方案》《河北省省级政府购买决策咨询服务管理办法（试行）》，听取了关于2016年外国专家“燕赵友谊奖”评选表彰情况的汇报。

10月12日 上午，省委书记、省人大常委会主任赵克志，省长张庆伟在石家庄会见了中华全国供销合作总社党组书记、理事会主任王侠一行。省委副书记赵勇、副省长沈小平和省政府秘书长朱浩文参加会见。

10月15日 下午，中国—拉美农业项目合作对接洽谈会在唐山召开。副省长王晓东出席洽谈会并致辞。

10月16日 上午，河北省抗洪抢险救灾工作总结大会在石家庄召开。省委书记、省人大常委会主任赵克志，省政协主席付志方出席会议，省长张庆伟讲话。省委副书记赵勇主持会议。省委常委，省军区主要负责人，省人大常委会党组书记，省政府副省长，武警河北省总队主要负责人和其他省级干部出席会议。赵克志、张庆伟、赵勇、付志方等省领导为受表彰的先进个人和先进集体代表颁发奖牌、证书，为受表彰的驻冀部队代表赠授锦旗。副省长沈小平宣读了省委、省政府表彰决定。

10月17日 上午，河北省2016年脱贫攻坚奖表彰电视电话会议在石家庄召开。省委副书记赵勇出席会议并讲话。省委常委、组织部部长梁田庚宣读表彰决定，省人大常委会副主任王刚、省政协副主席郭华出席会议，副省长沈小平主持会议。

十 一 月

11月2日 今天，全省贫困退出工作调度会议在石家庄召开。省委常委、组织部部长梁田庚主持会议，副省长沈小平出席会议并讲话。

11月5日 今天，第十四届中国国际农产品交易会在云南昆明开幕。副省长沈小平到会推介我省品牌农产品，并参观了我省展区。

11月8日 11月7日至今日，天津市委书记李鸿忠、市长王东峰率天津市党政代表团来我省承德市考察，共商合作发展大计，推动对口帮扶承德市工作。省委书记、省人大常委会主任赵克志，省长张庆伟陪同考察并共同出席冀津协作和对口帮扶承德市第一次联席会议及合作协议签约活动。天津市人大常委会主任肖怀远，天津市政协主席臧献甫，省政协主席付志方，省委副书记李干杰等出席活动。副省长沈小平和天津市副市长李树起分别代表双方签署《对口帮扶承德市贫困县框架协议》。天津市领导段春华、成其圣、宗国英、陈浙闽、苟利军、孙文魁和于秋军，省领导范照兵、袁桐利、宋太平、姜德果和朱浩文参加活动。

11月11日 下午，全省地下水超采综合治理试点工作领导小组第三次会议在石家庄召开。省长张庆伟主持会议并讲话。省委常委、常务副省长袁桐利，副省长沈小平，省政府秘书长朱浩文出席会议。

11月18日 11月17日至今日，副省长王晓东在易县驻村调研。

11月28日 下午，省长张庆伟主持召开省政府第98次常务会议，学习国务院深化简政放权放管结合优化服务改革座谈会精神，研究我省贯彻落实意见；研究《关于进一步加强污染治理和生态修复加快营造良好人居环境的意见》，全面提升我省环境保护与生态建设水平。会议还研究了《河北省市级党委和政府扶贫开发工作成效考核办法》《关于进一步深化省属国有企业管理体制机制改革的意见》，审议通过了《河北省规范性文件管理办法（草案）》《河北省农村供水用水管理办法（草案）》。

11月29日 下午，省扶贫开发领导小组召开第三次全体会议。省委书记、省人大常委会主任赵克志主持会议并讲话。省长张庆伟，省委副书记李干杰，省领导王刚、沈小平出席会议。

十 二 月

12月5日 近日，副省长王晓东就加快实现农村电子商务全覆盖工作，到省供销社和邢台市移联网信集团进行调研。

12月7日 今天，以人力资源社会保障部副部长、全国总工会副主席邱小平为组长的国务院农民工工作领导小组第十次农民工工作督察组一行，对我省2016年度农民工工作进行专项督察并召开座谈会，听取我省农民工工作汇报。副省长沈小平主持会议。

12月9日 上午，省长张庆伟到省供销社调研，并主持召开省供销社综合改革领导小组会议。副省长沈小平参加活动。

今天，全省全域旅游、乡村旅游及旅游扶贫工作推进会在石家庄召开。副省长王晓东出席会议并讲话。

12月11日 12月10日至今日，中共中央政治局委员、北京市委书记郭金龙，北京市委副书记、代市长蔡奇率北京市党政代表团来我省张家口考察，共商协同发展大计，推动对口帮扶和冬奥会筹备工作。省委书记、省人大常委会主任赵克志，省委副书记、省长张庆伟陪同考察并共同出席河北省·北京市工作交流座谈会及合作协议签约活动。省委副书记李干杰等出席相关活动。座谈会后，举行了签约活动。省委常委、常务副省长袁桐利和北京市委常委、常务副市长李士祥分别代表双方签署《全面深化京冀对口帮扶合作框架协议》。省委常委、秘书长商黎光主持签约活动。北京市领导张工、张建东、隋振江和市政府秘书长李伟，省领导许宁、姜德果和省政府秘书长朱浩文参加活动。

12月15日 12月13日至今日，中华全国供销合作总社党组成员、理事会副主任骆琳率中央农村工作领导小组办公室、中华全国供销合作总社综合改革试点督导验收工作组，到我省石家庄、邢台调研。省委副书记李干杰，副省长沈小平陪同调研并出席座谈会。

12月23日 上午，河北省第三次全国农业普查工作电视电话会议在石家庄召开。副省长沈小平出席会议并讲话。

12月28日 上午，国家发展改革委党组副书记、副主任何立峰一行就扶贫工作到灵寿县进行调研。省委常委、常务副省长袁桐利陪同调研。

12月29日 今天，副省长沈小平带领省直有关部门负责同志到石家庄市鹿泉区调研指导农业普查入户登记工作。

Ⅸ 附 录

一、农村统计主要指标解释

乡村户数：是指长期（一年以上）居住在乡镇（不包括城关镇）行政管理区域内的住户，还包括居住在城关镇所辖行政村范围内的农村住户。

户口不在本地而在本地居住一年及以上的住户也包括在本地农村住户内；有本地户口，但举家外出谋生一年以上的住户，无论是否保留承包耕地都不包括在本地农村住户范围内。不包括乡村地区内的国有经济的机关、团体、学校、企业、事业单位的集体户。

乡村人口：指乡村地区常住居民户数中的常住人口数，即经常在家或在家居住6个月以上，而且经济和生活与本户连成一体的人口。外出从业人员在外居住时间虽然在6个月以上，但收入主要带回家中，经济与本户连为一体，仍视为家庭常住人口；在家居住，生活和本户连成一体的国家职工、退休人员也为家庭常住人口。但是现役军人、中专及以上（走读生除外）的在校学生、以及常年在外（不包括探亲、看病等）且已有稳定的职业与居住场所的外出从业人员，不应当作家庭常住人口。

乡村从业人员：指乡村人口中16岁以上实际参加生产经营活动并取得实物或货币收入的人员，既包括劳动年龄内经常参加劳动的人口，也包括超过劳动年龄但经常参加劳动的人员。但不包括户口在家的在外学生、现役军人和丧失劳动能力的人，也不包括待业人员和家务劳动者。

年末耕地：指种植农作物的土地，包括熟地，新开发、复垦、整理地，休闲地（含轮歇地、轮作地）；以种植农作物（含蔬菜）为主，间有零星果树、桑树或其他树木的土地；平均每年能保证收获一季的已悬滩地和海涂。耕地中包括南方宽度小于1.0米、北方宽度小于2.0米固定的沟、渠、路和地坎（埂）；临时种植药材、草皮、花卉、苗木等的耕地，以及其他临时改变用途的耕地。

有效灌溉面积：是指具有一定的水源，地块比较平整，灌溉工程或设备已经配套，在一般年景下，当年能够进行正常灌溉的耕地面积。在一般情况下，有效灌溉面积应等于灌溉工程或设备已经配套，能够进行正常灌溉的水田和水浇地面积之和。

旱涝保收面积：在有效灌溉面积中，灌溉设施齐全，抗灾能力较强，土地肥力较高，遇到较大的旱涝灾害，能保证遇旱能灌，遇涝能排的耕地面积。灌溉设施的抗旱能力和排涝能力，全国各地根据当地的气候执行不同的标准。一般抗旱能力南方在50～100天，北方在30～50天；排涝能力达到5年至10年一遇的标准，防洪一般达到20年一遇的标准。

旱涝保收面积应小于或等于有效灌溉面积。

农用机械总动力合计：是指主要用于农、林、牧、渔业的各种机械动力的总和，包括耕作机械、农用排灌机械、收获机械、植保机械、林业机械、畜牧机械、渔业机械、农产品加工机械、农用运输机械、其他农业机械。按能源又分为柴油、汽油、电力和其他动力。总动力按法定计算单位千瓦计算。（注：1马力=735.5瓦特=0.735千瓦）

农作物总播种面积：是指全年各种农作物播种面积的总和，其计算公式为：

本年农作物总播种面积=上年秋冬播作物面积+本年春播作物面积+本年夏播作物面积

或：本年农作物总播种面积=本年夏收作物播种面积+本年秋收作物播种面积

复种指数：反映耕地利用程度的指标。指年内农作物的总播种面积对耕地面积之比，用百分数表示。复种指数表示耕地在一年内被用来种植农作物的平均次数。计算公式如下：

$$复种指数=\frac{\text{农作物总播种面积}-\text{绿肥作物播种面积}}{\text{耕地面积}}\times 100\%$$

农作物产量：指本年全社会范围内生产的农产品的产量，不论计划内外，数量多少，耕地上与非耕地上的农作物产量，都应统计在内。各种主要作物产量按国家的统一规定计算。作为粮食的薯类产量按五斤折一斤计算。

园林水果：指在专业性果园、林地及零星种植果树上生产的水果（老口径水果）。不包括瓜果类。

年末果园面积：指年末专业性果园面积，不包括果用瓜种植面积。

造林面积：是指报告期内宜林荒山荒地、宜林沙荒地、无立木林地、疏林地和退耕地等其他宜林地上通过人工措施开成或恢复森林、林木、灌木林的过程。经过检查验收符合“造林技术规程”要求株树，成活率达85%以上的面积。四旁植树如一侧在四行以上，连续面积0.066公倾（一亩）以上，应统计在造林面积内。

在造林面积中，不包括补植面积、治沙种草面积、经济林垦复面积、迹地更新面积和低产林改造面积。

当年（期内）出栏的畜禽数：是指当年（报告期内）农村各种合作经济组织、农民家庭和国有农场、机关、团体、学校、工矿企业、部队等单位以及城镇居民饲养的，已屠宰或出售的全部畜禽。

期初（末）畜禽存栏数：是指本期（报告期）期初（末）农村与城市的全部畜禽存栏数。除科学研究单位专门用于试验研究的牲畜和军马以外，农村各种合作经济组织和国有农场、农民个人、机关团体、学校、工矿企业、部队等单位以及城镇居民饲养的各种畜禽，不分大小、公母、品种、用途，一律包括在内。专业运输组织的运输用牲畜也应包括在内。但商业部门库存的和运输途中的活牲畜不进行统计。

出栏率：是分析饲养牲畜、特别是饲养肉用牲畜向社会提供畜产品数量多少的指标，它反映畜禽周转的快慢，反映饲养产品的经济效果和生产水平。其计算公式为：

$$出栏率=\frac{出栏头数(包括出售和自宰的)}{期初头数(可用上期末头数代替)}\times100\%$$

肉产量：是指当年出栏并已屠宰的畜禽肉产量。猪、牛、羊、马、驴、骡、骆驼肉产量按屠宰后除去头蹄下水后带骨肉的胴体重计算，兔禽肉产量按屠宰后去毛和内脏后的重量计算。

水产品产量：是指本年度内捕捞的水产品（包括人工养殖并捕获的水产品和捕捞天然生长的水产品）产量。

（1）海水产品产量：是指从海洋和海水养殖水域中捕捞的海水产品产量，包括鱼类、虾蟹类、贝类、藻类。

（2）淡水产品产量：是指淡水湖泊、水库、河沟和池塘以及其他淡水水域内捕捞的淡水产品产量。包括鱼类、虾蟹类、贝类，不包括淡水水生植物。

（3）养殖产量：是指从海水养殖面积和淡水养殖面积中捕捞的产量。

（4）捕捞产量：是指捕捞天然生长的水产品产量。

养殖面积：养殖面积是反映养殖生产规模的基本指标。水产品养殖面积是指人工投放鱼、虾、蟹、贝、藻等苗种并经常进行饲养管理的水面面积。

海水养殖面积：是指利用海上、滩涂、陆基放养海带苗、蛏、各种贝类、鱼苗等水产苗种以养殖鱼、虾、贝、藻类等水产品的人工养殖水面面积。在报告期无论是否全部收获或尚未收获其产品，均应统计在海水养殖面积中。但有些滩涂水面不投放鱼种或投放少量鱼苗，只进行一般管理，不统计为养殖面积。

淡水养殖面积：是指已放养鱼苗、鱼种等水产品苗种并经常进行人工饲养管理的池塘、湖泊、水库、沟渠的养殖水面面积。淡水养殖面积中不应包括稻田养鱼面积。

农林牧渔业总产值：是以货币表现的农林牧渔业的全部产品总量和对农林牧渔业生产活动进行的各种支持性服务活动的价值。它反映一定时期内农林牧渔业生产总规模和总成果，是观察农林牧渔业生产水平和发展速度，研究农林牧渔业内部比例关系、农林牧渔业和工业、农林牧渔业和国家建设、人民生活比例关系的重要指标，同时也是计算农林牧渔业劳动生产率和农林牧渔业增加值的基础资料。

农林牧渔业总产值的统计范围是辖区内各种经济类型、各个系统的全部农林牧渔业生产单位或非农行业单位附属的农林牧渔业生产活动单位。军委系统的农林牧渔业生产（除军马外）也应包括在内，但不包括农业科学试验机构进行的农业生产。

农林牧渔业总产值的核算范围是一定时期内生产的农业、林业、牧业、渔业产品的价值量和对农林牧渔业生产活动进行的各种支持性服务活动的价值的总和。既包括生产部门的产值，也包括农林牧渔服务业产值。

农林牧渔业商品产值：是指农林牧渔业生产单位或生产部门（包括国有、集体、农户）在一定时期内生产的农产品总产量中实际出售的商品量的价值。

农林牧渔业增加值：指农、林、牧、渔及农林牧渔服务业生产货物或提供服务活动而增加的价值，为农林牧渔业现价总产值减去农林牧渔业现价中间投入后的余额。

增加值也叫附加价值或追加价值，是指各单位生产经营的最终成果，即本单位或本行业对社会所作的贡献。从宏观上来说，增加值是计算生产总值的基础，即各部门增加值之和就是生产总值；从微观上来说，增加值能客观反映单位或行业的投入、产出、速度和收入等情况。因此，计算增加值不仅是国民经济宏观管理的需求，也是微观的企业和行业管理的需要。

计算农林牧渔业增加值主要采用二种方法，即生产法（或称正算法）、分配法（或称倒算法或收入法）。

生产法：就是从生产的角度，把农林牧渔业总产出中外购的原料、燃料、动力、其他物耗和劳务中间消耗扣除，余额就是增加值，其公式为：

农林牧渔业增加值=农林牧渔业总产出-农林牧渔业中间消耗（中间物质消耗+生产服务支出）。

它包括新增加的价值和固定资产的转移价值。

分配法：就是从收入的角度，对农业生产单位（或农户）在生产经营和劳务（服务）活动过程中形成的不含中间消耗的各种收入分配之和计算增加值的方法。其公式为：

农林牧渔业增加值=固定资产折旧+劳动者报酬+生产税净额（生产税-生产补贴）+营业盈余。

农业产业化生产经营总量：是指区域内的农业产业化各类生产经营单位在统计报告期内生产经营的总成果。

农业产业化经营率：是指报告期内某区域的龙头经营组织和农产品生产（加工）销售产值之和占其自身与本区域内未经加工转化的农林牧渔业总产值之和的比率。

二、农村统计常用计算公式

（一）人口统计常用指标计算公式

1.人口出生率、死亡率和自然增长率

$$出生率=\frac{年内出生人数}{年内平均人数}\times1000‰$$

$$死亡率=\frac{年内死亡人数}{年内平均人数}\times1000‰$$

$$自然增长率=\frac{年内出生人数-年内死亡人数}{年内平均人数}\times1000‰=出生率-死亡率$$

$$注：年内平均人数=\frac{年初人口+年末人口}{2}$$

2.人口密度

$$人口密度=\frac{某地区总人口数}{某地区土地总面积}$$

（二）土地面积统计常用指标计算公式

1.按农业人口或农业劳动力平均的耕地面积

$$按农业人口平均的耕地面积=\frac{耕地面积}{农业人口}$$

$$按农林牧渔业劳动力平均的耕地面积=\frac{耕地面积}{农林牧渔业劳动力}$$

2. 单位耕地产出指标

$$单位耕地面积的产量(或产值、增加值)=\frac{各种农产品产量(或产值、增加值)}{耕地面积}$$

（三）农作物产量统计常用指标计算公式

1. 农作物单位面积产量

$$单产=\frac{总产量}{播种面积}$$

2. 粮食耕地单位面积产量

$$粮食耕地单位面积产量=\frac{粮食总产量}{粮食实际占用耕地面积}$$

3. 平均每人拥有粮食（油料）

$$平均每人拥有粮食（或油料）=\frac{某地区粮食(或油料)总产量}{该地区年内平均总人口}$$

4. 平均每一农林牧渔业从业人员生产粮食

$$平均每一农林牧渔业从业人员生产粮食=\frac{粮食总产量}{农林牧渔业从业人员}$$

（四）林业生产统计常用指标计算公式

1. 森林覆盖率

$$森林覆盖率=\frac{年末实有林地面积}{土地总面积}\times100\%$$

2. 补植面积的计算

（1）用实际补植的株数折算补植面积

例：一块地上补植2000株，这块地每公顷造林密度为200株。

补植面积=2000÷200=10（公顷）

（2）根据造林成活率推算补植面积

例：新造幼林100公顷，成活率60%，在该地补植。

补植面积=100×（1-60%）=40公顷

（3）平均每人拥有林地面积

$$平均每人拥有林地面积=\frac{年末实有林地面积}{年末总人口数}$$

（五）牧业生产统计常用指标计算公式

1. 牲畜全年饲养头数

牲畜全年饲养头数=年末存栏头数+年内出售头数+年内自宰自食头数

2. 牲畜全年出栏头数和出栏率

牲畜全年出栏头数=年内出售头数+年内自宰自食头数

$$牲畜全年出栏率=\frac{年内出栏头数}{年初存栏头数}\times100\%$$

3. 牲畜全年净增头数和净增率

牲畜全年净增头数=年内增加头数－年内减少头数=年末存栏头数－年初存栏头数

$$牲畜全年净增率=\frac{全年净增头数}{年初存栏头数}\times100\%=\frac{年末存栏头数-年初存栏头数}{年初存栏头数}\times100\%$$

4. 能繁母畜在牲畜中的比重

$$能繁母畜在牲畜中的比重=\frac{年末能繁母畜头数}{年末实有牲畜头数}\times100\%$$

5. 每头出栏肥猪平均胴体重

$$每头出栏肥猪平均胴体重=\frac{出栏肥猪肉产量}{出栏肥猪头数}$$

（六）农林牧渔业总量统计常用计算公式

1. 农林牧渔业总产值

农林牧渔业总产值=∑（某种农产品当年总产量×该种农产品生产价格）

2. 农业总产值发展速度

报告期可比价产值=报告期现价产值÷报告期农产品生产价格指数（农产品生产价格缩减指数）

或报告期可比价农业总产值=报告期农产品产量×上年同期的农产品生产者价格

农业发展速度=报告期可比价农林牧渔业总产值÷基期现价农林牧渔业总产值×100%

可比价指上年同期的价格，基期为上年同期。

3. 农林牧渔业增加值

农林牧渔业增加值=农林牧渔业总产值-农林牧渔业中间消耗

4. 农业增加值发展速度

报告期可比价增加值=报告期现价产值×增加值率÷报告期农产品生产价格缩减指数

农业发展速度=报告期可比价农林牧渔业增加值÷基期现价农林牧渔业增加值×100%

（七）农业现代化统计常用指标计算公式

1. 机械化

（1）平均每公顷耕地拥有农业机械总动力数

$$平均每公顷耕地拥有农业机械动力=\frac{农业机械总动力（千瓦）}{耕地面积（公顷）}$$

（2）平均每一村拥有拖拉机台数

$$平均每一村拥有拖拉机台数=\frac{拖拉机台数}{村委会个数}$$

（3）耕地机械化程度

$$耕地机械化程度=\frac{实际机耕面积}{总播种面积}\times100\%$$

（4）播种机械化程度

$$播种机械化程度=\frac{实际机械播中面积}{总播种面积}\times100\%$$

（5）收获机械化程度

$$收获机械化程度=\frac{实际机械收获面积}{总播种面积}\times100\%$$

（6）粮食脱粒机械化程度

$$粮食脱粒机械化程度=\frac{机械脱粒粮食数量}{粮食总产量}\times100\%$$

2. 电气化

（1）说明农村用电的普遍程度

$$有电乡（或村）所占比重=\frac{已通电的乡（或村）数}{全部乡（或村）数}\times100\%$$

（2）说明每公顷耕地耗用的电量

$$每公顷耕地电力装备程度=\frac{农村用电量}{耕地面积}$$

3. 化学化

（1）反映化肥施用水平

$$平均每公顷耕地化肥施用量=\frac{化肥施用量(公斤)}{耕地面积(公顷)}$$

（2）化学肥料有效成分含量

氮　　肥

名　　称	含氮（N）（%）	名　　称	含氮（N）（%）
硫酸铵	20	碳酸氢铵	15～17
氨　水	15～17	硝 酸 铵	33～34
氯化铵	24～25	尿　　素	46

磷　　肥

名　　称	含五氧化二磷（$P_2{\bullet}_5$）（%）	名　　称	含五氧化二磷（$P_2{\bullet}_5$）（%）
过磷酸钙	12～13	钙美磷肥	12
磷矿粉肥	10～30		

钾　　肥

名　　称	含氧化钾（$K_2{\bullet}$）（%）	名　　称	含氧化钾（$K_2{\bullet}$）（%）
硫酸钾	48～50	氯化钾	50～60

复　合　肥

名　　称	含氮（N）（%）	含磷（$P_2{\bullet}_5$）（%）	含钾（$K_2{\bullet}$）（%）
磷 酸 铵	11～13	60	～
硝 酸 钾	13～15	—	45～46
磷 酸 钾	—	24	27
硝酸钾肥	5	50	22

4. 水利化

反映农田水利化程度

$$农田机械化灌溉程度=\frac{机电灌溉面积}{耕地面积}\times100\%$$

$$农田水利化程度=\frac{有效灌溉面积}{耕地面积}\times100\%$$

$$旱涝保收程度=\frac{旱涝保收面积}{耕地面积}\times100\%$$

$$每一农业人口拥有有效灌溉面积=\frac{有效灌溉面积}{农业人口}$$

$$每一农业人口拥有旱涝保收田面积=\frac{旱涝保收面积}{农业人口}$$

（八）度量衡公制、市制常用单位比较表

名　称	公　制	市　制
长　度	1公里=1000米 =2市里 =0.621英里 =0.540海里 1米=100厘米 =3市尺 =3.281英尺 1厘米=10毫米 =0.3市寸 1海里=1.852公里 1英里=1.609公里	1里=150丈 =0.5公里 =0.311英里 =0.270海里 1丈=10尺 1尺=10寸 ≈0.33米 =1.094英尺 1寸=10分 ≈3.33厘米
面　积	1平方公里=100公顷 =4平方市里 =1500市亩 1公顷=1000平方米 =15市亩 =2.471英亩 1平方米=10000平方厘米 =9平方市尺 1英亩=0.405公顷 =6.07亩	1平方里=375亩 =0.25平方公里 1亩=60平方丈 =6000平方尺 =0.164英亩 1平方丈=100平方尺
体积容积	1立方米=1000000立方厘米 =27立方市尺 1立方厘米=1000立方毫米 1公升=1000立方厘米 =1000毫升 =1市升 =0.220英加仑	1立方丈=1000立方尺 1立方尺=1000立方寸 1石=10斗 1斗=10升
重　量	1吨=1000公斤 =2000市斤 1公斤=1000克 =2市斤 =2.205英磅 1英磅（常衡）=0.454公斤 =0.907市斤 1普特（俄制）=16.38公斤 =32.78市斤 1盎司（英制，金药制）=31.1035克 =0.62221市两 1克拉=0.2克	1担=100斤 1斤=10两 =0.5公斤 =1.102（英磅） 1两=10钱
其　他	1千瓦=1.36马力	1马力=0.735千瓦

三、符号使用说明

1. “空格”，表示该项统计指标数据为0、缺或无该项统计资料；
2. “#”表示其中项；
3. “*”或“①”，表示本表下有注解。

四、2016年度河北省科学技术进步奖农业获奖项目

序号	项目名称	主要单位	主要完成人	奖项
1	国产新型益生乳酸菌发酵剂关键技术开发及产业化	石家庄君乐宝乳业有限公司，河北一然生物科技有限公司	魏立华，王世杰，赵林森，何方，康志远，柴艳兵，崔树勇，刘建光，齐世华	一等奖
2	高油大豆冀nf58和冀豆19选育及应用	河北省农林科学院粮油作物研究所	杨春燕，闫龙，赵青松，史晓蕾，王涛，秦君，邸锐，刘兵强，陈强，王凤敏	一等奖
3	梨和苹果采后品质劣变机理与防控关键技术研究及应用	河北省农林科学院遗传生理研究所，河北省农林科学院昌黎果树研究所，河北科技师范学院	关军锋，程玉豆，魏建梅，齐秀东，李丽梅，冯云霄，何近刚，及华，董宇，李富军	一等奖
4	环境变化情景下雨洪防灾与资源化利用关键技术研究	河北省水文水资源勘测局，天津大学	胡春歧，程双虎，马存湖，李建柱，李妛尃，刘惠霞，徐延忠	二等奖
5	生物基食品包装材料关键技术研发及产业化	秦皇岛龙骏环保实业发展有限公司，江南大学	缪铭，支朝晖，田耀旗，李炳健，江波，支朝宗，金征宇	二等奖
6	乳制品安全风险监测预警体系研究及应用	河北省食品检验研究院，河北出入境检验检疫局检验检疫技术中心	王丽霞，张岩，艾连峰，李挥，陈瑞春，李强，范素芳	二等奖
7	有机废弃物厌氧发酵系统稳定运行强化调控关键技术	河北省科学院生物研究所，中国农业大学	程辉彩，张丽萍，刁彦花，崔冠慧，郭建斌，吴树彪，张根伟	二等奖
8	基于磁性石墨烯纳米材料的重金属污染物检测关键技术研究与示范	河北农业大学	刘海燕，贾安强，张力红，王彦恩，李卫宁，崔朋雷，李超	二等奖
9	华北平原环渤海区域盲蝽成灾规律及其综合治理技术	河北省农林科学院植物保护研究所，山东省农业科学院植物保护研究所	高占林，门兴元，李丽莉，李耀发，党志红，李瑞琴，安静杰	二等奖
10	北方部分林木种质资源遗传评价及利用关键技术	河北农业大学，河北省林木种苗管理站	杨敏生，梁海永，张军，王进茂，董研，王印肖，徐秀琴	二等奖
11	良种牛胚胎生物工程技术研究及产业化应用	石家庄天泉良种奶牛有限公司，河北天和肉牛养殖有限公司	李树静，苗玉涛，褚素乔，毕江华，冯春涛，陈龙，王健诚	二等奖
12	滨海盐碱地作物生产力提升技术集成与应用	河北省农林科学院院滨海农业研究所，中国科学院南京土壤研究所	王秀萍，张国新，刘广明，鲁雪林，刘雅辉，杨劲松，李可晔	二等奖
13	饲用小黑麦、高丹草品种选育及生产技术体系创建与利用	河北省农林科学院旱作农业研究所	刘贵波，李源，谢楠，游永亮，赵海明，庞昭进，武瑞鑫	二等奖
14	高产抗逆易管高效棉花新品种冀杂999和冀1316的选育及应用	河北省农林科学院棉花研究所	耿军义，崔瑞敏，王兆晓，江振兴，刘存敬，刘素恩，张建宏	二等奖

序号	项目名称	主要完成人	完成单位	总评等级
15	中国多熟制玉米田杂草演替规律与化学除草剂减量化集成技术	河北农业大学	董金皋,张利辉,曹志艳,张金林,陶晡,王艳辉,贾慧	二等奖
16	猪重要病毒病防控关键技术研究与应用	河北农业大学,保定冀中药业有限公司	袁万哲,孙继国,李定刚,王建昌,郑世学,韩庆安,曹立辉	二等奖
17	苹果“三优一体”标准化栽培模式研究与示范	河北农业大学,河北省农林科学院昌黎果树研究所,河北省农林科学院石家庄果树研究所	徐继忠,孙建设,陈海江,邵建柱,张学英,李中勇,陈段芬	二等奖
18	果园“四适三减”高效用水关键技术与标准化示范	河北省农林科学院石家庄果树研究所,河北农业大学,河北工程大学,中国科学院遗传与发育生物学研究所农业资源研究中心	杜纪壮,李保国,程福厚,孙宏勇,徐国良,杨素苗,赵志军	二等奖
19	食品中重要有机污染物监测技术及其应用	河北省疾病预防控制中心,吉林大学	杨立新,刘印平,王丽英,常凤启,路杨,刘玉欣,宋大千	二等奖
20	适应不同种植模式早熟棉花品种的选育与应用	石家庄市农林科学研究院	朱青竹,睦书祥,赵丽芬,李增书,张艳丽	三等奖
21	三步法纯化分级菊苣中菊粉系列产品与果糖工艺技术	丰宁平安高科实业有限公司	张泽生,郝彤,钱晓国,陈小强,杨晓红	三等奖
22	早熟优质甜瓜新品种“唐甜 10号”选育及应用	唐山市农业科学研究院,北京大学,乐亭县农牧局	孙逊,任瑞星,任晓堂,李娟,王蕊	三等奖
23	保护地专用早熟、丰产黄瓜新品种‘唐杂 6 号’选育	唐山市农业科学研究院	李玉华,李聪晓,韩靖玲,宋瑞生,苏胜宇	三等奖
24	设施作物生产智慧决策与集群控制关键技术研究应用	廊坊市思科农业技术有限公司,中国农业科学院农业信息研究所	晏国生,刘世洪,刘君,韩宪忠,胡海燕	三等奖
25	肉用绵羊(道寒杂交)营养需要研究及应用	河北农业大学	张英杰,刘月琴,郭云霞,彭津津,闫振富	三等奖
26	早实核桃省力化栽培技术集成与示范	河北农业大学,河北绿岭果业有限公司	齐国辉,张雪梅,李东奇,陈利英,刘兴菊	三等奖
27	设施蔬菜适用微生物菌剂的研制及应用	河北农业大学,河北闰沃生物技术有限公司,河北民得富生物技术有限公司	刘文菊,耿丽平,陆秀君,赵全利,李博文	三等奖
28	集成化山羊绒高效分梳系统研发	河北宇腾羊绒制品有限公司	马江涛,黄俊杰,潘海阔,王玉栋	三等奖
29	高产广适冬小麦新品种邢麦 7号选育及应用	邢台市农业科学研究院	孙景才,景东林,白玉娟,孙兵须,杨玉锐	三等奖
30	脱毒甘薯节本增效技术工艺的研制与转化应用	邯郸市农业科学院,邯郸市禾下土种业有限公司	张希太,王玉文,张彦波,肖磊,董策	三等奖
31	河北省不同食用菌品种种质鉴定及优良菌株的选育应用	河北工程大学	郑素月,刘贵巧,卢月霞,张庆桥,董印丽	三等奖
32	基于物联网的小麦病虫草害智能监控系统的研究与应用	华北理工大学,唐山市农业科学研究院	陈学斌,张淑芬,王向东,玄兆燕,吴涛	三等奖
33	高效降解木质纤维素芽孢菌剂的研制及其在秸秆还田腐熟中的应用	河北农业大学,河北众邦生物技术有限公司,河北民得富生物技术有限公司	李术娜,李红亚,王全,张爱民,王树香	三等奖
34	蛋鸡健康养殖环境与营养调控关键技术研究与示范	河北农业大学,河北省畜牧兽医研究所,石家庄市动物疫病预防控制中心	陈辉,李丽华,郑长山,李茜,李久熙	三等奖
35	降低鸡有害气体排放饲用菌剂的研制与应用	河北农业大学,河北众邦生物技术有限公司	王伟,王世英,姜军坡,王迈,刘涛	三等奖

五、2016年度河北省自然科学奖农业领域获奖项目

序号	项目名称	主要完成人及单位	奖项
1	农田耗水过程与水分利用效率调控机制	沈彦俊（中国科学院遗传与发育生物学研究所农业资源研究中心），莫兴国（中国科学院地理科学与资源研究所），张玉翠（中国科学院遗传与发育生物学研究所农业资源研究中心），刘苏峡（中国科学院地理科学与资源研究所），房全孝（青岛农业大学）	二等奖
2	十种药用植物抗癌活性成分研究	史清文（河北医科大学），丛斌（河北医科大学），董玫（河北医科大学），李勇（河北医科大学第四医院），倪志宇（河北医科大学）	二等奖
3	杀虫微生物新功能基因的发掘及其作用靶标的研究	郭巍（河北农业大学），徐大庆（河北农业大学），赵丹（河北农业大学），李瑞军（河北农业大学），刘小民（河北农业大学）	三等奖
4	蚯蚓的分子生态毒理机制	高玉红（河北农业大学），孙振钧（中国农业大学），孙新胜（河北农业大学），李玉荣（河北农业大学），王兴（中国农业大学）	三等奖

六、2016年度河北省技术发明奖农业获奖项目

序号	项目名称	主要完成人	奖项
1	新型生物农药阿维菌素B2生产技术及产品应用	张海航（石家庄市兴柏生物工程有限公司），王琳慧（石家庄市兴柏生物工程有限公司），暴连群（石家庄市兴柏生物工程有限公司），赵锁军（赵县生产力促进中心），刘桂平（赵县质检所）	三等奖
2	葡萄籽综合利用关键技术开发及应用	连运河（晨光生物科技集团股份有限公司），安晓东（晨光生物科技集团股份有限公司），杨俊旺（邯郸晨光珍品油脂有限公司），田章起（邯郸晨光珍品油脂有限公司），田洪（晨光生物科技集团股份有限公司），杨社云（晨光生物科技集团股份有限公司）	三等奖

七、2016年度农业领域国际科学技术合作奖获奖人员（1人）

序号	获奖人	所在单位及职务	母语名	国籍
1	海因里希•斯匹克	德国弗莱堡大学森林生长研究所所长	Heinrich Spiecker	德国